***ACCESO GRATIS** a la Lectura en la Nube*

Para visualizar el libro electrónico en la nube de lectura envíe junto a su nombre y apellidos una fotografía del código de barras situado en la contraportada del libro y otra del ticket de compra a la dirección:

ebooktirant@tirant.com

En un máximo de 72 horas laborables le enviaremos el código de acceso con sus instrucciones.

La visualización del libro en **NUBE DE LECTURA** excluye los usos bibliotecarios y públicos que puedan poner el archivo electrónico a disposición de una comunidad de lectores. Se permite tan solo un uso individual y privado.

Comentarios a la Constitución Española

En memoria de Pablo Pérez Tremps

2ª Edición

TOMO I

Preámbulo a artículo 96

Comentarios a la Constitución Española

En memoria de Pablo Pérez Tremps

2ª Edición

TOMO I

Preámbulo a artículo 96

Directores:

ALEJANDRO SAIZ ARNAIZ

RAFAEL BUSTOS GISBERT

Coordinadora:

CARMEN MONTESINOS PADILLA

tirant lo blanch

Valencia, 2024

EDITA: TIRANT LO BLANCH
C/ Artes Gráficas, 14 - 46010 - Valencia
TELFS.: 96/361 00 48 - 50
FAX: 96/369 41 51
Email: tlb@tirant.com
www.tirant.com
Librería virtual: www.tirant.es
DEPÓSITO LEGAL: V-2348-2024
ISBN: 978-84-1197-650-3 (Obra completa)
ISBN: 978-84-1071-429-8 (Tomo I)

Si tiene alguna queja o sugerencia, envíenos un mail a: *atencioncliente@tirant.com*. En caso de no ser atendida su sugerencia, por favor, lea en *www.tirant.net/index.php/empresa/politicas-de-empresa* nuestro procedimiento de quejas.

Responsabilidad Social Corporativa: http://www.tirant.net/Docs/RSCTirant.pdf

Listado de autores

Ángel Aday Jiménez Alemán
Profesor contratado doctor
Universidad Complutense de Madrid

Luis Aguiar de Luque
Catedrático de Derecho Constitucional
Universidad Carlos III de Madrid

Mar Aguilera Vaqués
Profesora Titular de Universidad
Universitat de Barcelona

Marian Ahumada Ruiz
Profesora Titular de Derecho Constitucional Universidad Autónoma de Madrid

Eliseo Aja
Catedrático de Derecho Constitucional
Universidad de Barcelona

Benito Aláez Corral
Catedrático de Derecho Constitucional
Universidad de Oviedo

Enoch Albertí Rovira
Catedrático de Derecho Constitucional
Universidad de Barcelona

Rafael Alcácer Guirao
Profesor Titular de Derecho Penal
Universidad Rey Juan Carlos

Juan Manuel Alegre Ávila
Catedrático de Derecho Administrativo
Universidad de Cantabria
Exletrado del Tribunal Constitucional

Ricardo Alonso García
Catedrático de Derecho Administrativo y de la UE
Universidad Complutense de Madrid

Vicente Álvarez García
Catedrático de Derecho Administrativo
Universidad de Extremadura

Óscar Alzaga Villaamil
Catedrático Emérito de Derecho Constitucional
Universidad Nacional de Educación a Distancia (UNED)

Manuel Aragón Reyes
Catedrático emérito de Derecho Constitucional
Universidad Autónoma de Madrid

Elviro Aranda Álvarez
Catedrático Derecho Constitucional
Universidad Carlos III de Madrid

Flor Arias Aparicio
Profesor Titular
Universidad de Extremadura

Ángel Arozamena Laso
Magistrado de la Sala Tercera del Tribunal Supremo
Profesor Asociado de Derecho Procesal y Derecho Constitucional
Universidad Carlos III de Madrid

Antonio Arroyo Gil
Profesor de Derecho Constitucional
Universidad Autónoma de Madrid

Laura Baamonde Gómez
Profesora Ayudante Doctora de Derecho Constitucional
Universidad Carlos III de Madrid

María Luisa Baró Pazos
Letrada de la administración de la Seguridad Social

Francisco J. Bastida
Catedrático de Derecho Constitucional. Profesor emérito
Universidad de Oviedo

Meritxell Batet Lamaña
Profesora de Derecho Constitucional Universidad Pompeu Fabra

Enrique Belda
Catedrático de Derecho Constitucional
Universidad de Castilla-La Mancha

Juan María Bilbao Ubillos
Catedrático de Derecho Constitucional
Universidad de Valladolid

Pilar Blanco-Morales Limones
Junta de Extremadura

Roberto L. Blanco Valdés
Catedrático de Derecho Constitucional
Universidad de Santiago de Compostela

Andrés Boix Palop
Profesor de Derecho Administrativo
Universitat de València - Estudi General de València

Ignacio Borrajo Iniesta
Catedrático de Derecho
Letrado del Tribunal Constitucional

Rafael Bustos Gisbert
Catedrático de Derecho Constitucional
Universidad Complutense de Madrid

Francisco Caamaño
Catedrático de Derecho Constitucional
Universidad de A Coruña

Raúl Canosa Usera
Catedrático de Derecho Constitucional
Universidad Complutense

Matilde Carlón Ruiz
Catedrática de Derecho Administrativo
Universidad Complutense de Madrid
Ex Letrada del Tribunal Constitucional

Ana Carmona Contreras
Catedrática de Derecho Constitucional
Universidad de Sevilla

Encarna Carmona Cuenca
Profesora Titular de Derecho Constitucional
Universidad de Alcalá

Marc Carrillo
Catedrático de Derecho Constitucional
Universidad Pompeu Fabra

María Emilia Casas Baamonde
Catedrática de Derecho del Trabajo y de la Seguridad Social
Universidad Complutense de Madrid
Presidenta emérita del Tribunal Constitucional

José Luis Cascajo Castro
Catedrático de Derecho Constitucional
Universidad de Salamanca

Manuel Cavero Gómez
Letrado de las Cortes Generales
Letrado Mayor del Senado

Oscar Celador Angón
Catedrático de Derecho Eclesiástico del Estado
Universidad Carlos III de Madrid

Edorta Cobreros Mendazona
Catedrático de Derecho Administrativo
Universidad del País Vasco (UPV/EHU)

María José Corchete Martín
Profesora Titular de Derecho Constitucional
Universidad de Salamanca

Nieves Corte Heredero
Letrada del Tribunal Constitucional
Profesora Titular del Derecho del Trabajo y de la Seguridad Social
Universidad Complutense de Madrid

María Díaz Crego
Profesora Titular de Derecho Constitucional
Universidad de Alcalá

Francisco Javier Díaz Revorio
Catedrático de Derecho Constitucional
Universidad de Castilla-La Mancha

Laura Díez Bueso
Catedrática de Derecho Constitucional Universidad de Barcelona
Magistrada del Tribunal Constitucional

Javier Díez-Hochleitner
Catedrático de Derecho internacional público
Universidad Autónoma de Madrid

Luis María Díez-Picazo
Catedrático de Derecho Constitucional
Magistrado del Tribunal Supremo

Guillermo A. Domínguez Gimbernat
Administrador Tributario de la Agencia Tributaria Canaria

Antonio Domínguez Vila
Secretario Superior de Admón. Local
Profesor Titular de Derecho Constitucional
Universidad de La Laguna

Francisco Javier Donaire Villa
Profesor Titular de Derecho Constitucional
Universidad Carlos III de Madrid

Juan Carlos Duque Villanueva
Secretario general adjunto
Tribunal Constitucional

Ascensión Elvira Perales
Catedrática de Derecho Constitucional
Universidad Carlos III de Madrid

Guillermo Escobar Roca
Catedrático de Derecho Constitucional
Universidad de Alcalá

Manuela Eslava Rodríguez
Universidad de Extremadura

Ana Espinosa Díaz
Técnico del Defensor del Pueblo
Profesora Ayudante Doctor
Universidad Carlos III de Madrid

Eduardo Espín Templado
Magistrado del Tribunal Supremo
Catedrático de Derecho Constitucional

José Joaquín Fernández Alles
Catedrático de Derecho Constitucional
Universidad de Cádiz

María José Fernández Ostolaza
Letrada de las Cortes Generales

Ignacio Fernández Sarasola
Profesor Titular de Derecho Constitucional
Universidad de Oviedo

Víctor Ferreres Comella
Catedrático de Derecho Constitucional
Universidad Pompeu Fabra

Fernando Flores Giménez
Profesor Titular de Derecho Constitucional
Universitat de València

Enric Fossas Espadaler
Catedrático de Derecho Constitucional
Universidad Autónoma de Barcelona

María Fraile Ortiz
Prof. Contratada Doctora Derecho Constitucional
Universidad Carlos III

María José Gálvez Salvador
Doctora en Derecho Constitucional

Ramón García Albero
Catedrático de Derecho Penal
Universidad de Lleida

Piedad García-Escudero Márquez
Catedrática de Derecho Constitucional
Universidad Complutense de Madrid

Javier García Fernández
Catedrático de Derecho Constitucional
Universidad Complutense de Madrid

Rosario García Mahamut
Catedrática de Derecho Constitucional
Universidad Jaume I

Mª Asunción García Martínez
Profesora Titular de Derecho Constitucional
Universidad Complutense de Madrid

María Jesús García Morales
Profesora Titular de Derecho Constitucional
Universidad Autónoma de Barcelona

Joaquín García Murcia
Catedrático de Derecho del Trabajo y Seguridad Social
Universidad Complutense de Madrid

Javier García Roca
Catedrático de Derecho Constitucional
Universidad Complutense de Madrid
Letrado del TC en excedencia

J. Luis García Ruiz
Catedrático de Derecho Constitucional
Universidad de Cádiz

Jesús García Torres
Abogado del Estado (jubilado)

Ignacio García Vitoria
Profesor de Derecho Constitucional
Universidad Complutense de Madrid

María Garrote de Marcos
Profesora Contratada Doctora de Derecho Constitucional
Universidad Complutense de Madrid

Juan Carlos Gavara de Cara
Catedrático de Derecho Constitucional
Universidad Autónoma de Barcelona

David Giménez Gluck
Director Adjunto Gabinete Presidencia
Congreso de los Diputados

Vicente Gimeno Sendra
Catedrático de Dº. Procesal
UNED

Juana Goizueta Vértiz
Profesora Agregada de Derecho Constitucional
UPV/EHU

Itziar Gómez Fernández
Profesora Titular de Derecho Constitucional
Universidad Carlos III de Madrid

Yolanda Gómez Lugo
Profesora Titular de Derecho Constitucional
Universidad Carlos III de Madrid

Germán Gómez Orfanel
Catedrático emérito de Derecho Constitucional
Universidad Complutense de Madrid

Yolanda Gómez Sánchez
Catedrática de Derecho Constitucional
Universidad Nacional de Educación a Distancia. UNED

Alicia González Alonso
Profesora Contratada Doctora
Universidad Autónoma de Madrid

Markus González Beilfuss
Profesor Titular de Derecho Constitucional
Universidad de Barcelona

Ignacio González García
Profesor Titular de Derecho Constitucional
Universidad de Murcia

Maribel González Pascual
Profesora Agregada de Derecho Constitucional
Universidad Pompeu Fabra

Juan José González Rivas
Presidente emérito del Tribunal Constitucional

Pedro González-Trevijano
Catedrático de Derecho Constitucional
Universidad Rey Juan Carlos

Luis I. Gordillo Pérez
Profesor Titular de Derecho Constitucional
Universidad de Deusto

Mario Hernández Ramos
Profesor Titular de Universidad de Derecho Constitucional
Universidad Complutense de Madrid

Luis Jimena Quesada
Catedrático de Derecho Constitucional
Universitat de València

Rafael Jiménez Asensio
Consultor Sector Público

Javier Hernández García
Magistrado del Tribunal Supremo

M. Jesús Larios Paterna
Profesora titular de Derecho Constitucional
Universidad de Barcelona

Juan Fernando López Aguilar
Catedrático de Derecho Constitucional
Universidad de Las Palmas de GC

Diego López Garrido
Catedrático de Derecho Constitucional
Universidad de Castilla-La Mancha

Juan Manuel López Ulla
Profesor Titular de Derecho Constitucional
Universidad de Cádiz

Luis Martín Rebollo
Catedrático de Derecho Administrativo
Profesor emérito
Universidad de Cantabria

Francisco Javier Matía Portilla
Catedrático de Derecho Constitucional
Universidad de Valladolid

Manuel Medina Guerrero
Catedrático de Derecho Constitucional
Universidad de Sevilla

Jesús R. Mercader Uguina
Catedrático de Derecho del Trabajo y de la Seguridad Social
Universidad Carlos III de Madrid

Carmen Montesinos Padilla
Profesora Permanente Laboral de Derecho Constitucional
Universidad Complutense de Madrid

José María Morales Arroyo
Catedrático de Derecho Constitucional
Universidad de Sevilla

Ángel M. Moreno
Catedrático de Derecho Administrativo
Universidad Carlos III de Madrid

Víctor Moreno Catena
Catedrático de Derecho Procesal
Instituto Alonso Martínez
Universidad Carlos III de Madrid

Juan Ignacio Moreno Fernández
Letrado del Tribunal Constitucional

Gabriel Moreno González
Profesor de Derecho Constitucional
Universidad de Extremadura

Enrique Lucas Murillo de la Cueva
Catedrático de Derecho Constitucional
Universidad del País Vasco/Euskal Herriko Unibertsitatea

Pablo Lucas Murillo de la Cueva
Magistrado del Tribunal Supremo
Catedrático de Derecho Constitucional

José Ignacio Navarro Méndez
Letrado del Parlamento de Canarias

Magdalena Nogueira Guastavino
Catedrática de Derecho del Trabajo y de la Seguridad Social
Universidad Autónoma de Madrid

Joan Oliver Araujo
Catedrático de Derecho Constitucional
Universidad de las Islas Baleares

David Ortega Gutiérrez
Catedrático de Derecho Constitucional
Universidad Rey Juan Carlos

Ana María Ovejero Puente
Profesora Asociada doctora
Universidad Pontificia de Comillas

Emilio Pajares Montolío
Profesor titular de Derecho Constitucional
Universidad Carlos III de Madrid

Luciano Parejo Alfonso
Catedrático emérito de Derecho Administrativo
Universidad Carlos III de Madrid

Cristina Pauner Chulvi
Catedrática de Derecho Constitucional
Universitat Jaume I

Carmen Pérez González
Profesora Titular de Derecho Internacional Público
Universidad Carlos III de Madrid

Javier Pérez Royo
Catedrático emérito de Derecho Constitucional
Universidad de Sevilla

Miguel Ángel Presno Linera
Catedrático de Derecho Constitucional
Universidad de Oviedo

Ana de la Puebla Pinilla
Catedrática de Derecho del Trabajo y de la Seguridad Social
Universidad Autónoma de Madrid

Luis Pomed Sánchez
Letrado del Tribunal Constitucional
Profesor Titular de Derecho Administrativo

Tomás de la Quadra-Salcedo Fernández del Castillo
Catedrático Emérito de Derecho Administrativo
Universidad Carlos III

Tomás de la Quadra Salcedo Janini
Catedrático de Derecho Constitucional
Universidad Autónoma de Madrid

Argelia Queralt Jiménez
Letrada del Tribunal Constitucional
Profesora Titular de Derecho Constitucional
Universidad de Barcelona

Gonzalo Quintero Olivares
Catedrático de Derecho Penal
Universidad Rovira i Virgili

Andrei Quintiá Pastrana
Investigador Postdoctoral
Universidad de Groningen

Artemi Rallo Lombarte
Catedrático Derecho Constitucional
Universitat Jaume I de Castellón

Manuel Rebollo Puig
Catedrático de Derecho Administrativo
Universidad de Córdoba

Miguel Revenga Sánchez
Catedrático de Derecho Constitucional
Universidad de Cádiz

Fernando Reviriego Picón
Profesor Titular de Derecho Constitucional
UNED

Fernando Rey Martínez
Catedrático de Derecho Constitucional
Universidad de Valladolid

Mª Josefa Ridaura Martínez
Catedrática de Derecho Constitucional
Universitat de Valencia

Encarnación Roca Trias
Catedrática de Derecho Civil
Magistrada jubilada TS
Vicepresidenta emérita TC

José Luis Rodríguez Álvarez
Profesor de Derecho Constitucional
Universidad Complutense de Madrid

Juan Rodríguez-Drincourt
Profesor Titular de Derecho Constitucional
Universidad de Las Palmas de Gran Canaria

Emma Rodríguez Rodríguez
Profesora Titular de Derecho del Trabajo y de la Seguridad Social
Universidad de Vigo

Luis Rodríguez Vega
Magistrado

Gema Rosado Iglesias
Profesora Titular de Derecho Constitucional
Universidad Carlos III de Madrid

Violeta Ruiz Almendral
Profesora Titular Derecho Financiero y Tributario
Universidad Carlos III de Madrid

Gerardo Ruiz-Rico Ruiz
Catedrático de Derecho Constitucional
Universidad de Jaén

Agustín Ruiz Robledo
Catedrático de Derecho Constitucional
Universidad de Granada

Pascual Sala
Ex Presidente del Tribunal de Cuentas,
del Tribunal Supremo y del Tribunal Constitucional

Tomás Sala Franco
Catedrático jubilado de Derecho del Trabajo y de la Seguridad Social
Universidad de Valencia

María Salvador Martínez
Prof. Titular de Universidad
Universidad Nacional de Educación a Distancia (UNED)

Ignacio Sánchez Amor
Letrado Abogacía General Junta de Extremadura
Diputado

Ana Sánchez Lamelas
Profesora Titular de Derecho Administrativo
Universidad de Cantabria

Ángel J. Sánchez Navarro
Catedrático de Derecho Constitucional
Universidad Complutense de Madrid

José Manuel Sánchez Saudinós
Profesor Titular de Derecho Constitucional
Universidad Carlos III de Madrid

José Miguel Sánchez Tomás
Profesor Titular de Derecho Penal
Universidad Rey Juan Carlos (Madrid)

Miguel Satrústegui Gil-Delgado
Profesor Titular Honorífico de Derecho Constitucional
Universidad Carlos III de Madrid

M.ª Esther Seijas Villadangos
Profesora Titular de Derecho Constitucional
Universidad de León

Rosario Serra Cristóbal
Catedrática de Derecho Constitucional
Universitat de València

Juan Carlos da Silva Ochoa
Magistrado
Letrado del Parlamento Vasco (exc.)

Joan Solanes Mullor
Profesor Agregado de Derecho Constitucional
Universidad Pompeu Fabra

María del Pilar Teso Gamella
Magistrada de la Sala Tercera del Tribunal Supremo
Profesora Asociada de Derecho Constitucional
Universidad Carlos III de Madrid

Beatriz Tomás Mallén
Profesora Titular de Derecho Constitucional
Universitat Jaume I

Joaquín Tornos Mas
Catedrático de Derecho Administrativo. UB

Aida Torres Pérez
Profesora Agregada de Derecho Constitucional
Universidad Pompeu Fabra

Antonio Troncoso Reigada
Catedrático de Derecho Constitucional
Universidad de Cádiz

José Tudela Aranda
Doctor en Derecho
Letrado de las Cortes de Aragón

Juan Ignacio Ugartemendia Eceizabarrena
Catedrático de Derecho Constitucional
UPV/EHU

Joaquín Urías
Profesor Titular de Derecho Constitucional
Universidad de Sevilla

Fernando Valdés Dal-Ré
Catedrático de Derecho del Trabajo
Magistrado del Tribunal Constitucional

Isabel Valldecabres Ortiz
Magistrada

Marcos Vaquer Caballería
Catedrático de Derecho Administrativo
Universidad Carlos III de Madrid

Rosa Velázquez Álvarez
Doctora en Derecho

José Manuel Vera Santos
Catedrático de Derecho Constitucional
Universidad Rey Juan Carlos

Roberto Viciano Pastor
Catedrático en Derecho Constitucional
Universitat de València

Jorge Viguri Cordero
Profesor Contratado Doctor
Universidad Jaume I

Juan Antonio Xiol Ríos
Vicepresidente emérito del Tribunal Constitucional

Maite Zelaia Garagarza
Contratada Doctora de Derecho Constitucional
Universidad País Vasco/Euskal Herriko Unibertsitatea

Juan Zornoza Pérez
Catedrático de Derecho Financiero y Tributario
Universidad Carlos III de Madrid

Tiempos difíciles para la Constitución: polarización y fractura institucional (2019-2023)

Han pasado ya más de cinco años desde que viera la luz por primera vez este *Comentario* del que el añorado Pablo Pérez Tremps, amigo de la práctica totalidad de sus autores, fue uno de los directores. En este período de tiempo, cuando nos aproximamos al medio siglo de vigencia de nuestra Constitución, hemos sido testigos de no pocos hechos que podríamos calificar como constitucionalmente relevantes. Las líneas que siguen son una breve crónica del pasado lustro en la que recordaremos, destacando las novedades, algunos de esos acontecimientos. En ningún caso podrá negarse el impacto que cada uno de ellos ha producido en la Norma cuyo cuadragésimo quinto aniversario celebra esta obra colectiva.

Empezaremos por lo obvio: las cuarenta y cuatro semanas (dos más en el caso de algunos municipios de la Comunidad de Madrid) vividas por la población española en estado de alarma para la gestión de la crisis sanitaria ocasionada por el COVID-19. Entre marzo y junio de 2020 y desde octubre de ese mismo año hasta mayo de 2021. Aunque ya existía un precedente, por cuanto se había declarado y prorrogado un estado de alarma por un total de seis semanas entre diciembre de 2010 y enero de 2011 "para la normalización del servicio público esencial del transporte aéreo", el decretado para hacer frente a la pandemia tuvo un significado muy distinto por su ámbito subjetivo, por su duración y, muy en particular, por la afectación que produjo en los derechos de todos los ciudadanos. El Gobierno, el Congreso de los Diputados, el Tribunal Constitucional, el Tribunal Supremo y los Tribunales Superiores de Justicia fueron protagonistas de muchas decisiones de relevancia constitucional. Algunas de las más importantes adoptadas por el Gobierno y el Congreso de los Diputados para afrontar aquella situación excepcional fueron declaradas inconstitucionales por un Tribunal Constitucional que, al contrario de lo que hicieron la práctica totalidad de sus pares europeos, mostró, en una materia altamente controvertida y en un entorno sanitario y económico de notable complejidad, una llamativa actitud de escasa deferencia hacia los órganos de la dirección política del Estado.

Como plenamente novedosa, por la inaceptable e interminable prórroga de su mandato, ha de considerarse la situación del Consejo General del Poder Judicial constituido en diciembre de 2013. Más de diez años (y cinco legislaturas) después de su nombramiento, que lo es "por un período de cinco años" (artículo 122.3 CE), los Vocales del Consejo siguen sin ser renovados. El órgano constitucional llamado a gobernar el Poder Judicial sobrevive sin la cuarta parte de sus miembros, en un contexto de intensísima politización y en medio de una polémica permanente por muchas de las decisiones que adopta. La no elección por el Congreso y el Senado de sus nuevos miembros supone un directo incumplimiento de una obligación impuesta por la Constitución que solo ambas Cámaras pueden corregir. Corresponde a los Presidentes del Congreso de los Diputados y del Senado "adoptar las medidas necesarias para que la renovación del Consejo se produzca en plazo" (artículo 568.1 LOPJ); una tarea de impulso inédita a lo largo de cinco legislaturas sucesivas. En defecto de esa actuación de los Presidentes de las Cámaras, los líderes de los dos principales partidos políticos pactaron en diciembre de 2023 una extravagante y "paraconstitucional" mediación de la Comisión Europea de cuyo resultado como remedio a la situación de bloqueo es lícito dudar.

En el terreno de la forma de gobierno hay que poner de relieve que a finales de 2019 se firmó el primer acuerdo para la formación en España de un gobierno de coalición. Aunque existían numerosos precedentes en distintas Comunidades Autónomas, el Gobierno PSOE-Unidas Podemos fue el primero de este tipo desde que entró en vigor la Constitución de 1978. En octubre de 2023 el PSOE y Sumar rubricaron un nuevo pacto de coalición al inicio de la decimoquinta legislatura. Ambos son acuerdos con una dimensión únicamente programática, ya que el documento que los formaliza no contiene ninguna referencia, contrariamente a lo que suele ser habitual en estos casos, a la estructura del futuro gobierno, como si sus autores quisieran evitar la imagen del reparto de carteras. La coalición parece haberse convertido en una auténtica necesidad de nuestra forma de gobierno, en un momento en el que el sistema de partidos vive una evidente transformación (y volatilidad, podría también decirse) desde las elecciones celebradas en 2015. Quizá esta nueva realidad sirva también para explicar los largos períodos de interinidad gubernamental vividos en nuestro país desde aquellos comicios, que suman prácticamente setecientos días de gobiernos en funciones entre la celebración de las elecciones y la constitución de los nuevos ejecutivos.

En este mismo ámbito de la forma de gobierno no podemos dejar de apuntar otra novedad cuyos efectos están empezando a percibirse en los primeros meses de la legislatura salida de las elecciones de julio de 2023. Por primera vez la oposición, en este caso el Partido Popular, dispone de mayoría absoluta en el Senado. En todas las anteriores legislaturas las mayorías en ambas Cámaras de las Cortes Generales habían sido de idéntico signo político (con la breve excepción del primer Gobierno Sánchez, salido de la moción de censura de 2018). Aunque nuestro bicameralismo es marcadamente imperfecto, y aunque la relación de confianza sólo se establece entre el Ejecutivo y el Congreso de los Diputados, un Senado "activista" con mayoría opositora puede resultar un actor muy incómodo para el Gobierno.

Aludiremos ahora a una novedad relativa de nuestro sistema político. En efecto, no puede considerarse como novedad el abuso de la decretación de urgencia. Ya en la primera legislatura constitucional el número de Decretos-leyes ascendió a setenta y ocho; y en los cuarenta y cinco años de vigencia de la Constitución son seiscientas sesenta las fuentes del Derecho de esta naturaleza aprobadas por el Consejo de Ministros. Una media, para catorce legislaturas de las que en puridad habría que descontar las dos cuya existencia transcurrió con sendos Gobiernos en funciones, de casi cincuenta Decretos-leyes por legislatura. La novedad de la que aquí se quiere dar cuenta alude a la progresiva complejidad que, en términos formales y sustantivos, ha asumido esta fuente del Derecho. Lo primero, porque hemos pasado de textos con unas pocas páginas a textos de varias decenas o incluso de más de cien páginas. En la primera legislatura, la media de extensión de los Decretos-leyes fue de menos de dos páginas; en la segunda, de tres; en la sexta, de menos de diez; en la octava, de cuatro. En la pasada legislatura (2019-2023), hemos visto varios Decretos-leyes de más de cien páginas y uno de más de doscientas. En 2022, la media fue de cuarenta páginas; en 2023, de cien. La novedad de carácter sustantivo, que es la causa de la desaforada extensión a la que acabamos de referirnos, tiene que ver con el carácter de "cajón de sastre" que parece haber asumido esta fuente del

Derecho, que se usa para afrontar necesidades normativas no siempre acompañadas de la exigible coherencia. Cada vez es más frecuente que un Decreto-ley, con una denominación en la que encontraría espacio una buena parte del ordenamiento jurídico (medidas "para el crecimiento", "de carácter económico", "en materia de servicio público de justicia, función pública, régimen local y mecenazgo", "de orden social"), suponga modificación de seis, ocho o más normas de rango legal. Nos alejamos así de las mejores prácticas de otros tiempos, hacemos un flaco favor a la seguridad jurídica y convertimos al Decreto-ley en instrumento normal de legislación.

Si cuanto se acaba de dejar escrito en el párrafo precedente es expresión de un declive de las Cortes Generales en el ejercicio de su función legislativa, algunas "malas prácticas" de nuestra vida parlamentaria parecen consolidarse con el paso del tiempo confirmando así la pérdida de centralidad del órgano al que la Constitución encomienda la representación del pueblo español. Nos referimos, por ejemplo, al empleo de la proposición de ley por los grupos de la mayoría para evitar así los informes preceptivos de los proyectos de ley que enriquecen (o al menos deberían hacerlo) el debate parlamentario; al uso torticero de la mayoría en las Mesas para retrasar *sine die* la tramitación de algunas iniciativas legislativas (incluso de proyectos de ley que son Decretos-leyes convalidados); al abuso del veto presupuestario para impedir la tramitación de enmiendas; a la utilización de las Comisiones de investigación para escrutar a Gobiernos precedentes y no al que ejerce cuando se crea la Comisión respectiva, y, para finalizar, a la no presentación de los proyectos de ley de presupuestos (otra obligación constitucional incumplida) para evitar la derrota parlamentaria.

Algunas de las novedades que aquí queremos repasar afectan también a la Corona. No es ni mucho menos frecuente que en un país democrático un antiguo Jefe del Estado decida trasladar su residencia fuera del propio país y más sorprendente aun es que lo haga para radicarse en un Estado autoritario. Eso sucedió entre nosotros cuando el Rey emérito comunicó mediante carta a su hijo Felipe VI, en agosto de 2020, su "meditada decisión" de trasladarse "fuera de España", sin identificar el destino. El motivo alegado fue "la repercusión pública que están generando ciertos acontecimientos pasados de mi vida privada".

Entre esos episodios ocupó un lugar central el incumplimiento por parte del Rey emérito de sus obligaciones tributarias. Las dudas sobre la eventual responsabilidad penal de Juan Carlos I se solventaron cuando la Fiscalía entendió que los eventuales delitos estarían prescritos o cubiertos por la irresponsabilidad que hasta su abdicación en junio de 2014 garantizaba el artículo 56.3 CE a quien había sido Jefe del Estado. El impacto que estos hechos tuvieron sobre el legado del Rey emérito, que él mismo invocaba en su carta, y sobre la imagen pública de la Corona, es también uno de los hechos destacados del quinquenio.

Singular importancia a nuestros efectos posee el comunicado de la Casa Real de 22 de agosto de 2023, de incontestable relevancia constitucional por cuanto en el mismo se aludió de manera totalmente novedosa a la existencia de una "costumbre" en el proceso de propuesta de un candidato a la Presidencia del Gobierno. Semejante costumbre, de existir, solo podría ser una costumbre constitucional, tanto por sus protagonistas, es decir, el Rey, el Congreso y su Presidente, y los grupos políticos con representación parlamentaria, como por su objeto, a saber, la ya referida propuesta a la Cámara baja de un candidato a la Presidencia del Gobierno. Se dice en aquel comunicado que "salvo en la Legislatura XI, en todas las elecciones generales celebradas desde la entrada en vigor de la Constitución, el candidato del grupo político que ha obtenido el mayor número de escaños ha sido el primero en ser propuesto por Su Majestad el Rey como candidato a la Presidencia del Gobierno. Esta práctica se ha ido convirtiendo con el paso de los años en una costumbre". Esta afirmación es sorprendente ya que al margen de que la existencia de semejante costumbre pueda resultar como mínimo controvertida, no corresponde a la Casa Real levantar acta de su existencia.

Una breve mención a la última novedad de la que aquí se quiere dejar constancia. Se trata de la Proposición de Ley Orgánica de amnistía para la normalización institucional, política y social en Cataluña, presentada en el Congreso de los Diputados por el Grupo Socialista en noviembre de 2023. Se trataría de la primera ley de amnistía desde la que se aprobó por las Cortes Constituyentes en octubre de 1977. Cuando se escriben estas líneas, el agitado tránsito parlamentario de la iniciativa es un fiel reflejo del alto grado de polarización de la política española y a estas alturas es ya muy evidente que la Proposición de Ley de amnistía y, en su caso, la futura Ley Orgánica de amnistía, van a someter a algunas de nuestras ya desgastadas instituciones a una auténtica prueba de resistencia. Así parece anunciarlo el comportamiento de esas instituciones en los pocos meses transcurridos desde la entrada en el Congreso de esta iniciativa legislativa. Mientras tanto, la lealtad institucional en la que el Tribunal Constitucional ha insistido como principio que ha de presidir las relaciones entre órganos constitucionales, parece cosa de otros tiempos.

La apretada y necesariamente selectiva crónica del quinquenio 2019-2023 que hemos llevado a cabo en las líneas precedentes nos permite algunas valoraciones sobre el estado actual de nuestra Constitución.

La presentación en 2018 de estos *Comentarios* llevaba por título "Cuarenta años de historia constitucional: la consolidación democrática". Celebrábamos en aquellas páginas las cuatro décadas transcurridas desde el "alumbramiento de la primera Constitución española considerada como propia por una gran mayoría del arco parlamentario y, a tenor de los resultados del referéndum del 6 de diciembre de 1978, de la ciudadanía". También evaluábamos allí de manera positiva un texto constitucional cuyo rendimiento considerábamos parangonable al "de los ordenamientos democráticos de nuestro entorno en los que se inspiraron los constituyentes".

Leídas casi seis años después de su escritura, estas y otras afirmaciones vertidas al comienzo de la primera edición los *Comentarios* podrían parecer a juicio de algunos lectores excesivamente optimistas, autocomplacientes. Y quizá lo fueron en la medida en que quienes entonces las suscribimos no fuimos capaces de identificar algunos de los problemas que ya en aquel tiempo asomaban en nuestro sistema constitucional. Antes bien, dábamos por hecha, y así lo explicitábamos, la plenitud de la democracia y del Estado de Derecho en España, ignorando así que ni aquélla ni éste son nunca conquistas que haya que tomar por definitivas, sino logros delicados, frágiles, cuya permanencia depende en gran medida de la existencia de un necesario consenso social sobre la indispensable fortaleza y la imprescindible legitimidad de las instituciones en las que se sustentan la democracia y el Estado de Derecho. Sobreestimamos entonces la vitalidad y la juventud como recursos de nuestra democracia, incurriendo seguramente en un exceso frente al que alertó en 1938 Thomas Mann (*La victoriosa llegada de la democracia*).

Gustavo Zagrebelsky, presidente emérito de la Corte Constitucional italiana, se ha referido recientemente a la "ley del castor y la carcoma" como una suerte de ley universal a la que están sometidas las constituciones (*Tempi difficili per la Costituzione*). El "momento de un pueblo que se da una constitución es político por excelencia": los egoísmos de parte son desplazados por la necesidad de una convivencia pacífica, de modo que por encima de los intereses particulares se tiene presente "la vida de la *pòlis* en su conjunto, para el presente y para el futuro". La esperanza del bien común, sostiene Zagrebelsky, "impide los cálculos de utilidad inmediata", a la búsqueda de una estabilidad política que haga posible la convivencia.

Es el tiempo de la "gran política", en el que la voluntad común de constitución permite afianzar los fundamentos de la coexistencia segura y pacífica. Hasta aquí, los castores. Una vez liberados los actores políticos de lo que el profesor de la Universidad de Turín denomina "afanes inmediatos", la "corrosión" empieza a producir sus efectos. La garantía de seguridad que la propia constitución ofrece hace que, paradójicamente, se debilite su fuerza integradora cuando la carcoma, es decir, las "fuerzas corrosivas" (entre las cuales los *partiti partigiani* ocupan el primer lugar) dan un paso adelante "y emplean instrumentalmente los poderes ofrecidos por la constitución para someterla a sus propios intereses particulares".

La enseñanza moral que resulta de esta parábola puede, con seguridad, aplicarse a nuestra presente realidad constitucional. Al comienzo, sostiene Zagrebelsky, "hay política consensual que se dirige a la *pòlis* y se traduce en constitución"; después, "llegan los intereses de las partes que se apoyan en la constitución y la corroen". Lejanos ya los años del consenso y de los pactos de Estado (¿quién se acuerda del ejemplar Pacto contra el terrorismo?), en ese proceso de desgaste más o menos lento de la Constitución parecemos empeñados en España, de manera muy marcada en los últimos tiempos, aunque el deterioro se inició hace algunos lustros.

El injustificable y pertinaz incumplimiento del deber constitucional de ambas Cámaras (léase de los partidos políticos) consistente en la renovación de un órgano constitucional como el Consejo General del Poder Judicial ya intensamente politizado; la grosera ocupación partidaria del Tribunal Constitucional, cuyo prestigio se ve afectado por nombramientos de magistrados cuestionables y por una jurisprudencia muy alejada de la calidad que en otro tiempo tuvo; el inaceptable (por falta de ejemplaridad) comportamiento de un Rey que, obligado a abdicar, acaba estableciendo su residencia en un país autoritario situado a varios miles de kilómetros de España; el improcedente reparto (lotización) entre los partidos políticos de las vacantes de Consejeros en el Tribunal de Cuentas; la sorprendente imagen de unos jueces y magistrados manifestándose con toga contra una iniciativa legislativa que, de ser aprobada, estarán llamados a aplicar en el futuro; la "admirable" normalización del Decreto-ley *ómnibus*, que parece haber convertido al Consejo de Ministros en legislador ordinario, por habitual; la poco estimulante vida parlamentaria, "protagonizada" por diputados y senadores en su gran mayoría desconocidos, y en la que el trazo grueso, el insulto y los términos insidiosos, multiplicados por las redes sociales, han ocupado el lugar de la deliberación, la negociación y el acuerdo Son todos ejemplos de una realidad, seguramente por nadie deseada, que se proyecta sobre la propia existencia de la Constitución.

Pero la Constitución no es responsable de este deterioro. Antes bien, el texto de 1978 reclama instituciones no colonizadas, un Jefe del Estado ejemplar, un Tribunal Constitucional de *auctoritas* incuestionable, un Consejo General del Poder Judicial que ha de ser necesariamente independiente de quienes lo eligen, un Tribunal de Cuentas capaz de ejercer su imprescindible tarea fiscalizadora ajeno a toda contaminación política, un Poder Judicial cuyos integrantes han de permanecer alejados del debate político (y mucho más aún, de la trifulca política), un Gobierno muy limitado en su potestad normativa primaria y un Parlamento concebido como espacio de diálogo protagonista de los grandes debates nacionales y de las principales decisiones de las que son destinatarios los ciudadanos.

La estabilidad institucional que el Estado constitucional pluralista necesita resulta imposible cuando responsables políticos de primerísimo nivel califican de "ilegítimo" al Gobierno, de "dictador" a su Presidente, de "fascista" al principal partido de la oposición y, para no hacer más larga la lista, de "cáncer del Estado de Derecho" al Tribunal Constitucional.

Las muchas virtudes de la obra del constituyente siguen siendo las mismas, pero los mecanismos de equilibrio y moderación con los que intervienen los órganos constitucionales de garantía no funcionan adecuadamente. Nuestra Constitución parece incapaz de regular, de limitar la política, cuando esa es precisamente una de sus razones de ser. Por eso se explica también la debilidad de nuestras instituciones, en manos de unos partidos que, olvidado el artículo 6 CE, se han transformado en banales agencias de poder y han ocupado aquellas instituciones. *Instituciones rotas*, en los términos de Jiménez Asensio.

En un contexto así es inconcebible una agenda de reformas, mucho menos si estas tienen por objeto la propia Constitución. Y así emerge, máxime después de una historia constitucional como la nuestra, la duda sobre la (im)posibilidad de la reforma en España. La rigidez de nuestra Constitución, escribía Francisco Laporta ya en 2008, "empieza a ser la propia de los cadáveres" (*La rigidez constitucional y otras perversiones*). Habrá que esperar, sin duda, aunque llegará el momento en el que la parálisis deje de ser una opción y corramos el riesgo de volver al ¡abajo lo existente!, que se gritaba en 1868 por los detractores del régimen isabelino.

Tampoco podemos excluir, a modo de parábola inversa del castor y la carcoma, que el desgaste de la Constitución alcance una intensidad tal que provoque el desplazamiento de los egoísmos de parte, de los cálculos de utilidad inmediata y de la satisfacción de los intereses particulares en beneficio de la vida de la comunidad en su conjunto, de la esperanza del bien común y de la necesidad de una convivencia pacífica. En ese caso, la reforma, también la agravada, sería posible.

Hasta que llegue el tiempo de los cambios sigue habiendo, a pesar de todo, muchas y muy buenas razones para festejar el nuevo aniversario de la Constitución, los cuarenta y cinco años de convivencia pacífica y democrática que su existencia ha hecho posible. Y hasta entonces, es decir, hasta que podamos plantearnos una gran deliberación colectiva sobre la oportunidad y la necesidad de una modificación de la Constitución, nos toca ser conscientes de que en momentos como los actuales, de zozobra, hemos de insistir más que nunca en la (natural) fragilidad de la Constitución y en la necesidad de la adhesión, del apoyo a la misma como presupuesto de su normatividad. Y nos toca también exigir a los actores políticos e institucionales que esa adhesión se exprese mediante comportamientos compatibles con aquella y no solo con declaraciones más o menos entusiastas de defensa de la Constitución que contradicen flagrantemente su conducta pública.

Este *Comentario* está dedicado a la memoria de nuestro amigo Pablo Pérez Tremps, Catedrático de Derecho Constitucional de la Universidad Carlos III y Magistrado emérito del Tribunal Constitucional. Han pasado tres años desde su fallecimiento, demasiado tiempo. Le echamos mucho de menos.

Alejandro Saiz Arnaiz (UPF)
Rafael Bustos Gisbert (UCM)

Índice general

TOMO I

PREÁMBULO

TÍTULO PRELIMINAR

TÍTULO I
DE LOS DERECHOS Y DEBERES FUNDAMENTALES

CAPÍTULO PRIMERO
DE LOS ESPAÑOLES Y LOS EXTRANJEROS

SECCIÓN 1ª
DE LOS DERECHOS FUNDAMENTALES Y DE LAS LIBERTADES PÚBLICAS

SECCIÓN 2ª DE LOS DERECHOS Y DEBERES DE LOS CIUDADANOS

CAPÍTULO TERCERO
DE LOS PRINCIPIOS RECTORES DE LA POLÍTICA SOCIAL Y ECONÓMICA

CAPÍTULO CUARTO
DE LAS GARANTÍAS DE LAS LIBERTADES Y DERECHOS FUNDAMENTALES

CAPÍTULO QUINTO
DE LA SUSPENSIÓN DE LOS DERECHOS Y LIBERTADES

TÍTULO II
DE LA CORONA

TÍTULO III
DE LAS CORTES GENERALES

CAPÍTULO PRIMERO
DE LAS CÁMARAS

CAPÍTULO SEGUNDO
DE LA ELABORACIÓN DE LAS LEYES

CAPÍTULO TERCERO
DE LOS TRATADOS INTERNACIONALES

TOMO II

TÍTULO IV
DEL GOBIERNO Y DE LA ADMINISTRACIÓN

TÍTULO V
DE LAS RELACIONES ENTRE EL GOBIERNO Y LAS CORTES GENERALES

TÍTULO VI
DEL PODER JUDICIAL

TÍTULO VII
ECONOMÍA Y HACIENDA

TÍTULO VIII
DE LA ORGANIZACIÓN TERRITORIAL DEL ESTADO

CAPÍTULO PRIMERO
PRINCIPIOS GENERALES

CAPÍTULO SEGUNDO
DE LA ADMINISTRACIÓN LOCAL

TÍTULO X
DE LA REFORMA CONSTITUCIONAL

DISPOSICIONES ADICIONALES

DISPOSICIONES TRANSITORIAS

DISPOSICIÓN DEROGATORIA

DISPOSICIÓN FINAL

PREÁMBULO

La Nación española, deseando establecer la justicia, la libertad y la seguridad y promover el bien de cuantos la integran, en uso de su soberanía, proclama su voluntad de: Garantizar la convivencia democrática dentro de la Constitución y de las leyes conforme a un orden económico y social justo. Consolidar un Estado de Derecho que asegure el imperio de la ley como expresión de la voluntad popular. Proteger a todos los españoles y pueblos de España en el ejercicio de los derechos humanos, sus culturas y tradiciones, lenguas e instituciones. Promover el progreso de la cultura y de la economía para asegurar a todos una digna calidad de vida. Establecer una sociedad democrática avanzada, y Colaborar en el fortalecimiento de unas relaciones pacíficas y de eficaz cooperación entre todos los pueblos de la Tierra.

En consecuencia, las Cortes aprueban y el pueblo español ratifica la siguiente

CONSTITUCIÓN

COMENTARIO

Óscar Alzaga Villaamil
Catedrático Emérito de Derecho Constitucional
Universidad Nacional de Educación a Distancia (UNED)

SUMARIO: I. LA AUSENCIA DE PREÁMBULO EN LOS TRABAJOS DE LA PONENCIA. SU INCORPORACIÓN EN LA COMISIÓN DEL CONGRESO. II. EL SILENCIO ANTE LOS CUARENTA AÑOS DE DICTADURA. III. LA MENOS PROBLEMÁTICA AUSENCIA DE UNA MENCIÓN DE DIOS. IV. LA OPCIÓN POR EL LACONISMO. V. ¿EL PREÁMBULO FORMA PARTE DE LA CONSTITUCIÓN? ¿QUÉ VALOR DEBE ATRIBUÍRSELE AL PREÁMBULO? VI. EL PRONUNCIAMIENTO CAPITAL DE TODO PREÁMBULO SOBRE EL PODER CONSTITUYENTE. VII. LA IMPORTANCIA DEL PROTAGONISMO DE LA NACIÓN ESPAÑOLA EN EL PREÁMBULO. VIII. ¿HUBIERA SIDO MÁS ACERTADO PROCLAMAR COMO PODER CONSTITUYENTE AL PUEBLO ESPAÑOL, EN LUGAR DE A LA NACIÓN ESPAÑOLA? IX. BIBLIOGRAFÍA.

I. LA AUSENCIA DE PREÁMBULO EN LOS TRABAJOS DE LA PONENCIA. SU INCORPORACIÓN EN LA COMISIÓN DEL CONGRESO

Como es sabido, la ponencia constitucional designada por el Congreso de los Diputados elaboró el primer Anteproyecto de Constitución, de fecha 5 de enero, huérfano de Preámbulo y tampoco lo aportó en su informe posterior al que se incorporaba un voto particular del Grupo Mixto. De manera que la inclusión de un primer texto de Preámbulo se produjo en la Comisión del Congreso, con redacción no muy diferente de la definitiva, gracias a la iniciativa de los diputados del Grupo Mixto —a mi juicio, desafortunadamente excluidos de la ponencia— y catedráticos de Derecho Político, Enrique Tierno y Raúl Morodo.

En su condición de coautor de la brillante enmienda de incorporación del Preámbulo a nuestra Constitución, nos pareció del mayor interés encomendar al profesor Morodo la glosa del mismo para los primeros macro comentarios que dirigimos a la misma, que vieron la luz en 1983. Su glosa es aún hoy de provechosa lectura, entre otras razones, por el interés que suscita la forma en que trajo a colación las críticas del profesor Lucas Verdú al proceso constituyente, que él comparte, dotadas de un conocimiento directo de los intersticios y de las limitaciones, que al igual que toda obra humana, sufrió el esfuerzo constituyente. De forma que la buena pluma de Morodo incluía que "el Preámbulo, en su redacción final, expresa muy claramente la ambigüedad del proceso constituyente y la voluntad negociada de no plantear el problema político clave, al menos, uno de ellos, de este proceso, es decir, la dualidad jurídico-política de reforma o ruptura constitucionales", y nos citaba a nosotros que ya habíamos escrito que el proceso de reforma se basaba en aunar dos legalidades: la franquista y la democrática; de ahí la ambigüedad del Preámbulo al no establecer si el poder constituyente que emana de nuestra Constitución es originario o derivado.

II. EL SILENCIO ANTE LOS CUARENTA AÑOS DE DICTADURA

El debate en la Comisión Constitucional del Congreso se centró especialmente en el inciso rupturista de la enmienda, en que se decía: "El pueblo español, después de un largo periodo de carencia de régimen constitucional, de negación de las libertades públicas y de desconocimiento de los derechos de las nacionalidades y regiones que configuran la unidad de España...", provocó la firme oposición de Manuel Fraga. Este dejó reflejado en el Diario de Sesiones, entre otras, estas palabras: "... es muy difícil saber en qué momento de la historia hay que echarse, digamos a nadar, porque algunos lo pondrían en el asesinato de Prim y otros, quizá, en el destronamiento de Wamba, que evidentemente fue un acto de notoria ilegitimidad...". La intervención de Manuel Fraga, cargada de énfasis, acaba por lograr su propósito: omitir toda referencia a la lucha por las libertades, ante lo que bastantes constituyentes hubimos de ceder, pese a haber participado en la misma y considerar esta omisión una falta de respeto a la verdad histórica, en aras a no poner en peligro la política de consenso, a la que dimos prioridad. De esta forma se cedió en este punto sin poner en peligro el resto del Preámbulo, lo que a la altura de 1947 no se había logrado en Italia donde el Preámbulo fue sacrificado en su totalidad.

Fue exquisita la intervención del profesor Tierno, en el debate que en Comisión se desarrolló sobre la enmienda, al referirse al problema grave de redactar un Preámbulo "que, nos dijo, no estaba definido por una revolución", para pasar a afirmar: "No ha habido una revolución que apoya esta ruptura y, por consiguiente, este era un tema que había que cuidar con suma precisión, intentado buscar un término medio en lo que se refiere al punto y aparte y al punto y seguido, aplicando quizá lo que muchos españoles hemos hecho. Individualmente somos bastantes los españoles —por lo menos en mi caso— que, teniendo buena memoria, hemos olvidado casi todo. Pues bien, también cabría aplicar a la Constitución el principio de la buena memoria y olvidar casi todo. Por eso, el primer párrafo del Preámbulo debe decir que *El pueblo español, después de un largo periodo sin régimen constitucional..., (...)* Lo cierto es que, desde mi punto de vista la omisión total al largo periodo anterior dejaría insatisfecha a una gran parte de la opinión pública". Los profesores Morodo y Lucas Murillo de la Cueva al glosar este debate en 1996 escribieron que "lo que, en el fondo, se planteaba y se defendía era la introducción del testimonio constitucional mínimo de una resistencia democrática, que asumiese, también, la concordia política que estaba reflejando el consenso". Pero esta razonable pretensión, que recibió el apoyo de Gregorio Peces-Barba, en nombre del Grupo Parlamentario Socialista, no fue atendida en las negociaciones discretas, sin reflejo en los debates ante público y taquígrafos, ni por tanto en el Diario de Sesiones. El modesto autor de los presentes párrafos, que en enero de 1978 acababa de ocupar su escaño, tras hacerse correr la lista de UCD al Congreso, aún no se había incorporado a la negociación que, en nombre del grupo parlamentario centrista, protagonizaron sus tres ponentes del Anteproyecto y cuando a partir de febrero se nos sumó a las sigilosas reuniones nocturnas, en las mismas nunca se renegoció el Preámbulo.

La misma renuncia al debate sobre la nueva versión del Preámbulo se produjo en el Pleno del Congreso. Al ascender el debate al Senado, no hubo innovaciones importantes y se omitió el inciso que creía relevante D. Enrique Tierno, con el argumento que expuso el presidente de esta Cámara, José Federico Carvajal, acerca de que algunas enmiendas no se habían admitido "porque entonces el Preámbulo iba a alargarse tanto que iba a parecer el Código de Hammurabi".

Pero, en la opinión de buena parte de los diputados constituyentes, era innegable que, tras cuarenta años de dictadura, la Constitución estaba enterrando una autarquía y devolviendo a los españoles la posibilidad de convivir como ciudadanos de pleno derecho. Por ello, a fines de 1978 escribimos que, pese a que no se reflejase en el Preámbulo, en aquella hora constituyente se recordaba —aunque fuese en silencio— un sabio pasaje de Tocqueville: "Los propios déspotas no niegan que la libertad sea excelente; pero la desean solo para ellos mismos y afirman que todos los demás son absolutamente indignos de ella. Así, pues —continuaba diciéndonos—, no es sobre la opinión que debe tenerse de la libertad sobre lo que se difiere, sino sobre la estima, más o menos grande, que se siente por los hombres, por ello puede decirse de manera rigurosa que el gusto demostrado por el gobierno absoluto es exactamente proporcional al desprecio que se profesa por su país". Desde la cúpula de UCD emanó la instrucción de apoyar la tesis de Fraga. Ninguna referencia sobrevivió en el Preámbulo al sistema anterior, pero la disposición derogatoria de la Constitución no pudo ser más explícita.

III. LA MENOS PROBLEMÁTICA AUSENCIA DE UNA MENCIÓN DE DIOS

Hagamos una referencia telegráfica a que determinados sectores conservadores expresaron su disconformidad con que no se incluyese en el pórtico constitucional una referencia solemne a Dios, como la incorporada en algunas constituciones occidentales. No he olvidado que tuve ocasión de dialogar sobre ello con el Cardenal Tarancón, que no estaba particularmente preocupado al respecto, pero que me pidió mi opinión. Cuando le expliqué que la vigente Ley Fundamental del Estado de la Ciudad del Vaticano, de 1929, no incluía tal mención, se sonrió y en voz baja susurró que esperaba que tal precedente tranquilizase al Cardenal de Toledo.

IV. LA OPCIÓN POR EL LACONISMO

Nuestro Preámbulo es particularmente breve, aunque no tan telegráfico como el brillante Preámbulo de la Constitución norteamericana de 1787. Maneja un lenguaje claramente diverso del técnico-jurídico que impregna hasta el último rincón del articulado de nuestra Constitución. Se opta por un léxico directo y capaz de llegar a todos los españoles, lo que ya entonces aplaudimos por parecernos positivo, pues es sabido que la Constitución no es solo la Ley de Leyes, que encabeza todo el ordenamiento jurídico, sino también un instrumento de socialización política, es decir, un dispositivo por el que los ciudadanos, los funcionarios y los gobernantes alcanzan y asimilan las actitudes y los comportamientos políticos adecuados que la Ley Suprema del país describe y ordena en términos generales.

La visión del ancho horizonte del Derecho Constitucional comparado permite establecer una distinción primaria, en atención a su extensión: junto a preámbulos prolijos, encontramos preámbulos breves, que suelen limitarse a constatar el poder constituyente.

V. ¿EL PREÁMBULO FORMA PARTE DE LA CONSTITUCIÓN? ¿QUÉ VALOR DEBE ATRIBUÍRSELE AL PREÁMBULO?

Los preámbulos constitucionales, con frecuencia se funden, en términos solemnes, con la fórmula de promulgación de la "siguiente Constitución", como sucede en el caso de nuestra Carta Magna. De esta expresión algunos autores deducen que la Constitución propiamente dicha empieza a continuación, es decir, con su artículo 1°, "Sin que el Preámbulo sea parte de la Constitución misma", como ha sostenido Herrero de Miñón. Nosotros comulgamos solo parcialmente con esta respetable opinión, pues reconocemos que goza de un limitado valor normativo. Nos inclinamos más bien a considerarlo parte integrante y significativa de la norma a la que pertenece y encabeza, a la que aporta la proclamación solemne de su autor, es decir, del poder constituyente, como glosaremos en el siguiente apartado, a la par que contiene elementos, a nuestro juicio, con trascendencia técnico-jurídica, de los que puede servirse tanto el Tribunal Constitucional, como también los jueces y tribunales ordinarios, a la hora de la búsqueda de una "interpretación auténtica" de lo establecido en el articulado de la Constitución. Llegado el caso prevalecerá cuando en la búsqueda hermenéutica del significado originario de un precepto constitucional, las palabras del Preámbulo entren en colisión con las citas que se puedan traer a colación de discursos pronunciados en las Cámaras constituyentes a favor de una enmienda o para explicar el voto de su grupo parlamentario, pues tales intervenciones solo constituyen guía de conocimiento de la posición del orador enmendante o, todo lo más, de su grupo parlamentario, pero en ningún caso de la voluntad del legislador constituyente que se configura mediante la sublimación de las voluntades partidarias en la voluntad legislativa colectiva. En esta dirección cabe citar que Ruiz Miguel haya sostenido que al Preámbulo de la Constitución y de los Estatutos de Autonomía hay que otorgarles "un valor interpretativo importante", para concluir que el hecho de que la calificación de Cataluña como Nación se incluyese en el Preámbulo de su último Estatuto de Autonomía "No solo no le resta gravedad, sino que la aumenta".

De otro lado, el Preámbulo de nuestra Constitución se aprobó con el propósito de hacer llegar a la ciudadanía unas importantes ideas fuerza que sirven de cimientos a la Constitución. Se escribió bien por Pablo Lucas Verdú que el Preámbulo puede contribuir a crear el sentimiento constitucional, entendido como vínculo moral que une a los ciudadanos con sus instituciones, siempre que aquellos asuman los principios constitucionales como elemento irrenunciable de la convivencia. El Preámbulo así entendido es un factor jurídico de integración de la comunidad.

VI. EL PRONUNCIAMIENTO CAPITAL DE TODO PREÁMBULO SOBRE EL PODER CONSTITUYENTE

Incluso en los preámbulos de sucinta extensión, como por ejemplo los de todas las numerosas constituciones que han regido la vida pública de los españoles a lo largo de nuestra historia, emerge siempre la constancia de la autoría. En otras palabras, estamos poniendo el acento en la relevancia de la aparición, en la cabecera del texto fundamental, de la colectividad depositaria de la soberanía política, que ostenta y ejerce el poder constituyente. Es un enunciado que se considera trascendente para la comprensión de la legitimidad del sistema jurídico-político que se instaura, amén de para definir el rango de la propia norma como fuente del resto del ordenamiento jurídico y para entender debidamente su alcance normativo. Y esta afirmación que siempre contiene un Preámbulo constitucional es la única huella formal que deja a su paso el poder constituyente a cuya condición se refería Donoso Cortés, cuando afirmaba en términos excesivos: "el poder constituyente no puede localizarse por el legislador, ni formularse por el filósofo; porque no cabe en los libros y rompe el cuadro de las constituciones; aparece como el rayo que rasga el seno de la nube, inflama la atmósfera, hiere a la víctima y se extingue". Pero en el Preámbulo, añadimos nosotros, el poder constituyente pone su sello, pues el Preámbulo es la gran obra del mismo, según la doctrina elaborada al calor de la Revolución francesa. No olvidemos que la legitimidad del poder constituyente merece la mayor atención por estar irremisiblemente conexa con la legitimidad del sistema político que establece.

VII. LA IMPORTANCIA DEL PROTAGONISMO DE LA NACIÓN ESPAÑOLA EN EL PREÁMBULO

En nuestro proceso constituyente de 1978 se comprendió que la cuestión capital radicaba en la definición del poder constituyente, habiendo tan solo vacilación terminológica entre las expresiones "Pueblo español" o "Nación española". Hubo una asunción tácita de que ambas eran equivalentes, y se aceptó una fórmula de compromiso al iniciar la redacción del Preámbulo, compatible con la terminología de nuestro constitucionalismo histórico liberal, con las palabras: "La Nación española, deseando establecer la justicia, la libertad y la seguridad y promover el bien de cuantos la integran, en uso de su soberanía, proclama la voluntad de...". Puede observarse fácilmente el innegable influjo que ejerció el Preámbulo de nuestra Constitución de 1869 sobre la redacción de este párrafo de la *Lex Superior* vigente. Para cerrar el texto trayendo a colación el término *Pueblo,* así: "En consecuencia, las Cortes aprueban y el Pueblo español ratifica la siguiente Constitución".

VIII. ¿HUBIERA SIDO MÁS ACERTADO PROCLAMAR COMO PODER CONSTITUYENTE AL PUEBLO ESPAÑOL, EN LUGAR DE A LA NACIÓN ESPAÑOLA?

Creemos pertinente apuntar que no pocos de quienes nos movíamos ya entonces en el terreno académico hubiéramos visto como mayor acierto el emplear solo la expresión *pueblo español* y omitir el término *Nación española.* Esta visión fue, ya en 1983, defendida por Raúl Morodo, quien sostuvo que sin entrar en la polémica doctrinal —aprobación, promulgación, sanción— en ningún caso es la Nación sino el "Pueblo" o sus representantes, constituidos en Asamblea, quien proclama o aprueba la Constitución. Esta tesis tenía raíces en la Constitución norteamericana de 1787 y, lo que es más importante, en alguna de las constituciones europeas más relevantes tras la Segunda Guerra Mundial.

En efecto, tras la brutal destrucción que conllevó la segunda gran contienda, las élites europeas, agobiadas por la violencia que llegaron a desatar los nacionalismos, propugnaron su superación mediante un gran proyecto supranacional, el de una Comunidad Europea, que aspiraba a desembocar progresivamente en una plena Unión Europea dotada de estructura federal, lo que se refleja en el protagonismo del pueblo, en lugar del de la Nación, titular del poder constituyente que encabeza lo respectivos preámbulos. Buen ejemplo de ello encontramos en el Preámbulo de la Constitución francesa de 1958 el pueblo francés ha aprobado... la siguiente Constitución—, y en el de la Ley Fundamental de Bonn de 1949 —"El pueblo alemán de los Estados Federales de (...) en virtud de su poder constituyente, ha acordado la presente Ley Fundamental"—, con lo que se soslayaba el concepto de Nación en búsqueda de la superación del nacionalismo, considerado ya entonces como la principal causa desencadenarte de unas confrontaciones a las que no se quería volver.

Nos tememos que desafortunadamente las sabias conclusiones que en la postguerra presiden la terminología de los nuevos preámbulos de sus constituciones no tuvieron un peso determinante en la redacción de nuestro Preámbulo, pues prevalecieron consideraciones y equilibrios distintos; quizás, entre el nacionalismo español, con peso innegable en los escaños de AP y de UCD, y los nacionalismos infraestatales.

En efecto, el Preámbulo de la CE se concibió como una declaración solemne que prioriza la concepción de una soberanía unitaria, enraizada en la *Nación española* y descarta la pretensión formulada en las constituyentes por los nacionalistas vascos —a través de la intervención de Xavier Arzallus en la Comisión del Congreso— y por Esquerra Republicana de Catalunya —mediante el discurso de Heriberto Barrera, en la misma Comisión— de elevar a rango constitucional la tesis de que la soberanía pertenece a los distintos pueblos de España. Consecuentemente, la soberanía se concibe en nuestro Preámbulo como indivisible, siendo su titular la Nación española, concepto que se identifica con el del Pueblo español.

El encabezamiento del Preámbulo tiene su consecución, como es sabido, en los dos preceptos que abren el texto articulado de la propia Constitución. El artículo 1.2 dispone: "La soberanía nacional reside en el pueblo español, del que emanan los poderes del Estado", prontamente bien interpretado por el Tribunal Constitucional. El artículo 2 establece que: "la Constitución *se fundamenta*—terminología motivada en el deseo de esclarecer que la Nación española no es una creación de la Constitución, sino que es previa a ella, a la que sirve de causa en cuanto es su base natural— en la indisoluble unidad de la Nación española, patria común e indivisible de todos los españoles, y reconoce y garantiza el derecho a la autonomía de las nacionalidades y regiones que la integran y la solidaridad entre todas ellas".

Sin duda el juego terminológico que se desplegó en nuestro proceso constituyente en torno al concepto de nación y nacionalidades, un tanto de espaldas al supranacionalismo que había emergido con el europeísmo de postguerra es muy expresivo de un grave problema heredado, que se intuía de difícil superación y al que se le dio un tratamiento de léxico que poco contribuía a superar nuestros conflictos históricos. Los españoles habíamos transitado hacía la democracia, entre otras profundas causas, por la necesidad y el deseo de sumarnos a los restantes pueblos europeos que pertenecían ya a la nueva Europa, pero lo hacíamos sin haber aceptado que el concepto de nación que surge a fines del siglo XVIII y se potencia en el siglo XIX necesitaba ser revisado para facilitar que se diluyesen los sentimientos nacionalistas y las consiguientes confrontaciones de unas naciones, o nacionalidades, con otras. ¿Nuestro Preámbulo pudo haber reflejado la dirección supranacionalista que debía seguir la nueva etapa democrática de la vida pública española? La parquedad y los silencios de los debates y de las negociaciones en sede constituyente sobre el Preámbulo quizá eran reflejo, entre otras motivaciones, de que nuestro problema nacional tenía un profundo calado, al que se había dado un parco tratamiento en el Preámbulo, una singular formulación en el artículo 2° y una culminación en la que humildemente creo errónea huida del federalismo para aterrizar en un Título VIII *apertus*. Pero ciertamente nuestro Preámbulo en todo lo demás es un magnífico pórtico solemne de nuestra gran Constitución del siglo XX, que debemos respetar y defender, entre otras vías, a través de sus correctas actualizaciones.

IX. BIBLIOGRAFÍA

ALZAGA VILLAAMIL, O.: *Comentario sistemático a la Constitución española de 1978,* Ed. del Foro, Madrid 1978, pp. 67 a 70. y 2ª ed. Ed. Marcial Pons, Madrid 2016, pp. 59 a 61.

– "La Nación en los preámbulos de las leyes superiores. El *Statut* de 2006 y la STC 31/2010" en *Teoría y Realidad Constitucional* nº 27, 2011, pp. 131 a 176.

GARRIDO FALLA, F.: *Comentarios a la Constitución,* 3ª ed. Ed. Civitas, Madrid 2001, pp. 17 y 18.

HERRERO DE MIÑÓN, M.: "Comentario al Preámbulo de la CE", en CASAS BAAMONDE, M. E. y RODRÍGUEZ-PIÑERO, M.: *Comentarios a la Constitución española,* Madrid 2018, pp. 3 y ss.

MORODO LEONCIO, R.: "Preámbulo". En ALZAGA, O: *Comentarios a las leyes políticas,* Edersa, Madrid 1983. Tomo I, pp. 3 a 18.

MORODO LEONCIO, R. y LUCAS MURILLO DE LA CUEVA, E: "Preámbulo". En ALZAGA, O: *Comentarios a la Constitución española de 1978,* Cortes Generales y Edersa, Madrid 1996. Tomo I, pp. 45 a 75.

TÍTULO PRELIMINAR

Artículo 1

1. España se constituye en un Estado social y democrático de Derecho, que propugna como valores superiores de su ordenamiento jurídico la libertad, la justicia, la igualdad y el pluralismo político.

2. La soberanía nacional reside en el pueblo español, del que emanan los poderes del Estado.

3. La forma política del Estado español es la Monarquía parlamentaria.

COMENTARIO

Luciano Parejo Alfonso
Catedrático emérito de Derecho Administrativo
Universidad Carlos III de Madrid

SUMARIO: I. SENTIDO Y ALCANCE DEL PRECEPTO. II. ORDEN CONSTITUCIONAL COMO SISTEMA DE VALORES. III. LAS PIEZAS CLAVE DEL PRECEPTO. 1. La Nación y España. 2. La fórmula "Estado social y democrático de Derecho". 3. La soberanía. 4. El pueblo español. 5. Los poderes del Estado. 6. La Monarquía parlamentaria. IV. EL ESTADO DEMOCRÁTICO Y SU VALOR PREFERENTE: EL PLURALISMO POLÍTICO. V. EL ESTADO SOCIAL Y SU VALOR PREFERENTE: LA IGUALDAD. VI. EL ESTADO DE DERECHO Y SU VALOR PREFERENTE: LA LIBERTAD. VII. A MODO DE CONCLUSIÓN VALORATIVA. VIII. BIBLIOGRAFÍA. IX. JURISPRUDENCIA.

I. SENTIDO Y ALCANCE DEL PRECEPTO

Compendia este artículo el orden constitucional, traduciendo jurídicamente la decisión política del preámbulo relativa a la garantía de la convivencia democrática en un orden económico y social justo mediante la identificación del sujeto político —el pueblo español— que adopta el acto jurídico constitutivo de España en Estado y, por ello, también, en ordenamiento jurídico, uno y otro adornados de determinadas características, cuya forma política es la Monarquía parlamentaria. Aún establecidas en apartados separados, todas estas determinaciones: i) forman un conjunto de sentido y finalidad completado por el ulterior orden constitucional sustantivo, según la distinta textura jurídica de su contenido; y ii) otorgan al orden constitucional un marcado carácter estimativo.

Sin perjuicio de las valiosas aportaciones dogmáticas a este precepto, importa aquí la doctrina sentada por el Tribunal Constitucional (TC) a propósito del mismo, cuyo contenido, aunque sentado, en lo fundamental, en las primeras y más fecundas décadas de funcionamiento del TC, se ha visto enriquecida luego en no pocos extremos.

II. ORDEN CONSTITUCIONAL COMO SISTEMA DE VALORES

Al afirmar una tétrada de valores "superiores", el precepto consagra un entero sistema de valores, también calificados de principios (SSTC 89/2019 y 81/2020), expresivo de los criterios axiológicos (SsTC 78/2019 y 170/2021) del Estado y su ordenamiento. Ese orden estimativo no se agota en sí mismo, pues, tienen igual carácter también los proclamados en el art. 10.1 CE y, a su través, los derechos fundamentales y las libertades públicas en tanto que constitutivos, en su dimensión objetiva, de valores que forman parte del fundamento del orden político y social (SsTC 53/1985, 48/2003 y 81/2020) y determinan la exigencia de su máximo respeto en la interpretación de las Leyes (STC 20/1990). Y se prolonga a los principios consagrados en el art. 9.2 y 3 CE, que no son compartimentos estancos y cobran valor en función unos de otros y en tanto sirvan a la promoción de los valores superiores (SsTC 27/1981, 104/2000 y 140/2018).

Resulta así una sobrevenida completa sintonía de la CE con el orden de valores comunes en que, a tenor del artículo 2 de su Tratado, se fundamenta la Unión Europea (SsTC 89/2019 y 184/2021).

III. LAS PIEZAS CLAVE DEL PRECEPTO

1. La Nación y España

Aunque no son infrecuentes las referencias del TC a España o al Reino de España (más lo son las relativas a la nación o al "ámbito nacional", pues se cuentan con los dedos de una mano), se trata en todos los casos de simples alusiones sin mayor alcance, ni esfuerzo interpretativo. España, en tanto calificada como sujeto constituyente, no es sino otro nombre dado a la nación o a su forma política. En la mayoría de los supuestos, sin embargo, el concepto se emplea como equivalente a Estado —definido, éste sí, como conjunto de instituciones y obligado a cumplir el Derecho de la Unión Europea— o a sujeto de las relaciones internacionales (que formula una estrategia para la defensa de sus intereses y valores; firma o ratifica convenios y tratados y queda vinculado por ellos), territorio o lugar geográfico (en su caso, dotado fronteras) y en algún caso a país (que compite deportivamente con selecciones nacionales) u ordenamiento sin mayor precisión, pero no falta su utilización como realidad histórica, política, social o cultural —realidad que, constituida en Estado, está integrada por nacionalidades y regiones con diversidad lingüística constitutiva, ella misma, de un valor fundamental—.

2. La fórmula "Estado social y democrático de Derecho"

El Estado social y democrático de Derecho, presidido e impregnado —como organización y ordenamiento— por los valores superiores de la libertad, la justicia, la igualdad y el pluralismo (STC 178/1989):

- Es fruto de la decantación sucesiva del Estado de Derecho y el Estado social y 1) determina una coloración democrática y social del Estado de Derecho (SsTC 81/1982, 123/1992 y 55/1994) exigente de su impregnación real por los valores que informan la fórmula (SsTC 25/1981, 55/1994 y 70/2022); 2) representa un principio ajustado a la realidad del mundo de nuestra época que trasciende a todo el orden jurídico (SsTC 25/1981, 123/1992 y 55/1994) al que es consustancial la división de poderes (SsTC 124/2018; 33/2019; y 70/2022); 3) culmina una evolución en la que la consecución de fines interés general no es absorbida por el Estado, armonizándose en una acción mutua Estado-sociedad difuminadora de la dicotomía Derecho público-privado (STC 18/1984); y 4) hace que el Estado tome forma y se realice a través de los valores superiores (STC 151/2004), pero también de los derechos fundamentales en tanto que elementos objetivos del orden jurídico (conexión, pues, con los arts. 10 y Cap. II del Tít. I; STC 81/1998) y los de carácter económico y social (conexión con el Cap. III del Tít. I; STC 18/1984).
- En cuanto organización: 1) es un Estado —conjunto de instituciones y órganos ejercientes de poder público (STC 35/1982)— único o común para todos, pero internamente compuesto (conexión con el art. 2; SsTC 100/2012 y 114/2017) y abierto a la integración europea (conexión con el art. 93 y el Tít. VIII; DTC 1/2004 y STC 215/2014) y la comunidad internacional (conexión con el art. 10.2); 2) supone un entramado institucional y normativo, de cuyo funcionamiento resulta un sistema de poderes, derechos y equilibrios sobre el que toma cuerpo la variable del modelo democrático asumida en la fórmula constitucional (STC 48/2003); y 3) los poderes en que se traduce están sujetos a la CE y el resto de su propio ordenamiento jurídico (conexión con el art. 9.1; SsTC 67/1984; 107/1992 y 110/1999).

– En cuanto ordenamiento es estimativo: está inspirado en, y presidido por, valores superiores determinantes de principios, unos y otros directamente constitucionales (la doctrina constitucional no es en este punto precisa, siendo frecuente que califique unos mismos contenidos indistintamente de valores y principios) a los cuales los derechos fundamentales dan sus contenidos básicos, fundando un status jurídico-constitucional unitario para todos los españoles que vincula directamente los individuos y el Estado y opera como fundamento de la unidad política (SsTC 25/1981 y 247/2007).

3. La soberanía

El TC no ha pretendido por ahora determinar positivamente la soberanía. Pero (SsTC 4/1981, 247/2007, 124/2017, 136/2018, 158/2019, 19/2023; y DTC 1/2004):

– Ha identificado su titular único y exclusivo: indistintamente la nación y el pueblo españoles (en su conjunto, con imposibilidad de la atribución de su titularidad a fracción o parte), y su consecuencia: la unidad (Estado único), en tanto que sobre aquella nación se sustenta la CE misma, la cual resulta ser así norma del poder constituyente (que responde al principio de unidad) y no resultado de un pacto entre instancias territoriales históricas. De ahí su condición de fuente origen de todo poder político y fundamento del orden constitucional e, implícitamente, su identificación con el poder constituyente o capaz de fundar un orden político (en los limitados términos en que éste es hoy ejercitable), de modo que ningún poder constituido la posee, ni puede poner en cuestión el orden por ella establecido (salvo por la vía de su reforma).

– La diferencia de la autonomía, con la que no se confunde, pues ésta trae causa justamente de la decisión soberana (asegurada por la supremacía de la norma constitucional) y tiene el alcance que ésta le otorga.

– Es compatible, sin embargo, tanto con la existencia de espacios internos de titularidad de soberanía constituida, como con cesiones de dicha soberanía a organizaciones externas, en la medida en que tales cesiones no la pongan en cuestión. Este límite puede ser identificado con todo cuanto desborde el umbral de la conservación de la soberanía por su titular y de la consecuente supremacía de la CE.

4. El pueblo español

Además de simples referencias a este concepto o de transcripciones de su consagración en el art. 1.2, la doctrina sentada por el TC considera el pueblo español como:

- Sujeto unitario e indivisible (SsTC 124/2017, 136/2018 y 158/2019), y, como tal, unidad ideal de imputación del poder constituyente de la que emanan todos los poderes del Estado constituido (SsTC 90/2017, 136/2018 y 158/2019) y origen de cuantas normas derivan su validez de la CE (STC 137/2010).
- Conjunto formado por todos los españoles en su condición de ciudadanos libres e iguales en derechos (SsTC 42/ 2004, 90/2017 y 124/2017) cuya representación general ostentan las Cortes Generales (STC 123/2017) y no se confunde con el cuerpo electoral (en tanto que sometido, éste, a la norma constitucional y al resto del ordenamiento) [SsTC 12/2008 y 31/2015], por más que su voluntad se exprese a través de él (STC 13/2009).

5. Los poderes del Estado

Poca atención ha prestado hasta ahora el TC al concepto "poderes del Estado", lo que explica que, aun aludiendo éste inequívocamente a todo centro capaz de actuar potestades públicas derivadas de la norma constitucional, ni siquiera haya extraído, de modo claro, tal conclusión. La mayoría de las veces, en efecto, se limita a emplear sin más el concepto dando por supuestos su significación y alcance (p. ej., en SsTC 11/1981, 100/1989 y 90/2017).

No obstante, en ocasiones 1) identifica o bien algún órgano como poder (las Cámaras parlamentarias: SsTC 97/2002 y 191/2016), o bien, con carácter general, "poder" con "órgano" del Estado (SsTC 234/200 97/2002 y 191/2016) y 2) proclama la garantía —en el Estado democrático y social de Derecho— de su efectiva separación (STC 22/1997), lo que se refuerza tanto por la referencia, junto al judicial, a "los otros dos poderes del Estado", dejando aparentemente fuera la Administración que a continuación también se menciona (STC 173/1995), como por la restricción de la admisibilidad constitucional de los fueros privilegiados a los supuestos de enjuiciamiento de titulares de "otros órganos constitucionales o ... poderes del Estado" para preservar su independencia y funciones (STC 55/1990). Pero, desmintiendo tal acotación, recurre paralelamente a un "sentido integral" del concepto para incluir en él a las Comunidades Autónomas (STC 671984).

6. La Monarquía parlamentaria

Escasas oportunidades ha tenido el TC de pronunciarse sobre el concepto de "Monarquía parlamentaria" más allá de que alude a la forma política del Estado (SsTC 124/2018 y 70/2022) o forma de Estado (STC 121/2021). Lo que no ha impedido que haya dejado establecido:

- Su condición de marco en el que se inscribe la Corona, en la doble dimensión institucional (indisociable de la familia real) y de órgano constitucional (la jefatura del Estado), vertientes, una y otra, que se integran y unifican en la persona del rey, titular de la Corona y por ello jefe del Estado (STC 111/2019).
- Su vinculación al diseño constitucional de un sistema de participación política en el que priman los mecanismos de democracia representativa sobre los de participación directa (STC 76/1994). Lo que, desde otro punto de vista, implica que responde a un régimen político muy distinto de aquél en el que el Jefe del Estado asumía todos los poderes del Estado (STC 55/1985).
- Su caracterización como "racionalizada", con la consecuencia de la limitación de la interpretación de la forma política consagrada para impedir su ampliación, en tal sede, en cualquier sentido y, significativamente, en la índole y el alcance de las competencias del Monarca como Jefe del Estado. Los actos del Rey, en efecto, precisan de refrendo y se producen en función de una propuesta o actividad precedente de algún otro órgano estatal, no dependiendo la competencia para el refrendo de cada acto de la determinación previa de a quién corresponde la autoría de la actuación previa (STC 5/1987).
- De donde la condición, normalmente, de debidos y refrendados de los actos del Rey (STC 49/2008).

IV. EL ESTADO DEMOCRÁTICO Y SU VALOR PREFERENTE: EL PLURALISMO POLÍTICO

No existiendo en una concepción democrática del poder más legitimidad que la fundada en la CE, de modo que el ejercicio de la función legislativa por los representantes de los ciudadanos constituye la máxima expresión del ejercicio de la soberanía popular (SsTC 115/2019, 91/2021 y 96/2022), para el TC se trata de un tipo de Estado basado en el principio de unidad del pueblo soberano (STC 12/2008), que no reconoce otra fuente de poder que la derivada de la voluntad de los ciudadanos expresada en ejercicio de los derechos de acceso a los cargos públicos (STC 192/2012) y de participación directa o por medio de representantes en los asuntos públicos (SsTC 31/2015 y 159/2015) y en el que, estando articulado por partidos políticos —de funcionamiento interno, a su vez, democrático— esenciales en tanto instrumentos fundamentales de la aludida participación y, por tanto, de su correcto funcionamiento (STC 138/2012), el parlamento tiene una posición central para asegurar que las regulaciones que afectan al ámbito vital de las personas dependen exclusivamente de la voluntad de sus representantes (SsTC 19/1987, 3/2003 y 107/2015). Pues la CE no es un programa cerrado (SsTC 44/2023). De donde resulta 1) la trascendencia de los procesos electorales (STC 48/2000) y del régimen electoral (definitorio del modelo de Estado democrático; STC 12/2008); 2) la relación representativa entre el conjunto de los ciudadanos y los órganos representativos, presidida por la publicidad y la transparencia (SsTC 85/2003, 44/2009 y 163/2011), cuyo correcto establecimiento es capital para la existencia y el funcionamiento del Estado democrático (SsTC 24/1990, 144/1999 y 125/2013); 3) la crítica al desempeño de los cargos públicos (SsTC 232/2002, 136/2004 y 127/2018), cumpliendo a este respecto los medios de comunicación social una función vital (SsTC 192/1999 y 148/2001).

Se fundamenta este Estado en los valores —piezas esenciales en su configuración— de la libertad (SsTC 19/1999 y 57/2008) y el pluralismo político —valor objetivo esencial y superior o dotado de eficacia irradiante y requisito de funcionamiento (SsTC 104/1985, 62/2011 y 19/2023). Y en él son esenciales las libertades de expresión, asociación, reunión e información y comunicación —pieza capital en su configuración (SsTC 284/2005, 112/2016 y 7/2023).

Por todo ello, está ligado a: 1) la libertad de reunión en tanto manifestación colectiva de la libertad de expresión que contribuye a la formación de la opinión pública libre (STC 133/2021); 2) esta última opinión, que es condición de su funcionamiento gracias a un proceso de comunicación pública abierto, libre y plural, respecto del que el poder ha de ser neutral y al que deben someterse, para crítica o aprobación, las cuestiones relevantes para la vida colectiva (SsTC 101/2003, 226/2016 y 7/2023); 3) la consecuente sujeción a crítica de todo cargo público (SsTC 89/2018 y 127/2018); 4) el respeto de las minorías (SsTC 12/1982 y 139/2017); y 3) el ejercicio de la función legislativa por los representantes de los ciudadanos (SsTC 10/2016; 225/2016 y 71/2017).

Pero se fundamenta igualmente, con carácter más general, en los derechos fundamentales y las libertades públicas en tanto que proyecciones de la dignidad de la persona y reglas objetivas básicas a observar por los poderes públicos (SsTC 239/1999, 151/2004 y 170/2013).

Se entrelaza, finalmente e incluso en calidad de principio, con los restantes caracteres del Estado constituido, especialmente en su dimensión de sujeción al Derecho. El valor superior más íntimamente conectado con este carácter del Estado es el pluralismo (en especial el político; SsTC 27/2018, 25/2019 y 115/2019): i) expresado por los partidos políticos (STC 148/2021) y, por ello, conectado con el principio democrático, determinando un constitucionalismo pluralista que permite plurales opciones políticas, lo que vale decir, legislativas (SsTC 140/2018 y 19/2023) y proporciona al sistema capacidad evolutiva (STC 259/2015), posibilitando diversidad de expresiones partidarias de una misma corriente ideológica (SsTC 72/1995 y 52/2023) y los derechos del artículo 23 CE (SsTC 71/1989, 51/1984 y 36/2003); ii) su preservación requiere el respeto a las minorías (SsTC 226/2016 y 38/2022), estando ligado a una opinión pública libre y a la libertad de reunión (SsTC 133/2021 y 7/2023); y iii) posibilita la más completa movilidad, autodeterminación y competición de los sujetos sociales, al propio tiempo que limita el asociacionismo obligatorio (STC 244/1991).

V. EL ESTADO SOCIAL Y SU VALOR PREFERENTE: LA IGUALDAD

El carácter social otorga al Estado una textura finalista (SsTC 188/2001 y 214/2012), siéndole central o inherente la acción, protección y asistencia sociales o prestaciones sociales y asistenciales (SsTC 146/1986, 36/2012; 134/2020, 36/2022 y 44/2023), sin perjuicio de la transversalidad que es propia de tal acción al proyectarse en todos los ámbitos de la sociedad y del ordenamiento, con consecuente imposición a todos los poderes públicos del ejercicio de sus funciones con sentido social (STC 18/2017) y modulación de la distribución territorial de las competencias en el sentido de que las exclusivas no pueden entenderse como excluyentes de otros entes públicos e, incluso, de los privados (SsTC 146/1986 y 36/2012). Le es propio, por tanto, el tratamiento común de los administrados no formal sino sustantivo en forma de pautas de prestaciones mínimas (STC 32/1981).

Su vocación es, pues, de configuración social, sea mediante acciones de protección y estímulo de actividades (SsTC 207/2013 y 54/2017) o medidas sociales, de ayuda o beneficiosas de colectivos desfavorecidos (SsTC 214/1994, 239/2002 y 18/2017). De ahí que implique la transformación de: i) el concepto de la propiedad (mediante la asignación de una función social con efectos delimitadores de su contenido), permitiéndole tanto modular su contenido a los más variados objetivos colectivos, como negarlo, lo que implica la conversión del instituto de la expropiación de límite negativo a instrumento positivo del poder público (SsTC 48/2005; 154/2015 y 116/2019); y ii) la libertad de empresa, cuyo ejercicio resulta susceptible de límites y restricciones por razón de su función social (STC 227/1993).

Es un Estado que está: 1) vinculado a los valores superiores de la justicia y la igualdad (SsTC 247/2007, 7/2010 y 207/2013), no remitiendo el de la igualdad a la del artículo 14, sino la que resulta del artículo 9.2 (SsTC 216/1991 y 91/2019), que demanda una garantía material del ejercicio de los derechos; y 2) ligado al mandato genérico del artículo 9.2 CE (SsTC 6/1981, 250/2000 y 18/2017), toda vez que solo mediante la igualdad sustantiva es posible la realización efectiva del libre desarrollo de la personalidad y la encomienda al legislador, por tanto, de la tarea de actualizar y materializar la efectividad de dicha igualdad, incluso mediante la discriminación positiva o desigualdad de trato justificada por objetiva y razonable (SsTC 34/1981, 176/1993 y 7/2010). Pues de este modo se garantiza la dignidad de la persona y el libre desarrollo de la personalidad, que suponen la base del sistema de derechos fundamentales (SsTC 212/2005, y 236/2007).

Se inspira en los principios de igualdad de oportunidades y solidaridad (SsTC 188/2001, 102/2012 y 214/2012) y está obligado a facilitar el diálogo social, a proporcionar los adecuados cauces constitucionales a los conflictos de orden social y a garantizar la marcha de los servicios esenciales, contexto en el que es esencial el papel de los sindicatos (SsTC 11/1981, 281/2005 y 33/2011).

Se conecta, por todo lo dicho, con los más variados objetivos colectivos (exigentes de una actuación específicamente encaminada a su realización; STC 88/1986 y 64/1990): desde la promoción de las condiciones favorables para el progreso social y económico, la modernización y el desarrollo de todos los sectores económicos y la subordinación de la riqueza del país al interés general (SsTC 64/1990 y 154/2015), pasando por los deberes constitucionales (como el de contribución a los gastos públicos; STC 19/2012), hasta los inscritos en los principios rectores de la política social y económica (SsTC 31/1984, 210/1990 y 19/2012), incluyendo el aseguramiento de la utilización racional de los recursos naturales desde criterios de sostenibilidad (STC 102/2012). Siendo el tributo el instrumento más idóneo de que dispone para alcanzar los objetivos de redistribución de la renta y solidaridad (SsTC 19/1987, 182/1997 y 189/2005). Pero en su acción se ve en la necesidad de conjugar no solo diversos valores y mandatos constitucionales entre sí, sino de todos ellos con la limitación de los recursos disponibles (STC 191/2020)

Se trata, también en este caso, de solo una de las dimensiones del Estado constituido, que debe estar legitimado democráticamente y organizar su Derecho de modo que sus prescripciones sean reales y efectivas (STC 42/1982) y, además, asegurar su eficacia en la resolución de los conflictos sociales y la satisfacción de las necesidades de la colectividad, para lo que debe dotarse de unas Administraciones públicas capaces de cumplir los valores y principios constitucionales (STC 178/1989), siéndole consustancial la interacción Estado-sociedad y, por tanto, la existencia de entes de carácter social, no público, capaces de cumplir fines de relevancia constitucional o de interés general (STC 18/1984).

El valor que impregna este carácter del Estado, la igualdad: i) es un principio cimentado en la dignidad que, si bien no es extensible a las personas jurídico-públicas (SsTC 135/1985, 237/2000 y 240/2001), rige en las relaciones jurídico-privadas en tanto que la autonomía de éstas debe respetar el principio de no discriminación y las reglas de las que derive la exigencia de igualdad de trato (SsTC 177/1988 y 171/1989); ii) está ligado a la justicia (STC 177/1993), siendo —como igualdad jurídica— equivalente a la universalidad de la Ley que no impide la desigualdad de tratamiento legal justificada y razonable (SsTC 34/1981, 83/1984 y 239/2001), y —como igualdad real— compatible con la discriminación objetiva y justificada (STC 128/1987), pero sin comportar la exigencia de absoluta igualdad de todos los españoles

VI. EL ESTADO DE DERECHO Y SU VALOR PREFERENTE: LA LIBERTAD

Constituye, además de una cláusula constitucional compuesta y un principio complejo o complejo de principios (SsTC 160/1987, 53/1994 y 56/2016) inspirado en el valor cardinal de la libertad (SsTC 219//1989, 250/2006 y 95/2012), que en modo alguno exige la defensa de los derechos adquiridos (SsTC 27/1981 y 97/1990) y es compatible con la coacción estatal legítima (STC 138/2012). Y comporta la organización del Estado en un sistema de competencias en el que cada órgano puede actuar libremente, sin extravasar la suya propia, cuidando de no contrariar los límites derivados del ordenamiento constitucional (STC 38/1983) y actuando, en todo caso, con sujeción a la Ley (STC 122/2022). Es eficaz incluso en las situaciones extraordinarias, en las que, aunque se potencien las potestades públicas, ha de observarse el necesario equilibrio entre las exigencias de aquéllas y su respeto (STC 183/2021).

Está estrechamente imbricado con los restantes caracteres del Estado: el democrático (conexión con el régimen parlamentario; SsTC 177/2002, 57/2011 y 139/2017) y el social (a través de los valores de igualdad y justicia; SsTC 12/2008, 13/2009 y 207/2013), de modo que todas estas facetas deben compatibilizarse sin anularse (SSTC 12/1982, 120/1990 y 177/1993).

Pero es clara igualmente su vinculación con:

a) Los principios de los artículos 9.3 y 10.1, especialmente 1) los valores superiores de la libertad (principio inspirador basado en la autonomía individual de elección entre opciones vitales; SsTC 219/1989, 2/2003 y 44/2023) y justicia (que le es inherente; STC 74/2022); 2) la seguridad jurídica —en cuanto principio configurador y exigencia sustancial del Estado de Derecho (STC 90/2022) y comprensiva de la proporcionalidad, considerada ésta incluso como canon de constitucionalidad— (SsTC 126/1987, 151/1994 y 234/2012); 2) la seguridad jurídica, comprensiva de la publicidad de las normas (SsTC 179/1989, 292/2005 y 136/2011) y de la buena fe y la confianza legítima de los ciudadanos (SsTC 126/1987, 222/2003 y 89/2009); 3) la justicia, como valor, condición basilar, garantía fundamental, exigencia material e, incluso, principio rector o cardinal del Estado de Derecho (SsTC 206/1993, 141/1997 y 261/2005), exigente, como pieza esencial, de un juez sometido a la Ley (STC 17/1985) y garante de la justicia (STC 46/1998) y, por ello, independiente, objetivo e imparcial, que aplique el Derecho conforme a los medios y los métodos propios del Estado de Derecho (SsTC 108/1986 y 229/2003) y cuyas decisiones deben por ello: i) estar motivadas (STC 67/1984, 231/1997 y 183/2011), considerando la igualdad ante la Ley y la univocidad de los preceptos legales o la homogeneidad en su interpretación como factores decisivos de la seguridad jurídica (SsTC 144/1988 y 24/1990); y ii) cumplirse y ejecutarse efectivamente por exigencia del derecho a la tutela judicial efectiva (SsTC 190/1990, 71/2004 y 215/2016), de donde la consistencia de la cosa juzgada (SsTC 314/1994, 229/2000 y 166/2003); 4) el "proceso debido" y su publicidad (SsTC 96/1987 y 62/2011), al que es inherente el "derecho a ser oído" (SsTC 141/1997, 143/2001 y 65/2007) y la asistencia letrada (SsTC 42/1982, 229/1999 y 60/2003); y 4) la tutela judicial efectiva, que es una exigencia objetiva de este tipo de Estado (SsTC 119/1988, 39/1994 y 121/2007).

b) Los derechos fundamentales y las libertades públicas en general (en su doble dimensión subjetiva y objetiva, así como en la procedimental) en tanto que elementos esenciales y de posición preferente en el ordenamiento marco de la convivencia justa y pacífica plasmada en el Estado constituido (SsTC 16/1981, 137/1997 y 285/2005). Así, la libertad personal, determinante, en el Derecho penal, de los principios básicos de intervención mínima y proporcionalidad (STC 58/2006); el derecho a la información, que, en relación con el derecho al honor y la propia imagen, supone uno de los elementos esenciales del Estado de Derecho (SsTC 15/1993, 15/1993 y 208/2013), pero también la igualdad de trato, uno de los fundamentos objetivos del orden jurídico reclamado, en cuanto corolario de la igualdad ante la Ley, por el Estado de Derecho (SsTC 302/1993 y 111/2014).

c) La reserva de Ley como garantía esencial (SsTC 83/1984, 141/1999 y 112/2006), la primacía de la Ley como postulado básico (SsTC 34/1995 y 92/2015) y, más precisamente, la transparencia y la sujeción a la Ley del ejercicio del poder, conectada a la interdicción de la arbitrariedad en el obrar de los poderes públicos (SsTC 34/1995, 34/2008 y 199/2009), así como el principio de legalidad del poder judicial y el administrativo (SsTC 16/1981, 137/1997 y 285/2005).

d) El sometimiento de la actuación de todos los poderes públicos no solo al ordenamiento, sino también a la jurisdicción (esto último: rasgo esencial al Estado de Derecho; SsTC 100/1993, 239/2001 y 240/2001) y la verificación de tal sujeción (fiscalización plena), a título de principio consustancial con este tipo de Estado (STC 31/2000), que tiene una formulación específica para la Administración pública (STC 177/2011) en términos de verdadera cláusula regia del Estado de Derecho: sometimiento a la Ley y al Derecho (más allá de la legalidad) [SsTC 117/1995, 103/1996 y 31/2015], que —en su conexión con el art. 24.1— constituye la culminación del sistema de derechos y garantías de dicho Estado (SsTC 76/1996, 71/2001 y 52/2014) y comporta, incluso, el deber de resolver expresamente en plazo las solicitudes de los ciudadanos (SsTC 86/1988, 220/2003 y 239/2007) y la inexistencia de zonas de inmunidad de jurisdicción (STC 19/2023).

e) La imparcialidad del Juez predeterminado por la Ley y de los funcionarios públicos como inherente por esencia al Estado de Derecho (SsTC 193/1987, 106/2022 y 59/2023), con imposibilidad de atribuir a los segundos el papel que corresponde al primero (STC 19/2023).

La libertad que otorga a esta dimensión del Estado su principal soporte axiológico es un valor y un derecho fundamental, cuya trascendencia radica en ser fundamento de otras libertades y derechos (SsTC 157/1997, 147/2000 y 29/2008), impidiendo que la agrupación social creada *ex lege* sea regla general (SsTC 107/1996 y 225/2006) y determinando exigencias como las del proceso público sin dilaciones, la presunción inocencia y la aplicación ponderada de la prisión provisional (STC 128/1995).

VII. A MODO DE CONCLUSIÓN VALORATIVA

Aunque atenida a, y consecuente con, el tenor del texto constitucional, puede reprocharse a la doctrina del TC que, aun habiéndose visto obligada ya a resolver cuestiones derivadas de los fenómenos que están transformando la sociedad y el Estado, no se ha planteado su repercusión en la fórmula del Estado democrático y social de Derecho. Se trata de fenómenos tan trascendentes como los de, de un lado, la emergencia en los poderes públicos —en el curso de las relaciones jurídico-constitucional y jurídico-administrativa y como correlato de los derechos fundamentales— de un deber positivo de protección, y la progresiva importancia, dentro del equilibrio interno de funciones, de la ejecución y, de otro lado, los que vienen dando lugar a la calificación sucesivo-acumulativa del Estado como cooperativo (en tanto que reductor del Estado a solo uno más, aunque significado, de entre los actores sociales), en cura de adelgazamiento y, sin embargo, activador, liberalizador, privatizador y, por ello regulador-garante del abastecimiento de bienes y suministro de servicios a la población (por entrega de la responsabilidad del cumplimiento de tales tareas al mercado) y de la sociedad de la información (el Estado como centro de la información y acumulador central de conocimiento). Se encuentra anclada, en efecto, en el esquema monista clásico de la legitimación democrática orgánico-personal (reconducción de todo poder público al pueblo por intermedio del parlamento representativo, dotado de una posición preeminente), que deja en la sombra todo el complejo y amplio campo de la ejecución de la Ley en el que se confrontan, sin soluciones seguras (como es claro, por ejemplo, en el caso de las Administraciones independientes), las dos fuentes de legitimación: pueblo-representación y ciudadano-participación y demanda la ampliación del horizonte a la legitimación institucional-funcional-procedimental, en la que —portando la tarea a cumplir su propia legitimación— no hay lugar para el conflicto entre dichas fuentes de legitimación al pasar a ser clave la eficacia por bastar al ejercicio legítimo del poder —gracias al reconocimiento de grados o niveles de legitimación— una suficiente reconducción democrática.

VIII. BIBLIOGRAFÍA

FERNÁNDEZ GARCÍA, E.: *Valores constitucionales y Derecho*, Madrid, 2009.

GARRORENA MORALES, A.: *El Estado español como Estado social y democrático de Derecho*, Madrid, 1984.

OLLERO, A.: *La Constitución entre el normativismo y la axiología*, Madrid, 1989.

PAREJO ALFONSO, A.: *Estado social y Administración pública*, Madrid, 1983

– *Constitución y valores del ordenamiento*, Madrid, 1990.

PECES BARBA, G.: *Los valores superiores*, Madrid, 1984.

PRIETO SANCHÍS, L.: *Los valores superiores del ordenamiento jurídico y el Tribunal Constitucional*, en Poder Judicial núm. 11, 1984.
SUÁREZ VILLEGAS, J. C., SORIANO, R.: *Valores jurídicos y derechos fundamentales*, Navarra 2023.

IX. JURISPRUDENCIA

STC 6/1981, de 5 de agosto.
STC 27/1981, de 20 de julio.
STC 18/1984, de 7 de febrero.
STC 53/1985, de 11 de abril.
STC 160/1987, de 27 de octubre.
STC 179/1989, 2 de noviembre.
STC 216/1991, de 14 de noviembre.
STC 188/2001, de 20 de septiembre.
STC 176/2011, de 8 de noviembre.
STC 115/2019, de 16 de octubre.
DTC 1/2004, de 13 de diciembre.
STC 247/2007, de 12 de diciembre.
STC 207/2013, de 5 de diciembre.
STC 27/2018, de 5 de marzo.
STC 70/2022, de 2 de junio.

Artículo 2

La Constitución se fundamenta en la indisoluble unidad de la nación española, patria común e indivisible de todos los españoles, y reconoce y garantiza el derecho a la autonomía de las nacionalidades y regiones que la integran y la solidaridad entre todas ellas.

COMENTARIO

Eliseo Aja[1]
Catedrático de Derecho Constitucional
Universidad de Barcelona

SUMARIO: I. LA REGULACIÓN DE LA AUTONOMÍA EN EL MARCO DE LA CONSTITUCIÓN DE 1978. II. LA INDEFINICIÓN DEL SISTEMA TERRITORIAL Y SU PUESTA EN MARCHA. III. ¿ES LA AUTONOMÍA UN PRINCIPIO CONSTITUCIONAL FUNDAMENTAL? 1. Los principios constitucionales. 2. Los elementos ideológicos del art. 2 CE. IV. REFORMA CONSTITUCIONAL. V. EL ARTÍCULO 2 CE EN EL DEBATE DEL MODELO AUTONÓMICO Y LOS PROCESOS SOBERANISTAS. 1. El valor del artículo 2 CE, entre principio configurador y declaración política. 1.1 El artículo 2 CE como principio configurador. 1.2 El artículo 2 CE como declaración política. 2. Reforma, ruptura o mutación del modelo autonómico. 3. Y, de nuevo, nación, nacionalidades, asimetrías y hechos diferenciales. VI. BIBLIOGRAFÍA. VII. JURISPRUDENCIA.

I. LA REGULACIÓN DE LA AUTONOMÍA EN EL MARCO DE LA CONSTITUCIÓN DE 1978

Dos elementos aparecen claramente en este precepto, la unidad de la nación española y el derecho a la autonomía de las nacionalidades y regiones que la integran (incluyendo la solidaridad), pero la forma alambicada de su redacción y su carácter más jurídico o ideológico, trascienden el análisis del artículo y requieren una perspectiva más amplia, tanto histórica como constitucional.

Toda la elaboración de la Constitución de 1978 estuvo dominada por la idea de conseguir aprobar una norma suprema que terminara con los grandes conflictos históricos de España (república frente monarquía; dictadura contra libertades; Estado laico enfrentado a confesional...), que habían impuesto la pugna entre las dos Españas y habían impedido consolidar un constitucionalismo liberal y democrático. De hecho el franquismo era tan reciente y es-

---

[1] Se ha mantenido el texto escrito por Eliseo Aja para la edición de 2018 y se ha añadido un nuevo apartado final, el quinto, titulado "El artículo 2 CE en el debate del modelo autonómico y los procesos soberanistas", del que es autor Eduard Roig, profesor de Derecho Constitucional en la UB.

taba tan presente aún que impulsaba a buscar una solución pactada a esos grandes problemas. Esta idea fue aceptada por los principales partidos del período (Unión de Centro Democrático, Partido Socialista Obrero Español) y fue asumida también por el Partido Comunista y, por Convergència Democràtica de Catalunya y, hasta cierto punto, por Alianza Popular. Finalmente, la idea de consenso se acabó imponiendo, frente a algunos intentos de aprobar una constitución partidista. Esta fórmula de consenso, más la presencia influyente de partidos nacionalistas periféricos (Partido Nacionalista Vasco y Convergència de Catalunya, representados ambos en la Ponencia constitucional por Roca Junyent) son necesarios parra entender la regulación autonómica.

Efectivamente, entre los grandes problemas históricos apuntados se encontraba también la organización territorial del poder, que había enfrentado primero al carlismo y al liberalismo, y después a los partidarios del centralismo, a menudo autoritarios, y los defensores de la descentralización, liberales y republicanos, además de pequeños partidos federales. De hecho, la división municipal y provincial fue objeto de polémica desde el inicio del constitucionalismo con el texto de Cádiz, culminando en el fracaso del proyecto federal de 1873. Los liberales intentaban racionalizar el conjunto del Estado e introducir la elección de los responsables provinciales (Constituciones de 1837 y 1869) y los moderados/conservadores centralizaban el Estado potenciando la figura del gobernador civil (Constituciones de 1845 y 1876, que consolidaron el centralismo).

Si la mayor parte del siglo XIX debatió la revitalización de las provincias y el papel de la diputación provincial y del gobernador civil, a finales de siglo aparece como alternativa en Cataluña la región, que recibe el espaldarazo del reconocimiento de la Mancomunitat catalana, como primera estructura administrativas que cubre las cuatro provincias de Cataluña. El debate sobre la regionalización pasará a primer plano, como muestran las reformas de autonomía regional que se intentan introducir con la II República. El franquismo acaba enseguida con esta línea reformista, y por tanto es lógico que la recuperación de la democracia, tras la muerte de Franco, conlleve de manera natural la reinstauración de la autonomía, como se gritaba en las manifestaciones principales de 1975-77: "libertad, amnistía y Estatuto de autonomía". Esta voluntad de autonomía o autogobierno resultaba, sin duda, mucho más intensa en unos territorios que en otros, pero en todo caso la organización descentralizada del poder era uno de los grandes temas que la Constitución tendría que abordar, a poder ser de forma consensuada.

Las alternativas que tenían ante sí los constituyentes, básicamente, eran la configuración de un Estado unitario descentralizado, como eran la mayoría de los Estados europeos, de un sistema federal (tipo Alemania o Austria) y en tercer lugar de un modelo intermedio, como podía ser el regionalismo italiano o incluso, en aquel momento, el de Bélgica. Teóricamente, PSOE y PCE habían defendido en el pasado un federalismo muy dogmático, pero carecían de ideas claras sobre su aplicación en España en aquél momento; UCD se inclinaba por alguna forma de regionalismo suave, tipo italiano, y CDC y PNV, así como Herrero de Miñón (de UCD, pero muy distanciado de sus correligionarios), defendían posiciones distintas para Cataluña y el País Vasco. En la práctica, los defensores a ultranza de la autonomía eran los partidos nacionalistas del País Vasco y de Cataluña. Esta amalgama de posiciones condujo a descartar la solución federal y cualquier modelo del derecho comparado, que nadie defendía seriamente, y plantearse como principal referencia la II República.

Esta opción presentaba ventajas, como la experiencia de los Estatutos para Cataluña y el País Vasco, pero también tenía inconvenientes, porque resultaba muy abierta en sus caracteres principales y aumentaba la indefinición del proyecto; en ambos casos la constitución remitía a los Estatutos de autonomía los principales rasgos de cada región y en consecuencia también dejaba el resultado final al desarrollo del conjunto.

II. LA INDEFINICIÓN DEL SISTEMA TERRITORIAL Y SU PUESTA EN MARCHA

La regulación constitucional presentaba muchos elementos sin configurar porque los partidos no tenían una opción clara. El texto constitucional no decide si todo el territorio se organizará de acuerdo con la autonomía, ni cuantas Comunidades Autónomas se crearán, ni si todas tendrán carácter político o algunas solo poseerán potestad administrativa... La Constitución no precisaba estos elementos, de modo que se impuso la opinión de que la norma suprema no determinaba la estructura territorial del Estado, e incluso se extendió la metáfora del jurista persa, para indicar que un jurista extranjero sería incapaz de conocer nuestro gobierno territorial si se limitaba a leer el texto constitucional.

Aún hoy se observan en la Constitución los restos de las dudas iniciales: el art. 144 no deja claro si todo el territorio tendría que gozar de autonomía; el art. 69.5 implica que no todas las CC.AA. tendrían Asamblea legislativa, e incluso el 152.1 preveía que solo las CC.AA. del 151 CE contarían con las instituciones políticas (Parlamento, Gobierno y Presidente), en contra de lo que sucedió efectivamente. Ciertamente la regulación constitucional dejaba muy abierta la construcción territorial.

Pero inmediatamente después de aprobarse la Constitución se elaboraron los Estatutos políticamente más urgentes, el catalán y el vasco, y aún bajo la influencia del consenso constituyente, se elaboraron las leyes del Estado imprescindibles para el funcionamiento del sistema (Tribunal Constitucional, financiación, referéndum...). Además, se realizaron los pactos autonómicos de 1981 entre los grandes partidos para rellenar algunos vacíos decisivos del texto constitucional, en buena parte siguiendo las ideas de la Comisión de expertos presidida por el profesor García de Enterría.

Además el gran salto en el vacío que significaba pasar del centralismo franquista a la descentralización constitucional no resultó tan difícil porque, al mismo tiempo que se elaboraba la Constitución, se creaban las diferentes preautonomías que daban forma al "mapa" territorial, establecían unas instituciones de transición y facilitaban la solución de los problemas territoriales más elementales que aparecen a menudo cuando se realizan cambios territoriales.

Prácticamente en cuatro años se aprobaron todos los Estatutos de Autonomía, se realizaron las elecciones parlamentarias en las CC.AA., se formaron los Parlamentos y los gobiernos y se comenzó la construcción de las instituciones respectivas. El siguiente paso era llenar de contenido administrativo a las CC.AA., principalmente mediante los traspasos de servicios, y extender la nueva dinámica a todas las instituciones del Estado. Estos años no fueron un camino de rosas, ni faltaron amenazas tan graves como el intento del golpe de Estado de 1981, pero el nuevo sistema parece viable y alcanza un espaldarazo decisivo en la STC 76/1983, sobre la LOAPA.

Las elecciones autonómicas, celebradas cada 4 años, reflejaron un notable pluralismo: en la mayoría de CC.AA. se reprodujeron a esta escala los partidos de ámbito estatal (PSOE y UCD, ésta pronto sustituida por el PP), pero al mismo tiempo en el País Vasco y Cataluña aparecen poderosos partidos nacionalistas (moderados y radicales), y también surgen nuevos o rejuvenecidos partidos nacionalistas en Galicia y en Canarias. Aún otros partidos nacionalistas-regionalistas aparecen en Andalucía, en las Islas Baleares, en Cantabria y en otras CC.AA., de manera que se extienden posiciones nacionalistas reivindicativas, de diferente calibre, en la mitad de CC.AA.

En el Estado, a mediados de los ochenta, el predominio del PSOE es considerable y le permite realizar una política modernizadora, que afecta tanto a la economía, como las administraciones públicas y los servicios sociales. Al mismo tiempo se procedió a grandes reformas legislativas (educación, sanidad, régimen local...) que adaptaban las normas y las administraciones al nuevo sistema autonómico. El ingreso de España en la Comunidad Económica Europea (1986) fue un apoyo decisivo para la transformación del país, al tiempo que abrió nuevas vías de complejidad para el sistema autonómico, porque añadía un nivel político nuevo a los existentes, tanto en la ejecución del derecho comunitario como en la elaboración normativa de la Unión Europea.

Las instituciones autonómicas funcionan con notable regularidad, según reglas del parlamentarismo democrático, con preeminencia del Presidente de la CA. El TC elabora algunas doctrinas iniciales que facilitan la aplicación del complejo sistema competencial (por ejemplo, las SSTC 37/1981 sobre la eficacia territorial, las 1/1982 sobre las competencias básicas del Estado, la STC 13/1992 sobre las subvenciones y la STC 165/94 sobre acción exterior... aunque muy pronto el Tribunal se ve desbordado por un exceso de conflictos entre el Estado y las CC.AA.

Pero la polémica principal entre los años ochenta y noventa se centra en la oportunidad de ampliar las competencias de las 10 CC.AA. que tenían un nivel inferior, tal como se había desarrollado el proceso estatutario. La diferencia de poderes era importante y afectaba sobre todo a educación, sanidad, ordenación económica... y otras competencias legislativas, que además suponían decenas de miles de funcionarios y su financiación correspondiente.

En general las 7 CC.AA. con nivel de competencias superior (especialmente País Vasco y Cataluña), no veían con simpatía la igualación de competencias, y el Estado tampoco estaba feliz con la nueva disminución de funcionarios y servicios, pero la Constitución establecía que las CC.AA. podrían incorporar la ampliación de competencias una vez transcurridos 5 años desde la aprobación del Estatuto. El debate encontró salida en unos nuevos pactos autonómicos de 1992 entre el gobierno, el PSOE y el PP que igualaban las competencias de todas las CC.AA. (salvo las conectadas a los hechos diferenciales), inicialmente a través de una Ley Orgánica de Transferencias y posteriormente mediante una reforma de los Estatutos de Autonomía (1992-1994).

Las dos últimas décadas del siglo XX destacan por la tarea de construcción de las administraciones autonómicas, que se realiza principalmente mediante el traspaso de servicios y medios del Estado a las CC.AA. Los grandes traspasos (educación y sanidad) se culminaron en 2001 de manera que la descentralización realizada en ese período fue notable, como muestran las proporciones del gasto público y del volumen de funcionarios, en los que el Estado pierde aproximadamente la mitad de sus efectivos. Sin embargo, no se realiza reforma constitucional alguna que remedie la débil constitucionalización inicial ni las nuevas contradicciones que han aparecido durante el proceso. Surge así la discusión sobre el carácter del Estado español y la existencia o no de principios que orienten su futuro desarrollo.

Tanto el carácter político de la autonomía como la notable descentralización realizada conduce a algunos analistas extranjeros (Elazar, Watts) y españoles (G. Trujillo, E. Aja) a su comparación con los Estados federales o denominarlo quasi-federal. Pero el problema no es la denominación sino el carácter del Estado previsto en la Constitución. Ciertamente el Estado autonómico posee caracteres próximos a los existentes en sistemas federales (doble nivel de instituciones, distribución de competencias, etc.) pero en algunos casos se trata de apariencias y carece de un principio federal o de lealtad federal que oriente todos sus elementos al funcionamiento correcto del sistema.

III. ¿ES LA AUTONOMÍA UN PRINCIPIO CONSTITUCIONAL FUNDAMENTAL?

1. Los principios constitucionales

Casi todas las Constituciones modernas contienen en sus primeros artículos las determinaciones políticas principales que requiere la Constitución para funcionar como norma suprema en sus distintas vertientes. Esta forma de proceder hunde sus raíces en los orígenes del constitucionalismo, pero en las Constituciones más recientes se amplía, se refuerza y aparecen nuevas funciones. Así, la Constitución alemana proclama la dignidad del hombre como máximo principio en el artículo 1 y extrae de tal proclamación la vinculación de todos los poderes públicos a los derechos humanos. También acoge como principios constitucionales la estructura federal y al carácter republicano, democrático y social que revisten los poderes públicos (arts. 20 y 28), entre otros.

Siguiendo una línea académica especialmente fuerte en Alemania, se considera que los primeros artículos de la Constitución española son principios esenciales, estructurales o fundamentales de la propia Constitución, en cuanto formulan las grandes determinaciones que se encuentran después desarrolladas en sus normas y por el resto del ordenamiento jurídico. La idea de principios tiene una larga historia en la ciencia jurídica como un tipo particular de normas resaltadas en los últimos años algunas importantes contribuciones, especialmente de Alexy y Zagrebelsky.

Su base es la distinción entre las reglas y los principios, insistiendo en que éstos también son normas, con todas las consecuencias de las mismas. La diferencia estriba en que los principios son mandatos de optimización que ordenan que su finalidad sea realizada en la mayor medida posible, y las reglas son disposiciones que solo pueden ser cumplidas o no. El principio se realizará en la mayor medida dependiendo de las circunstancias en que se deba aplicar, en cambio la regla se aplicará o no, pero solo dependerá de los términos que ella misma determina.

Las reglas son las normas que tienen la estructura clásica que incluye el supuesto de hecho y la consecuencia jurídica, como se ve claramente en la mayoría del derecho sancionador. Los principios también son normas pero su aplicación se produce de otra manera, porque el mandato que contienen carece de un supuesto de hecho propiamente dicho y sobre todo no tiene una consecuencia clara que pueda anudarse al supuesto. La norma en este caso no responde al binomio supuesto-consecuencia sino que se caracteriza por ser un mandato que tiende a la optimización de sus efectos. Si este tipo distinto de normas existe en múltiples sectores del ordenamiento ha adquirido una mayor importancia en la Constitución, tanto por los caracteres intrínsecos y la evolución del derecho constitucional como por la creciente complejidad que presentan los ordenamientos jurídicos.

En la Constitución española aparece el término "principio" en múltiples preceptos, con muy distintos significados. En todo caso, la Constitución utiliza con frecuencia la categoría de principio en sentido estricto, en la línea explicada. La Constitución recurre a los principios en casi todos los títulos, pero ocupa un espacio muy particular su utilización en la redacción de las normas del Título Preliminar, porque puede considerarse que encierran las determinaciones más fundamentales o esenciales de la Constitución.

El Tribunal Constitucional ha reconocido el efecto de los principios fundamentales pero con un alcance menor. Puede consistir en la derogación (o en su caso nulidad) de una ley, como reconoció muy pronto en la STC 4/1981 (autonomía local), si existe una oposición radical entre la norma ordinaria y la Constitución. Pero esto es más fácil en los principios de otros títulos constitucionales y más difíciles en los principios fundamentales, porque la contradicción ley-principio se producirá con otras normas constitucionales que los hayan desarrollado, pero difícilmente con los principios fundamentales directamente. Más frecuentemente, los principios tendrán una función interpretativa, en conjunción con otras normas constitucionales que los desarrollan. Pero sobre todo los principios esenciales de la Constitución pueden tener una función informadora o estructurante en cuanto impulsan y explican la formación de otras normas constitucionales, a las que proporcionan coherencia en su actuación sobre un ámbito o un sector jurídico determinado. Este es el carácter que tiene en la mayoría de sistemas federales el denominado principio federal o de lealtad federal.

Pese a las apariencias del art. 2 CE, en la Constitución española no opera un principio semejante, porque la Constitución no lo construye como tal, a diferencia de lo que sucede en los apartados del artículo 1 (Estado de Derecho Democrático y Social, soberanía popular, monarquía parlamentaria), del art. 6 (partidos políticos), etc.

Se supone que un principio constitucional tan fundamental como la autonomía deberá orientar el conjunto de normas que lo desarrollan en el resto de la Constitución, pero no sucede así en nuestra Constitución porque el artículo 2 CE no presenta una conexión con los elementos que debería orientar, como la distribución de competencias (art. 148-150 CE), ni con el carácter de del Estatuto de Autonomía (art. 146, 147 CE), ni con las reglas de financiación (art. 157 CE), ni con la formas de colaboración intergubernamental (inexistentes). Contra todas las previsiones de que el principio fundamental de la autonomía del art. 2 CE estructurara, orienta y determinara el conjunto del sistema autonómico, tal principio y su desarrollo en normas constitucionales más concretas carecen de relación. Probablemente este vacío del principio debe conducir sin más a considerarlo como ideología y no como derecho.

2. Los elementos ideológicos del art. 2 CE

Es lógico que los partidos que intervienen en la elaboración de una Constitución, con la previsión de una larga vigencia, pretendan dejar marca de sus ideas en la norma suprema, bien a través de valores, bien directamente con proclamaciones ideológicas. Estas pretensiones se reducen cuando la constitución se aprueba por consenso, por la coautoría de varios partidos, pero no llegan a desaparecer. Esto fue lo que sucedió en la Constitución actual.

Como se decía al principio, el artículo 2 CE presenta una carga considerable de ideología en torno a dos ejes, unidad de la nación española y derecho a la autonomía de las nacionalidades. De entrada la referencia a "la unidad de la nación española" tendría más sentido jurídico si la unidad se refiriera al Estado, pero en realidad la unidad de la nación, reforzada por el calificativo de "indisoluble" y redoblada por la expresión "patria común e indivisible de todos los españoles" pretenden contrabalancear a las "nacionalidades" que aparecen por primera vez reconocidas en la historia del constitucionalismo español y se perciben como amenaza para la nación española. El reconocimiento de que en España existían nacionalidades requería un esfuerzo tan grande por parte de los partidos tradicionales que al parecer precisó el consentimiento de las fuerzas vivas (avalando a los partidos), de forma que una expresión tan rimbombante no fue modificada en todo el proceso constituyente, ni siquiera para mejorar el estilo. En realidad, todas estas expresiones sobre la nación carecen de consecuencias jurídicas pero se consideraron necesarias políticamente para contrapesar el reconocimiento de las nacionalidades.

En definitiva, la redacción del art. 2 CE muestra una búsqueda de equilibrio político entre unidad y autonomía, pero es poco afortunada constitucionalmente porque carece de instrumentos para forjar una determinada estructura jurídica y en cambio está plagada de valores de los partidos enfrentados, defensores unos de la unidad indivisible e indisoluble, y otros partidarios de las "nacionalidades" que aparecen como una nebulosa próxima a la nación, pero sin un contorna claro. En esta tensión ideológica probablemente la expresión más fuerte es la "patria común", figura literaria que transciende a los ciudadanos con la adquisición de dimensiones simbólicas, enlazando al pueblo español actual con elementos de su pasado y de su futuro.

Parece que doctrina del TC contendría una mayor determinación jurídica, pero no es así. El TC utilizó muy pronto una fórmula rotunda para definir la autonomía, pero vacía de sentido, que ha repetido en muchas ocasiones "autonomía no es soberanía" (STC 4/1981), o con otra variante "la autonomía es un poder limitado, no soberano, y derivado y no originario" (STC 56/1990); cuando ha pretendido avanzar se ha limitado a constatar que el ordenamiento jurídico español es compuesto porque se fundamenta en una pluralidad de subordenamientos con fuentes de producción diversas, lo que es evidente pero no aporta nada a la nación. Este camino promete mayor alcance en la STC 247/2007 (Estatuto de la Comunidad Valenciana), pero enseguida la STC 31/2010 (Estatuto de Cataluña) cerró todas las vías y llegó al extremo de privar expresamente de efecto interpretativo al preámbulo de la norma para que no pudiera derivarse ni un ápice de carácter nacional sobre las reivindicaciones del Estatuto catalán.

IV. REFORMA CONSTITUCIONAL

Acabada con éxito, en general, la fase de la descentralización y de los traspasos, hace 20 años, las CC.AA. —y el propio Estado— han carecido de una línea clara que dirija sus actuaciones. En el País Vasco y en Cataluña sendos intentos de acrecentar su poder mediante la reforma de sus Estatutos (2003, 2006) han supuesto crisis constitucionales graves porque no se ha encontrado la senda constitucional de negociación. La crisis en realidad va más allá de estas dos CC.AA. porque afecta a casi todos los elementos estructurales del sistema autonómico (Estatuto de autonomía, competencias, financiación, etc.). De hecho, muchas disfunciones del sistema requieren desde hace tiempo reformas constitucionales que no se han puesto en marcha.

Los defectos de esas normas (doble carácter del Estatuto, conflictividad competencial, etc.) tienen soluciones experimentadas en el derecho comparado de los sistemas federales y debiéramos acudir a ellos para remediar los problemas surgidos de una excesiva improvisación hace 40 años. Seguramente la conversión del art. 2 CE en un auténtico principio federal ayudaría también a orientar el futuro del sistema. Por otra parte, el sistema federal en España, debe reflejar la pluralidad de los "pueblos de España", como dice el actual Preámbulo de la Constitución, con técnicas jurídicas asimétricas y un funcionamiento común integrador. La óptica de España nación de naciones, cuya necesidad ya apuntaron los constituyentes Solé Tura y Herero de Miñon debería retomarse, pero aumentando su carácter principial y disminuyendo su carga política, justo al revés que ahora.

En todo caso, adentrarse en este campo de reformas constitucionales resulta imprudente en una obra como ésta y será mejor dejarlo para panfletos más livianos.

V. EL ARTÍCULO 2 CE EN EL DEBATE DEL MODELO AUTONÓMICO Y LOS PROCESOS SOBERANISTAS[2]

1. El valor del artículo 2 CE, entre principio configurador y declaración política

La tensión entre los caracteres y funciones de principio configurador y de declaración política se ha mantenido e incrementado en estos años, profundizando en las dinámicas y consecuencias de la tradicional debilidad del artículo 2 CE como principio y, en cambio, su creciente comprensión como declaración política fundamental.

1.1 El artículo 2 CE como principio configurador

La virtualidad del artículo 2 CE como principio constitucional se expresa en su capacidad configuradora, y transformadora, del modelo territorial y de su desarrollo y práctica; esto es, en su fuerza para valorar, impulsar o limitar el desarrollo del modelo autonómico.

2 Este apartado ha sido escrito por Eduard Roig, profesor de Derecho Constitucional en la UB.

En ese sentido, al Tribunal Constitucional corresponde la función más intensa y efectiva de interpretación de la norma constitucional y de expresión de su carácter de parámetro general de evaluación del modelo autonómico y de las exigencias fundamentales de evolución y adaptación a lo largo del tiempo. Escasa, si alguna, son las muestras de esa función del artículo 2 CE en la reciente jurisprudencia del TC. Por el contrario, los todavía numerosos procedimientos constitucionales vinculados con el modelo y la conflictividad territorial se resuelven crecientemente a partir de la jurisprudencia asentada del propio Tribunal, sin incluir (al menos, no expresamente) reconsideraciones de la misma ni el reconocimiento de elementos novedosos en la praxis de nuestras instituciones públicas. Si ése debe ser, sin duda, el contenido ordinario de las resoluciones del Tribunal Constitucional en un modelo ya plenamente consolidado, como es el nuestro, llama la atención que en ningún caso, ni de manera excepcional, existan en los últimos años pronunciamientos que deriven del modelo recogido en el artículo 2 CE necesidades, exigencias o impulsos de adaptación o de renovación en el seno de ese modelo, o que permitan, al menos, evaluar su práctica a la luz de las exigencias fundamentales expresadas en ese precepto.

Más aun, cuando la realidad del desarrollo territorial en España en los últimos años ha planteado diversas evoluciones novedosas, de mayor o menor calado, que podrían haber despertado la necesidad de una reconsideración de algunos aspectos del modelo autonómico: desde el creciente desarrollo de instituciones mixtas entre Estado y Comunidades a la creación de nuevas estructuras estatales de protección y garantía de derechos constitucionales nuevos o reforzados (de la protección frente a la dependencia al acceso a la vivienda), la evolución de la intensidad de las decisiones básicas, o la intensificación sin precedentes de los instrumentos de coordinación y de cooperación en el marco de la pandemia del COVID-21, o el desarrollo de vínculos y flujos financieros profundamente relevantes para el estado autonómico. Ocasiones, pues, no han faltado para que el artículo 2 CE desplegara su virtualidad transformadora, y la realidad actual de nuestro modelo autonómico dista lo suficiente de la de sus años iniciales como para haber dado lugar a una cierta dinámica de evaluación general por parte de nuestro Tribunal, que podría exigir alteraciones o novedades en su jurisprudencia,

De hecho, y como se señalaba en los apartados anteriores, la doctrina académica sí había asumido esa función, desarrollándola de modo especial precisamente en el ámbito del modelo territorial. En efecto, durante años, han sido las propuestas doctrinales, y no las de los partidos políticos y las instituciones, las que han abanderado la demanda de reformas constitucionales. Y, de modo coherente con ese origen académico, las propuestas se orientaban a un mejor funcionamiento del modelo autonómico, esto es, al mejor cumplimiento y desarrollo de los principios de unidad y autonomía del art. 2 CE. Sin embargo, en los últimos años, también el debate académico ha ido perdiendo fuerza, sea por la negativa de las fuerzas políticas a asumir sus propuestas, sea por el progresivo protagonismo del debate independentista y su cuestionamiento del modelo, que deja poco espacio a la crítica del estado autonómico desde sus propios presupuestos constitucionales con él, de la resistencia del modelo constitucional.

Que el protagonismo del proceso independentista sea causa de este creciente abandono del debate de la reforma autonómica desde sus propios presupuestos constitucionales o que la renuncia a esa reforma y el inmovilismo resultante esté detrás del inicio de las derivas soberanista e independentista es una cuestión abierta, así como la proporcionalidad de las reacciones a cada una de esas eventuales causas. Pero parece claro que ambas dinámicas se alimentan de modo recíproco y confluyen en una cierta renuncia a la evaluación y el desarrollo del modelo territorial desde los principios contenidos en el artículo segundo del texto constitucional.

1.2 El artículo 2 CE como declaración política

En cambio, no hay dudas sobre la fundacional eficacia del artículo 2 CE como declaración ideológica, como reconocimiento de una opción central del constituyente y, en consecuencia, como elemento de reconocimiento e integración política del conjunto de los ciudadanos. Es ya un lugar común referirse a esta cláusula constitucional como muestra del reconocimiento de valores que configuran el consenso fundamental, y que lo hacen sobre la base del alcance de un equilibrio entre opciones contrapuestas pero compatibles y de cierta apertura o ambigüedad que permite ese equilibrio.

Ese valor de integración política, patente en el momento constituyente, ha sufrido sin embargo cambios importantes en los últimos años, en los que ha crecido sensiblemente el apoyo político a posiciones que no se reconocen en el consenso constitucional y en su expresión del propio artículo 2 CE. En consecuencia, los efectos de reconocimiento e integración política de la declaración del artículo 2 CE, se debilitan y lo hacen de modo expreso y central en el debate político y en la representación parlamentaria.

Sea como consecuencia de esa ruptura, sea como causa de la misma, el alcance y la apertura propias de la definición constitucional de nuestro modelo territorial se reducen, lo que, por otra parte, es una dinámica propia de la decantación y consolidación de la práctica institucional desarrollada desde

1978. Paradójicamente, esa consolidación, y, sobre todo, la contestación al orden constitucional y la necesidad de responder a la misma han llevado a desarrollar una vertiente normativa de la declaración del art. 2 CE que, por contraste con el carácter de principio configurador al que se ha hecho referencia, se presenta ahora como un límite constitucional a las demandas soberanistas, como un límite cuyo cumplimiento se garantiza mediante las decisiones del Tribunal Constitucional y su imposición.

Esta dinámica de énfasis en los límites derivados del art. 2 CE se inicia al menos con la jurisprudencia que sitúa en primer plano los límites materiales al referéndum en garantía del procedimiento de reforma constitucional (esencialmente STC 31/2015) y alcanza su expresión más clara con las resoluciones de 2017 referidas a las llamadas "leyes de desconexión" y a la declaración de independencia, aprobadas por el Parlamento de Cataluña (SsTC 114/2017, de 17 de octubre y 124/2017, de 8 de noviembre y ATC 144/2017, de 8 de noviembre).

Pero más allá de esta progresiva transformación del art. 2 CE en una prohibición constitucional, que en todo caso es coherente y hasta exigida por el cuestionamiento directo de la Constitución por parte del independentismo catalán, la evolución de la eficacia del art. 2 CE expresa también una transformación en la comprensión del propio modelo territorial de la Constitución, que deja atrás claramente la apertura y posibilidades del texto en su momento inicial, sintetizadas en la metáfora del "jurista persa". Si pudo sostenerse que la Constitución no contenía un modelo territorial definido sino una serie de posibilidades que su desarrollo, y esencialmente el desarrollo estatutario, debía concretar, hoy resulta indudable que existe un modelo constitucional, producto de la praxis desarrollada y de la jurisprudencia constitucional, que ha derivado de los preceptos constitucionales una serie de contenidos cuya garantía asume el propio Tribunal Constitucional, incluso frente al legislador estatutario, como puso de manifiesto la STC 31/2010. Y ese modelo, decantado de modo natural y probablemente inevitable, cierra necesariamente algunas vías y concepciones que algunos consideraban posibles, y hasta exigibles, dentro de la apertura constitucional inicial.

De este modo, toma forma una doble transformación de la opción constitucional del art, 2 CE: su delimitación y la consiguiente reducción de su eficacia integradora y el desarrollo de su vertiente de límite a las actuaciones de los poderes públicos,

2. Reforma, ruptura o mutación del modelo autonómico

Ante la dificultad política de la reforma constitucional desde los propios presupuestos constitucionales, ante la consolidación de un modelo territorial con rango constitucional y, en especial, ante lo que se considera un cierre desde la propia jurisprudencia constitucional a desarrollos alternativos pero que se presentan como respetuosos con una concepción abierta del consenso constitucional plasmado en el art. 2 CE, cobran protagonismo las propuestas que pretenden "recuperar" esas opciones más amplias del consenso constitucional mediante vías que escapen a los límites impuestos por la jurisprudencia constitucional y a las exigencias de amplísimo acuerdo propias del procedimiento de reforma constitucional.

En cierto modo, el proceso de reforma del Estatuto de Autonomía de Cataluña de 2006 anticipaba esta línea en la medida en que intentaba transformar el modelo territorial sin reforma constitucional sino a través de un Estatuto de Autonomía. Sin embargo, la expresa voluntad de adecuarse al marco constitucional y a su concreción por el TC, que se esperaba más abierta, y la tramitación de la norma en las Cortes Generales situaban esta reforma en el ámbito del desarrollo del sistema constitucional y no de su cuestionamiento.

El desarrollo del proceso independentista en Cataluña y su culminación en 2017 con la aprobación de las "leyes de desconexión", la celebración de la consulta sobre la independencia y la adopción de la declaración de independencia por el Parlamento catalán, encarnan en cambio la vía de la ruptura con la Constitución y el cuestionamiento de su vigencia.

Tras el fracaso de esta estrategia de ruptura (en el triple sentido, al menos, de su incapacidad de vigencia efectiva, de la imposición del orden constitucional mediante el instrumento del artículo 155 CE, y de la fuerte división social provocada en la sociedad catalana), resurgen ahora propuestas y demandas de alteración del modelo constitucional mediante instrumentos *sui generis* que permitan superar los límites establecidos en la jurisprudencia constitucional sin enfrentarse directamente con ella ni cuestionar, al menos formalmente, el contenido y vigencia de la Constitución y de su artículo 2.

Se trata de opciones que van desde un "referéndum acordado", esto es, asumido por las instituciones estatales, sobre la independencia hasta el desarrollo de una convención o un diálogo dirigido a la asunción por parte de esas mismas instituciones estatales, de una interpretación alternativa del modelo autonómico (y del marco constitucional). Elemento común a estas propuestas es su planteamiento casi exclusivamente desde algunas fuerzas políticas catalanas y vascas, lo que enfatiza sus elementos de bilateralidad, y su apertura o inconcreción en cuanto a sus contenidos.

3. Y, de nuevo, nación, nacionalidades, asimetrías y hechos diferenciales

El debate territorial vuelve así a uno de los aspectos esenciales del texto del artículo 2 CE desde su propia configuración original: la inclusión del término "nacionalidades", su relación con el reconocimiento del carácter de nación de determinadas comunidades autónomas y sus consecuencias diferenciales para el régimen jurídico aplicable a estas comunidades.

Si la inclusión de la mención diferenciada a "nacionalidades y regiones", en 1978, asumía un especial valor en el consenso constitucional, su fuerza y eficacia integradora se ha diluido en gran medida, primero con la propia consolidación del estado autonómico y, después, con el debate abierto con la reforma del Estatuto de Autonomía de Cataluña y con el proceso independentista.

Como se decía al inicio de este comentario, el texto constitucional no deriva del concepto de "nacionalidad" del art. 2 CE consecuencia jurídica alguna en cuanto al régimen jurídico del estado autonómico ni de sus comunidades, más allá de su vinculación con los regímenes especiales de acceso a la autonomía y la distinción, temporal y ya superada, entre las comunidades del art. 143 CE y las del 151 CE y, de modo implícito, la existencia de dos sistemas específicos referidos a las lenguas cooficiales allí donde existen y a la financiación de las comunidades vasca y navarra, amparada en la cláusula de los derechos históricos,. El desarrollo del modelo desde entonces ha seguido fielmente esta línea de homogeneización del régimen jurídico de las comunidades, a la que debe añadirse la creciente polémica sobre el régimen lingüístico. De este modo, y al margen de la muy relevante realidad jurídica de los sistemas de financiación de cupo y convenio, la virtualidad de la mención a las nacionalidades se concreta casi exclusivamente en el plano político, como reconocimiento indeterminado de una identidad propia, de carácter nacional, ajena a cualquier régimen jurídico diferenciado.

Esta concepción entra en crisis en torno al proceso de reforma del Estatuto de Autonomía de Cataluña de 2006. En primer lugar, porque el nuevo Estatuto introduce algunas novedades que por una parte pretenden reforzar políticamente la vinculación del reconocimiento de la nacionalidad con el concepto de nación y, por otra pueden apuntar a un desarrollo jurídico específico derivado de ese carácter. Ambos aspectos fueron considerados en buena parte inconstitucionales por el Tribunal Constitucional en su STC 31/2010, haciendo así expresa la crisis en la capacidad integradora del art, 2 CE.

En el ámbito del reconocimiento político, esa crisis se evidencia en la anulación de la afirmación del preámbulo del Estatuto según la cual "el Parlamento de Cataluña (...) ha definido Cataluña como nación", y en la interpretación de las distintas menciones del texto estatutario que incluyen el adjetivo "nacional". En cuanto a los preceptos que apuntan a un posible régimen jurídico específico para Cataluña, el Tribunal anula el carácter preferente que se atribuía al catalán (lo que expresa por primera vez un conflicto abierto en el régimen lingüístico) y cierra cualquier interpretación eventual en esa línea con su interpretación de la cláusula de los derechos históricos y de las normas referidas al sistema de relaciones de la Generalitat con el Estado, en torno a la noción de bilateralidad y, con carácter general, refuerza el carácter homogéneo del sistema al someter a las normas estatutarias a la interpretación de la Constitución realizada por el propio Tribunal, que es, fundamentalmente, de carácter general para todas las Comunidades.

Sobre este contexto, el desarrollo del proceso independentista ahonda de modo muy intenso en la pérdida del carácter integrador del art. 2 CE y, en especial, de su reconocimiento de las nacionalidades. El fracaso del proceso no recompone por sí mismo esa pérdida, al menos de modo inmediato, sino que mantiene la vigencia de las cuestiones que el desarrollo constitucional había planteado ya antes de la propia reforma del Estatuto de Cataluña: el significado de ese reconocimiento, la virtualidad de un desarrollo político del mismo y sus límites, la posibilidad o no de un desarrollo jurídico y su frontera con la discriminación o el privilegio territorial y el lugar y los límites de la bilateralidad en el sistema de relaciones institucionales del estado autonómico.

VI. BIBLIOGRAFÍA

AJA, E. (2014): *Estado autonómico y reforma federal*, Alianza.

ALZAGA, O. (2016): *Comentario sistemático a la Constitución española de 1978*, 2ª ed., Marcial Pons, Madrid.

BURGESS, M. (2006): *Comparative Federalism, theory and practice*, Routledge, New York.

CISNEROS, G. et al. (1998): *20 años después. La Constitución cara al siglo XXI*, Taurus, Madrid.

CORTES GENERALES, *Constitución española, Trabajos parlamentarios*, 4 vol. 1980.

DION, S. (2005): *La política de la claridad*, Alianza, Madrid.

GARCÍA ROCA, J. (2014): *Pautas para una reforma constitucional*, Aranzadi, Madrid.

LLORENS, E. (1932): *La autonomía en la integración política*, Revista de Derecho Privado (reedición en Reus, 2008)

MUÑOZ MACHADO, S. (2006): *El problema de la vertebración del Estado en España*, Iustel, Madrid.
SOLÉ TURA, J. (1985): *Nacionalismo y nacionalidades en España*, Alianza, Madrid.
WATTS, R. L. (2006): *Sistemas federales comparados*, M. Pons.

VII. JURISPRUDENCIA

STC 4/1981, de 2 febrero.
STC 76/1983, de 5 de agosto.
STC 132/1996, de 22 de julio.
STC 247/2007, de 12 diciembre.
STC 31/2010, de 28 julio.
STC 52/2017, de 10 de mayo.
STC 114/2017, de 17 de octubre.
STC 124/2017, de 8 de noviembre.
ATC 144/2017, de 14 de diciembre.

Artículo 3

1. El castellano es la lengua española oficial del Estado. Todos los españoles tienen el deber de conocerla y el derecho a usarla.

2. Las demás lenguas españolas serán también oficiales en las respectivas Comunidades Autónomas de acuerdo con sus Estatutos.

3. La riqueza de las distintas modalidades lingüísticas de España es un patrimonio cultural que será objeto de especial respeto y protección.

COMENTARIO

María José Gálvez Salvador
Doctora en Derecho Constitucional

I. EL MODELO JURÍDICO-LINGÜÍSTICO CONSTITUCIONAL

1. Introducción

La lengua es una de las principales manifestaciones de la identidad cultural de una comunidad o pueblo y también es el medio principal de comunicación entre las personas. Consciente de esta realidad y de las dificultades para la convivencia que de ella se derivan, la Constitución Española de 1978, reconoce que la pluralidad lingüística es una de las características más reveladoras de la diversidad cultural de nuestro Estado, al regularla en varios de sus pasajes: en el Preámbulo (apartado cuarto), cuando señala que la nación española proclama su voluntad de "proteger a todos los españoles y pueblos de España en el ejercicio de los derechos humanos, sus culturas y tradiciones, lenguas e instituciones". En el art. 20.3 CE, en relación con la organización y el control parlamentario de los medios de comunicación públicos y el acceso a ellos, subraya que se lleven a cabo en el respeto a las "diversas lenguas de España". En el art. 148.1.17 CE se establece el fomento de la enseñanza de las lenguas de las Comunidades Autónomas como competencia autonómica y en la Disposición Final se prescribe la publicación del texto de la Constitución en todas las lenguas de España. Es, sin embargo, en el artículo 3 de la Constitución donde se contiene la piedra angular que diseña las *líneas maestras* —siguiendo la terminología constitucional de la STC 82/1986, de 26 de junio— sobre las que se construirá el modelo lingüístico en nuestro Ordenamiento Jurídico. Este comentario constitucional tiene como objetivo, partiendo del tenor literal del artículo 3 CE, aportar una reflexión jurídica.

2. La declaración del castellano como lengua oficial en la Constitución Española. Definición y alcance jurídico

El apartado primero del artículo tercero de la Constitución establece que es el castellano es la lengua oficial del Estado. Sin embargo, el texto constitucional, en ningún momento define qué es o qué características integran del concepto de lengua oficial. Ante esa falta de aclaración constitucional, el Tribunal Constitucional ha señalado en su jurisprudencia que una lengua es oficial "cuando es reconocida por los poderes públicos como medio normal de comunicación en y entre ellos en el conjunto del Estado".

El concepto de lengua oficial se configura con dos características esenciales: autonomía e indivisibilidad. La autonomía de una lengua oficial implica que lo es por ella misma, lo que hace innecesarias las traducciones para su eficacia jurídica o la emisión bilingüe de todos los documentos. Una lengua oficial no puede ser nunca accesoria de otra lengua oficial, pues la mera declaración de oficialidad convierte a esa lengua en principal. La otra nota característica que se encuentra en la declaración de una lengua oficial es la de su indivisibilidad. Una vez que se declara una lengua como oficial produce una serie de efectos jurídicos iguales para toda lengua declarada oficial, esto es, no hay una lengua más oficial que otra. En los siguientes epígrafes esta característica teórica será matizada al ponerla en combinación con la doctrina constitucional.

Las consecuencias inmediatas que se derivan de la declaración de una lengua como oficial son: su uso normal por parte de la administración *ad intra* y en sus relaciones con los ciudadanos y el derecho de los ciudadanos a usar la lengua oficial en el territorio en el que lo es.

El primer apartado del artículo 3 de la Constitución recoge que el castellano es la lengua oficial *del Estado*, en contraposición con la opción que podía haber recogido de ser considerada lengua oficial *en el Estado*. Esta primera elección por parte del legislador constituyente implica que el castellano es la lengua oficial *de* las instituciones del Estado y *de* los ciudadanos del Estado en todos los territorios del mismo, e implica también que el castellano no es *la* lengua oficial *en* el Estado, puesto que es *una* de las lenguas oficiales *en* el Estado, al ser España un estado plurilingüe.

3. El deber de conocer el castellano y el derecho a usarlo

El apartado primero del artículo tercero de la Constitución Española finaliza con la declaración de que "todos los españoles tienen el deber de conocerla y el derecho a usarla".

El constituyente ha explicitado el deber de conocimiento del castellano y solamente del castellano de forma expresa, añadiendo el Tribunal Constitucional que "sólo del castellano se establece constitucionalmente un deber individualizado de conocimiento, y con él, la presunción de que todos los españoles lo conocen".

En primer lugar, es necesario destacar que el reconocimiento expreso del deber de conocer el castellano en el texto constitucional podría considerarse redundante, al entenderse implícito dentro del contenido de la declaración de una lengua como oficial. No obstante, si el constituyente ha explicitado en el texto constitucional el deber de conocimiento del castellano, cabe concluir que su voluntad puede interpretarse en un doble sentido: o bien, al ser el castellano la lengua oficial del Estado, explicita su deber de conocimiento como garantía adicional, o bien, que en nuestro ordenamiento jurídico, el deber de conocimiento de una lengua no es inherente a su declaración de oficialidad.

Lo siguiente que debemos preguntarnos es por las implicaciones jurídicas que tiene este deber constitucional de conocimiento de una lengua. Esta cláusula, oscura a pesar de la doctrina constitucional, recoge una obligación jurídica que acarrea una presunción *iuris tantum* de conocimiento del castellano para todos los ciudadanos. Tal y como señaló el TC en su sentencia 74/87, el derecho a la tutela judicial efectiva y a la asistencia letrada priman sobre el deber de conocimiento del castellano. Por tanto, el deber de conocer el castellano tiene un primer límite: ante el desconocimiento real, efectivo y probado del castellano por un ciudadano, será obligatorio asignarle intérprete, pues en caso contrario se incurrirá en indefensión. En segundo lugar, el deber de conocimiento del castellano genera no sólo una obligación a los ciudadanos (deber cuyo incumplimiento no lleva aparejada una sanción directa, como en el caso del incumplimiento de otros deberes constitucionales, lo cual no deja de suponer una singularidad), sino también lanza un mandato a los poderes públicos para que sea posible hacer efectivo ese deber. De este modo, los poderes públicos están obligados a que los ciudadanos puedan hacer efectivo el derecho de conocer el castellano y, a la vez, el derecho a usarlo, lo cual se materializará a través del derecho a la educación.

II. LA RESERVA ESTATUTARIA

1. La declaración de oficialidad de las lenguas distintas del castellano

El apartado segundo del artículo 3 CE establece que "Las demás lenguas españolas serán también oficiales en las respectivas Comunidades Autónomas de acuerdo con sus Estatutos". Este apartado confirma que la Constitución Española no ha impuesto un modelo de regulación jurídica de las lenguas oficiales, sino que ha establecido una reserva estatutaria para que sean estos cuerpos normativos lo que regulen la oficialidad de las lenguas españolas distintas del castellano, reforzando el bloque de la constitucionalidad. Ahora bien, la oficialidad de las lenguas españolas distintas del castellano viene consagrada por el propio texto constitucional, pues el término "serán" del artículo 3.2 CE prescribe la oficialidad de las demás lenguas, no dejando opción al legislador estatutario. Su incorporación en los Estatutos no es una decisión, por tanto, que se traslade al legislador estatutario, sino un mandato constitucional insalvable. Así se deduce de los debates constituyentes y el rechazo de las enmiendas nº 235 y 736 presentadas al anteproyecto de Constitución en las que se proponía sustituir el término "serán" por el potestativo "podrán ser". La precisión inmediata de que la oficialidad de las lenguas propias de las Comunidades Autónomas lo serán "de acuerdo con sus Estatutos de Autonomías" no puede ser interpretada en el sentido de reducir su significado al principio dispositivo.

La declaración de oficialidad para las lenguas distintas del castellano tiene un carácter imperativo, ya que el artículo 3.2 no se limita a configurar la mera posibilidad de cooficialidad, que tendrá que ejercer de manera efectiva el legislador estatutario, sino que se inserta este principio en el ordenamiento jurídico en su rango más elevado, el constitucional. Cada Estatuto, cumpliendo con el mandato constitucional, ha configurado su propio modelo lingüístico, resultando así distintos tipos de regulación de la oficialidad lingüística. Según el propio Tribunal Constitucional, en su STC 337/1994, el objetivo de este mandato constitucional es el de "asegurar y fomentar el uso de la lengua propia e de la comunidad Autónoma y oficial de ésta, y a este fin, corregir positivamente una situación histórica de desigualdad respecto al castellano, permitiendo alcanzar, de forma progresiva y dentro de las exigencias que la constitución impone, el más amplio conocimiento y utilización de dicha lengua en su territorio". No ha sido éste, sin embargo, el camino seguido por Aragón, en su Estatuto de Autonomía ni, de momento, por Asturias en el suyo.

La oficialidad de la lengua puede, por tanto, y según sus Estatutos de autonomía, quedar configurada jurídicamente de uno u otro modo, pero una vez que una lengua es declarada oficial en un territorio tendrá las mismas consecuencias, pues la oficialidad no puede modularse. Cuestión distinta es la modulación del uso oficial de una lengua, con el fin de adecuar la declaración de oficialidad lingüística al a realidad social de un territorio dado.

La declaración de una lengua como oficial comporta una serie de consecuencias, tanto desde un punto de vista activo como pasivo. Desde la perspectiva activa se deriva un derecho subjetivo de elección lingüística y de uso de la lengua oficial elegida, tanto en el ámbito privado como en el ámbito público. Para que este derecho, a su vez, venga efectivamente garantizado, es necesaria una adaptación y una disponibilidad de las Administraciones Públicas y establecimientos abiertos al público en aquellas Comunidades Autónomas con dos o más lenguas oficiales. Desde un punto de vista pasivo se deriva una eficacia *erga omnes* de toda manifestación oral o escrita hecha en una lengua oficial en el territorio en el que goce de tal condición.

Finalmente, la reserva estatutaria que recoge el artículo 3 CE sirve también para entender el alcance del artículo 147 CE que establece el contenido obligatorio del Estatuto de Autonomía: la denominación de la comunidad que mejor corresponda a su identidad histórica, la delimitación de su territorio, la denominación, organización y sede de las instituciones autónomas propias y las competencias asumidas dentro del marco establecido en las Constitución y las bases para el traspaso de los servicios correspondientes a las mismas. Siguiendo este mandato constitucional, los estatutos de autonomía de Galicia, País Vasco, Cataluña, Navarra, Comunitat Valencia e Illes Balears, han recogido la oficialidad del gallego, euskera, catalán, euskera, valenciano y catalán, respectivamente. Aragón, sin embargo, en el artículo 7 de su Estatuto de Autonomía no declara la oficialidad del catalán y/o aragonés, sino que establece que "Las lenguas y modalidades lingüísticas propias de Aragón constituyen una de las manifestaciones más destacadas del patrimonio histórico y cultural aragonés y un valor social de respeto, convivencia y entendimiento". Esta previsión estatutaria ha sido desarrollada por leyes de las Cortes de Aragón. En este sentido, la Ley 3/1999, de 10 de marzo, del Patrimonio Cultural Aragonés, la ley de lenguas de Aragón de 2009 que definía que los idiomas aragonés y catalán son lenguas propias originales e históricas de Aragón y la ley 3/2013, de 9 de mayo. En Asturias, en noviembre de 2018 se rechazó la toma en consideración de la iniciativa para modificar el Estatuto de Autonomía de Asturias para incorporar el bable– asturiano como lengua oficial en dicha comunidad autónoma junto con el castellano.

2. El modelo de territorialidad lingüística en España

El constituyente español ha diseñado, a través del contenido lingüístico de su regulación constitucional, un modelo lingüístico denominado de territorialidad impura. De acuerdo con el criterio de territorialidad lingüística, el parámetro delimitador del castellano y de las demás lenguas oficiales es el territorio, independientemente del carácter estatal, autonómico o local de los distintos poderes públicos. Con el criterio de territorialidad impura, se presenten limitar los efectos jurídicos de las diferentes lenguas en unos territorios concretos: a determinadas comunidades autónomas en el caso de las lenguas oficiales distintas del castellano y a todo el territorio estatal en el caso del castellano. El criterio de territorialidad de adjetiva como impuro ya que la territorialidad *strictru sensu* solo funciona cuando se trata de limitar el ámbito territorial de las lenguas no castellanas. Este criterio se configura constitucionalmente, evitando la extraterritorialidad de las lenguas oficiales de las comunidades autónomas, que tienen una lengua propia distinta del castellano. La limitación de la territorialidad de las lenguas oficiales distintas del castellano al territorio en el que despliega sus efectos jurídicos la declaración de oficialidad de esa lengua se rompe, sin embargo, en lo que afecta a la regulación del uso del as lenguas en el Senado, desde la reforma de su Reglamento de 29 de junio de 2005.

3. El deber de conocer las otras lenguas oficiales

Se ha señalado en los epígrafes anteriores que sólo del castellano se exige, en la Constitución Española, el deber de conocimiento, y no de modo absoluto, pues es posible alegar, como se ha visto y en determinadas circunstancias, el desconocimiento del mismo.

¿Sería por tanto *a sensu contrario* el establecimiento de un deber análogo en los Estatutos de Autonomía de conocer la lengua oficial (diferente del castellano)? Si bien la Constitución Española no recoge ese deber análogo de conocimiento de las lenguas españolas distintas del castellano, podría pensarse que los Estatutos de Autonomía pudieran recogerlo. Esta doctrina ha estado dividida entre dos corrientes: que la inexistencia en el texto constitucional de una precisión similar de deber respecto a las otras lenguas oficiales significa la exclusión del constituyente del deber de conocimiento de toda lengua oficial distinta del castellano y, en el lado opuesto, que el silencio constitucional es consecuencia de la configuración del bloque de constitucionalidad del sistema lingüístico en el cual se atribuye a los Estatutos de autonomía la configuración del régimen jurídico de la lengua oficial distinta del castellano, incluyendo el deber de conocimiento. Ha sido el Tribunal Constitucional, en su STC 31/2010 el que vino a añadir una nueva interpretación. El artículo 6.2 del Estatuto de Autonomía de Cataluña dispone que: "... Todas las personas tienen derecho a utilizar las dos lenguas oficiales y los ciudadanos de Cataluña el derecho y el deber de conocerlas. Los poderes públicos de Cataluña deben establecer las medidas necesarias para facilitar el ejercicio de estos derechos y el cumplimiento de este deber...". Para el TC este artículo "sería inconstitucional y nulo en su pretensión de imponer un deber de conocimiento del catalán equivalente en su sentido al que se desprende del deber constitucional de conocimiento del castellano". Ahora bien, según el Tribunal, "el precepto admite con naturalidad una interpretación distinta y conforme con la Constitución, toda vez que, dirigiendo el precepto un mandato a los poderes públicos de Cataluña para que adopten 'las medidas necesarias para facilitar...El cumplimiento de este deber', es evidente que sólo puede tratarse de un deber 'individualizado y exigible' de conocimiento del catalán, es decir, de un deber de naturaleza distinta al que tiene por objeto al castellano de acuerdo con el art. 3.1 CE...".

Por tanto, el TC señala que es posible que se recoja en los estatutos el deber de conocer la lengua oficial distinta del castellano, pero que ese deber no es análogo al que la Constitución establece para el castellano. Es decir, es constitucional establecer en los estatutos de autonomía un deber individual de conocimiento de las lenguas distintas del castellano, pero no un deber generalizado análogo al deber recogido en el artículo 3.1 CE respecto del castellano. En concreto, señala el Alto Tribunal, que la "imposición de un deber individual y de obligado cumplimiento que tiene su lugar específico y propio en el ámbito de la educación" y en el de las "relaciones de sujeción especial que vinculan a la Administración catalana con sus funcionarios, obligados a dar satisfacción al derecho de opción lingüística".

4. El derecho de opción lingüística

La declaración de oficialidad lingüística implica el reconocimiento de un derecho público subjetivo a su uso, es decir, el poder utilizar esa lengua ante los poderes públicos y en las relaciones privadas en el territorio en el que esa lengua ha sido declarada oficial. Ello implica que de la doble oficialidad lingüística se desprende un derecho de opción lingüística de los ciudadanos. Como se verá a lo largo del desarrollo de este epígrafe, con matices. Según señala el TC en su STC 31/2010, son los particulares, titulares exclusivos de este derecho, quienes pueden preferir una u otra lengua oficial en sus relaciones con el poder público radicado en la Comunidad Autónoma, y hacerlo, además, en perfecta igualdad de condiciones y sin discriminación.

El derecho al uso de una lengua tiene como primera consecuencia su plena eficacia jurídica en todo tipo de relaciones y, como segunda consecuencia y derivada de la primera, la exigencia a la adaptación de las estructuras de las administraciones públicas para que este derecho de libertad de lengua pueda ser efectivo. Siguiendo a Javier García Roca, el derecho de uso de una lengua es un derecho para los ciudadanos y, para las Administraciones públicas un principio de su organización. El artículo 34 EAC de 2006 determina lo siguiente: "Todas las personas tienen derecho a ser atendidas oralmente y por escrito en la lengua oficial que elijan en su condición de usuarias o consumidoras de bienes, productos y servicios". Este artículo que explicita el derecho de elección lingüística para los ciudadanos lleva aparejado el deber de disponibilidad lingüística por parte de las administraciones públicas.

III. LA PROTECCIÓN DE LAS MODALIDADES LINGÜÍSTICAS DE ESPAÑA

Establece el art. 3 en su párrafo tercero que "la riqueza de las distintas modalidades lingüísticas de España es un patrimonio cultural que será objeto de especial respeto y protección".

El artículo 3 cierra con este párrafo el diseño constitucional del modelo lingüístico en el ordenamiento jurídico español. Sin embargo, el legislador constituyente no define qué se debe entender por modalidades lingüísticas. Pudiera deducirse que una modalidad lingüística no es una lengua en términos filológicos, pero ese es un debate estéril jurídicamente. Tres son los elementos que contiene esta cláusula de cierre del sistema. Por un lado, el constituyente no deja fuera del sistema de protección constitucional a quienes hablan una lengua minoritaria, dialecto o variedad lingüística, que no ha llegado a recibir un reconocimiento estatutario como lengua oficial. De modo que cuando los Estatutos de Autonomía no recogen ni protegen determinadas lenguas o hablas de su territorio, es directamente la Constitución española quien lo hace, aunque no como oficiales. Es el caso del montañés en Cantabria, el valenciano en el Carche murciano, la dariya en Ceuta o el haquetía en Melilla y también en Ceuta, sin reconocimiento en sus respectivos Estatutos de Autonomía.

Por otro lado, este párrafo ofrece el anclaje constitucional necesario para aquellos Estatutos de Autonomía que, sin declarar la oficialidad de una lengua, recogen su reconocimiento y/o protección, como el bable en Asturias, el leonés en el E.A de Castilla y León y, aunque sin mencionarlas expresamente, el aragonés y el catalán en Aragón.

Finalmente, el articulado se refiere a estas modalidades lingüísticas como "patrimonio cultural". Con ello, la Constitución se adhiere a la concepción de que las lenguas, dialectos, modalidades lingüísticas, hablas, son parte de la expresión e identidad de los pueblos y comunidades de España, por un lado y son parte principal de la riqueza de nuestro patrimonio cultural, merecedor de protección y respecto.

Finalmente, como cierre al sistema constitucional español en materia de plurilingüismo y desde el derecho comunitario, la Carta de Derechos Fundamentales de la Unión Europea reconoce en su artículo 22 la diversidad lingüística de la Unión y, en su artículo 41 el derecho de los ciudadanos a dirigirse a la Administración comunitaria y recibir respuesta en las lenguas de los tratados, reforzando la protección de las lenguas oficiales en el ámbito de la Unión Europea.

IV. BIBLIOGRAFÍA

AGIRREAZKUENAGA, I y CASTELLS, J. M. (1991): "La cooficialidad lingüística en la jurisprudencia constitucional", *Revista Vasca de Administración Pública*, núm. 31, pp. 215-234.

APARICIO PÉREZ, M. A. (1997): "Lengua y modelo de Estado", *Revista de Derecho Público*, núm. 43, pp. 29-48.

FERNÁNDEZ PÉREZ, B. (2021): "Marco institucional de la autonomía asturiana", *Revista Asturiana de Economía*, núm. 1 Extra, pp. 25-52.

GARCÍA ROCA, J. (2000): "¿A qué llamamos, en Derecho, hechos diferenciales?", *Cuadernos de Derecho Público*, núm. 11, pp. 77-110.

LODARES, J. R. (2002): *Lengua y Patria. Sobre el nacionalismo lingüístico en España*, Taurus, Madrid.

LÓPEZ CASTILLO, A. (2013): *Lenguas y Constitución Española*, Tirant lo Blanch, Valencia.

PONS PARERA, E. (2010): "La llengua en la Sentència de 28 de juny de 2010", *Revista Catalana de Dret Públic*, número especial Sentència 31/2010 del Tribunal Constitucional sobre l'Estatut d'Autonomia de Catalunya de 2006, pp. 149-153.

PRIETO DE PEDRO, J. (1990): "Libertades lingüísticas, doble oficialidad e igualdad en la jurisprudencia", *Revista de Llengua i Dret*, núm. 14, pp. 5-26.

SOLOZÁBAL ECHAVARRÍA, J. J. (1999): "El régimen constitucional del bilingüismo: La cooficialidad lingüística como garantía institucional", *Revista Española de Derecho Constitucional*, núm. 55, pp. 11-41.

VERNET, J. y PUNSET, R. (2007): *Lenguas y Constitución*, Iustel.

V. JURISPRUDENCIA

STC 82/1986, de 26 de junio.
STC 84/86, de 26 de junio.
STC 74/87, de 25 de mayo.

STC 123/1988, de 23 de junio.
STC 46/1991, de 28 de febrero.
STC 337/1994, de 23 de diciembre.
STC 31/2010, de 28 de junio.
STC 14/2018, de 20 de febrero.
STC 51/2019, de 11 de abril.
STC 75/2021, de 18 de marzo.
STC 106/2021, de 11 de mayo.
STC 34/2023 de 18 de abril.
STC 85/2023, de 5 de julio.

Artículo 4

1. La bandera de España está formada por tres franjas horizontales, roja, amarilla y roja, siendo la amarilla de doble anchura que cada una de las rojas.

2. Los Estatutos podrán reconocer banderas y enseñas propias de las Comunidades Autónomas. Estas se utilizarán junto a la bandera de España en sus edificios públicos y en sus actos oficiales.

COMENTARIO

Antonio Troncoso Reigada
Catedrático de Derecho Constitucional
Universidad de Cádiz

SUMARIO: I. LA BANDERA COMO SÍMBOLO DEL ESTADO Y COMO ELEMENTO DE INTEGRACIÓN DE LOS CIUDADANOS EN LA COMUNIDAD Y LA CONSTITUCIONALIZACIÓN DE LAS BANDERAS AUTONÓMICAS. II. LA OBLIGACIÓN DE UTILIZAR LA BANDERA DE ESPAÑA EN EDIFICIOS PÚBLICOS Y ACTOS OFICIALES Y SUS INCUMPLIMIENTOS. III. BIBLIOGRAFÍA. IV. JURISPRUDENCIA.

I. LA BANDERA COMO SÍMBOLO DEL ESTADO Y COMO ELEMENTO DE INTEGRACIÓN DE LOS CIUDADANOS EN LA COMUNIDAD Y LA CONSTITUCIONALIZACIÓN DE LAS BANDERAS AUTONÓMICAS

La Constitución de 1978 regula la bandera de España y las banderas y enseñas propias de las CC.AA. en el art. 4 dentro de su Título Preliminar. Como antecedente hay que destacar el art. 1.4 de la Constitución española de 1931 que señalaba que "la bandera de la República española es roja, amarilla y morada". La Constitución de la II República dio una gran importancia a la bandera, al regularla en el primer precepto de la Constitución —también dentro del Título Preliminar— junto a la definición de España como una República democrática de trabajadores de toda clase que se organiza en régimen de libertad y de justicia, la afirmación de que todos los órganos de la República emanan del pueblo o el establecimiento de un Estado integral compatible con la autonomía de los municipios y de las regiones. La Constitución de 1978 modifica la forma política del Estado español prevista en la anterior Constitución de 1931, estableciendo una Monarquía parlamentaria, lo que ha tenido reflejo también en el cambio del símbolo de la bandera.

El derecho comparado ofrece también algunos ejemplos de regulación constitucional de la bandera, junto con otros símbolos del Estado. La Constitución francesa regula la bandera en el mismo precepto que la lengua, el himno, la divisa de la República y sus principios nacionales —art. 2—. Igualmente, la Constitución de Portugal regula la bandera, junto con el himno y la lengua oficial —art. 11—. La Constitución alemana regula la bandera —art. 22.2— justo después de la capitalidad. También la Constitución italiana regula la bandera —art. 12—, así como la Constitución de Austria —art. 8.a.I—, remitiendo ésta última a la ley federal las normas de desarrollo, especialmente sobre protección de los colores, del escudo y del sello de la República. Algunos países, la mayoría de ellos caracterizados por su estabilidad o por no haber vivido recientemente cambios bruscos en su régimen político, no mencionan la bandera en su Constitución: Suiza, Suecia, Luxemburgo, Dinamarca, Países Bajos, Finlandia, Malta, Bélgica —cuya actual Constitución ha eliminado los símbolos nacionales presentes en el art. 125 del texto de 1831—, aunque también Grecia y Polonia. En cambio, los países que formaban parte del antiguo bloque del este o que han surgido de la desintegración de la Unión Soviética han querido hacer gala en su nueva Constitución de los símbolos nacionales, regulando la bandera —Bulgaria y Estonia— e incluso junto a ésta han incorporado otros símbolos nacionales como el escudo, el himno o el día nacional —Hungría, Rumanía, Croacia, Eslovenia, Lituana y Eslovaquia—, un fenómeno que recuerda la creación de himnos y banderas por parte de los Estados europeos durante el siglo XIX. Muchas de estas Constituciones han establecido una reserva de ley en este ámbito o han remitido íntegramente la regulación de estos símbolos a la ley posterior —República Checa—. Especial mención merece Chipre, un país donde las comunidades turcochipriota y grecochipriota han estado tradicionalmente enfrentadas, lo que ha tenido reflejo en la regulación de la bandera. Por ello, la Constitución de Chipre señala que el Presidente y Vicepresidente elegirán la bandera de la República con un diseño neutral, permitiendo a autoridades y a Administraciones Públicas utilizar junto con la bandera de Chipre, la bandera de Grecia y la de Turquía siempre al mismo tiempo, reconociendo expresamente el derecho de sus ciudadanos a utilizar la bandera de Grecia o la de Turquía indistintamente sin ningún tipo de restricción —art. 4—.

La regulación en la Constitución de 1978 de la bandera dentro del art. 4 del Título Preliminar —sujeto al procedimiento agravado de reforma previsto en el art. 168 CE— muestra también la importancia que los constituyentes quisieron dar a este símbolo. La regulación de la bandera se efectúa en los primeros preceptos de nuestra Constitución, después de la definición de nuestro Estado como social y democrático de derecho, la atribución de la soberanía nacional al pueblo español, la afirmación de que la forma política del Estado español es la de una Monarquía parlamentaria —art. 1 CE— y la aserción de que la Constitución se fundamenta en la indisoluble unidad de la Nación española —art. 2—. De alguna manera la bandera, regulada poco después, supone el símbolo de todo lo anterior. La bandera, un elemento simbólico de expresión o de comunicación no verbal, es regulada justo después del castellano, lengua española oficial del Estado, que todos los españoles tienen el deber de conocer y el derecho a usar —art. 3—. La CE refleja una voluntad deliberada de no hacer referencias a otros símbolos nacionales —himno, escudo, día nacional, divisas—, después de una dictadura caracterizada por la exaltación de los símbolos nacionales.

La regulación de la bandera en el art. 4 CE, señala Alzaga, "casi no originó debate" en las Cortes Generales. La existencia en la transición política de distintas formaciones políticas que defendían o habían defendido previamente la forma de Estado republicana, y que consiguientemente enarbolaban la bandera tricolor como símbolo de sus reivindicaciones políticas aconsejó la regulación de la bandera en la Constitución de manera que esta cuestión simbólica quedara cerrada ya y formara parte del pacto constituyente. La actual bandera constitucional que restaura la de la Monarquía había sido retomada anteriormente durante la sublevación militar y posterior Dictadura del General Franco. La Ley de Sucesión en la Jefatura del Estado de 1947 señalaba que España, como unidad política, "se declara constituido en Reino" —art. 1—, estableciendo que el sucesor en la Jefatura del Estado lo hará "a título de Rey o de regente" —art. 6—.

La bandera de España es, pues, la bandera de la monarquía. Además, existe un paralelismo entre el carácter simbólico de la bandera y el del Rey, que es definido como el "*símbolo* de la unidad y permanencia del Estado" —art. 56.1 CE—. Stern señala que los símbolos como la bandera están extraordinariamente cerca de la representación y ambos tienen una función integradora común, aunque deben ser distinguidos: la representación se efectúa a través de personas; los símbolos se hacen presentes la mayor de las veces mediante signos. A diferencia de la bandera, el Rey muestra los sentimientos de los españoles. Si el Rey personifica a España y la lealtad al Rey —también la de los militares— es entendida como lealtad a España, la bandera simboliza lo que España es ahora, pero también representa el recuerdo hecho presente de lo que España ha sido en su historia por el esfuerzo de las distintas generaciones de mujeres y hombres, la voluntad de continuar esta historia en común, el respeto "a todos los españoles y pueblos de España en el ejercicio de sus derechos humanos, sus culturas y tradiciones, lenguas e instituciones" —Preámbulo de la Constitución—, que también conforma el juramento del Rey al ser proclamado ante las Cortes Generales —art. 61.1 CE—. Por tanto, la bandera es también símbolo de la unidad y permanencia del Estado. Así, en el Reglamento de Honores Militares, los honores a la bandera son semejantes a los del Rey —arts. 4 y 8—. En esta dirección, la Ley 39/1981, de 28 de octubre, que regula el uso de la bandera de España y el de otras banderas y enseñas, —en adelante LB— señala que "la bandera de España simboliza la nación; es signo de la soberanía, independencia, unidad e integridad de la patria y representa los valores superiores expresados en la Constitución" —art. 1—. Igualmente, la Constitución de Portugal establece que la bandera nacional es el "símbolo de la soberanía de la República y de la independencia, unidad e integridad de Portugal" —art. 11.1—.

El art. 4.1 CE señala que *"la bandera de España está formada por tres franjas horizontales, roja, amarilla y roja, siendo la amarilla de doble anchura que cada una de las rojas"*. Sin embargo, esta bandera no era inicialmente la de la Monarquía porque la normativa, al referirse a ella, utilizaba la expresión "bandera nacional", existiendo además un Pendón Real que sí era privativo del Rey y que curiosamente en época de Isabel II era de color morado. Esta bandera de España, con las características actuales, lleva ondeando más de dos siglos, un periodo sólo interrumpida durante la etapa de la II República, en virtud de la previsión ya citada del art. 1.4 de la Constitución de 1931. Hay que señalar que el Decreto de aprobación de 27 de abril de 1931 introducía el nuevo color de esta manera: "Hoy se pliega la bandera adoptada como nacional a mediados del siglo XIX. De ella se conservan los dos colores y se le añade un tercero, que la tradición admite por insignia de una región ilustre, nervio de la nacionalidad, con lo que el emblema de la República, así formado, resume más acertadamente la armonía de una gran España". Aunque el origen de la franja morada en la bandera republicana es bastante controvertido y equívoco, es posible que los republicanos de principio del siglo XX creyesen que Castilla no estaba representada en la enseña nacional por faltar el color morado ya que el color amarillo y rojo carmesí estaban atribuidos a Aragón. De esta forma, se apartaban también simbólicamente de la bandera de la I República y ponían de manifestó que, para estos republicanos, tal vez distintos a los de ahora, Castilla era fundamental para vertebrar la nueva República y regenerar España.

La descripción de la bandera de España presente en el art. 4.1 CE, aun siendo la misma bandera, se separa de la recogida en el art. 5 de la Ley 1/1967, de 10 de enero, Orgánica del Estado, que establecía que "la bandera nacional es la compuesta por tres franjas horizontales: roja, gualda y roja; la gualda, de doble anchura que las rojas". Se produce una modificación de la descripción de este símbolo que es también significativa. La anterior bandera *nacional* es ahora la bandera de *España*, en la que, junto a la Nación española, tal como aparece al comienzo del Preámbulo de nuestra Constitución, patria común e indivisible de todos los españoles, coexisten distintas nacionalidades —art. 2 CE—. Vernet señala que el adjetivo nacional estaba presente en algunas enmiendas al proyecto de Constitución que fueron rechazadas por lo que "bandera nacional y bandera de España no deben considerarse expresiones análogas". Además, el color ya no es definido como gualda sino como amarillo, después de una enmienda conocida del Senador Cela. De esta forma, manteniéndose idéntico el símbolo, existe una voluntad de incluir una definición discreta de la bandera, apartándose deliberadamente de la adjetivación simbólica del régimen anterior. La LB reitera lo preceptuado en el art. 4.1 CE, añadiendo que "en la franja amarilla se podrá incorporar, en la forma que reglamentariamente se señale, el escudo de España" —art. 2.2—, que se encuentra regulado en el RD 2964/1981, de 18 de diciembre, por el que se hace público el modelo oficial del Escudo de España.

La bandera es el símbolo que representa a España, patria común e indivisible de todos los españoles —art. 2—. La patria es la "tierra natal o adoptiva ordenada como nación, a la que se siente ligado el ser humano por vínculos jurídicos, históricos y afectivos", el "lugar, ciudad o país en que se ha nacido" —DRAE—. Por tanto, la bandera, al emplearse como "enseña o señal de una nación", transmite también un significado de pertenencia y de identidad colectiva. Es un símbolo de integración. Como señala Lucas Verdú, la bandera cumple una función de facilitar la integración simbólica de los ciudadanos en el Estado porque la naturaleza humana "no solo es racional sino sentiente que requiere una integración en la comunidad nacional a través de símbolos". También Smend subraya la eficacia integradora que los símbolos políticos cumplen en el Estado, que se debe no sólo a su propia naturaleza irracional sino a que el símbolo es siempre más moldeable que las fórmulas racionales y legales: "los contenidos valorativos simbolizados pueden ser vividos personalmente tal y como yo los entiendo, sin la tensión y el rechazo que necesariamente producen fórmulas y reglamentaciones". Así, por encima del pluralismo existente en nuestro país —político, territorial, de clase social, de cultura o de generaciones—, la bandera como símbolo que representa a España ayuda a trascender e ir más allá de las discrepancias y de las divisiones, teniendo en cuenta sobre todo lo que nos une. La reivindicación de la bandera, su uso social fuera del ámbito de las Administraciones Públicas, refleja un elemento psicológico de pertenencia, de orgullo colectivo, de integración voluntaria y consciente en la comunidad a través de la exhibición de su símbolo. Si bien durante la transición y los primeros años de democracia el uso social de la bandera fue realizado principalmente por una minoría de extrema derecha, progresivamente esto se fue superando —también políticamente— de forma que la bandera refleja hoy el pluralismo político del régimen constitucional de 1978. Aunque en apariencia pueda parecer algo anecdótico, los deportes —especialmente el futbol— han sido una oportunidad para un uso popular espontáneo de la bandera, como elemento simbólico de integración y sin un significado político.

Recientemente, se ha producido una presencia masiva de la bandera española en los balcones, en este caso con un claro sentido político, como elemento de defensa de la unidad de España y de reivindicación de la CE y de las libertades de todos, también de los ciudadanos catalanes, ante el problema de libertad que ha supuesto la declaración unilateral de independencia del Parlamento de Cataluña.

El art. 4.2 CE establece que *"los Estatutos podrán reconocer banderas y enseñas propias de las Comunidades Autónomas. Estas se utilizarán junto a la bandera de España en sus edificios públicos y en sus actos oficiales"*. Se trata de una previsión novedosa que no tiene antecedentes en nuestra historia constitucional ni correspondencia en el Derecho constitucional comparado —STC 94/1985, de 29 de julio, F. J. 6º— y que supone "la constitucionalización de las enseñas autonómicas" y el establecimiento de una reserva de estatuto y de una obligación de utilización conjunta de las banderas y enseñas autonómicas junto a la bandera de España en edificios públicos y actos oficiales —Solozabal, Garrorena—. Es la propia Constitución la que se abre a la existencia de banderas y enseñas de las CC.AA. —de las nacionalidades a las que se refiere el art. 2 CE—, previendo no sólo su reconocimiento en los EE.AA. sino su utilización junto a la bandera de España en edificios públicos y actos oficiales. Si bien la bandera de España es la de todos los pueblos de España y abarca todas las nacionalidades y regiones, la previsión del art. 4.2 CE es "una forma de expresión a través de los símbolos de la organización del Estado en Comunidades Autónomas" —STC 119/1992, de 18 de septiembre, F. J. 1º—. Como expresión del espíritu de consenso que caracterizó nuestra transición política, el constituyente trató que la utilización de las banderas de las Comunidades Autónomas fuera un elemento de integración de una España plural, al igual que hizo con el reconocimiento de la oficialidad de las lenguas de las Comunidades Autónomas y con la afirmación de que la riqueza de las distintas modalidades lingüísticas es un patrimonio cultural que merece especial objeto y protección —art. 3.2 y 3 CE—, todo ello en línea con la consideración de que "la indisoluble unidad de la Nación española, patria común e indivisible de todos los españoles" no es obstáculo para reconocer y garantizar "el derecho a la autonomía de la nacionalidades y regiones que la integran y la solidaridad entre todas ellas" —art. 2 CE—. Se trataba, como señalaba Pérez-Llorca, de una apuesta porque los sentimientos autonomistas, al igual que sus símbolos, si se encauzaban, llegasen a ser un factor de integración más que de separación. En esta dirección también se había manifestado Solé Tura en el debate constituyente: "Hay que decir las cosas con toda claridad. España es una realidad multiforme, pero es una realidad y es tarea de todos hacer que incluso sus propios símbolos, sean reconocidos como tales".

II. LA OBLIGACIÓN DE UTILIZAR LA BANDERA DE ESPAÑA EN EDIFICIOS PÚBLICOS Y ACTOS OFICIALES Y SUS INCUMPLIMIENTOS

España ha sufrido durante su historia distintas crisis en el sentido de pertenencia a esa Nación, también en las etapas más recientes, derivadas especialmente de nuestra diversidad territorial. Esto se ha manifestado en las dificultades para aceptar la bandera como un símbolo propio, lo que se ha materializado en conflictos por el uso de las banderas que ha dado lugar a múltiples sentencias. La bandera deja de ser un elemento de integración para convertirse también en un elemento de diferenciación, que separa a los que la usan porque se sienten identificados, integrados y representados por ella y a los que no lo hacen, "el nosotros y el ellos". En ocasiones, la exposición de la bandera no sólo da lugar a un sentimiento de indiferencia por representar a una comunidad distinta sino de antagonismo o de hostilidad, cuando se trata de una comunidad históricamente enfrentada a la que se considera propia, cargando de connotaciones negativas los símbolos de los otros —García Pelayo—.

No podemos analizar los distintos conflictos a los que ha dado lugar el uso de las banderas —la llamada *guerra de las banderas*—. Por ello, nos vamos a referir únicamente a la obligación de utilizar la bandera de España en edificios públicos y actos oficiales y sus incumplimientos. No abordamos —por requerimientos de espacio— otras cuestiones como la bandera como bien jurídico merecedor de protección penal y el cuestionamiento del delito de ultraje a la bandera como límite a la libertad de expresión, especialmente las importantes SSTS 311/2022 de 29 de marzo —condena la conducta de rasgar y rajar en dos la bandera de España, tirándola en el suelo en una fiesta— y 386/2020, de 9 de julio —inexistencia del delito por no entenderse acto de desprecio el arrojar al suelo de un manotazo la señera—, así como la STC 190/2020, de 15 de diciembre —corregida por la STEDH, de 8 de junio de 2023, Fragoso Dacosta v Spain—; la prohibición de la exhibición en edificios públicos de banderas partidistas —con la interesante STS 564/2020, de 26 de mayo que la reitera aunque concurran con la bandera de España y con las estatutariamente instituidas, matizada por la STSJ Aragón, 261/2022, de 13 de junio, que no extiende la prohibición a otros signos diferentes a las banderas como una pancarta—; la prohibición de la utilización de la bandera de España o de las enseñas autonómicas como símbolo oficial de un partido político o de una candidatura; o los conflictos por la utilización de las banderas de las Comunidades Autónomas, cuestiones que hemos estudiado en otras ocasiones.

El art. 4.2 CE establece que las banderas y enseñas propias de las Comunidades Autónomas *"se utilizarán junto a la bandera de España en sus edifi-*

cios públicos y en sus actos oficiales", lo que supone, como hemos señalado antes, el establecimiento de una obligación constitucional en este sentido. La LB recoge que la bandera de España —en la que figurará obligatoriamente el escudo de España— "deberá ondear en el exterior y ocupar el lugar preferente en el interior de todos los edificios y establecimientos de la Administración central, institucional, autonómica, provincial o insular y municipal del Estado", además de ser la única que ondee y se exhiba en las sedes de los órganos constitucionales del Estado, órganos centrales de la Administración del Estado, edificios públicos, acuartelamientos de Fuerzas Armadas y de la Seguridad del Estado, misiones diplomáticas y oficinas consulares —arts. 2 y 3—. Además, "la bandera de España ocupará siempre lugar destacado, visible y de honor. Si junto a ella se utilizan otras banderas, la bandera de España ocupará lugar preeminente y de máximo honor y las restantes no podrán tener mayor tamaño" —art. 6—.

Sin embargo, esta legislación sobre la bandera no fue siempre respetada. La bandera ha sido vista todavía en algunos lugares como un símbolo de la dictadura y del centralismo y no como el símbolo de una España constitucional, democrática, que reconoce un alto nivel de autogobierno a sus nacionalidades y regiones. Como señalaba Solé Tura, "es cierto que hay dificultades, para qué ignorarlas; es cierto que existen, porque durante mucho tiempo los símbolos de ese Estado han sido símbolos de opresión, pero es tarea de todos terminar esa concepción, con esa visión, y hacer que esos símbolos sean considerados por todos como cosa propia". La STS 400/1988, de 14 de abril, en relación con el incumplimiento por el Ayuntamiento de Bilbao del requerimiento del Gobierno Civil para que figure la enseña nacional junto con la de la Comunidad Autónoma y la del propio Municipio en el exterior de la Casa Consistorial, subrayó que el art. 4 CE es "efecto y reflejo del contenido del art. 2 —que proclama la indisoluble unidad de la Nación Española, Patria común e indivisible de todos los españoles—". La Sentencia, auténtico *leading case* en esta materia, señala que la formulación del art. 4.2 CE "debería haber bastado para el adecuado uso de la bandera", si bien "las reticencias de unos grupos y la inadecuada utilización de ella como símbolo de la Nación por otros, así como las situaciones conflictivas surgidas hizo necesario el desarrollo legislativo de esta materia". Como señala la sentencia, la LB utiliza expresiones gramaticales en sentido imperativo —será la única que ondee, se colocará, se enarbolará— "para expresar una idea o un contenido normativo de naturaleza permanente y no esporádica". Por tanto, existe una "exigencia legal de que la bandera de España ondee todos los días y en los lugares que expresa", todo ello como "símbolo que los edificios o establecimientos de las Administraciones Públicas del Estado son lugares en donde se ejerce directa, o delegadamente, la soberanía y en ellos se desarrolla la función pública en toda su amplitud e integridad, sea del orden que fuere, de acuerdo con los valores, principios, derechos y deberes constitucionales que la propia bandera representa, junto con la unidad, independencia, soberanía e integridad territorial del Estado Español. Por ello, la utilización de la bandera de España en dichos edificios o establecimientos debe de serlo diariamente como manifestación, frente a los ciudadanos, de contenido que simboliza y representa" —F. J. 2º—.

Hay que subrayar que con la aprobación de la Ley 39/1981, de 28 de octubre, que desarrolla el art. 4 CE y la STS 400/1988, de 14 de abril se comenzó a superar en gran medida la ausencia de la bandera de España en edificios públicos del País Vasco y de Cataluña. A juicio de Moreno Luzón y Núñez Seixas a partir del año 1996 se inició un proceso de renacionalización de España a través de sus símbolos, ya que anteriormente gobiernos de distinto signo con frecuencia habían pasado por alto algunas situaciones de incumplimiento para evitar problemas. De hecho, la STS 5429/2007, de 24 de julio tuvo que clarificar la cuestión de si existía o no extratemporaneidad de la interposición de la demanda cuando la situación que se denunciaba venía sucediendo desde bastante tiempo, al resolver un recurso de casación promovido por el Gobierno Vasco en relación con el incumplimiento de esta obligación por la Academia de Policía Vasca de Arkaute. Frente a la alegación de la "extratemporaneidad" por parte del Gobierno Vasco —ya que "la bandera española llevaba sin ondear en la academia de policía más de veinte años, que tal cambio de criterio provocaría cierta inseguridad jurídica" y que en dicho largo plazo se ha tenido conocimiento suficiente de la situación y nunca ha sido denunciada—, el Tribunal Supremo señala que la actuación administrativa continuada no puede consolidarse al margen de la legalidad vigente y que la situación de inseguridad jurídica no proviene de la exigencia del cumplimiento de la Ley sino de la situación anterior. Por lo tanto, no cabe la extratemporaneidad del recurso por tener esta práctica una continuidad en el tiempo. La STS 5429/2007, de 24 de julio establece que "estándose en una actividad e incumplimiento continuados, tal plazo permanece abierto mientras la situación —de ilegalidad— continúe o permanezca" —F. J. 3º—. La LB establece un imperativo categórico en relación con la presencia de la bandera, sin que sea necesario, como señala la posterior STS 6564/2008, de 2 de diciembre, ni siquiera un requerimiento previo del incumplimiento para el acceso a la vía jurisdiccional, dejando claro que el verdadero contenido del recurso es la inactividad permanente en la ejecución de lo que establece la LB por parte, en este último caso, de las Juntas Generales de Vizcaya. Todo ello ha facilitado al TSJ del País Vasco hacer ejecutar la legalidad en materia de banderas —STSJ PV 326/2015, de 30 de junio en relación con el incumplimiento del Ayuntamiento Gámiz-Fika—.

En ocasiones se ha llevado a cabo una ejecución fraudulenta de las Sentencias que exigían el cumplimiento de la Ley, desvirtuando la obligación impuesta por éstas, al proclamar expresamente, al mismo tiempo que se cumple el mandato, que se está en contra. Buena muestra de ello es la colocación por las Juntas Generales de Guipúzcoa, junto con la bandera de España situada en el lugar legalmente asignado, de una placa con la siguiente inscripción: *"he ahí la bandera, símbolo de esta situación, puesta; por quien no desea hacerlo, a la que el viento ondea con ironía"*. La STS 7725/2011, de 17 de noviembre, que resolvió el recurso de casación *ante la desestimación del recurso en la Sala de Instancia,* afirma la ejecución fraudulenta de la anterior sentencia de la misma Sala, alegando que el derecho a la tutela judicial efectiva comprende la ejecución de los fallos judiciales y, en consecuencia, su presupuesto lógico es el principio de inmodificabilidad o de intangibilidad de las resoluciones judiciales firmes y de las situaciones jurídicas por ellas declaradas, porque en caso contrario "las decisiones judiciales serían meras declaraciones de intenciones" —SSTC 20/2010, de 27 de abril —F. J 4º—; 37/2007, de 12 de febrero —F. J. 4º— y 86/2005, de 18 de abril, —F. J. 2º—. Así, la placa en cuestión no sólo modifica la Sentencia, sino que, además, con la inscripción, se quiere obtener la finalidad contraria a la pretendida por ésta, contraviniendo el pronunciamiento del fallo, siendo consecuentemente una ejecución fraudulenta de tipo material. La Administración procede formalmente a la ejecución de la sentencia dictada, pero lleva a cabo al mismo tiempo una actividad material que contraviene el pronunciamiento del fallo por lo que el resultado no conduce justamente a la finalidad establecida por la Ley. A consecuencia de esta Sentencia, las Juntas Generales de Guipúzcoa dictaron un Resolución en la que afirmaban no estar de acuerdo con la obligación de colocar la bandera española ya que se trata de una imposición inadmisible que va en contra de los sentimientos de la mayoría de los guipuzcoanos, Resolución que fue anulada por la STS 1321/2016, de 7 de junio.

III. BIBLIOGRAFÍA

ÁLVAREZ RODRÍGUEZ, I. (2021): "Libertad de expresión y ultraje a la bandera de España: comentario a la STC 190/2020, de 15 de diciembre", *RCJyS*, vol. 24, pp. 343-377.

ALZAGA VILLAMIL, O. (2016): *Comentario sistemático a la Constitución de 1978*, 2º ed., Marcial Pons, Madrid.

BELDA PÉREZ-PEDRERO, E. (2019): "Elementos simbólicos de la Constitución española: la protección al uso de los símbolos por las personas y las instituciones", *REDC*, núm. 117, pp. 45-75.

BILBAO UBILLOS, J. M. (2022): "La protección penal de los símbolos nacionales. El delito de ultraje a la bandera", *REDC*, núm. 126, pp. 13-47.

ENTRENA CUESTA, R. (2001): "Artículo 4", en GARRIDO FALLA, F. *Comentario a la Constitución*, 3ª ed., Civitas, Madrid, pp. 76-87.

GARCÍA PELAYO, M. (1991): "Ensayo de una teoría de los símbolos políticos", en *Mitos y símbolos políticos, Obras Completas*, vol. I, CEC, Madrid, pp. 987-1031.

GARRORENA MORALES, A. (2005): "Los símbolos de las comunidades autónomas y la función del Derecho", en AGUIAR DE LUQUE, L. et al., *Constitución, Estado de las autonomías y justicia constitucional, Libro homenaje al profesor Gumersindo Trujillo*, Tirant lo Blanch, Valencia, pp. 1015-1034.

LUCA VERDÚ, P. (1996): "Art. 4º. Símbolos políticos", en ALZAGA VILLAAMIL, O., *Comentarios a la Constitución Española de 1978*, Edersa, Madrid, vol. I, pp. 287-294.

MORENO LUZÓN, J. y NÚÑEZ SEIXAS, X. (2017): *Los colores de la Patria: Símbolos nacionales en la España contemporánea*, Tecnos, Madrid.

SMEND, R. (1985): *Constitución y Derecho Constitucional*, CEC, Madrid.

SOLOZABAL ECHEVARRÍA, J. J. (2018): "Comentario al art. 4", en RODRÍGUEZ PIÑERO, M. y CASAS M. E., *Comentarios a la Constitución Española, XL Aniversario*, Fundación Wolters Kluwer-BOE, Madrid, pp. 785-91.

STERN, K. (1987): "Símbolos y autopresentación del Estado", *Derecho del Estado de la República Federal Alemana*, CEC, Madrid, pp. 505-521.

TRONCOSO REIGADA, A. (2018): "La bandera y la capitalidad", *RDP*, núm. 103, pp. 29-76.

VERNET I LLOBET, J. (2003-2004): "Símbolos y fiestas nacionales en España", *Teoría y Realidad Constitucional*, núms. 12-13, pp. 99-122.

IV. JURISPRUDENCIA

STEDH, de 8 de junio de 2023, Fragoso Dacosta v Spain.
STC 94/1985, de 29 de julio.
STC 119/1992, de 18 de septiembre.
STC 190/2020, de 15 de diciembre.
STS 400/1988, de 14 de abril.
STS 5429/2007 (Roj), de 24 de julio (CENDOJ).
STS 6564/2008 (Roj), de 2 de diciembre (CENDOJ).
STS 7725/2011 (Roj), de 17 de noviembre (CENDOJ).
STS 1321/2016, de 7 de junio.
STS 564/2020, de 26 de mayo.
STS 386/2020, de 9 de julio.
STS 311/2022, de 29 de marzo.
STSJ País Vasco 326/2015, de 30 de junio.
STSJ Aragón, 261/2022, de 13 de junio.

Artículo 5

La capital del Estado es la villa de Madrid.

COMENTARIO

Antonio Troncoso Reigada
Catedrático de Derecho Constitucional
Universidad de Cádiz

SUMARIO: I. COMENTARIO. II. BIBLIOGRAFÍA. III. JURISPRUDENCIA.

I. COMENTARIO

La atribución a Madrid de la capitalidad del Estado recogida en el art. 5 CE tiene como antecedente en nuestra historia constitucional el art. 5 de la Constitución de 1931 que señalaba que "la capitalidad de la República se fija en Madrid". En el Derecho Constitucional Comparado hay que mencionar recientemente la Constitución alemana que señala que "la Capital de la República Federal de Alemania es Berlín" —art. 22.1—. Con anterioridad a la aprobación de nuestra Constitución, la Constitución de Bélgica recogía que "la villa de Bruselas es la capital de Bélgica" —art. 194— y la Constitución de Italia establecía que "Roma es la capital de la República" —art. 114—. Otras menciones semejantes a la capitalidad se encuentran en el art. 108 de la Constitución de Austria, en el art. 32 de la Constitución de los Países Bajos y en el art. 109 de la Constitución de Luxemburgo. Esta referencia constitucional a la capitalidad es especialmente apreciable en países que han aprobado sus Constituciones recientemente después de procesos de transformación política o de configuración nacional —Polonia, Hungría, República Checa, Eslovaquia, Bulgaria, Rumanía, Lituania, Croacia y Eslovenia— pues, como señala Santamaría Pastor, la idea de ciudad-capital "constituye una pieza fundamental en el proceso simbólico de afirmación de la independencia". Hay otros países que no recogen en su Constitución un establecimiento de la capitalidad —Francia, Portugal, Grecia, Dinamarca, Suiza, Finlandia, Suecia, Malta, Estonia—.

La decisión de fijar la capital de España en Madrid no fue una cuestión polémica en el proceso constituyente, a diferencia del debate sobre la determinación de la capitalidad que sí se produjo durante el periodo estatuyente en Comunidades Autónomas como Galicia, Extremadura o Canarias. Hay que mencionar en el debate constituyente la intervención de Camilo José Cela en el Senado que defendió que el artículo se limitara a señalar que la capital de

España es Madrid y no la villa de Madrid, justificándolo tanto en que "es lo que nos decían en el colegio como en que desde que es Obispado, probablemente es ya, en todo caso, ciudad".

La capitalidad está en los orígenes de un Estado y tiene más fuerza en los Estados centralizados que en los fuertemente descentralizados. La capitalidad no sería en puridad un símbolo, aunque también tiene un importante componente simbólico. De hecho, una de las primeras decisiones que se adoptaron después de la unificación alemana fue el traslado de la capitalidad de Bonn a Berlín. En esta dirección, Stern analiza la capitalidad dentro de los símbolos del Estado de la República Federal de Alemania. Como señala Villaverde, "aunque en puridad los símbolos del Estado se regulan en el art. 4 CE, es innegable la función simbólica de la identificación de la capital del Estado". En esa misma dirección, para Lucas Verdú la definición de la capitalidad en el Título Preliminar es significativa porque este título contiene la fórmula política de la Constitución y expresa la Constitución en sentido material. Villaverde señala que la redacción del art. 5 CE deja al intérprete perplejo, pues "o bien apenas dice sólo lo que dice" o "en su simpleza lo contiene todo, un modelo de forma de Estado y de Gobierno". Para este autor "no es baladí que la capital lo sea del Estado y no del Reino de España". Lucas Verdú entiende que el constituyente evitó replicar al art. 5 de la Constitución de 1931.

El art. 5 CE tiene un contenido definido y delimitado pues se trata de un precepto constitucional con una clara densidad normativa. Así, este artículo contiene una cláusula cerrada, no una cláusula abierta, lo que reduce la libertad del legislador y el margen de interpretación por parte del Tribunal Constitucional. El constituyente ha fijado con claridad que Madrid y no otra ciudad es la capital del Estado. Al incluirse este artículo dentro del Título Preliminar, una eventual modificación de la capitalidad —por ejemplo, para fijar una capital compartida— requeriría una reforma constitucional mediante el procedimiento agravado previsto en el art. 168 CE. Para Alzaga, el silencio de las Constituciones extranjeras sobre la capitalidad se explica "por la conveniencia de conservar un margen de flexibilidad para poder cambiar la capitalidad". La atribución a Madrid de la capitalidad no es una proclamación retórica, sino que tiene un contenido jurídico que es indisponible para el legislador. La capitalidad, en primer lugar, hace referencia a un lugar desde donde se ejerce la soberanía. Por ello, el Rey, como Jefe del Estado —que tiene atribuida la representación del Estado en su conjunto; manifiesta el consentimiento del Estado para obligarse en el ámbito internacional; perfecciona, finaliza y formaliza los actos de otros poderes del Estado; dispone del poder de legación activa y pasiva (art. 63 CE); y simboliza la unidad y permanencia del Estado (art. 56.1 CE)— debe tener su residencia en la capital. La Constitución de los Países Bajos cita la capital Amsterdam como el lugar donde se tomará al Rey juramento, una vez haya asumido la ejecución de las funciones regias, y se le entronizará en sesión pública y conjunta de los Estados Generales —art. 32—, aunque La Haya sea la capital administrativa y efectiva del Reino. Así, históricamente la capital era la sede del poder real. También en las formas de gobierno republicanas la Presidencia de la República tiene su sede en la capital. En segundo lugar, la capitalidad hace referencia a dónde se encuentra la representación del Estado. La Constitución de Alemania al regular la capitalidad de la República Federal también alude a este concepto de representación cuando señala que "la representación de la totalidad del Estado en la capital federal incumbe a la Federación" —art. 22.1—. Durante la Edad Contemporánea, la construcción del Estado como persona jurídica, como señala Aragón, necesitó inevitablemente un domicilio conocido a todos los efectos tanto en las relaciones internas como en las internacionales. Para Villaverde, la definición jurídica de capitalidad cumple la función de "ser símbolo espacial del lugar desde el que se ejerce la soberanía en un Estado" —de ahí la relevancia en el Derecho internacional de identificar las capitales en las relaciones entre Estados—, lo que requiere que la capital sea una sede fija. En tercer lugar, atribuir a una ciudad la capitalidad significa convertirla en cabeza *—capitas—* política visible de un territorio, sea Estado, Comunidad Autónoma o Provincia. La capitalidad a la que hace mención el art. 5 CE es la del *Estado*, lo que atribuye a esta ciudad una posición central dentro del Estado.

En esta dirección, Aragón ha recogido la opinión de Livio Paladin para quien en la capital del Estado no tienen por qué tener su sede las más altas instituciones del Estado sino al menos una de ellas, la Jefatura del Estado o el Poder Ejecutivo. Aragón ha distinguido en relación con el principio jurídico de capitalidad entre un contenido propio o amplio de capitalidad —que exigiría que todas las instituciones políticas tengan su residencia en ella— y un contenido mínimo —que admitiría que sólo la Jefatura del Estado tuviera la sede en ella—. Entiende que el contenido propio supone aceptar la existencia de una reserva de Constitución para la fijación de la sede de los órganos supremos del Estado, de manera que sólo pueden residenciarse fuera si la Constitución lo hubiera previsto. Aragón se inclina por el contenido mínimo, entendiendo que cuando la Constitución guarda silencio, puede hablar el legislador —sólo él, no el Gobierno ni siquiera los demás órganos constitucionales—. Así, muchos autores han mantenido una interpretación estricta del art. 5 CE que atribuya un contenido mínimo —no amplio— a este precepto y que deja una amplia libertad al legislador para que lo desarrolle políticamente. Esta libertad del legislador afectaría especialmente al establecimiento de la sede de las instituciones generales del Estado. Desde esta posición, la capitalidad no implica la sede de los poderes del Estado y de los órganos constitucionales sino sólo de uno de ellos, la Jefatura del Estado.

Sin embargo, una noción generalmente admitida de la capitalidad también conlleva ser la sede de los órganos de poder del Estado, es decir, del Poder Legislativo —Congreso de los Diputados y Senado—, del Poder Ejecutivo —Gobierno— y del Poder Judicial —Tribunal Supremo—, del Ministerio Fiscal— y de los órganos constitucionales —Tribunal Constitucional, Consejo General del Poder Judicial, Defensor del Pueblo, Tribunal de Cuentas, Consejo de Estado—. En esta dirección, la Constitución de Bélgica establece que la capital es "la sede del Gobierno Federal" —art. 194—. Igualmente, la Constitución de Luxemburgo señala que la villa de Luxemburgo es "la capital del Gran Ducado de Luxemburgo y la sede del Gobierno. No se podrá trasladar la sede del Gobierno sino momentáneamente y por razones graves" —art. 109—. La Constitución de Chipre, aunque no alude a ninguna ciudad como capital, establece que el Tribunal Constitucional —art. 133.2— y el Tribunal Supremo —art. 153.2— han de ubicarse en la capital de la República. Es interesante mencionar en este sentido el ATC 236/1984, de 11 de abril, en relación con la posibilidad de presentar escritos de interposición de los recursos de amparo en cualquier Juzgado de Guardia existente en el territorio nacional, donde se señala lo siguiente: "Tampoco puede admitirse la tesis sostenida en el escrito de alegaciones en punto (sic) a la posibilidad de presentación de los escritos de interposición de los recursos de amparo en cualquierJuzgado de Guardia existente en el territorio nacional, con el simple argumento de que 'una interpretación distinta supondría discriminación respecto de los españoles que vivimos fuera de Madrid (sic)', pues la discriminación se encuentra establecida en el caso de que se la quiera llamar así, por el art. 5 de la Constitución que coloca en la Villa de Madrid la capital del Estado y, por consiguiente, la sede de sus órganos y la presentación de escritos fuera del Tribunal es excepcional y debe interpretarse restrictivamente por exigirlo así el Derecho Procesal General y la buena marcha de los procesos" —F. J. 2º—.

Así, considerar que la noción de capitalidad no implica ser sede de las instituciones generales del Estado supone vaciar de contenido el precepto constitucional. Una interpretación flexible que no vacíe de contenido constitucional la noción de capitalidad y que al mismo tiempo permita un margen de maniobra al legislador podría consistir en que los órganos de poder del Estado y los órganos constitucionales antes mencionados tengan su sede en Madrid, especialmente la Jefatura del Estado, las Cortes Generales y el Gobierno, si bien el establecimiento de alguna excepción por el legislador en relación con algunos órganos constitucionales no vulneraría el precepto constitucional y no requeriría una reforma constitucional por el procedimiento agravado. El establecimiento de los órganos de poder del Estado y de las instituciones generales fuera de Madrid como criterio general —no como excepción— estaría en contradicción con la noción constitucional de capitalidad. En cambio, sería constitucional y no lesionaría la atribución constitucional de la capitalidad a Madrid que el legislador fijara la sede de algún órgano constitucional fuera de esta ciudad o que estos órganos pudieran reunirse en alguna ocasión en otros lugares de España —por ejemplo, por decisión de las propias Cámaras atendiendo a lo que prevean sus Reglamentos—. Es interesante mencionar que, en Alemania, a pesar de que la Constitución recoja que la capital está en Berlín —art. 22.1— y antes en Bonn, el Tribunal Constitucional Federal tiene su sede en Karlsruhe, en virtud de la Disposición Final 1.2 de la Ley del Tribunal Constitucional Federal. Para Aragón, existe una reserva de Ley para regular la sede de las instituciones del Estado pues esto no lo puede hacer el Gobierno mediante reglamento ni los propios órganos constitucionales. Este autor recuerda que el art. 86.1 CE excluye de los Decretos Leyes el ordenamiento de las instituciones básicas del Estado, lo que significa que lo reserva a la ley formal de las Cortes Generales. Esta reserva sería de ley ordinaria, no de ley orgánica, dado el estricto entendimiento del art. 81.1 CE, lo que plantea el problema de la regulación prevista en el art. 6 EAM, que seguidamente analizaremos, que es ley orgánica. Alzaga proponía que la Ley Orgánica que regulase los estados de alarma, excepción y sitio previera el desplazamiento provisional de la capital. El Anteproyecto Constitucional añadía que "podrán establecerse por ley, servicios centrales en otras localidades de España". Para Entrena, esta supresión no debe interpretarse como una prohibición de este establecimiento sino como "un medio de evitar que se entienda que, por imperativo del precepto constitucional, tales servicios habrán de radicarse necesariamente en Madrid, salvo que una ley establezca lo contrario". Así, *esta radicación es una consecuencia obligada de la capitalidad*, "pero no parece aconsejable establecer la reserva legal para que se apliquen excepciones a esta regla" en relación con servicios centrales de la Administración, aunque sí en relación con órganos constitucionales. Por tanto, la capitalidad del art. 5 CE es política, no administrativa, por lo que sólo los órganos políticos del Estado deben estar *inicialmente* en Madrid al encontrarse en ella la capital del Estado, salvo excepción establecida por el legislador para algunos órganos constitucionales. En cambio, algunos Departamentos Ministeriales y servicios administrativos centrales pueden tener su sede fuera de la capital, por decisión del Gobierno. En el caso de los órganos reguladores o administraciones independientes hay que tener en cuenta la ley de creación y su autonomía organizativa en relación con el Gobierno.

Esta interpretación flexible de la noción de capitalidad como sede de las instituciones políticas es la que se encuentra en los Estatutos de Autonomía. Como hemos señalado en otro momento, llama la atención el hecho de que la Constitución no desarrolle más el contenido de la capitalidad de Madrid como sede de las instituciones generales del Estado al mismo tiempo que sí obliga a los Estatutos de Autonomía a contener la "denominación, organización y sede de las instituciones autónomas propias" –art. 147.2.c) CE–. El Tribunal Constitucional, en la Sentencia 89/1984, de 28 de septiembre, señala que el art. 147.2.c) CE no establece una reserva estatutaria absoluta frente a la Ley de la Comunidad Autónoma que desarrolle la organización de las instituciones autonómicas o que determinara la sede de tales instituciones, sino que únicamente supone la absoluta exclusión de norma estatal no estatutaria. De esta forma, el art. 3 del Estatuto de Autonomía de Castilla y León, que establece que "constituidas las Cortes de Castilla y León en la Villa de Tordesillas, aprobarán, en su primera sesión ordinaria, la sede o sedes de sus instituciones de autogobierno, por mayoría de dos tercios" no es contrario al art. 147.2.c) CE porque "aun no fijándose la sede por su nombre, se establece qué órgano habrá de determinarla, cuándo y dónde habrá de hacerlo y con qué mayoría" –F. J. 7º–. Pues bien, el art. 5 del Estatuto de Autonomía de la Comunidad de Madrid –EAM– identifica la capital de la Comunidad con la sede de las instituciones políticas autonómicas al afirmar que "la capital de la Comunidad, sede de sus instituciones, es la villa de Madrid, pudiendo sus organismos, servicios y dependencias localizarse en otros municipios del territorio de la Comunidad, de acuerdo con criterios de descentralización, desconcentración y coordinación de funciones". El Estatuto de Autonomía de Cataluña, aprobado por Ley Orgánica 6/2006, de 19 de junio, establece: "La capital de Cataluña es la ciudad de Barcelona, que es la sede permanente del Parlamento, de la Presidencia de la Generalitat y del Gobierno, sin perjuicio de que el Parlamento y el Gobierno puedan reunirse en otros lugares de Cataluña, de acuerdo con lo que establecen, respectivamente, el Reglamento del Parlamento y la ley" –art. 10–. El Estatuto de Cataluña de 1979 establecía que en Barcelona debían tener su sede las principales instituciones autonómicas: Parlamento y Gobierno –arts. 30.3 y 37.3–. En general existe una disparidad de situaciones en los Estatutos de Autonomía –fijación de la capitalidad, fijación de la sede de las instituciones, remisión al Parlamento autonómico para la fijación de las sedes, etc–. En algunas CC.AA. la capitalidad implica la sede del Gobierno y del Parlamento –Madrid, Cataluña, Andalucía, Extremadura, etc–, salvo que exista una regulación específica, como es el caso de Canarias donde el Estatuto establece una capitalidad compartida por las ciudades de las Palmas de Gran Canaria y Santa Cruz de Tenerife, alternando la sede de la Presidencia de Canarias entre ambas ciudades por periodos legislativos y determinando que el Parlamento tenga su sede permanente en la ciudad de Santa Cruz de Tenerife; o el de Murcia que fija en la capital la sede de las instituciones pero sitúa al Parlamento en Cartagena. La legislación de las CC.AA. también entiende que la capitalidad implica ser sede de las instituciones generales. Así, la designación de Santiago de Compostela como capital de Galicia implica ser la sede de las instituciones autonómicas —Ley de Galicia 1/1982, de 24 de junio y 4/2002, de 25 de junio, de Estatuto de Capitalidad de la ciudad de Santiago de Compostela—.

El Estatuto de Autonomía de la Comunidad de Madrid —que tiene el rango de ley orgánica y forma parte del bloque de la constitucionalidad— confirma esta interpretación de la noción de capitalidad del art. 5 CE. Así, este señala que "[l]a villa de Madrid, por su condición de capital del Estado y sede de las instituciones generales, tendrá un régimen especial regulado por Ley votada en Cortes. Dicha Ley determinará las relaciones entre Instituciones estatales, autonómicas y municipales, en el ejercicio de sus respectivas competencias" —art. 6—. Este precepto del EAM recoge cuál es el contenido jurídico de la capitalidad: ser sede de las instituciones generales del Estado —no precisa cuáles—; además añade que, en virtud de esa capitalidad, Madrid tendrá por Ley un régimen especial para facilitar las relaciones entre instituciones estatales, autonómicas y municipales en el ejercicio de las competencias, especialmente —se entiende— aquellas que afecten a la capitalidad. Con anterioridad, el Preámbulo de la Ley Orgánica 6/1982, de 7 de julio, que autorizó la constitución de la provincia de Madrid como Comunidad Autónoma, estableció que Madrid era la "sede de las instituciones democráticas del Estado y del Gobierno de la Nación [...]". Estas disposiciones no suponen un desarrollo legislativo o una concretización del precepto constitucional sino una mera expresión del contenido constitucional de la capitalidad. La interpretación flexible de la capitalidad permite establecer la sede de alguna institución del Estado fuera de Madrid sin necesidad de reformar el art. 6 del EAM pues no creemos que el EAM haya congelado la fijación de las sedes. No obstante, Villaverde ha dudado de la constitucionalidad del art. 6 EAM "cuyo exceso competencial parece difícil obviar".

La Ley 22/2006, de 4 de julio, de Capitalidad y de Régimen Especial de Madrid —LCREM—, también se abona a esta interpretación de la noción de capitalidad, recogiendo que Madrid es "capital del Estado y sede de las instituciones generales" —art. 1.1—. Esta Ley tampoco define cuáles deben ser las instituciones generales que tengan su sede en Madrid, lo que deja cierto margen al legislador para alguna modificación posterior teniendo en cuenta la interpretación flexible antes defendida. La ausencia de definición de la sede de las instituciones generales en la LCREM puede obedecer a dos razones distintas: la primera sería que es una cuestión pacífica que todos los poderes del Estado y órganos constitucionales tengan su sede en Madrid ya que forma parte del contenido constitucional de la capitalidad; la segunda buscaría evitar un conflicto justo en un momento en el que, con la aprobación de nuevos Estatutos de Autonomía, se estaba modificando la distribución competencial entre el Estado y las CC.AA., lo que avivó el debate territorial. Cualquier concreción acerca de qué instituciones u órganos constitucionales podían tener su sede fuera de Madrid habría azuzado la discusión sobre el centro y la periferia. Alzaga ya anticipaba que el clima de progresiva regionalización del Estado iba a originar una discusión sobre la organización territorial del Estado por lo que la previsión del art. 5 CE que establecía la capital del Estado dejó esta cuestión al margen del debate. En la misma dirección, Entrena también hace notar que el art. 5 de la Constitución de 1931 contiene un precepto análogo porque al configurar un Estado regional "convenía dejar definitivamente resuelta la cuestión, en evitación de futuras tensiones". Para Villaverde, el art. 5 CE solventa "la cuestión jurídico-territorial de asentar en un lugar las instituciones que encarnan una unidad del poder público en un Estado territorialmente descentralizado".

Posiblemente como hemos señalado en otro momento, éste ha sido uno de los motivos por el que se retrasó tanto la aprobación de una ley de capitalidad. Cualquier regulación especial para Madrid podía haber sido vista con reticencia desde una visión más periférica del Estado —tal vez por esta razón se aprobó antes la Ley 1/2006, de 13 de marzo, de Régimen Especial del Municipio de Barcelona—, sin perjuicio de que este retraso fuera también causado por una cierta desconfianza de la Comunidad de Madrid, unida a la falta de iniciativa del Ayuntamiento de la capital. Los primeros veinticinco años de vigencia de nuestra Constitución han sido el momento político para la descentralización territorial y para el afianzamiento de las CC.AA. pero no del *Estado* Autonómico y, por tanto, no de su capitalidad. El art. 5 CE regula la capital del *Estado*, expresión orgánica también de la "indisoluble unidad de la Nación española", "patria común e indivisible de todos los españoles". Sin embargo, los años posteriores a la aprobación de nuestra Constitución han sido el momento político para garantizar "el derecho a la autonomía de las nacionalidades y regiones que la integran y la solidaridad entre todas ellas" —art. 2 CE—. Se pensaba que el Estado se encontraba suficientemente fortalecido pues venía de un modelo administrativo centralista y autoritario. Si en estos años no se ha querido fortalecer el Estado, que dispone de una auténtica garantía institucional en nuestra CE, delimitando sus competencias frente a los riesgos que genera la apertura del modelo territorial, en línea con lo mantenido en el Informe del Consejo de Estado de 2006 sobre la reforma constitucional, mucho menos se iba a potenciar su capitalidad. Atribuir más competencias a Madrid iba en el camino opuesto a la descentralización, que buscaba reconocer demandas políticas territoriales. En la actualidad, la regulación de la capitalidad supone un afianzamiento de ésta y afecta —aunque sólo sea simbólicamente— a la organización territorial del Estado.

No obstante, como ya hemos señalado anteriormente, hay que evitar un modelo de capitalidad excesivo que concentre todos los servicios administrativos en Madrid y que centralice la vida económica y cultural en perjuicio de otros territorios. La capitalidad debe ser interpretada en consonancia con la obligación del Estado de "garantizar la realización del principio de solidaridad, velando por el establecimiento de un equilibrio económico adecuado y justo entre las diversas partes del territorio español" —art. 138.1 CE—. En muchos países, la capitalidad no ha impedido el desarrollo de otras ciudades como Frankfurt o Milán. Lo mismo ha ocurrido con la capitalidad de CC.AA., que no ha imposibilitado el desarrollo de otras ciudades —este sería el caso de Málaga en relación con Sevilla o de La Coruña y Vigo en relación con Santiago de Compostela—. Por ello, es razonable que haya organismos públicos que tengan su sede fuera de Madrid de manera que se fomente un mayor equilibrio territorial. Un buen ejemplo de esto ha sido el establecimiento en Barcelona de la sede de la Escuela Judicial y de la Dirección de Telecomunicaciones y del Sector Audiovisual de la Comisión Nacional de los Mercados y la Competencia. De esta manera, la capitalidad no debe construirse desde el enfrentamiento entre el centro y la periferia sino desde la colaboración para la consecución de objetivos nacionales, como el de la cohesión y el equilibro territorial. La capitalidad es símbolo de la nación, pero no agota ésta, por lo que la regulación de la capitalidad debe permitir mostrar la diversidad de nuestro país.

La Constitución de Alemania recoge de manera explícita una remisión al legislador al señalar que "la regulación [de la capitalidad] se hará por una Ley Federal" —art. 22.1—. La Constitución italiana avanza un paso más al señalar que Roma, por ser la capital de la República, tendrá "un régimen propio que se regulará por la legislación del Estado" —art. 114—. En nuestro país, la aprobación de una ley de capitalidad no es una exigencia constitucional. El constituyente tampoco previó la existencia de un régimen especial para Madrid para darle una mayor libertad al legislador. Lucas Verdú menciona una enmienda de Alianza Popular al Anteproyecto de Constitución, que proponía una ley especial que estableciera un estatuto jurídico para la capital del Estado que sería aprobado por referéndum de sus habitantes, pero esta enmienda fue rechazada al entender que esta constitucionalización podría implicar una anticipación no deseable del modelo territorial y era preferible dejar la cuestión a la ley ordinaria. Por tanto, Madrid carece de una garantía institucional en la CE que prevea la existencia de un régimen singular. Sin embargo, posteriormente, el EAM ya citado señala que "[l]a villa de Madrid, por su condición de capital del Estado y sede de las instituciones generales, tendrá un régimen especial regulado por Ley votada en Cortes" —art. 6—. De esta forma, el EAM impone un tratamiento diferenciado del Municipio de Madrid en virtud de la capitalidad, que vincula al legislador estatal. Se establece así una garantía estatutaria de ese régimen estatal singular. El establecimiento de este régimen singular es una posibilidad del legislador que no vulnera el principio de igualdad si se sustenta sobre unos hechos diferenciales de Madrid que justifiquen una ley especial y si el tratamiento es razonable —STC 166/1986, de 19 de diciembre—. El Tribunal Constitucional no ha cuestionado la legitimidad de los regímenes especiales establecidos en la DA 6º LBRL, una cuestión que fue analizada parcialmente por la STC 214/1989, de 21 de diciembre. Si bien la Constitución no prevé —y no exige— ni una regulación de la capitalidad ni unos regímenes municipales especiales, hay que subrayar que el legislador puede más fácilmente eludir la aprobación de una regulación especial para Madrid en tanto que gran población, pero se encuentra más condicionado —o al menos tiene una clara apoyatura constitucional— a la hora de aprobar un régimen especial por el hecho capitalino. El Preámbulo —I— de la LCREM señala que "la presente Norma viene a recoger la previsión constitucional de que Madrid es la capital del Estado, reconociendo expresamente esa realidad histórica, y asignándole las funciones propias de dicha condición". Sin embargo, a pesar de que el EAM justifica el régimen especial de Madrid por su condición de capital del Estado, el legislador ha considerado que la gran población de Madrid también demanda un régimen especial. Lógicamente, la regulación de su condición de capital y de gran ciudad tiene un valor distinto: la regulación de la capitalidad tiene un significado constitucional dentro del Estado; la regulación de la gran ciudad forma parte del régimen local y tiene un carácter administrativo.

II. BIBLIOGRAFÍA

ALZAGA VILLAAMIL, O. (2016): *Comentario sistemático a la Constitución española de 1978*, 2ª ed. Marcial Pons, Madrid, pp. 95-96.

ARAGÓN REYES, M. (2005): "El estatuto de capitalidad de Madrid", en AGUIAR DE LUQUE L. et al., *Constitución, Estado de las autonomías y justicia constitucional, Libro homenaje al profesor Gumersindo Trujillo*, Tirant lo Blanch, Valencia, pp, 901-913.

ENTRENA CUESTA, R. (2003): "La capitalidad de la Comunidad de Madrid", en ARNALDO ALCUBILLA, E., (coord.), *Comentarios al Estatuto de Autonomía de la Comunidad de Madrid*, Comunidad de Madrid, pp. 91-103.

FERNÁNDEZ-MIRANDA, J. (2005): *Madrid. Área metropolitana, gran ciudad, capital del Estado y de su respectiva Comunidad Autónoma*, Colex, Madrid.

LUCAS VERDÚ, P. (1996): "Artículo 5º. La capitalidad", en ALZAGA VILLAAMIL, O. (Dir.), *Comentarios a la Constitución Española de 1978*, I, Edersa, Madrid, pp. 297-300.

PAREJO ALFONSO, L.; BRAVO RIVERA J., Y PRIETO ROMERO, C. (coords.) (2006): *Estudios sobre la Ley de Capitalidad y de Régimen Especial de Madrid*, Bosch, Barcelona.

PIÑAR MAÑAS, J. L. (1983): "El régimen de capitalidad del Estado", AA.VV., *Madrid. Comunidad Autónoma Metropolitana*, IEE, Madrid.

SANTAMARÍA PASTOR, J. A. (1995): "Capital del Estado", en *Enciclopedia Jurídica Básica*, I, Civitas, Madrid, pp. 916-918.

STERN, K. (1987): *Derecho del Estado de la República Federal Alemana*, CEC, Madrid.

TRONCOSO REIGADA, A. (Dir.) (2006): *Comentarios a la Ley de Capitalidad y de Régimen Especial de Madrid*, Thomson-Aranzadi, Cizur Menor, pp. 57-199

– (2018): "La bandera y la capitalidad", *RDP*, núm. 103, pp. 29-76.

VILLAVERDE MENÉNDEZ, I. (2018): "Comentario al art. 5", en RODRÍGUEZ PIÑERO, M. y CASAS M. E., *Comentarios a la Constitución Española, XL Aniversario*, Fundación Wolters Kluwer-BOE, Madrid, pp. 92-95.

III. JURISPRUDENCIA

ATC 236/1984, de 11 de abril.
STC 89/1984, de 28 de septiembre.
STC 166/1986, de 19 de diciembre.
STC 214/1989, de 21 de diciembre.

Artículo 6

Los partidos políticos expresan el pluralismo político, concurren a la formación y manifestación de la voluntad popular y son instrumento fundamental para la participación política. Su creación y el ejercicio de su actividad son libres dentro del respeto a la Constitución y a la ley. Su estructura interna y funcionamiento deberán ser democráticos.

COMENTARIO

Fernando Flores Giménez
Profesor Titular de Derecho Constitucional
Universitat de València

SUMARIO: I. LOS PARTIDOS POLÍTICOS EN LA CONSTITUCIÓN DE 1978. 1. Ubicación constitucional relevante. 2. Contenido del precepto, el equilibrio engañoso. 3. Naturaleza de los partidos, una imprecisión suficiente. II. Los partidos en la realidad. 1. Ocupación hegemónica del espacio político y falta de reacción legal. 2. Transformación del contexto y tensión con él. 3. La última jurisprudencia: el Tribunal fabrica la herramienta, pero no la usa. III. CONCLUSIÓN. IV. BIBLIOGRAFÍA. V. JURISPRUDENCIA.

El artículo 6 CE define a los partidos políticos por su función y establece un equilibrio inestable entre su libertad organizativa y su deuda con la democracia interna. El Legislador ha sido inoperante (salvo una excepción) y el Tribunal Constitucional se ha mostrado discreto (hasta 2016) cuando se ha tratado de intervenir en la vida partidaria.

I. LOS PARTIDOS POLÍTICOS EN LA CONSTITUCIÓN DE 1978

1. Ubicación constitucional relevante

Como muchos de los constituyentes de la segunda mitad del siglo XX, el español consideró que los partidos políticos debían tener una presencia singular en la Constitución de 1978. Ni persecución, ni permisividad, ni mero reconocimiento legal, su consagración en las normas políticas fundamentales de los Estados fue una constante derivada del papel que habían jugado frente a las dictaduras europeas, es decir, derivada de su madurez política para restaurar y articular el sistema democrático.

Una relevancia que en España se subrayó, además, por su ubicación en el Título Preliminar del texto, el que contiene las bases ideológicas y estructurales del sistema político. En una de sus primeras sentencias sobre partidos, el

Tribunal Constitucional afirma que su colocación sistemática en el artículo 6 "expresa la importancia que se les reconoce dentro del sistema constitucional, y la protección que de su existencia y de sus funciones se hace no sólo desde la dimensión individual del derecho a constituirlos y a participar activamente en ellos, sino también en función de la existencia del sistema de partidos como base esencial para la actuación del pluralismo político" (STC 85/1986, FJ 2).

Esta posición nuclear en el sistema se reflejó también en el escaso interés por el reconocimiento de mecanismos de participación ciudadana distintos al electoral, un desinterés corroborado por la nula "convicción participativa" del legislador a la hora de desarrollarlos. La opción exclusiva y excluyente por la democracia representativa de partidos estaba dirigida a proporcionar estabilidad al sistema político, un objetivo que, al menos hasta hace poco, se había cumplido. Sin embargo, esta opción ha mostrado el inconveniente de que los partidos, una vez alcanzada la posición hegemónica en el sistema, se han resistido en España a ser regulados con mayor rigor, así como a compartir espacios de propuesta y decisión política con otras organizaciones sociales. Así las cosas, el problema más preocupante para el sistema democrático representativo surge cuando, siendo los partidos los actores políticos más relevantes, la lógica electoral que obviamente los determina, desplaza a la lógica de la representación (algo ciertamente habitual), quedando su principal función (la representación de intereses sociales) diluida en las reglas de la competición por el poder. De este modo, si el principal mecanismo de participación política de los ciudadanos es el electoral a través de los partidos, el derecho fundamental de participación política, más allá del derecho formal a ejercer el voto en las elecciones, queda seriamente debilitado.

2. Contenido del precepto, el equilibrio engañoso

El artículo 6 CE declara que los partidos políticos "son instrumento fundamental para la participación política", que concurren a la formación y manifestación de la voluntad popular, y que expresan el pluralismo político. Esto es lo que el precepto dedica a sus funciones. Después, nos habla de su autonomía, "su creación y el ejercicio de su actividad son libres", y de los extremos que la limitan, a saber, el respeto a la Constitución y a la ley, y la exigencia de una estructura interna y un funcionamiento democráticos.

En cuanto a las funciones, el artículo 6 determina la relevancia político constitucional de los partidos al afirmar su protagonismo en la formación de la voluntad popular y en la realización del valor superior del ordenamiento jurídico declarado en el artículo 1.1, el pluralismo político. Sin duda, esas funciones básicas y abstractas se pueden descomponer en otras tantas más concretas, en ocasiones contingentes y discutibles, funciones que, como veremos después, constituyen el centro de debate sobre la posición de los partidos en las democracias actuales.

En cuanto a la autonomía, ésta se deriva de que los partidos son organizaciones privadas que gozan de la libertad de asociación reconocida en el artículo 22 de la Constitución. Ésta, "en su deseo de asegurar el máximo de libertad e independencia de los partidos, los somete al régimen privado de las asociaciones, que permite y asegura el menor grado de control y de intervención estatal sobre los mismos" (STC 85/1986, FJ 2). Sin embargo, esta autonomía, reflejada en el derecho de auto-organización de los partidos, se atempera por la exigencia de que mantengan una estructura interna y un funcionamiento democráticos. Porque los partidos, "por razón de esa cierta función pública que tienen en las modernas democracias, gozan legalmente de determinados privilegios que han de tener como lógica contrapartida determinadas 'limitaciones' no aplicables a las asociaciones en general" (STC 3/1981, FJ 1).

Este supuesto equilibrio entre libertad organizativa e intervención del legislador en realidad ha sido engañoso, pues al cabo ha resultado claramente favorable a la autonomía de los partidos. No obstante, durante años se produjo una interminable controversia en la doctrina en torno a la consideración de la naturaleza de las organizaciones partidarias.

3. Naturaleza de los partidos, una imprecisión suficiente

Esta controversia fue abordada, y no resuelta de modo absolutamente claro, por el Tribunal Constitucional. Aunque, en mi opinión, sí de forma suficientemente aproximada. Partiendo de la "difícil naturaleza de los partidos", el Constitucional ha dejado dicho que "...los partidos políticos son creaciones libres producto como tales del ejercicio de libertad de asociación que consagra el artículo 22 CE", que "no son órganos del Estado", que sus actos "no son actos de un poder público", y "que la trascendencia política de sus funciones no altera su naturaleza" (STC 10/1983, FJ 7). Sin embargo, el Tribunal también ha afirmado que son "organizaciones sociales de relevancia constitucional" (STC 18/1984, FJ 3), y que, ya se ha señalado en el punto anterior, gozar legalmente de determinados privilegios conlleva la obligación de someterse a ciertas limitaciones (STC 3/1981, FJ 1).

En este tema, el Tribunal Constitucional ha navegado, más que en la búsqueda, en el mantenimiento de un equilibrio flexible. Aun así, puede afirmarse que a mediados de los noventa ya había dejado dos ideas claras. La primera es que el constituyente había pretendido otorgar a los partidos políticos el máximo de libertad e independencia, y es por ello que los somete al régimen jurídico general de las asociaciones privadas. La segunda es que, a la vista de la trascendencia pública de las funciones que realizan, existe cobertura para limitar legislativamente esa autonomía en aras de conseguir que se implante en ellos una organización y funcionamiento democráticos. Como se verá a continuación, la realidad política y social de la Transición ha propiciado que aquella libertad e independencia se haya visto apenas perturbada jurídicamente por el principio democrático, un principio que, no obstante, se ha procurado de distintas vías para estar presente en los partidos.

II. LOS PARTIDOS EN LA REALIDAD

1. Ocupación hegemónica del espacio político y falta de reacción legal

Parece evidente que en los primeros años de crecimiento democrático —en los que la apuesta por el partido político fuerte como pilar del sistema era clara— tanto el Legislador como el Tribunal Constitucional mantuvieron un equilibrio favorable a las ideas menos intervencionistas, apostando más por la garantía institucional de la autonomía asociativa que por evitar que esa garantía pudiese obstruir la participación a través de los partidos políticos, principal cauce de formación democrática de la voluntad política de los ciudadanos. Así lo destaca en la exposición de motivos la Ley 6/2002, de Partidos Políticos (LOPP), cuando afirma que su precedente, la preconstitucional 54/1978, "ha servido primordialmente para asentar un procedimiento sencillo de constitución en libertad de los partidos políticos, objetivo, por otra parte, no menor en el momento fundacional en que vino a dictarse". Después, continúa la introducción a la Ley, el protagonismo y la significación constitucional de los partidos no ha hecho sino crecer en lo que considera "una democracia madura y firmemente consolidada".

Esta ocupación hegemónica del espacio político se ha traducido en la consideración de los partidos como actores principales de la política. Porque son los responsables de la conformación y canalización de la voluntad popular; porque tienen atribuida la misión de preparar las elecciones, organizando el sufragio, decidiendo la elección de candidaturas a cargos de representación, controlando las campañas electorales, etc.; y porque controlan la selección y asignación de la mayoría de los cargos en órganos constitucionales hasta, en algunos casos, confundirse con ellos. Ese poder y esta confusión, más el incumplimiento de las funciones que se espera de ellos, son los argumentos que están en la base de quien justifica que la perspectiva no intervencionista sea revisada.

El primer punto de inflexión hacia el intervencionismo lo protagoniza la ley 6/2002, pero no, como su preámbulo dice, con el propósito de "concretar las exigencias constitucionales de organización y funcionamiento democráticos y de una actuación sujeta a la Constitución y a las leyes". En realidad, la LOPP solo dedica tres artículos a este tema, artículos que, por lo demás, son bastante genéricos. Su mayor interés, por el contrario, se ciñe a las cuestiones relativas a las actividades (art. 9) que puedan dar lugar a la "disolución o suspensión judicial de los partidos políticos" (Cap. III, arts. 10 a 12), dejando a los estatutos, es decir, a la libre voluntad organizativa del partido, la capacidad de regular la estructura y funcionamiento de la organización. Así que, a pesar de lo que indica en su prólogo, la LOPP no resuelve esa reconocida carencia normativa sobre su organización y funcionamiento; a lo que verdaderamente se dedica es a introducir (siquiera atenuadamente) la "democracia militante" en nuestro ordenamiento jurídico, y a instaurar un procedimiento extrapenal dirigido a ilegalizar y disolver partidos políticos (Montilla, 562). Más tarde, al rechazar el recurso de inconstitucionalidad contra la Ley, el propio Tribunal Constitucional reconoció que, en este momento histórico, más que regular la organización, funcionamiento y actividad de los partidos, la legislación debía proteger el régimen pluralista frente a los que pretenden desvirtuarlo por medios violentos (STC 48/2003); una interpretación que fue apoyada por la sentencia de 30 de junio de 2009, del Tribunal Europeo de Derechos Humanos, en el *Caso Herri Batasuna y Batasuna c. España*.

El segundo punto de inflexión, si puede decirse eso de una curva aparente, ha sido la sentencia del Tribunal Constitucional 226/2016, la cual decide entrar por primera vez de forma decidida en el tormentoso mar de la exigencia constitucional a los partidos políticos de constituirse con una estructura y actuar con un funcionamiento democráticos. Esta decisión viene provocada probablemente por la conciencia de que en torno a los partidos existe un cambio de contexto político y social que obliga al Tribunal, después de tantos años, a intervenir, a decir "algo más" sobre el alcance del derecho de autoorganización partidaria cuando éste no encaja con las exigencias del artículo 6 CE. Aun así, se trata de un paso que habrá de quedar en amago, pues el Tribunal construye una herramienta que luego no se atreve a utilizar.

Veamos cómo se manifiesta este cambio de contexto y después nos centraremos en ese nuevo paso jurisprudencial.

2. Transformación del contexto y tensión con él

Lo que se busca de los partidos políticos, como de cualquier otro organismo o institución social, es que sirvan a los fines para los que existen, y que para ello realicen correctamente sus funciones, especialmente si éstas vienen atribuidas por la Constitución. En este sentido, puede afirmarse de forma general que el fin de los partidos —"instrumento fundamental de la participación política"— es, o se espera que sea, articular de modo eficaz el sistema democrático, fundamentalmente a través de la representación; y se asume que, para realizar éste, deben cumplir una lista —quizás discutible, pero sin duda identificable— de funciones (Cotarelo, 107). De una parte, las que podríamos denominar *funciones sociales* o *relacionadoras*, que son las que llevan a los partidos a servir como enlaces o correas de transmisión entre las aspiraciones de los ciudadanos y las decisiones políticas que se adoptan por los poderes públicos (socialización política, la movilización de la opinión pública, la representación de intereses y la legitimación del sistema político). De otra, las llamadas *funciones institucionales*, que tendrían como objeto la "colaboración" de los partidos con la conformación y el quehacer institucional (reclutamiento y selección de las élites, organización de las elecciones, organización y composición del Poder Legislativo, del Gobierno y de otros órganos constitucionales).

Estas funciones de los partidos, más aún, la propia gestación de los partidos tal y como los conocemos ahora, presuponía un contexto, una realidad social diferente a la que vivimos hoy. La denominada por muchos como "democracia de partidos" podía ser una forma política adecuada a una sociedad estructurada de forma estable en clases sociales y en grupos destinados a encontrar una correspondencia en términos de representación, es decir, presuponía una geografía sólida bien distinta a un panorama líquido que afecta tanto a los ciudadanos como a sus representantes (Innerarity, 47-49). Por estas y otras razones, hoy existe la creciente certeza de que los partidos políticos, si bien cumplen las funciones atribuidas por la Constitución y las leyes, no las cumplen adecuadamente; y no lo hacen porque, o bien no deberían tenerlas atribuidas, o porque por sí solos no pueden realizarlas correctamente. A ello debe añadirse que la sociedad entiende que buena parte de la corrupción política que está afectando seriamente a las bases del sistema democrático se esconde y desarrolla al amparo de las organizaciones partidistas. Por lo demás, va en aumento el número de ciudadanos que, más o menos organizadamente, manifiesta interés en la participación en los asuntos de interés público. Un deseo de participación ciudadana que, al menos al nivel más local o cercano, no se reduce a la exigencia de cuentas y al control, sino que también propone la intervención en la discusión, elaboración y propuesta de las normas y las políticas públicas (Flores, 370, 2015).

Por todo ello, la posición de los partidos políticos en España, como en el resto de las democracias representativas, ha estado sometido desde hace años a una reconsideración que, en principio, solo afectó a la normativa interna de los partidos, a través de sus estatutos. De ahí toda la "apertura" interna de las organizaciones, primero hacia los *simpatizantes*, y después a través de las elecciones primarias, internas y para candidatos a cargos públicos. Más tarde, al menos en nuestro país, esa reconsideración se extendió muy justificadamente hacia una ley preconstitucional, de 1978. Sin embargo, como se ha visto en el epígrafe anterior, la aparente intención reformadora y modernizante del legislador encalló en el preámbulo, dedicando la LOPP a la lucha antiterrorista, y olvidando cualquier regulación seria relativa a la organización y el funcionamiento de los partidos. Por último, ha sido el Tribunal Constitucional el que, en una reciente e interesante resolución, ha cambiado su jurisprudencia al respecto, ampliando su capacidad de intromisión en las decisiones que resuelven cuestiones internas del partido, concretamente las que afecten a los derechos fundamentales de los afiliados. Sin embargo, una vez ampliada su capacidad, curiosamente, no se ha atrevido a utilizarla. Veamos.

3. La última jurisprudencia: el Tribunal fabrica la herramienta, pero no la usa

La STC 226/2016 "entiende que es necesario aclarar su doctrina en relación con el ejercicio de derechos fundamentales por los integrantes de asociaciones como son los partidos políticos" (FJ 3), y es por eso que decide por primera vez que su enjuiciamiento puede extenderse al análisis material de las causas de expulsión (o suspensión) de los militantes.

Hasta esta sentencia, las pocas veces que el Tribunal había decidido admitir y valorar recursos de amparo sobre democracia interna en los partidos, se había limitado a comprobar si las decisiones disciplinarias habían sido adoptadas con las formas y procedimientos legales y estatutarios exigidos, y si existía una base razonable que justificara la sanción (STC 56/1995). Ahora, en cambio, el Tribunal asume la relevancia constitucional de un caso de democracia interna (hubiera sido interesante saber por qué considera que *ahora* sí comparece esa relevancia), y decide que puede entrar a ponderar (se entiende que a profundizar en) las decisiones de los partidos que afecten a derechos como la libertad de expresión de sus afiliados.

En mi opinión, la doctrina del Tribunal en relación con el ejercicio de los derechos fundamentales de los militantes sí era clara, lo que sucede es que era, digamos, "contenida". Ahora, sencillamente, ha decidido cambiarla, dando un "paso adelante", un paso intromisivo, sin duda bienintencionado, pero que entraña algunos peligros, como creo que confirman los argumentos y la decisión de fondo del caso que argumenta el amparo finalmente desestimado.

Porque la cuestión de fondo no es, como dice la resolución del Tribunal Constitucional, si puede admitirse que la condición de afiliado a un partido limita su libertad de expresión cuando sus opiniones puedan considerarse contrarias a los intereses del partido. Este punto está claro desde hace tiempo: el ejercicio de la libertad de expresión de un afiliado, que de ninguna manera desaparece por serlo, debe conjugarse con su colaboración leal con el partido. No debe perderse de vista que no es sólo el derecho de opinión de ese afiliado el que está aquí en juego, sino también el derecho fundamental de asociación del partido como persona jurídica, que se manifiesta entre otras cosas en la potestad de la organización reflejada en la regulación por sus estatutos de las causas y procedimientos sancionatorios de los afiliados. Por eso, la verdadera cuestión de fondo es, ante unas expresiones críticas de un afiliado, cómo se mide y pondera el grado de su lealtad con el partido, el daño que aquéllas producen a la organización, y quién está en condiciones de medirlos. Es decir, quién y con qué criterios (¿el alcance público de la crítica, su contenido "neutral", injurioso o de menosprecio, la intención de la firmante, su autoridad dentro y fuera del partido, el momento electoral en que se realiza, la debilidad o fortaleza coyuntural de la organización, el apoyo mediático a la misma, el impacto o daño realmente producido...?) decide que unas opiniones son desleales y contrarias a los intereses del partido.

A la vista de la subjetividad que alimenta los criterios para medir lealtad y daño, se comprende que no se trate de una decisión fácil, y cabe cuestionar si ésta puede ser valorada (más allá del cumplimiento de los aspectos formales de la decisión sancionatoria y la constatación de la existencia de una base razonable en la misma) por el Tribunal Constitucional y, por vía de su interpretación, por los tribunales ordinarios. Mi opinión es que no, pues determinar con nitidez la línea de lo razonable y no arbitrario de una decisión disciplinaria como la que resuelve la sentencia 226/2016 implica la incorporación de muchas perspectivas podría decirse "difusas" por lo que, al cabo, la decisión resultará siempre discutible.

Creo, además, que es esta dificultad argumentativa la que convence al Tribunal para no entrar en la discusión material de lo que rodea el conflicto. Así, puede decirse que, a la hora de la verdad, el Tribunal Constitucional no hace uso de la propia cobertura *intromisiva* de la que acaba de dotarse en la misma resolución. Rechaza la demanda de amparo y confirma la constitucionalidad de la sanción que suspende de militancia a la afiliada sobre la existencia de una base razonable, pero sin entrar a analizar realmente los términos del conflicto: si hubo lealtad o no, el grado de daño a la organización partidaria, etc. Es decir, el Tribunal se dota de unas alforjas para el viaje, pero después, una vez en camino, no se atreve a llenarlas.

III. CONCLUSIÓN

Cuando se conoce empíricamente la realidad de los partidos políticos, se toma conciencia de las dificultades que existen para asegurar el cumplimiento de la norma constitucional que exige que su organización y funcionamiento sean democráticos.

La clásica tendencia oligárquica de todas las asociaciones voluntarias, y en especial de los partidos (Michels), se alimenta de múltiples factores y se desarrolla por muy diferentes conductos, siendo la llamada genéricamente *política invisible* (término que acuñó Sartori), el principal obstáculo que impide un efectivo control sobre la democracia interna de las organizaciones políticas. Muchas de las actuaciones anti-democráticas de sus dirigentes, comportamientos amparados tanto en el manejo privilegiado de información como en el respaldo del poder que significa controlar la distribución o eliminación de *incentivos selectivos* (Panebianco), están fuera del alcance de la fiscalidad de las normas jurídicas y, por lo mismo, de los tribunales. Ello da pie a, de entrada, no desdeñar pero sí moderar la confianza en la capacidad que tiene el Derecho, por sí solo, para crear democracia interna pues, de entre todas las actividades *ad intra* de las organizaciones políticas, son precisamente esas políticas invisibles las que suelen tener mayor incidencia en la calificación democrática que el funcionamiento de un partido puede merecer y recibir.

Sin embargo, esta constatación no debe convertirse en la coartada para renunciar a la posibilidad de hacer a los partidos más democráticos, pues al ser la palabra *democracia* un término que admite graduación (hay partidos más democráticos que otros), hay que asumir que la voluntad constitucional —y por qué no decirlo, también las demandas sociales— es "que sean lo más democráticos posible", y que consecuentemente el legislador adopte, dentro del marco jurídico-constitucional, las medidas adecuadas para ello.

A la aplicabilidad de la norma constitucional hay que añadir que, en los últimos años, un contexto social y político cambiado y cambiante exige resituar también normativamente a los partidos, lo que sin duda supondrá "entrometerse" en su organización y funcionamiento internos. Algo que en nuestro país todavía no se ha producido, más allá del uso antiterrorista de la norma que los regula. Dicha intromisión legal, en la medida en que haya de producirse y dar cobertura a la actuación de los tribunales, impedirá, además, que haya de ser el Tribunal Constitucional el que determine unas capacidades de control material de las decisiones de los partidos por los jueces que, en la práctica, pueden resultar manifiestamente excesivas y contraproducentes.

IV. BIBLIOGRAFÍA

COTARELO, R.: *Los partidos políticos*, Sistema, Madrid, 1996.

DE OTTO I.: *Defensa de la Constitución y partidos políticos*, Centro de Estudios Constitucionales, Madrid, 1985.

FLORES GIMÉNEZ, F.: *La democracia interna de los partidos políticos*, Congreso de los Diputados, Madrid, 1998.

– "Los partidos políticos: intervención legal y espacio político, a la búsqueda del equilibrio", *Teoría y Realidad Constitucional*, núm. 35, 2015, pp. 355-381.

GARCÍA PELAYO, M.: *El Estado de partidos*, Alianza Editorial, Madrid, 1986.

GONZÁLEZ MORO, A.: "La disciplina de partido y los derechos fundamentales de los afiliados: un recorrido jurisprudencial", *Revista Española de Derecho Constitucional*, 124, 2022, pp. 341-368.

INNERARITY, D.: *La política en tiempos de indignación*, Barcelona, Galaxia Gutemberg, 2015.

MONTILLA, J. L.: "Algunos cambios en la concepción de los partidos. Comentario a la STC 48/2003, sobre la Ley Orgánica 6/2002, de Partidos Políticos", *Teoría y Realidad Constitucional*, núm. 12-13, 2003-2004, pp. 559-586.

PANEBIANCO, A.: *Modelos de partido*, Madrid, Alianza, Universidad, 1990.

SARTORI, G.: *Partidos y sistemas de partidos*, Alianza, Madrid, 1992.

V. JURISPRUDENCIA

STC 3/1981, *Caso creación del PCE.*
STC 10/1983, *Caso Ley de Elecciones Locales, II.*
STC 18/1984, *Caso Caja de Ahorros de Asturias.*
STC 85/1986, *Caso Partido Comunista Aragonés.*
STC 56/1995, *Caso Partido Nacionalista Vasco.*
STC 48/2003, *Caso Constitucionalidad de la Ley Orgánica 6/2002 de Partidos Políticos.*
STEDH, de 30 de junio de 2009, *Caso Herri Batasuna y Batasuna c. España.*
STC 226/2016, *Caso Libertad de Expresión de afiliada al PSOE de Asturias.*

Artículo 7

Los sindicatos de trabajadores y las asociaciones empresariales contribuyen a la defensa y promoción de los intereses económicos y sociales que les son propios. Su creación y el ejercicio de su actividad son libres dentro del respeto a la Constitución y a la ley. Su estructura interna y funcionamiento deberán ser democráticos.

COMENTARIO

Tomás Sala Franco
Catedrático jubilado de Derecho del Trabajo y de la Seguridad Social
Universidad de Valencia

I. LA ESTRUCTURA NORMATIVA DEL ART. 7 DE LA CONSTITUCIÓN ESPAÑOLA

Un doble mandato normativo.- La estructura normativa del Art. 7 de la CE, inspirada en la normativa internacional sobre la libertad sindical (Declaración Universal de Derechos Humanos de 1948, Convenio Europeo para la Protección de los Derechos Humanos y Libertades Fundamentales de Roma de 1950, Pacto Internacional de Derechos Civiles y Políticos de Nueva York de 1966, Convenio 87/1948 de la Organización Internacional del Trabajo (OIT), Convenio 98/1949 de la OIT, Carta Social Europea del Consejo de Europa de 1961 y Carta Comunitaria de los Derechos Sociales Fundamentales de los Trabajadores de 9 de diciembre de 1989) es doble:

a) De un lado, establece que *"los sindicatos de trabajadores... contribuyen a la defensa y promoción de los intereses económicos y sociales que les son propios"*.

b) De otro, reconoce la libertad para la constitución y ejercicio de su actividad, *"dentro del respeto a la Constitución y a la ley"* (aspecto externo del derecho) y ordena que *"su estructura interna y funcionamiento"* sean *"democráticos"* (aspecto interno del derecho), enlazando directamente con el Art. 28.1 de la CE, relativo al contenido de la libertad sindical.

II. LA ACTIVIDAD POLÍTICA DEL SINDICATO

1. Los sindicatos como "asociaciones de relevancia constitucional"

Los sindicatos como *"asociaciones de relevancia constitucional"*.- El primer mandato del Art. 7 de la CE establece que *"los sindicatos de trabajadores... contribuyen a la defensa y promoción de los intereses económicos y sociales que les son propios"*.

Con base en este precepto, el Tribunal Constitucional ha reconocido a los sindicatos una capacidad representativa *"erga omnes"*, esto es, una facultad de representar a todos los trabajadores con independencia de su afiliación.

Así, la STC 36/1983 dirá que *"la función de los sindicatos no consiste únicamente en representar a sus miembros a través de esquemas de apoderamiento y de la representación del derecho privado, sino que, cuando la Constitución y la ley le invisten con la función de defender los intereses de los trabajadores, le legitiman para ejercer aquellos derechos que, aun perteneciendo en puridad a cada uno de los trabajadores uti singulus, sean de necesario ejercicio colectivo"*.

Con base en la consideración anterior, el Tribunal Constitucional ha distinguido entre las genéricas asociaciones amparadas en el Art. 22 y las específicas asociaciones amparadas en los Arts. 6 (partidos políticos) y 7 (sindicatos y asociaciones empresariales) de la CE, atribuyendo a estas últimas, por razón de las funciones públicas que realizan, el carácter de *"asociaciones de relevancia constitucional"*, cumpliendo así funciones de trascendencia constitucional en el Estado social y democrático de Derecho (SSTC 4/1981, 11/1981, 4/1983 y 20/1985).

El Tribunal ha señalado en este sentido que *"el Art. 22 CE contiene una garantía que podríamos denominar común: es decir, el derecho de asociación que regula el artículo mencionado se refiere a un género —la asociación— dentro del que caben modalidades específicas. Así, en la propia CE (Arts. 6 y 7) se contienen normas específicas respecto de asociaciones de relevancia constitucional, como los partidos políticos, los sindicatos y las asociaciones cuyo objeto sea el ejercicio de funciones públicas de carácter administrativo relativas a un sector de la vida social"* (SSTC 4/1981, y 20/1985).

Consecuencia de todo lo anterior será la existencia de un régimen jurídico específico y distinto del genérico de las asociaciones en general, esto es, la existencia de leyes especiales que establecen determinados requisitos para calificar una determinada asociación como *"asociación de relevancia constitucional"* y unas funciones que no se establecen en la legislación general de asociaciones y que se justifican precisamente por los fines institucionales que la Constitución les asigna.

En efecto, la ley reguladora de los sindicatos (Ley Orgánica 11/1985, de 2 de agosto, de Libertad Sindical; en adelante, LOLS) es una ley especial y distinta de la Ley Orgánica 1/2002, de 22 de marzo, reguladora del Derecho de Asociación, que establece determinados requisitos para poder constituirse como tales y les atribuye unas funciones que sólo ellos pueden desempeñar como representantes legales de los intereses de los trabajadores (STC 201/1994).

El marco normativo de los sindicatos.- El marco normativo general de los sindicatos es el constituido por los Arts. 7 y 28.1 de la CE y por la LOLS, si bien determinadas actuaciones de los mismos poseen su propia normativa legal.

Esto último sucede con la participación institucional (variedad de normas: *ver infra*), con la negociación colectiva (Título III del Estatuto de los Trabajadores: en adelante, ET) o con los procedimientos autónomos de solución de los conflictos laborales (ET, Real Decreto Ley 17/1977 de 8 de marzo, de Relaciones Laborales —en adelante, RDLRT— y diversos Acuerdos interprofesionales: *ver infra*).

Los requisitos legales constitutivos de los sindicatos.- Para la constitución de los sindicatos, la LOLS establece un régimen jurídico particular, si bien coincidente en lo sustancial con el previsto en la Ley 19/1977, de 1 de abril, sobre el derecho de asociación sindical (en adelante, LLIS) para las asociaciones empresariales.

Aunque la Ley garantiza *"el derecho a fundar sindicatos sin autorización previa"* de la Administración Pública (Arts. 2.1 a) de la LOLS, en correspondencia con los Arts. 7 y 28.1 de la CE y 2 del Convenio nº 87 de la OIT) y libres de la injerencia empresarial (Art. 13.2 de la LOLS en correspondencia con el Convenio nº 98 de la OIT), se exige no obstante para adquirir personalidad jurídica el doble requisito de depositar el acta de constitución del sindicato y sus Estatutos con un contenido mínimo (el nombre del sindicato, el domicilio y los ámbitos de actuación, los órganos de gestión y representación, los requisitos para el ingreso y para la expulsión, el procedimiento para la modificación de los Estatutos y el régimen de fusión, de disolución y económico del sindicato) en la oficina pública establecida al efecto y dejar transcurrir veinte días hábiles desde dicho depósito (Art. 4 de la LOLS).

Los sindicatos *"más representativos"*: su conceptuación legal.- En todo caso, la Ley distingue entre los sindicatos más representativos y aquellos que no lo son.

El concepto de *"sindicato más representativo"* se encuentra regulado por la ley, pudiendo concluir del conjunto de la normativa vigente sobre estas asociaciones, según interpretación del Tribunal Constitucional (por todas, STC 98/1985), que la *"mayor representatividad"* viene a significar básicamente la atribución de funciones más importantes desde la perspectiva de su actividad pública, sin que ello signifique excluir de esta actividad a aquellos sindicatos que no obtengan tal calificación.

Los Arts. 6.2 a) y 7.1 a) de la LOLS determinan respectivamente qué sindicatos tienen la consideración de *"sindicatos más representativos"* a nivel estatal (*"los que acrediten una especial audiencia, expresada en la obtención en dicho ámbito del 10 por 100 o más del total de delegados de personal o de los miembros de los comités de empresa y de los correspondientes órganos de las Administraciones Públicas"*) y a nivel de Comunidad Autónoma (*"los sindicatos de dicho ámbito que acrediten en el mismo una especial audiencia expresada en la obtención de, al menos, un 15 por 100 de delegados de personal y de los representantes de los trabajadores en los comités de empresa y en los órganos correspondientes de las Administraciones Públicas, siempre que cuenten con un mínimo de 1.500 representantes y no estén federados o confederados en organizaciones sindicales de ámbito estatal"*).

Además de éstos, tendrán también la consideración de *"sindicatos más representativos"* por irradiación aquellos que estén afiliados a un sindicato de ámbito estatal o de Comunidad Autónoma que lo sean (Arts. 6.2 b) y 7.1 b de la LOLS).

El juicio de constitucionalidad de la figura del sindicato más representativo.- La figura del sindicato más representativo de los Arts. 6 y 7 de la LOLS fue sometida al juicio de constitucionalidad por parte del Tribunal Constitucional, inicialmente por la STC 98/1985 y, más tarde, por otras muchas (SSTC 9/1986, 39/1986, 184/1987, 9/1988, 217/1988, 57/1989, 108/1989, 7/1990, 32/1990, 75/1992, 164/1993 o 127/2001), siendo posible obtener las siguientes conclusiones:

1ª) En primer lugar, como señala el propio Tribunal Constitucional (SSTC 217/1988 o 75/1992), al implicar la libertad sindical un sistema de pluralismo sindical, la eficacia de los sindicatos resultaría mermada si sus posibilidades de actuación se atribuyesen por igual a todos ellos, de modo que *"la promoción de un cierto modelo sindical en el que se potencie la existencia de sindi-*

catos fuertes, en contraposición de un sistema de atomización, puede ser una finalidad legítima desde el punto de vista del art. 7 CE, por garantizar una más incisiva acción de los sindicatos para el cumplimiento de sus fines".

2ª) En segundo lugar, admitida así la constitucionalidad de la figura del sindicato más representativo, ello significa que legalmente se privilegia a unos sindicatos respecto de otros, con lo que podría acaso resultar vulnerado el Art. 14 de la CE, sobre el principio de igualdad.

Esta es la perspectiva de la que parte la STC 98/1985, cuando señala que *"el planteamiento jurídico-constitucional del tema no puede prescindir de dos principios derivados del texto constitucional, cuya compatibilidad es preciso garantizar. En primer lugar, el de libertad sindical e igualdad de trato de los sindicatos, derivado del Art. 28.1 de la Constitución (en relación con el 14); en segundo lugar, el de promoción del hecho sindical, que enlaza con el Art. 7 de la Constitución y sería obstaculizado con una defensa a ultranza del primero. En la tensión entre estos principios, el problema obviamente es de límites..."* (Fundamento jurídico nº 7).

Para el Tribunal Constitucional *"no importa tanto el hecho de que unos sindicatos sean calificados legalmente de más representativos ni el modo en que se articulen los diversos grados de representatividad, cuanto los efectos que de ellos se deriven. Sólo en la medida en que determinada función o prerrogativa se reconozca a un sindicato y se niegue a otro, surge el problema de determinación de su adecuación a los Arts. 14 y 28.1 de la CE"* (Fundamento jurídico nº 8), y *"tratándose de un problema de igualdad, el análisis adecuado a tal derecho fundamental ha de consistir en si la diferencia de trato está justificada"* (Fundamento jurídico nº 9).

3ª) En tercer lugar, de entre los diversos criterios que podrían ser utilizados para medir el grado de representatividad de un sindicato, el legislador español acoge solamente uno, con carácter exclusivo: el de la audiencia electoral del sindicato, medida a través de los resultados de las elecciones de los representantes unitarios de trabajadores en las empresas (Arts. 6 y 7 de la LOLS).

Respecto de este criterio de la audiencia electoral, el Tribunal Constitucional ha declarado que *"nada puede oponerse a esta forma de medición que parte de una relación entre el carácter del órgano y el interés que en él ha de representarse"* (STC 98/1985), si bien *"la objetividad de estos criterios (implantación y mayor representatividad) no significa, sin embargo, que sean ellos los únicos utilizables con cualquier propósito, del mismo modo que no implica que cualquier regulación apoyada en ellos sea constitucionalmente legítima, pues no lo es aquella que utiliza tales criterios para establecer un trato diferente respecto de materias que ninguna relación guardan con ellos"* (STC 9/1986).

Las distintas funciones atribuidas a los sindicatos más representativos.- El Art. 6 de la LOLS establece en su párrafo primero que la *"mayor representatividad sindical reconocida a determinados sindicatos les confiere una singular posición jurídica a efectos, tanto de participación institucional como de acción sindical"*. Más adelante, en su párrafo tercero, señala que *"las organizaciones que tengan la consideración de sindicato más representativo según el número anterior gozarán de capacidad representativa a todos los niveles territoriales y funcionales"* en temas de:

a) Representación institucional ante la Administración Pública.

b) Negociación colectiva.

c) Determinación de las condiciones de trabajo en las Administraciones Públicas.

d) Sistemas no jurisdiccionales de solución de conflictos de trabajo.

e) Promoción de las elecciones de representantes del personal.

f) Cesiones temporales del uso de inmuebles patrimoniales públicos.

g) *"Cualquier otra función representativa que se establezca"*.

Junto a estos privilegios, la LOLS y otras disposiciones laborales reconocen a los sindicatos más representativos otras prerrogativas consistentes en mayores derechos que los restantes sindicatos en temas tales como la acción sindical en la empresa o la tutela de la libertad sindical y la represión de las conductas antisindicales. Así:

a) El Art. 67.1 del ET atribuye al acuerdo de los sindicatos más representativos o representativos la posibilidad de promover elecciones de manera generalizada en uno o varios ámbitos territoriales o funcionales.

b) El Art. 8.2 de la LOLS, tras admitir con carácter general en su párrafo primero la posibilidad de constituir secciones sindicales a todos los trabajadores afiliados a un sindicato admite los derechos a un tablón de anuncios, a la negociación colectiva estatutaria y a la utilización de locales de las secciones sindicales de los sindicatos más representativos, estatales o de Comunidad Autónoma, por el solo hecho de serlo aunque no tengan efectiva implantación en las empresas de que se trate.

c) El Art. 9.1 de la LOLS, a quienes ostenten cargos electivos a nivel provincial, autonómico o estatal, en las organizaciones sindicales más representativas, les concede los siguientes derechos tutelables en amparo constitucional (SSTC 61/1989 o 294/1993):

- El derecho al disfrute de los permisos no retribuidos necesarios para el desarrollo de las funciones sindicales propias de su cargo, pudiéndose establecer, por acuerdo individual o colectivo (STS 25/10/1999, Ar/8405), limitaciones al disfrute de los mismos en función de las necesidades del servicio.
- El derecho a la excedencia forzosa mientras dure el ejercicio de su cargo representativo.
- El derecho a la asistencia y al acceso a los centros de trabajo para participar en actividades propias de su sindicato o del conjunto de los trabajadores, previa comunicación al empresario, y sin que el ejercicio de este derecho pueda interrumpir el desarrollo normal del proceso productivo.

d) En cuanto a la tutela de la libertad sindical, el Art. 14 de la LOLS establece que *"el sindicato a que pertenezca el trabajador presuntamente lesionado, así como cualquier sindicato que ostente la condición de más representativo, podrá personarse como coadyuvante en el proceso incoado por aquél"* (en el mismo sentido, Art. 177.2 de la LJS).

Las funciones cuasipolíticas de los sindicatos.- De entre estas múltiples funciones atribuidas a los sindicatos, hay tres especialmente significativas por su contenido político y, por ende, de afectación a los intereses generales de la sociedad, siendo probablemente ellas las que dan base y fundamento a su configuración constitucional como *"asociaciones de relevancia constitucional"*:

a) La participación institucional.
b) La negociación de convenios colectivos de eficacia normativa y general.
c) La intervención en los procedimientos autónomos de solución de los conflictos laborales.

2. La acción institucional del sindicato

La acción institucional del sindicato.- Las funciones de los sindicatos no se agotan en el ámbito de la empresa, sino que trascienden este ámbito participando en la elaboración y aplicación de la política económica y social del Estado a través de muy diversas vías, a las que podríamos denominar genéricamente *"vías de acción institucional"* de los sindicatos y asociaciones empresariales.

Esta acción institucional de los sindicatos en la vida pública se lleva a cabo fundamentalmente a través de una doble vía:

a) Una primera vía, institucionalizada y regulada normativamente, denominada de *"participación institucional"* en los órganos de las Administraciones Públicas.

b) Una segunda vía, no institucionalizada y no regulada normativamente en parte alguna, denominada de *"concertación social"*, cuyas claves vienen referidas a las ideas de *"corresponsabilidad social"* de los agentes sociales en la política económica y social del Gobierno y de *"gobernabilidad política"* por parte de los Gobiernos o, si se quiere, a la idea del oportuno o conveniente *"intercambio político"* entre los agentes sociales y el Estado, sin que por ello una tal práctica pueda ser acusada de *"neocorporativismo"* y por ello de antidemocrática, esto es, de suplantar la actuación parlamentaria y gubernamental, dado que la concertación social nunca es obligatoria sino siempre voluntaria.

La concertación social.- Independientemente de los cauces institucionales establecidos, sin un fundamento normativo preciso y aprovechando muchas veces los cauces propios de la negociación colectiva, ha existido desde principios de la década de los setenta del pasado siglo en España una vía de acción institucional de sindicatos y asociaciones empresariales que se ha dado en llamar ambigua y genéricamente *"concertación social"*.

Hablar de concertación social es hablar de algo que, por hipótesis y por su propia naturaleza, no tiene contornos definidos o institucionalizados, pudiendo referirse a una variedad grande de situaciones heterogéneas.

Cabe hablar, en este sentido, de *"pactos sociales tripartitos"* (en los que participan el Gobierno, los sindicatos y las asociaciones empresariales más representativas, comprometiéndose todos ellos), de *"acuerdos o convenios marco"* (verdadera y propia negociación colectiva entre sindicatos y asociaciones empresariales más representativas desempeñando el Gobierno el papel de *"muñidor"* de estos acuerdos y que pretenden regular la negociación colectiva posterior), de *"legislación negociada"* (acuerdos entre organizaciones sindicales y empresariales más representativas que luego hace suyos el Gobierno y/o el Parlamento convirtiéndolos en leyes o en normas reglamentarias) o de *"negociación en mesas separadas"* (en las que el Gobierno negocia los mismos o distintos temas con los sindicatos y con las asociaciones empresariales más representativas con vistas a la presentación de un determinado proyecto de ley o de reglamento).

Todas estas fórmulas de concertación social se han producido en la experiencia histórica española desde la transición hasta hoy, con algunos paréntesis, implicando así en la vida pública normativa laboral a los sindicatos y asociaciones empresariales más representativas.

La participación institucional de los sindicatos: su fundamento constitucional y legal.- La participación institucional de los sindicatos en los órganos de las Administraciones Públicas tiene su fundamento constitucional en los siguientes preceptos:

a) Art. 9.2 de la CE: *"Corresponde a los poderes públicos promover las condiciones para que la libertad y la igualdad del individuo y de los grupos sean reales y efectivas; remover los obstáculos que impidan o dificulten su plenitud y facilitar la participación de todos los ciudadanos en la vida política, económica, cultural y social"*.

b) Art. 129.1 de la CE: *"La ley establecerá las formas de participación de los interesados en la Seguridad Social y en la actividad de los organismos públicos cuya función afecte directamente a la calidad de la vida o al bienestar en general"*.

c) Art. 131.2 de la CE: *"El Gobierno elaborará los proyectos de planificación, de acuerdo con las previsiones que le sean suministradas por las Comunidades Autónomas y el asesoramiento y colaboración de los sindicatos y otras organizaciones empresariales y económicas. A tal fin se constituirá un Consejo, cuya composición y funciones se desarrollarán por ley"*.

El marco normativo legal de desarrollo de la participación institucional se encuentra, por su parte, en distintas disposiciones de rango muy variado: leyes, decretos legislativos, reales decretos u órdenes ministeriales (*ver infra*).

Los distintos niveles de la participación institucional.- De una parte, la participación institucional de los sindicatos no solamente se refiere a organismos públicos laborales, alcanzando también a organismos públicos no laborales.

De otra parte, esta participación institucional se desarrolla a muy distintos niveles: internacional, comunitario europeo, estatal, de Comunidad Autónoma, provincial, local y de empresa.

La participación institucional, en fin, se realiza con muy distintas funciones: decisorias en unos pocos casos y las más de las veces simplemente consultivas.

La participación institucional en organismos laborales internacionales.- En este nivel, cabe citar la participación de los sindicatos en la Conferencia General de la OIT.

El Art. 3.5 de la Constitución de la OIT establece que *"los* (Estados) *miembros se obligan a designar los delegados y consejeros técnicos no gubernamentales de acuerdo con las organizaciones profesionales más representativas, de los empleadores y de los trabajadores, según sea el caso, siempre que tales organizaciones existan en el país de que se trate"*, existiendo en el seno de la OIT una Comisión de Verificación de Poderes que examina la representación de los delegados y presenta informe a la Conferencia General que decide en última instancia.

A estos efectos, la STC 65/1982, dictada en resolución de un recurso de amparo promovido por la Intersindical Nacional Gallega por habérsele excluido de la representación en la Conferencia General de la OIT, vino a sentar la siguiente doctrina:

1º) En primer lugar, que la conceptuación acerca de cuáles son los sindicatos más representativos hecha por las LOLS resulta irrelevante a estos efectos, no pudiéndose aplicar siquiera por analogía.

2º) Y, en segundo lugar, que la fijación de los criterios para decidir a estos efectos cuales sean los sindicatos más representativos es tarea del Estado, que deberá en todo caso fundarse al tomar una decisión en *"elementos que no ofrezcan posibilidades de parcialidad o abuso"*.

En este caso, la naturaleza de la actuación de los sindicatos asistentes a la Conferencia General de la OIT es de *"naturaleza decisoria"*, por cuanto en ella se aprueban los Convenios y las Recomendaciones, participando así de la toma de decisiones normativas.

La participación institucional en organismos laborales comunitarios europeos.- Son muchos los organismos comunitarios de naturaleza consultiva que prevén la participación de los sindicatos más representativos de los distintos Estados miembros de la Unión Europea.

Así, de entre los Comités previstos en los Tratados Fundacionales:

a) El Comité Consultivo de la CECA.

b) El Comité Económico y Social.

c) El Comité del Fondo Social Europeo.

Y, de entre los Comités creados por el Derecho Derivado:

a) El Comité Consultivo para la Libre Circulación de los Trabajadores.

b) El Comité Consultivo para la Seguridad Social de los Trabajadores Emigrantes.

c) El Comité Consultivo para la Formación Profesional.

d) El Centro Europeo para el Desarrollo de la Formación Profesional.

e) El Comité Permanente del Empleo de las Comunidades Europeas.

f) El Comité Consultivo para la Seguridad e Higiene y la Protección de la Salud en el Lugar de Trabajo.

g) La Fundación Europea para la Mejora de las Condiciones de Vida y Trabajo.

h) Los Comités Paritarios de carácter sectorial: de Transportes por Carretera, de Ferrocarril, de Navegación Interior, de Pesca Marítima, de Trabajo Agrícola, de la Industria del Carbón o de las Minas de Hulla.

En todas las normas comunitarias que prevén la participación institucional de los sindicatos en estos Comités no se concreta qué organizaciones profesionales deben participar, dejándose a la libertad de los Gobiernos para que sean ellos los que propongan. Tan sólo cabrá *"a posteriori"* plantearse si la propuesta gubernamental ha sido o no discriminatoria o atentatoria del derecho de libertad sindical (STS 65/1982, de 10 de noviembre).

En cuanto a la naturaleza de la actuación de los sindicatos por parte de estos Comités, depende de las funciones desarrolladas por cada uno de ellos.

La participación institucional en organismos laborales estatales: El Consejo Económico y Social.- En España existe base constitucional para la creación de un Consejo Económico-Social. Así:

– El Art. 131.2 de la CE señala que *"el Gobierno elaborará los proyectos de planificación, de acuerdo con las previsiones que le sean suministradas por las Comunidades Autónomas y el asesoramiento y colaboración de los sindicatos y otras organizaciones profesionales empresariales y económicas. A tal fin se constituirá un Consejo, cuya composición y funciones se desarrollarán por ley"*.

– El Art. 129.1 de la CE, por su parte, señala que *"la ley establecerá las formas de participación de los interesados en la Seguridad Social y en la actividad de los organismos públicos cuya función afecte directamente a la calidad de vida o al bienestar general"*.

– Y el Art. 9.2 de la CE, finalmente, ordena a los poderes públicos *"facilitar la participación de todos los ciudadanos en la vida política, económica, cultural y social"*.

De estos tres preceptos constitucionales, la ley 21/1991, de 17 de junio, por la que se crea el Consejo Económico y Social, utiliza, sin explicitarlo, los dos últimos, despreciando el primero de ellos, al señalar en su Exposición de Motivos que *"la Constitución española recoge el mandato, dirigido a los poderes públicos, de promover y facilitar la participación de los ciudadanos, directamente o a través de organizaciones y asociaciones, en la vida económica y social"*.

El Consejo Económico y Social constituye un órgano consultivo del Gobierno en materia socioeconómica y laboral, de naturaleza jurídico-pública, con personalidad jurídica propia y plena capacidad, autonomía orgánica y funcional para el cumplimiento de sus fines y adscrito al Ministerio de Empleo y Seguridad Social (Art. 1 de la Ley 21/1991).

El Reglamento de organización y funcionamiento interno fue aprobado por el Pleno del Consejo el 25 de febrero de 1993.

Sus funciones vienen definidas por el Art. 7 de la Ley 21/1991, atribuyendo al Consejo las siguientes:

a) Emitir dictámenes preceptivos sobre anteproyectos de leyes del Estado y de Reales Decretos Legislativos en materias socioeconómicas y laborales y sobre Proyectos de Reales Decretos *"que se considere por el Gobierno que tienen una especial trascendencia"*. Queda exceptuado expresamente de consulta el Anteproyecto de ley de Presupuestos Generales del Estado.

b) Emitir dictámenes facultativos, en los asuntos que le sometan a consulta el Gobierno o algún ministro.

c) Elaborar estudios o informes, a solicitud del Gobierno o por propia iniciativa, sobre las materias socioeconómicas y laborales relacionadas en la propia ley.

d) Regular el régimen organizativo interno del Consejo (Reglamento de organización y funcionamiento, de 31 de marzo de 1993, Texto Consolidado: Última modificación: 2 de octubre de 1995).

e) Elaborar y elevar anualmente al Gobierno una Memoria sobre la situación socioeconómica y laboral de la Nación.

El Consejo Económico o Social está compuesto de 61 miembros, incluido su Presidente, de los que 20 representan a las organizaciones sindicales, 20 a las organizaciones empresariales y 20 al sector agrario (3), pesquero (3), consumidores y usuarios (4), economía mixta (4), siendo los 6 restantes expertos nombrados por el Gobierno a propuesta conjunta de los Ministerios de Empleo y Seguridad Social y de Economía y Hacienda, previa consulta a las organizaciones representadas en el Consejo (Art. 2 de la Ley 21/1991).

La participación institucional en otros organismos laborales estatales.- La participación institucional de los sindicatos está prevista en los siguientes organismos laborales de carácter estatal:

a) En las Entidades Gestoras de la Seguridad Social (INSS e IMSERSO). Los RRDD 2583, 1893/1996 y 140/1997 prevén unos Consejos Generales de estructura tripartita, con igual número de representantes de la Administración, de los sindicatos y de las asociaciones empresariales más representativas. Esta misma estructura tripartita aparece en las Comisiones Ejecutivas de estos Institutos. Las funciones de los Consejos Generales son las de elaborar los criterios de actuación de las Entidades Gestoras y las Comisiones Ejecutivas se encargan de supervisar y controlar la aplicación de los acuerdos del Consejo General.

b) En el Fondo de Garantía Salarial, regulado por el RD 505/1986, de 6 de marzo. Existe una Comisión de Seguimiento de estructura tripartita, con participación de sindicatos y asociaciones empresariales, con funciones de información y de propuesta.

c) En la Comisión Consultiva Nacional de Convenios Colectivos, prevista en la Disposición Final Segunda del ET y regulada por el RD 1362/2012, de 27 de septiembre, de carácter tripartito, con participación de representantes de la Administración Pública estatal, de los sindicatos y de las asociaciones empresariales más representativas a nivel estatal y de Comunidad Autónoma. Sus funciones son las de información en los expedientes de extensión de convenios colectivos, de consulta en cuanto a los convenios colectivos aplicables a las empresas y de arbitraje en la solución de las discrepancias en la inaplicación de condiciones de trabajo convencionales.

d) En el Consejo General de Formación Profesional (Ley 1/1986, de 7 de enero, modificada por Ley 19/1997, de 19 de junio), órgano consultivo de carácter tripartito, con la participación de las organizaciones empresariales y sindicales, así como de las Administraciones Públicas, con los siguientes objetivos y funciones:

- Elaborar y proponer al Gobierno, para su aprobación, el Programa Nacional de Formación Profesional, dentro de cuyo marco las Comunidades Autónomas con competencias en la gestión de aquél podrán regular las características específicas para sus respectivos territorios.
- Evaluar y controlar la ejecución del Programa y proponer su actualización cuando fuera necesario, sin perjuicio de las competencias de las Comunidades Autónomas en este ámbito.
- Informar los proyectos de planes de estudios y títulos correspondientes a los diversos grados y especializaciones de formación profesional, así como las certificaciones de profesionalidad en materia de formación profesional ocupacional y, en su caso, su homologación académica o profesional con los correspondientes grados de formación profesional reglada, sin perjuicio de las competencias del Consejo Escolar del Estado en esta materia.
- Informar sobre cualesquiera asuntos que, respecto a formación profesional, pueda serle sometido por las Administraciones Públicas.
- Emitir propuestas y recomendaciones a las Administraciones Públicas competentes en materia de formación profesional, especialmente las relacionadas con la ejecución del Programa Nacional de Formación Profesional.
- Proponer acciones para mejorar la orientación profesional, en particular las realizadas en el ámbito del Ministerio de Educación y Ciencia y del Ministerio de Trabajo y Asuntos Sociales.
- Evaluar y hacer el seguimiento de las acciones que se desarrollen en materia de formación profesional.

e) En la Comisión Nacional de Seguridad y Salud en el Trabajo (Art. 13 de la Ley 31/1995, de 8 de noviembre, de Prevención de Riesgos Laborales), órgano colegiado asesor de las Administraciones Públicas en la formulación de las políticas de prevención y órgano de participación institucional en materia de Seguridad y Salud en el Trabajo, integrado por la Administración General del Estado, las Administraciones de las Comunidades Autónomas y las Organizaciones Empresariales y Sindicales más representativas.

f) En el Servicio Público Estatal de Colocación (Ley 56/2003, de 16 de diciembre, de Empleo), con participación en su Consejo General de las organizaciones empresariales y sindicales más representativas.

g) En el SIMA, Fundación paritaria constituida por las Organizaciones Sindicales y Empresariales más representativas en el ámbito estatal (CEOE, CEPYME, CCOO y UGT), que gestiona el procedimiento extrajudicial de solución de los conflictos laborales de ámbito estatal (V Acuerdo sobre solución autónoma de conflictos laborales —ASAC— de 26 de noviembre de 2020).

La participación institucional en organismos laborales de Comunidad Autónoma.- En las Comunidades Autónomas, son frecuentes, entre otras manifestaciones de la participación institucional, la participación de los sindicatos más representativas en los Consejos de Relaciones Laborales, en los Consejos Económicos y Sociales y en los Tribunales Arbitrales Laborales.

Con base legal en el Art. 91.2 del ET, se posibilita que en los convenios colectivos y acuerdos interprofesionales se establezcan procedimientos de mediación y arbitraje para la solución de las controversias colectivas derivadas de la aplicación e interpretación de los convenios colectivos, surgiendo así los Tribunales Arbitrales Laborales, si bien con competencias más amplias referidas también a los procedimientos de solución de los conflictos de intereses.

Y con base constitucional (el Art. 148.1 de la CE atribuye a las Comunidades Autónomas, como competencia propia, la *"organización de sus instituciones de autogobierno"*) y en los correspondientes Estatutos de Autonomía que recogen las competencias autonómicas, se han creado los Consejos Económicos y Sociales y los Consejos de Relaciones Laborales, con amplias funciones en materia de relaciones laborales, si bien siempre con el límite en su actuación de no asumir competencias de titularidad exclusiva estatal.

Con estas bases constitucionales y legales, todas las Comunidades Autónomas han creado un Tribunal Arbitral Laboral, de carácter bipartito (sindicatos y asociaciones empresariales) con distintas competencias, siendo la más discutida y discutible la referida a los conflictos laborales del personal funcionario y laboral de las Administraciones Autonómicas

Por su parte, en todas las Comunidades Autónomas, salvo Asturias, Cantabria, Castilla La Mancha y La Rioja (donde se han suprimido o suspendido durante la crisis por razones de austeridad económica) existe un Consejo Económico y Social, con una composición y funciones similares a las del Consejo Económico y Social estatal.

Y en todas las Comunidades Autónomas se ha creado un Consejo de Relaciones Laborales, de carácter normalmente tripartito (salvo los de Cataluña y Extremadura, que son bipartitos), con la excepción de Baleares, donde se ha creado una Comisión Consultiva de convenios colectivos, con funciones similares.

Las normas de creación de estos Consejos les suelen atribuir las competencias siguientes:

a) Funciones de mediación y arbitraje en conflictos colectivos a petición de parte, esto es, de actuación voluntaria y no obligada.
b) El fomento de la negociación colectiva. Así, por ejemplo, la búsqueda de alternativas tendentes a incentivar la negociación en las zonas o sectores donde no exista, o la promoción de una negociación colectiva regional o comunitaria.
c) La elaboración de proyectos en materia de política laboral o social para proponer al Gobierno Autónomo y la confección de estudios y dictámenes en estas materias a iniciativa propia o a petición del Gobierno o del Parlamento Autónomo.

Existen también manifestaciones de la participación institucional de sindicatos y asociaciones empresariales más representativos a niveles provinciales y locales.

La participación institucional en la actividad normativa de la Administración Pública Laboral.- Son muchas las ocasiones en las que las disposiciones laborales prevén la participación de los sindicatos más representativos en la acción normativa de la Administración Pública Laboral. Se trata de obligaciones de consulta a estas organizaciones profesionales que la legislación exige a la Administración Pública.

Así, a título de ejemplo, los Arts. 6.2 del ET (sobre el trabajo de los menores), el Art. 27.1 del ET (sobre el salario mínimo interprofesional), el Art. 34.7 del ET (en materia de ampliaciones o limitaciones de la jornada de trabajo) o los Arts. 2.2 y 9.3 del Convenio nº 132 de la OIT (sobre las vacaciones retribuidas de los trabajadores).

La participación institucional en organismos públicos no laborales.- La participación institucional de los sindicatos y asociaciones empresariales se extiende también a organismos públicos no laborales.

Cabría citar, a título de ejemplo, en el ámbito estatal, la participación institucional en los Consejos Sociales de las Universidades (Ley 5/1985, de 21 de marzo, sobre regulación del Consejo Social de Universidades), en el Consejo Escolar del Estado (RD 2378/1985, de 18 de diciembre) o en los Consejos previstos en el sector sanitario (Ley 14/1986, de 25 de abril, General de Sanidad y RD 571/1990, de 27 de abril).

Valoración jurídico pública de la actividad de participación institucional llevada a cabo por los sindicatos y asociaciones empresariales.- La actividad de participación institucional de los sindicatos constituye sin duda una actividad jurídico pública en sentido estricto en la medida en que sus opiniones se incorporan en nuestro ordenamiento jurídico a la toma de decisiones ejecutivas de la Administración Pública Laboral o, simplemente, se tienen en consideración en la fase obligada de consulta a los mismos.

En cualquier caso, los sindicatos participan, en mayor o menor grado, de la actividad pública (normativa o administrativa) llevada a cabo por el Poder Ejecutivo, siendo una manifestación más de la participación política en aquellas sociedades que pretenden tener una democracia social avanzada y que no se conforman con la sola participación de los ciudadanos a través de los partidos políticos y las elecciones.

3. La negociación colectiva estatutaria

Las funciones de negociación de convenios colectivos de eficacia normativa y general atribuida a los sindicatos: dos tipos de negociación colectiva.- En el ordenamiento español existen dos tipos de negociación colectiva, según se acomode o no a lo establecido en el Título III del ET (Arts. 82 a 92): la negociación colectiva estatutaria que conduce a la formalización de convenios colectivos de eficacia jurídica normativa y de eficacia personal general o *"erga omnes"* y la negociación colectiva extraestatutaria que conduce, por el contrario, a la formalización de convenios colectivos de eficacia jurídica contractual y de eficacia personal limitada.

La legitimación para negociar en la negociación colectiva estatutaria se encuentra así reservada a los sindicatos, salvo en la negociación a nivel de empresa en la que, aunque las secciones sindicales tienen preferencia para actuar si así lo desean, pueden también participar del lado de los trabajadores los representantes unitarios del personal (comités de empresa y delegados de personal).

En efecto, en los convenios colectivos supraempresariales la legitimación para negociar viene garantizada por la Ley a los sindicatos que tengan la consideración de más representativos a nivel estatal y a nivel de Comunidad Autónoma y, en los respectivos ámbitos de aplicación funcional y territorial del convenio, a los sindicatos afiliados, federados y confederados a los mismos, cualquiera que sea su nivel de representatividad y a los sindicatos que, sin ser más representativos a nivel estatal o de Comunidad Autónoma ni tampoco afiliados, federados o confederados a los mismos cuenten con un mínimo de del 10 por 100 de los miembros de los comités de empresa o delegados de personal (Art. 87.2 del ET). Y en los convenios colectivos de ámbito estatal, están también legitimados los sindicatos más representativos de Comunidad Autónoma (Art. 87.4 del ET).

Los convenios colectivos estatutarios son verdaderas normas jurídicas.- Los convenios colectivos estatutarios ciertamente poseen la eficacia jurídica de una norma (Arts. 3.3 y 82.3 del ET), lo que se traduce en:

a) Su aplicación imperativa y automática a las concretas relaciones laborales individuales sin necesidad de incorporación expresa o tácita del articulado del convenio a los distintos contratos individuales de trabajo como condiciones más beneficiosas (por todas, SSTS de 4 de mayo de 1994, Ar/7725 o de 14 de marzo de 2007, Ar/3389).

b) La imposibilidad de que los contratos de trabajo establezcan condiciones de trabajo peyorativas para el trabajador (Art. 3.1 c) del ET; por todas, STC 107/1992).

c) La aplicación del principio de modernidad en la sucesión, de tal modo que, a salvo una cláusula expresa de mantenimiento, el convenio colectivo posterior deroga el anterior y los contratos individuales de trabajo pasarán a regirse por el nuevo convenio (Arts. 82.4 y 86.4 del ET; por todas, SSTS de 19 de enero de 1998, Ar/741 o de 7 de diciembre de 2006, Ar/8246).

d) La aplicación del principio de publicidad, esto es, la obligación de publicación del convenio colectivo en el Boletín Oficial que corresponda a su ámbito de aplicación (Arts. 9.3 de la CE y 2.1 del Código Civil), si bien el principio *"iura novit curia"* regirá únicamente para los convenios colectivos publicados en el BOE y en los Boletines Oficiales de las Comunidades Autónomas para los Tribunales cuya competencia no exceda del ámbito territorial de aquellos (por todas, STC 151/1994).

e) La responsabilidad individual de los empresarios y trabajadores incumplidores exigible judicialmente.

f) La sancionabilidad administrativa de los incumplimientos empresariales (Art. 5 del Real Decreto Legislativo 5/2000, de 4 de agosto, sobre Infracciones y Sanciones en el Orden Social).

g) La posibilidad de impugnación, en casación o en suplicación, de las infracciones de los convenios colectivos en que hayan incurrido las sentencias de instancia como infracciones de ley y no como errores de hecho (Arts. 191 y 207 de la Ley 36/2011, de 10 de octubre, de Jurisdicción Social; por todas, STS de 20 de mayo de 1997, Ar/4275).

Los convenios colectivos estatutarios tienen una eficacia personal aplicativa general.- Por otra parte, estos convenios colectivos estatutarios poseen una eficacia personal aplicativa general o *"erga omnes"*, al señalar el Art. 82.3 del ET que *"los convenios colectivos regulados en esta ley obligan a todos los empresarios y trabajadores incluidos dentro de su ámbito de aplicación y durante todo el tiempo de su vigencia"* y remachar la jurisprudencia que *"los convenios colectivos estatutarios obligan a todos los empresarios y trabajadores de su ámbito de aplicación aunque no pertenezcan a las asociaciones profesionales firmantes"* (por todas, STC 106/1989 o STS de 29 de junio de 1995, Ar/6251).

Si por cualquier razón vinieran alterados los presupuestos de legitimación representativa de una de las partes durante la vigencia del convenio colectivo, tales alteraciones no afectarían a la eficacia personal general del convenio, dado que los presupuestos de legitimación representativa solamente se exigen en el momento inicial de la toma del acuerdo (Art. 83.2 del ET; por todas, STS de 20 de diciembre de 1996, Ar/9812).

Paralelamente, el convenio colectivo se aplicará a los empresarios y trabajadores que durante la vigencia del mismo se incorporasen a su ámbito de aplicación funcional y territorial (por todas, STS de 26 de julio de 1996, Ar/6722).

Valoración de la actividad negociadora llevada a cabo por los sindicatos.- Así pues, en nuestro ordenamiento jurídico, los sindicatos cumplen una función pública de primera magnitud cual es la de negociar normas convencionales de aplicación generalizada dentro de su ámbito territorial y funcional de aplicación.

De alguna manera, la función normativa, típica de los Poderes Legislativo y Ejecutivo del Estado viene compartida con estas organizaciones profesionales, a diferencia de lo que sucede en otros países donde las organizaciones profesionales no pasan de negociar convenios colectivos de derecho privado de mera eficacia jurídica contractual y personal limitada a los representados por las partes negociadoras.

4. La intervención en los procedimientos autónomos de solución de los conflictos laborales

Las funciones de intervención en los procedimientos autónomos de solución de los conflictos laborales atribuidas a los sindicatos: su fundamento normativo.- El Art. 91 del ET prevé la posibilidad de que, a través de los convenios marco o de los acuerdos interprofesionales sobre materias concretas a que se refiere el Art. 82.2 y 3 del ET, se establezcan procedimientos de solución extrajudicial de los conflictos colectivos e individuales acerca de la interpretación y aplicación de los convenios colectivos, tales como mediaciones o arbitrajes, proporcionando la infraestructura jurídica necesaria acerca de su naturaleza un régimen jurídico y así:

a) El acuerdo logrado a través de la conciliación/mediación y el laudo arbitral tendrán la eficacia (jurídica normativa y personal general) y la tramitación de los convenios colectivos estatutarios, siempre que quienes hubiesen adoptado el acuerdo o suscrito el compromiso arbitral tuviesen la legitimación que les permita acordar, en el ámbito del conflicto, un convenio colectivo estatutario (Art. 91 del ET; por todas, STS de 13 de octubre de 1995, Ar/8688).

b) Estos acuerdos y laudos serán susceptibles de impugnación judicial por los motivos (ilegalidad y lesividad grave de intereses de terceros) y conforme a los procedimientos previstos para los convenios colectivos (Arts. 91 del ET y 163 y ss. de la LJS).

c) Los acuerdos logrados en conciliación/mediación *"constituirá título para iniciar acciones ejecutivas sin necesidad de ratificación ante el juez o tribunal"* (Art. 68.1 de la LJS) y los laudos arbitrales firmes *"se entenderán equiparados a las sentencias firmes a efectos de ejecución definitiva"* (Art. 68.2 de la LJS).

Los Acuerdos Interprofesionales de solución extrajudicial de conflictos laborales.- Actualmente, existe un Acuerdo Interprofesional Estatal (El V Acuerdo sobre Solución Autónoma de Conflictos laborales —ASAC— de 26 de noviembre de 2020) y existen Acuerdos Interprofesionales de ámbito autonómico en todas las Comunidades Autónomas estableciendo procedimientos de conciliación/mediación y arbitraje con amplia participación en ellos de los sindicatos más representativos.

En efecto, estos Acuerdos son, en primer lugar, negociados por los sindicatos más representativos a nivel estatal y de Comunidad Autónoma, se prevén en ellos listas de árbitros y de conciliadores/mediadores designados de común acuerdo entre los firmantes quienes, en todo caso, son personas de su confianza y se gestionan a través de Fundaciones o en el marco de los Consejos de Relaciones Laborales Autonómicos, donde participan igualmente los sindicatos firmantes del Acuerdo Interprofesional.

Valoración de la actividad de intervención en los procedimientos autónomos de solución de los conflictos laborales llevada a cabo por los sindicatos.- No hay duda tampoco, a la vista de la de la importancia cualitativa de la misma, de que, con la intervención en los procedimientos autónomos de solución de los conflictos laborales, los sindicatos cumplen una importante función pública, por cuanto vienen a colaborar de algún modo con el Poder Judicial del Estado en la impartición de justicia, si bien limitadamente y con sometimiento pleno al derecho de todo ciudadano a la tutela judicial efectiva (Art. 24.1 de la CE).

Tampoco existe duda alguna acerca de la importancia cuantitativa de la misma en la medida en que cada vez más van aumentando los índices de sometimiento de los conflictos laborales a este tipo de procedimientos autónomos de solución extrajudicial, sistemas propios de una sociedad moderna con democracia social avanzada en la que los ciudadanos avanzan no sólo en la elaboración autónoma de sus normas de convivencia sino también en la solución de sus conflictos jurídicos y de intereses.

III. LA ACTIVIDAD POLÍTICA DE LAS ASOCIACIONES EMPRESARIALES

Las asociaciones empresariales.- Tras el reconocimiento en el Art. 7 de la CE a las asociaciones empresariales de la condición de *"asociaciones de relevancia constitucional"* para *"la defensa y promoción de los intereses económicos y sociales que les son propios"*, el asociacionismo empresarial encuentra su cobertura constitucional en la genérica libertad de asociación del Art. 22 de la CE (SSTC 52/1992 y 75/1992), quedando así excluidas de la libertad sindical del Art. 28.1 de la CE (STC 4/1983), siendo objeto no obstante ello de la máxima protección ya que el derecho de asociación es un derecho fundamental.

La actual regulación de las asociaciones empresariales se encuentra en la Ley 7/1977 de 1 de abril, sobre el derecho de asociación sindical y, subsidiariamente, en la Ley Orgánica 1/2002, de 22 de marzo, reguladora del derecho general de asociaciones (por todas, STS de 2 de marzo de 2007, Rec. 131/2005).

Paralelamente a lo que sucede con los sindicatos, la ley prevé la existencia de *"asociaciones empresariales más representativas"* en orden a la participación institucional en organismos públicos estatales. Así, serán *"asociaciones empresariales más representativas estatales"* las que cuenten en este ámbito, como afiliadas, al 10 por 100 o más del total de las empresas, siempre que éstas den empleo al 10 por 100 o más de los trabajadores. Y *"asociaciones empresariales más representativas de Comunidad Autónoma"* las que en este ámbito cuenten con el 15 por 100 o más del total de las empresas, si éstas emplean al 15 por 100 o más de los trabajadores y si tales asociaciones no están integradas en una asociación empresarial estatal (Disposición Adicional Sexta del ET).

Y, paralelamente también a lo que sucede con los sindicatos (*ver supra*), la ley, en distintos preceptos, atribuye a las asociaciones empresariales una serie de derechos de naturaleza política. Así, el derecho de participación institucional en distintos organismos públicos (Disposición Adicional Sexta del ET), el derecho a negociar convenios colectivos estatutarios (Arts. 87.2 del ET) o el de plantear conflictos colectivos (Art. 154 b) de la LJS).

IV. COROLARIO NATURAL DE LA ACTIVIDAD PÚBLICA REALIZADA POR LOS SINDICATOS Y ASOCIACIONES EMPRESARIALES

Una Ley reguladora de la actuación y financiación de los sindicatos y asociaciones empresariales.- Toda la actividad pública anteriormente descrita llevada a cabo por los sindicatos, propia de una democracia madura y avanzada, necesita razonablemente de una actuación promotora por parte del Estado, prevista genéricamente por el Art. 9.2 de la CE y actualmente deshilachada en diversas normas legales y reglamentarias.

Esta promoción debería seguramente concretarse en una ley que, de un lado, garantizara a los sindicatos, y paralelamente a las asociaciones empresariales, la realización de estas actividades ordenándolas y, de otro lado, regulara el delicado problema de la financiación, compensando mínimamente la actividad pública que ambas organizaciones profesionales realizan y clarificando así las fuentes de financiación de las mismas.

La más delicada cuestión que se plantea viene sin duda referida a la financiación de los sindicatos y de las asociaciones empresariales. Al respecto, un primer interrogante sería el de si unos y otras deben tener algún tipo de financiación estatal o si por el contrario debería dejárseles al albur de la afiliación y al pago de las correspondientes cuotas, como se viene sugiriendo en algunos medios. No parece que esta última opción sería deseable por todo lo anteriormente señalado en cuanto a la actuación política que sindicatos y asociaciones empresariales cumplen en nuestra Constitución como *"asociaciones de relevancia constitucional"*, debiendo tener en este sentido un trato asimilable al de los partidos políticos.

La segunda cuestión vendría referida a las alternativas al actual sistema de financiación de los sindicatos y asociaciones empresariales. Las posibilidades serían básicamente dos:

1ª) O bien se acude a la financiación presupuestaria como núcleo duro de la financiación, compensando globalmente todas sus actuaciones *"políticas"* referidas a la participación institucional, a la negociación colectiva y a los procedimientos de solución extrajudicial de los conflictos laborales.

2ª) O bien se promociona la creación de un fondo de financiación que se nutra de cuotas a abonar por las empresas y por los trabajadores afectados por la negociación colectiva y por los medios de solución extrajudicial de solución de conflictos laborales, amén de la correspondiente compensación del Estado por su participación institucional.

La primera de las dos alternativas, esto es, la financiación presupuestaria, plantea, sin duda alguna, diversos problemas de naturaleza técnica, jurídica y política.

a) Técnicamente, habría que encontrar fórmulas idóneas para la distribución de las ayudas presupuestarias, si bien no serían éstos probablemente los problemas más graves. En este sentido, sería factible pensar en cuatro fuentes de financiación presupuestaria, algunas de ellas ya existentes en la actualidad. Así:

1ª) En primer lugar, como sucede ahora, la del pago de dietas por la participación institucional de sindicatos y asociaciones empresariales en los órganos públicos.

2ª) En segundo lugar, como igualmente sucede actualmente, la de la financiación pública indirecta de proyectos concretos de formación y de estudio, bien puntualmente, bien creando algún organismo de financiación presupuestaria y de composición tripartita (con participación de la Administración Pública, de los sindicatos y de las asociaciones empresariales) o bipartita (con participación de sindicatos y asociaciones empresariales) que se encargara de ello. En esta precisa línea se financiarían, cosa que ya sucede ahora, los distintos procedimientos de solución de los conflictos laborales.

3ª) En tercer lugar, única fuente realmente novedosa, la del abono de determinadas cantidades a los sindicatos y a las asociaciones empresariales firmantes de convenios colectivos estatutarios por su participación en la negociación (o en la firma) con cargo a los presupuestos, utilizando como parámetro del pago, no tanto el número de convenios firmados, lo que previsiblemente aumentaría exponencial y torticeramente el número de convenios colectivos a negociar, cuanto el número de trabajadores afectados.

No hay duda de que, en el actual estado de la legislación sobre la legitimación para negociar convenios colectivos estatutarios, plantearía problemas la negociación colectiva a nivel de empresa, para la que, del lado de los trabajadores, están legitimados no sólo la representación sindical sino también la representación unitaria y, del lado empresarial, negocian las empresas.

De otra parte, ¿no podría producir este sistema de financiación un escoramiento interesado de la negociación colectiva hacia los niveles supraempresariales?

Esta fuente plantearía, finalmente, también, problemas de cuantificación de las cantidades a repartir y de distribución entre los sujetos colectivos participantes en la negociación.

b) Jurídicamente, en la medida en que todo el dinero público debe ser objeto de un estricto control por parte de los organismos públicos del Estado, aunque pudiera pensarse, no debiera ser calificado este control de *"injerencia"* del Estado en la libertad de gestión interna de sindicatos y asociaciones empresariales.

c) Y, políticamente, no resultaría fácil convencer al Ministerio de Hacienda de la necesidad de esta financiación presupuestaria de las organizaciones profesionales y más difícil aún convencer de ello a la ciudadanía, máxime cuando existe en determinados medios de comunicación la idea de que los sindicatos y asociaciones empresariales deberían autofinanciarse con sus cuotas sin participación pública presupuestaria alguna.

2ª) La alternativa consistente en la promoción por el Estado de un Fondo de Financiación de los sindicatos y asociaciones empresariales que se nutriera de cuotas a abonar por los trabajadores y empresarios a los que se les aplicara un determinado convenio colectivo ya tiene un precedente en el *"canon de la negociación colectiva"* previsto en el Art. 11.1 de la LOLS, delimitado restrictivamente en su constitucionalidad por la STC 98/1985 y, en todo caso, configurado en la propia ley como una aportación voluntaria del trabajador (*"en todo caso se respetará la voluntad individual del trabajador"*).

Ahora bien, las aportaciones a este eventual Fondo de Financiación se diferenciarían del *"canon"* en tres aspectos fundamentales:

1º) De una parte, no sería establecido por el convenio colectivo sino por ley y reglamento del Estado.

2º) De otra parte, las aportaciones se referirían tanto a los trabajadores como a los empresarios.

3º) Y, finalmente, habría obligatoriedad en las aportaciones y no voluntariedad como en el *"canon"*.

Esta segunda alternativa no se encontraría tampoco exenta de problemas:

a) Técnicamente, plantearía a la Administración problemas de cuantificación de las aportaciones y de reparto del Fondo entre los sindicatos y asociaciones empresariales negociadores.

b) Jurídicamente, cabría plantearse hasta qué punto es lícito exigir obligatoriamente el pago de cuotas que irían destinadas a financiar a sindicatos y a asociaciones empresariales, desde la perspectiva de la libertad sindical y de asociación empresarial.

c) Y, políticamente, en fin, no parece que fuera a ser recibida esta medida benevolentemente por parte de las empresas y los trabajadores afectados.

En todo caso, la dificultad del proyecto no exime de su abordaje y, en cualquiera de las dos alternativas, deberían lógicamente coexistir ambas con otras fuentes de financiación tales como las cuotas de los afiliados, las donaciones y legados, los Fondos Comunitarios de formación profesional, la cesión de bienes inmuebles patrimoniales públicos y las eventuales actividades empresariales y comerciales.

V. BIBLIOGRAFÍA

DURÁN LÓPEZ, F.: "El sindicato en el nuevo sistema constitucional", *Revista de Política Social*, núm. 121, 1979, pp. 161 y ss.

FERNÁNDEZ LÓPEZ, M. F.: "Libertad sindical en la doctrina del Tribunal Constitucional", *Revista de Derecho Social*, núm. 55, 2011, pp. 25 y ss.

GARCÍA MURCIA, J.: "Artículo 7", en RODRÍGUEZ-PIÑERO Y BRAVO-FERRER, M., CASAS BAAMONDE, M. E. (dirs.), *Comentarios a la Constitución española*, Fundación Wolters Kluwer, Boletín Oficial del Estado, Tribunal Constitucional y Ministerio de Justicia, Madrid.

GONZÁLEZ ORTEGA, S.: "Los sindicatos y la (nueva) cuestión social en la Constitución", en AA. VV. *La Constitución a examen*, Marcial Pons, Madrid, 2004.

MONTOYA MELGAR, A.: "La función del sindicato según el debate constitucional", en AA. VV. *El trabajo en la Constitución*, Universidad de Zaragoza, 1982, pp. 105-111.

PALOMEQUE LÓPEZ, M. C.: "Los sindicatos y los partidos políticos", en AA. VV. *Los sindicatos*, Lex Nova-Thomson, 2014.

RIVERO LAMAS, J.: "Configuración y fines de los sindicatos en la Constitución", en AA. VV. *El trabajo en la Constitución*, Universidad de Zaragoza, 1982, pp. 113-137.

RODRÍGUEZ-PIÑERO Y BRAVO-FERRER, M.: "La libertad sindical en la Constitución", en AA. VV. *Los trabajadores y la Constitución*, Sociedad de Estudios Laborales, Madrid, 1980, pp. 93-100.

SÁEZ LARA, C.: "Sindicatos y orden constitucional", en AA. VV. *El modelo social de la Constitución española de 1978*, MTAS, 2003.

SAGARDOY BENGOECHEA, J. A.: "Los sindicatos en la Constitución", en AA. VV. *El trabajo en la Constitución*, Universidad de Zaragoza, 1982, pp. 77-10.

SALA FRANCO, T.: "La libertad sindical", en *Los derechos fundamentales y libertades públicas (II)*, XIII Jornadas de Estudio, Dirección General del Servicio Jurídico del Estado, Madrid, 1993, pp. 883 y ss.

SALA, FRANCO, T., ROQUETA, BUCH, R.: *Los derechos sindicales de los funcionarios públicos*, Tirant lo Blanch, Valencia, 1995.

SUÁREZ GONZÁLEZ, F.: "El Derecho del Trabajo en la Constitución", en Fernández Rodríguez, T. R. (Coord.), *Lecturas sobre la Constitución Española*, UNED, Madrid, 1978, pp. 227-230.

VALDÉS DAL-RÉ, F.: "La jurisprudencia del TEDH sobre libertad sindical", *Derecho de las relaciones laborales*, núm. 6, 2016, pp. 529 y ss.

VI. JURISPRUDENCIA

STC 4/1981, de 2 de febrero.
STC 11/1981, de 8 de abril.
STC 4/1983, de 28 de enero.
STC 36/1983, de 11 de mayo.
STC 20/1985, de 14 de febrero.
STC 98/1985, de 29 de julio.
STC 9/1986, de 21 de enero.
STC 39/1986, de 31 de marzo.
STC 184/1987, de 18 de noviembre.
STC 217/1988, de 21 de diciembre.
STC 57/1989, de 16 de marzo.
STC 108/1989, de 8 de junio.
STC 61/1989, de 3 de abril.
STC 106/1989, de 8 de junio.
STC 7/1990, de 18 de enero.
STC 32/1990, de 26 de febrero.
STC 52/1992, de 8 de abril.
STC 75/1992, de 14 de mayo.
STC 107/1992, de 1 de julio.
STC 164/1993, de 18 de mayo.
STC 294/1993, de 18 de octubre.
STC 151/1994, de 23 de mayo.
STC 201/1994, de 4 de julio.
STC 127/2001, de 4 de junio.

1. Las Fuerzas Armadas, constituidas por el Ejército de Tierra, la Armada y el Ejército del Aire, tienen como misión garantizar la soberanía e independencia de España, defender su integridad territorial y el ordenamiento constitucional.

2. Una ley orgánica regulará las bases de la organización militar conforme a los principios de la presente Constitución.

COMENTARIO

Diego López Garrido
Catedrático de Derecho Constitucional
Universidad de Castilla-La Mancha

I. ARTÍCULO 8.1

La primera pregunta a hacerse sobre el artículo 8 de la Constitución, dedicado a las Fuerzas Armadas, es por qué está nada menos que en el Título Preliminar. Hay que recordar que en este Título se sitúan los grandes principios constitucionales: Estado social y Democrático de Derecho; y sus grandes valores: la libertad, la justicia, la igualdad y el pluralismo político. En el Título Preliminar se proclama la soberanía del pueblo español, la forma política del Estado —monarquía parlamentaria—, su estructura descentralizada y los símbolos de la Nación: la bandera, las lenguas, la capital del Estado. También tienen su sede en el Título Preliminar los agentes políticos y sociales por excelencia: los partidos políticos y los sindicatos.

En ese marco están las Fuerzas Armadas. A nuestro juicio, tal ubicación confiere a las Fuerzas Armadas dos elementos básicos de su naturaleza jurídica constitucional: la de ser una *institución de relevancia constitucional* y la de ser una *garantía institucional* (ver STC 32/81 y STS de 18 de julio de 1997). En cuanto a lo primero, no creemos que sea necesario profundizar aún más en el amplio debate doctrinal sobre si las Fuerzas Armadas son una institución —en el sentido que da a éste término la doctrina institucionalista clásica— o son meramente una parte de la Administración del Estado.

Sea cual sea la opción elegida —nosotros defendemos la primera—, lo que ha de quedar claro es que las Fuerzas Armadas no tienen un poder autónomo de acción diferente al del Gobierno. El artículo 97 de la Constitución deja claro que es éste quien "dirige la política interior y exterior, la Administración civil y militar y la defensa del Estado".

Asimismo, es el Congreso de los Diputados quien, a propuesta del Gobierno, declara el estado de sitio (art. 116.4 CE y Ley Orgánica 4/1981, de 1 de junio), que es una situación en la que las Fuerzas Armadas pasan a tener el mayor protagonismo para mantener la seguridad y la soberanía del Estado. En tal circunstancia no hay variación en el esquema de atribuciones constitucionales (*Verfassungsschutz*).

La razón esencial por la que las Fuerzas Armadas están en el Título Preliminar de la Constitución estriba en las misiones que desarrollan, según prescribe el artículo 8. Se trata de misiones, o funciones, de importancia capital: "garantizar la soberanía e independencia de España, defender su integridad territorial y el ordenamiento constitucional". Por eso, el art. 149.1.4ª de la Constitución da al Estado central la competencia exclusiva sobre "Defensa y Fuerzas Armadas".

1. La garantía de la soberanía e independencia de España

Este es el principio basilar del Estado: su soberanía, algo que sigue vigente en el siglo XXI, el siglo de la globalización. La soberanía es el signo distintivo de un Estado independiente, que merece ese nombre. La soberanía se atribuye al pueblo (art. 1.2 CE), pero se defiende por el Estado, según el Derecho Internacional y el Derecho Constitucional.

La soberanía y la independencia son principios que la Unión Europea respeta y garantiza. La Unión Europea es una alianza defensiva. Ante "una agresión armada" (art. 42.7 del Tratado de la Unión Europea), o un "ataque terrorista" (art. 222 del Tratado de Funcionamiento de la Unión Europea), los demás Estados de la Unión están obligados a ayudar al Estado agredido.

No cabe duda que las Fuerzas Armadas son determinantes para asegurar la soberanía y la independencia de España ante un ataque exterior, o ante una crisis interna que obligara al Congreso de los Diputados a decretar el estado de sitio.

2. La defensa de la integridad territorial

Esta es una misión natural de las Fuerzas Armadas. La que las hace insustituibles en un Estado soberano, en el cual el principio de territorialidad es decisivo. Porque, desde el Tratado de Westfalia, las fronteras geográficas (tierra, mar y aire) son el límite material para el ejercicio del poder. El territorio del Estado es el lugar donde se desarrolla su actividad económica principal y cuyos recursos naturales le corresponden.

La doctrina del Derecho Internacional señala al Estado como titular de un específico derecho a la soberanía territorial frente a otros sujetos de la comunidad internacional, es decir, el derecho a la intangibilidad del propio territorio y a rechazar todo acto de violación de dicha soberanía territorial.

En la Constitución española, este principio está reconocido en el artículo 94.1.c), según el cual las Cortes son las competentes para celebrar Tratados "que afecten a la integridad territorial del Estado", y en el artículo 8.1, según el cual las Fuerzas Armadas tienen como misión defender "la integridad territorial de España". Naturalmente, la amenaza puede venir del exterior o del interior (p. ej. un movimiento insurreccional secesionista de tal gravedad que obligase a decretar el estado de sitio). En esta línea, en el Código Penal, el territorio tiene una protección especial. Su artículo 472.5º dice que "son reos del delito de rebelión los que se alzaren violenta y públicamente para cualquiera de los fines siguientes:

....

5º. Declarar la independencia de una parte del territorio español".

Los Tratados de la Unión Europea consolidan la soberanía territorial de sus Estados miembros. El artículo 4.2 del Tratado de la Unión Europea dice que ésta "respetará las funciones esenciales del Estado, especialmente las que tienen por objeto garantizar su *integridad territorial*".

La garantía de *última ratio* de tal integridad territorial descansa en las Fuerzas Armadas.

3. La defensa del ordenamiento constitucional

Esta misión ha de interpretarse en un sentido estrictamente referido, como corolario, a las dos anteriormente señaladas. Porque la defensa del ordenamiento constitucional tiene otros sujetos más adecuados, como el Parlamento, el Gobierno, el Poder Judicial y el Tribunal Constitucional. Las Fuerzas Armadas tendrían presencia a ese efecto sólo en el supuesto de estado de sitio (116.4 CE) y bajo el mando del Gobierno.

A su vez, la defensa del ordenamiento constitucional posee una perspectiva hacia el interno de las propias Fuerzas Armadas: éstas han de ajustar su organización, en todo caso, a la Constitución, según corrobora el apartado 2 del artículo 8. Las Fuerzas Armadas no pueden intervenir en la vida política (artículos 23 y 28 de la Constitución). Se rigen por el principio de neutralidad, junto a los de jerarquía, disciplina y unidad. A ellos nos vamos a referir a continuación.

II. ARTÍCULO 8.2

La Constitución, tras fijar las funciones esenciales de la Fuerzas Armadas, hace una remisión al legislador —las Cortes Generales— para regular la "organización militar".

A primera vista parecería que el constituyente se limita a señalar que una ley orgánica debe establecer las "bases" del modo en que se organizan las Fuerzas Armadas. Pero las "bases" no son suficientes para regular el funcionamiento de una institución tan relevante como las FFAA. Todo un conjunto de normas —de máximo rango legal— han venido a desarrollar la ley orgánica a que se refiere el artículo 8.2 CE. Esencialmente en tres ámbitos:

- El Estatuto profesional, deontológico y de derechos del militar.
- El régimen disciplinario y penal militar.
- La jurisdicción militar.

Antes de exponer el contenido de la legislación militar, hay que señalar que la misma ha atravesado por dos periodos claramente distinguibles, que podríamos simplificar refiriéndonos al siglo XX y al siglo XXI. El primer periodo se corresponde con un intento de adecuar unas FFAA educadas en el sostenimiento de un régimen autoritario y en la preocupación por el *enemigo interior*, más que por la amenaza exterior, a una situación política radicalmente distinta, con una Constitución que atribuye a los ejércitos funciones de defensa nacional ancladas en los principios del Estado de Derecho, la democracia y las libertades.

El segundo período —que exige nuestro estudio prioritario— arranca con la Ley Orgánica de la Defensa Nacional de 2005 y pretende consolidar plenamente unas FFAA modernas, al servicio de la seguridad de los ciudadanos, que tienen un entorno internacional nuevo y que están integradas en la Unión Europea y la OTAN.

1. La Ley 5/2005, de 17 de noviembre, de la Defensa Nacional (LODN)

Sustituyendo a la Ley Orgánica sobre Criterios Básicos de la Defensa Nacional y la Organización Militar de 1980, parcialmente modificada en 1984, el texto de 2005, como dice su Exposición de Motivos, contempla un escenario estratégico en el que la política de bloques ha desaparecido y ha emergido la globalización.

La Ley de 2005 hace, ante todo, una regulación detallada de las atribuciones de los poderes del Estado en relación con las FFAA. Reitera la potestad (simbólica) del Rey que fija el artículo 62 h) CE –"mando supremo"–; amplía las competencias de las Cortes Generales al requerir su autorización previa a la participación de las FFAA en misiones fuera del territorio nacional (art. 4.2 Ley Orgánica 5/2005); y da relieve a la posición del Presidente del Gobierno como director de la política de defensa, gestor de las "situaciones de crisis que afecten a la defensa", con autoridad para "la dirección estratégica de las operaciones militares en caso de uso de la fuerza" (art. 6.1 Ley Orgánica 5/2005). Al Gobierno le corresponde acordar la participación de las FFAA en misiones fuera del territorio nacional. Al Ministro de Defensa le compete el desarrollo y ejecución de la política de defensa y sus objetivos, determinados por el Presidente del Gobierno. Éste tiene como órgano asesor y consultivo al Consejo de Defensa Nacional.

La LODN dedica su Título II a la "Organización de las Fuerzas Armadas", sobre la base del Ministerio de Defensa, en el que se integran. El artículo 14 de este Título se dedica a la Jurisdicción Militar. Realmente, tiene poco sentido que sea este su lugar, poco respetuoso con la actuación independiente que ha de tener siempre la jurisdicción militar. La Jurisdicción militar no forma parte de las FFAA, sino "del Poder Judicial del Estado".

Ante la internacionalización de las acciones militares, el Título III de la LODN regula las cada vez más relevantes "Misiones de las Fuerzas Armadas y su control parlamentario" (art. 17). Tal control se remonta a la Constitución de Cádiz de 1812 (arts. 357, 358 y 359), que atribuyó a las Cortes la fijación del número de tropas y buques. Después, en el constitucionalismo histórico español, han habido pocas referencias a las Fuerzas Armadas.

El Título IV de la LODN viene referido a "las reglas esenciales del comportamiento de los militares", que son desarrolladas por las Reales Ordenanzas de las Fuerzas Armadas, y por la Ley Orgánica del Régimen disciplinario de las Fuerzas Armadas, que luego estudiaremos.

Por último, al Título V menciona a los dos cuerpos de seguridad del Estado: la Guardia Civil (de "naturaleza militar") y el Cuerpo Nacional de Policía. El primero tiene asignadas misiones de carácter militar en la Ley Orgánica 2/1986, de 13 de marzo de Fuerzas y Cuerpos de Seguridad. En esos supuestos, dependerá del Ministro de Defensa.

El Cuerpo Nacional de Policía es coordinado por el Consejo de Defensa Nacional en los supuestos de conflicto bélico o estado de sitio (art. 25 LODN).

Como veremos a continuación, la Ley Orgánica de Defensa Nacional de 2005 es el punto de partida de una modernización de la legislación militar que durará una década (empieza con la propia Ley Orgánica 5/2005 y acaba prácticamente con la Ley Orgánica 14/2015 del Código Penal Militar).

2. El estatuto personal del militar

La posición profesional del militar está hoy determinada legalmente por cuatro normas. Por orden cronológico:

- La Ley 8/2006, de 24 de abril de Tropa y Marinería, que sanciona definitivamente (tras la ley 17/1999) el paso de un ejército de leva obligatoria al modelo profesional (ver art. 30 CE).
- La Ley 39/2007, de 19 de noviembre, de la Carrera Militar, que destaca por dos reformas importantes: el acercamiento de la enseñanza militar al sistema educativo general, y la igualdad de mujeres y hombres en todo lo relativo al acceso a las FFAA. Esta ley fue modificada por la Ley 46/2015, de 14 de octubre, en lo referente al régimen transitorio.
- El Real Decreto 96/2009, de 6 de febrero, por el que se aprueban las Reales Ordenanzas para las Fuerzas Armadas. Es el código deontológico del militar, marcando las reglas éticas y de comportamiento de un colectivo que está constituido sobre cuatro sólidos principios: la jerarquía, la disciplina, la unidad y la neutralidad política.
- La Ley Orgánica 9/2011, de 27 de julio, de derechos y deberes de los miembros de las Fuerzas Armadas.

Esta ley hace un detallado recorrido, en positivo, por los derechos fundamentales y libertades públicas del militar. Hay, no obstante, una limitación sobre dos importantes derechos de participación: el de reunión y el de asociación. El militar no puede "organizar ni participar activamente en reuniones o manifestaciones de carácter político o sindical" (art. 13.1 de la Ley Orgánica 9/2011), ni puede llevar a cabo "actividades políticas ni sindicales, ni vincularse con partidos políticos o sindicatos" (art. 14.3). Pero sí puede formar parte de asociaciones para la defensa de sus intereses profesionales (art. 14.2) (ver arts. 22, 23 y 28 de la Constitución).

3. El régimen disciplinario y penal de las FFAA

La Legislatura de 2011 al 2015 realizó una importante actividad reformadora de la legislación militar, a través esencialmente de dos leyes: la Ley orgánica 8/2014, de 4 de diciembre, de Régimen Disciplinario de las Fuerzas Armadas y la Ley Orgánica 14/2015, de 14 de octubre del Código Penal Militar.

La disciplina es una norma de conducta de la vida de un militar profesional; y lleva aparejada un régimen de infracciones y sanciones. La Ley 8/2014, en la parte de las infracciones, destaca por el énfasis en la prohibición de la discriminación por razón de género en los miembros de las Fuerzas Armadas. En la parte de las sanciones, hay una disminución de la posibilidad de imponer arresto por falta leve (se impondrá solo cuando haya sido afectada la disciplina o las reglas esenciales que definen el comportamiento de los miembros de las FFAA, establecidas en el art. 6 de Ley de Derechos y Deberes). También se precisan las garantías del procedimiento administrativo sancionatorio (ver STC 44/83 y STC 196/91). El militar arrestado puede solicitar de forma inmediata la intervención de un juez por el procedimiento de habeas corpus.

En cuanto al nuevo Código Penal (Ley 14/2015, de 14 de octubre), constituye un cambio indudable respecto al anterior. Quizá el más importante sea la posibilidad, por vez primera en la justicia militar, de que un tribunal pueda suspender la ejecución de penas privativas de libertad (art. 22). También ha de mencionarse la desaparición en el Código Penal Militar de tipos que pasan a estar regulados únicamente por el Código Penal común (hurtos y robos, apropiación indebida, estafa, daños, falsedad, prevaricación, delitos contra el Patrimonio y contra la Administración de Justicia, etc...); o la aparición de la pena accesoria de revocación de ascenso. No obstante, el consenso completo parlamentario no fue posible en 2015 a causa del mantenimiento de la aplicación del Código Penal Militar a la Guardia Civil en aspectos esenciales. El nuevo Código Penal Militar encierra así una paradoja: para las FFAA disminuye la presencia de la jurisdicción militar; sin embargo, para la Guardia Civil, se amplía.

El nuevo Código Penal Militar incluyó una modificación de la jurisdicción militar, a la que nos referimos a continuación.

4. La jurisdicción militar

Esta materia va a ser estudiada más en profundidad en el comentario al artículo 117.5 de la Constitución, que prevé la existencia de una "jurisdicción militar en el ámbito estrictamente castrense y en los supuestos del estado de sitio". Una jurisdicción *especializada*, que no especial.

Aquí queremos aludir a una importante transformación que el Código Penal Militar antes examinado realizó en la composición de los tribunales de la jurisdicción militar. Los jueces de tales tribunales eran designados por el Ministro de Defensa, lo cual significaba una vulneración flagrante del principio de separación de poderes y de independencia judicial. La Disposición Final Primera del nuevo Código Penal Militar modifica a ese efecto la Ley Orgánica 4/1987, de 15 de julio, de la Competencia y la Organización de la Jurisdicción Militar. Los jueces y magistrados de la Sala de lo militar del Tribunal Supremo, del Tribunal Militar Central, de los Tribunales Militares Territoriales y de los Juzgados Togados Militares serán nombrados por Real Decreto a propuesta del Consejo General del Poder Judicial. Igual que el resto de jueces y magistrados de las demás jurisdicciones.

III. BIBLIOGRAFÍA

COTINO HUESO, L.: *El modelo constitucional de Fuerzas Armadas,* Madrid, 1992.

GÓMEZ MARTÍNEZ, R.: *Constitución y fuerza militar,* Granada, 2010.

GONZÁLEZ CAMPOS, J.: SÁNCHEZ RODRÍGUEZ, L. y ANDRÉS SAENZ DE SANTAMARÍA, P.: *Curso de Derecho Internacional Público*, Madrid, 2003.

LÓPEZ GARRIDO, D. (Director): *Lecciones de Derecho Constitucional de España y de la Unión Europea,* Valencia, 2018.

– "La posición constitucional de las Fuerzas Armadas", en *Revista de Administración Pública,* núm. 100-102, 1983.

NEVADO MORENO, P. T.: *La Función Pública Militar. Régimen jurídico del personal militar profesional,* Madrid, 1997.

PEÑARRUBIA IZA, J. M.: *Presupuestos constitucionales de la Función militar,* Madrid, 2000.

IV. JURISPRUDENCIA

STC 21/1981, de 15 de junio.
STC 32/81, de 28 de julio.
STC 22/1982, de 12 de mayo.
STS de 23 de abril de 1983.
STC 44/83, de 24 de mayo.
STC 116/87, de 7 de julio.
STS de 18 de julio de 1997.
STC 72/1994, de 3 de marzo.

1. Los ciudadanos y los poderes públicos están sujetos a la Constitución y al resto del ordenamiento jurídico.

COMENTARIO

Manuel Aragón Reyes
Catedrático emérito de Derecho Constitucional
Universidad Autónoma de Madrid

SUMARIO: I. EL ESTADO DE DERECHO: SOMETIMIENTO AL DERECHO DE LOS PODERES PÚBLICOS Y SUJECIÓN AL DERECHO DE LOS CIUDADANOS. II. ESTADO DE DERECHO Y CONSTITUCIÓN NORMATIVA. III. LA DISTINTA EFICACIA JURÍDICA DE LOS PRECEPTOS CONSTITUCIONALES. IV. CONSECUENCIAS DEL Art. 9.1 CE PARA NUESTRO MODELO DE JUSTICIA CONSTITUCIONAL. V. SUPREMACÍA CONSTITUCIONAL Y NORMAS INTERNACIONALES Y SUPRANACIONALES. VI. BIBLIOGRAFÍA. VII. JURISPRUDENCIA.

I. EL ESTADO DE DERECHO: SOMETIMIENTO AL DERECHO DE LOS PODERES PÚBLICOS Y SUJECIÓN AL DERECHO DE LOS CIUDADANOS

El apartado 1 del artículo 9 CE lo que viene a establecer es la consecuencia ineludible de la definición contenida en el art. 1.1. CE, que proclama al Estado español como Estado de Derecho. Ello significa, en su sentido más general, que los poderes públicos estarán sometidos al ordenamiento jurídico. Es cierto que el art. 9.1 CE también "sujeta" a los ciudadanos a lo que ordenamiento prescriba. Sin embargo, una y otra sujeción tienen consecuencias distintas, como después se dirá. Lo que ahora importa subrayar es que la definición del art. 1.1. CE viene concretada en el art. 9 CE (en sus tres apartados), en cuanto que especifica determinadas características que de aquella definición se desprenden.

Dicho ello, hay que señalar que la sujeción al Derecho por parte de los poderes públicos lo es mediante una vinculación positiva, de manera que sólo pueden actuar de conformidad con lo que el Derecho dispone; en ese sentido están plenamente "sometidos" al ordenamiento. Por el contrario, la sujeción al Derecho por parte de los ciudadanos lo es mediante una vinculación negativa, pues, a diferencia de los poderes públicos (que únicamente pueden hacer los que el Derecho les permite) parten de una situación jurídica de libertad, de manera que pueden hacer todo menos lo que el ordenamiento les prohíbe. El art. 9.1 CE no expresa, literalmente, esa diferencia, pero su interpretación, en un Estado "constitucional" de Derecho, la impone.

Es cierto que, en el plano de los ciudadanos, el ordenamiento jurídico no sólo establece prohibiciones (penales, entre otras) sino que impone también deberes (por ejemplo, entre otros, de naturaleza tributaria), pero ello no contradice su vinculación negativa de los ciudadanos al ordenamiento, en cuanto que el establecimiento de un deber jurídico implica también una prohibición en negativo: el impedimento de actuar incumpliendo ese deber. Lo sustancial es subrayar que, en un Estado constitucional democrático de Derecho, las relaciones con el Derecho de los poderes públicos y de los ciudadanos son bien distintas. Asunto sobre el que se volverá después.

II. ESTADO DE DERECHO Y CONSTITUCIÓN NORMATIVA

El apartado 1 del art. 9 CE refleja también la naturaleza y posición que la Constitución tiene, en cuanto que la sujeción al Derecho es "a la Constitución y al resto del ordenamiento jurídico". Lo que significa dos cosas, primero, que la Constitución es auténtico Derecho y, por ello, aplicable por todos los poderes públicos, incluidos los poderes jurisdiccionales y, segundo, que es la norma superior del ordenamiento jurídico, con la consiguiente supremacía sobre todas las demás normas que lo componen. Así lo dejó bien claro el Tribunal Constitucional (STC 80/1982, FJ 1): *Que la Constitución es precisamente eso, nuestra norma suprema y no una declaración programática o principal es algo que se afirma de modo inequívoco y general en su art. 9.1 donde se dice que "los ciudadanos y los poderes públicos están sujetos a la Constitución", sujeción o vinculatoriedad normativa que se predica en presente de indicativo, esto es, desde su entrada en vigor [...] Decisiones reiteradas de este Tribunal en cuanto intérprete supremo de la Constitución (art. 1 de la LOTC) han declarado ese indubitable valor de la Constitución como norma.*

El Estado de Derecho es así, como hoy sucede en todos los Estados con Constitución auténtica, un Estado "constitucional" de Derecho. De manera que la naturaleza jurídica y posición de las Constitución obliga a que todos los jueces y tribunales ordinarios la utilicen como canon normativo a la hora de controlar los actos públicos y privados en los procesos que hayan de resolver, además de interpretar de conformidad con ella las leyes y reglamentos (art. 5.1 LOPJ). Y que su condición de norma suprema del ordenamiento esté asegurada, frente a la ley, por el Tribunal Constitucional, que además establece su suprema interpretación, que vincula a todos los jueces y tribunales (arts. 5.1 LOPJ y 1 y 40.2 LOTC).

Ahora bien, como ya se apuntó más atrás, el tipo de vinculación con la Constitución, de los ciudadanos y de los poderes públicos, es distinto. Así lo explicará en Tribunal Constitucional en su STC 101/1983 (FJ 3) diciendo que lo dispuesto en el art. 9.1 CE *se traduce en un deber de distinto signo para los ciudadanos y los poderes públicos; mientras los primeros tienen un deber general negativo de abstenerse de cualquier actuación que vulnere la Constitución, sin perjuicio de los supuestos en que la misma establece deberes positivos (arts. 30 y 32, entre otros), los titulares de los poderes públicos tienen demás un deber general positivo de realizar sus funciones de acuerdo con la Constitución, es decir que el acceso al cargo implica un deber positivo de acatamiento entendido como respeto a la misma, lo que no supone necesariamente una adhesión ideológica ni una conformidad con su total contenido, dado que también se respeta la Constitución en el supuesto extremo de que se pretenda su modificación por el cauce establecido en los arts. 166 y siguientes de la Norma Fundamental. Entendido así el acatamiento [...] constituye un deber inherente al cargo público, una condición, en el sentido de requisito, con independencia de que se exteriorice o no en un acto formal.* (En el mismo sentido SSTC 122/1983, 18/1984, 53/1985, 119/1990, entre otras muchas).

Es cierto que esta doctrina sobre la vinculación negativa de los ciudadanos a la Constitución es extensible a su vinculación con la totalidad del ordenamiento (derivada, además, del principio de legalidad, que garantiza que los ciudadanos tienen libertad para actuar en todo lo que la ley no prohíbe). En cambio, esa misma doctrina, referida a la vinculación positiva de los poderes públicos a la Constitución, está, en la citada jurisprudencia constitucional, más dirigida a la noción de que la nuestra no es una "democracia militante" que al examen general acerca de la naturaleza de dicha vinculación. De ahí la necesidad de distinguir entre la vinculación de cada uno de los poderes públicos.

Los jueces y tribunales están vinculados a la Constitución en cuanto que tienen la obligación de preservarla en todos los procesos de que entienden. El poder ejecutivo y, en general, la administración pública, se encuentran vinculados positivamente a la Constitución y, según el principio de legalidad en su sentido material, como principio de normatividad, a todo el ordenamiento, pues sólo puede hacer aquello que la las normas les permiten y de acuerdo con los procedimientos en ellas establecidos. El legislador está vinculado a la Constitución en cuanto que ha de "realizarla" a través de las leyes, pero con diferente intensidad según se trate de mandatos que la Constitución le impone o de habilitaciones que la Constitución le ofrece.

Estas consideraciones obligan a diferenciar entre el valor de la Constitución, como norma de rango supralegal, que es el mismo para todos sus preceptos, y la eficacia jurídica de la Constitución, distinta para cada uno de sus preceptos según su objeto y estructura normativa.

III. LA DISTINTA EFICACIA JURÍDICA DE LOS PRECEPTOS CONSTITUCIONALES

Dada la limitada extensión de este comentario, no es posible entrar en el detalle de la tipología de las normas constitucionales, pero sí, al menos, referirse al grado de eficacia de las mismas según se formulen como reglas, como principios o como valores. En el caso de las reglas, si son completas, su eficacia es inmediata y directa, ya sean estas reglas estructurales o materiales. Si son incompletas (porque contengan remisiones al legislador para la adquisición de su plenitud aplicativa) no por ello carecerán de eficacia por sí mismas, lo único que sucederá es que esa eficacia será indirecta o interpretativa. Un caso especial lo constituyen las reglas materiales en materia de derechos fundamentales, que vinculan al legislador en cuanto al respeto por éste a su contenido esencial (art. 53.1 CE), dejando, en lo demás, un ámbito de discrecionalidad al legislador para su desarrollo (STC 11/1981, por todos), aunque desplegando, a falta de la ley, una eficacia directa, mínima pero imprescindible (la derivada de su contenido esencial) que vincula a todos los poderes públicos (STC. 15/1982). Lo mismo cabe decir de las reglas que enuncian garantías institucionales, aunque en este caso, el contenido indisponible para el legislador, la "imagen maestra" de la institución, es menor que el garantizado por los derechos fundamentales (SSTC 38/1983, 213/1988, 51/2004, entre otras) y por ello también es menor el ámbito de su eficacia directa en ausencia de legislación de desarrollo.

Cuando las reglas constitucionales enuncian mandatos al legislador o en general a los poderes públicos (así, por ejemplo, arts. 37.1, 43.2, 124.3 CE) su aplicabilidad está diferida, pero no por ello carecen de eficacia indirecta o interpretativa. En cambio, cuando lo que contienen son cláusulas de habilitación, que no mandatos (así, por ejemplo, arts. 30.3, 128.2, 131.1 CE), apoderan al legislador para actuar, pero no se lo imponen. Ahora bien, sin ese apoderamiento, el legislador no podría llevar a cabo esa actuación, en la medida en que ello supusiera limitaciones a la libertad de los ciudadanos.

Por lo que se refiere a los principios constitucionales, en términos generales reducen su eficacia a la indirecta o interpretativa, de manera que sólo adquirían eficacia directa cuando el legislador los incorpora convirtiéndolos en reglas. El ejemplo más patente es el de los principios rectores de la política social y económica previstos en el Capítulo 3º del Título Primero CE. Dado lo que dispone el art. 53.3 CE, su eficacia directa está diferida a su regulación por el legislador, pero no por ello carecen de eficacia indirecta, pues habrán de ser utilizados por los jueces y tribunales como criterios interpretativos en las materias a que se refieren. No obstante, en ausencia de regulación legal, tienen capacidad para desplegar eficacia directa, al menos frente al legislador, puesto que pueden servir de parámetro de la constitucionalidad utilizable por el Tribunal Constitucional (SSTC 19/1982, 45/1989, entre otras).

Por último, en cuanto a los valores constitucionalmente enunciados, en el caso de los valores materiales, mientras no se proyecten en la legislación, su eficacia sólo puede ser indirecta o interpretativa (en sentido contrario, STC 15/1985, y a favor, votos particulares emitidos en la misma), mientras que, si se trata de valores estructurales, sin perjuicio de su eficacia indirecta o interpretativa, es perfectamente defendible que, en ausencia de su concreción legal, su eficacia puede ser directa (así STC 32/1985, entre otras), porque como en realidad, más que valores son principios organizativos, tienen, como tales principios, capacidad de operar como parámetro de constitucionalidad para la resolución de un caso.

IV. CONSECUENCIAS DEL ART. 9.1 CE PARA NUESTRO MODELO DE JUSTICIA CONSTITUCIONAL

La vinculación de todos los poderes públicos a la Constitución origina una consecuencia para nuestro modelo de justicia constitucional que no puede desconocerse, pues en cuanto que la Constitución ha de ser aplicada por todos los jueces y tribunales y no sólo por el Tribunal Constitucional, ello supone la aceptación de una confluencia de las dos jurisdicciones, ordinaria y constitucional, en la tarea de aplicación-interpretación de la Constitución, que es lo que sucede, en general, en el actual modelo europeo de justicia constitucional al que el nuestro pertenece (muy alejado del originario kelseniano de separación neta entre una y otra jurisdicción).

De ese modo, la vinculación de los jueces y tribunales a la Constitución les faculta (más exactamente, les obliga) a controlar la constitucionalidad de los actos (públicos y privados) y de los reglamentos y, en todo caso, a interpretar las leyes y normas infralegales de conformidad con los preceptos constitucionales. Lo único que no les está permitido es anular un ley por inconstitucional, que ello sólo corresponde al Tribunal Constitucional, de manera que, en caso de que en un proceso entendieran que una ley aplicable podría ser contraria a la Constitución, lo que pueden (y creo que deben) hacer es plantear la cuestión de inconstitucionalidad.

En definitiva, si por justicia constitucional hay que entender la tarea de aplicación judicial de la Constitución, esa justicia la ejercen tanto el Tribunal Constitucional como la jurisdicción ordinaria. Un modelo, en cierto modo, difuso, con una salvedad: sólo el Tribunal Constitucional puede declarar la inconstitucionalidad de la ley (y disposiciones con fuerza de ley) y controlar los actos parlamentarios no materialmente administrativos. Por ello, no sólo los derechos fundamentales han de ser preservados por los jueces y tribunales ordinarios (art. 24.1 CE), sino la totalidad de la Constitución, eso sí, con la singular eficacia que cada precepto constitucional despliega y respetando los ámbitos materiales y formales cuyo control pertenece en exclusiva al Tribunal Constitucional.

Y en cuanto a la fuerza derogatoria de la Constitución frente al Derecho anterior a ella, la confluencia de las dos jurisdicciones es prácticamente plena, pues, de acuerdo con la doctrina del Tribunal Constitucional (SSTC 4/1981 y 11/1981), la constatación de los efectos derogatorios de la Constitución pueden realizarla tanto la jurisdicción ordinaria como la jurisdicción constitucional, con la única diferencia de que la primera lo hará, como problema de inconstitucionalidad sobrevenida, con efectos generales, y la segunda, como problema de ineficacia, con efectos para el caso.

De todo lo dicho antes, lo que se desprende es que, por disposición del art. 9.1 CE, toda la Constitución es Derecho, esto es, inmediatamente aplicable (unas veces con eficacia directa y otras con eficacia indirecta o interpretativa) desde su entrada en vigor, y además Derecho aplicable por encima de cualquier otra norma del ordenamiento (supralegalidad constitucional). No hay normas constitucionales que carezcan de esa cualidad y, en consecuencia, todas las que la Constitución contiene, sin excepción alguna, tienen garantizada su aplicabilidad por los órganos jurisdiccionales (ya sean el Tribunal Constitucional o los jueces y tribunales ordinarios). Esta pluralidad de intérpretes-aplicadores de la Constitución se reduce a unidad en cuanto que existe un órgano jurisdiccional supremo que tiene atribuida la interpretación-aplicación última y definitiva del ordenamiento constitucional: el Tribunal Constitucional, supremo intérprete de la Constitución (art. 1 LOTC) y supremo intérprete de la constitucionalidad de la ley (art. 5.1. LOPJ y 40.2 LOTC), cuya doctrina vincula a todos los jueces y tribunales de la jurisdicción ordinaria.

V. SUPREMACÍA CONSTITUCIONAL Y NORMAS INTERNACIONALES Y SUPRANACIONALES

La aplicación en nuestro ordenamiento interno, con carácter preferente, de determinadas normas internacionales o supranacionales, es cuestión que no puede dejar de ser tratada a la hora de interpretar el significado y alcance del art. 9.1 CE. El primer problema, más aparente que real, se deriva de los tratados internacionales, dotados, por la propia Constitución (y no sólo por el Derecho internacional) de una especial rigidez, en cuanto que el art. 96.1 CE reconoce que las disposiciones de esos tratados *sólo podrán ser derogadas, modificadas o suspendidas en la forma prevista en los propios tratados o de acuerdo con las normas generales del Derecho internacional*. Sin embargo, tal rigidez no significa en modo alguno que ocupen una posición supraordenada respecto de la Constitución, pues el art. 95.1 CE garantiza que no puedan celebrarse tratados que *contengan estipulaciones contrarias a la Constitución*, salvo que, previamente, la Constitución se reformase para evitar la contradicción. Esa garantía está asegurada, tanto *a prioiri* (control previo de tratados por el Tribunal Constitucional, art. 95.2 CE) como *a posteriori* [control de los tratados por el Tribunal Constitucional mediante el recurso y la cuestión de inconstitucionalidad, art. 27.1.c) LOTC]. No existe, pues, un auténtico problema en el ámbito ordinamental interno, aunque sí pueda existir en el ámbito de la responsabilidad internacional del Estado, pero esa es cuestión distinta.

El segundo problema se refiere, no ya a los tratados en general, sino a una un tipo específico de tratados, dada la obligación, impuesta por la Constitución (art. 10.2), de que la interpretación de los derechos constitucionales se haga de conformidad con lo que dispongan los tratados internacionales ratificados por España en materia de derechos humanos, y más específicamente, en cuanto que hay una auténtica jurisdicción internacional que los garantiza (el TEDH), con los previstos en el Convenio Europeo de Derechos Humanos. Tampoco aquí existe un problema real, dado que es la propia Constitución la que ha admitido esa sumisión interpretativa, siempre con la condición, reconocida por la doctrina del Tribunal Constitucional, de que se trate de derechos análogos en nuestro Derecho interno y de que esa interpretación lo sea *in bonus* y no *in peius* para los derechos que la Constitución garantiza.

Distinto es el problema, no aparente, en este caso, sino real, de la prevalencia del Derecho de la Unión Europea sobre nuestro Derecho interno (constitucional o infraconstitucional), según tiene establecido el Tribunal de Justicia de la Unión Europea. Es cierto que puede sostenerse (interpretando debidamente la prescripción contenido en el art. 93 CE) que la propia Constitución ha previsto la apertura a esa supremacía, pero también lo es que resulta muy difícil concluir que esa cláusula constitucional permita una supremacía incondicionada del Derecho de la Unión sobre nuestro propio Derecho constitucional. Dicho problema ya se ha venido manifestando en otros Estados miembros, especialmente en Alemania e Italia, donde sus Tribunales Constitucionales han establecido límites a la referida supremacía. En España ha ocurrido lo mismo.

A tal efecto, lo mejor es transcribir determinados párrafos la Declaración 1/2004, de 13 de diciembre, del Tribunal Constitucional dictada en el recurso previo frente al Tratado relativo al Proyecto de Constitución Europea (Tratado que al final no pudo entrar en vigor, como es bien sabido, por su fracaso en otros Estados de la Unión). En esa Declaración, el Tribunal Constitucional vino a poner de manifiesto el delicado equilibrio que se da entre la supremacía constitucional interna y la primacía del Derecho de la Unión (entonces aún Derecho comunitario europeo):

El art. 93 CE es sin duda el soporte constitucional básico de la integración de otros ordenamientos con el nuestro, a través de la cesión del ejercicio de competencias derivadas de la Constitución [...]. Producida la integración debe destacarse que la Constitución no es ya el marco de validez de las normas comunitarias, sino el propio Tratado cuya celebración instrumenta la operación soberana de cesión del ejercicio de competencias derivadas de aquélla, si bien la Constitución exige que el Ordenamiento aceptado como consecuencia de la cesión sea compatible con sus principios y valores básicos [...] [de modo que] *la operación de cesión del ejercicio de competencias a la Unión Europea y la integración consiguiente del Derecho comunitario en el nuestro propio imponen límites inevitables a las facultades soberanas del Estado, aceptables únicamente en tanto el Derecho europeo sea compatible con los principios fundamentales del Estado social y democrático de Derecho establecido por la Constitución nacional. Por ello la cesión constitucional que el art. 93 CE posibilita tiene a su vez límites materiales que se imponen a la propia cesión. Esos límites materiales, no recogidos expresamente en el precepto constitucional, pero que implícitamente se derivan de la Constitución y del sentido esencial del propio precepto, se traducen en el respeto de la soberanía del Estado, de nuestras estructuras constitucionales básicas y del sistema de valores y principios fundamentales consagrados en nuestra Constitución, en el que los derechos fundamentales adquieren sustantividad propia (art. 10.1 CE), límites que, como veremos después, se respetan escrupulosamente en el Tratado objeto de nuestro análisis* (FJ 2).

Que la Constitución es la norma suprema del Ordenamiento español es cuestión que, aun cuando no se proclame expresamente en ninguno de sus preceptos, se deriva sin duda del enunciado de muchos de ellos, entre otros de sus arts. 1.2, 9.1, 95, 161, 163, 167, 168 y disposición derogatoria, y es consustancial a su condición de norma fundamental; supremacía o rango superior de la Constitución frente a cualquier otra norma, y en concreto frente a los tratados internacionales, que afirmamos en la Declaración 1/1992 (FJ 1). Pues bien, la proclamación de la primacía del Derecho de la Unión por el art. I-6 del Tratado no contradice la supremacía de la Constitución (FJ 4).

Esta no contradicción se apoya, según se razona en la Declaración, de un lado, en que *la Constitución ha aceptado, ella misma, en virtud de su art. 93, la primacía del Derecho de la Unión en el ámbito que a ese Derecho les es propio* (FJ 4), de otro lado, en que los límites ya aludidos *se respetan escrupulosamente en el Tratado objeto de nuestro examen* (FJ 2) y, en última instancia en que la cesión prevista en el Tratado no lo es de manera completamente incondicionada para el futuro, pues *En el caso difícilmente concebible de que en la ulterior dinámica del Derecho de la Unión Europea llegase a ser inconciliable este Derecho con la Constitución española [...] la conservación de la soberanía del pueblo español y de la supremacía de la Constitución que éste se ha dado podrían llevar a este Tribunal a abordar los problemas que en tal caso se suscitaran, que desde la perspectiva actual se consideran inexistentes, a través de los procedimientos constitucionales pertinentes, ello aparte de que la salvaguarda de la referida soberanía siempre resulta asegurada por el art. I-60 del Tratado* (FJ 4).

En definitiva, la proclamación contenida en el art. 9.1 CE (normatividad de la Constitución y supremacía ordinamental de la misma) no queda desvirtuada (aunque quede modulada) por la primacía del Derecho de la Unión.

Sin embargo, no cabe ocultar que esta solución (teóricamente sustentada en la diferencia entre "supremacía" de la Constitución y "primacía" del Derecho de la Unión Europea) impone un delicado equilibrio entre los dos ordenamientos, con límites recíprocos más hipotéticos que reales en lo que afecta al Derecho de la Unión, que refleja, por lo demás, el estadio institucional en que se encuentra hoy la integración europea.

VI. BIBLIOGRAFÍA

ARAGÓN REYES, M.: "Tipología de las normas constitucionales", *Estudios jurídicos en homenaje al profesor Luis Díez-Picazo*, Tomo IV, Civitas, Madrid, 2003; posteriormente en ARAGÓN REYES, M.: *Estudios de Derecho Constitucional*, Centro de Estudios Políticos y Constitucionales, Madrid, 3ª ed. 2013.

CRUZ VILLALÓN, P.: "La Constitución y el 'resto' del ordenamiento jurídico", en *Estudios jurídicos en homenaje al profesor Luis Díez-Picazo*, tomo IV, Civitas, Madrid, 2003.

GARCÍA DE ENTERRÍA, E.: *La Constitución como norma y el Tribunal Constitucional*, Civitas, Madrid, 2006.

LEGUINA VILLA, J.: "Principios Generales del Derecho y Constitución", *Revista de Administración Pública*, núm. 114, 1987.

RUBIO LLORENTE, F.: "La Constitución como fuente del Derecho" y "Principio de legalidad", en *La forma del poder*, Vols. I y II, Centro de Estudios Constitucionales, Madrid, 3ª ed., 2012.

VII. JURISPRUDENCIA

STC 15/1982, de 23 de abril.
STC 16/1982, de 28 de abril.
STC 80/1982, de 20 de diciembre.
STC 35/1983, de 11 de mayo.
STC 101/1983, de 18 de noviembre.
STC 21/1997, de 10 de febrero.
STC 48/2003, de 2 de febrero.
STC 235/2007, de 7 de noviembre.

Artículo 9.2

2. Corresponde a los poderes públicos promover las condiciones para que la libertad y la igualdad del individuo y de los grupos en que se integra sean reales y efectivas; remover los obstáculos que impidan o dificulten su plenitud y facilitar la participación de todos los ciudadanos en la vida política, económica, cultural y social.

COMENTARIO

Encarnación Carmona Cuenca
Profesora Titular de Derecho Constitucional
Universidad de Alcalá

SUMARIO: I. ANTECEDENTES: IGUALDAD FORMAL E IGUALDAD MATERIAL. II. EL Art. 9.2 CE. ASPECTOS GENERALES. III. IGUALDAD MATERIAL E IGUALDAD DE OPORTUNIDADES. EL CONCEPTO DE ACCIÓN POSITIVA. IV. LA INTERPRETACIÓN DEL TRIBUNAL CONSTITUCIONAL ESPAÑOL. 1. El art. 9.2 CE como legitimador de medidas de acción positiva. 2. El art. 9.2 CE como principio inspirador del ordenamiento jurídico. 3. La distribución de competencias en torno al art. 9.2 CE. V. ¿EXISTE UN DERECHO SUBJETIVO A UN TRATO DESIGUAL Y FAVORABLE? VI. BIBLIOGRAFÍA. VII. JURISPRUDENCIA.

I. ANTECEDENTES: IGUALDAD FORMAL E IGUALDAD MATERIAL

Según la interpretación clásica —que tiene sus raíces en la obra de Hermann Heller— se viene distinguiendo entre un principio de *igualdad formal* o igualdad ante la ley, como mandato de igual trato jurídico a personas que están en la misma situación, e *igualdad material*, como una reinterpretación de aquélla en el Estado social de Derecho que, teniendo en cuenta la posición social real en que se encuentran los/las ciudadanos/as, tiende a una equiparación real y efectiva de los mismos. De esta forma, se entiende que aplicar la mera igualdad formal, las mismas consecuencias normativas, a personas que están en una situación real diferente, en particular, a personas que ocupan una posición social desfavorecida, contribuye a perpetuar la desigualdad real. Los poderes públicos deben, entonces, dictar normas que favorecen a ciertos colectivos que se encuentran en una situación social inferior, precisamente para conseguir la igualdad real.

Dentro de la tradición occidental, la primera Constitución que recoge esta idea de la materialidad del principio de igualdad es la Constitución italiana de 1947. Su artículo 3 (ubicado entre los principios fundamentales) reconoce el principio de igualdad formal (primer párrafo) y el principio de igualdad material (segundo párrafo):

Artículo 9.2

Todos los ciudadanos tienen la misma dignidad social y son iguales ante la ley, sin distinción de sexo, raza, lengua, religión, opiniones políticas ni de circunstancias personales y sociales. Constituye obligación de la República suprimir los obstáculos de orden económico y social que, limitando de hecho la libertad y la igualdad de los ciudadanos, impiden el pleno desarrollo de la persona humana y la participación efectiva de todos los trabajadores en la organización política, económica y social del país.

II. EL ART. 9.2 CE. ASPECTOS GENERALES

Precisamente, el segundo párrafo del art. 3 de la Constitución italiana es el precedente del art. 9.2 de la Constitución española de 1978 (CE). La interpretación más extendida considera que el art. 14 CE consagra el principio de igualdad formal mientras que el art. 9.2 CE reconoce el principio de igualdad material.

Sin embargo, la Norma Fundamental española plantea nuevos interrogantes con respecto a la Constitución italiana, puesto que los dos preceptos que establecen el principio de igualdad se encuentran en distinto Título de la Constitución y ello condiciona las garantías de que goza cada uno de ellos. En efecto, el artículo 14 está ubicado en el Título I y goza de la máxima protección constitucional como derecho fundamental a un trato igual y a no ser discriminado/a, que incluye la garantía del recurso de amparo constitucional, mientras que el art. 9.2 está situado en el Título Preliminar, cuya eficacia jurídica es —cuando menos— más problemática (más adelante volveré sobre esta cuestión).

III. IGUALDAD MATERIAL E IGUALDAD DE OPORTUNIDADES. EL CONCEPTO DE ACCIÓN POSITIVA

En la actualidad, en diversas normas y documentos jurídicos, parece que se están sustituyendo los conceptos de igualdad formal e igualdad material por los conceptos de *igualdad de trato* e *igualdad de oportunidades*. Estas expresiones tuvieron su origen en el Derecho antidiscriminatorio estadounidense, que se gesta en Norteamérica después de la Segunda Guerra Mundial, fundamentalmente como consecuencia de las revueltas protagonizadas por las personas afrodescencientes. La igualdad de oportunidades no es equivalente a la denominada igualdad material. Como expone Barrère Unzueta, si la igualdad de trato se identifica con la prohibición de discriminación, la igualdad de oportunidades hace referencia a la competición por obtener ventajas en una sociedad, por ejemplo, un puesto de trabajo. Pero la igualdad de oportunidades requerirá también, en ocasiones, otorgar un trato de favor a personas que se encuentran en situación social real de subordinación para que compitan por las ventajas sociales en condiciones equiparables a los miembros del grupo hegemónico.

El núcleo más importante del Derecho antidiscriminatorio se suele identificar con las denominadas *medidas de acción positiva*, que serían aquellas medidas adoptadas por los poderes públicos para otorgar un trato de favor a colectivos que se encuentran en una situación de inferioridad social para compensar esa situación en la competición por obtener ventajas en una sociedad.

Posteriormente, los conceptos de igualdad de trato, igualdad de oportunidades y acción positiva son importados por el Derecho de la Unión Europea. La Carta de los Derechos Fundamentales de la Unión Europea consagra el principio general de igualdad ante la ley o igualdad formal en su art. 20, la prohibición de discriminación por diversos motivos en su art. 21 y, específicamente, la igualdad entre hombres y mujeres en su art. 23. Es, precisamente, en este último precepto en el que se contiene un reconocimiento de la igualdad de oportunidades, aunque limitado a la no discriminación por razón de género: "El principio de igualdad no impide el mantenimiento o la adopción de medidas que ofrezcan ventajas concretas a favor del sexo menos representado".

A su vez, el Convenio Europeo de Derechos Humanos (CEDH) reconoce el derecho a la igualdad de trato en el disfrute de los derechos consagrados en el mismo Convenio en su art. 14. Este reconocimiento ha quedado completado con la aprobación del Protocolo nº 12, en el que se reconoce la igualdad en el disfrute de todos los derechos y en el que contiene un reconocimiento de la igualdad material. El tercer párrafo del Preámbulo hace referencia a las medidas adoptadas "a fin de promover una igualdad plena y efectiva" y reafirma que tales medidas no están prohibidas por el principio de no discriminación, en la medida en que respondan a "una justificación objetiva y razonable". Se puede considerar, así, que el Protocolo legitima la adopción de las denominadas medidas de acción positiva para promover la igualdad material, aunque este Protocolo ha sido muy poco aplicado por el Tribunal Europeo de Derechos Humanos (TEDH), seguramente debido a que, hasta la fecha, sólo ha sido ratificado por 20 Estados.

Sin embargo, a partir del art. 14 CEDH, el TEDH ha construido una jurisprudencia que legitima, e incluso exige en determinadas circunstancias, que los poderes públicos otorguen un trato diferente a supuestos que son distintos en la vida real. Esta construcción podría utilizarse para legitimar —o incluso exigir en determinados casos— las medidas de acción positiva. En efecto, a partir del Caso Thlimmenos contra Grecia, de 6 de abril de 2000, el TEDH afirma que el art. 14 CEDH no sólo prohíbe que se trate de manera diferente supuestos de hecho que son iguales, sino que también exige que los casos diferentes reciban un trato diferente (es lo que se ha denominado "discriminación por indiferenciación"). En otras sentencias, ha afirmado que el art. 14 CEDH no prohíbe que un Estado miembro trate de manera diferente a los grupos para corregir las "desigualdades de hecho" entre ellos. Es más, en determinadas circunstancias, la ausencia de trato diferencial para corregir una desigualdad puede en sí misma violar esta disposición (Caso Taddeucci y McCall contra Italia, de 30 de junio de 2016).

A su vez, la legislación de desarrollo en España sobre igualdad y no discriminación incluye previsiones sobre las medidas de acción positiva (art. 11 de la LO 3/2007, de 22 de marzo, para la igualdad efectiva de mujeres y hombres y art. 6.7 de la Ley 15/2022, de 12 de julio, integral para la igualdad de trato y la no discriminación).

IV. LA INTERPRETACIÓN DEL TRIBUNAL CONSTITUCIONAL ESPAÑOL

1. El art. 9.2 CE como legitimador de medidas de acción positiva

En la mayor parte de sus sentencias que se refieren al art. 9.2 CE, el Tribunal Constitucional español ha interpretado dicho precepto como un correctivo de la igualdad formal del art. 14 del Texto Constitucional, haciendo hincapié en la necesidad de que el legislador no trate a todos los individuos de la misma manera, sino que sea capaz de tratar de forma diferente aquellas situaciones que son distintas en la vida real. Así, ha afirmado en varias sentencias que "lo proclamado en el art. 9.2 puede exigir un mínimo de desigualdad formal para progresar hacia la consecución de la igualdad sustancial" (SSTC 98/1985, de 29 de julio, y 19/1988, de 16 de febrero, entre otras). La finalidad general de esta diferencia de trato legal no es otra que proteger a ciertos sectores sociales discriminados. El Tribunal, entonces, ha utilizado el art. 9.2 para legitimar ciertas medidas de acción positiva existentes.

Podemos encontrar esta argumentación en varias sentencias referidas al ámbito laboral. Así, la STC 114/1983, de 6 de diciembre, afirmó la conformidad con la Constitución de la consignación para recurrir ante los tribunales exigida por el entonces vigente artículo 181 de la Ley de Procedimiento Laboral con exclusividad a los empresarios —dejando al margen a los trabajadores— pues la condición laboral o social justificaban un tratamiento desigual y favorable a ciertos colectivos. Esta justificación venía avalada por lo dispuesto en el art. 9.2 CE que "exige en este campo un mínimo de desigualdad formal para progresar hacia la consecución de la igualdad sustancial".

Del mismo modo, se ha utilizado el art. 9.2 CE para justificar el trato diferenciado y favorable a otros sectores sociales, como las mujeres trabajadoras con hijos pequeños, para paliar la discriminación de hecho que padecen en relación con su incorporación y permanencia en el mundo laboral (acciones positivas). Así lo hizo la STC 128/1987, de 16 de julio, en la que no se reputa discriminatoria ni contraria al art. 14 CE la concesión por parte de la empresa de un complemento retributivo en concepto de guardería a las mujeres empleadas con hijos menores de seis años y no a los varones casados en la misma situación. Considera la Sentencia que esta medida favorece el acceso de las mujeres al trabajo remunerado y que está legitimada por el art. 9.2 CE.

El tema de la incorporación de la mujer al trabajo remunerado y la discriminación por razón de género han dado lugar a varias sentencias en las que se argumenta, con carácter general, en este sentido. Así, la STC 216/1991, de 14 de noviembre, afirma que el art. 9.2 CE supone una modulación del art. 14 CE por el que no podrá reputarse discriminatoria la acción de favorecimiento, siquiera temporal, de colectivos históricamente preteridos y marginados a fin de que, mediante un trato especial más favorable, vean suavizada o compensada su situación de desigualdad sustancial. Y en el mismo sentido se pronuncian las SSTC 166/1988, de 26 de septiembre, 145/1991, de 1 de julio, 28/1992, de 9 de marzo y 22/2024, de 12 de febrero (esta con relación a la discriminación por razón de embarazo y maternidad).

Con relación a la violencia de género (también a la violencia familiar y doméstica), la STC 87/2020, de 20 de julio, ha afirmado que los poderes públicos adquieren, de conformidad con el art. 9.2 CE, la obligación de adoptar medidas de acción positiva que remuevan los obstáculos que impidan o dificulten la plenitud de los derechos fundamentales que puedan resultar afectados por estas violencias.

Por otra parte, el Tribunal Constitucional ha validado las medidas de acción positiva establecidas para favorecer a las personas con discapacidad. La STC 269/1994, de 3 de octubre, estableció que las reservas de puestos en las ofertas de empleo público para este colectivo con graves problemas de acceso al trabajo no sólo no vulneran el art. 14 CE, sino que son legítimas y constituyen un cumplimiento del mandato contenido en el art. 9.2 CE en relación con el principio de Estado social y democrático de Derecho del art. 1.1 CE y con el art. 49 CE.

De este modo, puede decirse que el Tribunal Constitucional español ha utilizado el art. 9.2 de la Constitución con una funcionalidad justificadora de tratos normativos favorables a ciertos sectores sociales, impidiendo, así, que estas normas contradigan el principio de igualdad formal enunciado en el art. 14 CE.

Sin embargo, existe otra línea en la jurisprudencia del Tribunal Constitucional sobre el principio de igualdad que justifica los supuestos de tratamiento legal diferenciado y favorable a ciertos sectores sociales tradicionalmente discriminados o en situación de inferioridad social basándose únicamente en el art. 14 CE. Sosteniendo un concepto más amplio del principio de igualdad formal del art. 14 CE, se pueden reconducir a éste aquellos supuestos que en otras ocasiones habían sido resueltos en base al art. 9.2 CE (STC 19/1989, de 31 de enero, entre otras).

Según esta interpretación, podríamos preguntarnos si realmente era necesario el art. 9.2 CE. En 1994 ya propuse una concepción amplia del principio de igualdad formal, que englobase aquellos supuestos en que es preciso aplicar un tratamiento legal diferenciado a ciertos sujetos que se encuentran en una situación social distinta. Torres del Moral también afirma la innecesariedad del art. 9.2 CE con un argumento importante. Si fuese imprescindible, no podría incorporarse la llamada igualdad material a las finalidades del Estado en aquellos países cuyas Constituciones no contuviesen un precepto similar. A pesar de todo, este autor termina reconociendo la utilidad del art. 9.2 CE en cuanto que da cobertura constitucional a la interpretación integradora de la igualdad formal y la igualdad material en el art. 14 CE.

2. El art. 9.2 CE como principio inspirador del ordenamiento jurídico

En otras sentencias, el TC ha utilizado el art. 9.2 CE más bien como principio inspirador de todo el ordenamiento con diferentes consecuencias. Así, en la STC 12/2008, de 29 de enero, que decidió sobre la constitucionalidad de la LO 3/2007, de 22 de marzo, para la igualdad efectiva de mujeres y hombres. Esta Ley introdujo un nuevo artículo en la LOREG, el art. 44 bis, según el cual las candidaturas de las elecciones a los órganos de representación política debían tener una "composición equilibrada" de mujeres y hombres, de forma que en el conjunto de la lista los/las aspirantes de cada uno de los géneros supongan como mínimo el 40 por ciento en cada tramo de 5 puestos. Aquí el Tribunal se apoyó directamente en el art. 9.2 CE y consideró que la medida cuestionada no suponía un tratamiento negativo de ninguno de los dos géneros, ni siquiera constituía un tratamiento diferenciado por razón de género.

También en el ámbito de la igualdad de género, la STC 34/2023, de 18 de abril, utiliza el art. 9.2 CE para justificar ciertos preceptos de la LO 3/2020, de reforma de la Ley Orgánica de Educación, que tienden a lograr el objetivo de la igualdad entre mujeres y hombres (como la utilización del término "perspectiva de género" entre los principios pedagógicos de la Educación Secundaria Obligatoria y el Bachillerato).

Y en la STC 44/2023, de 9 de mayo, el Tribunal argumenta en base al art. 9.2 CE para afirmar que, dentro del marco de la prohibición de discriminación por razón de embarazo y maternidad, se ha de proscribir también la discriminación de las mujeres que opten por la interrupción del embarazo en aplicación de la legislación vigente.

A su vez, en varias sentencias relativas al derecho a la educación, el Tribunal ha afirmado que éste incorpora "un contenido primario de libertad, a partir del cual se debe entender el mandato prestacional a los poderes públicos, encaminado a promover las condiciones para que esa libertad sea real y efectiva ex art. 9.2 CE" (STC 111/2012, de 24 de junio). En base a ello, la STC 109/2019, de 1 de octubre, afirma que la utilización de las lenguas oficiales en la enseñanza no debe dar lugar a discriminaciones y que, por tanto, la prueba a la que se refería la Sentencia debía acomodarse a la lengua de uso habitual de los alumnos.

Se ha utilizado también el art. 9.2 CE con relación al derecho de libertad religiosa. En la STC 13/2018, de 8 de febrero, se afirmó que el art. 16.3 CE, que establece que el Estado mantendrá relaciones de cooperación con las confesiones religiosas, ha de entenderse de forma combinada con el art. 9.2 CE, para promover que la libertad religiosa sea real y efectiva, tanto en su vertiente individual como colectiva.

Y, con relación a la protección de las personas con discapacidad, en la STC 161/2021, de 4 de octubre, el Tribunal ha argumentado en base al art. 9.2 CE para establecer que la protección que la Constitución dispensa a las personas con discapacidad "no puede quedar condicionada por requisitos formales como son el previo reconocimiento o declaración judicial o administrativa de una situación de incapacidad".

3. La distribución de competencias en torno al art. 9.2 CE

En España, la asistencia social es, en principio, competencia de las Comunidades Autónomas (art. 148.1.20ª CE y Estatutos de Autonomía). Ahora bien, en algunas sentencias, el Tribunal Constitucional ha establecido que el Estado puede adoptar medidas de contenido social o protectoras de grupos desfavorecidos en virtud del título competencial del art. 149.1.1ª CE en relación con el art. 9.2 CE y algún derecho fundamental. Así lo hizo en las SSTC 13/1992, de 6 de febrero, 33/2014, de 27 de febrero y 18/2017, de 2 de febrero. En la

STC 68/2018, de 21 de junio, afirmó expresamente que: "el mandato de materialización de la igualdad efectiva que deriva del art. 9.2 CE no vincula sólo al legislador estatal, sino a todos los poderes públicos".

V. ¿EXISTE UN DERECHO SUBJETIVO A UN TRATO DESIGUAL Y FAVORABLE?

Sobre esta cuestión, podemos recordar la construcción de Robert Alexy en Alemania. La Constitución alemana sólo reconocía inicialmente la igualdad formal en su art. 3 pero este autor propuso otorgar un doble contenido a este derecho: Por una parte, el derecho a no sufrir discriminación (estatus negativo) y, por otra, el derecho a acciones positivas del Estado para conseguir la igualdad real (con posterioridad a la obra de Alexy, en 1994, una reforma de la Constitución alemana incluyó un segundo párrafo en el art. 3 que legitimaba la actuación positiva del Estado para conseguir la igualdad real de mujeres y hombres).

El profesor Alexy concluía que no podía descartarse la consideración de la igualdad real como un derecho subjetivo exigible ante los tribunales. Ahora bien, para que pudiera prevalecer el derecho a un trato desigual y favorable a cierta persona o colectivo preteridos en la sociedad, este derecho debía poder desplazar a otros principios en juego como la igualdad formal, los derechos de libertad o el principio general de distribución de competencias entre el Tribunal Constitucional Federal y el poder legislativo, ya que, en principio, el establecimiento de las denominadas acciones positivas es competencia del legislador.

En algunas sentencias, el Tribunal Constitucional Federal alemán ha estado cerca de afirmar un derecho subjetivo a un trato desigual y favorable. Así, por ejemplo, en la Sentencia BverfGE 2, 336 (de 17 de junio de 1953) afirmó que el trato igual, negando el derecho a la asistencia jurídica gratuita a las personas con recursos y a las personas sin ellos, supone en la práctica y en cuanto a las consecuencias un trato desigual, pues impide a las personas sin recursos acceder a la justicia.

En la jurisprudencia constitucional italiana no se ha hecho un uso claro del ya citado art. 3.2 de la Constitución (CI). En general, la Corte Constitucional italiana ha argumentado poniendo en conexión los dos apartados del art. 3 CI, considerando que los principios de igualdad formal y material no son antitéticos, sino que la igualdad material enriquece el contenido de la igualdad formal. De esta forma, el apartado segundo sirve de justificación de aquellos supuestos legislativos que, aparentemente discriminatorios en la comparación de categorías o grupos de ciudadanos, en realidad restablecen la igualdad de condiciones, particularmente cuando se trata de intervenciones positivas de los poderes públicos, que favorecen a los sujetos o sectores de la sociedad más débiles. Pero, en alguna ocasión, ha ido más allá y ha declarado la inconstitucionalidad de una norma por no favorecer la asistencia de estudiantes con discapacidad en la Escuela Media Superior (Sentencia de la Corte Constitucional italiana 215/1987, de 8 de junio). Parece, así, que el art. 3.2 de la Norma Fundamental italiana podría configurar un derecho subjetivo a un trato desigual de las personas necesitadas.

En España también tiene interés esta cuestión pues la igualdad formal se reconoce entre los derechos fundamentales de máxima protección, mientras que la igualdad material está consagrada en el Título Preliminar de la Constitución. En la STC 91/2019, de 3 de julio, el Tribunal Constitucional afirmó que:

> *En un Estado social y democrático de Derecho, como el que establece nuestra Constitución, el derecho a la igualdad no consiste meramente en una exigencia formal de trato equitativo, sino en una exigencia material de tutela que garantice la efectividad sustancial de la igualdad entre los individuos y los grupos y que remueva los obstáculos que impidan o dificulten su plenitud (art. 9.2 CE).*

Sin embargo, el Tribunal Constitucional ha afirmado expresamente que el art. 9.2 no configura derecho subjetivo alguno protegible en amparo (STC 120/1990, de 27 de junio). Y, más recientemente, ha insistido en que

> *El art. 9.2 no consagra un derecho subjetivo a la igualdad sustantiva o efectiva, ni permite sancionar, en principio, salvo supuestos excepcionales, con la declaración de inconstitucionalidad la inexistencia o insuficiencia de medidas de promoción de la igualdad efectiva en un determinado ámbito* (STC 68/2018, de 21 de junio).

Al contrario, alguna doctrina y, en concreto, Prieto Sanchís ha sostenido la naturaleza de derecho fundamental de la denominada igualdad material, en base a una interpretación conjunta de los arts. 9.2 y 14 de la Constitución.

Así pues, no hay una respuesta única a esta cuestión. Pero, teniendo en cuenta las construcciones del TEDH, alguna tímida jurisprudencia extranjera y cierta doctrina, podemos defender la posibilidad que tiene el Tribunal Constitucional para, en determinadas circunstancias especialmente graves, establecer la inconstitucionalidad de ciertas medidas que no establezcan un trato diferente y más favorable a ciertas personas o colectivos en situación de vulnerabilidad.

VI. BIBLIOGRAFÍA

ALEXY, R.: *Teoría de los derechos fundamentales*, Centro de Estudios Políticos y Constitucionales, Madrid, 1993 (versión española de Ernesto Garzón Valdés de la obra original, aparecida en 1986).

BARRÈRE UNZUETA, M. A: *Discriminación, Derecho antidiscriminatorio y acción positiva a favor de las mujeres*, Civitas, Madrid, 1997.

– "Problemas de Derecho antidiscriminatorio: subordinación versus discriminación y acción positiva versus igualdad de oportunidades", en *Revista Vasca de Administración Pública*, núm. 60, 2001.

CARMONA CUENCA, E.: "El principio de igualdad material en la jurisprudencia del Tribunal Constitucional", *Revista de Estudios Políticos*, núm. 84, 1994, pp. 265-286.

– "El principio de igualdad material en la Constitución Europea", en CARRILLO, M. y LÓPEZ BOFILL, H. (Coords.), *La Constitución Europea. Actas del III Congreso de la Asociación de Constitucionalistas de España*, Tirant lo Blanch, Valencia, 2006.

CARMONA CUENCA, E. y MACÍAS JARA, M.: "La prohibición de discriminación. Nuevos contenidos (art. 14 CEDH y Protocolo 12)", en GARCÍA ROCA, J.; SANTOLAYA, P. y PÉREZ-MONEO, M., *La Europa de los Derechos. El Convenio Europeo de Derechos Humanos*, CEPC, 2023 (4ª ed.).

HELLER, H.: "Las ideas socialistas" en *Escritos Políticos* (selección y prólogo de A. López Pina), Alianza, Madrid, 1985.

PRIETO SANCHÍS, L.: "Igualdad y minorías", en *Tolerancia y minorías*, Universidad de Castilla-La Mancha, Toledo, 1996.

REY MARTÍNEZ, F.: *Derecho antidiscriminatorio*, Thomson Reuters Aranzadi, Pamplona, 2020.

TORRES DEL MORAL, A., "¿Qué igualdad?", *Revista de Derecho Político*, núm. 44, 1998, pp. 77-102.

VII. JURISPRUDENCIA

STC 114/1983, de 6 de diciembre.
STC 128/1987, de 16 de julio.
STC 19/1989, de 31 de enero.
STC 216/1991, de 14 de noviembre.
STC 13/1992, de 6 de febrero.
STC 269/1994, de 3 de octubre.
STC 12/2008, de 29 de enero.
STC 18/2017, de 2 de febrero.
STC 68/2018, de 21 de junio.
STC 91/2019, de 3 de julio.
STC 109/2019, de 1 de octubre.
STC 87/2020, de 20 de julio.
STC 161/2021, de 4 de octubre.
STC 34/2023, de 18 de abril.
STC 44/2023, de 9 de mayo.

Artículo 9.3

3. La Constitución garantiza el principio de legalidad, la jerarquía normativa, la publicidad de las normas, la irretroactividad de las disposiciones sancionadoras no favorables o restrictivas de derechos individuales, la seguridad jurídica, la responsabilidad y la interdicción de la arbitrariedad de los poderes públicos.

COMENTARIO

Jesús García Torres
Abogado del Estado (jubilado)

SUMARIO: I. "LA CONSTITUCIÓN GARANTIZA". II. "EL PRINCIPIO DE LEGALIDAD". III. "LA JERARQUÍA NORMATIVA". IV. "LA PUBLICIDAD DE LAS NORMAS". V. "LA IRRETROACTIVIDAD DE LAS DISPOSICIONES SANCIONADORAS NO FAVORABLES O RESTRICTIVAS DE DERECHOS INDIVIDUALES". VI. "LA SEGURIDAD JURÍDICA". VII. "LA RESPONSABILIDAD" DE LOS PODERES PÚBLICOS. VIII. "LA INTERDICCIÓN DE LA ARBITRARIEDAD DE LOS PODERES PÚBLICOS". IX. BIBLIOGRAFÍA. X. JURISPRUDENCIA.

I. "LA CONSTITUCIÓN GARANTIZA"

Se suele entender que este precepto enuncia principios que la CE "garantiza", aunque solo denomina así al principio de legalidad. El art. 9.3 del Anteproyecto de CE (BO Cortes, 5.1.1978) sí denominaba "principios" a todos lo que enumeraba, por lo demás no coincidentes, por exceso y defecto, con las garantías del art. 9.3 CE. En toda la tramitación parlamentaria del proyecto de CE nunca se dudó de que el art. 9.3 positivaba o proclamaba principios. Tampoco parece dudarlo la doctrina del Tribunal Constitucional ("principios generales del derecho [...] contenidos en el art. 9.3": STC 10/1989, FJ 1).

El vocablo "principios" es, empero, polisémico. Hasta ocho sentidos distinguen Atienza y Ruiz Manero en un estudio sobre principios y reglas, pero solamente del uso de "principios" o "principio" en el texto constitucional podrían sacarse más de una decena de significados sin demasiado esfuerzo analítico. "Principio" o "principios" no tiene el mismo significado en el giro "principios constitucionales" (art. 27.6 CE: contexto, la libertad de creación de centros docentes) o "principios de la Constitución" (arts. 8.2 y 117.5 CE: contextos, la organización militar y la jurisdicción militar), que en la referencia a los "principios" de la delegación legislativa (art. 82.4 CE) o a los que pueden fijar las leyes del art. 150, 1 y 3, CE. No lo tienen tampoco cuando la norma fundamental proclama el "principio de solidaridad" (arts. 2, 138.1, 156.1 y 158.2 CE) que cuando acoge el "principio de estabilidad presupuestaria" (art. 135.1 CE), los "principios de unidad de actuación y dependencia jerárquica" del Ministerio

Fiscal (art. 124.2 CE), o los "principios de preferencia y sumariedad" de la tutela judicial de los derechos fundamentales (art. 53.2 CE). Alexy contrapone —como ya lo había hecho Dworkin— principios y reglas y hace de los primeros *mandatos de optimización*, que en realidad solo consienten una realización imperfecta en función de las posibilidades fácticas y jurídicas, a través de una ponderación *ad casum* mediante la que se resuelven colisiones valorativas. Pero esta definición teórica no resulta aplicable a todos los que la CE califica como "principios" y ni siquiera a todas las garantías del art. 9.3 o a los llamados "principios rectores de la política social y económica" (capítulo tercero del título I de la CE). Tiene razón Guastini cuando señala que "ni la forma deóntica ni la forma imperativa se adaptan a la formulación de los principios", en la que se emplea "un lenguaje no propiamente prescriptivo sino más bien optativo o valorativo"; más aún, hay importantes principios que se resisten a una formulación precisa, porque son una suerte de "constelación de enunciados *lato sensu* normativos". Decidir si estamos ante un principio es, con frecuencia, "fruto de una valoración (habitualmente, de una valoración del intérprete) que como tal no es verdadera ni falsa".

Cuatro de los supuestos principios del art. 9.3 CE se refieren a las normas jurídicas, ciñendo el concepto —como es usual en la práctica— a las generales y abstractas: los principios de legalidad, jerarquía normativa, publicidad de las normas e irretroactividad de cierto tipo de normas ("disposiciones"), aunque estos principios vinculen, de distinto modo, tanto al legislador (o, en general, a cualquier órgano con poder nomotético, esto es, creador de normas) como a los órganos que las aplican. Los otros tres principios cubren toda la actividad de los poderes públicos, normativa o no, aunque la seguridad jurídica (especialmente en su concreción por la jurisdicción constitucional) aparece eminentemente como restricción constitucional para los órganos públicos con potestad normativa. La propia CE desarrolla, particulariza o concreta algunos de los principios del art. 9.3, que, por lo demás, "no son compartimentos estancos, sino que, al contrario, cada uno de ellos cobra valor en función de los demás" (SSTC 27/1981, FJ 10, 122/2016, FJ 2, y 140/2018, FJ 7).

Una advertencia de interés a la hora de redactar una demanda de amparo: el art. 9.3 CE proclama garantías, pero no derechos fundamentales. No se puede fundar una demanda de amparo exclusivamente en la infracción del art. 9.3 CE, "que queda extramuros del amparo" (cfr. arts. 53.2 y 161.1.b] CE, en relación con el art. 41, apartados 1 y 3, LOTC; SSTC, por ejemplo, 10/1989, FJ 3, 237/1993, FJ 2, 1/2001, FJ 2, 85/2006, FJ 4, 64/2010, FJ 2, y 42/2022, FJ 3). La cita del art. 9.3 CE en una demanda de amparo solo puede hacerse en relación con una violación de un derecho fundamental amparable. Más aún: la inconstitucionalidad ya declarada de un precepto legal sólo aprovecha al recurrente de amparo que alega tal inconstitucionalidad si esta se basa en la violación del derecho fundamental, pero no cuando se fundamenta en la infracción de un precepto constitucional de otro tipo, por ejemplo, la de uno de los principios del art. 9.3 CE (SSTC, por ejemplo, 159/1997, FJ 6, 46/2008, FJ 2, y 107/2019, FJ 3).

II. "EL PRINCIPIO DE LEGALIDAD"

Como en todo Estado democrático de Derecho (art. 1.1 CE), el principio de legalidad supone que la ley dictada por la representación del pueblo, y concebida por ello como "expresión de la voluntad popular" (preámbulo de la CE), es la norma principal ("primaria" en este sentido) del ordenamiento español, entendido como ordenamiento compuesto en que la potestad de legislar está distribuida entre órganos legislativos nacionales y regionales (cfr. arts. 66, 1 y 2, 152.1 I y 153.a] CE). Mediante el principio de legalidad se quiere realizar el ideal del gobierno de las leyes como regla estable de vida sin estar sujeto a la "inconstante, incierta, ignota y arbitraria voluntad de otro hombre" (Locke), pues *legum omnes servi sumus ut liberi esse possimus* ("somos todos siervos de las leyes para que podamos ser libres", Cicerón): sin ley no hay libertad segura, sino fuerza arbitraria del imperante o de los gobernados.

El principio de legalidad entraña, ante todo, que han de someterse a la ley de los aparatos de poder público que deben desarrollarla y ejecutarla (ejercicio de la función ejecutiva y de la potestad reglamentaria del Gobierno "de acuerdo con la Constitución y las leyes", art. 97 CE; "sometimiento pleno a la ley y al Derecho" de las Administraciones públicas, art. 103.1 CE; jueces y tribunales "sometidos únicamente al imperio de la ley", art. 117.1 CE). No existe en nuestro derecho una general "reserva de reglamento" (SSTC 5/1981, FJ 21, 273/2000, FJ 13, 329/2005, FJ 6, 120/2014, FJ 8, 199/2015, FJ 7, y 70/2022, FJ 5), que impida al legislador nacional o autonómico —dentro de su respectiva competencia— "legislar en principio sobre cualquier materia sin necesidad de disponer de un título específico para ello" (SSTC 76/1983, FJ 4, y 136/2011, FJ 3). Gobierno y Administración no pueden afectar desfavorablemente de manera imperativa la esfera jurídica de los ciudadanos (imponerles obligaciones, castigarles, sacrificar, limitar o restringir sus derechos) sin fundamento inmediato o, al menos, mediato en una ley (cfr. SSTC 209/1987, FJ 3, 47/1990, FJ 7, 78/1990, FJ 2, 4/1991, FJ 3, y 144/1991, FJ 3).

Pero del principio de legalidad surgen también obligaciones para el propio legislador, que debe hacer efectiva la sumisión a la ley de los órganos ejecutivos y judiciales. En las materias que la CE reserva a la ley, el legislador debe decidir por sí mismo los elementos capitales de la materia reservada, sin abdicar su función reguladora en los órganos sometidos a la ley (Gobierno, Administración, jueces y tribunales) mediante deslegalizaciones o remisiones al reglamento que permitan a este "una regulación independiente o no claramente subordinada a la ley" (SSTC 83/1984, FJ 4, 112/2006, FJ 5, 111/2014, FJ 4, 233/2015, FJ 3, y 14/2021, FJ 2); algo especialmente exigible cuando el legislador desarrolla o regula el ejercicio de los derechos fundamentales (arts. 53.1 y 81.1 CE). Esta función de garantía de la reserva de ley —garantía frente al propio legislador, frente a su tentación de desapoderarse— no solo impone un *facere* al legislador ("regular efectivamente en ella la materia objeto de la reserva": STC 292/2000, FJ 11), sino un *facere* cualificado cuando establece limitaciones a los derechos fundamentales, a saber, superar el *test* de certeza y proporcionalidad (reserva de ley cierta y proporcional: STC 292/2000, FJ 15). Así, en materia sancionadora administrativa, el principio de legalidad impone al legislador fijar "los elementos esenciales de la conducta antijurídica y la naturaleza y límites de las sanciones a imponer" y le impide incluir en la ley cláusulas residuales de tipificación por remisión al reglamento (SSTC 341/1993, FJ 10, 60/2000, FJ 4, 26/2002, FJ 3, y 13/2021, FJ 9.a). En materia tributaria, el principio de legalidad exige que sea el legislador quien cree *ex novo* el tributo y establezca sus elementos esenciales o configuradores, aunque la intensidad de la reserva varíe según la figura tributaria (SSTC 37/1981, FJ 4, 19/1987, FJ 4, 73/2011, FJ 3, y 63/2019, FJ 5).

III. "LA JERARQUÍA NORMATIVA"

La jerarquía normativa expresa un criterio estructural del ordenamiento (hay normas superiores e inferiores, supraordinadas y subordinadas), e implica como mínimo que la antinomia entre norma "superior" e "inferior" deba resolverse a favor de la primera (*lex superior*), pues "[l] a garantía de la jerarquía normativa proscribe que una norma de rango inferior contravenga lo dispuesto en una de rango superior" (SSTC 91/1998, FJ 2, 198/2012, FJ 2, y 270/2015, FJ 6). Pero además el ordenamiento puede convertir el respeto a la norma superior en condición de validez de la inferior (jerarquía normativa en sentido fuerte). Ese es el caso en nuestro derecho (cfr. arts. 47.2 y 128, 2 y 3, LPAC). La invalidez de la norma jerárquicamente inferior puede asentarse tanto en razones formales (i.e, con abstracción del contenido, por no respetar la norma inferior los requisitos de competencia, procedimiento, tiempo o exteriorización impuestos por la *norma normans*, reguladora de la producción de la *norma normata* inferior) como en razones materiales (incompatibilidad de contenido).

La jerarquía normativa, pese a que otra cosa pueda dar a entender la dicción absoluta del art. 9.3 CE, queda delimitada —a escala subconstitucional— por el principio de competencia, que opera no solo en la distribución de competencias legislativas en nuestro Estado compuesto, sino incluso entre tipos de leyes estatales (así, no existe relación de jerarquía normativa entre ley orgánica y ley estatal ordinaria: SSTC 137/1986, FJ 3, y 213/1996, FJ 2). La jerarquía normativa opera dentro de cada subordenamiento, estatal y autonómicos, de manera que la relación entre ley estatal y ley o reglamento autonómicos no es de jerarquía, sino, en su caso, de prevalencia de la primera sobre los segundos (art. 149.3 CE).

IV. "LA PUBLICIDAD DE LAS NORMAS"

La garantía de publicidad de las normas —en un periódico oficial que "da fe de su existencia y contenido" (STC 179/1989, FJ 2)— "se encuentra en íntima relación con el principio de seguridad jurídica consagrado en el mismo art. 9.3 CE", pues solo si las normas son publicadas y cognoscibles "podrán asegurarse las posiciones jurídicas de los ciudadanos, la posibilidad de éstos de ejercer y defender sus derechos, y la efectiva sujeción de los ciudadanos y los poderes públicos al ordenamiento jurídico" (SSTC 179/1989, FJ 3; ver también SSTC 151/1994, FJ 2, 3/2003, FJ 10, y 90/2009, FJ 5). Los arts. 2.1 CC, 131 LPAC y 70. 2 LRBRL, de 22 de junio, constituyen las principales disposiciones legislativas generales que dan cumplimiento a la garantía constitucional de publicidad de las normas. Sin su previa publicación completa (art. 2.1 CC y STC 3/2003, FJ 10), la norma carece de eficacia general y el ciudadano no tiene la obligación de obedecerla y cumplirla. La seguridad jurídica garantizada por el art. 9.3 CE impide privar de eficacia a la publicación de normas o actos autonómicos aunque se hubiera efectuado quebrantando las instrucciones estatales dadas al amparo del art. 155.2 CE (STC 89/2019, FJ 14).

La exigencia de publicidad debe extenderse a cualquier acto que, con arreglo a derecho, pueda afectar a la validez o eficacia de una norma y alcanza a las sentencias que invalidan normas, pues "los ciudadanos no están obligados a soportar los efectos negativos de la falta de publicación de una sentencia que expulsa del ordenamiento una norma" (STC 195/2005, FJ 3). Y así la CE prevé la publicación de las sentencias del Tribunal Constitucional (art. 164.1 CE) y la LRJCA establece en su art. 72.2 la publicación de las sentencias que anulen preceptos de una disposición general.

Ni la Administración ni los tribunales españoles pueden aplicar normas contenidas en un tratado no publicado, que, por no estarlo, no forma parte del derecho interno español (art. 96.1 CE). Incluso la retirada de la reserva formulada a un tratado carece de eficacia en el derecho interno español si no ha sido publicada (SSTC 141/1998, FJ 6, y 292/2005, FJ 4).

V. "LA IRRETROACTIVIDAD DE LAS DISPOSICIONES SANCIONADORAS NO FAVORABLES O RESTRICTIVAS DE DERECHOS INDIVIDUALES"

La garantía de irretroactividad se limita —*expressis verbis*— "a las leyes *ex post facto* sancionadoras o restrictivas de derechos individuales". Pero las leyes *ex post facto* sancionadoras solo tienen prohibida la retroactividad *in peius* o *in malam partem* (= "no favorable"), pero no la favorable al infractor (retroactividad *in mitius* o *in bonam partem*: art. 2.2 CP) que la doctrina constitucional considera incluida *a contrario* en el art. 9.3 CE (así, SSTC 8/1981, FJ 3, 15/1981, FJ 7, 215/1998, FJ 2, 85/2006, FJ 4, y 116/2007, FJ 10). La irretroactividad *in peius* de las disposiciones sancionadoras constituye no solo un principio del art. 9.3 CE, sino que está incluida en el derecho fundamental a la legalidad sancionadora (art. 25.1 CE) protegido por el amparo constitucional. Por el contrario, el TC —hasta el momento— ha sido renuente a configurar la retroactividad *in mitius* de las disposiciones sancionadoras favorables como derecho fundamental (SSTC 75/2002, FJ 4, 85/2006, FJ 4, o 21/2008, FJ 5). La garantía de irretroactividad que nos ocupa no alcanza a los preceptos procesales: a "una norma procesal [que] no hace más que aclarar la aplicación en el tiempo de otra norma procesal", no le puede ser aplicado "el principio de irretroactividad de las disposiciones sancionadoras no favorables o restrictivas de derechos individuales", porque carece de esa naturaleza (SSTC 140/2018, FJ 9, y 83/2022, FJ 6). Pero, como consecuencia de la doctrina sentada por la STEDH de 21.10.2013 (asunto *Del Río Prada c. España*), la garantía de irretroactividad se extiende también a las innovaciones interpretativas jurisprudenciales desfavorables e imprevisibles (STC 146/2017, FJ 5, y ATC 155/2016, FJ 4, a contrario).

"Restrictivas de derechos individuales" son las disposiciones que introducen limitaciones "en el ámbito de los derechos fundamentales y de las libertades públicas (del título I de la Constitución) o en la esfera general de protección de la persona" (SSTC 104/2000, FJ 6, 112/2006, FJ 17, 100/2012, FJ 10, 49/2015, FJ 4 y 51/2018, FJ 4). Pero en todo caso debe tratarse de genuinas restricciones retroactivas de derechos. No hay retroactividad si la nueva norma restringe los derechos *pro futuro* ("en cuanto a su proyección hacia el futuro"). Y no hay restricción de derechos más que cuando la nueva disposición incide "en los efectos jurídicos ya producidos" de situaciones preexistentes a ella y afecta a "derechos consolidados, asumidos e integrados en el patrimonio del sujeto y no a los pendientes, futuros, condicionados y expectativas" (SSTC 99/1987, FJ 6, 112/2006, FJ 17, 49/2015, FJ 4, 159/2021, FJ 5, y 83/2022, FJ 6). Así, la actualización anual de las pensiones es mera expectativa (STC 49/2015; otro caso de meras expectativas respecto a ayudas públicas en la STC 216/2015).

Cuando no se trata de disposiciones sancionadoras desfavorables o restrictivas de derechos individuales, el legislador puede dotar de eficacia retroactiva a una nueva norma, pero debe hacerlo respetando los límites que le imponen otras garantías del art. 9.3, muy especialmente las de seguridad jurídica y la interdicción de la arbitrariedad. El TC ha tenido ocasión de declarar inconstitucionales determinadas normas tributarias retroactivas —con retroactividad auténtica o de grado máximo— por violar la seguridad jurídica y la interdicción de la arbitrariedad, principios que, aunque no garantizan la perpetuación de un determinado régimen tributario, sí protegen "la confianza de los ciudadanos que ajustan su conducta económica a la legislación vigente frente a cambios normativos que no sean razonablemente previsibles", aunque esta cuestión "sólo puede resolverse caso por caso, teniendo en cuenta, de un lado, el grado de retroactividad de la norma y, de otro, las circunstancias que concurran en cada supuesto" (SSTC 176/1993, FJ 3, 182/1997, FJ 11, 100/2012, FJ 10 y 121/2016, FJ 4, y 9/2019, FJ 4). Téngase en cuenta que bajo ningún concepto puede considerarse "disposición sancionadora" o "restrictiva de derechos individuales" una norma tributaria que sirve para dar efectividad al deber constitucional del art. 31.1 CE.

VI. "LA SEGURIDAD JURÍDICA"

La jurisprudencia constitucional comenzó convirtiendo la garantía de la seguridad jurídica en una suerte de *superprincipio* o *supergarantía*, en la medida en que todas las garantías del art. 9.3 CE entrañan, de una u otra manera, un elemento de seguridad jurídica: "la seguridad jurídica, [...] es suma de certeza y legalidad, jerarquía y publicidad normativa, irretroactividad de lo no favorable, interdicción de la arbitrariedad, pero [...], si se agotara en la adición de estos principios, no hubiera precisado de ser formulada expresamente. La seguridad jurídica es la suma de estos principios, equilibrada de tal suerte que permita promover, en el orden jurídico, la justicia y la igualdad, en libertad" (STC 27/1981, FJ 10; también SSTC 238/2012, FJ 6, y 183/2014, FJ 3).

Una concepción algo más clara de la seguridad jurídica aparece con la STC 273/2000, FJ 9, que distingue en la seguridad jurídica un aspecto objetivo (garantía de certeza) y otro subjetivo (garantía de previsibilidad). Quebrantan la seguridad jurídica los textos normativos cuyo "contenido" u "omisiones", una vez empleadas "las reglas de interpretación admisibles en Derecho", causaran "confusión o dudas que generaran en sus destinatarios una incertidumbre razonablemente insuperable acerca de la conducta exigible para su cumplimiento o sobre la previsibilidad de sus efectos" (SSTC 46/1990, FJ 4, 150/1990, FJ 8, 136/2011, FJ 9, 93/2013, FJ 10, y 37/2022, FJ 7). No obstante, la garantía de la seguridad jurídica protege igualmente contra normas perfectamente claras, pero injustificadamente sorpresivas o abruptas en su incidencia sobre situaciones jurídicas preexistentes (*Überraschungsgesetze*, leyes por sorpresa), en el bien entendido de que la seguridad jurídica no consagra un "derecho a la congelación del ordenamiento jurídico existente", ni impide de manera absoluta "la introducción de modificaciones legislativas repentinas" en contextos de urgencia y perentoriedad en la reacción legislativa, como los de la Gran Recesión de 2008 (SSTC 237/2012, FJ 6, 183/2014, FJ 3, y 81/2015, FJ 8). La garantía de la seguridad jurídica puede imponer al legislador la obligación positiva de establecer razonables normas intertemporales o de transición. La STC 90/2022, FJ 2, resume así la importancia de la garantía constitucional que nos ocupa: "Es más, sin seguridad jurídica no hay Estado de Derecho digno de ese nombre. Es la razonable previsión de las consecuencias jurídicas de las conductas, de acuerdo con el ordenamiento y su aplicación por los tribunales, la que permite a los ciudadanos gozar de una tranquila convivencia y garantiza la paz social y el desarrollo económico".

En nuestra jurisprudencia constitucional la confianza legítima es una particularización de la garantía de la seguridad jurídica (SSTC 234/2001, FJ 11, 237/2012, FJ 9, 183/2014, FJ 3, 270/2015, FJ 7, y 42/2022, FJ 3), que encuentra aplicación no sólo frente a cambios normativos sino también con relación a modificaciones de criterios consolidados de los tribunales o de la administración (especialmente, STC 42/2022, FJ 3). Pero la confianza legítima "no protege de modo absoluto la estabilidad regulatoria, ni la inmutabilidad de las normas precedentes, máxime en el contexto [...] de dificultades económicas y de crecimiento del déficit del sistema eléctrico [...] Dicha estabilidad regulatoria es compatible con cambios legislativos, cuando sean previsibles y derivados de exigencias claras del interés general" (STC 270/2015, FJ 7, energías renovables).

La garantía de seguridad jurídica se despliega no solo frente a los poderes nomotéticos sino también frente a los órganos encargados de aplicar las normas, especialmente los judiciales. Aunque enfocada por la jurisprudencia constitucional en la perspectiva del derecho a un tratamiento no arbitrariamente desigual, la prohibición del apartamiento injustificado de los precedentes sirve igualmente a la seguridad jurídica, en cuanto garantiza su componente de previsibilidad (STC 120/1987, FJ 2). Otro tanto cabe decir del derecho a la invariabilidad de las resoluciones judiciales o del derecho al respeto a la cosa juzgada o a que los pronunciamientos de las sentencias se ejecuten, facetas todas del derecho a la tutela judicial efectiva sin indefensión (art. 24.1 CE). Hasta podría decirse que no hay instituto jurídico que no contenga algún aspecto deudor del ideal o principio de seguridad jurídica. Las mismas excepciones al principio (revisión de sentencias firmes) lo robustecen.

La jurisprudencia constitucional debería mejorar, no obstante, en la protección de la seguridad jurídica de los justiciables frente los cambios de criterio abruptos, e incluso retroactivos, en la jurisprudencia. La doctrina de las SSTC 7/2015, 16/2015 y su progenie es profundamente insatisfactoria, basada como está en la muy discutible concepción, procedente de la STC 95/1993, FJ 3, de que "la sentencia que introduce un cambio jurisprudencial hace decir a la norma lo que la norma desde un principio decía" (STC 16/2015, FJ 3; véase la crítica contenida en el voto particular al ATC 155/2016, apartado 4, con referencia a la STC 44/2012).

VII. "LA RESPONSABILIDAD" DE LOS PODERES PÚBLICOS

Es seguramente la garantía del art. 9.3 CE que menos citas y desarrollo ha tenido en la jurisprudencia constitucional. Se ha propendido a dotarla exclusivamente de contenido económico, sea como garantía patrimonial del ciudadano (cfr. arts. 106.2 o 121 CE), o para justificar la obligación de adscribir los consorcios a una Administración (STC 93/2017, FJ 7.d). Pero en este principio, entendido ampliamente, cabría anclar no solo la responsabilidad patrimonial de los poderes públicos (*liability* indemnizatoria), sino un elemento esencial de cualquier Estado democrático de Derecho, a saber, el deber de rendir cuentas (*accountability*) por parte de cualquier poder público, todos ellos fiduciarios de los ciudadanos (cfr. art. 15 de la *Déclaration des Droits de l'Homme et du Citoyen*). Hay un estrecho lazo entre responsabilidad y proscripción de la arbitrariedad: los poderes públicos han de responder precisamente porque deben ser poderes no arbitrarios. Solo el Rey queda exento de responsabilidad (art. 56.3 CE), pero ello así porque sus actos deben ser refrendados y el refrendante la asume (art. 64.2 CE). Entendida de este modo, la garantía de la responsabilidad de los poderes públicos no solo cubriría cualquier tipo de responsabilidad exigible a todo portador de poder público, tanto la política (arts. 98.2, 108, 113,

116.6 o 152.1 CE) como la jurídica (penal, disciplinaria, civil, contable: v. gr., contrayéndonos a la CE, arts. 55.2, 102, 116.6, 117.1 o 136.2). También permitiría anclar en el art. 9.3 CE una obligación constitucional de buena gobernanza y transparencia que mejorara la calidad democrática y, utópicamente, las virtudes cívicas republicanas (o las virtudes *tout court*) de los gobernados y, sobre todo, de los gobernantes.

VIII. "LA INTERDICCIÓN DE LA ARBITRARIEDAD DE LOS PODERES PÚBLICOS"

La interdicción proscripción o prohibición de la arbitrariedad abarca tanto la *legis latio* como la *legis executio*. Los parlamentos pueden cometer arbitrariedades al legislar; pero Administración y jueces pueden interpretar o aplicar arbitrariamente leyes en sí mismas no arbitrarias.

Son muchos los recursos y cuestiones de inconstitucionalidad en que se invoca la violación de la garantía que proscribe la arbitrariedad por parte del legislador nacional o regional, y se cuentan con los dedos de la mano los casos en que tal alegación prospera. Es fácilmente comprensible que, en el control de la hipotética arbitrariedad del legislador, el TC deba hacer uso de una *self-restraint* mayor que cuando se trata de la arbitrariedad administrativa o judicial, tanto porque "el control de la constitucionalidad de las leyes debe ejercerse [...] de forma que no se impongan constricciones indebidas al Poder Legislativo y se respeten sus legítimas opciones políticas", cuanto porque debe extremarse el cuidado "cuando se trata de aplicar preceptos generales e indeterminados, como es el de la interdicción de la arbitrariedad". El test de arbitrariedad legislativa que emplea el TC consiste en verificar si la ley "establece una discriminación, pues la discriminación entraña siempre una arbitrariedad, o bien si, aun no estableciéndola, carece de toda explicación racional", por supuesto, ateniéndose a un estricto control jurídico-constitucional, ajeno siempre a juicios de oportunidad, conveniencia, acierto, calidad o perfección técnica (SSTC, entre muchas, 108/1986, FJ 18, 233/1999. FJ 11, 96/2002, FJ 6, 47/2005, FJ 7, 13/2007, FJ 4, 90/2009, FJ 6, 20/2013, FJ 8, 167/2016, FJ 7, 149/2020, FJ 6, o 74/2022, FJ 3-D).

El TC, a través del recurso de amparo, ejerce también una suerte de control de la arbitrariedad judicial. Toda resolución judicial arbitraria o irrazonable viola *eo ipso* el derecho a obtener una resolución jurídicamente fundada, comprendido en el art. 24.1 CE. El TC ha elaborado una delimitación conceptual de lo arbitrario o irrazonable. Son tales las resoluciones "carentes de razón, dictadas por puro capricho, huérfanas de razones formales o materiales y que, por tanto, resultan mera expresión de voluntad" o aquellas, aun formalmente argumentadas, cuya conclusión "resulte fruto del mero voluntarismo judicial, o exponente de un proceso deductivo irracional o absurdo", por partir de "premisas inexistentes o patentemente erróneas" o seguir "un desarrollo argumental que incurre en quiebras lógicas de tal magnitud que las conclusiones alcanzadas no pueden considerarse basadas en ninguna de las razones aducidas" (SSTC, por todas, 164/2002, FJ 4, 101/2015, FJ 4, 30/2017, FJ 5, o 151/2022, FJ 5). *Mutatis mutandis*, esta definición puede servir también para la arbitrariedad administrativa, cuya problemática excede los límites de este comentario.

IX. BIBLIOGRAFÍA

Además de los comentarios a la Constitución (v. gr., el dirigido por M. E. CASAS y M. RODRÍGUEZ-PIÑERO, Fundación Wolters Kluwer/BOE/Ministerio de Justicia/Tribunal Constitucional, 2018, Comentario del art. 9.3 por A. MARRERO GARCÍA-ROJO) y obras generales de Derecho Constitucional (v. gr., L. LÓPEZ GUERRA y E. ESPÍN dir., *Manual de Derecho Constitucional*, Tirant lo Blanch, 2022), pueden verse:

ARAGÓN REYES, M.: "Principios constitucionales", en *Temas básicos de Derecho Constitucional*, tomo I, Civitas-Thomson Reuters, 2011.

ATIENZA, M. y RUIZ MANERO, J.: "Sobre principios y reglas", *Doxa 10* (1991).

BELADÍEZ ROJO, M.: *Los principios jurídicos*, Tecnos, 1994.

DÍEZ-PICAZO, L., *La seguridad jurídica y otros ensayos*, Civitas-Thomson Reuters, 2014

DÍEZ-PICAZO, L. M. y VIDAL MARÍN, T.: "Jerarquía de las fuentes de derecho", "Competencia. Fuentes" y "Retroactividad de las normas", en *Temas básicos de Derecho Constitucional*, tomo I, Civitas-Thomson Reuters, 2011.

FERNÁNDEZ RODRÍGUEZ, T. R.: *Arbitrariedad y discrecionalidad*, Civitas 1991.

- *De la arbitrariedad en la Administración*, Civitas, 1994.
- *De la arbitrariedad del legislador. Una crítica de la jurisprudencia constitucional*, Civitas, 1998.
- *Del arbitrio y de la arbitrariedad judicial*, Iustel 2005.
- *Arbitrario, arbitraire, arbitrary. Pasado y presente de un adjetivo imprescindible en el discurso jurídico*, Iustel, 2016.

GARCÍA DE ENTERRÍA, E.: "El principio de responsabilidad de los poderes públicos según el artículo 9.3 de la Constitución y la responsabilidad patrimonial del Estado legislador", *REDC* nº 67, 2003.

GUASTINI, R.: "Los principios en el derecho positivo" y "Jerarquías normativas y normas supremas", en *Distinguiendo. Estudios de teoría y metateoría del derecho*, Gedisa, 2011.

LEGUINA VILLA, J.: "Principios generales del derecho y Constitución", *RAP* nº 114, 1987.

LÓPEZ GUERRA, L. M.: "Notas sobre el principio de seguridad jurídica", en *Estudios de Teoría del Estado y Derecho Constitucional en honor de Pablo Lucas Verdú*, vol. 2, Publicaciones Univ. Complutense, 2001.

NIETO, A.: *El arbitrio judicial*, Ariel 2000.

NIETO, A. y FERNÁNDEZ RODRÍGUEZ, T. R.: *El derecho y el revés*, Ariel, 1998.

PÉREZ LUÑO, A. E.: *La seguridad jurídica*, Ariel, 1994.

REQUENA LÓPEZ, T.: *El principio de jerarquía normativa*, Civitas, 2004.
RUBIO LLORENTE, F.: "El principio de legalidad", *REDC* nº 39, 1993.

X. JURISPRUDENCIA

STC 27/1981, de 20 de julio, FJ 10.
STC 83/1984, de 24 de julio, FJ 4.
STC 179/1989, de 2 de noviembre, FJ 2.
STC 150/1990, de 4 de octubre, FJ 8.
STC 233/1999, de 16 de diciembre, FJ 11.
STC 49/2015, de 5 de marzo, FJ 4.
STC 270/2015, de 17 de diciembre, FJ 7.
STC 42/2022, de 21 de marzo, FJ 3.

TÍTULO I
DE LOS DERECHOS Y DEBERES FUNDAMENTALES

Artículo 10.1

1. La dignidad de la persona, los derechos inviolables que le son inherentes, el libre desarrollo de la personalidad, el respeto a la ley y a los derechos de los demás son fundamento del orden político y de la paz social.

COMENTARIO

Juan María Bilbao Ubillos
Catedrático de Derecho Constitucional
Universidad de Valladolid

I. UNA VISIÓN DE CONJUNTO

El Título I se abre con un precepto que sirve de pórtico a la declaración de derechos de nuestra Constitución. En su primer apartado, se subraya la dimensión objetiva de los derechos "inviolables" de la persona como "elementos esenciales" (STC 25/1981), o "componentes estructurales básicos" (STC 53/1985) del ordenamiento constitucional, de un régimen democrático en definitiva. Las normas que reconocen derechos fundamentales no sólo atribuyen derechos subjetivos, facultades que sus titulares pueden hacer valer frente a eventuales ataques, sino que consagran también valores objetivos, una dimensión axiológica que el Tribunal Constitucional ha puesto de relieve al recordar que esos derechos son "la expresión jurídica de un sistema de valores" que ha de informar el conjunto de la organización jurídica y política (STC 53/1985). Hoy sabemos muy bien que derechos fundamentales y democracia son términos indisociables, conceptual y empíricamente. No puede concebirse la existencia de derechos fundamentales si no es en el marco de una genuina democracia pluralista, que aúne legitimidad de origen y legitimidad de ejercicio.

Ahora bien, esa posición central que ocupan dentro del sistema político la dignidad de la persona y los derechos que le son inherentes, se ve modulada por la referencia al necesario "respeto a la ley y a los derechos de los demás". Porque el artículo 10 enuncia como fundamento de nuestro sistema de convivencia y fuente de legitimación del ordenamiento jurídico-político varios principios, que no pueden considerarse aisladamente. De hecho, se invocan a veces de forma conjunta o cumulativa. Así, en relación con el derecho a la personalidad jurídica del ser humano, la STC 7/2011 recuerda que "toda restricción o limitación de su capacidad de obrar afecta a la dignidad de la persona y a los derechos inviolables que le son inherentes, así como al libre desarrollo de la personalidad". El principio de respeto a la ley puede parecer obvio, pero adquiere pleno sentido en un contexto marcado por la perniciosa tendencia a invocar la propia conciencia para "justificar un imposible derecho de veto frente a la legislación" (Jiménez Campo).

La alusión a "los derechos inviolables que le son inherentes" suscita no pocos interrogantes. La principal incógnita a despejar es si la cualidad de inviolables (adjetivo importado del art. 1.2 de la Constitución alemana) e inherentes a la persona se predica de todos los derechos constitucionales o sólo de algunos. En todo caso, son muy pocas las referencias a este inciso en la jurisprudencia constitucional. Encontramos una mención específica, que se reitera en resoluciones posteriores, en la STC 114/1984: "deriva de la posición preferente de los derechos fundamentales en el ordenamiento y de su afirmada condición de 'inviolables'... la imposibilidad de admitir en el proceso una prueba obtenida violentando un derecho fundamental"

Se trata, en todo caso, de principios constitucionales, de "normas que, pese a su enunciado abstracto y general, pueden, por sí solas o, más a menudo, en interacción con otras, aportar criterios mensurables para el juicio" (Jiménez Campo), y no de simples valores, como en ocasiones ha dado a entender un sector de la doctrina y el propio Tribunal Constitucional (SSTC 53/1985 y 34/2008). Esa degradación a la condición de valores sin sustancia jurídica conduce al "vaciado normativo" del art. 10.1, un precepto que contiene "mandatos jurídicos objetivos" de indudable relevancia (STC 150/1991).

II. LA DIGNIDAD DE LA PERSONA

La apelación a la dignidad del ser humano se inscribe dentro de las coordenadas del paradigma constitucional dominante en Europa, una concepción que pone el acento en la dignidad como reducto inexpugnable y raíz o germen de todos los derechos, frente a la tradición norteamericana que se asienta en la primacía de la libertad y la autonomía individual. La traumática experiencia del totalitarismo y la tragedia del holocausto pesan en la memoria colectiva de los europeos. En este punto, es emblemática la Constitución alemana, que proclama en su primer artículo que "la dignidad humana es intangible" y es obligación de todos los poderes públicos respetarla y protegerla. Esta cláusula no sólo ha permitido la creación jurisprudencial de derechos no reconocidos expresamente en el texto constitucional, sino que alberga un auténtico derecho fundamental susceptible de amparo ante el Tribunal Constitucional Federal. En la doctrina se registra un vivo debate. Por un lado, los defensores de una concepción absoluta de la dignidad humana, que extraen de esta cláusula una regla indisponible que goza de prioridad sobre cualquier otra en todos los casos, lo que excluye la posibilidad de una ponderación. Y, por otro, los partidarios de una concepción relativa, como R. Alexy, que califican esta garantía como un principio, que se somete, por tanto, a los cánones propios de un juicio de proporcionalidad, sin que esa apertura a la ponderación comporte una devaluación de la dignidad humana.

Entre nosotros, la dignidad de la persona no se protege como un derecho fundamental. No puede invocarse como único fundamento de una demanda de amparo ante los tribunales: la norma contenida en el artículo 10.1 "no puede servir de base a una pretensión autónoma de amparo" (STC 64/1986). Bien elocuente es, en este sentido, la STC 163/2009: "hemos de soslayar toda referencia a la denunciada violación de los derechos inherentes a la dignidad humana y al libre desarrollo de la personalidad, alegados en la demanda sin conexión con otros derechos, pues de la sola lectura del art. 53.2 CE ya se desprende inequívocamente que el art. 10.1 CE es un precepto ajeno a la vía del amparo". Puede esgrimirse, eso sí, como "un argumento al servicio de una pretensión basada en otro precepto constitucional" (Díez-Picazo).

1. El significado jurídico de la dignidad

Descartada su operatividad como derecho fundamental autónomo, ¿cuál es realmente su alcance como norma preceptiva? Esta indagación tropieza con una primera dificultad. No contamos con una definición universalmente aceptada de dignidad humana. Se asume como premisa axiomática de la "ideología de los derechos", de ese acervo cultural que se refleja en los convenios internacionales en materia de derechos humanos, pero el significado preciso de este concepto, de inconfundible aroma iusnaturalista y cargado de "adherencias morales y antropológicas" (Jiménez Campo), es incierto. Y se corre el riesgo de caer en el puro "intuicionismo" (R. Alexy). La determinación de su "vaporoso contenido" es muy problemática: por un lado, puede encubrir una determinada ideología; y por otro, "su carácter ambivalente" podría conducir en ocasiones a "resultados limitativos de la libertad" (F. Rey).

Lo cierto es que se tiende a identificar materialmente con la idea de que el ser humano no puede convertirse en un objeto, ni puede considerarse nunca un simple medio para el logro de ciertos objetivos. Se tiene plena conciencia del valor supremo e irrepetible de toda vida humana (la STC 48/1996 se refiere a la dignidad como "profesión de fe en el hombre") y esa convicción moral justifica la afirmación de la prioridad de las personas sobre el Estado (Díez-Picazo). En esa órbita se mueve la STC 53/1985, que justifica así la interrupción voluntaria de su embarazo por la mujer que ha sido víctima de una violación: "la dignidad de la mujer excluye que pueda considerársele como mero instrumento". Una clave hermenéutica que reaparece en la STC 181/2004: "la dignidad de la persona constituye una cualidad ínsita a la misma... a la que se contraponen frontal y radicalmente los comportamientos prohibidos en el art. 15 CE, bien porque cosifican al individuo, rebajándolo a un nivel material o animal, bien porque lo mediatizan o instrumentalizan, olvidándose de que toda persona es un fin en sí mismo". En esa misma sentencia encontramos un enfoque complementario: "la dignidad es un valor espiritual y moral inherente a la persona, que se manifiesta singularmente en la autodeterminación consciente y responsable de la propia vida". Una definición que podría servir también (o mejor aún) para ilustrar la noción de libre desarrollo de la personalidad.

En su reciente Sentencia de 31 de marzo de 2022, que sigue la estela de decisiones anteriores, el TS ha declarado que los convenios de gestación por sustitución infringen el orden público español, porque vulneran la dignidad de la mujer gestante y del niño, que son tratados como meros objetos, lo que no impide el registro de la filiación reconocida en una resolución judicial extranjera o la alternativa de la adopción.

En la idea de un núcleo duro intangible, que se blinda *erga omnes*, se inspira la STC 120/1990, que incluye esta rotunda afirmación: "la dignidad ha de permanecer inalterada cualquiera que sea la situación en que la persona se encuentre, constituyendo, en consecuencia, un *minimum* invulnerable que todo estatuto jurídico debe asegurar, de modo que las limitaciones que se impongan en el disfrute de derechos individuales no conlleven un menosprecio para la estima que, en cuanto ser humano, merece la persona".

Jiménez Campo ha formulado serias reservas respecto de esta noción sustantiva o material de la dignidad. En teoría, debería proporcionar "criterios para la imposición o la interdicción de determinados contenidos en reglas y actos jurídicos", pero en realidad es una aproximación estéril que no sirve para despejar las incertidumbres y resolver en cada caso si la dignidad se ha visto afectada y en qué medida. Este tipo de declaraciones altisonantes no pasan de ser, en la mayoría de los casos, aseveraciones "apodícticas", "tautológicas" o redundantes, perfectamente prescindibles. Pero no es eso lo que más le preocupa. Más grave aún es el riesgo de que esa noción sustancial de contornos tan indefinidos pueda convertirse, "sin réplica posible, en instrumento contramayoritario de una jurisdicción instituida en clase redentora". Podría llegar a ser un arma de grueso calibre en manos de jueces activistas. El propio TC ha salido al paso de lo que considera una invocación abusiva de esta cláusula: no es un comodín al que pueda apelarse "para censurar en Derecho cualquier menoscabo o dificultad circunstancial que cierto precepto deparara en la multiplicidad de actividades y relaciones vitales que la libertad hace posibles" (STC 183/2021)

2. La exégesis jurisprudencial del principio constitucional de dignidad

Los tribunales vienen haciendo un uso predominantemente "retórico" o "enfático" de este principio, apelando a la dignidad humana a mayor abundamiento, para "prestar rotundidad, o cierta impostada gravedad de tono, a un resultado decisorio ya alcanzado, o en todo caso alcanzable, mediante el recurso a otros preceptos" (Jiménez Campo). Y sólo en contadas ocasiones se invoca como norma determinante de la decisión.

Son muchos, en efecto, los supuestos en los que se acude a este expediente como "refuerzo teórico" para dar mayor solemnidad a una solución que puede alcanzarse mediante la interpretación del derecho fundamental implicado en cada caso. En la jurisprudencia constitucional se ha resaltado con diferentes fórmulas la vinculación de casi todos los derechos de la sección 1ª con el respeto a la dignidad. Así, el derecho a la intimidad es "una derivación de la dignidad de la persona" (STC 207/1996), que garantiza al individuo un ámbito propio y reservado, necesario para mantener una calidad mínima de la vida humana, sin el cual "no es realizable, ni concebible siquiera, la existencia en dignidad" (STC 20/1992). También se ha destacado la "íntima conexión originaria con la dignidad" del derecho al honor (STC 139/1995), que brinda protección frente al insulto o a las expresiones gratuitamente injuriosas o vejatorias, que suponen "una lesión injustificada a la dignidad de las personas" (SSTC 204/2001 y 93/2021). O su estrecha relación con el derecho al secreto de las comunicaciones, que constituye "una plasmación singular de la dignidad de la persona" (STC 180/1999), el derecho a la protección de datos personales (SSTC 76/2019 y 31/2022), los derechos a la integridad física y moral y a la intimidad domiciliaria (STC 150/2011) y la prohibición de la tortura y las penas o tratos inhumanos o degradantes (STC 12/2013). Esa conexión se ha establecido incluso con alguno de los principios rectores del capítulo III: en concreto, con el mandato final del art. 39.3 ("La ley posibilitará la investigación de la paternidad"), cuya finalidad primordial, "la adecuación de la verdad jurídico-formal a la verdad biológica", está "vinculada a la dignidad de la persona" (STC 273/2005). A ese vínculo genético con la dignidad humana se ha recurrido, en fin, para excluir a las entidades de Derecho público de la titularidad de muchos de los derechos fundamentales (STC 239/2001).

En el recurso contra una Ley autonómica de protección de los animales, los recurrentes contrapusieron esa protección con la dignidad de los seres humanos, al considerar que la "ideología animalista" que imponía esa regulación relativizaba el valor de la dignidad humana al equiparar ese valor constitucional supremo con el bienestar animal. Para el Tribunal, "no puede haber equivalencia entre la dignidad humana, reconocida por el art. 10.1 CE, y la protección y el bienestar de los animales, que es un bien de rango infraconstitucional". Las medidas destinadas a evitar o minimizar sufrimientos innecesarios o injustificados a los animales en modo alguno comprometen o devalúan la dignidad de los seres humanos (STC 81/2020).

En otras ocasiones, no se pone el foco en ese aspecto, en el derecho como manifestación, proyección o reflejo del principio proclamado en el art. 10.1, sino en la función que cumple el derecho en orden a "preservar" la dignidad humana (véase, por ejemplo, la STC 99/1994, en relación con el derecho a la propia imagen; la STC 207/2013, con respecto a la libertad religiosa; o la STC 167/2013, que se refiere al derecho al nombre).

En el ámbito laboral, una doctrina jurisprudencial consolidada atribuye al empresario la facultad de adoptar medidas de vigilancia y control para verificar el cumplimiento por el trabajador de sus obligaciones, pero guardando siempre en su adopción y aplicación la consideración debida a su dignidad humana (STC 98/2000). Es necesario, pues, que "los órganos judiciales preserven el necesario equilibrio entre las obligaciones del trabajador dimanantes del contrato de trabajo y el ámbito de sus derechos y libertades constitucionales", dada "la posición preeminente de éstos en el Ordenamiento jurídico, en cuanto proyecciones de los núcleos esenciales de la dignidad de la persona" (STC 213/2002). Constituye asimismo "un claro menosprecio y ofensa a su dignidad" y un trato degradante lesivo de su integridad moral mantener deliberadamente a un funcionario sin ninguna ocupación durante un largo periodo de tiempo (STC 56/2019). A la "dignidad personal del trabajador" se refiere también la STC 192/2003, que la concibe "como el derecho de todas las personas a un trato que no contradiga su condición de ser racional igual y libre, capaz de determinar su conducta en relación consigo mismo y su entorno".

En materia tributaria, la STC 19/2012 pone en relación "el mínimo vital de subsistencia no sometido a tributación" con la exigencia de un sistema tributario justo que impone el art. 31.1 CE, "en conexión directa con la garantía de la dignidad de la persona". Para el Tribunal, es incompatible con la dignidad humana "que la efectividad de los derechos patrimoniales se lleve al extremo de sacrificar el mínimo vital del deudor, privándole de los medios indispensables para la realización de sus fines personales" (STC 113/1989).

La exigencia de un nivel mínimo de subsistencia que posibilite una existencia digna no sólo justifica la imposición de límites legales a la embargabilidad (STC 16/1994), sino también la fijación de unas "pautas indemnizatorias suficientes en el sentido de respetuosas con la dignidad que es inherente al ser humano" en el ámbito de la responsabilidad civil: si "la vida y la integridad (física y moral) han de ser objeto de cuantificación dineraria o patrimonial, el más elemental respeto a la dignidad humana (art. 10.1 CE) obliga a que aquélla sea la misma para todos" (STC 181/2000).

La apelación a la dignidad de las personas ha sido un criterio decisivo en la jurisprudencia constitucional sobre los derechos de los extranjeros. En la STC 236/2007 el Tribunal recupera la doctrina establecida en la STC 107/1984: existen derechos que "corresponden a los extranjeros por propio mandato constitucional, y no resulta posible un tratamiento desigual respecto de los españoles". Estos derechos, que los extranjeros pueden ejercer en condiciones plenamente equiparables a los españoles, son los que "pertenecen a la persona en cuanto tal" y resultan "imprescindibles para la garantía de la dignidad humana". El Tribunal ha incluido expresamente dentro de esta categoría el derecho a la vida, a la integridad física y moral, a la intimidad, a la libertad ideológica, a la tutela judicial efectiva, a la asistencia jurídica gratuita, a la libertad y a la seguridad y el derecho a no ser discriminado consagrado en el art. 14. Pero no es una lista cerrada y exhaustiva.

Es verdad, reconoce el Tribunal, que "todos los derechos fundamentales, por su misma naturaleza, están vinculados a la dignidad humana". Pero lo que resulta decisivo a estos efectos es "el grado de conexión con la dignidad humana" de cada derecho en concreto. En este caso, el Tribunal sostendrá que los derechos de reunión, asociación, sindicación y huelga son derechos imprescindibles para la dignidad humana y no puede privarse de los mismos a los extranjeros en situación irregular.

En el Voto Particular que formula V. Conde se cuestiona la argumentación de la mayoría, que pivota sobre el concepto de dignidad humana como única clave de la *ratio decidendi*. Este planteamiento no se ajusta a lo dispuesto en el art. 10.1 CE, que no alude sólo a la dignidad de la persona como fundamento del orden público y de la paz social. La decisión de condicionar el disfrute por los extranjeros de tales derechos a la legalidad de su estancia en España es "expresión inmediata del respeto a la ley", que no tolera "una situación social generalizada y masiva de incumplimiento". De más calado aún es la crítica de Jiménez Campo: "la esforzada búsqueda que emprende la STC 236/2007 para reconocer el alma de la dignidad en el cuerpo de los derechos... no conduce a parte alguna". Todos los derechos fundamentales guardan conexión con ese sustrato de la dignidad, "sin que al efecto aporte matiz alguno inteligible el criterio del 'grado de conexión', una escala cuyos criterios y señas de reconocimiento la sentencia ni da ni, en rigor, podría dar".

El TC ha seguido un razonamiento muy similar a la hora de dilucidar en qué casos nuestras autoridades tienen que atender las solicitudes de extradición cursadas por Estados en los que la persona reclamada ha sufrido o corre el riesgo de sufrir una lesión de sus derechos. La STC 91/2000 se refiere a la dignidad de la persona como "un criterio de validez" universalmente aplicable. Pero para determinar, en concreto, cuáles son los derechos que la Constitución proclama de modo absoluto y con proyección universal, hay que averiguar, con arreglo a los textos internacionales, "si, y en qué medida, son inherentes a la dignidad de la persona humana". Y se adopta para esta operación un canon más restringido: "sólo el núcleo irrenunciable del derecho fundamental inherente a la dignidad de la persona puede alcanzar proyección universal" y servir, por tanto, de criterio para denegar una extradición. En este orden, la sentencia reitera que no "resulta compatible con el contenido absoluto del derecho a un juicio justo" la condena en ausencia. Y concluye que "imponer, sin audiencia y defensa personal previa ni posterior, penas que afectan profundamente a los derechos más estrechamente ligados a la personalidad" parece ya, *prima facie*, incompatible con la dignidad de la persona.

En este mismo ámbito, el penal, el Tribunal ha advertido que "un patente derroche inútil de coacción" convierte la norma en arbitraria, al socavar "los principios elementales de justicia inherentes a la dignidad de la persona y al Estado de Derecho" (STC 55/1996).

Especial relevancia ha cobrado la garantía de la dignidad en el tratamiento doctrinal y jurisprudencial de la cláusula antidiscriminatoria del art. 14 CE, que "representa una explícita interdicción de determinadas diferencias históricamente muy arraigadas y que han situado... a sectores de la población en posiciones, no sólo desventajosas, sino contrarias a la dignidad de la persona" (STC 128/1987). Porque "lo que caracteriza a la prohibición de discriminación, frente al principio genérico de igualdad, es la naturaleza particularmente odiosa del criterio de diferenciación utilizado, que convierte en elemento de segregación, cuando no de persecución, un rasgo o una condición personal innata o una opción elemental que expresa el ejercicio de las libertades más básicas, resultando así un comportamiento radicalmente contrario a la dignidad de la persona y a los derechos inviolables que le son inherentes" (STC 62/2008). La impugnación de la Ley 13/2005, que reconoció el derecho de las parejas del mismo sexo a contraer matrimonio, obligó al TC a pronunciarse sobre la constitucionalidad de esa reforma legal y lo hizo en estos términos: "de este modo se da un paso en la garantía de la dignidad de la persona y el libre desarrollo de la personalidad" (STC 198/2012). En este frente, la dignidad se identifica con "el derecho a igual consideración y respeto" (R. Dworkin).

Precisamente la erradicación de las conductas discriminatorias, de los estereotipos negativos que alimentan el desprecio y la hostilidad hacia un grupo estigmatizado por su raza, sexo u orientación sexual, es un objetivo que justifica en determinados casos la limitación de la libertad de expresión. El respeto a la igual dignidad de todos los seres humanos no sólo permite sino que exige la sanción de "todas las formas de expresión que propaguen, inciten a, promuevan o justifiquen el odio fundado en la intolerancia" (STEDH de 06/07/2006, asunto Erbakan c. Turquía). Este tipo de discursos atentan contra la dignidad colectiva de los grupos "diana" que sufren ese hostigamiento.

En la famosa Sentencia 214/1991 (caso Violeta Friedman), nuestro TC fijó su posición en torno al discurso de odio: la libre difusión de ideas "encuentra su límite en las manifestaciones vilipendiadoras, racistas o humillantes" que son "constitucionalmente inaceptables". Esas expresiones de menosprecio provocan sentimientos "contrarios a la dignidad, estima personal o respeto al que tienen derecho todos los ciudadanos". El discurso racista o xenófobo no lesiona sólo al derecho al honor de las personas directamente ofendidas, sino también "otros bienes constitucionales como el de la dignidad humana". Dignidad e igualdad de todas las personas son valores inescindibles. Esa es la filosofía que inspira el art. 510.2 CP, que castiga a "quienes lesionen la dignidad de las personas mediante acciones que entrañen humillación, menosprecio o descrédito" de grupos o personas por motivos que se consideran odiosos.

III. EL LIBRE DESARROLLO DE LA PERSONALIDAD

Es una expresión que, como otras piezas que componen el precepto, tomamos prestada del art. 2.1 de la Constitución alemana, que reconoce el derecho fundamental de toda persona "al libre desarrollo de su personalidad siempre que no viole los derechos de otros ni atente contra el orden constitucional o la ley moral", una cláusula que ha servido también de fértil yacimiento para la creación jurisprudencial de nuevos derechos como el de autodeterminación informativa. En nuestro ordenamiento, en cambio, no alcanza ese status de derecho fundamental, aunque sea, junto con la dignidad de la persona, "la base de nuestro sistema de derechos fundamentales" (STC 212/2005).

Puestos a desentrañar su significado, nos puede valer como primera aproximación la idea, formulada por Díez-Picazo, de que "cada persona puede y debe trazar por sí misma su propio proyecto vital, sin que el Estado deba interferirse salvo para salvaguardar los derechos similares de los demás". En este sentido, "protege la configuración autónoma del propio plan de vida" (STC 60/2010). Lo que late en el fondo de este planteamiento es el rechazo de cualquier forma de paternalismo estatal y la afirmación de la mayoría de edad de los seres humanos, que saben perfectamente lo que les conviene.

Este "principio general de libertad" (STC 83/1984), que no debe confundirse con la libertad personal o deambulatoria que garantiza el art. 17 CE, implica que todo lo que no está prohibido u ordenado está permitido (STC 101/1988). Las conductas que no infrinjan una norma imperativa son lícitas. Es la "libertad a secas" que no integra el contenido de ningún derecho fundamental y rige sólo dentro de los límites de la ley (STC 89/1987). Se configura así una esfera residual de libertad jurídicamente protegida. El legislador no dispone de "una libertad omnímoda para restringir la libertad de las personas" o su autonomía privada (art. 1255 CC). Cualquier restricción de esa genérica libertad de actuación (*agere licere*) deberá superar el test de proporcionalidad (Díez-Picazo).

En la STC 113/1994, por ejemplo, "la autonomía del individuo para elegir entre las diversas opciones vitales que se le presenten, de acuerdo con sus propios intereses y preferencias" se pone en relación con la libertad negativa de asociación: la adscripción forzosa a una corporación creada por ley es una excepción a la regla general en un ordenamiento que se funda en el valor superior de libertad (art. 1.1) y en el libre desarrollo de la personalidad, y ha de estar, por ello, rigurosamente justificada.

Otra faceta de este principio tiene que ver con la protección de la autonomía individual frente a normas de cariz paternalista. No cabe descartar, en este sentido, que algunas de estas normas sean examinadas a la luz de este principio y resulten inconstitucionales por impedir u obstaculizar el libre despliegue de la personalidad. Esa dimensión está muy presente en la STC 120/1990, que reconoce que la facultad de disponer sobre nuestra propia muerte, constituye una manifestación del *agere licere*, de esa libertad genérica residual, en la medida en que ley no prohíbe el suicidio o la aceptación de la propia muerte. Una libertad que comprende la posibilidad de rechazar la asistencia médica obligatoria o cualquier tratamiento terapéutico (salvo que uno esté sujeto a una relación especial penitenciaria). El Tribunal acude de nuevo a este principio para rechazar la esterilización forzosa de los incapaces: "se trata de una intervención corporal, resuelta y practicada sin su consentimiento, ablativa de sus potencialidades genéticas e impeditiva, por tanto, del ejercicio de su libertad de procreación, que se deriva del libre desarrollo de la personalidad" proclamado en el art. 10.1 CE (STC 215/1994).

Este principio se proyecta también sobre "la decisión de continuar o no la relación afectiva o de convivencia" que resulta impedida o entorpecida por la imposición de la pena de alejamiento, al prohibir al penado y a la víctima mantener o reiniciar la relación que les unía (STC 60/2010). En este mismo sentido, el derecho a elegir libremente el estado civil y contraer matrimonio con quien se desee es una opción estrechamente vinculada al libre desarrollo de la personalidad (SSTC 184/1990 y 51/2011). Consustancial a esa libertad de decisión, "adoptada en el marco de la autonomía privada de los componentes de la pareja, es el poder de gobernarse libremente en la esfera jurídica de ese espacio propio, ordenando por sí mismos su ámbito privado, el conjunto de derechos, facultades y relaciones que ostenten" (STC 93/2013).

La opción personal por la convivencia *more uxorio* no puede tener consecuencias perjudiciales, como la pérdida de la pensión de viudedad. En el asunto resuelto por la STC 126/1994, los tribunales habían privado del derecho a la pensión reconocido a una viuda al dar relevancia, sin base legal alguna, a conductas o decisiones privadas (la convivencia de hecho con otra persona) que son lícitas y "constituyen manifestaciones del libre desarrollo de la personalidad". Este principio no se ve afectado, en cambio, por el hecho que no se reconozca una pensión de viudedad al supérstite de una unión de hecho (STC 184/1990). Porque con ello no se coarta ni se dificulta irrazonablemente la decisión de quienes desean convivir *more uxorio.*

Hay que consignar, por último, la tendencia jurisprudencial a apuntalar con este principio la dimensión positiva de algunos derechos como el de la "intimidad domiciliaria" cuando la intromisión se produce mediante la exposición prolongada a determinados niveles de ruido. Cuando esta contaminación acústica resulte objetivamente insoportable, ha de garantizarse la protección dispensada a este derecho, en la medida en que impida o dificulte gravemente el libre desarrollo de la personalidad (STC 119/2001). De esta manera, buscando su "plena efectividad", se ensancha el ámbito de determinados derechos de libertad o inmunidad, una expansión "sin límites discernibles" (Jiménez Campo). En la misma dirección apunta la STC 220/2005, en relación con el derecho a la integridad física y moral. Para el Tribunal, este derecho no se limita a proteger la "incolumidad corporal" cuando la lesión ya se ha consumado, sino que debe ofrecer protección "frente a los riesgos que puedan surgir en una sociedad tecnológicamente avanzada". Aunque a estos efectos, sólo son relevantes aquéllos que generen un peligro grave y cierto para la salud.

IV. LA RECIENTE ACTIVACIÓN DE LA CLÁUSULA DEL ART. 10.1 CE COMO FUENTE DE NUEVOS DERECHOS FUNDAMENTALES

En dos sentencias dictadas en 2023 el TC se ha servido de esta cláusula para construir un derecho de autodeterminación individual que se pone en conexión con el derecho a la vida y la integridad física y moral consagrado en el art. 15 CE.

En su Sentencia 31/2010, el TC ya sostuvo que "vivir con dignidad el proceso de la muerte no es sino una manifestación del derecho a la vida digna y con el mismo alcance que para ese concepto puede deducirse de los arts. 10.1 y 15 CE". Pero en la STC 19/2023, que desestima el recurso interpuesto contra la LO 3/2021 de regulación de la eutanasia, da un paso más al subrayar en su FJ 6 "la incidencia de la dignidad y la libre autodeterminación en la interpretación del derecho a la vida", un derecho al que no puede atribuirse carácter absoluto, de modo que "imponga a los poderes públicos un deber de protección incondicional que implique un paradójico deber de vivir". Esa facultad de autodeterminación consciente y responsable de la propia vida "se deriva de la dignidad de la persona y el libre desarrollo de la personalidad" y excluye determinadas trabas o interferencias públicas que limitan sin fundamento suficiente un desarrollo personal que la Constitución quiere "libre". En nuestro ordenamiento constitucional, la protección de "la libertad individual para la adopción y puesta en práctica autónoma de decisiones personales privadas e íntimas de profunda relevancia vital" se basa en el reconocimiento de la libertad como valor superior del ordenamiento jurídico y en "los principios de dignidad y libre desarrollo de la personalidad, configurados expresamente en la Constitución como 'fundamentos del orden político y de la paz social' (art. 10.1 CE)".

Ese espacio de libertad y autonomía debe respetarse también en las situaciones de sufrimiento extremo que la persona considera intolerable, mediante el reconocimiento de un "derecho a la autodeterminación respecto de la propia muerte en contextos eutanásicos", de modo que cada persona pueda "trazar y llevar a término un proyecto de fin de vida acorde con su dignidad, de acuerdo con sus propias concepciones y valoraciones acerca del sentido de su existencia". Este nuevo derecho se funda en el derecho fundamental a la integridad personal (art. 15 CE) en conexión con los principios de dignidad y libre desarrollo de la personalidad del art. 10.1 CE. Porque "la decisión relativa a cómo y cuándo finalizar la propia existencia afecta de manera insuperablemente intensa a los derechos a la integridad física y moral de la persona afectada, así como al libre desarrollo de su personalidad y, de manera muy destacada, a su dignidad". Ya no estamos ante "una conducta genérica de disposición de la propia vida realizada en ejercicio de una mera libertad fáctica" sino ante un derecho con "fundamento constitucional", que "incluye también el derecho de la persona a recabar y usar la asistencia de terceros que sea necesaria para llevar a la práctica la decisión de manera compatible con su dignidad y con su integridad personal".

En la STC 44/2023, que resuelve el recurso contra diversos preceptos de la LO 2/2010 de salud sexual y reproductiva y de la interrupción voluntaria del embarazo, se apela también a "la dignidad y el libre desarrollo de la personalidad como fundamentos del derecho de la mujer a la autodeterminación respecto de la interrupción del embarazo". El Tribunal parte de una premisa: "el embarazo, el parto y la maternidad condicionan indiscutiblemente el proyecto de vida de la mujer". A su juicio, "la decisión acerca de continuar adelante con el embarazo, con las consecuencias que ello implica en todos los órdenes de la vida de la mujer —físico, psicológico, social y jurídico— enlaza de forma directa con su dignidad y el libre desarrollo de su personalidad, en cuanto afecta a la libertad de procreación de la mujer". Tales principios se verían conculcados si se impusiera a la mujer gestante una maternidad forzada. Considera, en suma, que "la interrupción voluntaria del embarazo, como manifestación del derecho de la mujer a adoptar decisiones y hacer elecciones libres y responsables, sin violencia, coacción ni discriminación, con respeto a su propio cuerpo y proyecto de vida, forma parte del contenido constitucionalmente protegido del derecho fundamental a la integridad física y moral (art. 15 CE) en conexión con la dignidad de la persona y el libre desarrollo de su personalidad como principios rectores del orden político y la paz social (art. 10.1 CE)". Como derecho constitucionalmente protegido, limita la libertad de configuración del legislador, que deberá respetar su contenido esencial.

En los Votos Particulares formulados a ambas sentencias por varios Magistrados se censura la construcción dogmática que conduce al reconocimiento de estos dos nuevos derechos fundamentales, entre otras razones, porque limita las legítimas opciones del legislador, imponiendo como único modelo constitucional posible el previsto en las leyes impugnadas. Insisten asimismo en que la vía para la creación de derechos fundamentales *ex novo* es la reforma constitucional. Ni el legislador ni el Tribunal Constitucional pueden suplantar al poder constituyente.

V. BIBLIOGRAFÍA

ALEXY, R.: "La dignidad humana y el juicio de proporcionalidad", en *Parlamento y Constitución*, núm. 16, 2014, pp. 10-27.

CARBONELL, J. C.: "Autodeterminación personal y dignidad: Una legislatura de consolidación", *Cuadernos electrónicos de Filosofía del derecho*, núm. 49, 2023, pp. 129-140.

CHUECA. R. (dir): *Dignidad humana y derecho fundamental*, CEPC, Madrid, 2015.

DÍEZ-PICAZO, L. M.: *Sistema de derechos fundamentales*, Tirant lo Blanch, Valencia, 2021.

JIMÉNEZ CAMPO, J.: *Comentario al artículo 10.1*, en CASAS BAAMONDE, M. E., RODRÍGUEZ-PIÑERO, M. (dirs.): *Comentarios a la Constitución Española. XXX Aniversario*, Fundación Wolters Kluwer, 2008, pp. 178-192; y en M. Rodríguez-Piñero/M. E. Casas (dir): *Comentarios a la Constitución Española. XL Aniversario*, Fund. Wolters Kluwer/BOE, 2018, pp. 213-230.

PRESNO LINERA, M. A.: *Libre desarrollo de personalidad y derechos fundamentales*, Marcial Pons, 2022.

REY MARTÍNEZ, F.: *La dignidad humana en serio. Desafíos actuales de los derechos fundamentales*, Edit. Porrúa/IMPDC, México, 2013.

VI. JURISPRUDENCIA

STC 53/1985, de 11 de abril.
STC 120/1990, de 27 de junio.
STC 126/1994, de 25 de abril.
STC 215/1994, de 14 de julio.
STC 192/2003, de 27 de octubre.
STC 181/2004, de 2 de noviembre.
STC 236/2007, de 7 de noviembre.
STC 19/2023, de 22 de marzo.
STC 44/2023, de 9 de mayo.
STS (Civil) de 31 de marzo de 2022.

Artículo 10.2

2. Las normas relativas a los derechos fundamentales y a las libertades que la Constitución reconoce se interpretarán de conformidad con la Declaración Universal de Derechos Humanos y los tratados y acuerdos internacionales sobre las mismas materias ratificados por España.

COMENTARIO

Argelia Queralt Jiménez
Letrada del Tribunal Constitucional
Profesora Titular de Derecho Constitucional
Universidad de Barcelona

I. PRESENTACIÓN

El art. 10. 2 CE incorpora en el sistema constitucional de derechos y libertades español un instrumento privilegiado de relación entre Derecho internacional y ordenamiento jurídico interno. Este precepto supone la constitucionalización de una determinada función que los tratados internacionales en materia de derechos fundamentales juegan en nuestro sistema: la interpretación de los derechos y libertades recogidos en la Constitución. Así pues, el art. 10. 2 CE no determina la posición de los tratados internacionales en nuestro ordenamiento jurídico, tarea atribuida a los arts. 93 a 96 CE, sino que constitucionaliza la función hermenéutica del Derecho internacional de los derechos humanos en nuestro sistema de derechos y libertades. Cabe afirmar por ello que el art. 10. 2 CE vehicula la apertura del Derecho Constitucional al Derecho internacional de los derechos humanos

En 1978 el art. 10. 2 CE aparecía como una rareza por su contenido entre el resto de los ordenamientos constitucionales de nuestro entorno, ya que, junto al art. 16 de la Constitución Portuguesa, suponían los dos únicos ordenamientos jurídicos en que preceptos de tal naturaleza estaban previstos por los diferentes textos constitucionales.

II. LA CLÁUSULA DE APERTURA INTERNACIONAL: EL ART. 10. 2 CE

1. Naturaleza y efectividad del art. 10. 2 CE

Existe un consenso entre la doctrina española para caracterizar al art. 10. 2 CE como cláusula de apertura al Derecho internacional en materia de derechos humanos; así, el art. 10. 2 CE funciona como una suerte de "puente" que conecta el Derecho interno con el Derecho internacional y provoca que estos se interrelacionen a través de la interpretación que los poderes públicos españoles hacen de los derechos fundamentales reconocidos en nuestra Constitución de conformidad con los textos elaborados en el ámbito internacional.

En efecto, el art. 10. 2 CE impone un canon interpretativo a todos poderes públicos, aunque los intérpretes y aplicadores que se ven más directamente afectados por razón de su función de tutela son los órganos jurisdiccionales del Poder Judicial y el Tribunal Constitucional. En todo caso, vale la pena resaltar que tanto los órganos de los poderes legislativos, como de los ejecutivos y de las diferentes administraciones públicas quedan igualmente vinculados por el mandato de interpretación conforme previsto en el art. 10. 2 CE; también, claro está, todos aquellos órganos e instituciones públicas que tengan entre sus funciones la de velar por el respeto y garantía de los derechos y libertades recogidos en la Constitución.

El art. 10. 2 CE impone una obligación de resultado a todos los poderes públicos de interpretar de conformidad con los estándares internacionales los derechos y libertades de la Constitución española. Se trata, por tanto, de una obligación material de interpretación conforme. En este sentido, es indiferente que las poderes públicos expliciten que están aplicando el art. 10. 2 CE. Lo relevante del mandato constitucional reside en que efectivamente los poderes públicos compatibilicen sus argumentaciones relativas a derechos con los tratados internacionales en materia de derechos humanos. Además, si estos prevén órganos de control, la compatibilidad de la interpretación deberá extenderse a su labor de desarrollo y actualización, sin que tampoco sea preciso citar las resoluciones que les hayan llevado a decantarse por un determinado contenido. La finalidad del art. 10. 2 CE es que de las decisiones de los poderes públicos, de la motivación judicial en su caso, se infiera la compatibilidad del contenido de los derechos con los estándares internacionales.

Los instrumentos interpretativos que el art. 10. 2 CE ofrece son tratados internacionales válidamente celebrados por el Estado, que forman parte de nuestro ordenamiento interno (art. 96 CE), convirtiéndose *en mecanismos de interpretación constitucional autointegrativos.* Esta cláusula hermenéutica se erige como una verdadera cláusula de garantía, que permite al aplicador e intérprete de la Constitución contar con los instrumentos necesarios para dotar de contenido a todos los derechos y libertades recogidos por nuestra Norma Fundamental y hacerlo respetando los estándares internaciones en la materia.

Además, cabe señalar que, como ya apuntara la doctrina en trabajos anteriores, el TC considera que el tipo de interpretación que debe realizarse en virtud del art. 10. 2 CE es sistemático.

El objeto de la interpretación conforme a la que obliga el art. 10. 2 CE son, sin duda, todos los derechos y libertades reconocidos en nuestra Constitución, incluso aquellos que bajo la literalidad de la Norma Fundamental adoptan la forma de principios rectores de la política social y económica. Es cierto que estos casos son los menos abundantes, entre otros motivos porque sólo lo derechos y libertades de la Sección 1ª del Capítulo 2ª del Título I de la Constitución llegan en amparo ante el TC y es en este procedimiento en el que se utilizan los tratados internacionales como pautas interpretativas como mayor frecuencia. Pero, como se ha dicho, el art. 10. 2 CE alcanza a todo el Título I sin distinciones. Esto ha permitido que la utilización de los referentes internacionales también se haya extendido a los llamados derechos sociales, económicos y culturales.

2. El parámetro de conformidad: los tratados internacionales y sus órganos de control

En virtud del art. 10. 2 CE únicamente pueden ser utilizados como herramientas interpretativas de los derechos constitucionales los tratados internacionales válidamente ratificados por España, esto es, de acuerdo con los procedimientos previstos en los arts. 93 y 95. La única excepción a dicha condición que parece aceptar el art. 10. 2 CE es la Declaración Universal de Derechos Humanos (DUDH) que, como es sabido, no es un tratado internacional, sino una Resolución de la Asamblea General de la Organización de Naciones Unidas. De hecho, precisamente la naturaleza no convencional de la Declaración fue lo que llevó a incluirla expresamente en el redactado del art. 10. 2 CE durante los debates constituyentes para evitar que, en el futuro, interpretaciones excesivamente rígidas la excluyeran de su ámbito de aplicación.

Dicho esto, lo cierto es que el Tribunal Constitucional ha utilizado como instrumento interpretativo de los derechos textos internacionales no ratificados por España en el momento de su utilización. Así, por ejemplo, el Tribunal Constitucional había utilizado con relativa frecuencia el Protocolo núm. 7 al CEDH antes de su ratificación por España en 2009 respecto de dos cuestiones:

el derecho a no sufrir *ne bis in idem* (recogido en el art. 2 de citado Protocolo) y el derecho al doble grado de jurisdicción del art. 4 del mismo Protocolo.

La conformidad que exige el art. 10. 2 CE puede entenderse desde dos perspectivas diferentes. Por un lado, la conformidad cabe entenderse como *deducibilidad* de contenidos que puede definirse como identidad de contenidos; por otro lado, la conformidad como *compatibilidad*, o, lo que es lo mismo, falta de contradicción entre los estándares internacionales en materia de derechos humanos y el estándar constitucional.

Respecto de aquellos textos internacionales de tutela de derechos humanos que no prevén mecanismos específicos de garantía, el alcance de la conformidad no genera mayores problemas, dado que el estándar queda acotado por el propio texto internacional, teniendo en cuenta, además, que se suele tratar de instrumentos elaborados como mínimos a partir de las previsiones de los ordenamientos nacionales. Actualmente, el ejemplo paradigmático de texto sin mecanismo propio de salvaguardia es la DUDH de 1948 ya citada.

La complejidad se encuentra en determinar el alcance de la conformidad respecto de aquellos sistemas que cuentan con una declaración de derechos y libertades y un mecanismo de tutela específico (más o menos evolucionado) que desarrolla y convierte en Derecho vivo a aquella declaración. Este es el caso, por ejemplo, del Pacto Internacional de Derechos Civiles y Políticos (PIDCP) y su Comité de Derechos Humanos o, en el ámbito europeo, el Convenio Europeo de Derechos Humanos (CEDH) y el Tribunal Europeo de Derechos Humanos (TEDH). En este tipo de sistemas de garantía en los que se prevé un catálogo de derechos acompañado de un mecanismo de control, la identidad o compatibilidad de contenidos de los derechos debemos establecerla respecto de la labor de desarrollo que los respectivos órganos de control lleven a cabo.

En este contexto, cabe afirmar que la conformidad que exige el art. 10. 2 CE debe ser leída como compatibilidad. Uno de los argumentos para defender esta posición la encontramos en nuestro propio ordenamiento: de la interpretación sistemática de los arts. 123. 1 CE in fine, 161. 1. b) CE, y 1 LOTC se deduce, como viene siendo defendido tanto por la jurisprudencia del Tribunal Constitucional como por la doctrina constitucional, que el garante último de los derechos fundamentales y de las libertades recogidas en nuestra Constitución es el Tribunal Constitucional. Este hecho es irrefutable e inherente al sistema de garantías de los derechos por el que se decantó nuestro constituyente, que decidió otorgar al Tribunal Constitucional la competencia de decidir en última instancia y con carácter extraordinario sobre las posibles vulneraciones de los derechos y libertades que pudieran cometer los poderes públicos, mediante la inserción en nuestro sistema de protección constitucional el recurso de amparo.

Si se optara, por el contrario, por defender que lo que pretende el art. 10. 2 CE es que exista identidad entre contenidos, esto supondría tanto como negar el carácter supremo que otorga la Constitución al Tribunal Constitucional, dada la vinculatoriedad que exige el art. 10. 2 CE respecto de las decisiones adoptadas por los órganos internacionales de garantía. Esta circunstancia nos llevaría, además, a considerar los textos internacionales de protección de los derechos humanos como textos "supraconstitucionales", quebrantando el sistema de fuentes previsto por nuestro texto constitucional y el principio de jerarquía normativa, al menos en su actual comprensión. En este punto, no obstante, desde la STC 140/2018 este posicionamiento debe ser matizado claramente por el posible control de convencionalidad que jueces ordinarios y, excepcionalmente, el Tribunal Constitucional puedan llevar a cabo.

Cabe añadir otro argumento, aunque este referido a un sistema de garantía concreto, el del CEDH, que sirve para ilustrar la necesidad de optar por la compatibilidad como criterio que determina el alcance del art. 10. 2 CE. El art. 53 CEDH introduce una cláusula de salvaguardia —al igual que hacen otros textos internacionales subsidiarios de garantía de los derechos fundamentales— que establece que "ninguna de las disposiciones del presente Convenio será interpretada en el sentido de limitar o perjudicar aquellos derechos humanos y libertades fundamentales que podrían ser reconocidos conforme a las leyes de cualquier Alta Parte Contratante o en cualquier otro Convenio en el que ésta sea parte".

Así pues, se parte de la idea de que en ningún caso la toma en consideración del CEDH y de la jurisprudencia del TEDH podrá hacerse de tal manera que suponga una reducción del contenido y alcance de los derechos y libertades que cada Estado reconozca en su ordenamiento jurídico. La interpretación que pretenda hacerse tomando como parámetro la jurisprudencia del TEDH no podrá hacerse en ningún caso en detrimento del nivel de garantía alcanzado en nuestro Estado a partir de las previsiones constitucionales, de su desarrollo legislativo y de la concretización que de todo ello haya llevado a cabo el Tribunal Constitucional.

Como se observa, el art. 53 CEDH indica que el texto europeo no pretende la identidad de contenidos, puesto que, de lo contrario, un precepto como el que se acaba de transcribir no tendría sentido, ya que los Estados estarían vinculados por cualquier desarrollo que llevara a cabo el TEDH, siendo indiferente que éste empeorara la posición alcanzada por los derechos humanos en los diversos Estados. Sin embargo, el CEDH es un convenio de mínimos que lo que pretende es crear un estándar mínimo europeo, respecto del que todos los Estados miembros del Consejo de Europa deben participar y, en la medida de sus posibilidades, incrementar. La aplicación del art. 10. 2 CE en este contexto normativo implica asumir que su mandato no exige la identidad de respuestas jurídico-constitucionales, eliminando la naturaleza subsidiaria que caracteriza a los sistema internacionales de garantía, sino la compatibilidad como no contradicción del estándar constitucional con el internacional.

3. La efectividad del art. 10. 2 CE

Debe también determinarse cuando deben los agentes jurídicos utilizar el canon interpretativo que aquí se estudia. La respuesta es siempre porque el principio de interpretación conforme implica que en cada ejercicio de aplicación de las normas relativas a los derechos fundamentales se compruebe que se mantiene la compatibilidad con los estándares internacionales. Y ello tanto respecto de elementos dogmáticos esenciales y básicos de los derechos fundamentales como en aquellos aspectos accesorios que pueden ser susceptibles de mayor dificultad interpretativa puesto que supondrán una mayor litigiosidad.

Hoy en día asistimos a una cierta involución global respecto de determinados derechos y libertades cuyo contenido esencial creíamos definitivamente afianzado en nuestros sistemas. Por el momento, los estándares internacionales están funcionando como garantía última de que las conquistas básicas en materia de derechos y libertades resisten a los embistes de determinadas decisiones jurídico-políticas. Por otra parte, seguir con el mandato de interpretativo conforme implica reconocer el carácter dinámico y evolutivo (esta vez en su vertiente positiva) de los derechos, lo que permite incorporar nuevos elementos y facultades a sus contenidos clásicos. Y, por su puesto, tener el canon internacional como referente que se vehicula a través de art. 10. 2 CE permite contar con soluciones interpretativas nos previstas o desarrolladas en nuestro ordenamiento.

Por último, debe señalarse lo que queda fuera del campo de acción del art. 10. 2 CE. El Tribunal Constitucional ha reiterado que no cabe alegar autónomamente la presunta violación del art. 10. 2 CE en amparo. Tampoco puede inferirse del dictado de la cláusula de apertura que los tratados internacionales ratificados por España en materias relacionadas con los derechos fundamentales puedan convertirse en parámetro autónomo de constitucionalidad de la actuación de los poderes públicos. El art. 10. 2 CE tampoco permite entender que una pretendida lesión de los derechos y libertades reconocidos en aquellos tratados internacionales pueda ser tutelada a través del recurso de amparo, cuyo único objeto son los derechos reconocidos en los arts. 14 a 30 CE. Por último, el Tribunal Constitucional reitera que el recurso de amparo no es una vía a través de la cual pueda controlarse el correcto cumplimiento de los compromisos internacionales del Estado español.

III. LA VIRTUALIDAD PRÁCTICA DEL ART. 10. 2 CE EN LOS TRIBUNALES

1. La justicia ordinaria

No existen estudios pormenorizados de cual es la utilización del art. 10. 2 CE por los órganos jurisdiccionales ordinarios (ni cita formal ni utilización material). Ahora bien, un análisis comparativo con nuestros vecinos europeos permite concluir que España se encuentra en la franja media-baja de condenas internacionales por violación de los derechos humanos. Esta realidad permite afirmar que, por lo general, el canon internacional de los derechos humanos en respetado por la justicia ordinaria, de lo que se infiere que los jueces y tribunales cumplen con la obligación de resultado que genera el mandato de interpretación conforme del art. 10. 2 CE.

Tampoco existen estudios detallados de toda la jurisprudencia del Tribunal Supremo. En términos generales cabe afirmar que el Alto Tribunal tiene una relación incómoda con el art. 10. 2 CE. Si bien reconoce su valor hermenéutico, su alcance material es más discutido. Este posicionamiento materialmente indefinido respecto del art. 10. 2 CE puede deberse, por un lado, a la constante confusión existente entre la posición en el sistema de fuentes de los tratados internacionales en materia de derechos (arts. 93 a 96 CE) y la función hermenéutica del que les dota el art. 10. 2 CE. Por otro lado, la presión que padeció durante años el Tribunal Supremo para que, a través del art. 10. 2 CE, interpretara las causas de revisión del art. 954 de la Ley de Enjuiciamiento Criminal de forma que cupiera asimilar las condenas internacionales como "hecho nuevo". Concretamente, ante la falta de previsión legal del instrumento de ejecución de las sentencias del TEDH contrarias a España en las que se declaraba vulnerado el CEDH, el Tribunal Supremo insinuó a principios de los 2000 que quizá la revisión pudiera ser el mecanismo adecuado, pero pronto descartó esta posibilidad y se aferró a la imposibilidad de dar cumplimiento a las sentencias europeas a través de los recursos de revisión previstos en las leyes procesales en las que expresamente nada se decía de cuál debía ser la consecuencia procesal de una sentencia europea (ni de los Dictámenes del Comité de Derechos Humanos del PIDCP, por cierto).

Pese a estos titubeos, tras la sentencia del TEDH en caso *del Río Prada contra España* de 2013 y las decisiones de la Audiencia Nacional de ejecución de dicha sentencia, entre otros motivos, en cumplimiento del mandato de interpretación conforme del art. 10. 2 CE, el Tribunal Supremo se adelantó al legislador y en 2014 declaró que la revisión penal era el mecanismo adecuado para ejecutar las sentencias condenatorias del TEDH.

Finalmente, gracias a la reforma de la Ley Orgánica del Poder Judicial operada por la Ley Orgánica 7/2015, de 21 de julio, las sentencias del TEDH pueden suponer causa de revisión de un procedimiento judicial ya finalizado.

2. El Tribunal Constitucional

Los estudios detallados de las sentencias del Tribunal Constitucional ponen de manifiesto que la mención expresa del art. 10. 2 CE es escasa en proporción al número de casos en los que el TC, en cumplimiento de su mandato, hace uso de los instrumentos hermenéuticos que le brindan los tratados internacionales. Además, es un hecho que los referentes interpretativos que utiliza el Tribunal Constitucional con mayor regularidad son el Convenio Europeo y la jurisprudencia del Tribunal Europeo. La razón es sencilla: el estándar europeo de garantía se erige hoy en le estándar mínimo y común a todos los Estados que conforman en Consejo de Europa y ello se debe, en gran medida, a la credibilidad que aquel sistema genera por la naturaleza jurisdiccional del órgano de control que garantiza el respeto de sus derechos. En este punto debe señalarse que el art. 10. 2 CE también se aplica a la Carta de Derechos Fundamentales de la Unión Europea como instrumento interpretativo. Así, en la Declaración del Tribunal Constitucional 1/2004, FJ 7, que respecto de la articulación de los derechos recogidos en la Carta y los de la Constitución, se manifestaba que "[n] o supone, en otras palabras, un cambio cualitativo para la relevancia de esa doctrina en la configuración última de los derechos fundamentales por este Tribunal Constitucional. Significa, sencillamente, que el Tratado asume como propia la jurisprudencia de un Tribunal cuya doctrina ya está integrada en nuestro Ordenamiento por la vía del art. 10.2 CE, de manera que no son de advertir nuevas ni mayores dificultades para la articulación ordenada de nuestro sistema de derechos. Y las que resulten, según se ha dicho, sólo podrán aprehenderse y solventarse con ocasión de los procesos constitucionales de que podamos conocer". Desde entonces, el Tribunal ha utilizado la Carta, y también la jurisprudencia del Tribunal de Justicia de la Unión Europea, como herramientas interpretativas de los derechos y libertades constitucionales.

El estudio de la jurisprudencia del Tribunal Constitucional confirma la naturaleza obligatoria del art. 10. 2 CE en el que efectivamente se recoge un mandato dirigido a los aplicadores del Derecho que impone la utilización del estándar internacional como instrumento interpretativo en materia de derechos fundamentales. Los tratados internacionales en tanto que herramientas hermenéuticas constituyen "una fuente interpretativa", "obligada y valiosa" que contribuye a configurar "el contenido y alcance de los derechos fundamentales"; el objeto del mandato contenido en el art. 10. 2 CE supone realizar una interpretación conforme de los derechos fundamentales con los tratados internacionales.

En cuanto a la incidencia específica del art. 10. 2 CE en las decisiones del TC la práctica demuestra que el valor interpretativo de los tratados internacionales es el mismo tanto si su utilización viene precedida de aquel precepto como si no lo hace. La referencia explícita de la cláusula de apertura interpretativa queda en una mera formalidad y aparece como un recordatorio esporádico del mandato de interpretación conforme o, en algunos casos, como una forma de justificación de la utilización de los instrumentos europeos. En ningún caso la mención expresa del art. 10. 2 CE varía la intensidad con la que el TC utiliza el canon interpretativo internacional. Así pues, la significación y relevancia de esta cláusula de apertura no está en si es más o menos aludida por los aplicadores del Derecho, sino que radica en su propia incorporación en la CE y en la utilización generalizada por parte del Tribunal Constitucional de los tratados internacionales como instrumentos interpretativos en materia de derechos fundamentales, lo que supone el cumplimiento de su mandato.

Merece la pena destacar en relación con el recurso de amparo ante el Tribunal Constitucional que el art. 10. 2 CE o, de forma más general, que la interpretación conforme que se vehicula a través de dicho precepto ha ganado peso a través de la especial trascendencia constitucional (50.1 b) LOTC). Así, en el FJ 2 STC 155/2009, de 25 de junio, en que se hacía un listado no exhaustivo de posibles motivos que justificaran la especial trascendencia constitucional de un recurso de amparo se incluía expresamente que el recurso pueda dar ocasión al Tribunal para aclarar o cambiar su doctrina, como consecuencia de un cambio en la doctrina de los órganos de garantía encargados de la interpretación de los tratados y acuerdos internacionales a los que se refiere el art. 10.2 CE [STC 155/2009, FJ 2 b)], esto es, que la resolución del amparo sirva para aclarar o modificar la jurisprudencia precedente como consecuencia de un cambio en la doctrina de los órganos de interpretación de los tratados internacionales.

En los últimos años, la aplicación de este motivo ha permitido, por ejemplo, la admisión del asunto que resultó en la STC 151/2021, de 13 de septiembre. Este amparo fue admitido porque se había apreciado que concurría en el mismo una especial trascendencia constitucional (art. 50.1 LOTC) porque el recurso puede dar ocasión al tribunal para aclarar o cambiar su doctrina, como consecuencia de un proceso de reflexión interna [STC 155/2009, FJ 2 b)]. Aunque la sentencia no contiene mayor concreción, de los antecedentes de hecho se deduce que dicha especial trascendencia constitucional se derivaba de que la decisión de expulsión adoptada en contra de la parte y las posteriores decisiones judiciales no tuvieron en cuenta "los siguientes pronunciamientos del Tribunal Europeo Derechos Humanos: 1) la Decisión de 17 de marzo de 2015, asunto *G.V.A. c. España*, por la que el Estado español se comprometió a que en el futuro, antes de adoptarse la medida de expulsión por el motivo del art. 57.2 LOEx, tomaría en consideración el tiempo de su residencia en España, los vínculos creados, su edad, las consecuencias para el interesado y para los miembros de su familia, y los vínculos con el país al que va a ser expulsado; 2) la STEDH de 16 de abril de 2013, asunto *Udeh c. Suiza*, que obliga a los Estados a ponderar la afectación que la expulsión tiene sobre la intimidad personal o familiar del interesado, en cuanto los lazos de este con la comunidad en la que vive se integra en la noción de vida privada del art. 8 CEDH, y 3) la STEDH de 15 de noviembre de 2012, asunto *Shala c. Suiza*, en la misma línea anterior, antes de acordar la expulsión hay que valorar la situación familiar del afectado, la duración del matrimonio y otros factores que reflejen la realidad de su vida familiar, como el interés y bienestar de los hijos; sentencia que, añade, instauró una inversión de la carga de la prueba cuando consta como cierto el arraigo y es que las autoridades han de acreditar mediante razones pertinentes y suficientes que existía la necesidad social imperiosa de acordar la medida, y que esta guardaba proporción con el propósito legítimo perseguido con su imposición". Así, para conformar el estándar constitucional con el estándar europeo, el Tribunal Constitucional ha admitido que la ponderación de arraigo, más allá del estrictamente familiar, previa a una expulsión de la situación también se aplicará a las personas extranjeras susceptibles de expulsión independientemente de la duración de su residencia legal en España.

También ha supuesto que el Tribunal se replanteara la interpretación del régimen aplicable a las personas extranjeras en régimen de irregularidad; así, en el FJ 2 de la STC 47/2023, de 10 de mayo, se declaraba que la demanda había sido admitida porque permitía "comprobar la incidencia en nuestra jurisprudencia de la STJUE de 23 de abril de 2015, que declaró incompatible el régimen sancionador previsto en la Ley Orgánica 4/2000, de 11 de enero, sobre derechos y libertades de los extranjeros en España y su integración social, para los supuestos de estancia irregular de extranjeros en nuestro país, con la Directiva 2008/115/CE, del Parlamento Europeo y del Consejo, de 16 de diciembre de 2008, relativa a normas y procedimientos comunes en los Estados miembros para el retorno de los nacionales de terceros países en situación irregular (conocida como la 'Directiva de retorno')". Como consecuencia de la aplicación del nuevo canon europeo, desarrollado durante la tramitación del amparo en posteriores sentencias del TJUE (sentencias de 8 de octubre de 2020, asunto MO c. Subdelegación del Gobierno en Toledo, C-568/19, y de 3 de marzo de 2022 asunto UN c. Subdelegación del Gobierno en Pontevedra, C-409/20), el Tribunal Constitucional concluyó que "la administración impuso la sanción de expulsión del art. 57.1 LOEx [y no una multa], luego confirmada judicialmente con una interpretación errónea sobre la eficacia de la Directiva de retorno, a una situación de estancia irregular en la que no consta que concurriera ninguna circunstancia agravante o elemento negativo que la hubiese justificado, 'en atención al principio de proporcionalidad', tal y como dicho precepto exige para su aplicación".

El art. 10. 2 CE ha servido, igualmente, para traer a la jurisprudencia constitucional estándares internacionales en sentencias en las que se resolvía recursos de inconstitucionalidad de enorme impacto. Entre las más recientes cabe destacar la STC 19/2023, de 22 de marzo, en la que se enjuiciaba la constitucionalidad de la Ley Orgánica 3/2021, de 24 de marzo, de regulación de la eutanasia, que establece el régimen legal del derecho a la autodeterminación respecto de la propia muerte en contextos eutanásicos (la llamada "ley de la eutanasia"); la STC 34/2023, de 18 de abril, en que se declaró al constitucionalidad de la Ley Orgánica 3/2020, de 29 de diciembre, por la que se modifica la Ley Orgánica 2/2006, de 3 de mayo, de educación (conocida como LOMLOE); sin ánimo de exhaustividad, la STC 44/2023, de 9 de mayo, en que se validaba la constitucionalidad de diversos preceptos impugnados de la Ley Orgánica 2/2010, de 3 de marzo, de salud sexual y reproductiva y de la interrupción voluntaria del embarazo (la ley del "aborto").

IV. BIBLIOGRAFÍA

CASTELLÀ ANDREU, J. M.: "El art. 10. 2 de la Constitución como canon de interpretación de los Derechos Fundamentales", en APARICIO PÉREZ, M. A. (coord.), *Derechos constitucionales y formas políticas. Actas del Congreso sobre derechos constitucionales y Estado Autonómico, Barcelona*, 2001.

FERRER MAC GREGOR, E., y QUERALT JIMÉNEZ, A.: "El control de convencionalidad americano y el efecto de cosa interpretada europeo ¿dos caras de una misma moneda?", en GARCÍA ROCA, J. y CARMONA CUENCA, E. (coords.), *¿Hacia una globalización de los derechos? El impacto de las sentencias del Tribunal Europeo y de la Corte Interamericana*, Madrid, 2017, pp. 133-168.

GARCÍA ROCA. J., y NOGUEIRA ALCALÁ, H.: "El impacto de las sentencias europeas e interamericanas. Valor de precedente e interpretación vinculante", en GARCÍA ROCA, J. y CARMONA CUENCA, E. (coords.), *¿Hacia una globalización de los derechos? El impacto de las sentencias del Tribunal Europeo y de la Corte Interamericana*, Madrid, 2017, pp. 71-132.

GÓMEZ FERNÁNDEZ, I.: "Le recours a l'article 10.2 de la Constitution espangole dans la jurisprudence recente du Tribunal Constitutionnel", en BURGORGUE-LARSEN, L. (dir.) *Les défis de l'interprétation et de l'application des droits de l'homme. De l'ouverture au dialogue*, Paris (Francia) 2017, pp. 111-134.

GÓMEZ FERNÁNDEZ, I.: "El control de convencionalidad en el ordenamiento constitucional español", en Ferrer Mac Gregor, E. (coord..) *La garantía jurisdiccional de la Constitución: a cien años del Verfassungsgerichtshof Österreich, a cuarenta años del Tribunal Constitucional de España : XII Encuentro Iberoamericano de Derecho Procesal Constitucional*, Vol. 2, 2023, pp. 857-87.

MARTÍN-RETORTILLO BAQUER, L.: *La interconexión de los ordenamientos jurídicos y el sistema de fuentes del derecho*, Madrid, 2005.

MONTESINOS PADILLA, C., y QUERALT JIMÉNEZ, A.: *Protección Jurisdiccional de los Derechos. Sistemas Español, Universal, Regional Europeo y Supranacional - Teoría y Práctica*, Porto (Portugal), 2021.

QUERALT JIMÉNEZ, A.: *La interpretación de los derechos: del Tribunal Constitucional al Tribunal de Estrasburgo*, Madrid, 2008.

QUERALT JIMÉNEZ.A: "La conversación entre el Tribunal Constitucional y el Tribunal Europeo de Derechos Humanos a través de la especial trascendencia constitucional", en *Teoría y Realidad Constitucional*, nº 53 (mayo 2024), pp. 493-531.

SAIZ ARNAIZ, A.: *La apertura constitucional al derecho internacional y europeo de los derechos humanos. El artículo 10.2 de la Constitución española*, Madrid, 1999.

V. JURISPRUDENCIA

STC 116/1988, de 20 de junio.
STC 91/2000, de 30 de marzo.
STC 41/2002, de 25 de febrero.
STC 85/2003, de 8 de mayo.
Declaración 1/2004, de 13 de diciembre.
STC 155/2009, de 25 de junio.
STC 198/2012, de 6 de noviembre.
Auto 61/2013, de 22 de octubre, Pleno de la Sala de lo Penal AN.
STC 151/2021, de 13 de septiembre.
STC 47/2023, de 10 de mayo

CAPÍTULO PRIMERO
DE LOS ESPAÑOLES Y LOS EXTRANJEROS

Artículo 11

1. La nacionalidad española se adquiere, se conserva y se pierde de acuerdo con lo establecido por la ley.

2. Ningún español de origen podrá ser privado de su nacionalidad.

3. El Estado podrá concertar tratados de doble nacionalidad con los países iberoamericanos o con aquellos que hayan tenido o tengan una particular vinculación con España. En estos mismos países, aun cuando no reconozcan a sus ciudadanos un derecho recíproco, podrán naturalizarse los españoles sin perder su nacionalidad de origen.

COMENTARIO

Pilar Blanco-Morales Limones
Junta de Extremadura
Manuela Eslava Rodríguez
Universidad de Extremadura

I. LA DESCONSTITUCIONALIZACIÓN DE LA NACIONALIDAD

1. La nacionalidad en el constitucionalismo histórico

Desde la Constitución de 1812, la regulación esencial de la nacionalidad, aunque sin utilizar dicha expresión, se ha recogido en nuestros textos constitucionales. La Constitución de 1931 fue la primera en incorporar la expresión de nacionalidad, en su artículo 13 se reserva su regulación a la competencia exclusiva del Estado, dedicándose su Título II a la regulación de la *Nacionalidad*.

Este modelo, seguido en otros países de nuestro entorno, se abandona en la vigente Constitución. La Constitución de 1978 no define quienes son españoles, tarea que encomienda al legislador en el apartado 1 de su artículo 11.

Este precepto, salvo cuestiones muy puntuales, remite a la legislación ordinaria la regulación de la nacionalidad.

2. La noción de nacionalidad

La Constitución no contiene una definición de la nacionalidad. De las expresiones recogidas en sus artículos 1.2 y 2, referidas a los españoles y al pueblo español, se infiere que estamos ante un elemento basilar del Estado, lo que explica la necesidad de fijar los criterios de pertenencia al mismo. La condición de español, además de ser destinatario del Derecho de soberanía estatal, titular de derechos públicos subjetivos y órgano formador de la voluntad de Estado, es determinante del *status personae* en materia de Derecho privado, por lo que su regulación es un asunto jurídico y político de primera magnitud (Ángel López). Así, el preámbulo de la Ley 18/1990, sobre reforma del CC en materia de nacionalidad, expresaba que las normas que regulan la nacionalidad son, para cada Estado, de una importancia capital, pues delimitan el elemento personal insustituible de aquél.

En la elaboración de nuestra Constitución primó el debate sobre el territorio y su organización. Ninguna atención se prestó a cualquier otro aspecto que hubiera merecido la delimitación de la noción de la nacionalidad y, más particularmente, los principios que deberían inspirar su regulación. Cuestión no baladí, pues del artículo 14 CE resultaba palmario que el principio de no discriminación es aplicable a la interpretación y el disfrute del derecho a la nacionalidad. El reconocimiento de la igualdad entre hombres y mujeres y su extensión a efectos de atribución de la nacionalidad española a los hijos de madre española, sería la primera cuestión de imperiosa atención, aunque demorada y mal resuelta en 1982. Y cuestión relevante también lo es la necesaria protección a los españoles emigrantes, exigida en el artículo 42 CE.

El debate constitucional giró entorno a la preservación de la esencia de las expresiones de Nación, con mayúsculas *referido a una comunidad colectiva, a una comunidad integradora del hecho del Estado, de la realidad española*, y nacionalidades, en plural, recogidas en el artículo 2 CE que reconoce y garantiza el *derecho a la autonomía de las nacionalidades y regiones* que integran la Nación española. A tal fin, ante esta rica polisemia, se propuso la sustitución de la expresión nacionalidad por la de ciudadanía, aun cuando ciudadanía aluda a la plenitud de derechos políticos, esto es, la del español mayor de edad, toda vez que la incapacitación ha desaparecido de nuestro ordenamiento jurídico (Ley 8/2021, de 2 de junio, por la que se reforma la legislación civil y procesal para el apoyo a las personas con discapacidad en el ejercicio de su capacidad jurídica). La noción de ciudadanía concierne a la dimensión de Derecho público del *status* de nacional español, que se concreta en los derechos y libertades públicas reconocidos en la Constitución, y en los correlativos deberes (J. C. Fernández Rozas). Subrayándose en el debate constitucional que, de no matizar la expresión referida a la condición de españoles, se podría caer en la incoherencia de *que en el propio texto constitucional la palabra (nacionalidades) pudiese tener dos acepciones distintas*. Posición defendida por Miquel Roca y sostenida por los nacionalistas vascos y los comunistas. Con ello, a la condición de español se anteponía *la conciencia de identidad que tienen algunas de las comunidades autónomas que existen en España y que en manera alguna puede mezclarse o desvirtuarse con lo que significa la pertenencia a un Estado, uno, al que todos sus naturales pertenecen de manera igual y en el que todos tienen la misma naturaleza y, por tanto, los mismos derechos* (Herrero y Rodríguez de Miñón, DSCD de 6 de julio de 1978).

En su artículo 2 la Constitución proclama que se fundamenta en la indisoluble unidad de la Nación española, patria común e indivisible de todos los españoles. La Exposición de Motivos de la Ley 36/2002 de 8 de octubre, de modificación del Código Civil en materia de nacionalidad, se refiere a ella como vínculo político y jurídico que liga a una persona natural con su Estado (F. de Castro). Este perfil se completa con su configuración como estado civil básico de la persona *por más que tenga una doble dimensión al ser un título para formar parte de la organización del Estado y además una cualidad como perteneciente a una comunidad, configurando el primero su aspecto público y la segunda el privado, sin que por ello quepa escindir su verdadera naturaleza jurídica de estado civil* (*i.a.* SSTS de 24 de abril, 9 de junio, 19 de junio, 25 de octubre de 1999, 7 de octubre, 19 de diciembre de 2000, 5 de octubre de 2002).

3. Regulación por ley ordinaria

La única ocasión en que el TC se ha pronunciado sobre el artículo 11 CE fue con motivo de la *Declaración de 1 de julio de 1992* (*Requerimiento 1.236//992 del Gobierno de la Nación en relación con la existencia o inexistencia de contradicción entre el art. 13.2 de la CE y el art. 8 apartado J. del Tratado de la Unión Europea*). El TC afirma que sólo puede concluirse que son españoles, aquéllos que el legislador determine que lo son y a los efectos jurídicos que el legislador igualmente determine.

La nacionalidad no es un derecho fundamental en cuanto no está entre los consagrados en los artículos 14 a 29 de la CE. Es presupuesto subjetivo inexcusable para ejercitar algunos derechos y libertades. De ahí la ubicación del artículo 11. Además de condición de ejercicio de los derechos fundamentales, puede constituir en sí misma un derecho del individuo. Como veremos seguidamente, el derecho a la nacionalidad está reconocido en algunos Tratados internacionales. Pero esos textos, canon hermenéutico de los derechos fundamentales ex art. 10.2 de la Constitución, no elevan a rango constitucional los derechos reconocidos en ellos. Por ello, A. López ha propuesto que, como situación jurídica fundamental, la nacionalidad debería ser tutelada de un modo consecuencial a la violación de un derecho fundamental, porque su negación comporta, como mínimo, la del derecho del art. 23 de la CE. Cuando el desconocimiento ilegítimo de la nacionalidad prive a una persona del ejercicio de un derecho o de una libertad, este derecho o libertad podrá ser protegido por el art. 53.2 de la Constitución, pero habrá casos en los que esté comprometida la tutela de la nacionalidad y no existirá esa protección: se niega al presupuesto necesario del ejercicio de algunos derechos la protección de los mismos y los efectos de una declaración judicial firme sobre el estado civil sientan una situación con vocación de permanencia *erga omnes*, una situación que niega desde ese momento todos los derechos de los que la nacionalidad es presupuesto.

Algunos autores han defendido que lo más adecuado, a la vista del artículo 81.1 de la Constitución y de la propia importancia de la materia, hubiera sido dotar a las leyes sobre la nacionalidad de carácter orgánico

4. El principio de competencia exclusiva de cada Estado en materia de nacionalidad

La regulación de la nacionalidad es una competencia exclusiva de cada Estado. Este principio de reparto de las competencias estatales en la determinación de la nacionalidad se encuentra en varios actos o decisiones del Tribunal Permanente de Justicia Internacional y del Tribunal Internacional de Justicia (ver jurisprudencia relacionada en el apartado VI).

El artículo 9 del Tratado de la Unión Europea determina que *será ciudadano de la Unión toda persona que tenga la nacionalidad de un Estado miembro*. Se reconoce, pues, la competencia exclusiva de los Estados miembros para regular quiénes son sus nacionales (ver jurisprudencia relacionada en el apartado VI).

5. La nacionalidad en el Derecho internacional

El derecho a la nacionalidad está reconocido en un conjunto de instrumentos jurídicos internacionales, entre otros la Declaración Universal de Derechos Humanos, la Convención Internacional sobre la eliminación de todas las formas de discriminación racial, el Pacto Internacional de Derechos Civiles y Políticos, la Convención sobre los derechos del niño, la Convención sobre la elimimación de todas las formas de discriminación contra la mujer, la Convención sobre la nacionalidad de la mujer casada, la Convención sobre los derechos de las personas con discapacidad y la Convención Internacional sobre la protección de los derechos de todos los trabajadores migratorios y de sus familiares. La cuestión de la nacionalidad está regulada además en la Convención para reducir los casos de apatridia, la Convención sobre el estatuto de los apátridas y la Convención sobre el estatuto de los refugiados.

El artículo 15 de la Declaración Universal de Derechos Humanos establece que toda persona tiene derecho a una nacionalidad y nadie será privado arbitrariamente de su nacionalidad ni del derecho a cambiar de nacionalidad. El Consejo de Derechos Humanos ha abordado la cuestión del derecho a la nacionalidad y la prevención de la apatridia en varias resoluciones relativas a *los derechos humanos y la privación arbitraria de nacionalidad* —Resoluciones 7/10 (2008), 10/13 (2009), 13/2 (2010), 20/4 (2012), 20/5 (2012), Resolución 26/14 (2014), Resolución 32/5 (2016)—. En su resolución 50/152, la Asamblea General de Naciones Unidas también reconoció la índole fundamental de la prohibición de privación arbitraria de nacionalidad.

El Convenio Europeo sobre la Nacionalidad, de 6 de noviembre de 1997, adoptado en el marco del Consejo de Europa, en su artículo 3 establece que corresponde a cada Estado determinar mediante su legislación cuáles son sus nacionales. Esta legislación debe ser admitida por los demás Estados, siempre que sea acorde con los convenios internacionales aplicables, el Derecho internacional consuetudinario y los principios de Derecho generalmente reconocidos en materia de nacionalidad.

Del art. 96.1 CE deriva la obligación de la interpretación del Derecho interno conforme al Derecho internacional, al menos, conforme a los tratados internacionales válidamente celebrados. El art. 31 de la Ley 25/2014, de 27 de noviembre, de Tratados y otros Acuerdos Internacionales, dispone que las normas de los tratados *prevalecerán sobre cualquier otra norma del ordenamiento interno en caso de conflicto con ellas, salvo las normas de rango constitucional*. La interpretación conforme rige también para las disposiciones dictadas en ejecución de tratados internacionales (art. 35.4 LTAI). Interpretación conforme que el imperativo de respetar las obligaciones de los tratados internacionales y velar por su adecuado cumplimiento se extiende a cualquier ley interna (art. 29 LTAI).

6. Regulación sustantiva de la nacionalidad

La nacionalidad española se regula en el Código civil, artículos 17 al 28, en los artículos 68 y 69, 92 y DA Tercera de la Ley 20/2011, de 21 de julio, del Registro Civil. Para su aplicación es esencial la doctrina contenida en numerosas Instrucciones y Resoluciones de la Dirección General de los Registros y del Notariado, ahora Dirección General de Seguridad Jurídica y Fe Pública.

Desde la redacción originaria de 1889, los arts. 17 a 28 CC han sido objeto de numerosas reformas. En primer lugar, por los artículos 23 y 24 de la Constitución de 1931. Durante la Dictadura, por las Leyes de 15 de julio de 1954 y 14/1975 de 2 de mayo.

Las reformas postconstitucionales del Código Civil en materia de nacionalidad han sido obra de las Leyes 51/1982 de 13 de julio, 18/1990 de 17 de diciembre y 36/2002 de 8 de octubre. A ellas se suman las normas especiales destinadas a regular el acceso a la nacionalidad española para los descendientes de emigrantes y nietos de exiliados españoles en virtud de lo establecido en la Disposición Adicional Séptima de la Ley 52/2007, de 26 de diciembre. Así como las derivadas de la Ley 29/2011, la Ley 26/2015, de 28 de julio, de modificación del sistema de protección a la infancia y a la adolescencia y la Ley 19/2015, de 13 de julio, de medidas de reforma administrativa en el ámbito de la Administración de Justicia y del Registro Civil. Y mas recientemente, de la Ley 20/2022, de 19 de octubre, de Memoria Democrática.

La Ley 51/1982, de 13 de julio puede considerarse la reforma —parcialmente fallida— del Derecho de la nacionalidad para adaptarlo a los mandatos, principios y directrices de la Constitución. En primer lugar, por imperativo del artículo 14 CE, se reforma el artículo 17 del CC para equiparar la filiación materna a la paterna a efectos de la adquisición automática de la nacionalidad. Por otra parte, el principio de igualdad de los hijos ante la ley se hace extensivo a los adoptados menores de 18 años, y se considera a la adopción plena como criterio de atribución de la nacionalidad. También desaparece toda referencia directa a la incidencia del matrimonio con extranjero sobre la nacionalidad. De acuerdo con el artículo 11.2 CE, en el artículo 24 CC se excluye a los españoles de origen de los supuestos de privación de la nacionalidad como sanción. La nacionalidad de los menores de edad sujetos a patria potestad no estará afectada por las alteraciones en la nacionalidad de su titular. Por último, la lucha contra la apatridia refuerza el criterio del nacimiento en España para atribuir la nacionalidad española. En estos supuestos, será necesario atender a la nacionalidad de los progenitores (Instrucción DGRN de 28 de marzo de 2007).

Pese a su notable retraso, la Ley 51/1982 no supo articular una solución para garantizar la igualdad entre hombre y mujer en el ámbito de la atribución de la nacionalidad y, en definitiva, la igualdad de los hijos ante la Ley y. Estaba en causa, en definitiva, la aplicación del nuevo art. 17.1 CC a los hijos nacidos de madre española, al menos, tras la entrada en vigor de la Constitución. La Instrucción de la DGRN de 16 de mayo de 1983 agravó los problemas derivados de una defectuosa técnica legislativa, especialmente por la no aplicación retroactiva del artículo 17.1 CC a los hijos de madre española nacidos con anterioridad a la Ley de 1982. Cuestión que no debió resolverse por la aplicación mecánica de las reglas generales de la irretroactividad y hubiera merecido una reflexión sobre la aplicación de la Constitución a supuestos anteriores y posteriores a su entrada en vigor.

La Ley 18/1990, de 17 de diciembre, trató de corregir las deficiencias, lagunas y contradicciones de la reforma de 1982. A tal fin se complementó con la Instrucción de la DGRN de 20 de marzo de 1991 y la Orden de 11 de julio de 1991.

Tras la reforma de 1990 se realizaron modificaciones parciales del régimen de la nacionalidad mediante la Ley 15/1993, de 23 de diciembre, que prorrogó el plazo para ejercer la opción por la nacionalidad española, y la Ley 29/1995, de 2 de noviembre, que modifica el CC en materia de recuperación de la nacionalidad.

Con posterioridad, la Ley 36/2002, de 8 de octubre, intentó dar respuesta a los postulados derivados del art. 42 CE para facilitar la recuperación de la nacionalidad española a los emigrantes que renunciaron a su nacionalidad y a sus hijos.

La Ley 52/2007, de 26 de diciembre, por la que se reconocen y amplían derechos y se establecen medidas en favor de quienes padecieron persecución o violencia durante la Guerra Civil y la Dictadura, vuelve sobre el irresuelto problema de la nacionalidad de los hijos de española y de los descendientes de emigrantes, además de permitir la obtención de la nacionalidad española por carta de naturaleza a los brigadistas internacionales, sin tener que renunciar a su nacionalidad. La DA sexta de la Ley reconoce el derecho a optar por la nacionalidad española a los nietos de las exiliadas españolas que conservaron la nacionalidad española tras haber contraído matrimonio con un extranjero con posterioridad al 5 de agosto de 1954, fecha de entrada en vigor de la Ley de 15 julio de 1954, siempre que no transmitiesen la nacionalidad española a sus hijos.

Ante la prolijidad de esta normativa, la disposición adicional octava de la Ley 20/2022, de 19 de octubre, de Memoria Democrática establece la posibilidad de adquirir la nacionalidad española para los nacidos fuera de España de padre o madre, abuelo o abuela, que originariamente hubieran sido españoles, y que, como consecuencia de haber sufrido exilio por razones políticas, ideológicas o de creencia o de orientación e identidad sexual, hubieran perdido o renunciado a la nacionalidad española; para los hijos nacidos fuera de España de mujeres españolas que perdieron su nacionalidad por casarse con extranjeros antes de la entrada en vigor de la Constitución de 1978; y para los hijos mayores de edad de aquellos españoles a quienes les fue reconocida su nacionalidad de origen en virtud del derecho de opción de acuerdo a lo dispuesto en la presente ley o en la disposición adicional séptima de la Ley 52/2007.

Un caso particular se regula en la Ley 12/2015, de 24 de junio, en materia de concesión de la nacionalidad española a los sefardíes originarios de España.

Ley 8/2021, de 2 de junio, por la que se reforma la legislación civil y procesal para el apoyo a las personas con discapacidad en el ejercicio de su capacidad jurídica adapta los arts. 15.1, 20.2, 21.3 c) y d) y 22.2 CC a la nueva regulación de la capacidad jurídica de las personas con discapacidad.

Finalmente, cabe mencionar el Real Decreto 453/2004, de 18 de marzo, sobre concesión de la nacionalidad española a las víctimas de los atentados terroristas del 11 de marzo de 2004.

La mayoría de los Códigos civiles modernos han prescindido de la regulación de la nacionalidad, por considerar prevalente su naturaleza de Derecho público. En nuestro país ha primado su carácter de estado civil, relegándose su dimensión pública y una regulación mediante ley especial que hubiera abordado la nacionalidad desde una visión integral y su reforma en profundidad, que sigue siendo una "necesidad prioritaria" (JC Fernández Rozas).

II. NACIONALIDAD DE ORIGEN Y NACIONALIDAD DERIVATIVA

El art. 11. 2 CE refleja nuestra tradición jurídica al reconocer dos tipos de nacionalidad española: la originaria y la derivativa. El fundamento primigenio de la diferencia entre españoles de origen y no de origen residía en la consideración de que la atribución de la nacionalidad originaria tenía lugar *ope legis* desde el mismo momento del nacimiento. Por tanto, se adquiría de modo automático sin intervención alguna de la voluntad del interesado. Por contra, la nacionalidad no de origen, la derivativa o sobrevenida, requiere un acto de la voluntad del destinatario.

Esta distinción, generadora de ciertos efectos jurídicos diferenciados, se mantiene hoy. Así los españoles de origen no pueden ser privados de la nacionalidad española (arts. 11.2 de la Constitución y 25 del Código Civil). Nuestra norma constitucional para los españoles de origen establece una absoluta, a diferencia de lo que determina el art. 15. 2 de la Declaración de Derechos Humanos que veta la privación arbitraria de la nacionalidad. Se ha criticado que la CE distinguiera entre españoles de origen y naturalizados, en línea con los arts. 34 y 141 del Código Penal, vigente en la época, que establecían la pérdida de la nacionalidad para naturalizados que cometieran delitos contra la seguridad exterior del Estado (Á. López)

Por otra parte, cuentan con un régimen distinto de conservación de la nacionalidad española en los supuestos de adquisición de la nacionalidad de aquellos países especialmente vinculados con España, según resulta de lo establecido en los artículos 11. 3 de la Constitución Española y 24 del Código Civil. Además de poder ser tutores del Rey (art. 60. 1 CE).

Sin embargo, otros rasgos tradicionales de la distinción entre nacionalidad originaria y no originaria han desaparecido en la actualidad. El régimen legal vigente en España sobre la nacionalidad contempla supuestos en los que la nacionalidad española originaria no se adquiere desde el nacimiento, al ser necesaria una expresa y formal declaración de voluntad del interesado para adquirirla, sin que, en consecuencia, tal adquisición opere de modo automático, ni desde la fecha del nacimiento. Así sucede en los casos previstos en los artículos 17. 2 y 19. 2 del Código Civil, esto es, en los supuestos en que la filiación respecto de un español o el nacimiento en España se producen después de los dieciocho años y en el de los adoptados extranjeros mayores de dieciocho años. Que en estos casos la adquisición de la nacionalidad española se produce no con eficacia retroactiva al momento del nacimiento, sino, aun siendo originaria, desde el momento en que se ejercita la opción que para los mismos se concede, es algo que resulta claramente de la confrontación entre los párrafos 1 y 2 del propio artículo 19 del Código Civil. En el primero de aquéllos se contempla el caso de la adopción por un español de extranjeros menores de dieciocho años, en cuyo caso el adoptado adquiere la nacionalidad española de origen *desde la adopción*. Esta singularidad es sana expresión del principio de igualdad de los hijos ante la Ley.

Por otra parte, la DA séptima de la Ley 52/2007, de 26 de diciembre, por la que se reconocen y amplían derechos y se establecen medidas en favor de quienes padecieron persecución o violencia durante la guerra civil y la dictadura, atribuye la cualidad de español de origen a quienes adquirieron la nacionalidad española en virtud de la citada disposición (Instrucción DGRN de 4 de noviembre de 2008, SAN Sección Tercera de la Sala de lo Contencioso-Administrativo de 19 de julio de 2022 —núm. de recurso 0001298/2018—). Interpretación que se ha de aplicar a quienes adquieran la nacionalidad española, en virtud de la Ley 20/2022 de Memoria Democrática (Instrucción DGSJyFP de 25 de octubre de 2022).

III. TRATADOS DE DOBLE NACIONALIDAD Y DOBLE NACIONALIDAD AUTOMÁTICA

Los Estados fijan unilateralmente los criterios de atribución y pérdida de la nacionalidad lo que tiene como consecuencia la existencia en la práctica de conflictos positivos y negativos de nacionalidad. El último apartado del art. 11 de la Constitución establece las directrices básicas sobre el conflicto positivo de nacionalidad. En contra de la tendencia contraria a los supuestos de doble nacionalidad, vigente en el Derecho comparado en el momento de elaborar la Constitución, la nacionalidad española se perfila constitucionalmente como un vínculo tan fuerte que puede coexistir con otro, expresión de un procedimiento consciente destinado a una adecuada integración comunitaria entre pueblos afines (P. Abarca/E. Pérez Vera).

El art. 11. 3 CE se inspira en el precedente del artículo 24 de la Constitución de 1931, en cuyos párrafos finales se estableció que sobre la: *base de una reciprocidad internacional efectiva y mediante los requisitos y trámites que fijará una ley, se concederá ciudadanía a los naturales de Portugal y países hispánicos de América, comprendido el Brasil, cuando así lo soliciten y residan en territorio español, sin que pierdan ni modifiquen su ciudadanía de origen. En estos mismos países, si sus leyes no lo prohíben, aun cuando no reconozcan el derecho de reciprocidad, podrán naturalizarse los españoles sin perder su nacionalidad de origen.*

Frente a la doble nacionalidad basada en la efectiva reciprocidad legislativa, la reforma del Código Civil de 1954 optó por la vía de los regímenes pactados, sustentando una dispersa y heterogénea praxis convencional (https://inclusion.seg-social.es/web/migraciones/convenios-de-doble-nacionalidad)

Los convenios suscritos con diferentes países iberoamericanos, incluido el Convenio hispano-colombiano, firmado y ratificado con posterioridad a la entrada en vigor de la CE, contemplan situaciones que solo en sentido lato pueden calificarse de doble nacionalidad (P. Abarca/E. Pérez Vera). Todos ellos parten de que "no hay ninguna objeción jurídica para que una persona pueda tener dos nacionalidades, a condición de que solo una de ellas tenga plena eficacia jurídica". El régimen de la doble nacionalidad en el ámbito de la comunidad hispánica ha quedado reducido, en la práctica, a un sistema que, junto a la supresión del trámite de la renuncia previa a la nacionalidad anterior como requisito de adquisición de la otra nacionalidad, consagra un modo favorable de recuperar la nacionalidad latente.

El artículo 11.3 CE contempla dos situaciones diferentes. Por un lado, la posibilidad de suscribir Tratados de doble nacionalidad con los países iberoamericanos o con aquellos que hayan tenido o tengan una particular vinculación con España, expresión suficientemente abierta como para poder considerarse no limitativa. Por otro, utiliza estos términos a efectos de facilitar la doble nacionalidad automática (JC Fernández Rozas), al establecer que en tales países podrán naturalizarse los españoles sin perder su nacionalidad de origen y aunque tales países no reconozcan a sus ciudadanos un derecho recíproco.

Por tanto, disfrutarán de todos los derechos y tendrán todos los deberes que se deriven de su condición de españoles, a diferencia de lo que ocurriría si hubieren obtenido la doble nacionalidad por la vía convencional. Como la norma constitucional no condiciona su aplicación a la inexistencia de régimen pactado, cuando exista, el español tendrá la opción entre ambas alternativas. Ahora bien, las dos disposiciones del art. 11.3 se refieren a algunos de los supuestos en que la nacionalidad española coexiste con otra de un país particularmente vinculado con España, por lo que las posibles anomalías que puedan surgir en la aplicación de nuestro propio sistema se regirán por la Ley, conforme a lo previsto en el apartado 1.1 de este artículo (P. Abarca Junco/ E. Pérez Vera).

El ámbito de aplicación se ha ampliado al quedar referido a los países que hayan tenido o tengan una particular vinculación con España. Expresión tan amplia como equívoca que ha motivado numerosas Consultas y Resoluciones de la DGRN, especialmente sobre la posibilidad de considerar Guayana, Haití, Jamaica, Puerto Rico o Trinidad como países iberoamericanos. La DGRN entiende que la delimitación de los países iberoamericanos se debe hacer partiendo de elementos geográficos, concurrentes con elementos culturales y lingüísticos: *los países americanos, aún vinculados históricamente con los Reinos de España y Portugal, que carezcan de una herencia o vinculación cultural y lingüística española no quedarían comprendidos en el reiterado concepto de país iberoamericano* (Consulta a la DGRN de 4 de noviembre de 2004).

IV. BIBLIOGRAFÍA

ÁLVAREZ RODRÍGUEZ, A.: *Nacionalidad española. Normativa vigente e interpretación jurisprudencial*, Thomson Aranzadi, 2008.

CALVO CARAVACA, A. L., CARRASCOSA GONZÁLEZ, J., DURÁN AYAGO, A. y CARRILLO CARRILLO, B.: *Curso de nacionalidad y extranjería*, Colex, Madrid, 2007.

DE CASTRO Y BRAVO, F.: "La nationalité, la double nationalité et la supranationalité", *Recueil des Cours*, t. 102, 1961-I, pp. 545 y ss.

ESPLUGUES MOTA, C., PALAO MORENO, G., DE LORENZO SEGRELLES, M.: *Nacionalidad y extranjería*, Tirant lo Blanch, Valencia, 2006.

FERNÁNDEZ ROZAS, J. C.: "La reforma del Derecho español de la nacionalidad", *Cursos de Derecho Internacional de Vitoria-Gasteiz*, 1983, pp. 153-157.

– *Derecho español de la nacionalidad*, Tecnos, Madrid, 1987.

– "Nacionalidad, vecindad civil y vecindad administrativa: consideraciones sobre el desarrollo constitucional", *REDI*, vol. XXXIII, 1981, pp. 142 y ss.

LÓPEZ Y LÓPEZ, A. M.: "Artículo 11. Nacionalidad (excepto apartado 3)", *Comentarios a la Constitución Española de 1978*, II, Edersa, 2006, pp. 125-148.

PÉREZ VERA, E., ABARCAJUNCO, P.: "Artículo 11. Apartado 3º: Doble nacionalidad", *Comentarios a la Constitución Española de 1978*, II, Edersa, 2006, pp. 148-168.

VIÑAS FARRÉ, R.: "Evolución del Derecho de la nacionalidad en España: continuidad y cambios más importantes", *Cursos de Derecho Internacional y de Relaciones Internacionales de Vitoria-Gasteiz*,(1), 2009, pp. 278-313.

V. JURISPRUDENCIA

STIJ de 6 de abril de 1955, asunto Nottebohm (Liechtenstein c. Guatemala).

Opiniones Consultivas (Avis) del TPJI, nº 4, relativa al litigio franco-británico respecto de los decretos franceses sobre la nacionalidad promulgados en Túnez y en Marruecos; nº 7 referente a la interpretación del tratado de las minorías de 28 de junio de 1919 entre Polonia y las Potencias Aliadas.

Sentencias del TJUE de 7 de julio de 1992, Micheletti y otros C-369/90; de 11 de noviembre de 1999, Mesbah, C-179/98 y de 19 de octubre de 2004, Zhu y Chen, C-200/02.

Sentencias TJUE de 24 de noviembre de 1998, Bickel y Franz, C-274/96; de 2 de octubre de 2003, García Avello, C-148/02; de 12 de julio de 2005, Schempp, C-403/03, y de 12 de septiembre de 2006, España/Reino Unido, C-145/04.

Consejo de Derechos Humanos. Resoluciones 7/10 (2008), 10/13 (2009), 13/2 (2010), 20/4 (2012), 20/5 (2012), Resolución 26/14 (2014), Resolución 32/5 (2016).

DGRN, Consulta a la DGRN de 4 de noviembre de 2004; Instrucción DGRN de 28 de marzo de 2007; Instrucción DGRN de 4 de noviembre de 2008 e Instrucción DGSJyFP de 25 de octubre de 2022.

Artículo 12

Los españoles son mayores de edad a los dieciocho años.

COMENTARIO

Joan Solanes Mullor
Profesor Agregado de Derecho Constitucional
Universidad Pompeu Fabra

SUMARIO: I. EL SIGNIFICADO Y ALCANCE DE LA CLÁUSULA CONSTITUCIONAL DE LA MAYORÍA DE EDAD. II. EL DEBATE CONSTITUYENTE SOBRE EL ARTÍCULO 12 CE. III. LA CAPACIDAD DEL LEGISLADOR PARA MODULAR LOS EFECTOS DE LA MAYORÍA DE EDAD. IV. BIBLIOGRAFÍA. V. JURISPRUDENCIA.

I. EL SIGNIFICADO Y ALCANCE DE LA CLÁUSULA CONSTITUCIONAL DE LA MAYORÍA DE EDAD

El art. 12 CE ha optado por constitucionalizar la mayoría de edad, que se sitúa en los dieciocho años. Se trata de un precepto atípico en el constitucionalismo contemporáneo, que normalmente incorpora la referencia a una edad mínima únicamente para el ejercicio de los derechos políticos. Véase, por ejemplo, la Ley Fundamental de la República Federal de Alemania de 1949 (art. 38.2) o la Constitución de los Estados Unidos (Enmienda XXVI, cuyo texto entró en vigor en 1971). Por el contrario, nuestro texto constitucional optó por determinar la mayoría de edad a todos los efectos más allá de su aplicabilidad a los derechos políticos. Normalmente, la fijación de la edad mínima para ejercer todo tipo de derechos y, en fin, adquirir la capacidad de obrar y poder operar en el ordenamiento jurídico, suele dejarse en manos de la legislación ordinaria. Es esta la encargada, en cada uno de los sectores materiales, de configurar la edad mínima requerida para ejercer los derechos correspondientes. La formulación amplia y sin excepciones del art. 12 CE lo convierte en una cláusula de general aplicación o, en otras palabras, transversal y que permea todo el ordenamiento jurídico.

Dejando de lado este alcance general, la ubicación sistemática del art. 12 CE resalta la relevancia de la cláusula de la mayoría de edad como límite al ejercicio de los derechos y libertades fundamentales. En efecto, ubicado en el Capítulo Primero del Título Primero de la Constitución española, debe entenderse como un precepto ordenador del catálogo de derechos que contiene nuestro texto constitucional. Tal y como señala Aláez Corral, la mayoría de edad no afecta a la titularidad de los derechos y libertades fundamentales de los menores, que son titulares a todos los efectos desde el momento del nacimiento, sino más bien debe ser entendida como una cláusula que condiciona el ejercicio de aquellos. Operaría, por tanto, la clásica distinción conocida en derecho civil entre la capacidad jurídica, que determina la titularidad, y la capacidad de obrar, entendida esta como la condición necesaria para el ejercicio pleno de los derechos y la posibilidad de operar en el ordenamiento jurídico. En todo caso, tal y como señala Aláez Corral, la jurisprudencia constitucional y la legislación ordinaria han tendido cada vez más a considerar a los menores de edad, no solamente como titulares de derechos, sino también como sujetos capaces de ejercerlos por sí mismos y no siempre dependientes de terceros para su disfrute.

La mayoría de edad entendida como límite al ejercicio de los derechos y libertades fundamentales y, en definitiva, como hecho determinante para adquirir la capacidad de obrar en el ordenamiento jurídico, se justifica en una presunción de madurez que, con base en nuestro bagaje cultural y social, se entiende adquirida a una cierta edad. La madurez que conlleva el alcance de la mayoría de edad habilita para el ejercicio pleno de los derechos que confiere el ordenamiento y determina, a su vez, la responsabilidad a todos los efectos del individuo. A este respecto, destacan dos cuestiones que se han planteado de manera invariable en diversos ordenamientos jurídicos. En primer lugar, el debate sobre el juego de esta presunción y la madurez efectiva, sobre todo en el terreno de la responsabilidad penal del menor, ha sido un tema recurrente en nuestras sociedades. En segundo lugar, la concreta fijación de la edad en la que se alcanza la mayoría de edad ha ido variando a lo largo de la historia y también ha suscitado diferencias entre distintos ordenamientos jurídicos.

En efecto, sobre todo en materia penal, se ha discutido acerca de si la mayoría de edad es un mecanismo adecuado para decidir la responsabilidad de un individuo. Para muchos se trata de un mecanismo arbitrario, que opera automáticamente sin tener en cuenta las circunstancias personales —madurez efectiva— del individuo. Es en casos límite, en supuestos cercanos, a un lado u otro, a la frontera de la mayoría de edad, en los que su aplicación puede generar más desigualdades. Por el contrario, sus defensores alegan la seguridad jurídica que una regla automática como la mayoría de edad lleva aparejada. Como ejemplo de este debate, véase el caso norteamericano *Roper v. Simmons*, 543 U.S. 551 (2005), con los votos particulares correspondientes. En él, el Tribunal Supremo de Estados Unidos prohíbe la aplicación de la pena de muerte a los menores de edad —menores de dieciocho años— y sustrae a los jurados la decisión de determinar caso por caso si el acusado menor de edad posee la madurez suficiente para entender las consecuencias de su conducta. El debate norteamericano es especialmente relevante por su tradicional apuesta por el tribunal del jurado y el análisis de la responsabilidad penal, también del menor, desde la metodología del caso por caso.

En cuanto a la concreta edad en la que se alcanza la mayoría de edad, los ordenamientos jurídicos han dado diversas respuestas y han tendido a reducir paulatinamente la edad requerida para alcanzarla. Esta tendencia unificadora hacia la reducción cabe entenderla en el mayor apoderamiento del menor y en la voluntad de reducir al máximo el tiempo en el que este se encuentra incapacitado para el ejercicio pleno de los derechos. Esta evolución ha sido alentada desde instancias internacionales, entre ellas cabe destacar la Resolución 29/1972, de 19 de septiembre, del Comité de Ministros del Consejo de Europa, sobre el adelantamiento de la edad de la plena capacidad jurídica (que recomendaba a los Estados Parte del Consejo de Europa rebajar la mayoría de edad por debajo de los veintiún años y, preferiblemente, fijarla a los dieciocho) o la Convención de las Naciones Unidas sobre los Derechos del Niño de 1989 (su art. 1 considera como niño a toda persona humana menor de dieciocho años). En definitiva, hoy en día, en nuestro entorno es común fijar la mayoría de edad a los dieciocho años, lejos ya de edades superiores a los veinte años. Como ha señalado Lasarte Álvarez, si bien España ha sido un ejemplo en el que la edad para alcanzar la mayoría de edad ha variado a lo largo de su historia, el art. 12 CE ubica el ordenamiento español en sintonía con nuestro entorno.

II. EL DEBATE CONSTITUYENTE SOBRE EL ARTÍCULO 12 CE

El art. 12 CE no generó mucha controversia en el seno del debate constituyente. Solamente tres cuestiones fueron objeto de debate a lo largo de la redacción y aprobación de la Constitución de 1978: (i) el alcance de la regla de la mayoría de edad, es decir, si esta se debía circunscribir a los derechos políticos o tenía que tener un alcance más general; (ii) la capacidad del legislador ordinario para excepcionar la regla; y (iii) la afectación de aquella a las peculiaridades de los derechos civiles, forales y especiales que se encontraban vigentes en el momento de la aprobación del texto constitucional.

Sin embargo, tal y como señala Lasarte Álvarez, la concreta fijación de la mayoría de edad a los dieciocho años no fue objeto de controversia, había cierto consenso entre los partidos de la época en dejar atrás la edad de veintiún años acuñada por el régimen franquista e incorporar a la juventud, ampliando así la base electoral, al nuevo régimen constitucional de 1978. En este sentido, el Real Decreto-ley 33/1978, de 16 de noviembre, rebajó ya la mayoría de edad a los dieciocho años allanando así el camino al constituyente de 1978 que acabó reconociéndola en el art. 12 CE.

Respecto a las cuestiones controvertidas, las Actas de la Ponencia Constitucional publicadas con posterioridad, delatan la opción de la Ponencia Constitucional por limitar el alcance de la mayoría de edad a los derechos políticos (*Revista de las Cortes Generales*, nº 2, 1984, p. 383). Sin embargo, esta opción decayó y el art. 11.2 del Anteproyecto de Constitución presentado por la Ponencia Constitucional al Congreso de los Diputados ya contenía la formulación actual de alcance general aplicable más allá de los derechos políticos, sin que se formulasen al respecto votos particulares por parte de los ponentes (*Boletín Oficial de las Cortes*, nº 44, 5 de enero de 1978).

En la fase de enmiendas en el Congreso de los Diputados, cabe resaltar la enmienda nº 779 al art. 11.2 presentada por Unión de Centro Democrático (UCD) que pretendía de nuevo circunscribir la mayoría de edad a efectos de los derechos políticos. La principal justificación de esta enmienda era la afectación a la capacidad de maniobra del legislador ordinario, sobre todo del legislador civil, que se vería constreñido por una cláusula constitucional de naturaleza transversal. Si bien la enmienda fue acogida en el Informe de la Ponencia con los votos de UCD y Alianza Popular (*Boletín Oficial de las Cortes*, nº 82, de 17 de abril de 1978, p. 1528) y se mantuvo viva en el Dictamen de la Comisión de Asuntos Constitucionales y Libertades Públicas (*Boletín Oficial de las Cortes*, nº 121, de 1 de julio de 1978, p. 2593), finalmente cayó en el debate en el Pleno del Congreso y el texto del art. 11.2 del Proyecto de Constitución remitido al Senado volvía a la cláusula transversal cuyo alcance desbordaba el ámbito de los derechos políticos (*Boletín Oficial de las Cortes*, nº 135, de 24 de julio de 1978, p. 2947).

Ya en el Senado, se plantearon varias enmiendas que debatieron en profundidad la afectación de la constitucionalización de la mayoría de edad a la capacidad del legislador ordinario sectorial, pero, sobre todo, su impacto en los derechos civiles, forales y especiales que preveían en el momento de elaboración de la Constitución reglas más favorables, en el sentido de más capacitadoras, a los menores de dieciocho años (véanse las enmiendas nº 2, 243, 257 y 828). Sin embargo, ya no se volvió atrás, se mantuvo el alcance general de la cláusula constitucional de la mayoría de edad, sin circunscribirla a los derechos políticos, y solamente se salvaron las especificidades de los derechos civiles, forales y especiales con la introducción de la Disposición Adicional Segunda de la Constitución (*Diario de Sesiones del Senado. Comisión de Constitución*, nº 55, de 14 de septiembre de 1978, págs. 2751-2754). Asimismo, fruto del trabajo del Senado, se descolgó la regla de la mayoría de edad del artículo 11 del Proyecto de Constitución remitido por el Congreso y se consagró en un precepto separado, el actual art. 12 CE (*Boletín Oficial de las Cortes*, nº 161, de 13 de octubre de 1978, p. 3560).

III. LA CAPACIDAD DEL LEGISLADOR PARA MODULAR LOS EFECTOS DE LA MAYORÍA DE EDAD

Pese al alcance general del art. 12 CE, el legislador ordinario posee capacidad para modular los efectos de la regla de la mayoría de edad. La falta de previsión de excepciones en el texto constitucional no impide, siempre que se supere el test de proporcionalidad, la posibilidad de rebajar o aumentar el requisito de edad para el ejercicio de determinados derechos y libertades fundamentales o para adquirir la capacidad de obrar en general. El legislador ordinario, por tanto, puede o bien rebajar la edad de dieciocho años y permitir el ejercicio de derechos antes de esa edad o, por el contrario, también en determinados supuestos, puede subir el listón y exigir una edad más elevada en determinados casos. Gracias a esta posibilidad, la transversalidad y rigidez de la cláusula constitucional contenidas en el art. 12 CE se atenúan.

Son varios los ejemplos en los que el legislador ordinario exige menos edad para el ejercicio de determinados derechos. En estos casos, el test de proporcionalidad es menos exigente puesto que se requiere menos carga justificativa para los supuestos en los que se amplíe la capacidad de obrar de los menores de edad. Aquí encontramos las excepciones a la mayoría de edad del legislador civil común (sobre todo agrupadas al entorno de la figura de la emancipación, del matrimonio del menor emancipado, y la capacidad para otorgar testamento, Títulos X, IV y artículo 663 del Código Civil respectivamente, en estos casos la capacidad de obrar es mayor en comparación con el menor de edad) y las contenidas en los derechos civiles, forales y especiales que también otorgan mayor capacidad de obrar a los menores de edad y que se han mantenido gracias a la Disposición Adicional Segunda de la Constitución (en los casos del derecho foral de Aragón y Navarra). Existen otros supuestos más allá del derecho civil en los que se reconoce la capacidad para ejercer derechos a los menores de edad, por ejemplo, en materia educativa, donde los alumnos pueden ser elegidos como miembros de los consejos escolares (art. 126 de la Ley Orgánica 2/2006, de 3 de mayo, de educación).

El art. 12 CE tampoco impide que se exija responsabilidad penal a los menores de edad. Sobre la base de la jurisprudencia constitucional (entre otras decisiones, ATC 286/1991, de 1 de octubre y STC 36/1991, de 14 de febrero), el legislador penal español ha previsto un régimen especial de responsabilidad para los menores (art. 19 del Código Penal y Ley Orgánica 5/2000, de 12 de enero) que se caracteriza por diferenciar la responsabilidad en función de la edad: inimputabilidad para los menores de catorce años y responsabilidad penal especial, diferente a la de los mayores, para los menores de edad entre catorce y dieciocho años.

Asimismo, a pesar del art. 12 CE, al mayor de edad también se le puede limitar la capacidad de obrar e imposibilitar el ejercicio de determinados derechos y libertades fundamentales. En estos supuestos, el test de proporcionalidad es más estricto y se requiere una mayor carga justificativa. Los procesos sobre la adopción de medidas judiciales de apoyo a personas con discapacidad (arts. 756 a 763 de la Ley 1/2000, de 7 de enero, de enjuiciamiento civil) o las condenas penales firmes que comporten la imposibilidad de ejercer determinados derechos, como por ejemplo los derechos políticos, son algunos ejemplos de limitación de la capacidad de obrar de los mayores de edad.

Cabe destacar como un supuesto en el que cobra especial relevancia el test de proporcionalidad, la exigencia de un límite máximo de edad para acceder al empleo público. Sobre la base del artículo 56.1.c) del Estatuto Básico del Empleado Público, aprobado por el Real Decreto Legislativo 5/2015, de 30 de octubre, en varias ocasiones la legislación específica para acceder a determinados empleos públicos ha condicionado su acceso a un límite máximo de edad (sobre todo, supuestos de acceso a cuerpos policiales). Por tanto, ciudadanos mayores de edad pero que sobrepasen una edad máxima fijada por el legislador se ven impedidos en el acceso a determinados empleos públicos (estableciéndose una limitación al art. 23.2 CE). Sobre la base de varias decisiones del Tribunal de Justicia de la Unión que afectan a España, un límite basado en la edad de este tipo deberá superar el test de proporcionalidad y, por tanto, deberá estar justificado con base en una finalidad legítima y constituir una medida proporcionada para alcanzar dicha finalidad (véanse los casos C-416/13 *Vital Pérez*, 13 de noviembre de 2014, ECLI:EU:C:2014:2371 y C-258/15 *Salaberría Sorondo*, 15 de noviembre de 2016, ECLI:EU:C:2016:873).

Finalmente, varios debates en la actualidad sitúan la exigencia de la mayoría de edad para ejercer determinados derechos como una cuestión controvertida. En este comentario se destacan dos. En primer lugar, ¿debe exigirse la mayoría de edad para la rectificación registral del sexo y el nombre en caso de cambio de género? ¿O se puede rebajar la edad exigida y posibilitar el cambio antes de la mayoría de edad? Actualmente el artículo 43 de la Ley 4/2023, de 28 de febrero, para la igualdad real y efectiva de las personas trans y para la garantía de los derechos de las personas LGTBI ha optado por posibilitar el cambio sin condición alguna a los mayores de dieciséis años, con el apoyo de los progenitores a los menores entre catorce y dieciséis años —en caso de discrepancia, debe nombrarse un defensor judicial— y con autorización judicial para los menores entre doce y catorce años. En segundo lugar, la exigencia del consentimiento de los progenitores en caso de interrupción voluntaria del embarazo de una menor de edad es, de nuevo, una cuestión central hoy en día. Actualmente el artículo 13 bis de la Ley Orgánica 2/2010, de 3 de marzo, de salud sexual y reproductiva y de la interrupción voluntaria del embarazo, permite la interrupción voluntaria del embarazo sin consentimiento de sus representantes legales ni autorización judicial a los mayores de dieciséis años. Para los menores de dieciséis años se prevé el consentimiento de sus representantes legales, siempre y cuando el menor no sea capaz intelectual ni emocionalmente de comprender el alcance de la intervención (artículo 9.3 c) de la Ley 41/2002, de 14 de noviembre, básica reguladora de la autonomía del paciente y de derechos y obligaciones en materia de información y documentación clínica). Son solamente dos ejemplos que ponen de relieve que las cuestiones sobre la mayoría de edad pueden ser centrales en los debates de hoy en día.

IV. BIBLIOGRAFÍA

ALÁEZ CORRAL, B.: *Minoría de edad y derechos fundamentales*, Tecnos, Madrid, 2003.

AMORES CONRADI, M. A.: "Artículo 12", en CASAS BAAMONDE, M. E. Y RODRÍGUEZ-PIÑERO Y BRAVO-FERRER, M. (Dirs.), *Comentarios a la Constitución española. XXX Aniversario*, Fundación Wolters Kluwer, Madrid, 2008, pp. 222-226.

LASARTE ÁLVAREZ, C.: "Artículo 12: mayoría de edad", en ALZAGA VILLAAMIL, O. (Dir.), *Comentarios a la Constitución española de 1978. Tomo II. Artículos 10 a 23*, Cortes Generales y EDERSA, Madrid, 1997, pp. 169-181.

NÚÑEZ PAZ, M. A.: "Consentimiento y aborto en España. Reforma y contrarreforma (a la luz de la inmortal STC 53/1985)", *Revista General de Derecho Penal*, núm. 22, 2014.

SÁNCHEZ FREYRE, J. M.: "La mayoría de edad como requisito para la rectificación registral del sexo y el nombre: una cuestión de derechos fundamentales", *Revista sobre la infancia y la adolescencia*, núm. 14, 2018, pp. 39-52.

SERRANO ALBERCA, J. M.: "Artículo 12", en GARRIDO FALLA, F. *Comentarios a la Constitución*, Civitas, Madrid, 1985, pp. 210-213.

V. JURISPRUDENCIA

ATC 286/1991, de 1 de octubre.
STC 36/1991, de 14 de febrero.
STC 141/2000, de 29 de mayo.
STC 53/1985, de 11 de abril.
STC 44/2023, de 9 de mayo.
C-416/13 *Vital Pérez*, 13 de noviembre de 2014, ECLI:EU:C:2014:2371.
C-258/15 *Salaberría Sorondo*, 15 de noviembre de 2016, ECLI:EU:C:2016:873.
Roper v. Simmons, 543 U.S. 551 (2005).

Artículo 13.1 y 2

1. Los extranjeros gozarán en España de las libertades públicas que garantiza el presente Título en los términos que establezcan los tratados y la ley.

2. Solamente los españoles serán titulares de los derechos reconocidos en el artículo 23, salvo lo que, atendiendo a criterios de reciprocidad, pueda establecerse por tratado o ley para el derecho de sufragio activo y pasivo en las elecciones municipales.

COMENTARIO

Joan Solanes Mullor
Profesor Agregado de Derecho Constitucional
Universidad Pompeu Fabra

SUMARIO: I. EL CONSTITUYENTE FRENTE AL EXTRANJERO: LUZ VERDE A LA DIFERENCIACIÓN DE SU ESTATUS JURÍDICO. II. LA DIFERENCIACIÓN EN LA PRÁCTICA: EL LEGISLADOR ESPAÑOL DECIDE. III. UN TERCER ACTOR DETERMINANTE: LA LABOR CORRECTORA DEL TRIBUNAL CONSTITUCIONAL. IV. EL ARTÍCULO 13.2 CE: LOS DERECHOS POLÍTICOS SON EXCLUSIVOS DE LOS ESPAÑOLES. V. BIBLIOGRAFÍA. VI. JURISPRUDENCIA.

I. EL CONSTITUYENTE FRENTE AL EXTRANJERO: LUZ VERDE A LA DIFERENCIACIÓN DE SU ESTATUS JURÍDICO

La condición del extranjero en nuestras sociedades occidentales dista y mucho de ser una cuestión pacífica. Como se verá en el apartado II, ha existido una fuerte división ideológica en España sobre qué derechos fundamentales corresponden al extranjero. Esta división trae causa en dos ejes del discurso que condicionan el debate: la influencia del concepto de soberanía estatal y la división política derecha/izquierda. Aquellos que han defendido una concepción fuerte de soberanía estatal han vinculado ciudadanía con nacionalidad y, por tanto, han exigido un estatus jurídico del extranjero distinto al del ciudadano nacional. Los derechos fundamentales, en esta concepción, se reservan al ciudadano nacional qué es el que está vinculado en comunidad de intereses con el Estado que se los reconoce. Aquellos que constatan la erosión del concepto de soberanía estatal, sobre todo desde el principio universalista del movimiento internacional de los derechos humanos y las consecuencias de los procesos de integración supranacional como la Unión Europea, han defendido conceptos de ciudadanía más globales, inclusivos, desligados de la nacionalidad y más vinculados a la residencia efectiva y que, por tanto, diluyen las diferencias de estatus entre las personas que residen en un territorio de un Estado. Por otro lado, la división política derecha/izquierda, siempre ha colocado al extranjero y su condición como elemento central del discurso, con soluciones en muchos casos abiertamente opuestas para el estatus del extranjero. Las coyunturas económicas, sociales y culturales han marcado la agenda política del extranjero y su estatus y, en este sentido, ha sido una de las cuestiones siempre presentes en la arena de la discusión política entre bloques ideológicos.

El art. 13.1 CE es deudor de todos estos debates y, sin tener en cuenta todavía la reorientación por vía interpretativa que ha hecho el Tribunal Constitucional y que veremos en el apartado III, opta por una concepción fuerte de soberanía estatal que conecta la titularidad y el ejercicio de los derechos fundamentales con el ciudadano nacional español. La literalidad del art. 13.1 no deja muchas dudas: los extranjeros gozarán de los derechos fundamentales constitucionales, pero en los términos que establezcan los tratados y la ley. Así pues, de una lectura sin la corrección jurisprudencial del Tribunal Constitucional, se desprende una gran discrecionalidad del legislador para configurar el estatus jurídico del extranjero. El lenguaje del Título I de la Constitución también es claro, su Capítulo primero se titula "de los españoles y los extranjeros", distinguiendo a ambos, se define la nacionalidad española en el artículo 11 y a lo largo del listado de derechos constitucionales de su Capítulo segundo se distingue como titulares entre "españoles", "todos", "todas las personas", "nadie", etc. En definitiva, el Título I de la Constitución opta por diferenciar al nacional español del extranjero y deja la puerta abierta que esa diferencia, si así lo desea el legislador de turno, se manifieste en la práctica en estatutos jurídicos distintos.

Esta concepción no fue objeto de excesiva controversia en el debate constituyente sobre el artículo 13.1 CE. Prueba de ello es que el texto inicial discutido por la Ponencia Constitucional —que se numeraba como el artículo 12 en ese momento— no dista en exceso del finalmente aprobado: se reconocía expresamente "la condición jurídica del extranjero", que se regulará por ley y por los tratados, mientras que los "extranjeros residentes en España" gozarán de los derechos fundamentales en los términos que la ley establezca (*Revista de la Cortes Generales*, nº 2, 1984, p. 383). El Anteproyecto de Constitución finalmente presentado por la Ponencia Constitucional al Congreso de los Diputados solamente añadió que esa "condición jurídica del extranjero", sujeta a la regulación por ley y los tratados, atendería en todo caso al principio de reciprocidad (*Boletín Oficial de las Cortes*, nº 44, 5 de enero de 1978). Precisamente, la fase de enmiendas en el Congreso giró al entorno de las dificultades que entablaba el principio de reciprocidad y este finalmente decayó del texto en el Proyecto de Constitución remitido al Senado (*Boletín Oficial de las Cortes*, nº 135, de 24 de julio de 1978, p. 2947). En el trámite de enmiendas en el Senado el precepto adquirirá ya el numeral 13.1 y la referencia a la "condición jurídica del extranjero" se transforma sutilmente: "los extranjeros gozarán en España de las libertades públicas que garantiza el presente Título en los términos que establezcan los tratados y la ley reguladora de su condición jurídica" (*Boletín Oficial de las Cortes*, nº 161, de 13 de octubre de 1978, p. 3560). Será en la Comisión Mixta Congreso-Senado cuando definitivamente caiga esta dicción y el artículo 13.1 adquiera su redacción final en la que no se refleja textualmente ninguna "condición jurídica" del extranjero ni ninguna referencia a los "extranjeros residentes" (*Boletín Oficial de las Cortes*, nº 170, de 28 de octubre de 1978, p. 3703).

II. LA DIFERENCIACIÓN EN LA PRÁCTICA: EL LEGISLADOR ESPAÑOL DECIDE

En definitiva, en palabras del propio Tribunal Constitucional, la Constitución configura un "marco de coincidencias" (STC 236/2007, de 7 de noviembre, FJ. 3) en el que el juego del principio democrático puede dar como resultado mayor o menor otorgamiento de derechos fundamentales —o posibilitar un mayor o menor condicionamiento de su ejercicio— al extranjero. En otras palabras, el marco constitucional es especialmente de textura abierta y es el legislador coyuntural el llamado a tomar decisiones sobre qué derechos reconoce y en qué medida a los extranjeros. Sin duda, como se verá en el apartado III, esta discrecionalidad del legislador ya no es tal gracias a una jurisprudencia del Tribunal Constitucional correctora, pero el punto de partida es un marco constitucional que admite diferenciaciones en cuanto a la titularidad y ejercicio de los derechos fundamentales entre españoles y extranjeros. Y esta discrecionalidad del legislador se ha manifestado a lo largo de los años de nuestra historia constitucional. Desde 1978, se han configurado distintos estatutos jurídicos del extranjero y las mayorías coyunturales de uno u otro signo han hecho uso del marco constitucional abierto para imponer su opción sobre la posición jurídica del extranjero.

Sin ánimos de exhaustividad, pero con la intención de mostrar las idas y venidas ideológicas en la materia, cabe señalar cuatro momentos legislativos determinantes. El primero es el punto de partida de la diferenciación entre el estatus jurídico de españoles y extranjeros bajo el primer Gobierno socialista de Felipe González y la aprobación de la primera ley de extranjería: la LO 7/1985, de 1 de julio. Es el inicio del uso del criterio de "residencia legal" para condicionar el ejercicio de determinados derechos y libertades fundamentales a los extranjeros, como el derecho de reunión o de asociación o, incluso, como hacía el legislador del 85, reconocer solamente al extranjero "legal" el derecho a la educación, sindicación o a la huelga. Si bien ya existía jurisprudencia constitucional previa a esta primera intervención del legislador democrático (véase, por ejemplo, la STC 107/1984, de 23 de noviembre), es precisamente a partir de la reacción a la LO 7/1985 que el Tribunal Constitucional intensifica su labor correctora de las opciones del legislador, destacando sobre todo la STC 115/1987, de 7 de julio.

El segundo momento legislativo, bajo el Gobierno en minoría del Partido Popular de José María Aznar, viene marcado por una norma que se contrapone a la visión restrictiva del legislador del 85 y que amplía los derechos fundamentales del extranjero: la LO 4/2000, de 11 de enero. Esta norma intentó dejar atrás el criterio de "residencia legal" y utilizó el instrumento del padrón como eje para otorgar derechos, incluso al extranjero "no legal", como serían el derecho a la educación o asistencia sanitaria. Sin embargo, esta opción nació tocada, con la oposición del propio partido de gobierno, y en cuanto la mayoría cambió también lo hizo la ley, que finalmente no estuvo en vigor ni un año. En efecto, la victoria por mayoría absoluta del Partido Popular en las elecciones generales del 12 de marzo del año 2000 condujo a una nueva ley de extranjería que recogió, de nuevo, el espíritu restrictivo del legislador del 85: la LO 8/2000, de 22 de diciembre. Este tercer momento legislativo significó la vuelta del criterio de "residencia legal" para condicionar el ejercicio de derechos fundamentales al extranjero, entre ellos, el de reunión, asociación, huelga o educación. De nuevo, la labor correctora del Tribunal Constitucional fue decisiva ante este nuevo posicionamiento del legislador democrático (por todas, la STC 236/2007, de 7 de noviembre).

El cuarto momento legislativo relevante fue bajo el Gobierno socialista de Rodríguez Zapatero y significó una rectificación, sobre todo después de la intervención del Tribunal Constitucional en el año 2007, de los postulados del legislador del año 2000. La LO 2/2009, de 11 de diciembre, suprimió la mayoría de las restricciones a los derechos fundamentales de los extranjeros cuyo ejercicio estaba condicionado a la "residencia legal". En esta línea, equipara a españoles y extranjeros en el ejercicio de los derechos de reunión, asociación, educación, sindicación y huelga y condiciona al empadronamiento el derecho a la asistencia sanitaria. Sin duda, como han destacado varios autores, la LO 2/2009 supuso una gran novedad a nivel jurídico en materia de extranjería, puesto que traspuso directivas europeas en materia sobre todo de regulación del flujo laboral migratorio, planificó con alcance general la política migratoria española o conectó, por primera vez, el concepto de integración del extranjero con los derechos fundamentales.

Estas cuatro idas y venidas son un buen ejemplo del juego democrático que ha posibilitado un marco constitucional abierto. A partir de 2009, el legislador ha mantenido una posición ya más estable en el tiempo y solamente de manera puntual se han sucedido episodios de divergencia respecto a la diferenciación en derechos fundamentales entre españoles y extranjeros. Seguramente el episodio más significativo ha sido la polémica sobre el derecho a asistencia sanitaria del extranjero. En 2012, el Gobierno popular de Mariano Rajoy limitó al extranjero "no legal" la asistencia sanitaria a situaciones de urgencia, asistencia al embarazo, parto y posparto (artículo 3 ter de la Ley 16/2003, de 28 de mayo, de cohesión y calidad del Sistema Nacional de Salud, en su redacción dada por el Real Decreto-ley 16/2012, de 20 de abril). El Tribunal Constitucional no declaró tal opción como inconstitucional (SSTC 139/2016, de 21 de julio, 33/2017, de 1 de marzo, 63/2017, de 25 de mayo, 64/2017, de 25 de mayo, 97/2017, de 20 de julio y 98/2017, de 20 de julio) y fue finalmente el Gobierno socialista de Pedro Sánchez el que en 2018 revertió la situación y volvió a equiparar a todos los efectos al extranjero y al español en cuanto al derecho a la asistencia sanitaria (actual artículo 3 ter de la Ley 16/2003 en su redacción dada por el Real Decreto-ley 7/2018, de 27 de julio).

III. UN TERCER ACTOR DETERMINANTE: LA LABOR CORRECTORA DEL TRIBUNAL CONSTITUCIONAL

En este contexto, el Tribunal Constitucional se ha erigido en un actor determinante y su actividad jurisprudencial ha sido notoria desde su primera intervención en 1984 hasta nuestros días. En toda su actividad jurisprudencial se vislumbra una tensión clara entre, por un lado, un texto constitucional —el artículo 13.1 CE— marcadamente abierto a la diferenciación entre españoles y extranjeros y deudor de una conexión fuerte entre derechos fundamentales y nacionalidad y, por el otro, un Tribunal Constitucional sensible al contexto internacional y europeo de la universalidad de los derechos humanos y de la integración supranacional que diluyen esa conexión. Es en esta tensión en la que ha navegado el Tribunal Constitucional, ejerciendo no sin dificultades una tarea de intérprete corrector en momentos en los que las mayorías coyunturales han querido hacer uso de una diferenciación constitucional más allá de lo admisible desde la perspectiva del universalismo de los derechos humanos.

En efecto, el Tribunal Constitucional desde 1984 ha construido una clasificación tripartita de derechos de los extranjeros que se edifica, principalmente, en la dignidad humana como criterio clave. Algunos autores han criticado la ambigüedad de este criterio, sobre todo la dificultad de entender que un derecho esté más o menos conectado con la dignidad humana y, por tanto, pueda o no ser condicionado su ejercicio al extranjero. En todo caso, véase el esfuerzo del Tribunal Constitucional para universalizar los derechos constitucionales e intentar limitar la posibilidad de condicionar todo tipo de derecho fundamental al extranjero sobre la base del artículo 13.1 CE. Será la naturaleza de cada derecho, pero sobre todo el análisis a la luz de los tratados internacionales de protección de derechos humanos ratificados por España, lo que determinará tal conexión y permitirá decidir si el legislador tiene capacidad para condicionar la titularidad y ejercicio de un derecho fundamental al extranjero.

Así, en una primera categoría de derechos, aquellos que están íntimamente conectados con la dignidad humana, no es posible la distinción en cuanto titularidad y ejercicio entre españoles y extranjeros. Entre ellos encontramos el derecho a la vida, a la integridad física y moral, el derecho a la intimidad y libertad ideológica (STC 107/1984, de 23 de noviembre, FJ. 3), el derecho a la tutela judicial efectiva (STC 99/1985, de 30 de septiembre, FJ. 2), el derecho a la asistencia jurídica gratuita (STC 95/2003, de 22 de mayo, FJ. 4), el derecho a la libertad y a la seguridad (STC 144/1990, de 26 de septiembre, FJ. 5), y el derecho a no ser discriminado por razón de nacimiento, raza, sexo, religión o cualquier otra condición o circunstancia personal o social (STC 137/2000, de 29 de mayo, FJ. 1). Se trata de una lista de derechos que ha ido reconociendo de manera expresa el Tribunal Constitucional y este reconocimiento explícito ayuda a reducir la ambigüedad inicial que adolece el criterio delimitador de la dignidad humana.

Una segunda categoría de derechos incluye aquellos respecto a los cuales taxativamente los extranjeros no son titulares. En ella se incluyen, únicamente, los derechos políticos recogidos en el artículo 23 de la Constitución y que haremos una referencia en el apartado IV. Aquí el Tribunal Constitucional no tenía margen de maniobra, la literalidad del texto constitucional —artículo 13.2 CE— no permitía ninguna interpretación proclive a la universalidad de los derechos humanos.

La tercera categoría responde a unos derechos fundamentales que sí se pueden condicionar, al considerarse menos conectados con la dignidad humana. En este tipo de derechos cabe la diferenciación entre españoles y extranjeros respecto a su titularidad y ejercicio, por ejemplo, la situación administrativa del extranjero es un criterio condicionante disponible para el legislador. Desde la STC 236/2007, de 7 de noviembre, estos derechos fundamentales condicionales se dividen en dos categorías. En primer lugar, aquellos derechos que la Constitución reconoce directamente a los extranjeros, cuya titularidad no puede negarse, pero sí es permisible su condicionamiento siempre que se respete el contenido esencial del derecho. Aquí tendríamos el derecho de reunión o de asociación. En segundo lugar, aquellos derechos que no son atribuidos directamente al extranjero, solamente a los españoles, aquí el legislador es donde goza de mayor discrecionalidad, aunque de nuevo el contenido esencial y el principio de proporcionalidad deben respetarse. Ejemplos de esta categoría de derechos, la más abierta a condicionamiento, serían el derecho al trabajo (STC 107/1984, de 23 de noviembre, FJ. 4), el derecho a la salud (STC 95/2000, de 10 de abril, FJ. 3), el derecho a percibir una prestación por desempleo (STC 130/1995, de 11 de septiembre, FJ. 2) y el derecho de residencia y desplazamiento en España (STC 94/1993, de 22 de marzo, FJ. 3).

Este sucinto repaso a la jurisprudencia constitucional nos permite matizar el carácter tan aparentemente abierto del texto constitucional del artículo 13.1. Si bien es verdad que esta apertura continúa permitiendo un "marco de coincidencias" al que todavía alude el Tribunal Constitucional en el año 2007, también es cierto que el propio Alto Tribunal ha reducido la discrecionalidad del legislador y, precisamente a partir de su intervención, se han reducido notablemente las diferencias entre españoles y extranjeros en cuanto a titularidad y ejercicio de derechos fundamentales.

IV. EL ARTÍCULO 13.2 CE: LOS DERECHOS POLÍTICOS SON EXCLUSIVOS DE LOS ESPAÑOLES

El artículo 13.2 CE expresa con meridiana claridad aquella categoría de derechos cuya titularidad y ejercicio se excluye a los extranjeros: los derechos políticos reconocidos en el artículo 23 CE (derecho al voto, sufragio activo, y a ser candidato en unas elecciones, sufragio pasivo, así como el derecho a acceder en condiciones de igualdad a las funciones y cargos públicos). Estamos delante de un precepto cuya redacción bebe, precisamente, de la tradición que conecta de manera más intensa los derechos fundamentales con el nacional de un Estado. Los derechos políticos, especialmente el derecho de sufragio activo y pasivo, se conciben exclusivos del ciudadano que pertenece a esa comunidad política, entendiendo al extranjero como un no miembro de esa comunidad y por tanto incapacitado para tomar decisiones en ella. Esta concepción, de nuevo como se ha expresado en los apartados precedentes, puede y debe ser objeto de crítica. Muchos autores han señalado las dificultades de mantener tal posición desde concepciones que diluyen la idea de soberanía nacional, construyen ciudadanías globales, inclusivas y plurales y sobre todo conectan los derechos políticos con las personas que viven, residen y en definitiva participan de manera efectiva en una comunidad política.

El debate constituyente sobre la exclusión de los derechos políticos a los extranjeros se llevó a cabo con alguna discrepancia más que la que aconteció en el debate sobre el artículo 13.1 CE. Si bien la concepción clásica de circunscribir los derechos políticos al nacional español estaba muy arraigada en el proceso constituyente, ya se escucharon algunas voces en ese momento que cuestionaban esa concepción a la luz del nuevo proceso de integración europea de la que España quería formar parte. La Ponencia Constitucional propuso la siguiente frase en la parte final del primer inciso del artículo numerado en ese momento como 12: "solamente los españoles serán titulares de derechos políticos" (*Revista de la Cortes Generales*, nº 2, 1984, p. 383). Con esta tajante redacción se incorporó el entonces artículo 12.1 al Anteproyecto de Constitución que se remitió al Congreso de los Diputados (Boletín Oficial de las Cortes, nº 44, 5 de enero de 1978). Esta redacción pasó sin ninguna atención la fase de enmiendas en el Congreso que incluyó la misma formulación en el Proyecto de Constitución remitido al Senado (*Boletín Oficial de las Cortes*, nº 135, de 24 de julio de 1978, p. 2947). Sin embargo, es en la fase de enmiendas en el Senado donde se produce un vuelco instigado por las voces inspiradas en los nuevos procesos supranacionales de integración (véase la Enmienda núm. 13 presentada por Progresistas y Socialistas Independientes, que defiende eliminar la exclusión de los derechos políticos a los extranjeros en el texto constitucional por considerar que "en un proceso de integración supranacional, es grave que la Constitución consagre la exclusión de los extranjeros en el ejercicio de cualesquiera derechos políticos"). El Senado, finalmente, propuso la eliminación de esa frase redactada por la Ponencia e incorporada en el artículo 12.1 del Anteproyecto de Constitución aprobado en el Congreso (Boletín Oficial de las Cortes, nº 161, de 13 de octubre de 1978, p. 3560). Sin embargo, la Comisión Mixta Congreso-Senado, cuyas deliberaciones tuvieron carácter secreto, retornaron a la idea inicial de la Ponencia Constitucional y del Anteproyecto propuesto por el Congreso e incluyeron de nuevo la exclusión de los derechos políticos a los extranjeros en la redacción final del artículo 13.2, introduciendo, eso sí, la excepción del derecho de sufragio activo en las elecciones municipales (*Boletín Oficial de las Cortes*, nº 170, de 28 de octubre de 1978, p. 3703).

La literalidad del art. 13.2 CE no ha permitido ninguna acción decisiva de la jurisprudencia constitucional que permita mejorar el estatus del extranjero. Sin embargo, el propio artículo 13.2 establece una excepción, que es la posibilidad, siempre que se dé el principio de reciprocidad, que tiene el extranjero de ejercer el derecho de sufragio activo y pasivo en las elecciones municipales. El texto original de la Constitución española de 1978 solamente permitía el derecho de sufragio activo del extranjero, siempre en atención al principio de reciprocidad, en las elecciones municipales. El Tratado de Maastricht de

1992, que impulsó la ciudadanía europea y reconoció el derecho de sufragio tanto activo como pasivo en las elecciones municipales de todo ciudadano de la Unión que resida en un Estado Miembro del que no sea nacional (Artículo 8.B), comportó la reforma constitucional, la primera en España, que incorporó el derecho al sufragio pasivo en la redacción del artículo 13.2 CE (reforma de 27 de agosto de 1992). El Tribunal Constitucional se había pronunciado en ese sentido, declarando una contradicción clara entre el Tratado y el texto constitucional del momento (Declaración TC 1/1992, de 1 de julio).

Esta excepción constitucional, por tanto, debe destacarse como un avance importante en la erosión de la clásica teoría que excluye a los extranjeros del goce de los derechos políticos. En esta misma línea cabe destacar las matizaciones que el legislador ha llevado a término en cuanto al derecho a acceder a cargos y funciones públicas (artículo 23.2 CE). En efecto, los nacionales de los Estados miembros de la Unión pueden acceder a cargos y funciones como personal funcionario en igualdad de condiciones que los españoles, con excepción de aquellos empleos públicos que "directa o indirectamente impliquen una participación en el ejercicio del poder público o en las funciones que tienen por objeto la salvaguardia de los intereses del Estado o de las Administraciones Públicas" (artículo 57.1 de la Ley del Estatuto Básico del Empleado Público, aprobada por el Real Decreto Legislativo 5/2015, de 30 de octubre, "EBEP"). Asimismo, tanto los nacionales de Estados miembros de la Unión como todo extranjero con residencia legal en España podrán acceder a las administraciones públicas como personal laboral (artículo 57.4 EBEP). Puede observarse, por tanto, que se reserva al nacional español los cargos y funciones que signifiquen ejercer poder público, en coherencia con el artículo 13.2 CE, pero pese a ello un elenco importante de funciones no vitalmente conectadas con el ejercicio del poder público pueden ser ejercidas por los extranjeros.

V. BIBLIOGRAFÍA

DE LUCAS, J. (2006): "La integración de los inmigrantes: la integración política, condición del modelo de integración", en DE LUCAS, J. y DÍEZ, L. *La integración de los inmigrantes*, Centro de Estudios Políticos y Constitucionales, Madrid, pp. 11-43.

DÍEZ BUESO, L. (2008): "La incorporación de la participación política de los inmigrantes al ordenamiento jurídico español", *Derechos y Libertades*, núm. 18, Época II, pp. 125-139.

FERNÁNDEZ PÉREZ, A. (2016): *Los derechos fundamentales y libertades públicas de los extranjeros en España: una visión desde la doctrina del Tribunal Constitucional*, Tirant lo Blanch, Valencia.

IZQUIERDO SANS, C. (2018): "Artículo 13.1. Los derechos fundamentales de los extranjeros", en RODRÍGUEZ-PIÑERO Y BRAVO FERRER; CASAS BAAMONDE, M. (dirs.), *Comentarios a la Constitución española*, Tomo I, Wolters Kluwer, pp. 275-287

ORTEGA CARBALLO, C. (2008): "Los derechos fundamentales de los extranjeros después de la STC 236/2007, de 7 de noviembre", *Justicia Administrativa. Revista de Derecho Administrativo*, nº 40, pp. 5-30.

SANTOLAYA MACHETTI, P.; DÍAZ CREGO, M. (2008): *El sufragio de los extranjeros. Un estudio de Derecho Comparado*, Centro de Estudios Políticos y Constitucionales, Madrid.

SOLANES, A. (2010): "Un balance tras 25 años de leyes de extranjería en España: 1985-2010", *Revista del Ministerio de Trabajo e Inmigración*, núm. 90, pp. 77-102.

VIDAL FUEYO, M. (2009): "La jurisprudencia del Tribunal Constitucional en materia de derechos fundamentales de los extranjeros a la luz de la STC 236/2007", *Revista Española de Derecho Constitucional*, núm. 85, pp. 353-379.

VI. JURISPRUDENCIA

STC 107/1984, de 23 de noviembre.
STC 115/1987, de 7 de julio.
Declaración TC 1/1992, de 1 de julio.
STC 236/2007, de 7 de noviembre.
STC 259/2007, de 19 de diciembre.
STC 155/2015, de 9 de julio
STC 139/2016, de 21 de julio.
STC 134/2017, de 16 de noviembre.

Artículo 13.3

3. La extradición sólo se concederá en cumplimiento de un tratado o de la ley, atendiendo al principio de reciprocidad. Quedan excluidos de la extradición los delitos políticos, no considerándose como tales los actos de terrorismo

COMENTARIO

Rafael Alcácer Guirao
Profesor Titular de Derecho Penal
Universidad Rey Juan Carlos

I. LA NATURALEZA MIXTA DE LA EXTRADICIÓN

La extradición constituye un acto de cooperación jurídica internacional de naturaleza mixta gubernativo-judicial, que precisa de la intervención y aceptación de la entrega tanto del Gobierno como de los órganos judiciales. La doble naturaleza de la extradición determina el tratamiento que tanto la Constitución como el Tribunal Constitucional (TC) le han otorgado. La decisión de entrega de un ciudadano a las autoridades de otro Estado a fin de ser enjuiciado o condenado por la comisión de hechos delictivos constituye, de una parte, un acto de soberanía del que es titular el Gobierno, que ostenta tanto la primera —pudiendo rechazar *a limine* la solicitud extradicional (artículo 9 de la Ley 4/1985, de 21 de marzo, de Extradición pasiva [LExP])— como la última palabra —pudiendo denegar la entrega incluso después de haber sido acordada en vía judicial (art. 18 LExP)—. De otra parte, la extradición constituye un acto de cooperación judicial dirigido a posibilitar la aplicación de las leyes penales sobre ciudadanos extranjeros o españoles por hechos cometidos fuera de nuestras fronteras, que se dirime en un procedimiento judicial contradictorio con intervención del reclamado, del Ministerio Fiscal y, en su caso, del representante de la autoridad estatal solicitante.

II. LEGALIDAD EXTRADICIONAL Y GARANTÍAS DEL *EXTRADITURUS*

El precepto constitucional consagra los tres principios básicos de la institución: legalidad extradicional, reciprocidad y exclusión de delitos políticos.

El primero de ellos, *nulla traditio sine lege*, constituye la "primera y más fundamental de las garantías del proceso extraditorio" (STC 292/2005, de 10 de noviembre), e implica el obligado sometimiento de la entrega extradicional a la previa habilitación legal, ya por tratado o convenio, ya por ley. Dicha garantía obedece a distintas finalidades. Por una parte, pretende que la extradición quede sometida básicamente a reglas jurídicas y no exclusivamente a la voluntad de los Estados, que no pueden extraditar arbitrariamente a quienes se encuentran en su territorio —según se deriva del artículo 9 de la Declaración Universal de Derechos Humanos, del artículo 5.1 f) del Convenio Europeo para la Protección de los Derechos Humanos y del artículo 13 del Pacto Internacional de Derechos Civiles y Políticos—. Por otra parte, supone subordinar a normas legales la actuación de los órganos judiciales. Y, finalmente, permite ofrecer a los destinatarios una mayor seguridad jurídica, en atención a la necesaria previsibilidad de las consecuencias de los propios actos, en relación con una medida como la extradición que determina efectos perjudiciales en la esfera del afectado y, en sentido amplio, en su derecho a la libertad (SSTC 141/1998, de 29 de junio, FJ 4; 292/2005, de 10 de noviembre, FJ 3; 30/2006, de 30 de enero, FJ 4).

Con la extradición no se decide acerca de la hipotética culpabilidad o inocencia del sujeto reclamado ni se realiza un pronunciamiento condenatorio, sino simplemente se verifica el cumplimiento de las garantías y requisitos legalmente establecidos al efecto; por ello, el canon de enjuiciamiento de la legalidad extradicional no es el derecho a la legalidad sancionadora recogido en el artículo 25.1 CE —salvo respecto de requisitos como la doble incriminación—, sino el derecho a la tutela judicial efectiva (SSTC 292/2005, de 10 de noviembre, FJ 3; 83/2006, de 13 de marzo, FJ 5; 191/2009, de 28 de septiembre, FJ 3).

III. EL PRINCIPIO DE RECIPROCIDAD Y LA ENTREGA DE NACIONALES

El precepto establece que la extradición se acordará "atendiendo al principio de reciprocidad". No nos hallamos ante una fuente autónoma de extradición, que pueda entrar a operar en defecto de tratado o ley, pero tampoco constituye una garantía del *extraditurus*, por más que en ocasiones la ausencia de reciprocidad pueda ser razón de la denegación de la entrega. La reciprocidad es un criterio de decisión eminentemente político, basado en las relaciones de soberanía con terceros Estados; por tal razón, corresponderá en primer lugar al Gobierno y no a los órganos judiciales modular su aplicación y apelar al mismo para decidir la procedencia o improcedencia de la entrega, tal como establecen los arts. 1.2 LExP y el art. 278.2 de la Ley Orgánica del Poder Judicial; sin perjuicio de que también el Juez de la extradición pueda invocarlo como causa de denegación de la entrega, siempre que la ley le faculte ese margen de discrecionalidad.

En la doctrina constitucional, el principio de reciprocidad ha adquirido especial trascendencia en relación con la entrega de nacionales, en la medida en que —a diferencia de España— muchos Estados de nuestro entorno han asignado rango constitucional a la prohibición de entrega de sus nacionales, introduciendo las consiguientes reservas en los tratados y convenios, en particular en el Convenio Europeo de Extradición, cuyo artículo 6 faculta a los Estados a denegar la extradición de nacionales. No obstante, alegaciones de esa índole formuladas en vía de amparo —denunciando la infracción del principio de reciprocidad al haberse acordado la entrega de un nacional a un Estado que no entrega a los suyos—, han sido rechazadas por el TC argumentando que, estando ante una decisión eminentemente política, el cauce de revisión basado en la tutela judicial efectiva impedía un reproche constitucional a los pronunciamientos judiciales (SSTC 87/2000, de 27 de marzo, 102/2000, de 10 de abril; 30/2006, de 30 de enero, y 177/2006, de 5 de junio).

Desde el derecho a la tutela judicial efectiva, la nacionalidad española solo adquiriría virtualidad obstativa a la entrega cuando, en defecto de tratado —que por lo general regula esa condición con cláusulas facultativas— entrara en aplicación la LExP, dado que en ella sí se establece la prohibición de entrega de nacionales (art. 3). La resolución judicial de extraditar a un nacional español en virtud de una exégesis y aplicación arbitraria o manifiestamente irrazonable de dicho precepto vulneraría el derecho recogido en el artículo 24.1 CE, tal como concluyeron las SSTC 205 y 206/2012, de 12 de noviembre, y 232/2012, de 10 de diciembre.

IV. LA PROHIBICIÓN DE ENTREGA POR DELITOS POLÍTICOS

Más allá de las causas de denegación establecidas en tratado o ley, la Constitución establece de modo expreso un solo motivo de denegación de la extradición, referida a los delitos políticos. La finalidad de esta tradicional causa obstativa es impedir que la institución extradicional se utilice por los Estados para perseguir las opiniones ideológicas divergentes, pero sin que bajo esa noción deba quedar incluida la realización de hechos delictivos objetivos cometidos por motivaciones políticas. Por ello quedan expresamente excluidos los delitos de terrorismo.

V. LA ORDEN EUROPEA DE DETENCIÓN Y ENTREGA

Con la introducción de la Orden europea de detención y entrega por la Decisión Marco 2002/584/JAI, de 13 de junio, actualmente regulada por la Ley 23/2014, de 20 de noviembre, de reconocimiento mutuo de resoluciones penales en la Unión Europea, se introduce un nuevo sistema de entrega de personas reclamadas en el ámbito de la UE. Pese a las notables diferencias de fundamento (pasando de un sistema mixto sometido a la soberanía política a uno de estricta cooperación judicial, basado en los principios de confianza recíproca y reconocimiento mutuo) y aplicación (creándose un sistema de entrega mucho más ágil y sometido a menores restricciones), el TC ha venido sometiendo las decisiones judiciales de entrega en uno y otro sistema a semejante estándar de respeto de los derechos fundamentales del reclamado (SSTC 120/2008, de 13 de octubre, FJ 2; 199/2009, de 28 de septiembre, FJ 2).

VI. LA PROTECCIÓN DE DERECHOS FUNDAMENTALES EN LA EXTRADICIÓN

La extradición tiene una incidencia directa sobre derechos fundamentales del *extraditurus*. De una parte, se ve directamente afectado el derecho a la libertad— artículo 17 CE— así como el derecho a la libertad de residencia y de entrada y salida del territorio del Estado —artículo 19 CE—. Pero además, los pronunciamientos que acuerdan la extradición pueden conllevar la vulneración de otros derechos fundamentales; vulneración no solo "directa", producida en la sustanciación del procedimiento extradicional y por defectos de la propia decisión judicial, sino también en atención a las consecuencias que para los derechos de la persona pueden producirse una vez entregado al Estado requirente, respecto de las que, según la doctrina constitucional, serán competentes los órganos judiciales españoles y a quienes, por tanto, puede serles imputada su vulneración "indirecta" (STC 91/2000, de 30 de marzo).

1. Vulneraciones directas

Dentro de las primeras, el Tribunal ha venido reiterando que si en el proceso extradicional en vía judicial no se decide acerca de la hipotética culpabilidad o inocencia del sujeto reclamado, no puede vulnerarse el derecho a la presunción de inocencia, pero sí aquellas garantías que conforman un proceso equitativo (SSTC 102/1997, de 20 de mayo, FJ 6; 141/1998, de 29 de junio, FJ 4). Desde esa óptica, no ha declarado la vulneración del derecho a no sufrir indefensión ante el cambio de estatus procesal del reclamado, pasando de estar imputado en el momento en que se solicitó la extradición a haber sido condenado en rebeldía en el momento en que se acordó, pues el recurrente había tenido conocimiento de esa mutación con tiempo suficiente para preparar su defensa (STC 110/2002, de 6 de mayo). Sí declaró vulnerado ese derecho, en cambio, ante un supuesto de ampliación de entrega, al no haberse dado oportunidad a la persona que ya había sido entregada previamente por otra reclamación anterior y frente al que se solicitaba la euroorden ampliatoria de hacer alegaciones ante el órgano judicial español que había de pronunciarse sobre ello, no habiendo renunciado al principio de especialidad. Así se pronunció el TC en la S. 181/2011, de 21 de noviembre, integrando por vía de interpretación conforme a la Constitución la laguna que a este respecto existía en la Ley 3/2003, reguladora de la euroorden en ese momento, que no contemplaba trámite alguno de alegaciones en tales supuestos de ampliación de entrega; déficit subsanado en la actualidad por el artículo 60 de la Ley 23/2014. Por su parte, las SSTC 339/2005, de 20 de diciembre y 81/2006, de 13 de marzo, han otorgado el amparo por vulneración del derecho a la asistencia letrada en sendos supuestos en los que, ante la celeridad de los plazos previstos en el sistema de euroorden, para la práctica de la comparecencia oral prevista en la Ley la Audiencia Nacional asignó al reclamado un abogado de oficio pese a haber solicitado aquél un abogado de su confianza.

En el marco de las vulneraciones directas acontecidas en el seno del procedimiento extradicional, el TC ha declarado vulnerado el derecho a la tutela judicial efectiva en relación con el derecho a la libertad en una extradición a Colombia en la que los órganos judiciales aceptaron como soporte de la demanda extradicional un escrito de acusación del Ministerio fiscal carente de refrendo judicial (STC 147/2020, de 19 de octubre).

El TC también se ha ocupado con cierta asiduidad del menoscabo de la libertad derivado de las decisiones sobre prisión provisional. Los problemas que han adquirido relevancia constitucional se han planteado ante diversos supuestos. El primero es el relativo al cómputo y eventual superación de los plazos máximos de prisión (STC 147/2000, de 29 de mayo, concluyendo que sucesivos periodos intermitentes de privación de libertad deben sumarse a efectos de fijación del límite máximo legal); un segundo grupo de casos atañe a aquellos en los que la entrega del reclamado, ya decidida por resolución firme, debe suspenderse por tener este responsabilidades penales pendientes (de enjuiciamiento o cumplimiento) en España, y ante el eventual solapamiento de la prisión provisional acordada en el procedimiento de extradición o euroorden y la condena que se está ejecutando o bien la prisión provisional decretada en el procedimiento penal en curso de tramitación (SSTC 71 y 72/2000, ambas de 13 de marzo; y la STC 305/2000, de 11 de diciembre, en las que se concluye que el periodo de prisión provisional decidido en el proceso extradicional no puede dejar de tenerse en cuenta a efectos del límite máximo por el hecho de que se solape con el cumplimiento de una pena o la prisión provisional acordada en el procedimiento penal seguido en España; límite máximo que no debe computarse con arreglo a lo dispuesto en la LECrim para la prisión provisional, sino a la legislación extradicional). En semejantes términos ha resuelto la STC 210/2013, de 16 de diciembre, idéntico problema proyectado sobre la euroorden —en cuya legislación vigente entonces tampoco quedaba regulada esa situación—, rechazando la figura de la "prisión provisional diferida" creada por la Audiencia Nacional, por la que tras haber acordado la entrega el Tribunal extradicional acordaba su suspensión hasta el cumplimiento de las responsabilidades penales pendientes en España, decretando la prisión provisional para asegurar la entrega pero acordando diferir sus efectos hasta el momento en que el reclamado fuera puesto en libertad en el procedimiento penal incoado contra él en España. El problema planteado por el solapamiento de dos procedimientos —el de euroorden y el penal— ha sido finalmente resuelto por el artículo 58.4 de la Ley 23/2014, en la línea establecida por el referido pronunciamiento del TC.

Más recientemente, y en tercer lugar, se ha declarado también la lesión del derecho a la libertad por haberse mantenido por el órgano extradicional la situación de prisión provisional del demandante de amparo más allá del tiempo legalmente establecido sin haberse tenido en cuenta en dicho cómputo los periodos de tiempo de privación de libertad sufridos en territorio colombiano a causa del proceso extradicional iniciado por las autoridades españolas (SSTC 143/2022, de 14 de noviembre; 32/2023, de 22 de mayo).

Dentro de las vulneraciones directas causadas por el propio pronunciamiento judicial, el Tribunal ha venido encauzando el análisis del requisito de doble incriminación —propio de la extradición y con menor relevancia en la euroorden— bajo el derecho a la legalidad del artículo 25.1 CE (SSTC 102/1997, de 20 de mayo, FJ 6, citando la STC 11/1983; STC 162/2000, de 12 de junio, FJ 6; 82/2006, de 13 de marzo, FJ 10; 191/2009, de 28 de septiembre, FJ 3). Ese principio "no exige que los tipos delictivos que sancionan la conducta perseguida tengan la misma estructura y naturaleza (...), sino tan solo que la misma conducta sea objeto de sanción penal en ambos Estados" (ATC 412/2004, de 2 de noviembre). También declarado vulnerado el derecho en un supuesto en que se acordó la extradición pese a haber prescrito el delito por el que se solicitaba la entrega, concluyendo que con ello se infringía la exigencia de doble incriminación (STC 82/2006, de 13 de marzo).

Con relación a las quejas relativas a la legalidad extradicional, encauzadas desde el derecho a una resolución fundada en Derecho, el Tribunal ha estimado el amparo, por ejemplo, ante la decisión judicial de extraditar en virtud de un precepto convencional —una reserva— no publicado oficialmente en nuestro país, por existir un déficit de legalidad extradicional (SSTC 141/1998, de 29 de junio, y 292/2005, de 9 de noviembre); también ha declarado vulnerado el derecho a la tutela judicial efectiva con relación a la entrega de tres ciudadanos con doble nacionalidad hispano-egipcia sobre la base de una interpretación arbitraria del elemento de la nacionalidad del precepto de la LExP que prohíbe su extradición (205 y 206/2012, de 12 de noviembre, y 232/2012, de 10 de diciembre).

Por otra parte, el TC se ha pronunciado en varias ocasiones sobre el valor de cosa juzgada de las resoluciones judiciales de extradición, concluyendo, con carácter general, que precisamente en atención a la propia naturaleza del proceso extradicional —en el que no se decide acerca de la culpabilidad o inocencia del reclamado ni, por tanto, sobre el fondo de los hechos—, las decisiones judiciales carecen de fuerza de cosa juzgada, pudiendo por ello ser sustituidas por otras posteriores (SSTC 227/2001, de 26 de noviembre y 156/2002, de 23 de julio, FJ 3). También se ha ocupado del supuesto derivado del cambio de sistema de entrega: casos en los que tras una primera denegación acordada por el sistema extradicional, es posteriormente aceptada la entrega por los mismos hechos reiterada bajo la forma de euroorden. También ante tales circunstancias las SSTC 83/2006, de 13 de marzo, 293/2006, de 10 de octubre, y 120/2008, de 13 de octubre, han rechazado que las resoluciones que denegaron la extradición tuvieran efecto de cosa juzgada e impidieran, con ello, un nuevo pronunciamiento divergente. No obstante, pese a no haberse concedido ningún amparo en virtud de tal pretensión, la doctrina constitucional en dichas sentencias ha dejado la puerta abierta a reconocer el efecto de cosa juzgada de las decisiones de entrega en función de la *ratio decidendi*, debiendo distinguirse los supuestos de denegación por razones procedimentales o de forma, carentes de ese efecto, de aquellos casos en que la causa de la denegación estuviera basada en razones sustantivas o de fondo, relacionadas con riesgos de vulneración de derechos fundamentales o causas legales de denegación obligatoria (STC 83/2006, de 13 de marzo, FJ 3; 120/2008, de 13 de octubre, FJ 3).

Más allá de la cuestión de si las propias resoluciones extradicionales tienen fuerza de cosa juzgada, la proscripción del *bis in idem* procesal también ha tenido incidencia en la doctrina constitucional sobre extradición. No en vano, como recuerda la STC 3/2019, de 14 de enero, en el ámbito multilateral, bilateral e interno, es ubicua como causa de denegación obligatoria de la extradición la circunstancia de que la persona reclamada ya haya sido juzgada en España por los mismos hechos que sirven de base a la solicitud de entrega. En dicha sentencia se concluye que, en determinados supuestos, también un sobreseimiento provisional puede generar efectos de cosa juzgada y erigirse, por ello, en causa obstativa a la entrega.

2. Vulneraciones indirectas

Con antecedentes en la STC 13/1994, de 17 de enero, y particularmente en el asunto *Soering* (Sentencia del Tribunal Europeo de Derechos Humanos de 7 de julio de 1989), la doctrina de la vulneración indirecta de los derechos fundamentales del reclamado ha sido objeto de particular desarrollo en la STC 91/2000, de 30 de marzo, dictada por el Pleno del Tribunal, en la que se establece que respecto de un "núcleo absoluto" de los derechos fundamentales, los Tribunales españoles están legitimados para valorar la repercusión de los actos de los Estados extranjeros, debiendo rechazar la extradición si esos actos han producido una lesión o conllevan un riesgo de lesión relevante para ese núcleo. El Tribunal ha anulado un significativo número de extradiciones, por haber acordado los órganos judiciales nacionales la entrega de un ciudadano ya pese al riesgo de que pudieran vulnerarse derechos fundamentales, ya habiéndose consumado dicha vulneración en el Estado reclamante. Los derechos fundamentales sobre los que se ha proyectado la protección *ad extra* han sido los siguientes: el derecho a la vida y a no sufrir torturas o tratos inhumanos o degradantes —art. 15 CE— (STC 32/2003, de 13 de febrero, FJ 3; 148/2004, de 13 de septiembre, FJ 6; 49/2006, de 13 de febrero, FJ 3; 351/2006, de 11 de diciembre; FJ 7; 140/2007, de 4 de junio, FJ 2; 199/2009, de 28 de septiembre, FJ 2); el derecho a la libertad —art. 17.1 CE—, particularmente ante condenas a cadena perpetua (STC 148/2004, de 13 de septiembre, FJ 9; 181/2004, de 2 de noviembre, FJ 16; o 49/2006, de 13 de febrero, FJ 5); y el derecho a un proceso con todas las garantías o el derecho de defensa, en la proscripción de las condenas en ausencia —art. 24.2 CE— (SSTC 91/2000; 134/2000, de 16 de mayo; 162/2000, de 12 de junio; 163/2000, de 12 de junio; 110/2002, de 6 de mayo; 160/2002, de 16 de septiembre, FJ 6; 183/2004, de 2 de noviembre; 177/2006, de 5 de junio; 199/2009, de 28 de septiembre; 132/2020, de 23 de septiembre). Salvo casos extremos, la efectiva protección del contenido absoluto de tales derechos no ha conllevado la prohibición total de entrega, sino su condicionamiento a que por el Estado reclamante se presten determinadas garantías de indemnidad de los derechos.

VII. LA CUESTIÓN PREJUDICIAL, EL *ASUNTO MELLONI* Y LA PROTECCIÓN FRENTE A LAS CONDENAS EN AUSENCIA EN LA UNIÓN EUROPEA

La protección *ad extra* de los derechos fundamentales por parte del TC ha planteado diversos interrogantes en el marco de la euroorden frente a los más laxos estándares de tutela de la Unión Europea, particularmente en lo relativo a las condenas en ausencia. Esas tensiones, inherentes a la tutela multinivel de derechos, dio lugar al planteamiento de una cuestión prejudicial por parte de nuestro Tribunal, en el Auto 86/2011, de 9 de junio. En ella se planteaban al Tribunal europeo tres cuestiones subordinadas: si el artículo 4 bis introducido en la Decisión Marco 2002/584/JAI, con la reforma operada por la Decisión marco 2009/299/JA —que introducía considerables excepciones a la posibilidad de denegar la entrega ante condenas dictadas en ausencia— impedía a los jueces españoles condicionar la entrega a la celebración de un nuevo juicio, si en tal caso el artículo 4 bis era compatible con los derechos a un debido proceso y a la defensa (artículo 47 y 48.2 de la Carta de los Derechos Fundamentales de la Unión Europea), y si en tal caso el artículo 53 de la Carta permitía a un Estado miembro otorgar un mayor grado de protección que el derivado del Derecho de la Unión.

La respuesta dada por el Tribunal de Luxemburgo en el que se ha venido en llamar *asunto Melloni* se plasmó en la S. de 26 de febrero de 2013, en la que, con llamativa morosidad argumental, se da un rotunda negativa a la cuestión: el artículo 4 bis de la Decisión Marco impide a los jueces de un Estado miembro condicionar la entrega a la revisión de la condena, sin que se vulneren los derechos recogidos en los artículos 47 y 48 de la Carta si, como se recoge en el citado artículo 4 bis, el interesado fue informado de la fecha del juicio o fue defendido por un letrado designado por él. Por ende, la invocación del artículo 53 de la Carta no puede servir para inaplicar el artículo 4 bis sobre la pretensión de un mayor estándar de protección, so pena de poner en cuestión el principio de confianza y reconocimiento mutuo.

Dicha respuesta motivó la STC 26/2014, de 13 de febrero, en la que el Tribunal vino a rebajar su estándar de protección para acomodarlo al del Derecho de la Unión Europea —forzado así el Tribunal a desdecirse de las contundentes afirmaciones realizadas en la Declaración 1/2004, de 13 de diciembre—. De ese pronunciamiento puede resultar discutible que el Tribunal español se resistiera a utilizar la primacía del Derecho de la Unión como *ratio decidendi*, y que, como consecuencia de ello, terminara por devaluar el estándar de protección en las solicitudes de entrega frente a condenas en ausencia no solo en el marco de la euroorden sino con carácter general. El pronunciamiento del Tribunal en dicha sentencia ha sido confirmado por la STC (Pleno) 132/2020, de 23 de septiembre, en la que, sin embargo, admite una diferente intensidad del control sobre la vulneración de derechos por parte del Tribunal en la euroorden y en la extradición.

VIII. BIBLIOGRAFÍA

ALCÁCER GUIRAO, R.: *La protección de los derechos fundamentales en la extradición y la euroorden*, Aranzadi, 2014.

ARROYO JIMÉNEZ, L.: "Sobre la primera cuestión prejudicial planteada por el Tribunal Constitucional", *InDret* 4 (2011).

DE LA QUADRA-SALCEDO JANINI, T.: "El encaje constitucional del nuevo sistema europeo de detención y entrega", *Revista Española de Derecho Constitucional*, núm. 78, 2006, pp. 277-303.

OLLÉ SESÉ, M.: *La extradición pasiva: un enfoque de derechos humanos fundamentales*, Iustel, 2021.

PÉREZ MANZANO, M.: "Artículo 13.3", en CASAS BAAMONDE, M. E., RODRÍGUEZ PIÑEIRO, M. (dirs.), *Comentarios a la Constitución Española*, Fundación Wolters Kluwer España, 2009.

SÁNCHEZ LEGIDO, A.: "La euroorden, el principio de doble incriminación y la garantía de los derechos fundamentales", *Revista electrónica de estudios internacionales* 14 (2007).

IX. JURISPRUDENCIA

STC 91/2000, de 30 de marzo.
STC 110/2002, de 6 de mayo.
STC 32/2003, de 13 de febrero.
STC 339/2005, de 20 de diciembre.
STC 82/2006, de 13 de marzo.
205/2012, de 12 de noviembre.
STC 26/2014, de 13 de febrero.
STC 132/2020, de 23 de septiembre.

Artículo 13.4

4. La ley establecerá los términos en que los ciudadanos de otros países y los apátridas podrán gozar del derecho de asilo en España.

COMENTARIO

Rosario García Mahamut
Catedrática de Derecho Constitucional
Universidad Jaume I
Jorge Viguri Cordero
Profesor Permanente Laboral
Universidad Jaume I

I. DEL DERECHO DE ASILO A LA PROTECCIÓN INTERNACIONAL

Abordar el análisis del mandato constitucional contenido en el art. 13. 4 CE, que desarrolla, básicamente, la Ley 12/2009, de 30 de octubre, del derecho de asilo y de la protección subsidiaria (LAPS), exige tener presente un escenario que el constituyente no previó y que deriva directamente de nuestra pertenencia a la UE, de sus distintas fases de consolidación y de las obligaciones jurídicas que dimanan para los distintos Estados miembros. La política de asilo se ha convertido en un objetivo político fundamental para la UE y la construcción del Sistema Europeo Común de Asilo (SECA) en el Espacio de Libertad, Seguridad y Justicia constituye la plena expresión del desarrollo de una política común de asilo en la UE, tal y como consagra el art. 78 TFUE. En dos décadas el derecho de asilo ha sufrido una radical transformación.

A grandes pinceladas, recordemos que, con el Tratado de Maastricht, en cierto modo, se produjo un antes y un después en la configuración de la política de asilo al reconocerse ésta como una política de interés común para los Estados de la Unión. Por su parte, el Tratado de Ámsterdam da un paso cualitativamente importante en el marco de las políticas de asilo, pues, a fin de establecer progresivamente un Espacio de Libertad, Seguridad y Justicia, comunitariza el derecho de asilo dentro del Título IV del TCE, si bien ésta fue parcial en la medida en que se establecía un periodo transitorio de cinco años para llevarlo a cabo (arts. 61 y 63 TCE).

Fue el Consejo Europeo reunido en Tampere —octubre de 1999— el que, en desarrollo del nuevo Título IV del TCE, supuso un verdadero impulso para el desarrollo de una política común de asilo. El objetivo planteado en Tampere: crear un Sistema Europeo Común de Asilo. Se debía gestionar de manera ordenada los flujos migratorios a través del diseño de una política coordinada de inmigración y asilo. Se previó varios objetivos a corto y medio plazo: a corto plazo, la mejora del sistema de Dublín, normas comunes de procedimiento eficaz y justo, y condiciones mínimas para la acogida de los solicitantes de asilo, entre otras; y, a largo plazo, un procedimiento común de asilo y un estatuto uniforme para las personas a quienes se les conceda.

La expansiva construcción del SECA ha acotado de forma muy significativa el margen de actuación legal de los Estados miembros por lo que, a la regulación de la protección internacional afecta, a los procedimientos, a los derechos anudados a la solicitud y, en su caso, reconocimiento del estatuto de refugiado o de la protección subsidiaria.

La Unión Europea ha pasado de la consideración del derecho de asilo como un derecho de soberanía nacional a una construcción supranacional que tiene por objetivo hacer de la UE un espacio único de protección donde ésta alcance las máximas cotas. Lejos ha quedado la conceptualización del asilo en nuestro ordenamiento definido en el art. 2.1 de la Ley 5/1984, de 26 de marzo, reguladora del derecho de asilo y de la condición de refugiado, "El asilo es *la protección graciable dispensada por el Estado, en el ejercicio de su soberanía*, a los extranjeros que se encuentren en alguna de las circunstancias previstas en el artículo 3º...".

Es por ello que el actual régimen normativo de la protección internacional en nuestro ordenamiento interno no puede ser objeto de análisis sin tener presente la finalidad que se persigue con la construcción del SECA, las distintas fases de su consolidación normativa, así como la realidad de la migración y la presión que han sufrido los distintos sistemas nacionales de asilo ante las diversas crisis humanitarias que han determinado, entre otras, la reforma integral de las Directivas y Reglamentos y que inexorablemente seguirán impactando en la normativa interna de los Estados miembros.

La finalidad del SECA es el establecimiento de un espacio común donde se garantizarán altos niveles de protección a los refugiados y a las personas que no reuniendo los requisitos para obtener la condición de refugiados se enfrentasen, en caso de regresar a su país, a un riesgo real de sufrir daños graves (protección subsidiaria). Su construcción es de carácter permanente y desde la perspectiva del desarrollo normativo ha venido marcado por fases bien diferenciadas cuyos ejes básicos descansan en la finalidad que persigue el art. 78

TFUE y en las obligaciones derivadas de los distintos instrumentos internacionales y supranacionales para la protección internacional, fundamentalmente, de la Convención de Ginebra de 1951 y Protocolo de New York de 1967 sobre el estatuto de los refugiados; el Convenio Europeo para la protección de los Derechos Humanos y de las Libertades Fundamentales —que sin reconocer expresamente el derecho de asilo bajo el paraguas, esencialmente, de los arts. 3, 5, 6 y 8 ha constituido un poderosísimo instrumento para garantizar, en sentido amplio, derechos asociados a la protección internacional— y la Carta de Derechos Fundamentales de la UE que expresamente en su artículo 18 regula el derecho de asilo y el art. 19 hace referencia a la protección en caso de devolución, expulsión y extradición.

II. LA COMUNITARIZACIÓN DE LA PROTECCIÓN INTERNACIONAL

A diferencia de la primera fase del SECA (1999-2004), cuyo objetivo era la armonización de los marcos jurídicos de los Estados miembros a través de normas mínimas comunes, la segunda fase del SECA (2005-2010/12) fijó como objetivos el establecimiento de un procedimiento común de asilo y de un estatuto uniforme para aquellas personas a las que se les concedía el asilo o protección subsidiaria, la consolidación de la cooperación práctica entre las administraciones nacionales responsables en materia de asilo y un impulso de la dimensión exterior del asilo·

No cabe obviar que, incluso, después de haberse procedido a realizar una cierta armonización legislativa en la UE, tras la primera fase del SECA, y la evaluación de su aplicación, se seguía produciendo disparidad entre los distintos Estados en relación con las decisiones de aceptación o rechazo de las demandas de asilo procedentes de solicitantes de los mismos países de origen. La falta de prácticas comunes en los distintos Estados miembros, las distintas tradiciones y la diversidad de las fuentes de información en el país de origen, entre otras razones, estaban produciendo resultados divergentes. Se estaban creando movimientos secundarios y ello resulta contrario al principio de proporcionar un acceso similar a la protección internacional en toda la UE (Plan de Política de Asilo: Un planteamiento Integrado de la Protección en toda la UE —COM(2008) 360 final).

De hecho, fue a partir del 2016 cuando la UE propuso la reforma integral de todos los instrumentos normativos que conforman el SECA, la cual terminó por fracasar y llevó a que, el 23 de septiembre de 2020, la Comisión Europea reestructurase y reformarse radicalmente todo este Sistema a través del Nuevo Pacto sobre Migración y Asilo. Se trata, en efecto, de la última iniciativa política de la UE para regular la migración a la UE, cuyo objetivo esencial radica en el fomento y normalización de múltiples procedimientos que pueden tener consecuencias de gran alcance para los derechos e intereses del colectivo migrante. Fue el 8 de febrero de 2024, cuando los representantes de los Estados miembros de la UE dieron luz verde al acuerdo provisional con el Parlamento Europeo que tuvo lugar el 20 de diciembre de 2023 entre la Presidencia del Consejo y el Parlamento Europeo, sobre cinco Reglamentos clave que componen este Pacto. Asimismo, el Comité de Representantes Permanentes también dio su visto bueno a tres actos legislativos en materia de asilo y migración sobre los que el Consejo y el Parlamento ya habían alcanzado un acuerdo en 2022, incluyendo la revisión de la Directiva sobre las Condiciones de Acogida, la actualización del Reglamento de Reconocimiento y el Reglamento por el que se establece un Marco de Reasentamiento de la UE. Posteriormente, el 14 de mayo de 2024, el Consejo adoptó el Pacto de la UE sobre Migración y Asilo, que incluye una serie de actos legislativos para reformar el marco jurídico de la UE en materia de gestión de la migración y el asilo con la inequívoca finalidad de ayudar a gestionar las llegadas de manera ordenada; crear procedimientos eficientes y uniformes y; asegurar un reparto equitativo de la carga entre los Estados miembros.

A pesar de que se trata de un "nuevo comienzo" en la política común de asilo que, a todas luces, excede del tenor literal de los arts. 77 a 79 Tratado de Funcionamiento de la Unión Europea (TFUE) y lleva en proceso durante más de 8 años, es evidente que no solo implementa una novedosa normativa al efecto, sino que también revisa holísticamente cinco de los reglamentos medulares que abordan la totalidad de las fases de la gestión del asilo y la migración y que reforman todo este marco europeo holístico.

Actualmente, ese paquete normativo que conforma el Nuevo Pacto Europeo Común de asilo incorpora modificaciones de calado en la totalidad de normas que han conformado el SECA y que se resumen a continuación: el *Reglamento de gestión de asilo e inmigración*, reforma el "Reglamento de Dublín" a los efectos de determinar el Estado miembro responsable del examen de las solicitudes de protección internacional e introduce un reparto equitativo de la responsabilidad entre los Estados miembros, de forma que para ayudar a los países de la UE que tienen presiones migratorias en sus fronteras, se habilita para que otros Estados miembros contribuyan reubicando a los solicitantes de asilo o beneficiarios de protección internacional en su territorio, realizando contribuciones financieras o proporcionando apoyo operativo y técnico. A ello se le adicionan las nuevas normas relativas a la base de datos *Eurodac actualizada*, que permiten recopilar datos más precisos y completos sobre diversas categorías de inmigrantes y registrar si un migrante representa una amenaza para la seguridad. Una reforma que pretende ayudar en la formulación de políticas y mejorar el control de la migración irregular y los movimientos no autorizados. Además, el *Reglamento sobre procedimientos de asilo* establece un nuevo procedimiento común en toda la UE para conceder y retirar la protección internacional cuya tramitación de las solicitudes en las fronteras de la UE será más rápida y con plazos abreviados para aquellas solicitudes infundadas o inadmisibles. Por su parte, el *Reglamento de reconocimiento* aplica nuevos estándares uniformes para todos los Estados miembros en el reconocimiento del estatuto de refugiado o de protección subsidiaria, y con respecto a los derechos otorgados a quienes califican para recibir protección. Los Estados miembros deben evaluar la situación en el país de origen basándose en la información de la Agencia de Asilo de la UE y el estatuto de refugiado debe revisarse periódicamente. Asimismo, los solicitantes de protección deberán permanecer en el territorio del Estado miembro responsable de su solicitud o en el que se concedió la protección. Finalmente, la nueva *Directiva de condiciones de acogida* prevé que los Estados miembros garanticen normas de acogida uniformes para los solicitantes de asilo, regulando de igual modo las condiciones de detención y la restricción de la libertad de circulación. Todo ello, en aras de disuadir el desplazamiento de los solicitantes por toda la UE y reducir, de tal manera, los movimientos secundarios entre Estados miembros.

Paralelamente, ha supuesto la aprobación del *Reglamento por el que se introduce un control de nacionales de terceros países en las fronteras exteriores*, que permitirá a las autoridades nacionales remitir a los inmigrantes irregulares y a los solicitantes de asilo en una frontera exterior al procedimiento correspondiente y garantizará que los controles de identificación, seguridad y vulnerabilidad y la evaluación de la salud se lleven a cabo de manera uniforme. El *Reglamento del procedimiento fronterizo de retorno* se ocupa de las devoluciones de personas cuya solicitud en este procedimiento fronterizo sea rechazada. El *Reglamento de reasentamiento* aborda vías legales y seguras hacia la UE mediante el establecimiento de reglas comunes para el reasentamiento y la admisión humanitaria. Los Estados miembros deben proporcionar, de forma voluntaria, la acogida de refugiados de terceros países reconocidos por el ACNUR, que viajarán al territorio de la UE de forma legal, organizada y segura. El *Reglamento que establece un marco que permite a los Estados miembros hacer frente a situaciones de crisis y de fuerza mayor en el ámbito de la migración y el asilo*.

Este Nuevo Pacto pretende, a diferencia del sistema de Dublín, centrado en las responsabilidades de un Estado miembro, en implementar la llamada solidaridad "obligatoria" y "flexible" entre ellos, que operaría en los casos en los que un país receptor alcanza su capacidad máxima de tramitación de solicitantes de asilo. Por consiguiente, la responsabilidad se transferirá obligatoriamente a otro Estado miembro que, ulteriormente, puede reubicar a los solicitantes de asilo en su propio territorio, proceder a su retorno u ofrecer otro tipo de asistencia al país receptor como ayuda con los centros de acogida a los Estados de primera línea o apoyo financiero. Se trata de una propuesta que perfecciona la anterior reforma del SECA al objeto de crear un sistema más equitativo, eficiente y sostenible. El incumplimiento de las obligaciones por parte de algunos Estados, entre otras, cerrando sus fronteras, condicionó que se abordara una propuesta de reforma global del SECA que pretende superarse con la aplicación de este Nuevo Pacto. No es de extrañar, éste no fue diseñado para hacer frente a situaciones de emergencia. Así, el 4 de mayo de 2016 la Comisión, en una primera fase, propuso modificaciones legislativas para reformar el sistema de Dublín, reforzar el sistema de Dactiloscopia Europea y para transformar la Oficina Europea de Apoyo al Asilo (EASO) existente en una auténtica Agencia Europea para el Asilo (AAUE). A esta primera fase le siguió una segunda consistente en la presentación de propuestas legislativas para reformar los procedimientos de asilo, las Directivas sobre reconocimiento del estatuto de refugiado, así como la Directiva sobre las condiciones de acogida, para garantizar la reforma completa de todas las partes del sistema de asilo de la UE.

La refundición y modificación de la normativa europea anteriormente mencionada no solamente responde a necesidades y realidades cambiantes que afectan en un sentido amplio a la protección internacional. También a la obligación de incorporar las continuas decisiones, por un lado, del TEDH condenando a los países por vulneración del Convenio europeo cuando interpretan la normativa comunitaria y las aplican en su derecho interno (de entre ellas, podemos destacar el asunto *Safi y otros c. Grecia*, nº 5418/15, de 7 de julio de 2022, *Sh. D. y otros c. Grecia, Austria, Croacia, Hungría, Macedonia del Norte, Serbia y Eslovenia*, nº 14165/16, de 13 de septiembre de 2019).

Por otro lado, por la interpretación que ha venido realizando el Tribunal de Justicia de la Unión Europea (TJUE) de las Directivas del SECA en sus pronunciamientos de cuestiones prejudiciales, cuando no por la anulación directa de disposiciones de las mismas (de entre ellas, STJUE de 17 de diciembre de 2020, Comisión/Hungría sobre acogida de los solicitantes de protección internacional, C-808/18; STJUE de 16 de noviembre de 2021, Comisión Europea/Hungría, C-821/19; STJUE de 2 de abril de 2020, Comisión Europea/República de Polonia, apoyada por la República Checa y por Hungría, C-715/17, C-718/17 y C-719/17).

Resulta de enorme trascendencia la jurisprudencia del TEDH cuando afecta a las cláusulas discrecionales —de las Directivas y Reglamento de Dublín— que son aplicadas por los Estados miembros y, en el caso concreto, delimitando la actuación de los Estados a través de una interpretación y aplicación acorde con el principio de no devolución interpretado a la luz de la prohibición de la tortura y los tratos inhumanos o degradantes, o cuando se rechaza la solicitud de asilo sin garantizar de forma efectiva los recursos judiciales (caso *A.C. contra España*, nº 6528/11, de 22 de abril de 2013). Sin duda, las sentencias del TEDH se han convertido en garantías de la protección internacional en la aplicación por parte de los Estados miembros de las Directivas y Reglamentos que inciden en dicha protección. De especial interés resulta, por ejemplo, la STEDH en el caso MSS c. Bélgica y Grecia, de 21 de enero de 2011, condenando a estos dos países por violación de los arts. 3 y 13 del Convenio. Esta sentencia condicionó la nueva redacción dada al art. 17.1 del Reglamento de Dublín III sobre las cláusulas discrecionales relativas al Estado miembro que puede decidir examinar una solicitud de protección internacional aun cuando el examen no le incumba en virtud de los criterios establecidos en el Reglamento.

No debemos olvidar, por lo que afecta al sistema de garantías del derecho a la protección internacional, como magníficamente nos recuerda López Guerra, que, frente a interpretaciones "originalistas" del CEDH, éstas deban entenderse "como protección de derechos también en el contexto de circunstancias cambiantes o imprevistas respecto de la existentes en el momento de su aprobación; el Convenio sería un instrumento vivo, que aspira a mantener su vigencia y efectividad a través de cambios sociales de todo tipo". Ello es lo que explica, en palabras de López Guerra, que el propio TEDH haya alterado su jurisprudencia "en cuanto a la determinación del contenido de un derecho, teniendo en cuenta la evolución de las condiciones existentes en el contexto europeo, y el desarrollo de un consenso o standard consolidado al respecto en el ámbito de los países miembros".

El Nuevo Pacto, que tiene previsto aplicarse por los Estados miembros en 2026, reformará la práctica totalidad de los sistemas europeos de asilo y migración. Consecuentemente, se espera que la Comisión Europea presente a finales de 2024 un plan de implementación común para proporcionar asistencia a los Estados miembros en este proceso y habida cuenta de que la eficacia de este nuevo marco legal depende de su implementación exitosa a nivel nacional —no únicamente a través de reformas legislativas de gran calado, sino también de la puesta en marcha de forma coordinada de nuevos sistemas, procesos y procedimientos—.

III. LA LEY 12/2009, DE 30 DE OCTUBRE, DEL DERECHO DE ASILO Y DE LA PROTECCIÓN SUBSIDIARIA

La LAPS ha respondido, entre otras, a la exigencia jurídica de transponer la normativa comunitaria que venía a integrar, básicamente, la primera fase del SECA. Aunque no exclusivamente. La propia realidad del asilo en España, los nuevos problemas y conflictos, el cambio de perfiles abocaron a una reforma profunda del sistema y, en consecuencia, de la Ley 9/1994, de 19 de mayo, que, a su vez, había modificado en profundidad la Ley 5/1984. La LAPS incorpora, básicamente, la Directiva 2004/83/CE, la Directiva 2005/85/CE, y el Capítulo V de la Directiva 2003/86/CE, sobre el derecho de reagrupación familiar relativo a los refugiados.

De ahí que, cualquier análisis jurídico que se pretenda de la LAPS no puede prescindir de dos consideraciones metodológicas: Por un lado, desde la perspectiva interna, el margen nacional del que dispone el Estado. La ley introduce una serie de disposiciones, dentro del margen que comporta la normativa europea, que responden a la voluntad de servir de instrumento eficaz para garantizar la protección internacional. Amén de la competencia que tienen los Estados miembros para introducir o mantener disposiciones más favorables para las personas de terceros países o apátridas que pidan protección internacional, siempre que tales normas sean compatibles con lo dispuesto en la normativa comunitaria. Por otro lado, el análisis de la misma no puede prescindir de una constante contextualización en un imparable proceso de cambios en la construcción del SECA y del complejo sistema multinivel de garantías que le sustenta (jurisprudencia del TEDH, del TJUE y del TC). 301

Por ello, no cabe soslayar que parte de la normativa de la segunda fase del SECA no se incorporó a nuestro ordenamiento, por ejemplo, algunos de los aspectos contenidos en la Directiva 2013/32/UE, sobre procedimientos de asilo, o los contenidos en la Directiva 2013/33/UE, sobre condiciones de acogida. Si bien, esta ha sufrido de importantes modificaciones en los últimos años —el art. 3 de la LAPS relativo a la condición de refugiado, modificado por la disposición final 10 de la Ley 4/2023, de 28 de febrero; el art. 31 de la LAPS sobre acogida de los solicitantes de protección internacional, modificado tanto por la disposición final 7 del Real Decreto-ley 10/2022, de 13 de mayo, como por la disposición final 17 de la Ley 22/2021, de 28 de diciembre; o el art. 40. 1 y 2 de la LAPS, relativo a la extensión familiar del derecho de asilo y de la protección subsidiaria, que fue modificado por la disposición final séptima de la Ley 2/2014, de 25 de marzo, de la Acción y del Servicio Exterior del Estado—.

Las principales novedades que, en su momento, incorporó la LAPS son susceptibles de ser agrupadas en cuatro ámbitos: 1. Las que se vinculan al concepto jurídico de protección internacional y a las condiciones para conceder o denegar el asilo o, en su caso, la protección subsidiaria. 2. Las que se vinculan a la sustanciación de los procedimientos. 3. Las que inciden en el ámbito de los derechos que se anudan al solicitante de la protección internacional y al beneficiario de la misma. 4. Finalmente, las que cabría vincular en el momento de la aprobación de la ley a la calidad de un sistema de protección internacional comprometido con los derechos fundamentales.

Refiriéndonos a la primera de ellas, la citada Ley incorporó tempranamente el concepto de *protección internacional* como concepto superador del estatuto de refugiado incluyéndose, amén del derecho de asilo, el de la protección subsidiaria.

Si el derecho de asilo es "La protección dispensada a los no comunitarios o a los apartidas a quienes se reconozca la condición de refugiado en los términos que se establece en el art. 3 de la ley y en la Convención sobre el Estatuto de los Refugiados de 1951 y el Protocolo de New York de 1967" (art. 2 LAPS), la condición de refugiado, como expresamente mandata el art. 3 de la LAPS, "se reconoce a toda persona que, debido a fundados temores de ser perseguida por motivos de raza, religión, nacionalidad, opiniones políticas, pertenencia a determinado grupo social, de género, orientación sexual o de identidad sexual, se encuentra fuera del país de su nacionalidad y no puede o, a causa de dichos temores, no quiere acogerse a la protección de tal país, o al apátrida que, careciendo de nacionalidad y hallándose fuera del país donde antes tuviera su residencia habitual, por los mismos motivos no puede o, a causa de dichos temores no quiere regresar a él, y no esté incurso en alguna de las causas de exclusión del artículo 8 o de las causas de denegación o revocación del artículo 9".

Los actos en los que se basan esos temores fundados de ser perseguido deben ser, como concreta el art. 6.1 de la LAPS, lo suficientemente graves por su naturaleza o carácter reiterado como para constituir una violación grave de los derechos fundamentales o bien ser una acumulación lo suficientemente grave de varias medidas, incluidas las violaciones de derechos humanos, como para afectar a una persona de forma similar a lo que se acaba de señalar. Los actos de persecución pueden revestir, entre otras, una serie de formas que se concretan en el apartado 2 del art. 6 de la LAPS, como: a) actos de violencia física o psíquica, incluidos los actos de violencia sexual; b) medidas legislativas, administrativas, policiales o judiciales que sean discriminatorias en sí mismas o que se apliquen de manera discriminatoria; c) procesamientos o penas que sean desproporcionados o discriminatorios; d) denegación de tutela judicial de la que se deriven penas desproporcionadas o discriminatorias; e) procesamientos o penas por la negativa a prestar servicio militar en un conflicto en el que el cumplimiento de dicho servicio conllevaría delitos o actos comprendidos en las cláusulas de exclusión establecidas en el art. 8.2 de la ley y f) actos de naturaleza sexual que afecten a adultos y niños.

En todo caso, tales actos de persecución deben estar relacionados con los motivos de la persecución y éstos deberán ser valorados teniendo en cuenta lo establecido en el artículo 7 de la LAPS.

A diferencia del derecho de asilo, con el derecho a la protección subsidiaria (art. 4 LAPS) se protege a las personas de otros países y a los apátridas que, no reuniendo los requisitos para ser refugiadas y siempre que no se hallen incursas en ninguna causa de exclusión o denegación, temen regresar a su país de origen o de su anterior residencia pues se enfrentarían al riesgo real de sufrir los siguientes daños graves: la condena a pena de muerte o el riesgo de su ejecución material; tortura, tratos inhumanos o degradantes o amenazas graves contra la vida o la integridad de los civiles motivadas por una violencia indiscriminada en situaciones de conflicto internacional o interno. Cabe destacar, entre otras, la Sentencias del Tribunal Supremo (STS) 124/2023, de 18 de enero de 2023 (Recurso: 7154/2021), que fija criterio doctrinal a la hora de establecer el deber de conceder asilo automático a los ucranianos que residen en España o la STS 1582/2022, de 29 de noviembre de 2022 (Recurso: 1314/2022) por la que anula las resoluciones de la Audiencia Nacional y reconoce el derecho de los solicitantes de asilo de permanecer dentro del territorio nacional mediante la prórroga de permisos de residencia y trabajo, mientras litigan por la obtención del citado título de protección internacional, al margen de que la respuesta del Ministerio del Interior haya sido negativa en un inicio.

En segundo término, en relación con la tramitación de la solicitud, prevé un procedimiento ordinario de tramitación y una tramitación de urgencia cuya característica básica es que sus plazos se ven reducidos, por mandato legal, a la mitad (art. 25 LAPS). Siguen el cauce de la tramitación de urgencias, tanto las solicitudes manifiestamente fundadas como aquéllas otras, como la de las personas especialmente vulnerables, que admitan dicho tratamiento preferente.

En tercer lugar, de entre las novedades que inciden en los derechos —especialmente de los más vulnerables—, y que se anudan al proceso en el que se demanda la protección internacional y, en su caso, a la concesión de la misma, debe destacarse que:

- Se incluye un Capítulo específico que regula las condiciones de acogida de los solicitantes de la protección internacional. A pesar de las distintas remisiones que al ámbito reglamentario se realizan para su desarrollo.
- El Título V otorga un tratamiento específico aplicable a los menores y otras personas en situación de vulnerabilidad (menores no acompañados, mujeres embarazadas, personas con discapacidad, personas de edad avanzada, familias monoparentales con hijos menores, personas que hayan padecido torturas, violaciones u otras formas graves de violencia psicológica, física o de género y víctimas de trata). Dadas las especiales circunstancias que rodean a las personas que se encuentran en situación de especial vulnerabilidad, se prevé la posibilidad de adoptar medidas que permitan otorgar en su caso, tratamientos diferenciados. Algunas de esas medidas también deben ser objeto de desarrollo reglamentario. No obstante, en el caso de los menores no acompañados la ley presta una especial atención a tan vulnerable situación otorgándose así una mayor seguridad jurídica en un ámbito tan sensible en el que el interés superior del menor siempre debe ser puesto en valor.
- El Título III presta especial atención al mantenimiento de la unidad familiar. En él se regulan, de forma diferenciada, la extensión familiar, que se extiende a los beneficiarios de la protección subsidiaria, e incorpora un procedimiento especial y preferente de reagrupación familiar tanto de los refugiados como de las personas beneficiarias de la protección subsidiaria cuyo objetivo es garantizar el derecho a la vida familiar.

En cuarto lugar, y en relación con aquellas previsiones en la ley que cabría vincular con la calidad de un sistema de asilo comprometido con los derechos fundamentales, cabe destacar la previsión de programas de Reasentamiento como expresión temprana del compromiso de España en la búsqueda de soluciones duraderas al problema de los refugiados y de solidaridad. Previsión que, tal y como ha evidenciado la realidad de las diversas crisis humanitarias no ha funcionado ni debida ni adecuadamente.

En fin, la concesión del derecho de asilo o de la protección subsidiaria implica, como textualmente prevé el art. 36 de la LAPS, "el reconocimiento de los derechos establecidos en la Convención de Ginebra sobre el Estatuto de los Refugiados, en la normativa vigente en materia de extranjería e inmigración, así como en la normativa de la Unión Europea, y, en todo caso, una serie de derechos tales como: a. la protección contra la devolución en los términos establecidos en los tratados internacionales firmados por España; b. el acceso a la información sobre los derechos y obligaciones relacionados con el contenido de la protección internacional concedida, en una lengua que le sea comprensible a la persona beneficiaria de dicha protección; c. la autorización de residencia y trabajo permanente, en los términos que establece la Ley Orgánica 4/2000, de 11 de enero, sobre derechos y libertades de los extranjeros en España y su integración social; d. la expedición de documentos de identidad y viaje a quienes les sea reconocida la condición de refugiado, y, cuando sea necesario, para quienes se beneficien de la protección subsidiaria; e. el acceso a los servicios públicos de empleo; f. el acceso a la educación, a la asistencia sanitaria, a la vivienda, a la asistencia social y servicios sociales, a los derechos reconocidos por la legislación aplicable a las personas víctimas de violencia de género, en su caso, a la seguridad social y a los programas de integración, en las mismas condiciones que los españoles; g. el acceso, en las mismas condiciones que los españoles, a la formación continua u ocupacional y al trabajo en prácticas, así como a los procedimientos de reconocimiento de diplomas y certificados académicos y profesionales y otras pruebas de calificaciones oficiales expedidas en el extranjero; h. la libertad de circulación; i. el acceso a los programas de integración con carácter general o específico que se establezcan; j. el acceso a los programas de ayuda al retorno voluntario que puedan establecerse; k. el mantenimiento de la unidad familiar en los términos previstos en la presente Ley y acceso a los programas de apoyo que a tal efecto puedan establecerse". Ello, amén de que podrán seguir beneficiándose de programas y prestaciones con el fin de facilitar la integración.

Por el contrario, la no admisión a trámite o la denegación de las solicitudes de protección internacional, según preceptúa el art. 37 LAPS, determinarán, según corresponda, el retorno, la devolución, la expulsión, la salida obligatoria del territorio español o el traslado al territorio del Estado responsable del examen de la solicitud de asilo de las personas que lo solicitaron, salvo que, de acuerdo con la Ley Orgánica 4/2000, de 11 de enero, y su normativa de desarrollo, se dé alguno de los siguientes supuestos: a) que la persona interesada reúna los requisitos para permanecer en España en situación de estancia o residencia; b) que se autorice su estancia o residencia en España por razones humanitarias determinadas en la normativa vigente. A estos efectos debe tenerse muy presente las diversas SSTS denegando los recursos frente a interpretaciones restrictivas en su aplicación como las relativas a la libre circulación de solicitantes de asilo por todo el territorio nacional —por todas, véase SSTS 1552/2021, de 14 de abril de 2021 (Recurso: 2478/2020) o 1130/2020 o 1128/2020, de 29 de julio de 2020 (Recursos: 1953/2019 y 4893/2019)—.

Sin duda, y amén de tantos otros derechos que ampara la ley para los solicitantes de protección internacional, la interpretación y aplicación de la LAPS está generando problemas en numerosos ámbitos que requieren seguridad y respuestas jurídicas inmediatas. Entre tantos muchos, la solicitud de la protección internacional en los puestos fronterizos o en las embajadas constituyen nudos gordianos para garantizar de forma efectiva el derecho a la protección internacional.

Como se ha repetido hasta la saciedad, entre ellas en el estudio del Defensor del Pueblo (2016), la falta de desarrollo reglamentario de la LAPS dificulta gravemente la gestión de las obligaciones de protección internacional suscritas por España. Tras más de una década y un lustro de la entrada en vigor de la ley, y muy lejos del plazo de seis meses que ésta previó para el desarrollo reglamentario (Disposición final tercera LAPS), resulta, como poco, impactante en un Estado Social y Democrático de Derecho la dejación en una materia tan sensible.

IV. BIBLIOGRAFÍA

GARCÍA MAHAMUT, R., GAPALASORO, J.: *Régimen jurídico del Derecho de Asilo en la Ley 12/2009*, CEPC, Madrid, 2010.

GARCÍA MAHAMUT, R., "La ductilidad del Derecho a la Protección Internacional (Refugio y Protección subsidiaria) ante las crisis humanitarias: Un desafío para Europa y para el Sistema Europeo Común de Asilo", *Teoría y Realidad Constitucional*, núm. 38, 2016, pp. 211-238.

GARCÍA MAHAMUT, R., VIGURI CORDERO J.: "La protección de los datos personales de los solicitantes de protección internacional en el (nuevo) Sistema Europeo Común de Asilo: grandes desafíos y graves deficiencias", *Teoría y realidad constitucional*, núm. 44, 2019, pp. 237-270.

LÓPEZ GUERRA, L.: "El sistema europeo de protección de derechos humanos", *Protección multinivel de Derechos Humanos. Manual de derecho europeo*, 2013. (https://www.upf.edu/dhes-alfa/materiales/manual_pmdh.html).

MORGADES GIL, S.: "El Pacto Mundial sobre los Refugiados y el Nuevo Pacto de la Unión Europea sobre Migración y Asilo: derecho informal y jurisprudencia internacional en materia de acceso a la protección", *Revista española de derecho internacional*, vol. 74, núm. 1, 2022, pp. 25-45

SANTOLAYA MACHETTI, P., *El derecho de asilo en la Constitución Española*, Lex Nova, Valladolid, 2001.

VIGURI CORDERO J.: "El derecho a la protección internacional en España: hacia una necesaria reforma legal", *Revista Española de Derecho Europeo*, núm. 77, 2021, pp. 67-98.

V. JURISPRUDENCIA

STEDH *Safi y otros c. Grecia*, nº 5418/15, de 7 de julio de 2022.

STEDH *Sh. D. y otros c. Grecia, Austria, Croacia, Hungría, Macedonia del Norte, Serbia y Eslovenia*, nº 14165/16, de 13 de septiembre de 2019.

STEDH *A.C. contra España*, nº 6528/11, de 22 de abril de 2013

STEDH *MSS c. Bélgica y Grecia*, nº 30696/09, de 21 de enero de 2011
STJUE de 16 de noviembre de 2021, Comisión Europea/Hungría, C-821/19;
STJUE de 17 de diciembre de 2020, Comisión/Hungría sobre acogida de los solicitantes de protección internacional, C-808/18.
STJUE de 2 de abril de 2020, Comisión Europea/República de Polonia, apoyada por la República Checa y por Hungría, C-715/17, C-718/17 y C-719/17
STS 124/2023, de 18 de enero de 2023 (recurso: 7154/2021)
STS 1582/2022, de 29 de noviembre de 2022 (recurso: 1314/2022)
SSTS 1552/2021, de 14 de abril de 2021 (recurso: 2478/2020)
STS 1130/2020, de 29 de julio de 2020 (recurso: 1953/2019).
STS 1128/2020, de 29 de julio de 2020 (recurso: 4893/2019).

CAPÍTULO SEGUNDO
DERECHOS Y LIBERTADES

Artículo 14

Los españoles son iguales ante la ley, sin que pueda prevalecer discriminación alguna por razón de nacimiento, raza, sexo, religión, opinión o cualquier otra condición o circunstancia personal o social

COMENTARIO

David Giménez Gluck
Profesor de Derecho Constitucional
Director del Gabinete Jurídico del GPS del Congreso

SUMARIO: I. EL JUICIO DE IGUALDAD FORMAL. II. CLÁUSULAS ESPECÍFICAS DE NO DISCRIMINACIÓN: RASGOS SOSPECHOSOS. 1. El derecho a la no discriminación por razón de sexo. 2. El derecho a la no discriminación por razón de raza. 3. El derecho a la no discriminación por discapacidad. 4. El derecho a la no discriminación por razón de orientación sexual. 5. Otros rasgos sospechosos. III. EL DERECHO ANTIDISCRIMINATORIO: LA DISCRIMINACIÓN INDIRECTA Y LA INVERSIÓN DE LA CARGA DE LA PRUEBA. IV. LAS ACCIONES POSITIVAS. V. PRINCIPIO DE IGUALDAD EN LA APLICACIÓN DE LA LEY. VI. BIBLIOGRAFÍA. VII. JURISPRUDENCIA.

I. EL JUICIO DE IGUALDAD FORMAL

El artículo 14 CE recoge lo que se denomina el principio de igualdad formal, también conocido como igualdad de trato. Pese a que se suele definir como principio, su configuración jurídica más reconocible no es la de principio, sino la de derecho fundamental: el derecho fundamental de todos los ciudadanos a ser tratados por la norma jurídica (o por un acto de los poderes públicos, e incluso en algunos casos por una medida de un particular) de forma igual que otro situado en una posición similar, y a que la diferencia de trato, en caso de producirse, tenga una justificación objetiva y razonable.

El legislador ha tardado 44 años en aprobar una ley integral de desarrollo de este precepto (Ley 15/2022, de 12 de julio, integral para la igualdad de trato y la no discriminación). Aunque previamente ya había aprobado desarrollos legislativos parciales sobre aspectos específicos de este derecho fundamental, estamos ante un derecho fundamental que se ha desarrollado principalmente en la jurisprudencia constitucional.

Partiendo de que está en la propia naturaleza de las normas tratar de forma diferente a los ciudadanos, el Tribunal Constitucional ha desarrollado, desde su jurisprudencia más temprana (ver, entre otras, la STC 180/1985) un juicio de igualdad formal que consiste en determinar si la diferenciación a la que nos referíamos cumple con una serie de parámetros (ser objetiva, proporcionada y razonable) para ser constitucional, o no los cumple, en cuyo caso la considera inconstitucional y la denomina "discriminación".

Para alegar este derecho fundamental se requiere, por tanto, la existencia de un supuesto de hecho impugnado y de un supuesto de hecho con el que este se compara, que conocemos como término de comparación ("*tertium comparationis*"). Para determinar si la diferencia de trato que la norma o medida aplica a ambos supuestos de hecho es objetiva y razonable y tiene, por tanto, justificación constitucional, el Tribunal Constitucional ha de decidir si los mismos son similares o diferentes. Si los supuestos de hecho son diferentes, la diferencia de trato está justificada, pero si son similares, que la norma trate de manera diferente a los que están en una situación idéntica o similar se considera, en principio, inconstitucional.

Cómo decide el Alto Tribunal si un supuesto de hecho es diferente a otro es una cuestión no resuelta de manera enteramente satisfactoria por nuestra jurisprudencia constitucional a lo largo de estos cuarenta años. En otras jurisdicciones constitucionales, como la alemana o la norteamericana, se sistematiza de manera más precisa este momento del juicio de igualdad formal. En estas jurisdicciones se determina si los supuestos de hecho están o no situados de forma similar respecto a la finalidad hacia la cual está dirigida la norma. En España, nuestro TC no propone de manera expresa algo parecido, aunque podemos inferir que sí lo hace de forma implícita. Así, a título de ejemplo, si una norma tributaria exime del pago de los tributos a los ciudadanos con menos renta esta diferenciación se consideraría concorde al artículo 14 CE porque los que no alcanzan una determinada renta están en situación diferente que los ciudadanos con rentas más altas, por lo que tratarlos de manera diferente sería objetivo y razonable. Aunque el razonamiento se quede aquí, implícitamente debemos inferir que lo que se está queriendo decir es que ambos grupos de ciudadanos están en situación diferente respecto de la finalidad de la norma: recaudar impuestos en función de la capacidad económica.

Tanto la doctrina como la propia jurisprudencia son conscientes de que la decisión sobre si es o no objetivo y razonable diferenciar entre dos supuestos de hecho, es decir, decidir si esos supuestos de hecho son o no realmente similares y, por tanto, objeto o no de diferenciación constitucionalmente admisible, es una decisión que debe estar acotada, pues es lo suficientemente abierta como para que su generalización pudiera suponer una excesiva intromisión del Alto Tribunal en la labor legislativa. De aquí se deduce que el juicio ordinario de igualdad sea un juicio de "mínimos", lo que significa que solo en caso de una evidente irracionalidad de la medida o norma —es decir, que claramente la diferencia de trato sea arbitraria pues el supuesto de hecho impugnado sea idéntico a todos aquellos que pudieran constituirse en término de comparación— se debe considerar la misma como inconstitucional. En aplicación de la cláusula general de igualdad del inicio del artículo 14 CE ("Los españoles son iguales ante la ley..."), si la norma no es perfectamente racional, pero tampoco se aleja excesivamente de la racionalidad, será declarada constitucional.

II. CLÁUSULAS ESPECÍFICAS DE NO DISCRIMINACIÓN: RASGOS SOSPECHOSOS

Esta es la razón por la que el desarrollo del artículo 14 CE, tanto desde el punto de vista jurisprudencial como legislativo, no ha incidido excesivamente en la cláusula general, sino que se ha centrado en determinadas cláusulas específicas de no discriminación establecidas expresamente por el mismo. Se entiende que, en estos casos, el Poder Constituyente está señalando claramente que cualquier tipo de diferenciación basada en determinados rasgos que perjudique a determinados colectivos, que han sido históricamente discriminados y que todavía padecen en el seno de la sociedad una fuerte estigmatización (desigualdad material), es claramente sospechosa de ser discriminatoria. Cuando de lo que se trata es de enjuiciar este tipo de normas o medidas —incluso procedentes de particulares (STC 108/1989)— se aplica un juicio de igualdad especialmente exigente. En palabras del Tribunal Supremo de Estados Unidos, "strict scrutiny", es decir, juicio estricto. Pese a que nuestro TC no utiliza expresamente el concepto de juicio estricto, es evidente que lo aplica en aquellos casos en los que se dilucida la constitucionalidad de normas o medidas basadas en lo que se denominan rasgos sospechosos, que son los recogidos en el propio artículo 14 CE in fine: "...sin que pueda prevalecer discriminación alguna por razón de nacimiento, raza, sexo, religión, opinión o cualquier otra condición o circunstancia personal o social".

1. El derecho a la no discriminación por razón de sexo

La jurisprudencia y la legislación más desarrollada en España es la que gira en torno al derecho a la no discriminación por razón de sexo (esta es la terminología constitucional, aunque últimamente se ha generalizado hablar de no discriminación por razón de género). Desde el punto de vista legislativo, este derecho se ha desarrollado en la Ley Orgánica 3/2007, para la Igualdad efectiva entre Mujeres y Hombres, donde se abarcan muchos aspectos relacionados con la correcta implementación de la igualdad formal de las mujeres, pero también de la igualdad material, en campos como la educación, la salud, la conciliación de la vida laboral y familiar, el empleo o las listas electorales. También es la que más desarrollo ha generado en el Derecho de la Unión Europea, que refundió su extensa normativa en la Directiva 2006/54/CE del Parlamento Europeo y del Consejo, relativa a la aplicación del principio de igualdad de oportunidades e igualdad de trato entre hombres y mujeres en asuntos de empleo y ocupación.

Desde el punto de vista jurisprudencial, son numerosas las sentencias del Tribunal Constitucional que consideran inconstitucionales medidas que establecen alguna diferenciación que perjudica a las mujeres. Especialmente significativas son las Sentencias del Alto Tribunal, como las SSTC 173/2013, 31/2014, 2/2017, 108/2019 o 71/2020, entre otras, que protegen a la mujer embarazada de cualquier perjuicio en el campo laboral: el TC considera que, al ser solo las mujeres las que pueden quedarse embarazadas, cualquier medida que perjudique el embarazo se considera directamente discriminación por razón de sexo, y debe ser declarada inconstitucional.

Debates emergentes como considerar discriminación por razón de sexo la segregación escolar o la no equiparación de los permisos de paternidad y maternidad han sido, por ahora, desestimados por el Tribunal Constitucional en STC 31/2018 y 111/2018 respectivamente.

Pese a esto último, podemos concluir que en estos años se ha desarrollado una fuerte protección de la igualdad formal entre hombres y mujeres en nuestro ordenamiento constitucional, lo que contrasta con la evidente situación de desigualdad material que continúan padeciendo las mujeres en nuestro país.

2. El derecho a la no discriminación por razón de raza

Contrariamente a lo que ocurre con el derecho a la no discriminación por razón de sexo, el derecho a la no discriminación por razón de raza (nuevamente esta terminología constitucional ha sido mejorada en muchos textos contemporáneos haciendo referencia a "origen racial o étnico") no alcanza en España el desarrollo que cabría esperar. Desde luego, no tiene el impacto que tiene en Estados Unidos, donde es el eje sobre el que se desarrolla la Decimocuarta Enmienda de la Constitución y la jurisprudencia del Tribunal Supremo sobre la materia. Bien es cierto que tampoco tenemos su Historia de conflicto racial. Sin embargo, aun así, tanto el desarrollo legislativo como jurisprudencial es demasiado escaso.

Desde el punto de vista legislativo, el Derecho europeo produjo la Directiva 2000/43/CE del Consejo, de 19-6-2000, relativa a la aplicación del principio de igualdad de trato de las personas independientemente de su origen racial o étnico. Sin embargo, su parte más importante, el mandato de crear en los Estados miembros un organismo público de defensa de la no discriminación por razón de raza, ha sido parcialmente incumplido por España, que ha encomendado esta función a un órgano asesor —el Consejo para la promoción de la igualdad de trato y no discriminación de las personas por el origen racial o étnico—, incapaz de llevar a cabo la misión fiscalizadora y dinamizadora que la Directiva encomienda a este tipo de organismos. Solo a partir de la futura puesta en marcha de la Autoridad prevista en la Ley 15/2022, que ya alcanza un considerable retraso, se podrá comenzar a dar cumplimiento real a aquel mandato.

Por otro lado, es escaso el desarrollo legislativo específicamente español de este derecho fundamental. Existen, de manera aislada, disposiciones laborales y, sobre todo, penales (artículos 510 y ss. de la LO 10/1995, de 23 de noviembre, del Código Penal) que protegen a los ciudadanos frente a vulneraciones de su igualdad de trato por razón de origen racial o étnico. Se trata, en todo caso, de un Derecho escasamente implementado: son contadas las sentencias de tribunales ordinarios aplicando estos tipos penales que sancionan las actuaciones racistas y xenófobas.

Además, desde el punto de vista de la jurisprudencia constitucional, pese al reconocimiento expreso por el Alto Tribunal del carácter especialmente odioso de la diferenciación basada en este rasgo, la STC 13/2001 (caso *Rosalind Williams*) convalidó la constitucionalidad de la utilización del perfil racial para la persecución policial de la inmigración irregular, lo que es claramente contrario al derecho a la no discriminación por razón de raza, como vino a puntualizar el Comité de Derechos Humanos de Naciones Unidas, que en un Dictamen de 27 de julio de 2009 (Comunicación 1493/2006), condena a España por discriminación racial, a cuenta de este caso. En el otro supuesto que llegó al TC sobre discriminación racial, la STC 69/2007 es también corregida por la Sentencia de 8 de diciembre de 2009 del Tribunal Europeo de Derechos Humanos, asunto María Luisa Muñoz v. España, que, contrariamente a lo que opinaba nuestro Alto Tribunal, considera que la denegación de la pensión de viudedad por haber contraído el matrimonio por los usos y tradiciones gitanos, y no por el rito legalmente válido, supone una vulneración de la prohibición de discriminación por razón de raza. Pese a ello, en la STC 1/2021 el Tribunal Constitucional vuelve a denegar el derecho a la pensión de viudedad en un caso similar.

En resumen, nuestro Derecho antidiscriminatorio por razón de origen racial o étnico no se ha caracterizado en estos años por ser especialmente beligerante, lo que, dada la creciente diversidad racial de nuestro país y el crecimiento paralelo de conflictos relacionados con el racismo, no deja de ser una evidente irresponsabilidad por parte de nuestros poderes públicos.

3. El derecho a la no discriminación por discapacidad

Una regulación más completa tiene el derecho a la no discriminación por razón de discapacidad. Pese a que el artículo 14 CE no la recoge expresamente como un rasgo sospechoso, la jurisprudencia constitucional, desde la STC 269/1994 hasta la STC 21/2023, considera la discapacidad como una cláusula específica de no discriminación implícita en la cláusula abierta que aparece al final de dicho artículo ("cualquier otra condición o circunstancia personal o social"). Esta cláusula abierta, que aparece no solo en la Constitución Española sino también en otras muchas Constituciones y textos internacionales sobre derechos humanos, tiene precisamente la utilidad de permitir a la jurisprudencia añadir rasgos sospechosos, como la discapacidad, que no aparecían reflejados en el momento de la redacción del Texto Constitucional, pero que el paso del tiempo aconseja incorporar. La discapacidad es, por tanto, un rasgo cuya utilización en España es sometida a juicio estricto.

También existe un importante desarrollo legislativo de este derecho, que se plasma en el Real Decreto Legislativo 1/2013, de 29 de noviembre, por el que se aprueba el Texto Refundido de la Ley General de derechos de las personas con discapacidad y de su inclusión social, que refunde, aclara y armoniza en un único texto, las principales leyes en materia de discapacidad hasta la fecha: la Ley 13/1982, de 7 de abril, de integración social de las personas con discapacidad (LISMI), la Ley 51/2003, de 2 de diciembre, de igualdad de oportunidades, no discriminación y accesibilidad universal de las personas con discapacidad (LIONDAU), y la Ley 49/2007, de 26 de diciembre, de infracciones y sanciones en materia de igualdad de oportunidades, no discriminación y accesibilidad universal de las personas con discapacidad.

La no discriminación por razón de discapacidad también aparece reconocida en el ámbito del Derecho de la Unión Europea a través de la Directiva 2000/78/CE, del Consejo, relativa al establecimiento de un marco general para la igualdad de trato en el empleo y la ocupación, donde se recoge el concepto de acomodo razonable, específico del derecho antidiscriminatorio por discapacidad, y que consiste en el deber de los empresarios de adoptar las medidas adecuadas para permitir el acceso y la promoción en el empleo de las personas con discapacidad, salvo que estas medidas supongan una carga excesiva. A nivel internacional, es importante también señalar que España ha ratificado la Convención sobre los derechos de las personas con discapacidad, de 13 de diciembre de 2006.

Los acomodos razonables tienen que ver con otro concepto clave en el derecho a la no discriminación por razón de discapacidad: la accesibilidad, definida por el art. 9 de la Convención como "las medidas pertinentes para asegurar el acceso de las personas con discapacidad, en igualdad de condiciones con las demás, al entorno físico, el transporte, la información y las comunicaciones, incluidos los sistemas y las tecnologías de la información y las comunicaciones, y a otros servicios e instalaciones abiertos al público o de uso público, tanto en zonas urbanas como rurales".

Pese a que todavía estamos muy lejos de algunos objetivos, como el de asegurar la accesibilidad, es innegable que el Derecho antidiscriminatorio por razón de discapacidad está razonablemente desarrollado en España, al menos en un nivel parecido al de los países de nuestro entorno.

4. El derecho a la no discriminación por razón de orientación sexual

De más reciente incorporación, pero también de fuerte implantación ya en España, es el derecho a la no discriminación por razón de orientación sexual. En el ámbito comunitario, ya fue reconocido como rasgo objeto de protección por la Directiva 78/2000, antes aludida. En Derecho interno no existe, sin embargo, un texto consolidado que desarrolle este derecho fundamental, aunque sí normas penales y laborales que prohíben esta discriminación, como ocurre con la discriminación racial.

Por otro lado, desde la STC 41/2006 (caso *despido por orientación sexual*) nuestra jurisprudencia constitucional lo considera un rasgo sospechoso a través de la cláusula abierta del art. 14 CE *in fine*. Además, la STC 198/2012 (caso *matrimonio igualitario*) convalidó la constitucionalidad de la reforma del Código Civil que reconoció el matrimonio entre personas del mismo sexo, al alegar que se respetaba la garantía institucional del matrimonio del artículo 32 CE, pues el matrimonio homosexual, según el TC, al ser aceptado por la cultura jurídica actual, no desnaturaliza el concepto de matrimonio. Todo ello, en su conjunto, ha colocado a nuestro país entre los más avanzados en el respeto al principio de igualdad de trato del colectivo de gays y lesbianas.

5. Otros rasgos sospechosos

Hay que distinguir claramente entre el derecho a la no discriminación por razón de orientación sexual del derecho a la no discriminación por identidad de género, que consiste en la prohibición de las medidas o normas que tengan como objetivo perjudicar a las personas transexuales, sobre la que todavía no se ha pronunciado el Tribunal Constitucional. Desde el Derecho positivo, la reciente Ley 4/2023, de 28 de febrero, para la igualdad real y efectiva de las personas trans y para la garantía de los derechos de las personas LGTBI, ha incorporado una serie de derechos y garantías para este colectivo, entre los que destaca la posibilidad de cambiar de sexo en el Registro, y, por tanto, en el DNI, sin tener que pasar por un período de hormonación o una operación genital.

El resto de rasgos sospechosos han tenido menos impacto en nuestro Derecho antidiscriminatorio. El nacimiento, reconocido expresamente por el artículo 14 CE, que se refiere a la no discriminación de los hijos nacidos fuera del matrimonio, ha dado lugar a pocas controversias, una vez modificada la legislación en el sentido de impedir discriminación alguna de los mismos en sus derechos respecto al resto de los hijos. La opinión y la religión han sido poco alegados como motivos de discriminación, seguramente porque el artículo 16 CE ya ampara suficientemente la libertad ideológica y religiosa de determinadas minorías. En cuanto a otros rasgos sospechosos apreciados por el Tribunal Constitucional a través de la cláusula abierta se puede citar la edad (STC 66/2015, entre otras) o la enfermedad (STC 62/2008), aunque en ninguno de los dos casos se aprecia un especial interés por parte del TC en aplicar juicio estricto.

La Ley 15/2022, de 12 de julio, integral para la igualdad de trato y la no discriminación, a los ya mencionados, ha añadido el estado serológico y/o predisposición genética a sufrir patologías o trastornos, la expresión de género, la lengua y la situación socioeconómica.

III. EL DERECHO ANTIDISCRIMINATORIO: LA DISCRIMINACIÓN INDIRECTA Y LA INVERSIÓN DE LA CARGA DE LA PRUEBA

El Derecho antidiscriminatorio se forma, por tanto, con la doctrina jurisprudencial y el conjunto de normas que, con base en las cláusulas específicas de no discriminación establecidas en el artículo 14 CE, tienen como objeto impedir que se produzca un trato perjudicial basado en los rasgos considerados sospechosos. Es importante destacar que en el seno del Derecho antidiscriminatorio se han desarrollado algunas técnicas, más allá de la prohibición de la discriminación directa, que dificultan la existencia de prácticas discriminatorias.

En este sentido, cabe hacer referencia a la discriminación indirecta, consistente en presumir la inconstitucionalidad de una medida, en apariencia neutra, por tener un efecto adverso sobre el colectivo especialmente protegido. No es habitual encontrar hoy en día normas o medidas que dejen traslucir expresamente que su finalidad sea perjudicar a las mujeres, las minorías étnicas o las personas con discapacidad, pero no es tan difícil encontrar normas o medidas que, tras una finalidad aparentemente neutra, ocultan una intención discriminatoria contra estos colectivos. El efecto adverso de la medida constituye un panorama indicario casi insuperable de la intención discriminatoria, que hace innecesario que se aporte ningún otro indicio suplementario.

La prohibición de la discriminación indirecta aparece tanto en los textos legales (artículo 2.2 b) de la Directiva 43/2000; artículo 2.2 b) de la Directiva 78/2000; artículo 6.2 de la Ley Orgánica 3/2007, art. 6.1 de la Ley 15/2022, entre otras) como en la jurisprudencia del Tribunal Constitucional en aplicación del artículo 14 CE, que ha considerado, por ejemplo, como discriminación indirecta por razón de sexo determinada regulación que perjudicaba a los trabajadores contratados a tiempo parcial en lo que respecta a su cotización para la pensión de jubilación, por tener un especial impacto adverso en el colectivo de las mujeres (STC 61/2013).

Menor desarrollo en España ha tenido otras formas de discriminación, como la discriminación por asociación o la discriminación múltiple, que sí tienen algún eco en el Derecho comparado.

Otro elemento específico que refuerza la lucha contra la discriminación es la inversión de la carga de la prueba, que conlleva, en los procedimientos (salvo el penal) en los que las alegaciones de la parte actora se fundamenten en actuaciones discriminatorias, que deba ser la persona demandada la obligada a probar la ausencia de discriminación en las medidas adoptadas. Se trata de un instrumento procesal utilizado sobre todo en los conflictos laborales que tienen que ver con supuestas actitudes discriminatorias del empleador.

La tutela institucional para la implementación del Derecho antidiscriminatorio no ha estado presente, de forma integral, en nuestro país hasta la aprobación de la Ley 155/2022, una de cuyas principales novedades es la creación de una Autoridad Independiente para la Igualdad de Trato y la No Discriminación, de cuyo desarrollo y labor habrá que estar atentos en los próximos años.

IV. LAS ACCIONES POSITIVAS

Las cláusulas específicas de no discriminación significan un endurecimiento del juicio de igualdad cuando la utilización del rasgo sospechoso sirve para perjudicar al colectivo estigmatizado. Pero ¿qué ocurre cuando una norma o medida utiliza el rasgo "sexo" o "raza" como fundamento de una diferencia de trato para beneficiar a las mujeres o las minorías étnicas? Nuestro Tribunal Constitucional se ha enfrentado en algunas ocasiones a este dilema. Después de unas cuantas Sentencias donde consideró inconstitucionales medidas que utilizaban el rasgo sexo para favorecer a las mujeres respecto a los hombres en el empleo, la STC 128/1987 (caso *plus de guarderías*) inició una jurisprudencia que distingue entre acciones protectoras, que son discriminatorias por perjudicar a los hombres pero también por tener como finalidad reforzar el rol de inferioridad social de la mujer, de las acciones positivas, cuya finalidad es que estas alcancen la igualdad material, lo que las convierte en constitucionales, en aplicación del artículo 9.2 CE. Por tanto, si el rasgo sospechoso "sexo" se utiliza para medidas o normas que pretenden luchar contra la desigualdad material de las mujeres dicha norma o medida es considerada constitucional.

Nuestro TC, al contrario que otras jurisdicciones constitucionales, no ha tenido todavía que enjuiciar medidas de acción positiva en favor de minorías étnicas, ni sistemas de cuotas, que son una especie especialmente contundente de acción positiva, salvo en el caso de las cuotas en el acceso al empleo público de las personas con discapacidad, que convalidó como constitucionales (STC 269/1994), conclusión que no debería predeterminar la constitucionalidad de cualquier tipo de cuotas, dada la especial situación de vulnerabilidad en la que se encuentra el colectivo de personas con discapacidad. Por otro lado, el TC no dio solución a la controversia en torno a la paridad electoral recurriendo al debate sobre las cuotas, por configurarse la norma como una obligación bidireccional de representar, al menos en un 40%, a cualquiera de los dos sexos, y no exclusivamente a las mujeres (STC 12/2008).

V. PRINCIPIO DE IGUALDAD EN LA APLICACIÓN DE LA LEY

Para finalizar con este breve comentario, se ha de hacer referencia al principio de igualdad en la aplicación de la ley, una particularidad de la jurisprudencia del TC sobre el artículo 14 CE, si se compara con otras jurisdicciones constitucionales. Lo que se ha visto hasta ahora constituye lo que se conoce como la igualdad en la ley. Junto a ello, el TC apunta que el artículo 14 CE también mandata a los tribunales ordinarios a un mínimo respeto por sus propios precedentes en la resolución de supuestos de hecho similares en el pasado.

El principio de igualdad en la aplicación de la ley no significa que se haya introducido la figura del precedente judicial (principio de *stare decisis*) en nuestro ordenamiento jurídico, pues no se exige al Tribunal que tenga que atenerse al sentido de la decisión que tomó con anterioridad en casos similares en el pasado. Lo que se le pide es que dicho cambio de criterio, aunque sea implícito, se realice "de modo consciente, reflexivo, motivado y con criterios generalizables" (STC 145/1997). El cambio de criterio, por tanto, ha de tener una vocación de continuidad; no cabe una motivación arbitraria aplicable exclusivamente a ese caso. El TC no entra a valorar el fondo del asunto: solo enjuicia si se han cumplido estos aspectos formales del cambio de criterio.

VI. BIBLIOGRAFÍA

AA.VV.: *Mujer y Constitución en España*, CEPC, Madrid, 2000.

CARBALLEDA PIÑEIRO, M. y CAYO BUESO, L. (dir.): *Hacia un Derecho de la discapacidad: estudios en homenaje al Profesor Rafael de Lorenzo*, Aranzadi, Pamplona, 2009.

318

RODRÍGUEZ PIÑERO y BRAVO-FERRER, M. y FERNÁNDEZ LÓPEZ, M. F.: *Igualdad y discriminación*, Tecnos, Madrid, 1986.

GIMÉNEZ GLÜCK, D.: *Juicio de igualdad y Tribunal Constitucional*, Bosch, Barcelona, 2004.

– *Una manifestación polémica del principio de igualdad: acciones positivas moderadas y medidas de discriminación inversa*, Tirant lo Blanch, Valencia, 1999.

OLLERO TASSARA, A.: *Igualdad en la aplicación de la ley y precedente judicial*, CEC, Madrid, 1989.

REY MARTÍNEZ, F.: "La prohibición de discriminación racial o étnica en la UE y en España. El caso de la minoría gitana" en *Revista de Derecho Político*, 57, 2003

– *Derecho Antidiscriminatorio*, Aranzadi, Pamplona, 2019.

VII. JURISPRUDENCIA

STC 180/1985, de 19 de diciembre (caso *suspensión de condena de militares*).
STC 128/1987, de 16 de julio (caso *plus de guarderías*).
STC 269/1994, de 3 de octubre (caso *cuotas personas con discapacidad*).
STC 42/1993, de 15 de septiembre (caso *igualdad en la aplicación de la ley*).
STC 13/2001, de 29 de enero (caso *Rosalind Williams*).
STC 41/2006, de 13 de febrero (caso *despido por orientación sexual*).
STC 61/2013, de 14 de marzo (caso *discriminación indirecta trabajo a tiempo parcial*).
SSTC 2/2017, de 16 de enero (caso *discriminación por baja laboral por embarazo de riesgo*).
STC 111/2018, de 17 de octubre (caso *equiparación permisos maternidad y paternidad*).

SECCIÓN 1ª
DE LOS DERECHOS FUNDAMENTALES Y DE LAS LIBERTADES PÚBLICAS

Artículo 15

Todos tienen derecho a la vida y a la integridad física y moral, sin que, en ningún caso, puedan ser sometidos a tortura ni a penas o tratos inhumanos o degradantes. Queda abolida la pena de muerte, salvo lo que puedan disponer las leyes penales militares para tiempos de guerra.

COMENTARIO

Fernando Rey Martínez
Catedrático de Derecho Constitucional
Universidad de Valladolid

SUMARIO: I. DERECHO A LA PROTECCIÓN JURÍDICA DE LA VIDA: UN "DERECHO ESENCIAL Y TRONCAL" CUYO CONTENIDO ESTÁ, SIN EMBARGO, RODEADO DE INCERTIDUMBRES. II. PROHIBICIÓN DE LA PENA DE MUERTE. III. EL PROBLEMA CONSTITUCIONAL DEL ABORTO VOLUNTARIO. IV. EL NUEVO DERECHO DE PRESTACIÓN DE AYUDA A MORIR EN CONTEXTO EUTANÁSICO. V. EL DERECHO A LA INTEGRIDAD FÍSICA Y MORAL; LA PROHIBICIÓN DE LA TORTURA Y DE LAS PENAS Y TRATOS INHUMANOS Y DEGRADANTES. VI. BIBLIOGRAFÍA. VII. JURISPRUDENCIA.

I. DERECHO A LA PROTECCIÓN JURÍDICA DE LA VIDA: UN "DERECHO ESENCIAL Y TRONCAL" CUYO CONTENIDO ESTÁ, SIN EMBARGO, RODEADO DE INCERTIDUMBRES

El art. 15 CE reconoce, en primer lugar, el "derecho a la vida". En puridad, es más preciso referirse a un derecho de protección jurídica de la vida: no existe un derecho a la vida porque la muerte es un hecho asaz obstinado. Un hecho sorprendente relativo a este derecho es su carácter paradójico: si, de un lado, como ha señalado la STC 53/1985, es "la proyección de un valor superior del ordenamiento jurídico constitucional —la vida humana— y constituye el derecho fundamental esencial y troncal en cuanto es el supuesto ontológico sin el que los restantes derechos no tendrían existencia posible", de otro lado, quizá sea el derecho fundamental cuyo significado y contenido esté rodeado de las mayores incertidumbres y controversias, no ya sólo antropológicas, ético/religiosas o científicas, sino también propiamente jurídicas. Que se trate de un derecho "esencial y troncal" no significa, por supuesto, que carezca de límites, puesto que la causación de la muerte de otra persona puede justificarse, bajo ciertas condiciones, si entra en conflicto con otros bienes jurídicos (legítima defensa, estado de necesidad, cumplimiento de un deber, etc.)

El derecho fundamental a la vida tiene una doble dimensión: desde el punto de vista subjetivo-individual, "da a sus titulares la posibilidad de recabar el amparo judicial frente a toda actuación de los poderes públicos que amenace su vida o integridad" (STC 120/1990); en su vertiente objetivo-institucional, impone a esos mismos poderes, y en especial al legislador, "el deber de adoptar las medidas necesarias para proteger la vida frente a los ataques de terceros", incluido el establecimiento de sanciones penales (STC 53/1985). El derecho a la vida sería, pues, un derecho de defensa frente a los poderes públicos, que les vincularía en sentido negativo, prohibiéndoles causar la muerte a nadie ni siquiera mediante sentencia judicial (se prohíbe la pena de muerte) y en sentido positivo, obligándoles a sancionar penalmente cualquier agresión a la vida con independencia de su origen público o privado.

Con carácter general, el derecho a la protección jurídica de la vida tiene, ciertamente, una estructura peculiar. Así, cabría subrayar, entre otras, singularidades como éstas: (1ª) es el presupuesto lógico y ontológico del resto de derechos. (2ª) Su violación tiene, por definición, carácter irreversible porque implica la desaparición de su titular. (3ª) Si se tiene en cuenta que la misma noción de "vida" humana presenta contornos científicos esquivos en la definición tanto de su origen como de su final y que es un concepto central de tradiciones religiosas y morales, se explica que el derecho a la vida sea un terreno particularmente fértil para el debate ideológico y jurídico (ahí está, por ejemplo, la auténtica guerra de trincheras conceptual en los casos del aborto voluntario y de la eutanasia/suicidio asistido, por no hablar de los supuestos que plantea el denominado derecho a la reproducción y los desafíos de la biotecnología; el más reciente, la bilogía sintética).

El derecho a la vida es un derecho de defensa en los términos expuestos, pero ¿es también un derecho de libertad en el sentido de que sus titulares puedan, bajo ciertas condiciones, disponer de su propia vida (eutanasia y/o suicidio asistido)? El Tribunal Europeo de Derechos Humanos (Pretty v. Reino Unido, 2002) ha sostenido que el derecho a disponer de la propia vida no es una facultad que se derive de la protección jurídica de la vida del art. 2 del Convenio de Roma. En otras palabras, que el derecho a la vida no incluye una dimensión negativa. La vida es un bien jurídico protegido con independencia de la voluntad de su titular, lo que, a la vez que convierte en problemática su adscripción a la categoría clásica de derecho subjetivo, explicita la importancia de su dimensión objetiva o comunitaria. Se trataría de un bien indisponible por su directa conexión con la misma conservación del núcleo social. Una sociedad de suicidas no es una sociedad de personas libres. Y si esto es así, más que de un derecho subjetivo en sentido estricto, esto es, un haz de facultades que el ordenamiento entrega a su titular para que este las ejercite o no en su propio interés, la protección jurídica de la vida sería, más bien y con carácter general, una norma objetiva de protección o garantía, como ocurre también con el resto de derechos enunciados en el art. 15 CE. No obstante, como excepción, la disposición de la propia vida por uno mismo o con la ayuda de terceros en contexto eutanásico sí es, a juicio tanto del Tribunal de Estrasburgo (Sentencia Mortier v. Bélgica, de 4 de octubre de 2022) como del Tribunal Constitucional español (STC 19/2023, de 22 de marzo) un derecho fundamental.

II. PROHIBICIÓN DE LA PENA DE MUERTE

La pena de muerte ha sido abolida por el art. 15 CE "salvo lo que puedan disponer las leyes penales militares para tiempos de guerra". El art. 15 CE no impone la pena de muerte en este caso, tan sólo abre la posibilidad de su establecimiento a través de la ley (necesariamente orgánica por afectar al desarrollo de un derecho fundamental art. 81.1 CE). La LO 11/1995, de 27 de noviembre, abolió la pena de muerte que el Código Penal militar preveía para diversas conductas: (traición, espionaje, atentado contra los medios o recursos de la defensa nacional, delitos contra las leyes y usos de la guerra, cobardía, desobediencia, abuso de autoridad, sedición, etc.), en casos de extrema gravedad, debidamente motivados en la Sentencia y en tiempo de guerra —declarada formalmente o tras una apertura de hostilidades con potencia extranjera. Por otro lado, España ha firmado el Protocolo número 13 al Convenio para la protección de los derechos humanos y las libertades fundamentales, relativo a la abolición de la pena de muerte en todas las circunstancias, de 3 de mayo de 2002 (ha entrado en vigor el 1 de abril de 2010). Este Convenio abole la pena de muerte de modo absoluto, sin excepciones ni reservas. Así pues, para que el legislador penal militar pudiera re-introducir la pena de muerte para tiempos de guerra, nuestro Estado tendría que denunciar previamente el Protocolo 13. En cualquier caso, la mejor opción sería la de, en una futura reforma constitucional, suprimir definitivamente la pena de muerte. Esto sería un triunfo de la civilización. La pena de muerte no puede fundarse racionalmente en la idea de retribución o venganza; tampoco en el (no demostrado) menor coste económico que supone frente a la prisión prolongada; ni en la reparación de las víctimas (por cierto, si se aplica la pena de muerte, los familiares del reo pasan a ser también víctimas); ni en los posibles deseos de una mayoría de la población en un momento determinado para ciertos delitos (los derechos fundamentales son triunfos frente a las mayorías); carece de efectos preventivos o intimidantes porque no reduce el número de delitos violentos; ha tenido efecto discriminatorio porque afecta desproporcionadamente a ciertos colectivos étnicos o con menos recursos económicos, educativos, etc.; ha sido aplicada, por error, a inocentes. Además, el art. 15 CE prohíbe las penas "inhumanas" y la de muerte lo es en el grado máximo, y el art. 25.2 CE establece la orientación reeducativa y de reinserción social de la pena y el desarrollo integral de la personalidad de los presos.

III. EL PROBLEMA CONSTITUCIONAL DEL ABORTO VOLUNTARIO

El término "todos" del art. 15 CE se refiere, obviamente, a todas las personas físicas, nacionales y extranjeras (art. 13.1 CE). La cuestión constitucional tradicionalmente más controvertida es la relativa al aborto, entendido como toda interrupción voluntaria provocada del proceso de gestación que ocasione la muerte del producto de la concepción. El aborto fue delito en España hasta la reforma del Código Penal de 5 de julio de 1985. Desde 1985 hasta la Ley 2/2010, de salud sexual y reproductiva y de interrupción voluntaria del embarazo, el art. 417 bis del Código Penal castigaba, con carácter general, el aborto, pero estaba justificado en tres supuestos o indicaciones: terapéutica (grave peligro para la vida o la salud física o psíquica de la embarazada), ética (embarazo por violación) y eugenésica (graves taras físicas o psíquicas del feto). Este sistema fue recurrido ante el Tribunal Constitucional, que en su STC 53/1985 estableció la siguiente doctrina: (1º) El *nasciturus* no es titular del derecho fundamental a la vida, pero su vida es un bien jurídico constitucionalmente protegido por el art. 15 CE. (2º) Esta protección implica para el Estado dos obligaciones con carácter general: la de "abstenerse de interrumpir o de obstaculizar el proceso natural de gestación" y la de "establecer un sistema legal para la defensa de la vida... que, dado el carácter fundamental de la vida, incluye también, como última garantía, las normas penales". (3º) Pero dicha protección no es absoluta: el legislador penal puede introducir legítimamente causas específicas de justificación (además de las generales) en caso de conflicto entre el bien jurídico de la vida del *nasciturus* y el derecho a la vida o la salud de su madre (indicación terapéutica) y también cuando la sanción penal entrañe la imposición de una conducta que excede de la que normalmente es exigible a la madre y a la familia (indicaciones ética y eugenésica). Por tanto, el Tribunal declara que no lesiona el art. 15 CE la previsión que hacía el art. 417 bis CP de las tres indicaciones que convertían en no punible al aborto consentido; no obstante, seis Magistrados, de los doce que componen el Tribunal, emitieron votos particulares muy interesantes quejándose del exceso de jurisdicción en que habría incurrido el Tribunal, que se habría convertido en legislador positivo, lo mismo que, fundamentalmente han alegado ahora, en la STC 44/2023, de 9 de mayo, los magistrados discrepantes, en este caso no pro—, como aquellos, sino antigubernamentales.

Como se ha indicado, desde 2010 rige en España otro sistema, de plazos, combinado, bajo ciertas condiciones, con el de indicaciones, que fue impugnado por 71 diputados del grupo popular y ha sido resuelto (13 años después) por la STC 44/2023, de 9 de mayo, desestimando por completo el recurso. La estructura de la STC 44/2023 es semejante a la muy próxima en el tiempo STC 19/2023, de 22 de marzo, resolutoria de otro recurso de inconstitucionalidad contra la Ley orgánica de regulación jurídica de la eutanasia. En ambos casos, el Tribunal utiliza el canon de la interpretación evolutiva (la doctrina canadiense de la Constitución como "árbol vivo") y el de unidad constitucional (para resolver ambas cuestiones no basta con tener en cuenta el deber estatal de protección de la vida —prenatal o de enfermos en contexto eutanásico—, puesto que hay otros preceptos constitucionales, sobre todo, de libertad, que operan como posibles límites de tal deber). También en las dos Sentencias, el Tribunal, antes de entrar a examinar la constitucionalidad de las concretas disposiciones legales impugnadas, ofrece primero una valoración global de la materia: en un caso, de la compatibilidad constitucional de un sistema de plazos en el aborto y, en otro, de la existencia implícita de un derecho de prestación de ayuda a morir. En ambos supuestos, el Tribunal identifica dos nuevos derechos fundamentales: el derecho de la mujer "a la autodeterminación respecto de la interrupción del embarazo" (el art. 3.2 de la LO 2/2010 se refiere al "derecho a una maternidad libremente asumida") y el derecho de prestación de ayuda a morir en contexto eutanásico. Y estos dos derechos fundamentales no serían, en realidad, "nuevos", sino que se deducirían de la dignidad y el libre desarrollo de la personalidad (art. 10.1 CE) concretado en el derecho fundamental de la integridad física y moral (art. 15 CE). La imposición de una maternidad forzada supone una instrumentalización de la persona contraria al art. 15 CE (F. Jco. 3º). En algunos fundamentos de la Sentencia, el octavo y el décimo, también se alude (aunque de un modo no demasiado sistemático, en mi opinión, con la argumentación principal) a la perspectiva de género y al derecho de las mujeres a no sufrir discriminación por razón de sexo —art. 14 CE. Obviamente, los votos discrepantes enfatizan el exceso de jurisdicción que, a su juicio (Enríquez, Arnaldo y Tolosa, también Espejel) esto supone: "no le corresponde al Tribunal... reescribir la Constitución para crear, descubrir o deducir nuevos derechos fundamentales" sustituyendo el poder de reforma y limitando la libertad del legislador y, por ende, el pluralismo político.

En el caso del aborto, el Tribunal considera que el sistema de plazos legalmente previsto logra un equilibrio razonable entre el nuevo derecho fundamental a una maternidad libremente asumida, de un lado, y el deber estatal de protección de la vida prenatal, de otro. El Tribunal trae aquí su doctrina de la STC 53/1985 del *nasciturus* no como persona y titular de un derecho fundamental, sino como un bien constitucionalmente protegido. Así pues, en realidad, no habría un conflicto entre dos derechos fundamentales, sino entre un derecho fundamental y un bien tutelado. La Sentencia considera que el sistema de plazos es constitucional porque es gradual y proporcional: hasta las primeras 14 semanas, interrumpir el embarazo es una decisión libre de la mujer (pero se protege la vida prenatal a través de las medidas preventivas de educación sexual y porque se castiga penalmente el aborto sin consentimiento de la embarazada); de la semana 14 a la 22, el aborto sólo es válido si hay grave riesgo para la vida o salud de la embarazada o si hay riesgo de anomalías del feto; y a partir de la semana 22 (umbral de la viabilidad fetal) sólo se permite el aborto si se detectan anomalías en el feto incompatibles con su vida o una enfermedad grave e incurable.

No obstante, hay que advertir que, en realidad, el tránsito de un sistema de indicaciones a otro de plazos, en principio, más seguro y sencillo para poder abortar, no ha conllevado, sin embargo, un aumento del número de abortos o interrupciones voluntarias del embarazo (IVE) en España. Las estadísticas anuales del Ministerio de Sanidad sobre IVE confirman la tendencia descendente: si en torno al año 2010, año del cambio legal, se producían más de cien mil al año (por ejemplo, en 2011 hubo 118.611 IVE), en los últimos años están en torno de los noventa mil (por ejemplo, en 2021, 90.189). La estadística también muestra (por ejemplo, la última, de 2021) que la mayoría de abortos se practican en centros privados (76,99%), que en la mayoría de casos se hace a las ocho semanas o menos de gestación (72,42%), que el motivo principal de la interrupción es la petición de la gestante (90,98%), siendo el riesgo para la vida o la salud la siguiente causa (5,58%) y le sigue la anomalía del feto (3,16%). Los motivos de aborto posteriores a la semana 22 no llegan (en 2021) al 0,32%. Un dato interesante es que casi un tercio de los IVE practicados lo son a mujeres extranjeras (sobre todo, americanas residentes en España: 20,37%); a españolas es el 65,07%.

Es reseñable también la LO 1/2023, de 28 de febrero, que modifica la LO 2/2010, y que elimina el plazo de reflexión de tres días y la obligatoriedad de recibir información de recursos y ayudas disponibles en caso de continuar con el embarazo (ahora será voluntaria) y que suprime el consentimiento de los representantes legales de las menores de 18 años y mayores de 16 (exigido por la reforma de la LO 2/2010 por la LO 11/2015). El Tribunal Constitucional ha validado esta reforma legal mediante Sentencia de 20 de junio de 2024. Una de las preocupaciones de la LO 1/2023 es una accesibilidad a la práctica de la interrupción del embarazo homogénea y eficaz en todo el territorio. En este sentido, la STC de 3 de julio de 2023 ha sostenido que la derivación de la demandante, desde la Comunidad de Murcia, a un centro privado de Madrid, para la realización de un aborto porque las autoridades murcianas no han acreditado que todos los profesionales competentes de la sanidad pública murciana hayan ejercitado su derecho de objeción de conciencia en los términos legales (de forma anticipada y por escrito) y, por consiguiente, no se ha justificado la excepcionalidad de tal derivación. Es deseable, afirma el Tribunal, que la interrupción del embarazo se realice en el entorno de la gestante porque se encuentra en una situación de vulnerabilidad y para que pueda contar con los apoyos de sus allegados.

Finalmente, es preciso recordar la STC 75/2024, que, desestimando un recurso de inconstitucionalidad contra la adición del nuevo art. 172 quater del Código Penal penalizando el acoso a mujeres que acuden a una clínica para abortar, considera que dicho precepto es válido porque la nueva conducta penal estaría suficientemente tipificada (el tipo de acoso tiene perfiles penales precisos, no es una simple molestia) y porque no supone un sacrificio innecesario o desproporcionado de la libertad de expresión ni del derecho de manifestación.

IV. EL NUEVO DERECHO DE PRESTACIÓN DE AYUDA A MORIR EN CONTEXTO EUTANÁSICO

Según jurisprudencia constante, el derecho fundamental a la vida no incluye la facultad de disponer de ella. No se reconoce, por tanto, un derecho al suicidio, que es una libertad fáctica. En los casos de huelga de hambre de los presos del grupo terrorista de los Grapo (SSTC 120/1990 y otras), el TC sostuvo la licitud constitucional de la asistencia médica coactiva y de la alimentación forzosa, afirmando que el derecho a la vida tiene "un contenido de protección positiva que impide configurarla como un derecho de libertad que incluya el derecho a la propia muerte". Sin embargo, cuando se da un determinado "contexto eutanásico", que son dos situaciones: "una enfermedad grave e incurable" (art. 5.1.d) o un "padecimiento grave, crónico e imposibilitante" (art. 5.1.d), la Ley Orgánica 3/2021, de 24 de marzo, que regula la eutanasia (LORE), ha venido a reconocer en nuestro ordenamiento un nuevo derecho: la prestación de ayuda para morir bien sea por terceros, profesionales sanitarios (eutanasia), bien por el mismo paciente con ayuda de esos terceros (suicidio asistido). Antes de esta norma que legaliza la eutanasia activa directa, ya se permitía tanto la eutanasia pasiva o limitación del esfuerzo terapéutico o derecho a rechazar el tratamiento médico de soporte vital, como la eutanasia activa indirecta o de tratamientos médicos de doble efecto (que alivian los dolores, pero acortan la vida: por ejemplo, las sedaciones terminales). Todo paciente tiene en España un derecho (reconocido en el Convenio de Oviedo del Consejo de Europa y en la Ley 41/2002, básica, reguladora de la autonomía del paciente) a elegir el tratamiento médico (artículo 2.3) y a rechazarlo (artículo 2.4), incluso aunque ello conlleve acelerar su muerte. Tiene derecho a recibir ayuda frente al dolor físico. Esto es fruto de un nuevo modelo de relación médico/paciente, que es el de autonomía del paciente o del consentimiento informado, que viene a sustituir al viejo modelo de paternalismo médico (en el que las decisiones sobre la salud y la vida del paciente las adoptaba el médico, a veces en conspiración benevolente con la familia del enfermo, pero sin el enfermo). Tras la LORE, los pacientes en contexto eutanásico tienen derecho, además, a recibir una prestación de ayuda a morir. De alguna manera, es la culminación de una larga evolución de tutela tanto del derecho frente al dolor físico cuanto del principio de autonomía del paciente.

La Ley otorga el nuevo derecho a toda persona que cumpla los requisitos de edad (tener 18 años o más), nacionalidad (españoles y extranjeros que puedan acreditar un tiempo de permanencia en territorio español superior a doce meses), capacidad y consentimiento. El procedimiento ordinario transita por nueve pasos.

1. Primera solicitud escrita dirigida al médico responsable (art. 5.1.c). *2. Proceso deliberativo con el médico responsable.* Recibida la solicitud, el médico responsable, en el plazo máximo de dos días, y tras verificar que se cumplen los requisitos de nacionalidad o residencia, mayoría de edad, capacidad y consciencia (art. 5.1a), voluntariedad (art. 5.1.c) y contexto eutanásico (art. 5.1.d), realizará con el paciente "un proceso deliberativo" sobre su diagnóstico, posibilidades terapéuticas y resultados esperables, así como posibles cuidados paliativos, asegurándose de que comprende toda esa información; en el plazo máximo de cinco días, deberá proporcionársela por escrito al solicitante (art. 8.1). *3. Segunda solicitud y finalización del proceso deliberativo con el médico.* Tras quince días naturales desde la primera solicitud (art. 5.1c), el enfermo deberá presentar una segunda solicitud, también escrita, dirigida al médico responsable, quien, en el plazo de dos días, retomará con el paciente el proceso deliberativo "al objeto de atender cualquier duda o necesidad de ampliación de información" (art. 8.1). *4. Decisión de continuar o de desistir.* Transcurridas 24 horas desde la finalización del proceso deliberativo con el médico, este deberá recabar del paciente su decisión de continuar o de desistir de su solicitud. *5. Comunicación de la decisión de continuar y firma del documento de consentimiento informado.* Si el paciente decide continuar con el procedimiento, el médico responsable deberá comunicarlo al equipo asistencial, especialmente a los profesionales de enfermería y deberá recabar también la firma del documento de consentimiento informado (art. 8.2). *6. Informe de un médico "consultor"*. Este segundo médico es un "facultativo con formación en el ámbito de las patologías que padece el paciente y que no pertenece al mismo equipo del médico responsable" (art. 3.e) Tras la firma por el paciente del consentimiento previo, el médico responsable deberá dirigirse a este segundo médico especialista quien, después de estudiar la historia clínica y de examinar al paciente, deberá corroborar que se cumplen todas las condiciones legales expuestas, en el plazo máximo de diez días, a cuyo efecto redactará un informe que pasará a formar parte de la historia clínica del paciente. En caso de informe desfavorable del médico consultor (o de denegación de la prestación de ayuda a morir por parte del médico responsable —art. 7) el paciente podrá recurrir a la Comisión de Garantía y Evaluación (art. 8.4). *7. Verificación previa por parte de la Comisión de Garantía y Evaluación* (en adelante, CGE). Tras el informe favorable del médico consultor, el médico responsable lo pondrá en conocimiento del presidente de la CGE (art. 8.5), en el plazo máximo de tres días hábiles, y este designará, en el plazo de dos, a dos miembros de la Comisión, un médico y un jurista, para que "verifiquen si, a su juicio, concurren los requisitos y condiciones establecidos para el correcto ejercicio del derecho a solicitare y recibir la prestación de ayuda para morir" (art. 10.1). Estos miembros tendrán acceso a la historia clínica del paciente y podrán entrevistarse con el profesional médico responsable y con el solicitante (art. 10.2) En el plazo máximo de siete días naturales, emitirán un informe detallado. Si no hay acuerdo entre los dos miembros de la Comisión, se elevará la verificación al pleno de la CGE, que decidirá definitivamente (art. 10.3). Si en informe es favorable, este servirá de resolución a los efectos de realización de la prestación (art. 10.3) Deberá ponerse en conocimiento del presidente, quien, a su vez, lo pondrá en conocimiento del médico responsable para proceder, en su caso, a realizar la prestación de ayuda para morir (art. 10.4) Todo ello en el plazo máximo de dos días naturales. *8. Realización de la prestación de ayuda para morir*. Tras la resolución favorable de la CGE, el médico responsable procederá a la prestación de la ayuda, con "el máximo cuidado y profesionalidad", aplicando "los protocolos correspondientes que contendrán criterios en cuanto a la forma y tiempo de realización de la prestación" (art. 11.1) Si el paciente se encuentra consciente, deberá comunicar al médico responsable la modalidad de la ayuda: eutanasia o suicidio asistido. Si es eutanasia, el médico responsable y el resto de profesionales sanitarios asistirán al paciente hasta el momento de su muerte (art. 11.2) Si es suicidio asistido, el médico responsable y su equipo, "tras prescribir la sustancia que el propio paciente se auto-administrará, mantendrá la debida tarea de observación y apoyo a este hasta el momento de su fallecimiento" (art. 11.3). *9. Comunicación a la CGE tras la realización de la prestación de ayuda para morir.* Realizada la prestación de ayuda para morir, y en el plazo máximo de cinco días hábiles, el médico responsable deberá remitir a la CGE de su comunidad o ciudad autónoma dos documentos con determinada información, el primero con los datos de los principales actores que han participado en el procedimiento y el segundo con los datos de contenido relevantes del mismo.

La regla general de que el paciente sea capaz y consciente en el momento de la solicitud (art. 5.1.a) y que la decisión sea "autónoma" (art. 4.2) conoce una excepción, prevista en el art. 5.2: si el médico responsable certifica que el paciente (que ha de ser mayor de edad y español, residir legalmente en España o con empadronamiento superior a doce meses) no se encuentra en pleno uso de sus facultades, ni puede prestar su conformidad libre, voluntaria y consciente para formular las dos solicitudes antes mencionadas ni su consentimiento informado para recibir la prestación de ayuda para morir, el paciente podrá recibir, no obstante, esta prestación si se cumplen dos condiciones: (1ª) Se da el contexto eutanásico y (2ª) El paciente ha suscrito con anterioridad un documento de instrucciones previas en ese sentido.

Los profesionales sanitarios directamente implicados en la prestación de ayuda para morir podrán ejercer su derecho a la objeción de conciencia. Las administraciones sanitarias crearán un registro de profesionales sanitarios objetores de conciencia, sometido al principio de estricta confidencialidad y a la normativa de protección de datos de carácter personal (art. 16.2). Por su parte, a los solicitantes se les reconoce diversos derechos en la Ley. Obviamente, el principal es el derecho a la prestación de ayuda para morir bajo las condiciones que se estipulan legalmente (art. 4.1), pero también el derecho a revocar su decisión en cualquier momento, el aplazamiento de la administración de la ayuda para morir, la gratuidad de la prestación; la prestación de ayuda para morir podrá hacerse en centros sanitarios públicos, privados o concertados e incluso en el propio domicilio sin que puedan resultar menoscabados ni el acceso ni la calidad asistencial (art. 14); se reconoce el derecho a un equipo médico imparcial: no podrá intervenir profesional alguno que pudiera incurrir en conflicto de intereses o pudiera resultar beneficiado de la práctica de la eutanasia (art. 14), así como los derechos de intimidad y confidencialidad y de reclamación administrativa y, en su caso, judicial, frente a eventuales denegaciones de la prestación.

Una novedad de la LORE respecto de todas regulaciones estatales extranjeras que permiten la eutanasia y el suicidio asistido es el control *ex ante* que hacen las Comisiones de Garantía y Evaluación, que son órganos fundamentales para la cabal aplicación de la Ley. Deberán crearse en todas las Comunidades Autónomas y también en Ceuta y Melilla. Curiosamente, la LORE no prevé la creación de una Comisión estatal.

La LORE modifica el art. 143 del Código Penal para eximir de toda responsabilidad penal a quienes causaren o cooperasen activamente a la muerte de otra persona cumpliendo lo establecido en la LORE (art. 143.5 CP). Esto quiere decir también que cualquier eutanasia o ayuda al suicidio en contexto eutanásico practicados al margen de la LORE seguirán castigándose, aunque de forma atenuada (art. 143.4 CP).

Dos Sentencias recientes, una del Tribunal europeo de derechos humanos (Mortier v. Bélgica, de 4 de octubre de 2022) y otra del Tribunal Constitucional (STC 19/2023), como ya se ha indicado, han venido a validar el "nuevo" derecho de prestación de ayuda a morir en contexto eutanásico. Incluso como una concreción de la dignidad y libre desarrollo de la personalidad (art. 10.1 CE) concretado en el derecho a la integridad personal (art. 15 CE): la Constitución "prohíbe la imposición de una existencia ajena a la persona y contrapuesta al libre desarrollo de su personalidad" y, de ahí, de la Constitución se deduce el "derecho de la persona a la autodeterminación de su propia muerte en contextos eutanásicos" (F. Jco. 6º). No obstante, en la Sentencia Karsai v. Hungría, de 13 de junio de 2024, el Tribunal europeo se ha negado a considerar que la tipificación penal de la eutanasia en Hungría viole derecho fundamental alguno del demandante, un varón de 47 años con esclerosis lateral amiotrófica. El modelo de prohibición húngaro entraría dentro del margen estatal de apreciación en una materia sobre la que no existe consenso en Europa. La Sentencia destaca también el crucial papel que juegan los cuidados paliativos como alternativa de la eutanasia.

V. EL DERECHO A LA INTEGRIDAD FÍSICA Y MORAL; LA PROHIBICIÓN DE LA TORTURA Y DE LAS PENAS Y TRATOS INHUMANOS Y DEGRADANTES

El art. 15 CE reconoce el derecho "a la integridad física y moral, sin que, en ningún caso, puedan ser sometidos a tortura ni a penas o tratos inhumanos o degradantes". Con la doble alusión a la integridad "física" y "moral" se pretende, en definitiva, garantizar la "integridad personal" globalmente entendida en el sentido de "incolumidad". En relación con este derecho fundamental, el Tribunal Constitucional ha tenido ocasión de señalar repetidamente (desde la STC 120/1990) que su ámbito constitucionalmente garantizado *prima facie* "protege la inviolabilidad de toda persona no sólo contra los ataques dirigidos a lesionar su cuerpo o espíritu, sino también contra toda clase de intervención en esos bienes que carezca del consentimiento de su titular". Una característica singular de la prohibición de la tortura es que, a diferencia de la mayoría de los derechos fundamentales, es completamente absoluta, es decir, no tiene límites (STC 34/2008), ni siquiera aunque resultara útil para evitar un atentado en el que murieran muchas víctimas inocentes

El TC, siguiendo la interpretación del Tribunal de Estrasburgo (desde su Sentencia Irlanda v. Reino Unido, de 18 de enero de 1978), distingue las tres categorías, "tortura", "trato inhumano" y "trato degradante" en atención al criterio de la diferente intensidad del sufrimiento causado: "tortura, tratos inhumanos y degradantes son, en su significado jurídico, nociones graduadas de una misma escala" que, en todos sus tramos, denota "la producción, sean cuales fueran sus fines, de padecimientos físicos o psíquicos ilícitos infligidos de modo vejatorio para quien lo sufre y con esa propia intención de vejar y doblegar la voluntad del sujeto paciente" (STC 120/1990). Por tanto, estas conductas requieren tres elementos: el padecimiento, dolor o sufrimiento de la víctima, que puede ser físico o moral; el carácter vejatorio del comportamiento y la intención de someter la voluntad de la víctima.

No existen muchos casos judicialmente constatados de torturas en España desde la recuperación de la democracia en 1978, pero lo cierto es que, en principio, ni se han perseguido con demasiada insistencia, ni, cuando se ha demostrado su existencia, han sido sancionados con severidad. Sin embargo, el Tribunal Europeo de Derechos Humanos ha venido condenando a nuestro país en los últimos años porque las autoridades españolas no habrían llevado a cabo una investigación efectiva sobre los malos tratos denunciados, normalmente en régimen de incomunicación. En otras palabras, la condena no es porque se haya probado la tortura o los tratos inhumanos o degradantes, sino por la carencia de investigación efectiva de tales denuncias. Entre otras, Martínez Sala (2004), Ibarren Pinillos (2009), San Argimiro Isasa (2010), Beristain Ukar (2011), Otamendi Egiguren (2012), Postu Juananea y Sarasola Yazábal (2018) o González Otayo (2021). Y esta línea jurisprudencial europea ha determinado que nuestro Tribunal haya endurecido la exigencia de una investigación "suficiente" de las torturas que se aleguen en sede policial, de modo que, últimamente, el Tribunal, dando un giro a sus precedentes, ha estimado numerosos amparos por investigación insuficiente: por no haber tomado declaración al denunciante, a su abogado de oficio, al personal sanitario, a las fuerzas del orden o a testigos. Por ejemplo, en la STC 34/2022, se archivó tempranamente una investigación judicial por la supuesta levedad del maltrato policial y eso motivó que el Tribunal otorgara el amparo a la denunciante.

"Tratos o penas inhumanos" son aquellos que, por su ejecución o por las modalidades que revisten, acarrean, por su propia naturaleza, sufrimientos de una especial intensidad; "tratos o penas degradantes" son los que provoquen una humillación o sensación de envilecimiento tal que alcancen un nivel determinado, distinto y superior al que suele llevar aparejada la simple imposición de una condena. La jurisprudencia del Constitucional ha precisado el concepto de "trato degradante", a la luz de la jurisprudencia de Estrasburgo, como aquel que provoca en la víctima sentimientos de temor, angustia e inferioridad susceptibles de humillar, envilecer y, eventualmente, de quebrantar su resistencia física o moral. Para entender que un determinado maltrato se halla bajo el ámbito de cobertura de la prohibición de los "tratos degradantes" es imprescindible que supere un "umbral mínimo de severidad". Para determinar si se supera este umbral hay que atender a las circunstancias del caso concreto, pero hay dos criterios generales: (1.º) Dado el carácter absoluto de la prohibición, en modo alguno puede ser determinante la mayor o menor bondad o legitimidad de la finalidad pretendida con la medida objeto de control (lo decisivo son los medios utilizados). (2.º) Cuando el pretendido maltrato se predica de una sanción, el sufrimiento que ella provoca sólo podrá catalogarse de "trato degradante" si va más allá del usual y, a menudo, inevitable elemento de humillación inherente a la sanción misma.

Desde este marco general, el Tribunal Constitucional ha considerado, por ejemplo, que:

a) Las penas privativas de libertad y la inhabilitación absoluta, independientemente de su mayor o menor extensión, no pueden ser calificadas de inhumanas o degradantes (STC 65/1986); como tampoco lo son las previsiones del legislador estableciendo una mayor o menor pena por la concurrencia de la agravante de reincidencia o por cualquier otra agravante (STC 150/1991); ni el aislamiento de presos en celdas de acuerdo con las exigencias legales (STC 2/1987); ni la imposibilidad de mantener relaciones sexuales derivada de una privación legal de libertad (STC 89/1987); ni la detención incomunicada para aquellos a quienes se aplique la legislación antiterrorista (STC 199/1987); ni la orden a un recluso, tras una comunicación íntima y a efectos de seguridad, de desnudarse y practicar flexiones (STC 57/1994). El Tribunal sostiene que esta medida no constituye trato inhumano o degradante pues no hubo contacto corporal con el funcionario, no se hizo en público ni se deduce del recurso que causaran un sufrimiento de especial intensidad; pero sí viola el derecho a la intimidad corporal del recluso, pues la autoridad no acredita suficientemente la necesidad de esta medida en relación con la persona concreta. La Sentencia del Tribunal Supremo de 2 de marzo de

1998 consideró que el programa penitenciario de especial seguimiento de algunos reclusos muy peligrosos (un programa muy restrictivo: dos horas de patio al día en el que no pueden coincidir con ningún otro interno, cacheos a la entrada y salida de la celda, cuando salgan de la celda debían ser acompañados de dos funcionarios, etc.), así como el control que se realizó sobre sus personas después de su participación en ciertos motines penitenciarios, no es un trato inhumano o degradante pues quedó suficientemente acreditada su peligrosidad y la proporcionalidad de las medidas adoptadas para restablecer el orden penitenciario. La alimentación y la asistencia sanitarias forzosas a reclusos en huelga de hambre no es un trato inhumano o degradante (STC 120/1990), aunque sí lo sería si la alimentación se realizara por vía bucal mientras el recluso estuviera consciente y contra su voluntad.

b) La esterilización de persona incapaz que adolece de grave deficiencia psíquica no merece la consideración de trato inhumano o degradante (STC 215/1994). No obstante, la Ley Orgánica 2/2020 ha modificado el Código Penal para prohibir dicha esterilización, dando cumplimiento a lo dispuesto en este sentido por el art. 23.1 de la Convención de Naciones Unidas sobre derechos de las personas con discapacidad (2006).

c) La pena de prisión permanente revisable no es una pena inhumana o degradante: así lo ha decidido la STC 169/2021. No lo es porque ese tipo de pena es objetivamente revisable (no abarca toda la vida del reo), ofrece al interno una expectativa realista de alcanzar la libertad algún día, el procedimiento para ello es predeterminado y claro desde el momento de imposición de la pena y el reo puede recibir el tratamiento adecuado para favorecer su evolución personal. Según el Tribunal Constitucional, la prisión permanente revisable no es una prisión perpetua (abolida en España en 1928).

Ciertamente, reconoce el TC, las penas superiores a 15 años pueden ser excesivas (provocando desequilibrios mentales, pasividad, pérdida de autoestima y depresión), pero la clave estaría en las condiciones de su cumplimiento y, en este sentido, la legislación penitenciaria española (inspirada en "la individualización científica" del art. 72 de LO General Penitenciaria) sería ejemplar en Europa. La prisión permanente revisable está prevista sólo para delitos de excepcional gravedad y se busca con ella intensificar el efecto retributivo y de prevención general y especial (inocuización del delincuente) de la pena como en otros países de nuestro entorno. Se trataría de una pena proporcionada porque protege a la sociedad de conductas muy graves, es idónea, es necesaria porque no hay alternativas tan eficaces y porque el condenado puede alcanzar el tercer grado tras 15 años de condena y la suspensión de esta a los 25; en cualquier caso, antes de los 30 años, que es el plazo máximo de estancia en prisión. Por tanto, el reo tiene la posibilidad de insertarse socialmente de modo pleno tras la condena. Así pues, el Tribunal desestima el recurso de inconstitucionalidad planteado contra la reforma del Código Penal de 2015 que introduce esta pena, pero ordena una interpretación conforme respecto de las funciones y facultades que se encomiendan legalmente al Juez de Vigilancia Penitenciaria que se consideran demasiado inconcretas respecto de la revocación de la libertad condicional y de la orden de reingreso en prisión del liberado (el Tribunal lo limita a las condiciones generales del art. 86.1 CP —cometer un delito en ese periodo, incumplir gravemente los deberes impuestos, etc.).

Atención especial merecen las intervenciones corporales forzosas, que afectan fundamentalmente a dos derechos fundamentales: intimidad (art. 18.1 CE) e integridad física (art. 15 CE). El Tribunal Constitucional ha venido sosteniendo, desde la STC 37/1989, que forma parte del derecho a la intimidad (art. 18.1 CE) la denominada "intimidad corporal", que es el derecho a no padecer inspecciones, registros o exámenes en las partes del cuerpo que, de acuerdo a los criterios culturales de pudor o recato existentes en un momento dado, se consideren "íntimas". La STC 207/1996 ha distinguido, dentro de las diligencias que pueden practicarse en un procedimiento penal, entre las "intervenciones corporales", que afectarán al derecho de integridad física del art. 15 CE por causar algún tipo de alteración, lesión o menoscabo (aunque sea mínimo) en el cuerpo (ejemplos: extracción de sangre, pelos, uñas, biopsias, observaciones radiológicas o resonancias magnéticas, etc.), y las "inspecciones o registros" corporales que consisten en cualquier tipo de reconocimiento o examen del cuerpo que no supongan afectación o menoscabo de su integridad, pero que pueden lesionar el derecho de intimidad corporal si inciden en partes "íntimas" (como un examen ginecológico, —STC 37/1989—; o la orden a un recluso de desnudarse y realizar flexiones tras una comunicación íntima para prevenir la entrada de droga en la prisión, STC 57/1994; o la práctica de "cacheos" o registros de una persona y su indumentaria (si bien la STS de 15 de enero de 1993 ha incluido en el concepto de "cacheo" el obligar a un sujeto a expulsar droga que ocultaba en la boca —ante la presencia de la policía—, en la medida en que "no alcanza la trascendencia de un registro anal o vaginal") para averiguar si oculta elementos que puedan servir para la prueba de un delito: en sí mismo no lesiona ni la integridad física ni la intimidad, pero sí tiene trascendencia el modo de practicarlo. En efecto, el cacheo debe efectuarse por alguien del mismo sexo (STS de 23 de febrero de 1994: "la condición femenina de la interpelada... hacía necesaria su conducción a comisaría para someterla a un cacheo o registro personal por agentes idóneos"), dentro de un espacio íntimo en el que sólo asistan quienes lo practican (STS de 2 de diciembre de 1994) y en el contexto de indicios o sospechas concretas (STS 5/1994, de 17 de enero, como la naturaleza del delito, la conducta sospechosa de los sujetos —la STS de 20 de enero de 1993 alude a la "actitud de especial nerviosismo ante la presencia policial"— o un lugar de frecuente comisión de delitos).

Ya antes de la pandemia por COVID-19 pero, por supuesto, intensificado por esta, se ha planteado también el problema de la validez o no de la vacunación obligatoria. En 2013, el Tribunal Superior de Andalucía ordenó la vacunación de unos niños cuyos padres se habían negado a hacerlo a pesar de que había una epidemia de sarampión en Granada. Y en 2016, el Comité de Bioética de España emitió un informe sobre la vacunación obligatoria. Su tesis principal es que el ordenamiento español, a diferencia de otros, no establece la obligación de vacunarse en ningún caso, que es algo voluntario, pero sí permite la vacunación obligatoria en caso de epidemia o pandemia. El art. 43 CE ordena a los poderes públicos tutelar la salud pública con medios preventivos (como es, precisamente, una vacuna); la Ley de autonomía del paciente (2002) contempla la salud pública como una excepción del derecho a rechazar cualquier tratamiento médico y la LO 3/1986 de medidas especiales en materia de salud pública permite adoptar medidas en situaciones de emergencia. De modo que, en un contexto como una pandemia por COVID-19, el Estado (y no las comunidades autónomas, porque se trata de la limitación de un derecho fundamental) podría obligar a vacunar (lo que no se ha hecho en España) a toda la población, o a determinados segmentos de edad o a determinados profesionales, como los sanitarios o los profesores (así se ha hecho en Austria o en Italia, por ejemplo). La negativa a vacunarse en estos casos podría acarrear la suspensión del empleo, una multa u otras sanciones. La Sentencia Vawricka y otros c. Chequia (2021) del Tribunal Europeo de Derechos Humanos confirmó la validez de la obligación de la vacunación infantil respecto de diez enfermedades, y eso que los hechos son anteriores a la pandemia por COVID-19.

Ahora bien, es más discutible que esa "obligación" pudiera ser una "imposición" coactiva en su caso, es decir, una vacunación realizada contra la voluntad del sujeto. No es lo mismo imponer una sanción por no vacunarse, que vacunar a la fuerza. La afectación del derecho de integridad corporal del art. 15 CE es mayor en este último caso. No obstante, a mi juicio, también debería poder permitirse excepcionalmente si las circunstancias extraordinarias de salud pública así lo exigieran. No se trata de un supuesto de paternalismo jurídico (imponer una medida en contra del sujeto para evitar un daño a ese mismo sujeto): el rechazo de una vacuna no sólo conlleva consecuencias adversas para quien se niega a recibirla, sino también para la comunidad porque la enfermedad puede contagiarse. Por supuesto, en caso de vacunación compulsiva el Estado debería asumir la responsabilidad por posibles efectos adversos de la misma. Evidentemente, todo esto es altamente discutible y no hay consenso doctrinal.

En cualquier caso, el Tribunal Constitucional español ha venido validando en diversas sentencias, si bien de forma ambigua ante la carencia de un marco legal claro, el consentimiento por representación de la vacunación a personas sin capacidad para decidir. En una serie de decisiones, que arrancan en la STC 148/2023 y que llegan, hasta ahora, a la STC 59/2024, ha considerado que, en el caso de la vacunación frente a la COVID-19 de menores de edad, los padres pueden decidirla y, si no están de acuerdo (lo que precisamente ocurría en el caso que dio origen a la STC 148/2023) debería decidir el Juez atendiendo al interés superior del menor respecto de la protección de su salud. Ciertamente, el Tribunal recuerda que en España no existe previsión legal de vacunación obligatoria y que, en todo caso, una vacuna no consentida es una lesión del derecho de integridad física, cuyo contenido esencial es la incolumidad corporal, y, en consecuencia, que la vacunación en estos casos debe superar el exigente juicio de proporcionalidad, pero, de hecho, el Tribunal ha venido a aceptar la corrección constitucional de todos los casos conflictivos de vacunación de menores que se le han presentado. Incluso en la STC 148/2023 habiendo prescindido del trámite legal de audiencia pública del menor. Creo que puede hablarse, por ello, de una mirada tolerante de la jurisprudencia del Tribunal Constitucional hacia la vacunación con insuficiente consentimiento personal, aunque desde el punto de vista jurídico, a falta de un marco más preciso, la cuestión dista de ser clara. Esta mirada se confirma, una vez más, en la STC 38/2023, en un caso de vacunación de persona con Alzheimer en contra de la voluntad de su tutor. El Tribunal sostiene que la vacunación puede obligarse en estos casos sólo para proteger a la persona afectada (y no por razones de interés general), lo que ocurre en el caso. No se puede imponer la vacuna contra la voluntad de la persona, pero sí en ausencia de esa voluntad.

Los requisitos que la jurisprudencia viene exigiendo a todas las intervenciones corporales para no vulnerar el derecho fundamental a la integridad física son los siguientes:

1.º) Respeto a la dignidad humana (art. 10.1 CE) en este ámbito, esto es, prohibición absoluta de tratos inhumanos o degradantes (art. 15 CE). Y, por tanto, es ilegítima toda intervención que sea grave o intensa (una punción lumbar o la extracción de líquido cefalorraquídeo —STC 207/1996—) o que se intente imponer por la fuerza física (lo que no impide, naturalmente, que, si la medida cumple los requisitos legales, la negativa a ser objeto de la misma pueda ser objeto de sanción administrativa o incluso penal o pueda tener algunas consecuencias procesales negativas). Ninguna intervención puede suponer un riesgo o quebranto para la salud y su ejecución, en el caso de las intervenciones graves, debe realizarse por personal médico especializado (SSTC 7/1994 y 207/1996).

Así, por ejemplo, el Constitucional ha señalado expresamente la imposibilidad de realizar por la fuerza un examen vaginal (STC 37/1989), la prueba biológica de paternidad (STC 7/1994) o la alimentación coactiva por vía bucal de reclusos en huelga de hambre (STC 120/1990), entre otras intervenciones. De la negativa a someterse a la práctica de una intervención corporal puede deducirse el indicio de la comisión de un delito o falta e incluso puede constituirse un ilícito penal, el delito de desobediencia (como, por ejemplo, el delito de desobediencia —art. 380 Código Penal— por negarse un conductor a someterse a las pruebas de alcoholemia, es decir, el test de aliento al objeto de determinar la tasa de alcohol en sangre). Única excepción de la regla anterior: la actuación de la administración penitenciaria, la cual debe velar por la vida, integridad y salud de los reclusos y, de ahí, la legitimidad de los registros y cacheos de los internos y de las requisas en los centros penitenciarios para atender a la seguridad y control (STC 57/1994), si bien deben observar las debidas garantías (STC 89/1987 y 57/1994).

2.º) Un interés o exigencia constitucionales ha de justificar (directa o indirectamente) la intervención; entre ellos, son destacables el interés público propio de la investigación de un delito o la protección del orden y la seguridad en un establecimiento penitenciario (STC 207/1996 y 36/1996, respectivamente).

3.º) La medida debe estar prevista legalmente. El problema que se presenta a menudo es la inconcreción legal.

4.º) Se exige una resolución judicial, aunque este requisito no es absoluto porque, según el Constitucional (SSTC 37/1989 y 207/1996) en determinados casos la ley habilita a realizar intervenciones corporales a la policía judicial, por razones de urgencia o de necesidad, y siempre que sean de naturaleza leve (intervenciones susceptibles de ser sometidas, claro es, a eventual control judicial posterior).

5.º) La resolución judicial ha de ser motivada: el órgano judicial debe justificar la proporcionalidad del límite del derecho fundamental afectado (STC 207/1996).

Un último asunto que es preciso mencionar es el de la gestación por sustitución en la medida en que pueda considerarse que supone una lesión de la integridad física y moral de la gestante que renuncia por contrato a la filiación materna. Se trata de un problema que cuenta con defensores y detractores y aunque el art. 10.1 de la Ley 14/2006, de 26 de mayo, sobre técnicas de reproducción asistida, declara "nulo de pleno derecho el contrato por el que se convenga la gestación, con o sin precio, a cargo de una mujer que renuncia a la filiación materna a favor del contratante o de un tercero", lo cierto es que, a menudo inspirándose en personajes famosos, cada vez más españoles viajan a ciertos países donde esa práctica es legal y al regresar a España pretenden el registro del hijo gestado mediante subrogación alegando la protección de su interés superior. Algo que la Dirección General de Registros y del Notariado viene permitiendo desde su Instrucción de 5 de octubre de 2010, eso sí, no como hijos por naturaleza, sino como adoptivos. Existe una consolidada jurisprudencia civil del Tribunal Supremo que viene declarando contraria al orden público español la certificación extranjera en la que conste la filiación de un menor nacido de este modo. La Sentencia del Supremo 277/2022, de 31 de marzo, afirma que la gestación por encargo "entraña la explotación de la mujer", es "incompatible con la dignidad de todo ser humano", "daña los intereses superiores del menor", concluyendo que todo aquel que pretenda en nuestro país el reconocimiento de la filiación de un bebé nacido por gestación subrogada deberá acudir a la vía de la adopción del menor. Desde luego, es argumentable la lesión de la integridad personal de la gestante, incluso con su consentimiento, sobre todo en los casos de gestación por precio, pues es obvia su instrumentalización en orden a alcanzar fines ajenos. La LO 1/2023, que modifica la LO 2/2010, llega a calificar en su artículo 33 la gestación subrogada como una forma de violencia sexual contra las mujeres. Tampoco la dignidad personal del niño o niña, reducido en muchos casos a simple mercancía que se compra, queda, a mi juicio, suficientemente garantizada. En el mismo sentido se han pronunciado el Parlamento europeo, mediante Resolución de 17 de diciembre de 2015 y el Comité de Bioética español (Informe de 19 de mayo de 2017, p. 86).

VI. BIBLIOGRAFÍA

Sobre el derecho a la protección jurídica de la vida, es recomendable el comentario del art. 15 de la Constitución, y la bibliografía allí recomendada (por M. PÉREZ MANZANO y C. TOMÁS-VALIENTE), de los *Comentarios a la Constitución española* dirigidos por M. E. CASAS y M. RODRÍGUEZ-PIÑERO (F. Wolters Kluwer, Madrid, 2018, pp. 375-411. En relación con la interrupción voluntaria de embarazo, conviene leer el capítulo primero del libro colectivo *Cuestiones actuales de la protección de la vida y la integridad física y moral*, dirigido por S. HUERTA y M. PÉREZ MANZANO (UAM-Aranzadi, Navarra, 2012, pp. 21-132. De referencia me parece también el libro de P. DE LORA y M. GASCÓN, *Bioética. Principios, desafíos, debates.* Alianza Editorial, Madrid, 2008. Por último, respecto del derecho a la integridad personal, es oportuna la lectura de los trabajos de RAÚL CANOSA, por ejemplo: "La protección de la integridad personal", *Revista de Derecho Político* de la UNED, n. 100, septiembre-diciembre 2017, pp. 257-310, junto con la bibliografía que allí se sugiere.

VII. JURISPRUDENCIA

Derecho a la protección jurídica de la vida:

STC 53/1985, de 11 de abril (aborto).
STC 120/1990, de 27 de junio y STC 154/2002, de 18 de julio (disponibilidad de la propia vida).
STC 44/2023, de 9 de mayo (aborto).
STC 19/2023, de 22 de marzo (eutanasia y suicidio asistido).
STC 75/2024, de 8 de mayo y STC de 20 de junio de 2024 (aborto).

Integridad física y moral

STC 34/2008, de 25 de febrero (torturas).
STC 131/2012, de 18 de junio (investigación oficial en caso de tortura).
STC 215/1994, de 14 de julio (esterilización de incapacitados).
STC 37/1989, de 15 de febrero (intervenciones corporales forzosas).
STC 169/2021, de 6 de octubre (prisión permanente revisable).

Artículo 16.1 y 2

1. Se garantiza la libertad ideológica, religiosa y de culto de los individuos y las comunidades sin más limitación, en sus limitaciones, que la necesaria para el mantenimiento del orden público protegido por la ley.

2. Nadie podrá ser obligado a declarar sobre su ideología, religión o creencias.

COMENTARIO

Ana Espinosa Díaz
Técnico del Defensor del Pueblo
Profesora Ayudante Doctor
Universidad Carlos III de Madrid

I. LA LIBERTAD IDEOLÓGICA, RELIGIOSA Y DE CULTO

Los dos primeros apartados del artículo 16, el segundo del texto constitucional que proclama derechos sujetos a las "máximas garantías", no parecen haber sido objeto de grandes confrontaciones, pues apenas hubo cambios en el proceso de redacción de los mismos.

Si bien inicialmente se incluía también una referencia a las creencias filosóficas, ya en el informe de la Ponencia que discutiría la Comisión éstas habían desaparecido, viéndose incluidas en la referencia a la libertad ideológica. Por otro lado, inicialmente el apartado 2 sólo preveía el derecho a no declarar sobre las creencias religiosas, pero también en dicho informe se incluyó una formulación similar a la finalmente aprobada. A partir de este momento sólo se introdujeron correcciones semánticas.

Este artículo de la Constitución reconoce, aparentemente, tres libertades: la libertad ideológica, la libertad religiosa y la libertad de culto, lo que ha llevado a la doctrina a plantearse si estamos o no ante derechos autónomos. Comenzando por la última de ellas, la libertad de culto, existe consenso doctrinal en señalar que ésta no es más que una concreción de la libertad religiosa, que el constituyente quiso precisar por razones históricas, pues en periodos anteriores se decía reconocer la libertad religiosa, pero se prohibía el culto público.

En relación con las otras dos libertades reconocidas en este artículo sí han sido objeto de un mayor debate doctrinal, dividiéndose la doctrina entre quienes consideran que la libertad religiosa e ideológica son contenidos distintos de un mismo derecho (la libertad de conciencia), y quienes entienden que estamos ante dos derechos autónomos, si bien con ciertas similitudes y elementos comunes.

Creo que es más acertado entender, como mantiene esta segunda corriente, que estamos ante dos derechos que pertenecen a un mismo "género", la libertad de pensamiento y de conciencia. Esta postura se ve corroborada por el desarrollo realizado por el legislador, que con la Ley Orgánica 7/1980, de 5 de julio, de Libertad Religiosa (en adelante, LOLR) reguló sólo dicha libertad. La libertad ideológica, en cambio, no tiene ley específica de desarrollo.

II. TITULARIDAD DE LOS DERECHOS A LA LIBERTAD IDEOLÓGICA Y RELIGIOSA

A diferencia de lo que sucede en otros artículos constitucionales de proclamación de derechos, el artículo 16 se refiere expresamente a la titularidad de estos derechos al establecer como sujetos a "los individuos y las comunidades", haciendo por tanto un reconocimiento amplio de tales derechos, como no podría ser de otra manera, pues estamos ante derechos vinculados con la dignidad humana.

El Tribunal Constitucional ha tenido ocasión de pronunciarse en varias ocasiones sobre este asunto, en concreto, en relación con los grupos que históricamente han presentado más problemas al analizar la titularidad de los derechos fundamentales: los extranjeros, los menores de edad y las personas jurídicas.

En su sentencia 107/1994 recordó que titulares de estos derechos lo son todas las personas, con independencia de su nacionalidad o su situación administrativa en España, y que por tanto los extranjeros pueden ejercerlo en las mismas condiciones que los españoles, pues el legislador no podría introducir requisitos adicionales para su ejercicio en virtud de la nacionalidad.

También se ha pronunciado expresamente, y en diversas ocasiones, en relación con la libertad religiosa de los menores (con una argumentación que podemos aplicar igualmente a la libertad ideológica), si bien en este caso no estamos ante un problema de titularidad (que hoy en día no se discute) sino de ejercicio de los derechos.

En el ordenamiento español se ha optado por no establecer una edad general a partir de la cual los menores pueden ejercer sus derechos, sino que se ha limitado a hacerlo sólo en casos determinados, entre los que no se encuentran las libertades reconocidas en el artículo constitucional que analizamos. Por tanto, los menores podrán ejercer estos derechos cuando tengan "madurez suficiente", de manera que habrá que analizarse, en cada caso, la capacidad concreta que demuestre el menor. La doctrina suele establecer como edad de referencia entre los 12 y los 14 años de edad, pero habrá que analizar las circunstancias de cada caso concreto, es decir, las características del menor concreto y la trascendencia de las decisiones que deban tomarse pues, evidentemente, la madurez requerida será mayor cuando pueda poner en grave riesgo la vida del menor, por ejemplo, por negarse a someterse a un tratamiento médico por motivos religiosos. En cualquier caso, como decimos, habrá que estar a las circunstancias del caso concreto; así, en la STC 154/2002 se afirma que el menor estaba ejerciendo su derecho a la libertad religiosa, si bien éste ponía en riesgo su vida; también parece en este sentido reseñable el voto particular de la STC 5/2023, donde el magistrado discrepante considera que el menor, de siete años, debía haber sido escuchado en el proceso judicial (en el mismo sentido, el voto de la STC 26/2024).

En todo caso, hasta que se considere que el menor puede ejercer por sí mismo sus derechos, las decisiones vinculadas con sus libertades religiosa e ideológica las tomarán quienes tengan atribuida su patria potestad, que deberán actuar siempre guiados por el interés superior del menor.

En relación con los sujetos colectivos, las "comunidades" a las que se refiere el artículo constitucional, su reconocimiento está íntimamente ligado al objeto del derecho, pues ambas libertades tienen un componente colectivo cuya mejor protección requiere un reconocimiento diferenciado (STC 64/1988).

En este aspecto sí encontramos diferencias entre las libertades religiosa e ideológica, pues la LOLR establece que, a diferencia de lo que sucede en el régimen general de asociación, será la inscripción en el registro la que otorgue a la confesión personalidad jurídica. Esto supuso que surgiese la duda de si es necesario obtener dicha personalidad para ser titular del derecho, sin embargo, la respuesta debe ser negativa, pues no parece que la ausencia de personalidad jurídica impida realizar actividades vinculadas con el culto, interpretación que además supondría una limitación al reconocimiento general que hace la Constitución y, por otro lado, acarrearía la limitación de los derechos de los feligreses de dicha confesión.

Para la libertad ideológica, en general, no existe una regulación específica en relación con el sujeto colectivo, por lo que habrá que acudir al régimen general de asociación, que será como se canalicen estas necesidades de actuación colectiva (aunque sí existe esa regulación específica para asociaciones que persiguen determinados fines, como es el caso de los partidos políticos).

Por tanto, podemos afirmar que el reconocimiento de los derechos a la libertad religiosa e ideológica es absolutamente amplio.

III. CONTENIDO DE LOS DERECHOS RECONOCIDOS EN EL ARTÍCULO 16

Como ya hemos señalado entendemos que la libertad ideológica y religiosa son derechos autónomos y por tanto vamos a analizar su contenido de manera independiente. Sin embargo, antes debemos abordar el problema de dónde se sitúan las respuestas negativas a la fe, es decir, las posturas ateas, agnósticas e indiferentes a la religión.

Tres son las interpretaciones doctrinales al respecto: en primer lugar, quienes consideran que estas posturas están excluidas de la libertad religiosa y serían por tanto parte de la libertad ideológica; en segundo lugar, quienes entienden que dicha libertad ampara la manifestación de creencias, sean o no religiosas; y por último una postura intermedia que mantiene que dichas respuestas negativas estarían protegidas por la libertad religiosa en cuanto ejercicio del acto de fe, y por la libertad ideológica en lo relativo a las actuaciones que se desarrollen conforme a tales creencias.

El legislador optó por la tercera de estas posturas, pues la LOLR incluye como contenido del derecho a la libertad religiosa el derecho a no profesar ninguna creencia (art. 2.1) pero excluye del ámbito de aplicación de dicha ley la difusión de valores ajenos a los religiosos (art. 3.2).

1. Contenido de la libertad ideológica

La libertad ideológica consiste en adoptar una posición propia ante la vida y lo que le concierne (dimensión interna) y poder actuar conforme a esas ideas sin sanción o perjuicio por ello (dimensión externa) (STC 120/1990). Por su propia naturaleza este tipo de contenido está exento de control jurídico y es de más difícil protección.

Esta libertad está íntimamente vinculada con la idea del Estado democrático, puesto que la expresión de las ideas (contenido externo) o la asociación en torno a ellas son elementos esenciales del pluralismo político. Como veremos más adelante, el único límite a la libertad ideológica es el orden público, por lo que nada impide, a diferencia de lo que sucede en otros ordenamientos, la defensa de ideas contrarias al texto constitucional, pues no estamos ante una "constitución militante".

En relación con esta libertad, la cuestión que ha suscitado más dudas ha sido el deber de acatamiento de la Constitución de los cargos políticos, dado que podría parecer un sometimiento al contenido de dicha norma. Dicho deber ha sido avalado por el Tribunal Constitucional, que ha entendido que con él se admite el marco jurídico en el que deben insertarse las distintas propuestas, pudiendo incluso pretender la reforma total de la Constitución, pero siempre acatando los mecanismos previstos para ello.

Algunos de los representantes que deben realizar este acatamiento optaron ya en 1989 por añadir fórmulas como "por imperativo legal" en su promesa o juramento, opción que fue validada en 1990 por el Tribunal. En las últimas legislaturas se ha podido ver cómo algunos diputados y senadores han optado por introducir fórmulas más amplias, lo que ha sido recientemente validado por el Tribunal Constitucional en su STC 65/2023.

Por último, también es oportuno recordar que, si bien nuestro ordenamiento prevé la posibilidad de ilegalizar partidos políticos, dicha ilegalización debe tener como fundamento su actividad o los medios que utilice (como dar apoyo al terrorismo), pero no por las ideas que defienda dicho partido, pues eso sería contrario a la libertad ideológica.

2. Contenido de la libertad religiosa

La libertad religiosa es el derecho de toda persona a tener una creencia religiosa o a no tener ninguna, a poder manifestar dichas creencias, a actuar conforme a las mismas y a no ser obligado a hacerlo en contra de ellas. Es decir, también en esta libertad se diferencia una dimensión interna y otra externa.

La dimensión interna se corresponde con el contenido propiamente intelectual de esta libertad, con la creación de opiniones, que faculta al individuo a tener una creencia religiosa o a no tener ninguna y a poder cambiarla. Como sucedía con la libertad ideológica, este contenido será más inaccesible y por tanto más difícil su protección jurídica.

Por su parte, la dimensión externa se refiere a la exteriorización de esas creencias, y a la actuación conforme a las mismas. Este ámbito es el que fundamentalmente podrá controlarse, tanto para asegurar su libre ejercicio como para comprobar su legitimidad.

El contenido concreto de la libertad religiosa no resulta pacífico, en buena medida por la propia naturaleza de esta libertad, que conlleva una serie de dificultades en su definición ya desde el concepto de "religión". De hecho, la legislación española no define qué es religión, pues ello podría ser un límite a dicha libertad sin amparo constitucional; sin embargo, en la práctica de la aplicación por la Administración y la jurisprudencia suelen usarse las religiones judeocristianas como paradigma para determinar el componente de "religiosidad" que tienen otras creencias, aunque el margen de apreciación de la Administración se ha ido restringiendo por el Tribunal Constitucional (STC 46/2001).

El contenido concreto de la libertad religiosa puede enfocarse de dos maneras: una estricta, que entiende como ejercicio de la libertad religiosa exclusivamente las conductas previstas en la normativa; y una amplia, que considera ejercicio de esta libertad todo acto al que se atribuya un contenido religioso. El Tribunal Constitucional ha optado por la primera de estas interpretaciones, remitiéndose al artículo 2 LOLR para definir su contenido (STC 154/2002), postura que ha sido criticada por un sector doctrinal por considerar que opta por un criterio tradicional de religión, basado en las religiones mayoritarias y que corre el riesgo de olvidar creencias religiosas que no entren dentro de los mismos esquemas.

Por tanto, el contenido de la libertad religiosa en nuestro ordenamiento es el detallado en el artículo 2 LOLR, que dedica su primer apartado a las facultades de las personas físicas y el segundo a las de las "comunidades". Si analizamos el contenido del primer apartado de este artículo podemos observar que sólo se refieren a una actuación estrictamente religiosa los primeros incisos de los apartados a) y b): la elección íntima de las creencias y la posibilidad de cambiarlas, y la práctica de culto; los apartados c) y d) recogen en realidad otros derechos (libertad de enseñanza, derechos de reunión y manifestación, derecho de asociación), aunque siempre que esté presente el elemento religioso se entenderá que éste es el derecho que se ejerce. Sucede lo mismo en el segundo apartado pues, salvo lo relacionado con el culto en sí, las demás previsiones son reconducibles a otros derechos.

Para finalizar, es importante tener en cuenta que, dado que hablamos del contenido del derecho, todos sus elementos se reconocen a todos los titulares del mismo, independientemente de la religión que profesen, y por tanto su reconocimiento no podrá depender de los acuerdos que pueda alcanzar el Estado con grupos religiosos.

3. Objeción de conciencia

Nos parece conveniente hacer una pequeña mención a la objeción de conciencia por estar íntimamente vinculada con estas libertades. Ésta consiste en la posibilidad de ser excluido de la obligación del cumplimiento de un deber legal establecido con carácter general por motivos de conciencia. Dos son las objeciones de conciencia constitucionalizadas: la del servicio militar (art. 30.2) y la cláusula de conciencia de los periodistas (art. 20.1 d), a las que, por motivos obvios, no nos referiremos aquí.

El Tribunal Constitucional ha tenido pronunciamientos contradictorios en relación con las objeciones de conciencia que no están expresamente previstas en el texto constitucional. Por un lado, tenemos los pronunciamientos que niegan que la objeción de conciencia sea un derecho fundamental que pueda extraerse del artículo 16.1 y que por tanto exige para su ejercicio que esté previsto en el ordenamiento (STC 160/1987). Siguiendo esta doctrina el Tribunal Constitucional ha negado la posibilidad de la "objeción fiscal" y el Tribunal Supremo ha impedido la posibilidad de objetar a asignaturas del currículo académico.

Sin embargo, esta no fue la línea seguida por la STC 53/1985 en relación con la interrupción voluntaria del embarazo, pues en ella el Tribunal reconoció la posibilidad del personal facultativo de no participar en dicha práctica cuando su conciencia se lo impidiera, a pesar de que esto no había sido previsto por el ordenamiento, por una aplicación directa del artículo 16.1 CE. Ha vuelto a pronunciarse en este sentido en la STC 145/2015 que reconoce la posibilidad de los farmacéuticos de no dispensar medicación que pueda tener efectos abortivos (en cambio, no la posibilidad de no tener preservativos porque entiende que en ese caso no se da el supuesto contemplado en la sentencia antes citada). También se ha reconocido la objeción de conciencia a los facultativos en relación con técnicas de reproducción asistida.

Así, podemos decir que la objeción de conciencia para poder ser ejercida debe estar previamente prevista en el ordenamiento, salvo para determinadas prácticas médicas, en las que la jurisprudencia ha reconocido el derecho del personal sanitario de no participar en ellas esgrimiendo este derecho.

IV. LÍMITES

Al contrario de lo que sucede con otros derechos, en estas dos libertades la constitución recoge expresamente cuál será su límite: el necesario para "el mantenimiento del orden público protegido por la ley". Este límite no ha estado exento de críticas por la doctrina, incluso en el constituyente algunos diputados, como D. Ramón Tamames, señalaron su disconformidad por la inseguridad que acarreaba la expresión "orden público", dado que es un concepto jurídico indeterminado que está sujeto a valoraciones morales y éticas en la concreción de su contenido (más aún si recordamos las connotaciones que tenía la expresión por el empleo que se había hecho de la misma durante el régimen anterior).

El Tribunal Constitucional no ha sido de gran ayuda en la definición de este concepto, puesto que en su jurisprudencia se ha limitado a resolver la problemática de cada caso sin ofrecer una definición general.

Por ello, debe acudirse al Convenio Europeo de Derechos Humanos, que en su artículo 9 (sobre las libertades de pensamiento, conciencia y religión) establece como límites, además del orden público, la seguridad, la salud y la moral públicas necesarias en una "sociedad democrática", además de los derechos y libertades de los demás.

Posiblemente por esta divergencia entre el CEDH y la Constitución es por lo que la LOLR (art. 3.1) optó por "concretar" el contenido del orden público previsto en la Constitución en los elementos que detalla el Convenio Europeo, seguridad, salud y moral públicas, además de añadir los derechos de terceros.

En cuanto a cómo pueden establecerse los límites, la Constitución prevé que sea el orden público "protegido por la ley", de modo que la cláusula limitativa deberá haber sido previamente definida, tipificada y delimitada por el legislador. De esta manera, la limitación de estas libertades no dependerá de criterios subjetivos, sino que sólo podrán limitarse cuando haya sido previsto previamente en una disposición legislativa.

Por último, como hemos visto, el CEDH y la LOLR exigen que el límite sea necesario en una "sociedad democrática". Si bien la Constitución no contiene previsión a este respecto, se ha entendido que los límites a estas libertades no pueden ser generalizados, sino que tendrán que aplicarse con un análisis exhaustivo y riguroso (como se señala en la STC 46/2001).

Es decir, para poder limitar las libertades ideológica o religiosa, dicha limitación debe superar el juicio de proporcionalidad: debe ser idónea, adecuada y proporcional. Sólo cuando los riesgos sean reales y efectivos, y no meras hipótesis, estará justificado el empleo de la cláusula de orden público.

Para finalizar, debemos recordar que el artículo que analizamos refiere que el posible límite será "en sus manifestaciones" (de las libertades), lo que supone que sólo será limitable el contenido externo del derecho. Como ya hemos adelantado, esto no podría ser de otra manera, pues recordemos que el contenido interno no es controlable por el derecho, quedando, por tanto, exento de límites.

V. EL SEGUNDO APARTADO DEL ARTÍCULO 16

El apartado segundo del artículo comentado contiene lo que se ha denominado la "dimensión negativa" de estas libertades, que supone el derecho a no declarar sobre las propias creencias a quien no desee hacerlo, garantizando que no puedan derivarse consecuencias negativas de esta no declaración. Ahora bien, puesto que nada se dice al respecto, sí se puede preguntar sobre ello, pues lo que se garantiza con esta cláusula es que no se estará obligado a contestar.

El Tribunal Constitucional se ha pronunciado en relación con este artículo en contadas ocasiones, casi todas ellas vinculado con el ejercicio de la objeción de conciencia para determinar que el hecho de tener que manifestar una creencia o una ideología para poder ejercer esa objeción de conciencia no contradice el apartado ahora analizado, pues si el objetor quiere extraer consecuencias de sus creencias (ya sea ser dispensado del servicio militar, ya sea la no participación en una determinada práctica médica), deberá efectivamente exteriorizarlas, pero nada le obliga a ello, en el sentido de que será libre entre optar por ejercer su derecho a no manifestar sus creencias reconocido en el artículo 16.2 CE o bien ser objetor.

También se planteó si la exigencia de avales de electores para concurrir a las elecciones a las candidaturas que no hubiesen obtenido representación en las elecciones anteriores equivalentes vulneraba el derecho a no declarar sobre la propia ideología (por si tal aval pudiese considerarse como contrario al precepto analizado). Sin embargo, el Tribunal fue tajante al afirmar que, por un lado, la decisión de prestar ese apoyo es libre (y por tanto no existe obligación de hacerlo) y, por otro lado, con dicho aval el elector no estaría mostrando una adhesión a la candidatura o al partido, sino exclusivamente a su presentación a las elecciones, de modo que no puede entenderse el otorgamiento de dicho aval como una exteriorización de su ideología (STC 163/2011).

Por último, y en relación a los límites a esta vertiente negativa de las libertades religiosa e ideológica, parece oportuno recordar aquí los señalado por Porras Ramírez, quien considera que estaría exenta de límites, pues no se puede obligar a alguien a hacer declaraciones sobre su ideología o creencias, sino que sólo lo hará si libremente así lo decide.

VI. BIBLIOGRAFÍA

Actas de las VI Jornadas de la Asociación de letrados del Tribunal Constitucional. La libertad ideológica, Tribunal Constitucional; Centro de Estudios Políticos y Constitucionales, Madrid, 2001.

BARTOLOMÉ CENZANO, J. C. de: *El orden público como límite al ejercicio de los derechos y libertades*, Centro de Estudios Políticos y Constitucionales, Madrid, 2002.

ESPINOSA DÍAZ, A.: *La enseñanza religiosa en centros docentes. Una perspectiva constitucional*, Centro de Estudios Políticos y Constitucionales, Madrid, 2016.

FERRARI, S.; IBÁN, I. C.: *Derecho y religión en Europa occidental*, Mc Graw Hill, Madrid, 1998.

PORRAS RAMÍREZ, J. M. (coord.), *Derecho y factor religioso*, Tecnos, Madrid, 2011.

ROLLNERT LIERN, G.: *La libertad ideológica en la jurisprudencia del Tribunal Constitucional (1980-2001)*, Centro de Estudios Políticos y Constitucionales, Madrid, 2002.

VII. JURISPRUDENCIA

STC 53/1985, de 11 de abril.
STC 160/1987, de 27 de octubre.
STC 64/1988, de 12 de abril.
STC 120/1990, de 27 de junio.
STC 141/2000, de 29 de mayo.
STC 46/2001, de 15 de febrero.
STC 154/2002, de 18 de julio.
STC 163/2011, de 2 de noviembre.
STC 5/2023, de 20 de febrero.
STC 65/2023, de 6 de junio.
STC 26/2024, de 24 de febrero,

Artículo 16.3

3. Ninguna confesión tendrá carácter estatal. Los poderes públicos tendrán en cuenta las creencias religiosas de la sociedad española y mantendrán las consiguientes relaciones de cooperación con la Iglesia Católica y las demás confesiones.

COMENTARIO

Oscar Celador Angón
Catedrático de Derecho Eclesiástico del Estado
Universidad Carlos III de Madrid

SUMARIO: I. PRECEDENTES HISTÓRICOS. II. PRINCIPIO DE LAICIDAD. III. PRINCIPIO DE COOPERACIÓN DEL ESTADO CON LAS CONFESIONES RELIGIOSAS. IV. ACUERDOS DE COOPERACIÓN CON LAS CONFESIONES RELIGIOSAS. V. BIBLIOGRAFÍA. VI. JURISPRUDENCIA.

I. PRECEDENTES HISTÓRICOS

Desde la perspectiva de nuestra historia constitucional, la Constitución de 1978 ha supuesto una auténtica revolución en el terreno de la defensa y garantía del derecho a la libertad de conciencia, entendido como una concreción de las libertades ideológica, religiosa y de culto; pues este derecho se garantiza en el marco de la libertad, la justicia, la igualdad y el pluralismo, que ordena el texto constitucional como valores superiores del ordenamiento jurídico (art. 1.1 CE). El artículo 16.3 CE contiene dos mandatos que tienen una especial incidencia en la conformación del derecho a la libertad de conciencia, en la medida en la que prohíbe al Estado establecer a una religión como oficial, y ordena a los poderes públicos cooperar con las confesiones religiosas.

Debido a la profunda tradición confesional católica que ha caracterizado nuestra historia constitucional, salvo que se tenga en cuenta el proyecto de Constitución Federal de 1873, la Constitución de 1931 es el único precedente de un modelo constitucional que ordena la separación y la neutralidad religiosa de los poderes públicos; con este objeto, el texto constitucional estableció que: "el Estado español no tiene religión oficial", prohibió a los poderes públicos auxiliar económicamente a las Iglesias, Asociaciones e Instituciones religiosas, y ordenó la extinción en el plazo de dos años del presupuesto del Clero (arts. 3 y 26). La Constitución de 1931 intentó establecer un modelo de laicidad pero finalmente introdujo una serie de elementos de corte laicista, que se tradujeron, por una parte, en la disolución de las órdenes religiosas que estatutariamente impusieran un voto especial de obediencia a autoridad distinta de la legítima del Estado, y la prohibición de que las confesiones religiosas pudieran dedicarse a la industria, el comercio o la enseñanza; por otra, se prohibió que las confesiones religiosas pudieran adquirir y conservar bienes que no fueran destinados exclusivamente para sus fines religiosos; y por último, las manifestaciones públicas del culto debían de ser autorizadas por el Gobierno.

La dictadura del General Franco recuperó el modelo de confesionalidad católica excluyente, por lo que el legislador de 1978 tuvo que diseñar el modelo constitucional vigente de relaciones entre el Estado u las confesiones religiosas sin una referencia histórica inmediata. El anteproyecto de Constitución de 1978 propuso la siguiente redacción para el artículo 16.3 CE: "Ninguna confesión tendrá carácter estatal. Los poderes públicos tendrán en cuenta las creencias religiosas de la sociedad española y mantendrán las consiguientes relaciones de cooperación"; esta propuesta fue modificada por la ponencia constitucional en el Congreso, incluyendo la referencia a la Iglesia católica y a las demás confesiones religiosas que finalmente adoptó la redacción final.

El legislador constitucional de 1978 evitó una ruptura total con el modelo confesional precedente, probablemente debido al peculiar momento histórico en que se redactó esta constitución, y propuso un modelo en el cual los poderes públicos están obligados a garantizar la libertad ideológica, religiosa y de culto, y a cooperar con las confesiones religiosas en el marco de un modelo constitucional caracterizado por los principios de pluralismo, separación y neutralidad ideológica y religiosa

II. PRINCIPIO DE LAICIDAD

El artículo 16.3 CE ordena que "Ninguna confesión tendrá carácter estatal". La fórmula constitucional se limita a reproducir el artículo 137.1 de la Constitución de Weimar, que se refiere a un contexto sociocultural diferente al nuestro, pues nuestro país se ha caracterizado históricamente por ser un Estado confesional católico y no, como ocurre en Alemania, por la existencia de varias Iglesias de Estado o por un Estado pluriconfesional. Probablemente hubiera sido más apropiado proclamar la aconfesionalidad del Estado o, mejor aún, establecer que España es un Estado laico, pero en aquel momento se optó por una redacción que evitase una ruptura radical con la confesionalidad católica y facilitara la transición en este terreno.

Debido a la insuficiencia terminológica de la fórmula, el Tribunal Constitucional calificó en un primer momento a nuestro modelo como "aconfesional", y desde el 2001 viene utilizando el término de "laicidad positiva". Probablemente, el tribunal no utilizó inicialmente el término laicidad por temor a que fuera confundido con el laicismo, el cual, si bien coincide con la laicidad en el planteamiento de la separación, tiene una actitud hostil —y no neutral— frente al fenómeno religioso.

La aconfesionalidad en un primer momento y la laicidad después, en cuanto fórmulas jurídicas que canalizan el mandato constitucional de que *ninguna confesión tendrá carácter estatal*, han sido definidas por el Tribunal Constitucional a partir de la neutralidad Estado y la separación entre el Estado y las confesiones religiosas.

La neutralidad implica que "el Estado y los poderes públicos han de adoptar ante el hecho religioso una actitud de abstención o neutralidad" (STC 46/2001 de 15 de febrero, FJ 7). La neutralidad impide a los poderes públicos: identificarse con unas creencias o convicciones concretas, discriminar entre los grupos religiosos o entre los grupos religiosos y los grupos ideológicos, que los valores o intereses religiosos se erijan en parámetros para medir la legitimidad o justicia de las normas y actos de los poderes públicos, y cualquier confusión entre funciones religiosas y funciones estatales (STC 24/1982, de 13 de mayo, FJ 1).

Los principales textos europeos sobre derechos humanos reconocen tácitamente la neutralidad ideológica y religiosa de los poderes públicos, desde la perspectiva del derecho a la igualdad y no discriminación por razón de las creencias o convicciones. El artículo 14 CEDH expone que: "El goce de los derechos y libertades reconocidos en el presente Convenio ha de ser asegurado sin distinción alguna, especialmente por razones de sexo, raza, color, lengua, religión, opiniones políticas u otras, origen nacional o social, pertenencia a una minoría nacional, fortuna, nacimiento o cualquier otra situación". Mientras que el artículo 21 de la Carta de los Derechos Fundamentales de la Unión Europea prohíbe "toda discriminación, y en particular la ejercida por razón de sexo, raza, color, orígenes étnicos o sociales, características genéticas, lengua, religión o convicciones, opiniones políticas o de cualquier otro tipo, pertenencia a una minoría nacional, patrimonio, nacimiento, discapacidad, edad u orientación sexual".

El principio de separación implica que ambas partes (Estado y confesiones religiosas) deben ser independientes y autónomos en sus respectivos campos de actuación (público el del Estado y privado el de los grupos ideológicos y religiosos), evitando la confusión entre lo religioso y lo estatal. En palabras del Tribunal Constitucional: "los términos empleados por el inciso inicial del art. 16.3 CE no sólo expresan el carácter no confesional del Estado en atención al pluralismo de creencias existente en la sociedad española y la garantía de la libertad religiosa de todos, reconocidas en los apartados 1 y 2 de este precepto constitucional. Al determinar que *Ninguna confesión tendrá carácter estatal*, cabe estimar que el constituyente ha querido expresar, además, que las confesiones religiosas en ningún caso pueden trascender los fines que les son propios y ser equiparadas al Estado, ocupando una igual posición jurídica" (STC 340/1993, de 16 de noviembre, FJ 4).

En resumen, la laicidad se define como un principio constitucional inherente a la naturaleza política del Estado democrático, que garantiza el derecho de los ciudadanos a ser iguales en el ejercicio y titularidad del derecho de libertad de conciencia. La laicidad no se configura como un límite al derecho de libertad de conciencia, sino al poder de actuación de los poderes públicos, ya que ordena al Estado garantizar el ejercicio de la libertad de conciencia, en cuanto derecho fundamental, pero al mismo tiempo le impide promocionar unas concretas creencias o convicciones.

III. PRINCIPIO DE COOPERACIÓN DEL ESTADO CON LAS CONFESIONES RELIGIOSAS

La segunda parte del art. 16.3 CE establece que: "los poderes públicos tendrán en cuenta las creencias religiosas de la sociedad española y mantendrán las consiguientes relaciones de cooperación con la Iglesia católica y las demás confesiones religiosas". La redacción de esta porción del texto constitucional es compleja pues, por una parte, se ordena a los poderes públicos tener en cuenta las creencias religiosas de la sociedad española, lo cual ya está implícito en el mandato de garantía del derecho de libertad religiosa contenido en el artículo 16.1 CE; y por la otra, se señala que se mantendrán relaciones de cooperación con las confesiones religiosas, reiterando el mandato, contenido en el artículo 9.2 CE, que ordena a los poderes públicos: "promover las condiciones para que la libertad y la igualdad del individuo y de los grupos en que se integra sean reales y efectivas; remover los obstáculos que impidan o dificulten su plenitud y facilitar la participación de todos los ciudadanos en la vida política, económica, cultural y social". El mandato genérico contenido en el artículo 9.2 CE se refiere tanto a los grupos ideológicos como a los religiosos, pues lo contrario supondría que el estado sólo estaría obligado a cooperar con los grupos religiosos (ignorando a los grupos con fines ideológicos diferentes de los religiosos), lesionándose de esta manera la neutralidad ideológica y religiosa de los poderes públicos, en la medida en la que se valorarían mejor las creencias religiosas que las no religiosas.

La referencia expresa a la Iglesia católica en el texto constitucional debe interpretarse de acuerdo con el resto de las disposiciones constitucionales, y con el momento histórico en el que se redactó la Constitución. Desde la perspectiva jurídica y atendiendo a la coherencia del modelo constitucional, la referencia a un grupo religioso concreto carece de valor si se tienen en cuenta tres factores: primero, el artículo 14 CE prohíbe a los poderes públicos discriminar por motivos religiosos; segundo, el primer inciso del artículo 16.3 CE impide establecer a la Iglesia católica —o a cualquier otro grupo— como la Iglesia oficial; y tercero, si se eliminase la referencia a la Iglesia católica contenida en el artículo 16.3 CE el Estado debería cooperar igualmente con ella, pues ésta es una de las confesiones religiosas con la que se ha de mantener relaciones de cooperación.

Ahora bien, si el principio de cooperación contenido en el 16.3 CE no aporta nada nuevo al principio de participación del 9.2 CE, y la referencia expresa a la Iglesia católica en el texto constitucional es innecesaria pues la libertad religiosa de los católicos ya está protegida por el artículo 16.1, ¿cuál es la función de esta parte del artículo 16.3? Las constituciones son un reflejo de la sociedad que ordenan, y la de 1978 no fue una excepción. El proceso de transformación de un Estado confesional y dictatorial a otro constitucional, laico y democrático, se realizó ordenando la neutralidad ideológica y religiosa de los poderes públicos en un contexto en el cual, por una parte, el Estado debe garantizar en régimen de igualdad el ejercicio y titularidad de los derechos a la libertad ideológica y religiosa, y por otra, los poderes públicos deben tener en cuenta que en determinados supuestos lo religioso presenta una especificidad frente a lo ideológico, que exige un tratamiento diferenciado cuando está en juego el ejercicio del derecho fundamental de libertad religiosa.

Una vez señalado que el Estado debe cooperar con las confesiones religiosas, hay que aclarar en qué medida dicha cooperación es obligada y cuáles son los límites que los poderes públicos deben respetar en este terreno, a partir de las coordenadas que ordenan los artículos 9.2, 14 y 16.3 CE. Los poderes públicos no pueden discriminar entre los grupos religiosos en la cooperación, ya que estarían discriminando entre los titulares del teórico mismo derecho a la libertad religiosa. Asimismo, el mandato de cooperación contenido en el art. 16.3 no puede interpretarse como el derecho de las confesiones religiosas a que el Estado coopere con ellas para la consecución de sus fines religiosos, pues esto supondría "la transformación del derecho del 16.1 de la CE, convirtiendo lo que es y no puede dejar de ser un derecho de libertad en un derecho de prestación" (STC 47/1985, de 27 de marzo, FJ 5). Y por último, la cooperación del Estado con las confesiones religiosas para que éstas consigan sus fines colisiona con el mandato de que los poderes públicos sean ideológica y religiosamente neutrales.

El principio de cooperación debe interpretarse en el contexto del art. 9.2 CE, como un mandato dirigido a los poderes públicos para que remuevan los obstáculos que impidan o dificulten el ejercicio del derecho de libertad religiosa, pero exclusivamente en dicha medida y no con el objeto de promocionar un grupo o un credo religioso, sino de favorecer el ejercicio de un derecho fundamental en aquellos supuestos excepcionales en los que, salvo que los poderes públicos colaboren con las confesiones religiosas, los individuos se ven impedidos para su ejercicio. La cooperación se justifica en la obligación del Estado de diseñar un marco en el cual el pleno ejercicio de los derechos y libertades sea factible, de forma que el epicentro de la cooperación son los individuos, y las confesiones religiosas se conforman como cauces o instrumentos necesarios para el ejercicio del derecho individual. El principal ejemplo de esta cooperación lo encontramos en la asistencia religiosa en aquellos contextos en los cuáles los individuos no pueden practicar su religión por motivos médicos (hospitales) o por estar privados de su libertad (instituciones penitenciarias).

IV. ACUERDOS DE COOPERACIÓN CON LAS CONFESIONES RELIGIOSAS

El uso de acuerdos para canalizar las relaciones entre los Estados y las confesiones religiosas tradicionalmente ha servido para que los Estados concedan derechos particulares a las confesiones religiosas, en gran medida incompatibles con la neutralidad ideológica y religiosa de los poderes públicos. Por este motivo, desde la Segunda Guerra Mundial, si bien algunos Estados europeos han firmado acuerdos sobre materias específicas con las confesiones religiosas, *a priori* dichos acuerdos son excepcionales y sólo pretenden remover los obstáculos que impiden a los fieles de una determinada religión ejercer su derecho a la libertad de conciencia. Asimismo, la firma de acuerdos con las confesiones religiosas no es sinónimo de garantía del derecho de libertad de conciencia; de hecho, países pioneros en la garantía y defensa de este derecho, bien no cooperan en la actualidad con las confesiones religiosas mediante la firma de acuerdos (Francia), bien nunca han firmado acuerdos de cooperación con las confesiones religiosas para evitar lesionar la neutralidad religiosa de los poderes públicos (Estados Unidos). Por los motivos señalados, la técnica de los acuerdos se ha sustituido en muchos países europeos por normas de carácter unilateral, ya que esta fórmula permite a los Estados escuchar a las confesiones religiosas durante el proceso de elaboración legislativa, y es mucho más flexible en lo que se refiere a su aprobación, derogación y ejecución.

La Constitución no ordena ni expresa ni tácitamente al Estado cooperar con las confesiones religiosas mediante Acuerdos de cooperación. La posibilidad de que el Estado firme Acuerdos de cooperación con las confesiones religiosas aparece en el art. 7.1 de la Ley Orgánica de Libertad Religiosa (LOLR), según el cual: "el Estado, teniendo en cuenta las creencias religiosas existentes en la sociedad española, establecerá, en su caso, Acuerdos o Convenios de cooperación con las Iglesias, Confesiones y Comunidades religiosas inscritas en el Registro que por su ámbito y número hayan alcanzado notorio arraigo en España. En todo caso, estos Acuerdos se aprobarán por ley de las Cortes generales". De acuerdo con la redacción del art. 7.1 LOLR, los Acuerdos con las confesiones religiosas se configuran como uno de los recursos que tienen a su disposición los poderes públicos para cooperar con éstas, y en todo caso queda claro que su uso por parte de los poderes públicos no es obligado.

Pese al teórico mandato de igualdad y no discriminación por motivos religiosos, la interpretación del principio de cooperación que han realizado los diferentes gobiernos que se han sucedido en democracia ha provocado la diferenciación de las confesiones religiosas, atendiendo a su reconocimiento por parte de los poderes públicos, y al tipo de acuerdos que han firmado con el Estado, de acuerdo con cuatro categorías:

1) Con objeto de sustituir el Concordato de 1953, el Estado firmó cinco acuerdos con la Santa Sede en 1976 y 1979: el Acuerdo sobre renuncia a la presentación de Obispos y al Privilegio del Fuero (1976), y los Acuerdos sobre Asuntos Jurídicos (1979), Asuntos Económicos (1979), Enseñanza y Asuntos Culturales (1979), y Asistencia Religiosa a las Fuerzas Armadas y el Servicio Militar de Clérigos y Religiosos (1979). Estos acuerdos son formalmente Tratados Internacionales, y reconocen a la Iglesia católica un estatuto más favorable que el que tienen las confesiones religiosas que firmaron acuerdos de cooperación con el Estado en 1992.

2) Posteriormente a la entrada en vigor de la LOLR, y en el marco de su artículo 7.1, el Estado firmó en 1992 acuerdos de cooperación con las denominadas confesiones minoritarias, a saber: la Federación de Entidades Religiosas Evangélicas de España (Ley 24/1992, de 10 de noviembre), la Federación de Comunidades Israelitas de España (Ley 25/1992, de 10 de noviembre) y la Comisión Islámica de España (Ley 26/1992, de 10 de noviembre). Estos acuerdos se canalizaron mediante tres leyes ordinarias (una para cada colectivo), donde el Estado reconoce a estas confesiones religiosas un estatuto mejor que el que tienen las confesiones religiosas sin acuerdo. Asimismo, las confesio-

nes religiosas que firmaron los acuerdos de 1992 pueden beneficiarse de las ayudas económicas que concede la Fundación Pluralismo y Convivencia, una entidad del sector público estatal creada por el Ministerio de Justicia, entre otros motivos, con el objeto de apoyar las actividades y proyectos de carácter cultural, educativo y de integración social de las confesiones religiosas (a excepción de la Iglesia católica) que tienen celebrado Acuerdo de cooperación con el Estado.

3) Las confesiones religiosas inscritas en el correspondiente Registro público del Ministerio de Justicia que han obtenido una declaración de notorio arraigo, lo cual les habilita para firmar acuerdos de cooperación con el Estado (art. 7 LOLR), para el reconocimiento civil de los matrimonios celebrados en forma religiosa (de acuerdo con la Ley 15/2015, de 2 de julio de 2015, de jurisdicción voluntaria), y formar parte de la Comisión Asesora de Libertad religiosa (en el marco del RD 932/2013 de 29 de noviembre). Actualmente este grupo lo componen: la Iglesia de Jesucristo de los Santos de los últimos días (2003), los Testigos de Jehová (2006), los budistas (2007) y la Iglesia ortodoxa (2010).

Para solucionar la indefinición jurídica que suponía el término "notorio arraigo", en 2015 se aprobó el RD 593/2015 por el que se regula la declaración de notorio arraigo de las confesiones religiosas. De acuerdo con esta regulación, para obtener la declaración de notorio arraigo es necesario que la confesión religiosa reúna los siguientes requisitos: el grupo debe llevar inscrito en el registro de entidades religiosas 30 o 15 años en función de que éste acredite estar reconocido en el extranjero; debe acreditar su presencia en al menos 10 comunidades autónomas y/o ciudades de Ceuta y Melilla; tener un número de lugares de culto inscriptos en el registro de entidades religiosas; contar con una estructura y representación adecuada y suficiente; y acreditar su presencia y participación activa en la sociedad española.

4) Las confesiones religiosas inscritas en el correspondiente Registro público del Ministerio de Justicia en el marco del RD 594/2015, de 3 de julio, por el que se regula el Registro de Entidades Religiosas.

El ordenamiento jurídico ha evolucionado notablemente respecto a qué grupos pueden inscribirse en el registro de entidades religiosas. En un primer momento, la administración realizó una labor de control sobre los fines alegados por los grupos, pese a que la neutralidad de los poderes públicos impide, al menos teóricamente, dicha posibilidad, salvo que se trate de organizaciones cuyos fines estatutarios puedan poner en peligro el orden público o los principios constitucionales; por otra parte, en la medida en la que el titular del derecho fundamental de libertad religiosa es el individuo, parece lógico que sea éste —y no el Estado— el competente para determinar cuándo sus creencias deben calificarse como religiosas. La STC 46/2001, de 15 de febrero, supuso un importante punto de inflexión en este terreno, pues estableció que, en primer lugar, el papel de la administración en el proceso de registro no podía ser discrecional ni podía suponer un control previo sobre los fines de las organizaciones que solicitasen su inscripción en el registro; y en segundo lugar, que la inscripción en el registro tiene un carácter meramente declarativo, y debe reconducirse exclusivamente a la verificación de que se cumplen los requisitos objetivos por el ordenamiento jurídico para la inscripción.

5) Y por último, las confesiones religiosas que no están inscritas en el Registro del Ministerio de Justicia, bien porque no lo han solicitado, bien porque la administración ha denegado la petición de inscripción. Estas confesiones, si bien pueden auto declararse religiosas, carecen de la capacidad jurídica y de obrar que nuestro ordenamiento jurídico reconoce en exclusiva a las confesiones religiosas inscritas en el registro.

El principal problema que plantea el uso de acuerdos o convenios de cooperación para articular las relaciones entre el Estado y las confesiones religiosas, reside en que, como hemos visto, en la práctica esta técnica de relación ha supuesto que el Estado coopere de forma desigual y discrimine entre los titulares del mismo derecho a la libertad de conciencia. La lectura conjunta de los principios constitucionales en materia de relaciones entre el Estado y las confesiones religiosas, indican que la cooperación entre la partes es un instrumento muy valioso que permite remover los obstáculos que puedan impedir el ejercicio del derecho de libertad de conciencia, pero dicha cooperación, por una parte, no tiene por qué realizarse de forma exclusiva mediante la firma de acuerdos de cooperación entre las partes; por otra, la cooperación es coherente con el principio de laicidad del Estado exclusivamente en la medida en la que los acuerdos remuevan obstáculos que impidan el ejercicio de la libertad de conciencia, y dicha posibilidad esté habilitada a todos los individuos o grupos que tienen dificultades para ejercer este derecho fundamental; y por último, para evitar discriminar entre las confesiones religiosas, la regla general debería ser la actuación unilateral de los poderes públicos, y el uso de acuerdos una técnica de relación entre las partes excepcional.

La regulación unilateral supone que las confesiones religiosas no se configuran como colegisladoras, en la medida en la que el Estado debe pactar o acordar con ellas cómo regula manifestaciones del derecho a la libertad de conciencia, y presenta la ventaja de permitir al Estado adoptar decisiones sobre una temática compleja y subjetiva de forma neutral, ya que a final de cuentas estamos hablando de creencias y convicciones íntimas, personales y privadas.

V. BIBLIOGRAFÍA

FERNÁNDEZ-CORONADO GONZÁLEZ, A.: "El significado del artículo 16 en el contexto constitucional", en AA.VV., *Libertad de conciencia, Laicidad y Derecho*, Civitas, 2014.

LLAMAZARES FERNÁNDEZ, D.: *Derecho de la Libertad de Conciencia I, Libertad de Conciencia y Laicidad*, Civitas, Madrid, 2002.

PELAYO OLMEDO, J. D.: *Una nueva regulación del Registro de entidades religiosas*, Tirant lo Blanch, Valencia, 2017.

POLO SABAU, J. R.: "El artículo 16 de la Constitución en su concepción y desarrollo", *Revista de Derecho Político*, núm. 100, 2017, pp. 311-345.

SUÁREZ PERTIERRA, G.: "La recuperación del modelo constitucional. La cuestión religiosa a los veinticinco años de la Constitución", en *Laicidad y Libertades*, vol. 2, 2002.

TORRES GUTIÉRREZ, A.: "Los retos del principio de laicidad en España: una reflexión crítica a la luz de los preceptos constitucionales", en *Anuario de Derecho Eclesiástico del Estado*, vol. XXXII, 2016, pp. 663-722.

VI. JURISPRUDENCIA

STC 24/1982, de 13 de mayo.
STC 47/1985, de 27 de marzo.
STC 340/1993, de 16 de noviembre.
STC 46/2001, de 15 de febrero.

Artículo 17

1. Toda persona tiene derecho a la libertad y a la seguridad. Nadie puede ser privado de su libertad, sino con la observancia de lo establecido en este artículo y en los casos y en la forma previstos en la ley.

2. La detención preventiva no podrá durar más del tiempo estrictamente necesario para la realización de las averiguaciones tendentes al esclarecimiento de los hechos, y, en todo caso, en el plazo máximo de setenta y dos horas, el detenido deberá ser puesto en libertad o a disposición de la autoridad judicial.

3. Toda persona detenida debe ser informada de forma inmediata, y de modo que le sea comprensible, de sus derechos y de las razones de su detención, no pudiendo ser obligada a declarar. Se garantiza la asistencia de abogado al detenido en las diligencias policiales y judiciales, en los términos que la ley establezca.

4. La ley regulará un procedimiento de "habeas corpus" para producir la inmediata puesta a disposición judicial de toda persona detenida ilegalmente. Asimismo, por ley se determinará el plazo máximo de duración de la prisión provisional.

COMENTARIO

Javier Hernández García
Magistrado del Tribunal Supremo

SUMARIO: I. TAXONOMÍA CONSTITUCIONAL DEL DERECHO A LA LIBERTAD. II. LAS CONDICIONES CONSTITUCIONALES PARA LA PRIVACIÓN DE LIBERTAD. 1. Estricta tipicidad. 2. Temporalidad. 3. Garantías de información y defensa. 3.1 Información comprensible de las razones de la detención. 3.2 Tiempo de la información. 3.3 Contenidos del derecho a recibir información. 3.4 Motivación. III. GARANTÍA DE CONTROL JURISDICCIONAL DE LA DETENCIÓN: HABEAS CORPUS. IV. BIBLIOGRAFÍA. V. JURISPRUDENCIA.

I. TAXONOMÍA CONSTITUCIONAL DEL DERECHO A LA LIBERTAD

Sin duda, uno de los derechos fundamentales que sirve para medir la calidad de un sistema constitucional avanzado es el que garantiza la libertad personal en los términos precisados en el artículo 17 CE. Ahora bien, se hace necesario apuntar algunas prevenciones que, en términos negativos, permitan delimitar su alcance regulativo. Así, debe destacarse, en primer término, que el contenido iusfundamental del artículo 17 CE no se extiende al derecho general de libertad entendido como ámbito de autodisposición de la persona en el más amplio sentido, como lo definió el Tribunal Constitucional Federal alemán —BVerfGE 6, 32 (36)—. Y que implica, por un lado, que a cada cual le está permitido *prima facie* hacer y omitir lo que quiera. Y, por otro, disponer, también *prima facie*, de un derecho frente al Estado para que no impida sus acciones u omisiones. La protección de ese derecho general de (a) libertad debe buscarse en otras sedes constitucionales o vinculada a las concretas acciones que puedan emprenderse de la mano de otros derechos fundamentales. En segundo lugar, tampoco el artículo 17 CE presta todo el contenido iusfundamental al *valor libertad* del artículo 1 CE. Este actúa, por un lado, como canon de adecuación constitucional de aquellas decisiones del poder que configuran los derechos fundamentales de libertad. Y, por otro, como límite material a la actividad específicamente aflictiva y sancionatoria por parte del Estado. Ya sea al momento de imponer una sanción —STC 2/2003— o cuando esta deba ejecutarse o modalizarse mediante los concretos mecanismos previstos en la ley para llevarla a cabo —STC 96/2017—. El valor libertad nutre, por tanto, de contenido iusfundamental no solo al artículo 17 CE sino también a los artículos 9, 10, 15, 18, 24 y 25, todos ellos, CE.

Marcados los límites negativos, el específico contenido iusconstitucional del artículo 17 CE permite identificar, tomando en cuanta la propuesta clasificatoria de Alexy, un derecho de acción negativa o de defensa y un derecho de acción positiva o a prestación en sentido amplio.

Como derecho de acción negativa, el artículo 17 CE asegura a toda persona que el Estado, ya sea mediante actuaciones de hecho o actos de naturaleza jurídica, no le privará o le obstaculizará de forma injustificada su libertad ambulatoria. En su dimensión como derecho de acción positiva garantiza a sus titulares que el Estado, a la hora de privar o limitar su libertad ambulatoria, cumplirá un programa estricto de condiciones normativas, asegurando garantías efectivas a modo de genuinos contrapesos con una incuestionable relevancia constitucional. La libertad personal solo puede ser limitada en los casos y en los modos que previene el propio texto constitucional y la ley habilitada por este, garantizando, en todo caso, los derechos que la Constitución precisa.

Lo anterior permite introducir, también, otras notas taxonómicas constitucionales. El artículo 17 CE es un buen ejemplo de disposición iusfundamental que contiene dos tipos de normas: reglas y principios. Recuérdese, como precisa Alexy, que este tipo de normas iusfundamentales con carácter doble surge cuando la norma estatuye directamente contenidos prescriptivos susceptibles de simple subsunción —(...) *en todo caso, en el plazo máximo de setenta y dos horas, el detenido deberá ser puesto en libertad o a disposición judicial*— junto a otros cuya aplicación reclama fórmulas de ponderación —*(...) toda persona tiene derecho a la libertad*—. Los principios ordenan que algo debe ser realizado en la mayor medida posible, teniendo en cuenta las posibilidades jurídicas y fácticas. Los principios ofrecen razones que pueden ser desplazadas por otros principios o razones contrarias. Las reglas, de contrario, exigen que se haga exactamente lo que en ellas se ordena. Precisan una determinación en el ámbito de las posibilidades jurídicas y fácticas. Como sostiene García Figueroa, las reglas son (aplicadas como) mandatos de determinación. Los principios son (aplicados como) mandatos de optimización. Doble nivel prescriptivo que obliga a identificar los niveles de vinculación e interacción entre ambos. Lo que no siempre resulta sencillo.

Por su parte, los diversos y heterogéneos contenidos regulativos del artículo 17 CE permiten identificar, a su vez, distintas fórmulas de normación relacionadas con la intervención del legislador infraconstitucional.

Así, encontramos contenidos iusfundamentales *sin reserva alguna*, como, por ejemplo, el derecho, precisado en el artículo 17.3 CE, de toda persona a ser informada de forma inmediata, y de modo que le sea comprensible, de sus derechos y de las razones de la detención. Atendidos los términos precisados en la Constitución, el derecho a la información de la persona detenida no reclama una cualitativa intervención conformadora del legislador ordinario. Pero no solo. Por expresa disposición constitucional ex artículo 55 CE, tal derecho de información tampoco puede ser limitado ni tan siquiera en los estados de excepción y sitio. El propio texto constitucional excluye fórmulas intra o extra constitucionales de restricción. La norma constitucional fija con precisión el contenido esencial del derecho, ocupando este, por tanto, todo el espacio garantizado. La regulación infraconstitucional solo puede proyectarse sobre aspectos muy accesorios o instrumentales. No puede ni configurar ni limitar ni delimitar, tan siquiera, el derecho.

Por otro lado, el artículo 17 CE también contempla, siguiendo, de nuevo, la terminología de Alexy, *derechos con reserva simple* que son aquellos respecto de los que la Constitución cede al legislador ordinario la regulación de una parte significativa de su espacio hasta el límite de su contenido esencial —artículo 53 CE—. Por ejemplo, el derecho, ex artículo 17. 1º CE, a que todo acto de privación de libertad respete las condiciones previstas en la ley. O el derecho, ex artículo 17. 3º, inciso segundo, CE, a la asistencia letrada al detenido en las diligencias policiales en los términos que la ley establezca. En todo caso, advertir, que la cesión regulativa al legislador ordinario del espacio que ocupa el derecho más allá de su contenido esencial no significa que este pueda actuar *sin ataduras*. Cuando la ley delimita o limita derechos fundamentales, además de la cláusula de intangibilidad del artículo 53 CE, la Constitución impone que aquella resulte justificada y no arbitraria y procure razonables niveles de optimización práctica del derecho regulado. El legislador ordinario a quien la Constitución encomienda labores de facilitación de la normatividad iusfundamental está sometido a especiales cargas de racionalidad ética y teleológica. Y cuyo incumplimiento puede ser objeto de escrutinio por la jurisdicción constitucional. Buena prueba de ello, es que el Tribunal Constitucional planteó una autocuestión de inconstitucionalidad —vid. STC 47/2000— en materia de inadecuación constitucional de la regulación de la prisión provisional por arbitrariedad al no fijar presupuestos de adopción basados en fines constitucionalmente relevantes.

Dentro del complejo entramado regulativo del artículo 17 CE, también identificamos *derechos con reserva cualificada*. La Constitución encomienda al legislador su activación, pero precisa, al tiempo, el programa de condiciones constitucionales que este debe cumplir. Muy en particular, el respeto y la promoción de los específicos fines de protección. La libertad configurativa más allá del contenido esencial queda, por tanto, especialmente constreñida. Un buen ejemplo lo encontramos en el artículo 17. 4º CE, que garantiza el derecho a un proceso jurisdiccional de control de la detención gubernativa —Habeas Corpus—. El diseño procedimental que le incumbe al legislador infraconstitucional debe, en todo caso, garantizar, por un lado, que el control permita al juez valorar material y eficazmente si la persona ha sido detenida ilegalmente. Y, por otro, que posibilite, como reparación, la inmediata puesta a disposición judicial. La ley, por tanto, ha de responder a específicas finalidades en condiciones temporales de especial urgencia y limitación temporal —no más de las setenta y dos horas que previene la propia Constitución como plazo máximo de la detención gubernativa— que garanticen la finalidad constitucional de control eficaz.

II. LAS CONDICIONES CONSTITUCIONALES PARA LA PRIVACIÓN DE LIBERTAD

El complejo contenido iusfundamental del artículo 17 CE —que se nutre de reglas y principios, de derechos de acción negativa y positiva, de derechos con reserva simple y cualificada— traza un verdadero estatuto de condiciones constitucionales que delimitan tanto la actividad del legislador a la hora de precisar los instrumentos y los mecanismos por los que se puede privar de libertad ambulatoria a una persona como la actividad decisional de los tribunales a la hora de activar dichos instrumentos normativos. Programa de condiciones para cuya precisa decantación y atribución de alcance la labor del Tribunal Constitucional ha resultado decisiva, de la mano, muchas veces, de los estándares elaborados por el Tribunal Europeo de Derechos Humanos alrededor del artículo 5 CEDH.

1. Estricta tipicidad

Dentro de los contenidos garantizados por el artículo 17 CE destaca, como presupuesto básico de toda actuación injerente del Estado en la libertad ambulatoria, que su restricción responda estrictamente a algunos de los casos contemplados de manera precisa en la ley. Dicho principio de legalidad se convierte en contenido iusfundamental de carácter reaccional. No hay margen de actuación limitativa fuera de los casos y de los modos regulados. El derecho del ciudadano a conocer mediante qué mecanismos puede ser privado de libertad comporta cargas muy exigentes para el legislador de claridad, previsibilidad y accesibilidad. El legislador en esta materia ha de hacer *"el 'máximo esfuerzo posible' para salvaguardar la expectativa razonablemente fundada del ciudadano en cuál ha de ser la actuación del poder en aplicación del Derecho"* —STC 49/1999—. Y ello como garantía efectiva contra la arbitrariedad de los poderes públicos —vid. SSTC 169/2001, 145/2014—.

La garantía de *Lex certa et Lex Previa* actúa, por tanto, como presupuesto de adecuación constitucional que no puede cederse ni a interpretaciones analógicas ni, desde luego, tampoco a interpretaciones extensivas de las fórmulas normativas. Ello supone, como ha sostenido el Tribunal Constitucional en reiterados pronunciamientos, que el derecho a la libertad consagrado en el artículo 17 CE *"puede verse conculcado, tanto cuando se actúa bajo la cobertura improcedente de la ley, como contra lo que la ley dispone"* —vid. SSTC 127/1984, 128/1995, 305/2000, 210/2013, 217/2015—.

El Tribunal Constitucional, por la vía del amparo, ha tenido oportunidad de someter a este estricto test a diferentes decisiones limitativas declarando vulnerada la garantía de previsión legal específica del artículo 17.1 LECrim —por ejemplo, SSTC 217/2015, 145/2014 y 184/2018, inadecuado mantenimiento de la prisión provisional respecto a una persona que en sentencia definitiva se le declara exenta de responsabilidad criminal y se le impone una medida de seguridad; STC 140/2012, indebido mantenimiento de la prisión provisional respecto a una persona condenada en sentencia definitiva a la pena sustitutiva por expulsión del territorio nacional; STC 169/2001, vulneración del artículo 17.1 CE en cuanto se ordena una medida limitativa de la libertad ambulatoria, en el caso la retirada de pasaporte, sin cobertura legal específica—.

2. Temporalidad

La privación cautelar de libertad de una persona por parte de agentes públicos también se somete a rígidas condiciones temporales. De las que cabe distinguir dos tipos. Uno, a las que cabe denominar como *condiciones absolu-*

tas. La propia Constitución o la ley de desarrollo previenen el tiempo máximo que una persona puede sufrir dicha restricción, ya sea mediante la detención, policial o judicial, o la prisión provisional. Ello supone que cumplidos los plazos constitucionales o legales no hay margen alguno de prolongación aun cuando sigan concurriendo finalidades de sujeción.

Otro grupo es el de las *condiciones relativas* que vienen marcadas por la necesidad funcional de mantenimiento de la situación de privación de libertad. Lo que implica que sin perjuicio del plazo máximo legal de privación, los agentes públicos están obligados a minimizar los costes de libertad cuando, desde una perspectiva situacional, no se justifica funcionalmente su agotamiento. El artículo 17.2 CE consagra una modulación temporal condicionada al precisar que *"la detención preventiva no podrá durar más del tiempo estrictamente necesario para la realización de las averiguaciones tendentes al esclarecimiento de los hechos, y, en todo caso, en el plazo máximo de setenta y dos horas, el detenido será puesto a disposición judicial"*. Ello supone que la vulneración del artículo 17.2 CE se puede producir no solo por rebasar el plazo máximo absoluto, es decir, cuando el detenido sigue bajo el control de la autoridad gubernativa o sus agentes una vez cumplidas las setenta y dos horas de privación de libertad, sino también cuando, no habiendo transcurrido ese plazo máximo absoluto, se traspasa el relativo, al no ser la detención ya necesaria por haberse realizado las averiguaciones tendentes al esclarecimiento de los hechos y, sin embargo, no se procede a liberar al detenido ni a ponerlo a disposición de la autoridad judicial —vid. STC 224/1998, 23/2004, 165/2007 y 95/2012—.

La temporalización absoluta y relativa, como condiciones constitucionales de adecuación, también cabe exigirla respecto a la prisión provisional aun cuando la Constitución solo se refiera a la prisión en el último inciso del ordinal 4 del artículo 17, encomendando al legislador ordinario la fijación del plazo máximo.

Como ha sostenido el Tribunal Constitucional, el respeto a los plazos legales máximos iniciales y de prórroga de la prisión provisional, establecidos en el art. 504, párrafo cuarto LECrim, constituye una exigencia constitucional, de forma que la superación de dichos plazos supone una limitación desproporcionada del derecho a la libertad y, en consecuencia, su vulneración no es subsanable mediante una resolución posterior —vid. por todas, SSTC 98/1998, 305/2000, 28/2001, 98/2002—.

Para la identificación de dicho plazo máximo, el Tribunal Constitucional también ha fijado algunas prevenciones interpretativas en el sentido de que no es posible determinarlo teniendo en cuenta cada uno de los delitos imputados en una misma causa, ya que este criterio haría depender dicho plazo de un elemento incierto y conduciría a un resultado superior a todo límite temporal razonable —vid. SSTC 127/1984, 28/1985—. Solo si se ha dictado sentencia condenatoria definitiva que hubiera sido recurrida, la norma permite la ampliación del plazo máximo hasta la mitad del total de la pena impuesta. Tampoco, y por la misma razón antes apuntada, *el riesgo de desbordamiento de todo plazo razonable* —vid. STC 19/1999—, cabe descontar del tiempo de prisión provisional sufrido en una causa el período de cumplimiento de condena de una pena de prisión impuesta en otra. Doctrina que se ha extendido al ámbito en que coincide la situación de prisión provisional por extradición con la situación de condenado a pena privativa de libertad en otra causa —vid. SSTC 71/2000 y 72/2000—.

En cuanto a los límites temporales relativos de la prisión provisional, la cuestión aparece muy vinculada a la necesidad de motivación de la medida cautelar. La prolongación temporal hasta el límite máximo exige que durante todo el periodo se mantengan los presupuestos objetivos y finalísticos de adopción. Pero no solo. No es indiferente el paso del tiempo para valorar si una medida de prisión aun cuando concurran razones o finalidades constitucionales sigue siendo proporcional. Como nos recuerda de forma precisa el Tribunal Europeo de Derechos Humanos en su sentencia de 28 de julio de 2005, *Caso Czarnecki contra Polonia*, *"el transcurso del tiempo, atendiendo a las circunstancias del caso, obliga a comprobar, como elemento decisivo para el mantenimiento de la medida de prisión, si las autoridades que la ordenan han observado una diligencia particular en el desarrollo del procedimiento, pues en caso contrario la medida carecería de cobertura"*. Es cierto, puede argumentarse, que la Ley de Enjuiciamiento Criminal previene plazos máximos de prisión provisional que pueden, en el caso concreto, no haberse agotado. Pero no lo es menos que desde una interpretación constitucionalmente conforme del régimen temporal de la prisión provisional debe exigirse la clara identificación de una relación funcionalmente cualificada entre la prolongación de la medida cautelar y el desarrollo del proceso. En supuestos de prisiones provisionales prolongadas, debiéndose valorar este elemento desde las singularidades del objeto procesal, el Estado, ya sea mediante el Ministerio Público que pretende el mantenimiento, o el juez que lo ordena, debe justificar, razonablemente, primero, que el desarrollo del proceso se está produciendo en condiciones temporales adecuadas y explicables por el grado de complejidad del objeto que lo integra; y, segundo, que, por tal motivo, la prisión constituye un mecanismo de aseguramiento, de reforzamiento, de su adecuado desarrollo. Puede subsistir, objetivamente, finalidad asegurativa en la prisión, pero para que su mantenimiento resulte proporcional debe estar conectado con un adecuado desarrollo temporal del proceso. Una paralización no imputable a la parte inculpada del proceso no puede justificar la prolongación a plazos máximos de prisión provisional. La tramitación temporal disfuncional puede llegar a comprometer no solo los fines del proceso sino la propia proporcionalidad en el mantenimiento de las medidas cautelares de prisión —vid. STEDH, caso Ruprecht contra Polonia, de 14 de febrero de 2012—.

3. *Garantías de información y defensa*

3.1 Información comprensible de las razones de la detención

El artículo 17.3 CE previene como derecho incondicionado y no sometido a reserva alguna el de que toda persona privada de libertad sea *informada (...) de modo que le sea comprensible de sus derechos y de las razones de la detención*. Todo un programa de obligaciones positivas para los agentes públicos que intervienen en la privación de libertad que nace directamente de la Constitución, sin perjuicio, además, de los mandatos de armonización y trasposición derivados de la Directiva 2012/13 *sobre derecho a la información de la persona investigada en el proceso penal*. La Constitución impone, como garantía específica, que el lenguaje empleado en la información resulte comprensible, lo que obliga a esfuerzos de competencia lingüística y, muy en particular, a tomar en cuenta las condiciones comunicativas del destinatario cuando este presente algún marcador de vulnerabilidad. Previsiones que se proyectan en los artículos 118.1, in fine, y 520.4, ambos, LECrim. En todo caso, los esfuerzos adaptativos, de competencia lingüística, pueden no resultar son suficientes. La doctrina del TEDH —vid. SSTEDH, caso Vaudelle c. Francia, de 30 de enero de 2001; caso Z. H c. Hungría, de 8 de noviembre de 2012; caso L. M c. Eslovenia, de 12 de septiembre de 2014— y, por fin, del Tribunal Constitucional —vid. STC 77/2014— ha insistido sobre la necesaria y especial protección que merece el imputado afectado de alguna discapacidad cognitiva o mental desde la perspectiva del derecho a conocer la acusación. En tales supuestos, puede ser insuficiente la transmisión de información al propio inculpado, incluso convenientemente adaptada a su capacidad mental, si no se informa a su vez a su representante legal o curador. La vulnerabilidad de las personas acusadas por sufrir algún tipo de discapacidad es una fuente de obligaciones positivas para todas las autoridades púbicas que participan en el proceso, también, desde luego, y muy especialmente, para los jueces. Nuestra Constitución las impone ex artículos 9, 10, 14 y 49, de conformidad, además, a lo establecido en el Convenio de Naciones Unidas *sobre derechos de personas con discapacidad*, de 13 de diciembre de 2006, y su proyección normativa en el Real Decreto Legislativo 1/2013 de 13 de diciembre y artículo 7 LEC.

3.2 Tiempo de la información

La Constitución, en el artículo 17.3 CE, establece que la información de las razones de la detención deberá producirse *de forma inmediata*. Para determinar el alcance de dicha cláusula, que se utiliza también en el artículo 520.2 LECrim, debe estarse a la Jurisprudencia del Tribunal Europeo de Derechos Humanos sobre el alcance de la cláusula *"en el plazo más breve posible"* que se previene en el artículo 5.2 CEDH como condición temporal de cumplimiento del deber de información de los motivos de la detención por las autoridades estatales responsables de la misma.

Así, y sin perjuicio del inevitable casuismo, el TEDH se ha mostrado particularmente exigente en el mandato de brevedad. El Tribunal admite que la disociación entre el momento de la detención y el de la información de los motivos de la misma no lesiona, de forma necesaria, la garantía del artículo 5.2 CEDH, pero siempre que no supere escasas horas, sugiriendo como estándar general el de las tres horas —en el caso Kortesis c. Grecia, de 12 de junio de 2012, consideró vulnerado el artículo 5.2 CEDH por una tardanza en 29 horas en trasmitir la información que además se realizó de forma inadecuada mediante la pura lectura de los artículos dcl Código Penal sobre los que se fundaba la detención. En el caso, Saadi. c. Reino Unido, de 29 de enero de 2008, se identifica lesión por el trascurso de 76 horas; en el caso L. M c. Eslovenia, se declara vulnerado el artículo 5.2 CEDH por el trascurso de 48 horas; en el caso Malofeyeva c. Rusia, 30 de mayo de 2013, se identifica lesión por la ausencia de información de los motivos de la detención durante 72 horas. De particular interés, resulta el supuesto analizado en la STEDH, caso Gasins c. Letonia, de 19 de julio de 2011—.

El retardo de la información a la que *de forma inmediata* tiene derecho la persona detenida puede constituir una efectiva lesión del régimen de garantías de la privación de libertad y justificar, por tanto, una petición de *Habeas Corpus* a luz de lo dispuesto en el artículo 1.d) LO 6/1984—.

3.3 Contenidos del derecho a recibir información

La Constitución garantiza ex artículo 17. 3º el derecho a recibir *la información de los derechos que ostenta la persona detenida y de las razones de su detención*.

En cuanto a los primeros, la fórmula enunciativa general del artículo 118.1 LECrim —como regla de concreción de la cláusula constitucional— contempla los siguientes derechos: de acceso a las actuaciones sobre las que se funda la imputación con la debida antelación y, en todo caso antes, de que se le tome de declaración al investigado; a participar activamente en el proceso; a designar libremente abogado; a solicitar asistencia jurídica gratuita y los procedimientos para hacerlo y condiciones para obtenerlo; la traducción e interpretación gratuita, en los propios términos previstos en la ley; derecho a guardar silencio y a no prestar de declaración si no desea hacerlo y a no contestar a alguna o algunas de las preguntas que se le formulen; y a no declarar contra uno mismo y a no confesarse culpable.

Como derechos específicos, objeto de información, de la persona detenida, que además se enriquecen con los contemplados en la Directiva 2013/48 *sobre el derecho a la asistencia letrada*, se previenen los derechos al contacto defensivo sin demora con el letrado designado; a la confidencialidad en el contacto defensivo; al de acceder a los elementos de las actuaciones que sean esenciales para impugnar la legalidad de la detención o privación de libertad; a la comunicación a un familiar o persona que desee sin demora injustificada la privación de libertad y el lugar de custodia, así como a la oficina consular en el caso de extranjeros; a comunicar con un tercero, sin demora justificada. Esta comunicación se realizará, no obstante, en condiciones de observación con la presencia de un funcionario de policía o del funcionario que designen el juez o el fiscal en su caso; a recibir visitas y a comunicarse y a mantener contactos postales con las autoridades consulares; a la asistencia gratuita de intérprete cuando se trate de extranjero que no comprenda o no hable el castellano o la lengua oficial de la actuación de la que se trate o de personas sordas o con discapacidad auditiva, así como de otras personas con dificultades del lenguaje; a ser reconocido por el médico forense o su sustituto legal y, en su defecto, por el de la institución en que se encuentre o por cualquier otro dependiente del Estado o de las otras Administraciones Públicas; a conocer el plazo máximo legal de duración de la detención hasta la puesta a disposición de la autoridad judicial y del procedimiento por medio del cual puede impugnar la legalidad de la detención; a la intervención del letrado designado en las diligencias de reconocimiento que se ordenen.

Los respectivos enunciados sobre el contenido objetivo del derecho a la información en materia de derechos reclaman algunas precisiones. Primera, sin perjuicio de las condiciones intransferibles de algunos de los derechos específicamente previstos para la persona privada de libertad, todos ellos conforman el estatus de protección de la persona investigada. Segunda, el estatus se integra también por las normas de fijación y de desarrollo de cada uno de los derechos que permiten o garantizan sus adecuados niveles de eficacia —por ejemplo, las normas previstas en los artículos 123 y 127 LECrim sobre qué, cuándo, dónde y cómo se ejerce el derecho a la interpretación o/y a la traducción; o las normas sobre las condiciones de eficacia del derecho a la asistencia jurídica gratuita que se contienen en la legislación sectorial, Ley 1/1996—. Tercera, el catálogo de derechos que conforman el contenido objetivo del derecho a la información en el proceso penal no es cerrado. No excluye posibilidades ampliatorias derivadas de la identificación por la vía de las decisiones del Tribunal Europeo de Derechos Humanos, del Tribunal de Justicia de la Unión Europea y del Tribunal Constitucional de otras informaciones que sirvan para proporcionar mayores niveles de protección con relación a algunos derechos tipificados.

En cuanto al derecho a conocer las razones de la detención, se extiende tanto a las razones fácticas como normativas —vid. SSTEDH, caso Drassid c. Italia, de 31 de diciembre de 2007; caso Penev c. Bulgaria, de 7 de enero de 2010; SSTJUE, de 21 de octubre de 2021, C-282/20; de 13 de junio de 2019, Moro, C-646/17— sin perjuicio de que según avance la investigación se decante de forma más precisa y de la necesidad, en todo caso, de actualizar la información inculpatoria a la luz de los cambios que puedan producirse —vid. artículo 6.4 Directiva 2012/13; artículo 775 LECrim—.

La interpretación de la cláusula constitucional a la luz, además, del contenido de la Directiva en su artículo 6.2, sugiere con claridad que el derecho a conocer las razones de la detención comprende, a salvo situaciones de secreto de actuaciones, no sólo el derecho a saber de qué se le inculpa sino también el derecho a conocer quién acusa y por qué, dando cuenta de las fuentes de pruebas sobre las que se basa la misma.

Como garantía específica, que amplía el contenido constitucionalmente protegido del derecho a la información, la Directiva 2012/13 previene el derecho de acceso de la persona detenida al contenido fundamental de las actuaciones que puedan servir para impugnar de forma eficaz su detención. El Tribunal Constitucional en la STC 21/2018, de 5 de marzo, ha perfilado el alcance de tal derecho partiendo del contenido del derecho a conocer las razones de la detención y del correlativo derecho a impugnar la legalidad de la misma, precisando que "*en la medida en que, para ser suficientes, las razones de la detención deben venir apoyadas en datos objetivos, las mismas han de poder ser contrastadas y verificadas accediendo a los elementos de las actuaciones que les den sustantividad*". De tal modo, "*solo si el detenido debidamente asesorado, recibe información suficiente sobre los motivos por los que ha sido privado de libertad estará en condiciones de contrastar su veracidad y suficiencia*". Lo que se proyecta en el derecho a acceder "*a aquellas partes de las actuaciones que recoja o documente las razones aducidas*". Y si bien el propio Tribunal reconoce que la determinación de dichos elementos es necesariamente casuística, ello no le impide precisar, a título de ejemplo, algunos de estos: "*en tal medida pueden ser elementos esenciales que fundamenten la detención, atendiendo a las circunstancias de cada caso, la propia denuncia de los hechos, cuando incorpora imputaciones de parte que incriminan al detenido; o la documentación de testimonios incriminatorios, así como el contenido de los informes periciales científicos que establezcan un vínculo de conexión entre el hecho investigado y el detenido; asimismo lo pueden ser los documentos, fotografías y grabaciones de sonido o vídeo que objetivamente relacionen al sospechoso con la infracción penal, e igualmente las actas que recojan el resultado del registro de un inmueble u otro tipo de bienes, las de una inspección ocular, las que constatan la recogida de vestigios o las que describan el resultado de un reconocimiento practicado a prevención por la policía para la averiguación del delito. Lo son también, en definitiva, todas aquellas actuaciones documentadas que guarden identidad de razón con las ya expuestas."* —vid. en el mismo sentido, SSTC 73/2021, 80/2021, 103/2022—.

Debe también insistirse en que estos derechos de información y de acceso a los elementos de las investigaciones que resulten esenciales para impugnar la detención no son susceptibles de restricción temporal por la declaración de secreto sumarial, en los contundentes términos perfilados por la doctrina constitucional. Como se afirma en la STC 68/2023, *"el acceso al núcleo esencial de las actuaciones constituye una exigencia constitucional de los incidentes relativos a la privación cautelar de libertad, en tanto que condición de la necesaria igualdad de armas y protección frente a su eventual carácter injustificado. El carácter incondicionado de este derecho obliga al juez instructor a seleccionar los materiales esenciales para impugnar eficazmente la legitimidad de la privación de libertad, aunque se haya acordado el secreto sumarial (STC 13/2017, FJ 7), tratando de garantizar sin merma el debido acceso a las actuaciones para defender su libertad personal y, al mismo tiempo, preservar la eficacia de la instrucción y de los fines que justificaron la declaración temporal de secreto"— vid. en el mismo sentido, SSTC 4/2023, 30/2023—.*

3.4 Motivación

El Tribunal Constitucional ha decantado del derecho a la libertad ambulatoria ex artículo 17. 1º CE la exigencia de que cualquier decisión limitativa o privativa responda a un específico y exigente estándar de motivación cualificado. Hasta el punto de que la falta de motivación, como se precisa en la STC 29/2019, "concierne directamente a la lesión del propio derecho fundamental sustantivo y no, autónomamente, al derecho a la tutela judicial efectiva".

La medida de prisión preventiva debe poder presentarse argumentativamente como una decisión proporcional y razonable que, atendiendo a las circunstancias concurrentes, respete el contenido constitucionalmente garantizado del derecho a la libertad afectado. En consecuencia, la decisión ha de identificar, por un lado, los presupuestos legales de adopción contemplados en el artículo 503 LECrim —gravedad de la presunta conducta típica, límite punitivo, indicios racionales de participación de la persona investigada, no concurrencia de causas de justificación que eximan de la responsabilidad criminal del presunto autor de delito—. Y, por otro, precisar las finalidades constitucionalmente relevantes que concurren a la luz de las circunstancias del caso concreto y con relación a cada uno de los investigados —vid. SSTC 147/2002, 138/2002, 65/2008—.

En este sentido, y como ha mantenido el Tribunal Europeo de Derechos Humanos reiteradamente, la gravedad de la inculpación/acusación no puede justificar por sí misma largos períodos de prisión —vid. SSTEDH, c. Panchenko c. Rusia, de 8 de febrero de 2005; Goral c. Polonia, de octubre de 2003; Oreb c. Croacia, de 12 de marzo de 2013—. Ni tampoco puede la prisión provisional utilizarse para anticipar una pena privativa de libertad —vid. STEDH, caso Belevitskiy c. Rusia, de uno de marzo de 2007—. La prisión provisional solo puede mantenerse si se identifica en términos razonables y objetivables la necesidad de protección de un interés público grave que justifique el sacrificio del derecho a la libertad —vid. STEDH, caso Suput c. Croacia, de 31 de mayo de 2011—. Entre los cuales se encuentran, sin duda, los de: garantizar la eficacia del proceso y la plena sustanciación de la acción penal, neutralizando el riesgo de fuga que no debe ser abstracto o genérico sino compatible con un juicio razonable de probabilidad real y debe justificarse en el supuesto concreto a la luz de las circunstancias concurrentes —vid. STEDH, caso Allahverdiyev c. Azerbaijan, de 6 de marzo de 2014—; la preservación de las fuentes de prueba; la protección de la víctima del delito ante riesgos fundados de revictimización; y el riesgo de reiteración delictiva, tomando en cuenta las circunstancias socio-personales del investigado y su trayectoria criminal acreditada por sus antecedentes penales no por los simplemente policiales.

III. GARANTÍA DE CONTROL JURISDICCIONAL DE LA DETENCIÓN: HABEAS CORPUS

Como apuntábamos, el artículo 17. 4º CE establece un derecho específico de acción positiva por el que toda persona tiene derecho a pretender que una autoridad judicial *neutral y distanciada* —conforme a la terminología clásica constitucional norteamericana, vid. Sentencia Missouri c. MacNeely, de 17 de abril de 2013— controle la legalidad de la detención practicada por las autoridades o agentes públicos no judiciales. El Tribunal Constitucional ha tenido oportunidad de pronunciarse, en reiteradas ocasiones, sobre las características constitucionales a las que debe responder dicho procedimiento de garantía específica. Además de reunir las notas de agilidad, sencillez y cognición limitada es necesario que garantice la plena eficacia del control judicial.

Lo que justifica la necesidad de aplicar fórmulas amplías de legitimación para activarlo y, desde luego, estándares dúctiles de admisión. Directrices a las que, en efecto, responde la Ley Orgánica 6/1984, de 24 de mayo, *reguladora del procedimiento de "Habeas Corpus"*.

Pese a ello, no han sido infrecuentes decisiones judiciales de inadmisión *in limine* peticiones de habeas corpus por considerar, sin ningún tipo de audiencia previa, que la persona no se encuentra ilícitamente privada de libertad. Como ha tenido oportunidad de reiterar el Tribunal Constitucional en más de cien sentencias —habiendo recaído la primera en 1985—, el contenido propio de la pretensión formulada en el *habeas corpus* es, precisamente, la de que el juez determine la licitud o ilicitud de dicha privación. Y para ello, es necesario, al menos, escuchar directamente a la persona que sufre la privación de libertad ordenada por la autoridad gubernativa. La esencia de dicho procedimiento consiste en que *"el Juez compruebe personalmente la situación de la persona que pida el control judicial, siempre que se encuentre efectivamente detenida, es decir, 'haber el cuerpo' de quien se encuentre detenido para ofrecerle una oportunidad de hacerse oír, y ofrecer las alegaciones y pruebas"* —por todas, SSTC 21/2018, 12/2014, 147/2008—.

IV. BIBLIOGRAFÍA

ALEXY, R. (1993): *Teoría de los Derechos Fundamentales*, Centro de Estudios Constitucionales, Madrid.

ANDRÉS IBÁÑEZ, P. (1997): "El juez y la prisión provisional", en BARBERO, M. (coord.), *Prisión Provisional, Detención y Derechos Fundamentales*, Universidad de Castilla La Mancha.

LÓPEZ GUERRA, L. (2016): *Manual de Derecho Constitucional*, Tirant lo Blanch, Valencia.

HERNÁNDEZ GARCÍA, J. (2016): "Nuevos contenidos del derecho de defensa de la persona investigada y acusada en el proceso penal: información y asistencia letrada: Novedades en el estatuto de la persona detenida", en *Las reformas del proceso penal*, Consejo General del Poder Judicial, Madrid [en línea].

VARELA CASTEJÓN, X., RAMÍREZ ORTIZ, J. L. (2010): "Doce tesis en materia de detención policial preprocesal", *Revista Catalana de Seguretat Pública*, núm. 22.

V. JURISPRUDENCIA

STC 127/1984, de 26 de diciembre.
STC 49/1999, de 5 de abril.
STC 47/2000, de 17 de febrero.
STC 145/2014, de 22 de septiembre.
STC 217/2015, de 22 de octubre.
STC 29/2019, de 28 de febrero.
STC 68/2023, de 19 de junio.

Artículo 18.1

1. Se garantiza el derecho al honor, intimidad personal y familiar y a la propia imagen

COMENTARIO

Marc Carrillo
Catedrático de Derecho Constitucional
Universidad Pompeu Fabra

SUMARIO: I. INTRODUCCIÓN. II. EL DERECHO AL HONOR. 1. Concepto. 2. Titularidad. 3. Límites. III. EL DERECHO A LA INTIMIDAD PERSONAL Y FAMILIAR. 1. Concepto. 2. Titularidad. 3. Límites. IV. EL DERECHO A LA PROPIA IMAGEN. 1. Concepto. 2. Titularidad. 3. Límites. V. BIBLIOGRAFÍA. VI. JURISPRUDENCIA.

I. INTRODUCCIÓN

El reconocimiento constitucional en 1978 de los derechos de la personalidad como derechos fundamentales supuso la asunción por la CE que la libertad y la libre autodeterminación de la persona también se dilucida en los aspectos más privativos de su actividad. Los derechos a la reputación en el entorno social que le es propio (honor); a no padecer intromisión en aquellos ámbitos de la vida privada que no pueden ser accesibles a los demás, salvo que medie consentimiento (intimidad) y a no ver reproducida la imagen física a través de cualquier medio tecnológico en general y mediante las redes sociales en particular (propia imagen), son derechos que conforman el estatuto de libertad de la persona. Su fundamento constitucional se encuentra en la dignidad de la persona (art. 10.1 CE y STC 214/1991).

El anclaje de los derechos de personalidad en este valor constitucional comporta una doble garantía. Por un lado, una garantía negativa o de rechazo por la que el titular del derecho no va a ser objeto de intromisiones ilegítimas. Y por otro, dado que se trata de derechos que coadyuvan al libre desarrollo de la personalidad, la preservación de la dignidad de la persona habilita también para disponer también de una garantía positiva que se concreta en el ejercicio de las acciones jurídicas pertinentes para afrontar las perturbaciones externas que menoscaben o impidan su ejercicio.

Ahora bien, la interpretación tanto de la propia dignidad como de los derechos de la personalidad de los que uno cree ser destinatario, no pueden responder a criterios absolutos o irreductibles, a extramuros de su entorno. Por muy legítima que sea la posición que el titular de un derecho para que sea él quien determine los contornos del ámbito de sus derechos de la personalidad, no se puede excluir un hecho irrefutable: que se trata de derechos cuyo ejercicio puede quedar mediatizado por el contexto social en el que son invocados. En consecuencia, por muy legítima que pueda ser la concepción que el titular tenga del derecho que le asiste, ya no son aceptables aquellos planteamientos que en todo caso y circunstancia reducían a la exclusiva voluntad de su titular la interpretación del contenido de sus derechos de la personalidad. Esto es, aquellos que se inspiraban en la filosofía del individualismo posesivo, sostenida por la dogmática ius-privatista más clásica, por la que había de ser el titular y a la vez propietario del derecho el único sujeto legitimado delimitar su contenido, como si de una propiedad privada se tratase, con absoluta abstracción del entorno social y de la posible incidencia de otros derechos también susceptibles de protección.

El marco de protección que el Estado social y democrático de Derecho ofrece a los derechos fundamentales es distinto. En efecto, no hay duda que en la actualidad los derechos de la personalidad tienen una dimensión intersubjetiva, que impiden que puedan ser analizados al margen de la vida de relación de la persona. Quedan muy lejanos los tiempos de la Aeropagítica, el célebre y decisivo panfleto dirigido al parlamento inglés en 1644 por John Milton en defensa de la libertad de prensa. En aquel tiempo y en el que le siguió en los siglos posteriores al primer liberalismo, la persona vivía en espacios aislados de forma tal que las posibilidades de acceder a su ámbito privado resultaban más difíciles salvo si mediaba su consentimiento. En la actualidad, la dinámica de los comportamientos individuales y sociales va por derroteros muy distintos, sin perjuicio de la legítima concepción que respecto de sus derechos de la personalidad pueda invocar la persona individualmente considerada. La actividad social se desarrolla a través de procesos de relaciones múltiples en los que el ámbito de lo privado queda influido por la constante penetración de lo público. Por otra parte, los avances tecnológicos experimentados por la sociedad de la información a través de las TICs (Facebook, Washap, Twiter, Tick Tock y, más recientemente, con las aplicaciones de la llamada inteligencia artificial, así como la diversidad de otros dispositivos electrónicos, entre otros, los smarphones, tabletas, ordenadores, dispositivos USB, reproductores MP3 o MP4, etc.), elevan a un mayor grado el nivel de las posibilidades de interrelación ciudadana y con ello crece también el potencial impacto lesivo sobre la reputación, la intimidad o la imagen de una persona. Sin duda, ello ha supuesto un reto al que el Derecho ha de dar respuesta desde las reglas de la lógica jurídica.

Como resultaba inevitable, el reconocimiento constitucional de los derechos del artículo 18.1 CE no ha sido suficiente para determinar su contenido y perfilar sus límites cuando colisionan con otros derechos fundamentales como es el caso de los derechos del artículo 20 CE. En este sentido, en la delimitación de los contornos de estos derechos ha jugado un papel esencial la función pretoriana del juez constitucional. La labor interpretativa del Tribunal Constitucional ha sido decisiva tanto para matizar o, incluso, rechazar algunas previsiones contenidas en la anticuada *Ley Orgánica 1/1982, de 5 de mayo, de protección civil del derecho al honor, a la intimidad personal y familiar y a la propia imagen*, como para poner de relieve, que dado el contenido específico y la autonomía de cada uno de ellos la lesión de uno de ellos no conlleva forzosa e indefectiblemente la de los otros (STC 156/2001).

II. EL DERECHO AL HONOR

1. Concepto

Se trata de un concepto jurídico indeterminado. Su tutela jurídica con anterioridad a la Constitución quedaba relegada al ámbito penal. Pero fue a partir de 1978 que, para su interpretación en una sociedad fundada en valores democráticos, resultó ineludible la perspectiva que ofrece el contexto social en el que es invocado. Desde una concepción subjetiva, el honor es concebido como el sentimiento de la estimación que una persona tiene de sí misma en relación con sus propias concepciones morales; mientras que desde una vertiente objetiva se trataría de la reputación, buen nombre o fama de los que goza frente a los demás. Para la jurisprudencia constitucional el concepto de honor ha de asociarse a las normas, valores e ideas vigentes en cada momento, pero siempre partiendo de la base de que su vulneración ha de suponer un desmerecimiento en la consideración ajena (STC 170/1994). Asimismo, para la jurisprudencia convencional la reputación de una persona también forma parte de la identidad y de su integridad psicológica STEDH de 15 de noviembre de 2007 (Caso Pfeifer c. Austria).

La afrenta a la reputación personal puede producirse no sólo mediante expresiones orales o escritas sino también a través de cualquier otro medio o soporte técnico como, por ejemplo, puede ser la difusión de la imagen en un contexto que ocasione el mismo resultado lesivo (STC 14/2003). Lo cual pone también de manifiesto que más allá del contenido específico de estos derechos, en ocasiones, la lesión de uno de ellos puede irradiar sobre alguno de los otros derechos de la personalidad.

2. Titularidad

Los derechos de la personalidad han sido considerados como derechos personalísimos. Ello es predicable sin objeciones de consistencia respecto de la intimidad y de la propia imagen. No así en relación al derecho al honor, donde la jurisprudencia tanto ordinaria como, sobre todo, la constitucional se han esforzado por superar la visión tradicional de un sector de la doctrina civilista, poniendo énfasis no sólo en la persona como sujeto de derechos sino también en su condición de miembro de grupos en los que suele organizarse. La CE ofrece múltiples posibilidades para articular formas asociativas con los fines más diversos (art. 22 CE). La STC 139/1995 recuerda que la norma suprema contiene un reconocimiento expreso de derechos fundamentales para las personas jurídicas. En determinados supuestos, los intereses de la asociación en tanto que persona jurídica, relacionados con su reputación o crédito social para garantizar la integridad y el prestigio de su actividad corporativa, no dejan de ser también expresión de una suma de intereses individuales de los miembros implicados en el devenir de la entidad de la que forman parte y que requieren ser garantizados. Se plantea, por tanto, si las personas jurídicas pueden también invocar en su favor un derecho al honor o reputación como entidades morales.

Acerca de esta cuestión, en sus inicios la jurisprudencia constitucional inicial sostuvo una concepción personalista del honor, al entender que se trataba de un derecho atribuido sólo a las personas individualmente consideradas (STC 107/1988), que se extiende también a las personas fallecidas cuyos familiares pueden impetrar la defensa de su reputación (SSTC 43/2004; 50/2010), aunque en la medida en que ese honor se vincula al recuerdo de sus allegados, su protección sea menor respecto del que corresponde a la personas vivas (STC 51/2008). Sin embargo, posteriormente, en el caso Violeta Friedman (STC 214/1991), en el que la recurrente no había sido expresamente citada en las declaraciones negacionistas del holocausto por parte del fascista belga León Degrelle, y a pesar de la evidente ausencia de legitimación procesal directa o legítima de la recurrente, estimó el amparo solicitado por lesión del honor de esta ciudadana de etnia judía. Al interpretar que se trataba de un derecho que también podía ser atribuido a colectivos de personas, cuando los ataques trascienden a sus miembros, siempre y cuando éstos sean identificables.

Distintos fueron los supuestos planteados en relación con el derecho al honor o a la reputación social de las sociedades mercantiles (casos Lopesan y Luxury SA) frente a la críticas infundadas o falsas respecto de su actividad en el tráfico comercial. En estos dos casos, el TC interpretó que debe reconocerse otra esfera de protección a las personas morales, asociaciones, entidades o empresas, gracias a los derechos fundamentales que, como el derecho al honor, también permitan asegurar el cumplimiento de aquellos fines para los que hayan sido constituidas (STC 139/1995).

Por el contrario, su posición es rotunda respecto de las personas jurídico-públicas al interpretar que resulta inadecuado hablar del derecho al honor de las mismas, siendo más correcto emplear los términos dignidad, prestigio o autoridad moral, que son valores que merecen la protección penal que les dispense el legislador y por ello, en la ponderación frente a la libertad de expresión les corresponde un nivel más débil de protección (STC 107/1988).

3. Límites

La tutela del derecho al honor y del resto de derechos de la personalidad y su frecuente conflicto con la libertad de expresión y el derecho a comunicar y recibir información veraz (art. 20.1 a y d CE), ha ocupado desde el inicio a la jurisprudencia constitucional, a fin de establecer las reglas interpretativas que permitan la resolución jurídica de un conflicto que no resulta inhabitual en una sociedad abierta. Sobre todo, asumiendo, como lo ha hecho el TC, que la libertad de expresión y el derecho a la información son garantía de una institución política fundamental que es la opinión pública libre, vinculada indisolublemente al pluralismo político, un valor fundamental y un presupuesto ineludible para el funcionamiento del Estado democrático (STC 12/1982). A partir de esta premisa, la jurisprudencia constitucional —sobre todo, la elaborada por los primeros tribunales constitucionales— fue realizando una labor de pedagogía jurídica sobre la jurisdicción ordinaria a fin de evitar la sistemática invocación, sin mayor esfuerzo de ponderación interpretativa, del *animus iuriandi*, en tanto que parte integrante del tipo delictivo del delito de injurias, como una lesión del derecho al honor para limitar sin más argumentos los derechos del artículo 20 CE.

A fin de superar esta anomalía, los criterios interpretativos más relevantes han sido: a) la distinción entre la libertad de expresión y el derecho a comunicar y recibir información veraz se define, en el primer caso, por la existencia de elementos valorativos; y en el segundo, por la relevancia de factores de naturaleza fáctica que integran el objeto de la información (SSTC 6/1988). b) El derecho a la información, según los casos, ocupa una posición similar a un *primus inter pares* respecto de los derechos de la personalidad: cuando la información verse sobre asuntos en los que por razón de su objeto sea de interés general o los hechos resulten noticiables (STC 208/2013); o bien, cuando la información se refiera a personas que en razón de su dimensión pública determinada por el cargo que ocupan, la función representativa que ejercen (personajes públicos), o la actividad profesional que habitualmente desarrollan (personajes de notoriedad pública), también resulten de interés público (STC 134/1999). c) La preeminencia de las libertades de expresión e información que según el caso puedan tener respecto de los derechos de la personalidad, cuando se refieran a asuntos relativos a personas de relevancia pública, no significa que éstas carezcan de derechos de la personalidad, sino que su exposición en el ejercicio de cargos o actividades de relevancia pública los hace más susceptibles al escrutinio social (STC 107/1988). d) El derecho de crítica a las instituciones públicas y a aquellos que temporalmente las representan, es una lógica consecuencia de la libertad ideológica y el pluralismo político (STC 20/1990). De acuerdo con la STEDH de 8 de julio de 1986 (Caso Lingens/ Austria), la libertad de expresión y el derecho a la información en tanto que pilares esenciales de una sociedad democrática "*comprenden no sólo las informaciones inofensivas o indiferentes o aquellas que sean favorables; también incluyen las que puedan inquietar al Estado o a una parte de la población puesto que así resulta del pluralismo, la tolerancia y el espíritu abierto, factores sin los que no existe una sociedad democrática*". En el mismo sentido, en un supuesto de injurias al Rey, la STEDH de 13 de marzo de 2018 (Caso Stern Taulats y Roura /España. e) La veracidad en la información es un límite constitucional que ha de ser entendido en términos relativos; en consecuencia, gozará de protección constitucional aquella información que haya sido elaborada y difundida con diligencia y escrupuloso respeto a las normas deontológicas de la profesión periodística, incluso en los casos en los que registren errores en la información divulgada (SSTC 6/ 1988, 29/2009). f) Por otra parte, la veracidad informativa no siempre exculpa de responsabilidad: la veracidad no legitima la injuria. (SSTC 105/1990). g) Asimismo, carece de cobertura constitucional la difusión de informaciones de forma sesgada o tergiversada como si se tratase de un reportaje neutral (STC 139/2007). h) Finalmente, la rectificación de una información falsa no excluye de responsabilidad al medio si bien puede atenuarla (STC 40/1992).

III. EL DERECHO A LA INTIMIDAD PERSONAL Y FAMILIAR

1. Concepto

Desde una concepción clásica, limitada a la individualidad de su titular, a la que se referían en 1890 Warren y Brandeis en su escrito fundacional *The right to privacy*, el derecho a la intimidad es aquel ámbito de la vida privada que resulta inaccesible a los demás salvo que intervenga su propio consentimiento. Es el derecho a no ser importunado. La potestad atribuida al individuo de permanecer solo (*the right to be let alone*) es una expresión que ha hecho fortuna para describir el derecho de la persona a salvaguardar su intimidad de toda intromisión ilegítima, que se produzca tanto en el ámbito espacial en el que desarrolla habitualmente su vida personal o colectiva, como en aquél donde fluya la información que le concierna. Pero, aun siendo válido este planteamiento clásico, la intimidad en la sociedad de la comunicación es algo más que el derecho a no verse molestado. Su reconocimiento constitucional en los textos constitucionales más recientes pone de relieve que el bien jurídico protegido no sólo es el poder de rechazo a una intromisión ilegítima en sus más diversas manifestaciones (en el espacio vital, laboral, familiar, afectivo, sexual, etc.), sino también la potestad de controlar la información que circule por el escenario público y en las nuevas redes sociales y que le pueda concernir en su condición de sujeto social.

En la sociedad actual el concepto de intimidad, como recuerda JAVIER MIERES es esencialmente abierto y pretender una definición exhaustiva de su contenido no resulta una tarea factible. No obstante, de la definición que se establece de la STC 231/1988, cabe destacar dos vías a través de las cuales el derecho a la intimidad puede ser amenazado; una es mediante una acción o intrusión en espacios de privacidad que conciernen a la persona en un entorno más cercano; la otra es a través de las intromisiones informativas derivadas de la actividad de los medios de comunicación. De esta definición jurisprudencial se derivan dos ámbitos esenciales en los que se manifiesta el derecho a la intimidad: por un lado, el espacial y personal en los que se protege tanto la intimidad corporal como el propio desarrollo personal del titular del derecho; y por otro, el ámbito de los medios de comunicación en el ejercicio del derecho a comunicar información (art. 20.1.d CE). Siguiendo la estela de la jurisprudencia comparada, en especial la alemana y la norteamericana, la española se ha movido entre una inicial concepción material de la intimidad, para pasar posteriormente a una concepción subjetiva o formal.

La recepción por la jurisprudencia española y convencional de la noción material del derecho a la intimidad encuentra su referente en la STC 114/1984, en la que se estableció el criterio por el que es dable seleccionar una serie de asuntos que en razón de su contenido pueden asociarse con la intimidad de la persona. Así, por ejemplo: la intimidad corporal (STC 37/1989); el estado de salud, STEDH, de 6 de octubre de 2010 (Caso C. C./España); las relaciones sexuales (STC 151/1997); las situaciones de acoso sexual (STC 224/1999) el ejercicio de la prostitución (STC 121/1999); las relaciones afectivas (STC 121/2002); la salud personal (STC 20/1992); la información sobre el consumo de bebidas alcohólicas y de drogas (STC 234/1997); la filiación como parte integrante de lo que es propio o íntimo (STC 197/1991) o la negación de la misma por las autoridades del Estado a un niño nacido de maternidad subrogada en la que se había empleado material genético del padre la STEDH de 26 de junio de 2014 (caso Menesson /Francia); el historial penal (STC 144/1999), o, incluso, el derecho de la persona a decir cuando y como debe terminar su vida, reconocido como parte integrante de su vida privada STEDH, de 20 de enero de 2011 (Caso Haas/Suiza).

Por el contrario, desde una perspectiva negativa, por razón de su contenido, la jurisprudencia deja fuera del ámbito de lo íntimo, por ejemplo, a los datos bancarios dado que reconoce la licitud de la inspección de las cuentas bancarias a los efectos de la verificación de los deberes fiscales (STC 110/1984), o lo datos relativos a los aspectos profesionales en las relaciones laborales (STC 142/1993). Sin embargo, a la concepción material al derecho a la intimidad se le ha imputado que no asegura la debida garantía de este derecho fundamental, dado que la obligada y taxativa distinción entre lo público y lo privado a la que impulsa este planteamiento traslada al juez la plena valoración de la controversia dejando de lado —en parte— la legítima concepción que de su propia intimidad tenga el afectado por el alcance y significado de una específica intromisión.

La asunción por la jurisprudencia constitucional española de la concepción subjetiva ha venido precedida por la constatación de las manifiestas insuficiencias de la intimidad entendida en sentido material. El cambio de tendencia encuentra sus primeros hitos, especialmente en la STC 134/1999 y en la STC 144/1999. En la primera resolución, el Tribunal subraya una interpretación que renuncia a delimitar contenidos materiales específicos del derecho a la intimidad y focaliza su *ratio decidendi* en la decisión del titular del derecho. De acuerdo con ello, la CE no garantiza una "intimidad determinada", sino el derecho a poseerla, a tener vida privada, disponiendo su titular de un poder de control sobre la publicidad de la información relativa a la persona y su familia, con independencia del contenido de aquello que se desea mantener al abrigo del conocimiento público. En la segunda, incluso, el TC va más lejos en la construcción de esta lógica subjetiva, cuando establece que constituye una ilegítima intromisión en la intimidad individual, la infracción de las normas sobre acceso a la información relativa a una persona o su familia, con independencia de que esa información sea objetivamente considerada que forme parte de lo íntimo o de que su conocimiento o divulgación pueda ser pernicioso para la integridad moral o la reputación de aquel o de aquellos a quienes se refiere.

Ahora bien, este último argumento aportado por la segunda sentencia no deja de pecar de un cierto maximalismo. Como afirma MEDINA GUERRERO, desde el momento en el que se exacerbe el protagonismo de la persona en la delimitación absoluta de los contornos de su intimidad pierden pie todas aquellas consideraciones acerca de la relevancia de los datos divulgados. En este sentido, y a fin de mantener un ponderado equilibrio entre los derechos del artículo 18.1 CE y del artículo. 20.1 CE, parece preferible, no tanto mantener el enfoque material tradicional sino, más bien, procurar la necesaria complementariedad entre la concepción material y formal del derecho a la intimidad, que retenga la interrelación entre el contenido de lo divulgado y la capacidad de decisión del titular de derecho, en el contexto en el que la intimidad y la intromisión informativa se manifiestan.

Por su parte, el TEDH defiende una concepción esencialmente amplia del derecho a la intimidad. Probablemente, el *leading case* lo constituye la STEDH de 16 de diciembre de 1992 (Caso Nimietz c. Alemania), en el que si bien el Tribunal no considera ni posible ni necesario ofrecer una definición exhaustiva de la noción de vida privada del art. 8.1 del CEDH, afirma —no obstante— que "*el respeto de la vida privada debe, también, englobar hasta cierto punto el derecho a establecer y desarrollar relaciones con otros seres humanos*". Esta concepción amplia supone que el respeto a la vida privada frente a cualquier intromisión ajena, engloba actividades como las relativas a la vida e identidad sexuales, la integridad física y moral (STEDH 26 de marzo de 1985, Caso X e Y c. Países Bajos), la confidencialidad de datos sobre la salud (STEDH, de 25 de febrero de 1997, Caso Z c. Finlandia), la elección del propio nombre (STEDH 22 de febrero de 1994, Caso Burghatz c. Suiza), la garantía frente al almacenamiento, registro y comunicación de datos personales (STEDH de 4 de mayo de 2000, Caso Rotaru c. Rumania), o la protección frente a incisiones nocivas y molestas de ruidos y olores en los espacios donde la persona desarrolla su vida privada (STEDH, de 9 de diciembre de 1994, Caso López Ostra c. España).

2. Titularidad

El sujeto activo es la persona individual. Una cuestión controvertida es si en determinadas circunstancias también lo pueden ser también los fallecidos, subrogándose en sus derechos las personas físicas o jurídicas designadas a estos efectos en las disposiciones testamentarias. El Tribunal Constitucional ha negado que la titularidad pueda extenderse a quienes ya hayan fallecido (STC 231/1988 y ATC 149/1999). Cuestión distinta es, sin embargo, si en determinadas circunstancias las personas jurídicas pueden invocar este derecho tradicionalmente adscrito a la esfera a la persona individual.

La jurisprudencia constitucional se ha referido colateralmente a la posibilidad de un reconocimiento indirecto cuando, en relación al derecho a la inviolabilidad del domicilio de una entidad empresarial, afirma que entre los espacios que también son propios de una persona jurídica, se cuentan aquellos que puedan servir para la custodia de los documentos u otros soportes de la vida diaria de la sociedad o de su establecimiento que quedan reservados al conocimiento de terceros (STC 69/1999). Cabría pensar que la divulgación de estos datos sin consentimiento podría constituir una violación del derecho a la intimidad, pero tal conclusión no deja de ser una forma de forzar el objeto de un derecho concebido para proteger la persona en su estricta individualidad y no otros contextos que le son ajenos.

3. Límites

Para examinar tanto su protección frente a intromisiones públicas y privadas como respecto de los límites a su ejercicio, la jurisprudencia constitucional y convencional ofrecen un amplio catálogo de supuestos. Como se ha expuesto con anterioridad, el derecho a la intimidad se manifiesta tanto en el ámbito espacial como en el de los medios de comunicación.

A) En relación al primero, la jurisprudencia se ha ocupado de: a) la intimidad corporal, al objeto de garantizar el sentido del pudor y el recato, en relación a aquellas partes del cuerpo humano que de acuerdo con las pautas sociales imperantes deben quedar al margen de la visión ajena (STC 218/2002) o de ciertos cacheos en la prisión (STC 171/2013). También lo ha hecho con ocasión de situaciones relacionadas con la salud y las vicisitudes sanitarias de la persona (STC 159/2009). Por su parte, la jurisprudencia europea ha sido especialmente activa en la protección del derecho a la intimidad cuando éste se dilucida en el ámbito de situaciones médico-sanitarias, por ejemplo sobre los datos del ADN (STEDH Marper c. Reino Unido de 4/XII/2008) o, también, en relación a la orientación sexual, el Tribunal de Luxemburgo, en aplicación de la CDFUE, se ha pronunciado en favor de proteger la orientación sexual de los refugiados que soliciten la protección internacional (STJUE, de 25/1/2018). b) la intimidad familiar, que permite excluir del conocimiento ajeno lo que ocurre en el ámbito del hogar de una persona de notoriedad pública, como consecuencia de la indiscreción de la empleada de hogar en una publicación de entretenimiento (STC 115/2000); por su parte, el TEDH interpreta que la intimidad familiar exige, en principio, que los padres y, en su caso, otros miembros de la familia puedan estar en contacto con sus hijos (EP c. Italia, de 16/XI/1999). c) Las molestias externas. La contaminación acústica, el ruido ambiental es un agente patógeno que cuando se manifiesta de forma continuada puede afectar gravemente la salud de la persona. Para la jurisprudencia del TEDH no hay duda que, en determinadas circunstancias de especial gravedad, ciertos daños ambientales, aun cuando no pongan en peligro la salud de las personas, pueden atentar contra su derecho al respeto de su vida privada y familiar, privándola del disfrute de su domicilio (STEDH de 9 de diciembre de 1994, caso: "López Ostra contra España"). En la misma línea interpretativa, la STC 119/2001 (caso: "El ruido en el barrio"). d) Las relaciones laborales y empresariales: a la luz de la jurisprudencia constitucional, el derecho a la intimidad puede quedar afectado en diversas circunstancias que se producen en los centros de trabajo: por ejemplo, con ocasión de la instalación de instrumentos de audición (STC 186/2000); la instalación de un circuito cerrado de televisión en determinadas zonas del centro, como los vestuarios (STC 186/2000); o de cámaras de control de acceso al lugar de trabajo (SSTC 39/2016); el control empresarial del correo electrónico (STC 170/2013); los datos del salario (STC 142/2013); los datos relativos a la salud (STC 244/1999), o los reconocimientos médicos (STC 70/2009); el acoso sexual en el trabajo (STC 224/1999).

B) En relación al amplio espectro de los medios de comunicación. La posición social de la persona objeto de la información es el otro criterio empleado para decidir acerca de la ponderación a realizar entre el derecho a la intimidad frente a la libertad de expresión o del derecho a la información. El menor grado de protección de la privacidad de las personas que tienen una mayor proyección pública, ha de ser una lógica consecuencia de esa circunstancia que le afecta (STC 171/1990, FJ 5), aunque de ello, obviamente, no se colige que sus titulares carezcan de los derechos de la personalidad.

En el orden subjetivo del derecho a la intimidad, en las SSTC 171/1990 y 134/1999, el TC establece una doble categoría subjetiva de esta proyección pública del titular del derecho y distingue entre personajes públicos (aquellos que son cargos públicos o ejercen funciones públicas) y personajes de notoriedad pública (los que la adquieren por su actividad profesional). En ambos casos, la regla jurisprudencial sobre el mandato constitucional de la veracidad en la información [art. 20.1.d) CE] basada en la diligencia de su obtención (STC 6/1988) constituye un canon ineludible de enjuiciamiento. Pero no tiene el mismo valor cuando afecta a la intimidad del cargo o celebridad pública, que cuando lo hace respecto de otro derecho de la personalidad como es el caso del derecho al honor. En este caso, la *exceptio veritatis* es aceptada. Pero no siempre es así si la veracidad informativa afecta a la *privacy* (STC 197/1991): si la información carece de interés informativo, esto es, si no es noticiable, el titular dispone, incluso, del derecho a mentir sobre su ámbito íntimo. La verdad de la información difundida carece de relevancia y no es objeto de protección jurídica.

En cuanto a los personajes públicos por el cargo de esta naturaleza que ostentan, el TC interpreta que deben soportar, en su condición de tales, que sus palabras y hechos se vean sometidos al escrutinio público, en consecuencia, a que no sólo se divulgue información sobre lo que digan o hagan, sino aquellas otras informaciones que les conciernan siempre que las mismas tengan una relación de causalidad con el desempeño de sus cargos (STC 192/1999). Mientras que, respecto de las personas de notoriedad pública, entiende que son aquéllas que alcanzan cierta publicidad por la actividad profesional que desarrollan o por difundir habitualmente hechos y acontecimientos de su vida privada, o que adquieren un protagonismo circunstancial por su voluntaria presencia en el escenario público (STC 99/2002). Por tanto, la relación entre el derecho a la intimidad de las personas de relevancia pública, el juicio de ponderación con el derecho a la información ha de ser su conexión con la actividad pública que realizan, la actividad profesional y el dato difundido. Dado que su exposición pública es más intensa el grado de protección de sus derechos de la personalidad podrá ser más tenue. Ahora bien, si la conexión no se produce el derecho a la intimidad prevalece.

En relación con la intimidad de los famosos y el criterio sobre la información acerca de los personajes públicos, la doctrina establecida en STEDH von Hannover c. Alemania de 24 de junio de 2004, supuso un límite a la difusión indiscriminada de datos pretendidamente informativos sobre las actividades privadas de las personas de notoriedad pública. Después de esta decisión de Estrasburgo, se ha establecido una nueva noción de persona con proyección pública y la preservación tanto de su intimidad como de su derecho a la propia imagen, basada en dos reglas interpretativas: la primera, el derecho a disponer de una expectativa de privacidad y a no padecer acoso; y, la segunda, cuyo objeto es determinar si la información difundida contribuye o no al debate en una sociedad democrática que, es lo propio de los medios de comunicación en su condición de "perro guardián" en una democracia (en el mismo sentido, la STEDH del caso Hachette Filipachi Associés c. Francia, de 12 de junio de 2014.

También carece de cobertura constitucional la captación de imágenes de personas de acreditada proyección pública sin su consentimiento mediante el uso de cámara oculta para obtener información sobre aspectos de la vida privada y su difusión posterior en programas de entretenimiento (STC 18/2015).

IV. EL DERECHO A LA PROPIA IMAGEN

1. Concepto

Es un derecho con identidad propia, si bien la intromisión en su ámbito objetivo de protección pueda conllevar, en ocasiones, también a la vulneración de los otros derechos de la personalidad (STC 14/2003). El TC se enfrentó por vez primera a su contenido en la STC 99/1994. Con posterioridad ha perfilado mejor el objeto interpretando que el derecho a la propia imagen no puede ser concebido como una faceta más del derecho a la intimidad o el honor (STC 208/2013). Lo ha concretado en la información gráfica generada por los rasgos físicos personales que pueden tener difusión pública (STC 23/2010). Por tanto, su objeto es salvaguardar un ámbito propio y reservado, aunque no forzosamente íntimo, frente a la acción o el conocimiento de los demás.

Se trata de una reserva que sea la propia de las pautas culturales vigentes, para mantener vigente la capacidad del titular de su propia autodeterminación personal (STC 53/1985). Por tanto, el derecho a no ver reproducida la imagen física de una persona a través de cualquier medio que la pueda hacer reconocible, constituye la esencia de este derecho de la personalidad, sin que como tal ello se identifique con el derecho a la reputación o a la intimidad.

2. Titularidad

El único sujeto titular de este derecho es la persona física. Así lo interpretó el Tribunal Supremo: la imagen objeto de protección jurídica no es otra que la representación gráfica de la figura humana, visible y recognoscible. (STS de 29/3/1988), y también el TC cuando relaciona la titularidad del derecho a los rasgos físicos personales. Por el contrario, no lo son las personas jurídicas o sus símbolos representativos cuya protección, en su caso, se habrá de instrumentar a través de las previsiones existentes en materia del Derecho de patentes y marcas. Ni tampoco las personas fallecidas, sin perjuicio de las acciones civiles que en su caso puedan ejercer sus allegados.

3. Límites

La interpretación constitucional del alcance del derecho a la propia imagen está vinculada a la existencia de relevancia pública de la imagen difundida de la persona afectada. La Ley orgánica 1/1982 establece que no constituirá intromisión ilegítima en el ámbito protegido por este derecho la captación reproducción o publicación por cualquier medio, cuando se trate de personas que ejerzan un cargo público o una profesión de notoriedad y también cuando la imagen sea captada en un acto público o en lugares abiertos al público [art. 8.2 a)]. No obstante, la interpretación del alcance de esta última circunstancia fáctica ha permitido a la jurisprudencia precisar mejor el ámbito objeto de protección de este derecho. Así, ha sostenido que concurre un límite al ejercicio del derecho a la propia imagen cuando la información que se difunde sea relevante para la comunidad, lo cual justifica que se asuman perturbaciones o molestias por su difusión (STC 190/2013). En este sentido, la relevancia se ciñe a la transmisión de hechos noticiables, relacionados con la proyección pública de la persona, o a las características del hecho en que esa persona se haya visto involucrada (SSTC 12/2012, 19/2014), lo que no coincide con el hecho de que la información suscite la simple curiosidad ajena. Al respecto, el TC ha adoptado el criterio interpretativo del Tribunal de Estrasburgo en la citada STEDH 24/6/2004, caso Von Hannover/Alemania).

V. BIBLIOGRAFÍA

CARRILLO, M.: "Los ámbitos del derecho a la intimidad en la sociedad de la comunicación". en *El derecho a la privacidad en un nuevo entorno tecnológico*. Asociación de Letrados del Tribunal Constitucional, CEPC/TC, Madrid, 2016, pp. 11-70.

DE VERDA Y BEAMONTE. J. R. (coord.): *Veinticinco años de aplicación de la Ley orgánica 1/1982, de 5 de mayo, de protección civil del derecho al honor, a la intimidad personal y familiar y a la propia imagen*. Aranzadi, Cizur Menor, Pamplona, 2007.

GÓMEZ CORONA, E.: *La propia imagen como categoría constitucional*. Thompson Reuters. Cizur Menor. Navarra. 2014.

LÓPEZ GUERRA, L.: *El Convenio Europeo de Derechos Humanos. Según la jurisprudencia del Tribunal de Estrasburgo*, Tirant lo Blanch, Valencia, 2021.

MEDINA GUERRERO, M.: *La protección constitucional de la intimidad frente a los medios de comunicación*, Tirant lo Blanch, Valencia, 2005.

MIERES MIERES, L. J.: *Intimidad personal y familiar. Prontuario de jurisprudencia constitucional*, Aranzadi, Navarra, 2002.

PARDO FALCON, J., "Artículo 18.1: Los derechos al honor, a la intimidad personal y familiar y a la propia imagen", en CASAS BAAMONDE, M. E., RODRÍGUEZ-PIÑERO Y BRAVO-FERRER, M. (dirs.), *Comentarios a la Constitución española. XL Aniversario*, Fundación Wolters Kluwer, Madrid, 2018.

SALDAÑA, M. N.: *Aeropagítica. Els discurso fundacional de la libertad de expresión en la tradición constitucional occidental*, Tirant lo Blanch, Valencia, 2022.

WARREN L. S./BRANDEIS, L. D.: "The right to privacy", *Harvard Law Review*, Vol IV, núm. 5, 1890. (Traducción en castellano en: P. BASELGA y B. PENDÁS. *Samuel Warren y Louis Brandeis. El derecho a la intimidad*. Madrid, Civitas 1995)

VI. JURISPRUDENCIA

STC 139/1995, de 26 de septiembre, FJ 5.
STC 144/1999, de 15 de julio, FJ 4.
STEDH de 24 de junio de 2004 (Caso Von Hannover/Alemania).
STEDH, de 6 de octubre de 2010 (Caso C.C./España).
STEDH, de 20 de enero de 2011 (Caso Haas/Suiza).
STC 176/2013, de 21 de octubre, FJ 7.
STC 19/2014, de 19 de febrero, FJ 7.
STEDH de 26 de junio de 2014 (caso Menesson /Francia).
STEDH de 15 de noviembre de 2007 (Caso Pfeifer/Austria).
STC 208/2013. De 16 de diciembre, FFJJ 5 y 6.
STJUE de 25 de enero de 2018 (Cuestión prejudicial/Intimidad de un refugiado).
STEDH de 13 de marzo de 2018 (Caso Stern Taulats y Roura/España).

Artículo 18.2

2. El domicilio es inviolable. Ninguna entrada o registro podrá hacerse en él sin consentimiento del titular o resolución judicial, salvo en caso de flagrante delito.

COMENTARIO

Francisco Javier Matía Portilla
Catedrático de Derecho Constitucional
Universidad de Valladolid

I. ORIGEN Y EVOLUCIÓN DEL DERECHO. SU SENTIDO EN LA CONSTITUCIÓN ESPAÑOLA DE 1978

La protección de la inviolabilidad del domicilio es temprana en el Estado constitucional, y se ha plasmado en citas clásicas que ilustran su importancia, como es la de que *my home is my castle*, o la clásica afirmación realizada por Lord Chatham ante el Parlamento inglés en 1764: "el hombre más pobre desafía en su recinto a todas las fuerzas de la Corona; su chimenea puede estar fría, su tejado puede temblar, el viento soplar entre las puertas desencajadas, la tormenta puede entrar, pero el Rey de Inglaterra no".

No es de extrañar que este derecho se recoja en muchos textos constitucionales liberales (en España, ver arts. 306 C1812, 7 C1837, 7 C1845, 5 C1869 y 8 C1876). En aquél contexto, se considera que la inviolabilidad del domicilio sirve, fundamentalmente, al derecho a la libertad personal (C1869), por lo que resulta lógico que se impidan las entradas nocturnas o se prevean cautelas en relación con la realización de registros en la morada (C1869, C1876, C1931).

Sin embargo, hoy el derecho fundamental en examen cumple una función distinta en nuestro texto constitucional, ya que protege el bien jurídico intimidad. En efecto, nuestro constituyente ha entendido que la intimidad de la persona es especialmente vulnerable en el ámbito de sus comunicaciones (art. 18.3 CE) y en su domicilio (art. 18.2 CE), y ha optado por establecer una garantía formal absoluta para defenderlos. Esto supone que si cualquier persona entra en nuestra morada sin haber sido invitado para ello, y fuera de los supuestos que luego estudiaremos, se presumirá de forma absoluta (presunción *iuris et de iure*, que no admite prueba en contrario), que ha vulnerado nuestra intimidad.

Resulta indudable que cualquier persona física precisa de especial protección de la intimidad en el lugar en el que mora, porque en él puede expresar su personalidad al abrigo de miradas curiosas. Y que tal protección del espacio íntimo resulta imprescindible para preservar su dignidad personal. Este razonamiento conduciría a afirmar, sin ambages, que el derecho fundamental a la inviolabilidad del domicilio protege la intimidad personal.

Conviene recordar, sin embargo, que el artículo 18.1 CE alude a la intimidad personal y familiar. De ahí que debamos preguntarnos si la inviolabilidad del domicilio puede ponerse al servicio de la intimidad familiar y si, en ese caso, esta intimidad difiere de la expresada por cada uno de las personas que han decidido constituir una vida en común. A nuestro juicio resulta perturbador vincular el derecho fundamental con la intimidad familiar, salvo en el supuesto en que las personas que la han formado compartan el mismo parecer. Pero no resulta imposible que, por ejemplo, uno y otro cónyuge discrepen sobre la eventual entrada de una tercera persona en su morada, y en esos casos resulta discutible el parecer de uno u otro pueda imponerse en virtud de representar la intimidad familiar. La Sentencia del Tribunal Constitucional italiano 176/1970 entendió que la entrada del novio de la hija, realizada con el apoyo de la madre y la prohibición del padre, vulneraba el derecho fundamental de éste. Y es que no estamos, en puridad, ante un derecho compartido del que ambos cónyuges son (co)titulares, sino ante sendos derechos atribuibles a cada uno de ellos.

Esto quiere decir que la intimidad familiar es una presunción que se puede destruir cuando hay discrepancia entre los moradores de idéntico derecho (ver apartado II), y que, en estos casos, en los que un morador permite la entrada y otro la prohíbe, debe prevalecer ésta. Es lógico que así sea porque la inmisión de ese invitado incidirá, inevitablemente, en su intimidad personal.

Ahora bien, es lógico pensar que, para que se puedan exigir responsabilidades al invasor, éste debe conocer que accede a la morada en contra del deseo del habitante en cuestión. En caso contrario no se le podrá exigir responsabilidad penal que se derive de su comportamiento.

Estas mismas reglas valen para resolver conflictos que puedan producirse cuando varias personas (estudiantes, trabajadores de una misma empresa, familiares) deciden vivir bajo un mismo techo. Cuando existe discrepancia entre moradores sobre la entrada o permanencia de un tercero en la morada común debe prevalecer el *ius prohibendi* sobre el *ius admittendi*. Y el cohabitante que entre en la habitación de otro o lo registre podrá comprometer otros derechos (art. 18.1 CE) o incurrir en otros delitos (STS RJ 2000\8941), pero no el previsto en el art. 18.2 CE ni allanamiento de morada.

Esta construcción actual del derecho fundamental es coherente, pero debe ser matizada en virtud de la discutible jurisprudencia del Tribunal Constitucional en dos frentes.

En primer lugar, pese a que el propio Tribunal reconoce la estrecha relación entre la inviolabilidad del domicilio y la intimidad personal y familiar (STC 22/2003), y pese a haber entendido que las personas jurídicas no poseen intimidad personal (ATC 257/1985), entiende que sí son titulares del derecho fundamental a la inviolabilidad del domicilio (STC 137/1985). Esta doctrina es discutible en su formulación, porque rompe con la coherencia del modelo constitucional, y perturbadora en el diseño del derecho subjetivo, como veremos en los siguientes epígrafes del presente comentario.

En segundo lugar, porque ha entendido, en línea con lo expresado por el Tribunal de Estrasburgo (STEDH *López Ostra* c. España), que la inacción administrativa ante la contaminación medioambiental que impide el libre desarrollo de las personas en sus casas vulnera, simultáneamente, los derechos protegidos por los arts. 18.1 y 18.2 CE (SSTC 119/2001, 16/2004 y 150/2011). Esta interpretación resulta cuestionable porque se altera la naturaleza del derecho fundamental a la intimidad constitucionalmente garantizado y la autonomía entre este derecho y la inviolabilidad del domicilio.

II. LOS TITULARES DE DERECHO FUNDAMENTAL

Resulta claro, por lo indicado en líneas anteriores, que las personas físicas son titulares del derecho fundamental, y que éste se vincula con sus moradas. Como es un derecho conectado con la dignidad de la persona, y como cualquier ser humano precisa de un lugar donde vivir, este derecho protege a todas las personas físicas sin excepción, incluyendo a los extranjeros en situación irregular en nuestro país.

Ahora bien, no todas las personas que viven en una misma morada disponen de un idéntico derecho fundamental. En el caso de las familias son los cónyuges los que poseen un ejercicio pleno del derecho, y no los hijos (subordinados siempre al parecer de sus padres) u otras personas que hayan sido acogidas en la misma morada (ascendientes, personal de servicio, etc.). Puede concluirse que solo las personas que poseen la exclusividad en la posesión (son las que deciden si sus hijos, sus ascendientes o terceras personas conviven con ellas o no) son las que tienen un ejercicio pleno del derecho fundamental.

Como ya se ha adelantado, el Tribunal Constitucional ha entendido que las personas jurídicas (en particular, sendas empresas mercantiles) son titulares del derecho fundamental a la inviolabilidad del domicilio (SSTC 137/1985 y 69/1999), aunque ha aclarado también que éstas "gozan de una intensidad menor de protección" (STC 54/2015). De esta forma, el Tribunal ha modulado el alcance del derecho fundamental, dependiendo de su titular son personas físicas o jurídicas.

La atribución del derecho fundamental a las personas jurídicas plantea un reto interesante, cuál es determinar quién hace valer su derecho, ¿el representante legal de la persona jurídica? ¿el responsable del local afectado?

Por otra parte resulta incuestionable que estamos ante un derecho *erga omnes*, que impide y sanciona penalmente las entradas realizadas por particulares que entren de forma ilegítima en nuestro domicilio a través del delito de allanamiento de morada. Si ya en el Código Penal de 1822 se incluía el delito referido al juez o funcionario público que allanare la casa de un español, en el posterior de 1848 se le unió el delito de allanamiento de morada, que no ha desaparecido de nuestro ordenamiento jurídico desde entonces (art. 202 CP). A raíz de la citada STC 137/1985 el legislador ha incluido un tipo penal, consistente en entrar "contra la voluntad de su titular en el domicilio de una persona jurídica pública o privada, despacho profesional u oficina, o en establecimiento mercantil o local abierto al público fuera de las horas de apertura" (art. 203.1 CP). También se sigue castigando de forma agravada que estos delitos sean cometidos por funcionarios públicos (art. 204 CP).

Resulta cuestionable que el legislador penal haya dotado de la misma protección a las personas jurídico-privadas y públicas, puesto que los derechos fundamentales son, en principio, espacios de libertad de los particulares frente al Estado.

Estos delitos tienen una doble forma de comisión, activa (entrar en morada o domicilio ajeno en contra de la voluntad del titular) y pasiva (negarse a abandonarlo cuando la persona es instada a ello por el titular).

Debe quedar claro que el delito de allanamiento de morada no protege la propiedad privada, sino el derecho a la inviolabilidad del domicilio y, a su través, la intimidad personal de las personas que en ellos moran, al menos si son personas físicas. Es importante retener este dato porque permite entender correctamente que lo que se protege es, entonces, la posesión del lugar (STC 69/1999), y ello explica que vulnere el derecho fundamental (e incurra en un delito de allanamiento de morada) el propietario que entra en una vivienda suya que ha arrendado a otra persona (STS Ar. 1971\3652) o el cónyuge separado que sea titular de la vivienda en la que ahora mora su mujer (STS RJ 2010\3012). Conviene recordar, también, que resulta en principio irrelevante la intención perseguida por el infractor cuando decide allanar la morada o se niega a abandonarla. Aunque el vigente art. 18.2 CE sigue haciendo referencia a la entrada o registro, es claro hoy que la Constitución veda cualquier entrada realizada en morada ajena en contra de la voluntad de su titular, con independencia de cuál sea la finalidad de dicha inmisión domiciliaria, salvo si pudiera ampararse en el orden público constitucional.

Sin embargo, conviene aclarar que el Tribunal Supremo ha entendido que la legitimidad de las restricciones que se produzcan en el domicilio de las personas jurídicas se encuentra igualmente sometida a un juicio de proporcionalidad menos exigente que el relacionado con las moradas de las personas físicas (STC 69/1999), pese a que tal razonamiento no solamente no se recoge en el art. 18.2 CE, sino que sirve para cuestionar el estricto criterio delimitador en él consagrado (que supedita las entradas no consentidas a la existencia de una previa resolución judicial o a la concurrencia de un supuesto de flagrancia delictiva). Así, ha entendido que la comisión del delito previsto en el art. 203.1 CP exige un dolo específico, que no es preciso para el allanamiento de morada (por todas STS RJ 2000\3267). Esta construcción contrasta con la tradicional afirmación de que todo lo que ocurre en una morada es, por esencia, íntimo, por lo que no resulta preciso acreditar que se ha producido una lesión efectiva de la intimidad. De ahí que sean excepcionales las condenas impuestas al amparo del art. 203.1 CP.

III. EL CONCEPTO CONSTITUCIONAL DE DOMICILIO

Aunque el ordenamiento ofrece diversas nociones de domicilio (domicilio civil, domicilio fiscal, casa habitada, morada...), hasta la STC 137/1985 se entendía que la noción constitucional de domicilio coincidía plenamente con la penal de morada. En efecto, esta se concibe como reducto de intimidad personal localizada, que es, precisamente, lo que la Constitución pretende proteger. Y es que "la conexión entre vivienda y vida privada y familiar ha sido puesta de manifiesto, por lo demás, tanto por el Tribunal de Justicia de la Unión Europea (STJUE de 10 de septiembre de 2014, asunto C-34/13, Monika Kušionová c. Smart Capital, a.s., § 65) como por el Tribunal Europeo Derechos Humanos (por todas, STEDH de 24 de abril de 2012, Yordanova y otros c. Bulgaria, § 102 a 105)" (STC 37/2022).

La morada penal "es el hogar destinado a la habitación de una persona, lugar, cerrado donde se reside y satisfacen las condiciones de la vida doméstica, protegida porque es el recinto de la vida íntima del hogar familiar" (STS Ar. 1979\2093, entre otras varias). Resulta irrelevante que la morada sea más o menos permanente (nuestra casa), habitual (casas de verano) u ocasional (habitación de hotel —no, obviamente, las zonas comunes, STC 176/2013—, tienda de campaña, roulotte, etc.) o que cuente, o no, con las autorizaciones administrativas pertinentes (cédula de habitabilidad). Se protege, así, también, la morada fugaz y actual.

Por otra parte, la extensión de la morada se extiende a cualquier local o dependencia que tenga comunicación directa con el lugar destinado a habitación. Esto permite entender que el garaje o trastero será morada si está directamente conectado con la vivienda, pero no si se encuentra en otro inmueble cercano o en un edificio independiente. Aunque un garage comunitario no puede ser considerado domicilio constitucional, el Tribunal Constitucional ha señalado que "ese espacio pertenece al ámbito de intimidad protegida por el artículo 18.1 CE" (STC 92/2023/6, de 11 de septiembre).

Más difícil resulta delimitar el concepto de domicilio constitucional de las personas jurídicas. Es obvio que no puede vincularse con la noción penal de morada, puesto que las personas jurídicas ni disponen de intimidad ni moran. Como ya se ha adelantado el art. 203.1 CP sanciona como delito la entrada contra la voluntad de su titular en el domicilio de una persona jurídica privada o pública. No es inhabitual que algunos ordenamientos de nuestro entorno reconozcan que el derecho a la inviolabilidad del domicilio favorece a las personas jurídicas, pero en tales casos, se equipara domicilio a cualquier lugar cerrado y es posible que las leyes habiliten por si mismas la realización de entradas domiciliarias.

La paradoja es que en nuestra Constitución se opta por una visión más estricta del derecho (vinculado con la morada de la persona física) y ofrece, consecuentemente, una garantía mucho más rígida (solamente se podrá entrar, en principio, con una resolución judicial). Sin embargo, la extensión a las personas jurídicas del citado derecho fundamental por parte del Tribunal Constitucional, en un marco tan rígido como el nuestro, ha llevado al Alto Tribunal a entender que las personas jurídicas gozan de una menor intensidad de protección de la inviolabilidad del domicilio (SSTC 69/1999 y 54/2015). Y esto incide, claro, en la delimitación del domicilio constitucional de las personas jurídicas, que se extiende exclusivamente a "los espacios físicos que son indispensables para que puedan desarrollar su actividad [las personas jurídicas] sin intromisiones ajenas, por constituir el centro de dirección de la sociedad o de un establecimiento dependiente de la misma o servir a la custodia de los documentos u otros soportes de la vida diaria de la sociedad o de su establecimiento que quedan reservados al conocimiento de terceros" (STC 69/1999). Puede así concluirse que el domicilio constitucional de la persona jurídica no puede ser definido a priori, sino que se trata de espacios donde aquélla proyecta su vida privada (sic) y cuyo acceso de terceras personas se excluye. Esta protección puede alcanzar a los locales abierto al público si la ilegítima inmisión se produce fuera de los horarios de apertura.

Podemos concluir, a la vista de lo expuesto hasta el momento, que la extensión del derecho fundamental a las personas jurídicas ha obligado al Tribunal Constitucional a proporcionar un doble estándar de protección para las personas físicas y jurídicas, y ello ha conducido a su vez al Tribunal Supremo a diseñar que dos tipos penales que en principio deberían ser muy similares (allanamiento de morada y entrada en locales de personas jurídicas) mantengan un régimen jurídico diferenciado (en lo que atañe a la delimitación de los locales protegidos y de la concurrencia de dolo específico en el segundo de ellos).

IV. LAS RESTRICCIONES LEGÍTIMAS DEL DERECHO FUNDAMENTAL

El mismo artículo 18.2 que declara que el domicilio es inviolable, sigue afirmando que ninguna entrada o registro puede realizarse en él sin consentimiento del titular o resolución judicial, salvo en caso de flagrante delito.

Antes de examinar las limitaciones constitucionalmente previstas que operan sobre el derecho fundamental es conveniente realizar dos consideraciones previas.

La primera para recordar que la inviolabilidad del domicilio veda, como ya se ha indicado, cualquier entrada ilegítima, con independencia del fin que la misma persiga.

La segunda consideración es que el consentimiento del titular no es otra cosa que el ejercicio del derecho fundamental. Los titulares del derecho pueden consentir, lógicamente, que cualquier persona entre en su morada o domicilio constitucional, sin que pueda entenderse como restricción del derecho. Dicho consentimiento de entrada y/o permanencia puede ser expreso o tácito, sin que pueda asimilarse a esta última circunstancia el simple hecho de que la puerta de una vivienda se encuentre entreabierta permita entender que exista tal autorización (*cfr.* STS RJ\2014\6552]. Tampoco resulta válido el consentimiento conseguido con engaño (afirmando que cuenta con una autorización, omitiendo que ésta es de origen administrativa y no judicial, STC 54/2015).

Pues bien, para superar la oposición del titular del derecho resulta preciso contar, con carácter general, con una resolución judicial que prevea la realización de una entrada domiciliaria.

Aunque la primera jurisprudencia del Tribunal Constitucional aludía a la necesidad de una expresa autorización judicial (Auto) adoptada por el poder judicial en su función de garante del derecho fundamental (art. 117.4 CE) (STC 22/1984), posteriormente ha entendido que este derecho se puede ver afectado por cualquier resolución judicial (Sentencia o Auto) adoptada por el órgano judicial en su función estrictamente jurisdiccional (art. 117.3 CE) o como garante de derechos (art. 117.4 CE) (SSTC 160/1991 y 92/2013) que contemple la entrada en un domicilio constitucional.

Lo relevante es, pues, que el órgano judicial haya ponderado la incidencia de la medida en el derecho fundamental a la inviolabilidad del domicilio, y esto puede contenerse tanto en una Sentencia que acuerda un desahucio o el derribo de una vivienda como en el Auto que autoriza la ejecución de acto administrativo (arts. 91.2 LOPJ y 8.6 LJC-A) o una diligencia penal (arts. 546 y 550 LECr), sin que sea preciso que conste previamente la negativa del titular a la realización de la entrada (esto es, la resolución judicial no opera como un mecanismo subsidiario en relación con el consentimiento).

La resolución judicial debe, en todo caso, examinar la incidencia de su decisión en el derecho fundamental de forma proporcionada. Eso le obliga a ponderar, en primer lugar, si las normas legales que posibilitan la realización de entradas domiciliarias son desproporcionadas en su formulación y, en tal caso, plantear la oportuna cuestión de inconstitucionalidad (ver SSTC 76/1992 y 222/2012), y controlar directamente las reglamentarias. En segundo lugar, debe ponderar la necesidad de realizar una concreta entrada domiciliaria.

A estos efectos, podemos citar tres tipos de situaciones. La primera es que la resolución se adopte en el marco de un proceso (civil de desahucio, administrativo que confirma la legalidad de un acto administrativo —STC 188/2013—, etc.) en el que pueda verse afectado el derecho fundamental. Serán estas resoluciones, y no los posteriores autos (de lanzamiento, por ejemplo) las que afecten al derecho fundamental en examen.

Otra típica actuación es la que incide en el proceso penal, vinculada con las órdenes de entrada y registro (arts. 546 y 550 LECr). En estos casos, el auto judicial debe contener una motivación (que puede ser parca, escueta o concentrada —STC 25/1990 y TS Ar. 1995/4486—, o realizarse por remisión —AATC

688/1986 y 988/1987–, pero que no puede ser inexistente –STC 126/1995, entre otras–), habiendo admitido incluso el uso de autos pre-impresos en ocasiones (STS Ar. 1994/2390, entre otras muchas). Resulta cuestionable admitir la motivación por remisión a otro escrito (la solicitud policial, habitualmente) si éste no se adjunta al auto, porque impide que el afectado pueda conocer las causas que motivan la autorización judicial en el momento de producirse la entrada.

La existencia de errores materiales (identificación de la vivienda afectada, nombre del titular, etc.) no suele tener efectos invalidantes sobre el auto judicial ya que no comprometen la voluntad judicial. Lo relevante, entonces, es que el órgano judicial pondere la necesidad de realizar la entrada y que ésta se haga provocando la menor lesión posible en el ámbito íntimo de la persona. Las posteriores incidencias que se produzcan durante la realización de la diligencia judicial (ausencia del Secretario judicial –STC 133/1995–, de testigos, etc.) no podrán incidir en el derecho fundamental en examen (sí, claro, en otros).

También se autoriza por auto la ejecución de actos administrativos que precisan la realización de una entrada domiciliaria. Además de la motivación imprescindible, resulta necesario imponer garantías y cautelas en la ejecución de la misma para evitar comportamientos arbitrarios en su ejecución (STC 50/1995). En estos casos, previstos en los arts. 91.2 LOPJ y 8.6 LJC-A, se precisa para su ejecución material la previa autorización judicial mediante auto. El órgano judicial actúa aquí como garante del derecho fundamental, y no le corresponde pronunciarse sobre la legalidad y la ejecutividad del acto de la Administración. Su única función es ponderar si la ejecución del acto administrativo –que, *prima facie*, parece dictada por una autoridad competente en el ejercicio de sus funciones– hace precisa una entrada domiciliara, asegurando que se produzca sin más limitaciones que las estrictamente indispensables para ejecutar la resolución administrativa (SSTC 76/1992 y 144/1987). Las concretas exigencias que el órgano judicial deba ponderar en cada caso dependerán de la naturaleza del acto administrativo de que se trate. Mientras que la ejecución por sustitución suele requerir el previo apercibimiento al interesado para que actúe por sí mismo, tal apercibimiento no resulta ni preciso ni conveniente si se pretende realizar una inspección fiscal sobre el interesado (art. 113 LGT).

En todo caso, no resulta necesario contar con una resolución judicial en caso de flagrante delito (en línea con lo consagrado desde 1882 por el art. 553 LECr, y que se mantiene tras la LO 4/1988). Para determinar el concepto constitucional de delito flagrante el Tribunal Constitucional recuerda "la arraigada imagen [procesal] de la flagrancia como situación fáctica en la que el delincuente es *sorprendido* —visto directamente o percibido de otro modo— en el momento de delinquir o en circunstancias inmediatas a la perpetración del ilícito", pero añade como nota añadida y novedosa la "urgencia de la intervención policial" (STC 341/1993). Esta urgencia se justifica en la diferente función que el delito flagrante cumple en el art. 18.2 CE, que es delimitar un derecho fundamental. Por eso resulta razonable que se exija, además de inmediatez personal y temporal, una urgencia que justifique la restricción del derecho fundamental. Resulta discutible, a la luz de esta doctrina, la posterior STC 94/1996.

La Constitución también contempla la eventual restricción del derecho fundamental a la inviolabilidad del domicilio en los supuestos de suspensión general (art. 55.1 CE) e individual (art. 55.2 CE) de derechos. Nos remitimos, para el análisis de estas cuestiones, al comentario de estos preceptos.

Aunque podríamos poner aquí punto y final al presente comentario, resulta obligado plantearse aún una pregunta más: ¿es posible imaginar otras hipótesis, al margen de las recogidas expresamente en la Constitución, en las que se puede restringir, lícitamente, el derecho fundamental a la inviolabilidad del domicilio? Y la respuesta debe ser indudablemente positiva, ya que caben supuestos en los que, para preservar el orden público constitucional, será preciso sacrificar este derecho para proteger otros más relevantes. El orden público constitucional presupone que solamente en una situación de paz social resulta posible el ejercicio de los derechos fundamentales, lo que explica que deba actuar, simultáneamente, como límite y garantía de estos. Desde esta premisa, se puede concluir que la entrada en una morada ajena que pretende salvaguardar la vida del intruso o de los habitantes restringe lícitamente el derecho fundamental en examen. O que la entrada policial en una casa para liberar a una menor secuestrada que corre grave peligro sin contar con auto judicial es, en términos constitucionales, razonable (y no porque concurra flagrancia delictiva, como se afirma en la STS Ar. 1993/6707). Lo relevante es señalar que puede haber supuestos fácticos que justifiquen una legítima restricción del derecho fundamental, aunque ni siquiera se hayan previsto en la Ley, siempre en que la misma sea, lógicamente, proporcionada (lo que dependerá de las circunstancias del caso concreto y de los derechos y valores en juego).

V. BIBLIOGRAFÍA

GONZÁLEZ-TREVIJANO, P. J.: *La inviolabilidad del domicilio*, Tecnos. Madrid, 1992.

MATÍA PORTILLA, F. J.: *El derecho fundamental a la inviolabilidad del domicilio*, Mc-Graw-Hill, Madrid, 1997.

VI. JURISPRUDENCIA

STC (Sala 2ª) 137/1985, de 17 de octubre.
STC (Pleno) 160/1991, de 18 de julio.
STC (Pleno) 341/1993, de 18 de noviembre.
STC (Sala 1ª) 50/1995, de 23 de febrero.
STC (Pleno) 119/2001, de 24 de mayo.

Artículo 18.3

3. Se garantiza el secreto de las comunicaciones y, en especial, de las postales, telegráficas y telefónicas, salvo resolución judicial.

COMENTARIO

Francisco Javier Díaz Revorio
Catedrático de Derecho Constitucional
Universidad de Castilla-La Mancha

I. INTRODUCCIÓN. EL SECRETO DE LAS COMUNICACIONES Y SU VERTIGINOSA EVOLUCIÓN

Se trata probablemente de uno de los derechos cuyo entendimiento y garantía ha sufrido cambios más notorios desde la Constitución de 1978, merced a la vertiginosa evolución de las nuevas tecnologías. Puede decirse que, cuando se aprobó la Constitución, el secreto de las comunicaciones era un clásico derecho de privacidad, que había nacido como "secreto de la correspondencia", pero que se había extendido ya, al menos, a los medios que expresamente menciona el artículo 18. Desde entonces, el desarrollo de las llamadas Tecnologías de la Información y la Comunicación (TIC), ha hecho algo más que añadir nuevos medios a aquellos que son idóneos para mantener una comunicación libre y opaca: ha creado complejos espacios intermedios entre la transmisión de información y opinión abierta, y la comunicación cerrada. En efecto, el proceso de convergencia entre "información" y "comunicación" conlleva también la convergencia entre derechos en principio muy diversos, como la libertad de expresión e información, por un lado, y el secreto de las comunicaciones, por otro, cuyas fronteras se van desdibujando. Ahora es posible que los partícipes en una comunicación deseen que esta se mantenga abierta solo a alguna o algunas personas o colectivos (por ejemplo, a los amigos en determinadas redes sociales), creándose así una especie de "privacidad de geometría variable", a través de espacios que no son ni totalmente abiertos, ni totalmente cerrados. A ello hay que añadir la problemática generada por la posibilidad de utilización de mecanismos de rastreo masivo de las comunicaciones, que genera una ingente cantidad de datos, y que si bien será imprescindible en ciertas situaciones, debe someterse a requisitos muy estrictos para la protección de este derecho y de otros que puedan estar implicados, como la protección de datos o eventualmente la libertad de expresión e información.

Desde luego, ello ha supuesto retos considerables que ha tenido que asumir el desarrollo constitucional (al igual que en otros países de nuestro entorno o en el ámbito internacional), tanto a través de la jurisprudencia, como mediante la legislación. En este desarrollo, la jurisprudencia del Tribunal Europeo de Derechos Humanos (en relación con el artículo 8 del Convenio de Roma de 4 de noviembre de 1950, para la protección de los Derechos Humanos y de las Libertades Fundamentales, que garantiza la protección de "la correspondencia") ha jugado un papel muy relevante, no solo en su relación con la del Tribunal Constitucional, sino en lo que ha tenido de acicate para que se llevase a cabo una imprescindible reforma de nuestra Ley de Enjuiciamiento Criminal en esta materia, lo que finalmente se produjo en 2015. Otros textos internacionales, incluyendo el art. 7 de la Carta de los Derechos Fundamentales de la Unión Europea, también reconocen este derecho.

En fin, el Tribunal Constitucional ha señalado que "el fundamento del carácter autónomo y separado del reconocimiento de este derecho fundamental y de su específica protección constitucional reside en la especial vulnerabilidad de la confidencialidad de estas comunicaciones en la medida en que son posibilitadas mediante la intermediación técnica de un tercero ajeno a la comunicación" (STC 123/2002, de 20 de mayo, f. j. 5), e igualmente ha apuntado a la "libertad de las comunicaciones" como su presupuesto o contenido implícito (STC 114/1984, de 29 de noviembre, f. j. 7, sentencia básica muy reiterada posteriormente).

II. TITULARIDAD DEL DERECHO

Como derecho de la esfera privada, vinculado directamente a la dignidad humana, la titularidad del secreto de las comunicaciones debe recaer en toda persona, con independencia de su nacionalidad, y por lo tanto no cabe establecer excepciones, privaciones o limitaciones específicas para el caso de los extranjeros.

Por otro lado, hay que plantear la cuestión de la titularidad de este derecho por parte de las personas jurídicas. Si bien su condición de derecho de la persona en el sentido visto podría generar dudas de esta titularidad, lo cierto es que, paralelamente a lo que ha sucedido con otros derechos de la esfera privada, la jurisprudencia y la doctrina han coincidido en señalar que las personas jurídicas son titulares del derecho al secreto de las comunicaciones. Obviamente, este entendimiento, que es comúnmente aceptado, implica una cierta interpretación extensiva o en sentido figurado, pues la persona jurídica no puede mantener comunicaciones si no es a través de la medicación de personas físicas, que son quienes realmente ejecutarán los actos necesarios para llevar a cabo esa comunicación.

III. ÁMBITO PROTEGIDO

La delimitación concreta del ámbito constitucionalmente protegido por el derecho fundamental al secreto de las comunicaciones plantea no pocos aspectos dudosos, que sin embargo se han ido resolviendo en buena medida por la jurisprudencia. Estas cuestiones afectan particularmente a los medios, elementos y contenidos que efectivamente se protegen. Su análisis implicaría un examen casuístico que no es posible realizar aquí, más allá de algunos trazos fundamentales.

Hay que comenzar por señalar que el secreto de las comunicaciones constituye una garantía objetiva, que protege cualquier comunicación con independencia de su contenido, es decir, tanto si se trata de una comunicación referida a aspectos íntimos, como si tiene por objeto cualquier otra cuestión, aunque sea intrascendente. En los términos utilizados por el Tribunal Constitucional, hay una "presunción *iuris et de iure* de que lo comunicado es 'secreto'" (STC 114/1984, de 29 de noviembre).

Pero lo protegido por el derecho no es solo el contenido de la comunicación, sino también su soporte y las circunstancias que la rodean. La protección constitucional se proyecta sobre el proceso de comunicación mismo cualquiera que sea la técnica utilizada (STC 70/2002, de 3 de abril). En particular, cabe entender que queda comprendida la protección de la propia identidad de subjetiva de los interlocutores (Sentencia del TEDH de 2 de agosto de 1984, caso *Malone contra el Reino Unido;* STC 114/1984, de 29 de noviembre; STC 123/2002, de 20 de mayo, aunque esta señala que el acceso al listado de llamadas de un teléfono es una injerencia menos intensa, rebajando el requisito de motivación; STC 230/2007, de 5 de noviembre).

En cuanto a los medios protegidos, ya hemos apuntado que la Constitución española se refiere a "comunicaciones, en especial, las postales, telegráficas y telefónicas". En realidad, esta enumeración es, como puede deducirse, meramente ejemplificativa, de modo que lo que realmente protege la Constitución (y en sentido similar debe entenderse el término utilizado por los convenios internacionales) son todos los medios de comunicación conocidos en el momento de aprobarse la norma fundamental, así como los que han ido apareciendo o puedan aparecer en el futuro. Así, podríamos mencionar el correo postal, el telégrafo, el teléfono fijo o móvil, el télex, el fax, el correo electrónico, aplicaciones de mensajería instantánea, la videoconferencia...

Cabe plantear si este derecho protege también la conversación directa entre dos personas (con independencia de que, según el caso, esta podría estar protegida también por el derecho a la intimidad). La jurisprudencia del TC ha evolucionado en este punto, desde una respuesta negativa, hasta una postura tendente a equiparar las comunicaciones orales con las realizadas a través de medios telemáticos (STC 99/2021, de 10 de mayo). Explícitamente ha reconocido que puede haber vulneración de este derecho en el caso de grabaciones de conversaciones directas de detenidos en dependencias policiales (STC 145/2014, de 22 de septiembre). Por otro lado, en caso de utilización de un medio, este debe ser apto para permitir una comunicación secreta entre varias personas, y por ello están excluidos los medios de comunicación "de masas", y en cambio quedan incluidos medios que permiten una conversación "cerrada" entre más de dos personas, como la multiconferencia o la videoconferencia. Algunos de los más modernos medios técnicos permiten una comunicación muy amplia, y se sitúan casi en la frontera con los medios abiertos, como sucede con una videoconferencia en la que el receptor esté constituido por un conjunto indeterminado o abierto de personas, o determinadas comunicaciones a través de redes sociales o webs de acceso limitado. El criterio delimitador es difícil de trazar, pero cabe entender que el secreto de las comunicaciones existe cuando esta es susceptible de mantenerse de forma cerrada, con un número de destinatarios limitado y determinado, aunque pueda ser muy amplio. En todo caso, la variedad de situaciones, medios y contextos va a requerir siempre una valoración casuística. Para llevarla a cabo, el Tribunal Europeo de Derechos Humanos (por ejemplo, sentencias de 3 de abril de 2007, caso *Copland contra el Reino Unido,* 5 de septiembre de 2017, caso *Barbulescu contra Rumanía;* 9 de enero de 2018, caso *López Ribalda y otros contra España*) ha acudido a la idea de la expectativa razonable de privacidad. El Tribunal Constitucional también ha utilizado este criterio, pero lo ha aplicado en mi opinión en un sentido más restrictivo con el derecho, dejando fuera de protección aquellos medios que, en el contexto del caso, no resultaban a su juicio aptos para una comunicación privada: la mensajería instantánea en un ordenador común de la empresa (STC 241/2012, de 17 de diciembre), o el correo electrónico de la empresa (STC 170/2013, de 7 de octubre), rebajando y relativizando así, de forma injustificada a mi juicio, la protección constitucional en estos casos. Cabe interpretar que fue el propio TC, con estas decisiones, quien privó a las personas afectadas de una expectativa razonable de privacidad.

En cuanto a los sujetos sometidos a la garantía del secreto de las comunicaciones, estos serían todos los terceros ajenos a la comunicación, tanto si se trata del Estado o de agentes públicos, como de otros particulares. Sin embargo, el secreto no afecta a los propios partícipes de la comunicación, sin perjuicio de que en ciertos supuestos estos podrían llegar a vulnerar el derecho a la intimidad de su comunicante. El Tribunal Constitucional lo ha afirmado de forma clara (STC 114/1984, de 29 de noviembre, f. j. 7).

IV. LAS EXCEPCIONES AL ÁMBITO CONSTITUCIONALMENTE PROTEGIDO: SUPUESTOS Y REQUISITOS PARA LA INTERCEPTACIÓN LEGÍTIMA DE LAS COMUNICACIONES

Tanto la Constitución española (que garantiza el secreto "salvo resolución judicial"), como el Convenio de Roma, reconocen la posibilidad de ciertas "intervenciones legítimas" en el derecho, configurando así la interceptación de las comunicaciones como una eventualidad posible en ciertos supuestos y con el cumplimiento de ciertos requisitos. Con todo, es importante reiterar que la interceptación aparece como la excepción frente al derecho fundamental, que es la "regla", y como tal excepción está sometida a límites, y debe ser interpretada y aplicada de forma restrictiva. Estos requisitos, que han sido ampliamente desarrollados por la jurisprudencia, giran en torno a varias exigencias fundamentales: la previsión legal, el fin legítimo, la necesidad en una sociedad democrática, y la resolución judicial, si bien de cada una de ellas derivan sus propios requisitos.

1. La previsión legal y sus requisitos

Si bien la Constitución española no señala expresamente que solo una ley puede prever los supuestos de interceptación legítima de las comunicaciones, el Tribunal Constitucional ha reconocido la necesidad de previsión legal para llevar a cabo la intervención (entre otras, SSTC 49/1999, de 5 de abril, f. j. 4, 184/2003, de 23 de octubre, 145/2014, de 22 de septiembre). El requisito de la previsión legal es mucho más expreso en el Convenio de Roma, y ha sido detallado en todas sus exigencias por la jurisprudencia del Tribunal Europeo de los Derechos Humanos. De la misma puede deducirse que la previsión legal encierra en realidad tres requisitos, el primero de los cuales afectaría a la previsión en sentido propio, y los otros dos a lo que el Tribunal ha denominado la "calidad de la ley" (sentencia de 30 de julio de 1997, caso *Valenzuela Contreras contra España*): a) la existencia de una base en el Derecho interno; b) la accesibilidad de la ley para la persona implicada; c) la previsibilidad de la ley en cuanto al sentido y la naturaleza de las medidas aplicables (entre otras, sentencias del TEDH de 24 de abril de 1990, caso *Kruslin contra Francia*, y de 25 de marzo de 1998, *Kopp contra Suiza*, o sentencia de 25 de mayo de 2021, caso *Big Brother Watch y otros contra Reino Unido*).

De la última exigencia se deriva que la ley debe emplear "términos suficientemente claros" para indicar en qué circunstancias y bajo qué condiciones se habilita a los poderes públicos a tomar tales medidas. Ello supone el empleo de reglas claras y detalladas, que incluyan las siguientes garantías mínimas (entre otros, casos *Malone, Kruslin, Kopp y Valenzuela Contreras*, citados, o sentencia de 24 de abril de 1990, caso *Huvig contra Francia*): a) la definición de las categorías de personas susceptibles se ser sometidas a vigilancia telefónica judicial; b) la naturaleza de las infracciones a que puedan dar lugar; c) la fijación de un límite de la duración de la ejecución de la medida; d) las condiciones de establecimiento de los atestados que consignen las conversaciones interceptadas; e) las precauciones que se deben tomar para comunicar intactas y completas las grabaciones realizadas, con el fin de ser controladas eventualmente por el juez y la defensa; f) las circunstancias en las que se puede o debe realizar el borrado o la destrucción de dichas cintas, sobre todo tras el sobreseimiento o la absolución.

Con todos estos parámetros, el Tribunal de Estrasburgo, en el ya mencionado asunto *Valenzuela Contreras contra España*, señaló que la regulación legal española no permitía cumplir las condiciones derivadas del Convenio en cuanto a la "previsibilidad" de la ley. En la sentencia de 18 de febrero de 2003, caso *Prado Bugallo contra España*, aunque siguió considerando insuficientes las garantías de la legislación española, el Tribunal comprobó que las insuficiencias existentes fueron paliadas en gran parte por la jurisprudencia posterior a aquellos hechos, en particular la del Tribunal Supremo. Y es que a la hora de valorar la calidad de la ley, el TEDH ha considerado también la interpretación que de ella hayan hecho los tribunales nacionales (por ejemplo, entre las recientes, sentencia de 4 de abril de 2017, *Matanovic contra Croacia*). Con todo, en el caso español, a pesar de *Prado Bugallo* parecía imprescindible una actualización de la Ley de Enjuiciamiento Criminal, que se llevó a cabo en la amplia reforma realizada por la LO 13/2015, de 5 de octubre, que afecta a varios aspectos vinculados a la investigación tecnológica y, en lo que ahora interesa, da nueva redacción a los arts. 479 y 479 bis, actualizando la regulación de la intervención de las comunicaciones, con un criterio mucho más detallista y garantista.

Por último, para los supuestos de interceptación masiva, el TEDH ha señalado requisitos específicos de calidad de la ley, actualizados en el citado caso *Big Brother Watch y otros contra Reino Unido*, de tal manera que deben explicitarse: 1. Los motivos por los que se puede autorizar la interceptación masiva; 2. Las circunstancias en las que las comunicaciones de un individuo pueden ser interceptadas; 3. El procedimiento a seguir para la concesión de la autorización; 4. Los procedimientos a seguir para seleccionar, examinar y utilizar el material interceptado; 5. Las precauciones que deben tomarse al comunicar el material a otras partes; 6. Los límites sobre la duración de la interceptación, el almacenamiento del material interceptado y las circunstancias en las que dicho material debe ser borrado y destruido; 7. Los procedimientos y modalidades de supervisión por una autoridad independiente del cumplimiento de las salvaguardas anteriores y sus poderes para abordar el incumplimiento; 8. Los procedimientos para la revisión independiente *ex post facto* de tales cumplimientos y las facultades conferidas al órgano competente para abordar casos de incumplimiento.

2. El fin legítimo

Desde el punto de vista constitucional, bastaría en principio una finalidad no contradictoria con la norma fundamental para adoptar una medida de interceptación de las comunicaciones, con el cumplimiento de los demás requisitos aplicables. Sin embargo, el mencionado art. 8.2 del Convenio de Roma señala expresamente los objetivos o fines que puede perseguir la medida que constituya una injerencia en el derecho, para considerarse admisible: la seguridad nacional, la seguridad pública, el bienestar económico del país, la defensa del orden y la prevención del delito, la protección de la salud o de la moral, o la protección de los derechos y las libertades de los demás.

Entre estos fines, cobra especial relevancia el de la persecución de los delitos. Nuestra jurisprudencia se refiere reiteradamente a la idea de investigación de una infracción grave, y en la práctica la mayoría de las interceptaciones de las comunicaciones se producen en el ámbito de procesos penales. En el caso de las interceptaciones masivas suele invocarse más bien la seguridad nacional.

3. La necesidad en una sociedad democrática

Como se ha visto, el Convenio europeo, al referirse a las injerencias admisibles en el derecho, requiere que estas sean medidas necesarias "en una sociedad democrática". La jurisprudencia del Tribunal Europeo de Derechos Humanos sobre el requisito de la "necesidad en una sociedad democrática" es bastante amplia. Pueden mencionarse en esta línea las sentencias de 19 de abril de 2001, caso *Peers contra Grecia;* 24 de julio de 2001, caso *Valainas contra Lituania*; 11 de diciembre de 2003, caso *Basan contra Italia;* 24 de febrero de 2005, caso *Jaskaukas contra Lituania;* 25 de octubre de 2016, caso *Basic contra Croacia*. La jurisprudencia del Tribunal Constitucional español —y en similares términos la del Tribunal Supremo— ha acogido los criterios derivados del Convenio europeo, incorporando los requisitos establecidos por la jurisprudencia del Tribunal de Estrasburgo.

En realidad, esta expresión puede englobar varias consecuencias, como son la adecuación entre medio y fin, y la proporcionalidad. Pero a su vez, esa adecuación puede ser entendida de dos modos: 1) como mera idoneidad, esto es, que la medida efectivamente tiene al objetivo perseguido; 2) como "necesidad estricta", que impide entender cumplido el requisito si no se justifica que no hay otro medio que, suponiendo una menor injerencia en el derecho, tiende a conseguir idéntica finalidad. Este último ha sido el entendimiento dado por el Tribunal Europeo de Derechos Humanos, mientras que la jurisprudencia del Tribunal Constitucional, aunque a veces resulta un tanto ambigua, parece quedarse en el requisito de la mera idoneidad, pero siempre añade el criterio de la "proporcionalidad", que podría entenderse simplemente como equilibrio entre medio y fin, sin que aquel resulte excesivo para la consecución del objetivo, esto es, que el sacrificio del derecho ha de ser proporcional al objetivo perseguido.

4. La resolución judicial

El artículo 18.3 de la Constitución española garantiza el secreto de las comunicaciones "salvo resolución judicial", lo que viene a implicar la exigencia ineludible de intervención del juez para llevar a cabo una eventual interceptación de dichas comunicaciones. Pero el requisito de la resolución judicial no puede entenderse cumplido con la mera contrastación del dato formal de la existencia de dicha resolución, sino que la misma debe cumplir determinados requisitos, que se derivan fundamentalmente de los criterios ya conocidos para que la injerencia sea legítima, y que se han ido señalando por la jurisprudencia del TEDH, de nuestro Tribunal Constitucional y del Tribunal Supremo. En síntesis, esos requisitos serían: 1) la motivación de la resolución judicial, que ha de ser expresa (si bien puede "integrarse" con la solicitud policial, cuando el conjunto resultante cumpla todos los requisitos de la motivación), expresar el criterio de proporcionalidad que justifica la intervención, precisar su alcance y características, y —si se produce en un proceso penal— exteriorizar los indicios existentes de comisión de delito; 2) el establecimiento de un plazo; 3) que la intervención se refiera a personas concretas y determinadas, respecto a delitos también concretos; y 4) una vez finalizada, debe comunicarse a los afectados.

Como se deduce de lo anterior, la resolución judicial que autoriza la interceptación se produce con carácter general de forma previa a que se produzca la efectiva interceptación, lo cual tiende a garantizar que no se produzcan extralimitaciones que impliquen lesión del derecho. Sin embargo, y de forma excepcional, se permite que la intervención judicial sea posterior en determinados supuestos. En el caso español, actualmente los supuestos de intervención posterior están previstos en el artículo 579.3 de la Ley de Enjuiciamiento Criminal; el apartado 4 de dicho artículo, por su parte, regula las excepciones a la autorización judicial.

V. EFECTOS DE LA INTERCEPTACIÓN ILÍCITA

Toda interceptación que incumpla los requisitos que hemos ido señalando, será ilegítima en nuestro ordenamiento jurídico, suponiendo una vulneración del derecho al secreto de las comunicaciones. Ello implica una serie de consecuencias, como, en su caso, la sanción penal para los responsables de la interceptación, en los términos previstos en el Código penal.

Pero ahora interesa destacar principalmente una consecuencia procesal de trascendencia, como es la nulidad de cualquier prueba que hubiera podido obtenerse como consecuencia de la interceptación ilegítima. Esta consecuencia, que ha sido reiterada por la jurisprudencia (así, por ejemplo, SSTC 114/1984, de 29 de noviembre; 81/1998, de 2 de abril; 49/1999, de 5 de abril; 299/2000, de 11 de diciembre; 184/2003, de 23 de octubre), deriva, según el Tribunal Constitucional, de la posición preferente de los derechos fundamentales, de su condición de "inviolables", y de la necesidad institucional de no confirmar, reconociéndoles efectividad, sus contravenciones (STC 49/1999, f. j. 12). En este sentido, el Tribunal Constitucional ha señalado que la nulidad de la prueba ilícita arrastra a aquellas otras que son consecuencia de ella, pero que dicha consecuencia debe entenderse en términos de "conexión de antijuridicidad" más que como una mera relación natural de consecuencia, de forma que pueden resultar excepcionalmente admisibles aquellas pruebas que, pese a resultar del conocimiento adquirido a través de la prueba ilícita, son jurídicamente independientes de esta (SSTC 86/1995, de 6 de junio; 54/1996, de 26 de marzo; 81/1998, de 2 de abril y otras posteriores). Con ello parece rechazar algunas consecuencias de la "regla de exclusión", a pesar de haberla reconocido, y se aparta de la llamada "teoría de los frutos del árbol envenenado".

VI. BIBLIOGRAFÍA

BELDA PÉREZ-PEDRERO, E.: "El derecho al secreto de las comunicaciones", *Parlamento y Constitución*, núm. 2, 1998.

ELVIRA PERALES, A.: *Derecho al secreto de las comunicaciones*, Iustel, Madrid, 2007.

JIMÉNEZ CAMPO, J.: "La garantía constitucional del secreto de las comunicaciones", en *Revista Española de Derecho Constitucional*, núm. 20, 1987, pp. 35-82.

LÓPEZ BARJA DE QUIROGA, J.: *Las escuchas telefónicas y la prueba ilegalmente obtenida*, Akal, Madrid, 1989.

MARTÍN MORALES, M.: *El régimen constitucional del secreto de las comunicaciones*, Civitas, Madrid, 1995.

MONTAÑÉS PARDO, M. A.: *La intervención de las comunicaciones*, Aranzadi, Pamplona, 2000.

RODRÍGUEZ RUIZ, B.: *El secreto de las comunicaciones (Tecnología e intimidad)*, McGraw HIll, Madrid, 1997.

RUIZ DORADO, M.: *Constitución y espionaje*, Tirant lo Blanch, Valencia, 2022.

VII. JURISPRUDENCIA

A. Tribunal Europeo de Derechos Humanos

Sentencia de 6 de septiembre de 1978, caso *Klass contra Alemania*
Sentencia de 2 de agosto de 1984, caso *Malone contra el Reino Unido*
Sentencia de 30 de julio de 1997, caso *Valenzuela Contreras contra España*
Sentencia de 24 de julio de 2001, caso *Valainas contra Lituania*
Sentencia de 18 de febrero de 2003, caso *Prado Bugallo contra España*
Sentencia de 3 de abril de 2007, caso *Copland contra el Reino Unido*
Sentencia de 8 de noviembre de 2016, caso *Figueiredo Teixeira contra Andorra*
Sentencia de 5 de septiembre de 2017, caso *Barbulescu contra Rumanía*
Sentencia de 9 de enero de 2018, caso *López Ribalda y otros contra España*
Sentencia de 25 de mayo de 2021, caso *Big Brother Watch y otros contra Reino Unido*

B. Tribunal Constitucional español

STC 114/1984, de 29 de noviembre
STC 86/1995, de 6 de junio
STC 81/1998, de 2 de abril
STC 299/2000, de 11 de diciembre
STC 202/2001, de 15 de octubre
STC 197/2009, de 28 de septiembre
STC 170/2013, de 7 de octubre

STC 145/2014, de 22 de septiembre
STC 99/2021, de 10 de mayo
STC 36/2023, de 19 de abril

Artículo 18.4

4. La ley limitará el uso de la informática para garantizar el honor y la intimidad personal y familiar de los ciudadanos y el pleno ejercicio de sus derechos

COMENTARIO

José Luis Rodríguez Álvarez
Profesor de Derecho Constitucional
Universidad Complutense de Madrid

Desde la aprobación de la Constitución hasta el presente, ninguno de sus preceptos ha experimentado una transformación tan radical en su sentido y alcance como la vivida por el apartado cuarto de su artículo 18 como consecuencia de dos procesos estrechamente conectados entre sí: la redefinición de su significado por el Tribunal Constitucional y la europeización del derecho a la protección de los datos de carácter personal.

I. LA MUTACIÓN DE UN MANDATO AL LEGISLADOR EN UN DERECHO FUNDAMENTAL

El contenido actualmente atribuido al artículo 18.4 de la Constitución es muy distinto del otorgado en el momento de aprobarse el texto constitucional y no se corresponde con el sentido de su tenor literal. La explicación de esta paradoja se halla en una singular actuación hermenéutica del Tribunal Constitucional (TC) que, mediante una interpretación guiada por el derecho europeo, ha procedido a redefinir su significado, transformando un precepto que en su literalidad expresa un mero mandato al legislador en la garantía constitucional de un derecho fundamental autónomo.

El constituyente español de 1978 tuvo la sensibilidad suficiente como para advertir que el uso inapropiado de la informática —que por entonces había alcanzado ya un notable grado de desarrollo— comportaba serias amenazas, no sólo para el honor y la intimidad personal y familiar sino, en general, para todos los derechos fundamentales. Ello le movió a mandatar expresamente al legislador para que permaneciera vigilante y limitase el uso de la informática en la medida en que resultase necesario para garantizar el pleno ejercicio de los derechos de los ciudadanos. Pero no fue más allá, no llegó a dar el paso que poco tiempo antes sí había dado su homólogo portugués al incorporar en el artículo 35 de la Constitución de 1976 un derecho subjetivo a la protección frente al uso de datos personales en registros informáticos.

1. Los desarrollos legislativos

El tenor literal del artículo 18.4 de la Constitución condicionó la actuación del legislador español, que se conduciría con gran cautela para no rebasar su marco. Así, la *Ley Orgánica 5/1992, de 29 de octubre, de Regulación del Tratamiento Automatizado de los Datos de Carácter Personal* (LORTAD) —el primer texto que con gran retraso abordó el desarrollo del precepto constitucional— se limitó a establecer una serie de medidas protectoras de los datos personales, sin hacer referencia alguna a la existencia de un derecho, ni en sus disposiciones ni en la muy ilustrativa exposición de motivos. Y la *Ley Orgánica 15/1999, de 13 de diciembre, de Protección de Datos de Carácter Personal* (LOPD) —que reemplazó a la LORTAD después de que el proyecto gubernamental que perseguía adaptarla a la Directiva 1995/46/CE se convirtiera en una nueva ley en el trámite parlamentario— reforzó la protección, pero eludió calificar el objeto de regulación e incluso prescindió de toda referencia al artículo 18.4 de la Constitución.

Aun siendo explicable la renuencia del legislador a rebasar el límite que el tenor literal de la Constitución imponía a su actuación, a medida que fue pasando el tiempo, la falta de reconocimiento de un derecho subjetivo a la protección de los datos personales resultaba cada vez más problemática y situaba a nuestro ordenamiento en una posición de difícil encaje en el contexto normativo europeo. La radical y vertiginosa evolución de la tecnología pronto pondría de manifiesto que las amenazas para los derechos de la esfera privada no proceden sólo del uso de la informática, sino de una muy amplia y variada gama de ingenios y desarrollos tecnológicos en constante desarrollo. Como luego veremos, ante la imperiosa necesidad de dotarse de instrumentos de salvaguarda eficaces frente a riesgos crecientes, en el ámbito europeo (primero en el marco del Consejo de Europa y, después, en el seno de la Unión Europea) se fue configurando progresivamente un nuevo modelo de protección que descansaba en el reconocimiento de un nuevo derecho subjetivo a la protección de los datos personales.

2. La intervención del Tribunal Constitucional

En ese contexto de desajuste entre nuestro ordenamiento y el marco europeo, el Tribunal Constitucional español decidió llevar a cabo una labor de integración por vía interpretativa dirigida a perfeccionar la obra del constituyente y alinear el contenido y alcance del artículo 18.4 de nuestra Magna Carta con la evolución europea.

El proceso se desarrolló en dos actos, separados entre sí por siete años. El primero se materializó en el año 1993, con la STC 254/1993, de 20 de julio, recaída en un procedimiento de amparo que presentaba la novedad de que, además de invocarse el Convenio 108 del Consejo de Europa, se alegaba por primera vez ante la justicia constitucional, no solo la vulneración del apartado primero del artículo 18 de la Constitución, sino también la de su apartado cuarto, lo que provocó que el TC tuviera que manifestarse sobre el contenido de un precepto constitucional que hasta entonces había permanecido inédito.

Lo hace en el FJ 6º en el que, tras adelantar que con lo dispuesto en el artículo 18.4 "*nuestra Constitución ha incorporado una nueva garantía constitucional, como forma de respuesta a una nueva forma de amenaza concreta a la dignidad y a los derechos de la persona*", sostiene que "*en el presente caso estamos ante un instituto de garantía de otros derechos, fundamentalmente el honor y la intimidad, pero también de un instituto que es, en sí mismo, un derecho o libertad fundamental, el derecho a la libertad frente a las potenciales agresiones a la dignidad y a la libertad de la persona provenientes de un uso ilegítimo del tratamiento mecanizado de datos, lo que la Constitución llama "la informática*".

Como puede apreciarse, en este pasaje inaugural el TC aún se expresa con un alto grado de ambigüedad sobre el contenido del artículo 18.4: sostiene que estamos ante un instituto de garantía de otros derechos que, a la vez, es *un derecho o libertad fundamental*. Aunque asegura que el artículo 18.4 aloja un derecho fundamental —cuyos rasgos básicos incluso llega a perfilar—, deja la esencia de ese nuevo derecho un tanto desdibujada en la medida en que le confiere una naturaleza dual en la que posee un gran peso su carácter instrumental para la protección de otros derechos constitucionales. Tampoco llega a emanciparlo del derecho a la intimidad sino que más bien lo presenta como una nueva dimensión (positiva) del mismo. Así, en el FJ 7º indica que "*la efectividad de ese derecho [a la intimidad] puede requerir inexcusablemente de alguna garantía complementaria, y es aquí donde pueden venir en auxilio interpretativo los tratados y convenios internacionales sobre esta materia suscritos por España. Pues, como señala el Ministerio Fiscal, la garantía de la intimidad adopta hoy un contenido positivo en forma de derecho de control sobre los datos relativos a la propia persona. La llamada 'libertad informática' es, así, también, derecho a controlar el uso de los mismos datos insertos en un programa informático (habeas data)."*

Esta doctrina se mantuvo sin apenas variaciones a lo largo de los años 90 en una serie de decisiones recaídas en recursos de amparo, hasta que en el año 2000 el Tribunal dio el segundo y definitivo paso hacia el reconocimiento de la garantía constitucional de un derecho fundamental a la protección de datos personales. El 30 de noviembre de ese año vieron la luz dos sentencias capitales recaídas en sendos procedimientos de recurso de inconstitucionalidad: la STC 290/2000 y la STC 292/2000. Ambas contienen relevantes pronunciamientos sobre diversos aspectos del régimen jurídico de la protección de datos personales, pero lo que las convierte en un hito de la jurisprudencia constitucional española son sus pronunciamientos sobre el contenido y alcance del artículo 18.4 de la Constitución.

Particularmente explícita es la STC 292/2000, en la que el TC supera las ambigüedades de las manifestaciones anteriores sobre la naturaleza del derecho a la protección de datos para presentarlo, ya sin ambages, como un derecho fundamental autónomo. Tras destacar que el derecho a la intimidad recogido en el artículo 18.1 no aporta por sí solo una protección suficiente frente a los riesgos derivados de la informática —razón por la que el constituyente incluyó conscientemente el artículo 18.4—, vuelve a recordar lo dicho en la STC 254/1993 y, acto seguido, despliega una serie de razonamientos radicalmente novedosos con los que perfila el contenido propio del derecho a la protección de datos y lo diferencia del derecho a la intimidad.

Comienza indicando que *"este derecho fundamental a la protección de datos, a diferencia del derecho a la intimidad del art. 18.1 CE, con quien comparte el objetivo de ofrecer una eficaz protección constitucional de la vida privada personal y familiar, atribuye a su titular un haz de facultades que consiste en su mayor parte en el poder jurídico de imponer a terceros la realización u omisión de determinados comportamientos cuya concreta regulación debe establecer la Ley"*. Y, a continuación, precisa que el derecho a la protección de datos se distingue del derecho a la intimidad tanto por su función como por su objeto y contenido.

En lo que respecta a su función, mientras que la del derecho a la intimidad es *"la de proteger frente a cualquier invasión que pueda realizarse en aquel ámbito de la vida personal y familiar que la persona desea excluir del conocimiento ajeno y de las intromisiones de terceros en contra de su voluntad"*, el derecho a la protección de datos *"persigue garantizar a esa persona un poder de control sobre sus datos personales, sobre su uso y destino, con el propósito de impedir su tráfico ilícito y lesivo para la dignidad y derecho del afectado"*. En lo tocante al objeto, subraya que el correspondiente al derecho a la protección de datos es más amplio que el del derecho a la intimidad ya que extiende su garantía a la *"esfera de los bienes de la personalidad que pertenecen al ámbito de la vida privada, inextricablemente unidos al respeto de la dignidad personal"*, de modo que amplía la garantía constitucional a aquellos *"datos que sean relevantes para o tengan incidencia en el ejercicio de cualesquiera derechos de la persona, sean o no derechos constitucionales y sean o no relativos al honor, la ideología, la intimidad personal y familiar a cualquier otro bien constitucionalmente amparado"*. Por lo tanto, *"el objeto de protección del derecho fundamental a la protección de datos no se reduce sólo a los datos íntimos de la persona, sino a cualquier tipo de dato personal, sea o no íntimo, cuyo conocimiento o empleo por terceros pueda afectar a sus derechos, sean o no fundamentales"*. Y, en tercer lugar, en lo que concierne a su contenido, a diferencia de lo que sucede con el derecho a la intimidad que confiere un poder jurídico de *"imponer a terceros el deber de abstenerse de toda intromisión en la esfera íntima de la persona y la prohibición de hacer uso de lo así conocido"*, el derecho a la protección de datos *"atribuye a su titular un haz de facultades consistente en diversos poderes jurídicos cuyo ejercicio impone a terceros deberes jurídicos"*.

Una vez aclaradas las diferencias con el derecho a la intimidad, determina con precisión el contenido del nuevo derecho autónomo derivado del artículo 18.4 de la Constitución: *"De todo lo dicho resulta que el contenido del derecho fundamental a la protección de datos consiste en un poder de disposición y de control sobre los datos personales que faculta a la persona para decidir cuáles de esos datos proporcionar a un tercero, sea el Estado o un particular, o cuáles puede este tercero recabar, y que también permite al individuo saber quién posee esos datos personales y para qué, pudiendo oponerse a esa posesión o uso"* (FJ 7º).

Con estos pronunciamientos el TC lleva a cabo una actuación inédita en nuestro país, aunque no desconocida en otros como Alemania: proclamar la existencia de un derecho fundamental cuyo *nomen iuris* no figura en la Constitución. La decisión recibió (y aún recibe) críticas. Sin embargo, es necesario tener en cuenta que el proceder del TC no fue fruto de un mero decisionismo o de una voluntad radicalmente innovadora sino que encuentra sustento en el mandato del artículo 10.2 de la Constitución y se inserta en el contexto de un proceso evolutivo vivido en Europa que conduce al mismo resultado. En este sentido, resulta muy significativo que las citadas sentencias recayeran justo siete días antes de la proclamación en Niza, el 7 de diciembre de 2000, de la Carta de los Derechos Fundamentales de la Unión Europea que, como más adelante se expone, consagra el derecho a la protección de datos como un derecho fundamental autónomo, separado del derecho a la intimidad (vida privada). La mutación del contenido del artículo 18.4 de la Constitución operada por el TC es una clara manifestación del proceso de diálogo y convergencia que caracteriza la elaboración del derecho constitucional común europeo. En último término, lo que el TC español hizo en el año 2000 fue sincronizar nuestra Constitución con la evolución constitucional europea y alinear así nuestro derecho constitucional con el segundo proceso de transformación que a continuación vamos a analizar.

II. LA EUROPEIZACIÓN DEL DERECHO A LA PROTECCIÓN DE DATOS PERSONALES

1. La génesis del modelo europeo

Sin perjuicio de otros antecedentes más lejanos geográfica y temporalmente —como el tantas veces citado artículo *"The Right to Privacy"* que Samuel Warren y Louis Brandeis publicaron en 1890 en la *Harvard Law Review*—, los orígenes de lo que hoy conocemos en Europa como el derecho a la protección de datos personales se sitúan en los debates que en los años sesenta del pasado siglo se desarrollaron en varios países del continente en torno a los riesgos derivados del uso de la informática, debates que fueron particularmente intensos en Alemania donde pervivía el recuerdo de las dramáticas consecuencias del uso de los registros de población durante el régimen nazi. Entre las diversas propuestas normativas que fueron surgiendo, la primera que cristalizó fue la Ley de Protección de Datos del Land Hessen, aprobada el 7 de octubre de 1970, que se convertiría así en texto pionero de la legislación en la materia. Fue además en esta ley donde por primera vez se utilizó el término "protección de datos" (*Datenschutz*), inicialmente muy cuestionado por un sector de la doctrina que lo consideraba inapropiado por referirse a la protección de los "datos" y no de las personas frente al tratamiento de sus datos, pero pronto pasaría a ser mayoritariamente aceptado y acabaría por generalizarse en toda Europa, sobre todo a partir de su acogida por el Consejo de Europa. Después, a lo largo de la década de los setenta, varios estados europeos se fueron dotando de leyes de protección de datos (Suecia en 1973, Alemania en 1977, Francia, Dinamarca, Noruega y Austria en 1978 o Luxemburgo en 1979) que compartían finalidad pero presentaban notables diferencias, tanto en sus enfoques como en los propios contenidos normativos.

El 28 de enero de 1981 se dio un gran paso hacia la superación del ámbito nacional en la protección de los datos personales con la adopción en el seno del Consejo de Europa del *Convenio 108 para la protección de las personas con respecto al tratamiento automatizado de datos de carácter personal*, que entró en vigor el 1 de octubre de 1985 y se convertiría en el primer texto internacional jurídicamente vinculante en esta materia. Nació con el objetivo de completar la protección de la vida privada que ofrecía el artículo 8 del Convenio Europeo de Derechos Humanos ante la intensificación de los tratamientos de datos personales y su circulación transfronteriza. Su definición de los datos de carácter personal como "*cualquier información relativa a una persona física identificada o identificable*", y la sujeción de los tratamientos de los datos a la observancia de unos principios rectores fijaron un nuevo estándar europeo que inspiró las regulaciones que varios estados adoptarían en los años siguientes.

Y, poco tiempo después, vendría otro impulso decisivo para la edificación del modelo europeo de protección de datos, en este caso desde el interior de un Estado. Lo proporcionó el Tribunal Constitucional Federal alemán el 15 de diciembre de 1983 con la *Volkszählungsurteil*, la Sentencia sobre la Ley del censo, en la que, a partir de las cláusulas constitucionales de la garantía la dignidad humana y el libre desarrollo de la personalidad, forjó un nuevo derecho fundamental, el derecho a la "autodeterminación sobre la información personal" (*informationelle Selbstbestimmung*), que "*garantiza a cada individuo la facultad de decidir por sí mismo sobre la divulgación y el uso de sus datos personales*". Con esta audaz elaboración jurisprudencial, el Tribunal constitucional alemán aportó la pieza esencial que aún faltaba para la construcción dogmática del derecho y de su régimen de protección, dando lugar a un cambio de paradigma, primero en Alemania y, a la postre, en todo el espacio europeo: de los planteamientos seguidos hasta entonces, que perseguían proteger a las personas de los riesgos derivados del uso de sus datos personales estableciendo condiciones y límites a los tratamientos, se pasaría a un modelo que parte del reconocimiento a los individuos de la titularidad de un derecho fundamental y, en consecuencia, exige al legislador el establecimiento de un sistema de garantías que proporcione una protección eficaz del mismo.

2. La Directiva 95/46/CE: armonizar legislaciones para alcanzar un marco común

En 1990, a pesar de los significativos avances habidos en la década de los ochenta, aún quedaban cinco Estados (Bélgica, España, Grecia, Italia y Portugal) sin haber legislado sobre protección de datos y, por otra parte, las regulaciones nacionales presentaban notables divergencias entre sí. Ante los severos efectos negativos que de esta situación se derivarían para el funcionamiento del mercado interior, en el que la libre circulación de mercancías, personas, servicios y capitales requería un intenso y continuo flujo transfronterizo de datos personales, la Comisión decidió abandonar su posición hasta entonces contraria a promover una legislación comunitaria de la materia y, en septiembre de 1990, presentó una batería de propuestas normativas entre las que destacaba una Directiva dirigida a armonizar las legislaciones nacionales de protección de datos. Tras un largo y complejo proceso de tramitación, finalmente, el 24 de octubre de 1995 se aprobó la *Directiva 95/46/CE del Parlamento Europeo y del Consejo, relativa a la protección de las personas físicas en lo que respecta al tratamiento de datos personales y a la libre circulación de estos datos* (en adelante, la Directiva). La llamativa mención que en su título se hace a la "libre circulación" de los datos era sumamente reveladora pues evidenciaba, a la vez, la conexión de su contenido con el objetivo del mercado interior y la forzada base jurídica que se utilizó para su aprobación.

La Directiva estableció un régimen de protección que se inspiraba en el Convenio 108 e incorporaba muchos elementos extraídos de las regulaciones estatales. Combinando principios y directrices de diversas fuentes, conformó un sistema dotado de un considerable grado de coherencia con el que se pretendía asegurar un nivel de protección equivalente en todos los Estados. Partiendo de la misma definición de datos personales del Convenio 108 ("*toda información sobre una persona física identificada o identificable*"), dispuso un régimen de protección que, en lo esencial, aún se mantiene hoy en día como veremos más adelante.

La Directiva confería a los Estados un plazo de tres años para adaptar su legislación que vencía el 24 de octubre de 1998. En España, aunque en la elaboración de la LORTAD ya se habían tenido en cuenta los trabajos preparatorios de la Directiva, era necesario introducir cambios y el proceso se demoró hasta la aprobación en diciembre de 1999 de la LOPD que, si bien en términos generales se alineaba con la normativa europea, también contenía algunas particularidades difíciles de armonizar con ella. Pero, más allá del caso español, el proceso de transposición encontraría múltiples dificultades en el seno de los Estados, escollos que provocaron, no sólo importantes retrasos en algunos países, sino también sustanciales divergencias entre sus ordenamientos por la pervivencia de tradiciones propias o la introducción de singularidades nacionales, con lo que se frustró en parte el objetivo de armonizar las legislaciones estatales.

No obstante, a pesar de las imperfecciones y carencias de la Directiva y de la desigual trasposición en los Estados, bajo su vigencia se iría generando en

Europa una cultura común de la protección de los datos personales y se fue construyendo un sistema de tutela que proporcionó un nivel de garantías sin parangón en ninguna otra región del mundo. A ello contribuyó de manera decisiva (aunque en diverso grado, debido a su disímil configuración en cada país) la intensa labor desarrollada por las autoridades nacionales de supervisión y control. En nuestro caso, por la Agencia Española de Protección de Datos creada por la LORTAD en 1992, a la que se sumarían posteriormente la de Madrid (en 1995, suprimida en enero de 2013), Cataluña (en 2002) y País Vasco (en 2004), con competencias limitadas a los tratamientos realizados por el sector público de sus respectivos territorios. Muy relevante ha sido también la tarea desempeñada por el conocido como "Grupo del artículo 29" (por estar regulado en ese artículo de la Directiva) que, sin abandonar sus primigenias funciones de estudio y asesoramiento, se fue progresivamente perfilando como una eficaz plataforma de colaboración y de coordinación de las autoridades de los Estados para avanzar hacia una aplicación más homogénea de la Directiva.

3. El reconocimiento del derecho en la CDFUE y en los Tratados

La proclamación de la Carta de los Derechos Fundamentales de la Unión Europea (CDFUE) el 7 de diciembre de 2000, aun siendo inicialmente de un documento sin naturaleza jurídica vinculante, tuvo una relevancia trascendental que marcó netamente los desarrollos posteriores. En su catálogo destaca la novedad del reconocimiento explícito del derecho a la protección de los datos personales como derecho fundamental autónomo, diferenciado del derecho a la intimidad (vida privada). Así, después de reconocer en el artículo 7 que "*Toda persona tiene derecho al respeto de su vida privada y personal, de su domicilio y de sus comunicaciones*", proclama en el artículo 8 que "*Toda persona tiene derecho a la protección de los datos de carácter personal que le conciernan*", confiriendo con ello a este derecho por primera vez una entidad propia, separada del derecho al respeto de la vida privada. Pero la Carta no se queda ahí, sino que en ese mismo artículo 8 determina el contenido esencial del derecho al disponer que "*Estos datos se tratarán de modo leal, para fines concretos y sobre la base del consentimiento de la persona afectada o en virtud de otro fundamento legítimo previsto por la ley*", que "*Toda persona tiene derecho a acceder a los datos recogidos que le conciernan y a obtener su rectificación*", y que "*El respeto de estas normas estará sujeto al control de una autoridad independiente*". Aún sin desplegar todavía efectos jurídicos vinculantes, el reconocimiento y la configuración autónoma del derecho a la protección de datos en la Carta irradió gran valor e influyó de inmediato en la interpretación y la aplicación de este derecho tanto en el plano europeo como en los estatales (buena prueba de ello es la STC 292/2000, antes comentada).

La entrada en vigor el 1 de diciembre de 2009 del Tratado de Lisboa proporcionaría el impulso definitivo al proceso de europeización del derecho a la protección de datos. Por un lado, el nuevo artículo 6 del Tratado de la Unión Europea concedió a la versión revisada de la Carta proclamada en Estrasburgo en diciembre de 2007 el mismo valor que los Tratados, con lo que el reconocimiento del derecho a la protección de datos como derecho fundamental autónomo adquirió la naturaleza de derecho primario. Por otro lado, el Tratado de Funcionamiento de la Unión Europea (TFUE) consagró expresamente en su artículo 16.1 el derecho a la protección de datos como uno de los principios de la Unión; y, en el artículo 16.2, dispuso que el Parlamento y el Consejo "*establecerán, con arreglo al procedimiento legislativo ordinario, las normas sobre protección de las personas físicas respecto del tratamiento de datos de carácter personal por las instituciones, órganos y organismos de la Unión, así como por los Estados miembros en el ejercicio de las actividades comprendidas en el ámbito de aplicación del Derecho de la Unión, y sobre la libre circulación de esos datos*", configurando así una amplia y sólida base jurídica para la adopción de actos legislativos en la materia.

El impacto de los cambios introducidos por el Tratado de Lisboa pronto se haría perceptible en un doble plano. La atribución a la Carta del valor jurídico propio de los Tratados permitió al Tribunal de Justicia de la Unión (TJUE) reforzar su doctrina garantista en relación con la protección de los datos personales, proclamar que su naturaleza de derecho fundamental obliga a interpretar el derecho derivado de conformidad con la Carta y dictar Sentencias tan relevantes como la de 8 de abril de 2014 (C-293/12 - *Digital Rights Ireland* y *Seitlinger* y otros), la de 13 de mayo de 2014 (C-131/12 - *Google Spain v. AEPD*) y la de 6 de octubre de 2015 (C-362/14 - *Schrems*).

Por otra parte, la existencia de una base jurídica específica en el TFUE allanó el camino a la reforma pendiente del marco legislativo para adaptarlo a las exigencias derivadas de las nuevas realidades. La Directiva había sido elaborada en los primeros años noventa —cuando Internet aún era un fenómeno incipiente— y acusaba el paso del tiempo, generando un déficit de protección frente a los nuevos retos derivados del desarrollo tecnológico y la globalización. Además, la fragmentación resultante de las diferencias de transposición e interpretación entre los Estados estaba generando desigualdades en el grado de protección de las personas y ciertas inseguridades jurídicas que, a la postre, se erigían también en obstáculos para las libertades fundamentales de la UE.

4. La culminación del proceso de europeización del derecho: el RGPD

Después de un largo período de trabajos preparatorios, la Comisión Europea presentó el 25 de enero de 2012 dos iniciativas legislativas encaminadas a establecer un nuevo marco normativo para la protección de los datos personales en los Estados de la Unión Europea: una propuesta de Reglamento General de Protección de Datos, que debería sustituir a la Directiva 95/46/CE y una propuesta de Directiva para el ámbito policial y judicial penal. Con ello se iniciaba un procedimiento legislativo que, tras un dilatado y en ocasiones tortuoso recorrido, concluiría formalmente el 4 de mayo de 2016 con la publicación en el Diario Oficial de la Unión Europea de dos actos legislativos: el *Reglamento (UE) 2016/679 del Parlamento Europeo y del Consejo, de 27 de abril de 2016, relativo a la protección de las personas físicas en lo que respecta al tratamiento de datos personales y a la libre circulación de estos datos y por el que se deroga la Directiva 95/46/CE* (Reglamento general de protección de datos, en adelante, RGPD), y la *Directiva (UE) 2016/680 del Parlamento Europeo y del Consejo, de 27 de abril de 2016, relativa a la protección de las personas físicas en lo que respecta al tratamiento de datos personales por parte de las autoridades competentes para fines de prevención, investigación, detección o enjuiciamiento de infracciones penales o de ejecución de sanciones penales, y a la libre circulación de dichos datos y por la que se deroga la Decisión Marco 2008/977/JAI del Consejo*.

El RGPD se erige en la pieza central del nuevo sistema europeo de protección de datos, sustituyendo a la Directiva con un triple objetivo: (i) actualizar la regulación a las nuevas realidades (evolución tecnológica, globalización); (ii) homogeneizar el régimen jurídico en todo el territorio de la UE para que existan los mismos derechos y mismas obligaciones en todos los Estados; y (iii) fortalecer mercado único europeo para el desarrollo del mercado único digital, posibilitando los flujos de datos personales en toda la UE sin restricciones y con las mismas garantías.

Es un texto, a la vez, continuista y marcadamente innovador. Mantiene la esencia de los principios generales que inspiran el régimen jurídico de la Directiva pero introduce importantes novedades, tanto de carácter sustantivo como procedimental e institucional. Así, como primera medida, amplía su ámbito de aplicación para hacer frente al fenómeno de la globalización, estableciendo que se aplicará también a los tratamientos de datos de las personas que residan en territorio europeo realizados por responsables situados fuera de la Unión Europea cuando tengan por finalidad ofrecer bienes y servicios a residentes o monitorizar su conducta (art. 2). Por otro lado, refuerza el haz de derechos subjetivos con el fin de fortalecer el grado de control de las personas sobre sus datos, incorporando una regulación más precisa del consentimiento, ampliando las exigencias de trasparencia, reformulando algunos derechos e incorporando otros nuevos, aunque no lo sean del todo —como sucede con el derecho a la portabilidad y el llamado "derecho al olvido"— (arts. 7, 8, y 12 a 22).

En lo que respecta a la licitud de los tratamientos, mantiene el principio general de prohibición salvo habilitación, de modo que el uso de datos de carácter personal por terceros (sean poderes públicos o particulares) sólo se considera lícito si se sustenta en alguna de las bases jurídicas habilitantes que se determinan con carácter tasado en el artículo 6. Entre dichas bases continúa ocupando un lugar destacado (a) el consentimiento del interesado, pero pierde la posición de centralidad que tenía en la Directiva al equipararse en su función legitimadora a los supuestos en los que el tratamiento de datos personales sea necesario para: (b) la ejecución de un contrato, (c) el cumplimiento de una obligación legal, (d) proteger intereses vitales, (e) el cumplimiento de una misión realizada en interés público o en el ejercicio de poderes públicos, o (f) la satisfacción de un interés legítimo prevalente sobre los intereses o los derechos y libertades fundamentales del interesado.

Dando continuidad a las previsiones del Convenio 108 y de la Directiva, el RGPD exige que en los tratamientos de datos personales se observen una serie de principios que refuerza y precisa en el artículo 5: (a) licitud, lealtad y transparencia; (b) limitación de la finalidad; (c) minimización de datos; (d) exactitud; (e) limitación del plazo de conservación; (f) integridad y confidencialidad.

Particularmente novedosa es su regulación de la eficacia del derecho frente a terceros (*Drittwirkung*), pues, aun manteniendo algunos elementos del tradicional modelo prescriptivo, opta por implantar un nuevo paradigma de cumplimiento que gira en torno a dos conceptos: la categoría anglosajona de "*accountability*" y el "*enfoque de riesgo*". En este sentido, exige a quienes traten datos personales una "*responsabilidad proactiva*", que sean ellos mismos los que de manera responsable, tras las oportunas evaluaciones, decidan cuales son las medidas técnicas y organizativas apropiadas para garantizar el nivel adecuado de protección de los derechos de los afectados, debiendo estar en condiciones de demostrar (ante los interesados y ante las autoridades de control) que los tratamientos que realizan son conformes con el RGPD. Demanda por tanto de los sujetos obligados un enfoque proactivo, que descanse en una actitud comprometida y diligente.

Por otra parte, para lograr un mayor grado de coordinación y de eficacia en aras de conseguir una aplicación homogénea de la normativa de protección de datos en todo el territorio de la Unión, el RGPD impone a todos los Estados un modelo único de autoridades de control (inspirado, por cierto, en la AEPD), de modo que todas ellas tendrán las mismas funciones y contarán con idénticos poderes, entre los que se incluyen no sólo los de autorización y los consultivos, sino también los de investigación, los correctivos y los sancionadores. Y, en la nueva arquitectura institucional, al mismo tiempo que se refuerza el estatuto de independencia de las autoridades, se les imponen intensas obligaciones de cooperación, particularmente en los asuntos de relevancia supranacional; y, finalmente, a modo de dispositivo de cierre del sistema, se establece un novedoso "mecanismo de coherencia" en el que asume un papel decisivo el Comité Europeo de Protección de Datos (EDPB), el nuevo organismo de la Unión creado por el RGPD, que podrá incluso adoptar decisiones vinculantes en caso de discrepancia entre las autoridades nacionales.

Al tratarse de un Reglamento, con arreglo al artículo 288.2 del TFUE tiene "alcance general" y es "obligatorio en todos sus elementos y directamente aplicable en cada Estado miembro". Se integra en los ordenamientos nacionales y, según él mismo dispuso en su artículo 99, se aplica a partir del 25 de mayo de 2018. Aunque no requiere acto de incorporación, ello no significa que los legisladores estatales no deban intervenir para adaptar el derecho nacional a sus contenidos, ya sea para garantizar la seguridad jurídica evitando incertidumbres derivadas de la existencia de normas incompatibles, o con el fin de integrar las cláusulas de apertura en las que remite a las legislaciones nacionales. Pero, en todo caso, no cabe desconocer que el margen de intervención de los legisladores nacionales es muy limitado dado que el RGPD contiene una regulación muy amplia y detallada, con la que persigue el objetivo declarado de establecer un régimen jurídico homogéneo en toda la Unión Europea mediante su aplicación directa, relegando las normas nacionales a cometidos complementarios. En el caso español, la adaptación se llevó a cabo mediante la *Ley Orgánica 3/2018, de 5 de diciembre, de Protección de Datos Personales y garantía de los derechos digitales*, que amplió su objeto a estos últimos tras la adherencia en la tramitación parlamentaria de un nuevo capítulo X que quiebra su homogeneidad.

En todo caso, con la entrada en vigor del RGPD, el derecho a la protección de los datos de carácter personal se convierte en el primer derecho fundamental cuyo régimen jurídico está determinado por el legislador de la Unión Europea en todos sus elementos esenciales. Culmina así el proceso de desarrollo y cristalización de un derecho que la Constitución española no preveía expresamente y que nuestro Tribunal Constitucional derivó del artículo 18.4. Pero ahora su anclaje principal no se halla tanto en este precepto constitucional como en el artículo 8 de la CDFUE y en el artículo 16 del TFUE y, consecuentemente, la competencia principal para su interpretación corresponde a los organismos y las instituciones europeas, como ha quedado claramente de manifiesto en estos primeros años de vigencia del RGPD con la intensa actividad orientadora de la aplicación llevada a cabo por el EDPB y con la abundante jurisprudencia del TJUE, cuyas aportaciones resultan imprescindibles para conocer el verdadero contenido y alcance del derecho en la actualidad.

III. BIBLIOGRAFÍA

AA.VV.: *20 años de protección de datos en España*, Agencia Española de Protección de Datos, 2015.

GARCÍA MAHAMUT, R. (ed. lit.); TOMÁS MALLÉN, B. (ed. lit.): *El Reglamento General de Protección de Datos*, Tirant lo Blanch, 2019.

PIÑAR MAÑAS, J. L. (dir.): *Privacidad en un mundo global*, Tirant lo Blanch, 2023.

RALLO LOMBARTE, A. (dir.): *Tratado de protección de datos*, Tirant lo Blanch, 2019.

TRONCOSO REIGADA, A. (dir.): *Comentario al Reglamento General de Protección de Datos y a la Ley Orgánica de Protección de Datos personales y Garantía de los Derechos Digitales*, Thomson Reuters Aranzadi, 2021.

IV. JURISPRUDENCIA

STJUE: [ECLI:EU:C:] 2024:214 (07/03/2024), 2024:46 (16/01/2024), 2024:7 (11/01/2024), 2023:1022 (21/12/2023), 2023:986 (14/12/2023), 2023:958 (07/12/2023), 2023:957 (07/12/2023), 2023:949 (5/12/2023), 2023:811 (26/10/2023), 2023:537 (04/07/2023), 2023:501 (22/06/2023), 2023:373 (04/05/2023), 2023:370 (04/05/2023), 2023:369 (04/05/2023), 2023:3 (12/01/2023), 2023:2 (12/01/2023), 2022:962 (08/12/2022), 2022:813 (20/10/2022), 2022:805 (20/10/2022), 2022:491 (21/06/2022), 2021:483 (15/06/2021), 2020:559 (16/07/2020), 2019:801 (01/10/2019) 2019:773 (24/09/2019), 2019:772 (24/09/2019), 2019:629 (29/07/2019), 2019:122 (14/02/2019), 2018:551 (10/07/2018), 2018:388 (05/06/2018), 2017:994 (20/12/2017), 2016:779 (19/10/2016), 2015:650 (06/10/2015), 2014:317 (13/05/2014), 2014:238 (08/04/2014).

STC 105/2022, de 13 de septiembre.

STC 89/2022, de 29 de junio.

STC 76/2019, de 22 de mayo.

STC 58/2018, de 4 de junio.

STC 39/2016, de 3 de marzo.

STC 29/2013, de 11 de febrero.

STC 17/2013, de 31 de enero.

STC 96/2012, de 7 de mayo.

STC 292/2000, de 30 de noviembre.

STC 290/2000, de 30 de noviembre.

STC 254/1993 de 20 de julio.

Artículo 19

1. Los españoles tienen derecho a elegir libremente su residencia y a circular por el territorio nacional.

2. Asimismo, tienen derecho a entrar y a salir libremente de España en los términos que la ley establezca. Este derecho no podrá ser limitado por motivos políticos o ideológicos.

COMENTARIO

Juana Goizueta Vértiz
Profesora Agregada de Derecho Constitucional
UPV/EHU

SUMARIO: I. LA ENCRUCIJADA DE ORDENAMIENTOS QUE REGULAN EL EJERCICIO DEL DERECHO. II. EL ÁMBITO SUBJETIVO DEL DERECHO A LA LIBRE CIRCULACIÓN Y RESIDENCIA EN TERRITORIO ESPAÑOL. III. ALGUNAS CONSIDERACIONES SOBRE EL EJERCICIO DEL DERECHO A LA LIBRE CIRCULACIÓN Y RESIDENCIA EN TERRITORIO ESPAÑOL. 1. Las condiciones de ejercicio del derecho. 2. Los límites al ejercicio del derecho. IV. A MODO DE CONCLUSIÓN. V. BIBLIOGRAFÍA. VI. JURISPRUDENCIA.

I. LA ENCRUCIJADA DE ORDENAMIENTOS QUE REGULAN EL EJERCICIO DEL DERECHO

En la regulación del derecho a la libre circulación y residencia en sentido amplio, constitucionalmente regulado en el artículo 19, intervienen de forma imbricada dos Ordenamientos jurídicos distintos: el Ordenamiento jurídico nacional (*penetrado* por el Derecho internacional de los derechos humanos) y el Ordenamiento jurídico de la Unión Europea dando lugar a tres regímenes diferentes a la hora de regular su ejercicio en función de quién sea su titular.

De un lado, el derecho para los españoles y extranjeros extracomunitarios en España vendrá regulado, principalmente, por el Ordenamiento nacional (de creación estatal) si bien impregnado por el Derecho internacional. Así pues, cabe afirmar que el sustrato normativo básico de la regulación legal del derecho objeto de análisis lo integra el denominado régimen general de extranjería previsto en la Ley Orgánica 4/2000, de 11 de enero, sobre derechos y libertades de los extranjeros en España y su integración social desarrollada reglamentariamente por el Real Decreto 557/2011 de 20 de abril. Y de otro lado, nos encontramos con el derecho a la libre circulación y residencia de los ciudadanos de la Unión en territorio español que viene regulado por el Ordenamiento Jurídico de la Unión. Este derecho es reconocido en el artículo 21

TFUE y 45 CDFUE y su regulación se encuentra en la Directiva 2004/38/CE incorporada al Ordenamiento jurídico español mediante la aprobación del Real Decreto 240/2007, de 16 de febrero, sobre entrada, libre circulación y residencia en España de ciudadanos de los Estados miembros de la Unión Europea y de otros Estados parte en el Acuerdo sobre el Espacio Económico Europeo.

II. EL ÁMBITO SUBJETIVO DEL DERECHO A LA LIBRE CIRCULACIÓN Y RESIDENCIA EN TERRITORIO ESPAÑOL

Atendiendo a la literalidad de la Constitución, son "los españoles" los que tienen derecho a elegir libremente su residencia y a circular por el territorio nacional (art. 19 CE). Ahora bien, tal aseveración, a nuestro juicio, necesita ser matizada. En efecto, *a sensu contrario* el precepto constitucional objeto de exégesis no excluye que los extranjeros sean titulares del derecho. Y ello porque el citado artículo 19 sólo dice que los españoles son titulares del derecho, no que lo sean solamente ellos. De modo que el constituyente español deja la puerta abierta al posible reconocimiento del derecho a otras categorías de titulares.

Lo dicho nos plantea inmediatamente la pregunta de si se ha producido o no la efectiva atribución constitucional del derecho respecto a los extranjeros. La jurisprudencia constitucional emanada sobre este particular opta finalmente por una interpretación sistemática de la Norma Fundamental y defiende que los extranjeros gozan de la protección que les otorgan aquellos tratados y acuerdos internacionales en materia de derechos a los que se refiere el artículo 10 de la Constitución. Este cambio supone que el Alto Tribunal, reconoce la titularidad del derecho objeto de estudio por parte de los extranjeros en territorio español. En concreto, sostiene que el hecho de que el tenor literal del artículo 19 de la Constitución aluda de forma expresa únicamente a los españoles no implica que los extranjeros no puedan ser titulares de los derechos fundamentales garantizados en esa norma constitucional (STC 72/2005). En fin, la extranjería constituye una condición que afecta al ejercicio del derecho.

Y llegados a este punto, no podemos obviar que el Ordenamiento jurídico de la Unión implica la irrupción de una tercera categoría de titulares a los que se les reconoce, también, la libertad de circulación y residencia en territorio español: la del ciudadano europeo (art. 20 TFUE). Y a ello hay que añadir la existencia de ciertas categorías de "extranjeros", nacionales de terceros Estados, que quedan asimilados al ciudadano de la Unión a los efectos de ejercer la libertad de circulación y residencia. En definitiva, si bien el artículo 19 de la Constitución prevé explícitamente que "los españoles" son titulares de la libertad de circulación y residencia en España, bien podría afirmarse que ello no significa negar este derecho a otras categorías de titulares.

III. ALGUNAS CONSIDERACIONES SOBRE EL EJERCICIO DEL DERECHO A LA LIBRE CIRCULACIÓN Y RESIDENCIA EN TERRITORIO ESPAÑOL

Como es sabido, los derechos fundamentales reconocidos constitucionalmente no son absolutos y, tampoco, lo es el derecho que nos ocupa. Un carácter ilimitado que, también, es predicable del derecho cuando es ejercido por quien ostenta la ciudadanía de la Unión. Por ello, precisar el ámbito del ejercicio del derecho exige abordar una doble tarea: la de la concreción de las condiciones (1) y la de los límites oponibles a su ejercicio (2). Un análisis que abordaremos atendiendo a las 4 facetas que integran el contenido del derecho: el derecho a elegir libremente la residencia; el derecho a circular por el territorio nacional; el derecho a entrar en España; y el derecho a salir libremente del territorio nacional.

1. Las condiciones de ejercicio del derecho

Respecto a la libertad de circular y residir en territorio nacional hay que hacer las siguientes precisiones con relación a las condiciones de ejercicio. Si bien, con carácter previo merece la pena constatar que la libertad de desplazamiento en el interior del territorio nacional —al que se le reconoce carácter autónomo respecto a la libertad personal del artículo 17 CE— significa la libertad de desplazarse de un sitio a otro por dicho territorio bien por las vías públicas o las privadas de uso público. Y por su parte la libertad de residencia resulta identificable con la facultad de elegir dentro el territorio nacional libremente y sin traba alguna el lugar donde establecer la residencia de forma permanente o transitoria.

En el caso de los españoles y los extranjeros éstos han de hallarse "legalmente" en territorio español para circular y escoger libremente en él su residencia. Veamos qué significa esto. Cuando es el español el que ejerce el derecho podemos decir que el ejercicio está subordinado al cumplimiento de un "aparente" pero no "real" condicionamiento ya que los nacionales de un Estado siempre se encuentran, a estos efectos, "legalmente" dentro del territorio del Estado del que son nacionales. Así pues, la hipotética "ilegalidad" de la permanencia sólo puede predicarse en territorio español del extranjero. De forma que cuando el derecho se ejerce por el extranjero éste habrá de hallarse legalmente en España: esto es, de acuerdo con lo establecido en la Ley de Extranjería y, en concreto, conforme a lo previsto en su Título II que regula el "Régimen jurídico de las situaciones de los extranjeros". Más en concreto, el extranjero para ejercer la libre circulación y residencia en territorio español necesita no sólo haber entrado sino permanecer de forma regular en España. Pero, lo cierto es que una vez que el extranjero se encuentra "legalmente" en España no cabe establecer diferencias para unos (españoles) y otros (extranjeros) respecto del ejercicio del derecho en su dimensión de libre circulación y residencia.

Y, en el caso de los ciudadanos comunitarios el ejercicio del derecho a la libre circulación y residencia en el territorio de los Estados miembros está condicionado al cumplimiento de los dos siguientes requisitos: el ciudadano comunitario deberá disponer para sí y los miembros de su familia de recursos suficientes para no convertirse en una carga para el Estado miembro de acogida y de un seguro de enfermedad que cubra todos los riesgos en ese Estado. Y solo en el caso de la residencia de larga duración se le exigirá un certificado del derecho a la residencia de larga duración puesto que si la residencia es temporal será suficiente con la inscripción en el Registro Central de Extranjeros.

Con relación al derecho de entrada al territorio español, tanto los españoles como los ciudadanos comunitarios podrán acceder al mismo acreditando su nacionalidad. Sin embargo, en el caso del extranjero no resulta suficiente acreditar la nacionalidad. Y es que, como regla general, el extranjero que pretenda acceder al territorio español deberá estar provisto, además, del correspondiente visado. En lo que al visado respecta, interesa señalar que su expedición se nos muestra como una potestad del Estado que puede decidir soberanamente qué extranjeros admite en su territorio.

Para terminar, cabe apuntar que en el caso de la libertad de salida del territorio nacional no existen diferencias en las condiciones a las que queda sometido su ejercicio-presentación del pasaporte o documento de identidad en vigor a los funcionarios que ejercen el control fronterizo— según sean unos u otros los titulares. Y ello porque los Instrumentos Internacionales a los que se refiere el artículo 10.2 de la Constitución reconocen que toda persona es libre de salir de cualquier país y, por lo tanto, también de aquél del que no sea nacional. Así pues, este derecho puede ser ejercido en los mismos términos tanto por el nacional frente a su propio Estado como por el extranjero frente a un Estado distinto al de su nacionalidad. En este caso, el ejercicio del derecho no se hace depender ni de la condición de la nacionalidad ni de la situación de regularidad administrativa o no de la presencia de la persona en España.

2. Los límites al ejercicio del derecho

La atribución del derecho a la libre elección de residencia no resulta absoluta para ninguno de sus titulares. Y, cabe decir que existe una extensa gama de medidas restrictivas que pueden menoscabar el ejercicio de la libre elección de residencia en territorio español, incluyendo entre ellas las que a continuación exponemos: la obligación de comparecencia periódica ante el Juez que puede imponerse tanto frente a la persona sobre la que pesa una medida cautelar de libertad provisional como frente a quien ostenta la condición de testigo o víctima; la prohibición de residir en determinados lugares o acudir a ellos; y la obligación de residir en un determinado lugar. Pues bien, sólo en el supuesto de obligación de comparecencia periódica ante el Juez, el límite se aplica a los diferentes titulares independientemente de su condición de nacional, extranjero o ciudadano comunitario. No ocurre lo mismo en el caso de prohibición u obligación de residencia en un determinado lugar.

En esta línea, conviene recordar que el derecho a la elección de residencia no es un derecho absoluto que habilite a ocupar cualquier vivienda o espacio, sino que, como el resto de los derechos, ha de ejercerse dentro del respeto de la ley y a los derechos de los demás. Así pues, principalmente son dos los derechos constitucionalmente protegidos que justifican la posible limitación de la libre elección de residencia. Nos referimos a la ordenación del territorio y la propiedad. Y es el derecho de propiedad (art. 33 CE) el límite más significativo a la libre elección de residencia.

Por lo que respecta al derecho a circular libremente por el territorio nacional, debe tenerse presente las 2 siguientes cuestiones: por un lado, prácticamente todos los límites que restringen la libertad de circulación pueden adoptarse frente a cualquiera de sus titulares: español, extranjero o ciudadano comunitario; y, por otro lado, la mayor parte de las restricciones al derecho a la libre circulación por el territorio nacional constituyen límites indirectos. Nos referimos a restricciones al derecho que derivan de la privación de la libertad personal (art. 17.1 CE), puesto que la libertad de circulación presupone la necesaria libertad deambulatoria que consagra tal precepto constitucional.

Así pues, a excepción del internamiento preventivo del extranjero, en este contexto debemos encuadrar un conjunto de medidas restrictivas de la libertad de circulación que pueden oponerse al ejercicio del derecho al margen de la nacionalidad de su titular. Nos referimos tanto a las penas de prisión y localización permanente a las que cabe añadir la prisión permanente revisable incorporada en el año 2015 como a las medidas cautelares de prisión provisional y detención preventiva, límites que pueden ser adoptados durante la sustanciación de un proceso penal o cuando ya existe sentencia condenatoria.

Resulta evidente que la privación genérica de libertad, en cualquiera de estas modalidades, implica siempre una restricción de la libertad de circulación pudiendo, en ciertos casos, menoscabar la libertad de residencia, en concreto, cuando la condena ha de cumplirse en centros penitenciarios.

Y también limitan la libertad de circulación aquellas medidas que implican la prohibición de aproximarse a la víctima, o a aquellos de sus familiares u otras personas que determine el Juez o Tribunal que corresponda. A todo ello deben añadirse las limitaciones previstas en virtud de la aplicación del derecho de excepción (arts. 55 y 116 CE) y que la pandemia generada por la Covid-19 ha traído al centro del debate puesto que constituye un reto para la dogmática de los derechos fundamentales. Esta referencia a la restricción de la libertad de circulación resulta obligada tras la controversia jurídica que ha surgido con ocasión, principalmente, de la declaración del primer estado de alarma declarado para hacer frente a la pandemia ocasionada por la Covid-19. En efecto, la pandemia declarada en marzo de 2020 ha generado un rico debate desde el punto de vista de la dogmática constitucional: por un lado, nos topamos con la discusión jurídica de si se ha cumplido o no con la garantía de la reserva de ley para restringir la libertad de circulación puesto que como resulta conocido toda injerencia en el ejercicio del derecho para considerarse legítima debe gozar de habilitación legal expresa; y por otro lado, nos encontramos con una prolija literatura que ha focalizado su interés en discernir si el artículo 7 del Real Decreto 463/2020, de 14 de marzo, prevé la limitación o una suspensión de la libertad de circulación que queda vedada por la LO 4/1981, de 1 de junio, para el caso de estado de alarma. En otras palabras, la controversia se ha centrado en torno a la suspensión de derechos como límite al estado de alarma. Por cuestiones de extensión nos centraremos solo en el análisis, siquiera brevemente, de esta segunda consideración. Sobre el debate limitación *versus* suspensión son dos los aspectos que deben resaltarse: primero: que hay dos formas diferentes de entender la diferenciación entre limitación y suspensión. En la STC 83/2016, de 28 de abril, se entiende que limitación y suspensión "son instituciones jurídicas diferentes, cada una de ellas con un régimen jurídico propio" y por otro lado hay quienes entienden que la disimilitud radica en la intensidad de la restricción del derecho que impide su ejercicio; segundo, la STC 148/2021, de 14 de julio, acaba declarando por mayoría de seis de los once magistrados la inconstitucionalidad del Real Decreto 463/2020 en lo que a nosotros ahora interesa por entender que se produjo una efectiva suspensión del derecho a la libertad de circulación. En concreto, para la mayoría del Alto Tribunal la restricción de la libertad de circulación fue de tal intensidad que *de facto* se suspendió el derecho de manera generalizada, lo que debería de haber obligado a la declaración del estado de excepción.

En lo que respecta al derecho a entrar en España, la limitación en este caso conlleva la prohibición de entrada, ya que la única posibilidad de restringir este derecho es negando a su titular el acceso al territorio nacional. Y se puede prohibir la entrada al territorio nacional tanto a los extranjeros como a los ciudadanos comunitarios.

En el caso de los extranjeros son varios los supuestos en los que se les puede prohibir la entrada en España: en primer lugar, cuando así se establezca por alguna causa legalmente prevista, podría incluirse aquí la prohibición de entrada que puede decretarse en el caso de devolución; en segundo lugar, cuando se prohíba la entrada "en virtud de Convenios Internacionales en los que España sea parte". En este ámbito es necesario hacer mención a las causas de prohibición de entrada que prevé el Convenio de Aplicación del Acuerdo de Schengen. Piénsese en el caso del extranjero incluido en la "lista de no admisibles"; y, en tercer lugar, cuando el extranjero haya sido expulsado de España.

En el supuesto de los ciudadanos comunitarios a éstos, también, se les puede prohibir la entrada al territorio nacional y ello ocurre por razones de orden, seguridad y salud pública. Esta denegación de entrada debe estar fundada exclusivamente en el comportamiento personal del individuo, de forma que al ciudadano comunitario se le podrá prohibir el acceso al territorio nacional cuando su conducta personal constituya una amenaza real, actual y suficientemente grave que afecte a un interés fundamental de la sociedad. De modo que, la existencia de condenas penales no constituye, *per se*, razón para adoptar tales medidas restrictivas, y ello en base a que el derecho de acceso al territorio español (art. 21 TFUE) constituye para éste un derecho subjetivo invocable ante los órganos administrativos y jurisdiccionales, estando éstos obligados a proteger dicha pretensión jurídica

En cambio, el Estado español no puede prohibir que sus nacionales accedan a su territorio. Esto significa que el ciudadano no solo tiene derecho a entrar en el territorio del Estado del cual es nacional, sino que, además, no puede ser privado del derecho a entrar en el mismo.

Y ya para finalizar, nos referiremos a las limitaciones oponibles a la libertad de salida del territorio nacional. Esta faceta del derecho se puede restringir decretándose tanto la prohibición de salida como la salida obligatoria del territorio nacional. La prohibición de salida puede acordarse frente a cualquiera de los titulares del derecho. En cambio, en el caso de la salida obligatoria del territorio nacional el límite podrá o no acordarse en función de la distinta nacionalidad del sujeto titular. Una salida obligatoria que trae causa, en la mayoría de los casos, en la adopción de una medida de expulsión.

Hace falta resaltar que en ningún caso un español puede ser expulsado del territorio nacional ya que están prohibidas las expulsiones tanto individuales como colectivas de nacionales. En cambio, tanto el extranjero como el ciudadano comunitario sí pueden ser expulsados del territorio nacional, de forma que el Estado español puede adoptar frente al extranjero y al ciudadano comunitario restricciones de su libertad de salida que no puede decretar frente a sus propios nacionales. Aunque es cierto que un repaso general de la figura de la expulsión nos lleva a subrayar la existencia de diferencias entre la expulsión de extranjeros y ciudadanos comunitarios, también existen ciertas similitudes. En concreto, la semejanza principal entre una y otra expulsión radica en la prohibición de expulsiones colectivas tanto de extranjeros como de ciudadanos comunitarios.

IV. A MODO DE CONCLUSIÓN

La libertad de circulación y residencia en territorio español en sentido amplio se contempla en la CE como un derecho con un contenido autónomo y que se reconoce a diversas categorías de titulares. Y son dos las cuestiones controvertidas que afectan a este derecho: la relativa a su titularidad por parte de los extranjeros; y la referente a la distinción limitación *versus* suspensión.

Atendiendo a las condiciones que a los ciudadanos españoles y a los comunitarios se les imponen para el ejercicio de la libertad de circulación y residencia en territorio español, puede observarse que el ciudadano europeo ostenta un estatus privilegiado respecto a los extranjeros de terceros Estados. Ahora bien, esa posición privilegiada que ostenta el ciudadano europeo, no es óbice para afirmar una absoluta identidad de estatutos entre el de nacional y el de ciudadano europeo. Viene a sustentar la precedente afirmación el hecho de que un nacional ni puede ser expulsado del territorio del Estado de su nacionalidad ni a él se le puede impedir la entrada al mismo lo que, en cambio, sí puede ocurrir, por razones de orden público, seguridad y salud pública, con un ciudadano de la Unión que se encuentre en un Estado distinto al de su nacionalidad. En suma, "la vocación del estatuto de ciudadano de la Unión es convertirse en el estatuto fundamental de los nacionales de los Estados miembros" (STJUE, Asunto Rottmann) pero de ello no cabe deducir la equiparación de ambos estatutos.

Y, asimismo, puede sostenerse que el derecho no puede considerarse una prerrogativa absoluta para ninguno de sus titulares además de poder afirmarse que la dialéctica entre limitación versus suspensión de la libertad deambulatoria es una cuestión jurídicamente no pacífica y altamente controvertida. Así, en función de la nacionalidad del titular varían los límites a los que queda sujeto el ejercicio del derecho, pudiendo establecerse distintos límites (más o menos intensos o más menos extensivos) al "contenido inicialmente delimitado" del derecho dependiendo de sí el titular es español, extranjero o ciudadano comunitario. Esta diversidad de límites, entendemos que se debe a que es la propia Constitución la que permite establecer distintas "garantías del contenido" del derecho (frente al legislador) según quien sea su titular. Así, la Constitución sólo impone la obligación de respetar el "contenido esencial" del derecho cuando el legislador desarrolla el derecho para los españoles, de forma que determinadas facultades que lo integran se considerarán englobadas dentro de ese "contenido esencial" y serán, por tanto, intangibles. Esto ocurre con la libertad de entrada al territorio español que se erige en una facultad ilimitable para sus nacionales, de forma que no cabe prohibir la entrada de los españoles al territorio español, como tampoco es posible la expulsión de éstos del territorio nacional.

Sin embargo, cuando el legislador regula el derecho tanto para el extranjero como para el ciudadano comunitario sí podrá limitar tales facultades ya que en ese caso el derecho no goza del blindaje que le proporciona el art. 53 de la Constitución, lo cual no quiere decir que el legislador es absolutamente libre a la hora de limitar el derecho para los extranjeros y ciudadanos comunitarios. Lo que significa es que en el caso de la libre circulación y residencia resulta admisible la diferencia de trato respecto de los españoles.

V. BIBLIOGRAFÍA

DURÁN ALBA, J. F.: "Afectaciones a la libertad de circulación derivadas del estado de alarma declarado a causa de la crisis 'covid-19'", BIGLINO CAMPOS, P., DURÁN ALBA, F.: *Los efectos horizontales de la covid-19 sobre el ordenamiento constitucional: estudios sobre la primera oleada*, Colección Obras Colectivas, Fundación Manuel Giménez Abad, Zaragoza, 2020, pp. 1-26.

FERNÁNDEZ-MIRANDA ALONSO, F.: "Artículo 19. Libertad de circulación y residencia", *Comentarios a la Constitución Española de 1978*, ALZAGA VILLAAMIL, O. (Dir.), Tomo II, Edersa, Madrid, 1997.

GARCÍA MAHAMUT, R.: "La problemática jurídico-constitucional que plantea el segundo estado de alarma y el final de su vigencia: ¿una vulneración reiterada de derechos fundamentales en la España autonómica?", *Teoría y Realidad Constitucional*, núm. 48, 2021, pp. 239-264.

GOIZUETA VÉRTIZ, J.: *El derecho a la libre circulación y residencia en la Constitución Española*, Tirant lo Blanch, Valencia, 2007.

GONZÁLEZ-TREVIJANO SÁNCHEZ, P. J.: "Ciudadanía. Las libertades de circulación y residencia en la Constitución Española", en *Comentarios a la Constitución Europea*, GA-

RRIDO MAYOL, V., GARCÍA COUSO, S., y ÁLVAREZ CONDE, E. (Coords.), Tirant lo Blanch, Valencia, 2005, pp. 1491-1542.

JIMÉNEZ DE PARGA MASEDA, P.: *El derecho a la libre circulación de las personas físicas en la Europa comunitaria. Desde el Acta Única Europea al Tratado de la Unión Europea*, Tecnos, Madrid, 1994.

REVENGA SÁNCHEZ, M. y LÓPEZ ULLA, J. M.: "El dilema limitación/suspensión de derechos y otras 'distorsiones' al hilo de la pandemia", *Teoría y Realidad Constitucional*, núm. 48, 2021, pp. 215-237.

SANTAMARÍA PASTOR, J. A., "Comentario al art. 19", en *Comentarios a la Constitución*, GARRIDO FALLA, F., (Dir.), Civitas, Madrid, 1985

VI. JURISPRUDENCIA

STC 72/2005, de 4 de abril.

STC 236/2007, de 7 de noviembre.

STC 83/2016, de 28 de abril.

STC 148/2021, de 14 de julio.

STJUE, de 2 de marzo de 2010, Janko Rottmann c. Freistaat Bayern, asunto 135/08, DOUE C-113/4, de 1 de mayo de 2010.

STJUE, de 8 de marzo de 2011, Ruíz Zambrano, asunto C-34/09, DOUE C-13072, de 30 de abril de 2011.

Artículo 20.1.2 y 4

1. Se reconocen y protegen los derechos:

a) A expresar y difundir libremente los pensamientos, ideas y opiniones mediante la palabra, el escrito o cualquier otro medio de reproducción.

b) A la producción y creación literaria, artística, científica y técnica.

c) A la libertad de cátedra.

d) A comunicar o recibir libremente información veraz por cualquier medio de difusión. La ley regulará el derecho a la cláusula de conciencia y al secreto profesional en el ejercicio de estas libertades.

2. El ejercicio de estos derechos no puede restringirse mediante ningún tipo de censura previa.

[...]

4. Estas libertades tienen su límite en el respeto a los derechos reconocidos en este Título, en los preceptos de las leyes que lo desarrollen y, especialmente, en el derecho al honor, a la intimidad, a la propia imagen y a la protección de la juventud y de la infancia.

COMENTARIO

Francisco J. Bastida
Catedrático de Derecho Constitucional. Profesor emérito
Universidad de Oviedo

SUMARIO: I. LAS LIBERTADES DE EXPRESIÓN E INFORMACIÓN EN UNA SOCIEDAD DEMOCRÁTICA. II. DIFERENCIA ENTRE LAS LIBERTADES DE EXPRESIÓN E INFORMACIÓN. III. LOS NUEVOS CONTEXTOS DE LAS LIBERTADES DE EXPRESIÓN EN INFORMACIÓN. IV. LOS LÍMITES DE LAS LIBERTADES DE EXPRESIÓN E INFORMACIÓN Y SU EVOLUCIÓN. V. BIBLIOGRAFÍA. VI. JURISPRUDENCIA.

I. LAS LIBERTADES DE EXPRESIÓN E INFORMACIÓN EN UNA SOCIEDAD DEMOCRÁTICA

Desde su inicio el TC puso de manifiesto en su jurisprudencia la inescindible relación entre las libertades de expresión e información reconocidas en el art. 20.1 CE y la vida en una sociedad democrática: "Se ha señalado acertadamente que se trata ante todo de un derecho de libertad, por lo que básicamente significa ausencia de interferencias o de intromisiones de las autoridades estatales en el proceso de comunicación. Sin embargo, en otro plano significa el reconocimiento y la garantía de una institución política fundamental, que es la opinión pública libre, indisolublemente ligada con el pluralismo político, que es un valor fundamental y un requisito del funcionamiento del Estado democrático. El art. 20 defiende la libertad en la formación y en el desarrollo de la opinión pública, pues la libertad en la expresión de las ideas y los pensamientos y en la difusión de noticias es necesaria premisa de la opinión pública libre" (STC 12/1982). De ahí que esas libertades estén dotadas de una eficacia que trasciende a la que es común y propia de los demás derechos fundamentales (STC 107/1988)

Una y otra libertad, aunque íntimamente relacionadas con el sistema democrático, se conciben dogmáticamente de manera distinta. Si bien a ambas se les reconoce una doble dimensión subjetiva y objetiva, el derecho a la libre expresión de las ideas conserva su carácter original de derecho público subjetivo, mientras que el derecho a comunicar y recibir información se comprende más desde una proyección democrático-funcional, como derecho marcado por la finalidad de garantizar una opinión pública libre.

La libertad de expresión tiene una posición preeminente en el sistema democrático porque, cualquiera que sea el modelo de democracia, cumple en él una función relevante. La confrontación de ideas y la libertad de crítica al poder son señas de identidad de la democracia, lo que de por sí lleva a atribuir a la libertad de expresión una vis expansiva. A ello se añade que esta libertad está ínsita en otras libertades, como la religiosa, la ideológica, la artística, la de cátedra, las de reunión y manifestación, en cuanto cauces de difusión pública de reivindicaciones o protestas y, obviamente, el derecho de sufragio. Además, la libertad de expresión se rodea de excepcionales garantías a su favor en aras de la realización de otros derechos, como el de defensa procesal dentro del derecho a una tutela judicial efectiva y, sobre todo, el de representación política, mediante la prerrogativa de la inviolabilidad parlamentaria. Sin embargo, esa vis expansiva de la libertad de expresión no es ilimitada; en primer lugar, porque puede entrar en conflicto con la misma libertad de expresión ejercida en sentido contrario y con bienes amparados en esas otras libertades de expresión por ejemplo, las creencias religiosas y, en segundo lugar pero no menos importante, porque la colisión puede producirse con otras libertades y derechos que también son fundamentales para la democracia, tanto para la vida en sociedad como para el propio funcionamiento del sistema político.

Por su parte, el derecho a informar tiene su fundamento más profundo en garantizar el interés y la formación de una opinión pública libre, el interés colectivo en el conocimiento de hechos que puedan encerrar trascendencia pública y que sean necesarios para que sea real la participación de los ciudadanos en la vida colectiva. El interés individual en difundir hechos goza de protección en tanto su garantía sirva de tutela de ese interés colectivo. La consideración de que cada vez más asuntos son relevantes para la formación de la opinión pública acentúa la necesidad de transparencia no sólo de los poderes públicos, sino también de los actores políticos y sociales, a los que se les exige, además, una capacidad extra en el encaje de la crítica. La indagación sobre tales asuntos abre la posibilidad de un escrutinio de la vida privada para su difusión pública y la posibilidad de elucubrar sobre ella. A las libertades de expresión e información se les confiere una posición preferente, lo cual puede no sólo achicar en exceso el ámbito del derecho a la intimidad, al honor o a la propia imagen (consecuencia privada), sino también causar un efecto contrario al deseado, esto es, desalentar la participación en la actividad política de aquellos que no están dispuestos a renunciar a su vida privada o a ser objeto de opiniones desabridas y ofensivas que pueden alcanzar no sólo al honor e intimidad de su persona, sino también a los de su familia (consecuencia pública que afecta a las condiciones de funcionamiento del sistema). Más democracia puede demandar menos garantía de la privacidad, pero menos privacidad puede propiciar menos actores en la vida pública, menos pluralismo y, a la postre, un empobrecimiento de la democracia.

En suma, el modelo de democracia por el que se opte delimita el objeto y contenido de la libertad de expresión, pero el modo de concebir la libertad de expresión incide no sólo en el modelo de democracia, sino también en el sistema político que a su través se establece. De ahí que la interpretación del art. 20.1, a) y d) y de sus límites trascienda a su concreta y específica configuración.

II. DIFERENCIA ENTRE LAS LIBERTADES DE EXPRESIÓN E INFORMACIÓN

El art. 20.1 CE menciona en apartados distintos el derecho a expresar y difundir libremente los pensamientos, ideas y opiniones (apdo. a) y el derecho a comunicar o recibir libremente información veraz (apdo. d), sea cual sea el medio de difusión empleado. Inicialmente el TC no dio mayor importancia a este reconocimiento diferenciado y consideró el apdo. d) como una simple concreción de la libertad de expresión (SSTC 6/1981, 12/1982). Con posterioridad (SSTC 105/1983, 6/1988, 219/1992, entre otras) la doctrina jurisprudencial entendió que cada una de esas libertades tiene un objeto distinto: la libertad de expresión hace referencia a pensamientos, ideas y opiniones; la libertad de información, en cambio, a hechos noticiables que deben ser veraces en el sentido de ser diligentemente contrastados.

Señala la STC 107/1988 que la distinción entre pensamientos, ideas y opiniones, de un lado, y comunicación informativa de hechos, por el otro "tiene decisiva importancia a la hora de determinar la legitimidad de ejercicio de esas libertades, pues mientras los hechos, por su materialidad, son susceptibles de prueba, los pensamientos, ideas, opiniones o juicios de valor, no se prestan, por su naturaleza abstracta, a una demostración de su exactitud y ello hace que al que ejercita la libertad de expresión no le sea exigible la prueba de la verdad o diligencia en su averiguación, que condiciona, independientemente de la parte a quien incumba su carga, la legitimidad constitucional del derecho a informar, según los términos del art. 20.1 d) de la Constitución, y, por tanto la libertad de expresión es más amplia que la libertad de información por no operar, en el ejercicio de aquélla, el límite interno de veracidad que es aplicable a ésta, lo cual conduce a la consecuencia de que aparecerán desprovistas de valor de causa de justificación las frases formalmente injuriosas o aquellas que carezcan de interés público y, por tanto, resulten innecesarias a la esencia del pensamiento, idea u opinión que se expresa".

"En relación con la segunda de las ideas enunciadas (se refiere a la condición pública o privada de las personas afectadas por el ejercicio de las libertades de expresión e información), procede señalar que el valor preponderante de las libertades públicas del art. 20 de la Constitución, en cuanto se asienta en la función que éstas tienen de garantía de una opinión pública libre indispensable para la efectiva realización del pluralismo político, solamente puede ser protegido cuando las libertades se ejerciten en conexión con asuntos que son de interés general por las materias a que se refieren y por las personas que en ellos intervienen y contribuyan, en consecuencia, a la formación de la opinión pública, alcanzando entonces su máximo nivel de eficacia justificadora frente al derecho al honor, el cual se debilita, proporcionalmente, como límite externo de las libertades de expresión e información, en cuanto sus titulares son personas públicas, ejercen funciones públicas o resultan implicadas en asuntos de relevancia pública, obligadas por ello a soportar un cierto riesgo de que sus derecho subjetivos de la personalidad resulten afectados por opiniones o informaciones de interés general, pues así lo requieren el pluralismo político, la tolerancia y el espíritu de apertura, sin los cuales no existe sociedad democrática".

La STC 22/2023 corrobora la síntesis de la doctrina jurisprudencial sobre la materia realizada en la STC 89/2018: "El derecho a la libertad de expresión tiene por objeto la libre expresión de pensamientos, ideas y opiniones, concepto amplio dentro del cual deben incluirse las creencias y juicios de valor. Según hemos dicho con reiteración, este derecho comprende la crítica de la conducta de otro, aun cuando la misma sea desabrida y pueda molestar, inquietar o disgustar a quien se dirige (SSTC 6/2000, de 17 de enero, FJ 5; 49/2001, de 26 de febrero, FJ 4, y 204/2001, de 15 de octubre, FJ 4), pues "así lo requieren el pluralismo, la tolerancia y el espíritu de apertura, sin los cuales no existe 'sociedad democrática' (SSTEDH de 23 de abril de 1992, Castells c. España, § 42, y de 29 de febrero de 2000, Fuentes Bobo c. España, § 43)".

Las diferencias entre libertad de expresión y libertad de información son claras en sus extremos, pero el propio TC es consciente de que con frecuencia se mezclan, "pues la expresión de la propia opinión necesita a menudo apoyarse en la narración de hechos y, a la inversa, la comunicación de hechos o noticias comprende casi siempre algún elemento valorativo, una vocación a la formación de una opinión" (SSTC 107/1988, 143/1991, y 336/1993). Esta mixtura se intensifica cada vez más, tanto por proliferación de programas informativos teñidos por el mensaje que sus conductores convierten en noticia (*Advocacy journalism*), como por el uso que se realiza de estas libertades a través las redes sociales STC 8/2022). El TC considera que en estos supuestos debe atenderse para su deslinde al elemento (opinión o información) que aparezca como preponderante para subsumirlo en el correspondiente apartado del art. 20.1 CE (STC 172/2020).

III. LOS NUEVOS CONTEXTOS DE LAS LIBERTADES DE EXPRESIÓN EN INFORMACIÓN

En las dos últimas décadas el ámbito constitucionalmente protegido de las libertades de expresión e información ha sufrido cambios importantes debido a dos fenómenos en parte relacionados. De un lado, la expansión de las redes sociales como medios de comunicación, tanto de ideas y de opiniones como de información. De otro, la implantación del lenguaje políticamente correcto y la tipificación de los delitos de odio, que, a la vez que constriñen la libertad de expresión, contrastan con el lenguaje sin filtros utilizado en las redes sociales. El TC en su sentencia 8/2022 constata que las dificultades existentes para distinguir entre libertad de información y libertad de expresión se incrementan "cuando se contextualiza el ejercicio de una y de otra en el ámbito de internet y, más concretamente, en el de las redes sociales". No duda en afirmar que la garantía constitucional de estas libertades se extiende también a su ejercicio a través de las redes sociales, pero advierte de que, junto a las evidentes ventajas que aportan estos nuevos medios de comunicación, encierran el peligro de una difusión masiva, global, instantánea y perdurable de contenidos ilícitos. Esto tiene su reflejo en la vacilante doctrina sobre la consideración que merecen los instrumentos de búsqueda por internet, las hemerotecas digitales o los agregadores de noticias (véase STC 58/2018).

Ha de tenerse en cuenta, además, que el papel del Tribunal Constitucional como supremo intérprete de la Constitución se ha visto cada vez más condicionado por la apertura que el artículo 10.2 de la Constitución hace a los tratados internacionales suscritos por España en materia de derechos fundamentales. Esto ha causado un diálogo, pero también una confrontación del TC con la doctrina emanada de los organismos encargados de interpretar esos convenios y, de manera especial, con la jurisprudencial de Tribunal Europeo de Derechos Humanos. Precisamente este factor es muy visible en determinadas manifestaciones de las libertades de expresión e información.

En los últimos años y antes de su parcial renovación en 2023, el TC, con intensas discrepancias en su seno manifestadas en votos particulares, ha reducido el ámbito de la libertad de expresión en comparación con los estándares fijados por el TEDH, lo que ocasionó la condena a España por no respetar el Convenio Europeo de Derechos Humanos. Valgan como ejemplos la STC 177/2015 que no amparó en su libertad de expresión a personas sancionadas penalmente por quemar en una plaza pública retratos de los Reyes de España y que corrigió la STEDH *Stern Taulats y Roura Capellera* (2018), al considerar que la acción estaba dentro del espacio de la crítica política y el debate público. Igualmente, la STC 190/2020 en relación con la condena a un sindicalista por ultrajes a la bandera y que su acción, en una concentración reivindicativa gritando "puta bandera", fue valorada en la STEDH *Fragoso Dacosta* (2023) como no ajena a la libertad de expresión teniendo en cuenta las circunstancias del caso.

IV. LOS LÍMITES DE LAS LIBERTADES DE EXPRESIÓN E INFORMACIÓN Y SU EVOLUCIÓN

Tanto la libertad de expresión como la libertad de información tienen sus límites "en el respeto a los derechos reconocidos en este Título, en los preceptos de las leyes que lo desarrollen y, especialmente, en el derecho al honor, a la intimidad, a la propia imagen y a la protección de la juventud y de la infancia". En apariencia, este enunciado de los límites contenido en el art. 20.4 CE achica las libertades de expresión e información, pero, en realidad, pone de manifiesto la vis expansiva de las mismas, que *sólo* encuentran límites en la delimitación que haga el intérprete de su relación con tales derechos y bienes constitucionalmente protegidos. Además, como queda dicho en el primer apartado, por la especial relevancia que dichas libertades tienen para el funcionamiento de la vida democrática, el TC les atribuye una posición preferencial que, en no pocas ocasiones, incide en una defectuosa configuración de los derechos fundamentales y de la solución en caso de conflicto entre ellos. Esto se percibe en dos direcciones. De un lado y aunque lo niegue, la jurisprudencia acaba por jerarquizar los derechos fundamentales, convirtiendo la posición preferencial de las libertades de expresión e información en una posición de supremacía y privilegio frente a los derechos que operan como límite. De otro, como consecuencia de esta centralidad de las libertades de expresión e información, el conflicto de éstas con sus límites no se solventa con una adecuada delimitación de los derechos y libertades que colisionan, sino con la afirmación de que unos derechos se sacrifican en aras de la justificada protección de otros. La mayor atención que últimamente se observa a la protección de los derechos colindantes con las libertades de expresión e información es un simple cambio en el balanceo o ponderación de derechos, pero no una transformación dogmática en su modo de delimitación.

Sin perjuicio del específico comentario en este volumen a los artículos correspondientes a los derechos que limitan las libertades de expresión e información, es preciso hacer referencia aquí a algunos detalles significativos de cómo la jurisprudencia constitucional concibe esos límites. En apariencia, el criterio es siempre el mismo: "la eficacia justificadora de dichas libertades (de expresión e información) pierde su razón de ser en el supuesto de que se ejerciten en relación con conductas privadas carentes de interés público y, cuya difusión y enjuiciamiento públicos son innecesarios, por tanto, para la formación de la opinión pública libre en atención a la cual se les reconoce su posición prevalente" (STC 107/1988). Sin embargo, cambia en su aplicación al calibrar de diferente manera cuándo media un interés público o el beneficio de contribuir a formar una opinión pública libre. Hasta la STC 105/1990 el ámbito de ejercicio de las libertades de expresión e información parecía tener escasos límites, pero, a partir de esa sentencia, el TC declaró de manera explícita que dichas libertades no incluyen un pretendido derecho al insulto. Desde entonces es una constante la apreciación del TC de que quedan fuera de la protección constitucional del art. 20.1 a) CE las expresiones que en las concretas circunstancias del caso sean ofensivas u oprobiosas o que resulten claramente injuriosas o sin relación con las ideas u opiniones que se expongan y que resulten innecesarias para su exposición. (Véase, por todas, STC 177/2015 y, más recientemente SSTC 89/2018 y 22/2023).

Otro cambio importante se refiere a la protección del honor de grupos étnicos, religiosos o, más actualmente, de grupos sociales vulnerables. Se inició con la sentencia sobre el caso Violeta Friedman, STC 214/1991 y se ha ido ampliando considerablemente, de manera que ya no se trata de un mero problema de deslinde entre derechos, sino de un cambio en la concepción de la democracia. Véase al respecto STC 235/2007.

En efecto, la complejidad social producida por el protagonismo adquirido por las minorías ha incidido en una comprensión diferente de la democracia. Ésta ya no se resume en una relación respetuosa entre mayoría y minoría. Ahora hay múltiples minorías o, para ser más exactos, colectivos que, con independencia de su número, se ven vulnerables frente al poder político o social. Esto ha provocado una progresiva censura social, encorsetando el ejercicio de la libertad de expresión en el uso de un lenguaje políticamente correcto, que no menosprecie a las personas por su pertenencia a minorías o a colectivos vulnerables o, lo que es más sutil, que les garantice no sentirse ofendidas. Cuantas más minorías, más se contrae la libertad de expresión y, cuanta más relevancia adquiera una minoría, más políticamente correcto debe ser el mensaje, que no ha de limitarse sólo a no ofender o a que nadie de esa minoría se sienta ofendido, sino que debe tenerla presente y hacerla visible en un lenguaje inclusivo. La censura no es únicamente social; también puede ser jurídica; por ejemplo, la obligación de los poderes públicos de usar un lenguaje no sexista, pero entendiendo por tal el que hace expresamente visible a la mujer, sin que sea suficiente el uso del género gramatical masculino como género no marcado o inclusivo de ambos géneros. La sanción jurídica puede alcanzar al orden penal; por ejemplo, cuando se tipifican los llamados "delitos de odio". Así, el art. 510 de nuestro Código penal, avalada su constitucionalidad por el TC, tiene una redacción tan genérica que abarca casi todo, tanto en lo relativo a la acción ("fomentar", "incitar directa o indirectamente", "odio", "hostilidad") como en lo relativo al sujeto pasivo, sea individual o colectivo. Cualquier colectivo o una persona perteneciente a uno de esos grupos, si se considerasen agraviados por una crítica podrían alegar sentirse no sólo ofendidos, sino también odiados, por lo que reivindicarían la intervención de la fiscalía. Los jueces deberán ser muy estrictos y no dejarse llevar por un activismo judicial para distinguir lo que pueden ser opiniones desabridas, ácidas, incluso inquietantes o fuera de tono, de lo que son claramente incitación al odio. De lo contrario, no se conseguirá una sociedad plural y tolerante, sino una democracia dominada por la alarma social que deseen difundir e incluso crear los medios de comunicación social y los colectivos más activos, intentando presionar a los jueces para dictar sentencias ejemplares.

En los últimos años, justo cuando ha amainado e incluso desaparecido la actividad terrorista, los tribunales y singularmente el Tribunal Supremo han sancionado penalmente por enaltecimiento del terrorismo a cantantes, artistas o meros particulares que han hecho uso de las redes sociales por expresiones que a su juicio encajan en ese tipo delictivo. También porque son consideradas como lenguaje de odio u hostilidad a las víctimas. (STS 31/2007, caso rapero Strawberry). Por su parte, el TC, en apariencia, sigue mostrando el mismo discurso de amplia protección constitucional a la libertad de expresión, en el sentido de que comprende la libertad de crítica aun cuando la misma sea desabrida y pueda molestar, inquietar o disgustar a quien se dirige, pues así lo requieren el pluralismo, la tolerancia y el espíritu de apertura (SSTC 174/2006, 77/2009 y 235/2007). Sin embargo, cada vez encuentra más justificada la exclusión del ámbito de la libertad de expresión ideas, opiniones y actividades (*expressive conducts*) que el TEDH sigue considerando protegidas por el Convenio Europeo de derechos Humanos. Así sucedió en el caso Otegi, en el que el TEDH en 2011 condenó a España por sancionar penalmente al dirigente vasco cuando este profirió unas palabras que se consideraron injuriosas a la figura del Rey y, más recientemente, marzo de 2018 y 2023, en casos anteriormente citados, el TEDH condenó de nuevo a España por no amparar como libertad de expresión la quema de retratos del Rey o de la bandera española durante actos reivindicativos.

El uso generalizado de internet y de las redes sociales plantea nuevos retos en la concepción de los límites a las libertades de expresión. La STC 8/2022 destaca esta singularidad por la propia contextura de estos medios caracterizados por la inmediatez y rapidez en la difusión de contenidos, la dificultad de establecer filtros *a priori* en esa difusión, y la potencialmente amplia —y difícilmente controlable— transmisión de sus contenidos; también por la autoría difusa en la creación y reproducción de mensajes y por sus heterogéneos destinatarios.

V. BIBLIOGRAFÍA

FERNÁNDEZ-MIRANDA, A., CAMPOAMOR, GARCÍA SANZ, M.: "Artículo 20: Libertad de expresión y derecho de la información", en ALZAGA VILLAMIL, Ó., (dir.), *Comentarios a la Constitución española* (tomo II), Edersa. Madrid, 2006, pp. 505-554.

VILLAVERDE MENÉNDEZ, I.: "La libertad de expresión", en CASAS BAAMONDE, M. E., RODRÍGUEZ-PIÑERO Y BREVO-FERRER, M. (dirs.), *Comentarios a la Constitución española* (tomo I), Edic. Wolters Kluwer, BOE, Tribunal Constitucional. Madrid, 2018, pp. 581-615.

VI. JURISPRUDENCIA

La citada en el comentario.

Artículo 20.3

3. La ley regulará la organización y el control parlamentario de los medios de comunicación social dependientes del Estado o de cualquier ente público y garantizará el acceso a dichos medios de los grupos sociales y políticos significativos, respetando el pluralismo de la sociedad y de las diversas lenguas de España.

COMENTARIO

Gema Rosado Iglesias
Profesora Titular de Derecho Constitucional
Universidad Carlos III de Madrid

SUMARIO: I. LA CONSTITUCIONALIZACIÓN DEL ESTATUTO DE LOS MEDIOS DE COMUNICACIÓN DE TITULARIDAD PÚBLICA EN EL Art. 20.3 CE. II. OBLIGACIONES PARA EL ESTADO Y LÍMITES AL LEGISLADOR DERIVADOS DEL Art. 20.3 CE. III. LA REGULACIÓN DE LOS MEDIOS DE COMUNICACIÓN DE TITULARIDAD PÚBLICA: DEL ESTATUTO DE LA RADIO Y DE LA TELEVISIÓN DE 1980 AL MODELO DE LA LEY 17/2006, DE LA RADIO Y LA TELEVISIÓN DE TITULARIDAD ESTATAL. IV. BIBLIOGRAFÍA. V. JURISPRUDENCIA.

I. LA CONSTITUCIONALIZACIÓN DEL ESTATUTO DE LOS MEDIOS DE COMUNICACIÓN DE TITULARIDAD PÚBLICA EN EL ART. 20.3 CE

Aunque en la transición política española se dictaron normas en materia de libertad de expresión y acceso a los medios de comunicación social que supusieron cierta apertura hacia la nueva realidad democrática que se proyectaba, las reformas verdaderamente sustanciales habidas, tanto en el reconocimiento de las libertades de expresión e información, como en el régimen de los medios de comunicación social tuvieron lugar tras la aprobación de la Constitución y como consecuencia inmediata de sus contenidos. Las consecuencias, aunque evidentes, deben, sin embargo, reseñarse:

1. La desaparición del intervencionismo administrativo.

2. El reconocimiento de un *status* preferente para aquellos que ejercen de manera habitual las libertades de expresión e información, con independencia de la titularidad del medio de comunicación.

3. El establecimiento de instrumentos jurídicos de garantía de los derechos fundamentales en juego y llamados potencialmente al conflicto.

4. La imposición constitucional de control parlamentario sobre la actividad de los medios de comunicación social dependientes del Estado o de sus entes públicos, y la garantía del derecho de acceso a los mismos de los grupos so-

ciales y políticos representativos, así como la obligación de estos medios de respetar el pluralismo de la sociedad y las diversas lenguas de España.

5. La potencial participación de las Comunidades Autónomas en el desarrollo legislativo y ejecución de la normativa estatal en esta materia.

En España, como en los países de nuestro entorno más inmediato, no existe un régimen jurídico único regulador de todos los medios de comunicación social, con independencia de que existan sectores del ordenamiento aplicables a todos ellos. Siendo cierto que el criterio diferenciador habitual radica en la naturaleza del medio, prensa o audiovisual, el que aparece explícitamente previsto en la Constitución es la titularidad pública o privada del mismo, que es el que determinará las distintas obligaciones a que cada uno queda sometido.

La consagración al más alto nivel normativo del régimen básico de los medios de comunicación social de titularidad pública expresado en el art. 20.3 CE supuso un hito en nuestro ordenamiento y también en el Derecho comparado, sólo asimilable a la minuciosa regulación contenida en la Constitución portuguesa de 1976.

La utilización propagandística de los medios públicos que había sido la práctica habitual en el régimen franquista, provocó una inquietud constante entre las fuerzas de la oposición democrática, y en la doctrina, acerca de la necesidad de establecer un sistema que garantizase la independencia de estos medios, singularmente la radiotelevisión, en una sociedad democrática. Esta preocupación obtuvo su primer resultado en el Consejo Provisional contenido en el Programa de Actuación Jurídica y Política, plasmado en los Pactos de la Moncloa. El Acuerdo sobre este Programa preveía la creación de un Consejo provisional, al que se encomendaba la elaboración y proposición de un proyecto de Estatuto Jurídico para RTVE, así como la creación de una Subcomisión, en la Comisión de Cultura del Congreso, que propusiese el tratamiento que se habría de dar a las agencias de noticias, a los demás medios de comunicación social dependientes del Estado y a los procedentes de la AISS.

De los contenidos del Acuerdo y las tareas encomendadas a estos órganos, cabe deducir la asunción por las fuerzas firmantes del Acuerdo de la eventual desaparición del control estatal sobre gran parte de los medios de comunicación, permaneciendo en la titularidad pública la televisión; desaparición que se haría efectiva con la suspensión de la publicación de aquellos diarios con mayores problemas económicos, el cese de la actividad de la Agencia Pyresa, y la supresión del Organismo Autónomo Medios de Comunicación Social dependientes del Estado que, desde abril de 1977, había asumido la dirección y administración de aquellos que habían pertenecido al Movimiento Nacional y a la AISS.

Pese al Acuerdo y la preocupación por evitar la utilización partidista de los medios públicos, en especial de la televisión, en el art. 20.5 del Anteproyecto de Constitución, presentado el día 24 de diciembre de 1977, no se contemplaba una previsión como la contenida en el vigente art. 20.3 CE, limitándose a mencionar el derecho de acceso a los medios de comunicación social propiedad o sometidos a control público. La constitucionalización del control parlamentario es deudora de la perseverancia de los Grupos Socialista del Congreso y Minoría Catalana que, con sus votos particulares, hicieron recaer a otros grupos Parlamentarios en la importancia de la recepción en el mismo precepto del control parlamentario sobre los medios de titularidad pública.

II. OBLIGACIONES PARA EL ESTADO Y LÍMITES AL LEGISLADOR DERIVADOS DEL ART. 20.3 CE

De entre las diversas cuestiones que plantea el art. 20.3 CE, las que primero deben ser abordadas son las que se refieren a la obligaciones que para el Estado y los límites al legislador que se derivan de los dictados del mencionado precepto constitucional.

En cuanto a la primera, esto es, las obligaciones que, en su caso, nacen para el Estado del art. 20.3, el Tribunal Constitucional (Sentencias 6/1981 y 86/1982, dictadas ambas con motivo de la supresión del Organismo Autónomo *Medios de Comunicación Social del Estado*), sostuvo que el art. 20.3 CE no impone (ni tampoco impide) obligación alguna al Estado de mantener medios de comunicación a su cargo. Los derechos y libertades consagrados en el art. 20 CE son entendidos, pues, como derechos de libertad, no como derechos prestacionales.

Los recursos (uno de amparo y otro de inconstitucionalidad) que originaron las dos Sentencias constitucionales citadas aducían una misma fundamentación jurídica: la supuesta infracción de la reserva de Ley Orgánica que el art. 81.1 CE establece para el desarrollo de los derechos fundamentales y de las libertades públicas, vinculando así los arts. 81.1 y 20 CE, y la eventual existencia de una obligación de mantener medios de comunicación públicos derivada de la cláusula del Estado Social, conectando el art. 9.2 y el art. 20.3 CE.

El Tribunal Constitucional entendió, por el contrario, que en ningún caso la norma impugnada podía considerarse como desarrollo directo de un derecho fundamental o libertad pública, siendo únicamente su objetivo la regulación del destino de los bienes y de la situación del personal adscrito a los periódicos integrados en el mencionado Organismo Autónomo. Tampoco considera el

Tribunal que pueda inferirse una obligación para el Estado de mantener medios de comunicación a su cargo, habida cuenta de la naturaleza de los derechos y libertades reconocidos en el art. 20 CE, a la sazón, derechos de libertad que únicamente exigirían de los poderes públicos la no imposición de trabas para su ejercicio (pronunciamiento reiterado en la Sentencia 63/1987).

Siendo cierto que el Tribunal admite que de los trabajos parlamentarios de elaboración del texto constitucional se desprende una mayor preocupación por la presencia del Estado en el régimen de la radiotelevisión, singularmente de la televisión, no puede de ello concluirse que el art. 20.3 tenga como finalidad garantizar un derecho a la información de los grupos sociales y políticos que lleve a la prohibición absoluta de la disolución de medios de comunicación de titularidad pública. El art. 20.3 CE despliega su efectividad en la medida en que existan tales medios de comunicación, pero su mantenimiento o no es una opción que sólo corresponde materializar, en uno u otro sentido, al legislador.

Al legislador, en suma, no le cumpliría más obligación que el seguimiento de los principios y el régimen contemplado en el art. 20.3 CE en relación con los medios de comunicación social dependientes del Estado y en el caso de que éstos existan. Conclusión que nos lleva a la segunda cuestión planteada: el ámbito de libertad de que goza el legislador en el desarrollo del precepto constitucional. Asunto que fue abordado por el Tribunal Constitucional en la Sentencia 63/1987, que trae causa del recurso de amparo interpuesto por la Mesa por la Unidad de los Comunistas contra el Acuerdo de 20 de febrero de 1986 de la Junta Electoral Central, denegatorio de la petición de los actores de ser considerados como un grupo político con representación parlamentaria a efectos del acceso a los medios de comunicación públicos y a la obtención de un representante en la Comisión de Radio y Televisión, con motivo de la convocatoria del Referéndum sobre la permanencia de España en la OTAN.

Pues bien, en relación con el derecho de acceso, el Tribunal Constitucional declaró que éste será en cada caso articulado por el legislador, sin que pueda entenderse que el legislador quede libre de todo límite constitucional en la configuración del régimen del derecho de acceso. No obstante, el Tribunal no señala expresamente los límites a que queda sometida esa facultad de configuración del legislador, declarando, de forma rotunda, que los aplicadores del derecho quedan impedidos para denegar de forma discriminatoria y arbitraría *"el acceso que la Ley haga posible"*, porque de otro modo se vulneraría el *"derecho del grupo así afectado —de quiénes a su través pretenden difundir las propias ideas y opiniones— a la libertad que la Constitución garantiza [art. 20.1.a)]"*.

III. LA REGULACIÓN DE LOS MEDIOS DE COMUNICACIÓN DE TITULARIDAD PÚBLICA: DEL ESTATUTO DE LA RADIO Y DE LA TELEVISIÓN DE 1980 AL MODELO DE LA LEY 17/2006, DE LA RADIO Y LA TELEVISIÓN DE TITULARIDAD ESTATAL

La interpretación del art. 20.3 CE que contiene nuestra jurisprudencia constitucional consolida la concepción de la libertad de prensa, la libertad de información, como una libertad negativa, que no implica la obligación del Estado de mantener medios de comunicación a su cargo, pero estableciendo un estatuto para los mismos en caso de que existan que imperativamente ha de garantizar el pluralismo, el acceso y el control parlamentario de aquellos medios que dependan del Estado o de un ente público.

Sentado lo anterior, corresponde ahora exponer como el legislador ha interpretado esos elementos esenciales de ese estatuto constitucional de los medios de comunicación públicos. Previamente, sin embargo, parece conveniente enunciar al menos qué medios de comunicación permanecen hoy en la órbita pública, pues, es a ellos a quienes se ha de aplicar el régimen regulador que se expondrá a continuación.

La supresión del Organismo Autónomo *Medios de Comunicación Social del Estado* y la desaparición del intervencionismo administrativo supuso que la única intervención pública en los medios de prensa se debió al establecimiento de ayudas a financieras a este sector; régimen de ayudas que desapareció en 1990, quedando los medios impresos en manos privadas y sin intervención pública. En cuanto al régimen de los medios audiovisuales, la legislación ha sido más amplia y diferente según se tratase de radiodifusión sonora, en la que se admitió la intervención privada desde el principio, y radiotelevisión, en la que la calificación de la televisión como servicio público de titularidad exclusivamente estatal lastró el régimen aplicable a la misma e imposibilitó la creación de emisoras privadas hasta la aprobación de la Ley de Televisión Privada en 1988. Con posterioridad aparecieron sucesivas leyes reguladoras de la televisión por satélite, por ondas en el ámbito local, y por cable, que definirían la actividad privada en estos sectores, y que han seguido vigentes hasta la aprobación de la Ley General Audiovisual.

Por lo que se refiere a los medios de titularidad pública, hasta la aprobación de la Ley 17/2006, la radiotelevisión pública ha estado gestionada por el ente público RTVE creado y regulado por la Ley 4/1980, que, a su vez, inspiraba la regulación del Tercer Canal Autonómico de televisión contenida en la Ley 46/1983, que hoy permanece vigente. De hecho, la Ley 17/2006, deroga el Estatuto de RTVE que recogía la Ley 4/1980, manteniendo, no obstante, su aplicación a los efectos previstos en la Ley 46/1983, del Tercer Canal de Televisión y en la Ley 10/1988, de Televisión Privada.

El modelo articulado en la Ley 4/1980, giraba en torno a las características principales siguientes: i) asignaba al Ente público RTVE, configurado como una entidad de Derecho público, con personalidad jurídica propia, la gestión directa de los servicios públicos de radiotelevisión; ii) creaba una estructura orgánica constituida por un Consejo de Administración, compuesto por doce miembros elegidos para cada legislatura, la mitad por cada cámara parlamentaria, mediante mayoría de dos tercios de cada una, entre personas de relevantes méritos profesionales; los Consejos Asesores de los Medios (RNE, RCE, después suprimida, y TVE), de representación plural y social, y el Director General, como órgano unipersonal en el que descansaba la dirección y gestión efectiva del Ente público, designado por el Gobierno, oído el Consejo de Administración (opinión preceptiva pero no vinculante), para un mandato de cuatro años, salvo disolución anticipada de las Cortes Generales; iii) atribuía al Gobierno competencia para fijar periódicamente las obligaciones que se derivan de la naturaleza de servicio público de RTVE y para hacer que se programase y difundieran cuantas declaraciones o comunicaciones oficiales de interés público estimase necesarias; iv) residenciaba el control parlamentario de RTVE en la Comisión Parlamentaria del Congreso de los Diputados creada al efecto, y v) situaba el control de la actuación de estos medios durante el período electoral en el ámbito de la Junta Electoral Central durante el periodo electoral.

Pues bien, las críticas al modelo fueron continuas tanto desde los sectores jurídico-académicos como profesionales, incidiendo de forma recurrente y mayoritaria en la intervención gubernamental y la politización del Ente público y de su actividad. Empero la constancia de la necesidad de una reforma profunda del sistema, el modelo auspiciado por la Ley 4/1980 permanecería vigente hasta la actual Ley 17/2006, antes citada.

La aprobación de la Ley 17/2006 vino precedida de la creación de un *Consejo para la reforma de los medios de comunicación de titularidad del Estado* (creado por RD 744/2004), al que se encargó la elaboración de un informe sobre la reforma de tales medios que abordase el régimen jurídico de los medios estatales, la organización y sistema de elección de sus órganos directivos, los contenidos de la programación más idóneos y el modelo de financiación más adecuado, con el fin de impedir la injerencia política en su actividad y que pudieran desempeñar su labor con profesionalidad e independencia, y garantizar la veracidad de la información, la libertad de opinión, la difusión del pluralismo cultural y la participación política de los ciudadanos.

Con estos antecedentes, el nuevo modelo inaugurado con la Ley de 2006, no conlleva una ruptura absoluta con el anterior (CHINCHILLA MARÍN), pues, mantiene la calificación de la radio y la televisión gestionadas por el Estado como servicio público, encomendando su gestión a la "Corporación de Radio y Televisión Española SA", para ser ejercida directamente por sus dos sociedad filiales, las sociedades mercantiles estatales TVE y RNE, establece una financiación mixta, con una subvención pública dentro de los límites establecidos por las normas y criterios de transparencia y proporcionalidad de la Unión Europea, y con ingresos derivados de su actividad comercial, permitiendo establecer limitaciones en la cuota de publicidad que pueden ser más estrictas que las aplicables a los operadores privados. Pero es en el régimen de organización y control de la radiotelevisión estatal, en definitiva, los aspectos esenciales del estatuto constitucional que pretende garantizar el art. 20.3 CE, donde radican los cambios importantes y significativos que introduce el nuevo modelo frente al de 1980.

Si algo caracteriza el sistema organizativo y de control de la radio y la televisión a partir de 2006 es la sustancial intervención de las Cortes Generales en el nombramiento de los cargos de la Radiotelevisión. Por primera vez, el Presidente de la Corporación RTVE ha de ser nombrado por el Congreso de los Diputados, con el consenso de los grupos parlamentarios expresado en una mayoría cualificada de dos tercios de la Cámara. La finalidad de esta intensificación de la intervención de las Cámaras parlamentarias en el proceso de designación de los cargos de dirección de RTVE y singularmente del Presidente de la Corporación no es otra que potenciar la independencia y avanzar hacia la despolitización de su dirección y actividad, extrayendo de la órbita de competencia gubernamental la designación del Presidente de RTVE, y residenciándolo en el Congreso de los Diputados, que además ha de lograr consensuar el candidato habida cuenta la mayoría exigida para su designación y nombramiento.

Por su parte, el Consejo de Administración está integrado por diez miembros, doce en la primera redacción de la Ley, elegidos entre personas con suficiente cualificación y experiencia profesional, respetando el principio de presencia equilibrada de mujeres y hombres en su composición. Los miembros del Consejo serán elegidos seis por el Congreso de los Diputados y cuatro por el Senado, por una mayoría de dos tercios de la Cámara correspondiente. La duración del mandato será de seis años, no renovable, desvinculando así la duración del cargo de la propia de la legislatura, lo que contribuirá a la independencia de sus miembros y, por ende, de los órganos directivos de la Corporación. El Consejo de Administración se renovará por mitades, cada tres años, por cuotas iguales en razón del origen de la propuesta.

Las reformas también alcanzan al sistema de controles sobre RTVE, además del control parlamentario que impone la Constitución, se establecen el de la autoridad visual y el propio del Tribunal de Cuentas. El control parlamentario se atribuye, en la Ley de 2006, a las Cortes Generales, y no solamente como en el modelo anterior al Congreso de los Diputados. No obstante, la Ley no establece mucho más, y han sido la práctica y los Reglamentos parlamentarios los que han arbitrado una Comisión Mixta (Congreso-Senado) para realizar dicho control. Lo cierto es que, en este punto, como ha puesto de relieve la doctrina (CHINCHILLA) la reforma decepciona (máxime si atendemos a la ineficacia con que se ha cumplido históricamente esta función por la Comisión encargada del control de RTVE que existía en el Congreso), y hubiera sido recomendable una regulación más específica del mecanismo de control, y no sólo limitarse a cumplir formalmente el expreso mandato constitucional.

Por Real Decreto-Ley 15/2012, de 20 de abril, de modificación del régimen de administración de la Corporación RTVE, previsto en la Ley 17/2006, se introdujeron reformas tendentes a reducir el número de miembros del Consejo de Administración a nueve y a establecer una cláusula de salvaguarda para el caso de que no se alcanzase el consenso requerido: si transcurridas veinticuatro horas desde la primera votación en cada Cámara no se llega a la mayoría de dos tercios, se exigirá, en cada Cámara, la mayoría absoluta. Esta misma regla se traslada para la elección del Presidente de la Corporación.

Pues bien, el Real Decreto-Ley fue objeto de recurso de inconstitucionalidad interpuesto por más de cincuenta diputados del Grupo Socialista del Congreso. Este recurso ha sido resuelto en la Sentencia 150/2017, de 21 de diciembre, del Tribunal Constitucional que, si bien, lo estima parcialmente, no considera que sea inconstitucional recurrir al Decreto-Ley para regular el régimen de los cargos directivos de RTVE, por cuanto no formaría parte del concepto de "instituciones básicas del Estado" a que se refiere el art. 86.1 CE, siempre que se utilice con cautela y en los márgenes constitucionales disponibles.

No obstante, y antes de que el Tribunal Constitucional resolviese el proceso de inconstitucionalidad, se aprobó, con la oposición del Grupo parlamentario Popular, la Ley 5/2017, de 29 de septiembre, que modifica la Ley 17/2006, para recuperar la independencia de RTVE y el pluralismo en la elección parlamentaria de sus órganos; Ley (de artículo único) que retomaba la redacción primera de la Ley de 2006 en cuanto a la exigencia de la regla de los dos tercios para el nombramiento de los cargos directivos, con supresión de la cláusula de salvaguarda que introdujo el Decreto-Ley citado, y que elevó el número de miembros del Consejo de Administración a diez, como ya se ha expuesto con anterioridad.

Respecto al Presidente de la Corporación, la Ley de 2017, introduce una mejora en tanto dispone que la elección parlamentaria ha de realizarse entre los miembros del Consejo de Administración, lo que vale decir, "entre candidatos que se sujetan a un procedimiento de concurso, informe del comité de expertos y posterior elección parlamentaria. El avance en este sentido es indiscutible" (BOIX, *et al.*).

En cumplimiento, aunque tardío, de lo dispuesto en la Disposición transitoria segunda de la Ley de 2017, se aprobó el Real Decreto Ley 4/2018, de 22 de junio, que concreta, con carácter urgente, el régimen jurídico aplicable a la designación del Consejo de Administración de la Corporación RTVE y de su Presidente.

Este último Real Decreto Ley, de un solo artículo, distribuido en 6 apartados, y dos Disposiciones finales, fija un plazo de resolución de los nombramientos de los miembros del Consejo de Administración y del Presidente de 15 días naturales como máximo, se remite, para la elección de estos cargos a la mayoría indicada en el segundo párrafo de la Disposición transitoria primera de la Ley 5/2017, abre la posibilidad de que el Congreso de los Diputados supla al Senado en su función de designación de los miembros del Consejo que le corresponde elegir, en caso de que esta Cámara no cumpla con el plazo indicado de 15 días naturales, y regula una figura nueva, el "administrador provisional único", dotado de amplias funciones de administración y representación de la Corporación.

Frente a este Real Decreto Ley 4/2018, se interpuso recurso de inconstitucionalidad; recurso que resuelve la Sentencia 134/2021, que declara la inconstitucionalidad de la Disposición final primera al no apreciar la concurrencia del presupuesto habilitante de urgencia para el dictado de esta norma, y, en cuanto aquí más interesa, y la inconstitucionalidad de la sustitución del Congreso respecto al Senado prevista para el caso de que ésta última Cámara no elija los Consejeros que le corresponde en el plazo establecido, pues entiende el Tribunal que se trata de una modificación que altera de modo sustantivo uno de los elementos esenciales del control parlamentario de la Corporación RTVE (reiterando lo dicho en el mismo sentido en la Sentencia 20/2018, en relación con la comisión de control del ente público Radio Televisión Madrid, *Telemadrid*), que debe desarrollar el Senado en cumplimiento del art. 20.3 de la Constitución, para concluir que, en este punto, el Real Decreto impugnado ha rebasado el límite material del art. 86.1 CE.

Visto este constante coser y descoser del legislador en esta materia, y la polémica constante que acompaña cada nuevo proceso de designación y nombramiento de los miembros del Consejo de Administración y del Presidente de la Corporación, y dada la estrecha relación entre la radiotelevisión y la radiodifusión con la efectividad de las libertades públicas consagradas en el art. 20 de la Constitución, y que cumplen un papel y función vitales en la realidad del Estado democrático, no queda sino seguir defendiendo un régimen jurídico estable, que garantice la independencia y pluralismo, así como la profesionalidad de estos medios alejándolos de la recurrente politización de órganos e instituciones públicos, y proceder, siguiendo el ejemplo que ofrece el horizonte europeo, a crear, o recuperar, un órgano independiente de control que podría encontrar su antecedente en el fenecido Consejo Audiovisual Estatal

IV. BIBLIOGRAFÍA

BOIX, A., DE LA SIERRA, S., GUICHOT, E., MANFREDI, J. L.: "Hacia un modelo de regulación para garantizar la independencia de las televisiones públicas en España", *Cuadernos: Círculo cívico de opinión*, núm. 27, 2020, pp. 5-31.

CARLÓN RUIZ M.: "Los servicios de difusión como plataforma de las libertades de expresión e información en la encrucijada entre servicio público y mercado", *Revista Española de Derecho Administrativo*, núm. 134, 2007, pp. 1057-1084.

CASADO CASADO, L.: "La configuración de la televisión de titularidad del Estado como servicio público en la Ley 17/2006, de 5 de junio, de la radio y la televisión de titularidad estatal", *Revista Vasca de Administración Pública*, núm. 20, 2008, pp. 55-109.

CHINCHILLA MARÍN, C.: "La reforma de la radio y la televisión públicas de titularidad estatal: la Ley 17/2006, de 5 de julio", *Revista de Administración Pública*, núm. 174, 2007, pp. 293-333.

MEDINA GONZÁLEZ, S.: "La financiación de los medios públicos de comunicación a la luz del Derecho Europeo de la competencia: La nueva Ley 17/2006, de 5 de junio, de la radio y televisión de titularidad estatal", *Revista de Administración Pública*, núm. 171, 2006, pp. 293-315.

ORTEGA GUTIÉRREZ, D.: "El tortuoso desarrollo normativo del artículo 20.3 de la Constitución Española. El control político sobre RTVE", *Teoría y Realidad Constitucional*, núm. 51, 2023, pp. 283-316.

ROSADO IGLESIAS. G.: *La Televisión Pública en España. Régimen jurídico y control*. CEDECS, Barcelona, 1999.

RUIZ DE APODACA ESPINOSA. A. M.: "La nueva corporación RTVE y su configuración en la Ley 17/2006, de 5 de junio, de la Radio y Televisión estatal", en *Organización y Procedimientos administrativos. Libro Homenaje al Profesor F. González Navarro.*, Aranzadi, 2007.

– "El nuevo régimen de la corporación RTVE", *Revista Digital de la Facultad de Derecho*, núm. 1, 2009.

V. JURISPRUDENCIA

STC 6/1981, de 16 de marzo.

STC 86/1982, de 23 de diciembre.
STC 63/1987, de 20 de mayo.
STC 150/2017, de 21 de diciembre.
STC 20/2018, de 5 marzo.
STC 134/2021, de 24 de junio.

Artículo 20.5

Sólo podrá acordarse el secuestro de publicaciones, grabaciones y otros medios de información en virtud de resolución judicial.

COMENTARIO

Joaquín Urías
Profesor Titular de Derecho Constitucional
Universidad de Sevilla

SUMARIO: I. ORIGEN DEL PRECEPTO Y CONCEPTO DE SECUESTRO DE PUBLICACIONES. II. DELIMITACIÓN NEGATIVA. 1. Diferencia con censura previa. 2. Secuestro y restricciones judiciales. III. EL CONCEPTO ESTRICTO DE SECUESTRO DE PUBLICACIONES. 1. Naturaleza jurídica y titularidad. 2. El objeto: medios y soportes. 3. Carácter general. IV. REQUISITOS DEL SECUESTRO JUDICIAL LEGÍTIMO. 1. Finalidad constitucional. 2. Habilitación legal. 3. Provisionalidad. 4. Proporcionalidad. V. SUSPENSIÓN DE LA PROHIBICIÓN DE SECUESTRO ADMINISTRATIVO. VI. BIBLIOGRAFÍA. VII. JURISPRUDENCIA.

Este artículo incluye una auténtica garantía institucional destinada a asegurar la intangibilidad de la libertad de información. Aunque se redacta en sentido positivo, autorizando una restricción de origen judicial, la primera finalidad del art. 20.5 CE es desterrar el llamado secuestro administrativo. En este sentido, el tenor del precepto contrasta con el del art. 20.2 CE en el que se proscribe cualquier tipo de censura previa. La censura previa está prohibida en cualquiera de sus posibles manifestaciones (incluso judicial, si cupiera) y como limitación a cualquiera de las cuatro libertades garantizadas por el art. 20.1 CE. El secuestro, en cambio, se prohíbe tan sólo si se acuerda por una autoridad distinta a la judicial y parece referirse quizás tan sólo a la libertad de información.

Ambas garantías tienen paralelismos evidentes en la medida en que tratan de proteger la difusión de mensajes comunicativos frente a eventuales restricciones por parte del poder público. El diferente trato que les otorga la Constitución ha obligado frecuentemente a los operadores jurídicos —muy notablemente al Tribunal Constitucional— a intentar discernir la naturaleza propia de ambas y las razones para su diferente legitimidad constitucional. Vista la jurisprudencia, parecería que la construcción teórica del concepto de secuestro de publicaciones —que es un *prius* para poder aplicar su régimen constitucional— sólo puede hacerse a partir de su comparación constante con la censura constitucionalmente vetada. En realidad la cuestión sólo es trascendente cuando se está ante medidas cautelares sobre la libertad de comunicación adoptadas judicialmente que, si constituyen secuestro están permitidas pero si son censura quedan proscritas.

Más allá, el precepto abre la discusión acerca de las condiciones para la legitimidad del propio secuestro judicial de publicaciones.

I. ORIGEN DEL PRECEPTO Y CONCEPTO DE SECUESTRO DE PUBLICACIONES

La limitación constitucional de la posibilidad de secuestro de publicaciones se incorpora a nuestra Carta Magna para poner coto a una realidad preexistente. Si hay una referencia constitucional al secuestro, es porque se trata de una de las formas históricas de limitar la libertad de comunicación.

Técnicamente, el secuestro es la incautación provisional de un bien por parte de la autoridad pública para asegurar el cumplimiento de la ley. No afecta a la propiedad, sino a la disponibilidad de la cosa por parte de su titular, y es cautelar, en el sentido de que es previo a la adopción de una decisión sobre el fondo.

En materia de prensa, el secuestro de publicaciones tiene una larga tradición en nuestro derecho. Desde 1882 la Ley de Enjuiciamiento Criminal establecía el secuestro judicial como medida cautelar en los delitos de imprenta: "inmediatamente que se dé principio a un sumario por delito cometido por medio de la imprenta, el grabado u otro medio mecánico de publicación, se procederá a secuestrar los ejemplares del impreso o de la estampa dondequiera que se hallaren. También se secuestrará el molde de ésta." El artículo fue actualizado en 2009, pero en lo esencial no ha sufrido cambios. En el marco de los procedimientos civiles el secuestro existe ya sea como medida cautelar de carácter genérico en el sentido del art. 726 de la Ley de Enjuiciamiento Civil, ya por la vía del art. 9.2 de la Ley Orgánica Ley Orgánica 1/1982, que permite al juez adoptar *las medidas necesarias para poner fin a la intromisión ilegítima de que se trate, incluidas las destinadas a "prevenir intromisiones inminentes o ulteriores"*.

En definitiva, en derecho español tradicionalmente no ha habido duda alguna de que en el marco de un procedimiento judicial se puede adoptar cautelarmente la medida de incautar y/o retirar de la circulación productos comunicativos que indiciariamente pueden estar causando un daño. En conclusión, y en contra de lo que a veces se afirma, la previsión del art. 20.5 CE no se incluye con la intención constituyente de legitimar el secuestro judicial, sino con la de prohibir el secuestro administrativo. En ese sentido funciona de modo similar a las prohibiciones de intervención de las comunicaciones o de entrada en el domicilio del art. 18 CE.

La necesidad de prohibir específicamente la retirada de publicaciones surge a causa de prácticas que se habían hecho habituales durante la dictadura franquista. El art. 64 de la Ley de Prensa de 1966 estableció el secuestro administrativo de publicaciones. Disponía que cuando la Administración tuviere conocimiento de un hecho que pudiera ser constitutivo de delito cometido por medio de la Prensa o Imprenta, podrá, con carácter previo a las medidas judiciales ordenar el secuestro a disposición de la autoridad judicial, del impreso o publicación delictivos donde quiera que éstos se hallaren, así como de sus moldes para evitar la difusión. En definitiva, un secuestro acordado por la administración y materializado en sede judicial.

Este régimen tuvo una influencia determinante en la redacción del texto constitucional. Durante la misma, el Real Decreto-Ley 24/1977 de 1 de abril, que regula la libertad de expresión, vino a modificar dicho art. 64 de la Ley de Prensa, estableciendo específicamente que la Administración sólo podía decretar el secuestro administrativo de aquellos impresos gráficos o sonoros que contengan noticias, comentarios o informaciones: contrarios a la unidad de España; que constituyan demérito o menoscabo de la Institución Monárquica o de las personas de la Familia Real; que de cualquier forma atenten al prestigio institucional y al respeto, ante la opinión pública, de las Fuerzas Armadas; de los impresos gráficos o sonoros, obscenos o pornográficos.

Así, cuando entra en vigor la Constitución todavía es posible el secuestro administrativo de publicaciones, que había sido una de las principales vías de represión de la libertad de expresión durante el franquismo. Por eso es necesario declarar ilegítima dicha práctica. Con la Constitución, el mencionado artículo 64 de la Ley de Prensa queda automáticamente derogado, tal y como tuvo que declarar expresamente el Tribunal Constitucional en la STC 52/1983.

En el ámbito europeo, el TEDH reconoce la existencia de un principio general del Derecho que permite confiscar las cosas cuyo uso ha sido regularmente juzgado como ilícito o peligroso para el interés general, señalando la necesidad de prevenir contra los perjuicios que puede ocasionar la reiteración de la infracción (SSTEDH 1988\8, de 24 mayo, *Müller y otros c. Suiza*; 1994/26 de 23 de agosto, *Otto-Preminger-Institut c. Austria*).

II. DELIMITACIÓN NEGATIVA

1. Diferencia con censura previa

Más allá del concepto tradicional de secuestro judicial, el Tribunal Constitucional ha adoptado una postura abierta y pragmática a la hora de interpretar el art. 20.5 CE. A los jueces se les prohíbe cualquier intervención sobre las libertades del art. 20 CE que pueda ser considerada como censura; el resto de medidas cautelares de carácter judicial quedan amparadas por la autorización de secuestro judicial y deberán adoptarse conforme a las reglas establecidas para su uso. Así se desprende de la STC 34/2010 cuando entiende que su jurisprudencia previa viene a *"reconocer en primer lugar la posibilidad constitucional de medidas judiciales por las que se prohíba la difusión de una obra o información, que no pueden ser incardinadas en el concepto de censura previa, vetada por el art. 20.2 CE."* Dicho eso, el problema es la dificultad de establecer una definición constitucional de censura previa que sea clara y resulte operativa.

En la STC 13/1985 se realiza un buen intento que, además, conlleva la prohibición de determinados actos judiciales de carácter censor. Se declara entonces que la censura implica el sometimiento de una publicación a un control público previo *"cuya finalidad sea la de enjuiciar la obra en cuestión con arreglo a unos valores abstractos y restrictivos de la libertad, de manera tal que se otorgue el* placet *a la publicación de la obra que se acomode a ellos a juicio del censor y se le niegue en el caso contrario"* (FJ 1). La censura se caracteriza esencialmente por su carácter previo a la difusión, en el sentido de que impide la puesta a disposición del público en general de una obra o parte de ella. En ese sentido puede afectar especialmente al derecho a la creación artística, científica, literaria y técnica, pues implica una incidencia estatal en la elaboración de una obra que no está consumada: hasta el momento en que el titular autoriza la difusión, la obra puede estar sometida a cambios y decisiones que forman parte esencial de la libertad creativa y cuya conexión con la propia dignidad humana los hace inmune frente a la intervención estatal. El secuestro, en cambio, limita la difusión de una obra sin afectar a su elaboración o integridad una vez que tras haber autorizado el titular su difusión se aprecia un peligro para derechos y bienes que gozan de protección constitucional. Así, en el supuesto enjuiciado en la STC 6/2020, de 27 de enero, la prohibición penitenciaria de que un recluso conceda una entrevista para evitar críticas a la prisión no constituye secuestro —pues la entrevista aún no se ha realizado y elaborado— sino censura previa.

Aun así, el Tribunal Constitucional en ocasiones tiende a unificar dogmáticamente ambas figuras, presentando el secuestro como una modalidad de censura, ejercida por las autoridades del poder ejecutivo. Así, en la STC 172/2020, FJ 7, C) a propósito de una reforma de la Ley de Seguridad Ciudadana, señala que "dado que el fin último que anima la prohibición de toda censura previa es prevenir que el poder público no pierda su debida neutralidad, el rigor de la prohibición alcanza su máxima intensidad en relación con la denominada censura 'gubernativa'". Esta supuesta unidad se contradice con la insistencia del Tribunal en señalar que la propia Constitución legitima el secuestro de publicaciones, mediante resolución judicial. Si la censura está prohibida de manera absoluta y el secuestro permitido cuando lo acuerde un juez, no son ontológica ni jurídicamente iguales.

2. Secuestro y restricciones judiciales

Asumiendo materialmente la distinción entre secuestro y censura, el Tribunal Constitucional acepta la constitucionalidad de medidas cautelares de naturaleza judicial que impliquen la interdicción de difusión pública de una obra y destinadas a asegurar la eficacia de la protección judicial de los derechos fundamentales. Incluso más allá de secuestro en sentido estricto (STC 34/2010, FJ 4). La autorización del 20.5 CE y todo su régimen constitucional se interpreta así como una posible medida cautelar destinada a asegurar la tutela de derechos fundamentales. Se une así a otras "medidas de urgencia diferentes del secuestro que bien pudieran responder a una finalidad diversa, como sería la preservación de aquéllos frente al riesgo de sufrir daños inminentes e irreparables" (STC 187/1999, de 25 de octubre, FJ 6).

Entre estas otras medidas judiciales equiparadas por la jurisprudencia al secuestro destaca la prohibición de emitir que puede emplearse legítimamente para impedir el uso del medio a través del cual se pretende divulgar un mensaje presuntamente lesivo de los derechos fundamentales de un tercero, sin necesidad de que se ponga a disposición del juez ese medio prohibido.

III. EL CONCEPTO ESTRICTO DE SECUESTRO DE PUBLICACIONES

1. Naturaleza jurídica y titularidad

La prohibición de secuestro administrativo de publicaciones es una garantía para la protección de derechos de los recogidos en el artículo 20.1 CE. Sin embargo, en la medida en que garantiza un aspecto específico, el Tribunal

Constitucional considera que del art. 20.5 CE se deriva un derecho fundamental específico. En las SSTC 31/1994 y 11/2006, entre otras, se presenta plenamente como un derecho fundamental cuyos titulares, según se afirma expresamente en esta última, "no lo son los destinatarios de la obra o publicación que se dice secuestrada, sino sus autores o distribuidores".

Conviene detenerse brevemente en el contenido de este derecho/garantía, en especial por lo que se refiere a su objeto y contenido. Sin perjuicio de la extensión jurisprudencial para el caso de medidas cautelares de carácter judicial, la Constitución ciertamente define expresamente cuál es el objeto del secuestro: las "publicaciones, grabaciones y otros medios de información". No es una definición unívoca, pero resulta especialmente relevante cuando se trata de restricciones de carácter administrativo, pues aquí rige un criterio estricto, por el que sólo se prohíben las acciones gubernativas limitativas de mensajes comunicativos que puedan calificarse auténticamente de secuestro.

2. El objeto: medios y soportes

Se ha planteado si debe considerarse secuestro el cierre de un medio de comunicación entendido como tal la institución informativa que formalmente lo produce. La cuestión surge a raíz de un recurso de amparo interpuesto por una emisora de radio contra el Auto judicial que autorizaba a funcionarios la entrada en la sede del medio de comunicación para precintar sus equipos en aplicación de una decisión gubernativa de cierre dictada en el marco de un expediente sancionador (STC 144/1987). Más tarde, vuelve a plantearse respecto al requerimiento gubernativo dirigido a unas empresas dedicadas a emitir contenidos de televisión mediante cable para que cesen en su actividad por carecer de licencia para ello (STC 31/1994). En ambos casos, el tribunal Constitucional responde que "no cabe calificar de secuestro una actuación que no se dirige contra publicaciones o grabaciones o cualquier otro soporte de una comunicación determinada, esto es, de un mensaje concreto, sino contra el instrumento capaz de difundir, directamente o incorporándolos a un soporte susceptible a su vez de difusión, cualquier contenido comunicativo". Esta postura no implica que la concesión o retirada de las necesarias licencias administrativas a un medio de comunicación sean actos jurídicamente inanes desde el punto de vista de la libertad de comunicación garantizada en el art. 20 CE. De lo que se trata es de que estas autorizaciones no necesitan de intervención judicial. Forman parte de las amplias facultades restrictivas que se le conceden a la administración en materia de libertad de expresión (STC 52/1995, FFJJ 2 y 4) y están, eso sí, sujetas a posible recurso judicial en el que se examinará si se adoptaron con respeto las exigencias derivadas del reconocimiento de la libertad de expresión.

Así, a la administración sólo le está vetado ex art. 20.5 CE la retirada de la circulación de soportes específicos. Se pone una vez más de manifiesto en la STC 86/2017, que considera que no son contrarias a la prohibición de secuestro administrativo las previsiones de la Ley de Comunicación Audiovisual de Cataluña que permiten a la administración autonómica imponer sanciones como la suspensión de la licencia para emitir a medios de comunicación que atenten contra el pluralismo informativo.

3. Carácter general

Se plantea también si la restricción administrativa de acceso en determinadas circunstancias a una obra supone un caso de secuestro gubernativo vedado por la Constitución. En la STC 11/2006, FJ 1 se plantea el caso de la prohibición administrativa a un recluso de que acceda a una revista que se le ha retenido. Se rechaza porque "es una medida individual, que no puede equipararse al secuestro de una publicación, que necesariamente tiene alcance general, por definición". Así, la prohibición de acceso a una obra dirigida exclusivamente contra una persona o un grupo de personas, aun dictada exclusivamente por la administración, no entra en la prohibición del art. 20.5 CE.

IV. REQUISITOS DEL SECUESTRO JUDICIAL LEGÍTIMO

Como se ha mencionado, la autorización constitucional del secuestro judicial de publicaciones no supone que cualquier actuación judicial cautelar sobre las libertades del art. 20 CE sea necesariamente legítima. Bien al contrario, se trata de una restricción estatal sobre el ejercicio de derechos fundamentales que *a priori* se están ejerciendo legítimamente. En tanto medida cautelar, el secuestro es previo a una decisión sobre el fondo que determine si efectivamente se está ante la lesión de otros derechos constitucionales o no. Ese carácter preventivo es realmente excepcional en el régimen general de los derechos fundamentales y debe someterse a procedimientos y requisitos que aseguren su legitimidad y necesidad.

1. Finalidad constitucional

El secuestro judicial de publicaciones, aun siendo una medida restrictiva de derechos, no está limitado a la protección de derechos fundamentales, sino que puede usarse para la tutela de otros bienes de interés constitucional. Este sentido tan amplio ha permitido al Tribunal Constitucional legitimar medidas de secuestro judicial de publicaciones dirigidas, por ejemplo, a "impedir el favorecimiento de la causa terrorista mediante la solicitud de apoyo para la misma o el intento de conferirle legitimidad" (STC 136/1999, FJ 2). Se trata, en definitiva, de un concepto fluido cuya mayor utilidad práctica es la excluir la protección de bienes que carezcan de cobertura constitucional o resulten directamente contrarios a los principios de la Constitución. Por ejemplo, resultaría inconstitucional una medida de secuestro judicial destinada a evitar críticas legítimas contra el poder público.

2. Habilitación legal

La necesidad de habilitación legal para cualquier injerencia estatal en el ámbito de los derechos fundamentales y las libertades públicas responde a la necesidad de garantizar exigencias de seguridad jurídica. Ello implica que tal habilitación definir las modalidades y extensión del ejercicio del poder otorgado con la suficiente claridad para aportar al individuo una protección adecuada contra la arbitrariedad (STC 70/2002, FJ 10). Conforme a la jurisprudencia del TEDH de lo que se trata es de que la ley sea clara y precisa, permitiendo prever anticipadamente y con detalle las consecuencias que conlleva.

Sin embargo, por lo que hace al secuestro de publicaciones, lo cierto es que la jurisprudencia viene suavizando los requisitos de concreción y previsibilidad de la ley. A pesar de que se trata de una restricción preventiva que se basa tan sólo en indicios, el Tribunal Constitucional considera que su carácter provisional reduce el grado de afectación que tiene sobre los derechos fundamentales. Así, entiende que "*la necesaria provisionalidad de la medida (...) y la sumariedad del procedimiento en el que puede acordarse, hacen que los efectos de tal medida de urgencia sobre el ejercicio de las libertades del art. 20.1 CE sean de menor intensidad que aquellas otras que pueden implicar una privación de derechos fundamentales de mayor severidad. Menor intensidad en la limitación temporal del ejercicio de un derecho fundamental que permite una menor taxatividad en la norma que regula la medida de urgencia que posee ese efecto limitativo*". STC 187/1999, FJ 8. En definitiva, basta una habilitación genérica para la adopción de medidas cautelares destinadas a preservar los derechos en juego para que pueda entenderse cumplido este requisito.

A cambio, la medida cautelar adoptada debe necesariamente ceñirse al ámbito definido por la Ley habilitante con estricta observancia, además, de las normas procesales que regulan su adopción. La vulneración de estas reglas de procedimiento o el exceso respecto a la habilitación volverían a las resoluciones contrarias a la Constitución por falta de habilitación legal. De ahí se deduce que, por ejemplo, el secuestro no puede ser acordado libremente por el juez en el momento procesal que desee, ni puede hacerse sin dar audiencia a las partes en los términos que establezca la ley habilitante o por una duración mayor de la que ésta prevista. En todos estos supuestos la medida dejaría de tener la cobertura legal que exige la Constitución.

3. Provisionalidad

Con carácter general, la finalidad de las medidas cautelares no es otra que la de asegurar la efectividad del pronunciamiento futuro del órgano judicial. Conforme a la STC 31/2010, "*el régimen constitucional de las libertades de expresión e información establecido por los arts. 20.2 CE y 20.5 CE limita cualquier control cautelar de su ejercicio a supuestos muy excepcionales, restringidos a la protección de otros bienes constitucionales frente a daños irreparables, evitando interferir en el proceso creativo de la obra que se quiera transmitir y de manera indudablemente provisional, en tanto se sustancia y resuelve un juicio declarativo sobre el fondo de la cuestión, basado en los principios de preferencia y sumariedad (art. 53.2 CE)*". Esta dependencia de un procedimiento principal sobre el fondo sólo se satisface, por tanto, mediante medidas que no impidan de manera indeterminada la difusión de la obra sometida a secuestro.

Adicionalmente, y por exigencia del art. 24 CE, las medidas cautelares de secuestro o prohibición de difusión deben poder ser revisables en cualquier momento, recurribles, como es el caso, ante una instancia superior, y, si afectan a terceros al proceso, debe serles permitida su inmediata personación y comparecencia en el incidente a los efectos de que puedan defender sus intereses, y hacer uso de cuantos recursos ponga a su disposición la legislación procesal (SSTC 235/1998 y 24/1999, ATC 36/1984). Un secuestro —ya sea en sentido estricto, ya como prohibición de definición— acordado con carácter definitivo o con duración indeterminada, sin término fijo, es contrario a la Constitución por más que se aduzca que cabe su posterior revisión.

4. Proporcionalidad

El juicio sobre la proporcionalidad de cualquier medida restrictiva de derechos fundamentales es un elemento imprescindible para controlar su legitimidad constitucional. En gran medida, desarrollando la idea del TEDH de que la afectación lícita de los derechos fundamentales debe ser necesaria en una sociedad democrática.

En este punto hay pocas especialidades propias del secuestro de publicaciones, salvo el hecho de que el Tribunal Constitucional considera —como se dijo— que en esta materia las medidas cautelares, en cuanto revisables, tienen menor intensidad que las que resuelven definitivamente sobre el fondo de un litigio. Así, en la STC 136/1999, FJ 21 aborda la proporcionalidad del secuestro judicial de diversos anuncios electorales, concluyendo que es una medida necesaria y proporcional ante el riesgo de afectación grave de bienes jurídicos que resulta irreparable tras la difusión de los mensajes.

V. SUSPENSIÓN DE LA PROHIBICIÓN DE SECUESTRO ADMINISTRATIVO

La exigencia de intervención judicial para ordenar el secuestro puede ser suspendida durante la vigencia de los estados de excepción o sitio (art. 116 CE). Durante la vigencia del estado de excepción, si la autorización del Congreso incluye la suspensión del art. 20.5 CE el secuestro de publicaciones podrá ordenarse por la autoridad gubernativa (art. 21.1, LO 4/1981). Durante la vigencia del estado de sitio, parece que dicha competencia podría pasar a la autoridad militar. En todo caso, aunque en estas situaciones de excepción se permita la instauración del secuestro administrativo, el art. 55.1 CE no permite la suspensión de la prohibición de censura previa, lo que da una idea más de la diferente naturaleza y trascendencia de ambas garantías.

VI. BIBLIOGRAFÍA

URÍAS, J.: *Principios de Derecho de la Información*, Tecnos, 2014.

VILLAVERDE, I: "Censura, secuestro y medidas cautelares en materia de libertad de información y expresión (A propósito de la STC 187/1999)", *Repertorio Aranzadi del Tribunal Constitucional*, núm. 1, 2001, pp. 1951-1986.

VII. JURISPRUDENCIA

STC 13/1985, de 31 de enero.
STC 144/1987, de 23 de septiembre.
STC 187/1999, de 25 de octubre.
STC 34/2010, de 19 de julio.
STC 86/2017, de 4 de julio.
STC 6/2020, de 27 de enero.
STC 172/2020, de 19 de noviembre.

Artículo 21

1. Se reconoce el derecho de reunión pacífica y sin armas. El ejercicio de este derecho no necesitará autorización previa.

2. En los casos de reuniones en lugares de tránsito público y manifestaciones se dará comunicación previa a la autoridad, que sólo podrá prohibirlas cuando existan razones fundadas de alteración del orden público, con peligro para personas o bienes.

COMENTARIO

Juan Carlos Gavara de Cara
Catedrático de Derecho Constitucional
Universidad Autónoma de Barcelona

SUMARIO: I. EL DERECHO DE REUNIÓN Y MANIFESTACIÓN Y EL ABUSO DE LA INTERRELACIÓN CON EL DERECHO A LA LIBERTAD DE EXPRESIÓN. II. LOS PROBLEMAS DERIVADOS DE LA APLICACIÓN DE LA LEY DE DESARROLLO DEL DERECHO DE REUNIÓN Y MANIFESTACIÓN. III. LA ADOPCIÓN DE INSTRUMENTOS DIRIGIDOS A LA EFICACIA Y EFECTIVIDAD DEL EJERCICIO DEL DERECHO. IV. RECIENTES PROBLEMÁTICAS EN EL EJERCICIO DEL DERECHO: EL PROCÈS Y LA PANDEMIA DE COVID. V. BIBLIOGRAFÍA. VI. JURISPRUDENCIA.

I. EL DERECHO DE REUNIÓN Y MANIFESTACIÓN Y EL ABUSO DE LA INTERRELACIÓN CON EL DERECHO A LA LIBERTAD DE EXPRESIÓN

Valorar brevemente un precepto constitucional como el art. 21 CE invita a huir de un estudio profundo de su evolución en estos 45 años de vigencia y aplicación de la Constitución, y simplemente intentar en una segunda edición de estos comentarios marcar algunas de las pautas globales de su interpretación y de las problemáticas principales en los últimos años.

En este sentido, es bueno remarcar que la regulación constitucional no requiere de grandes reformas, ya que la mayoría de los problemas en relación con el derecho de reunión y manifestación se han planteado a nivel legislativo o de aplicación administrativa o judicial del derecho. Las nuevas prácticas en el ejercicio de este derecho, sobre todo a partir de las sucesivas crisis económicas de los últimos quince años, unido a otros conflictos de carácter político conectado al ascenso de nuevas fuerzas políticas de izquierda y de derecha de carácter populista, al exceso de movimientos activistas o a conflictos de carácter territorial conectado a los movimientos separatistas, sitúan la aparición de nuevas problemáticas que han desbordado el marco regulador de este derecho, que se había mantenido muy estable hasta los últimos quince años de aplicación. El deslinde entre ilícito penal y sanción administrativa en esta materia, la dificultad de su aplicación, la necesidad de proteger la independencia en las funciones legislativa y judicial unido a las manifestaciones frente a sedes parlamentarias y judiciales, la celebración de manifestaciones durante los periodos de proceso electoral, los escraches o la previsión de nuevas sanciones administrativas en la Ley Orgánica de Protección de la Seguridad Ciudadana, que ha pasado de ser Ley Corcuera a Ley Mordaza (LO 4/2015, de Protección de la Seguridad Ciudadana), pero también las reuniones y manifestaciones reiterativas y abusivas en el Procès y las alegaciones de este derecho como causa justificadora en los procesos judiciales por sedición, e incluso su ejercicio durante el estado de alarma en la pandemia por Covid, pueden destacarse como problemáticas más actuales.

En este contexto, se puede destacar que un derecho como el presente requiere de una legislación de desarrollo que pueda abordar las problemáticas y pueda deslindar correctamente los conflictos entre derechos que puedan surgir. De modo contrario se deja en manos de los órganos judiciales su resolución, en las que abundan no solo decisiones de órganos en primera instancia que resuelven lagunas en la legislación de desarrollo, sino decisiones de altos Tribunales que dentro de la ambigüedad y generalidad de las normas de los Tratados Internacionales adoptan decisiones concretas sin contemplar, ni ponderar numerosos conflictos entre derechos, desde la especialidad que está conectada a las reuniones y manifestaciones. Un derecho como el de reunión y manifestación requiere preceptos legislativos bien pensados y correctos para dar respuesta a los conflictos que deben resolver los órganos administrativos y judiciales. Sin dicho retorno normativo el conflicto y la falta de adecuación de una respuesta unívoca y general puede conllevar una inseguridad jurídica tanto para el propio ejercicio del derecho como en las consecuencias para terceras personas y para la seguridad ciudadana en general.

En cualquier caso, en esta materia el exceso de decisiones de órganos judiciales y administrativos se debe todo a las lagunas normativas, pero también a una excesiva adopción de decisiones derivadas de su interrelación con el derecho a la libertad de expresión y sus criterios de interpretación y aplicación. El Tribunal Constitucional ha caracterizado el derecho de reunión y manifestación como un instrumento puesto al servicio del intercambio o exposición de ideas, la defensa de intereses o la publicidad de problemas o reivindicaciones (STC 85/1988 FJ 2, STC 172/2020 FJ 6 B). De este razonamiento del Tribunal se puede deducir que el principal efecto en relación a los titulares del derecho es la búsqueda de repercusión pública o, en concreto, en los medios de comunicación de sus ideas, intereses o reivindicaciones. Evidentemente el punto de interpretación de este derecho se ha situado en sus conexiones con el derecho a la libertad de expresión, pero se ha abusado de esta relación con un derecho que se fundamenta básicamente en la ausencia de regulación de desarrollo.

En este sentido, se han obviado muy a menudo las especialidades de este derecho que se han construido sobre la base de la doctrina del Tribunal Constitucional en relación con los elementos configuradores del derecho de reunión admitidos (STC 85/1988 FJ 2; STC 163/2006 FJ 2, STC 172/2020 FJ 6 B), es decir, el elemento subjetivo entendido como una agrupación de personas, el elemento de carácter temporal entendido a partir de su duración transitoria, el elemento de carácter finalista entendido a partir de la licitud de la finalidad de la reunión y el elemento de carácter real o objetivo entendido como el lugar de celebración de la reunión.

Desde el punto de vista de la eficacia de la ley de desarrollo del derecho de reunión y manifestación, hay que destacar que se trata de una ley fundamentalmente pensada para manifestaciones de grandes dimensiones, organizadas por promotores con alta capacidad de convocatoria y sobre temáticas o problemas de carácter general. En este sentido, la ley contiene disposiciones abiertas, pero, al mismo tiempo, se puede deducir que la situación de desviación de conducta en que nos encontramos (dos manifestaciones no comunicadas por cada manifestación comunicada) no es preocupante desde el punto de vista de sus consecuencias o conflictividad, ya que se refleja un número bajo de incidentes fundamentalmente concentrados en problemas de carácter circulatorio como cortes de tráfico que se pueden considerar como una alteración menor del orden público. Estas consideraciones se pueden ver reforzadas por el bajo número de prohibiciones adoptadas, a pesar del aumento en los últimos tiempos.

El derecho de reunión siempre se ha caracterizado como un instrumento del derecho a la libertad de expresión ya que tiene la finalidad de expresar ideas, exteriorizar problemas o defender intereses. Ambos derechos están vinculados estrictamente y son inseparables, de tal modo que cuando se ejerce el derecho de reunión al mismo tiempo se está ejerciendo el derecho a la libertad de expresión. En este sentido se tratan de derechos complementarios en la formación de la voluntad política, planteándose una concurrencia ideal ya que el mismo hecho puede ser subsumido en ambos derechos, aunque el derecho de reunión plantea el añadido de que debe ser ejercido necesariamente de un modo colectivo. La consecuencia de este planteamiento es que la protección constitucional del derecho de reunión es menor que la que ofrece el derecho a la libertad de expresión en el sentido de que la conducta ("conduct") conlleva mayor peligro de colisión con derechos de terceras personas o bienes jurídicos protegidos que la mera comunicación ("pure speech"). El elemento de distinción con el derecho a la libertad de expresión es la dimensión de carácter físico, espacial y territorial que posee el derecho de reunión al ser expresión de una serie de efectos en el mundo exterior, que conlleva la distinción entre las regulaciones inadmisibles del contenido del derecho a la libertad de expresión y la posibilidad de limitaciones en sus circunstancias externas como son las de tiempo, lugar y modo ("time, place and manner"). En principio, se puede considerar que el derecho de reunión protege el contenido comunicativo y las conductas que conlleven las manifestaciones de carácter colectivo y el intercambio de opiniones contrapuestas. La concurrencia entre el derecho de reunión y el derecho a la libertad de expresión no puede ser solucionado a través de distinciones de carácter material, sino que se debe solucionar, en la medida de lo posible, mediante la aplicación directa del criterio de especialidad a favor de la norma reguladora del derecho de reunión y manifestación (STC 172/2020 FJ 6 B; STEDH de 15 de octubre de 2015, caso Kudrevićius y otros c. Lituania, § 85 y 86).

El recurso a la jurisprudencia del TEDH ha ido en aumento en la doctrina del TC, al admitir que se limita el ámbito de aplicación del art. 11 CEDH a las reuniones pacíficas, excluyendo aquellas en las que los organizadores y participantes tengan intenciones de que sean violentas, inciten a la violencia, o rechacen los fundamentos de una sociedad democrática (STEDH de 2 de octubre de 2001, caso Stankov y United Macedonian Organisation Ilinden c. Bulgaria, § 77; o de 15 de octubre de 2015, caso Kudrevićius y otros c. Lituania, § 92). Este carácter pacífico no se ve alterado por el hecho de que en la reunión o manifestación se expresen ideas o se persigan objetivos que puedan ofender o molestar a otras personas o colectivos, porque el contenido de las ideas o las reivindicaciones que pretenden expresarse y defenderse mediante el ejercicio del derecho de manifestación y concentración pública no puede ser sometido a controles de oportunidad política ni a juicios en los que se emplee como canon el sistema de valores que cimientan y dan cohesión al orden social en un momento histórico determinado, salvo que el contenido de los mensajes sea ilegal (STC 66/1995 FJ 3, STC 172/2020 FJ 6 B, STC 122/2021 FJ 9.3).

En este contexto, se han planteado en numerosas decisiones judiciales una preferencia en el contenido de la libertad de expresión conectada a las reuniones y manifestaciones, basándose en su carácter autorregulatorio, justificándose incluso que en manifestaciones espontáneas e imprevistas se abandone el examen de cualquier criterio conectado a las circunstancias de tiempo, lugar y modo, que es donde radica precisamente la especialidad de este derecho. Dichas circunstancias y sus criterios de aplicación deben ser articuladas legislativamente, ya que el legislador democrático debe ser el principal encargado del desarrollo de este derecho, sobre todo en relación a la resolución de los posibles conflictos que se pueden plantear en el ejercicio del derecho, sin dejar que sean resueltos por los órganos judiciales, o bien cuando ya se han empezado a resolver para dar una respuesta de carácter general a su planteamiento.

II. LOS PROBLEMAS DERIVADOS DE LA APLICACIÓN DE LA LEY DE DESARROLLO DEL DERECHO DE REUNIÓN Y MANIFESTACIÓN

La organización del ejercicio del derecho de reunión y manifestación que realiza la ley de desarrollo produce algunos problemas. El sistema, pensado para articular un procedimiento de control preventivo del ejercicio del derecho, se inicia con el escrito de comunicación previa, prevista en el texto constitucional, que es el origen de una posible resolución administrativa sobre la improcedencia o modificación del ejercicio proyectado. Esta resolución puede ser sometida a control judicial, estando articulado el sistema de plazos para que se pueda adoptar una decisión sobre el fondo del asunto antes de la fecha de celebración de la reunión o manifestación. La falta de cumplimiento de este requisito constitucional (deber de comunicar con antelación a la autoridad competente) podría dar lugar a una defraudación de la potestad de prohibir, posibilitando la actuación antijurídica, abusiva, e incluso al margen de la buena fe, por lo que el único derecho de reunión que en lugar público se reconoce en el art. 21.2 CE es el que necesariamente se ha de ejercer comunicándolo previamente a la autoridad (STC 36/1982 FJ 6, STC 42/2000 FJ 2, STC 172/2020 FJ 6 B). El TEDH considera que este tipo de requisitos (la notificación previa) no representan un obstáculo para el derecho de reunión amparado por el art. 11 CEDH, al permitir conciliar su ejercicio con los derechos o intereses legales de terceros (incluida la libertad de movimiento), o con el objetivo de prevenir desórdenes o conductas delictivas (SSTEDH de 7 de octubre de 2008, caso Eva Molnár c. Hungría, § 37; de 27 de enero de 2009, caso Samüt Karabulut c. Turquía, § 35; de 10 de julio de 2012, caso Berladir y otros c. Rusia, § 39 y 42, y de 15 de octubre de 2015, caso Kudrevičius y otros c. Lituania, § 147 y 148).

En principio, el sistema podría calificarse de neutral en relación al ejercicio del derecho. Esta calificación se vería reforzada por el hecho de que la resolución administrativa tan sólo puede ser adoptada cuando la reunión o manifestación no sea pacífica o con armas, o bien con efectos equivalentes, cuando existan razones fundadas de alteración del orden público con peligro para personas o bienes. En este sentido, la adopción de la resolución administrativa implica el ejercicio de una competencia vinculada a lo establecido en la Constitución y en la ley de desarrollo. Por razones fundadas se puede identificar con que se pueda producir una situación de desorden material en el lugar de tránsito público que impide el normal desarrollo de la convivencia ciudadana en aspectos que afectan a la integridad física o moral de personas o a la integridad de bienes públicos o privados (STC 66/1995 FJ 3, STC 172/2020 FJ 6 B). Las dificultades circulatorias o de tránsito público derivadas de la ocupación instrumental de las calzadas por el ejercicio de este derecho de reunión solo en supuestos muy concretos (colapsos circulatorios que imposibiliten la prestación de servicios esenciales con incidencia en la seguridad de personas o bienes, la ocupación indefinida o excesivamente prolongada en el tiempo) podrá conllevar una alteración del orden público con peligro para personas o bienes.

Sin embargo, para evitar que esta intervención administrativa en el ejercicio de un derecho fundamental pueda extralimitarse en la discrecionalidad en que pueda incurrir la resolución administrativa, es necesario que ésta tenga una motivación. El control judicial va a recaer principalmente en el examen de dicha motivación, que es, en definitiva, lo que permite determinar si se ha producido una desviación de poder, una deficiente fundamentación legal o una errónea calificación jurídica.

No obstante, no se puede dejar de analizar el hecho de que las motivaciones de la resolución administrativa presentan una serie de dificultades ocasionadas por el carácter indiciario e hipotético de la alteración del orden público. Para la aceptación de la motivación que realiza la Administración por parte de la jurisdicción ordinaria sin que ésta se convierta en un acto de fe, es necesario presentar unos criterios objetivos y razonables de que se va a producir la alteración del orden público y la evidencia racional o adecuada de indicios suficientes que fundamenten la resolución administrativa denegatoria o modificativa del ejercicio del derecho. En este sentido deben constar informes o antecedentes directos relacionados con el escrito de comunicación previa, no resultando adecuados los datos contenidos en expedientes anteriores sin conexión directa o actual con la reunión o manifestación concreta. En este sentido, la reforma realizada en 1999 del art. 9.2 de la Ley Orgánica que regula el derecho de reunión ha servido para que la autoridad local realizara un informe motivado y no vinculante incidiendo en las consecuencias por causas objetivas y de índole técnico.

Por otra parte, la Disposición adicional de la mencionada Ley establece como autoridad gubernativa no solo a la Administración General del Estado, sino también a las Comunidades Autónomas con competencias en materia de seguridad ciudadana, aproximando de este modo las decisiones a las autoridades más próximas al lugar de celebración de las reuniones o manifestaciones. En este informe de la autoridad gubernativa, en la motivación se puede recurrir a unos precedentes de carácter subjetivo basados en la existencia de antecedentes policiales de los organizadores ya sean personas físicas o grupos. Sin embargo, además de la necesaria nitidez en la identificación de las personas y hechos, se requiere para la objetividad y razonabilidad de la decisión que se pueda deducir una intencionalidad a originar desordenes públicos. Una interpretación judicial que aplicara la presunción de inocencia como garantía del ejercicio de un derecho desvirtuaría la aplicación de precedentes de carácter subjetivo.

El TEDH, ante cualquier restricción del derecho de reunión, efectúa un test en tres niveles sobre su conformidad: previsión de la medida limitadora en la ley; fin o fines legítimos de la restricción (protección de derechos o intereses); y necesidad de la medida en una sociedad democrática, como necesidad social imperiosa, para el logro del fin o fines pretendidos (SSTEDH de 11 de abril de 2013, caso Vyerentsov c. Ucrania, § 51, y de 15 de octubre de 2015, caso Kudrevićius y otros c. Lituania, § 102).

En la realización del control judicial sobre las motivaciones de las resoluciones se puede comprobar que se presentan dificultades para la valoración de las experiencias anteriores y para la aceptación de la determinación que realiza la Administración de los índices de conflictividad que presentan las reuniones o manifestaciones en lugares de tránsito público. Sin embargo, las dificultades más bien se centran en que la Administración determine el modo de valorar dichas experiencias e índices de conflictividad y, en segundo lugar, en el hecho de que la Administración puede realizar un uso más o menos discrecional del dichas valoraciones e índices debido a la inexistencia de reglas preestablecidas sobre su utilización como motivación de una resolución.

Desde el punto de vista de la Administración, tampoco se puede considerar el sistema excesivamente efectivo. En el plazo de 48 horas a partir de la presentación del escrito de comunicación previa se debe verificar y realizar las comprobaciones, averiguaciones, consultas y solicitud de los informes que sean precisos para adoptar una resolución, así como redactarla en forma motivada y proceder a su notificación. Salvo que existan reglas preestablecidas, un protocolo de actuación o bien se tenga ya adoptada una predecisión sobre el fondo del asunto, no puede realizar la Administración su función con la debida diligencia.

En definitiva, este sistema mediante el cual se ha procedimentalizado el ejercicio del derecho de reunión y manifestación está articulado como un instrumento de control preventivo y de restricción del ejercicio del derecho. El control y la restricción se deben fundamentar en la alteración del orden público y en el peligro para personas y bienes, es decir, en el carácter pacífico de la reunión o manifestación, pero la mayoría de los problemas vinculados a la motivación de las resoluciones administrativas son problemas que quedan al margen de la regulación que se realiza a través de la ley de desarrollo. La ley no establece ninguna regulación sobre las posibilidades de abuso de derecho, sobre cuándo se puede deducir una situación de riesgo, sobre la solución de la concurrencias o colisiones en el ejercicio de los derechos fundamentales. En definitiva, la mayoría de los problemas que se quieren solucionar sobre el ejercicio del derecho de reunión y manifestación carecen de conflictividad o bien las cuestiones de la protección de derechos de terceras personas y las colisiones con la libre circulación siguen permaneciendo abiertas sin que la ley los solucione.

Desde el punto de vista de los elementos configuradores del derecho de reunión, se debe destacar que las reuniones de carácter espontáneo no pueden ser consideradas directamente ilícitas ya que pueden tener una organización o instancia central, radicando su especialidad en la formación simultánea de los elementos configuradores lo que ocasiona un ejercicio inmediato del derecho sin tiempo para cumplir las prescripciones normativas. Recientemente se ha llamado la atención sobre que el requisito de la comunicación previa no es necesario, debiéndose limitar a manifestaciones con un número de participantes elevado, pero no para las que no afecten al tráfico o para las reuniones espontáneas o improvisadas como reacción inmediata y urgente a un acontecimiento con convocatorias mediante móviles o redes sociales, es decir, nuevas formas de reunión o manifestación de carácter no tradicional. Seguramente una mejor regulación y determinación de supuestos mejoraría las circunstancias, pero no se escapa que en estos supuestos no se puede determinar una responsabilidad de organizadores o promotores, ya que por mucho que se realicen comprobaciones de identificación de asistentes y participantes, por mucho que se proceda a la apertura de procedimientos sancionadores, la impunidad de estos hechos es la situación predominante debido a que es difícil demostrar la condición de organizador o promotor o que los asistentes conocían que se trataba de una manifestación ilegal.

III. LA ADOPCIÓN DE INSTRUMENTOS DIRIGIDOS A LA EFICACIA Y EFECTIVIDAD DEL EJERCICIO DEL DERECHO

La eficacia de la ley reguladora del derecho de reunión depende de la voluntad subjetiva de los destinatarios en cuanto a su cumplimiento, de la articulación de medidas de control efectivas y de que la organización de la reunión o manifestación fuera realizada por promotores que ocupen un papel institucionalizado en la sociedad como los partidos políticos.

La articulación de medidas que mejoren la voluntad subjetiva del cumplimiento de la ley es difícil, salvo que se adopten medidas coactivas que en la actualidad se encuentran establecidas en los ilícitos penales y administrativos. La introducción de instrumentos de cooperación, de negociación y diálogo requiere una cierta modificación del papel de los jueces en relación al control de la actividad administrativa, que si bien debe continuar basándose estrictamente en el examen de la constitucionalidad y legalidad de la resolución administrativa en el caso que no se quiera mantener una relación de cooperación, al mismo tiempo se debe introducir instrumentos que amplíen el papel de los jueces, que no puede ser restringido al mantenimiento o revocación de la resolución administrativa en el caso de que los titulares del derecho quieran mantener una relación de cooperación y por cualquier motivo no se haya llegado a una solución satisfactoria para ambas partes. En este sentido, se debería ampliar las competencias del juez para poder facilitar una matización con la finalidad de que se pudiera modificar alguno de los elementos actuales en aras del efectivo ejercicio del derecho.

En relación a los escraches, no se puede obviar que su ejercicio, aunque sea pacífico y no violento, genera un conflicto entre derechos, ya que afecta al derecho a la inviolabilidad del domicilio, a la intimidad personal y familiar, no solo de los cargos públicos afectados, sino también de sus familiares y vecinos. El problema se sitúa en que si hay comunicación previa se puede plantear la existencia de lugares alternativos a pesar de que el lugar puede no ser indiferente, pero no una prohibición directa, ya que la repercusión pública y la comunicación al cargo público del mensaje se pueden realizar de otros modos idóneos sin que afecte a la acción reivindicativa.

El tratamiento penal de los escraches como delito o falta de coacciones suele concluir con la absolución o archivo de actuaciones, por las dificultades de demostrar que se tenía la intención de causar algún perjuicio o que no se ejerció ningún tipo de violencia física. Los tipos penales, al igual que la actuación de las fuerzas del orden exigen que los manifestantes porten armas, empleen violencia sobre las personas, fuerza en las cosas, perturbación del orden con daños a objetos o bienes de terceros, ni enfrentamientos con las fuerzas policiales u otras personas. La conducta de persuadir o influir en decisiones políticas no es delictiva, salvo que se realice por medios violentos o intimidatorios. Hechos como pulsar el timbre del portero automático, penetrar en el portal, exhibir bastones de forma conminatoria, realizar pintadas, coartar la libertad ambulante de vecinos y familiares, la obstrucción del paso, impedir la entrada y salida del domicilio, pueden ser indicios de esa violencia o intimidación, pero son de difícil prueba en un proceso penal.

En cualquier caso, se debe comprobar en relación a una posible licitud de los escraches la duración limitada o no prolongada, la convocatoria de forma reiterada o constante ante un mismo domicilio o en horas de descanso nocturno, el objeto licito de la concentración, sin clima de presión o acoso, es decir, una serie de circunstancias y datos objetivos que deben ser contemplados con carácter general y no dejados al voluntarismo de su aplicación a órganos judiciales o administrativos.

En general, se puede deducir la existencia de dos tipos de manifestaciones diferenciados en relación a la eficacia de la ley de desarrollo del derecho: la manifestación comunicada, de alta participación y organizada por algún grupo institucionalizado en la sociedad que cuenta con amplia capacidad de convocatoria y la manifestación no comunicada de baja participación y organizada por grupos sin excesiva capacidad de convocatoria. Aunque puede ser considerada una tarea difícil el intentar convertir en eficaz a la manifestación no comunicada, si que es posible mejorar los mecanismos de control. En este sentido, puede ser conveniente diferenciar entre ciudades o Comunidades Autónomas con gran población y las de pequeña población. De este modo, si lo que se pretende es la eficacia de la ley de desarrollo a través de la introducción de modelos diferenciados y singularizados, teniendo en cuenta que estamos tratando el ejercicio de un derecho, se debe recabar la colaboración de las Comunidades Autónomas. De conformidad con el art. 149.1.1 CE, el Estado tiene la competencia exclusiva para la regulación de las condiciones básicas que garanticen la igualdad de todos los españoles en el ejercicio de los derechos. Este artículo no impide que las Comunidades Autónomas puedan adoptar normativa de desarrollo lo que facilitaría la introducción de modelos diferenciados y singularizados del ejercicio del derecho, basadas en su competencia en materia de seguridad ciudadana.

En esta misma línea de argumentación, se podría adoptar normativa especial destinada a establecer límites que tendrían como referencia el lugar de celebración de la reunión o manifestación y que supondrían restricciones (no prohibiciones) en el ejercicio del derecho fundamental. Asimismo, hemos examinado como la ausencia de comunicación previa era difícil motivar una resolución administrativa en base a precedentes de carácter subjetivo. La Ley Mordaza introduce nuevas sanciones administrativas, manteniendo antiguas como la sanción por no comunicar manifestaciones a los organizadores y promotores, pero introduce otras nuevas como la remoción de elementos para delimitar perímetros de seguridad, los desórdenes en el espacio público o la obstaculización de la vía pública con mobiliario urbano, vehículos u otros objetos, cuando se ocasione una alteración grave de la seguridad ciudadana o las faltas de consideración y respeto a los miembros de las Fuerzas y Cuerpos de Seguridad, así como una protección frente a manifestaciones no comunicadas en infraestructuras o instalaciones que presten servicios básicos siempre que se genere un riesgo para la vida e integridad física de las personas. La dotación de instrumentos efectivos para garantizar el cumplimiento de la comunicación previa o el correcto ejercicio del derecho son necesarios en una sociedad democrática.

Finalmente, se debe valorar la doctrina del Tribunal Constitucional en relación a las infracciones vinculadas a actos, reuniones y manifestaciones en lugares públicos e introducidas por la Ley Mordaza. En este sentido, establecer como conducta sancionable la perturbación grave de la seguridad ciudadana en reuniones o manifestaciones frente a sedes parlamentarias, aunque no estuvieren reunidas, cuando no constituyan infracción penal (art. 36.2 LOPSC), se considera que constituye una medida idónea para el logro efectivo de los dos fines legítimos (normal funcionamiento de los parlamentos y preservación de su especial significación institucional), aunque solo convierte en sancionable las conductas que, con ocasión de las mencionadas reuniones, dañen de un modo intenso a personas o bienes (o entrañen un riesgo agravado de que se produzca ese resultado lesivo), así como las que obstruyan sensiblemente el funcionamiento de los órganos legislativos (STC 172/2020 FJ 6 C). En relación con el incumplimiento de los requisitos legales o de las decisiones adoptadas por la autoridad competente en la celebración de reuniones en lugares de tránsito público o de manifestaciones, incumpliendo lo preceptuado en los art. 4.2, 8, 9, 10 y 11 LODR, cuya responsabilidad corresponderá a los organizadores o promotores (art. 37.1 LOPSC), se sancionan las manifestaciones o reuniones no comunicadas, las comunicadas que no se ajustan al contenido comunicado o a las modificaciones introducidas por la autoridad competente y las prohibidas por la autoridad gubernativa. El TC consideró que no son inconstitucionales estos preceptos, siguiendo los criterios de TEDH, ya que ausencia de la comunicación previa puede no ser suficiente para justificar una restricción del derecho de reunión, siempre que concurran especiales circunstancias (como la existencia de un evento o acontecimiento político actual, siendo además la manifestación necesaria para dar una respuesta inmediata al mismo) y los participantes no hayan realizado ninguna conducta ilegal, por lo que se debe realizar en la aplicación del tipo infractor el oportuno juicio de proporcionalidad a los efectos de salvaguardar y no desincentivar el ejercicio del derecho de reunión (STC 66/1995 FJ 2), y con mayor razón en algunos casos, como los de las manifestaciones espontáneas, atendiendo a las circunstancias concurrentes, como respuesta inmediata a un evento político actual, ausencia de conductas ilegales o riesgo efectivo para la seguridad ciudadana (STC 172/2020 FJ 6 D).

IV. RECIENTES PROBLEMÁTICAS EN EL EJERCICIO DEL DERECHO: EL PROCÈS Y LA PANDEMIA DE COVID

El ejercicio del derecho de reunión y manifestación conectado con el Procès planteó dos tipos de problemáticas, su aplicación en las sentencias judiciales de los principales encausados y los posibles abusos cometidos por ejercicio reiterativo durante tres años de manifestaciones. En relación a las sentencias judiciales por el delito de sedición del Procès, quizás los casos más emblemáticos en relación con la aplicación del derecho de reunión y manifestación, fueron los de Sánchez y Cuixart, que participaron en calidad de Presidentes de ANC y Omnium Cultural como organizadores y promotores en los hechos de la Conselleria de Economía para impedir el registro y coaccionar a los encargados judiciales del mismo, así como para impedir la actuación de los agentes de la autoridad en relación con el referéndum ilegal el día de la votación, en los que nos centraremos, aunque una doctrina similar y reiterativa del TC se aplicó en los demás casos. El argumento principal utilizado por las defensas consiste en que no se puede imputar el delito de sedición o cualquier otro acto criminal, ya que con las protestas se estaba ejerciendo el derecho de reunión. El TC considera que el derecho de reunión de conformidad con su doctrina no está exento de límites en su ejercicio y que no se han criminalizado actos de protesta, debido a que la disidencia no se puede canalizar a través de la oposición activa y concertada, frente a actuaciones de agentes de la autoridad con respaldo legal y constitucional encaminadas a dar cumplimiento a un específico y muy concreto mandato judicial, imposibilitando de hecho, mediante la interposición física, la actuación de los agentes de la autoridad con una multitud de personas convocadas para obstaculizar el ejercicio de la función jurisdiccional en un alzamiento público y tumultuario que estaba dirigido a impedir la aplicación de las leyes (STC 121/2021 FJ 12.5.2.3). El derecho de reunión pacífica excluye de su ámbito de protección aquellas reuniones o manifestaciones en las que sus organizadores o participantes tengan intenciones violentas, pretendan inducir a otros a ejercer la violencia o socaven de cualquier otra manera los fundamentos de una sociedad democrática (STC 122/2021 FJ 9.3).

Seguramente la problemática de mayor abuso de derecho planteada en los últimos tiempos han sido los cortes de tráfico diarios por independentistas en la Avenida Meridiana de Barcelona, una de las vías de entrada y salida importantes de la ciudad, desde octubre de 2019 hasta febrero de 2022 (solo interrumpidas durante los periodos más restrictivos del COVID), en el que finalmente la Conselleria de Interior adoptó una resolución de prohibición para poner fin a la interrupción de tráfico tras la larga apatía institucional que provocó un aumento de tensión con enfrentamientos con conductores y personas contrarias a mantener la situación, siendo necesaria una intervención final por los Mossos d'Esquadra. La Junta Electoral de Barcelona adoptó resoluciones de prohibición y apertura de expediente sancionador contra la ANC durante la campaña electoral de las elecciones catalanas del 14F de 2021, pero también hubo una celebración de varios días en febrero de 2023 por los mil días ininterrumpidos de cortes de tráfico. La reiteración de manifestaciones puede justificar algunas limitaciones adjetivas del derecho, como la prohibición de cortar el tráfico o de superar los límites establecidos en las ordenanzas municipales sobre el ruido (STC 193/2011 FJ 5-7), pero no supone un abuso o un ejercicio extralimitado, salvo si se pretende la ocupación indefinida o excesivamente prolongada en el tiempo de un espacio de una manera que se ponga en peligro los bienes y derechos de terceros. En consecuencia, ni la reiteración en el ejercicio del derecho de reunión legitima su prohibición sin la concurrencia de otras razones que la justifique, ni es admisible que la autoridad gubernativa se apoye en el argumento de la habitualidad para entender conseguido el objetivo de publicidad de las protestas buscado por los manifestantes (no estando limitada la libertad de expresión por este motivo, no puede estarlo tampoco el instrumento utilizado), negando la utilidad o la necesidad del derecho de manifestación (STC 193/2011 FJ 5, STC 24/2015 FJ 4). En cualquier caso, la reiteración o habitualidad en el ejercicio del derecho sí pueda configurarse como una variable que, en función de las características concretas del caso, justifique el condicionamiento o la limitación del ejercicio del derecho.

En relación con el ejercicio del derecho de reunión y manifestación durante la pandemia por covid, dejando al margen la diferenciación entre la limitación y la suspensión en una declaración del estado de alarma, el Tribunal Constitucional se ha pronunciado sobre si el art. 7 RD 463/2020 que establece la prohibición de acceder a la vía pública supone la absoluta imposibilidad de celebrar reuniones o manifestaciones en dicha vía. En este sentido, se pronunció a favor de la constitucionalidad de este precepto ya que no se establece de modo estricto ninguna condición del ejercicio del derecho de manifestación bajo el estado de alarma, ni ha limitado la posibilidad de dirigir comunicación previa a la autoridad para su celebración y se mantiene la garantía constitucional de que las reuniones en lugares de tránsito público y manifestaciones solo podrán ser prohibidas o condicionadas cuando existan razones fundadas de alteración del orden público, con peligro para personas o bienes, o bien cuando su ejercicio pueda deparar la desproporcionada perturbación de otros bienes o derechos protegidos por nuestra Constitución (STC 148/2021 FJ 6). En relación con el art. 7 RD 926/2020 que condicionaba la permanencia de grupos de personas en espacios públicos o privados a que no se superara el número máximo de seis personas, siempre que fueran no convivientes, aunque el número podría ser menor según los indicadores sanitarios, sin incluir en las limitaciones las actividades laborales e institucionales, se consideraba un supuesto de restricción, condicionamiento o prohibición de las reuniones en lugares de tránsito público y las manifestaciones cuando en la previa comunicación presentada por los promotores no quedara garantizada la distancia personal necesaria para impedir los contagios (ATC 40/2020 FJ 4). Por otra parte, el TC aclara que las reuniones orgánicas de los partidos políticos, los sindicatos y las asociaciones empresariales se incluyen entre las actividades laborales e institucionales no sometidas al condicionamiento, al ser consideradas asociaciones de relevancia constitucional y su plena libertad de organización, funcionamiento y acción no puede quedar afectada o disminuida bajo ningún estado de crisis. Finalmente, se considera proporcional la limitación de reuniones públicas o privadas a seis personas motivado en la reducción de la propagación del coronavirus en encuentros sociales, ya que existe un equilibrio entre el reconocimiento que merece la condición de ser social de las personas y la lucha por preservar la salud pública (por todos, STC 183/2021 FJ 6 B y C).

En conclusión, tanto en el Procès como en la Pandemia de Covid, la función del derecho de reunión y su protección no han supuesto modificaciones relevantes en la doctrina del TC, que aplicando los criterios tradicionales o incorporando los del TEDH han resuelto las problemáticas planteadas.

V. BIBLIOGRAFÍA

BILBAO UBILLOS, J. M.: "La libertad de manifestación a examen: ¿una alarma justificada?", en AA.VV., *La constitución política de España. Estudios en homenaje a Manuel Aragón Reyes*, CEPC, Madrid, 2016, P. 525-548.

GAVARA DE CARA, J. C.: *El sistema de organización del ejercicio del derecho de reunión y manifestación*, McGraw-Hill, Madrid, 1997.

GONZÁLEZ PÉREZ, J.: *Derecho de reunión y manifestación*, Madrid, Civitas, 2002.

RUIZ PIÑEIRO, F. L., SÁIZ FERNÁNDEZ, R.: *El derecho de reunión y manifestación. Análisis doctrinal y jurisprudencial*, Aranzadi, Cizur Menor, 2010.

TORRES MURO, I.: *El derecho de reunión y manifestación*, Civitas, Madrid, 1990.

VI. JURISPRUDENCIA

STC 66/1995, de 8 de mayo.
STC 163/2006, de 22 de mayo.
STC 193/2011, de 12 de diciembre.
STC 172/2020, de 19 de noviembre.
STC 148/2021, de 14 de julio.
STC 183/2021, de 27 de octubre.

Artículo 22

1. Se reconoce el derecho de asociación.

2. Las asociaciones que persigan fines o utilicen medios tipificados como delito son ilegales.

3. Las asociaciones constituidas al amparo de este artículo deberán inscribirse en un registro a los solos efectos de publicidad.

4. Las asociaciones sólo podrán ser disueltas o suspendidas en sus actividades en virtud de resolución judicial motivada. 5. Se prohíben las asociaciones secretas y las de carácter paramilitar.

COMENTARIO

Miguel Ángel Presno Linera
Catedrático de Derecho Constitucional
Universidad de Oviedo

SUMARIO: I. EL DERECHO DE ASOCIACIÓN COMO EXPRESIÓN DEL LIBRE DESARROLLO DE LA PERSONALIDAD. II. LA EXIGENCIA DE UNA ORGANIZACIÓN INTERNA Y UN FUNCIONAMIENTO DEMOCRÁTICOS. III. ¿EXISTE EL DERECHO A INTEGRARSE EN UNA ASOCIACIÓN EN CONTRA DE LA VOLUNTAD DE SUS MIEMBROS? IV. Bibliografía. V. JURISPRUDENCIA.

I. EL DERECHO DE ASOCIACIÓN COMO EXPRESIÓN DEL LIBRE DESARROLLO DE LA PERSONALIDAD

Al respecto, hay que comenzar recordando que, en palabras del Tribunal Constitucional (TC), el artículo 22 CE consagra "una de las libertades capitales de la persona, al asentarse justamente como presupuesto en la libertad" (STC 244/1991, de 16 de diciembre, FJ 2) y esa libertad de asociación es también "un componente esencial de las democracias pluralistas" (STC 104/1999, de 14 de junio, FJ 3). Y el fundamento de las asociaciones debe buscarse en la libre voluntad de los socios de unirse y de permanecer unidos para cumplir los fines sociales, creando entre ellos no sólo un vínculo jurídico "sino también una solidaridad moral basada en la confianza recíproca" (STC 218/1988, de 22 de noviembre, FJ 1). Esa agrupación permanente se plasma en una estructura organizativa, concretada en los correspondientes estatutos en virtud del *pactum associationis* original (STC 104/1999, FJ 2), cuya aceptación es un elemento esencial del acto de integración de los asociados (entre otras muchas, SSTC 218/1988, FJ 2, y 56/1996, de 16 de enero, FJ 9).

En este derecho se advierte de modo especial la presencia del libre desarrollo personal; como recuerda el profesor Ángel Gómez Montoro, asociarse es una forma elemental de expresión de la libertad de actuación y, al garantizarse el derecho de asociación, se garantiza, al mismo tiempo, el libre desarrollo de la personalidad "en" y "a través" de los grupos sociales.

II. LA EXIGENCIA DE UNA ORGANIZACIÓN INTERNA Y UN FUNCIONAMIENTO DEMOCRÁTICOS

Y a propósito del libre desarrollo personal propio de este derecho fundamental, en las páginas siguientes nos centraremos en una de las exigencias previstas por la Ley Orgánica 1/2002, de 22 de marzo, reguladora del derecho de asociación: de acuerdo con el artículo 2.5 "la organización interna y el funcionamiento de las asociaciones deben ser democráticos, con pleno respeto al pluralismo", y, según el artículo 7.1.g, los estatutos deben incluir "los criterios que garanticen el funcionamiento democrático de la asociación". Por su parte, el artículo 11.3 dispone que "la Asamblea General es el órgano supremo de gobierno de la asociación, integrado por los asociados, que adopta sus acuerdos por el principio mayoritario o de democracia interna y deberá reunirse, al menos, una vez al año".

Es de sobra conocido que la exigencia de democracia interna para los partidos políticos, como forma particular de asociación, está prevista en el artículo 6 de la Norma Fundamental; lo mismo sucede con los sindicatos y las asociaciones empresariales en el artículo 7, con los colegios profesionales en el artículo 36 y con las organizaciones profesionales en el artículo 52 pero la Constitución en su artículo 22 nada dice sobre tal requisito en relación con las asociaciones en general. Tampoco prevé nada al respecto el Convenio Europeo de Derechos Humanos.

Cabe recordar que ya la Ley del Parlamento Vasco 3/1988, de 12 de febrero, de asociaciones, dispuso que la organización y el funcionamiento de todas las asociaciones incluidas en su ámbito de aplicación debían ser democráticos; en el mismo sentido se pronunció la Ley del Parlamento de Cataluña 7/1997, de 18 de junio, de asociaciones, si bien el Tribunal Constitucional declaró nula estas previsiones, primero en la STC 173/1998, de 23 de julio, y luego en la STC 135/2006, de 27 de abril. De acuerdo con la primera resolución (FJ 13):

> "la previsión general de que la organización y funcionamiento de las Asociaciones será democrática" contenida en el núm. 4 de este artículo [del artículo 2] excede la competencia del legislador autonómico. No cabe duda de que este legislador puede regular aquellos aspectos concretos de la organización y funcionamiento

de las asociaciones que estime necesarios para preservar bienes constitucionalmente relevantes y siempre que la regulación sea proporcionada a esta finalidad. No obstante, lo que no puede hacer, en tanto que legislador ordinario, es imponer como condición genérica para la constitución y el reconocimiento de una asociación, como hace el artículo ahora examinado, un tipo global de organización interna de las asociaciones —por más que del modelo de organización democrática quepan diversas concreciones—.

No es preciso pronunciarse ahora acerca de si ese imperativo, que la Constitución impone solamente a ciertas modalidades asociativas como, por ejemplo, los partidos políticos, respeta o no el contenido esencial del derecho de asociación en su vertiente de libertad de organización y funcionamiento interno sin interferencias de los poderes públicos (art. 6 CE, SSTC 3/1981, fundamento jurídico 1° y 56/1995, fundamento jurídico 3°). Tampoco es necesario determinar si esta exigencia puede imponerse, por parte del legislador ordinario, como condición para poder acceder a ayudas concretas o acogerse a beneficios específicos otorgados por los poderes públicos. Basta con advertir que esta imposición, como condición genérica de constitución y reconocimiento legal de una asociación, constituye un desarrollo directo de un elemento esencial para definir la libertad de autoorganización de las asociaciones, por lo que solamente las Cortes Generales mediante ley orgánica tienen competencia para pronunciarse sobre si las asociaciones deben organizarse y funcionar democráticamente o, por el contrario, los estatutos de la asociación pueden establecer libremente otros modos de organización y funcionamiento. Por consiguiente, el núm. 4 del art. 2 de la Ley impugnada debe ser declarado inconstitucional y nulo, así como el inciso "de acuerdo con el artículo 2.4, y" que encabeza el art. 12.1. Por motivos similares, a igual conclusión debe llegarse respecto del inciso final del núm. 1 de este art. 2, que establece que la constitución de Asociaciones "(y) se llevará a cabo con respeto al pluralismo y a los principios democráticos". Se trata de un límite a la constitución de asociaciones que como tal afecta directamente a uno de los aspectos esenciales del desarrollo del derecho de asociación y, en consecuencia, su regulación —cuya constitucionalidad no ha sido controvertida desde el punto de vista material— debe considerarse encuadrada en el ámbito de la reserva de ley orgánica del art. 81.1 CE.

En nuestra opinión, la legislación orgánica estatal no puede configurar la organización interna de las asociaciones de manera que quede desvirtuada la libertad que la Constitución garantiza en ese punto. Por tanto, va en contra del libre desarrollo personal que se reconoce a los titulares del derecho de asociación la imposición de una organización y un funcionamiento democráticos y, más todavía, la exigencia de respeto al pluralismo. El pluralismo se protege, precisamente, a través de la capacidad de creación de nuevas asociaciones, el abandono de las ya existentes, la no obligatoriedad de la integración en una asociación,...

Aunque no de manera directa esta conclusión parece deducirse de una sentencia anterior a la STC 173/1998: en la ya citada STC 56/1995 sobre funcionamiento democrático de los partidos políticos se concluye que "el derecho de asociación en partidos políticos es, esencialmente, un derecho frente a los poderes públicos en el que sobresale el derecho a la autoorganización sin injerencias públicas; sin embargo, *a diferencia de lo que suele suceder en otros tipos de asociación, en el caso de los partidos políticos y dada su especial posición constitucional, ese derecho de autoorganización tiene un límite en el derecho de los propios afiliados a la participación en su organización y funcionamiento*" (FJ 3.b).

En esta línea, la citada STC 135/2006, posterior, por tanto, a la aprobación de la Ley Orgánica de asociaciones, declara que "*si el constituyente* quiso que determinadas asociaciones, por la relevancia de la funciones que se les reconocía, hubieran de tener de modo necesario una organización y funcionamiento democráticos, pero *no impuso ese principio a cualquier otra asociación surgida del ejercicio del derecho fundamental de asociación*, no cabe que el mismo sea establecido por las leyes de las Comunidades Autónomas, pues ello significaría que dichas leyes autonómicas podrían realizar el cometido de excepcionar reglas generales derivadas de la propia Constitución, función que sólo a la ley orgánica le está conferida y que, por lo dicho más atrás, no cabe entender que pueda estar incluida en la competencia autonómica de regulación del ejercicio del derecho" (FJ 5; todas las cursivas son nuestras).

Y es que la configuración constitucional del derecho de asociación incluye la existencia de organizaciones cuyo funcionamiento interno no se ajuste a lo que se consideran principios democráticos (elección de cargos, igualdad de derechos, regla de la mayoría para decidir,...) o que sean abiertamente autoritarias: formaría parte del ámbito de decisión de cada socio, de su libre desarrollo personal en este derecho, la aceptación libre de estas condiciones y la consiguiente facultad de dejar de aceptarlas, abandonando, en su caso, esa asociación.

En conclusión, pues, las exigencias previstas en los artículos 2.5, 7.1.g y 11.3 de la Ley Orgánica de asociaciones son, a nuestro juicio, inconstitucionales, y esa tacha deriva de la lesión del ámbito de libre desarrollo personal garantizado por ese derecho fundamental. Esta postura contraria a la imposición del funcionamiento democrático a las asociaciones parece clara en la doctrina y jurisprudencia alemanas, donde se rechaza que el Estado pueda imponer un determinado modelo de organización interna, aunque sea democrático.

No obstante, parte de la doctrina española, crítica con las exigencias mencionadas, considera, sin embargo, que cabe salvar la constitucionalidad de los citados preceptos: así, el profesor Gómez Montoro argumenta, en relación con el artículo 2.5, que no es un precepto que desarrolle el artículo 22 de la Constitución "sino una exigencia limitada al tipo asociativo concreto que regula la LODA, no siendo aplicable a otras asociaciones, ni siquiera como derecho supletorio". Previamente, Enrique Lucas Murillo de la Cueva apuntó que pudiera ser obligado "admitir que el ejercicio del derecho de asociación debe ser congruente, también, con la definición constitucional del Estado social y democrático de Derecho (art. 1.1 CE) y con el mandato dirigido a todos los poderes públicos para que faciliten la participación en la vida política, económica, cultural y social (art. 9.2 CE)". Por su parte, Germán Fernández Farreres explica que "dado que la previsión de la LODA queda ceñida a sancionar una regla o principio que admite un amplio margen de apreciación y, por tanto, de decisión, quizá sea excesivo concluir sin más que, en estos términos generales y abstractos, la misma resulta inconstitucional".

En nuestra opinión, la Ley Orgánica 1/2002 sí es una norma de desarrollo del artículo 22 de la Constitución: lo dice, en primer lugar, esa Ley en su Exposición de Motivos —"la necesidad ineludible de abordar el desarrollo del artículo 22 de la Constitución, mediante Ley Orgánica al tratarse del ejercicio de un derecho fundamental (artículo 81)... Se ha optado por incluir en único texto normativo la regulación íntegra y global de todos estos aspectos relacionados con el derecho de asociación o con su libre ejercicio"— y en su artículo 1.1 —"La presente Ley Orgánica tiene por objeto desarrollar el derecho de asociación reconocido en el artículo 22 de la Constitución y establecer aquellas normas de régimen jurídico de las asociaciones que corresponde dictar al Estado"—.

En segundo lugar, y desde una perspectiva conceptual, entendemos que hay desarrollo de un derecho fundamental cuando se lleva a cabo una concreción del contenido, objeto y límites internos y externos de ese derecho. Y eso es lo que ocurre con la LO 1/2002: concreta qué conductas forman parte del derecho (así, "comprende la libertad de asociarse o crear asociaciones, sin necesidad de autorización previa... Nadie puede ser obligado a constituir una asociación, a integrarse en ella o a permanecer en su seno, ni a declarar su pertenencia a una asociación legalmente constituida, arts. 2.2 y 2.3); la titularidad del derecho (art. 3); el contenido o las garantías (Capítulo VII)..."

En tercer lugar, un derecho que es, esencialmente, de libertad ["de creación de asociaciones y de adscripción a las ya creadas; de no asociarse y de dejar de pertenecer a las mismas, y, finalmente, de organización y funcionamiento internos sin injerencias públicas", STC 173/1998, FJ 8] es perfectamente congruente con la definición constitucional del Estado social y democrático de Derecho sin que ello implique que haya que trasladar a estas entidades privadas, que no cumplen, en principio, funciones públicas, las reglas de sujeción al ordenamiento y de estructura interna y funcionamiento propias de los órganos públicos de extracción política. Como sostuvo en su día Salvador Coderch, "las asociaciones... como regla basta que sean libres. Exigir además que todas ellas, absolutamente todas, se articulen de forma democrática, es un dislate, pues la pretensión de totalidad pervierte el sentido de la democracia que no es solo el gobierno de la mayoría, sino también respeto a las minorías y, a la postre, a la libertad individual de los ciudadanos, comprendida naturalmente, la de asociarse y organizarse a su gusto y no a la de la mayoría".

Finalmente, no compartimos que "la previsión de la LODA queda ceñida a sancionar una regla o principio que admite un amplio margen de apreciación y, por tanto, de decisión..." Se trata, por una parte, de una regulación bastante reglada ("La Asamblea General es el órgano supremo de gobierno de la asociación, integrado por los asociados, que adopta sus acuerdos por el principio mayoritario o de democracia interna y deberá reunirse, al menos, una vez al año", art. 11.3) y, por otra parte, con unas consecuencias claras para el caso de incumplimiento de esa exigencia "serán nulos de pleno derecho los pactos, disposiciones estatutarias y acuerdos que desconozcan cualquiera de los aspectos del derecho fundamental de asociación", art. 2.5).

En suma, las personas titulares de este derecho pueden configurar su libertad asociativa de manera que suponga la aceptación de principios no democráticos: integración en una asociación que no funcione de manera democrática (no renovación de cargos dirigentes, desigualdad del valor del voto,...) y que tampoco respete el pluralismo interno.

III. ¿EXISTE EL DERECHO A INTEGRARSE EN UNA ASOCIACIÓN EN CONTRA DE LA VOLUNTAD DE SUS MIEMBROS?

Una segunda cuestión que nos parece de interés a propósito de este derecho es la de si el libre desarrollo ampara la pretensión de una persona de integrarse en una asociación en contra de los criterios o de la voluntad manifestada por los miembros de la misma. Lo que aquí se concluya estará condicionado por lo que se haya dicho a propósito de la exigencia, o no, de funcionamiento democrático y organización plural de las asociaciones; así, por ejemplo, Giménez Gluck sostiene que existe un derecho de ingreso en las concretas entidades asociativas como concreción del derecho reconocido en el artículo 22 y que se puede invocar frente a la entidad; se apoya en el mandato legal de funcionamiento democrático (art. 2.5) y en la varias veces mencionada STC 173/1998, que alude a los derechos de los quieren ser socios (FJ 8).

A nuestro juicio no existe tal derecho a ser admitido en una asociación ya existente si se trata de una entidad que no ejerce una función pública ni ocupa una posición privilegiada respecto al ejercicio de determinadas actividades, como sí ocurría, por ejemplo, con la "Comunidad de Pescadores de El Palmar, de Valencia" (ATC 254/2001, de 20 de septiembre):

> "...no puede ampararse en la autonomía de la voluntad de las asociaciones privadas una decisión como la enjuiciada en las Sentencias recurridas en amparo, consistente en denegar u obstaculizar el ingreso a la Comunidad de Pescadores por razón de sexo, cuando esta Comunidad ocupa una posición privilegiada, al tener reconocida por el poder público la explotación económica en exclusiva de un dominio público, las aguas de la Albufera y su riqueza piscícola, de modo que sólo se puede ejercer la actividad pesquera en ese lugar si se es miembro de dicha Comunidad. Por consiguiente, el ingreso en la Comunidad de Pescadores de 'El Palmar', en cuanto medio para el acceso al trabajo y al disfrute de una concesión administrativa, no puede regularse por normas o prácticas que, de forma directa o indirecta, discriminen a las mujeres. Al haberlo declarado así las Sentencias recurridas en amparo, no puede apreciarse que las mismas hayan incurrido en la invocada lesión del art. 22 CE, por lo que las quejas de la recurrente carecen también en este punto de relevancia constitucional [art. 50. 1.c) LOTC)" (FJ 4).

Lo que puede hacer, como ya se ha dicho, el aspirante frustrado a socio es promover la creación de otra asociación o tratar de entrar en una tercera, pero, en ningún caso, exigir que se le admita en una donde los integrantes, por la razón que sea, no quieren nuevos socios o a ese concreto aspirante.

En esta misma línea se ha pronunciado el TEDH (asunto *Associated Society of Locomotive Engineers and Firemen (ASLEF) c. Reino Unido*, de 27 de febrero de 2007): "No se puede interpretar que el artículo 11 impone la obligación a las asociaciones u organizaciones de admitir a quienquiera que desee afiliarse a ellas. Cuando las asociaciones están formadas por personas que propugnando unos valores o ideas particulares, se proponen perseguir unos objetivos comunes, sería contrario a la efectividad de la libertad en cuestión si no tuviesen control sobre su militancia" (p. 39).

IV. BIBLIOGRAFÍA

ANZUREZ GURRÍA, J. J.: *La protección constitucional de las asociaciones. Sobre la dimensión colectiva del derecho de asociación*, CEPC, Madrid, 2014.

BILBAO UBILLOS, J. M.: *Libertad de asociación y derechos de los socios*, Universidad de Valladolid, 1997.

ELVIRA PERALES, A.: "Asociaciones y democracia interna", en *La democracia constitucional. Estudios en homenaje al Profesor Francisco Rubio Llorente*, CEPC, Madrid, 2002, vol. I, pp. 607 y ss.

FERNÁNDEZ FARRERAS, G.: *Derecho de asociación. Comentarios a la Ley Orgánica 1/2002, de 22 de marzo* (con Jesús GONZÁLEZ PÉREZ), Civitas, Madrid, 2002.

GIMÉNEZ GLUCK, D.: "Asociación, discriminación y Constitución: los límites entre la autonomía asociativa y el derecho de los socios —y aspirantes a serlo— a no ser discriminados", *Revista de Derecho Político*, núm. 79, 2010, pp. 143 y ss.

GÓMEZ MONTORO, Á.: *Constitución, Ley. Sobre el contenido constitucional del derecho de asociación*, CEPC, Madrid, 2003.

– "Veinticinco años de derecho de asociación", *Revista de Derecho Político*, núm. 58-59, 2003-2004, pp. 241 y ss.

LUCAS MURILLO DE LA CUEVA, E.: *El derecho de asociación*, Madrid, 1996.

PRESNO LINERA, M. Á.: *Libre desarrollo de la personalidad y derechos fundamentales*, Marcial Pons, Madrid, 2022.

SALVADOR CODERCH/VON MÜNCH/FERRER i RIBA: *Asociaciones, derechos fundamentales y autonomía privada*, Civitas, Madrid, 1997.

V. JURISPRUDENCIA

STC 218/1988, de 22 de noviembre.
STC 244/1991, de 16 de diciembre.
STC 56/1996, de 16 de enero.
STC 173/1998, de 23 de julio.
STC 104/1999, de 14 de junio.
STC 135/2006, de 27 de abril.
ATC 254/2001, de 20 de septiembre.

Artículo 23

1. Los ciudadanos tienen el derecho a participar en los asuntos públicos, directamente o por medio de representantes, libremente elegidos en elecciones periódicas por sufragio universal.

2. Asimismo, tienen derecho a acceder en condiciones de igualdad a las funciones y cargos públicos, con los requisitos que señalen las leyes.

COMENTARIO

Javier García Roca
Catedrático de Derecho Constitucional
Universidad Complutense de Madrid
Letrado del TC en excedencia

SUMARIO: I. INTRODUCCIÓN. II. DERECHO A PARTICIPAR EN ASUNTOS PÚBLICOS. SUFRAGIO ACTIVO. III. DERECHO A ACCEDER Y EJERCER LOS CARGOS PÚBLICOS REPRESENTATIVOS. SUFRAGIO PASIVO. ESTATUTO DE LOS PARLAMENTARIOS. CARGOS LOCALES. IV. DERECHO A ACCEDER A LAS FUNCIONES PÚBLICAS. V. BIBLIOGRAFÍA. VI. JURISPRUDENCIA.

I. INTRODUCCIÓN

Diversos derechos fundamentales. Hay varios derechos en este artículo, y, pese a que están íntimamente conectados y no pueden disociarse, conviene estudiarlos de forma separada. No obstante, las sentencias constitucionales no siempre los distinguen y, frecuentemente, las que se ocupan de cargos públicos se remiten a las de funciones públicas, o a la inversa, así al hablar de un derecho reaccional (SSTC 50/1986, 82/1987...).

Los ciudadanos como titulares. Los titulares de estos derechos de participación son los ciudadanos, es decir, quienes ostentan la nacionalidad española y tienen mayoría de edad política. El *status* de la ciudadanía es tradicionalmente distinto al de la persona (art. 6 *Déclaration des droits de l'homme et citoyen* de 1789) en el constitucionalismo liberal. Si bien se encuentra en un proceso de profunda transformación democrática, aún no finalizada, para hacerlo progresivamente coincidir con quien participa en los asuntos públicos de una comunidad política: extranjeros residentes, ciudadanos de Estados miembros de la Unión Europea. Ciudadano ya no es sólo el nacional.

Normas de Derecho Internacional y del constitucionalismo europeo. Son preceptos análogos el art. 33.2 de la Ley Fundamental de Bonn, el artículo 97 párrafo 3º de la Constitución italiana y el art. 48 de la Constitución portuguesa.

El art. 23 CE es pues un precepto que se inserta en las tradiciones constitucionales europeas, y que recibe disposiciones internacionales, como son el art. 25 del Pacto Internacional de Derechos Civiles y Políticos y el art. 21 de la Declaración Universal de Derechos Humanos, y normas europeas como son el art. 3 Protocolo 1 del Convenio Europeo de Derechos Humanos y el art. 39 y ss. Carta de Derechos Fundamentales de la Unión Europea.

Legado del constitucionalismo histórico: ciudadanía, mérito, y capacidad. Se advierte asimismo la herencia de nuestras Constituciones históricas que invariablemente afirmaron, de 1837 a 1931, que el acceso a los empleos y cargos públicos estaba abierto a todos los españoles según su mérito y capacidad. Por más que no fuera así en la realidad. La Constitución de Cádiz (art. 23) de 1812 vinculó los empleos públicos con la ciudadanía, porque el liberalismo reaccionó frente al Antiguo Régimen donde existían diversas restricciones por motivos estamentales y de otro tipo a la igualdad en el acceso a los empleo público; así la venta de oficios fue una práctica habitual en Castilla y Las Indias en los siglos XVII y XVIII.

II. DERECHO A PARTICIPAR EN ASUNTOS PÚBLICOS. SUFRAGIO ACTIVO

Participación en asuntos públicos y en procesos de decisión (art. 9.2 CE). El apartado 1º del art. 23 CE refleja una filosofía participativa, pero su enunciado adolece de ambigüedad por su misma fuerza expansiva. No pueden reconducirse a este derecho de los ciudadanos a "la participación en los asuntos públicos" *ex* art. 23 CE, todas las variantes de participación "en la vida política, económica, cultural y social" en un Estado democrático, recogidas en el art. 9.2, que consagra un principio constitucional con un objeto más amplio y no un derecho fundamental.

Participación directa y a través de representantes. En nuestra Constitución, los ciudadanos participan normalmente o con preferencia en los asuntos públicos mediante representantes y elecciones, pero también directamente —de forma complementaria— mediante instrumentos de democracia participativa como son, entre otras, la iniciativa legislativa popular, los referendos y consultas, o los concejos abiertos (SSTC 76/1994 y 63/1987).

Dos modalidades del derecho de sufragio. Existen dos modalidades de un mismo derecho de sufragio, activo y pasivo, que se presuponen mutuamente en cuanto vertientes del mismo principio de representación política (STC 71/1989, STEDH Caso Mathieu-Mohin y Clerfayt contra Bélgica, de 2 de marzo de 1987). Según la jurisprudencia constitucional, el sufragio activo se ubica en el apartado 1º del art. 23 CE y el pasivo en el 2º.

III. DERECHO A ACCEDER Y EJERCER LOS CARGOS PÚBLICOS REPRESENTATIVOS. SUFRAGIO PASIVO. ESTATUTO DE LOS PARLAMENTARIOS. CARGOS LOCALES

La noción de cargos públicos representativos. "Funciones" y "cargos" públicos no son conceptos precisos. Ha sido la jurisprudencia constitucional la que ha precisado ambos conceptos para delimitar el objeto de uno y otro derecho. Los cargos públicos representativos se ejercen en entes públicos (STC 18/1984), son cargos de representación política en el Estado y otros entes territoriales a través de los cuales se ejerce la participación política de los ciudadanos mediante elecciones periódicas (STC 23/1984). Elección por sufragio universal, representación política y acceso a los órganos del Estado-ordenamiento son los tres pilares de la noción. A través de estos cargos, se expresa la soberanía popular: el pueblo configura la voluntad democrática de los órganos del Estado mediante elecciones y mecanismos de representación política. Los parlamentarios no son sólo representantes en órganos del Estado de sus electores quienes a través suyo ejercen el derecho de participación política del art. 23.1 CE, sino también titulares de cargos públicos, es decir, ciudadanos que deciden por los órganos del Estado que es una persona jurídica o ficticia (STC 32/1985). Tienen pues una doble naturaleza, son comisionados y representantes, lo que se refleja en su posición, atribuciones y derechos. El concepto de "cargo público representativo" fusiona las teorías del órgano y de la representación, al otorgar a todo representante una legitimidad y competencia para decidir. La elección puede producirse por sufragio universal, ya sea directo o indirecto, pues en ambos casos existe participación ciudadana y representación política; véase la STC 24/1989 sobre Diputados Provinciales; lo mismo puede decirse del cargo de Alcalde, también de elección indirecta por los Concejales (STC 5/1983), o de los Senadores de designación autonómica (STC 40/1981, 76/1989, 123/2017...), o de un Presidente de Gobierno autonómico (STC 16/1984).

Bien jurídico protegido: la representación política. A la vista de lo expuesto, el bien u objeto protegido por el derecho fundamental es la representación política a través de elecciones.

Varias clases de servidores públicos: cargos públicos representativos, funcionarios públicos y cargos públicos. Muy distinta de esta posición constitucional es la propia del estatuto de los funcionarios públicos, titulares de puestos a los que se accede por mecanismos de selección objetiva, como son concursos y oposiciones, que culminan en un nombramiento. No existe en ellos ni elección ni representación ni responsabilidad política. Son empleados estatales que tienen un deber de fidelidad a la Constitución, están organizados jerárquicamente, deben ser ideológicamente neutrales, inamovibles e imparciales en el ejercicio de sus funciones. Unas notas en su mayor parte opuestas a las de los cargos públicos representativos. Una muy reiterada jurisprudencia constitucional (desde las SSTC 75/1983, 50/1086...) pone en conexión el art. 23.2 CE con los principios recogidos en el art. 103 CE, e impide que las Administraciones resuelvan las pruebas de selección y acceso a las funciones públicas mediante criterios distintos a los de mérito y capacidad. Tal lógica es distinta —si no contrapuesta— a la de la representación política. Empleados públicos y representantes son dos posiciones constitucionales diferentes y de las que emanan sendos derechos fundamentales diverso. Diferente es asimismo una tercera posición constitucional propia de los cargos públicos que no ejercen representación política y se ubican en el circuito de garantías como pueden ser los Magistrados constitucionales o los Vocales del CGPJ.

¿De qué igualdad habla el art. 23? La igualdad es un rompecabezas, pues engloba un conjunto de reglas y principios de compleja selección y cuya aplicación puede producir resultados contrapuestos. Toda igualdad recibe su sentido mediante una posible desigualdad. La igualdad del art. 23.2 no es superflua respecto de la genérica igualdad del artículo 14 CE, como llegó apresuradamente a decirse al principio del desarrollo constitucional, sino una igualdad muy específica, y por eso se aplica cuando no esté en juego ninguno de los supuestos de discriminación expresamente vedados en dicho art. 14 CE. Es un tipo de igualdad que se proyecta sobre un objeto reducido, empleos y cargos públicos, que combina exigencias de legalidad y regularidad en el acceso con las típicas de toda igualdad: leyes generales y abstractas, desprovistas de toda discriminación personal, y aplicadas de forma igual a todos sus destinatarios. Según la jurisprudencia constitucional, es una igualdad normativa o en la ley, que se proyecta también en fase de su aplicación por las administraciones y tribunales. Me parece que muy excepcionalmente podría ser una igualdad real o material, algo que no creo pueda descartarse sin mayores razones, pero es una posición que no acoge todavía la jurisprudencia española. Para los cargos públicos representativos, el combinado igualdad más representación más *ius in officium* lleva a efectuar un juicio de regularidad de sus atribuciones y derechos funcionales, revisando la *interpositio legislatoris* que se efectúa en los Reglamentos parlamentarios o en las leyes electorales. Configura una regla de procedimiento democrático entre mayoría y minorías

Derecho reaccional. Los derechos de acceso a los cargos y funciones públicas son verdaderos derechos subjetivos de los ciudadanos y, como tales, son derechos reaccionales y permiten impugnar ante la jurisdicción ordinaria y la constitucional una norma que quiebre la igualdad (STC 50/1986). La atribución a los ciudadanos de este derecho permite corregir los actos del poder que hayan impedido o menoscabado el acceso en condiciones igualitarias y de conformidad con lo dispuesto en las leyes, abriendo vías a favor de aquél para quien antes se cerraron de modo irregular (STC 82/1987). Cuando se trata de cargos funcionariales es un derecho puramente reaccional, pero respecto de los cargos públicos representativos permite discutir, además de la igualdad, otro tipo de inadecuaciones (STC 24/1990 y ATC 191/1991)

Derecho de configuración legal. El derecho de acceso no es sólo un derecho de igualdad sino "con los requisitos que señalen las leyes". El TC sostiene (v.gr. STC 161/1988) que, una vez creado un derecho o facultad de un parlamentario por una norma legal o un Reglamento parlamentario, se integra en su estatuto personal, protegido por el derecho fundamental frente a agresiones ilegítimas. De manera, que habitualmente el TC se limita a identificar en las normas de un Reglamento la facultad controvertida de un parlamentario para identificar el objeto del derecho, y no siempre construye una verdadera interpretación constitucional más allá de esta interpretación literal. Una práctica frente a la que me he mostrado crítico, ya que no siempre la configuración legal satisface las exigencias lógicas del derecho como ya ha ocurrido con las retribuciones de algunos parlamentarios autonómicos. Al cabo, la tesis de los derechos de configuración legal es equívoca: no coincide su uso en los diversos derechos fundamentales, y produce el riesgo de abocarlos a su desconstitucionalización si no se interpreta adecuadamente.

Contenido esencial. En efecto, el legislador no es plenamente libre al configurar el derecho, pues cuando menos existe un contenido esencial *ex Constitutione*. Basta con hacer una interpretación sistemática de las normas constitucionales para determinar qué aspectos cubre la garantía: regularidad de la elección y representación (arts. 66.1 y 69.1 CE), capacidad electoral y causas de inelegibilidad (arts. 12, 68.5 y 70 CE), igualdad en el sistema y procedimiento electorales (arts. 69.2 y 140 CE), causas de cese (arts. 68.4 y 69.6 CE), la renuncia al cargo (art. 23.2 CE), requisitos de posesión y adquisición de la condición plena del cargo (arts. 70.2, 23.1, 16 y 20.1 a] CE), desempeño de las atribuciones del mandato parlamentario y los derechos y deberes inherentes al mismo (arts. 68.4, 69.5, 71.4, 109, 110, y 111 CE). Muchos de estos extremos han sido objeto además de una rica jurisprudencia del TEDH que resulta vinculante. Todos estos contenidos deben tenerse en cuenta además de los principios que conformaron históricamente un Estado democrático y a la luz de la cultura del constitucionalismo.

Derecho de construcción jurisprudencial. Realmente no es sólo un derecho de configuración legal sino, sobre todo, un derecho de configuración jurisprudencial mediante una interpretación más tópica que sistemática. El actual alcance del derecho en su vertiente de *ius in officium* no hubiera sido posible de imaginar al comienzo de los años ochenta, e incluso ahora por un jurista persa descontaminado de décadas de jurisprudencia. Ocurre así realmente con todos los derechos fundamentales, pero esta interpretación constructiva constituye aquí un fenómeno dotado de especial intensidad.

Triple dimensión: acceso, permanencia, ejercicio. Desde los años ochenta, el "acceso" al cargo conlleva el derecho a "permanecer", sin ser cesado salvo por causas justificables y legalmente previstas, con la finalidad de preservar la voluntad popular expresada en elecciones, y también a ejercer las facultades del mismo sin perturbaciones ilegítimas: un verdadero *ius in officium* (SSTC 5/1983, 32/1985, 44/1995...). El derecho alberga, por tanto, una triple dimensión, que sólo se comprende desde una perspectiva realista con la finalidad de permitir al parlamentario construir la relación de representación política. El Tribunal no se ha contentado con una interpretación literal.

Libertad de mandato, titularidad del cargo y transfuguismo. La unión del derecho a "permanecer" en el cargo público representativo con la prohibición de mandato imperativo (arts. 23.2 y 67.2 CE), así como la conexión inescindible entre los derechos de los electores y de los elegidos, que no puede disolverse por la voluntad de un tercero extraño a la elección, ha llevado a la jurisprudencia a reconocer la titularidad de los cargos representativos por cada concreto ciudadano y no por los partidos políticos en cuyas candidaturas se presentaron. Esta tesis ha producido problemas derivados de abusos, el llamado "transfuguismo". Pero la solución de estos conflictos no pueden venir de reglas demasiado rígidas como es la atribución de la titularidad de todos los escaños a un partido. Éste ha sido el criterio razonado de la Comisión de Venecia del Consejo de Europa en numerosas de sus opiniones y la práctica totalidad de las jurisprudencias de las democracias occidentales: la *Western tradition*.

Doble naturaleza del derecho: autonomía y participación. Del sufragio pasivo emerge un derecho a participar en los asuntos públicos, primero como candidato y luego, tras la elección. Un derecho a desempeñar un cargo público representativo en condiciones de regularidad e igualdad. Un verdadero *status activae civitatis* en los términos clásicos de Jellinek. Pero, además de esta naturaleza participativa, el derecho garantiza una esfera de autonomía o libertad de cada representante respecto de poderes públicos y privados. Es una regla liberal de la democracia constitucional, conectada con la libertad de mandato representativo: los miembros de las Cortes no estarán ligados por mandato imperativo establece el art. 67.2 CE.

Los titulares del derecho: los ciudadanos individualmente o asociados. Titularidad y legitimación. La ciudadanía es un centro de imputación de derechos que reclama la nacionalidad, la mayoría de edad y la capacidad electoral: la condición de elegible. Pero las facultades propias de un parlamentario pueden ser ejercidas bien individualmente o de forma colectiva y asociado a otros parlamentarios, así ocurre con el ejercicio de las numerosas facultades que los Reglamentos atribuyen a los Grupos parlamentarios. Debe además distinguirse entre la titularidad individual del derecho, ya sea de forma personal o asociado en Grupos, y la legitimación para el ejercicio de las acciones que puede corresponder igualmente a dichos Grupos u otras formaciones sociales y sólo a los sujetos del derecho. Pero no son titulares del derecho los partidos políticos ni otras personas jurídicas. Asimismo el Derecho de la Unión ha institucionalizado una ciudadanía comunitaria.

Regularidad de la elección y del ejercicio del ius in officium. En una rica jurisprudencia que arranca de los parlamentarios en Cortes Generales o en Asambleas territoriales de las CC.AA., como paradigma, pero se ha aplicado también a cargos locales, el TC ha protegido un doble espacio sobre el que se proyecta el derecho. Primero, la igualdad en el acceso mediante elecciones, que ha acabado siendo una revisión de la regularidad de la elección. Segundo, el ejercicio del cargo público o estatuto de los parlamentarios.

La regularidad de los procedimientos electorales y su conexión con el sufragio pasivo. Curiosamente, la Constitución (art. 70.2 CE) no dio una competencia al TC para la revisión de las elecciones, y otorgó a los órganos judiciales —y no al Parlamento como antaño pasaba en España, y ocurre todavía en Italia— el control de las actas y credenciales. Pero el intérprete supremo de la Constitución se ha ido atribuyendo esta función progresivamente al amparo de la tutela del derecho fundamental al sufragio pasivo. Es hoy prácticamente imposible diferenciar entre vicios de legalidad electoral y tutela de este derecho fundamental en sede constitucional, aunque ciertas limitaciones deban mantenerse en los amparos en materia electoral. La Ley Orgánica de Régimen Electoral General (LOREG) de 1985 ya pareció asumir este planteamiento al introducir un célere recurso de amparo constitucional contra la proclamación de candidaturas y electos (art. 49.3), comprendido como una instancia más en las garantías electorales tras la intervención de las Juntas Electorales y los órganos judiciales del orden contencioso-administrativo. Un segundo paso, fue la reforma de la LOREG en 1991 para introducir, entre otros extremos, otro recurso de amparo constitucional contra la posterior proclamación de electos (art. 114.2). En parte, la reforma legal respondió al hito en la jurisprudencia constitucional que supusieron la STC 24/1990 y otras conexas tras los problemas acaecidos en las elecciones generales de 1989 cuya regularidad fue discutida. El resultado de este proceso ha sido que el TC ha revisado numerosos requisitos legales atinentes a diversas cuestiones sobre proclamación de candidaturas: problemas de capacidad electoral como es la inscripción en el censo, causas de inelegibilidad, privación del sufragio por condenas penales, irregularidades en las denominaciones de las candidaturas o sus siglas y símbolos, o actuaciones formalistas de la Administración electoral, etc. Pero, sobre todo, se ha garantizado, respecto de la proclamación de electos, otro tipo de vicios, asegurándose de la regularidad de la elección conforme a la decisión de la mayoría y la validez de las actas: errores en las actas de escrutinio, sentido del segundo sobre, alcance de la nulidad de la elección o de las elecciones indirectas, nulidad de papeletas, cláusulas de barrera legal y un largo etcétera de cosas.

El ejercicio del cargo público: el estatuto de los parlamentarios. El TC ha ido haciendo una novedosa jurisprudencia sobre el estatuto de los parlamentarios con la finalidad de preservar este derecho fundamental respecto de las minorías políticas frente a los abusos de la mayoría. La idea básica es que, siendo el derecho de configuración legal, corresponde a los Reglamentos ordenar las atribuciones de los parlamentarios, pero, una vez conferidos en una norma, pasan a formar parte del *status* propio del parlamentario y sus pretendidas transgresiones pueden ser defendidas directamente ante el TC (no hay aquí vía judicial previa ni subsidiariedad alguna) al amparo del art. 23.2 CE en cuanto contenido del *ius in officium* (STC 161/1988, 181/1989, 36/1990, 205/1990...). Esta jurisprudencia ha reforzado algo el debilitado estatuto individual de los parlamentarios en los modernos Parlamentos de partidos, y especialmente ha limitado la tendencia natural al abuso de toda mayoría sobre las minorías, prevaleciéndose de su influencia en la actuación de los órganos de dirección de las Cámaras, Presidente y Mesa.

Decisiones parlamentarias firmes y sin valor de ley. Esta revisión externa y judicializada de las decisiones parlamentarias es, no obstante, limitada, sólo pueden impugnarse en amparo (art. 42 LOTC) decisiones y actos sin valor de ley, y debe esperarse a que las mismas sean firmes, y obsérvese que suelen caber solicitudes de reconsideración según los Reglamentos parlamentarios, trámite donde los órganos parlamentarios de dirección tienen la oportunidad de corregir.

¿Interna corporis acta? Se ha superado así la tradicional tesis de los *interna corporis acta* o *internal proceedings* cuando las actuaciones de los órganos de dirección devienen irregularidades o arbitrariedades lesivas de derechos de las minorías. No existe en España soberanía del Parlamento sino de la Constitución y una natural expansión de la juridicidad inherente al Estado de Derecho. Aceptar esta nueva doctrina y control jurídico por parte del TC fue muy controvertido en los primeros años del desarrollo constitucional, dada la perspectiva —cerrada y clásica— del Derecho Parlamentario y su tendencia a un entendimiento absolutista de la separación de poderes basado en la autonomía sin límites de las Cámaras.

Irregularidades que afecten al núcleo de la función representativa. Tampoco pueden enjuiciarse en el amparo parlamentario cualesquiera irregularidades en el procedimiento parlamentario sino solamente aquellas que afecten al "núcleo de la función representativa" (SSTC 38/1999, 107/2001, 40/2003, 169/2004, 107/2016, 11/2017, 19/2019). Una ambigua cláusula con la que la jurisprudencia parece referirse al contenido esencial del derecho a la hora de ejercer las diversas funciones parlamentarias.

La obsolescencia de las tesis tradicionalistas u organicistas. Todavía existen autores que defienden estas tesis tradicionalistas —el rechazo estaba ya en Jellinek— u organicistas, que creen que hablamos simplemente de potestades de las Cámaras y no de derechos tutelables en amparo. Unas posiciones —hoy obsoletas— que niegan que las atribuciones de los parlamentarios, como fracciones de órganos, puedan ser consideradas a la vez derechos fundamentales de los parlamentarios: verdaderos "derechos funcionales". Pero parece que estas tesis minoritarias han perdido la batalla en la jurisprudencia constitucional y, desde luego, en el terreno de la eficacia de los derechos y garantías parlamentarias. Los derechos fundamentales demandan interpretaciones materiales, reales y efectivas según sostiene el TEDH.

Derechos y deberes que integran el estatuto de los parlamentarios susceptible de revisión en el amparo parlamentario. Entre los numerosos extremos, contenidos del estatuto de los parlamentarios que la jurisprudencia constitucional ha enjuiciado están los siguientes: a) el juramento o promesa de la Constitución, b) con muchos matices las remuneraciones de Diputados y sobre todo los Grupos parlamentarios, c) el deber de asistencia a las sesiones, d) el derecho a la información y a la documentación, e) el *ius ut procedatur* o derecho a una tramitación regular de los asuntos, f) el derecho de enmienda, g) el derecho a la interrogación (preguntas e interpelaciones), h) la proporcionalidad de los Grupos en las Comisiones parlamentarias, etc. Habrá que insistirse en que únicamente pueden revisarse no cualesquiera irregularidades sino las interferencias en aquellas facultades que afecten al núcleo de la función representativa (STC 19/2019), con el margen de indeterminación y de decisionismo que esta cláusula permite.

Algunos debates recientes: carácter presencial de la actividad parlamentaria y voto indelegable, la necesidad de ser elector para ser elegible, proporcionalidad de los Senadores de designación autonómica y validez de las fórmulas añadidas de acatamiento de la Constitución. Es materialmente imposible, con el espacio de que disponemos en este comentario, exponer el haz de facultades tan extenso que integran el estatuto de los parlamentarios y, por otra parte, ya ha sido bien estudiado en algunas de las monografía científicas que al final de este comentario se citan, y yo mismo me he ocupado de ello *in extenso*. Simplemente, dedicaré una pequeña atención a algunas de las controversias más recientes con afán de ilustrar el funcionamiento de la herramienta garantista que forma la combinación del derecho fundamental del art. 23.2 CE y el amparo parlamentario del art. 42 LOTC en torno a varias controversias que tuvieron impacto político.

En la STC de 6 de junio de 2023 (aún sin numerar), el TC sostuvo que la decisión de la Presidenta del Congreso de los Diputados de conceder validez a las *promesas de acatamiento a la Constitución* de veintinueve Diputados que usaron diversas fórmulas añadidas, a la inevitable de "si juro" o "si prometo", para acceder a la condición plena de Diputado, no vulneraba el art. 23.2 CE y estaba dentro de la esfera de decisión de las normas y resoluciones parlamentarias. Un pronunciamiento flexible y constitucionalmente correcto. Pero que deja dudas sobre la lealtad constitucional de algunos de los juramentos o promesas constitucionales de varios diputados y, en realidad, acaba por convertir en el requisito del acatamiento en un trámite formal que, en ocasiones, no exterioriza un verdadero compromiso o vinculación leal con la Constitución sino que refleja un cierto rodeo a algunos de los mandatos constitucionales.

En el Caso del Sr. Cantó, un conocido actor y político (STC 76/201221), se confirmó el criterio del Juzgado de lo contencioso correspondiente de Madrid de excluir a este candidato y a otro de las listas por no ser elegible. Se insistió en que *para ser elegible hay que tener la condición de elector* y estar inscrito, oportuna y tempestivamente, en el censo electoral de la provincia y Comunidad de Madrid, y, en este caso, los candidatos excluídos se inscribieron como vecinos después de la convocatoria de las elecciones, lo que contradecía la ley electoral autonómica.

Respecto del Caso del Sr Iceta (STC 56/2022), el Parlamento de Cataluña modificó el sistema de *votación de los senadores de designación autonómica*, pasando a ser una votación electrónica y secreta que permitía el voto positivo, el negativo y la abstención, en vez del tradicional sistema por urna y papeleta. Este mecanismo llevó a que no resultara elegido el Sr Iceta pese a ser propuesto por su Grupo parlamentario. El TC estimó que el sistema de votación permitió una *mayoría de bloqueo* de las facultades de designación que correspondían a los Grupos parlamentarios y afirmó que este resultado violaba las exigencias de una "adecuada representación proporcional" de los Grupos que proclama el art. 69.5 CE. Un conflicto político en que se frenó la designación de un candidato, que luego sería Ministro en el Gobierno de la nación, y que algunos Grupos parlamentarios nacionalistas no querían que fuere elegido Senador como castigo por sus posiciones políticas.

La STC 18/2019 (un asunto prolongado en las SSTC 45/2019 y 65/2022), aborda el caso de la fallida elección parlamentaria del Sr. Puigdemont como Presidente de la Generalidad de Cataluña, pese a encontrarse fugado de la justicia en el extranjero. La Mesa trató de celebrar una sesión de *investidura en ausencia del candidato a Presidente*, mediante una comparecencia telemática o por sustitución. El TC interpretó que el ejercicio de las funciones representativas debe desarrollarse como regla general de forma personal, y que el art. 79.3 CE prohíbe el voto por delegación y establece que el voto es personal. En suma, se establece como estándar el *carácter presencial de la actividad parlamentaria* y la indelegabilidad del voto. Un estándar muy correcto porque el parlamentarismo es inmediatez, publicidad y discusión. Bien es verdad que, cuando llegó la pandemia del Coronavirus, se adoptaron diversas normas de las Presidencias de las Cámaras o de las Mesas o reformas de los Reglamentos de las Asambleas autonómicas para extender procedimientos electrónicos de votación a distancia o en línea que aseguraran la fehaciencia del voto y evitaran la no contaminación de los parlamentarios. Pero este segundo contexto es muy diverso del primero, nace de la emergencia, y no puede compararse con aquél.

Los representantes locales. Un estatuto análogo en derechos y deberes al de los parlamentarios, salvando las diferencias, se ha extendido al mandato representativo local (por todas, STC 151/2017) donde es tutelado previamente por la jurisdicción contencioso-administrativa, y regulado por las leyes de régimen local y electoral, sin perjuicio, de que puedan usarse el recurso y la cuestión de inconstitucionalidad.

IV. DERECHO A ACCEDER A LAS FUNCIONES PÚBLICAS

Función pública profesional: *igualdad, mérito y capacidad, y objetividad en el reclutamiento.* Finalmente, el art. 23.2 CE se ocupa también del derecho a acceder en condiciones de igualdad a las funciones públicas con los requisitos que señalen las leyes. Pese a algunas dudas iniciales, la jurisprudencia constitucional pronto estimó que estas garantías no sólo se proyectan sobre los cargos públicos de representación política sino también sobre la función pública profesional con la finalidad de preservar los principios constitucionales (art. 103 CE) que inspiran el funcionamiento de las Administraciones públicas, singularmente, los principios de mérito y capacidad. Pero estamos realmente ante otro derecho fundamental, pues su objeto es distinto al acceso a los cargos públicos representativos, y viene conformado por una lógica muy diversa a las propias de la elección y la representación política, tan es así que probablemente debieron regularse en preceptos separados. Se protege la objetividad en los procesos selectivos: la publicidad de las convocatorias, la regularidad de las bases, la transparencia de los procesos, y la imparcialidad y profesionalidad de las comisiones de selección.

Debilitada protección en amparo de la relación funcionarial. No es casual que los contenidos de ambos derechos fundamentales no puedan protegerse con la misma intensidad y amplitud por la jurisprudencia constitucional, en particular, la relación funcionarial posterior al acceso no recibe una protección análoga a la del estatuto de los parlamentarios y los cargos locales, el llamado *ius in officium*, sino más debilitada. Otra cosa diferente es la protección de la legalidad en la actuación administrativa y su revisión en el contencioso-administrativo respecto de los derechos de los funcionarios.

Entendimiento formal de las funciones públicas. Son varias las restricciones del derecho fundamental. Primero, el TC ha optado por un entendimiento formal de lo que debe entenderse por funciones públicas. Se protegen los puestos de carácter funcionarial en Administraciones públicas en sentido estricto, y se excluyen los de carácter laboral o los que se desempeñen bajo cualquier otra forma contractual. No obstante, abarca el personal estatutario de los órganos constitucionales, de las CC.AA. y de los entes locales, y no sólo de la Administración general del Estado.

Titulares del derecho. Segundo, conforme establece el art. 13 CE, son sujetos sólo los españoles. Los nacionales de los Estados miembros de la Unión pueden acceder en igualdad de condiciones que los españoles al empleo público como funcionarios, salvo los que impliquen participación en el ejercicio del poder público o en funciones referidas a la salvaguardia de los intereses generales del Estado y las Administraciones públicas, según el art. 57 del Estatuto Básico del Empleado Público y la jurisprudencia del Tribunal de Justicia. Pero sus desigualdades se garantizan por la genérica igualdad del art. 14 CE.

Derecho de configuración legal, de igualdad y reaccional. También el acceso a las funciones públicas es un derecho de configuración legal y corresponde al legislador establecer los criterios de acceso. Es igualmente un derecho reaccional o defensivo, que permite a su titular impugnar las irregularidades acaecidas ante la jurisdicción contencioso-administrativa y, en su caso, ante la constitucional si el asunto tiene trascendencia constitucional. La igualdad en el acceso al empleo público comprende un triple objeto. Primero, la predeterminación normativa del procedimiento y la justificación razonable de los requisitos para el acceso. Segundo, la igualdad en las normas que regulan la selección, entendida como interdicción de discriminaciones, prohibición de convocatorias *ad personam* y exigencia de *lex generalis*, así como respeto a los principios de mérito y capacidad que deben inspirar el reclutamiento. Por último, pero no en importancia, la igualdad en su aplicación por las Administraciones.

Acceso versus carrera administrativa. Más problemática es la habitual afirmación de que el derecho al acceso a la función pública conlleva también el derecho al desarrollo o promoción de la posterior carrera administrativa en condiciones de igualdad y con los requisitos que señalen las leyes. Porque la regularidad y la desigualdad en la promoción puede ser más compleja de percibir al poder atenderse diversos bienes constitucionales, pero, sobre todo, porque no existe el mismo interés general en otorgar la intensa y excepcional protección propia de un derecho fundamental a los intereses privados de millones de funcionarios que en mantener la indefectible representación política que permite la construcción de la voluntad democrática de los órganos del Estado. No es, en cambio, controvertido que el acceso conlleva el derecho a no ser cesado arbitrariamente en el ejercicio de estas funciones por motivos discriminatorios.

V. BIBLIOGRAFÍA

AGUIAR DE LUQUE, L.: "Comentario al art. 23.1 CE", en ALZAGA, O. (dir), *Comentarios a la Leyes polí*ticas, Tomo II, EDERSA, Madrid, 1984, revisado en 1997 con ELVIRA PERALES, A.

ARCE JANÁRIZ, A.: "Comentario al art. 42", en REQUEJO, J. L. (coord.), *Comentarios a la Ley Orgánica del Tribunal Constitucional,* TC-BOE, 2001, pp. 655-677.

BELADÍEZ ROJO, M.: "El derecho fundamental a acceder en condiciones de igualdad a las funciones públicas" en CASAS BAAMONDE, M. E. Y RODRÍGUEZ PIÑERO, M. (dirs.) *Comentarios a la Constitución española.*, Volker Kluwer, Madrid, 2008.

BELDA, E.: *Los representantes locales en España*, CEPC, Madrid, 2000.

FOSSAS, E.: *El derecho de acceso a los cargos públicos*, Tecnos, Madrid, 1993:

GARCÍA ROCA, J.: *Cargos públicos representativos. Un estudio del artículo 23.2 de la Constitución*, Aranzadi, Pamplona, 1999.

– "Los derechos de los representantes: una regla individualista de la democracia" en *La democracia constitucional. Estudios en Homenaje a Francisco Rubio Llorente*, Vol. I, CEPC, Madrid, 2003.

– "Del compromiso internacional de los Estados de organizar elecciones libres al derecho de sufragio de los ciudadanos (art. 3 P 1)", en colaboración con I. GARCÍA VITORIA, en GARCÍA ROCA, J., SANTOLAYA, P., *La Europa de los derechos: el Convenio Europeo de Derechos Humanos*, 4ª Ed., 2023, vol. II.

MORALES, J. M.: *El conflicto parlamentario ante el Tribunal Constitucional*, CEPC, Madrid, 2008.

PULIDO QUECEDO, M.: *El acceso a los cargos y funciones públicas. Un estudio del art. 23.2 de la Constitución*, Civitas, Madrid, 1992.

SÁNCHEZ MORÓN, M.: *Derecho de la función pública*, Tecnos, Madrid, 2016.

VI. JURISPRUDENCIA

STC 5/1983, de 4 de febrero (Alcalde de Andújar, permanencia).

STC 161/1988, de 20 de septiembre (solicitudes de documentación y derecho de configuración legal.

STC 24/1990, de 15 de febrero (Elecciones CD en Murcia).

STC 205/1990, de 13 de diciembre (Catalán en el Senado y potestades de calificación Mesa).

STC 177/2002, de 14 de octubre (comparecencias Presidentes ENDESA y Telefónica). STS 1025/2013, de 25 de febrero, Sala de lo Contencioso (obligación del Gobierno valenciano de facilitar información).

STC 36/2014, de 27 de febrero (retribuciones Diputados Castilla-La Mancha).

STC 123/2017, de 2 de noviembre (Senadores de las Cortes Valencianas).

STC 151/2017, de 21 de diciembre (transfuguismo y moción de censura local).

STC 19/2019, de 12 de febrero (Caso investidura en ausencia como Presidente de la Generalidad de Cataluña del candidato fugado Sr Puigdemont).

STC 76/2021, de 15 de abril (Caso Sr Canto excluido de las listas de Madrid por no estar ser elegible al o estar inscrito en la circunscripción).

STC de 6 de junio de 2023 (validez acatamiento a la Constitución con fórmulas añadidas).

Artículo 24.1

Todas las personas tienen derecho a obtener la tutela efectiva de los jueces y tribunales en el ejercicio de sus derechos e intereses legítimos, sin que, en ningún caso, pueda producirse indefensión

COMENTARIO

Alicia González Alonso
Profesora Contratada Doctora
Universidad Autónoma de Madrid

I. INTRODUCCIÓN. CUESTIONES GENERALES

Tras la Segunda Guerra Mundial, la mayoría del constitucionalismo europeo inserta en sus Constituciones el derecho de acceso al juez como garantía de los derechos de los ciudadanos. Su reconocimiento se lleva a cabo, aun con formulaciones diversas, mediante cláusulas abiertas susceptibles de interpretación por los órganos judiciales, especialmente, de los situados en la cúspide del sistema jurisdiccional, dando lugar, según M. Taruffo, a interpretaciones exhaustivas que han ampliado y redefinido el significado original del derecho. Su previsión como derecho de las personas es una de las consecuencias ineludibles de la afirmación del Estado de Derecho.

El caso español no ha sido una excepción a esta tendencia. El Tribunal Constitucional, como supremo intérprete de la Constitución, no se ha limitado a interpretar de conformidad con la Constitución la legalidad procesal, por más que la tutela judicial efectiva sea —y es preciso subrayarlo— un derecho fundamental de configuración legal, por lo que su ejercicio y efectividad han de acomodarse a las previsiones que establezca el legislador si bien éste ha de respetar en todo caso el contenido esencial del derecho; sino que, en una actividad innovadora importante, ha configurado el art. 24.1 CE dotándole de unos contenidos que, *prima facie*, no se deducen necesariamente del tenor literal del precepto. Así, el derecho a la tutela judicial efectiva sin indefensión, más que un derecho fundamental, integra a su vez varios derechos fundamentales de contenido, grado de protección y vinculación a los poderes públicos de carácter heterogéneos. La concreción de los derechos que lo componen no tiene solo importancia nominativa o sistemática, sino que resulta crucial en la medida en que el control de constitucionalidad de estos se lleva a cabo aplicando distintos test de constitucionalidad. Esta labor interpretadora del TC ha sido objeto de una importante evolución que se ha traducido en la incorporación de algunas de las vertientes del derecho una vez iniciada la década de los 90, como aconteció con la garantía de indemnidad (STC 14/1993) o con el derecho a que una misma persona no reciba resoluciones contradictorias de un mismo órgano judicial sin la necesaria motivación (STC 150/2001). Las distintas vertientes del derecho se proyectan no solo en el acceso a la jurisdicción y en la sustanciación del proceso, sino que tienen incidencia en el producto de este, es decir, en la resolución que pone fin al mismo, y en el momento de su ejecución. El instrumento procesal por excelencia que le ha permito al TC realizar esta función interpretativa ha sido el recurso de amparo: sin duda, ha sido —y sigue siendo— el derecho fundamental más invocado ante la jurisdicción constitucional, por lo que no son pocos los problemas que subyacen en torno al binomio derecho a la tutela judicial efectiva y recurso de amparo constitucional.

Se trata de derechos fundamentales de titularidad universal. Todas las personas físicas, españoles y extranjeros —incluso los que se encuentran en situación irregular—, así como las personas jurídico-privadas, en cuanto titulares de derechos e intereses legítimos, pueden instar su protección ante los órganos judiciales. Por el contrario, en el caso de las personas jurídico-públicas, cuando el objeto de la tutela judicial lo configura la defensa de los actos de las Administraciones públicas dictados en el ejercicio de sus potestades administrativas, la protección que el artículo 24 CE les otorga se limita a no padecer indefensión en el proceso y al derecho a la intangibilidad de las resoluciones judiciales en atención al interés objetivo en que el proceso sirva de forma idónea a la función jurisdiccional atribuida por la Constitución a Jueces y Tribunales (SSTC 175/2001, 64/2008, 89/2011); y, además, al derecho a obtener una resolución conforme al sistema de fuentes que se ha relacionado por el TC con el derecho a un proceso con todas las garantías (STC 1/2017).

II. CONTENIDO DEL DERECHO A LA TUTELA JUDICIAL EFECTIVA SIN INDEFENSIÓN

1. El derecho de acceso a la jurisdicción

La vertiente primaria y nuclear del derecho a la tutela judicial efectiva, en un orden lógico y cronológico (STC 251/2007), es el derecho a residenciar ante el órgano judicial la protección de los derechos y los intereses legítimos que reconoce el ordenamiento jurídico en su conjunto a los ciudadanos. Naturalmente, el derecho no se agota en presentar una pretensión al juez. El contenido que el TC ha venido denominando como normal —en el sentido de habitual— consiste en que el juez se pronuncie sobre el fondo de la controversia sometida a su conocimiento. Del derecho de acceso a la jurisdicción se derivan límites tanto para el legislador como para los órganos judiciales.

Por lo que respecta al legislador, aunque este dispone de un amplio margen de maniobra para regular los cauces y modalidades a través de las que puede ejercerse el derecho, como derecho de configuración legal que se ha dicho que es, está limitado en varios sentidos. Por un lado, el legislador no puede impedir que determinadas controversias se residencien ante el juez, por ejemplo, mediante la imposición obligatoria e imperativa del arbitraje sin el acuerdo de las partes contendientes (STC 1/2018). Por otro, el legislador no puede condicionar el derecho de acceso a la jurisdicción, no solo impidiéndolo, sino obstaculizándolo, al cumplimiento de requisitos o formalidades que puedan considerarse no solo irrazonables o arbitrarias, sino también desproporcionadas, como sucedió, entre otros casos, en los resueltos en las SSTC 118/2005, 113/2006 y 140/2016. Finalmente, el legislador también puede vulnerar el derecho a someter ante los órganos judiciales la tutela de los derechos e intereses legítimos, desde el propio producto de su función, la ley, mediante la emisión de leyes singulares, sean o no autoaplicativas, si no se ajustan a determinadas exigencias, que el TC ha enunciado, entre otras, en las SSTC 103 y 129/2013.

Por lo que respecta a las obligaciones que se derivan de este derecho respecto a los órganos judiciales, estas no se agotan en exigirles el cumplimiento de la ley, que, naturalmente las presuponen: así, "la inadmisión basada en un motivo inexistente constituye no solo ilegalidad sino inconstitucionalidad" (STC 201/1987). Pero, más allá de esa exigencia elemental, los jueces y tribunales están obligados a interpretar las causas de inadmisibilidad de conformidad con el principio *pro actione*. Aunque se trata de un test de constitucionalidad especialmente severo, dicho principio no significa necesariamente que el juez deba elegir la interpretación más favorable de la norma de entre las posibles para permitir el acceso a la jurisdicción, sino que obliga al órgano judicial a interpretar los requisitos procesales de forma proporcionada (STC 140/2021). Dicho de otro modo, prohíbe "aquellas decisiones de inadmisión que por su rigorismo, por su formalismo excesivo o por cualquier otra razón revelen una clara desproporción entre los fines que aquellas causas preservan y los intereses que sacrifican" (STC 209/2013). La posibilidad de subsanación de los actos procesales, prevista también con carácter general en el art. 11.3 LOPJ, ha jugado un papel importante en este sentido.

Ahora bien, expuesta esta doctrina, resulta preciso matizarla en relación con el proceso penal y respecto a la parte acusadora, ámbito en el que el derecho a la tutela judicial efectiva se satisface con una resolución judicial motivada, incluso en aquellos casos en los que se acuerde el archivo de la causa por carecer los hechos de ilicitud penal, y ello porque no existe un derecho fundamental a obtener la condena penal del acusado. De ahí que en este ámbito, el derecho consista tan solo en un simple *ius ut procedatur,* salvo que los órganos judiciales no realicen una actividad instructora suficiente ante las denuncias de tortura o tratos crueles, inhumanos o degradantes padecidos bajo la custodia de autoridades policiales o los cometidos sobre víctimas vulnerables en supuestos de violencia de género o de la que tiene lugar dentro del ámbito familiar o afectivo; supuestos estos en los que el TC, siguiendo la doctrina del TEDH, ha mantenido que del art. 15 CE se deriva un especial mandato de agotar cuantas posibilidades razonables de indagación resulten útiles para aclarar los hechos (STC 39/2017, 87/2020).

2. El derecho de acceso a los recursos

Las obligaciones que tanto para el legislador como para los órganos judiciales se derivan del derecho de acceso a los recursos no son comparables a las que se acaban de exponer respecto al derecho de acceso a la jurisdicción. Por lo que respecta al legislador, el TC ha establecido que de la Constitución no se deriva el derecho a que existan recursos, salvo en el caso de las sentencias penales condenatorias. La supresión de medios de gravamen o de medios de impugnación, o la modificación de las condiciones de acceso a los mismos, está a sometida a la completa discrecionalidad del legislador con la salvedad que se acaba de apuntar anteriormente (STC 37/1995). En efecto, el TC sí ha derivado de la norma constitucional el derecho a que toda persona declarada culpable de un delito pueda someter en vía de recurso tanto el fallo condenatorio como la pena impuesta a un Tribunal superior. Esta exigencia, incorporada a nuestro Derecho interno como consecuencia de lo dispuesto en el art. 14.5 del PIDCP y, en sentido similar, el Protocolo 7º al CEDH, "a pesar de no ser bastante para crear por sí mismo recursos inexistentes (...) obliga a considerar que entre las garantías del proceso penal a las que se refiere la Constitución en su art. 24.2, se encuentra la del recurso ante un Tribunal superior" (STC 42/1982).

Una vez creado el recurso por el legislador, el derecho de acceso al mismo forma parte integrante del derecho a la tutela judicial efectiva, de tal manera que los órganos judiciales solo pueden acordar su inadmisión con base en una causa legalmente establecida cuya interpretación no sea irrazonable, arbitraria o incursa en error patente. La aplicación del principio de proporcionalidad a las causas legales que regulan el acceso al juez no rige, con carácter general, en el caso del derecho al recurso en el que es aplicable un test de constitucionalidad menos incisivo. No obstante, en algunos casos, en atención a los intereses en juego, el TC ha aplicado un test de razonabilidad muy próximo al de proporcionalidad o incluso éste último (STC 42/2017).

3. El derecho a no padecer indefensión

El derecho a no sufrir indefensión es una garantía aplicable a todos los procesos que se ventilen en todos los órdenes jurisdiccionales —no solo a los penales—, en todas las instancias judiciales. Según reiterada doctrina del TC, este derecho exige que en todo proceso deba respetarse el derecho de defensa contradictoria de las partes intervinientes mediante la posibilidad de alegar y probar procesalmente sus derechos e intereses legítimos (STC 6/1990). El derecho a no sufrir indefensión garantiza la igualdad de armas procesales de las partes contendientes, así como el debate contradictorio entre estas. La prohibición de indefensión no solo opera frente al juez, sino también frente al legislador. Según la STC 227/1994 "el artículo 24.1 CE contiene un mandato implícito al legislador y al intérprete para promover la defensa procesal mediante la correspondiente contradicción". No es suficiente, en consecuencia, que ambos —legislador y juez— no pongan obstáculos o impidan el derecho de defensa, sino que han de procurar su promoción mediante una actividad positiva, no de mera abstención o, en el caso de los órganos judiciales, no de mero ajuste de su conducta al estricto cumplimiento de la ley procesal.

La prohibición de indefensión a la que se refiere el art. 24.1 CE es la sustantiva o material, por lo que cualquier infracción de la ley procesal no supone una vulneración del art. 24.1 CE. La indefensión con relevancia constitucional es aquella que produce un perjuicio real en las posibilidades de defensa de las que debió haber gozado la parte y que podrían haber arrojado una resolución judicial de signo diferente. Así, lo relevante a efectos de juzgar si hubo indefensión es, más que la infracción de la ley procesal en sí, el resultado que dicha infracción genera en la parte de tal manera que el juicio de indefensión es, por regla general y siguiendo a V. Moreno Catena, "hipotético y a posteriori".

La situación de indefensión debe ser generada por el órgano judicial o por la Oficina Judicial, por lo que quedan excluidas del ámbito de protección del derecho aquellas situaciones en las que es la propia parte, por negligencia o por impericia, la que se coloca en una situación de indefensión. En este mismo sentido, una de las cuestiones que más protagonismo ha tenido en la jurisprudencia del TC se refiere a los requisitos del acto procesal de la comunicación de la existencia del pleito al demandado. Según reiterada doctrina, la resolución judicial dictada *inaudita parte* solo es admisible en los casos en los que la incomparecencia del demandado se produce por causas imputables a su actitud, ya sea esta negligente o voluntaria. Aunque el emplazamiento edictal se ha considerado conforme a la CE, este mecanismo de comunicación debe ser la última ratio a la que el juez debe acudir cuando hayan resultado infructuosas otras formas de emplazamiento (STC 122/2013).

Además de los dos requisitos apuntados, hay también un común denominador en la jurisprudencia tanto del TEDH como del TC que debe ser puesto de relieve: las situaciones de indefensión han de valorarse a partir de las circunstancias del caso concreto, por lo que no basta aplicar de forma mimética determinados requisitos para determinar si hubo lesión del derecho. Esta importancia de la circunstancia se resalta, entre otras, en las SSTC 145/1986 y 6/1992 y en las SSTEDH de 22 de junio de 2006 (Díaz Ochoa c. España) y 15 de junio de 2006 (Lacárcel Menéndez c. España).

El TC utiliza cánones muy incisivos de control de constitucionalidad —*pro defensione* siguiendo en este caso a A. Gómez Montoro— que le permiten no solo revisar la forma en la que el órgano judicial aplicó e interpretó la legalidad procesal, sino el conjunto de las actuaciones seguidas en el proceso para determinar si hubo o no indefensión material. Más aún, con el fin de garantizar el derecho, el TC ha creado incluso trámites en determinadas fases del proceso que no estaban previstas en la legislación (STC 37/1988, entre otras).

4. El derecho a obtener una resolución judicial congruente, motivada, fundada en derecho y dictada de conformidad con el sistema de fuentes

No cualquier desajuste entre los términos en los que se planteó el debate procesal y el fallo de la resolución judicial son vulneradores del art. 24.1 CE. O, dicho de otro modo, no cualquier incongruencia reviste contenido constitucional. La incongruencia con relevancia constitucional, según la doctrina del

TC, puede presentar tres formas distintas, a saber: la incongruencia omisiva o *ex silentio*, la incongruencia *ultra* o extra *petita* y la incongruencia por error. Por lo que se refiere a la incongruencia omisiva, esta tiene lugar bien cuando el órgano judicial deja sin respuesta una pretensión oportunamente formulada en el proceso por alguna de las partes o en aquellos casos en los que se omite todo pronunciamiento en relación con una alegación sustancial formulada y debatida por las partes y que puede afectar al sentido del fallo (STC 278/2006). Esta forma de incongruencia guarda una estrecha relación con el derecho de acceso a la jurisdicción y a obtener una resolución sobre el fondo del asunto. Las incongruencias *extra* y *ultra petita*, sin embargo, están en conexión con el derecho a no sufrir indefensión ya que en estos supuestos el órgano judicial otorga más de lo pedido por las partes (*ultra petitum*) o algo distinto a lo solicitado por las partes (*extra petitum*), innovando los términos del debate procesal. No toda innovación respecto de los pedimentos de las partes supone una vulneración del derecho. Para que la incongruencia tenga relevancia constitucional es preciso que se produzca una alteración sustancial de los términos del debate, jugando un papel fundamental la previsibilidad de la respuesta judicial (STC 144/1996). Por último, en la incongruencia por error se produce una mixtura entre la incongruencia omisiva y la incongruencia *extra petita*. En efecto, tiene lugar este tipo de incongruencia cuando el órgano judicial realiza su razonamiento a partir de una premisa errónea. La resolución judicial, considerada en sí misma, esto es, sin ponerla en conexión con los hechos y la causa de pedir, aparece correctamente motivada. Sin embargo, puesta la resolución judicial en relación con el litigio concreto, se puede constatar que esta resuelve una cuestión no solo no sometida a contradicción en el proceso, sino ni siquiera integrante del *petitum* aducido por las partes (STC 14/1984).

Aunque la obligación de motivar está prevista en el art. 120.3 CE respecto de las sentencias, el TC la ha considerado también una vertiente del derecho a la tutela judicial efectiva. En efecto, aunque una de las finalidades constitucionales del deber de motivación está directamente vinculada con las exigencias que se derivan de la afirmación de un Estado social y democrático de Derecho (art. 1.1 CE) y, en especial, del sometimiento de los órganos judiciales al imperio de la ley (art. 117.1 CE), el Alto Tribunal también ha considerado que constituye una de las garantías esenciales del justiciable. En este último sentido y según el TC la exigencia de motivación tiene una doble finalidad: por un lado, permite a los justiciables conocer las razones del fallo; por otro, garantiza la posibilidad de control de la resolución por los órganos judiciales superiores, incluido el TC, erigiéndose en consecuencia como un instrumento ineludible para garantizar el control de la arbitrariedad judicial y potenciar la seguridad jurídica (STC 68/2011). Existe una jurisprudencia constitucional abultada a propósito de la motivación constitucionalmente exigible. Según el TC, el derecho se ve satisfecho cuando de la resolución judicial se infieren las razones en las que se fundamenta el *decisum*, sin que se derive del derecho que las resoluciones judiciales deban tener una determinada extensión o deban contener un razonamiento pormenorizado y exhaustivo de todas las cuestiones, perspectivas y matices que se han aducido a lo largo del proceso. En consonancia con esta línea jurisprudencial el TC ha admitido la motivación por remisión (STTC 169/1996), en casos excepcionales la motivación tácita o implícita (STC 131/1986) e, incluso, la utilización de resoluciones judiciales estereotipadas en la medida en que no implican necesariamente una insuficiencia de motivación (STC 39/1997). Como ha apuntado I. Díez-Picazo Giménez, esta jurisprudencia pone de manifiesto la "extrema delgadez del derecho". Hay que aclarar, no obstante, que el alcance del deber de motivación no es idéntico para todas las resoluciones judiciales con independencia de la materia a la que se refieran: los asuntos referidos derechos fundamentales sustantivos (STC 37/2011), las que imponen condenas penales (STC 21/2008), en las que se ven afectadas personas menores de edad o con discapacidad (STC 113/2021), o el sobreseimiento de actuaciones penales incoadas por denuncias de denuncias de torturas o tratos inhumanos o degradantes (STC 34/2008), entre otras, requieren una motivación reforzada por parte del juez.

El TC ha puesto en relación el derecho a la motivación de las resoluciones judiciales con el derecho a obtener una resolución fundada en Derecho. Según esta última faceta del art. 24.1 CE, el órgano judicial solo puede aducir razones fundamentadas en Derecho para justificar el *decisum*, de tal manera que, si la resolución judicial es huérfana de este tipo de razonamientos, la exigencia de motivación será solo aparente, no real, vulnerándose en consecuencia el derecho fundamental. La motivación irrazonable, arbitraria o incursa en error patente equivale a ausencia de motivación. La inclusión de esta vertiente como un derecho inserto en el art. 24.1 CE requiere los siguientes comentarios. En primer lugar, hay que subrayar que esta faceta del art. 24 CE permite al TC penetrar en cualquier ámbito de la legalidad ordinaria. Para evitar que el TC se extralimite en sus funciones e invada competencias propias de la jurisdicción ordinaria, el control de constitucionalidad en estos supuestos no debería ser la de la mayor o menor corrección de la interpretación de la legalidad ordinaria o de la selección de la norma aplicable al caso. Solo en los casos en los que la resolución judicial sea arbitraria, irrazonable o incursa en un error fáctico patente podrá considerarse lesionado el derecho. En segundo lugar, para evitar estas extralimitaciones por la jurisdicción constitucional, se hace especialmente necesario intentar concretar lo que debe entenderse por irrazonabilidad, arbitrariedad y error fáctico patente dado su carácter indeterminado y ambiguo.

Según la jurisprudencia constitucional, son resoluciones e irrazonables aquellas que "siguen un desarrollo argumental que incurre en quiebras lógicas de tal magnitud que las conclusiones alcanzadas no pueden basarse en ninguna de las razones aducidas en la resolución" (STC 134/2008), se consideran arbitrarias aquellas que "son fruto del mero voluntarismo judicial o consecuencia de un proceso deductivo irracional o absurdo" (STC 64/2010), "cuando se resuelve sobre las pretensiones ejercitadas por las partes con arreglo a una norma que con toda evidencia no contempla en absoluto el supuesto de hecho" (STC 126/1994), etc. Es obvio, por tanto, que no cualquier incoherencia o error en la interpretación del Derecho o de la actividad probatoria conlleva la apreciación de arbitrariedad o irrazonabilidad. Según el TC es necesario que la resolución incurra en tal grado de arbitrariedad, irrazonabilidad o error que, "por su evidencia y contenido, sean manifiestos y graves que para cualquier observador resulte patente que la resolución carece de toda motivación o razonamiento" (STC 64/2010). Aunque a partir de estas definiciones "no debería quedar excesivo espacio para discrepar sobre lo arbitrario o excesivamente irrazonable" (VP Pedro Cruz a la STC 126/1994), no son pocas las sentencias de amparo en las que se adicionan votos particulares por haber manejado la Sala un concepto laxo de estos conceptos (SSTC 126/1994, 64/2010).

Y en lo que al concepto de error patente se refiere, para que éste tenga contenido constitucional y vulnere el derecho a la tutela judicial efectiva debe contener, según la jurisprudencia constitucional, los siguientes requisitos: ha de tratarse de un error notorio, cuya existencia pueda verificarse de forma clara a través de las actuaciones; el error ha de ser, bien la *ratio decidendi* de la resolución judicial o bien su soporte fundamental; el error ha de ser imputable al órgano judicial; y ha de provocar efectos negativos al justiciable que lo sufre (STC 221/2007)

Por último, queda por exponer una doctrina que, aunque ha sido en parte superada tal y como fue formulada al inicio, no por ello ha dejado de estar inserta en el genérico derecho a la tutela judicial efectiva. Se trata del derecho a obtener una resolución judicial basada en el sistema de fuentes en los términos establecidos en la STC 23/1988. Según esta vertiente del derecho, los órganos judiciales tienen el deber de resolver los asuntos que se someten a su consideración sin desconocer la ordenación constitucional y legal sobre el control de normas, denegando así al recurrente el derecho a que su pretensión sea resuelta según el citado sistema, entre ellos, la cuestión de inconstitucionalidad. Una vez iniciado el nuevo milenio, el TC ha relacionado el mencionado derecho con el derecho a un proceso con todas las garantías y lo ha extendido también a los supuestos en los que el órgano judicial no plantea la cuestión prejudicial ante el TJUE cuando se den las circunstancias para hacerlo (STC 58/2004).

5. El derecho a la invariabilidad de las resoluciones judiciales

Como ha afirmado J. L. Requejo Pagés, un ordenamiento que no permite que sus litigios tengan fin, no solo no dispensa una tutela judicial efectiva a los ciudadanos, sino que tampoco permite a su ordenamiento jurídico sobrevivir. El derecho a la invariabilidad de las resoluciones judiciales, conectado con el principio de seguridad jurídica (art. 9.3 CE), asegura a los que han sido parte en un proceso que las resoluciones definitivas dictadas en el mismo no sean alteradas fuera de los cauces legales establecidos para ello (STC 53/2007). Aunque está formulado, sobre todo, como un derecho de las partes frente a los órganos judiciales, también vincula al legislador, pues, aunque este goza de un amplio margen para establecer acciones de rescisión de resoluciones judiciales firmes con el fin de dotar de prevalencia al superior valor de la justicia (STC 89/2011), puede incurrir en inconstitucionalidad si flexibiliza en exceso los efectos de la cosa juzgada (STC 147/1986). Frente al poder judicial son dos las limitaciones que este derecho impone, una de carácter negativo o de abstención y otra de carácter positivo o de vinculación a lo decidido en otro proceso. En relación con este último aspecto, el TC ha considerado que el deber de acatamiento por parte de un órgano judicial a determinados pronunciamientos anteriores de otro órgano judicial es consecuencia del derecho a la invariabilidad de las resoluciones judiciales en aquellos casos en los que exista prejudicialidad o, incluso, una estrecha conexión entre ambos procesos (STC 47/2006). Por lo que respecta a la dimensión negativa del derecho, este impide a los jueces y tribunales variar o revisar las resoluciones judiciales definitivas y firmes al margen de los supuestos taxativamente previstos en la ley, incluso en los casos en los que estas sean manifiestamente erradas (STC 115/2005). El derecho es compatible con los instrumentos previstos en nuestro ordenamiento jurídico de corrección, aclaración y subsanación de las resoluciones judiciales (art. 267 LOPJ), siempre y cuando la corrección no implique un nuevo juicio valorativo, ni requiera operaciones de calificación jurídica, entre otras (STC 35/1996)

6. El derecho a la ejecución de las resoluciones judiciales

A pesar de que la ejecución de las sentencias se encuentra proclamada expresamente como exigencia institucional en el art. 118 CE, ha sido también incluida por el TC como parte del genérico derecho a la tutela judicial efectiva. Al igual que el TEDH, el TC ha conectado este derecho con la cláusula de efectividad de la tutela judicial. Aunque el legislador tiene un amplio margen de maniobra para regular el ejercicio del derecho, éste está sometido a límites. En efecto, el legislador puede limitar el ejercicio del derecho a que las resoluciones judiciales se ejecuten siempre y cuando la medida limitadora tenga por objeto la protección de otros bienes y derechos dignos de protección constitucional y sea respetuosa con el principio de proporcionalidad (STC 113/1989). En aplicación de esta doctrina, se han considerado conformes a la Constitución algunas medidas restrictivas del derecho, como por ejemplo la ejecución por equivalente o la prohibición de inembargabilidad de algunos bienes de carácter patrimonial (STC 88/2009), entre otros. El TC también ha tenido que pronunciarse en varias ocasiones para juzgar la constitucionalidad de una ley que impedía la ejecución de una sentencia. El canon de control de constitucionalidad en estos casos es el de proporcionalidad, de tal manera que o la medida restrictiva del derecho está suficientemente justificada o la ley será inconstitucional (SSTC 73/2000, 129/2013). Por lo que respecta a la vinculación de este derecho a los órganos judiciales, su vulneración puede obedecer a dos hipótesis diferentes. De un lado, la lesión del derecho puede producirse por la desidia o desfallecimiento del órgano judicial para adoptar las medidas necesarias y tendentes a ejecutar el fallo (STC 18/1997). Y de otro lado, por lo que respecta al resto de supuestos de ejecución, hay que distinguir también entre aquellos en los que el órgano judicial realiza una actividad interpretadora o de concreción del sentido del fallo y aquella otra mediante la cual el órgano judicial acuerda la ejecución por sustitución o, incluso, la inejecución del fallo. Las obligaciones a las que está sujeto el órgano judicial en estos casos difieren considerablemente. En el primero de los supuestos apuntados, el test de control de constitucionalidad que realiza el TC es externo y superficial, es decir, aplica un mero test de legalidad ordinaria, por lo que solo resultará vulnerado el derecho si la interpretación del juez es irrazonable, arbitraria o incurre en error patente fáctico. Sin embargo, en los supuestos en los que el órgano judicial declara la inejecución de lo ordenado en el fallo, los test aplicados por el TC son más rigurosos (SSTC 89/1992).

7. La garantía de indemnidad

El derecho a la tutela judicial efectiva puede verse lesionado cuando se siguen consecuencias perjudiciales para la persona que ha accedido a la jurisdicción en defensa de sus derechos e intereses legítimos, o realizado actos preparatorios o necesarios previos para el ejercicio del mencionado derecho (SSTC 55/2004, 10/2011). A diferencia de lo que suele ocurrir con el resto de las manifestaciones o vertientes del genérico derecho a la tutela judicial efectiva, el sujeto activo de la vulneración del derecho no es el Estado-juez, sino una persona privada o un poder público distinto al judicial. Su aplicación suele referirse al ámbito de las relaciones laborales y su garantía no opera solo frente a la sanción más grave —el despido— sino también a cualquier otra medida cuya finalidad sea la de impedir, coartar o represaliar el ejercicio del derecho a la tutela judicial.

III. LA PROTECCIÓN JURISDICCIONAL DE LOS DERECHOS DEL ART. 24.1 CE

La protección jurisdiccional de los derechos del art. 24.1 CE se lleva a cabo por los órganos judiciales ordinarios a través del sistema impugnativo y de las acciones de rescisión y anulación existentes en nuestro ordenamiento (STC 185/1990). Más recientemente, el Tribunal ha afirmado que, por exigencias de los arts. 24.1 y 53.2 CE, el ordenamiento jurídico tiene que prever una vía impugnatoria que permita tutelar los derechos fundamentales que puedan haber vulnerado los órganos judiciales cuando resuelven en única o última instancia. Es esta interpretación constitucional la que explica la dimensión constitucional del incidente de nulidad de actuaciones, cuya interposición procede en los casos en los que la lesión del derecho se produce por primera vez en una resolución judicial irrecurrible (art. 241 LOPJ). Asimismo, y si se dan las condiciones de admisbilidad previstas al efecto, las distintas vertientes del derecho a la tutela judicial efectiva sin indefensión son protegibles a través del recurso de amparo constitucional.

IV. BIBLIOGRAFÍA

BORRAJO INIESTA, I., DIEZ-PICAZO GIMÉNEZ, I, FERNÁNDEZ FARRERES: *El derecho a la tutela judicial efectiva y el recurso de amparo. Una reflexión sobre la Jurisprudencia constitucional*, Madrid, 1995.

DÍEZ-PICAZO-GIMÉNEZ, I.: "El artículo 24 de la Constitución. Algunos problemas pendientes", *Cuadernos de Derecho Público*, 2000 (Número monográfico).

GONZÁLEZ ALONSO, A.: "La protección de los derechos fundamentales del artículo 24.1 de la Constitución tras la objetivación del recurso de amparo", *CEFLEGAL. CEF*, núms. 139-140, agosto-septiembre 2012, pp. 59-106.

OLIVA SANTOS, A.: *Sobre el derecho a la tutela jurisdiccional. La persona ante la Administración de Justicia: derechos básicos*, Barcelona, 1980.

VIVER PI-SUNYER, C. (coord.), AA.VV., *Jurisdicción constitucional y judicial en el recurso de amparo*, Valencia, 2006.

V. JURISPRUDENCIA

STC 48/1984, de 4 de abril.
STC 185/1990, de 15 de noviembre.
STC 126/1994, de 25 de abril
STC 37/1995, de 7 de febrero.
STC 58/2004, de 19 de abril.
STC 89/2011, de 6 de junio.
STC 10/2011, de 28 de febrero.
STC 1/2018, de 11 de enero.
STC 112/2019, de 3 de octubre.

Artículo 24.2

2. Asimismo, todos tienen derecho al Juez ordinario predeterminado por la ley, a la defensa y a la asistencia de letrado, a ser informados de la acusación formulada contra ellos, a un proceso público sin dilaciones indebidas y con todas las garantías, a utilizar los medios de prueba pertinentes para su defensa, a no declarar contra sí mismos, a no confesarse culpables y a la presunción de inocencia.

La ley regulará los casos en que, por razón de parentesco o de secreto profesional, no se estará obligado a declarar sobre hechos presuntamente delictivos.

COMENTARIO

Ramón García Albero
Catedrático de Derecho Penal
Universidad de Lleida

I. INTRODUCCIÓN

No es posible en estas breves páginas exponer siquiera las líneas maestras del programa constitucional del debido proceso consagrado en el art. 24 CE, cuyo poder de remoción de la legalidad ordinaria (a través de la interpretación constitucionalmente orientada de las leyes procesales) carece de parangón en cualquier otro ámbito. Sin verdaderas reformas de calado en muchas de nuestras leyes procesales básicas, singularmente la penal, el art. 24 CE ha sido el genuino código procesal penal, al menos en sus aspectos materiales o sustantivos. La abrumadora jurisprudencia constitucional que ha generado el precepto excusa de mayor apoyatura a lo dicho. En estas breves líneas nos limitaremos por ello a enunciar, más que a desarrollar, todo el elenco de garantías, que de un modo prolijo —comprensible por razones históricas— incorporó el Constituyente, ofreciendo un listado no obstante abierto, pues la fórmula genérica del derecho "a todas las garantías" —norma incompleta que se ha ido especificando y decantando con la interpretación de *conformidad* con los tratados internacionales ex art. 10.2 (singularmente el CEDH), ha permitido alumbrar una proteica variedad de garantías concretas inherentes y/o simplemente vinculadas con la garantía del *debido proceso* (tanto orgánicas como procesales), pese a no aparecer expresamente mencionadas.

II. DERECHO AL JUEZ LEGAL, INDEPENDIENTE E IMPARCIAL

1. Juez predeterminado por la ley

Configurado como derecho fundamental pero también como garantía institucional del principio de integridad que infunde contenido al derecho-fuente a un proceso justo y equitativo —STC 97/2019—, la CE no garantiza el derecho a un hipotético Juez natural o "Juez del lugar" (Juez *locus delicti*) sino al "Juez ordinario predeterminado por la Ley", garantía de configuración legal que comporta, en su núcleo esencial:

a) La interdicción del "Juez excepcional" (comisiones, atribuciones y avocaciones no determinadas por Ley, Jueces ex post facto, Jueces *ad hoc, ad personam o ad causam.*), así como también del "Juez especial" entendido como Juez sito fuera de la jurisdicción ordinaria y no integrado en ella —con excepción de la jurisdicción militar y con las restricciones que el art. 117.5 de la CE impone, la del TC (art. 161.1 CE) la del Tribunal de Cuentas (art. 136.2 y 3 CE), y la de los Tribunales consuetudinarios y tradicionales (art. 125 CE)—. Aunque Juez "ordinario" es el que establece la ley (juez legal), también el legislador está sometido a límites, pues sólo será juez ordinario aquel que merezca esta consideración orgánica y funcionalmente (STC 56/1990), lo que conecta con los principios constitucionales que rigen la organización y funcionamiento del Poder Judicial, como el principio de exclusividad 117.3 CE, el principio de unidad jurisdiccional 117 5 CE y la prohibición de tribunales de excepción 117.6 CE. La interdicción resulta pues compatible con la previsión de órganos judiciales especializados *ratione materiae* en el que por Ley se centralicen o distribuyan ciertas competencias (STC 199/1987; 56/1990, respecto a Juzgados Centrales de Instrucción y Audiencia nacional). No obstante, existirá vulneración si se crean por Ley tribunales que atendido su régimen orgánico y procesal puedan calificarse de órganos especiales o excepcionales (SSTC 32/2004 y 177/2014) o si confiere a las jurisdicciones especiales previstas, como la militar, más atribuciones de las que permite la Constitución. El TEDH admite por supuesto múltiples formas de especialización de determinados órganos judiciales —territoriales, jerárquicos, *ratione materiae*, etc.— (*Fruni c. Slovakia*).

b) La "predeterminación legal del órgano, su jurisdicción y competencia", lo que impone reserva estricta de la ley que crea el órgano invistiéndolo de jurisdicción y competencia con carácter previo al hecho que motiva la actuación o proceso judicial, de forma general y abstracta, pero con la claridad y precisión exigibles —calidad de la reserva— (SSTC 101/1984 y 93/1988). La garantía pretende así reservar el monopolio del legislador en la predeterminación del juez del caso litigioso, evitando injerencias de los restantes poderes del Estado (TEDH *Lavents v. Latvia*, §§114-121). La obligada *reserva de ley*, con exclusión de la costumbre (TEDH *Pandjikidze y otros v. Georgia*, §§103-111) u otras fuentes, no deriva empero, *rectius*, sólo del 24. 2 CE sino de una interpretación sistemática vinculada con otras reservas constitucionalmente previstas —derechos fundamentales (arts. 53.1 y 81. 1) y organización y funcionamiento del Poder judicial (arts. 117 3 y 122 1 CE)—.

Una *interpretación* errónea o discutible de las normas que regulan la competencia no es en sí misma lesiva del derecho —plano de legalidad ordinaria— (STC 70/2007, 34/2021), salvo que resulte arbitraria, patentemente errónea o ilógica.

Discutida resulta la cobertura del derecho en lo que concierne a las *normas de reparto* entre distintos órganos con igual competencia objetiva y territorial. Para el TC "la predeterminación legal del Juez que debe conocer de un asunto está referida al órgano jurisdiccional (...) y no a las diversas Salas o Secciones de un mismo Tribunal, dotadas *ex lege* de la misma competencia material, en relación con las cuales basta con que existan y se apliquen normas de reparto que establezcan criterios objetivos y de generalidad." (STC 205/1994). Se niega pues "que las normas de reparto de los asuntos entre diversos órganos judiciales de la misma jurisdicción y ámbito de competencia afecten al juez legal o predeterminado por la ley, pues todos ellos gozan de la misma condición legal de Juez ordinario" (STC 32/2004, 83/2022). A nuestro juicio tal doctrina sólo cuestiona la *reserva* de ley en este ámbito, pero no la exigible *predeterminación cognoscible* a partir de un desarrollo coherente del marco legal: una norma de reparto en blanco que permitiese arbitrariamente avocaciones "ad hoc" resultaría lesiva.

c) La "Predeterminación del Juez-Persona". Constituye la manifestación más controvertida del derecho y proscribe modificaciones arbitrarias de los componentes y titulares concretos del órgano. Entre las normas que conducen la determinación del Juez están también las relativas a su *concreta idoneidad en relación con un concreto asunto*. Por ello se ha dicho que "una eventual irregularidad en la designación del Juez que ha de entender de un proceso puede constituir una infracción de tal derecho" (SSTC 31/1983). El derecho exige también que se *siga el procedimiento legalmente establecido para la designación de los miembros que han de constituir el órgano correspondiente*. Pues en efecto, la garantía quedaría burlada si bastase con mantener el órgano y pudiera alterarse arbitrariamente sus componentes. (SSTC 47/1983; 162/2000). No obstante, el TC sugiere aquí un estándar más flexible que el que opera en la predeterminación del órgano, atendidas posibles disfuncionalidades y necesidades del servicio (sustituciones, etc.). El criterio rector, a decidir caso por caso, es que los procedimientos designados garanticen la imparcialidad e independencia, de modo que sólo adquieren relevancia constitucional las irregularidades procesales en la concreción del titular del órgano cuando comporten alteración arbitraria de su composición, susceptible de afectar la imagen de imparcialidad o independencia (SSTC 238/1998; 152/2015). Se trata de que la irregularidad procesal tenga incidencia material, privando al justiciable del ejercicio efectivo de su derecho a recusar (STC 177/2014). Sustituciones, provisiones temporales sin criterios claros, asignación arbitraria de ponencias (*DMD Group c. Eslovaquia*, 5.10 2010) pueden vulnera el derecho. El TEDH ha subrayado que la organización de la justicia no se debe dejar a la discreción de las autoridades judiciales, aunque a éstas les asista un cierto margen de apreciación en la interpretación de las disposiciones aplicables (*Coëme y otros c. Bélgica*, 22.6.2000 § 98, y *Oleksandr Volkov c. Ucrania*, 9.1.2013 § 150)

2. Juez independiente e imparcial

Si la "independencia" implica un análisis estructural de las garantías estatutarias e institucionales contra las interferencias de otros poderes en los asuntos judiciales, la "imparcialidad" implica preguntarse por la independencia del juez o tribunal en relación con partes del litigio, bien como consecuencia de su relación personal con ellas o con el objeto mismo del proceso (*Piersack c. Bélgica*, 1.10 de 1982).

Aunque el derecho al juez legal constituye una de las garantías de la independencia e imparcialidad del juez, éstas no resultan *sensu stricto* inherentes al derecho al juez legal. El mismo TC, que en ocasiones induce a este equívoco, ha aclarado que la imparcialidad no forma parte del contenido del derecho al juez legal, sino que resulta del derecho a un *proceso con todas las garantías* (SSTC 145/1988), no obstante conectarse teleológicamente con aquél (STC 181/2004). La garantía se ha hecho derivar también del derecho fundamental a la tutela judicial efectiva (24.1 CE), así como del 117.1 CE que impone que Jueces y Magistrados actúen "sometidos *únicamente* al imperio de la Ley", lo que es incompatible con la ausencia de necesaria imparcialidad (STC 38/2003). Por esta razón se estima que las causas de abstención y recusación, en tanto que dirigidas a tutelar la imparcialidad del juzgador, integran el contenido de este derecho fundamental (SSTC 116/2006). Adicionalmente, se trata de asegurar la confianza que la justicia debe inspirar en una sociedad democrática, garantizándose al justiciable la inexistencia de prejuicios o prevenciones en el órgano llamado a resolver sobre sus intereses.

A tal efecto, el TC distingue entre una imparcialidad *subjetiva*, vinculada a la ausencia de *relaciones indebidas con las partes*, y una imparcialidad objetiva referida al *objeto del proceso*, por la que se asegura que el Juez se acerque al *thema decidendi* sin haber tomado postura en relación con él (SSTC 47/2011; 60/2008). En cuanto a la primera se trata de evitar condicionamientos a priori por simpatías o antipatías personales derivadas de la relación con las partes. La obligación de ser ajeno al litigio no sólo veta al juez la asunción de funciones procesales de parte, sino que le prohíbe realizar actos o mantener relaciones jurídicas o fácticas que exterioricen previa toma de posición anímica a su favor o en contra (STC 60/2008).

Desde la perspectiva de la imparcialidad objetiva, la garantía, asegura que Jueces y Magistrados aborden cuestión litigiosa sin prejuicios derivados de una relación o contacto previos con el *objeto* del proceso (STC 36/2008). Una circunstancia que no cabe inferir sin más de una "relación nominal" de actuaciones procesales previas de quien está llamado a juzgar, sino que se exige aquilatar si la intervención previa ha supuesto adopción de decisiones valorativas sustancialmente idénticas o muy próximas a las que son objeto de resolución sobre el fondo del asunto (STC 26/2007). Como causas significativas de tal posible inclinación previa de índole objetiva, se incluyen la realización de *actos de instrucción*, o la adopción de decisiones previas que impliquen juicio anticipado de culpabilidad (imposición de medidas cautelares personales, autos de procesamiento) o la intervención previa en una instancia anterior del mismo proceso. No sólo éstas sino "más en general, el pronunciamiento sobre hechos debatidos en un pleito anterior" (por todas STC 149/2013).

En sentido parcialmente diverso maneja el TEDH el denominado test subjetivo y objetivo de imparcialidad. Desde el punto de vista subjetivo, y partiendo de que la imparcialidad personal del juez debe ser presumida salvo prueba en contra (*Kyprianou c. Chipre*, 15.12.2005, *Wettstein* c. Suiza, ap. 43), se trata de acreditar que el juez ha demostrado hostilidad o mala voluntad por motivos personales (*De Cubber c Bélgica, 26.10.1984*, ap. 25). Lo relevante en el test subjetivo es patentizar la *convicción personal* o el interés del juez en el caso concreto. Conseguir tal evidencia puede resultar muy problemático.

Por ello es más productivo el test objetivo, que se contenta con valorar si el juzgador ofrecía garantías bastantes para excluir *cualquier duda legítima de parcialidad* (*Piersack c. Bélgica*, de 1.10 1982; *Pullar c. Reino Unido*, 10.6 de 1996). Basta para ello con una apariencia de prejuicio o duda legítima sobre la pérdida de imparcialidad, a valorar desde el punto de visto de un tercero razonable. Conforme a esta doctrina, alegar causa razonable de pérdida de imparcialidad objetiva crea *presunción positiva a favor del demandante*, que sólo puede ser enervada por el Estado si muestra al TEDH suficientes mecanismos de salvaguarda procesales que excluyan esa duda legítima (*Salov c. Ucrania*; *Farhi c. Francia*). Tal apariencia no sólo se compromete cuando concurren causales *legalmente* previstas de abstención o recusación. Éstas no agotan la casuística de la pérdida objetiva de imparcialidad. La imparcialidad puede comprometerse cuando la actuación del juez ofrece razones suficientes para hacer comprensible o legítima una sospecha de prejuicio o sesgo. La protección de la "apariencia" de imparcialidad está en consecuencia ampliamente reconocida, como integrante del mencionado derecho fundamental (*Piersack c. Bélgica* 1.10.82; *De Cubber c. Bélgica* 26.10.84, *Martin c. Reino Unido* 24.10, 2006). Debe abstenerse pues cualquier juez sobre el que recaiga legítima razón para *temer* falta de imparcialidad (STDH *Castillo Algar c España*, 28.10 de 1998, 45; *Micallef c. Malta*, de 15.10 de 200 entre otras muchas). Sobre el papel, la "apariencia de imparcialidad" también está garantizada, en tanto que, "lo que está en juego es la confianza que, en una sociedad democrática, los Tribunales deben inspirar al acusado y al resto de los ciudadanos" (STC 162/1999; 5/2004)

Una cuestión muy relevante vinculada con esta garantía, y que hasta la fecha ha merecido una respuesta bastante decepcionante (Cfr. STC 133/2014), es la relativa a la actitud "inquisitiva" del juez o el tribunal en el plenario. Cuando el presidente de un tribunal utiliza expresiones que implican haberse formado un punto de vista desfavorable sobre un asunto antes de concluir el juicio oral, tales declaraciones justifican objetivamente que el acusado desconfíe sobre su imparcialidad (Cfr. STEDH Buscemi *c. Italia*, 16.9.1999, ap. 67). Lo mismo sucede respecto manifestaciones de hostilidad (*De Cubber*) o la expresión pública de la crítica de la defensa (*Lavents c. Letonia*, 28.11.2002). La conducta de los jueces en el plenario, en consecuencia, en términos de valoración objetiva, puede ser suficiente para motivar legítimamente aprehensiones justificadas en el acusado.

El TC ha tenido ocasión de perfilar doctrina general sobre esta cuestión (entre otras STC 334/2005; 60/2008). En sustancia, los ejes básicos de dicha doctrina son los siguientes: a) que el "derecho a un proceso con todas las garantías (art. 24.2 CE) otorga al acusado en un proceso penal el derecho a exigir del Juez la observancia inexcusable de una actitud neutra respecto de las posiciones es de las partes en el proceso (STC 130/2002). b) que dicha actitud de neutralidad no equivale a 'pasividad' durante el acto del juicio. En concreto el TC ha considerado que la iniciativa probatoria de oficio prevista en el art. 729.2 Lecrim no sería *per se* contraria al art. 24.1 CE. c) Pero esta facultad, que califica de 'excepcional'" (STC 130/2002), si bien puede resultar amparada por la necesidad de verificar la fiabilidad de las pruebas de los hechos propuestos por las partes en aras a comprobar la certeza de elementos de hecho precisos para dictar sentencia, puede ser también utilizada indebidamente. d) La utilización indebida de la facultad probatoria *ex officio judicis* merma la garantía de la imparcialidad objetiva cuando supone emprender "actividad inquisitiva encubierta". Un concepto éste que debe ser entendido como actividad tendente a "suplir o enmendar la actividad acusatoria" o una "toma de partido a favor de las tesis de ésta" (STC 334/2005). e) Para determinar si tal iniciativa ha comprometido la posición de neutralidad del juez, es preciso analizar las circunstancias particulares de cada caso concreto. f) Incluso, aún sin tratarse en rigor de las facultades previstas en el art. 729.2 Lecrim, el TC se ha pronunciado sobre la inexistente vulneración constitucional de las preguntas formuladas por el Tribunal a testigos o acusado cuando concurren los límites antes señalados (STC 334/2005): "no cabe apreciar esta vulneración constitucional cuando las preguntas versan sobre los hechos objeto de acusación, puede entenderse razonablemente que han sido llevadas a cabo para alcanzar un grado preciso de convicción para la adopción de una decisión, sin ser manifestación de una actividad inquisitiva en la que se sustituya a la acusación, ni una toma de partido a favor de las tesis de ésta y de ellas no se derive ninguna indefensión permitiéndose alegar respecto de las mismas" (STC 229/2003). En definitiva, el TC parece reconducir la cuestión a un mero problema de principio acusatorio, entendido rigoristamente, el problema de la imparcialidad en este concreto ámbito.

III. DERECHO A LA DEFENSA Y ASISTENCIA LETRADA

El art. 24. 2 CE consagra expresamente el derecho de defensa y a la asistencia letrada, extensible a toda clase de procesos e imprescindible para la realización efectiva de los principios de igualdad de armas y de contradicción. Dada la amplitud del tema y sus conexiones con otros derechos, nos limitaremos en esta seda a hace un apunte sobre el derecho desde la óptica de su ejercicio genérico. Desde esta perspectiva, el TEDH ha señalado que el art. 6.3 c) del CEDH garantiza tres derechos al acusado: a defenderse por sí mismo (*auto defensa*), a defenderse *mediante asistencia letrada de su elección* y, bajo determinadas condiciones, a recibir *asistencia letrada gratuita* (*Pakelli* c. *Alemania*, 25.4. 1983). La opción en favor de una de esas tres posibles formas de defensa *no implica renuncia o imposibilidad de ejercer alguna de las otras*, siempre que sea necesario para hacer efectiva en cada caso el derecho en cuestión

El derecho a defensa mediante letrado, bien de elección o de oficio, garantiza un disfrute "efectivo" y no simplemente nominal. No se agota pues en el derecho a nombrar letrado de oficio o con la simple provisión formal de asistencia gratuita, sino que exige *verdadera* —y no sólo aparente— *asistencia* (STEDH, *Goddi c. Italia*, de 9.4 de 1984; *Artico c. Italia*, de 13.5 de 1980). De modo que cuando la intervención de letrado sea legalmente preceptiva, la garantía constitucional se convierte en exigencia estructural del proceso para asegurar su correcto desenvolvimiento, exigiendo que *la pasividad del titular del derecho sea suplida por el órgano judicial*, debiendo este último considerar la ausencia de letrado como un requisito subsanable, y ofreciendo al interesado oportunidad de reparar tal omisión (STC 189/2006). Cuando la intervención de letrado no es preceptiva, el justiciable sigue ostentando el derecho a la defensa y asistencia letrada puesto que no se obliga a las partes a actuar personalmente, sino que se les faculta para elegir entre la autodefensa o la defensa técnica. No obstante, cuando la asistencia letrada de oficio no es preceptiva (singularmente, en el ámbito penal, en procesos por delitos leves —faltas—), la denegación de asistencia letrada, para que infrinja el 24.2, debe haber producido una real y efectiva indefensión material, atendidas las circunstancias concretas del caso: que la autodefensa se haya revelado insuficiente y perjudicial (STC 258/2007), lo que dependerá de la complejidad del debate procesal y la cultura y conocimientos jurídicos del sujeto (STC 233/1998) a deducir de cómo haya realizado su defensa, y teniendo en cuenta, en términos de desigualdad procesal, la de la contraparte. Este análisis incumbe a los órganos judiciales, que han de velar en todo caso por evitar indefensión. Incluso con asistencia letrada, el TC ha recordado reiteradamente el deber positivo de velar por la efectividad de la defensa del acusado o del condenado en el proceso penal por parte de profesionales designados de oficio (STC 1/2007, entre muchas). En similar sentido, sobre la incompetencia de la defensa técnica de oficio, Cfr. STEDH, *Daud vs. Portugal*, 21.4.1998.

Lejos de ser mera formalidad protocolaria, el derecho a la última palabra constituye una manifestación singularísima del derecho de autodefensa en el proceso penal (SSTC 181/1994; 13/2006). A través de la última palabra el definitivamente acusado puede matizar, completar o rectificar, vista la prueba ya practicada y conocidas las alegaciones y pretensiones punitivas definitivas, todo lo tenga por conveniente. Una intervención que no suple su abogado defensor. Es en cierto modo un derecho de contenido autónomo, también respecto del derecho a ser oído (STC 181/1994). No obstante, el TC no ha llevado hasta sus últimas consecuencias este contenido autónomo y propio, al exigir una carga probatoria adicional para estimar vulneración del derecho: sea la constatación de una "total ausencia de la posibilidad del acusado de defenderse por sí mismo" (STC 13/2006) o, lo que todavía es más discutible, prueba "sobre la repercusión efectiva que su pleno ejercicio hubiese hipotéticamente producido" (vinculado pues con la idea de indefensión material).

El abanico de cuestiones vinculadas con los presupuestos que hacen posible el derecho material de defensa es inabarcable. Con carácter muy general puede decirse que incluye la oportunidad de conocer y debatir las cuestiones planteadas y las pruebas presentadas por la otra parte (STEDH *Brandstetter c. Austria*, 28.8 de 1991, 66-67), lo que incluye la obligación por parte de fiscalía de revelar a la defensa también las *pruebas a favor* del acusado (STEDH *Caso Rowe y Davis*). Presupone además el derecho a tener *tiempo y facilidades* para preparar la defensa (art. 6.3 CEDH), imponiendo estricto canon de proporcionalidad a las restricciones admisibles a la divulgación de las pruebas pertinentes (según el CEDH: seguridad nacional, protección de testigos del riesgo de represalias, necesidad de preservar métodos policiales de investigación) (STEDH *Doorson c. Países Bajos*, 26.3 de 1996; *Van Mechelen y otros c. los Países Bajos*, 23.4 de 1997, haciendo obligada la *compensación* de dicha limitación por las autoridades judiciales (STEDH *Jasper c. Reino* Unido, ap. 53, 16.2.2000)

IV. DERECHO A SER INFORMADO DE LA ACUSACIÓN

El derecho a conocer la acusación constituye una pieza basilar de todo sistema acusatorio (inherente a la idea de proceso justo) así como presupuesto lógico del derecho a "defenderse" (¿de qué?). Así lo pone en evidencia el mismo TC en S. 181/1998, señalando que "en virtud de las exigencias del principio acusatorio nadie puede ser condenado si no se ha formulado contra él una acusación de la que haya tenido oportunidad de defenderse, pues ello es necesario para poder ejercer el derecho de defensa en el proceso penal". Su vinculación con el principio acusatorio es más que evidente, de modo que muchas de las garantías inherentes al mismo encuentran cobertura bajo el radio de este derecho, que encierra, como ha señalado el TC, un "contenido normativo complejo". En efecto, un sistema acusatorio implica tres garantías básicas. La primera, que no haya juicio ni condena sin previa acusación. El derecho a conocer la acusación presupone *la existencia de la acusación misma*. La segunda, que el objeto procesal sea resuelto por órgano independiente e imparcial diferente del que ejerce la acusación. Aún de forma indirecta, también las manifestaciones más sutiles de esta vulneración pueden reconducirse al derecho que estamos comentando, pues la *proscripción* de acusaciones tácitas, imprecisas, vagas o insuficientes (inherente al derecho a *conocer*) impide, indirectamente que el llamado a resolver coadyuve de modo tácito en la conformación de una acusación que materialmente lo ha sido ex post, pues sólo de esta guisa podría justificarse esa concreta sentencia condenatoria. De modo que la conexión con la regla prohibitiva de la *reformatio in peius —que en vía de recurso se condene sin que ninguna parte acusadora sostuviera la acusación* (SSTC 167/2002, 64/2003, 215/2009)— o bien de la *falta de congruencia por exceso* (no así en caso de fallo corto) y otras manifestaciones pueden reconducirse, también, a este derecho. En tercer lugar, el principio de correlación entre acusación y sentencia, que puede verse también como garantía del derecho a conocer la acusación: una sentencia incongruente —fallo largo— sólo es posible bajo el presupuesto de una acusación (implícita) que no ha sido previamente exteriorizada por quien resulta competente (la acusación, que no el juez, sobre ello, vid. STC 133/2014). No obstante, un sector de la doctrina cuestiona tal vinculación, postulando su conexión más inmediata con el derecho a un juez imparcial, o más bien con el derecho a no padecer indefensión.

Es preciso observar que cuando la jurisprudencia constitucional sostiene que el instrumento que plasma la acusación es el escrito de *conclusiones definitivas*, se está refiriendo a la acusación sólo en cuanto límite a la potestad judicial de condenar, en sus dos vertientes: de que no cabe condena sin previa acusación (SSTC 34/1985, 54/1985 y 163/1986), y de que la condena debe ceñirse a la acusación formulada (SSTC 17/1988; 205/1989). Pero obviamente el derecho a conocer la acusación no se limita a este estadio procesal, en el que por definición ya se ha practicado la prueba. El derecho previene de acusaciones sorpresivas, pues no se trata de conocer sin más la acusación, sino de conocerla temporáneamente en términos suficientemente determinados, para poder defenderse de ella de manera contradictoria. Como garantía instrumental al derecho de defensa, el art. 24.2 consagra pues también el derecho a ser informado de la *imputación*, para defenderse de ella (SSTC 20/1987). La exigencia de que no quepa acusación sin previa imputación (proscripción de las acusaciones sorpresivas) puede verse también como manifestación de este derecho. Por su propia naturaleza, la instrucción tiene un carácter dinámico y (relativamente) abierto. Es cauce conformar la legitimación pasiva y el objeto del proceso. De modo que la información sobre "la acusación" en este contexto está sometida a progresiva decantación, conformándose en plenitud en el auto de procesamiento (en el procedimiento ordinario (Cfr. ATC 188/1988) y en el auto de apertura del juicio oral (tras los escritos de acusación provisional), que delimitan, en términos fácticos y jurídicos, el objeto del debate. Cada una de las fases de ese proceso, incoación, imputación judicial, adopción de medidas cautelares, sentencia condenatoria, derecho al recurso, se halla sometida a exigencias específicas que garantizan las distintas garantías constitucionales del sometido al proceso (STC 41/1998), pero tales exigencias no son idénticas en su contenido y efectos (STC 75/2006)

Proscritas resultan empero las acusaciones vagas o indefinidas en los escritos de conclusiones provisionales (ATC 195/1991) porque no permiten ahormar con certeza el perímetro de los hechos y calificaciones a debatir en el plenario. Inevitablemente, la acusación sólo queda totalmente perfilada, tanto fáctica como jurídicamente, cuando se plasma en los escritos de calificación o acusación definitivas. Pero una falta de correlación entre conclusión provisional y definitiva puede ser calificada de acusación sorpresiva (STEDH, Sadk y otros c. Turquía). Por principio, una alteración sustancial de los hechos está prohibida. No así una cierta modificación o especificación. Modificaciones relevantes a resultas de "revelaciones o retractaciones inesperadas" productoras de "alteraciones sustanciales" en el juicio (art. 746.6 Lecrim), dan derecho a solicitar la suspensión y solicitar "nuevos elementos de prueba o alguna sumaria instrucción suplementaria" (arts. 746.6 y 747 de la Lecrim), cuyo desconocimiento puede suponer lesión del derecho (Cfr. STC 75/2006) Sin embargo, la cuestión de las modificaciones admisibles es polémica: por principio, hechos nuevos deben dar lugar a otro proceso. Alteraciones sustanciales en su decurso, tanto en el *factum bruto*, como en el crimen (el hecho en su valoración jurídica), no seguidas de tiempo para la defensa (ej. suspensión) pueden comprometer el derecho.

No existe acusación implícita del juez o tribunal (formulada por sí y ante sí) cuando califica el hecho en sentencia de modo divergente al postulado por la acusación, siempre que respete la identidad del *factum*, y de algún modo la calificación final esté embebida en la que fue objeto de acusación, de modo que la defensa de la calificación postulada comporte también inevitablemente defensa de la calificación judicialmente asumida: *homogeneidad* (entre muchas otras, STC 17/1988; STEDH, *Pélissier y Sassi*). El principio de correlación no alcanza, como garantía inherente derivada del derecho a conocer la acusación, a la pretensión punitiva concreta, pero es sabido que el TC rechaza que pueda imponerse más pena que la concretamente solicitada por la acusación. Una garantía que encuentra mejor acomodo en el derecho de defensa. La STC 347/2006, 11.12, invocando la STC 228/2002—, incluyó la vinculación al *quantum* concreto de la pena solicitada entre las exigencias del principio acusatorio.

El derecho a ser informado de la acusación es derecho a ser informado en "lengua comprensible" (*Brozick v. Italia*, 38-46), lo que impone información a través de intérprete, para cualquiera que no hable o no comprenda la lengua empleada en el proceso —al margen de la nacionalidad u origen geográfico del imputado— (STC 181/1994), recurso que lógicamente ha de proporcionar el órgano jurisdiccional que conoce de la causa. El TEDH advierte del derecho de ser asistido gratuitamente por un intérprete sin que quepa después la posibilidad de reclamar el pago de los gastos de esta asistencia (STEDH *Luedicke* de 26.4.1979).

V. EL DERECHO A UN PROCESO PÚBLICO SIN DILACIONES INDEBIDAS

1. La publicidad del proceso como derecho

Expresamente consagrado en el art. 14 del PIDCP, así como en el 6.1 del CEDH, el contenido y alcance de este derecho ha sido desarrollado por la jurisprudencia del TC de acuerdo con la interpretación dada por el TEDH (casos *Pretto* y otros y *Axen*, 8.12 de 1983 y *Sutter* 22.2 de 1984). De acuerdo con la misma, el carácter público del procedimiento no queda constreñido sólo al orden jurisdiccional penal (STEDH *Olujic c. Croacia*. Sentencia 5.2 2009 —asunto civil— *Hunter c. Suiza*, 15.12.2005 —expediente disciplinario a abogado—) y protege al justiciable contra una administración de justicia secreta, sin escrutinio público: "*Justice should not only be done, but should manifestly and undoubtedly be seen to be done*". Esta máxima del Juez Hewart expresa el sentido de la garantía que examinamos. No sólo se protege así a sus titulares primarios (las partes del proceso), pues la publicidad permite, como señala el TEDH mantener la imprescindible confianza de los ciudadanos en los tribunales: "haciendo visible la administración de justicia, la publicidad contribuye a alcanzar el objetivo del artículo 6.1, de un juicio equitativo, cuya garantía es una de las bases de la sociedad democrática" (*Sutter c. Suiza*, de 22.2.1984).

Aunque en sentido estricto el derecho se proyecta sólo sobre el plenario, su alcance ha de ponerse en conexión con el principio de publicidad de las actuaciones judiciales consagrado en el art. 120 CE (con las excepciones que la ley establezca), principio que se vincula a su vez con el derecho a la tutela judicial efectiva sin indefensión (24.1 CE; p. ej. la simple notificación de la parte dispositiva de un auto de prisión sin más datos fácticos y jurídicos que permita un recurso eficaz, al abrigo de un secreto instructorio, comporta lesión de este derecho: STC 134/2010). En efecto, el derecho ofrece cobertura no a todas las fases del proceso, sino al juicio oral, conforme al art. 6 CEDH que refiere exclusivamente a la celebración de vistas y al pronunciamiento de los fallos. Con base en tal doctrina, el TC ha señalado que sólo es de aplicación, además de a la Sentencia, "al proceso en sentido estricto, es decir, al *juicio oral* (...) pues únicamente referida a ese acto procesal tiene sentido la publicidad del proceso en su verdadero significado de participación y control de la justicia por la comunidad." De tal modo que el derecho a intervenir en las actuaciones judiciales de instrucción no confiere al sumario el carácter de público en el sentido que corresponde al principio de publicidad; es sólo manifestación del derecho de defensa. El secreto ex art. 303 Lecrim, que impide conocer e intervenir en la práctica de las pruebas sumariales, pueda entrañar así vulneración del derecho de defensa, pero no afecta al derecho a un proceso público que al propio justiciable garantiza la CE (STC 176/1988).

Complejo resulta delimitar los criterios que hacen posible establecer *excepciones a esta exigencia* constitucional por prevalencia de otros intereses en conflicto. Las limitaciones al derecho a un juicio público, de acuerdo con la jurisprudencia del TEDH y de nuestro TC, exigen, además de las generales (reserva legal de *calidad* de las excepciones a la publicidad del proceso y canon de proporcionalidad genérico SSTC 96/1987; 65/1992), una ponderación adaptada a las circunstancias del caso para individualizar un interés prevalente de acuerdo con los criterios de estricta idoneidad, necesidad y proporcionalidad en concreto. Así, se ha estimado justificada la excepción en casos de: a) tutela del orden público o la seguridad necesarias en una sociedad democrática (Caso Campbell y Fell, 28.6.1984; b) razones de moralidad o de respeto debido a la persona ofendida c) la protección de la seguridad o vida privada de las partes o testigos. d) protección de los menores d) incluso la promoción de libre intercambio de información y de opinión en la búsqueda de la justicia (STEDH Doorson *c. Holanda* de 26.3. 1996, 70; *Jasper c. el Reino Unido* 16-2-2000, 52; *Z. c. Finlandia* de 25.2. 1997, 99 y *T. c. Reino Unido*, 16-12-1999, 83-89). Siguiendo tal doctrina, nuestro TC (ATC 96/1981, SSTC 62/1982, 96/1987 y 176/1988) ha confirmado la validez de las excepciones al principio de publicidad del proceso establecidas en el art. 232 de la LOPJ y en el art. 680 de la LECrim (STC 65/1992)

Entre publicidad *absoluta* y la celebración de juicio a puerta cerrada, existe un abanico de posibilidades (publicidad total y/o parcial, real y/o virtual, presencial o de acceso a medios audiovisuales, etc.). Vinculado con tal graduación suscita reflexión el problema del acceso a profesionales de los medios con aparatos de captación de imagen y la vinculación de este derecho con el derecho fundamental a la comunicar libremente información veraz (art. 20.1 d) CE). La idea básica es que los límites constitucionalmente admisibles (previstos por ley —art. 232.2 LOPJ—, 680 *Lecrim*) a la publicidad de las actuaciones procesales (art. 24.1 y 120 CE) constituyen también límites indirectos a la libertad de información (art. 20.1d ATC 195/1991, de 26 de junio) —*rectius*, a un presupuesto que la hace posible: la presencia, real o virtual en juicio—. Entre la posibilidad de excluir al público, lo que incluye a la prensa, en su celebración a puerta cerrada y la ausencia de límites a la grabación —incluyendo retransmisión en directo—, cabe graduar las limitaciones respetando siempre el canon de estricta proporcionalidad aludido. Al juez y sólo al juez corresponde realizar el juicio ponderativo, dentro del marco de la reserva de ley. Están en consecuencia proscritas prohibiciones generales de acceso con medios de captación audiovisual con reserva de autorización previa. El principio ha de ser justamente el inverso (Cfr. STC 159/2005; 56/2004; 57/2004; STEDH *Diennet c. Francia*, de 26.9.1995, 34 y *Martinie c. Francia* 58675/00, 40)

Como manifestación singular del derecho a un juicio público, recuerda el TEDH que al amparo de lo previsto en el art. 6.1 CEDH, la sentencia debe ser *pronunciada públicamente*, configurando dicha exigencia como manifestación de la realización de un proceso público, lo que impone no sólo transparentar la impartición de justicia, sino también *sus resultados*. Aunque puede optarse por una interpretación no literal del art. 6.1, hay que apreciar en concreto a la luz de las particularidades del procedimiento en cuestión y en función de la finalidad y objeto del citado precepto si se ha respetado tal finalidad (SSTEDH *Pretto; Axen; Sutter; Campbell y Fell*). Sobre la cuestión, aunque vinculada aquí con el problema de las excepciones fundadas en la protección de datos personales en la publicación de sentencias del TC (ex art. 164.1 y 86.2 LOTC), véase STC 114/2006, cuyas consideraciones sirven *mutatis mutandi* al problema de la validación constitucional del art. 266.1 LOPJ.

2. El Derecho a un proceso sin dilaciones indebidas

Se reconoce este derecho en el art. 24.2 de modo autónomo respecto del derecho a la tutela judicial efectiva, pese a la indudable conexión existente entre ambos derechos: la justicia tardía no es justicia, y la tutela judicial "no puede entenderse desligada del tiempo en que la tutela de los derechos debe prestarse" (STC 142/2010). Por supuesto, el derecho es invocable en toda clase de procesos y, asimismo, en las sucesivas fases e instancias por las que discurre, incluida la *ejecución* de sentencia (STC 298/1994; 7/2002). No ofrece cobertura, empero, a actividades que no puedan ser calificadas *sensu stricto* de jurisdiccionales (STC 26/1994). No obstante, cumple recordar el concepto material de jurisdicción del que parte el TEDH. Su reconocimiento, como ha señalado la jurisprudencia del TC, no supone constitucionalizar un derecho a los plazos procesales establecidos por ley, sino sólo a que el proceso, contemplado en toda su dimensión temporal, incluida la ejecución, se tramite y resuelva en plazo razonable (STC 24/1988; 220/2000; 124/1999; 177/2004 entre muchas otras).

Por su propia textura, el derecho presenta contenido *prestacional* (que la jurisdicción resuelva y ejecute lo juzgado en plazo razonable) y reaccional (que se ordene la pronta conclusión del proceso indebidamente dilatado (Cfr. STC 153/2015; 177/2004). Cabe pues vulneración tanto por omisión (inactividad procesal) como por acción, esto es, por acordar y practicar trámites y diligencias impertinentes o innecesarias que dilaten el proceso (STC 324/1994; 32/1999). En esta línea, controvertido resulta determinar hasta qué punto un abusivo uso de la conexidad procesal penal (macro causa) puede, por innecesaria, vulnerar el derecho.

Consecuencia del doble contenido (prestacional y reaccional), la restitución del derecho vulnerado ofrece alguna particularidad relevante. Por principio, la vulneración del derecho sólo podrá apreciarse cuando el proceso aún no haya fenecido en el momento de interponer recurso de ampo (SSTC 32/1999; 99/2006), y siempre, claro está (subsidiariedad) que se hubiese denunciado formalmente vulneración en el proceso *a quo*, ante el órgano judicial al que se imputa dilación, al efecto de remediar la lesión.

No obstante, si pleito o causa están pendientes de resolver al tiempo de interposición de demanda de amparo, procede tramitar la queja constitucional que concluirá, en su caso, con sentencia declarativa de la violación denunciada, aunque el proceso haya concluido. No cabe apreciar aquí pérdida sobrevenida de objeto, pues la vulneración del derecho no puede considerarse reparada mediante actuación tardía o demorada (STC 61/1997; 99/2014). Esta es una consecuencia de la referida autonomía del derecho a un proceso sin dilaciones indebidas respecto a la tutela judicial efectiva sin padecer indefensión: no es un derecho a que se *resuelva* motivadamente si no *a que se resuelva en un tiempo razonable*. Aquí, empero, el único efecto posible de una sentencia estimatoria de la queja, que tendrá naturaleza puramente declarativa, será el de servir de base para una eventual futura acción de responsabilidad por anormal funcionamiento de la Administración de Justicia (acción para la que, según el artículo 293.2 LOPJ tampoco es preciso pronunciamiento previo constitucional). En todo caso es ajena a la jurisdicción constitucional la pretensión indemnizatoria, pues ésta no tiene carácter de derecho fundamental protegible en amparo (ni es competencia del TC ex art. 58.1 LOTC).

Queda también fuera del ámbito de reparación del derecho la decisión judicial de apreciar o no circunstancias atenuantes de responsabilidad penal (atenuante de dilaciones indebidas). Cierto que desde la STEDH de 15-7-82 —caso *Eckle c. Alemania*—, late la idea de que el acusado perjudicado por dilación ya ha sufrido un castigo anticipado que es necesario compensar al imponer la correspondiente sanción. Pero el TC ha descartado que forme parte del contenido del derecho a un proceso sin dilaciones indebidas la exoneración o atenuación de la responsabilidad penal prevista por la comisión del delito objeto del proceso en el que la dilación se ha producido (SSTC 381/1993; 78/2013). La decisión legal y judicial de aplicar la atenuante no es pues desarrollo constitucional del derecho (STC 381/1993). Tampoco, finalmente, cabe hablar, como derivado del derecho al plazo razonable, un supuesto derecho a que juegue o se produzca la prescripción penal (SSTC 255/1988, 224/1991).

La expresión "dilación indebida", lo mismo que la de "plazo razonable" constituye un concepto jurídico indeterminado que el TC ha tratado de precisar siguiendo el conocido test que maneja el TEDH. Así, el juicio sobre el contenido concreto de las dilaciones, y sobre si son o no indebidas, debe ser el resultado de aplicar a las circunstancias específicas estos criterios: a) la *complejidad* del litigio, b) los *márgenes ordinarios de duración* de los litigios del mismo tipo (STC 129/2016), c) el *interés que arriesga el demandante* de amparo, d) su *conducta procesal y la conducta de las autoridades* (SSTC 38/2008; 142/2010, entre muchas). En cuando a la complejidad de la causa, se atiende a varios factores, como el número de acusados o demandados, la complejidad de las pruebas a practicar (dictámenes periciales complejos, etc.), la necesidad de auxilio judicial internacional (comisiones rogatorias, etc.) o la complejidad de los hechos y el derecho, incluida la necesidad de aplicar nueva legislación (*Pretto c. Portugal*). En cuanto a la conducta de las partes, recuerda el TEDH que los gobiernos no pueden excusar la demora del procedimiento en que el demandante haya hecho uso de todos los recursos a su alcance —incluyendo recusaciones, petición de pruebas, etc.— pues el ejercicio de un derecho constitucional no se puede volver en contra de quien lo ejerce (*Kolomiyets c. Rusia*). En lo que se refiere a los intereses en juego, el TEDH ofrece múltiples supuestos en los que el interés preferente impone mayor celeridad (entre otros, imposición de medidas cautelares, personales o reales en el proceso penal —Clerk c. Bélgica—, protección de la infancia —*Hokkanen c. Finlandia*—, protección de los derechos de los trabajadores —*Obermeier c. Austria*—, protección de la integridad física, indemnizaciones —*Silva Pontes c. Portugal*—).

Especial relevancia ostenta el problema del *carácter estructural de las dilaciones* no imputables a falta de diligencia de jueces o tribunales sino a carencias orgánicas, de medios personales y materiales o a otras circunstancias como el elevado número de asuntos. (STC 125/2022, de 10 de octubre). El TEDH (*Unión Alimentaria. c. España*, de 7.6 de 1989) ha concluido que tal circunstancia no priva los ciudadanos de su derecho al respeto del plazo razonable y los Estados deben organizar su sistema judicial de tal forma que sus Tribunales puedan cumplir cada esta exigencia del Convenio (*L. c. Bélgica* (§ 18), de 11.3. 2004). El TC ha asumido plenamente este enfoque (STC 54/2014; STC 142/201; 129/2016)

VI. EL DERECHO A UTILIZAR LOS MEDIOS DE PRUEBA PERTINENTES PARA LA DEFENSA

El art. 24.2 ha constitucionalizado el derecho a utilizar los medios de prueba pertinentes para la defensa como derecho fundamental, ejercitable en *cualquier* tipo de procesos (STC 173/2000). Su contenido garantiza el impulso de actividad probatoria acorde con los intereses de las respectiva partes —todas—, siempre que esté autorizada por el ordenamiento (STC 131/1995). Se trata pues de un derecho de configuración en parte legal y compete al legislador establecer las normas reguladoras de su ejercicio en cada orden jurisdiccional, entre ellas las atinentes a la admisión y práctica de los distintos medios de prueba (STC 151/2013), siempre que se respete su contenido esencial.

En sustancia, se trata del derecho a que la prueba pertinente, solicitada en forma, modo y tiempo *legalmente* establecidos, sea admitida por el Juez o Tribunal, sin desconocerla u obstaculizarla, e incluso "prefiriéndose el exceso en la admisión a la postura restrictiva" (entre muchas, STC 205/1991). Y del derecho a que la prueba ya admitida sea practicada, pues "el efecto de la inejecución de una prueba es o puede ser el mismo que el de su inadmisión previa" (SSTC 357/1993; 147/1987; 50/1988).

Compete al juez valorar la legalidad y pertinencia de la prueba propuesta, pudiendo rechazarla, siempre motivadamente, si la reputa irrelevante —por desconectada, por manifiestamente redundante, por carente de contenido relevante— para el *thema decidendi*. No existe así un derecho *incondicionado* a la prueba, sino sólo a la prueba *pertinente*. Para que exista lesión, la inadmisión o la falta de práctica de la prueba admitida habrá de ser imputable al órgano judicial, bien por haberla rechazado sin motivación razonable alguna, bien con una interpretación y aplicación de la legalidad arbitraria, ilógica o irrazonable. Fuera de estos casos, es a la jurisdicción ordinaria a quien compete el examen sobre la legalidad y pertinencia de las pruebas solicitadas.

Adicionalmente, para estimar vulnerado el derecho, debe probarse que la falta de actividad probatoria ha causado *efectiva indefensión*, por ser la prueba preterida, en un juicio ex ante y ex post, *decisiva* en términos de defensa, esto es, relevante para condicionar el desenlace de la causa (SSTC 165/2004; 240/2005; 152/2007; 185/2007). Una exigencia con doble proyección: por un lado, se precisa argumentar la vinculación de las pruebas inadmitidas con los hechos que se quisieron probar y no se pudieron probar, y por otro, argüir, "convincentemente", que la resolución final del asunto podría haber sido favorable a la pretensión del demandante de haberse admitido (y practicado) la prueba propuesta (SSTC 26/2000; 165/2001; 308/200542/2007). Esta exigencia angosta la vía de amparo hasta hacerla testimonial: sobre un resultado probatorio que puede resultar ignoto y desconocido, al no haberse practicado la prueba, puede resultar muy difícil argumentar. Sobre una prueba realmente practicada, la supresión mental de su práctica arroja resultados seguros. Sobre la que no se practicó, tal suerte de causalidad hipotética resulta perfectamente inútil si se desconoce el contenido de lo que pudo haber sido y no fue, limitando el alcance del derecho en la práctica a la prueba documental o a determinadas testificales (aunque ni siquiera está asegurado que un testigo no pueda cambiar el signo de la declaración previamente efectuada en sede instructora).

VII. EL DERECHO A LA PRESUNCIÓN DE INOCENCIA

El artículo 24.2 de la Constitución consagra de forma expresa el derecho la presunción de inocencia, otorgándole configuración autónoma. Por su propia naturaleza, se trata de un derecho pródigo como ningún otro en contenidos concretos y efectos diversos, al punto de vincularse con la práctica totalidad de las garantías del debido proceso, siempre y cuando el resultado del proceso sea una sentencia penal condenatoria —o incluso una resolución administrativa sancionadora u otra que prevea un efecto jurídicamente desfavorable—. En otros términos: además de su ámbito singular de fuentes de lesión, la vulneración de este derecho, cuando opera como regla interna de un proceso sancionador —singularmente penal— tiene lugar en la mayor parte de casos a través de la vulneración de otras de las muchas garantías que consagra el artículo 24 de la Constitución, como a continuación veremos.

Concebida constitucionalmente como presunción iuris tantum, el derecho a no ser considerado y tratado —objeto de las consecuencias legalmente previstas— como culpable o responsable de una infracción hasta que no exista una resolución firme condenatoria en un proceso que pueda calificarse como debido proceso; —o sea, como proceso sin más—: proceso con todas las garantías), el derecho se vulnera siempre que la condena o sanción se haya producido a través de un procedimiento que se haya orillado las garantías que la

Constitución impone. Estamos aquí ante el derecho a la presunción de inocencia como regala de enjuiciamiento. Pero además, el derecho proyecta, como luego expondremos, efectos extra procesales, estatuyendo obligaciones no sólo para los actores del proceso penal o sancionador, sino para cualquier autoridad o funcionario público en el ejercicio de sus funciones.

1. El derecho a la presunción de inocencia como regla interna de enjuiciamiento

En este ámbito, la consagración constitucional del derecho a la presunción de inocencia exige que toda condena se base en un suficiente cuadro probatorio, conformado por pruebas de cargo lícitamente obtenidas —fuente de prueba— y practicadas —medios de prueba— en el juicio oral en condiciones de inmediación, contradicción, oralidad y publicidad, lo que incluye —contradicción— el derecho a practicar pertinente prueba de descargo (Entre otras STC 45/2006, de 11 de diciembre, FJ 3; 68/2010, de 18 de octubre, FJ 5; 134/2010, de 2 de diciembre, FJ 3, y 53/2013, de 28 de febrero, FJ 3). El derecho alcanza, por su propia naturaleza, a que tal suficiencia incriminatoria sea racionalmente apreciada por el Juez e igualmente razonada en la Sentencia misma. —motivación—. De modo que el déficit de motivación en relación con la valoración de la prueba y la determinación de los hechos probados supondría, de ser apreciado, la vulneración del derecho a la presunción de inocencia (entre otras, SSTC 249/2000, de 30 de octubre —FJ 2; 124/2001, de 4 de junio, FJ 8; 209/2002, de 11 de noviembre FJ 2; 135/2003, de 30 de junio FJ 1; 143/2005, de 6 de junio FJ 2). El deber constitucional de motivar las resoluciones judiciales (art. 120 CE) se torna en lesión del derecho fundamental a la presunción de inocencia cuando la sentencia, siempre que sea condenatoria, no expresa cuando es preciso, en términos lógicos ni racionales, el *iter* argumentativo que le lleva a considerar probados los hechos a partir de los resultados que arrojan las pruebas de cargo practicadas y sometidas a contraste con las de descargo.

Se comprenderá que resulta imposible en esta sede siquiera apuntar las consecuencias concretas que se derivan del contenido esencial del derecho así expresado. En concreto:

a) El problema de los efectos de las fuentes de prueba obtenidas ilícitamente y más aún con vulneración de otros derechos fundamentales, y de las pruebas indirectas derivadas de aquéllas (art. 11 LOPJ). Sólo se puede apuntar aquí que la lesión del derecho a la presunción de inocencia se producirá cuando directa o indirectamente, la convicción judicial sobre el hecho probado descanse en prueba ilícita. El problema de la autonomía de las pruebas derivadas de la prueba prohibida y su tratamiento (la perspectiva causal —con sus correcciones hipotéticas: el hallazgo tarde o temprano inevitable— la perspectiva normativa —conexión de antijuridicidad—, la perspectiva teleológica —restricción basada en fundamentos utilitaristas *deterrence effect* y no en un gravamen de orden público constitucional—) no puede abordarse en este modesto comentario. En progresiva restricción de los efectos reflejos de la prueba ilícitamente obtenida, el TC niega la existencia de un derecho fundamental a la exclusión de la prueba ilícitamente obtenida, fundando su rechazo en clave de garantía objetiva e implícita del sistema de derechos fundamentales, al amparo del genérico el derecho a un proceso con todas las garantías y no con el derecho sustantivo vulnerado en la obtención, lo que obliga a ponderar si la admisión compromete un proceso equitativo -igualdad de partes- (STC 97/2019, de 16 de julio —lista Falciani—).

b) El problema de la extensión con matices —excepciones— a que la prueba sea en todo caso "practicada en el juicio oral", que la jurisprudencia del TC no entiende de un modo radical, porque no niega toda eficacia probatoria a ciertas diligencias sumariales de investigación siempre que se lleven al juicio oral de forma no rituaria ((SSTC 195/2002, de 28 de octubre, FJ 2, y 80/2003, de 28 de abril, FJ 5) y en condiciones que permitan a la defensa del acusado someterlas a contradicción (SSTC 80/1986, de 17 de junio, FJ 1; 187/2003, de 27 de octubre, FJ 3; 344/2006, de 11 de diciembre, FJ 4 b); 68/2010, de 18 de octubre, FJ 5, y 134/2010, de 2 de diciembre, FJ 3, entre otras). Nos referimos, entre otras cuestiones muy relevantes, a la validez como prueba de cargo preconstituida, de las declaraciones prestadas en fase sumarial y al problema de los presupuestos y límites que condicionan su admisión (imposible reproducción en el acto del juicio oral; necesaria intervención del juez de instrucción; introducción del contenido de la declaración sumarial a través de la lectura del acta en que se documenta, conforme al art. 730 LECrim, o a través de los interrogatorios. (Cfr. SSTC 80/1986, de 17 de junio, FJ 1; 303/1993, de 25 de octubre, FJ 3; 40/1997, de 27 de febrero, FJ 2; 195/2002, de 28 de octubre, FJ 2; 187/2003, de 27 de octubre, FJ 3; 280/2005, de 7 de noviembre, FJ 2; 344/2006, de 11 de diciembre, FJ 4; 29/2008, de 20 de febrero, FJ 5, y 165/2014, de 8 de octubre, FJ 2). Una problemática que se inserta en el marco más general de lo que se conoce como prueba preconstituida, pero que excede de su ámbito estricto (incluyendo diligencias de Fiscalía - STC 59/2023, de 23 de mayo de 2023).

c) El problema de la suficiencia probatoria, en un sistema no tasado sino de libertad probatoria como el nuestro, respecto de condenas cuya única o principal prueba de cargo descansa en el testimonio de la propia víctima, o en el testimonio del materialmente coimputado (formalmente coimputado si coincide en el mismo procedimiento, o materialmente, si fue enjuiciado y condenado en otra causa por idéntico hecho). Ámbitos que tensionan las costuras del derecho a la presunción de inocencia y donde se impone al Juez un especial escrutinio en la valoración y motivación de dichos elementos para no infringirlo (test de credibilidad objetiva, subjetiva, corroboración periférica, etc.).

d) El problema de la valoración y exteriorización (motivación) de la prueba indiciaria cuando ésta resulta decisiva. Conforme a la doctrina constitucional, en estos casos (usualmente acreditación de elementos subjetivos de los injusto en delitos de resultado cortado, mutilados de dos actos o en general incongruentes por exceso subjetivo) es menester que concurran una pluralidad de hechos base, todos ellos acreditados por prueba directa (prohibición de meras sospechas o conjeturas, o de articular prueba indiciaria sobre el mismo indicio), y que de tal acreditación se deduzca de forma racional —sin alternativa igualmente racional en contra— la conclusión probatoria, proceso que debe detallarse especialmente en la sentencia condenatoria (SSTC 155/2002, de 22 de julio, 43/2003, de 3 de marzo y 135/2003, de 30 de junio). Toda conclusión que resulte arbitraria, por no desprenderse de cánones lógicos o de cohesión recognoscibles, o que parta de un déficit de suficiencia o calidad concluyente (inferencias excesivamente abiertas, débiles o imprecisas o que desprecien u omitan alternativas favorables igualmente racionales) pueden infringir el derecho a la presunción de inocencia.

e) El problema del *in dubio pro reo* como cláusula de cierre. Se trata de una norma derivada del derecho a la presunción de inocencia. Pero como toda norma, no impone su presupuesto, sino la consecuencia constitucionalmente obligada en caso de que concurra. Para que se entienda: la Constitución no obliga a que el Juez dude. Le impone un preciso programa epistemológico para la averiguación de la verdad dentro de unos límites —le impone los fundamentos, límites, métodos y la validez de la adquisición del conocimiento que precisa para cumplir con su función—. Si los cumple, y a pesar de todo su duda es racional y razonable y se exterioriza comprensiblemente en sentencia, entonces debe absolver.

2. El derecho a la presunción de inocencia como regla de tratamiento extraprocesal obligada para los poderes públicos

Además de regla interna de enjuiciamiento en derecho penal o sancionador, el derecho a la presunción de inocencia incluye el "el derecho a recibir la consideración y el trato de no autor o no partícipe en hechos de carácter delictivo o análogos a estos y determina por ende el derecho a que no se apliquen las consecuencias o los efectos jurídicos anudados a hechos de tal naturaleza en las relaciones jurídicas de todo tipo" (STC 109/1986, de 24 de septiembre, FJ 1). Aunque históricamente el TC ha venido proporcionando protección a esta dimensión del derecho a través de la tutela del derecho al honor (SSTC 133/2018, de 13 de diciembre, y 184/2021, de 28 de octubre, FJ 9.4), finalmente lo ha reconducido al art. 24.2 de la Constitución, de conformidad con la doctrina del TEDH que interpreta el art. 6.2 del CEDH, de un modo más amplio, sin constreñirlo a los procesos penales o administrativos (SSTC 8/2017, de 19 de enero, y 10/2017, de 30 de enero). De modo que puede ya afirmarse con rotundidad que el derecho a la presunción de inocencia: (A) no se limita a los procesos penales o contencioso-administrativos sancionadores, sino que se extiende a los procesos administrativos y contencioso-administrativos seguidos por responsabilidad patrimonial del Estado por prisión preventiva (SSTC 85/2019, de 19 de junio; 125/2019, de 31 de octubre) y (a) no se limita a los procedimientos penales que estén pendientes, sino que se extiende a los procedimientos judiciales resultantes de una sentencia firme absolutoria del acusado, siempre que de dichos procesos en los que el sujeto resultó, por la razón que sea, absuelto, se deriven consecuencias jurídicas, a instancia de parte o de oficio, de toda índole.

Dicha doctrina trae causa, como se ha anticipado, de la jurisprudencia del TEDH (S. de 16 de febrero de 2016, asunto Vlieeland Boddy y Marcelo Lanni c. España), que impugna cualquier efecto jurídico basado en la sombra de duda sobre la culpabilidad de un acusado cuando ha sido absuelto, y prohíbe discriminar entre las distintas causas que determinaron la absolución, por incompatibles con la presunción de inocencia. Ya la STC 10/2017, FJ 3, señaló que "no se comprende bien por qué una motivación susceptible de extender una sombra de duda sobre la inocencia del solicitante es susceptible de violar el derecho a la presunción de inocencia únicamente cuando es empleada por el órgano judicial y no, en cambio, cuando es utilizada por la administración. A diferencia de los supuestos de reevaluación constitucional de la motivación que se examinan desde la óptica del derecho a la tutela judicial efectiva del art. 24.1 CE, en los que solo están concernidos, de ordinario, los órganos judiciales, estamos ahora ante un supuesto de eficacia del derecho a la presunción de inocencia que se proyecta sobre cualquier autoridad del Estado, no solo la judicial".

Como es conocido, tal doctrina ha comportado la declaración de inconstitucionalidad de las previsiones del art. 294.1 LOPJ que limitaban la responsabilidad patrimonial de la administración sólo a los casos de prueba de la inocencia misma, pero no a los casos de insuficiencia probatoria sobre la culpabilidad.

En consecuencia, una vez reconocido el carácter autónomo del derecho en su dimensión extraprocesal, la presunción de inocencia no sólo impide tratar y tener por culpable a quien no ha sido como tal definitivamente declarado en un juicio justo. No sólo impide sufrir condena salvo que su culpabilidad haya sido declarada en un debido proceso de modo firme más allá de toda duda razonable con arreglo a prueba lícita, suficiente y legalmente practicada en el plenario.

En su vertiente extraprocesal el derecho a la presunción de inocencia concierne pues a todas las autoridades públicas, antes y después de la firmeza la sentencia o resolución condenatoria.

Antes, pues en sintonía con el art. 4.1 de la Directiva 2016/343/UE y la jurisprudencia del TEDH, nuestra Constitución también garantiza que mientras no haya pronunciamiento definitivo sobre la culpabilidad, "las declaraciones públicas efectuadas por las autoridades públicas y las resoluciones judiciales que no sean de condena no se refieran a esa persona como culpable" (SSTEDH de 28 de junio de 2011, asunto Lizaso Azconobieta c. España, y de 21 de febrero de 2019, asunto Lolov y otros c. Bulgaria), incluyendo por cierto entre las autoridades públicas que pueden vulnerar el citado derecho a las comisiones de investigación parlamentarias. Cfr. STC 77/2023, de 20 de junio de 2023).

Después, pues el derecho proyecta efectos sobre los procedimientos en los que se absolvió definitivamente al acusado, de modo tal que cualquier decisión o incluso declaración posterior de autoridad pública, si se funda o equivale materialmente a declaración de culpabilidad o arroja dudas sobre la inocencia declarada judicialmente, podrían ser lesivas del art. 6.2 CEDH y en consecuencia del art. 24.2 de la Constitución (SSTEDH de 28 de junio de 2011, asunto Lizaso Azconobieta c. España, y de 21 de febrero de 2019, asunto Lolov y otros c. Bulgaria)

VIII. DERECHO A NO DECLARAR CONTRA SÍ MISMO Y A NO CONFESARSE CULPABLE

Nuestra Constitución consagra el derecho a no ser obligado a declarar en su art. 17.3 respecto del detenido, y en el art. 24.2 CE referido al proceso penal (resulta empero de aplicación también al proceso sancionador administrativo: STC 197/1995; 32/2009). Ambos derechos se relacionan estrechamente con la presunción de inocencia y con el derecho de defensa, constituyendo *manifestaciones concretas de naturaleza pasiva* de ambos. En efecto, por un lado, el derecho a la presunción de inocencia impone la carga de la prueba a la acusación, proscribiendo en consecuencia la obligación del acusado de aportar elementos de prueba auto incriminatorios. Dicho en palabras del TEDH, el derecho a no auto incriminarse "presupone que las autoridades logren probar su caso sin recurrir a pruebas obtenidas mediante métodos coercitivos o de presión en contra de la voluntad de la persona acusada" (STEDH *John Murray c. Reino Unido de* 8.2.1996; *Saunders c. Reino Unido* 17.12.1996; *Serves c. Francia*, 20.10.1997; *Quinn c. Irlanda* 21.12.2000; *Weh c. Austria* 8.4.2004, entre muchas). Por otro lado, estos derechos constituyen garantías instrumentales del genérico derecho de defensa del acusado, quien en el ámbito de su libertad (autodefinición de sus propios intereses) puede optar por defenderse de la forma que quiera, sin ser forzado o inducido, bajo constricción, compulsión o engaño, a declarar, a hacerlo en un determinado sentido u otro, y por supuesto a hacerlo contra sí mismo o confesarse culpable. (SSTC 197/1995; 18/2005; 76/2006, entre muchas). El contenido esencial de tales derechos reside pues en "la interdicción de la compulsión del testimonio contra uno mismo" (STC 161/1997) y en el reconocimiento de la necesaria libertad para declarar o no y para hacerlo en el sentido que se estime más conveniente (STC 142/2009)

Conocido resulta el origen de ambos derechos, en tanto que reacción del modelo acusatorio frente al viejo proceso inquisitivo, regido por el sistema de prueba tasada en el que el imputado era considerado como "objeto" y no "sujeto" del proceso, de modo que a obtener su declaración (prueba plena) se dirigían todos los esfuerzos, incluso mediante el empleo de la tortura o compulsión (SSTC 197/1995; 161/1997). Pese a no recogerse expresamente en el 6.1 CEDH, para el TEDH se trata de norma internacional generalmente aceptada en tanto que consustancial a la noción de proceso justo (STEDH *John Murray*, ap. 45, y *Funke*, ap. 44).

Primariamente, el núcleo pacífico del derecho ofrece cobertura contra declaraciones auto inculpatorias: nadie puede estar sometido a la obligación jurídica de decir la verdad, sino que puede callar total o parcialmente o incluso mentir, en virtud de los derechos a no declarar contra sí mismo y a no confesarse culpable (SSTC 68/2001; 170/2006). Más controvertida resulta la principal derivada de esta inexistente obligación, a saber, la interdicción de extraer consecuencias negativas para el acusado, derivadas exclusivamente del ejercicio del derecho a guardar silencio, a no declarar contra sí mismo y a no confesarse culpable. Por principio, cabe postular una prohibición absoluta cuando el efecto se desvincula de la motivación fáctica de la sentencia condenatoria, como por ejemplo denegar una suspensión de la ejecución de la pena basada en no haberse "conformado" ni colaborado con la administración de justicia, "lo que obligó a celebrar un largo juicio" (STC 76/2007). Está en consecuencia proscrita cualquier sanción o perjuicio *por falta de colaboración del acusado con la justicia* (SSTC 127/2000; 67/2001).

Más matizada empero es la imposibilidad de extraer consecuencias del ejercicio del derecho a guardar silencio en el contexto de la justificación fáctica de la sentencia. El enfoque puede divergir si se considera que el derecho a guardar silencio incluye también el derecho a "mentir" (como niega alguna Sentencia del TC reciente, pese a sus propios precedentes) o más matizadamente, a formular una versión fáctica "alternativa" (estimamos que, en rigor, esta última manifestación es propia del derecho de defensa, y no del derecho a guardar silencio, aunque estén lógicamente conectados). Pues bien, la posibilidad de argumentar utilizando como "contra indicio" el silencio del acusado debería sostenerse como prohibición absoluta, desvinculada del derecho a la presunción de inocencia: si hay prueba de cargo, valorada, sobra referirse al silencio como argumento de apoyo. Ahora bien, la futilidad de un relato fáctico alternativo (la mentira) sí puede "valorarse" como contra indicio, o como elemento de corroboración de los hechos-base de los que se infiere la culpabilidad del acusado. Aquí el límite a no franquear es que el relato *no sustituya la necesidad de prueba de cargo suficiente*, so pena de invertir la carga de la prueba (entre muchas, SSTC 220/1998; 55/2005; 10/2007).

Nuestro TC se ha mostrado reacio a extender el derecho allende el núcleo de las manifestaciones verbales auto inculpatorias, negando su cobertura a "deberes" de soportar, e incluso de colaborar activamente en la realización de determinadas pericias que tengan por objeto el cuerpo del acusado (pruebas de alcoholemia, orina extracción de sangre, muestras biológicas, etc.). Restringido el derecho al ámbito de las "declaraciones" el TC considera que se trata de simples pericias de resultado incierto que no suponen obligación de auto incriminarse ni comportan inversión de la carga de la prueba (STC 161/1997; 20/1996). Menos aún si las muestras biológicas se recogen sin fuerza ni engaño alguno (STC 23/2014: colillas). No rige pues con carácter general una prohibición absoluta de compulsión a la aportación de elementos de prueba que puedan tener en el futuro valor incriminatorio (derecho que en todo caso derivaría más del derecho de defensa y de presunción de inocencia que del derecho a guardar silencio), entendida como facultad *tout court* de sustraerse a diligencias de prevención, indagación e incluso prueba propuesta por la acusación, y que dejaría inermes a los poderes públicos en el desempeño de sus funciones de protección y seguridad.

Singular relevancia ostenta el problema de la compulsión a la entrega de documentación bajo amenaza de sanción administrativa en procedimiento distinto del penal, pero con posterior incidencia en éste (especialmente en el ámbito tributario. Sobre el particular, SSTEDH *Saunders c. Reino Unido* e *I. J. L., G. M. R. y A. K. P. c. Reino Unido*; *J. B. c. Suiza* y *Funke c. Francia)*. Hasta la fecha, la valoración de documentación obtenida bajo apercibimiento ha podido ser justificada en atención a la diversidad de sujetos (se compele en la vía tributaria al representante de la persona jurídica pero luego se condena la persona física —administrador— (Cfr. STC 18/2005). La posibilidad de sancionar penalmente ahora a las personas jurídicas abre un escenario incierto.

Para concluir, señalaremos algunos ámbitos especialmente problemáticos: a) el valor de las conformidades prestadas para evitar el proceso penal, y su utilización en procedimientos distintos de carácter sancionador (lesión del derecho, según STC 54/2015) b) el problema del aprovechamiento de las declaraciones del testigo luego imputado (fundamental, *Daktaras vs. Lituania*, 10.10.2000; *Sauders vs. Reino Unido*, 17.12.1996; *Funke vs. Francia*, de 25.2.1993) c) el problema de las declaraciones obtenidas mediante fraude o engaño por parte de agentes encubiertos o terceros en connivencia con la policía (vulneración: Cfr. STC 145/2014), lo que no afecta a la validez de las declaraciones no fraudulentamente inducidas o, por supuesto, lícitamente grabadas con aparatos de escucha (*Khan c. Reino Unido* de 12.5.200 y *P. G y J. H. c. Reino Unido* 25.9.2001)

Con arreglo a reiterada jurisprudencia del TEDH, para valorar si el proceso ha hecho desaparecer la verdadera esencia del privilegio contra la autoincriminación, se deberá examinar la naturaleza y el grado de la coacción, la existencia de cualquier protección importante en el proceso y el uso que se hace del material así obtenido (Heaney *y McGinness c. Irlanda* de 27.12.2000; *J. B. c. Suiza* de 3.5.2001).

IX. DERECHO A UN PROCESO CON "TODAS LAS GARANTÍAS"

El derecho a un proceso con todas las garantías no debe verse como mera síntesis del resto de derechos fundamentales expresamente previstos en el art.

24 CE. No estamos ante una cláusula de estilo ni retórica: opera como cláusula de cierre de las garantías procesales constitucionalizadas, a cuyo través se permite integrar instrumentos de protección *atípicos* —no *expresamente* reconocidos en este artículo—, pero sí reconocidos en los tratados internacionales sobre derechos humanos (art. 10.2 CE) —y ni siquiera vinculados *sensu stricto* con la interpretación convencional de los derechos ya expresamente previstos—. Estamos pues ante un derecho complejo, dotado de autonomía propia, no simplemente redundante de un genérico *ius ut procedatur* (constitucionalizado en el 24.1) ni tampoco gregario del resto de derechos: su función no radica en complementar aquéllos ofreciendo más cobertura que la que se deduce de su contenido. La cláusula permite así integrar garantías convencionales para cerrar el sistema ante la posible insuficiencia de mecanismos de protección procesal sin cobertura específica en el resto de derechos fundamentales. Permite también, creemos, la integración de principios esenciales del proceso mismo —que no de simple infracción ni suma de infracciones de requisitos procesales previstos en la ley— frente a vulneraciones estructurales especialmente graves. Su carácter subsidiario, empero, no tiene por qué comportar una delimitación puramente negativa.

Es inútil pretender en estas líneas apuntar siquiera la proteica gama de garantías que han penetrado en el sistema a partir de esta cláusula. Probablemente la más relevante ya ha sido objeto de comentario (el derecho al juez imparcial). Garantías como la *doble instancia en materia penal* (STC 110/2007, 44/2009), *el principio de igualdad de armas en cualquier fase del procedimiento* (Cfr. Voisine c. Francia, de 8.2 de 2000; *Frette c. Francia*, de 26.2 de 2002, *Nideröst-Huber c. Suiza*, de 18.2 de 1997 y *G.B c. Francia*, de 2.10 de 2001) *el derecho a interrogar o a hacer interrogar a los testigos de cargo* y a obtener la comparecencia de testigos o peritos en las mismas condiciones que los testigos de cargo, y muchos otros han sido consideradas dimanantes de este derecho.

Entre las más relevantes de las previstas en normas internacionales, pero no incluidas *expressis verbis* en nuestra CE, nos referiremos sólo, por su importancia, a las condiciones *de inmediación, contradicción y audiencia de la segunda instancia*, cuando se condena en apelación revocando sentencia previa absolutoria. Una jurisprudencia que se inicia con la STC 167/2002 y cuya evolución y desarrollo hace prácticamente imposible una condena o agravación en segunda instancia sin que se den elementos propios de un *novum iudicium*. En efecto, en sus primeras formulaciones, la garantía impedía que un órgano judicial, conociendo en vía de recurso, condenase a quien había sido absuelto en la instancia —o empeorase su situación— a partir de una nueva *valoración de pruebas personales*. Luego se ha extendido la garantía, al menos de audiencia, a cualquier escenario agravatorio que suponga *reconsiderar los hechos declarados probados en la instancia.* No es posible hacerlo sin audiencia pública en que se desarrolle la necesaria actividad probatoria, con las garantías de publicidad, inmediación y contradicción que le son propias, y se dé al acusado la posibilidad de ser oído y defenderse exponiendo su testimonio personal (STC 88/2013; 191/2014, entre muchas).

De tal modo que ahora sólo son admisibles, sin audiencia, los cambios sustentados exclusiva y estrictamente en *discrepancias sobre la calificación jurídica* que dejan intacto el hecho. Ni siquiera es posible ahora condena por valoración discrepante de pruebas no personales sin haber sido oído (frente al criterio de las SSTC 40/2004; 214/2009 y 46/2011, en relación con la prueba documental). Como tampoco por impugnación de las reglas del proceso inferencial (erróneo o irrazonable) en caso de prueba indiciaria, aunque los hechos-base no provengan inequívocamente de prueba personal (como sí se admitía antes, STC 144/2009 entre otras muchas). Cualquier discrepancia en el proceso inductivo o deductivo del órgano *a quo* que conduzca a modificación del hecho precisa, al menos, de audiencia del afectado (y también de inmediación y de contradicción si el proceso inferencial se construye sobre aportes ofrecidos por prueba personal), y todo ésto, aunque se trate de revisar la razonabilidad de inferencias sobre las que deducir la existencia de dolo (SSTC 157/2013; 205/2013; ATC 44/2015). Esta ha sido la consecuencia de asumir criterio del TEDH, para quien la revisión también de los elementos subjetivos del delito es cuestión de hecho y no una cuestión de calificación jurídica por lo que precisa *audiencia* del acusado (STEDH Igual Coll c. España, de 10.3.2009; *Lacadena Calero c. España* 22.11 de 2011; Valbuena *Redondo c. España*, 13. 12. 2011; *Serrano Contreras c. España* 20.3 201; *Vilanova Goterris c. España* 27.11.2012; *Román Zurdo c. España*, 8.10 de 2013, Gómez *Olmeda c. España*, 29.3. 2016, entre muchas).

Las condiciones de inmediación, contradicción y audiencia al acusado cuando se ventilen cuestiones fácticas en segunda instancia no se satisfacen con la sola reproducción y visionado de la grabación del juicio por parte del órgano revisor (SSTC 120/2009; 2/2010; 30/2010; STEDH *Gómez Olmeda c. España*, 29.3.2016). La exigencia de vista no es pues formal: si el recurrente se limita a ratificar su declaración en la instancia, sin que se le interrogue de nuevo o se lea de nuevo su declaración existe vulneración (STC 118/2009) No obstante, persiste la posibilidad de fundar condena en segunda instancia por las declaraciones realizadas en el juicio oral, e incluso en instrucción, no reiteradas ante el órgano *ad quem* cuando su reproducción compense el déficit de inmediación intentada, por coherencia con la doctrina vertida sobre valoración de las manifestaciones sumariales no reiteradas en el juicio (STC 105/2014).

X. BIBLIOGRAFÍA

ALZAGA VILLAAMIL, Ó. (Dir.) (2017): *Comentario sistemático a la Constitución española de 1978* 2ª ed., Marcial Pons, Madrid.

ARMENTA DEU, T. (1995): *Principio acusatorio y Derecho penal*, Editorial Bosch, Barcelona.

ASENCIO MELLADO, J. M.: "La STC 97/2019, de 16 de julio : descanse en paz la prueba ilícita", en *Diario La Ley*, ISSN 1989-6913 .- N. 9499 (16 oct. 2019)

BANDRÉS SÁNCHEZ-CRUZAT, J. M. (1992): *Derecho fundamental al proceso debido y el Tribunal Constitucional*, Edit. Aranzadi, Pamplona.

CORDÓN MORENO (1999): *Las garantías constitucionales del proceso penal*, Aranzadi, Madrid.

DEL MORAL GARCÍA, A., SANTOS VIJANDE, J. (1996): *Publicidad y secreto en el proceso penal*, Granada.

ESCALADA LÓPEZ, M. L. (2007): *Sobre el juez ordinario predeterminado por la ley*, Edit. Tirant lo Blanch, Valencia.

ESPARZA LEIBAR, I. (1995): *El principio del proceso debido*, Edit. Bosch, Barcelona.

GARCÍA ROCA, J. M, SANTOLAYA, P. (2009) (coords.): *La Europa de los derechos*, CEPC, Madrid.

FAIRÉN GUILLÉN, V. (1996): *Proceso equitativo, plazo razonable y Tribunal Europeo de Derechos Humanos*, Edit. Comares, Granada.

JIMÉNEZ ASENSIO, R. (2002): *Imparcialidad judicial y derecho al juez imparcial*, Aranzadi.

PLANCHADELL GARGALLO, A. (1999): *El derecho fundamental a ser informado de la acusación*, Editorial Tirant lo Blanch, Valencia.

REVENGA SÁNCHEZ, M. (1992): *Los retrasos judiciales: ¿Cuándo se vulnera el derecho a un proceso sin dilaciones?* Edit. Tecnos, Madrid.

Artículo 24.2

2. Asimismo, todos tienen derecho al Juez ordinario predeterminado por la ley, a la defensa y a la asistencia de letrado, a ser informados de la acusación formulada contra ellos, a un proceso público sin dilaciones indebidas y con todas las garantías, a utilizar los medios de prueba pertinentes para su defensa, a no declarar contra sí mismos, a no confesarse culpables y a la presunción de inocencia.

La ley regulará los casos en que, por razón de parentesco o de secreto profesional, no se estará obligado a declarar sobre hechos presuntamente delictivos.

COMENTARIO

Ana María Ovejero Puente
Profesora Asociada doctora
Universidad Pontificia de Comillas

SUMARIO: I. EL DERECHO AL JUICIO JUSTO Y GARANTÍAS PROCESALES. II. DERECHO A UN PROCESO CON TODAS LAS GARANTÍAS (ART. 24.2 CE). 1. El derecho al juez natural, ordinario predeterminado por la ley. 2. Derecho a la defensa. 3. Derecho a la asistencia letrada. 4. Derecho a un proceso público, sin dilaciones indebidas. III. DERECHO A LA PRESUNCIÓN DE INOCENCIA. IV. BIBLIOGRAFÍA. V. JURISPRUDENCIA.

I. EL DERECHO AL JUICIO JUSTO Y GARANTÍAS PROCESALES

El derecho a la tutela judicial efectiva se reconoce en el artículo 24 de la Constitución española (en adelante CE) como derecho fundamental, asumiendo la protección que el derecho al juicio justo ya había alcanzado en Europa, gracias al artículo 6 de la Convención Europea de Derechos Humanos (en adelante CEDH) y alineándose con otras Constituciones europeas, como la italiana de 1947 (art. 24); la portuguesa de 1976 (art. 20), o la sueca de 1974 (art. 11).

En la CEDH el derecho a la justicia se reconocía como garantía del propio sistema convencional frente a la acción de los estados, y el Tribunal Europeo de Derechos Humanos (en adelante TEDH) lo utilizaba eficaz y profusamente para asegurar la vigencia de los demás derechos frente a la acción estatal. En los sistemas constitucionales, el derecho al juicio es consecuencia del Estado de Derecho, está vinculado con el imperio de la ley, que exigía una organización judicial y unas leyes procedimentales, garantistas y eficaces para resolver cualquier conflicto entre ciudadanos, o entre estos y el estado, a través de la aplicación del Derecho. Es el también conocido como "D*ue process of Law*" anglosajón.

En todo caso, la conexión entre las libertades fundamentales y el régimen democrático requiere el reconocimiento de un derecho fundamental al juicio justo con el que garantizar ese régimen de libertades constitucional, frente a la acción de los poderes del estado; que limite la capacidad de juzgar y de imponer sanciones, y que asegure el contenido esencial de las libertades personales frente al ejercicio abusivo del poder, o la actuación arbitraria del ejecutivo. Desde este punto de vista, envuelve las 4 grandes supra garantías de todo sistema jurídico: a) el derecho de acceso a la justicia, y de acudir al sistema judicial para tutelar sus propios derechos e intereses legítimos cuando entran en conflicto; b) el derecho a la legítima defensa; c) el derecho a la asistencia letrada en condiciones de igualdad, que asegura a los desfavorecidos los medios de acceso; d) y el derecho a que sea la ley la que determine cómo debe desarrollarse el proceso de enjuiciamiento y sobre qué. Estos 4 bloques fueron los que recogió inicialmente el Anteproyecto constitucional. El tercero y el cuarto terminaron separándose para constituir el derecho a la legalidad penal (art. 25).

El texto del anteproyecto fue escasamente enmendado y muy poco discutido en el trámite parlamentario. El Senado planteó la conocida enmienda nº 709 a propuesta de la Unión de Centro Democrático, "consensuada" con el Partido Socialista, en la que se proponía una "mejora de redacción" que terminó siendo la redacción final del artículo 24, aprobada en la Sesión de 25 de agosto de 1978 del Senado. El derecho a la justicia queda divido en dos apartados, uno aparentemente general y otro aparentemente específico del proceso penal, en los que, en realidad se reconocen derechos aplicables a todo tipo de procesos, de contenido autónomo, conectados entre sí a partir de la idea de "efectividad" de la justicia. El derecho a la tutela judicial efectiva es una fórmula matricial a través de la cual se reconocen y protegen un conjunto de garantías, a veces procesales, a veces estructurales, a través de las cuales se cumple con los cánones internacionales de Justicia y que incluye el derecho al juez imparcial, la prohibición de toda indefensión, las garantías constitucionales del proceso penal y la presunción de inocencia.

Aunque analizaremos en detalle las garantías del apartado 2º del artículo 24, hay que tener en cuenta: 1º) que existe una conexión indisoluble entre los apartados 1º y 2º; 2º) que todos los derechos tienen una naturaleza prestacional y un carácter efectivo y no formalista, y 3º) que son derechos fundamentales en sentido estricto. El nexo de unión es la "efectividad" en la tutela, interpretada a partir del concepto de equidad del CEDH. Por eso, siempre que se produce una vulneración de uno de los derechos concretos se está reconociendo, implícita o explícitamente, una vulneración genérica del derecho a la tutela judicial efectiva, del derecho al procedimiento equitativo, o del derecho a un juicio justo, según la denominación que se utilice. La efectividad se expresa en las primeras palabras del art. 24, y en su cláusula de cierre que prohíbe la indefensión. Es, por lo tanto, la contraparte del derecho de defensa y de los principios de contradicción y de igualdad, que impide el abuso de las partes contrario a la igualdad de armas o de condiciones.

Al ser derechos de prestación y configuración legal, "sólo pueden ejercerse por los cauces que el legislador establece" (STC 91/2019), aunque son condicionantes de la ley procesal e impiden que se establezcan obstáculos al derecho de defensa, aplicando el principio *pro actione* (STC 12/2017).

II. DERECHO A UN PROCESO CON TODAS LAS GARANTÍAS (ART. 24.2 CE)

El artículo 24.2 de la CE incluye los siguientes derechos: el derecho al Juez ordinario predeterminado por la ley; el derecho a un proceso público, sin dilaciones indebidas y con todas las garantías; el derecho a la defensa y a la asistencia de letrado, que incluye el derecho a ser informado de la acusación, a utilizar los medios de prueba pertinentes para su defensa, a no declarar contra sí mismos y a no confesarse culpable, y el derecho a la presunción de inocencia. Todos ellos conforman el más amplio derecho al proceso con todas las garantías, en el que se integran algunos otros establecidos en convenios internacionales no expresamente enunciados, como el derecho al juez imparcial, la condena basada en una actividad probatoria suficiente que el órgano judicial haya examinado directa y personalmente o el derecho al recurso entre otros. El procedimiento debido no es un derecho exclusivo del proceso penal, aunque así lo parezca por la especial relevancia de los bienes jurídicos en juego. Es una concreción del derecho a la tutela judicial efectiva —incluida en el concepto de justicia— con la que se pretende potenciar las posibilidades de defensa en todo tipo de proceso, y asegurar que nadie será objeto de castigo sin un proceso justo.

1. El derecho al juez natural, ordinario predeterminado por la ley

El derecho al juez natural, ordinario, predeterminado por la ley es la garantía constitucional de que los órganos jurisdiccionales y sus atribuciones deben estar determinados por la ley, con anterioridad al caso a enjuiciar, como exige el principio de independencia e imparcialidad del poder judicial (art. 117 CE). Pero es también una garantía del derecho de acceso a la Justicia sin indefensión ni arbitrariedad. Se garantiza el ejercicio jurisdiccional del poder frente al ciudadano porque lo exige el principio de separación de poderes (STC 159/2014). Nadie, ningún órgano estatal o autoridad, entidad privada o pública que no sea el juez predeterminado por la Ley puede conocer de los asuntos judiciales ni ejercer la tutela de los derechos de los ciudadanos cuando hay conflicto. Por eso están prohibidos los jueces excepcionales (art. 117.6 CE), los tribunales *ad hoc* o "tribunales de excepción", asegurando que el Tribunal que conoce estará exento de prejuicio o de parcialidad y que aplicará el Derecho y no la venganza o prevención personal, cuando dicte veredicto (caso Pullar STEDH 10/6/1996).

La predeterminación legal del juez se extiende a todos los órdenes jurisdiccionales, y es el criterio de valoración del "juez natural ordinario", a partir de normas objetivas de competencia y según el procedimiento que las mismas establezcan. No hay una diferencia sustancial entre "juez natural" y "juez ordinario". Pero, como dice la STC 101/1984, es que la referencia expresa a la Ley implica una serie de elementos constitutivos del derecho de calado constitucional. Primero, porque señala la ley en sentido material y excluye la posibilidad de una norma especial para establecer la competencia jurisdiccional. Segundo, porque refiere la norma emanada del Parlamento, excluyendo la intervención del ejecutivo. Es una Ley general, emanada del Parlamento la que contendrá los criterios de determinación competencial. Cualquier otra cosa afectaría a la imparcialidad e independencia del juez, e impediría el derecho a la Justicia (STEDH caso Campbell y Fell v. UK de 28/6/1984 o la más conocida aún STEDH caso Gómez de Liaño v. España de 22/7/2008). Las normas de competencia no pueden ser manifiestamente irrazonables o permitir una aplicación consecuencia de un error fáctico, pues si así fuera, "el efecto de tan improcedente aplicación de la norma desconocería el monopolio legislativo en la determinación previa del órgano judicial e implicaría la vulneración del derecho" (STC 46/2022).

2. Derecho a la defensa

Como decíamos, el artículo 24.2 debe ser interpretado de acuerdo con el concepto europeo de derecho de defensa, que reúne el conjunto de derechos intra-procesales de las partes para asegurar la equidad durante el proceso, y la igualdad de armas entre ellas, evitando el abuso de posición. Son conocidos como garantías procesales porque conforman el diseño del procedimiento. De hecho, el artículo 6.3 del CEDH las considera un "estándar mínimo" de contenido procesal, que incluye desde el derecho a ser informado de la acusación; hasta el derecho a ser asistido gratuitamente por un abogado de oficio. La Constitución española no detalla todos los elementos que sí prevé el CEDH, pero enumera los más importantes, e integra el resto. Incluye derechos esenciales como el derecho a utilizar los medios de prueba pertinentes para la defensa, consecuencia del principio acusatorio, que da lugar al "proceso equitativo" basado en la contradicción, en el que está prohibida la indefensión.

Sobre **el derecho a ser informados de la acusación**, está claro que solo conociendo la acusación y los hechos por los que se procesa, el acusado puede preparar su defensa, pues nadie puede defenderse de algo que desconoce. Implica la información sobre tres circunstancias: saber de qué se está siendo acusado; saber cuáles son los hechos por los que se le acusa y las circunstancias indirectas que tengan relevancia; y saber cuál es la calificación jurídica y las consecuencias que se derivan de esos hechos, excluyendo la "acusación implícita" o la "acusación posterior" (STC 15/1984).

La acusación debe ser previa, cierta y expresa, y también vincula al juez. Por eso, en principio, el juez no puede apreciar hechos o circunstancias que no hayan sido objeto de acusación, pues generaría una total indefensión al acusado (STC 59/2022). Sí, puede calificar los hechos de forma distinta, siempre que informe a las partes y les dé la posibilidad de defenderse. Afecta a todas las fases del proceso, incluyendo las circunstancias modificativas de la responsabilidad penal y prohíbe la *reformatio in peius*,.

Una vulneración en el derecho a la defensa suele conllevar la vulneración del derecho al juez imparcial y por supuesto, de la tutela judicial efectiva. Por eso, hay obligación de proporcionar al acusado todo el conocimiento necesario de la causa y todas las herramientas para que desarrolle eficazmente su defensa, asegurando también el buen funcionamiento del sistema adversarial. Esto supone un procedimiento eficaz de notificación y de comunicación con el acusado (STC 40/2022) y que pueda plantear pruebas de descargo, interrogar a los testigos de la acusación, aportar documentos y testimonios propios, o dar su propia versión de los hechos y de su calificación jurídica.

El derecho a ser informado implica también **el derecho a intérprete**, o derecho a "entender" la acusación en la propia lengua, cuando no se conoce la lengua procesal. La efectividad de este derecho depende de la administración de justicia, pero excluye la posibilidad de reclamar los gastos de esta asistencia, en cualquiera de los actos del procedimiento incluso si finalmente se condena (STEDH caso Ozturk de 21/2/1984).

Por último, el derecho a la defensa supone **el derecho a utilizar los medios de prueba pertinentes**, pues igual que la acusación, la defensa debe dar argumentos basados en evidencias para formar la convicción del juez. La fase probatoria es la más importante del procedimiento y condiciona el dictamen del juez, que debe estar basado en la demostración por encima de cualquier duda razonable. El juez tiene la obligación de garantizar que las pruebas de la acusación y de la defensa son legítimas, han sido obtenidas legalmente, son pertinentes, son útiles y están relacionadas con el objeto del litigio. La prueba "pertinente" será la que sirva para esclarecer los hechos objeto del litigio, o demostrar los argumentos de las partes. La inadmisión o la falta de práctica de una prueba admitida, merma la capacidad de defensa y los instrumentos del interesado para convencer al juez. El juez deberá explicar las causas por las que inadmite y considera inadecuada una prueba solicitada. Solo el juez puede vulnerar este derecho y cuando lo hace, vulnera también todo un conjunto de derechos conectados, desde la resolución motivada, hasta el derecho a no sufrir indefensión.

El derecho a la prueba es ejercitable en todo tipo de procesos, independientemente del orden jurisdiccional y corresponde a las dos partes procesales, tanto a la actora o acusadora, como a la demandada o acusada. Debe practicarse predominante y preferentemente en la fase oral del enjuiciamiento, para permitir la inmediación. Por eso las pruebas pre-constituidas requieren una serie de garantías de realización y poder ser reproducidas y contrastadas en juicio permitiendo el debate de las partes. La prueba debe ser legal; debe ser obtenida respetando los derechos fundamentales del acusado o de terceros (testigos, etc.). No se permite cualquier tipo de prueba para conseguir la defensa, sino solo aquella que pueda considerarse "legitima" (STC 119/2022).

Por último, otra manifestación de la legitima defensa es **el derecho a no declarar contra sí mismo y no confesarse culpable,** que protege al acusado de sus propios actos, evitando que vaya en su contra o que cause perjuicio al propio proceso de enjuiciamiento. Es un derecho de carácter instrumental con el que se evita que el acusado pueda ser forzado o inducido, bajo constricción o compulsión, a declarar contra sí mismo o a confesarse culpable. Aunque se enuncia como un derecho distinto de la legitima defensa, en realidad es una faceta de ese mismo, ejercitable exclusivamente en el ámbito sancionador, aunque en Derecho tributario o en derecho administrativo de la seguridad vial el TC haya limitado el alcance de esta garantía, impidiendo que se ejerza frente a pruebas documentales y/o periciales, como las exigidas cuando se piden documentos bancarios en procedimientos tributarios o la práctica obligatoria del test de alcoholemia. (STC 21/2021).

3. Derecho a la asistencia letrada

El derecho a la asistencia letrada integra los derechos reconocidos por el artículo 6.3 del CEDH y por el artículo 14.3 PIDCyP. Es, ante todo, el derecho a obtener el asesoramiento y la representación de un abogado de propia elección, que merezca la confianza de su cliente, para instrumentar su propia defensa, máxime cuando la actuación procesal se supedita al requisito de la postulación (STC 30/1981). Tiene en cuenta la complejidad de los cauces procesales y la dificultad técnico-jurídica que supone enfrentarse a un juicio y hacer valer los intereses propios para quien no sabe Derecho. Se produce indefensión cuando no se ha recibido la asistencia jurídica imprescindible, ya que se condiciona el acceso a la Justicia. Los abogados se definen, así, como instrumentos esenciales para la consecución de la Justicia, no meros requisitos formales del proceso. Son esenciales para que el proceso sea justo. De ahí que el propio órgano judicial vele por su presencia cuando el procesado no lo hiciera *motu proprio*, procediendo directamente al nombramiento de abogado y procurador en su favor (STC 29/2023).

Este derecho también se reconoce en el artículo 17.3 CE, para proteger un bien jurídico distinto: el derecho a la libertad del detenido. Se completa así la protección del derecho al momento pre-procesal en el que se produce la intervención policial. Tanto antes como después, esa asistencia letrada es el medio para "*asegurar la efectiva realización de los principios de igualdad entre las partes y de contradicción que impone a los órganos judiciales el deber positivo de evitar desequilibrios o limitaciones que puedan, de alguna manera, inferir el resultado de indefensión*" (STC 47/1987).

En cuanto a su contenido, la doctrina señala, por un lado, la relación de confianza y la libre elección del letrado; y por otro, la gratuidad de la asistencia letrada. El derecho al letrado no garantiza que lo puedas elegir cuando no lo puedas costear, o sea un abogado de oficio designado por el Colegio de abogados. La reforma de la Ley 1/1996 *de asistencia jurídica gratuita* ha introducido el art. 21.bis para permitir el cambio de abogado de oficio cuando se den determinada condiciones. Sin embargo, no permite la designación en positivo, solo el rechazo del letrado designado, que permitirá al Colegio volver a elegir un nuevo abogado para el caso.

En cuanto a la gratuidad de la asistencia letrada, la CE refuerza con el art. 119 CE este derecho para quienes acrediten insuficiencia de recursos, incluyendo otras prestaciones (art. 6 de la Ley 1/1996), como la inserción de anuncios o edictos; las tasas judiciales y del depósito para recursos; la asistencia pericial y dependiente de las Administraciones Públicas; o la obtención de copias, testimonios y actas notariales. Se reconoce en todas las fases del proceso, incluyendo la segunda instancia, aunque no se haya necesitado la justicia gratuita en primera, siempre que se haya producido una causa justificativa no previsible al inicio del proceso, como la disminución sobrevenida de recursos.

Por último, señalar que en los últimos años la Unión Europea han dictado de tres directivas para homologar el derecho de defensa en las legislaciones de la Unión. Son las Directivas 2010/64/UE, 2012/13/UE y 2013/48/UE, desarrollo de los art. 47 y 48 de la Carta de Derechos de la Unión Europea.

4. Derecho a un proceso público, sin dilaciones indebidas

Estos dos derechos son también garantías del derecho a no sufrir indefensión y salvaguardas del principio democrático. Son derechos subjetivos que pueden verse amenazados cuando el juicio se celebra en secreto y al margen del control público. Evitan la ocultación de actos procesales por parte de los órganos jurisdiccionales y aseguran el control del poder judicial por parte de los ciudadanos, para garantía del sistema de enjuiciamiento democrático (STEDH Caso Pretto de 8/12/1983). De ellos depende la confianza pública en el sistema de justicia y en su independencia e imparcialidad. Por eso, el derecho de acceso libre del público al proceso, siempre que sea posible, respetando el buen desarrollo del proceso, es también una garantía del Estado de Derecho y de la democracia. El grado de publicidad dependerá de cada fases del proceso, y de los derechos del resto de las partes, pues no se trata de un derecho absoluto y puede ser limitado por Ley. El secreto del sumario, por ejemplo, cumple con una finalidad constitucional, limitando la libertad de información en el proceso para proteger la vida privada de las personas, la seguridad nacional, el superior interés del menor o el desarrollo del propio proceso frente a los "juicios paralelos".

La constitución reconoce también **el derecho a que el proceso se desarrolle sin dilaciones indebidas**, es decir, a que la causa se resuelva en un plazo razonable. No se trata del derecho a un "juicio rápido", ni el derecho al riguroso cumplimiento de los plazos procesales establecidos por la Ley, sino el derecho a que el proceso no se demore por una arbitraria e injustificada pasividad del juzgador o por una indebida influencia de terceros (STC 129/2016).

Las dilaciones indebidas deben estudiarse caso a caso, a partir de unos criterios comunes definidos por el TEDH en el caso Zimmerman y Steiner (STEDH 13/7/1983) e introducidos en la jurisprudencia española por la STC 5/1985: a) las circunstancias del proceso; b) la complejidad objetiva o técnica; c) la duración comparada de procesos similares, d) la actitud procesal del recurrente; d) los intereses confluyentes para que el proceso se alargue; e) la actitud y pericia de los órganos judiciales y de la oficina judicial y f) los recursos de que disponen los órganos judiciales para hacer su trabajo. En todo caso, y esto es muy relevante en la situación actual en la que se encuentra la Justicia en España, las deficiencias estructurales u organizativas de los órganos judiciales, o la carga de trabajo producida por circunstancias como huelgas de funcionarios o cambios procesales, no alteran el carácter injustificado de los retrasos, ni legitiman que los jueces retrasen su resolución. Es exigible que cumplan su función a tiempo, y que tengan en cuenta el impacto que el paso del tiempo puede tener en los asuntos que dirimen. Pero sobre todo implica que el Estado debe dotar a los órganos judiciales de los medios personales y materiales necesarios, no solo suficientes, para el correcto desarrollo de sus funciones (STC 46/2022), de acuerdo con la carga que soportan.

III. DERECHO A LA PRESUNCIÓN DE INOCENCIA

De todos los derechos reconocidos en el artículo 24.2 de la Constitución, sin duda el derecho a la presunción de inocencia es el más relevante. Está presente en las cartas de Derechos americanas de finales del S. XVIII, en la francesa Declaración de derechos del Hombre y del ciudadano de 1789, y expresamente protegido por todos los convenios y tratados internacionales de Derechos Humanos, desde la Declaración Universal, hasta el CEDH, pasando por la Carta Africana o la Declaración del Cairo. Es el derecho a ser considerado y tratado como inocente por parte del poder público y por lo tanto, estar en pleno uso y disfrute de los derechos fundamentales, hasta mediar sentencia firme, pronunciada por un tribunal independiente e imparcial en la que se demuestre razonadamente y fuera de toda duda razonable, la culpabilidad, y por lo tanto la responsabilidad jurídica del procesado.

Originariamente, la presunción de inocencia se manifestaba como el principio general del derecho "*in dubio pro reo*".

En 1789 es enunciado por primera vez como derecho subjetivo y garantía de la libertad frente al ejercicio arbitrario del *Ius puniendi* del Estado absolutista. Su contenido era amplio y equivalía al derecho al juicio justo penal. Garantizaba también la separación de poderes, el acceso a la Justicia, el proceso con todas las garantías y el sistema acusatorio. Desde el punto de vista constitucional la presunción de inocencia es también equivalente al genérico "derecho a la justicia", antes de ser castigado y para poder ser castigado, aunque no se reconozca así por ninguna de las declaraciones o tablas de derechos, sino a través su conexión con los otros derechos derivados del gran derecho a la Justicia. Se suele definir como otra garantía más del proceso penal, o como cláusula de cierre del procedimiento debido. Esto fue lo que ocurrió con la Constitución de 1978. Sin embargo, una cosa es el derecho fundamental a la presunción de inocencia y otra el proceso con todas las garantías. Los dos son manifestaciones del derecho al juicio justo, pero cada uno desde una perspectiva: uno desde la formal y procesal; y otro desde la sistémica, como garantía del sistema judicial. Actualmente se reconoce, y por lo tanto, se protege la presunción de inocencia en sus 3 formas de manifestación o contenidos constitucionales: como principio configurador del proceso penal, como garantía procesal y como derecho fundamental, que extiende su protección a situaciones extraprocesales.

Como derecho fundamental, el TC reconoce un amplio contenido, más allá del axioma *in dubio pro reo* penal (STC 107/1983), que implica no sufrir las consecuencias jurídicas de una declaración de culpabilidad, hasta que se haya producido una sentencia firme, dictada por el juez predeterminado por la Ley, y tras un proceso con todas las garantías. Garantiza el trato como hombre libre a quien está siendo objeto de acusación o persecución por el Estado, y actúa antes y durante la celebración del proceso judicial. Impone límites a la administración, a la policía, a la imposición de medidas cautelares, y a la actuación del juez durante el proceso; atribuye la carga de la prueba a quien formalmente culpa, y exige una decisión del juez o una íntima convicción sobre la culpabilidad, fundamentada objetivamente más allá de toda duda razonable. Ofrece una protección específica de la libertad personal cuando se ve amenazada por una investigación criminal o un proceso penal. Por eso limita las medidas que, tanto el poder judicial, como el ejecutivo, pueden adoptar para garantizar la investigación. La prisión provisional, la detención preventiva y cualquier otro tipo de medida cautelar en las fases pre-procesales, debe ser excepcional, pues el Estado debe realizar su trabajo desde el tratamiento de no culpabilidad del ciudadano, sin anticipar un sufrimiento o afectación en los derechos del investigado semejante a la declaración firme de culpabilidad. La imposición de cualquier medida de esta naturaleza ha de respetar las exigencias de la presunción de inocencia y por ello, estar justificada por la necesidad y la proporcionalidad. Sólo pueden autorizarse cuando sean imprescindibles para el desarrollo del proceso, y no quepa otra menos gravosa con la que se consiga el mismo objetivo.

Como garantía procesal, el derecho a la presunción de inocencia se proyecta sobre el diseño del sistema de enjuiciamiento sancionador (ya sea penal o administrativo) y sobre el planteamiento del sistema probatorio y de los medios de conformación de la íntima convicción del juez. Es la expresión del derecho a no ser considerado culpable, y por lo tanto condenado, sin prueba de cargo suficiente, verificada —con todas las garantías—, y valorada por parte del juez, que destruya cualquier duda razonable sobre la existencia de responsabilidad jurídica imputable al procesado. Da forma al régimen jurídico de la prueba; establece el tipo de evidencia que puede ser traída a juicio válidamente, dice lo que es la "prueba de cargo" (STC 181/1998), e impone la obligación de una mínima actividad probatoria para levantamiento de la presunción (STC 53/2022). Condiciona el régimen jurídico de las prueba indiciarias, de los testigos referenciales, de las pruebas ilícitamente obtenidas o de las pre constituidas. Por eso se la considera una presunción *iuris tantum* que puede ser destruida por una "prueba auténtica" sobre el hecho tipificado como delito y la acción de un determinado sujeto.

El sistema probatorio derivado de la presunción de inocencia garantiza el modo cómo se obtienen las pruebas y excluye las obtenidas con vulneración de derechos fundamentales, por incoherencia con el sistema constitucional que no permite la afectación de un derecho fundamental utilizando para ello la violación de otros. Es lo que se denomina como "doctrina del árbol envenenado" (STC 127/1996). Por último, la presunción de inocencia exige que la prueba de cargo sea una prueba "suficiente" y que se haya producido una mínima actividad probatoria, evitando un pronunciamiento arbitrario del juez, ignorando pruebas pertinentes que podrían haber condicionado el resultado del proceso, que afectaría al derecho al juez imparcial y a la legitima defensa.

La acepción más antigua de presunción de inocencia es la que la define como **principio configurador del proceso penal**. Aparece en la Ley de Enjuiciamiento Criminal de 1889, y cumple una función única y especifica que no es cubierta por ningún otro derecho o garantía de los previstos en el art. 24 CE, salvo el general del derecho a la Justicia. La presunción de inocencia da forma al proceso penal, intrínseca y extrínsecamente, como trasunto del principio *in dubio pro reo* y del principio acusatorio, y delimita la capacidad valorativa del juez, definiendo "el núcleo duro" del poder jurisdiccional: la formación de la íntima convicción del juez sobre la responsabilidad, bajo el criterio de inmediación. Esto significa que la presunción de inocencia crea un procedimiento de enjuiciamiento en el que se asegura que el proceso de formación de la convicción del juez será libre, independiente y razonado, en ningún caso arbitrario o irracional, y fundamentado en evidencias. Por eso, solo cabe la sanción basada en una prueba de cargo suficiente, de acuerdo con su libérrima capacidad de valoración, pero justificada, motivada y explicada en el razonamiento de la sentencia. La presunción de inocencia está en conexión con el derecho a una sentencia motivada del CEDH, y con la separación de poderes y el ejercicio democrático de la potestad jurisdiccional (Caso H versus Bélgica, STEDH 30/11/1987).

Por otro lado, como elemento configurador externo, la presunción de inocencia protege al juicio en sí mismo; asegura la celebración del juicio y un sistema penal basado en el modelo democrático de proceso, en el que la prueba de culpabilidad valorada por el juez fundamenta la subsunción de los hechos al tipo y el castigo estatal. Es el proceso acusatorio que exige la inmediación y el contacto directo entre el juez y la actividad probatoria; que se concentra en la fase oral, que es público y asegura que la defensa ha contado con todas las herramientas necesarias.

Por último, la **presunción de inocencia es también un mandato de libertad**, o una garantía específica de la libertad cuando se ve amenazada por la sospecha del ilícito penal, por eso actúa también extraprocesalmente (STC 123/2022). No es solo una garantía procesal, porque su capacidad de protección se extiende fuera y antes de que exista un procedimiento judicial en curso. Asegura la celebración de un juicio justo antes de la imposición de la pena y garantiza la libertad frente a la intromisión ilegítima del estado cuando se impone sin juicio. Por eso es distinta del resto de las garantías procesales del 24.2, y alcanza su mayor valor constitucional como garantía de acceso a la Justicia, como ya defendiera FERRAJOLI. La presunción de inocencia es el instrumento más eficaz frente a la arbitrariedad judicial, frente al abuso policial, o frente al poder incontrolado de los medios de comunicación. Garantiza el honor y la propia imagen del ciudadano sospechoso o sometido a investigación. Actúa como apoyo del juez imparcial y como aval para la celebración de un juicio equitativo.

Es un **derecho frente a todos**, que preserva la libertad y el resto de derechos fundamentales de la persona frente al estado y frente a terceros particulares que también puedan querer castigar, al margen de la ley.

Esta naturaleza extraprocesal del derecho hoy día cuestión de máximo interés, pues las más relevantes violaciones de la presunción de inocencia vienen de la mano de fenómenos mediáticos y del abuso de las redes sociales. Los "juicios mediáticos" o "juicios paralelos" son formas de enjuiciamiento público de conductas socialmente reprobables, que se celebran al margen de la intervención del Estado (art. 117 CE), que no respetan ninguna de las garantías procesales, y que son la consecuencia de un ejercicio adulterado de la libertad de expresión e información sobre casos de especial relevancia o de especial trascendencia social. Utilizando esta capacidad protectora del juicio justo, el legislador en Francia, Alemania y en la Unión Europea ha introducido numerosos cambios legislativos con el objetivo de evitar los juicios paralelos. En España la tendencia se ha manifestado también en la nueva Ley de Enjuiciamiento Criminal, como el artículo 520, el cambio del término "imputado" por "investigado" o "encausado", o las medidas de control de la detención o prisión provisional.

La protección extraprocesal que ofrece el derecho a la presunción de inocencia también sirve para garantizar la independencia e imparcialidad del juez o del jurado frente a la presión mediática, cuando se está desarrollando un juicio y también asegura que la investigación se desarrolla en un entorno de seguridad y discreción protegiendo el secreto del sumario. Por eso sigue siendo un derecho útil, plenamente vigente y aplicable en la defensa de la dignidad de quienes, aún en fase preliminar, son objeto de persecución.

IV. BIBLIOGRAFÍA

CAAMAÑO, F.: "El derecho a la defensa y asistencia letrada. El derecho a utilizar los medios de prueba pertinentes", *Cuadernos de Derecho Público*, núm. 10, 2000.

CORTÉS BECHIARELLI, E.: "Juicios paralelos y derechos fundamentales del justiciable", *Anuario de la Facultad de Derecho*, núm. 21, 2003.

FERRAJOLI, L. *Derecho y razón*, Edit. Trotta, Madrid, 1995.

JUANES PECES, A.: "El principio de presunción de inocencia en la doctrina del TC", en *Revista Poder Judicial*, núm. Extra 6, 1989.

LÓPEZ GUERRA, L. M. "El Derecho a la tutela Judicial", *Derecho Constitucional* Volumen I, Edit. Tirant lo Blanch, Valencia, 2015.

TOMÁS Y VALIENTE, F. "El principio In dubio pro reo: libre apreciación de la prueba y presunción de inocencia", *Revista Española de Derecho Constitucional*, núm. 20, 1987.

V. JURISPRUDENCIA

STC 30/1981 de 24 de julio.
STC 15/1984 de 6 de febrero.
STC 101/1984 de 8 de noviembre.
STC 5/1985 de 23 de enero.
STC 47/1987 de 22 de abril.
STC 127/1996 de 9 de julio.
STC 181/1998 de 17 de septiembre.
STC 159/2014 de 6 de octubre.
STC 129/2016 de 18 de julio.
STC 12/2017 de 30 de enero.
STC 91/2019 de 3 de julio.
STC 21/2021 de 15 de febrero.
STC 40/2022 de 21 de marzo.
STC 46/2022 de 24 de marzo.
STC 53/2022 de 4 de abril.
STC 119/2022 de 29 de septiembre.
STC 123/2022 de 10 de octubre.
STC 29/2023 de 17 de abril.
STEDH caso Pullar versus Suiza (10/6/1996).
STEDH caso Campbell y Fell v. UK (28/6/1984).

STEDH caso Gómez de Liaño v. España (22/7/2008).
STEDH caso Ozturk versus Alemania (21/2/1984).
STEDH Caso Pretto versus Italia (8/12/1983).
STEDH Caso H versus Bélgica, (30/11/1987).

Artículo 25

1. Nadie puede ser condenado o sancionado por acciones u omisiones que en el momento de producirse no constituyan delito, falta o infracción administrativa, según la legislación vigente en aquel momento.

2. Las penas privativas de libertad y las medidas de seguridad estarán orientadas hacia la reeducación y reinserción social y no podrán consistir en trabajos forzados. El condenado a pena de prisión que estuviere cumpliendo la misma gozará de los derechos fundamentales de este Capítulo, a excepción de los que se vean expresamente limitados por el contenido del fallo condenatorio, el sentido de la pena y la ley penitenciaria. En todo caso, tendrá derecho a un trabajo remunerado y a los beneficios correspondientes de la Seguridad Social, así como al acceso a la cultura y al desarrollo integral de su personalidad.

3. La Administración civil no podrá imponer sanciones que, directa o subsidiariamente, impliquen privación de libertad.

COMENTARIO

Gonzalo Quintero Olivares
Catedrático de Derecho Penal
Universidad Rovira i Virgili

I. EL ARTÍCULO 25 DE LA CONSTITUCIÓN Y SU PLURAL CONTENIDO

El artículo 25 de la Constitución aloja a uno de los pilares de nuestro Estado de Derecho: el principio de legalidad de penas y sanciones. Diversas son las declaraciones que contienen sus tres apartados y, además, son de diferente rango, pues las proclamaciones que hacen los apartados segundo y tercero, siendo importantes, no llegan al carácter nuclear que para la configuración política del Estado como Estado de Derecho tiene el principio residenciado en el apartado 1 del artículo, que además tiene un carácter fundamental que lo distancia de los otros dos.

Es común aceptar que la existencia del Estado de Derecho presupone la soberanía popular, la división de poderes, el reconocimiento y tutela de los derechos fundamentales, y, participando de todo ello, *el principio de legalidad*, que en el artículo 25-1 CE se manifiesta en concreta relación con la legalidad penal. El apartado 2 está orientado a la *ejecución de la pena y las medidas privativas de libertad y los límites a la afectación de los derechos de los condenados*. El apartado 3, en fin, prohíbe a la Administración pública imponer sanciones que comporten la privación de libertad. Así pues, el contenido del artículo 25 se desglosa en: la proclamación del principio de legalidad, mandatos al legislador para orientar la regulación de la relación de sujeción penitenciaria, y la prohibición a la Administración civil de imponer sanciones que impliquen privación de libertad. En puridad, sólo los apartados 1 y 3 *generan por sí mismos derechos amparables*, mientras que el apartado 2 contiene en realidad principios orientadores de la legislación penitenciaria.

Hay que destacar que, mientras que los apartados 1 y 3 cuentan con amplia historia en el constitucionalismo español, las declaraciones que contiene el apartado 2 fueron una novedad de la Constitución de 1978, y fruto del pensamiento penitenciario del último tercio del siglo XX. Por demás, la proclamación del principio de legalidad ha sido una constante en las Constituciones españolas desde la de 1837 (art. 9) seguida del art. 10 de la Constitución de 1845, que lo reproducía. La Constitución de 1869 apenas introducía alguna pequeña variación, y a su vez el Texto de 1876 retomaba exactamente el de 1837. Finalmente, el artículo 28 de la Constitución de 1931 reiteraba el mismo contenido, pero con terminología técnicamente moderna: "*Sólo se castigarán hechos declarados punibles por ley anterior a su perpetración. Nadie será juzgado sino por juez competente conforme a los trámites legales*".

Los Tratados internacionales suscritos por España también estipulan el principio de legalidad, así el art. 11.3 de la Declaración Universal de Derechos Humanos, que advierte de que no se impondrán a nadie penas mayores que las previstas en el momento de la comisión del delito. También el art. 15.1 del Pacto Internacional de Derechos Civiles y Políticos, de 19 de noviembre de 1966, además de la proclamación estricta del principio de legalidad y de la prohibición de que se impongan penas mayores a las previstas en el momento de la comisión del delito así como de la previsión de la retroactividad de las penas más leves, advierte que todo ello no impide el castigo de actos u omisiones que constituyan delito según los principios generales del derecho reconocidos en las naciones civilizadas. En el ámbito europeo, el Convenio Europeo de Derechos Humanos, de 4 de noviembre de 1950 ofrece tres aspectos: la proclamación del principio y la prohibición de imposición de penas mayores a las previstas en el momento de la comisión (artículo 7.1) y la advertencia, idéntica a la del Pacto, en la que se admite que el principio de legalidad no es óbice para castigar acciones u omisiones consideradas criminales a la luz de los principios generales del derecho reconocidos por las naciones civilizadas.

Esta última previsión choca contra la estricta concepción del principio de legalidad según viene considerándose en el Derecho español, mientras que la necesidad de incorporar la tradición del *common law* ha obligado al Tribunal Europeo de Derechos Humanos a elaborar una jurisprudencia, a nuestros ojos discutible, donde los contornos del principio de legalidad se desdibujan.

El apartado 1 del artículo 25 extiende el principio de legalidad penal al Derecho administrativo sancionador. Una tradicional manifestación del garantismo que se expande a un ámbito no penal en el que se pueden producir limitaciones de derechos. Del mismo modo que los derechos procesales se han proyectado fuera del ámbito jurisdiccional al procedimiento administrativo sancionador, también el principio de legalidad lo ha hecho, pero como ha reiterado una abundantísima jurisprudencia del Tribunal Constitucional a partir de la STC 18/1981, de 8 de junio, a las SSTC 50 y 55/2003, ambas 17 de diciembre, de una forma menos intensa, lo que se traduce en un exigencia menos estricta de ley (no se precisa la ley orgánica ni siquiera ley formal, pudiendo bastar el decreto-ley o el decreto legislativo) e incluso en la posible colaboración del reglamento administrativo para completar la previsión legal que debe ser, eso sí, suficientemente precisa de los hechos sancionables y de la graduación de las sanciones. Por tanto, mientras que en la esfera penal la reserva de ley es absoluta, y es de ley orgánica (SSTC 25/1984, 23 de febrero, y 159/1986, de 12 de diciembre), esta dimensión formal se atenúa en el campo del Derecho administrativo sancionador (STC 52/2003, de 17 de marzo).

II. DERIVACIONES DEL PRINCIPIO DE LEGALIDAD PENAL

El principio de legalidad tiene derivaciones que operan como garantías que se orientan a asegurar que la actividad punitiva tenga apoyo pleno, claro y completo en la ley. De ahí se derivan:

1. La reserva de ley orgánica

La garantía penal atañe a la creación y forma de la ley. No hay delito sin ley previa que lo haya descrito. Dentro de la garantía penal se ubican la *reserva absoluta de ley* en materia penal que afecta a la categoría constitucional que han de tener las leyes penales y, en segundo lugar, la forma que ha de tener esa ley en cuanto texto normativo, que será la de conjunto de preceptos redactados con precisión, concreción, certeza, y sin cláusulas abiertas, conjunto de virtudes que se recogen y califican como taxatividad, que tiene como corolario más inmediato la prohibición de la analogía. La ya mencionada irretroactividad, proclamada en los artículos 9.3 y 25.1 de la CE completará ese conjunto de garantías.

La reserva absoluta de ley quiere decir que la creación o modificación de delitos y penas solamente puede llevarse a cabo a través de ley orgánica. Para llegar a esa conclusión la doctrina penal española mayoritaria estima que todos los tipos penales afectan a los derechos fundamentales, aunque sólo sea porque la aplicación del Derecho Penal a un ciudadano, con el estigma del proceso o el banquillo, comporta la lesión de su derecho al honor, y si es condenado se verá afectada su libertad o su propiedad. Entran así en afección derechos fundamentales, y siendo así es obligado, de acuerdo con el artículo 81.1 de la Constitución, que la ley que provoque ese efecto haya de ser Orgánica. No puede crearse pues norma penal alguna a través de Leyes ordinarias, y, por supuesto y aún menos, por Reglamentos.

Toda la legislación penal española ha sido promulgada a través de Leyes orgánicas, por lo cual cuando se dice que la Ley es la única fuente del derecho penal excluyendo a cualquiera otra válida para el derecho privado, habrá que adjetivar adecuadamente qué clase de ley ha de ser. La exigencia de *ley previa* que haya descrito el hecho delictivo genera la *prohibición de extender el carácter de delito* a comportamientos análogos o parecidos pero que no estén taxativamente formulados como típicos.

2. Irretroactividad

La irretroactividad de la ley penal desfavorable se establece en este artículo 25.1 de la Constitución, y también el su art. 9.3 así como en los artículos 1 y 2 del Código penal. Este último proclama, como excepción, la retroactividad de las leyes favorables. La irretroactividad de la Ley alcanza tanto a la que *describe la conducta delictiva* como la que modifica, en sentido agravatorio, la pena prevista para ella.

3. Taxatividad

La exigencia de taxatividad se resume en el brocardo *nullum crime sine lege stricta et scripta,* aunque no hay una declaración constitucional que se corresponda con es formulación, pues la necesidad de taxatividad de las leyes penales no está expresamente proclamada en la Constitución española ni en ninguna otra. Se trata de una exigencia elaborada doctrinalmente y reconocida políticamente de acuerdo con la cual las leyes han de ser claras y concretas, quedando proscritas las leyes abiertas o indeterminadas, *porque no serían propiamente leyes capaces de satisfacer a la promesa de seguridad jurídica*, y es por ahí por donde encontramos el asiento constitucional de la necesaria certeza del derecho. La propia disciplina penal del error presupone la existencia de leyes cognoscibles y comprensibles, por lo tanto, *taxativas*.

III. EL PRINCIPIO DE LEGALIDAD Y LA SEGURIDAD JURÍDICA

El principio de seguridad jurídica o certeza del derecho se proclama en el art. 9-3 de la Constitución como una garantía en favor del ciudadano frente al sistema penal, lo que no significa que se trate de una mera garantía individual, por importante que la misma sea, ya que su cumplimiento posibilita la realidad tangible del Estado de Derecho. El principio de seguridad jurídica se cumple, por una parte, con el estricto acatamiento del principio de legalidad en lo que concierne a la certeza y concreción de las leyes que describen delitos a los que asocian sanciones penales, renunciando a las cláusulas abiertas, imprecisas u oscuras, lo cual es compatible perfectamente con determinadas técnicas legislativas en las que los comportamientos punibles se expresan de modo ejemplificado, pues lo esencial es la ulterior lesión del bien jurídico.

Las dificultades, que ya de por sí entraña un mínimo conocimiento del Derecho se multiplican hasta el infinito si, además, se abandona la certeza y la exactitud. Precisamente por eso los sistemas penales autoritarios han sido siempre favorables al empleo de las cláusulas abiertas, la admisión de la analogía para crear delitos, etc. Más concretamente, y según la opinión generalizada en la doctrina, la vigencia del principio de legalidad supone en primer lugar la exclusión del derecho consuetudinario (la costumbre) en el ámbito penal, pues la limitación de derechos sólo puede ser acordada por los representantes democráticos de la voluntad popular, que intervienen en el proceso legislativo. El principio de legalidad y las exigencias de seguridad jurídica determinan la exclusión de la analogía, aunque este principio sólo es operativo para la llamada analogía *in malam partem*.

Más peligros que la analogía, entraña lo que se llama "ley indeterminada o absolutamente abierta", que constituye un auténtico "caso límite", en el que incluso puede el juez imponer su criterio, aunque éste no sea compartido por la generalidad de los ciudadanos.

IV. LA INFRACCIÓN DE LA LEGALIDAD

La aplicación de las leyes corresponde a los Tribunales, que son sus intérpretes naturales, al punto de que se llega a decir que gozan del monopolio de la interpretación. Pero en paralelo hay que contemplar el derecho del ciudadano a la seguridad jurídicas, proclamado en el artículo 9-3 de la Constitución, y esa seguridad o certeza del derecho comporta una legítima expectativa de que las leyes sean aplicadas correctamente por los Tribunales.

El sistema de tutela de los derechos fundamentales (arts. 14 y ss. y entre ellos el art. 25) se configura, principalmente, a través del recurso de amparo previsto para que los ciudadanos puedan demandarlo cuando consideren que se ha producido un ilegítima intromisión en la esfera del correspondiente derecho. Ante una interpretación incorrecta de la ley penal se puede llegar a sostener que se ha castigado una conducta que no estaba prevista en la ley, y ha sido a causa de una interpretación errónea, lo cual equivaldría a infringir el principio de legalidad en la formulación de las leyes.

Mas no es ese el planteamiento adecuado del problema. Las leyes se han de interpretar en todo caso, y los métodos de interpretación son diversos, que, por lo mismo pueden conducir a resultados diferentes. Como en su momento señaló Vives Antón, la función del Tribunal Constitucional en su misión de control, no es declarar cuál es la única *interpretación correcta*, sino, según la doctrina fijada desde las SSTC 137 y 151 de 1997, decidir si la interpretación realizada por un Tribunal es correcta, teniendo por tal la que es posible de acuerdo con algún criterio interpretativo. Por lo tanto, las únicas interpretaciones que son "inconstitucionales" serán aquellas que no pueden ser sostenidas con ningún método de interpretación aceptado, y la razón profunda de que así sea es doble: porque en realidad esa clase de interpretaciones no son tal cosa, sino la creación de un contenido legal distinto al que fue promulgado, y, por ese mismo motivo, queda fuera del alcance del ciudadano la posibilidad de prever cuáles pueden ser las consecuencias de sus actos, lo cual choca frontalmente con el derecho a la seguridad jurídica al que antes me refería.

Esta contemplación del problema resulta inicialmente tranquilizadora, pero lo cierto es que no merece esa consideración, pues los criterios interpretativos son demasiado diferentes, y eso da lugar a *que solo se excluyen las interpretaciones que son manifiestamente irrazonables*, cuando debería aspirarse a *algo más*, esto es: la sola aceptación de métodos interpretativos que no se alejen absolutamente del sentido del precepto, encuadrado en la norma general que lo contenga (por ejemplo, el Código penal y, dentro de él, la asignación de clase y naturaleza), y de o ser así, como denunciaba Vives, se produce una renuncia a hacer efectivas las exigencias del principio de legalidad, y su corolario, que ha de ser la seguridad jurídica, que debe desplegar su eficacia en relación con toda ley penal o administrativa que pueda determinar una limitación de derechos o una sanción.

V. LA ORIENTACIÓN A LA REINSERCIÓN

El no 2 del artículo 25 comienza por la declaración de que las penas privativas de libertad y las medidas de seguridad estarán orientadas hacia la reeducación y reinserción social y no podrán consistir en trabajos forzados. Sobre cuál es el sentido y las consecuencias de esa proclama se discutió bastante al poco de la promulgación de la Constitución, pero muy pronto se abrió paso una interpretación que ha prevalecido, y que se escinde en dos valoraciones. La primera deriva del carácter del Estado social, que necesariamente ha de abrir una posibilidad a la reinserción, evitando castigos que la hagan imposible.

Pero queda abierto un problema: el derecho subjetivo del penado o asegurado a la reinserción y, dentro de ese eventual derecho —puesto que si no se concreta no pasaría de ser un derecho teórico— el de aspirar o disfrutar de aquellas medidas que se señalan como "instrumentos de fomento" de la reinserción. Concretamente, los permisos de salida y demás beneficios de toda clase, en especial aquellos que comportan reducción de la duración de la pena.

La cuestión a decidir sería entonces la de la relación entre esos beneficios inspirados en el ideal de reinserción y los derechos del interno. La respuesta estimo que ha de ser inequívoca: existe un derecho subjetivo a aspirar a la reinserción, pero no existe un derecho adicional que traduzca eso en la concesión obligada de beneficios, los cuales pertenecen al campo de las facultades de la Administración penitenciaria, sin perjuicio de que esas facultades administrativas deban ejercerse con respeto a la Ley y al Reglamento y, en todo caso, con equidad.

VI. LA GARANTÍA DE EJECUCIÓN

El nº 2 del art. 25, en su segundo inciso, declara que *"El condenado a pena de prisión que estuviere cumpliendo la misma gozará de los derechos fundamentales de este Capítulo, a excepción de los que se vean expresamente limitados por el contenido del fallo condenatorio, el sentido de la pena y la ley penitenciaria"* Esa declaración produce un estatuto de derechos del condenado que se complementa con lo dispuesto en el art. 3-2º del Código penal, que prohíbe la ejecución de la pena o de la medida de seguridad de forma distinta a la prevista legalmente.

De ese modo, a la orientación a la reinserción se añade el sometimiento al *principio de legalidad de la ejecución* (garantía de ejecución) que se presenta como complemento de dos criterios previos: el contenido del fallo y el sentido de la pena. El CP, la Ley Orgánica penitenciaria y el Reglamento Penitenciario son las fuentes legales que fijan el contenido ejecutivo y el modo de resolver las circunstancias e incidencias de la ejecución. Como es lógico, por razón de la materia, la expresión mayor de la garantía la constituye y describe la Ley General Penitenciaria cuyo artículo 2 declara: "*La actividad penitenciaria se desarrollará con las garantías y dentro de los límites establecidos por la ley, los reglamentos y las sentencias judiciales*".

VII. LA PROHIBICIÓN DE QUE LA ADMINISTRACIÓN IMPONGA CASTIGOS EQUIVALENTES A PENAS

El nº 3 del artículo 25 dispone que la *Administración civil no podrá imponer*

sanciones que, directa o subsidiariamente, impliquen privación de libertad, lo cual incide de lleno en el problema de la significación y los límites del sistema sancionador administrativo en relación con los derechos de los ciudadanos y, en segundo lugar, con el derecho penal, que es el único orden jurídico constitucionalmente autorizado a aplicar castigos que comportan privaciones de derechos fundamentales, como es el derecho a la libertad.

El art. 25-3 de la Constitución veta a la Administración la imposición de penas privativas de libertad, pero con esa declaración so se cierran todos los problemas derivados de la exclusividad de competencia de los Tribunales de la jurisdicción penal. Queda abierta la posibilidad de infracción del principio *non bis in idem,* esto es, de la prohibición de sancionar doblemente un mismo hecho, o si se prefiere el límite de actuación de los Tribunales Administrativos en relación con los Tribunales Penales, y especialmente la posibilidad de que la Administración pueda sancionar a la vez que la jurisdicción penal, o, lo que es más problemático, cuando ésta ha decidido absolver al acusado del hecho.

En la medida en que puede imponer penas pecuniarias (que en muchos casos pueden ser superiores en su cuantía a las que se pueden imponer en vía penal) puede suceder que las mismas se superpongan a otras sanciones penales infringiéndose así el principio antes citado. También es cierto que la voluntad expresada por el legislador constitucional en el artículo 25-1 CE, de extender las garantías penales al ámbito del Derecho Administrativo sancionador, permite una interpretación de la cual se derive la prohibición de la imposición de sanciones administrativas si sobre ese mismo hecho ya han recaído sanciones penales. No obstante, hubiese sido mucho mejor consagrar este principio constitucionalmente, tal y como hacía el propio proyecto de Constitución Española que en su artículo 9.3 promulgaba: "la exclusión de la doble sanción por los mismos hechos". Pero no contamos con una regulación concreta que permita saber con claridad cuáles son los límites respectivos, y decimos respectivos porque también los Tribunales penales deben aceptar determinadas competencias propias de la Administración.

La Constitución de 1978 establece el *control judicial sobre la actividad sancionadora de la Administración* (cfr. arts. 106 y 24 CE) y atribuye de forma exclusiva la potestad de juzgar y hacer ejecutar lo juzgado (potestad jurisdiccional) a los Juzgados y Tribunales (art. 117.3 CE), con las correspondientes garantías jurisdiccionales que de tal principio se derivan (art. 24 CE). Partiendo de esas importantes condiciones podemos fijar algunas importantes conclusiones:

a) La Administración Pública debe siempre respetar la *prioridad y preferencia del orden jurisdiccional penal*. Por lo tanto, se abstendrá de actuar sobre aquello que estén conociendo los jueces y Tribunales. Si éstos absuelven a una persona por inexistencia de intervención en el hecho (ausencia subjetiva del hecho), o por haber actuado justificadamente, ese fallo será vinculante para todos los poderes del Estado.

b) La Administración pública tiene unas *misiones propias y diferentes* de las que persigue el sistema punitivo. Por lo tanto, lo que es prescindible para el sistema penal puede no serlo para la Administración. Por esa razón, la absolución penal, cuando no cuestiona la comisión del hecho material, pero declara la ausencia de tipicidad o de culpabilidad, no afecta a la posibilidad de que el hecho pueda constituir infracción administrativa.

c) La *imposición de una pena* por los Tribunales penales *impide* que la Administración pública pueda a su vez imponer *una sanción adicional por el mismo hecho*, lo que no debe confundirse con la posibilidad de que un aspecto del hecho no haya sido valorado por la jurisdicción penal y sí pueda serlo por la Administración.

d) La imposición de una sanción administrativa, como regla, no debe cerrar el paso a la intervención del Derecho penal, pues eso equivaldría a ceder *de facto* a la Administración una capacidad de disposición acerca de cuándo puede y no puede actuar el sistema punitivo. Ahora bien, como quiera que la Administración Pública, de acuerdo con su propio régimen

(Ley 40/2015, de 1 de octubre, de Régimen Jurídico del Sector Público) debe abstenerse de proseguir el procedimiento sancionador si aprecia indicios de delito, habrá que entender que la imposición de una sanción equivale a lo contrario, esto es, a no apreciar indicios de delito. Ello, no obstante, la posibilidad de que se incoe un procedimiento criminal subsiste, y con ella la eventual imposición de una pena. La precedencia de una sanción administrativa no puede producir en modo alguno el efecto de cosa juzgada. En cambio, la imposición de una pena puede determinar la nulidad de la sanción administrativa previa si ésta fue impuesta exactamente por el mismo hecho en todas sus dimensiones personales y materiales.

VIII. BIBLIOGRAFÍA

HUERTA TOCILDO, S.: "El derecho a la legalidad penal, art. 25-1", en CASAS BAAMONDE, M. E., RODRÍGUEZ-PIÑERO Y BRAVO-FERRER, M. (dirs.), *Comentarios a la Constitución española*, BOE: Tribunal Constitucional, Ministerio de Justicia, 2018.

SÁNCHEZ TOMÁS, J. M.: "Art. 25-3. Los fines de la pena y pena y los derechos fundamentales de los presos", en CASAS BAAMONDE, M. E., RODRÍGUEZ-PIÑERO Y BRAVO-FERRER, M. (dirs.), *Comentarios a la Constitución española*, BOE: Tribunal Constitucional, Ministerio de Justicia, 2018.

– *"Artículo 25.3: La prohibición de sanciones privativas de libertad impuestas por la administración civil"*, en CASAS BAAMONDE, M. E., RODRÍGUEZ– PIÑERO Y BRAVO-FERRER, M. (dirs.), *Comentarios a la Constitución española*, BOE: Tribunal Constitucional, Ministerio de Justicia, 2018.

RUBIO LLORENTE, F.: "El principio de legalidad", *Revista Española de Derecho Constitucional*, núm. 1993, pp. 9 y ss.

VALENCIA MARTÍN, G.: "Art. 25-2. El derecho a la legalidad sancionadora en el ámbito administrativo", en CASAS BAAMONDE, M. E., RODRÍGUEZ– PIÑERO Y BRAVO-FERRER, M. (dirs.), *Comentarios a la Constitución española*, BOE: Tribunal Constitucional, Ministerio de Justicia, 2018.

VIVES ANTÓN, T. S.: "Artículo 25", en PÉREZ TREMPS, P., SÁIZ ARNAIZ, A (dirs.) *Comentario a la Constitución Española. 40 aniversario 1978-2018: Libro-homenaje a Luis López Guerra*, Tirant lo Blanch, 2018

IX. JURISPRUDENCIA

STC 18/1981, de 8 de junio.
STC 25/1984, 23 de febrero.
STC 159/1986, de 12 de diciembre.
STC 42/1987 de 7 de abril.
STC 41/1997 de 11 de abril,
STC 137/1997 de 21 de julio,

STC 120/1998 de 15 de junio,
STC 136/1999 de 20 de julio
STC 60/2000 de 2 de marzo,
STC 99/2000 de 10 de abril
STC 87/2001 de 2 de abril,
STC 75/2002 de 8 de abril,
STC 154/2002 de 18 de julio,
STC 2/2003 de 16 de enero,
STC 13/2003 de 28 de enero,
STC 50/2003, de 17 de marzo.
STC 100/2003 de 2 de junio,
STC 24/2004 de 24 de febrero,
STC 111/2004 de 12 de julio,
STC 34/2005 de 17 de febrero,
STC 57/2010 de 4 de octubre,
STC 153/2011 de 17 de octubre,
STC 101/2012 de 8 de mayo,
STC 185/2014 de 6 de noviembre,
STC 150/2015 de 6 de julio.
STC 14/2021 de 28 de enero
STEDH Del río Parada contra España de 21 de octubre de 2013 (*Tol 2646420*)
STEDH Pessino contra Francia del 10 de octubre de 2006 (*Tol 996612*)
STEDH, 3ª, 10.07.2012 (42750/09)

Artículo 26

Se prohíben los Tribunales de Honor en el ámbito de la Administración civil y de las organizaciones profesionales.

COMENTARIO

Isabel Valldecabres Ortiz
Magistrada

SUMARIO: I. INTRODUCCIÓN. II. BREVES APUNTES HISTÓRICOS Y DE DERECHO COMPARADO. III. LA PROHIBICIÓN DE LOS TRIBUNALES DE HONOR EN LA CONSTITUCIÓN DE 1978. IV. LA DEROGACIÓN DE LOS TRIBUNALES DE HONOR MILITARES. V. BIBLIOGRAFÍA. VI. JURISPRUDENCIA.

I. INTRODUCCIÓN

El comentario sobre el artículo 26 CE necesariamente exige hacer referencia no solo a lo que expresamente prohíbe, sino también a lo que tácitamente autoriza, pues con relación a los tribunales de honor hay un contexto histórico y político que no cabe eludir a la hora de interpretar el alcance del precepto.

Los tribunales de honor se consideran instituciones típicamente españolas, que nacen en el ámbito castrense y se extienden luego a la Administración civil y más tarde a la esfera privada, en especial, a los colegios profesionales. Declarar la prohibición en estos dos últimos ámbitos y, por tanto, su derogación, lleva necesariamente a entender que se dejó al margen de la prohibición a los tribunales de honor militares. Y es precisamente lo que no prohíbe el art. 26 CE lo que resulta más trascendental, pues *de facto,* comportó la definitiva constitucionalización de los tribunales de honor militares, sin duda un efecto no buscado por aquellos que en el proceso constituyente instaron a la aprobación de la enmienda que llevó a incluir este precepto en nuestro texto constitucional.

Como señala en su trabajo Lamarca Pérez, la pretensión de prohibición general de los tribunales de honor fue mantenida en la Ponencia encargada redactar la Constitución por los grupos socialista, comunista y la minoría catalana, pero las respectivas enmiendas se rechazaron y no prosperó su inclusión en el texto; y durante los debates en la Comisión de Asuntos Constitucionales y Libertades públicas del Congreso nuevamente se defendieron sin éxito, pero fue entonces una enmienda transaccional *in voce* del grupo socialista, restringiendo la prohibición de tribunales de honor al ámbito civil y de las organizaciones profesionales, dejando fuera el militar, la que permitió alcanzar el consenso y su aprobación por unanimidad el 8 de junio de 1975.

Sostiene esta autora que, de no haberse incluido mención alguna, quizás habría sido posible declarar en los años sucesivos a la entrada en vigor de la Constitución la inconstitucionalidad sobrevenida de todos los tribunales de honor, sin excepción, con apoyo en los arts. 9.3, 24.1 y 2 y 25.1 y 117. Pero habiendo declarado el texto la prohibición con un alcance limitado, solo cabía entender que lo no prohibido expresamente, quedaba permitido. Y así ha sido, pues fue una decisión del legislador la de prohibir posteriormente estos tribunales en el ámbito castrense, sin que dicha prohibición resulte constitucionalmente irreversible o definitiva, aunque, sin duda, sea poco probable su restauración.

II. BREVES APUNTES HISTÓRICOS Y DE DERECHO COMPARADO

Los tribunales de honor tienen un origen incierto, pues si bien es comúnmente admitido que su configuración legal se produce en nuestro país en el ámbito militar con el Real Decreto de 3 de enero de 1867, ya en las Cortes de Cádiz se recogen discursos de varios diputados aludiendo al uso de los mismos en distintos cuerpos castrenses.

También constan referencias históricas a tribunales de honor en Inglaterra y el Reino Unido, durante la edad media, como describe Cancio Fernández. Las *Manorial Court* y las *Court of Honor*, por sus nombres en inglés, abordaban diferentes cuestiones relacionadas con protocolo social, incumplimientos de etiqueta, derecho a portar escudos de armas y otras alegaciones a incumplimientos del honor. No tenían poder para imponer multas o penas privativas de libertad, lo que explica que cayeran en desuso progresivamente.

En el ámbito español, como decimos, la primera regulación legal se produce con el Real Decreto de 3 de enero de 1867 y, ya de forma detallada, en el Código de Justicia Militar de 1890. Y su institucionalización fue pronto acogida favorablemente en otros empleos y ámbitos profesionales como mecanismo de tutela expeditiva de un concepto decimonónico de honor "corporativo", pudiendo citarse como ejemplo el de los Carabineros —con funciones, entre otras, de la persecución del contrabando—, el Cuerpo de Ingenieros de Caminos o el de Montes, Minas y Agrónomos —por sendos Decretos de 1900—, o la Magistratura de Trabajo, el Notariado —en el Decreto de 1942, o el Ministerio Fiscal (Decreto 1926) y en para los funcionarios civiles en 1918.

También en la segunda mitad del siglo XIX, como apunta Lamarca, algunos ejércitos europeos establecieron tribunales similares en Alemania (Ehrengerichte), que perduraron hasta su abolición por la Constitución de Weimar, en Austria (Ehrenräthe) y Rusia (sud obshchestva ofitserov) para juzgar las conductas deshonrosas de sus oficiales.

Los tribunales de honor en nuestro país, ya fueran civiles o militares, no juzgaban actos aislados sino conductas y estados de opinión acerca de la dignidad de un individuo para formar parte de un cuerpo. El bien jurídico protegido no era tanto el honor del enjuiciado como el del cuerpo al que pertenecía, el honor corporativo, el de la colectividad a que aquél pertenecía. No obstante, como apuntan Guaita y Mozo, también es cierto que ya solo el hecho de que se constituyera el tribunal (pues eran órganos ocasionales, *ad hoc*) ponía claramente en entredicho el honor personal del encausado (y así lo reconoció la Sentencia de la Sala V del Tribunal Supremo de 7 de febrero de 1979).

Su actuación era totalmente autónoma y compatible con los procedimientos jurisdiccionales o administrativos ordinarios, siempre que no se hubiera ya acordado la separación del servicio, pues su finalidad era, precisamente ésa: expulsar a quienes mancillaran al Cuerpo. No cabía ninguna otra sanción, y lo que resulta aún más llamativo, no existía una tipificación de actos que pudieran entenderse deshonrosos, apelando para su determinación, simplemente, a la conciencia jurídica de la corporación. Sus resoluciones, lógicamente, no eran apelables.

El Tribunal Supremo se negó en ese tiempo a revisar los fallos de los tribunales de honor argumentando que se trataba "de una jurisdicción privada especial, cuyas manifestaciones y consecuencias no pueden revisarse ante ninguna otra". Tan solo en una Sentencia de 11 de junio de 1922 se entró a conocer de un asunto porque el Tribunal se había constituido de acuerdo a una Orden de 1919 dictada para hacer posible un juicio colectivo, y no según el Código de Justicia Militar, según documenta Lamarca Pérez.

La Constitución Republicana de 1931 en su artículo 95, in fine, estableció: "quedan abolidos todos los Tribunales de honor, tanto civiles como militares" y de este modo desterró todos los tribunales de honor. A ello se llegó en parte por la influencia sobre los constituyentes españoles de la Constitución de Weimar, que había hecho lo propio, y en parte también por la mala experiencia de estos Tribunales en los últimos años de la monarquía, lo que llevó incluso a la aprobación de una ley y una orden circular en 1932, que permitió la revisión de algunos de los fallos ya pronunciados en los que se apreciase error o ilegalidad.

La abolición de los tribunales de honor duró hasta que fueron restaurados en plena guerra civil para el ámbito militar por el Decreto núm. 78 de 17 de noviembre de 1936 (aunque firmado por Franco un mes antes, en Salamanca). Su regulación definitiva, terminada la guerra civil, se produjo en el ámbito castrense por Ley de 27 de septiembre de 1940 y de ahí se incorporó al Código de Justicia Militar de 1945 en los artículos 1025 a 1046, siendo destacable que en 1975 el modelo se extendió a la Policía Armada. Su característica más importante fue su decidida politización, pues desde el principio sirvieron como mecanismo represor y de purga de los militares que habían luchado en el bando de la República. De hecho, la ley de 1940 dejó sin efecto las revisiones de los fallos adoptadas al amparo de la citada ley republicana de 1932 —exceptuando, claro, los referidos a los militares fieles al bando vencedor—. Y, junto a ello, se ampliaron sus competencias para expulsar a los militares sospechosos de acuerdo con la ley de represión de la masonería y el comunismo de 1940.

Los Tribunales de Honor militares tenían como ámbito subjetivo a los generales, jefes y oficiales de los Ejércitos, tanto en activo como en la reserva; y como ámbito objetivo, cualquier "acto contrario a su honor o dignidad" o "conducta deshonrosa para si, para el Arma o Cuerpo a que pertenecen o los Ejércitos", sin exigir que éstas o aquél fueran delictivos o simplemente ilícitos. Su competencia se extendía a cualesquiera actos, conductas y estados de opinión y por prescripción legal "todas las actuaciones del Tribunal de Honor serán rigurosamente secretas".

El procedimiento en el ámbito castrense era sencillo, y puede resumirse sucintamente así: La incoación correspondía a un mínimo de compañeros de mayor antigüedad (cinco o diez, según fuesen o no generales), que decidían por mayoría de cuatro quintos. El tribunal debía ser autorizado por el general jefe de la Región o del Departamento, que seguidamente establecía la composición del tribunal de honor. El inculpado recibía una relación sucinta de los hechos que se le imputaban y la composición del tribunal, al tiempo que se le invitaba a aportar las pruebas que estimase convenientes. Después de oír al inculpado y de practicar las pruebas, el tribunal deliberaba sobre los hechos que habían motivado su constitución, los calificaba conforme a su conciencia declarando si eran o no deshonrosos y, en su caso, proponía la separación del servicio del inculpado. La separación del servicio suponía el pase a la situación de retirado con el haber pasivo que le correspondiese sin derecho al uso del uniforme ni las demás prerrogativas, honores y consideraciones inherentes a la condición militar. El Consejo Supremo de Justicia Militar podía controlar la regularidad del procedimiento de los Tribunales de Honor, pero no existía propiamente un recurso contra sus decisiones.

Su restauración en el ámbito civil se fue materializando, paralelamente, al finalizar la guerra, por medio de la Ley de 16 de diciembre de 1949 y por diversos Decretos que así lo establecían, extendiendo su operatividad al cuerpo de Carabineros, de Ingenieros, de Notarios, a los diplomáticos, a la Magistratura de Trabajo, a los funcionarios de Hacienda, a los Agentes de Cambio y Bolsa, al Ministerio Fiscal y, finalmente, a toda la Administración Local en 1952 y a los Funcionarios Civiles del Estado con la Ley de 1964.

Como señala Ordóñez Solís, los Tribunales de Honor en esta época eran una vía encubierta de control social de acceso y de mantenimiento de determinadas personas en la profesión. "Disfrazada de una moralidad particularmente asfixiante", —en expresión de este autor— también se utilizó el procedimiento de los Tribunales de Honor para depurar responsabilidades políticas o ideológicas, en especial en la persecución del comunismo y la masonería.

El Tribunal Supremo inicialmente mantuvo la autonomía de las resoluciones de los Tribunales de Honor y declaró que no podía entrar a revisar siquiera la regularidad del procedimiento: Así, Auto de 11 de abril de 1911. Pero, progresivamente, a partir de 1950, fue ejerciendo un cierto control, no en cuanto al sentido del fallo "pues juzgaban en conciencia", sino en cuanto a la observancia de vicios de forma en el procedimiento. Así en Sentencia de 11 de noviembre de 1950 anuló lo actuado en un caso "por denegación de todas las pruebas propuestas", en otra de 14 de diciembre de 1972 la Sala V admite entrar a conocer (aunque no estimó) un recurso contra una resolución respecto de las "reglas de constitución" del tribunal de honor y el 7 de febrero de 1979 la Sala IV entró a revisar una resolución partiendo de la exigencia general de que "haya unas pruebas, elementos o circunstancias que hagan presumir como racionalmente posible la certeza de los hechos tan gravemente sancionados".

No obstante, la extendida animadversión contra estos Tribunales se explica por muchas razones si tenemos en cuenta, entre otras cosas, que su funcionamiento era secreto, su jurisdicción compatible con cualquier otro procedimiento por el mismo hecho aunque revistiera caracteres de delito o aunque se tratase de funcionarios excedentes, pues la ley no distinguía (así Dictamen del Consejo de Estado de 14 de julio de 1958, a pesar de que el sujeto ya antes había sido expulsado del Colegio de Abogados por delito de estafa en el ejercicio de la profesión), como ponen de ejemplo Guaita y Mozo.

Las decisiones de estos Tribunales respecto de funcionarios de la Administración civil del Estado tampoco eran apelables y la única garantía, —y aquí sí era muy exigente el Consejo de Estado—, consistía en que si la resolución proponía al ministro correspondiente la separación del Cuerpo del juzgado, no podía ejecutarse sin que el citado organismo informara "haberse cumplido sin quebrantamiento de forma los preceptos establecidos para esta clase de procedimiento especial": era un Dictamen posterior a la resolución, pero anterior a su ejecución, y vinculante (Dictamen de 21 de abril de 1960). No obstante lo anterior, el Consejo de Estado también dictaminó que no era motivo de recusación la circunstancia de que formasen parte (por sorteo) del tribunal los mismos que pidieron se constituyera éste, pues de ello no podía presumirse enemistad manifiesta, y primaba el ejercicio de un derecho fundado en un interés objetivo y público del Cuerpo al que pertenecían (Dictamen de 12 de julio de 1961).

III. LA PROHIBICIÓN DE LOS TRIBUNALES DE HONOR EN LA CONSTITUCIÓN DE 1978

Llegamos así a la Constitución de 1978, y hay que señalar que en el debate constituyente se suscitó la supresión —que no anticipaba el anteproyecto— de los tribunales de honor, en la estela de la Constitución de 1931; pero a pesar de las numerosas propuestas para que expresamente se suprimieran también en el ámbito castrense, sólo se abolieron en virtud el artículo 26, en las esferas de la Administración civil y de las organizaciones profesionales, consagrándose *a sensu contrario* la constitucionalidad de los tribunales de honor en el ámbito militar. La persistencia de estas instituciones, aun reducidas al ámbito castrense tras 1978, no como consecuencia de un olvido, sino de una decisión deliberada y explícita, no impidió que se plantearan dudas y recelos respecto de su compatibilidad con los principios de unidad jurisdiccional, de legalidad o del non bis in ídem.

En todo caso, los tribunales de justicia, una vez entrada en vigor la Constitución de 1978, rechazaron la aplicación retroactiva del artículo 26 CE o la invocación de vulneración de los derechos fundamentales reconocidos en la Constitución a situaciones firmes derivadas de procedimientos sustanciados ante los tribunales de honor.

En efecto, al hilo de la aprobación de la Constitución de 1978 se planteó la posible retroactividad y virtualidad derogadora de sus disposiciones respecto de los procedimientos y pronunciamientos llevados a cabo por Tribunales de Honor civiles antes de su entrada en vigor. Así respecto de la posible aplicación retroactiva de la norma constitucional a los fallos de tribunales de honor anteriores a la promulgación de aquélla el Tribunal Supremo primero, y el Constitucional después, fueron claros en el sentido de oponerse a ello por razones de seguridad jurídica. También la Sala de lo Militar del Tribunal Supremo, citando a Cancio Fernández, se ha opuesto a la posibilidad de aplicar retroactivamente las causas de revisión de oficio y, más en concreto, la posibilidad de anular decisiones adoptadas por tribunales de honor militares con anterioridad a la vigente Constitución de 1978 alegando la infracción de los principios y derechos reconocidos en el texto de la misma, argumentando que ello acarrea, más allá de la aplicación retroactiva de dicho Texto Legal Fundamental, consecuencias indeseables desde el punto de vista de la seguridad jurídica, por cuanto que "vendría a legitimarse la anulación de todos los actos anteriores —fuera cual fuese el tiempo transcurrido desde que fueron dictados— que no cumplieran unas garantías que el ordenamiento jurídico de la época en que se dictaron no recogía".

Así se pronuncian, entre otras, las sentencias del TS de 29 de octubre de 1981 y 22 de marzo de 1985 y lo sientan de manera definitiva los autos del TC 104/1980, de 26 de noviembre (Sala 1ª), y 601/1985, de 18 de septiembre (Sala 2ª). Como se razona en este último, inadmitiendo el recurso de amparo precisamente contra la segunda de las sentencias citadas, "la retroactividad de la norma fundamental se puede aceptar siempre que haya actos posteriores al momento de su entrada en vigor", pero no frente a los que hubieran agotado sus efectos con anterioridad, "como obvio resulta por imperativo del principio de seguridad jurídica".

El segundo aspecto relativo a la eficacia derogatoria de la CE en la materia, se admitió, en cambio, sin fisuras. Desde el día 29 de diciembre de 1978, en que la Constitución entró en vigor, y conforme a lo previsto en su Disposición final, quedaron derogadas cuantas disposiciones establecían y regulaban los tribunales de honor en el ámbito de la Administración Civil y de las organizaciones profesionales ahora prohibidos por el art. 26 CE.

Respecto de los tribunales de honor militares, únicos subsistentes desde 1979, como se ha dicho, la jurisprudencia tendría ocasión de ponderar la incidencia de los nuevos principios y derechos constitucionales sobre la regulación preconstitucional de aquéllos. Y la primera consecuencia fue la posibilidad de revisión jurisdiccional de los fallos del tribunal de honor dictados a partir de la entrada en vigor de la Constitución, frente a lo dispuesto por el artículo 1039 del CJM.

En efecto, la STS de 14 de mayo de 1985 (antigua Sala V de lo Contencioso-Administrativo), tras haber declarado la admisibilidad del recurso, anula la Orden del Ministerio de Defensa de 29 de enero de 1979, por la que se acordaba la separación del servicio de un coronel del Ejército, en virtud del fallo de un tribunal de honor que tuvo lugar el 4 de diciembre de 1978, —en este caso de fecha anterior a la vigencia de la Constitución—. La resolución judicial se basa, esencialmente, en la violación del derecho fundamental a la presunción de inocencia y de la prohibición de indefensión (art. 24 CE), a la vista de la poco fundada prueba en que se había apoyado la propuesta del tribunal de honor.

Así, también, la Sala 2ª del Tribunal Constitucional en su STC 151/1997, de 29 de septiembre revocó una sentencia del Tribunal Supremo de 1994 que confirmaba una decisión de un Tribunal de Honor militar de 1979 que expulsaba del Ejército a un capitán que "había consentido" el adulterio de su mujer con un teniente. A juicio del Tribunal de Honor, la conducta del capitán era "deshonrosa". Sin embargo, el Tribunal Constitucional aun admitiendo la existencia de un concepto de honor propio y especifico en el ámbito militar, no consideró que la conducta en cuestión supusiese una deshonra para la institución militar, aplicando las pautas de la sociedad actual.

IV. LA DEROGACIÓN DE LOS TRIBUNALES DE HONOR MILITARES

El círculo se estaba cerrando sobre estas instituciones tradicionales y, aunque la Ley Orgánica 9/1980, de 6 de noviembre, de modificación del Código de Justicia Militar, dejó intactos los preceptos referidos a los tribunales de honor, la Ley 9/1988, de 21 de abril de Planta y Organización de la Jurisdicción Militar vació de contenido los citados preceptos 1025 a 1046 del Código de Justicia Militar, pues, siguiendo a Ordóñez Solís "el contenido propio de la Constitución hacía imposible su pervivencia".

La supresión definitiva vino con la Ley Orgánica 2/1989, de 13 de abril, Procesal militar, que es la que deroga expresa y formalmente el Tratado Tercero del CJM de 17 de julio de 1945 en que se enmarcaba la regulación de los Tribunales de Honor y en el plano sustantivo con la Ley Orgánica 5/2005, de 17 de noviembre, de la Defensa Nacional, cuyo artículo 21.2 establece que quedan prohibidos los Tribunales de Honor en el ámbito militar.

V. BIBLIOGRAFÍA

CANCIO FERNÁNDEZ, R. C.: "Tribunales de Honor, revisión de oficio y ley aplicable: dormir y guardar las eras, no hay manera", *Revista Aranzadi Doctrinal*, núm. 10/2014.

CANOSA USERA, R.: "Sinopsis art. 26 CE". www.Congreso.es Diciembre 2003 (Actualizada por Ángeles González Escudero. Enero 2011)

DOMÍNGUEZ-BERRUETA DE JUAN, M.: "De nuevo sobre los Tribunales de Honor: (la desaparición de los Tribunales de Honor Militares de nuestro ordenamiento jurídico: una operación en consonancia con los postulados constitucionales)", Revista Vasca de Administración Pública, núm. 33, 1992, pp. 27-90.

GUAITA, A.: "Tribunales de Honor: artículo 26º", en ALZAGA VILLAMIL, A. (Dir.), *Comentarios a la Constitución española de 1978*, Tomo III, Cortes Generales, Madrid, 1996-1999, pp. 145-155.

LAMARCA PÉREZ, C.: "Los Tribunales de Honor y la Constitución de 1978", en PRIETO, L., BRUQUETAS, C., *Libertades públicas y fuerzas armadas: actas de las jornadas de estudio, celebradas en el Instituto de Derechos Humanos de la Universidad Complutense*, Ministerio de Educación y Ciencia, Madrid, 1985, pp. 275-295.

ORDÓÑEZ SOLÍS, D.: "La ética militar en el contexto jurídico español", *Revista Española de Derecho Militar*, núm, 106, 2016, pp. 25-66.

VI. JURISPRUDENCIA

Sentencias TS de la Sala V (entonces contencioso administrativo): de 11 de noviembre de 1950; de 14 de diciembre de 1972; de 7 de febrero de 1979; de 29 de octubre de 1981; de 22 de marzo de 1985.

Auto TC 104/1980, de 26 de noviembre.

Auto TC 601/1985, de 18 de septiembre.

STC 151/1997, de 29 de septiembre.

Artículo 27.1, 2, 3, 4, 5, 6, 7, 8 y 9

1. Todos tienen el derecho a la educación. Se reconoce la libertad de enseñanza.

2. La educación tendrá por objeto el pleno desarrollo de la personalidad humana en el respeto a los principios democráticos de convivencia y a los derechos y libertades fundamentales.

3. Los poderes públicos garantizan el derecho que asiste a los padres para que sus hijos reciban la formación religiosa y moral que esté de acuerdo con sus propias convicciones.

4. La enseñanza básica es obligatoria y gratuita.

5. Los poderes públicos garantizan el derecho de todos a la educación, mediante una programación general de la enseñanza, con participación efectiva de todos los sectores afectados y la creación de centros docentes.

6. Se reconoce a las personas físicas y jurídicas la libertad de creación de centros docentes, dentro del respeto a los principios constitucionales.

7. Los profesores, los padres y, en su caso, los alumnos intervendrán en el control y gestión de todos los centros sostenidos por la Administración con fondos públicos, en los términos que la ley establezca.

8. Los poderes públicos inspeccionarán y homologarán el sistema educativo para garantizar el cumplimiento de las leyes.

9. Los poderes públicos ayudarán a los centros docentes que reúnan los requisitos que la ley establezca.

COMENTARIO

Benito Aláez Corral
Catedrático de Derecho Constitucional
Universidad de Oviedo

SUMARIO: I. DERECHO A LA EDUCACIÓN Y LIBERTAD DE ENSEÑANZA: UN SOLO DERECHO FUNDAMENTAL COMPLEJO DE TITULARIDAD UNIVERSAL. II. LOS FINES DE LA EDUCACIÓN: EL IDEARIO EDUCATIVO CONSTITUCIONAL. 1. Razón de ser constitucional del establecimiento de fines de la educación. 2. Contenido obligatorio y función normativa del ideario educativo-constitucional. III. LAS LIBERTADES EN LA ENSEÑANZA Y SU DELIMITACIÓN CONFORME AL IDEARIO EDUCATIVO CONSTITUCIONAL. 1. Contenido de las libertades en la enseñanza y delimitación democrática. 2. Supuestos conflictivos de delimitación del contenido de estas libertades. IV. EL DERECHO PRESTACIONAL A LA EDUCACIÓN Y EL PAPEL DE LOS PODERES PÚBLICOS EN SU SATISFACCIÓN. 1. Naturaleza y desarrollo normativo del derecho prestacional a la educación. 2. Contenido y satisfacción del derecho prestacional a la educación. V. BIBLIOGRAFÍA. VI. JURISPRUDENCIA.

I. DERECHO A LA EDUCACIÓN Y LIBERTAD DE ENSEÑANZA: UN SOLO DERECHO FUNDAMENTAL COMPLEJO DE TITULARIDAD UNIVERSAL

Ya desde las enmiendas al art. 28 del Anteproyecto de Constitución de 1978 se pudo observar cómo el derecho a la educación y las libertades conexas a él, como la libertad de enseñanza, fueron algunas de las cuestiones más debatidas en el proceso constituyente y en las que el consenso fue más difícil de alcanzar. La redacción final del art. 27 de la Constitución, en que se convirtió aquel art. 28 del Anteproyecto, se refiere salomónicamente en su primer apartado al derecho a la educación y a renglón seguido a la garantía de la libertad de enseñanza, pero sin resolver en términos concretos la cuestión constitucional de la correlación de fuerzas entre el Estado y la sociedad (sean como familias o como individuos) a la hora de satisfacer el derecho a la educación.

Esta cuestión se alimenta jurídicamente de la confrontación del derecho a la educación y la libertad de enseñanza como dos derechos fundamentales distintos, en pugna por prevalecer uno respecto del otro en la ponderación que tendría que realizarse en caso de conflicto. Sin embargo, de la primera jurisprudencia constitucional (STC 86/1985, de 10 de julio, FJ 3º) y convencional europea (STEDH de 7 de diciembre de 1976) se desprende que la clave de bóveda interpretativa tanto del art. 27 CE como de su equivalente art. 2 del Protocolo Nº 1 al CEDH debe ser que dichos preceptos no contienen varios derechos y libertades educativas separados, sino un solo derecho fundamental complejo con diversas facultades y mandatos dirigidos a ciudadanos y a poderes públicos, lo que obliga a su concreción normativa concordante e integrada. Con todo, la más reciente jurisprudencia constitucional parece apartarse de esta visión al hacer hincapié en la contraposición del derecho prestacional a la educación y los derechos de libertad de enseñanza, cuyo equilibrio dependerá de la opción que en cada momento tome el legislador con respeto al contenido esencial de cada uno de ellos (STC 34/2023, de 18 de abril, FJ 3ºd)).

En la necesaria concreción normativa, sea por vía legislativa sea por vía interpretativa, de los muchísimos aspectos inconcretos del derecho a la educación del art. 27 CE, entendido como un todo en cuyo contenido iusfundamental subyace la tensión antedicha, desempeñan un papel relevante tanto los Tratados internacionales sobre Derechos Humanos ex art. 10.2 CE, como la legislación orgánica de desarrollo requerida para este derecho por el art. 81 CE. Por ello, esta necesidad de interpretación concordante y unitaria del derecho a la educación como un todo solo impone un mínimo común, pero deja a los poderes constituidos, en particular al legislador nacional o internacional, que la concreción normativa ponga más peso en unos aspectos (prestacionales) o en otros (libertades educativas), según la mayoría política gobernante (STEDH de 23 de junio de 1968 y STC 34/2023, de 18 de abril, FFJJ 5º y 6º).

En todo caso, el objeto común de este complejo derecho fundamental consiste en garantizar la recepción de una educación libre y plural dentro de lo que Francisco Tomás y Valiente denominó "ideario educativo de la Constitución" (STC 5/1981, de 13 de febrero, Voto particular, apartado 10). Y para conseguirlo se sirve de diversas técnicas normativas que constituyen su contenido, tan variadas como un derecho prestacional a la educación básica gratuita, las libertades de enseñanza y de creación de centros docentes, un derecho parental a la elección de la formación religiosa y moral para sus hijos que esté de acuerdo con sus convicciones, mandatos sobre los poderes públicos de programación de la enseñanza, supervisión del sistema educativo, ayuda a los centros docentes privados que reúnan ciertos requisitos legalmente fijados, etc...

De no optar por esta comprensión unitaria del derecho a la educación, se llegaría a la paradójica situación de contraponer diversas normas constitucionales que contendrían diversos derechos fundamentales necesitados de reconstrucción ponderadora con la ayuda del principio de *concordancia práctica*, principio interpretativo constitucional que, en nuestra opinión, opera mucho más débilmente que la inicial construcción dogmática de unas y otras como facultades de un único derecho fundamental. Una interpretación constitucional unitaria del derecho a la educación como un todo evitaría, en caso de contradicción irreconciliable de diversas conductas iusfundamentales, tener que realizar una ponderación y dar preferencia a unas facultades sobre otras (preferencia que, por otra parte, ni explícita ni implícitamente les ha dado el texto constitucional), mermando la eficacia obligatoria de la Constitución como norma suprema, así como del derecho a la educación en tanto que uno de sus contenidos.

Conforme a la jurisprudencia constitucional (STC 236/2007, de 7 de noviembre, FJ 8º) la *titularidad* de este derecho a una educación democrática, libre y plural, previsto en el art. 27.1 CE, corresponde a "todos", es decir, a toda persona física, en línea con la universalidad que proclaman tanto el art. 13 del Pacto Internacional de Derechos Económicos Sociales y culturales (PIDESC) como el art. 28 de la Convención de Derechos del Niño (CDN) y el art. 2 del Protocolo Nº 1 al Convenio Europeo de Derechos Humanos (CEDH), sin perjuicio de que concretas facultades que se confieren a las personas físicas para su realización también puedan extenderse a las personas jurídicas (como la libertad de creación de centros docentes). Congruentemente, el disfrute del derecho a la educación no puede supeditarse a la condición de nacional de sus beneficiarios, ni a la legalidad de la situación en la que se encuentren en territorio español los extranjeros, sino únicamente a requisitos de mérito y capacidad, ello con independencia de que en los niveles superiores a la educación básica no se imponga constitucionalmente ni la obligatoriedad ni la gratuidad para nadie. De otra parte, el sujeto central del derecho a la educación como un todo y, por tanto, el beneficiario directo en unos casos —derecho de prestación— y reflejo en otros —libertad de enseñanza, libertad de elección de centro o libertad de elección de la formación religiosa y moral acorde con sus convicciones— es el alumno/a, que ejerce dichos derechos por sí mismo cuando tiene la capacidad de obrar iusfundamental necesaria —mayoría de edad o madurez suficiente, según determine la legislación vigente—, o a través de su representante legal (padres o tutores) cuando carece de ella, que a pesar de ejercer la facultad iusfundamental reconocida e n el art. 27.3 CE, se ve limitado por el respeto debido al interés superior del menor, del que forma parte el libre desarrollo de la personalidad del menor en un contexto escolar de neutralidad (STC 26/2024, de 14 de febrero FJ 5ºb).

II. LOS FINES DE LA EDUCACIÓN: EL IDEARIO EDUCATIVO CONSTITUCIONAL

1. Razón de ser constitucional del establecimiento de fines de la educación

El art. 27.2 CE dispone que "la educación tendrá por objeto el pleno desarrollo de la personalidad humana en el respeto a los principios democráticos de convivencia y a los derechos y libertades fundamentales". Dicho de forma sencilla: ni los Estados democráticos en general, ni la CE de 1978 en particular, son neutrales en materia educativa. Parten de la necesidad de inculcar al individuo en el ámbito escolar desde su más tierna infancia un "ideario educativo de la Constitución" que no solo es límite negativo respecto del ejercicio de los derechos y libertades educativas, sino que, además, debe inspirar positivamente el proceso educativo en todos los centros de enseñanza, sea cual sea su titularidad (STC 5/1981, de 13 de febrero, FJ 7º).

Semejantes previsiones finalistas relativas al objeto del derecho a educación no son nuevas ni en nuestro constitucionalismo histórico (recuérdese el art. 366 de la CE de 1812), ni tampoco en el Derecho Internacional de los Derechos Humanos, que conforme al art. 10.2 CE debe actuar como guía interpretativa de los derechos fundamentales reconocidos en el Título I CE, tal y como prueban el art. 26.2 de la Declaración Universal de Derechos Humanos, el art. 13. 2 PIDESC y, sobre todo, el art. 29.1 CDN.

La existencia de este ideario no quiebra la necesaria neutralidad moral o religiosa del Estado en materia educativa, puesto que ésta se afirma con la finalidad de garantizar que el proceso educativo no constituya una vía para que el Estado menoscabe el pluralismo democrático garantizado constitucionalmente, no con la finalidad de que el Estado se abstenga de inculcar a los individuos a través del sistema educativo las premisas epistemológicas y axiológicas de ese pluralismo democrático (STS de 11 de febrero de 2009 –Sala 3ª). La razón última de esta orientación finalista de del derecho a la educación como conjunto se halla en la instrumentalidad de la educación para la preservación y desarrollo del sistema constitucional democrático. La cultura del Estado democrático de derecho y el respeto por los derechos humanos se configuran constitucionalmente como el mejor camino para el pleno desarrollo de la personalidad y la dignidad del educando menor de edad, y convierten a la educación en el mejor mecanismo preventivo para la protección de la democracia. Por ello la función del ideario educativo constitucional está íntimamente ligada a la necesidad de interiorización y preservación del sistema político democrático entre las generaciones futuras, vital para la supervivencia del sistema jurídico democrático en sociedades altamente complejas.

2. Contenido obligatorio y función normativa del ideario educativo-constitucional

Que el art. 27.2 CE no contenga un derecho fundamental (STC 337/1994, de 23 de diciembre, FJ 12º) no implica que el mismo carezca de eficacia normativa. La diferencia entre educación y enseñanza tampoco es óbice para que el ideario cívico-democrático contenido en el art. 27.2 CE pueda desplegar su eficacia obligatoria: la inextricable correlación existente entre una y otra permite que los poderes públicos dispongan de diversos modelos a través de los cuales integrar las enseñanzas cívico-democráticas de modo que se logre el objetivo constitucional. Con carácter general se puede decir que la *función normativa del ideario educativo constitucional* del art. 27.2 CE es *delimitar el objeto y el contenido del extenso y complejo derecho fundamental a la educación:* excluyendo, de una parte, de la garantía de las libertades educativas aquellas conductas iusfundamentales menoscabadoras o impeditivas del logro de esa finalidad constitucional; y ordenando, de otra parte, a los poderes públicos ejercer sus poderes y diseñar sus políticas educativas de la forma que mejor satisfagan la educación en el ideario educativo constitucional.

El *contenido obligatorio* de este ideario cívico-democrático del art. 27.2 CE consiste en un *mandato a los poderes públicos y los particulares*, ordenándoles cuál debe ser el fin último del derecho fundamental a la educación, sea ésta pública o privada, básica o superior, obligatoria o voluntaria. La obligatoriedad del ideario educativo constitucional abarca, pues, todas las facetas del sistema educativo programado por los poderes públicos para dar satisfacción al derecho a la educación. Dado que pesa sobre ambos, poderes públicos y particulares, la *estructura normativa* en la que se despliega este mandato es dual, de regla y de principio, en consonancia con la diferente sujeción a la Constitución que, a la luz de los artículos 9.1 y 53.1 CE y según reiterada jurisprudencia constitucional, poseen los ciudadanos particulares y los poderes públicos. *Respecto de los particulares* opera como una *regla*, que fija el límite interno de las libertades educativas del art. 27 CE (libertad de enseñanza, de creación de centros, derecho a elegir la formación religiosa y moral, etc...). Como tal regla, implica el mandato definitivo de dejar fuera de la tutela constitucional aquellas conductas iusfundamentales que, encajando en abstracto en las libertades educativas mencionadas, se ven excluidas en concreto de ella por su desviación respecto de las finalidades constitucionales a las que debe responder la educación.

Respecto de los poderes públicos, además de como una regla que excluye modos de garantía del derecho prestacional a la educación o limitaciones de las libertades educativas incompatibles con el fin constitucional de la educación, opera como un *principio* que les ordena optimizar el logro de dicha finalidad a través de sus competencias en materia educativa, tales como la organización y programación de la enseñanza, la satisfacción del derecho a la educación básica obligatoria y gratuita, la inspección y homologación del sistema educativo o las ayudas a los centros docentes privados, dejando en sus manos la decisión de política educativa acerca de qué medidas, cuándo y cómo es preciso adoptar. Por ello, es constitucionalmente lícito para su logro tanto mantener la transversalidad a todas las materias de la educación en y para el ideario educativo constitucional, como introducir específicas materias dirigidas a la enseñanza del ideario educativo constitucional, o combinar la transversalidad con una materia de enseñanza específica, sea esta obligatoria u optativa, como han hecho secuencialmente desde 1990 hasta la actualidad las diversas leyes educativas.

III. LAS LIBERTADES EN LA ENSEÑANZA Y SU DELIMITACIÓN CONFORME AL IDEARIO EDUCATIVO CONSTITUCIONAL

1. Contenido de las libertades en la enseñanza y delimitación democrática

Una parte importante de la configuración constitucional de este derecho conjunto a la educación democrática es que la misma sea libre y plural, reflejo de los valores superiores de libertad y pluralismo político que presiden el ordenamiento constitucional español (art. 1.1 CE). Por ello, no se puede considerar garantizado este derecho sin la garantía de una serie de libertades en la enseñanza, que van desde la propia libertad de enseñanza, hasta la libertad de creación de centros docentes, pasando por el derecho a elegir la formación religiosa y moral para los hijos que esté de acuerdo con las convicciones de sus padres o tutores, la participación de todos los sectores afectados en la programación de la enseñanza, o en otro orden la libertad de cátedra.

Tal y como expuso la STC 77/1985, de 27 de junio, FFJJ 9º y 20º, la libertad para crear centros docentes (art. 27.6 CE) está vinculada a la libertad de enseñanza a través de ellos (art. 27.1 CE), incluidas sus dos facetas de derecho a la dirección de los centros y derecho a establecer su ideario propio, que incluye también el modelo pedagógico deseado (STC 31/2018, de 10 de abril, FJ 4ºa). El art. 21 de la Ley Orgánica 8/1985, de 3 de julio, reguladora del Derecho a la Educación (LODE) garantiza esta libertad a toda persona física o jurídico-privada (en este último caso de nacionalidad española), aunque cuando se impartan enseñanzas regladas (de régimen general o de régimen especial) el art. 23 LODE la supedita a una autorización administrativa de apertura y funcionamiento, que se concederá siempre que reúnan los requisitos mínimos que se establezcan de acuerdo con lo dispuesto en el art. 14 LODE (número mínimo de profesores, infraestructuras, etc.). En los términos previstos en el art. 25 LODE y el art. 115 de la Ley Orgánica 2/2006, de 3 de mayo de Educación (LOE), los titulares de todos los centros privados tendrán derecho a establecer el carácter propio de los mismos que, en todo caso, deberá respetar los derechos garantizados a profesores, padres y alumnos en la Constitución y en las leyes, así como a dirigirlos, estableciendo su régimen interno, seleccionando su profesorado de acuerdo con la titulación exigida por la legislación vigente, elaborando su proyecto educativo, etc... Con el beneplácito de la jurisprudencia constitucional, estas facultades de los centros escolares privados pueden ver intensamente restringidas por los requisitos establecidos en las leyes educativas para el acceso a la financiación pública (centros privados concertados), dado que no existe un derecho subjetivo constitucional de todos los centros privados a una financiación pública incondicionada (STC 86/1985, de 10 de julio, FJ 3º) y la ayuda se puede condicionar al cumplimiento de determinados requisitos que tengan en cuenta otros principios, valores o mandatos constitucionales a los que el legislador está vinculado dentro y fuera de la educación (STC 77/1985, de 27 de junio, FJ 11-12º), pero siempre respetando el principio de igualdad en el acceso a dicha financiación (STC 31/2018, de 10 de abril, FJ 4ºb). Así ha sucedido, por ejemplo, en lo que se refiere al respeto de la libertad de conciencia de los alumnos (art. 52 LODE), a la gratuidad de las enseñanzas concertadas (art. 51 LODE), a la no discriminación en la admisión de alumnos (art. 84 LOE), a la participación de la comunidad educativa en la dirección de los centros docentes a través del Consejo Escolar (art. 55 LODE), o en fin a las retribuciones del profesorado (art. 117 LOE).

Conectado con las dos libertades educativas mencionadas también se encuentra el derecho parental a elegir una determinada formación religiosa y moral para sus hijos que esté de acuerdo con sus convicciones (art. 27.3 CE), a cuya satisfacción se vinculan la libertad de elección de centro docente, la enseñanza de la religión en los centros públicos y el derecho de las confesiones religiosas a determinar la idoneidad de los profesores de religión y el credo objeto de dicha enseñanza, pero sobre todo su derecho a decidir la asistencia o no de sus hijos a las asignaturas que expresen preferencias religiosas o morales. Para su garantía, los centros públicos "desarrollarán sus actividades con sujeción a los principios constitucionales, garantía de neutralidad ideológica y respeto de las opciones religiosas y morales" (art. 18 LODE), los padres o tutores podrán optar entre los diversos centros educativos existentes (art. 4 LODE), sean públicos o privados, y los alumnos tendrán derecho a proseguir la instrucción en el centro que hayan elegido, de tal modo que, en principio, la expulsión del centro puede entrañar, en determinadas circunstancias, la vulneración del derecho a la educación, aunque naturalmente el acceso efectivo al centro escolar elegido y la continuidad en el mismo dependerán de si se satisfacen o no los requisitos establecidos en el procedimiento de admisión de alumnos y se respetan las normas de convivencia dentro del centro docente.

La participación de todos los sectores afectados en la programación de la enseñanza (art. 27.5 CE), pero sobre todo la intervención de profesores, padres y, en su caso, alumnos en el control y gestión de todos los centros sostenidos con fondos públicos, (art. 27.7 CE) son dos derechos que, orientados hacia la garantía del pluralismo en la educación, pueden ser desarrollados por la legislación educativa en sus diversas modalidades, tanto informativa como consultiva, de iniciativa, incluso decisoria, dentro del ámbito propio del control y gestión (STC 77/1985, de 27 de junio, FJ 21º) y hacerlos efectivos en todos los niveles, desde el más bajo (el de centro escolar) hasta el más alto (el legislativo del Estado). En este sentido, a los efectos de que la comunidad educativa pueda intervenir en el control y gestión de los centros docentes sostenidos con fondos públicos, la legislación educativa estatal —que a los efectos del desarrollo del derecho a la educación además tiene el carácter de legislación básica— ha previsto que en cada centro sostenido con fondos públicos exista un Consejo escolar (art. 119.1 LOE) en el que estarán representados profesores, alumnos, padres, personal administrativo y el municipio (art. 126 LOE) y que tendrá competencias informativas, consultivas e incluso decisorias (art. 127 LOE), pero también que existan Consejos escolares autonómicos y un Consejo Escolar del Estado (arts. 31 y 32 LODE) con competencias informativas sobre los proyectos de disposiciones normativas que afecten al derecho a la educación (art. 30 LODE). Este esquema organizativo-participativo básico puede ser modulado por las CC.AA. en su ámbito competencial siempre que no se desfigure el sistema básico estatal (STC 137/1986, de 6 de noviembre, FJ 4º).

Estas libertades, integradas dentro del conjunto normativo del derecho a la educación, se encuentran internamente delimitadas, bajo condición de respetar su contenido esencial, por las finalidades democrático-constitucionales de aquél y por las potestades conferidas a los poderes públicos para su satisfacción (STC 5/1981, de 13 febrero, FFJJ 7º-8º), como expresamente dispone el art. 27.6 CE respecto a la libertad de creación de centros docentes y también ponen de relieve los Tratados internacionales con carácter más general (art. 13.4 PIDESC e igualmente Observación General N.º 13, de 8 de diciembre de 1999, del Comité de la ONU para el seguimiento del PIDESC (E/C.12/1999/10)).

2. Supuestos conflictivos de delimitación del contenido de estas libertades

Un primer ámbito conflictivo de delimitación interna de las libertades en la enseñanza conforme al mencionado ideario educativo constitucional se refiere a la admisibilidad constitucional de la educación diferenciada de niños y niñas en aulas o centros en los que se les escolariza segregadamente, así como en su caso de su financiación con fondos públicos. Los centros educativos privados que la quieren poner en práctica, más allá de su justificación en los mejores resultados académicos —no demostrada con métodos científicos homologados—, apelan a sus libertades de enseñanza y de creación de centros docentes.

La delimitación jurídico-constitucional del contenido de estas libertades en la enseñanza pasa, en primer término, por determinar si esta opción pedagógica vulnera la prohibición de discriminación por razón de sexo del art. 14 CE

(STS de 26 de junio de 2006 —Sala 3ª— FJ 8º), algo que no se produciría necesariamente, conforme al art. 2.a) de la Convención relativa a la Lucha contra las Discriminaciones en la Esfera de la Enseñanza 1960, siempre que el Estado autorice los centros segregados por sexo y que los mismos dispongan de un personal docente igualmente cualificado, así como de locales escolares y de un equipo de igual calidad, que permitan seguir los mismos programas de estudio o programas equivalentes (STC 31/2018, de 10 de abril, FJ 4ºa)). Con todo, la admisibilidad constitucional de esta fórmula pedagógica depende, en segundo término, de que su resultado educativo para el alumnado permita la realización de las finalidades cívico-democráticas que marca el ideario educativo de la Constitución, dentro de las cuales se encuentra la educación en el valor de la igualdad de género (coeducación). La *ausencia* por el momento *de evidencias científicas* que acrediten la sustancial *inadecuación de la educación diferenciada* para educar en el valor de la *igualdad de género* conduce, por el mayor valor de las libertades en la enseñanza, a presuponer *iuris tantum* la constitucionalidad de dicho modelo pedagógico (STC 31/2018, de 10 de abril, FJ 4ºa)).

Lo anterior no debería impedir, en nuestra opinión, que la *menor predisposición estructural hacia la coeducación* que algunos estudios pedagógicos imputan a la *educación diferenciada* —en comparación con la educación mixta— y de la que se hacen eco el art. 10.c) de la Convención de las Naciones Unidas sobre la eliminación de todas las formas de discriminación contra la mujer de 1979 apelando al estímulo de la última como uno de los medios para los estereotipos de género y lograr la igualdad entre hombres y mujeres, y el art. 13.1 de la Ley 15/2022 de 12 de julio, integral para la igualdad de trato y la no discriminación (LIND), pueda ser tenida en cuenta por los poderes públicos al regular los requisitos para que los centros privados reciban *ayudas públicas* (art. 27.9 CE), en la media en que no existe un derecho subjetivo constitucional de todos los centros privados a una financiación pública incondicionada y la libertad de selección del alumnado en los centros privados que quieran acceder a ayudas públicas puede a estar subordinada a los requisitos fijados por el legislador. Debe ser el Parlamento, en tanto que expresión de la soberanía de las generaciones vivas, quien determine, en desarrollo de los arts. 9.2 y 27.9 CE, cuáles son las medidas razonablemente adecuadas para educar conforme a una igualdad real y efectiva de hombres y mujeres, y si debe excluirse de la ayuda económica a la educación diferenciada. Aunque la jurisprudencia constitucional (STC 31/2018, de 10 de abril, FJ 4º y STC 74/2018, de 5 de julio, FJ 4ºc) pareció cerrar, en un primer momento, la puerta a ese margen de valoración legislativa, equiparando a los efectos de acceso a las ayudas públicas (conciertos) la no oposición de la educación diferenciada a los derechos y libertades fundamentales o al ideario educativo constitucional, con la equivalencia funcional de la educación diferenciada y la educación mixta a la hora de dar cumplimiento positivo a ese ideario, una posterior doctrina del Tribunal (STC 34/2023, de 18 de abril, FJ 5º) cambia de dirección y acepta el margen de decisión del legislador para determinar como requisito de acceso a las ayudas públicas el carácter mixto de la educación, por su mayor adecuación al logro del valor constitucional de la igualdad de género. Esta última doctrina confirma, tras diversos vaivenes normativos, la vigente redacción de la LOE operada por la Ley orgánica 3/2020, de 20 de diciembre (DA 25ª), con el refuerzo del art. 13.1 y 2 en relación con el art. 2.1 LIND, que vuelve a excluir a los centros de educación diferenciada de la financiación pública.

Un segundo ámbito conflictivo en la delimitación del contenido de las libertades educativas se refiere a si el derecho de los padres a escoger la formación religiosa y moral para sus hijos que esté de acuerdo con sus convicciones (art. 27.3 CE), además de libertad negativa que permite tanto elegir el centro educativo y como el seguimiento voluntario de la enseñanza de religión, consiste en un derecho positivo, que obliga constitucionalmente a ofertar la enseñanza de religión (católica o de otras confesiones) en todos los centros públicos, así como a ofertar la enseñanza en la lengua de elección de los padres en aquellas CC.AA. con dos lenguas oficiales.

La jurisprudencia constitucional ha afirmado que el deber de cooperación establecido en el art. 16.3 CE encuentra en la inserción de la religión en el itinerario educativo *un cauce posible* para la realización de la libertad religiosa en concurrencia con el ejercicio del derecho a una educación conforme con las propias convicciones religiosas y morales (STC 38/2007, de 15 de febrero, FJ 5º). Queda pues, en manos del legislador la obligatoriedad de la oferta de la enseñanza de religión. En este sentido, el art. 2.3 de la Ley Orgánica 7/1980, de 5 de julio, de Libertad Religiosa obliga a los poderes públicos a adoptar las medidas necesarias para facilitar la formación religiosa en centros docentes públicos, no enunciando la oferta obligatoria de la enseñanza de la religión como la medida necesaria. En lo que respecta a la religión católica, el art. II del Acuerdo sobre la enseñanza y los asuntos culturales suscrito entre el Estado español y la Santa Sede el 3 de enero de 1979 y la DA 2ª.1 LOE prevén la oferta obligatoria de la asignatura de religión católica, sin perjuicio de que su concreta forma de inclusión en el currículo de la educación infantil, primaria, secundaria obligatoria y el bachillerato, así como su posible consideración a efectos de evaluación del rendimiento académico, queden relegadas a la concreción reglamentaria, sin que ello implique tacha alguna de inconstitucionalidad (STC 34/2023, de 18 de abril, FJ 6º).

Por lo que respecta a la enseñanza religiosa de las confesiones minoritarias, el art. 10 de cada una de las Leyes 24/1992, 25/1992 y 26/1992, todas de 10 de noviembre, por las que se regulan respectivamente los Acuerdos de Cooperación celebrados por el Estado español con la Federación de Entidades Religiosas Evangélicas de España, la Federación de Comunidades Israelitas de España y la Comisión Islámica de España, así como la DA 2ª.2 LOE, también garantizan el derecho de los alumnos a recibir enseñanza religiosa evangélica, judía e islámica en los centros docentes públicos y privados concertados (en estos últimos siempre que el ejercicio de aquel derecho no entre en contradicción con el carácter propio del centro), en los niveles de educación infantil, educación primaria y educación secundaria. La enseñanza de religión de otras confesiones queda supeditada a los Acuerdos que en el futuro puedan suscribirse con ellas.

Igualmente, la jurisprudencia constitucional también ha dejado claro que ninguno de los apartados del art. 27 CE, ni aisladamente considerados ni analizados a la luz de la Declaración Universal de Derechos Humanos y los Convenios Internacionales sobre la materia, permite incluir como parte o elemento de ningún derecho constitucionalmente garantizado el derecho de los padres a que sus hijos reciban educación solo en la lengua de preferencia de sus progenitores en el centro docente público de su elección, siendo éste un derecho de configuración legal (STC 19/1990, de 12 de febrero, FJ 4º). Lo anterior no obstante, del derecho/deber de conocer y utilizar el castellano y las demás lenguas españolas allí donde sean cooficiales, previsto en el art. 3 CE, sí se deriva una *garantía del derecho a recibir enseñanza en ambas lenguas oficiales* —lo cual *no* es idéntico al derecho *a elegir la educación solo en una de ambas*—, sea cual sea el modelo lingüístico elegido para el sistema educativo (STC 337/1994, de 23 de diciembre, FJ 9º). Dicha garantía ha quedado genéricamente establecida en la DA 38ª LOE, conforme a la redacción dada por la Ley Orgánica 3/2020. Aunque la jurisprudencia del Tribunal Supremo (STS de 23 de abril de 2015, Sala 3ª) había establecido que era preciso un mínimo porcentaje de la enseñanza en castellano para que dicha garantía fuera efectiva, cifrado en el 25% de las horas lectivas, la reciente doctrina del Tribunal Constitucional no considera inconstitucional por omisión la vuelta, con la mencionada reforma de la LOE de 2020, a una fórmula legal genérica de garantía del derecho a recibir enseñanza en castellano y en la lengua cooficial, allí donde exista (STC 34/2023, de 18 de abril, FJ 8º), pudiendo concretarse su efectividad curricular y organizativa por las administraciones educativas competentes en niveles normativos inferiores.

Un tercer ámbito conflictivo en la delimitación constitucional de las libertades en la enseñanza afecta a si los padres pueden elegir educar a sus hijos al margen del sistema de enseñanzas regladas por el Estado, pretendiendo educarlos en el ámbito doméstico-familiar (*homeschooling*), o bien objetar algunas materias o asignaturas que consideran adoctrinamiento estatal contrario a sus convicciones religiosas o morales (como la Educación sexual o la Educación para la ciudadanía).

Respecto de la primera cuestión, la jurisprudencia constitucional (STC 133/2010, de 2 de diciembre, FJ 5º) ha afirmado que ni la libertad de enseñanza ni el derecho de los padres a que los hijos reciban una formación religiosa y moral que esté de acuerdo con sus propias convicciones amparan —ni siquiera *prima facie*— la facultad de elegir para sus hijos una educación ajena al sistema de escolarización reglada obligatoria, facultad que, por otra parte, a día de hoy tampoco está legalmente reconocida en nuestro vigente sistema educativo a tenor de lo dispuesto en el art. 4.2 LOE, que establece diez años de escolarización reglada obligatoria y convierte el *homeschooling* en una conducta ilegal, con la única excepción de la educación a distancia o, en su caso, de apoyo y atención educativa específica para quienes no puedan asistir de modo regular a los centros docentes (art. 3.9 LOE). Además, la ausencia de escolarización o la falta de asistencia reiterada y no justificada adecuadamente al centro educativo, y la permisividad continuada o la inducción al absentismo escolar durante las etapas de escolarización obligatoria, con independencia de su relevancia o irrelevancia penal, constituyen, a la luz del art. 18.2 g) de la Ley Orgánica 1/1996, de 15 de enero, de protección jurídica del menor, tras la reforma de 2015, un supuesto de desamparo por incumplimiento de los deberes legales asociados a la responsabilidad parental del art. 154 del Código Civil, que puede dar lugar a las correspondientes medidas de intervención pública, la más extrema la asunción de la tutela por la Administración. En la misma línea, la jurisprudencia del TEDH considera que las libertades educativas no impiden al Estado establecer la escolarización obligatoria, algo que cae dentro del margen de apreciación de éste, y que tampoco pueden oponerse a la satisfacción por el Estado del derecho a la educación del niño, de la que que forman parte la supervisión y aplicación obligatoria de estándares educativos estatales (STEDH de 9 de julio de 1992 y STEDH de 11 de septiembre de 2006).

Respecto de la segunda cuestión, dejando a un lado que no existe un derecho general a la objeción de conciencia constitucionalmente garantizado por el art. 16.1 CE, la jurisprudencia internacional ha dejado claro que la satisfacción del derecho a la educación puede llevar al Estado a establecer la obligatoriedad de asignaturas en las que se enseñen contenidos y objetivos educativos obligatorios de carácter moral, como educación sexual (STEDH, de 7 de diciembre de 1976), o valores comunes cívico-democráticos (STEDH de 6 de octubre de 2009), sin con ello conculcar el derecho de los padres a elegir la formación filosófica y moral que quieran para sus hijos, siempre que se consideren necesarios para satisfacer el derecho a la educación del niño y se impartan de manera objetiva, científica y pluralista. En este sentido, la educación en el libre desarrollo de la personalidad, el respeto a los principios y valores democráticos, así como en el respeto a los derechos fundamentales, además de constituir fines y principios transversales a todo el sistema educativo (art. 2 LODE y arts. 1 y 2.1 LOE), se integran en el currículo educativo a través de una específica materia de educación cívico-democrática, que, tras diversos vaivenes normativos entre obligatoriedad y optatividad, ha vuelto a ser establecida en la reforma de la LOE de 2020 como materia obligatoria para todos los alumnos en todos los niveles de la educación básica (arts. 18.3 y 25.7 LOE).

Entre las condiciones o requisitos para que las convicciones filosóficas y religiosas de los padres sean respetadas por el Estado están que la mismas sean merecedoras de respeto en una sociedad democrática, no sean incompatibles con la dignidad de la persona, y, sobre todo, que están subordinadas funcionalmente a la satisfacción del derecho a la educación del menor (STEDH de 29 de junio de 2007). En este sentido, el derecho parental del art. 27.3 CE solo se puede entender como reconocido en beneficio del derecho a la educación libre y plural de los hijos. Por ello, no pueden entenderse amparados por él dogmas filosóficos o religiosos que pretendan superponerse a los valores comunes cívico-democráticos a los que se orienta la educación, o sustraer a los menores a la socialización e integración necesarias para el aprendizaje de los principios y valores de la convivencia democrática en el respeto a los derechos de los demás y al libre desarrollo de la personalidad, sea no escolarizándoles, sea objetando en su nombre a materias como la educación sexual o la educación para la ciudadanía, cuya existencia como asignaturas obligatorias no merece tacha de inconstitucionalidad siempre y cuando se impartan de forma objetiva crítica y pluralista (STC 34/2023, de 18 de abril, FJ 7º).

IV. EL DERECHO PRESTACIONAL A LA EDUCACIÓN Y EL PAPEL DE LOS PODERES PÚBLICOS EN SU SATISFACCIÓN

1. Naturaleza y desarrollo normativo del derecho prestacional a la educación

La CE de 1978 garantiza un derecho de prestación educativa, no solo al mencionar el genérico derecho a la educación (art. 27.1 CE), sino también al prever la intervención de los poderes públicos en garantía del carácter obligatorio y gratuito de dicha educación democrática, por lo menos en sus niveles básicos (art. 27.4 CE), a través de una programación general de la enseñanza (art. 27.5 CE), la inspección y homologación del sistema educativo (art. 27.8 CE), así como la ayuda a los centros docentes —privados se sobreentiende— que reúnan los requisitos establecidos por la ley (art. 27.9 CE).

Este derecho prestacional a la educación no puede ni debe ser entendido en un sentido reduccionista como un poder del individuo para exigir una determinada prestación material, esto es, un determinado puesto escolar o concretos medios financieros para acceder al mismo, como las becas, lo que no garantiza directamente el texto constitucional sino en su caso la ley, aunque una vez que ésta lo hace, esa concreción de los medios pasa a formar parte del contenido prestacional del derecho fundamental a la educación y podría ser incluso tutelable a través del recurso de amparo en virtud del art. 53.2 CE (STC 188/2001, de 20 septiembre, FJ 5º). Para no alterar la naturaleza abierta de la Constitución democrática —que no es un programa social a ejecutar por el legislador— este derecho de prestación debe ser entendido en términos de resultado, no de medios concretos, e implica un apoderamiento al individuo para exigir de los poderes públicos la organización de un sistema educativo que realice individualmente la recepción (en su caso gratuita) de una educación democrática, libre y plural. La técnica del derecho prestacional es, pues, un medio para garantizar el acceso igual de todos al derecho a la educación, que algunos podrán lograr mediante sus propias posibilidades accediendo a la educación privada y otros solo en la medida en que los poderes públicos articulen un sistema de educación pública. Por la misma razón, la acción del Estado para satisfacer este derecho prestacional no se reduce a la educación básica, que debe ser gratuita, sino que la acción positiva del Estado puede abarcar otros niveles del sistema educativo para satisfacer el derecho prestacional a la educación (STC 236/2007, de 7 de noviembre, FJ 8º).

Que la satisfacción del derecho a la educación como derecho prestacional requiera un cierto grado de intervención de los poderes públicos, conlleva la necesidad de clarificar en primer término quién debe intervenir para dar satisfacción a ese derecho.

A este respecto, se debe decir que en virtud del art. 81 CE se precisa de una *Ley orgánica para el desarrollo legislativo* del derecho a la educación, por lo cual corresponde en primer término al legislador (orgánico) la intervención para concretar los elementos esenciales (sujetos, objeto, contenido, y límites) de cada una de las facetas que componen ese derecho fundamental complejo. Este necesario desarrollo legislativo del derecho a la educación afecta, ciertamente, al establecimiento de límites a las libertades en la enseñanza, pero también y sobre manera a la concreción del derecho prestacional a la educación, así como a la interrelación que debe existir entre las libertades, facultades y potestades que configuran el derecho a la educación como un conjunto. Lo que no constituya desarrollo, pero sí *regulación del ejercicio* de las distintas facultades que componen este derecho, sigue no obstante también sometido a *reserva de ley ordinaria* conforme al art. 53.1 CE. Las diversas leyes orgánicas que han desarrollado el derecho a la educación desde 1978 hasta la fecha, además de cumplir con el mandato del art. 81 CE, han conllevado el ejercicio por parte del Estado de una parte de su competencia en materia educativa que, de conformidad con los arts. 149.1.1ª y 149.1.30ª CE, le corresponde cuando se trate de regular las condiciones básicas para el ejercicio igual por parte de los ciudadanos de este derecho fundamental, o de establecer las normas básicas para el desarrollo del art. 27 CE, esto es, los principios normativos generales y uniformes de ordenación de las materias enunciadas en dicho precepto (STC 77/1985, de 27 de junio, FJ 15º), disfrutando al hacerlo de un margen de apreciación y oportunidad política a la hora de ponderar lo que demanda el interés general que no puede ser fiscalizado por el Tribunal Constitucional rellenando en su lugar lo que deba ser básico (STC 34/2023, de 18 de abril, FJ 9º). Esta competencia legislativa del Estado en materia educativa no impide ni la *intervención del reglamento*, cuando no estén en juego las reservas de ley orgánica u ordinaria, o cuando aquél concrete en detalle técnico aspectos ya regulados con carácter general por la Ley, ni tampoco la *intervención de las CC.AA.* mediante legislación o reglamentación de desarrollo de las normas básicas en su respectivo ámbito competencial (STC 212/2005, de 21 de julio, FFJJ 4º-10º). El contenido esencial de este derecho prestacional a la educación no impide la suspensión de la actividad educativa presencial como consecuencia de una de las circunstancias, como una crisis epidémica, en las que se puede declarar, conforme a la Ley orgánica 4/1981, el estado de alarma, siempre que la docencia presencial sea sustituida por docencia virtual u online y la suspensión, atendidas las circunstancias concretas, sea proporcionada para la protección de la vida y la integridad física de los ciudadanos (STC 148/2021, de 14 de julio, FJ 8º).

2. Contenido y satisfacción del derecho prestacional a la educación

El qué y el cómo deben intervenir los poderes públicos para dar satisfacción al derecho a la educación hace referencia, sin duda alguna, a su contenido normativo como derecho prestacional. Este contenido conlleva que los poderes públicos tengan atribuidas una serie de potestades y competencias con las cuales dar satisfacción al servicio o prestación pública a través de la cual se realiza el objeto del derecho a la educación. Ello sin perjuicio de que el texto constitucional presuponga un contenido mínimo, que caracteriza la prestación o servicio en que consiste la educación debida, y que se deduce del art. 27 CE sobre todo por la vía de la interpretación internacionalmente conforme, pero también por la vía de una interpretación constitucionalmente adecuada. Otra cuestión es que, como ya se dijo, este derecho prestacional es un derecho de resultado y no conlleva un derecho subjetivo del individuo a exigir una concreta prestación material, ni tampoco una concreta actividad del Estado para su satisfacción, sino que el Estado tiene un amplio margen para escoger los medios con los que satisfacer el contenido de este derecho en función de la orientación política dominante.

Para la satisfacción del derecho prestacional a la educación el legislador orgánico ha previsto, en primer término, la creación de un servicio público educativo (impropio) que, tal y como declaran el Preámbulo y el art. 108.4 LOE, puede ser prestado tanto por los poderes públicos como por la iniciativa social a través de los centros públicos y de los centros privados concertados. Si las notas características del servicio público se vinculan con la responsabilidad del Estado respecto de que una determinada prestación o actividad llegue en condiciones de igualdad y continuidad a la ciudadanía, toda la educación sería un servicio público en la medida en que los fines (públicos) de la educación establecidos en el art. 27.2 CE y desarrollados por la legislación educativa son comunes a toda ella, el Estado ostenta un poder de inspección y homologación del conjunto del sistema educativo para garantizar el cumplimiento de las leyes (art. 27.8 CE), así como la competencia para regular la obtención, expedición y homologación de los títulos que formalicen la educación recibida (art. 149.1.30ª CE) e interviene en la actividad de la enseñanza mediante su acción de fomento (creación y sostenimiento de centros públicos, ayudas y subvenciones a centros privados, becas o ayudas al estudio, etc.).

Más allá de lo anterior, para garantizar el derecho prestacional de todos a la educación como actividad reglada (STC 337/1994, de 23 de diciembre, FJ 9º) los poderes públicos tienen atribuida constitucionalmente la potestad de programación de las enseñanzas con participación efectiva de todos los sectores afectados (art. 27.5 CE) que, entre otros, les permiten concretar y organizar el alcance del derecho/deber a la educación básica y la educación no básica (STC 81/2021, de 19 de abril, FJ. 2ºb)). Para ello se ha procedido a la organización y diseño curricular de los distintos niveles educativos a través de la previsión de unas enseñanzas básicas obligatorias y gratuitas que abarcan diez años de escolaridad (en principio de los 6 a los 16 años de edad), estructurados en seis años de Educación primaria y cuatro años de Educación Secundaria Obligatoria (arts. 3 y 4 LOE). Estas enseñanzas básicas se completan con seis años de Educación Infantil, dos años de Educación Secundaria Postobligatoria (sea el

Bachillerato o la Formación Profesional), la Educación de personas adultas, las Enseñanzas de idiomas, artísticas o deportivas y la Enseñanza Universitaria, de las cuales la vigente LOE garantiza su gratuidad —aunque no su obligatoriedad— respecto de la Formación Profesional básica y el segundo ciclo de la Educación Infantil. La concreción de los contenidos del currículo comunes y diversos, en cada una de las enseñanzas básicas corresponde compartidamente al Gobierno del Estado (aspectos básicos del currículo o enseñanzas mínimas) y a los Gobiernos de las CC.AA. (desarrollo de dichas enseñanzas mínimas) en la proporción del 50%-50% o 60%-40%, dependiendo respectivamente de si se trata de una Comunidad Autónoma con o sin lengua cooficial (art. 6 LOE). En todo caso, es preciso decir que la exigencia de progresividad (y por tanto no regresividad) de la garantía de los derechos sociales, derivada de la interpretación de los derechos fundamentales conforme a los tratados sobre derechos humanos, conduce a que no sea lícito retroceder en la duración y prestaciones de la educación básica si no está excepcionalmente justificado, y en ningún caso por debajo del mínimo de la educación primaria y secundaria obligatoria (E/C.12/1999/10).

Igualmente el art. 27.5 CE ha previsto que los poderes públicos puedan crear centros docentes públicos para satisfacer el derecho prestacional a la educación, lo que el art. 17 LODE encomienda al Gobierno del Estado y a los Gobiernos de las CC.AA. En este ámbito de los centros educativos, el art. 27.9 CE también prevé que se ayude (económicamente) a los centros privados que reúnan los requisitos establecidos por la ley. En cumplimiento de dicho mandato las diversas leyes orgánicas reguladoras del derecho a la educación y la normativa reglamentaria que complementa en detalle esta legislación han previsto un sistema de ayudas a los centros privados a través de los denominados "conciertos", en virtud de los cuales los poderes públicos aportan la mayor parte del coste de la impartición de las enseñanzas (pago de los salarios del profesorado y gastos de funcionamiento) y a cambio los centros ven limitados diversos aspectos de sus libertades en la enseñanza, especialmente en la vertiente de dirección de los mismos, los criterios de admisión del alumnado o su régimen interior (arts. 116-17 LOE y arts. 50-63 LODE).

En otro orden de cosas, también por influjo de la interpretación conforme con los Tratados internacionales sobre derechos humanos, la acción positiva de los poderes públicos debe satisfacer el derecho prestacional a la educación conforme a ciertos parámetros de asequibilidad, accesibilidad, adaptabilidad y adecuación (E/C.12/1999/10). Para ello los poderes públicos, entre otros, deben prever un presupuesto suficiente para atender todos los costes que conlleva la satisfacción del derecho a la educación, aunque esta obligación tenga una naturaleza principal (habitualmente la expresión utilizada por el Comité de Derechos Humanos es "hasta el máximo de los recursos disponibles") que, más allá de garantizar la gratuidad de la educación básica, tiene que ser cohonestada con la satisfacción de las vertientes prestacionales de otros derechos fundamentales (por ejemplo, aspectos de la protección de la salud vinculados al derecho a la vida y la integridad física, o el coste de la asistencia jurídica gratuita para el derecho de defensa y la tutela judicial efectiva, etc.), las dimensiones objetivas de todos los derechos fundamentales y el nuevo mandato constitucional de no incurrir en déficit excesivo y dar preferencia al pago de los intereses de la deuda pública (art. 135 CE). El Titulo II de la LOE da desarrollo a estos principios caracterizadores del derecho prestacional a la educación mediante una serie de reglas que tratan de garantizar la equidad, como becas y ayudas al estudio, servicios de transporte escolar, etc...

Forma parte de ese conjunto normativo la previsión de un sistema de atención al alumnado con necesidad específica de apoyo educativo, que presenta necesidades educativas especiales o altas capacidades, que por su origen se ha integrado tardíamente en el sistema educativo español o que tiene específicas dificultades de aprendizaje. En este sentido, la vigente apuesta de la LOE (arts. 73 y 74) por la escolarización inclusiva de este alumnado como regla preferente, cuya constitucionalidad ha sido confirmada por la doctrina constitucional (STC 34/2023, de 18 de abril, FJ 4º), engarza con la Observación general nº 4, de 25 de noviembre de 2016, sobre el derecho a la educación inclusiva, del Comité sobre los Derechos de las Personas con Discapacidad (CRPD/C/GC/4), que impone a los Estados la obligación concreta y permanente de proceder lo más expedita y eficazmente posible para lograr la plena aplicación de la inclusividad educativa de las personas con discapacidad prevista en el art. 24 de la Convención, y de no mantener dos sistemas de enseñanza: un sistema de enseñanza general y un sistema de enseñanza segregada o especial. Sin perjuicio de ello, no se produce una vulneración del derecho prestacional a la educación del art. 27.1 CE por la suspensión temporal de la educación presencial en el centro escolar y su sustitución por una educación a distancia en el ámbito familiar con medidas de apoyo y atención educativa específicas (art. 3.9 LOE), cuando por circunstancias concretas ello sea necesario para satisfacer el interés superior del menor, tanto del que tiene necesidades educativas especiales como de los demás menores de la comunidad educativa, y dicha suspensión sea una medida proporcionada (STC 81/2021, de 19 de abril, FJ 3º).

Resta por decir que, a pesar de que la gratuidad de las enseñanzas así declaradas por la Ley sólo alcanza a las tasas académicas, si el derecho fundamental no pudiera ser ejercitado por algunas personas sin otros de los medios adicionales previstos legalmente (como becas, instalaciones, libros o transporte, etc...) éstos pasarán a integrar también el contenido subjetivo del derecho prestacional a la educación (STC 188/2001, de 20 de septiembre, FJ 4º), al menos mientras la organización y configuración legal del sistema educativo permanezca la misma, y deben estar accesibles sin discriminación para el alumnado tanto de los centros educativos públicos como de los centros privados (STC 191/2020, de 17 de diciembre, FJ 5º), pues de otro modo se estarían vulnerando inmediatamente el derecho a la educación de los alumnos y mediatamente la libertad de creación de centros docentes.

V. BIBLIOGRAFÍA

ALÁEZ CORRAL, B.: "El ideario educativo constitucional como límite a las libertades educativas", *Revista Europea de Derechos Fundamentales*, núm. 17, 2011.

CÁMARA VILLAR, G.: "Sobre el concepto y los fines de la educación en la Constitución española", en MINISTERIO DE JUSTICIA (Edit.), *X Jornadas de Estudios. Introducción a los derechos fundamentales*, Vol. III, Dirección General del Servicio Jurídico del Estado, Madrid, 1988.

COTINO HUESO, L.: *El derecho a la educación como derecho fundamental. Especial atención a su dimensión social prestacional*, CEPC, Madrid, 2012.

EMBID IRUJO, A.: *Las libertades en la enseñanza*, Tecnos, Madrid, 1983.

FERNÁNDEZ-MIRANDA CAMPOAMOR, A., *De la libertad de enseñanza al derecho a la educación: derechos educativos en la Constitución Española*, CEURA, Madrid, 1988

VI. JURISPRUDENCIA

Observación General N.º 13, de 8 de diciembre de 1999, del Comité de la ONU para el seguimiento del PIDSEC (E/C.12/1999/10).

Observación general nº 4, de 25 de noviembre de 2016, sobre el derecho a la educación inclusiva, del Comité sobre los Derechos de las Personas con Discapacidad (CRPD/C/GC/4).

STC 5/1981, de 13 de febrero.

STC 77/1985, de 27 de junio.

STC 86/1985, de 10 de julio.

STC 137/1986, de 6 de diciembre.

STC 19/1990, de 12 de febrero.

STC 337/1994, de 23 de diciembre.

STC 188/2001, de 20 septiembre.

STC 212/2005, de 21 de julio.

STC 38/2007, de 15 de febrero.

STC 236/2007, de 7 de noviembre.

STC 133/2010, de 2 de diciembre.

STC 31/2018, de 10 de abril.

STC 74/2018, de 5 de julio.

STC 191/2020, de 17 de diciembre.

STC 81/2021, de 19 de abril.

STC 148/2021, de 14 de julio.
STC 34/2023, de 18 de abril.
STEDH de 23 de junio de 1968 (Caso relativo a algunos aspectos del régimen lingüístico belga en la enseñanza).
STEDH, de 7 de diciembre de 1976 (Caso Kjeldsen, Busk Madsen y Pedersen contra Dinamarca).
STEDH de 11 de septiembre de 2006 (Caso Konrad y otros contra Alemania).
STEDH de 29 de junio de 2007 (Caso Folgero y otros contra Noruega).
STEDH de 6 de octubre de 2009 (Caso Appel-Irgang y otros contra Alemania).
STS de 23 de abril de 2015 —Sala 3ª.
STS de 11 de febrero de 2009 —Sala 3ª.
STS de 26 de junio de 2006 —Sala 3ª.

Artículo 27.10

10. Se reconoce la autonomía de las Universidades en los términos que la ley establezca.

COMENTARIO

Jesús R. Mercader Uguina
Catedrático de Derecho del Trabajo y de la Seguridad Social
Universidad Carlos III de Madrid

I. EL DISEÑO CONSTITUCIONAL DEL DERECHO A LA AUTONOMÍA UNIVERSITARIA

1. La autonomía universitaria como derecho fundamental

La STC 26/1987 dejó categóricamente sentado que la autonomía universitaria en nuestro sistema se reconoce como un derecho fundamental, poniendo fin al debate doctrinal preexistente sobre su consideración como garantía institucional, saldando, de este modo, salomónicamente la controversia al afirmar que "derecho fundamental y garantía institucional no son categorías jurídicas incompatibles o que necesariamente se excluyan, sino que buena parte de los derechos fundamentales que nuestra Constitución reconoce constituyen también garantías institucionales, aunque, ciertamente, existan garantías institucionales que, como por ejemplo la autonomía local, no están configuradas como derechos fundamentales".

La citada STC 26/1987 ayudó a perfilar los contornos que delimitan el contenido esencial de la autonomía universitaria, precisando que "naturalmente que esta conceptuación como derecho fundamental (...) no excluye las limitaciones que al mismo imponen otros derechos fundamentales (como es el de igualdad de acceso al estudio, a la docencia y a la investigación) o la existencia de un sistema universitario nacional que exige instancias coordinadoras;

ni tampoco las limitaciones propias del servicio público que desempeña (...)". Lógica consecuencia de dicha consideración es que se requiere para su desarrollo de una Ley Orgánica (art. 81.1 CE).

Los titulares del derecho a la autonomía universitaria son las Universidades, públicas y privadas (como recordó la STC 176/2015), por lo que la legitimación para la defensa de dicha autonomía sólo a ellas les asiste a través del recurso de amparo (SSTC 26/1987, 235/1991 y ATC 17/1990). De este modo, la STC 183/2011, excluye la posibilidad de que otros entes distintos a las Universidades puedan pretender que se les otorgue el amparo frente a una determinada resolución con fundamento en la pretendida vulneración de la autonomía universitaria.

2. La autonomía universitaria como derecho de configuración legal

La doctrina del Tribunal Constitucional ha reiterado que el derecho a la autonomía universitaria es un derecho de configuración legal. Ello significa, de un lado, tal y como estableciera la STC 55/1989, que "el legislador puede regularla en la forma que estime más conveniente, si bien siempre dentro del marco de la Constitución y del respeto a su contenido esencial", no pudiendo, por tanto, introducir limitaciones o sometimientos que la conviertan en mera proclamación teórica, sino que ha de respetar "el contenido esencial" que como derecho fundamental preserva el art. 53.1 CE. Pero también significa, por otro lado, que "una vez delimitado legalmente el ámbito de su autonomía, la Universidad posee, en principio, plena capacidad de decisión en aquellos aspectos que no son objeto de regulación específica en la ley, lo cual no significa que no existan limitaciones derivadas del ejercicio de otros derechos fundamentales, o de un sistema universitario nacional que exige instancias coordinadoras" (en el mismo sentido se pronuncian, entre otras, las SSTC 187/1991; 130/1991 y 103/2001).

El marco jurídico universitario ha ido desarrollándose desde la aprobación de la Constitución y en su evolución cabe destacar, principalmente, dos hitos: la Ley Orgánica 11/1983, de 25 de agosto, de Reforma Universitaria (LORU), y la Ley Orgánica 6/2001, de 21 de diciembre, de Universidades, incluida la modificación de ésta operada por la Ley Orgánica 4/2007, de 12 de abril (LOU). La primera de estas leyes sentó las bases de un sistema universitario propio de un Estado social y democrático de Derecho, garantizando la autonomía universitaria, mientras que la ley aprobada en 2001 desarrolló dicho sistema y reformó la organización de las enseñanzas universitarias en consonancia con el Espacio Europeo de Educación Superior. La norma actualmente vigente es la Ley Orgánica 2/2023, de 22 de marzo, del Sistema Universitario (LOSU) que, tal y como expresa su Preámbulo efectúa una reforma integral del marco jurídico del sistema universitario hasta ahora vigente con el objetivo de construir: "una Universidad que, como principal productora y difusora de conocimiento, esté al servicio de la sociedad, contribuya al desarrollo social y económico sostenible, promueva una sociedad inclusiva y diversa comprometida con los derechos de los colectivos más vulnerables y que constituya un espacio de libertad, de debate entre perspectivas culturales, sin jerarquías, impulsando el desarrollo personal, contando para ello con recursos humanos y financieros adecuados y suficientes".

El art. 3 de la LOSU, concreta el contenido del derecho a la autonomía universitaria, partiendo de la premisa de que "las universidades están dotadas de personalidad jurídica y desarrollan sus funciones en régimen de autonomía en virtud del derecho fundamental reconocido en el artículo 27.10 de la Constitución Española" (art. 3.1). Sobre esta base precisa que la autonomía de las universidades comprende y requiere (art. 3.2) una serie de contenidos básicos para concluir de forma general que "la autonomía universitaria garantiza la libertad de cátedra del profesorado, que se manifiesta en la libertad en la docencia, la investigación y el estudio" (art. 3.3 LOSU).

El Tribunal Constitucional ha venido señalando que las facultades y competencias establecidas por las sucesivas Leyes Orgánicas que se han ocupado de esta materia integran, en términos positivos, el contenido esencial de la autonomía universitaria, habiéndose asumido su valor como parámetro de constitucionalidad (en las SSTC 47/2005; 183/2011; 87/2014 y 176/2015, en relación con la LOU como antes se hiciera para el precepto equivalente de la LORU en las SSTC 106/1990; 187/1991 y 155/1997). En suma, la lectura de las normas orgánicas, señala el Tribunal Constitucional, lleva a conformar la autonomía universitaria como expresión de su autogobierno, de auto-regulación, de autonomía financiera y de capacidad para desarrollar una línea docente e investigadora propia.

La STC 131/2013 resolvió, específicamente, la cuestión de inconstitucionalidad planteada sobre la Disposición adicional cuarta de la LOU, concretamente sobre el inciso, donde se excluía a las Universidades fundadas por la Iglesia católica de la aplicación de la Ley de reconocimiento prevista, con carácter general, en el art. 4.1 LOU para la fundación de Universidades privadas. El Tribunal Constitucional declaró inconstitucional la exención al considerar que la diferencia "carece de la justificación objetiva y razonable que toda diferenciación normativa, por imperativo del art. 14 CE, debe poseer para ser considerada legítima, lo que conduce a la declaración de inconstitucionalidad" de la referida disposición adicional.

3. La autonomía universitaria como derecho al servicio de la libertad académica y de cátedra

La autonomía universitaria ha sido vinculada, desde la STC 26/1987, a la garantía de la libertad académica, que está integrada por las libertades de enseñanza, estudio e investigación, frente a las injerencias externas (en este sentido se pronuncian después las SSTC 55/1989, 106/1990 y 187/1991). La doctrina constitucional ha precisado que la autonomía universitaria es la "dimensión institucional de la libertad académica que garantiza y completa su dimensión individual, constituida por la libertad de cátedra. Ambas sirven para delimitar ese 'espacio de libertad intelectual' sin el cual no es posible 'la creación, desarrollo, transmisión y crítica de la ciencia, de la técnica y de la cultura' que constituye la última razón de ser de la Universidad. Esta vinculación entre las dos dimensiones de la libertad académica explica que una y otra aparezcan en la Sección de la Constitución consagrada a los derechos fundamentales y libertades públicas, aunque sea en artículos distintos: la libertad de cátedra en el 20.1 c) y la autonomía de las Universidades en el 27.10" (STC 26/1987). En síntesis, se reconoce que el contenido esencial de la autonomía universitaria, definida como derecho fundamental, está integrado por los elementos necesarios para asegurar el respeto de la libertad académica.

II. EL CONTENIDO DE LA AUTONOMÍA UNIVERSITARIA

1. Capacidad de autonormación: Los Estatutos de las Universidades

La autonomía sugiere inmediatamente la potestad de autonormación. Se trata, como se ocupó de precisar la STC 55/1988, "de una potestad de autonormación entendida como la capacidad de un ente —en este caso la Universidad— para dotarse de su propia norma de funcionamiento o, lo que es lo mismo, de un ordenamiento específico y diferenciado sin perjuicio de las relaciones de coordinación con otros ordenamientos en los que aquél necesariamente ha de integrarse". Así se extrae de lo establecido en el art. 3.2 b) LOSU cuando establece como contenido de la autonomía universitaria: "la elaboración de sus Estatutos, en el caso de las universidades públicas, y de sus normas de organización y funcionamiento, en el caso de las universidades privadas, así como de las demás normas de régimen interno".

Los Estatutos universitarios constituyen la expresión más característica de la autonomía universitaria en tanto que autonomía normativa. Esa potestad reglamentaria no está sometida al principio de vinculación positiva propio de los reglamentos ejecutivos pues como señaló la STC 75/1997, "los Estatutos, aunque tengan su norma habilitante en la LORU, no son, en realidad, normas dictadas en su desarrollo: son reglamentos autónomos en los que se plasma la potestad de autoordenación de la Universidad en los términos que permite la Ley (...) Los Estatutos se mueven en un ámbito de autonomía en que el contenido de la Ley no sirve sino como parámetro controlador o límite de la legalidad del texto". En todo caso, a juicio de la STC 106/1990, la competencia de las Universidades para elaborar sus propios Estatutos, como garantía de la autonomía universitaria, no puede "desorbitarse (...) hasta el extremo de configurarla como una facultad tan absoluta que venga a constituir obstáculo insuperable al ejercicio de las potestades que confieren la Constitución y, en su caso, los Estatutos de autonomía al Estado y a las Comunidades Autónomas". Cada Universidad posee, por ello, "en principio plena capacidad de decisión en aquellos aspectos que no son objeto de regulación específica en la ley" (STC 55/1989).

El Tribunal Constitucional ha concretado el alcance de dicha capacidad normativa en relación con la selección de símbolos y la elección de la lengua propia. En el caso de la selección de símbolos, la STC 130/1991 señaló que se trata de una facultad integrada en la autonomía normativa que "no desborda las facultades legalmente asignadas a la institución universitaria, sino que se comprende con evidencia y naturalidad en el contenido normal de la potestad de autonormación en la que también se concreta su autonomía". En el caso de la denominación de la lengua propia, la STC 75/1997 concluyó que "la Universidad de Valencia no ha transformado la denominación del valenciano y se ha limitado a permitir que en su seno pueda ser conocido también como catalán, en su dimensión 'académica', según los propios Estatutos. No se rebasa, pues, el perímetro de la autonomía universitaria, tal y como se configura legalmente". A estos efectos, el art. 20 LOSU precisa que: "las universidades fomentarán y facilitarán el conocimiento y el uso como lengua de transmisión universitaria de las lenguas oficiales propias de sus territorios, de conformidad con lo dispuesto en sus Estatutos y en la particular normativa autonómica, desarrollando planes específicos al respecto".

2. Capacidad de autoorganización

El Tribunal Constitucional ha resaltado la dimensión de la autonomía "ad intra" de la Universidad, lo que podría calificarse como "autoorganización", manifestada primariamente en los Estatutos (STC 75/1997). El art. 3.2 e) LOSU establece como ámbito específico de la autonomía garantizada: "la elección, designación y remoción de las personas titulares de los correspondientes órganos de gobierno y de representación". Una materia a la que dedica el Capítulo II del título IX ("Gobernanza de las universidades públicas"). En todo caso, como señalaron Leguina y Ortega, la autogestión de los intereses propios de la institución universitaria debe realizarse en el marco de los intereses generales a los que atiende como servicio público.

La LOSU establece para las universidades públicas la estructura de un marco homogéneo de órganos colegiados. A estos efectos dice su art. 44.1 que "los Estatutos de las universidades establecerán y regularán los siguientes órganos colegiados: Claustro Universitario, Consejo de Gobierno y Consejo de Estudiantes. Asimismo, establecerán el Consejo Social y podrán establecer y regular Consejos de Escuela y de Facultad, Consejos de Departamento u otros órganos específicos que se determinen".). Por su parte, el art. 44.2 se ocupa de los órganos unipersonales y a tal efecto precisa que: "Los Estatutos de las universidades establecerán y regularán, entre otros, los siguientes órganos unipersonales: Rector o Rectora, Vicerrectores o Vicerrectoras, Secretario o Secretaria General, Gerente, así como, en su caso, Decanos o Decanas de Facultades, Directores o Directoras de Escuelas, de Departamentos, o de otros órganos específicos para los centros o estructuras que determinen los Estatutos". La facultad de creación de estas estructuras aparece expresamente limitada, por lo que a la docencia se refiere, en relación con aquellas estructuras que la ley considera básicas dentro de la Universidad (SSTC 26/1987 y 55/1989).

El Tribunal Constitucional ha precisado que la competencia para decidir sobre las medidas de organización del mapa universitario, que afecta a la sociedad en su conjunto, debe estar atribuida a los órganos representativos de la ciudadanía y ello no lesiona la autonomía universitaria. En sus STC 106/1990, 132/1990 y 47/2005 precisa que "la autonomía universitaria no incluye el derecho de las Universidades a contar con unos u otros concretos centros, imposibilitando o condicionando así las decisiones que al Estado o a las Comunidades Autónomas corresponde adoptar en orden a la determinación y organización del sistema universitario en su conjunto y en cada caso singularizado, pues dicha autonomía se proyecta internamente [...] en la autoorganización de los medios de que dispongan las Universidades para cumplir y desarrollar las funciones que, al servicio de la sociedad, les han sido asignadas o, dicho en otros términos, la autonomía de las Universidades no atribuye a éstas una especie de 'patrimonio intelectual', resultante del número de centros, Profesores y alumnos que, en un momento determinado, puedan formar parte de las mismas, ya que su autonomía no está más que al servicio de la libertad académica en el ejercicio de la docencia e investigación, que necesariamente tiene que desarrollarse en el marco de las efectivas disponibilidades personales y materiales con que pueda contar cada Universidad, marco éste que, en última instancia, viene determinado por las pertinentes decisiones que, en ejercicio de las competencias en materia de enseñanzas universitarias, corresponde adoptar al Estado o, en su caso, a las Comunidades Autónomas".

En relación con la naturaleza del Rector, el ATC 49/2004 negó que pudiera ser considerado como autoridad gubernativa a la hora de fijar los servicios mínimos en una huelga, sin que dicha solución vulnerase ni la autonomía universitaria, ni el derecho a la educación, consagrados en los arts. 28.2 y 37.2 CE. Señalaba el citado Auto que "si el Rector de una Universidad no es un representante del conjunto de los ciudadanos, sino de una parte de la sociedad, delimitada por su pertenencia a una Universidad, no puede tildarse de irracional la negativa de los órganos de la jurisdicción ordinaria a considerarlo como 'autoridad gubernativa' a los efectos del establecimiento de unos servicios mínimos en caso de huelga".

El Consejo Social posee limitadas funciones precisamente por exigencias de preservación de la autonomía universitaria, de acuerdo con la doctrina sentada por el Tribunal Constitucional en su STC 26/1987. Según esta, "la representación minoritaria que en su composición corresponde a la comunidad universitaria que queda por ello subordinada a la representación social, impide que se atribuyan al Consejo Social decisiones propias de la autonomía universitaria", así como que "si [...] se atribuyen al Consejo Social funciones académicas, entonces sí resultaría vulnerado el art. 27.10 CE". De esta manera se consideró que este órgano no puede decidir sobre vacantes en los cuerpos de profesores funcionarios, ni modificar las plantillas de profesorado teniendo en cuenta las necesidades de los planes de estudio e investigación.

3. Capacidad de autonomía económico-financiera

Uno de las vertientes fundamentales o dimensiones de la autonomía de las universidades y condicionante de su real efectividad, según la jurisprudencia constitucional, es la autonomía económico-financiera. La LOSU recoge este elemento central de la autonomía universitaria al establecer que esta comprende "la autonomía económica y financiera" (art. 3.2 e). Aparece así este elemento de la autonomía concretado como la libertad de las universidades de administrar sus bienes y recursos. Por su parte, el Capítulo III de la LOSU se refiere al "régimen económico y financiero de las universidades públicas", especificando que las s "las Administraciones Públicas dotarán a las universidades de los recursos económicos necesarios para garantizar la suficiencia financiera que les permita dar cumplimiento a lo establecido en esta ley orgánica y asegurar la consecución de los objetivos en ella previstos" (art. 55), pero recordando también que se regirán por la legislación financiera y presupuestaria aplicable al sector público (art. 53).

En tanto servicio público, la educación es una actividad prestacional en cuya regulación ha de atenderse, entre otros factores, a los recursos existentes y a las pautas constitucionales orientadoras del gasto público (SSTC 86/1985; 155/2015). De este modo, en virtud del art. 149.1.30 CE y previa atención a tales principios, dentro del orden competencial corresponde al legislador estatal establecer la normativa básica sobre el alcance prestacional de la educación financiada con cargo a fondos públicos y las medidas para hacerlo efectivo.

4. Capacidad de diseño de la política de personal

La doctrina constitucional referida a la facultad reconocida ahora en el art. 3.2 j) LOSU de "la selección, formación y promoción del personal docente e investigador y personal técnico, de gestión y de administración y servicios, así como la determinación de las condiciones en que han de desarrollar sus actividades y las características de éstas", ha precisado que el reconocimiento de la selección del personal docente e investigador por cada universidad es uno de los ámbitos comprendidos en el contenido esencial de su derecho fundamental a la autonomía universitaria que, en todo caso, no se comporta como un límite absoluto que haga imposible cualquier intervención legislativa en ese ámbito (STC 87/2014).

La STC 26/1987, de 11 de febrero, afirmó expresamente "la naturaleza estrictamente académica de la selección y formación de plantillas del profesorado universitario"; la STC 131/2013, de 5 de junio, descartó que la evaluación positiva para contratar personal docente vulnerase la autonomía universitaria; y la STC 87/2014, garantizó la libertad de cada universidad para seleccionar su personal docente e investigador y, por ello, para establecer el sistema general de designación de las comisiones que han de juzgar la provisión de plazas.

La STC 44/2016 denegó el amparo respecto a la vulneración del derecho a la autonomía universitaria, planteado por una universidad frente a la anulación por parte del Tribunal Supremo de la resolución rectoral que acordó la jubilación forzosa de un profesor titular. La Sentencia declaró que el establecimiento de la edad de jubilación es una decisión que atañe al legislador competente en materia de función pública y resulta, por ende, ajena al ámbito de la autonomía universitaria. Señala la misma que "no cabe defender que, en aras de garantizar la autonomía universitaria, las universidades puedan modular la edad de jubilación del profesorado adscrito a plazas vinculadas, es decir, puedan ajustar en su interés la aplicación del régimen funcionarial de jubilación forzosa".

5. Capacidad de diseño de planificación del estudio y la investigación

Integra el derecho a la autonomía universitaria, ex art. 3.2 g) LOSU, "la elaboración y aprobación de planes de estudio conducentes a la obtención de títulos universitarios oficiales de Grado o de Máster Universitario, o que conduzcan a la obtención de títulos propios, así como la oferta de programas de Doctorado". Sobre las facultades de la Universidad en relación con la elaboración y aprobación de los planes de estudio, el Tribunal Constitucional ha precisado su doctrina, entre otras, en sus SSTC 187/1991, 155/1997, en las que se reconocen limitaciones a la autonomía universitaria en materia de planes de estudio como consecuencia de los Acuerdos con la Santa Sede.

El Tribunal Constitucional en su STC 103/2001 ha constatado la diferenciación, por parte del legislador, entre elaboración y aprobación de planes de títulos oficiales válidos en toda España y de títulos o diplomas de cada Universidad. Igualmente ha puesto de manifiesto que "no todos los posibles contenidos de un plan de estudio están protegidos por igual por el derecho a la autonomía universitaria (art. 27.10 CE) (...)". Así precisa que "el derecho fundamental de autonomía universitaria se manifiesta con especial intensidad cuando se trata de fijar lo que debe ser enseñado, estudiado e investigado; esto es, los contenidos de las materias o asignaturas que son objeto de la labor docente, discente e investigadora. Pero incluso aquí el derecho a la autonomía universitaria no es absoluto sino que encuentra su límite en la fijación, por el Estado, del bagaje indispensable de conocimientos que deben alcanzarse para obtener cada uno de los títulos oficiales y con validez en todo el territorio nacional (...). Menor aún es la intensidad del derecho fundamental a la autonomía universitaria en relación con la ordenación formal de los planes de estudio conducentes a títulos nacionales: tipología de materias; máximos y mínimos de determinadas clases de materias; ciclos de enseñanza; combinación de enseñanzas teóricas y prácticas".

En lo que hace a la determinación de las asignaturas en dichos planes de estudio, el Tribunal Constitucional entendió que una de las limitaciones adicionales a la competencia universitaria de elaboración y aprobación de los planes de estudio, la constituía "la determinación por el Estado del bagaje indispensable de conocimientos que deben alcanzarse para obtener cada uno de los títulos oficiales y con validez en todo el territorio nacional". Y, en conexión con estas facultades, podía "imponer en los Planes de Estudio las materias cuyo conocimiento considere necesario para la obtención de un título concreto, sin perjuicio de que a cada Universidad corresponda la regulación y organización de la enseñanza de esas materias" (STC 187/1991); así como su equiparación en cuanto al número de créditos a otras asignaturas (STC 155/1997).

La STC 74/2019, resolvió el recurso interpuesto por el presidente del Gobierno en relación con el apartado primero del art. 49 de la Ley 2/2016, de 28 de enero, de medidas fiscales y administrativas de la Comunidad Autónoma de Aragón. La regulación impugnada impedía la creación de títulos de grado en las universidades privadas cuando estos fueran ofertados por centros de titularidad pública situados en la comunidad de Aragón. El Tribunal considera que "al tratarse de una prohibición absoluta, produce como efecto la limitación injustificada del ámbito de autonomía constitucionalmente garantizado a las universidades privadas que, junto a las públicas, sirven a ese servicio público de educación superior al que ya se ha aludido, lo que es contrario al art. 27.10 CE y determina, en consecuencia, que haya de ser declarada inconstitucional y nula".

También ha sentado el Tribunal Constitucional en su STC 206/2011 que no se puede supeditar el ejercicio de la potestad normativa para la ordenación de la actividad docente a la previa suscripción de un convenio interadministrativo. La singularidad del supuesto radica en que los destinatarios de la actividad docente desarrollada en el ejercicio del derecho a la autonomía universitaria se encontraban privados de libertad lo que hacía preciso compatibilizar el desenvolvimiento concreto de la autonomía universitaria con las limitaciones derivadas de la Ley Penitenciaria.

III. AUTONOMÍA UNIVERSITARIA Y COMUNIDADES AUTÓNOMAS

Como señalaron Leguina y Ortega, el Estado puede regular las condiciones básicas de acceso de los estudiantes a los centros universitarios; las condiciones básicas de movilidad y traslado de unas universidades a otras, tanto de alumnos como de profesores, con prohibición expresa de trato discriminatorio; condiciones generales de permanencia de los estudiantes en los centros universitarios, con especial referencia al número mínimo y máximo de pruebas de evaluación; y el régimen disciplinario básico (art. 149.1.1 CE). Igualmente, con base en el art. 149.1.15 CE, puede adoptar medidas de fomento de la investigación universitaria y de su coordinación con otros centros de investigación científica y técnica extrauniversitarios. Por su parte, y en desarrollo del art. 149.1.8 CE, regular aspectos básicos del régimen jurídico de las universidades; de sus funcionarios docentes y del procedimiento administrativo para la emanación de actos jurídicos y, en fin, en aplicación de artículo 149.1.30 CE, la "regulación de las condiciones de obtención, expedición y homologación de títulos académicos y profesionales y normas básicas para el desarrollo del art. 27 CE a fin de garantizar el cumplimiento de las obligaciones de los poderes públicos en esa materia".

La LOSU establece un mínimo común denominador, habilitando un amplio margen al desarrollo de sus disposiciones mediante la labor normativa de las Comunidades Autónomas.

En cuanto a éstas, sus competencias tienen que compaginarse con las facultades que el Estado ostenta, en orden a lograr las condiciones básicas que garanticen la igualdad de todos los españoles en el ejercicio de sus derechos y en el cumplimiento de sus deberes constitucionales, y que la Constitución le atribuye en esta materia. A título de ejemplo, "en el caso de estudios conducentes a la obtención de títulos universitarios de carácter oficial, los precios públicos y derechos serán fijados por la Comunidad Autónoma o Administración correspondiente, dentro de un marco general de contención o reducción progresiva de los precios públicos" (art. 57.4 b) LOSU). Como señala Torres Muro, "las Comunidades Autónomas se han convertido en el protagonista más importante en materia universitaria, sobre todo en la gestión del día a día de la enseñanza superior, dadas las atribuciones que les corresponden, como el desarrollo legislativo de las normas básicas estatales, la regulación de los aspectos no reservados al Estado y la ejecución y gestión del servicio público universitario".

IV. BIBLIOGRAFÍA

EXPÓSITO, E.: "Naturaleza, contenido y alcance constitucionales de la autonomía universitaria (enfoque jurisprudencial y doctrinal de las principales cuestiones planteadas en el artículo 27.10 de la Constitución)", *Revista catalana de Dret Públic*, núm. 44, 2012, pp. 285-314.

LEGUINA VILLA, J.: *La autonomía universitaria en la jurisprudencia del Tribunal Constitucional*, en *Estudios sobre la Constitución española: Homenaje al Profesor Eduardo García de Enterría*, 1991, II, pp. 1199-1212.

LEGUINA VILLA, J., ORTEGA ALVAREZ, L.: "Algunas reflexiones sobre la autonomía universitaria", *REDA*, núm. 35, 1982, pp. 549-566.

MATÍA PORTILLA, F. J.: "Los límites de la autonomía de las Universidades Públicas", *Revista General de Derecho Constitucional*, núm. 37, 2022, pp. 2-42.

TORRES MURO, I.: *La autonomía universitaria. Aspectos constitucionales*. Madrid, CEC, 2005.

V. JURISPRUDENCIA

STC 26/1987, de 27 de febrero.
STC 55/1988, de 24 de marzo.
STC 131/2013, de 5 de junio.
STC 176/2015, de 22 de julio.
STC 74/2019, de 22 de mayo.

Artículo 28.1[1]

1. Todos tienen derecho a sindicarse libremente. La ley podrá limitar o exceptuar el ejercicio de este derecho a las Fuerzas o Institutos armados o a los demás Cuerpos sometidos a disciplina militar y regulará las peculiaridades de su ejercicio para los funcionarios públicos. La libertad sindical comprende el derecho a fundar sindicatos y a afiliarse al de su elección, así como el derecho de los sindicatos a formar confederaciones y a fundar organizaciones sindicales internacionales o a afiliarse a las mismas. Nadie podrá ser obligado a afiliarse a un sindicato.

COMENTARIO

Fernando Valdés Dal-Ré
Catedrático de Derecho del Trabajo
Magistrado del Tribunal Constitucional

I. EL MARCO CONSTITUCIONAL Y LOS ENTORNOS NACIONAL E INTERNACIONAL

Ateniéndose a la orientación abierta por el constitucionalismo social, que emerge en el período de entreguerras (Weimar y Querétaro) y se consolida tras la II Guerra Mundial (Francia, Italia o Alemania), el art. 28.1 (CE) consagra la libertad sindical como un derecho fundamental al que le resulta de plena aplicación, en consecuencia, la especial protección prevista para esta modalidad de derechos (art. 53, 1 y 2 CE).

El art. 28.1 no es, sin embargo, el único pasaje constitucional que alude al sindicato. Por lo pronto, una relación especialmente estrecha mantiene ese precepto con el art. 7, que instituye tres relevantes reglas en materia sindical: i) define dos elementos identificativos del sindicato: el subjetivo, pues es una asociación formada por trabajadores y el finalista, ya que ha de dedicarse a la defensa y promoción de los intereses económicos y sociales que les son propios; ii) reconoce la libertad de acción sindical, completando así el ámbito objetivo de la libertad sindical *ex* art. 28.1 y iii) configura el carácter democrá-

[1] Texto actualizado por Joaquín García Murcia, catedrático de Derecho del Trabajo y Seguridad Social de la Universidad Complutense de Madrid.

tico de la estructura interna y funcionamiento del sindicato como una exigencia de constitucionalidad. En segundo lugar, han de tenerse en cuenta otras disposiciones CE que prohíben la sindicación para determinadas categorías de funcionarios (arts. 127.1) o reenvían a la ley el establecimiento de peculiaridades de su ejercicio (art. 103.3). En tercer lugar y a la hora de identificar el contenido sustantivo de la libertad sindical, el art. 28.1 ha de relacionarse, de manera directa o indirecta, con los arts. 28.2 (derecho de huelga), 37.1 (negociación colectiva), 37.2 (medidas de conflicto colectivo), 129.2 (participación en la empresa) y 131.2 (participación de los sindicatos en los proyectos de planificación).

Finalmente, una especial significación adquieren las previsiones establecidas en los arts. 10.2 y 96 CE. En lo que concierne al primero, numerosos son los acuerdos y tratados internacionales ratificados por España que se ocupan con mayor o menor extensión de la materia sindical. Entre ellos, son de obligada referencia: i) la Declaración Universal de Derechos Humanos (París 1948), cuyo art. 23.4 reconoce a toda persona el derecho a "fundar sindicatos y a sindicarse para la defensa de sus intereses"; ii) los Convenios 87 (1948, sobre la libertad sindical y la protección del derecho de sindicación) y 98 (1949, sobre la aplicación de los derechos del derecho de sindicación y de negociación colectiva) de la OIT; iii) el Convenio para la protección de los derechos humanos y de las libertades fundamentales (Roma 1950), cuyo art. 11.1 reconoce a todas las personas "el derecho de fundar con otras sindicatos y de afiliarse a los mismos para la defensa de sus intereses"; iv) la Carta Social Europea, que España ha ratificado exclusivamente en su versión original (Turín 1961) pero no en la revisada (Estrasburgo 1996), cuyo art. 5 se abre con la rúbrica "derecho sindical"; v) el Pacto Internacional de derechos civiles y políticos (Nueva York 1966), cuyo art. 22.1 reproduce la disposición de la DUDH y, en fin, vi) el Pacto Internacional de derechos económicos, sociales y culturales, cuyo art. 8.1 regula con detalle las más destacadas facultades de la libertad sindical. En atención a lo que se viene de razonar, la libertad sindical *ex* art. 28.1 ha de ser entendida, en sus complejas y variadas manifestaciones, no solo ni tanto a la luz de la literalidad de los enunciados normativos de esos acuerdos y tratados internacionales sino también, y de manera muy señalada, de la interpretación que de tales enunciados hayan efectuado y efectúen los órganos encargados de garantizar el cumplimiento de los mencionados textos internacionales; es decir y sin pretensión por mi parte de cerrar la lista, el Comité de Libertad Sindical de la OIT, el Tribunal Europeo de Derechos Humanos y el Comité Europeo de Derechos Sociales.

Una menor relevancia despliega sobre la materia de libertad sindical el art. 96. 1 CE. Cierto es que la Carta de Derechos Fundamentales de la Unión Europea (Lisboa 2009) reconoce en el art, 12.1 la libertad de asociación en el ámbito sindical, apropiándose, para su definición, del lenguaje utilizado por la DUDH; y es igualmente cierto que los arts. 27 y 28 desarrollan algunas de las facultades de dicha libertad; en concreto, información y consulta, negociación colectiva y acciones colectivas, incluida la huelga. Pero al margen de todo ello, así como de la atribución a la Carta del mismo valor jurídico que los Tratados de la UE (art. 6.1 del TUE), las disposiciones de la Carta regirán en los Estados miembros, de conformidad con la doctrina establecida por el Tribunal de Justicia de la Unión Europea (sentencia *Fransson* de 26-2-2013, asunto C-617/10) "únicamente cuando apliquen el Derecho de la Unión". En su proyección a la materia objeto de examen, esta doctrina cierra el paso a la directa aplicación de la Carta en los Estados miembros, ya que éstos tienen una competencia exclusiva para la regulación del derecho de sindicación (art. 153.5 TFUE).

En otro orden de consideraciones, el art. 28.1 CE ha sido desarrollado mediante la Ley Orgánica 11/1985, de 2-8, de Libertad Sindical (LOLS), cuyo preámbulo hace constar que "el derecho a la libertad sindical, genéricamente expresado, para todos los españoles (...) exige un desarrollo legal que tiene su justificación y acogida en el art. 9.2 CE (...)", que debe efectuarse, "siguiendo los propios preceptos constitucionales, a través de la aplicación de los arts. 53 y 81", el primero de los cuales dispone que "solo por Ley, que en todo caso respetará su contenido esencial" podrá regularse su ejercicio. Aprobada la LOLS y antes de su entrada en vigor, el Parlamento Vasco, el Gobierno Vasco y 65 diputados del Grupo Parlamentario del extinto partido de Alianza Popular presentaron recursos previos de inconstitucionalidad contra diversos preceptos de la misma. Una vez acordada su acumulación, el Tribunal Constitucional (TC) dictó la sentencia (STC) 98/1985, de 14-8, que desestimó la integridad de las impugnaciones de los tres recurrentes.

En su condición de derecho fundamental y como ya ha sido recordado, la libertad sindical se encuentra protegida, frente a eventuales vulneraciones, mediante los procedimientos sumarios y preferentes a los que se refiere el art. 53.2: de un lado y en el ámbito de la jurisdicción ordinaria, por el procedimiento de tutela de los derechos fundamentales y libertades públicas (Capítulo XI de la Ley 36/2011, de 10-10, reguladora de la jurisdicción social, LRJS) y, de otro y en el de la jurisdicción constitucional, por el recurso de amparo (Título III de la Ley Orgánica 2/1979, de 3-10, del Tribunal Constitucional, LOTC). En ejercicio de esta facultad, el TC ha tenido la oportunidad de ir elaborando, a lo largo de su trayectoria jurisdiccional, una doctrina sobre la libertad sindical, que puede hoy considerarse como consolidada

En atención a las exigencias de economía de espacio, no me será posible analizar los numerosos y muy complejos problemas que ha venido planteando la libertad sindical tanto en su enunciado normativo como, de manera señalada, en su concreción aplicativa. En consecuencia, me ocuparé, bien que de manera impresionista con tintes puntillistas, de los dos grandes problemas que suscita el art. 28.1 CE: ámbito subjetivo y contenido.

II. EL ÁMBITO SUBJETIVO

El primer inciso del art. 28.1 CE dispone que "todos tienen derecho a sindicarse libremente", habiendo suscitado la expresión empleada algunas dudas interpretativas a la hora de definir la titularidad de ese derecho. En una primera impresión, podría entenderse que este pasaje constitucional dota a la libertad sindical de un alcance subjetivo universal, reconociendo esta concreta libertad a *todos* los ciudadanos. Es ésta, sin embargo, una inteligencia que debe ser descartada de inmediato con el auxilio de muy diversos argumentos. Primeramente, una lectura del art. 28.1 a la luz del 7 CE evidencia, sin sombra de incertidumbre, que la titularidad sindical queda reservada a los trabajadores, erigiéndose este colectivo en un elemento definidor del propio sindicato. Tal es, en segundo lugar, el criterio que de manera expresa utiliza el art. 1.1 de la LOLS, que completando la dicción constitucional establece que "todos los trabajadores tienen derecho a (...)". Y es esta, en fin, la comprensión que de manera unánime y sin fisuras sostiene la jurisprudencia tanto la constitucional como la ordinaria, al menos ésta desde mediados de la década de los años 80 del siglo pasado.

Desde el propio marco constitucional, la noción "trabajador" despliega un significado amplio, comprensivo de todas las personas que prestan un trabajo dependiente y por cuenta ajena a cambio de una retribución, al margen de la naturaleza de la relación que les vincule con su empleador. Por consiguiente, titulares de la libertad sindical son, como estatuye con claridad meridiana el art. 1.2 LOLS, tanto los que sean sujetos de una relación laboral "como aquellos que lo sean de una relación de carácter administrativo o estatutario al servicio de las Administraciones públicas".

Una cuestión que tuvo, en la primera etapa constitucional, cierta polémica doctrinal e, incluso jurisprudencial, fue la relativa a discernir si el derecho de sindicación, además de a los trabajadores, alcanza a los empresarios. Los defensores de esta tesis invocaban dos argumentos a su favor: el lenguaje que utiliza el Convenio núm. 98 de la OIT, que atribuye los derechos que reconoce indistintamente "a las organizaciones de trabajadores y de empleadores" y la dicción de la Disposición derogatoria de la LOLS, que declara vigente la regulación establecida por la Ley 19/1977, de 1-4, referida a "asociaciones profesionales y, en particular, a las asociaciones empresariales cuya libertad de sindicación se reconoce a efectos de lo dispuesto en el art. 28.1 de la Constitución española y de los convenios internacionales suscritos por España".

La polémica fue zanjada de manera tajante y definitiva por el TC que, tras algunos iniciales titubeos, dejo razonado en su sentencia 52/1992, de 8 de abril, que "la 'sindicación de los empresarios' (términos antagónicos) se sitúa extramuros del art. 28.1 CE, encontrando su acomodo en el genérico derecho de asociación del art. 22 de la misma", resultando "preciso insistir en que la libertad sindical es predicable tan solo de los trabajadores y de sus organizaciones, sin que pueda incluirse en la misma el asociacionismo empresarial, dado que es incompatible con la propia naturaleza del derecho de libertad sindical, que es siempre una proyección de la defensa y promoción de los intereses de los trabajadores" (FJ 3).

Antes de dar por terminada esta primera aproximación al ámbito subjetivo de la libertad sindical, resulta pertinente aludir a tres concretos colectivos de trabajadores: extranjeros, pasivos y autónomos. El art. 11.1 de la versión original de la LO 4/2000, de 111, sobre derechos y libertades de los extranjeros en España y su integración social (LODEX) confería los derechos de sindicación a los extranjeros, sin limitación alguna. No obstante y apenas un año después, la LO 8/2000, de 22-12, modifica el contenido del citado precepto, condicionando el ejercicio de tales derechos a la obtención de "autorización de estancia o residencia en España"; es decir, privando de la libertad sindical a los extranjeros "sin papeles" A resultas de lo fallado por la STC 236/2007, de 7-11, que calificó como inconstitucional dicha exigencia legal, la LO 2/2009, de 11-11, reformó el reseñado precepto legal, reconociendo a los extranjeros el derecho al ejercicio de las libertades sindicales "en las mismas condiciones que los trabajadores españoles". Centrando ahora la atención en el segundo grupo, la titularidad de los derechos sindicales de los trabajadores pasivos, entendiendo por tales los que se encuentran en situación de desempleo, invalidez o jubilación, planteó dudas iniciales, resueltas por el art. 3.1 LOLS que les confiere el derecho a afiliarse a las organizaciones sindicales constituidas, no pudiendo, sin embargo, "fundar sindicatos que tengan por objeto la tutela de sus intereses singulares". La ya citada STC 98/1985 declaró la conformidad constitucional de este precepto (FJ 2). Finalmente, los derechos de sindicación de los trabajadores autónomos, siempre que no tengan trabajadores por cuenta ajena, quedan equiparados a los trabajadores pasivos (art. 3.1 LOLS)

Con carácter general, quienes prestan servicios a las administraciones públicas, sea cual fuere la naturaleza de su relación jurídica, son titulares de la libertad sindical *ex art.* 28.1; y desde luego lo son los funcionarios públicos. La directa inclusión de este colectivo de empleados públicos en el ámbito subjetivo de esta libertad se infiere de la literalidad del propio precepto constitucional que, al establecer que la ley regulará "las peculiaridades" de su ejercicio, está reconociendo su condición de titulares de los derechos. Así vino a corroborarlo la STC 98/1985, para la que el derecho de libre sindicación de los funcionarios tiene concreta cobertura constitucional (FJ 1). Y así lo ha confirmado, en fin, la LOLS, cuyo preámbulo señala que la ley pretende unificar sistemáticamente "los precedentes y posibilitar un desarrollo progresivo y progresista del contenido esencial del derecho de libre sindicación reconocido en la Constitución, dando un tratamiento unificado en un texto legal único que incluya el ejercicio del derecho de sindicación de los funcionarios públicos a que se refiere el art. 103.3 de la Constitución y sin otros límites que los expresamente introducidos en ella".

No obstante lo que se viene de exponer, el texto constitucional enuncia unas previsiones singulares para determinados colectivos de funcionarios públicos. Por lo pronto, el art. 127.1 CE prohíbe a jueces, magistrados y Fiscales, "mientras se hallen en activo", la afiliación a sindicatos, exigiendo que su derecho de asociación se instrumente a través de asociaciones profesionales. Más abierta es la regla constitucional relativa a los miembros "de las Fuerzas o Institutos armados" y demás "Cuerpos sometidos a disciplina militar", pues el art. 28.1 reenvía a la ley la adopción de algunas de las tres siguientes posibilidades: la admisión de la titularidad, la limitación o, en fin, la exclusión. Esta última ha sido la decisión tomada por el art. 1.3 LOLS, que exceptúa a este colectivo del ejercicio de este derecho. Dentro de esta prohibición se encuentran los miembros de la Guardia Civil a la que el art. 9. b) de la LO 2/1986, de 18–.3, de Fuerzas y Cuerpos de Seguridad define como Instituto Armado de disciplina militar. No juega esta excepción, sin embargo, para los miembros del Cuerpo Nacional de Policía, al que esa misma norma legal califica como Instituto Armado de carácter civil (art. 9. a), regulando de manera expresa sus derechos de sindicación a los que se le sujeta a ciertas limitaciones. Así, la afiliación habrá de efectuarse a organizaciones sindicales formadas exclusivamente por miembros del Cuerpo, tales organizaciones habrán de tener un ámbito nacional y solamente podrán federarse o confederarse con otras de la misma naturaleza (art. 18).

III. EL ÁMBITO OBJETIVO

1. El contenido complejo de la libertad sindical

4. De conformidad con una tesis muy extendida, la libertad sindical forma parte de los denominados derechos de contenido complejo; esto es, de aquellos derechos que, en lugar de agotarse en una facultad, integra un haz plural de facultades que mantienen entre sí una unidad teleológica pues están al servicio de la defensa y promoción de los intereses de sus titulares.

Antes de entrar en el examen de esas facultades, conviene presentar el que podría calificarse como el marco general del contenido de la libertad sindical, tarea ésta que obliga a efectuar distintas reflexiones. De entrada, me parece pertinente ofrecer la tópica clasificación de las plurales facultades sindicales, las cuales pueden agruparse, con arreglo a una dualidad de criterios, atinentes, respectivamente, a la titularidad de esas facultades y a la naturaleza de la facultad misma. Atendiendo al primer criterio, es dable distinguir entre derechos sindicales de carácter individual y de carácter colectivo, según su ejercicio corresponda a los trabajadores o a las organizaciones sindicales. Con un lenguaje diverso, esta distinción se equipara en todo a la más canónica y clásica, al menos en la doctrina científica, entre libertad sindical individual y libertad sindical colectiva. Por otra parte, y atendiendo a la naturaleza funcional, cabe diferenciar entre derechos de organización y derechos de actividad. Esta segunda diversificación ha de sumarse a la anterior, de manera que los derechos sindicales son susceptibles de clasificarse de acuerdo con ambas tipologías de manera simultánea: derechos individuales, organizativos y de actividad, y derechos colectivos, organizativos y de actividad.

La determinación con niveles aceptables de seguridad jurídica de las facultades integrantes de la libertad sindical es una tarea que está dotada de una notable complejidad y dificultad, aseveración ésta que probablemente trae causa en la complejidad y dificultad de identificar los instrumentos, no solo normativos, que, en nuestro sistema jurídico, definen esas facultades. Como reconocen doctrina y jurisprudencia, el art. 28.1 CE no puede en modo alguno configurarse como la norma de cierre del contenido del derecho que regula; es, antes bien, una norma fragmentaria y parcial, cuya redacción refleja de manera paradigmática dos de los factores más visibles a lo largo del proceso de elaboración del proyecto de CE: la voluntad de romper con el pasado más próximo y los temores frente a determinados poderes institucionales. Esta ausencia de plenitud en el contenido del precepto constitucional que reconoce la libertad sindical intentó ser colmada, bajo la influencia del Convenio 87 de la OIT, por la LOLS. En tal sentido, el art. 2 formula, con cierto ánimo de exhaustividad, los derechos sindicales, distinguiendo a tales efectos entre derechos individuales (art. 2.1) y derechos colectivos (art. 2.2). Por este lado, podría inicialmente afirmarse que el art. 2 LOLS, interpretado a la luz del art. 28.1 CE y de los tratados internacionales ratificados por España, procedió a delimitar, *ex* art. 53.1 CE, el *contenido esencial* de la libertad sindical.

Es esta, sin embargo, una conclusión que, para darse por definitiva, necesita hacer las cuentas con la jurisprudencia constitucional que, desde su etapa fundacional, dedicó notables esfuerzos a realzar la relevancia institucional del sindicato (art. 7) y la necesidad de garantizar y promover la acción sindical (por todas, STC 70/1982, de 29-11, FJ 3). En relación con el tema a examen, me interesa destacar dos criterios doctrinales. En primer lugar y aun cuando en sus inicios tendió a delimitar el contenido esencial en términos genéricos, identificado con la función, el TC, tras la aprobación de la LOLS, inicia un proceso de concreción de dicho contenido, señaladamente el esencial colectivo, al resolver conflictos que afectan al derecho a la negociación colectiva, a la representatividad sindical y a las estructuras sindicales en la empresa, que va más allá de las previsiones del art. 2 de esta norma o, al menos, las complementan.

Pero para la jurisprudencia constitucional, el contenido esencial no agota el contenido de la libertad sindical susceptible de ser protegido a través del recurso de amparo, a cuyo ámbito de tutela se atraen otros derechos. Por enunciar la idea con palabras del propio TC: el derecho de libertad sindical, en cuanto reconocido constitucionalmente como fundamental, "resulta integrado no solo por su contenido esencial, sino también por otros derechos o facultades que las normas crean o pueden alterar o suprimir, por no afectar a su contenido esencial, de manera que es perfectamente claro que los sindicatos pueden recibir del legislador más facultades y derechos que engrosan el núcleo esencial del art. 28.1" (STC 39/1986, de 31-3, FJ 3B; además y entre otras muchas, SSTC 194/1987, de 18-11; 51/1988, de 22-3 y, ya más recientemente, 152/2008, de 17-11). La jurisprudencia constitucional ha ido ensanchando progresivamente los instrumentos jurídicos de creación del contenido adicional, que no solo puede activarse por ley o reglamento, sino también por convenio colectivo e, incluso, por decisión unilateral del empresario: "el contenido del derecho no se agota en ese doble plano, esencial o adicional de fuente legal o convencional, dado que pueden existir derechos sindicalmente caracterizados que tengan su fuente de asignación en una concesión unilateral del empresario (...). En estos casos, a diferencia de lo que ocurre con el contenido adicional de fuente legal o convencional, que resulta indisponible para el empresario, éste podrá suprimir las mejoras o derechos de esta naturaleza que previamente haya concedido" (STC 281/2005, de 7-11, FJ 3); también y entre otras, SSTTC 9/1988, de 15-1; 30/1992, de 18-3 y 145/1999, de 22-7 y 132/2000, de 16-5)

2. La libertad sindical individual

Desde la perspectiva de los derechos de organización, la libertad sindical individual se desdobla tradicionalmente en dos vertientes: la positiva y la negativa. Esa primera se expresa a través de tres facultades: i) fundar sindicatos libremente (art. 28.1 CE), lo que comporta la no exigencia de autorización previa (art. 2.1.a LOLS); ii) afiliarse al sindicato de su elección (art. 28.1 CE), con la sola condición de observar sus estatutos (art. 2.1.b LOLS y STC 186/1992, de 16-11) y iii) elegir libremente a sus representantes (art. 2.1.c LOLS).

La libertad sindical negativa no es objeto de tratamiento en los tratados internacionales, incluido el Convenio 87 de la OIT. La razón de esta omisión se debe a ciertas prácticas de los países anglosajones y escandinavos, articuladas a través de fuentes convencionales, y de contenido diverso; por ejemplo: preferencia de los afiliados al sindicato parte del convenio a ser contratados, obligación del empresario a contratar a trabajadores afiliados al sindicato (*pre-entry closed shop*) o a despedir a los que se desafilien (*post-entry closed shop*). Abandonando sus tradicionales resistencias, el TEDH, en la actualidad, entiende, bien que con reticencias, que la vertiente negativa es un elemento esencial de la libertad sindical individual ex art. 11 CEDH (por todas, sentencia *Sigurdur A. Sigurjonsson c. Islandia*, de 30 de junio de 1993).

Apartándose de este entorno normativo, el último inciso del art. 28.1 consagra constitucionalmente la vertiente negativa de la libertad sindical individual, disponiendo que "nadie podrá ser obligado a afiliarse a un sindicato". Esta concreta regla no otra cosa pretendió que romper con meridiana claridad con la afiliación obligatoria existente en el sindicato vertical. Como ha razonado el TC, esta prohibición incluye "tanto las obligaciones directas como las indirectas y tanto las genuinas obligaciones de sindicación como las medidas de presión que al disfrute de la libertad se puedan oponer"; pero ello no impide "que el legislador atribuya unos derechos a los trabajadores sindicados o que el contenido de los derechos de estos sea diverso que el de aquellos que no se sindiquen", resultando legítima la diferencia "siempre que no entrañe presión o coacción" (STC 68/1982, de 22-11, FJ 3; también SSTC 132/1989, de 18-7 y 139/1989, de 20-7). Tampoco la vertiente negativa es incompatible con las medidas de fomento de la sindicación ni con la atribución en exclusiva a los sindicatos de la legitimación para negociar convenios colectivos de ámbito superior a la empresa (entre otras SSTC 4/1983, de 28-1 y 12/1983, de 22-2)

El art. 28.1 CE no alude a los derechos individuales de actividad, lo que en cambio sí hace la LOLS cuyo art. 2.1.d reconoce a los trabajadores "el derecho a la actividad sindical", derecho éste que, entre otras expresiones, comporta el adherirse a huelgas convocadas por los sindicatos, la asistencia a reuniones sindicales o, en fin, la constitución, dentro de la empresa, de secciones sindicales.

3. La libertad sindical colectiva

La parcialidad del art. 28.1 CE en la identificación de las manifestaciones de la libertad sindical colectiva resulta más acentuada que en la de carácter individual. De ahí la necesidad de acudir a la LOLS para complementar esa labor identificativa. En su vertiente organizativa, los derechos que corresponden a las organizaciones sindicales son, de un lado, "redactar sus estatutos y reglamentos, organizar su administración interna y sus actividades y formular s programa de acción" (art. 3.2.a LOLS) y, de otro, constituir federaciones, confederaciones y organizaciones internacionales, así como afiliarse y retirarse de las mismas (arts. 28.1 CE y 3.2.b LOLS). En su vertiente funcional, las facultades que asisten a los sindicatos se resumen en el "ejercicio de la actividad sindical en la empresa o fuera de ella", que comprende, en todo caso, la negociación colectiva, la huelga, el planteamiento de conflictos individuales y colectivos y, en fin, la presentación de candidaturas a las elecciones de las representaciones unitarias en los sectores privado y público (art. 3.2.d). Al margen de las reglas constitucionales y legales enunciadas, los sindicatos tienen reconocidos derechos que, de conformidad con lo razonado con anterioridad, forman parte del núcleo esencial o, en su caso, del adicional de la libertad sindical.

En el derecho de libertad sindical consagrado en el art. 28.1 CE se encuentra implícita la exigencia de igualdad entre las diversas opciones sindicales que pueden concurrir en un sistema de pluralismo, exigencia ésta, sin embargo, que no obsta a un tratamiento diversificado siempre y cuando el factor diferencial reúna los requisitos de objetividad, razonabilidad, adecuación y proporcionalidad (entre otras muchas, SSTC 22/1983, de 25-3; 99/1983, de 16-11 y 20/1985, de 14-2).

El factor de diferenciación sindical más relevante en nuestro sistema jurídico es la mayor representatividad. En línea de principio, el TC ha venido reconociendo la conformidad constitucional de la atribución en régimen de exclusividad de determinadas funciones, prerrogativas o medios de acción reconocidos a favor de los sindicatos más representativos, no poniendo en duda su carácter objetivo, al no estar a disposición ni ser influido "por decisiones o actuaciones de los poderes públicos" (STC 75/1992, de 14 de mayo, FJ 3). Más aún. El régimen de pluralismo sindical derivado de la proclamación constitucional de la libertad sindical puede aconsejar —e, incluso, en ocasiones obligar— a recurrir a criterios obligados de diferenciación entre organizaciones sindicales, pues una excesiva atomización sindical puede poner en riesgo "la eficaz defensa de los intereses de los trabajadores" (STC 53/1982, de 22-7, FJ 3). Como hizo notar tempranamente la sentencia 65/1982, de 10-11, la representación de los intereses de los trabajadores resultaría "notablemente mermada en su eficacia si se atribuyese por igual a todos los sindicatos" (FJ 3). Para la jurisprudencia constitucional, en suma, la mayor representatividad es un elemento de diferenciación sindical constitucionalmente legítimo siempre que concurra una relación razonable de proporcionalidad entre el medio utilizado y la finalidad perseguida.

La conclusión que cabe extraer es de fácil y rápido enunciado: el tratamiento constitucional de la mayor representatividad plantea, en su versión primera y esencial, un problema de límites entre, de un lado, los derechos de igualdad y libertad sindicales y, de otro, la promoción selectiva del hecho sindical deducible del art. 7 CE. La conclusión la ha resumido con notable claridad la sentencia TC 75/1992, de 14-5, que, siguiendo los criterios expuestos, dirá que "la promoción de un cierto modelo sindical en que se potencie la existencia de sindicatos fuertes, en contraposición a un sistema de atomización, puede ser una finalidad legítima desde el punto de vista del art. 14 CE, así como desde el art. 7, por garantizar una más incisiva acción de los sindicatos para el cumplimiento de sus fines" (FJ 3). La mayor representatividad resulta plenamente acorde con valores que la Constitución consagra, salvo que la diferencia se reputara desproporcionada "por restringir el núcleo esencial de la libertad sindical o por entorpecer en exceso el libre funcionamiento de los sindicatos" (FJ 3).

Desplazado pues el juicio de constitucionalidad sobre la mayor representatividad desde el ámbito del factor diferencial al concreto terreno de su aplicación normativa o administrativa, el TC ha centrado sus esfuerzos en discernir, *ad casum*, si las funciones y prerrogativas concedidas en régimen de exclusividad a estos sindicatos y, por tanto, la exclusión de las organizaciones sindicales en las que no concurriese aquella condición del disfrute de ciertos beneficios o medios de acción resulta o no compatible con los derechos de igualdad y libertad sindicales. Esta labor enjuiciadora del TC ha arrojado resultados variados.

Así, y por lo pronto, la jurisprudencia constitucional ha admitido la adecuación constitucional de la mayor representatividad en los supuestos de representación institucional ante órganos administrativos (STS 53/1982, citada) y ante la Organización Internacional de Trabajo (STC 65/1982, de 10-11). Y también ha admitido esa condición para las negociaciones colectivas de eficacia general (entre otras, SSTC 4/1983, de 28-1; 12/1983, de 25-2 y 73/1984, de 27-6) así como para la cesión preferente en uso del patrimonio sindical acumulado (STC 75/1992, de 14-5). En sentido opuesto, se ha entendido lesiva de los derechos de igualdad y de libertad sindical el empleo de la mayor representatividad para la concesión de subvenciones contenidas en las leyes presupuestarias para la realización de fines de carácter general (SSTC 20/1985, de 14-2, y 26/1985, de 22-2), para la participación institucional en el Consejo General de la MUFACE (STC 184/1987, de 18-11) y, en fin, para la participación en la Comisión Consultiva del Patrimonio Sindical Acumulado (STC 183/1992, de 16-11).

Al margen del concreto resultado alcanzado en cada uno de los mencionados pronunciamientos, la jurisprudencia constitucional reseñada no se presenta como un cuerpo de doctrina homogéneo. Indiscutible resulta la coincidencia en torno a unos principios generales reseñados; pero la doctrina del TC ha ido evolucionando, no sin vaivenes y virajes, en una dirección de progresiva restricción del uso de la técnica de selección entre sindicatos a través de la noción de la mayor representatividad. Durante la primera mitad de los 90 del siglo XX, que son los momentos de máxima conflictividad sobre esta noción, el TC procederá a poner en cuestión el uso de la técnica de selección sindical amparada en la mayor representatividad, privándola en buena medida del pasaporte de constitucionalidad hasta entonces otorgado. Confirmada en todos sus aspectos en la sentencia 98/1985, la figura del sindicato más representativo se encuentra instalada en unas zonas de penumbra e inseguridad, habiendo procedido el legislador, ante la eventualidad de un reproche de inconstitucionalidad, a la práctica clausura de la concesión de mayores funciones, en uso de la posibilidad reconocida en el art. 6.3.g) LOLS.

IV. BIBLIOGRAFÍA

ÁLVAREZ CUESTA, H.: *La mayor representatividad sindical*, León (Servicio de Publicaciones Universidad), 2006.

CRUZ VILLALÓN, J.: "Libertad sindical", en GARCÍA MURCIA, J. (dir.), *La Constitución del trabajo*, KRK, Oviedo, 2020.

GARCÍA MURCIA, J., *Organizaciones sindicales y empresariales más representativas*, Ministerio de Trabajo, 1987.

GOERLICH PESET, J. M.: "Artículo 28.1. La libertad sindical en la jurisprudencia del Tribunal Constitucional", en CASAS BAAMONDE, M. E./RODRÍGUEZ-PIÑERO Y BRAVO-FERRER, M. *Comentarios a la Constitución Española*, Fund. Wolters Kluwer, Madrid, 2009.
DE SOTO RIOJA, S.: *La libertad sindical negativa*, Civitas, Madrid, 1998.
MARÍN MORAL, I.: *Libertad sindical y Constitución*, Edic. Laborum, Murcia, 2003.
VALEOLIVAS GARCÍA, Y.: *Antisindicalidad y relaciones de trabajo*, Civitas, Madrid, 1992.

V. JURISPRUDENCIA

STC 68/1982, de 22 de noviembre.
STC 70/1982, de 29 de noviembre.
STC 98/1985, de 14 de agosto.
STC 39/1986, de 31 de marzo.
STC 52/1992, de 8 de abril.
STC 75/1992, de 14 de mayo.
STC 281/2005, de 7 de noviembre.
STC 236/2007, de 7 de noviembre.
STC 108/2008, de 22 de septiembre.
STC 64/2016, de 11 de abril.
STC 89/2018, de 6 de septiembre.
STC 22/2023, de 27 de marzo.

Artículo 28.2

2. Se reconoce el derecho a la huelga de los trabajadores para la defensa de sus intereses. La ley que regule el ejercicio de este derecho establecerá las garantías precisas para asegurar el mantenimiento de los servicios esenciales de la comunidad.

COMENTARIO

Joaquín García Murcia
Catedrático de Derecho del Trabajo y Seguridad Social
Universidad Complutense de Madrid

SUMARIO: I. NATURALEZA, CONTEXTO Y RÉGIMEN JURÍDICO. II. TITULARIDAD Y LEGITIMACIÓN ACTIVA. III. CONTENIDO Y EJERCICIO DEL DERECHO DE HUELGA. IV. LÍMITES. V. TUTELA. VI. BIBLIOGRAFÍA. VII. JURISPRUDENCIA.

I. NATURALEZA, CONTEXTO Y RÉGIMEN JURÍDICO

En comparación con otras cartas y declaraciones de derechos, nuestro texto constitucional ofrece dos particularidades en lo que se refiere al conflicto colectivo de trabajo. La primera es el reconocimiento expreso y directo del derecho de huelga (art. 28.2), con sustantividad propia y, sobre todo, con autonomía formal respecto de otros derechos laborales de dimensión colectiva, como la libertad sindical o la negociación colectiva. La segunda es el reconocimiento adicional de un derecho "a adoptar medidas de conflicto colectivo" (art. 37.2), que tiene una estructura parecida al anterior pero que se diferencia del mismo no sólo en lo relativo a su contenido (que es mucho más general) y su titularidad (que comprende a trabajadores y empresarios), sino también por su ubicación sistemática, lo cual influye tanto en su nivel de protección jurisdiccional como en el tipo de norma legal que puede proceder a su desarrollo. Si el derecho de huelga figura entre aquellos derechos constitucionales que gozan de las mayores garantías jurisdiccionales (incluido el recurso de amparo) y que requieren ley orgánica para el desarrollo de sus elementos, el derecho a adoptar medidas de conflicto colectivo pertenece al cuadro de "derechos y deberes de los ciudadanos", desprovistos, como se sabe, tanto de ese grado de tutela jurisdiccional como de esa exigencia especial en el procedimiento legislativo.

Aunque se reconoce de forma separada e independiente, el derecho de huelga se inscribe por naturaleza en lo que podemos denominar "constitución del trabajo" y, en particular, en un conjunto de cláusulas constitucionales que tiene por objeto la construcción y el sostenimiento de nuestro sistema de relaciones laborales, basado en última instancia en el principio de autonomía colectiva. Dentro de ese conjunto, la cláusula más próxima al derecho de huelga es sin duda la que reconoce la libertad sindical, no sólo porque se contiene en el mismo precepto constitucional (en el propio art. 28, en este caso en su apartado primero), sino también porque el derecho de sindicación es la matriz y el germen de la generalidad de los derechos laborales de ejercicio o impacto colectivo. Téngase en cuenta, para que se aprecie a conciencia esa estrecha conexión, que el reconocimiento de la libertad sindical es suficiente soporte para que la huelga pueda entrar en escena (aunque sea a través del sindicato), y que un sindicato sin posibilidad de adoptar medidas de huelga o de conflicto ve limitadas en buena medida sus posibilidades de acción, como ha puesto de relieve no sólo la doctrina científica sino también la jurisprudencia especializada en derechos humanos y la doctrina proveniente de la Organización Internacional del Trabajo. También es relevante la relación del derecho de huelga con el derecho a la negociación colectiva reconocido en el art. 37.1 CE (hasta el punto de que en muchos textos internacionales la huelga se contempla como un instrumento de presión en el proceso de promoción y elaboración de los convenios colectivos), como lo es, según dijimos con anterioridad, su proximidad (cuasi fraternal) con el derecho a la adopción de medidas de conflicto colectivo (art. 37.2 CE). La conexión ha de ampliarse asimismo a los mandatos de participación en la empresa consignados en el art. 129.2 CE, así como, desde una perspectiva más general, al papel institucional que el art. 7 CE confiere a las organizaciones sindicales dentro de nuestro sistema de relaciones laborales. La proyección de los derechos de la persona al ámbito de las relaciones de trabajo ha supuesto, por lo demás, la apertura de nuevos horizontes, nuevos puntos de contacto y, al final, nuevos medios de acción para el derecho de huelga; piénsese en lo que pueden aportar en ese sentido las libertades de expresión e información o los derechos de reunión y manifestación, o lo que pueden significar en este terreno de las acciones de conflicto la preservación del derecho a la intimidad y el respeto de las reglas de igualdad y no discriminación.

Dentro de este singular contexto normativo, el art. 28.2 CE reconoce "el derecho a la huelga de los trabajadores para la defensa de sus intereses", y exige a "la ley que regule el ejercicio de este derecho" con la importante misión de establecer "las garantías precisas para asegurar el mantenimiento de los servicios esenciales de la comunidad". Como todo derecho fundamental, el art. 28.2 CE conjuga su condición de derecho subjetivo con su dimensión, más objetiva, de ingrediente básico del sistema jurídico, social e institucional (y, principalmente, del subsistema de relaciones laborales). La fórmula del art.

28.2 CE condensa, por otra parte, las cuatro facetas que por lo general suelen advertirse en los derechos constitucionales de factura moderna: la proclamación del derecho, la identificación de sus titulares, la determinación de algunos de sus rasgos o elementos básicos, y la fijación de un marco normativo (de rango constitucional) en el que, con la pertinente flexibilidad, debe operar el legislador. Se trata, por otra parte, de una cláusula constitucional que no sólo está dotada de eficacia normativa directa sino que también posee cierta capacidad reguladora, pese a su inevitable concisión. Eso quiere decir que el art. 28.2 CE permitiría por sí mismo el ejercicio de la huelga, sin necesidad de desarrollo o complemento legal, entre otras cosas porque la mención a ese derecho remite de manera inmediata a una institución perfectamente moldeada a lo largo del tiempo, tan sólo necesitada para su uso efectivo de unas pautas de actuación o procedimiento que por supuesto pueden provenir de la ley pero que también pueden derivar de la propia autonomía colectiva y que, llegado el caso, pueden destilarse o depurarse a través de la pertinente intervención jurisdiccional, como sucede con bastante habitualidad, en nuestro país y en los de nuestro entorno.

De hecho, nuestro actual régimen jurídico de la huelga debe mucho a las aportaciones de los tribunales. Básicamente, a la jurisprudencia constitucional, que desde la ya mítica sentencia 11/1981 de 8 de abril, no ha dejado de proporcionar criterios interpretativos acerca del sentido y alcance de ese derecho constitucional, hasta el punto de que no es posible conocer ni manejar el derecho de huelga en España si se prescinde de esa inexorable veta jurisprudencial. En cualquier caso, conviene hacer dos precisiones en este sentido. Por un lado, hay que tener en cuenta que el art. 28.2 CE, aunque se limite formalmente a la garantía de los servicios esenciales de la comunidad a la hora de hacer esa llamada, contiene un encargo muy claro al legislador para que desarrolle directamente el derecho de huelga, encargo que en buena lógica habría de ser atendido. Por otro, no debe olvidarse que en nuestra tradición normativa la admisión de la huelga ha estado muy unida a la regulación legal de la misma, por lo que difícilmente se concibe la existencia del derecho sin una norma de acompañamiento o desarrollo que canalice su ejercicio. Esa es, en efecto, la situación que tenemos en estos momentos, aunque con algunos ingredientes muy peculiares. Como es sabido, el Real Decreto-ley 17/1977, de 4 de marzo, que incorporó a su contenido sendos capítulos sobre huelga y conflictos colectivos de trabajo, ha logrado mantener su vigencia tras la Constitución de 1978, mediante el respaldo que le proporcionó el Tribunal Constitucional a través de la ya citada sentencia 11/1981, bien es cierto que con importantes precisiones y salvedades (pues no fue exclusivamente una sentencia de convalidación, sino también una "sentencia interpretativa" para algunos pasajes legales y de declaración de nulidad para algunos otros). Desde ese momento, el RDL 17/1977 vino a ocupar, por más tiempo del que seguramente cabía suponer (máxime tras el fracaso del proyecto de ley de 1992/1993), el papel de la ley anunciada y preconizada por el art. 28.2 CE. No es una ley orgánica, ni siquiera una ley de elaboración parlamentaria, pero esas características, al decir de nuestro máximo intérprete de la Constitución (de nuevo, en la sentencia 11/1981), no eran obstáculo para la subsistencia tras la Constitución de una norma elaborada bajo otras premisas institucionales.

Por lo demás, nuestra cláusula constitucional sobre el derecho de huelga está arropada por diversas previsiones de orden supranacional. Las de mayor solera siguen siendo las contenidas en la Carta Social Europea de 1961 (art. 6 de la Parte II), revisada con similar tenor en 1996, y en el Pacto Internacional de Derechos Económicos, Sociales y Culturales de 1966 (art. 8). En el ámbito de la Unión Europea hay que contar con una primera proclamación formal en la Carta de Derechos Sociales Fundamentales de los Trabajadores (art. 13) y con la confirmación de esa primera tabla de derechos sociales (buena parte de ellos bajo el apartado de "solidaridad y ya con plena eficacia normativa"), que supuso la aprobación de la Carta de Derechos Fundamentales en el año 2000 (art. 28). Todos estos instrumentos pueden jugar desde luego el papel de orientación o guía interpretativa que el art. 10.2 CE asigna a las normas internacionales en materia de derechos fundamentales, pero probablemente no añadan mucho ni al contenido del derecho, al nivel que, en cuanto a posibilidades de uso y a extensión o amplitud del derecho, proporciona por sí mismo el art. 28.2 CE. Téngase en cuenta, por ejemplo, que en la mayoría de estos casos el derecho a la huelga se contempla como una manifestación de un derecho más general a emprender "acciones colectivas", y que este derecho, a diferencia de lo que sucede con nuestro sistema constitucional, se atribuye en condiciones de paridad de armas a trabajadores y a empresarios, muy ligado por lo demás a la actividad de negociación colectiva.

II. TITULARIDAD Y LEGITIMACIÓN ACTIVA

Problema interpretativo clásico del art. 28.2 CE ha sido siempre el relativo a la titularidad del derecho o, quizá mejor, a su ámbito subjetivo de aplicación. Es evidente que la palabra "huelga" no alberga en ese precepto todas las aplicaciones que le otorga el lenguaje vulgar o incluso el diccionario de la lengua española (que habla, por ejemplo, de "huelga de hambre"), y que el derecho constitucional que nos sirve de referencia tan sólo puede proyectarse sobre el mundo del trabajo y en relación con el trabajo. Hay que precisar además que ni siquiera es predicable la huelga de todas las personas que trabajan, pues tan sólo es propia esa medida de conflicto colectivo laboral de quienes realizan actividad profesional por cuenta de otro, esto es, de quienes prestan servicios para un empleador o una empresa. Como ya apuntara la sentencia TC 11/1981 (FJ 12), la huelga cobra sentido en el contexto de la relación de dependencia propia del contrato de trabajo, en la que quien se compromete a trabajar está necesitado normalmente, por su posición de debilidad contractual, de algún contrapeso o refuerzo para la adecuada salvaguarda de sus intereses profesionales. La Constitución no impide que por vía legal se concedan a otros grupos profesionales instrumentos de promoción y defensa de sus respectivos intereses, entre los que podrían figurar en hipótesis derechos de acción colectiva próximos a la huelga (como el legislador ha hecho para los trabajadores autónomos o por cuenta propia), pero ni lo exige ni proporciona de oficio tales herramientas.

Dentro de los trabajadores asalariados que gozan del derecho constitucional de huelga se incluyen desde luego los empleados públicos de régimen laboral. Más dudosa ha resultado desde el principio la inclusión de los funcionarios públicos, que tradicionalmente, y por razones fáciles de identificar, habían sido excluidos de nuestras normas legales sobre huelga y conflicto colectivo de trabajo (por ejemplo, del RDL 17/1977). Hoy en día, como es sabido, todos los empleados públicos, incluidos los de régimen funcionarial, tienen reconocido el derecho de huelga por vía legal (a través del Estatuto Básico del Empleado Público y de otras muchas normas sectoriales), pero aún puede discutirse, por extraño que parezca, sobre el anclaje constitucional de ese derecho. Sobre tal cuestión todavía no se ha pronunciado de forma explícita y contundente nuestro máximo intérprete de la Constitución, que tan sólo ha aludido, desde esa perspectiva, al "eventual derecho de huelga" de los funcionarios públicos (FJ 13 sentencia TC 11/1981 y sentencia TC 99/1987). Es más: la jurisprudencia constitucional ha dado normalmente al término "trabajador" (utilizado por el art. 28.2 CE) un sentido estricto y limitado, muy conectado al ámbito de la legislación laboral. Lo ha hecho especialmente a propósito del derecho a la negociación colectiva reconocido en el art. 37.1 CE (sentencia TC 57/1982, de 27 de julio), pero ese criterio interpretativo puede servir también en este otro terreno de la huelga.

Alguna decisión del TC (el auto 99/2009, de 23 de marzo) ha parecido extraer el derecho de huelga de los funcionarios públicos del derecho constitucional de libertad sindical, que indudablemente se extiende a la función pública, según cabe apreciar en el art. 28.1 CE. Esta ha sido, también desde muy temprano, la línea de razonamiento de una consistente corriente doctrinal, pero la situación sigue sin estar del todo despejada. Como dijimos más arriba, el reconocimiento del derecho de sindicación lleva aparejada la posibilidad de llamar a la huelga, pero esta puerta de entrada modula ("sindicaliza") de manera inevitable la configuración de esa forma de acción colectiva, en el sentido, por ejemplo, de que probablemente dejaría de ser un derecho individual para pasar a tener una titularidad orgánica o colectiva (del sindicato, como en algunos países). Cabe la posibilidad, por otro lado, de que se atribuyan derechos de libertad sindical y sin embargo se niegue la huelga, como efectivamente sucede con algunos cuerpos de funcionarios públicos (la policía nacional, por ejemplo). Esta opción, que cuenta con amparo no sólo en nuestro texto constitucional (véase la referencia del art. 28.1 CE a los funcionarios públicos) sino también en textos internacionales (la doctrina del Comité de Libertad Sindical de la OIT es muy emblemática en ese sentido), se funda a la postre en razones de interés general y orden público. Por otro lado, es razonable pensar que la prohibición o exclusión de la libertad sindical conduce inexorablemente a la prohibición o exclusión de una medida tan significativa desde el punto de vista de la acción sindical y "reivindicativa" como la huelga, pues no se comprendería bien que se prohibieran las formas más primarias de presión y promoción de intereses profesionales (la organización sindical) y se permitieran las más drásticas o radicales (la huelga). No siempre, sin embargo, se está de acuerdo con esa elemental ecuación. Muchas veces, y en una suerte de rara paradoja, se defiende la atribución de derechos de huelga a jueces, magistrados y fiscales pese a la rotunda prohibición de la libertad sindical que impone para ellos nuestro sistema jurídico (art. 127 CE y art. 1.4 LO 11/1985 de Libertad Sindical).

En nuestro sistema constitucional la huelga es un derecho de los trabajadores, esto es, un derecho de titularidad individual. El derecho comparado nos pone de relieve que caben otras opciones (la huelga como facultad exclusiva del sindicato), pero nuestra tradición normativa, también reflejada en el RDL 17/1977, se ha inclinado en ese otro sentido. De todos modos, es indiscutible que la huelga es un derecho de necesario ejercicio colectivo, por lo que la titularidad individual puede dejar margen para distintas opciones desde el punto de vista de la activación y gestión de la huelga. Tratándose de un derecho individual parece inexcusable que los trabajadores tengan legitimación directa para llamar a la huelga, sin necesidad de agentes o intermediarios, y así sucede en nuestro sistema (como aclara la ley). Pero también es claro que en nuestro actual sistema jurídico la legitimación activa en relación con la convocatoria de huelga debe concederse asimismo a las organizaciones sindicales, pues, como ya hemos reiterado, la huelga no deja de ser uno de los medios típicos de acción sindical, tal vez el más importante de ellos junto a la negociación colectiva. Recuérdese que, según nuestra jurisprudencia constitucional, y según la jurisprudencia europea de derechos humanos, la huelga forma parte del contenido esencial de la libertad sindical. De ahí que, pese al silencio que en ese sentido sigue guardando el RDL 17/1977, sea viable la convocatoria sindical de la huelga, una posibilidad que implícitamente deriva del art. 28.1 CE y que ha sido admitida de forma expresa por la ley de desarrollo de ese derecho constitucional (art. 2.2.d de la Ley orgánica 11/1985). La llamada sindical a la huelga es, por lo demás, la vía más habitual de utilización de esta medida de conflicto colectivo laboral en nuestra experiencia constitucional. Curiosamente, también se admite entre nosotros la convocatoria de la huelga por parte de la representación unitaria de los trabajadores en las empresas y centros de trabajo, algo que tiene respaldo legal (art. 3 RDL 17/1977) y que tiene mucho que ver con el alto nivel de competencias adquirido en la transición y en la etapa constitucional por esa forma de representación tan tradicional en nuestro sistema, aunque no parece que su intervención en este terreno, siendo posible, sea exactamente una exigencia constitucional. En definitiva: junto a la titularidad individual del derecho de huelga, que permite a todo trabajador, y en todo momento, seguir o no la convocatoria de huelga, hay que contar en nuestro sistema con facultades orgánicas o colectivas, que albergan por supuesto los actos de declaración, convocatoria y gestión de la huelga, que pueden atribuirse a otros sujetos, pero que en todo caso han de respetar lo que a favor del trabajador pueda derivarse de la titularidad individual del derecho (básicamente, la decisión de hacer o no huelga, pues en ningún caso puede ser obligado a ello ni apartado de ello).

Los extranjeros pueden ejercer el derecho de huelga en las mismas condiciones que los españoles (art. 11.2 LO 4/2000, a raíz de sentencia TC 259/2007, de 19 de diciembre).

III. CONTENIDO Y EJERCICIO DEL DERECHO DE HUELGA

El art. 28.2 CE reconoce el derecho de huelga a los trabajadores "para la defensa de sus intereses" pero poco ilustra acerca de su contenido, ni tampoco sobre los fines o sobre el modo de ejercicio de la huelga. La existencia de una cláusula constitucional específicamente dedicada a la huelga, desligada formalmente del derecho a la negociación colectiva, permite sostener que, a diferencia de lo que ocurre en otros sistemas o en otras declaraciones de derechos, la huelga no se contempla entre nosotros como mero instrumento de presión en el contexto de la preparación o elaboración del convenio colectivo y que, en consecuencia, esa medida de conflicto podrá utilizarse desde luego para esos fines (la llamada huelga "contractual") pero también para sustentar o hacer visible otro tipo de reivindicaciones de signo laboral o profesional, tanto en el ámbito de la empresa como en ámbitos sectoriales o interprofesionales (como dio a entender la sentencia TC 11/1981, sobre todo en sus FJ 10 y 14), incluso contra la acción o programación de los poderes públicos. Por ejemplo, no es discutible a estas alturas el encaje en nuestro sistema constitucional de la denominada "huelga general", que normalmente no se dirige contra la empresa o el sector empresarial, sino más bien contra propuestas o decisiones de los poderes públicos, siempre que con ella se busque en última instancia la promoción o mejora de las condiciones de trabajo y empleo.

Pero ¿qué ingredientes conforman el derecho de huelga? O, al menos, ¿cuáles son sus elementos principales? En una primera aproximación, conviene distinguir dos grandes facetas en ese derecho. En primer término su dimensión individual, que parte de la titularidad directa del trabajador del derecho de huelga y cuyo ingrediente más importante es sin duda la facultad del trabajador de cesar transitoriamente en su prestación de servicios, o, como gráficamente dijo el TC (sentencia 11/1981 FJ 10), de colocarse "fuera del contrato de trabajo" y hacer un paréntesis, con los fines de presión propios de la huelga, en el compromiso de trabajar previamente asumido. En consecuencia, una acción como la huelga no puede tomarse como incumplimiento contractual, y no puede implicar ni la extinción *per se* de la relación laboral ni la imposición de sanciones o represalias, o la exigencia de responsabilidades, por parte del empleador. Dicho de otro modo: el trabajador tiene derecho a reincorporarse al trabajo a la conclusión de la huelga en las mismas condiciones que rigieran con anterioridad a esa paralización temporal del trabajo. Es verdad que no todos los sistemas jurídicos atribuyen a la huelga los mismos efectos ni, en particular, esa consecuencia de suspensión y no extinción de la relación laboral; también es verdad que esos efectos de alguna manera provienen de nuestra tradición legal, y no exactamente de la entrada en escena de la Constitución de 1978. Pero es altamente probable que el derecho fundamental de huelga que hemos incorporado a nuestro texto constitucional no pueda conducir a otro resultado. Lo mismo podría decirse de la prohibición de renuncia del derecho que contiene el RDL 17/1977 (art. 2).

Al tratarse de un derecho de necesario ejercicio colectivo, el derecho de huelga también alberga otra faceta de proyección más general. En esta otra faceta colectiva destaca sobre todo la facultad de quienes están legitimados para activar o promover la huelga (por ejemplo, el sindicato) de concretar sus fines u objetivos, de delimitar su ámbito y alcance (desde el punto de vista funcional, territorial y subjetivo), incluida su duración. El art. 28.2 CE también les ampara para optar por la modalidad de huelga más conforme a su estrategia o sus reivindicaciones, dentro de las exigencias de uso no abusivo y del principio de "sacrificios mutuos" que tuvo a bien defender nuestro máximo intérprete de la Constitución a partir de la sentencia 11/1981 (criterios particularmente relevantes para valorar tanto la constitucionalidad de las reglas legales relativas a las denominadas huelgas rotatorias y estratégicas, que se consideran abusivas en principio, como la admisibilidad de modalidades de huelga no contempladas legalmente, como las huelgas intermitentes, que en principio se estiman aceptables). Los convocantes o promotores de la huelga tienen asimismo facultades de publicidad y difusión en el ámbito de referencia, y pueden celebrar reuniones con vistas a su preparación y a su adecuado seguimiento; facultades que por cierto cuentan con el apoyo de otros derechos fundamentales (libertades de expresión e información, derecho de reunión y manifestación), pero que, por otro lado, han de ejercitarse siempre con respeto de los derechos e intereses legítimos en juego (por ejemplo, la libertad de las personas, los derechos de propiedad o los derechos dimanantes de la libertad de empresa). En particular, el Tribunal Constitucional ha precisado que el ejercicio del derecho de huelga puede amparar la estancia de los trabajadores en los centros de trabajo (la llamada "ocupación" de locales, o huelga con ocupación de locales), aunque el empresario podrá tomar decisiones de desalojo (incluido en ciertos casos el cierre de las instalaciones o *lock-out*) en situaciones de riesgo para la seguridad de las personas o las cosas, o cuando los huelguistas impidan de modo ilegítimo el desarrollo de la actividad empresarial (sentencia 11/1981, FJ 17). Los gestores de la huelga también pueden, por cierto, aceptar cláusulas de paz durante la vigencia de un convenio colectivo, lo cual, según el TC, no supone propiamente una renuncia del derecho, sino una especie de gestión de su uso, con la apostilla de que cabe en todo caso la convocatoria de huelga para presionar por asuntos o problemas externos a lo pactado en el convenio.

Aunque el art. 28.2 CE no se refiera de forma explícita a ello, es evidente que uno de los grandes retos que plantea el análisis de ese derecho tiene que ver con la posición jurídica del empresario en caso de huelga. En el fondo, los criterios de abuso y de sacrificio mutuo sustentados por nuestro Tribunal Constitucional a la hora de valorar la admisibilidad o no de ciertas modalidades de huelga, o de ponderar las posibilidades de ocupación de las instalaciones empresariales, tratan de dar alguna respuesta a ese dilema. Pero el problema se viene suscitando con especial crudeza en los últimos tiempos a propósito del devenir de la actividad empresarial en caso de huelga. ¿Puede el empresario continuar su actividad pese a la huelga? ¿Exige el derecho de huelga una especie de "anestesia" de los poderes empresariales? ¿Forma parte del derecho de huelga la garantía de éxito aun a costa de esos poderes? En este sentido, cabe decir por lo pronto que la prohibición de sustitución de los trabajadores huelguistas por nuevos trabajadores que impone nuestra legislación ordinaria (art. 6.5 RDL 17/1977) ha quedado integrada de modo natural en el derecho de huelga constitucionalmente reconocido, de modo que no parece concebible en nuestro sistema una respuesta distinta; una prohibición que en todo caso, según el decir del propio TC, no impide la adopción de medidas de reorganización o movilidad en el seno de la empresa respecto del personal no huelguista, salvo mala fe o ánimo de contraataque por parte del empleador (sentencias TC 123/1992 y 33/2011, de 28 de marzo). Pero la dimensión más moderna del problema apunta en dos direcciones un poco más sofisticadas y complejas: de un lado, hacia el ámbito de los grupos empresariales o de las relaciones de colaboración entre empresas, en el que, por el momento, la jurisprudencia constitucional ha tenido oportunidad de declarar lesiva del derecho de huelga la rescisión de una contrata por parte de la empresa principal por el solo hecho de que su actividad hubiera quedado paralizada a causa de las medidas de conflicto adoptadas por los trabajadores de la empresa contratista (sentencia TC 75/2010 y otras posteriores); de otro, hacia el terreno del denominado "esquirolaje tecnológico", respecto del que el TC ha considerado no aceptable que durante la huelga los medios de comunicación audiovisual procedan a la emisión de espacios de puro entretenimiento sin interés informativo (sentencia TC 183/2006), pero también ha puesto de manifiesto, con un carácter más general, que el derecho de huelga no exige inexcusablemente el cese completo de la actividad de la empresa ni garantiza el logro pleno de los objetivos perseguidos por los huelguistas (sentencia TC 17/2017). Son temas, por lo demás, en los que la jurisprudencia ordinaria es ya relativamente abundante, probablemente en proceso de crecimiento.

IV. LÍMITES

Ni que decir tiene que el de huelga es también un derecho limitado, entre otras razones porque ha de conjugarse con el resto de derechos y bienes protegidos por el ordenamiento y, en especial, con los de rango o anclaje constitucional (sentencia TC 11/1981, FJ 18). Ya hemos visto que algunos criterios interpretativos del TC parten precisamente de las limitaciones intrínsecas del derecho de huelga, muy conectadas a su razón de ser y, a la postre, a su función institucional. Ahora conviene detenerse sobre todo en los límites externos, que derivan de la necesidad de preservar otros bienes que pueden quedar afectados por la huelga. No todos ellos están presentes de forma explícita en el art. 28.2 CE, pero sí lo están los "servicios esenciales de la comunidad", respecto de los que el legislador debe "asegurar" su mantenimiento. No se trata de un límite desconocido para nuestro sistema legal, pues ya el RDL 17/1977 hablaba de servicios de "reconocida e inaplazable necesidad" (art. 10), con una fórmula que para la jurisprudencia constitucional puede resultar equiparable (sentencias TC 11/1981, FJ 18, y 26/1981). Probablemente nadie discuta la pertinencia de ese límite constitucional y legal al derecho de huelga, pero es probable que se pueda discutir mucho acerca de su alcance y su operatividad, al menos en el plano dogmático.

En cualquier caso, la jurisprudencia constitucional ha despejado muchas dudas al respecto, de tal modo que hoy en día puede decirse con tranquilidad que la cláusula de garantía de los servicios esenciales de la comunidad no es motivo de problemas interpretativos de carácter estructural, aunque los provoque de vez en cuando en aspectos circunstanciales o instrumentales. Para el TC, son servicios esenciales de la comunidad aquellos que procuran la satisfacción de derechos o bienes constitucionalmente protegidos (sentencia TC 26/1981 y otras posteriores), sin perjuicio de que la ley pueda proceder a su identificación directa, como efectivamente ha hecho en muchas ocasiones; por supuesto, no debe identificarse "servicio público" con "servicio esencial", ni en nuestro sistema debe aplicarse esta última noción a los "servicios de mantenimiento y seguridad" que han de prestarse en cualquier huelga para la preservación de bienes y personas en el ámbito interno de la empresa (a diferencia de lo que otros ordenamientos parecen dar a entender). Aunque en hipótesis pudieran utilizarse otros procedimientos (incluida la prohibición de la huelga en algún sector especialmente relevante), sigue en vigor entre nosotros, con la pertinente adaptación constitucional, el que ya diseñaba el RDL 17/1977, que supone la fijación por parte de la autoridad gubernativa competente (del Estado o de Comunidad Autónoma: sentencias TC 33/1981 y 124/2013) de "servicios mínimos" en el ámbito de la huelga, esto es, de unos servicios, trabajos o actividades que habrán de ofrecerse en todo caso a los ciudadanos o usuarios, y cuya cantidad o dimensión concreta dependerá de la incidencia y las características de cada huelga (por ejemplo, del número de trabajadores que previsiblemente se sumen a la misma, o de los medios alternativos existentes para la satisfacción del correspondiente bien o derecho constitucional). La pertinente decisión gubernativa (esto es, del responsable "gubernativo" del servicio en cuestión, no de la autoridad laboral) ha de contar con suficiente publicidad y ha de estar suficientemente motivada (sentencias TC 148/1993 y 43/1990), entre otras razones para que los titulares del derecho de huelga puedan proceder a su impugnación si así lo estimaran conveniente; su aplicación práctica puede encomendarse a la dirección de la empresa o del servicio administrativo correspondiente, con participación en su caso de los representantes de los trabajadores (sentencias TC 26/1981 y 27/1989), aunque no cabe, lógicamente, un apoderamiento en blanco al empresario (sentencias TC 193/2006 y 296/2006). Se habrá de actuar en todo caso con criterios de proporcionalidad, según recuerda también la jurisprudencia ordinaria. Como es obvio, todas las decisiones que se adopten en este contexto (gubernativas o empresariales) son susceptibles de impugnación jurisdiccional (en sede contencioso-administrativa las primeras y en sede social las segundas, según los artículos 3 y 2, respectivamente, de la Ley Reguladora de la Jurisdicción Social).

Otros límites para el derecho de huelga pueden derivar de las necesidades de mantenimiento del orden público y la seguridad del Estado (como se desprende, por ejemplo, de las reglas constitucionales y legales sobre estados de alarma, excepción y sitio, y como deja ver la sentencia TC 37/1998 a propósito de las normas sobre seguridad ciudadana). La libertad de las personas, incluida la libertad de trabajo, es asimismo límite para las decisiones de ejercicio del derecho de huelga, que sigue siendo un derecho perteneciente a cada trabajador y que no admite ni ampara actos de imposición o coacción (sentencias TC 11/1981 FJ 10, 137/197 y 69/2016; hasta la LO 5/2021, el ya derogado artículo 315.3 CP tipificaba un específico delito de coacciones con ocasión de la huelga). En fin, las libertades de iniciativa económica también pueden entrañar limitaciones para la huelga, como ha puesto de relieve, sobre todo, la jurisprudencia del Tribunal de Justicia de la Unión Europea (sentencias de 11 y 18 de diciembre de 2007, asuntos *Viking* y *Laval* respectivamente). Recuérdese que no puede hablarse de diferencias de rango entre derechos constitucionales (por ejemplo, entre el derecho de huelga reconocido en el artículo 28.2 CE y los derechos al trabajo o a la libertad de empresa proclamados respectivamente en los artículos 35.1 y 38 CE), aunque su distinta ubicación sistemática influya en su grado de protección y pueda ser relevante para su respectiva ponderación.

V. TUTELA

Por su ubicación en el texto constitucional, y conforme a lo dispuesto en el artículo 53.2 CE, los titulares del derecho de huelga pueden recabar su tutela ante la jurisdicción ordinaria a través de los correspondientes procedimientos judiciales y, particularmente, a través del procedimiento preferente y sumario de tutela de derechos fundamentales. De modo subsidiario, en uno y otro caso los interesados pueden acudir al recurso de amparo ante el Tribunal Constitucional.

En el ámbito de las relaciones de trabajo regidas por la legislación laboral, el procedimiento especial de tutela de derechos fundamentales se regula en los artículos 177 y siguientes de la Ley 36/2011 reguladora de la jurisdicción social. Tal procedimiento puede ser promovido por el trabajador o por el sindicato, y de ser estimada la demanda, la sentencia habrá de declarar la nulidad radical del acto impugnado, el cese inmediato de las acciones lesivas del derecho, el restablecimiento integral del derecho, la reposición de la situación a su estado anterior y la reparación de las consecuencias, "incluida la indemnización que procediera" (art. 182 LRJS).

En el ámbito de la función pública la competencia jurisdiccional pertenece al orden de lo contencioso-administrativo [art. 3.c) LRJS], a través de los procedimientos previstos en su normativa reguladora (arts. 114 y ss. Ley 29/1998, de 13 de julio).

Se prevé pena de prisión de seis meses a dos años o multa de seis a doce meses para quienes impidan o limiten el ejercicio del derecho de huelga mediante engaño o abuso de situación de necesidad (art. 315.1 CP). Si tales conductas se llevaren a cabo con coacciones, corresponde la pena agravada de prisión de un año y nueve meses hasta tres años o pena de multa de dieciocho meses a veinticuatro meses (art. 315.2 CP).

En el ámbito laboral, constituyen infracción administrativa muy grave los actos del empresario consistentes en la sustitución de trabajadores en huelga por otros no vinculados al centro de trabajo al tiempo de su ejercicio, salvo que cuenten con justificación en el ordenamiento jurídico (art. 8.10 Ley de Infracciones y Sanciones en el Orden Social aprobada por Real decreto Legislativo 5/2000).

En el ámbito del empleo público, constituye falta disciplinaria muy grave la realización de actos encaminados a coartar el libre ejercicio del derecho de huelga [art. 95.2.l) EBEP].

VI. BIBLIOGRAFÍA

AA.VV. (A. MARTÍN VALVERDE, M. RODRÍGUEZ-PIÑERO Y BRAVO-FERRER, F. VALDÉS DAL-RÉ y otros), *Jurisprudencia constitucional y relaciones laborales. Estudios en homenaje a D. Francisco Tomás y Valiente*, La Ley/Actualidad, Madrid, 1997.

CASTIÑEIRA FERNÁNDEZ, J.: *El derecho de huelga de los funcionarios públicos*, Aranzadi, Pamplona, 2006.

CABEZA PEREIRO, J., MARTÍNEZ GIRÓN, J. (coords), *El conflicto colectivo y la huelga*, Laborum, Murcia, 2008.

GÁRATE CASTRO, J.: *Derecho de huelga*, Bomarzo, 2013

GARCÍA BLASCO, J.: *El derecho de huelga en España: calificación y efectos jurídicos*, Bosch, Barcelona, 1983.

GARCÍA MURCIA, J., GUTIÉRREZ ESCRIBANO, J. (dirs.), *Huelga y conflicto colectivo de trabajo en la jurisprudencia del Tribunal Supremo*, KRK, Oviedo, 2022

GARCÍA-PERROTE ESCARTÍN, I.: "Huelga", en GARCÍA MURCIA, J. (dir.), *La constitución del trabajo*, KRK, Oviedo, 2020.

MORENO VIDA, M. N.: *La huelga en servicios esenciales*, Thomson/Aranzadi, Pamplona, 2007.

PÉREZ DE LOS COBOS ORIHUEL, F. (dir.): *RDL 17/1977, de 4 de marzo, sobre relaciones de trabajo (regulación legal y jurisprudencial de la huelga, el cierre patronal y el conflicto colectivo)*, La Ley, Madrid, 2013.

RODRÍGUEZ-PIÑERO y BRAVO-FERRER, M.; "La huelga en los servicios esenciales y el papel de la jurisprudencia constitucional", en AA.VV., *Jurisprudencia constitucional y relaciones laborales. Estudios en homenaje a D. Francisco Tomás y Valiente*, La Ley/ Actualidad, Madrid, 1997

SALA FRANCO, T., VALDÉS DAL-RÉ, F., VIDA SORIA, J.: *Huelga, cierre patronal y conflictos colectivos*, Civitas, Madrid, 1982.

SUÁREZ GONZÁLEZ, F.; *La huelga: un debate secular*, Real Academia de Ciencias Morales y políticas, Madrid, 2007.

VII. JURISPRUDENCIA

STC 11/1981, de 8 de abril
STC 26/1981, de 17 de julio
STC 33/1981, de 5 de noviembre
STC 99/1987, de 11 de junio
STC 27/1989, de 3 de febrero
STC 123/1992, de 28 de septiembre
STC 148/1993, de 29 de abril
STC 332/1994, de 19 de diciembre
STC 51/2003, de 17 de marzo
STC 33/2011, de 28 de marzo
STC 69/2016, de 14 de abril
STC 17/2017, de 2 de febrero
STC 2/2022, de 24 de enero

Artículo 29

1. Todos los españoles tendrán el derecho de petición individual y colectiva, por escrito, en la forma y con los efectos que determine la ley.

2. Los miembros de las Fuerzas o Institutos armados o de los Cuerpos sometidos a disciplina militar podrán ejercer este derecho sólo individualmente y con arreglo a lo dispuesto en su legislación específica.

COMENTARIO

Enrique Belda
Catedrático de Derecho Constitucional
Universidad de Castilla-La Mancha

SUMARIO: I. APROXIMACIÓN Y ANTECEDENTES. II. OBJETO Y CONFIGURACIÓN. III. ¿CÓMO CLASIFICARLO? IV. EL DERECHO Y LOS EXTRANJEROS. V. DESARROLLO EL DERECHO. VI. LAS PARTICULARIDADES DEL ARTÍCULO 29.2 CE, SOBRE LAS FUERZAS ARMADAS. VII. CONTENIDO ESENCIAL. VIII. BIBLIOGRAFÍA. IX. JURISPRUDENCIA.

I. APROXIMACIÓN Y ANTECEDENTES

El derecho de petición es el derecho fundamental reconocido en el art. 29 CE, que se desarrolla y completa por la Ley Orgánica 4/2001, de 12 de noviembre. Hasta 2001, la norma a la que se acudía en aquellos extremos compatibles con la carta magna era la Ley 92/1960 de 22 de diciembre. Por su parte el art. 77 CE establece que las Cortes Generales pueden recibir peticiones, constitucionalizando, pues, a este órgano como sujeto (uno de los sujetos) receptor.

Los autores que han tratado este derecho coinciden generalmente en los perfiles derivados de su titularidad, contenido esencial y especialidades derivadas de su ejercicio por personas sometidas a especiales relaciones de sujeción. También son comunes a ellos dos comentarios: el primero, que el derecho de petición es un reflejo de tiempos en los que otros derechos no estaban desarrollados y la eficacia de estos dependía en buena parte de la voluntad de los poderes públicos; y el segundo, que la normativa hasta 2001, otorgaba pocas posibilidades para que el uso del derecho alcanzase mayor relevancia, conocimiento y utilidad, con lo que era necesario su actual desarrollo normativo.

La capacidad de formular peticiones al poder establecido es un mecanismo relacional tan antiguo que se ha conocido en todas las civilizaciones. No es ocasión ésta de hacer historia ni quien escribe el indicado, con lo que nos limitamos a hacer constar sus precedentes inmediatos en la época del constitucionalismo: a diferencia de otros derechos y libertades, fue ignorado por la Constitución gaditana de 1812 ya que, como recuerda Colom, se trata de un derecho anterior a la Revolución Liberal y ajeno a sus esquemas. Sin embargo, la primera ley reguladora del derecho se promulgará durante la vigencia de la Carta de 1812: la Ley de 12 de febrero de 1822, relativa a la *prescripción de los justos límites del derecho de petición*. La primera Constitución que lo reconoce es la de 1837 (art. 3), señalando que todo español tiene derecho a dirigir por escrito peticiones al Rey y a las Cortes en las condiciones que marquen las leyes. Continúan el reconocimiento constitucional, los textos de 1845 (art. 3), en los mismos términos que su antecesor. La Constitución de 1869 (art. 17) y la de 1876 (art. 13), amplían los recepcionistas de peticiones a las demás *autoridades*. Por su parte, la Constitución de 1931 (art. 35), admitirá también las peticiones colectivas a poderes públicos y autoridades siempre que no llegasen de colectivos armados. Hay que destacar del texto de la II República, respecto de las otras constituciones, que no mencione expresamente a las Cortes como receptora. También ha sido tradicional que, dada la competencia de las cámaras parlamentarias en el conocimiento de peticiones, los reglamentos de estas hayan contenido numerosas especificaciones al respecto, relativas tanto a la propia comisión de peticiones como a la tramitación de estas en sede parlamentaria. Puede, en cualquier caso, observarse ante la finalidad histórica de este derecho y la actual, una clara similitud. En derecho comparado, es asimismo usual el reconocimiento del derecho de petición (por ejemplo, el art. 17 de la Ley Fundamental de Bonn, el art. 50 de la Constitución Italiana de 1947, el art. 52 de la Constitución Portuguesa de 1976 o el art. 54 de la Constitución Danesa de 1953).

II. OBJETO Y CONFIGURACIÓN

El derecho de petición consiste en la posibilidad de dirigirse a los poderes públicos y ser escuchado, atendido y respondido por ellos. Esta afirmación genérica ha de ser matizada con cuidado para dotar al término petición de un carácter jurídico, precisando la materia sobre la que se puede pedir, la forma de pedir, el efecto de la petición o los comportamientos de peticionarios y receptores, entre otras cuestiones. Con Jellinek, podría hablarse de un "*(...) instrumento idóneo para tutelar o hacer valer los intereses de hecho de los ciudadanos*". Se pueden realizar peticiones de interés privado reclamando un derecho subjetivo, defendiendo un interés directo o incluso indirecto, sea o no susceptible de acción popular. También proceden denuncias de interés público ante infracciones de cualquier índole y con independencia del sujeto que las cometa. Junto con las peticiones y denuncias, cabe también realizar propuestas para mejorar los servicios públicos, el ordenamiento jurídico o instando a la mejora en cualquier campo, de manera genérica. Incluso se afirma que la petición puede ser un cauce para exponer cuestiones (sin solicitud concreta) de las que se pueda deducir la necesidad de un comportamiento de los poderes públicos. Para Sánchez Ferriz, todo acto de pedir podría tener un doble ámbito material, el privado y el público. Por el primero se pretende en forma graciable algo por un interés particular, mientras que por el segundo se persigue un interés general. Su objeto en cualquier caso sería extraordinariamente amplio y por ello necesaria su delimitación. También suele la doctrina detallar todos los actos que no consideran dentro del concepto de petición, para así conformar su contorno con mayor fidelidad: las solicitudes privadas, o dirigidas a cualquier autoridad de forma no específica, ni tampoco las acciones civiles, denuncias, solicitudes administrativas, iniciativas legislativas populares o quejas ante el Defensor del Pueblo. La petición, por tanto, no es una instancia, queja o reclamación ni tampoco una acción destinada a restablecer derechos con protección más enérgica, como señala López Guerra en su conocido manual. García Manzano es el autor que con más extensión trata de perfilar las peticiones desde el punto de vista negativo, destacando que no son peticiones: a) las reclamaciones y recursos ante los órganos dependientes del poder ejecutivo en los que se invoca un derecho subjetivo o interés legítimo tutelable, b) las denuncias para conseguir la aplicación de un precepto normativo, c) las quejas reguladas legalmente a través de normas administrativas, d) la iniciativa legislativa popular, e) la solicitud de condonación de sanciones tributarias, f) la solicitud de asilo (por mucho que éste nazca de la protección *graciable* del Estado en el ejercicio de su soberanía), g) la intervención ciudadana en trámites administrativos, del tipo de las alegaciones urbanísticas h) las solicitudes de accionar, dirigidas a persona físicas, jurídicas u órganos. Algún autor, como Álvarez Carreño, compartiendo los caracteres generales con el resto, duda de la petición como instrumento de participación política, afirmando que es un simple mecanismo de expresar quejas y sugerencias.

El Tribunal Constitucional, a través de la sentencia 242/1993 de 14 de julio (FJ 1º), perfilaba la petición como "*un mucho de instrumento de participación ciudadana y (...) algo de ejercicio (...) de libertad de expresión, como posibilidad de opinar*". Esta genérica afirmación sobre su naturaleza lleva a decir que toda petición incorpora una sugerencia, una información y una iniciativa, pudiendo servir para incitar actuaciones de poderes públicos. En sentido positivo se trata de solicitar hechos discrecionales o graciables (también STC 161/1988, de 20 de septiembre, FJ 5º), expresando súplicas o quejas, sin derecho a obtener respuesta favorable a lo solicitado (continúa de nuevo lo expresado en la STC 161/1988, que acabamos de citar). En sentido negativo, el Tribunal Constitucional descarta que sea una reclamación administrativa, una demanda, un recurso judicial o una denuncia. Tampoco protege pretensiones con base en las regulaciones que afectan las funciones y facultades de miembros de órganos colegiados (SSTC 161/1988, de 20 de septiembre, FJ 5º y 242/1993, FJ 1º). Años antes, también se negó el derecho de petición utilizado con el objeto de incoar un recurso de revisión penal (STC 7/1981, de 30 de marzo).

Pero la posición más importante del Tribunal, a nuestro juicio, en la delimitación del derecho, es la exclusión de la petición como medio de obtener "*(...) un derecho subjetivo o un interés legítimo especialmente protegido (...)*" (STC 242/1993, de 14 de julio, FJ 1º), lo cual elimina la petición como resorte paralelo de consecución de objetivos, de informar adicionalmente a los poderes públicos o de presionar a favor de una resolución pendiente. Además, constituye el principal factor diferenciador de las peticiones con las quejas al Defensor del Pueblo, que han de guardar la exigencia del art. 10 de su LO 3/1981, de 6 de abril, de invocar un interés legítimo. Así, cabe una petición que contenga o sea considerada como una "queja", pero no ejercita la petición el que se queje teniendo un interés legítimo, que deberá dirigirse al Defensor del Pueblo si carece de una vía legal concreta para hacer valer su pretensión. El Tribunal trató algo más a fondo el derecho, antes de la promulgación de la Ley Orgánica reguladora de 2001, en dos resoluciones, la 161/1988, de 20 de septiembre y, especialmente en la 242/1993, de 14 de julio. Cabe destacar asimismo otros pronunciamientos como el ATC 46/1980 de 13 de octubre, que en su FJ 1º niega la competencia del Tribunal Constitucional para conocer peticiones y opina que el derecho demanda una regulación legal, y la superada (a la luz de la regulación orgánica vigente) STC 99/1985, de 30 de septiembre, FJ 2º, que rechaza la titularidad de los extranjeros, en base al art. 13.2 CE, de los derechos fundamentales de los arts. 19, 23 y 29 CE. De forma muy tangencial, aparece citado en las SSTC 7/1981, de 30 de marzo y 291/1993, de 18 de octubre, además de algunas otras en la que es invocado por las partes con escaso fundamento. La STC 108/2011, de 20 de junio, en el ámbito de las peticiones parlamentarias, repasa las condiciones de aplicación del derecho, tras una trayectoria temporal suficiente desde la promulgación de la ley orgánica y décadas constitucionales de oportunidad para la formulación de peticiones en ámbitos parlamentarios.

La petición, en resumen, es una llamada a los poderes públicos que abarca posibilidades reivindicativas que no pueden canalizarse mediante el ejercicio de otros derechos fundamentales o legales. En sí misma, sirve además para que el sujeto opine, se exprese y participe políticamente (según el contenido y finalidad de lo que pida), como parte de una colectividad. Ha de manifestarse que, a nuestro entender, no tiene sentido diferenciar una petición de una queja cuando no exista en ella un interés legítimo, pues casi siempre cada figura lleva implícita mucho de la otra, teniendo en cuenta que cuando se pide algo es, porque lo solicitado no existe o no funciona, y cuando de algo se formula queja, es pretendiendo un arreglo, actividad o restitución. Por ello tampoco resulta práctico el apartar (como hace la DA segunda de la LO 4/2001) del campo de sujetos pasivos o receptores, a un conocedor habitual de quejas, es decir, al Defensor del Pueblo, si bien su posición constitucional y atribuciones, pudiera servir para regular con más precisión un conocimiento de las peticiones que recibiese.

Al hilo de la figura del Defensor del Pueblo, hay que detenerse por un instante: si la nota característica de la petición es, precisamente, su amplio radio de acción habría de ponerse en duda que no pudiera ejercitarse por los titulares de derechos subjetivos e intereses legítimos, sobre asuntos tangenciales a aquel que permite el uso de un determinado canal de acción. Pero lo cierto es que tanto la Ley Orgánica reguladora en esa Disposición Adicional Segunda, como el Tribunal Constitucional, han dejado clara la exclusión del derecho de petición ante esta institución. Nadie que advierta la posibilidad de defender con una acción reglada sus pretensiones, acude al art. 29 CE, pero ello no obstaculiza que aquel que deseara la defensa de lo que ya ha solicitado judicialmente, pueda retocar su propuesta con matices de carácter general o evitando la invocación de su derecho o interés, si su voluntad fuera la de abrir esta vía. Parece evidente que se puede disfrazar cualquier queja ante el Defensor del Pueblo persiguiendo el mismo fondo o la misma pretensión.

III. ¿CÓMO CLASIFICARLO?

El derecho de petición tiene un carácter esencialmente político, que permite abrir un canal para relacionarse con los poderes públicos, al tiempo que es vehículo para expresarse. Como derecho político sería encuadrable dentro de los de participación, aunque cabría también en cierto modo su consideración derivada de la libertad de pensamiento. La STC 242/1993, de 14 de julio (FJ 1), lo calificó como un derecho de participación ciudadana, "(...) *aun cuando lo sea por vía de la sugerencia* (...)", mezclado con una parte de la libertad de expresión. Colom recuerda que se niega en parte de la doctrina alemana su carácter de derecho subjetivo, aunque la mayoría no lo hace. A su vez señala discrepancias entre los que lo consideran un derecho o una libertad, recogiendo también las opiniones que lo encuadran en distintos apartados según la tipología que se elija. Con Giocoli Nacci, parece apostar por un encuadramiento como instituto "sui generis" de derecho público, cuya principal finalidad es proteger los intereses jurídicos que no lo están en el derecho, funcionando como una técnica de cierre del Estado social y democrático de Derecho.

IV. EL DERECHO Y LOS EXTRANJEROS

El tema más complicado hasta la llegada de la LO 4/2001, reguladora del derecho de petición, fue el del reconocimiento de la titularidad de los extranjeros. El Tribunal Constitucional se pronunció con base en la legislación del momento, sentenciando que los extranjeros no disfrutaban de los derechos de los arts. 19, 23 y 29 CE (STC 99/1985, de 30 de septiembre, FJ 2). Tras la entrada en vigor del nuevo texto los extranjeros disfrutan la petición (art. 1.1. LO 4/2001). La adjudicación de la titularidad es en cualquier caso acertada respecto de un derecho que, pese a su componente de participación política, no afecta en caso alguno a la soberanía (se puede pedir y *opinar* sobre asuntos de trascendencia pública, pero no *decidir* sobre ellos o *influir* de manera determinante), por lo que no tendría nunca que haber existido obstáculo alguno para su reconocimiento. Es claro que un extranjero debe tener abierta la puerta, al menos, a poder dirigirse a los poderes públicos en busca de una respuesta, y que ante la falta de titularidad o ante los límites que sufren en otros derechos, alcanza precisamente su máximo grado de importancia la petición, como un derecho más práctico, volviendo a la utilidad de su origen: por la imposibilidad de usar resortes jurídicos reservados a españoles, la petición sería un recurso necesario que imprime a los derechos del extranjero unas mínimas garantías, consistentes en la apertura de una vía de comunicación con las autoridades del país que los acoge y en una forma de participar políticamente y de expresarse en el lugar donde trabajan o viven.

V. DESARROLLO EL DERECHO

Por lo que se refiere a los receptores de la petición, a nivel constitucional, no es el art. 29 CE sino el art. 77 el que designa al Congreso y al Senado como destinatarios, si bien hay que sobrentender que el derecho fundamental afecta a todos los poderes públicos que por su naturaleza pudieran atender una solicitud. La LO 4/2001 abre a todas las administraciones públicas el campo de sujetos receptores en su art. 2. La Constitución exige, tanto en el art. 29 como en el 77, la forma escrita. Es pacífico en la doctrina destacar la ausencia de formalismo de una petición, que tan sólo debe contener los datos personales que identifiquen al peticionario (nombre, identificación y domicilio) a efectos de la respuesta, su solicitud concreta y la firma. Asimismo, debe dirigirse en concreto a alguna autoridad, o al menos entregarse ante un organismo público. Hemos de entender los mismos requerimientos a las peticiones colectivas. Es claro que al margen de los requisitos particulares a los que deban sujetarse las peticiones dirigidas a determinados órganos en su tramitación, poco más se puede exigir al peticionario salvo que se atenga en el momento de presentación y en la descripción del caso, a las normas de orden público de carácter general (evitar la presentación directa a través de manifestaciones ciudadanas ante las Cámaras, como prohíbe el art. 77.1 CE) partiendo del hecho que en ningún caso sería de recibo extraer consecuencias negativas para el peticionario de expresiones gruesas empleadas en el escrito, siempre que no incurrieran en falta o delito so pena de alterar el contenido de este derecho y, además, las facultades de la libertad de expresión. La LO 4/2001, en su art. 1.1, garantiza totalmente la indemnidad del peticionario. La entrega efectiva se habrá de realizar por cualquier medio escrito, incluido los de carácter electrónico (art. 4 LO 4/2001).

En cuanto al procedimiento (art. 6 y ss. LO 4/2001), se presenta el escrito ante el órgano, éste acusa recibo, observa si concurren los requisitos de forma, solicita en su caso los datos complementarios, admite a trámite (o envia al órgano competente, o declara la inadmisión de forma motivada), estudia la petición, contesta y actúa en consecuencia. Cuando no se produce una declaración de admisibilidad, se entiende la admisión a trámite (art. 9.2). Nótese que, ante la indeterminación procedimental de este hito, se pretende que los receptores tengan la obligación de evaluar, contestar y notificar qué deciden sobre el contenido de la petición, en el plazo de tres meses desde la fecha en la que se formula la misma por escrito (art. 11.1). Ello nos da idea del compromiso con la efectividad del derecho que parece evidenciar el legislador al marcar tiempos máximos, con el objetivo de promocionar la institución jurídica de la petición. El trámite de evaluación y estudio de la solicitud permite la posibilidad que se convoque a los peticionarios en audiencia (art. 11.1 *in fine*). En cuanto a la resolución, el derecho demanda la atención y ejecución de medidas conexas, si los poderes públicos receptores consideran atinado el contenido de lo que se les solicita (art. 11.2). Como cierre de esta sumaria descripción, es preciso citar la protección jurisdiccional del ejercicio de este derecho: se concreta la posibilidad del recurso administrativo vinculado a la protección jurisdiccional de derechos fundamentales, ante la declaración de inadmisibilidad, la omisión de la contestación en plazo, y la ausencia de contestación motivada conforme a esta norma (art. 12).

VI. LAS PARTICULARIDADES DEL ARTÍCULO 29.2 CE, SOBRE LAS FUERZAS ARMADAS

El art. 29.2 CE impide la formulación de peticiones colectivas a los ciudadanos sujetos a estas especiales relaciones con los poderes públicos, por la capacidad de presión que su cometido constitucional generaría en los receptores. Asimismo, permite que las leyes que les afectan limiten el derecho individual de petición, a tenor de su estatuto particular. Con varios autores, hay que precisar que no existen restricciones ante peticiones de interés general realizadas por los militares o los funcionarios sometidos a este estatuto, como simples ciudadanos, y que es conveniente separar las peticiones de los habituales mecanismos internos de solicitud o recurso. En principio, el art. 33.2 del anteproyecto de nuestra Constitución, como en 1931, les negaba totalmente el derecho. Tras la fase de enmiendas (entre ellas las del Senador por designación real, Camilo José Cela), se prohibieron sólo las peticiones colectivas y se les sometió a su legislación específica, vinculándoles en su actuación como funcionarios. En cualquier caso, es un hecho que la sumisión al cauce reglamentario, los límites en la determinación de receptores, en la redacción o en la publicidad, marcan una considerable diferencia con el resto de los titulares. A mi juicio lo que sucedía hasta la promulgación de la LO 9/2011, de 27 de julio, de derechos y deberes de los miembros de las Fuerzas Armadas era, simplemente, un mayor riesgo de extraer consecuencias negativas ante el ejercicio del derecho, que puede llevar a los titulares a forzar vías de protección de sus derechos mucho más concretas y efectivas, o en caso contrario no hacer uso de la petición. En el proceso de elaboración de Ley Orgánica reguladora del derecho de petición, en 2001, se suscitó cierta controversia por la posición tendente a suprimir la mayoría de las restricciones (Coalición Canaria-Grupo Mixto), frente a la lectura literal de la prohibición nacida del art. 29 CE, realizada por otros grupos mayoritarios de las Cámaras. La regulación final marca a una continuidad en el mecanismo de remitir este tema a la legislación específica, dentro de la exigencia constitucional de ejercicio individual. Desde 2001 a 2011 este fue el panorama. Finalmente, tras la entrada en vigor de la LO 9/2011 de 27 de julio, de derechos y deberes de los miembros de las Fuerzas Armadas, su art. 16 se dedica al derecho de petición de esta manera: "*El militar podrá ejercer el derecho de petición sólo individualmente, en los supuestos y con las formalidades que señala la Ley Orgánica 4/2001, de 12 de noviembre, reguladora del Derecho de Petición. No son objeto de este derecho aquellas solicitudes, quejas o sugerencias para cuya satisfacción el ordenamiento jurídico establezca un procedimiento específico distinto al determinado en la citada ley orgánica. En el artículo 28 se establecen y regulan las vías para la presentación de iniciativas y quejas en el ámbito de las Fuerzas Armadas*".

Consecuentemente con ello, se suprime el art. 1.2 de la Ley Orgánica reguladora del Derecho de Petición, que prohibía expresamente las peticiones individuales también para miembros de Institutos Armados o cuerpos sometidos a disciplina militar.

VII. CONTENIDO ESENCIAL

El derecho de petición ampara un espacio relacional entre el ciudadano y el poder público, que ha de ser resguardado (a través de un respeto a quien lo insta, sin que del correcto ejercicio se derive perjuicio al peticionario, y por la obligación de estudiar y contestar los extremos solicitados, de parte de los poderes públicos). Pedir es comenzar un contacto con el órgano o administración a la que se dirige la petición, generando en su ámbito un comportamiento reglado por ley. El contenido esencial de este derecho comprende, en primer lugar, el ejercicio de la acción de pedir dejando al titular indemne de cualquier perjuicio o consecuencia negativa (indemnidad). En segundo lugar, la accesibilidad sin trabas, quedando desnaturalizado si se exigieran fianzas, depósitos o requisitos formales más allá de los mínimos (entendemos que serían nombre, domicilio, cédula de identidad y petición firmada). En tercer lugar, que siga un procedimiento ante el órgano competente (incluso llegado el caso, la remisión a este). En cuarto, que se considere (que se evalúe). Y en quinto y último lugar, que se conteste (se supone que con la motivación exigida a todos los actos de los poderes públicos).

VIII. BIBLIOGRAFÍA

ÁLVAREZ CARREÑO, S.: *El derecho de petición. Estudio en los sistemas italiano, alemán, comunitario y estadounidense*, Comares, Granada, 1999.

COLOM PASTOR, B.: *El derecho de petición*, Marcial Pons, Madrid, 1997.

FERNÁNDEZ SARASOLA, I.: "Comentario a la LO 4/2001, reguladora del derecho de petición", *Revista Española de Derecho Constitucional*, núm. 65, 2002, pp. 197-216.

GARCÍA MANZANO, P.: "Derecho de petición", en *Los derechos fundamentales y las libertades públicas II*, XIII jornadas de estudio. Dirección General del Servicio Jurídico del Estado, Ministerio de Justicia, vol. II, Madrid, 1993, pp. 1799-1824.

IBÁÑEZ GARCÍA, I.: *Derecho de petición y derecho de queja*, Dykinson, Madrid, 1993.

REBOLLO DELGADO, L.: "El derecho de petición", *Revista de Derecho Político*, núm. 53, 2002, pp. 75-130.

SÁNCHEZ FERRIZ, R.: "La libertad de ejercer el derecho de petición", en *Estudio sobre las libertades*, Tirant lo Blanch, Valencia, 1989.

SANZ PÉREZ, Á. L.: "El artículo 77 de la Constitución. Las comisiones de peticiones de las Cortes Generales y las de los Parlamentos autonómicos", *Corts: Anuario de derecho parlamentario*, núm. 31, 2018, pp. 279-302.

VIDAL MARÍN, T.: "El derecho de petición", *Parlamento y Constitución*, núm. 3, Cortes de Castilla-La Mancha - UCLM, 1999, pp. 261-284.

IX. JURISPRUDENCIA

STC 7/1981, de 30 de marzo.
STC 99/1985, de 30 de septiembre.
STC 161/1988, de 20 de septiembre.
STC 242/1993, de 14 de julio.
STC 291/1993, de 18 de octubre.
STC 108/2011, de 20 de junio.

SECCIÓN 2ª
DE LOS DERECHOS Y DEBERES DE LOS CIUDADANOS

Artículo 30

1. Los españoles tienen el derecho y el deber de defender a España.

2. La ley fijará las obligaciones militares de los españoles y regulará, con las debidas garantías, la objeción de conciencia, así como las demás causas de exención del servicio militar obligatorio, pudiendo imponer, en su caso, una prestación social sustitutoria.

3. Podrá establecerse un servicio civil para el cumplimiento de fines de interés general.

4. Mediante ley podrán regularse los deberes de los ciudadanos en los casos de grave riesgo, catástrofe o calamidad pública.

COMENTARIO

Joan Oliver Araujo
Catedrático de Derecho Constitucional
Universidad de las Islas Baleares

I. LA CONSTITUCIONALIZACIÓN DEL DERECHO-DEBER DE DEFENDER A ESPAÑA

1. La naturaleza bifronte de la defensa de España

El primer apartado del artículo 30 CE —que encabeza la sección segunda del capítulo segundo del título primero, bajo el rótulo: "De los derechos y deberes de los ciudadanos"— afirma que: "Los españoles tienen el derecho y el deber de defender a España". Se trata de una clásica contribución personal, que aparece consagrada en todas las Constituciones históricas españolas, empezando por la gaditana de 1812 (art. 9). Sin embargo, en las Constituciones del siglo XIX, la fórmula utilizada era sensiblemente distinta de la actual, pues en todas ellas se consagraba la obligación de "defender la patria con las armas". En concreto, con respecto a dicha fórmula tradicional, cabe destacar dos cambios importantes en el Texto de 1978: por una parte, que se ha suprimido el carácter "armado" de dicha defensa, lo que permite concebirla en términos mucho más amplios, incluyendo, sin duda, prestaciones de naturaleza civil; y, por otra parte, que se ha cambiado la denominación del objeto de la defensa, pasando de ser "la patria" (con connotaciones sentimentales, no siempre positivas a la salida del franquismo) a ser "España" (un indudable concepto jurídico constitucional).

Una de las cuestiones más relevante en la redacción del Texto de 1978 es la consideración de la defensa como un *derecho* y un *deber*. Como ha subrayado el profesor Varela Díaz, este carácter bifronte "derecho-deber" es confuso, pues los conceptos de ventaja (derecho) y carga (deber) adolecen de un notable relativismo y trazar la línea entre ambos no siempre resulta fácil. De hecho, esta doble consideración de la defensa de España plantea, como es lógico, una problemática diferente. En efecto:

- Como *deber de carácter personal*, se concreta en prestaciones "de hacer", es decir, en conductas que exigen una actuación física de la persona legalmente llamada a este cumplimiento. Algunas Constituciones europeas emplean adjetivos especialmente expresivos para definir el deber militar de sus ciudadanos (así, por ejemplo, el art. 52 de la Constitución Italiana habla de "deber sagrado" y el artículo 276 de la Constitución Portuguesa lo califica de "deber fundamental").
- Como *derecho*, es un honor que a ningún español que sea capaz, física y psíquicamente, de asumir esta carga se le podrá negar. En esta misma línea de pensamiento, el art. 23 de las Reales Ordenanzas de las Fuerzas Armadas de 1978 afirmaba que "servir a la patria con las armas es un alto honor y constituye un mérito por los sacrificios que implica". Tal consideración se fundamenta en que el pueblo, como titular de la soberanía nacional, al defender a España (por tanto, también su orden constitucional) está defendiendo algo propio. Concebir la defensa de España como un *derecho* tiene, como afirma el profesor García Morillo, al menos dos consecuencias: primera, prohibir que un español pueda ser excluido de forma arbitraria del servicio militar obligatorio si estuviera establecido (en consecuencia, podría exigir su derecho a ser llamado a filas); y, segunda, la incorporación voluntaria al Ejército profesional de conformidad con la legislación vigente.

2. Los titulares del derecho-deber de defender a España

Volviendo al tenor literal del primer apartado del artículo 30 CE ("Los españoles tienen el derecho y el deber de defender a España"), debemos subrayar que, durante el *iter* constituyente, los senadores corrigieron el texto que les fue enviado desde el Congreso de los Diputados, sustituyendo la palabra "ciudadanos" por "españoles". La razón de este cambio era dejar claro que también podían ser llamados a esta defensa de la patria españoles que no estaban en el pleno goce de sus derechos civiles y políticos, como —por ejemplo— los menores de edad y los presos. La redacción final, si bien no es un modelo de belleza estilística, cierra el paso a las dudas interpretativas en este punto.

Como subrayó en su momento el profesor Fernández Segado, desde que entró en vigor la Constitución de 1978 hasta que desapareció el servicio militar obligatorio a finales del año 2001, se planteó el problema de la exclusión-liberación de la mujer del servicio militar obligatorio, pues la Constitución reconocía este derecho-deber a todos los españoles, y no solo a los españoles varones. Ni el legislador ni el Tribunal Constitucional quisieron entrar en este espinoso problema, especialmente en un momento histórico en el que el sistema de recluta universal era rechazado por una parte muy importante de la sociedad española. Por último, la discriminación que —obviamente— existía por razón de sexo se eliminó de raíz, al suprimirse el servicio militar obligatorio, por una parte, y posibilitarse el ingreso de las mujeres en las Fuerzas Armadas con criterios similares a sus compañeros varones, por otra.

3. Alcance y significado de la expresión "defender a España"

"Defender a España" es el derecho-deber que, el artículo 30.1 CE, impone a los españoles. A continuación, vamos a tratar de precisar su significado y alcance. En primer lugar, hay que reiterar que esta expresión tiene un sentido mucho más amplio que la utilizada tradicionalmente en nuestro constitucionalismo histórico ("defender la patria con las armas"), ya que la fórmula actual admite —de manera implícita— que las formas de contribuir a esta defensa puedan ser muy variadas y no necesariamente militares.

La pregunta que nos permitirá desentrañar el sentido de la fórmula constitucional "defender a España" (art. 30.1) es la siguiente: ¿de qué es preciso defenderla? Pues bien, a nuestro juicio, es evidente que hay que defenderla de una hipotética agresión exterior o de un intento interno de destruir o subvertir el orden constitucional, pero no solamente de esto. Como subraya el profesor Venditti, también contribuyen a satisfacer el deber general de defensa de la patria el objetor de conciencia que cumple un servicio social de naturaleza civil, la persona que se ve obligada a realizar prestaciones extraordinarias en casos de terremotos o inundaciones, y el ciudadano que cumple un deber social ayudando a la rehabilitación de drogodependientes. La defensa de España, afirma certeramente el profesor Cámara Villar, hay que entenderla como una defensa global e integrada, que incluye a la militar, pero de ningún modo se agota en ella. Lo cual es, por otra parte, lógico, pues esta lectura amplia del artículo 30.1 CE es la que mejor se adapta a la definición de España como "Estado social y democrático de Derecho" (art. 1.1 CE).

En coherencia con lo anterior, podemos afirmar que la defensa de España que impone el reiterado apartado primero del artículo 30 CE es un deber genérico que, a continuación, se concreta en los otros tres apartados de dicho artículo. De este modo, el inespecífico deber de defensa de España puede concretarse en: a) las obligaciones militares (art. 30.2 CE); b) la prestación social sustitutoria del servicio militar obligatorio (art. 30.2 CE); c) el servicio civil para el cumplimiento de fines de interés general (art. 30.3 CE); y d) los deberes de los ciudadanos en los casos de grave riesgo catástrofe o calamidad pública (art. 30.4 CE). A continuación, de forma muy sucinta, analizaremos las diversas modalidades *específicas* del deber *genérico* de defender a España.

II. LAS OBLIGACIONES MILITARES DE LOS ESPAÑOLES

El segundo apartado del artículo 30 CE comienza su redacción afirmando que "la ley fijará las obligaciones militares de los españoles", aludiendo de forma expresa, aunque indirectamente, al "servicio militar obligatorio". Como vemos, este precepto contiene una reserva de ley en lo que se refiere a las obligaciones militares de los españoles. Reserva que fue cumplida con la —hoy, derogada— Ley Orgánica 13/1991, de 20 de diciembre, del servicio militar, cuyo artículo 1.2 afirmaba que "las obligaciones militares de los españoles, a las que se refiere el artículo 30.2 de la Constitución, consisten en la prestación del servicio militar y en el cumplimiento de servicios en las Fuerzas Armadas de conformidad con la legislación reguladora de la movilización nacional". Por tanto, las obligaciones militares exigibles a los españoles revestían dos modalidades: el servicio militar obligatorio y las obligaciones derivadas de la legislación reguladora de la movilización nacional.

1. El servicio militar obligatorio

El servicio militar obligatorio ha sido históricamente la forma más habitual y gravosa del deber de defender a España, que ha recaído sobre los jóvenes varones que no eran declarados "inútiles". La citada LO 13/1991 reguló con detalle el régimen jurídico de este deber constitucional. El servicio militar en las Fuerzas Armadas, que constituía una prestación personal "fundamental" de los españoles a la defensa militar, tenía carácter obligatorio y prioritario sobre cualquier otro servicio que se estableciera. Los españoles que se incorporaban a las Fuerzas Armadas para cumplir el servicio militar adquirían durante su prestación la condición militar y recibían la denominación de "militares de reemplazo". En síntesis, pues, podemos definir el servicio militar obligatorio como la forma ordinaria de cumplir el deber militar de defender a España cuando la ley lo hubiera establecido. Sin embargo, como veremos a continuación, una vez cumplido no excluía otras obligaciones, militares y civiles, que también eran manifestación de la defensa nacional.

2. Las obligaciones derivadas de la movilización nacional

De acuerdo con lo establecido la Ley Orgánica 13/1991, al finalizar el cumplimiento del servicio militar, los españoles pasaban a la reserva, con objeto de constituir los efectivos que podían reincorporarse a prestar servicio en las Fuerzas Armadas conforme a la legislación reguladora de la *movilización nacional*. En esta situación permanecían hasta el 31 de diciembre del tercer año posterior a la finalización del servicio militar (art. 57.1). El Gobierno podía ordenar la reincorporación a las Fuerzas Armadas de todo o parte del personal que se encontrase en la reserva del servicio militar, por reemplazos completos o selectivamente, de acuerdo con la citada legislación reguladora de la movilización nacional. Por su parte, la reincorporación a las Fuerzas Armadas del personal perteneciente a reemplazos no comprendidos en la reserva del servicio militar requería una norma con rango de ley (art. 58). En la actualidad, la figura de los *reservistas* (voluntarios y obligatorios) está ampliamente regulada en el título VI (arts. 122-140) de la Ley 39/2007, de 19 de noviembre, de la carrera militar, y en el Real Decreto 383/2011, de 18 de marzo, por el que se aprueba el Reglamento de reservistas de las Fuerzas Armadas.

3. La suspensión de las obligaciones militares

En los últimos decenios del siglo XX, la mayoría de la sociedad española y muy especialmente sus jóvenes tenían una visión muy negativa del servicio militar obligatorio, sintiéndolo como una carga inútil y reaccionaria. Ello respondía, básicamente, a dos órdenes de razones. Unas eran de *carácter práctico*: la convicción muy generalizada de que el tiempo de *la mili* era un tiempo perdido, en el cual no se aprendía nada útil, sino que, por el contrario, se producía un embrutecimiento personal y se interrumpían los estudios o el trabajo, convirtiéndose, en ocasiones, en una pesada carga económica para la familia del soldado. Otras razones, más profundas, eran de *carácter ideológico*: la mala valoración que tenía la sociedad española de la institución militar por el hecho de que, tradicionalmente, hubiera jugado un papel antidemocrático y golpista, poniéndose al servicio de los intereses sociales más conservadores y de los planteamientos políticos más autoritarios (acentuó esta percepción su papel protagonista en la Guerra Civil y la posterior dictadura).

Este amplísimo sentimiento contrario al servicio militar obligatorio tuvo su desenlace natural en la supresión del mismo, dando paso a un Ejército integrado únicamente por soldados profesionales, que hacen de la milicia su oficio y su forma de ganarse la vida. Pues bien, este tránsito de uno a otro modelo de Ejército (de recluta universal a profesional) tuvo su plasmación normativa en dos disposiciones, una ley y un real-decreto, a las que brevemente vamos a referirnos:

– La disposición adicional decimotercera de la Ley 17/1999, de 18 de mayo, de régimen del personal de las Fuerzas Armadas, determinaba que, a partir del 31 de diciembre del año 2002, quedaría suspendida la prestación del servicio militar regulada en la Ley Orgánica 13/1991, de 20 de diciembre (aunque se autorizaba al Gobierno a acortar el período transitorio, informando al Congreso de los Diputados).

– El Real Decreto 247/2001, 9 de marzo, por el que se adelantaba la suspensión de la prestación del servicio militar, avanzó al 31 de diciembre de 2001 (es decir, un año) "la fecha de la suspensión de la prestación del servicio militar". Por tanto, los españoles que en dicha fecha se encontraban prestando el servicio militar o lo tenían pendiente y estaban clasificados como aptos, con aplazamiento de incorporación o pendientes de clasificación, pasaron automáticamente a la fase de reserva del servicio militar. Los motivos que adujo el preámbulo de esta norma para este adelanto del cambio de modelo del Ejército fueron totalmente genéricos; en concreto, invocó "el nivel alcanzado en el proceso de profesionalización y las previsiones que sobre el mismo" existían. Sin embargo, a nuestro juicio, había algo más. En efecto, el anuncio de la desaparición del servicio militar obligatorio a plazo fijo (inicialmente, el 31 de diciembre de 2002 y, con posterioridad, el 31 de diciembre de 2001) provocó que los jóvenes que en estos últimos años tenían que cumplir el servicio militar (o la prestación social sustitutoria) tuvieran la sensación —muy justificada— de ser los últimos en soportar una carga en la que ya nadie creía y que estaba en franca liquidación. Además, la desaparición de *la mili* a fecha fija había engendrado, en un pueblo como el español, toda una picaresca encaminada a retrasar unos años la incorporación a filas, para intentar llegar al 2003 (y, luego, al 2002) y quedar libre de cualquier obligación militar.

La desaparición del servicio militar obligatorio y la implantación de un modelo de Fuerzas Armadas profesionales fueron cambios tan relevantes que reclamaron una legislación orgánica de la Defensa adaptada a ellos. Por dicho motivo se aprobó la Ley Orgánica 5/2005, de 17 de noviembre, de la Defensa Nacional, cuyo artículo 2 afirma que la política de defensa tiene por finalidad la protección del conjunto de la sociedad española, de su Constitución, de los valores superiores, principios e instituciones que en ella se consagran, del Estado social y democrático de derecho, del pleno ejercicio de los derechos y libertades, y de la garantía, independencia e integridad territorial de España.

III. LA PRESTACIÓN SOCIAL SUSTITUTORIA DEL SERVICIO MILITAR OBLIGATORIO

De forma sencilla, podemos definir la objeción de conciencia al servicio militar como la negativa a cumplir el deber jurídico de incorporarse al Ejército, alegando que existe en el fuero interno un imperativo superior, religioso o filosófico-moral, que impide dicho cumplimiento. En numerosos textos constitucionales es el único supuesto de objeción de conciencia admitido y, en todo caso, siempre es el que ha merecido mayor atención por parte del legislador, lo cual es lógico dadas las dimensiones que puede alcanzar y los problemas que encierra. Esto es, precisamente, lo que ocurre en España, ya que la Constitución de 1978 solo reconoce *expresamente* la objeción de conciencia al servicio militar.

El artículo 30.2 CE, tras reconocer el derecho a la objeción de conciencia como causa de exención del servicio militar obligatorio, indica que la ley puede "imponer, en su caso, una prestación social sustitutoria". Esta fue regulada, básicamente, en la Ley 48/1984 (artículos 6 a 12) y en el Reglamento de la prestación social de los objetores de conciencia (aprobado, en su primera versión, por el Real Decreto 20/1988, de 15 de enero, y, en la segunda, por el Real Decreto 266/1995, de 24 de febrero).

Quienes eran declarados objetores de conciencia estaban exentos de cumplir el servicio militar, pero, simultáneamente, quedaban obligados a realizar una prestación social sustitutoria, consistente en actividades de utilidad pública que no requirieran el empleo de armas ni supusieran dependencia orgánica de las instituciones militares. La prestación social sustitutoria, como afirmaba el profesor Cámara Villar, evitaba que la objeción de conciencia se convirtiera en una inaceptable excepción al cumplimiento del deber general de defender a España, para serlo solo en su forma militar, de modo que pudieran respetarse —al mismo tiempo— la libertad de conciencia y el principio de igualdad. La prestación social sustitutoria era, en el caso de los objetores de conciencia al servicio militar, una forma de cumplir el deber de defender a España, que no excluía la necesidad de asumir, en su caso, otras obligaciones para con dicha defensa, con las que coexistía. Se trataba de un deber de naturaleza similar y contenido equiparable al servicio militar y, por ello, podía tener carácter sustitutorio. En la misma línea, el magistrado De la Vega Benayas, en un Voto Particular a la STC 160/1987, afirmaba que la prestación social era una sustitución del servicio de armas, un cambio o alteración de la forma del derecho y el deber de defender a España. A su juicio, el servicio militar y la prestación social que cumplían los objetores eran supuestos distintos en su contenido, pero análogos en cuanto ambos eran, en su especie, una manifestación del deber general de servir a España.

Establecida —mediante el ya citado Real Decreto 247/2001— la fecha definitiva de suspensión del servicio militar obligatorio, procedía adaptar el régimen de la prestación social sustitutoria a la nueva situación, debiendo coincidir la fecha de inicio de la suspensión de la misma con la del inicio de la suspensión del servicio militar, en cumplimiento de lo previsto en la disposición adicional cuarta de la Ley 22/1998, de 6 de julio, reguladora de la objeción de conciencia y de la prestación social sustitutoria ("La presente Ley —afirmaba dicha disposición adicional— extenderá sus efectos en tanto subsista el servicio militar obligatorio"). En coherencia con ello, se aprobó el Real Decreto 342/2001, de 4 de abril, por el que se suspendía la prestación social sustitutoria del servicio militar. En concreto, el artículo 1 de esta breve norma afirmaba que quedaba "suspendida la prestación social sustitutoria del servicio militar a partir del 31 de diciembre del año 2001". En consecuencia, los objetores de conciencia que, en dicha fecha, se encontraban en situación de disponibilidad o de actividad pasaron a la situación de reserva de la prestación social sustitutoria.

IV. EL SERVICIO CIVIL PARA EL CUMPLIMIENTO DE FINES DE INTERÉS GENERAL

El tercer apartado del artículo 30 CE introduce una nueva manifestación del deber genérico de defender a España, al afirma que "podrá establecerse un servicio civil para el cumplimiento de fines de interés general". A nuestro juicio, es evidente que aquí la Constitución se está refiriendo a prestaciones personales ("de hacer") distintas de las obligaciones militares y de la prestación social sustitutoria del servicio militar obligatorio. Analizando este precepto —que no ha tenido desarrollo legislativo, ni parece que vaya a tenerlo a corto plazo—, podemos hacer las siguientes precisiones:

1ª) Aunque tiene escasa tradición en el Derecho Constitucional extranjero, tiene precedentes muy directos en nuestro constitucionalismo histórico; concretamente, en el artículo 37 de la Constitución de 1931.

2ª) Posibilita el establecimiento de un servicio civil ("podrá establecerse", afirma), pero en modo alguno obliga a ello. Esta circunstancia ha provocado la crítica del profesor Alzaga Villaamil, afirmando que el artículo 30.3 CE era innecesario, desde el momento que el Parlamento, en todo aquello que no está expresamente limitado por la Constitución, tiene plenas facultades para obligar a los españoles.

3ª) El establecimiento de este servicio civil deberá hacerse a través de una norma con rango de ley. Ello es así, aunque en esta ocasión el constituyente no lo haya indicado de forma expresa, por dos motivos: en primer lugar, por el tenor literal del artículo 31.3 CE, que establece que "solo podrán establecerse prestaciones personales... de carácter público con arreglo a la ley"; y, en segundo lugar, porque únicamente el legislador podrá imponer obligaciones a los españoles que impliquen cercenar el principio general de libertad individual (Espín Templado).

4ª) La concreción del servicio civil quedará en manos de las Cortes que aprueben la ley de desarrollo del artículo 30.3. Las cuales, no obstante, estarán limitadas por el objetivo indicado por la propia Constitución: el "cumplimiento de fines de interés general". Sin embargo, dentro de este marco de referencia, los poderes públicos tendrán amplísimas facultades para determinar las necesidades de cada momento y para establecer prioridades en orden a hacer frente a las mismas.

5ª) Sobre si los citados artículos 30.3 y 31.3 de la Constitución son redundantes, debemos afirmar —con el profesor Sánchez González— que no lo son. Pues en tanto que el artículo 31.3 se refiere a prestaciones personales de carácter público de cualquier tipo y naturaleza, el tercer párrafo del artículo 30, dado su enclave sistemático dentro del artículo dedicado a la defensa nacional, se refiere a un tipo concreto de servicio civil: aquel que se encuadra dentro del marco de las necesidades de esta defensa. Dicho con otras palabras, el citado precepto constitucional solo se refiere a las prestaciones de naturaleza civil que la defensa de España imponga.

V. LOS DEBERES DE LOS CIUDADANOS EN LOS CASOS DE GRAVE RIESGO, CATÁSTROFE O CALAMIDAD PÚBLICA

La vida social —como subraya el profesor Sánchez González— pasa en ocasiones por épocas de crisis, causadas por elementos que no dependen de la voluntad humana y que ponen de relieve que el hombre está lejos de tener el pleno control de la naturaleza. Además, en otros momentos, quien provoca estas graves crisis puede ser la acción humana (accidental o intencionada). Cuando estas circunstancias hacen peligrar la vida y los bienes básicos de las personas o la seguridad colectiva, se hace necesario adoptar medidas adecuadas para afrontar dichas situaciones extraordinarias, al objeto de minimizar los daños y poder volver cuanto antes a la normalidad. A ello responde, precisamente, el mandato contenido en el apartado cuarto del artículo 30 CE, inspirado en el principio de solidaridad interpersonal e interterritorial, al afirmar que "mediante ley podrán regularse los deberes de los ciudadanos en los casos de grave riesgo, catástrofe o calamidad pública". Se trata de la última manifestación del derecho-deber de defender a España que consagra dicho artículo constitucional.

Sin desconocer la amplitud de significados de los tres términos que utiliza el art. 30.4 CE (riesgo, catástrofe y calamidad pública) y tomando como referencia la legislación española y el *Diccionario* de la RAE, proponemos las siguientes definiciones. "Riesgo": Es la posibilidad de que una amenaza llegue a afectar a colectivos de personas o a bienes. "Catástrofe": Es una situación o acontecimiento que altera o interrumpe sustancialmente el funcionamiento de una comunidad o sociedad por ocasionar gran cantidad de víctimas, daños e impactos materiales, cuya atención supera los medios disponibles de la propia comunidad. "Calamidad pública": Es una desgracia o infortunio que alcanza a muchas personas, esto es, un desastre de grandes dimensiones.

Estas situaciones de extraordinaria emergencia tienen una notable semblanza con las que permiten al Gobierno declarar el "estado de alarma" (art. 116.2 CE y art. 4 LO 4/1981, de 1 de junio). Sin embargo, han sido, primero, la Ley 2/1985 (hoy derogada) y, después, la Ley 17/2015, de 9 de julio, del Sistema Nacional de Protección Civil, las normas que han desarrollado el mandato constitucional del artículo 30.4. Esta última ley —según su preámbulo— se ha propuesto reforzar los mecanismos que potencian y mejoran el funcionamiento del sistema nacional de protección de los ciudadanos ante emergencias, catástrofes y calamidades públicas, que ya previó la Ley 2/1985. Este sistema de protección civil es un instrumento de la seguridad pública, integrado en la política de Seguridad Nacional. Sistema que hará más fácil el ejercicio cooperativo, coordinado y eficiente de las competencias distribuidas por el Tribunal Constitucional entre el Estado y las Comunidades Autónomas.

El profesor Espín Templado afirma, certeramente, que las diferencias entre las prestaciones del artículo 30.3 (el servicio civil) y las del artículo 30.4 (los deberes en los casos de grave riesgo, catástrofe o calamidad pública) residen, fundamentalmente, en el carácter periódico o regular de las primeras, frente al carácter excepcional de las segundas.

VI. BIBLIOGRAFÍA

BLANCO VALDÉS, R.: *La ordenación constitucional de la defensa*, Tecnos, Madrid, 1988.

CÁMARA VILLAR, G.: *La objeción de conciencia al servicio militar. (Las dimensiones constitucionales del problema)*, Civitas, Madrid, 1991.

CASADO BURBANO, P.: *Iniciación al Derecho Constitucional Militar*, Editorial Revista de Derecho Privado-Editoriales de Derecho Reunidas, Madrid, 1986.

ESCOBAR ROCA, G.: *La objeción de conciencia en la Constitución Española*, Centro de Estudios Constitucionales, Madrid, 1993.

FERNÁNDEZ SEGADO, F. (editor): *El servicio militar: Aspectos jurídicos y socioeconómicos*, Dykinson-Fundación Alfredo Brañas, Madrid, 1994.

OLIVER ARAUJO, J.: *La objeción de conciencia al servicio militar*, Civitas, Madrid, 1993.

SÁNCHEZ GONZÁLEZ, S.: "Artículo 30. Defensa de España", en ALZAGA VILLAAMIL, Ó (dir.), *Comentarios a la Constitución Española de 1978*, Tomo III, Edersa, Madrid, 2006, pp. 383-402.

VII. JURISPRUDENCIA

STC 15/1982, de 23 de abril.
STC 23/1982, de 13 de mayo.
STC 25/1982, de 19 de mayo.
STC 40/1982, de 30 de junio.
STC 35/1985, de 7 de marzo.
STC 160/1987, de 27 de octubre.
STC 161/1987, de 27 de octubre.
STC 55/1996, de 28 de marzo.

Artículo 31

1. Todos contribuirán al sostenimiento de los gastos públicos de acuerdo con su capacidad económica mediante un sistema tributario justo inspirado en los principios de igualdad y progresividad que, en ningún caso, tendrá alcance confiscatorio.

2. El gasto público realizará una asignación equitativa de los recursos públicos, y su programación y ejecución responderán a los criterios de eficiencia y economía.

3. Sólo podrán establecerse prestaciones personales o patrimoniales de carácter público con arreglo a la ley.

COMENTARIO

Cristina Pauner Chulvi
Catedrática de Derecho Constitucional
Universitat Jaume I

I. INTRODUCCIÓN

Con la proclamación del deber tributario en el art. 31, nuestra Constitución recoge una tradición histórico-constitucional constante. Pero, a diferencia de épocas anteriores, la configuración de este deber adquiere una importancia vital en la conformación del Estado social. Ello es así porque nuestra Norma fundamental se inscribe en la línea de textos caracterizados esencialmente por una tarea transformadora de la sociedad. Tarea que se plasma especialmente en los preceptos que conforman el denominado entramado jurídico promocional como el enunciado en los arts. 9.2 o 1.1 CE. Estos preceptos comprometen la actividad de los poderes públicos en la consecución de la igualdad real y los valores constitucionales. Entre ellos destaca la actuación de la Hacienda pública en el sentido de que se trata de intervenir en el terreno social y económico con fines de tutela, redistribución y equilibrio de la riqueza. La importancia de la actividad de la Hacienda actual es tanta que permite materializar los principios fundamentales de nuestro ordenamiento jurídico o impedirlos por completo. Y toda la actividad que el Estado desarrolla en el terreno financiero parte de la existencia de fondos económicos; fondos que se obtienen principalmente a través de las contribuciones de la generalidad de los ciudadanos al sostenimiento del Estado.

El art. 31 CE consta de tres apartados cuyo análisis debe centrarse en las condiciones o principios que establecen para cumplir con el deber de contribuir. Así, el apartado 1 enuncia el deber de todos de contribuir al sostenimiento de los gastos públicos conforme a los principios de generalidad, capacidad económica, igualdad, progresividad y no confiscatoriedad. El apartado 2 se refiere a los principios de asignación equitativa de los recursos públicos y de eficiencia y economía en la programación y ejecución de los gastos públicos. Finalmente, el apartado 3 consagra el principio de reserva de ley en materia tributaria. Cualquier violación de los principios referidos podrá motivar la interposición de un recurso o cuestión de inconstitucionalidad ante el Tribunal Constitucional contra las leyes y disposiciones normativas con fuerza de ley de acuerdo con lo dispuesto por los arts. 53.1, 161.1.a) y 163 CE.

II. EL SISTEMA TRIBUTARIO

1. Consideraciones generales

El deber de contribuir al sostenimiento de los gastos públicos es un instrumento fundamental para cumplir con las finalidades constitucionales atribuidas al Estado social y democrático de Derecho que se define por su intervención en el ámbito social y económico. En este sentido, el deber de contribuir es un exponente de un interés colectivo social y se configura como el contenido más importante del principio básico de solidaridad pasando del deber de contribuir a nivel individual a un marco más amplio caracterizado por el deber de solidaridad política, económica y social (STC 50/1995, de 23 de febrero).

El contenido constitucional de la figura tributaria se dibuja en el art. 2.1 LGT: "Los tributos además de ser medios para recaudar ingresos públicos, han de servir como instrumentos de la política económica general, atender a las exigencias de estabilidad y progreso sociales y procurar una mejor distribución de la renta nacional". Los tributos se configuran, pues, como instrumentos de financiación estatal y como medios al servicio de los fines del Estado social y democrático de Derecho.

De forma unánime se acepta que el tributo aparece constitucionalmente vinculado al gasto y que tanto el tributo como el gasto público estén orientados por los mismos principios materiales que se enuncian en el art. 31 CE. Para el ingreso aparece bajo la denominación de principio material de justicia en la tributación y para el gasto se ha llamado principio de la equidad en la asignación de los recursos públicos. Por tanto, el Estado puede emplear el sistema financiero para servir a los fines sociales a través de dos mecanismos que actúan conjuntamente: bien empleando el sistema tributario a través de una adecuada distribución de la carga fiscal o bien mediante el equitativo reparto de los gastos públicos.

2. Principios constitucionales del sistema tributario

Los principios materiales de justicia financiera y tributaria aparecen expresamente mencionados en el art. 31.1 CE: generalidad, capacidad económica, igualdad, progresividad y no confiscatoriedad.

El Tribunal Constitucional ha recordado en numerosas sentencias que los principios constitucionales no son compartimentos estancos, sino que cada uno de ellos cobra valor en función de los demás y en tanto sirva para los valores superiores del art. 1 CE (STC 104/2000, de 13 de abril). Además, los principios de justicia financiera no solo aparecen como criterios de elaboración y aplicación de las normas sino también como fines materiales a cuya consecución se encaminan aquellas. En otras palabras, los principios del art. 31.1 CE tienen una proyección que alcanza a todos los poderes públicos que intervienen en la elaboración e implementación del sistema tributario (legislador, administración pública y poder judicial) ya que obligan a la obtención de resultados.

2.1 Generalidad

En dicción del artículo 31.1 CE "Todos contribuirán" lo que implica que tanto las personas físicas con independencia de su nacionalidad como las jurídicas con residencia fiscal en España son sujetos pasivos del deber tributario afectando incluso a quienes de manera transitoria se encuentren en el país a través de la imposición indirecta lo que es consecuencia del principio de territorialidad en la eficacia de las normas.

Se trata de una exigencia constitucional que, de un lado, implica un mandato al legislador para que tipifique como hecho imponible todo acto, hecho o negocio jurídico indicativo de capacidad económica y, de otra parte, proscribe la concesión de exenciones y bonificaciones tributarias que puedan reputarse como discriminatorias. De esta definición puede colegirse que la vigencia del principio de generalidad no impide la existencia de beneficios fiscales (exenciones o bonificaciones tributarias) que serán constitucionalmente válidos siempre que vengan exigidos para la realización efectiva de otros principios, como el de capacidad económica o progresividad, o respondan a fines de interés general que los justifiquen como motivos de política económica o social, atención al mínimo de subsistencia, etc. (STC 96/2002, de 25 de abril).

2.2 *Igualdad*

El principio de igualdad tributaria es una proyección del concepto genérico de igualdad que exige que a iguales supuestos de hecho se apliquen iguales consecuencias jurídicas y veda la utilización de elementos de diferenciación que quepa calificar de arbitrarios o carentes de una justificación razonable (STC 27/2004, de 4 de marzo).

En el ámbito tributario este principio supone que el reparto de la carga tributaria se haga por igual entre los contribuyentes y obliga a los poderes públicos a gravar igual a los sujetos que se encuentren en la misma situación y desigualmente a quienes estén en situaciones diferentes pero exige no solo que la diferencia de trato resulte objetivamente justificada, sino también que supere un juicio de proporcionalidad en sede constitucional sobre la relación existente entre la medida adoptada, el resultado producido y la finalidad pretendida (STC 27/1981, de 20 de julio).

No obstante, el propio Tribunal Constitucional ha declarado que la igualdad tributaria del art. 31 CE ha de ser modulada en relación con el principio de igualdad del art. 14 CE y conectada con los principios de capacidad económica y progresividad. De manera sintética, el art. 14 CE trata de garantizar la igualdad ante la ley y prohíbe la discriminación en razón de circunstancias subjetivas mientras que la igualdad del art. 31 CE se refiere a la igualdad en la ley y está relacionada con la prohibición de discriminación en el reparto de la carga tributaria sobre la base de criterios objetivos. Esta singularidad de la igualdad tributaria impide que su lesión pueda ser invocada a través de la vía del recurso de amparo (STC 54/2006, de 27 de febrero).

El criterio o parámetro conforme al cual definir la igualdad o desigualdad de las situaciones en materia tributaria es el de capacidad contributiva de modo que a situaciones que manifiesten idéntica capacidad económica les corresponde las mismas cargas tributarias (STC 45/1989, de 20 de febrero). Quiere esto decir que únicamente trascenderán al ámbito tributario las discriminaciones que provengan de diferencias en los índices o circunstancias reveladoras de capacidad económica.

2.3 Progresividad

El principio de progresividad debe predicarse de todo el conjunto del sistema tributario y no puede exigirse que afecte a cada una de las figuras tributarias singularmente consideradas (STC 150/1990, de 4 de octubre). Es una característica que supone que los tipos impositivos se han de establecer de forma que, a medida que aumenta la base imponible, le corresponde un incremento de la deuda tributaria más que proporcional. De este modo, los ciudadanos que más tienen contribuyen en proporción superior a los que tienen menos.

Este principio, enumerado también en el art. 3 LGT, impacta en el sistema tributario pero tiene una proyección más amplia en relación con la consecución de fines distintos al recaudatorio para permitir la consecución de objetivos diferentes como los previstos en el art. 40.1 CE que establece que "Los poderes públicos promoverán las condiciones favorables para el progreso social y económico y para una distribución de la renta regional y personal más equitativa, en el marco de una política de estabilidad económica (...)".

La progresividad puede, en principio, parecer contradictoria con el criterio de igualdad pero el Tribunal Constitucional ha declarado la relación entre ambas perfectamente compatible ya que el argumento de la progresividad se sustenta en el art. 9.2 CE que regula el valor de la igualdad en su vertiente material o real (STC 7/2010, de 27 de mayo).

2.4 No confiscatoriedad

La prohibición constitucional de confiscatoriedad del art. 31.1 CE constituye el límite infranqueable de la progresividad e impide que el sujeto pasivo llegara a verse privado de sus rentas y propiedades bajo el pretexto del deber de contribuir y por aplicación de las diversas figuras tributarias vigentes. En última instancia, el principio de no confiscación procede de la garantía prevista en el art. 33.1 CE que reconoce el derecho a la propiedad privada por lo que obliga a no agotar la riqueza imponible.

Habida cuenta de la vinculación de la no confiscatoriedad con los principios de progresividad y capacidad económica resulta difícil fijar técnicamente y en abstracto si del régimen legal de un tributo pueden derivarse, *per se*, efectos confiscatorios aunque algunos países de nuestro entorno han fijado techos porcentuales a los tipos de gravamen. Es el caso de Alemania cuyo Tribunal Constitucional ha proclamado que la carga tributaria sobre el patrimonio no puede exceder del 50% de su renta potencial para respetar un uso de la propiedad al servicio tanto del beneficio privado como del interés nacional. En España, el Tribunal Constitucional ha aclarado que, a pesar de que el mencionado precepto constitucional ha referido el límite de la confiscatoriedad al sistema tributario, también exige que dicho efecto no se produzca "en ningún caso" (STC 150/1990, de 4 de octubre) lo que implica que todo tributo que agotase la riqueza imponible basándose en el deber de contribuir al sostenimiento de los gastos públicos o sometiera a gravamen una riqueza inexistente vulnerando el principio de capacidad económica, "estaría incurriendo en un resultado obviamente confiscatorio que incidiría negativamente en aquella prohibición constitucional" (STC 26/2017, de 16 de febrero) o, más gráficamente, cuando la progresividad del impuesto sobre la renta de las personas físicas "alcanzara un gravamen del 100 por 100 de la renta" (STC 233/1999, de 16 de diciembre). Descartado este máximo, encontramos una concreción de este principio en la Ley 19/1991, de 6 de junio, del Impuesto sobre el Patrimonio que dispone que la cuota íntegra del mencionado impuesto junto con las cuotas del IRPF, "no podrá exceder, para los sujetos pasivos sometidos al impuesto por obligación personal, del 60% de la suma de las bases imponibles de este último".

2.5 Capacidad económica

Entre los principios constitucionales de orden tributario, el de capacidad económica ocupa un papel preponderante desde el punto de vista de la justicia tributaria. El deber tributario es una obligación que se sustenta en la capacidad económica de los sujetos pasivos que tributan en función de aquella capacidad, concebida como una manifestación de riqueza (STC 276/2000, de 16 de noviembre).

El análisis del principio de capacidad económica está ligado al periplo jurisprudencial en torno a la plusvalía municipal puesto de manifiesto, a nivel foral, en las iniciales SSTC 26/2017 y 37/2017, con continuidad a nivel estatal en las SSTC 59/2017 y 126/2019. El punto final de ese recorrido ha sido la STC 182/2021 que ha corregido la errónea concepción del principio de capacidad económica de la que habían partido las sentencias precedentes.

Así, el Tribunal Constitucional ha venido matizando la consideración de la capacidad económica como fundamento y como criterio que gradúa la tributación. El principio de capacidad económica, en su primera acepción, opera como presupuesto y límite del poder legislativo ya que impide que el legislador establezca tributos cuya materia u objeto imponible no constituya una manifestación de riqueza real o potencial. En cuanto a la consideración del principio de capacidad económica como criterio de graduación o medida de la tributación significa que la presencia de la capacidad económica en cada figura tributaria estará modulada de modo que "sólo cabe exigir que la carga tributaria de cada contribuyente varíe en función de la intensidad en la realización del hecho imponible en aquellos tributos que por su naturaleza y caracteres resulten determinantes en la concreción del deber de contribuir al sostenimiento de los gastos públicos que establece el art. 31.1 CE" (SSTC 26/2017, de 16 de febrero y 37/2017, de 1 de marzo).

En esta línea, la posterior STC 59/2017, de 11 de mayo, estimó la cuestión de inconstitucionalidad contra determinados preceptos de la Ley reguladora de las Haciendas Locales referidos al Impuesto sobre el Incremento del Valor de los Terrenos donde mantiene la distinción entre la capacidad económica como *fundamento de la imposición*, siendo inconstitucional un impuesto que gravase supuestos en los que no existe esa capacidad, y como *medida del tributo*, que solo es aplicable a los tributos que tienen un peso importante en la carga tributaria total. Finalmente, el TC anuló algunos de sus preceptos en en tanto que gravaban una renta irreal "en la medida en que no han previsto excluir del tributo las situaciones inexpresivas de capacidad económica por inexistencia de incrementos de valor". A la STC 126/2019, de 31 de octubre, le resultan aplicables las mismas críticas que a los pronunciamientos anteriores ya que mantiene la premisa de que el principio de capacidad económica no es aplicable como criterio constitucional de medida de la cuantía de aquellos tributos que no tienen un peso relevante en la carga tributaria global de los contribuyentes.

En la STC 182/2021, de 26 de febrero, el Alto Tribunal ha revitalizado el principio de capacidad económica interpretando que el art. 31.1 CE exige que la contribución de cada cual al sostenimiento de los gastos públicos se haga no de cualquier manera, sino de acuerdo con su capacidad económica, lo que debe concretarse en la configuración de cada tributo.

El Tribunal Constitucional ha subrayado en múltiples ocasiones que este principio se erige en un criterio inspirador del sistema tributario justo (STC 108/2004, de 30 de junio). En relación con esta acepción del principio de capacidad económica está plenamente asentada la cuestión de su compatibilidad con las finalidades extrafiscales de los tributos. En este sentido, y al margen de su función recaudatoria, está legitimada la utilización del sistema tributario con fines de política económica general lo que supone que existan situaciones reveladoras de capacidad económica suficiente para soportar cargas tributarias que no se sujetan a tributación. Esta orientación del sistema tributario que sirve tanto a la obtención de recursos económicos como a la consecución de objetivos de política económica puede venir refrendada por los principios rectores de la política social y económica regulados en el Capítulo III del Titulo I CE (arts. 39 a 52) y ha sido reiteradamente confirmada por la doctrina constitucional "siempre que responda a fines de interés general que la justifiquen (por ejemplo, por motivos de política económica o social, para atender el mínimo de subsistencia, por razones de técnica tributaria, etc.), quedando, en caso contrario, proscrita" (STC 60/2015, de 18 de marzo), finalidad extrafiscal que también tiene acomodo en el ámbito del poder tributario autonómico para el desarrollo y ejecución de las competencias de las Comunidades Autónomas (art. 156.1 CE) (STC 37/1987, de 26 de marzo).

Finalmente, es necesario hacer referencia a la función solidaria que desempeña el principio de capacidad económica en el Estado social y democrático de Derecho y que obliga a tener en cuenta otros principios y valores constitucionales tales como el concepto de mínimo exento introducido en el sistema fiscal español en la década de los 90 y actualmente contemplado en el Impuesto sobre la Renta de las Personas Físicas y en el Impuesto sobre el Patrimonio. Este concepto afecta a la conformación del hecho imponible dejando al margen del impuesto una parte de la renta del contribuyente que se considera indispensable para que cubra sus necesidades vitales (STC 19/2012, de 15 de febrero).

2.6 Reserva de ley

El principio de reserva de ley como expresión de la soberanía nacional está directamente relacionado con el principio de autoimposición en materia tributaria —han de ser los representantes de los ciudadanos quienes decidan el establecimiento de tributos— y ha quedado acuñado como lema del parlamentarismo —"no hay impuestos sin representación"— frente al absolutismo real.

No obstante, la significación de la ley como fuente del ordenamiento financiero no se limita al ámbito tributario sino que se proyecta sobre todas las instituciones financieras básicas. De hecho, el principio de reserva de ley en *materia tributaria* se prevé en los arts. 31.3 y 133.1 y 2 CE y en materia *presupuestaria* se impone en el art. 134.1 CE para la aprobación del Presupuesto, tanto en las Cortes Generales (singularizado también en el art. 66.2 CE) como en las Asambleas autonómicas. Además, el art. 133.4 CE dispone que "Las Administraciones Públicas solo podrán contraer obligaciones financieras y realizar gastos de acuerdo con las leyes".

Como punto de partida, debe aclararse que el art. 31.3 CE no puede identificarse solo con las prestaciones tributarias puesto que se refiere a las prestaciones personales o patrimoniales de carácter público. Las prestaciones personales son absolutamente residuales en la actualidad y las prestaciones patrimoniales no se reducen a los tributos sino que abarcan un ámbito de diversas prestaciones, por ejemplo, precios de servicios públicos o las cotizaciones a la Seguridad Social.

Este principio de reserva de ley cumple con dos objetivos esenciales en el Estado actual: asegurar que la regulación de determinado ámbito vital de las personas dependa exclusivamente de la voluntad de sus representantes y garantizar la distribución uniforme de las cargas tributarias preservando la paridad básica de todos los ciudadanos.

La generalidad de la doctrina y la jurisprudencia ordinaria y constitucional han confirmado el carácter relativo de la reserva de ley para regular elementos esenciales del tributo de forma que tal reserva está limitada a la creación *ex novo* del tributo y la determinación de los elementos esenciales o configuradores del mismo como, por ejemplo, el hecho imponible (STC 150/2003, de 15 de junio). Asimismo, debe recordarse que es una exigencia que se predica tanto de los tributos estatales como de los tributos propios de las Comunidades Autónomas.

III. EL GASTO PÚBLICO

La Constitución española vincula recíprocamente el concepto de tributo y el concepto de gasto público dándose una relación de dependencia entre ambos. En relación con el gasto público la Norma fundamental fija dos postulados en el art. 31.2: en primer lugar, el principio de equidad en la asignación de los recursos y, en segundo término, el criterio de eficiencia y economía en su programación y ejecución.

El primero incorpora la idea de justicia o equidad que supondría una distribución del gasto público atendiendo a las circunstancias sociales, políticas y económicas del momento. Desde un punto de vista práctico, la doctrina ha señalado que la concreción de la asignación equitativa de los recursos públicos debe basarse no solo en la fórmula del art. 1 CE que define a España como Estado social y democrático de Derecho sino también en los principios rectores de la política social y económica contenidos en el Capítulo III del Título I CE de forma que se hagan efectivos los valores que merecen protección por parte de los poderes públicos, entre otros, la garantía del régimen público de la Seguridad Social (art. 41), la garantía en la obtención de pensiones adecuadas (art. 50), el derecho de todos los españoles a una vivienda digna y adecuada (art. 47), etc.

El segundo es un criterio económico-financiero al servicio de la consecución del primero que impone la necesidad de aplicar procedimientos eficaces en la gestión del gasto y alcanzar una óptima asignación de esos recursos para garantizar la viabilidad económica del Estado social y democrático de Derecho. Estos criterios de eficiencia y economía están directamente relacionados con el concepto de eficacia consagrado en el art. 103.1 CE. Más concretamente, el principio de eficiencia es un criterio práctico de gestión que exige el correcto empleo de los recursos para cumplir con las necesidades públicas mientras que el criterio de economía reclama que en la realización del gasto público se produzca la óptima combinación de unos medios escasos con la finalidad de obtener la más amplia satisfacción.

Asimismo, se ha señalado que no debe hablarse de jerarquía entre ambos principios sino de una aplicación en momentos sucesivos de modo que la equidad en el gasto público se proyectaría sobre el momento inicial de aprobación de gasto y en el momento final de evaluación del resultado mientras que la eficiencia y economía se conectarían más bien con la programación y ejecución.

Por último, el marco normativo en materia de gasto y presupuesto se vio profundamente afectado por la reforma constitucional del art. 135, en cumplimiento de exigencias europeas, que consagró el principio de estabilidad presupuestaria. En concreto, en septiembre de 2011 se introdujo en la Constitución una regla fiscal que limita el déficit público y restringe la deuda pública al valor de referencia establecido por la Unión Europea. El mencionado artículo incluye el mandato de redactar una Ley Orgánica que se formalizó mediante la Ley Orgánica 2/2012, de 27 de abril, de Estabilidad Presupuestaria y Sostenibilidad Financiera con un triple objetivo: garantizar la sostenibilidad financiera de todas las Administraciones Públicas (del Estado, de las Comunidades Autónomas, Corporaciones Locales y Seguridad Social); fortalecer la confianza en la estabilidad de la economía española; y reforzar el compromiso de España con la Unión Europea en esta materia.

IV. BIBLIOGRAFÍA

BARQUERO ESTEVAN, J. M.: *La función del tributo en el Estado social y democrático de Derecho*, Centro de Estudios Políticos y Constitucionales, Madrid, 2012.

ESCRIBANO LÓPEZ, F.: *La configuración jurídica del deber de contribuir. Perfiles constitucionales*, Civitas, Madrid, 1988.

JIMENA QUESADA, L.: "La reforma del artículo 135 de la Carta Magna española (La superación de los clichés del tabú y de la rigidez constitucionales)", *Teoría y Realidad Constitucional*, núm. 30, 2012, pp. 335-356.

JIMÉNEZ-CASTELLANOS BALLESTEROS, I.: "Principios constitucionales en torno al impuesto municipal sobre el incremento del valor de los terrenos de naturaleza urbana: la desidia del legislador estatal", *Revista de Derecho Político*, núm. 116, 2023, pp. 167-193.

LÓPEZ GUERRA, L.: "Prólogo" en Pauner Chulvi, Cristina. *El deber de contribuir al sostenimiento de los gastos públicos*, Centro de Estudios Políticos y Constitucionales, Madrid, 2001.

PLAZA ECHEVARRÍA, J.: *La justicia como fundamento del sistema tributario español*, Dykinson, Madrid, 2021.

PÉREZ DE AYALA, J. L.: *Algunos problemas interpretativos del artículo 31.1 de la Constitución Española en un contexto jurisprudencial*, Aranzadi, Pamplona, 2008.

RODRÍGUEZ BEREIJO, A.: "El deber de contribuir como deber constitucional: su significado jurídico", *Revista Española de Derecho Financiero*, núm. 125, 2005, pp. 5-40.

VIDAL MARÍN, T.: *Un estudio constitucional sobre el deber de contribuir y los principios que lo informan: el artículo 31.1 CE*, Tirant lo Blanch, Valencia, 2003.

V. JURISPRUDENCIA

STC 27/1981, de 20 de julio, sobre principio de igualdad tributaria.

STC 150/1990, de 4 de octubre, sobre límite de no confiscatoriedad.

STC 19/2012, de 15 de febrero, sobre mínimo vital exento.

STC 102/2005, de 20 de abril, sobre principio de reserva de ley tributaria.

STC 179/2006, de 13 de junio, sobre función extrafiscal de los tributos.

STC 7/2010, de 27 de abril, sobre principio de progresividad.

STC 182/2021, de 26 de febrero, sobre principio de capacidad económica.

Artículo 32

1. El hombre y la mujer tienen derecho a contraer matrimonio con plena igualdad jurídica.

2. La ley regulará las formas de matrimonio, la edad y capacidad para contraerlo, los derechos y deberes de los cónyuges, las causas de separación y disolución y sus efectos.

COMENTARIO

Aida Torres Pérez
Profesora Agregada de Derecho Constitucional
Universidad Pompeu Fabra

SUMARIO: I. EL DERECHO A CONTRAER MATRIMONIO: GARANTÍA INSTITUCIONAL Y DERECHO INDIVIDUAL. II. EL DERECHO DEL HOMBRE Y LA MUJER A CONTRAER MATRIMONIO CON PLENA IGUALDAD JURÍDICA. III. LAS UNIONES DE HECHO Y EL DERECHO A NO CASARSE. IV. EL MATRIMONIO ENTRE PERSONAS DEL MISMO SEXO. V. CONCLUSIÓN. VI. BIBLIOGRAFÍA. VII. JURISPRUDENCIA.

I. EL DERECHO A CONTRAER MATRIMONIO: GARANTÍA INSTITUCIONAL Y DERECHO INDIVIDUAL

La constitucionalización del matrimonio en 1978 implicó una profunda transformación de esta institución, que tiene hondas raíces en el derecho canónico. El matrimonio ha experimentado un progresivo proceso de secularización, y pese a la pluralidad de formas de convivencia afectiva en la actualidad, continúa siendo un elemento estructural básico de la organización social.

El derecho a contraer matrimonio reconocido en el artículo 32 de la Constitución (CE) incorpora una doble dimensión: el matrimonio como garantía institucional y como derecho individual. La *garantía institucional* protege a la institución del matrimonio como tal, de modo que no puede ser suprimida o desnaturalizada por la acción del legislador. Existe el riesgo de que la definición de la institución matrimonial se vea imbuida por concepciones religiosas. El Tribunal Constitucional (TC) lo ha definido como una "comunidad de afecto que genera un vínculo, o sociedad de ayuda mutua entre dos personas que poseen idéntica posición en el seno de esta institución, y que voluntariamente deciden unirse en un proyecto de vida familiar común, prestando su consentimiento respecto de los derechos y deberes que conforman la institución y manifestándolo expresamente mediante las formalidades establecidas en el ordenamiento" (STC 198/2012, FJ 9).

A su vez, es un *derecho individual*, con las garantías propias de los derechos de la sección segunda, del Capítulo II, del Título Primero de la CE: protección del contenido esencial frente a la acción del legislador y reserva de ley (art. 53.1 CE). Aunque es un derecho de titularidad individual, no es de ejercicio individual, ya que el matrimonio requiere el consentimiento mutuo. En este sentido, puede hablarse de un "derecho a casarse", que implica la posibilidad de optar por un tipo de contrato, el matrimonio, como forma de organizar la convivencia afectiva en pareja, de modo que el legislador no puede abolir o dificultar en exceso el acceso al mismo.

Durante el proceso constituyente, los principales elementos de discusión en la redacción de este artículo, tal y como se puede constatar en los debates parlamentarios, consistieron en: la garantía de la igualdad entre el hombre y la mujer, que se proclama en su primer apartado; el reconocimiento del divorcio, término que generó fuertes disputas y que no llegó a incorporarse en el texto constitucional, que se limita a hacer referencia a las "causas de separación y disolución y sus efectos"; y la diferenciación conceptual entre matrimonio y familia. En efecto, la protección de la familia se incorpora en un artículo diferenciado (art. 39 CE), lo que implica el reconocimiento de formas diversas de familia que no tienen su origen en la unión matrimonial, y la igual protección de todas ellas.

La regulación constitucional es ciertamente escueta y abierta, de modo que deberá complementarse a través de la acción del legislador. En su apartado segundo, el artículo 32 establece una *reserva de ley* específica y remite al legislador la regulación de los elementos configuradores del régimen matrimonial, a la vez que le reconoce un amplio margen de discrecionalidad.

Antes de la entrada en vigor de la Constitución, la regulación del matrimonio se contenía en el Código Civil (CC), que consagraba un régimen de desigualdad jurídica entre los cónyuges, y el carácter subsidiario del matrimonio civil frente al canónico. Por consiguiente, a partir de 1978 era imprescindible una revisión profunda de la institución matrimonial, que no se produjo hasta la aprobación de las Leyes 11/1981, de 13 de mayo, y 30/1981, de 7 de julio. Esta última es conocida como la "ley del divorcio" y considerada entonces una de las más progresistas de Europa. Fue aprobada bajo el gobierno de la UCD de Adolfo Suárez, frente a la oposición de la jerarquía eclesiástica y buena parte de su propio partido. Con posterioridad, en el año 2005, se produjo una reforma de calado en la regulación del matrimonio a través de las Leyes 13/2005, de 1 de julio, y 15/2005, de 8 de julio. La segunda suprimió las causas de separación y divorcio, lo que implicó un paso más desde la perspectiva de la libertad de los cónyuges. La primera reconoció a las parejas homosexuales el acceso al matrimonio en condiciones de plena igualdad, y constituyó uno de los principales hitos de la agenda social del gobierno socialista de Rodríguez Zapatero.

En relación con las formas de matrimonio, y la admisibilidad del matrimonio religioso, el art. 32 CE no se pronuncia. Pese a que la Constitución establece la *aconfesionalidad* del Estado, a su vez prevé expresamente el mantenimiento de relaciones de cooperación entre los poderes públicos con la Iglesia Católica, y demás confesiones (art. 16.3 CE). En este sentido, poco después de la entrada en vigor de la Constitución, se adoptó el Acuerdo de Asuntos Jurídicos entre España y la Santa Sede de 1979, que otorga efectos civiles al matrimonio celebrado según las normas de derecho canónico desde el momento de su celebración. Sin embargo, para su pleno reconocimiento es necesaria la inscripción en el Registro Civil, de acuerdo con los requisitos exigidos por la legislación civil. Además del matrimonio canónico, posteriormente se reconocieron efectos civiles a la celebración de los matrimonios evangélicos, judíos e islámicos, de acuerdo con lo previsto en los Acuerdos de cooperación de 1992 del Estado español con la Federación de Entidades Religiosas Evangélicas de España, la Federación de Comunidades Israelitas y la Comunidad Islámica de España, respectivamente. No obstante, el matrimonio canónico recibe un trato más favorable ya que además de la celebración, también se reconocen las resoluciones eclesiásticas de nulidad y disolución de matrimonio rato y no consumado (art. 80 CC).

El reconocimiento e interpretación del derecho a contraer matrimonio está directamente vinculado con el *derecho internacional de los derechos humanos*. En este sentido, el art. 32 CE se redactó de conformidad con el art. 16 de la Declaración universal de los derechos humanos (1948); el art. 23 del Pacto internacional de derechos civiles y políticos (1966); el art. 10 del Pacto internacional de derechos económicos, sociales y culturales (1966); el art. 12 del Convenio europeo para la protección de los derechos humanos y libertades fundamentales (1950, CEDH); y la Convención de Naciones Unidas de 15 de abril de 1969 sobre consentimiento para el matrimonio, edad mínima para contraer matrimonio y registro de los mismos (STC 198/2012, FJ 6). Asimismo, para la interpretación del art. 32 CE, el TC recurre con frecuencia como parámetro interpretativo a tratados internacionales de derechos humanos, y especialmente al CEDH y la jurisprudencia del Tribunal Europeo de Derechos Humanos (TEDH), así como al derecho comparado, incluyendo citas expresas a la jurisprudencia de otros tribunales constitucionales, como el tribunal constitucional federal alemán o la corte constitucional italiana (STC 39/2002, FJ 5; STC 51/2011, FJ 8; STC 198/2012, FJ 9).

A continuación, el análisis del art. 32 CE se desarrollará desde la perspectiva de la igualdad en tres ámbitos que han dado lugar a conflictividad constitucional: la igualdad entre hombres y mujeres; las uniones de hecho en relación con el derecho a no casarse; y el reconocimiento del matrimonio entre personas del mismo sexo.

II. EL DERECHO DEL HOMBRE Y LA MUJER A CONTRAER MATRIMONIO CON PLENA IGUALDAD JURÍDICA

Uno de los principales objetivos de la Constitución a través del art. 32 fue garantizar la igualdad entre hombres y mujeres en el matrimonio, como expresión del derecho a la no discriminación reconocido en el art. 14 CE. Tal y como ha declarado el TC, el ámbito de aplicación de la cláusula de igualdad del art. 32.1 CE no se limita a la constitución del matrimonio, sino que debe extenderse a lo largo del mismo y hasta su extinción, lo que implica igualdad de obligaciones y deberes, incluida la regulación de los efectos de la separación y disolución del matrimonio (STC 159/1989, FJ 5).

Se partía de un contexto jurídico y social de desigualdad caracterizado por la preeminencia del marido y la sumisión de la mujer, en la medida que el CC consagraba múltiples limitaciones a la capacidad de obrar de la mujer casada. Incluso a partir del reconocimiento normativo de la capacidad de obrar de la mujer casada en 1975 (Ley 14/1975, de 2 de mayo, sobre reforma de determinados artículos del Código civil y del Código de comercio sobre la situación jurídica de la mujer casada y los derechos y deberes de los cónyuges), los maridos conservaban diversas prerrogativas y eran todavía administradores de los bienes de la sociedad conyugal, excepto estipulación en contrario, se exigía su consentimiento para algunos negocios jurídicos de la esposa, y la madre sólo ostentaba la patria potestad en defecto del padre.

El CC fue reformado en sucesivas ocasiones para eliminar los elementos patriarcales y discriminatorios que habían caracterizado la institución matrimonial, y de manera importante a través de las mencionadas Leyes 11 y 30/1981, que proclamaron la igualdad jurídica entre marido y mujer en todos los aspectos vinculados al matrimonio.

El TC se ha ocupado de depurar los aspectos discriminatorios que han perdurado en la legislación ordinaria, como el art. 9.2 CC (en su redacción anterior a la de la Ley 11/1990) que, en defecto de los puntos de conexión principalmente establecidos para la determinación de la ley aplicable a las relaciones personales entre cónyuges, establecía la aplicación de la ley nacional del marido al tiempo de la celebración del matrimonio (STC 39/2002).

III. LAS UNIONES DE HECHO Y EL DERECHO A NO CASARSE

Si el art. 32 CE reconoce el derecho a contraer matrimonio, ¿puede entenderse que la Constitución reconoce también un "derecho a no casarse"? El TC ha sostenido que del derecho a contraer matrimonio se puede extraer la libertad de no contraerlo, pero los sitúa a diferente nivel. Mientras que el primero es un derecho subjetivo, la segunda sería una libertad jurídica integrada en el mismo derecho fundamental. Por consiguiente, "el Tribunal ha asumido la existencia de dos regímenes diferenciados por voluntad del legislador, el del matrimonio y el de la convivencia *more uxorio*, que son reflejo de la capacidad de elección de las personas respecto del ejercicio de su derecho a contraer matrimonio" (STC 198/2012, FJ 10). En este sentido, el TC ha afirmado que el legislador está legitimado para establecer diferencias de trato entre la unión matrimonial y la de hecho, siempre que no se coarte ni se dificulte irrazonablemente la decisión de convivir *more uxorio*. Por consiguiente, no cualquier diferencia de trato es compatible con el art. 14 CE.

En la STC 222/1992, el TC declaró que la atribución en exclusiva, en la Ley de Arrendamientos Urbanos, del beneficio de la subrogación arrendaticia al cónyuge supérstite, con exclusión del miembro superviviente de una pareja de hecho, vulneraba el principio de igualdad. El TC argumentó que la situación fáctica de convivencia y la necesidad de continuar ocupando la vivienda arrendada tras el fallecimiento del titular del contrato, era análoga en las uniones matrimoniales y extramatrimoniales, sin que, a juicio del TC, existiera un fin legítimo que pudiera justificar el trato desigual. En particular descartó como potenciales fines legítimos la protección de la familia, que ha quedado desligada del matrimonio; la promoción del matrimonio, que podría coartar la autonomía de la voluntad de aquellos que deciden convivir *more uxorio*; o la seguridad jurídica, que no justificaría la exclusión automática de las parejas de hecho.

Por contra, en relación con la pensión de viudedad ha declarado en repetidas ocasiones que la limitación de su reconocimiento a los matrimonios, con exclusión de las uniones de hecho, no es discriminatoria (STC 184/1990), ni vulnera la libertad ideológica (STC 66/1994).

Además, en un caso en que se denegó la pensión de viudedad a una mujer casada por el rito gitano, el TC argumentó que no existía discriminación por motivos raciales o étnicos en relación con el matrimonio civil; ni que el reconocimiento de efectos civiles al vínculo matrimonial contraído conforme a ritos religiosos, pero no de acuerdo a los usos y costumbres gitanos, pudiera fundamentar de manera directa o indirecta una discriminación étnica. Ahora bien, en *Muñoz Díaz c. España*, el TEDH declaró la violación del principio de igualdad (art. 14 CEDH) en relación con el de propiedad (art. 1 Protocolo No. 1), tomando en consideración la creencia de buena fe en la existencia del matrimonio celebrado por el rito gitano, confirmada por la actitud de las autoridades a través de la emisión de determinados documentos oficiales. Además, el TEDH también se remitió a la jurisprudencia constitucional que había reconocido el derecho a la pensión de viudedad en el caso de un matrimonio canónico no inscrito en el Registro Civil, y declaró vulnerado el derecho a la igualdad (STC 199/2004).

En nuestra opinión, más allá de que el matrimonio disponga de un régimen civil propio de derechos y obligaciones entre los cónyuges, la atribución de otros beneficios o ventajas legales a los matrimonios con exclusión de las parejas de hecho es difícilmente justificable desde la perspectiva de la igualdad y la libertad de no contraer matrimonio. La situación en la que se encuentran los cónyuges y las parejas que conviven de hecho desde la perspectiva de la finalidad perseguida por los beneficios otorgados —sea la subrogación arrendaticia o la pensión de viudedad— es análoga. La escasez de recursos no puede amparar una distribución de beneficios que no pueda justificarse desde la perspectiva de la igualdad. Actualmente, la Ley General de la Seguridad Social reconoce como potencial beneficiario de la pensión de viudedad al sobreviviente de la pareja de hecho, exigiendo el cumplimiento de determinados requisitos, pero se trata de una opción legislativa susceptible de modificación.

IV. EL MATRIMONIO ENTRE PERSONAS DEL MISMO SEXO

El reconocimiento del matrimonio entre personas del mismo sexo a partir de la reforma del CC en 2005 estuvo rodeada de un amplio debate político y social. En aquel momento, en la Unión Europea, solo Holanda y Bélgica lo habían reconocido.

La constitucionalidad de la reforma fue cuestionada a través de un recurso planteado por más de 50 diputados del grupo parlamentario popular. A partir de la literalidad del artículo 32.1 CE, que establece que "el hombre y la mujer tienen derecho a contraer matrimonio" argumentaban que la extensión a las personas del mismo sexo implicaba desnaturalizar el significado de la institución matrimonial y la hacía irreconocible en vulneración de la garantía institucional protegida por la Constitución.

En la STC 198/2012, el TC confirmó la constitucionalidad de la reforma legislativa. En su argumentación, distingue la doble dimensión del art. 32 CE. En relación con la garantía institucional, el TC admite que en el seno de los debates constituyentes el matrimonio era entendido como la unión entre personas de distinto sexo. Sin embargo, la referencia explícita al hombre y la mujer no pretendía excluir a las parejas homosexuales, tema que ni tan siquiera se planteó, sino garantizar la igualdad jurídica entre el hombre y la mujer en el matrimonio.

El TC se pronuncia expresamente en favor de una *interpretación evolutiva* de la Constitución, que debe acomodarse "a las realidades de la vida moderna como medio para asegurar su propia relevancia y legitimidad" (STC 198/2012, FJ 9); y que se fundamenta en parte en la regla hermenéutica del artículo 10.2 CE. Para ello utiliza diversas fuentes: el CEDH, y la Carta de Derechos Fundamentales de la UE, pero también el derecho comparado, así como datos estadísticos sobre la percepción social del matrimonio homosexual. Sobre todo, se apoya en la interpretación también evolutiva realizada por el TEDH en *Schalk y Kopf c. Austria*, de 24 de junio de 2010. De acuerdo con el TEDH, a pesar de que el art. 12 CEDH se refiere de manera explícita al hombre y la mujer, no debe excluirse que los Estados puedan permitir el matrimonio entre personas del mismo sexo. Más aún, el TEDH declaró que el artículo 12 CEDH era aplicable a personas del mismo sexo, pero que, en el momento actual, dada la falta de un amplio consenso europeo, no imponía a los Estados la obligación de reconocer el matrimonio entre personas del mismo sexo —lo que podría cambiar en el futuro.

En relación con el matrimonio desde la perspectiva de un derecho constitucional, el TC indica que la modificación del CC no menoscaba el contenido esencial protegido por la Constitución, y que en ningún caso las personas heterosexuales ven reducida su esfera de libertad. En concreto, el TC declara que con esta reforma se tiende a la equiparación del estatuto jurídico de personas homosexuales y heterosexuales, lo que se vincula con la garantía de la dignidad humana y el libre desarrollo de la personalidad (art. 10.1 CE). Concluye que es una opción legislativa que se inscribe en la lógica del mandato de promoción de las condiciones para que la libertad e igualdad del individuo y de los grupos en los que se integra sean reales y efectivas (art. 9.2 CE), y se apoya también en la prohibición de discriminación por razón de orientación sexual (art. 14 CE).

Ahora bien, pese a las referencias a los arts. 14 y 9.2 CE, el TC no llega a extraer las últimas consecuencias del derecho a la no discriminación. Ante la pregunta sobre la compatibilidad del matrimonio entre personas del mismo sexo con la Constitución, tres respuestas son posibles: el matrimonio homosexual está prohibido, permitido o es exigido constitucionalmente. El TC descarta la tesis de los recurrentes, y por lo tanto que esté prohibido por el art. 32 CE, pese a la literalidad del precepto. Por contra, el TC sostiene que es una opción legislativa permitida por la Constitución. Ahora bien, a nuestro juicio, la exclusión de las parejas homosexuales implica otorgar un trato diferenciado a casos análogos por razón de orientación sexual. Por consiguiente, en su caso, para justificar el trato diferenciado debería aportarse un fin legítimo y superar el test de proporcionalidad. En este contexto, no puede admitirse como fin legítimo la protección de la familia, en tanto que las personas del mismo sexo se incluyen también en el concepto de familia. Si no pueden esgrimirse motivos de peso que justifiquen la diferencia de trato entre parejas heterosexuales y homosexuales en relación con el acceso al matrimonio, debería concluirse que la exclusión de los homosexuales vulnera el derecho a la no discriminación por razón de orientación sexual. En definitiva, mientras que, como sostiene el TC, el art. 32 CE no excluye el matrimonio entre personas del mismo sexo, en nuestra opinión, el art. 14 CE impone su reconocimiento.

V. CONCLUSIÓN

La constitucionalización del derecho a contraer matrimonio en el art. 32 CE debe entenderse en el contexto de la proclamación de la igualdad (art. 14), la protección de la familia desligada del matrimonio (art. 39) y la aconfesionalidad del Estado (art. 16), frente a una institución preexistente caracterizada por la sumisión de la mujer al hombre y anclada en el derecho canónico. La acción del legislador y la jurisprudencia constitucional han impulsado la progresiva adaptación de la institución matrimonial al marco constitucional y la evolución social.

Con el paso del tiempo, las formas de convivencia afectiva se han diversificado más allá del matrimonio, lo que podría llevar a cuestionar la consagración constitucional de una forma contractual concreta en la actualidad. En cualquier caso, una interpretación robusta del principio de igualdad exigiría garantizar constitucionalmente un trato igual de las uniones de hecho, excepto en lo que se refiere estrictamente al régimen jurídico-matrimonial, y el acceso de las parejas homosexuales al matrimonio.

VI. BIBLIOGRAFÍA

FERRERES COMELLA, V.: "El principio de igualdad y el derecho a no casarse (A propósito de la STC 222/1992)", *REDC*, núm. 14, 1994, PP. 163-196.

GÓMEZ, Y.: *Familia y matrimonio en la Constitución española de 1978,* Congreso de los Diputados, Madrid, 1990.

GUTIÉRREZ DEL MORAL, M. J., *El matrimonio en los estados de la Unión Europea y la eficacia civil del matrimonio religioso*, Atelier, Barcelona, 2003.

PRESNO LINERA, M. A.: "El matrimonio: ¿garantía institucional o esfera vital? A propósito de la STC 198/2012, de 6 de noviembre, sobre el matrimonio entre personas del mismo sexo y la jurisprudencia comparada", *ReDCE*, núm. 10, 2013, pp. 403-432.

TORRES PÉREZ, A. "El matrimonio entre personas del mismo sexo a la luz del Convenio Europeo de Derechos Humanos y la Unión Europea", en POMPEU, G. y SCAFF, F., *Discriminaçao por Orientaçao sexual,* Conceito, 2012

VII. JURISPRUDENCIA

STC 66/1984, de 28 de febrero.
STC 159/1989, de 6 de octubre.
STC 184/1990, de 15 de noviembre.
STC 222/1992, de 11 de diciembre.
STC 66/1994, de 28 de febrero.
STC 39/2002, de 14 de febrero.
STC 199/2004, de 15 de noviembre.
STC 51/2011, de 14 de abril.
STC 198/2012, de 6 de noviembre.
STEDH *Muñoz Díaz c. España*, de 8 de diciembre de 2009.
STEDH *Schalk y Kopf c. Austria*, de 24 de junio de 2010.

Artículo 33

1. Se reconoce el derecho a la propiedad privada y a la herencia.

2. La función social de estos derechos delimitará su contenido, de acuerdo con las leyes.

3. Nadie podrá ser privado de sus bienes y derechos sino por causa justificada de utilidad pública o interés social, mediante la correspondiente indemnización y de conformidad con lo dispuesto por las leyes.

COMENTARIO

Mar Aguilera Vaqués
Profesora Titular de Universidad
Universitat de Barcelona

SUMARIO: I. EL CONCEPTO DE PROPIEDAD PRIVADA RECOGIDO EN LA CONSTITUCIÓN DE 1978. II. EL CONTENIDO ESENCIAL DEL DERECHO DE PROPIEDAD Y SU FUNCIÓN SOCIAL. 1. La función social como parte intrínseca del derecho de propiedad. 2. El contenido esencial común del derecho de propiedad. III. LA EXPROPIACIÓN Y LOS LÍMITES A LA REGULACIÓN DEL DERECHO DE PROPIEDAD (PROPORCIONALIDAD V. *REGULATORY TAKINGS*). IV. BIBLIOGRAFÍA. V. JURISPRUDENCIA.

I. EL CONCEPTO DE PROPIEDAD PRIVADA RECOGIDO EN LA CONSTITUCIÓN DE 1978

El derecho a la propiedad privada está reconocido en el artículo 33, Capítulo II, Título I, de la Constitución española de 1978; en el Convenio Europeo de Derechos Humanos, art. 1 del Protocolo Adicional y en el art. 17 de la CDFUE. No obstante, este derecho tan ligado a la libertad y al desarrollo de la personalidad no ocupa un lugar central ni en la Constitución española de 1978 ni en el CEDH. El derecho de propiedad no forma parte de los derechos fundamentales de la sección primera, arts. 15 a 29 de la CE, que conforme al arts. 53 y 81 CE gozan de mayor protección. En el marco del Consejo de Europa, en el CEDH, la propiedad está relegada a un protocolo adicional consecuencia de las interminables disputas que su incorporación al Convenio suscitó.

La Constitución reconoce a este *diritto terribile* pero no lo define. El concepto de propiedad privada actual no puede reconducirse únicamente a la definición de propiedad privada que recoge el Código Civil. El derecho de propiedad es un derecho que debe regularse a través de una ley (art. 53 CE) pero no es un derecho de configuración legal. Existen unas referencias constitucionales que guían la delimitación de su contenido, un marco conceptual, una noción de propiedad ligada a la dignidad humana. Cuanto más cercana está la propiedad de esa esfera personal más debe protegerse. Mientras que la propiedad desatada del núcleo sustancial, individual y familiar puede ser drásticamente condicionada sin que por ello quede afectado su contenido esencial. Así ocurre, por ejemplo, con la propiedad especulativa. En este sentido, la función social del derecho de propiedad, que además forma parte de su contenido esencial, es determinante. Justamente, cuanto más cerca esté un derecho de propiedad de procurar esa libertad personal a su poseedor, más estrechas serán las restricciones impuestas al legislador en cuanto a las interferencias con las que pretenda afligir al derecho; y, consiguientemente, cuanto más lejos esté el derecho de propiedad de la esfera de la libertad personal de su propietario, más fácil va a ser para el legislador regular los límites de ese derecho. En consecuencia, los derechos de propiedad relativos al hogar de una persona quedan más estrictamente protegidos contra restricciones regulatorias que los que recaen sobre bienes adquiridos con la exclusiva finalidad de invertir.

La Constitución española, y desde una visión de la delimitación del concreto derecho subjetivo de propiedad incluye no sólo la preservación de este derecho sino la preservación de un ámbito de apropiación privada por cualquier título jurídico. La Constitución alude a una idea amplia de propiedad que se corresponde con todas y cada una de las situaciones de apropiación privada. La Constitución pretende preservar así un ámbito de poder de los particulares sobre los bienes económicos. Unos bienes económicos ciertos y previsibles y a veces incluso lejanos, como las pensiones, pero no meras expectativas: ni el TEDH ni el TC han reconocido como parte del derecho de propiedad a las meras expectativas.

El párrafo tercero del art. 33 CE, siguiendo lo estipulado en el art. 14 de la Constitución de la República Federal de Alemania de 1949, reconoce claramente el derecho a una indemnización en caso de expropiación. Una expropiación que además sólo puede darse por razones de utilidad pública o interés social. De hecho, durante el debate del Anteproyecto de la Constitución de 1978, en ningún momento se pretendió volver a la redacción de la Constitución de la República de 1931 —-que establecía que en determinados casos y si mediaba la mayoría absoluta de las Cortes la propiedad privada podía expropiarse sin indemnización.

Como ocurre con el art. 1 P1 del CEDH y tal y como se establece a partir del caso *Sporrong*, la interpretación de los distintos apartados del art. 33 CE debe hacerse de forma hermenéutica y sistemática. El artículo 33 debe relacionarse con las normas de la Constitución económica y los principios del Estado social y democrático de Derecho tal y como ha subrayado la mayor parte de la doctrina así como el mismo Tribunal Constitucional (STC 37/1987 (FJ 2), y la STC 89/1994 (FJ 5)). Existe pues, una conexión material no sólo entre los distintos apartados del artículo 33, sino también con los diferentes preceptos constitucionales relacionados directa o indirectamente con la propiedad privada que, a su vez, definirán su contenido y la función social de ésta.

II. EL CONTENIDO ESENCIAL DEL DERECHO DE PROPIEDAD Y SU FUNCIÓN SOCIAL

1. La función social como parte intrínseca del derecho de propiedad

La propiedad, tal y como afirma también el Alto Tribunal español, así como el mismo TEDH ya no es infinita —de hecho, nunca lo fue-—, es constitucional, o conforme al CEDH, tiene una función social, intrínseca, pero no por ello deja de ser un derecho (STC 37/1987, Ley de Reforma Agraria Andaluza; STC 149/1991, la de la Ley de Costas; y STC 227/1988, Ley de Aguas de 1985). Todo ello a pesar del conocido caso Rumasa, entre otros (SSTC 111/1983, 166/1986, 67/1988 y 6/1991). Así, la función social y el interés general son, como se dijo en la sentencia del Tribunal Constitucional 6/1991, instrumentos habilitadores de los poderes públicos para introducir políticas de desarrollo y medioambientales y delimitar el derecho constitucional de la propiedad privada. En efecto, hoy existe un concepto de función social concretado en la Constitución que debe definir el derecho de propiedad (STC 37/1987). A pesar de que la Constitución tampoco define la expresión "función social" ha de entenderse que ésta debe adecuarse a lo que disponga la Constitución de acuerdo con una interpretación sistemática de la misma. Interesa definir el concepto de función social ya que ello permitirá determinar hasta qué punto el legislador puede regular la propiedad sin que esta delimitación sea excesiva y, por lo tanto, inconstitucional. Tal y como se afirmó en la sentencia del Tribunal Constitucional 28/1999 la función social no sólo implica la existencia de límites sociales al ejercicio del derecho, sino condicionamientos internos que redimensionan su significado. En este sentido, la función social del derecho de propiedad y de los bienes sobre los que recae es el criterio delimitador del contenido de situación jurídica de propiedad y el criterio de surgimiento de los deberes legales del propietario. Ahora bien, que la función social forme parte del contenido de la propiedad no significa que pueda *desconsitucionalizar* el derecho de propiedad. El derecho de propiedad privada no es función social (STC 37/1987). La dimensión individual de la propiedad, como expresó el mismo Tribunal en la sentencia 111/1983, no puede verse anulada por su función institucional. Es verdad que la propiedad lleva intrínsecas una serie de funciones sociales pero "la traducción institucional de tales exigencias colectivas no puede llegar a anular la utilidad meramente individual de tal derecho" (STC 37/1987 y 89/1994).

De este modo, la determinación de la función social del derecho de propiedad es compleja y debe estudiarse caso por caso según el tipo de bien sobre el que recaiga a pesar de que existe un concepto unitario, mínimo y general de función social. Ahora bien, la determinación completa de la función social varía realmente dependiendo del bien al que afecte. Por ejemplo, en el caso de la propiedad agraria la prioridad es el desarrollo económico sostenible del sector agrario. Se entiende como función social de la propiedad agraria la creación de empleo y el uso racional de las fincas rústicas. En consecuencia, el hecho de que se impongan cultivos concretos o procedimientos determinados con el fin de lograr un mejor aprovechamiento de la tierra es considerado una regulación general del derecho de propiedad agraria legítima y constitucional. En cambio, la función social en la propiedad urbana debe realizarse a través de la planificación urbanística. En la propiedad urbana el deber de su incorporación al proceso urbanístico forma parte de su contenido esencial y de la función social de este derecho. Y si se realiza una interpretación sistemática de la Constitución puede afirmarse, o por lo menos existe una habilitación y un mandato hacia los poderes públicos, incluido el legislador, a que forme parte de la función social del derecho de propiedad urbana el derecho a disfrutar de una vivienda digna y adecuada —este derecho además juega un papel determinante-—, el derecho al medio ambiente, el derecho de propiedad de los otros particulares —arrendatarios y personas que quieran acceder a una vivienda digna-— y el respeto a otros derechos de propiedad. La función social del derecho de propiedad urbana comprende asimismo conseguir una propiedad razonable, no especulativa, que facilite el acceso a una vivienda digna. Así, en atención a la función social, la clasificación del suelo en distintos tipos es constitucional y tiene carácter instrumental e indispensable, delimitando el derecho de propiedad urbana.

De esta suerte, la función social de la propiedad habilita al legislador para regular y delimitar el contenido de la misma y, por otro lado, el contenido esencial del derecho de propiedad es la más importante limitación de esa habilitación.

2. El contenido esencial común del derecho de propiedad

No es lo mismo la propiedad agraria que la urbana; la financiera que la de las minas y montes. Algunas autoras incluso se plantean si existen distintas propiedades y si, por lo tanto, debe definirse un contenido esencial para cada uno de estos derechos de propiedad. La función social, que se definirá conforme al contexto, afecta al contenido de la propiedad de forma que puede afirmarse que hoy no existe un solo estatuto de propiedad sino distintos estatutos que se aplican a cada tipo de propiedad aunque sí hay un núcleo constitucional común a todas las clases de propiedad. Utilidad individual y función social definen, por lo tanto, inescindiblemente el contenido del derecho de propiedad sobre cada categoría o tipo de bienes. Precisamente, el contenido esencial común del derecho de propiedad reside seguramente en que debe reconocerse un mínimo subjetivo respecto al derecho de propiedad. Un mínimo de propiedad debe quedar latente. En caso contrario estaremos ante una regulación inconstitucional. La garantía patrimonial constitucional es un derecho fundamental dirigido a asegurar a su titular un área de libertad personal en la esfera patrimonial para habilitarla con el fin de que pueda asumir responsabilidad para el libre desarrollo y la organización de su propia vida dentro del contexto legal y social. Ello deriva de que el derecho de propiedad debe estar ligado a la dignidad humana. La interpretación integradora de la Constitución precisa conjugar sincrónicamente los preceptos constitucionales que vinculan el derecho de propiedad con el pleno desarrollo de la personalidad y las normas que establecen un modelo económico.

Además, el derecho de propiedad es un derecho fundamental en tanto y en cuanto permite el desarrollo de un ámbito de libertad personal y en ese sentido debe protegerse constitucionalmente. El contenido esencial de este derecho queda configurado como una garantía del patrimonio frente al poder público e implica que el legislador no puede abolir la propiedad privada o desligarla de su relación con la dignidad humana. El derecho de propiedad existe en tanto y en cuanto es un instrumento para lograr este fin y en este sentido se protege. En el contexto constitucional actual y teniendo en cuenta el CEDH y la interpretación del concepto de propiedad que el TEDH realiza, la propiedad es sobre todo una garantía para proteger, en primer término la libertad personal y no una garantía para proteger la propiedad en sí. Asimismo, el contenido esencial de la propiedad debe entenderse pues como una garantía de estabilidad o de posición jurídica en manos de su titular y en el caso de que se dé la disminución de la primera garantía, aparece una garantía de valor de acuerdo con el artículo 33 CE. En suma, el contenido esencial unitario del derecho de propiedad implica que este derecho debe ser reconocido como garante de un espacio de libertad ligado a la dignidad humana —-teniendo en cuenta que el propietario no es un ejecutor de los planes públicos y que la propiedad no es exclusivamente función social, aunque sí debe tenerla en cuenta— para que las personas puedan ejercer y disponer libremente de sus bienes y responsabilidades dentro del marco jurídico-social. En realidad, todo indica que lo que protege la Constitución, así como el CEDH, es una garantía de estabilidad de forma que implica que toda persona podrá disfrutar de la propiedad de acuerdo con la Ley y con la Constitución (y su función social), y que sólo cuando la función social o el interés general lo exijan este derecho podrá ser delimitado y sólo cuando se den cada una de las garantías establecidas por el artículo 33.3 CE podrá darse la expropiación.

Por otro lado, según la naturaleza del objeto se condiciona, y así lo han establecido los dos tribunales mencionados aquí, más o menos en una de las características generales del contenido esencial del derecho de propiedad. Por ejemplo, el medio ambiente es una constante en la formulación del contenido esencial de cada derecho de propiedad. Sin embargo, en cada derecho de propiedad se acaba incidiendo en unas características propias. Así, cuando el derecho de propiedad recae sobre espacios naturales el uso tradicional del predio forma parte de su contenido esencial y si éste se vulnerase aquél quedaría conculcado. Ello, no obstante, apenas se contempla en la propiedad financiera o industrial. Sin embargo, en la delimitación del derecho de propiedad en los parques protegidos por razones medioambientales no parece que preocupe demasiado si se deja esta propiedad sin apenas ningún valor económico (mientras todavía exista un "mínimo uso" no se vulnera el contenido esencial); en cambio, en la propiedad agraria existe una seria preocupación para que se garantice el desarrollo económico. Y en cuanto a la propiedad en general, y a la urbana en concreto, de la Constitución se desprende que el contenido esencial de la propiedad no incluye el derecho a edificar (STC 66/1991). Este es un derecho que no se posee de antemano, sino que sólo se obtiene a través de licencias.

III. LA EXPROPIACIÓN Y LOS LÍMITES A LA REGULACIÓN DEL DERECHO DE PROPIEDAD (PROPORCIONALIDAD V. *REGULATORY TAKINGS*)

Si una regulación de la propiedad es excesiva será inconstitucional. El contenido esencial es una guía para conocer cuándo una regulación es excesiva y si lo fuera debería iniciarse un procedimiento expropiatorio con todas sus garantías. Sin embargo, ni siquiera con la cláusula del contenido esencial queda suficientemente claro cuándo estamos ante una regulación constitucional de la propiedad y cuándo ante una regulación excesiva ("expropiatoria"), inconstitucional. En Europa, una regulación excesiva no puede convertirse, y menos aún a través de los tribunales ordinarios, en una expropiación (en lo que en Estados Unidos se ha denominado un *regulatory taking*). Si un juez o tribunal ordinario duda sobre la proporcionalidad de la regulación o el alcance de la indemnización establecida en una ley debe presentar una cuestión de inconstitucionalidad.

Para saber qué es una regulación "expropiatoria" deberá recurrirse también a otro tipo de consideraciones. En Alemania durante algunos años se acudió, entre otras, a la teoría del sacrificio especial o singular de la propiedad. Pero todas estas teorías se consideran hoy obsoletas. En Estados Unidos en cambio, se acude a una perspectiva más material que formal para intentar precisar cuándo estamos ante una regulación excesiva. Así, por un lado, está la teoría, extrema a nuestro entender, del *physical takeover per se* —de la invasión física. *Loretto v. Teleprompter Manhattan CATV Corp*, US (1982) es el caso más célebre en el que se aplica este test. En este la Corte Suprema decide que estamos ante una expropiación porque se ha producido una invasión física permanente sin tener para nada en cuenta el tamaño de tal invasión o el contexto (en realidad en este caso sólo se pretendía instalar en la azotea de los edificios unos cables sin la más mínima importancia, pero la Corte Suprema estimó que había invasión física permanente, y, por lo tanto, expropiación). La teoría de la *physical invassion* se basa en que si se da invasión física permanente, aunque se invada tan sólo con un cable, estamos ante una expropiación. Anteriormente, la sentencia de la Corte Suprema de Estados Unidos *Pennsylvania Coal Co v. Maon (1922))* había definido lo que es un *regulatory taking* ("*Mientas la propiedad puede ser regulada hasta cierto punto, si una regulación de la propiedad va demasiado lejos, se considerará una expropiación*" "*[W]hile property may be regulated to a certain extent, if regulation goes too far it will be recognized as a taking*" (Juez Holmes)); una regulación excesiva del derecho de propiedad, partiendo de la aplicación del *balancing test* entre los distintos intereses en juego.

En España la regulación del derecho de propiedad debe buscar también un balance equiparado entre la protección de los intereses patrimoniales y la protección de los intereses públicos, los derechos de los demás. La delimitación de los derechos patrimoniales que se asume a través de la regulación o de la expropiación debe ser entendida en relación con el propósito fundamental de la garantía de la propiedad y de la distinción entre la garantía institucional y la individual. Las restricciones que el legislador pueda imponer al propietario deben tener en cuenta el principio de proporcionalidad que requiere además un balance equitativo entre los intereses individuales y los intereses de la sociedad. De este modo, la mayoría de los casos que tratan sobre la regulación de la propiedad afectan a este segundo aspecto, justificando los límites que se impongan al propietario. En este sentido, cuando se imponen límites a la propiedad el principio de proporcionalidad debe entenderse como una prohibición contra los excesos reguladores. Así, el interés público no es sólo el punto de partida sino también el límite para poder imponer restricciones excesivas a la propiedad.

IV. BIBLIOGRAFÍA

AGUILERA VAQUÉS, M. (2011): "Right of Property and Limits on Its Regulation", en GARCÍA ROCA, J., SANTOLAYA, P. (coord.), *Europe of Rights: A compendium on the European Convention of Human Rights*, Martinus Nijhoff Publishers, Leiden-Boston.

– (2009) "Propuestas para definir los límites constitucionales a la regulación de la propiedad privada (regulatory takings v. regulaciones inconstitucionales de la propiedad", en *Estudios sobre la Constitución española. Homenaje al Profesor Jordi Solé Tura*, CEPC, Madrid.

BRAUNEIS, R. (1996): "The Foundation of Our 'Regulatory takings' Jurisprudence: The Myth and Meaning of Justice Holmes's Opinion in Pennsylvania Coal Co. v. Mahon", *Yale Law Journal*, núm. 106, pp. 613-702.

Comisión Constitucional del Congreso, Ponencia de la Comisión Constitucional del Congreso. Núm. 55. 5 de enero de 1978 (Madrid: BOC, 1978): 674).

DÍEZ-PICAZO Y PONCE DE LEÓN, L. (1991): "Algunas reflexiones sobre el derecho de propiedad privada en la Constitución", en MARTÍN-RETORTILLO, S. (coord.), *Estudios sobre la Constitución española. Homenaje al profesor Eduardo García de Enterría. Tomo II. De los derechos y deberes fundamentales*, Civitas, Madrid, pp. 1257-1270.

LÓPEZ LÓPEZ, A. M. (1999): *El derecho de propiedad. Una relectio. Discurso de ingreso leído el 17 de enero de 1999*, Real Academia Sevillana de Legislación y Jurisprudencia, Sevilla.

MACPHERSON, C. B. (1978): "The Meaning of Property", en MACPHERSON, C. B. (coord.), *Property*, Oxford University Press, Oxford.

REY MARTÍNEZ, F. (1994): *La propiedad privada en la Constitución española*, CEC, Madrid.

RIQUELME VÁZQUEZ, P. (2022): "Los 'bienes' del artículo 1 del Protocolo Adicional al Convenio para la Protección de los Derechos Humanos y de las Libertades Fundamentales", en *Anales de Derecho*, núm. especial.

RODOTÀ, S. (1986): *El terrible derecho. Estudios sobre la propiedad privada*, Civitas, Madrid.

V. JURISPRUDENCIA

STEDH Handyside contra Reino Unido, de 7 de diciembre de 1976.
STEDH Sporrong y Lönnroth contra Suecia, de 23 de septiembre de 1982.
STEDH Broniowski contra Polonia, de 15 de junio de 2005.
STEDH N.K.M. contra Hungría, de 14 de mayo de 2013.
STEDH Zamoyski-Brisson y otros contra Polonia, de 12 de septiembre de 2017.
STEDH Safarov contra Azerbaijan, de 1 de setiembre de 2022.
STC 37/1987, de 26 de marzo.
STC 170/1989, de 19 de octubre.
STC 149/1991, de 4 de julio.

STC 61/1997, de 20 de marzo.
STC 227/1998 de 29 de noviembre.
STC 164, 2001, de 11 de julio.
STC 141/2014, de 11 de septiembre.
STC 214/2015, de 22 de octubre.
STC 37/2022, de 10 de marzo.
STC 15/2023, de 2 de marzo.

Artículo 34

1. Se reconoce el derecho de fundación para fines de interés general, con arreglo a la ley.

2. Regirá también para las fundaciones lo dispuesto en los apartados 2 y 4 del artículo 22.

COMENTARIO

Encarnación Roca Trias
Catedrática de Derecho Civil
Magistrada jubilada TS
Vicepresidenta emérita TC

La única Constitución de nuestro entorno que incorpora una regla relativa al derecho de fundación es la española de 1978. El derecho de fundación se reconoce a continuación de la regulación constitucional del derecho de propiedad (art. 33 CE) y admite una excepción a la prohibición de vinculación de bienes siempre que esta vinculación obedezca al "interés general". Por lo tanto, en el art. 34 CE se crean diversos elementos que configuran el que el art. 34 CE denomina "derecho de fundación" y que son: (i) el reconocimiento del derecho en la categoría de los derechos y deberes de los ciudadanos, de la sección 2ª del Título I CE, y (ii) la exigencia de la concurrencia de un "interés general", que legitima la creación de este tipo de persona jurídica y la remisión al art. 22, 2 y 4 CE en relación con el contenido del derecho. (Ver el comentario al art. 22 CE).

I. NATURALEZA DEL DERECHO DE FUNDACIÓN

1. La naturaleza constitucional del derecho de fundación

No resulta inútil hacer una breve referencia histórica a este tipo de personas jurídicas, para justificar su inclusión en el texto constitucional. Dice Federico de Castro que la revolución burguesa impuso en el siglo XIX las leyes desamortizadoras y desvinculadoras, para liberar la propiedad e incorporarla al mercado. Esta tendencia incluyó las fundaciones dedicadas a finalidades benéficas, es decir, aquellas que tenían como objetivo realizar obras de beneficencia en favor de las personas que se encontrasen en estado de necesidad. La estructura de la Hacienda en aquellos momentos de la historia produjo como resultado que no pudiesen afrontarse con dinero público las soluciones a estas necesidades, por lo que ya en 1821 se exceptuaron de la regla de la desamortización y de la disolución automática los establecimientos de beneficencia particular. Las vicisitudes de las diversas reclamaciones de los parientes de quienes habían aportado bienes creando fundaciones que luego se vieron suprimidas y ello a los efectos de reclamar la devolución de estos bienes, obligó a la jurisprudencia a realizar distinciones entre los diferentes tipos de fundaciones, para acabar excluyendo las fundaciones benéficas de las reglas desamortizadoras. En contraste con el Código civil francés, el español de 1889 incluyó su regulación en el Código civil y la configuró como persona jurídica en el art. 35, 1°.

Como se ha dicho ya, la Constitución reconoce el derecho a crear una fundación para unas determinadas finalidades. Los comentaristas de esta norma están de acuerdo en que la Constitución establece una garantía institucional, por lo que el legislador ordinario no puede, a partir de la Constitución, suprimir ni desfigurar las fundaciones como afirma Diez Picazo Giménez. García de Enterría y Piñar Mañas entienden que la Constitución establece una "protección reforzada" en relación con el núcleo esencial de la fundación, configurada como derecho fundamental en el art. 34 CE e impide que, al regular dicho derecho, el legislador ignore su contenido esencial.

El derecho de fundación ofrece dos aspectos: uno, referido a la institución misma, en lo que se configura como garantía institucional; el otro referido, al derecho de los ciudadanos a crear fundaciones. La garantía institucional se refiere al primer aspecto al que hace referencia el art. 34 CE; el segundo, al reconocimiento de la facultad de crear fundaciones, y por ello, Piñar Mañas afirma que la garantía institucional se refiere a la creación de fundaciones y al contenido. Es en este sentido que García de Enterría define el derecho de fundación como un auténtico "derecho subjetivo y más concretamente, un derecho de libertad, reconocido a todos los ciudadanos". La STC 49/1988, de 22 de marzo FJ 5 dice que "Este último precepto [El art. 34]se refiere sin duda al concepto de fundación admitido de forma generalizada entre los juristas y que considera la fundación como la persona jurídica constituida por una masa de bienes vinculados por el fundador o fundadores a un fin de interés general. La fundación nace, por tanto, de un acto de disposición de bienes que realiza el fundador, quien los vincula a un fin por él determinado y establece las reglas por las que han de administrarse al objeto de que sirvan para cumplir los fines deseados de manera permanente o, al menos, duradera. Tanto la manifestación de voluntad como la organización han de cumplir los requisitos que marquen las leyes, las cuales prevén, además, un tipo de acción administrativa (el protectorado) para asegurar el cumplimiento de los fines de la fundación y la recta administración de los bienes que la forman. [...] Pero como afirmación general pocas dudas puede haber de que ese es el concepto de fundación a que se refiere el art. 34 de la Constitución. Obsérvese también que el reconocimiento del derecho de fundación figura en el Texto constitucional inmediatamente después del artículo que recoge el derecho a la propiedad y a la herencia (art. 33). Ello permite entender que aquel derecho es una manifestación más de la autonomía de la voluntad respecto a los bienes, por cuya virtud una persona puede disponer de su patrimonio libremente, dentro de los límites y con las condiciones legalmente establecidas, incluso creando una persona jurídica para asegurar los fines deseados [...]".

2. Los titulares del derecho de fundación

Los titulares del derecho fundamental son las personas físicas. Sin embargo, no se trata de un derecho protegido por medio del recurso de amparo, por estar incluido en la sección 2ª del capítulo 2 del título I de la Constitución. Al tratarse de un derecho fundamental, los menores son titulares del mismo y pueden ejercerlo en el límite establecido en el Código civil, a través de sus representantes legales (arts. 166 y 287 CC). Al poder constituirse la fundación en testamento, los menores de edad ejercer este derecho a partir de los 14 años (art. 663, 1º CC). Lo mismo ocurre con las personas sujetas a con discapacidad que pueden otorgar testamento cuando a juicio del Notario puedan comprender y manifestar el alcance de sus disposiciones (art. 665 CC). ¿Son titulares las personas jurídicas del derecho a fundar? La respuesta a esta pregunta tiene que ver no tanto con la cuestión de la titularidad de los derechos fundamentales por parte de las personas jurídicas, sino que aun reconociendo que pueda responderse a esta pregunta diciendo que las personas jurídicas solo son titulares de aquellos derechos que se les reconocen legalmente, hay que determinar si a pesar de la ausencia de regla constitucional, puede considerarse que ostentan el derecho de fundar.

La doctrina considera que no puede excluirse a las personas jurídicas de ejercer el derecho a crear fundaciones, como así viene ocurriendo. En definitiva, el art. 8.1 de la Ley 50/2002, de Fundaciones, admite que las personas jurídicas, tanto públicas, como privadas, pueden constituir fundaciones.

La administración puede crear fundaciones, de acuerdo con lo establecido en los arts. 128-136 de la Ley 40/2015, de Régimen jurídico de las Administraciones públicas (modificada en este punto por la Ley 22/2021).

Los partidos políticos pueden crear fundaciones vinculadas, que se rigen por lo dispuesto en la ley 50/2002 (Disposición adicional 7ª). Los bancos pueden asimismo crear fundaciones, de acuerdo con lo dispuesto en la Disposición adicional octava de la ley 50/2002 de Fundaciones, que se remite a lo dispuesto en la ley 26/2013, de 27 de diciembre, el art. 32 de cajas de ahorros y fundaciones bancarias (según modificación efectuada por la Ley 26/2013).

II. LA RESERVA DE LEY

El reconocimiento constitucional del derecho de fundación no es absoluto: existen dos condicionantes en el propio art. 34.1 CE, así como una remisión a lo dispuesto en el art. 22.2 y 4 CE. Se trata de (i) la garantía institucional constituida por la exigencia de que los fines que persigan sean fines de interés general; (ii) el principio de reserva de ley, y (iii) exclusión de las fundaciones con fines delictivos (art. 22. 2 CE) y de las fundaciones secretas y paramilitares (art. 22.4 CE).

Respecto a la reserva de ley, además de lo que se establece directamente en el art. 34.1 CE, hay que hacer referencia al art. 53.1 CE que establece que los derechos reconocidos en el capítulo 2º del título I deberán ser regulados: "solo por ley, que en todo caso deberá respetar el contenido esencial, podrá regularse el ejercicio de tales derechos y libertades [...]". De este modo, los arts. 34.1 y 53. 1 CE ponen en común la exigencia del desarrollo del derecho de fundación por ley, que no deberá tener la naturaleza de ley orgánica porque no queda afectada por lo que dispone el art. 81 CE.

Siguiendo en este punto a Piñar Mañas, hay que señalar las consecuencias que implica esta exigencia: (i) el derecho de fundación no puede ser regulado por un reglamento; (ii) no se requiere que se trate de una ley estatal, porque determinadas Comunidades autónomas han asumido competencias en sus estatutos de autonomía para la regulación de las fundaciones en su territorio, por lo que tanto puede regularse por ley estatal, como autonómica, por aquellas comunidades que tengan competencia sobre la materia.

La ley de fundaciones en vigor es la 50/2002, de 26 de diciembre, de Fundaciones, modificada por ley 47/2003, de 26 de noviembre, por ley 40/2015, de 1 de octubre, por el Real Decreto-Ley 5/2023 y por el Real Decreto-Ley 6/2023. La ley viene acompañada del reglamento de fundaciones de competencia estatal, aprobado por Real Decreto 1337/2005, de 11 de noviembre, modificado en diversas ocasiones.

III. EL INTERÉS GENERAL

El reconocimiento del derecho de fundación como excepción a la libertad de la propiedad proclamada en el art. 33 CE tiene sus límites. Como afirmó Montés Penadés, la constitucionalidad de este derecho constituye un reconocimiento de la colaboración de la sociedad con los poderes públicos en relación con la obtención de fines de interés general. Pero para determinar qué se entiende por "fines de interés general", hay que recorrer un largo camino, en el que se mezclan problemas constitucionales, con problemas de derecho positivo.

En primer lugar, hay que señalar que el art. 34.1 CE no define el derecho de fundación, aunque sí excluye, de manera indirecta, algunos tipos posibles al exigir que la fundación persiga finalidades de interés general. Establece, por tanto, un límite que vincula tanto al legislador, como al particular titular del derecho a fundar. De este modo, el contenido infranqueable del derecho de fundación se encuentra en la persecución de este tipo de finalidades. Este es el contenido esencial. De acuerdo con el derecho de fundación, el legislador puede permitir determinadas vinculaciones que serán posibles solo para aquellos casos de interés general que se ajusten a lo establecido en el art. 34 CE.

a) *Concepto de "interés general"*. El interés general forma el contenido esencial del derecho de fundación, de modo que se rebasa o desconoce el contenido de la institución cuando queda sometido a condicionamientos que lo hagan irreconocible, como afirma Diez Picazo Giménez. La exigencia de que concurra un interés general para que pueda ejercerse el derecho a fundar no desconoce el contenido de la fundación, porque la legislación anterior a la Constitución, si bien errática y poco sistemática, ya exigía para autorizarlas que las vinculaciones de la propiedad por la vía de la fundación, debían buscar obtener finalidades que tuvieran un "interés público" (art. 35. 1º CC).

El problema que surge inmediatamente consiste en interpretar el significado de la expresión utilizada en el art. 34.1 CE. Para Caffarena, los fines fundacionales deben ser relevantes socialmente, lo que implica que "deben suponer un beneficio para la comunidad", teniendo en cuenta las demandas sociales en cada momento. García de Enterría considera que la única exigencia del art. 34 CE es que la fundación persiga finalidades de interés general, para excluir las fundaciones familiares y de interés privado. Piñar Mañas señala que el art. 34 CE garantiza solo a las fundaciones que persigan este tipo de fines, que constituye el "contenido esencial del derecho garantizado", de modo que no se garantiza cualquier tipo de fundación, sino solo la que persiga fines de interés general. Por ello hay que concluir que las fundaciones de interés particular, que defiende una parte de la doctrina civilista, quedan excluidas del art. 34 CE (Salvador Coderch).

En la doctrina del TC deben citarse las sentencias siguientes: la 18/1984 que afirma que la exigencia de que las fundaciones persigan este tipo de finalidades no significa que se conviertan en entidades de derecho público y que dichos fines forman parte del contenido esencial del derecho de fundación. En la STC 49/1988, relativa a la regulación de las normas básicas de las Cajas de ahorro se define la fundación como "[...] la persona jurídica constituida por una masa de bienes vinculados por el fundador o fundadores a un fin de interés general[...]". Se trata, por tanto, de un acto de la autonomía de la voluntad del fundador, que debe ajustarse a los límites establecidos en el art. 34 CE. Entre las sentencias más importantes debe citarse la 341/2005 que puso de manifiesto que "resulta esencial el interés público o social que ha de estar presente en todo ente fundacional". (asimismo y sobre la constitucionalidad de distintos aspectos del derecho de fundaciones, véase las SSTC 49/1981; 18/1984; 49/1988; 164/1990; 1/1996; 117/1998; 341/2005).

La noción del interés general constituye un concepto abierto al que da contenido la ley 50/2002, de 26 de diciembre. Su art. 3.1 dice que "Las fundaciones deberán perseguir fines de interés general, como pueden ser, entre otros, los de defensa de los derechos humanos, de las víctimas del terrorismo y actos violentos, asistencia social e inclusión social, cívicos, educativos, culturales, científicos, deportivos, sanitarios, laborales, de fortalecimiento institucional, de cooperación para el desarrollo, de promoción del voluntariado, de promoción de la acción social, de defensa del medio ambiente y, de fomento de la economía social, de promoción y atención a las personas en riesgo de exclusión por razones físicas, sociales o culturales, de promoción de los valores constitucionales y defensa de los principios democráticos, de fomento de la tolerancia, de desarrollo de la sociedad de la información, o de investigación científica y desarrollo tecnológico". Esta lista es meramente enunciativa, como se deduce de la expresión contenida al principio del apartado 1, cuando señala "como pueden ser, *entre otros [...]*".

b) *La necesidad de beneficiar a colectivos genéricos de personas.* El segundo aspecto de los límites constitucionales se encuentra en el art. 3.2 de la Ley de Fundaciones, que establece que "la finalidad fundacional debe beneficiar a colectividades genéricas de personas", entre las que incluye "los colectivos de trabajadores de una o varias empresas y sus familiares". De este modo se excluye que puedan beneficiar al propio fundador, a los patronos y sus familiares (art. 3.3 ley 50/2002). En relación con este aspecto, señaló Montés Penadés que no cabe un fin general con beneficio singularizado. De aquí surgen otros problemas como los relativos a las fundaciones familiares y las fundaciones-empresa.

c) *Las fundaciones familiares.* Ya se ha dicho en el anterior apartado que para cumplir con la exigencia que los fines fundacionales persigan un interés general, las fundaciones no pueden beneficiar más que a colectivos generalizados de personas. Por tanto, una fundación que esté destinada a favorecer los intereses del propio fundador o de sus patronos o de los familiares hasta el grado establecido en el art. 3.3 ley 50/2002 deberá ser considerada como una fundación particular y, por tanto, no estará amparada por el art. 34 CE. Podríamos plantearnos, sin embargo, el caso de que entre los miembros del colectivo al que van dirigidos los beneficios que persiguen los fines fundacionales se encontraran familiares del fundador, como, por ejemplo, una persona discapacitada o una víctima de la violencia; este supuesto no excluiría la posibilidad de que la fundación persiguiera estas finalidades, siempre y cuando esta no fuera la finalidad principal.

d) *Las fundaciones-empresa*. Dice Petitbó que las fundaciones tienen como misión principal atender necesidades de interés general no cubiertas por el sector público y como señala la STC 18/1984, "es propio del estado de derecho la existencia de entes de carácter social, no público, que cumplan fines de relevancia constitucional o de interés general". Ello no impide que para conseguir las finalidades que se pretenden obtener, las fundaciones puedan ejercer actividades económicas, bien creando empresas que compitan en el mercado, bien formando parte de empresas ya creadas. De este modo, un importante sector económico, las fundaciones, entran en el mercado para sustituir la actividad de las administraciones públicas que no se ocupan o se ocupan de forma poco eficiente de los fines que las fundaciones van a perseguir.

La STC 49/1988 vino a admitir la figura de la fundación empresa, al tratar la naturaleza de las cajas de ahorro. A su vez, el art. 24 de la Ley de Fundaciones permite las actividades económicas de la fundación, de manera que como afirma Montés, la fundación puede desarrollar actividad conexa con los fines que según sus estatutos debe obtener y ello a los efectos de obtener los recursos suficientes para ello. Debemos preguntarnos, pues, si la posibilidad prevista en el art. 24 de la Ley de Fundaciones cumple con los requisitos establecidos en el art. 34 CE. García de Enterría consideraba que la fundación empresa es perfectamente lícita, pero añadía "siempre que sea compatible con el interés general y que para ello se eliminen los riesgos de apropiación o de distribución de beneficios"; pero esto último no es incompatible con que la fundación no tenga ánimo de lucro.

Esta última afirmación es creo definitiva para enfocar el aspecto constitucional del tema: como la fundación puede ser titular de todo tipo de bienes y derechos para obtener la finalidad propuesta, nada debe impedir que sea también titular de la libertad de empresa, según establece el art. 38 CE.

IV. COMPETENCIAS AUTONÓMICAS EN MATERIA DE FUNDACIONES

La competencia para regular las fundaciones no aparece en los arts. 138 ni 139 CE. Por ello algún autor entendió en su momento que el Estado tenía títulos suficientes para justificar una competencia en base a lo que dispone el art. 149.1.1 CE y para "asegurar las condiciones de igualdad en el ejercicio de los derechos y en cumplimiento de los deberes" (García de Enterría). La STC 341/2005 sigue esta opinión y dice que el legislador estatal no carece de competencias en materia de fundaciones, de modo que el Estado no solo es competente para fijar las condiciones básicas que garanticen la igualdad de todos los ciudadanos en el ejercicio del derecho de fundación, sino que hay otros títulos que le atribuyen competencias en aspectos civiles y procesales, así como en el ámbito fiscal (Nieto Garrido). Esta opinión ha sido aplicada en la Disposición final 1ª de la Ley de Fundaciones que declara que determinados artículos de la ley constituyen condiciones básicas para el el ejercicio del derecho de fundación; otras normas constituyen "legislación civil" y son de aplicación general y, finalmente, otras constituyen legislación procesal. Así el Estado hace valer los títulos competenciales del art. 149.1.1, 8 y 6 CE.

Las Comunidades autónomas que han legislado sobre fundaciones, en virtud de las competencias que les atribuyen los respectivos estatutos de autonomía son los siguientes:

- Ley 10/2005, de 31 de mayo, de fundaciones de la comunidad autónoma de Andalucía. Modificada por Decreto-ley 26/2021, de 14 de diciembre.
- Ley 4/2014, de 26 de junio de Fundaciones bancarias de Aragón.
- Ley 2/1998, de 6 de abril, de Fundaciones de Canarias. Modificada por Ley 8/2012, de 27 de diciembre.
- Ley 6/2020, de 15 de julio de Fundaciones de Cantabria. Modificada por Ley 12/2020
- Ley 13/2002, de 15 de julio, de Fundaciones de Castilla-León, modificada por Ley 12/2003 de 3 de octubre, Ley 2/2006, de 3 de mayo, Ley 17/2008, de 23 diciembre y por Ley 1/2023, de 24 de febrero

- Cataluña regula las fundaciones en el libro III del Código civil de Cataluña, aprobado por ley 4/2008, de 24 de abril, que derogó las leyes 5/2001 y 7/1997.
- Ley 12/2006, de 1 de diciembre, de fundaciones de interés gallego, modificada por ley 16/2010, de 17 de diciembre. Además, el Decreto 14/2009, de 21 de enero, por el que se aprueba el Reglamento de las Fundaciones de interés gallego.
- Ley 1/2007, de 12 de febrero, de Fundaciones de la Comunidad autónoma de La Rioja, modificada por la Ley 3/2017, de 31 de marzo. Esta ley fue impugnada y la STC 98/2013, de 23 de abril, declaró la inconstitucionalidad del art. 37.2 y 3, que se modificaron por ley 13/2013, de 27 de diciembre.
- Ley 1/1998, de 2 de marzo, de Fundaciones de la Comunidad Autónoma de Madrid. Esta ley fue impugnada ante el TC y dio lugar a la STC 341/2005, en la que se estableció que el concepto de interés general afecta tanto al legislador estatal como al autonómico y por ello declaró inconstitucionales las disposiciones relativas a la repudiación de la herencia y a la competencia otorgada al patronato de la fundación para modificar los estatutos.
- Ley Foral 13/2021, de 30 de junio, de Fundaciones de Navarra.
- Ley 9/2016, de 2 de junio, de fundaciones del País Vasco (deroga la Ley 12/1994, de 17 de junio, de fundaciones del País Vasco).
- Ley 8/1998, de 9 de diciembre, de Fundaciones de la Comunidad Valenciana, modificada por ley 9/2008, de 3 de julio, ley 5/2013, de 23 de diciembre, y ley 4/2015, de 2 de abril.

V. BIBLIOGRAFÍA

CAFFARENA LAPORTA, J.: "Las fundaciones: fines de interés general, beneficiarios y cláusulas de reversión", *Anuario de Derecho de fundaciones* 2009, 29-58.

DÍEZ-PICAZO GIMÉNEZ: *Sistema de Derechos fundamentales*. 4ª ed. Civitas, 2013.

GARCÍA DE ENTERRÍA, E.: "Constitución, fundaciones y sociedad civil", *Revista de administración pública*, núm. 122, 1990, pp. 235-256.

MONTÉS PENADÉS, V. L.: "Fragmentos de un estudio sobre las fundaciones en el derecho español, después de la ley 50/2002, de 26 de diciembre". *Asociaciones y fundaciones*. XI Jornadas de la Asociación de Profesores de Derecho Civil. Alicante 2004, pp. 161-247.

NIETO GARRIDO, E. M.: "Comentario al artículo 34 CE", en CASAS BAAMONDE, M. E.; RODRÍGUEZ-PIÑERO, M. (dirs.), *Comentarios a la Constitución española. XL aniversario.*

Boletín Oficial del Estado, Ministerio de Justicia, Fundación Wolters-Kluwer, 2018, T. I, pp. 1176-1184.

PETITBÓ, A.: "Estructura, conducta y resultados de las fundaciones españolas". *Boletín de estudios económicos*, Vol. LXXIII, núm. 220, abril 2017, pp. 23-54.

PIÑAR MAÑAS, J. L.: "El derecho de fundación como derecho constitucional". *Derecho privado y constitución*, núm. 9. Mayo-agosto 1996, pp. 147-183.

SALVADOR CODERCH, P.: "Fideicomiso *inter vivos*, fundación de interés particular y *fiducia* expresa: una propuesta de política jurídica" en *La Ley digital*, núm. 9895, Sección Tribuna, 20 junio 2021.

VI. JURISPRUDENCIA

STC 18/1984, de 7 de febrero. RA. Elecciones de representantes de la patronal en la Caja de ahorros de Asturias.

STC 49/1988, de 22 de marzo. Regulación de las normas básicas de las cajas de ahorro.

STC 341/2005, de 2 de marzo. Ley 1/1998, de la Comunidad de Madrid.

STC 98/2013, de 23 de abril, de Fundaciones de la Comunidad de la Rioja.

Artículo 35

1. Todos los españoles tienen el deber de trabajar y el derecho al trabajo, a la libre elección de profesión u oficio, a la promoción a través del trabajo y a una remuneración suficiente para satisfacer sus necesidades y las de su familia, sin que en ningún caso pueda hacerse discriminación por razón de sexo.

2. La ley regulará un estatuto de los trabajadores.

COMENTARIO

Emma Rodríguez Rodríguez
Profesora Titular de Derecho del Trabajo y de la Seguridad Social
Universidad de Vigo

I. EL DERECHO DEL TRABAJO EN LA CE

La virtualidad de la Carta Magna, en el marco del Derecho del Trabajo, es doble. Por una parte, configura el sistema de fuentes y, por otra parte, constituye ella misma una fuente directa del Derecho, que se integra en el ordenamiento jurídico y vincula a los poderes públicos (artículo 9.1 CE). Como afirma la doctrina laboralista "la Constitución, además de configurar formalmente el sistema de fuentes, se erige a sí propia en ocasiones en fuente directa del Derecho, bien prefigurando mediatamente el contenido material de las normas que deban o puedan emanar del nuevo sistema de producción, bien normando inmediatamente para ciudadanos y jueces".

Como "fuente" directa del Derecho del Trabajo la Constitución española destaca por la amplitud de los derechos laborales en ella reconocidos y en ocasiones dotados de la máxima protección. Situación coherente con la declaración recogida en el artículo 1.1 de la Carta Magna, según la cual, como se recordará, "España se constituye en un Estado Social y Democrático de Derecho" en lo que, además, viene inspirada en Constituciones de nuestro ámbito internacional más cercano (Alemania, Francia, Italia...).

Entre los derechos individuales dotados de rango constitucional procede destacar la interpretación del TC respecto del "derecho al trabajo, a la libre elección de profesión y oficio, a la promoción a través del trabajo y a una remuneración suficiente", *ex* artículo 35.1 de la Constitución. Así, la STC 22/1981, de 2 de julio, afirma que el derecho al trabajo "no se agota" en la libertad de trabajar, que forma parte de su esencia misma, sino que "supone también el derecho a un puesto de trabajo" (FJ 8), en tanto que también ha reconocido su importancia para proyectarse personalmente sobre el individuo (STC 223/1992, FJ 3).

En cuanto a los derechos colectivos, el derecho al trabajo se configura entorno a la libertad sindical (artículo 28.1), el derecho de huelga (artículo 28.2), el derecho a la negociación colectiva (artículo 37.1) y el derecho a adoptar medidas de conflicto colectivo (artículo 37.2). Finalmente, procede aludir a la llamada "versión laboral de los derechos humanos" en que se integran derechos fundamentales y libertades públicas, no laborales en sentido estricto, pero susceptibles de manifestación típica y frecuente en el marco de las relaciones laborales, tal es el caso, señaladamente, del derecho a la no discriminación (artículo 14.1 de la Constitución).

Evidentemente, sólo los contenidos en la Sección primera del Capítulo segundo del Título primero (entre los que se hallan la libertad sindical y el derecho de huelga) son objeto de una doble tutela *ex* artículo 53.2 CE. No obstante, determinadas referencias constitucionales de carácter laboral son principios rectores de la política social y económica plasmados en el Capítulo tercero del Título primero y a tenor del art. 53.3 CE "solo podrán ser alegados ante la jurisdicción ordinaria de acuerdo con lo que dispongan las leyes que los desarrollen". Ahora bien, los poderes públicos y las Administraciones Públicas sí se encuentran compelidas a llevar a cabo su desarrollo normativo correspondiente y una motivación razonada en la decisión adoptada por los órganos judiciales so pena de constituir una vulneración del derecho a la tutela judicial efectiva atendiendo al "parámetro de control constitucional reforzado" que lo acompaña (STC 99/2001, de 23 de abril, por todas).

Dentro del conjunto de tales principios procede destacar, entre otros, por su marcado carácter laboral o social, la política de pleno empleo (artículo 40.1); el fomento por los poderes públicos de una política que garantice "la formación y readaptación profesionales, la seguridad e higiene en el trabajo y [...] el descanso necesario, mediante la limitación de la jornada laboral, las vacaciones periódicas retribuidas y la promoción de centros adecuados" (artículo 40.2).

II. ÁMBITO SUBJETIVO

El art. 35.1 se refiere como destinatarios del derecho al trabajo a "todos los españoles". El TC ha intentado poner luz a esta referencia tan contundente.

En concreto, se ha interpretado que el principio de igualdad de los extranjeros respecto de las personas de nacionalidad española se mantiene en tanto que también tendrán derecho al trabajo según lo que dispongan los Tratados o leyes de referencia que los equiparan a los españoles (SSTC 107/1984, de 23 de noviembre; 150/1994, de 23 de mayo). No obstante, si lo que se pone en tela de juicio es la titularidad de derechos laborales, una vez producida la contratación, rige el principio de igualdad con los españoles (STC 107/1984, FJ 4).

Además, si la diferencia para acceder a un puesto de trabajo se deriva de otra circunstancia ajena a la nacionalidad de la persona extranjera, como puede ser la raza, entra en juego la garantía a la dignidad humana (STC 137/2000, de 29 de mayo). También, en estrecha relación con la protección a la dignidad de la persona y la prohibición de discriminación, el TC ha afirmado que el hecho de que una persona con capacidad limitada necesite autorización de representante legal para formalizar el contrato, no se contrapone con el art. 35 CE (Auto de inadmisión de cuestión de inconstitucionalidad, nº. 77/1997, de 12 de marzo).

Más allá de esta delimitación derivada del propio tenor literal del precepto, dentro del ordenamiento jurídico español, sc han llegado a platear ciertas dudas vinculadas a la naturaleza jurídica de la relación laboral, como ocurre con los trabajadores por cuenta propia. Pues bien, el texto constitucional no establece ninguna diferencia entre trabajadores autónomos y por cuenta ajena, por lo que no parece acorde con el espíritu constitucional excluir a los trabajadores por cuenta propia. Es más, estos cuentan también con una norma estatutaria de desarrollo normativo, la Ley 20/2007, de 11 de julio, cuya exposición de motivos refleja expresamente su estrecha relación con el art. 35 CE.

No sucede lo mismo con el campo de aplicación respecto de las personas trabajadoras en la Función Pública, en tanto su fundamento constitucional al trabajo se vincula con el art. 103.3 (SSTC 99/1987, de 11 de julio; 178/1989, de 2 de noviembre; 42/1990, de 15 de marzo) o con los arts. 117.1 y 2 y 122 CE, en el caso de jueces o magistrados (STC 108/1986, de 29 de julio).

Por último, un asunto que dio lugar a cierto debate en el momento de la redacción del texto de la Constitución fue el derecho al trabajo de los reclusos contempla en el art. 25.2 CE. Este derecho sólo será efectivo en atención a las posibilidades materiales y presupuestarias del centro en el que se encuentre, por lo que únicamente adquiere protección constitucional cuando se acreditan impedimentos para el acceso dentro del orden de prelación existente (STC 108/1986, de 29 de julio).

III. ÁMBITO OBJETIVO

Es doble, tal y como se desprende de su enunciado: existe el deber de trabajar y, a la vez, pero en distintas esferas, el derecho al trabajo. Este binomio ha sido uno de los que más discusiones doctrinales y dudas interpretativas viene suscitando cuando se estudia la naturaleza de este precepto y su alcance.

Pues bien, la obligación de trabajar ha desaparecido de nuestro ordenamiento jurídico desde el momento en que se prohíben expresamente los trabajos forzosos (art. 25.2 CE), más allá de las "obligaciones cívicas" normales. Por lo tanto, el deber de trabajar que se contiene en el art. 35 CE se traslada a través de una habilitación normativa para que el legislador laboral ordinario regule ciertas obligaciones específicas vinculadas con la pérdida del empleo y su protección social en un sistema de solidad, como es el nuestro. Es decir, se concreta en la prestación y el subsidio de desempleo, y las obligaciones legales que la persona beneficiaria ha de cumplir para percibir ese seguro por la pérdida de su trabajo. Así lo ha expresado la STC 213/2005, que se refería a la obligación de aceptar "una oferta de empleo adecuada" y al compromiso de actividad como ahora también prevé el art. 58 de la Ley 3/2023, de 28 de febrero, de Empleo (BOE 1 de marzo).

En cuanto al derecho al trabajo, "no se agota en la libertad de trabajar" (STC 22/1981, de 2 de julio, FJ 8) y presenta una vertiente individual y otra colectiva. Respeto de la primera, se concreta en el derecho a optar a un puesto de trabajo adecuado a la capacitación de cada cual, así como en la estabilidad en el empleo, es decir, no ser despedido sin justa causa. Ahora bien, la vertiente positiva de esta parte individual del derecho dista mucho de ser un verdadero derecho subjetivo, más allá de casos concretos en los que por ley se establecen cuotas o reservas de plazas, restringiendo la libertad empresarial para elegir a sus trabajadores como manifestación específica de la libertad de empresa (STC 149/1986, FJ 4), pero que en estos supuestos ha de ceder para promocionar el acceso al empleo de personas con mayor vulnerabilidad y alcanzar así —o tender a alcanzar así— la igualdad real y sustancial que propugnan los arts. 9.2 y 49 CE (STC 269/1994, de 30 de octubre, FJ 4).

Ahora bien, el derecho a la igualdad en el empleo también se manifiesta el derecho a conservar el trabajo y a no ser despedido, pero tampoco a exigir su jubilación o cese por causas discriminatorias, en cuyo supuesto se tratará de una vulneración del art. 14 CE. No obstante, el establecimiento de una edad mínima para los menores no es una discriminación, en tanto se justifica por su protección en su pleno desarrollo, educación y formación (STC 22/1981), y la discriminación por razón de sexo se constituye como una discriminación específica del art. 14 CE (STC 229/1192, de 14 de diciembre, sobre el trabajo en las minas de las mujeres). Es decir, en estos supuestos el art. 35 CE se conecta directamente con la política de empleo y el mandato constitucional del art. 40.1 CE.

Pero, además, el derecho al trabajo implica un derecho a la ocupación real y efectiva, como señala el propio Estatuto de los Trabajadores en el art. 4.2, a). Se trata de la traslación más clara del derecho al trabajo de la Constitución a la legalidad ordinaria. Sin embargo, de nuevo, la consagración constitucional del derecho al trabajo (art. 35.1 CE) determina que el recurso a la edad de jubilación como causa extintiva de la relación laboral opere como una fórmula racional conforme a la cual, en la medida de lo posible y siempre que las circunstancias socioeconómicas lo permitan, sea ejercitada como una opción voluntaria del trabajador y no como una imposición del legislador [STC 8/2015, de 22 de enero, FJ 10 a)].

A pesar de esta afirmación, se ha admitido también una política de empleo basada en la jubilación forzosa y, por tanto, la posibilidad de que el legislador fije una edad máxima como causa de extinción de la relación laboral porque, aunque suponga una limitación al ejercicio dcl derecho al trabajo de unos trabajadores, sirve para garantizar el derecho al trabajo de otros o, lo que es lo mismo, sirve al reparto o redistribución del trabajo (STC 22/1981, de 2 de julio, FJ 8). En esa línea, se ha recordado que la determinación tanto de la edad como de los efectos de la jubilación en orden a la eventual extinción de la relación laboral es una materia que, en principio, pertenece al ámbito propio de la ley, por estar en juego el ejercicio del derecho al trabajo (art. 35.1 CE). Por esta razón la Constitución Española, de un lado, obliga a los poderes públicos a promover las condiciones para que la igualdad sea real y efectiva en orden a la participación de todos los ciudadanos en la vida social (art. 9.2 CE), y, de otro, atribuye al Estado la competencia exclusiva para regular las condiciones básicas que garanticen la igualdad de todos en el ejercicio de los derechos constitucionales [art. 149.1.1 CE; STC 8/2015, de 22 de enero, FJ 10 a)].

IV. GARANTÍAS PARA SU EJERCICIO

1. Libre elección

En numerosas ocasiones el TC ha recordado que el art. 35.1 CE, así como el art. 38 CE, reconocen derechos que pueden limitarse imponiendo requisitos para el desarrollo de su ejercicio. Clara muestra de ello son las exigencias de requisitos administrativos, titulaciones o colegiación para el efectivo ejercicio de una profesión u oficio.

Los poderes públicos pueden establecer requisitos que condicionen el ejercicio de ciertas actividades profesionales, por ejemplo, a través de pruebas selectivas para la obtención de una habilitación, autorización o licencia, "cosa bien distinta y alejada de la creación de una profesión titulada" (STC 122/89, FJ 3).

En efecto, no vulnera tampoco el art. 35 CE que a las denominadas "profesiones tituladas" se impongan exigencias que responden al interés público de una determinada actividad y que consistan en exigir para su desarrollo la posesión de estudios superiores y la ratificación de dichos estudios mediante la consecución del oportuno certificado o licencia (STC 42/1986, de 10 de abril, FJ 1), reconociendo incluso que son una herramienta para proteger penalmente contra el intrusismo (STC 83/1984, FJ 3).

El mismo razonamiento se ha seguido respecto de la colegiación obligatoria como requisito ineludible para ejercer determinada actividad. El TC afirma que "la colegiación obligatoria, como requisito exigido por la Ley para el ejercicio de la profesión, no constituye una vulneración del principio y del derecho de libertad asociativa, activa o pasiva, ni tampoco un obstáculo para la elección profesional dada la habilitación concedida al legislador por el art. 36" (STC 89/1989, FJ 8; reiterada por SSTC 76/2003, de 23 de abril y 96/2003, de 22 de mayo).

En definitiva, "el derecho contemplado en el art. 35.1 CE no es un derecho a desarrollar cualquier actividad, sino el de elegir libremente profesión u oficio" (STC 83/1984, FJ 3), de manera que la ordenación "de las profesiones, oficios y actividades empresariales no es una regulación del ejercicio de los arts. 35 o 38 CE" (STC 225/1993, de 8 de julio, FJ 4).

La relación del art. 35.1 CE también se ha examinado al hilo de procedimientos sancionadores que implicaban la revocación de la licencia necesaria para el ejercicio de determinada profesión. El TC ha afirmado que la constitucionalidad de esta medida accesoria proviene de la eventual relación directa del derecho, oficio o cargo ejercido con el delito cometido y que, en muchos de estos casos, se trata de hacer una ponderación entre distintos derechos constitucionales (STC 221/2021, de 31 de octubre, FJ 7).

Otra de las restricciones clásicas que han sido objeto de valoración y estudio por el TC se refiere a la segunda actividad durante o después de finalización de una relación laboral concreta. En el sector público, esa limitación, aun existiendo, no se puede hacer efectiva de forma automática, pero el legislador público sí podrá imponer limitaciones en pro de los intereses públicos (STC 178/1989, FJ 8; STC 42/90, de 15 de marzo, FJ 4). En el ámbito privado se han validado por el propio legislador laboral estas cláusulas inherentes a un pacto de no concurrencia postcontractual. No obstante, la STC 192/2003, de 27 de octubre concedió el amparo por considerar contraria a la libertad del derecho al trabajo (art. 35.1 CE) la intención de la empresa de imponer limitaciones al trabajador durante su periodo vacacional, aduciendo que debe descansar para regresar a su puesto en correcto estado de salud.

2. Derecho a la promoción

La promoción profesional como característica intrínseca al derecho al trabajo del art. 35.1 CE debe interpretarse en el sentido que la promoción constituye un objetivo en sí mismo concreto o exigible dentro del mismo. Consiste en el derecho de la persona trabajadora a que una clasificación profesional más alta u ostentar cargos dentro de la estructura organizativa de la empresa con más relevancia.

En efecto, en este extremo, cl art. 35.1 CE enlaza con la función que se encomienda en el art. 40.2 CE a los poderes públicos para realizar una política que garantice la formación y la readaptación profesional. De hecho, la traslación concreta en la legislación ordinaria está en el Estatuto de los Trabajadores donde se reconoce el derecho a la promoción profesional y a la formación como derechos interdependientes [el reconocimiento general en arts. 4.2, b); los sistemas de clasificación profesional, art. 22; o el derecho a la formación específicamente, art. 23).

La promoción en el trabajo cede en el momento que entra en colisión con otros derechos como el principio de igualdad, sobre todo en el ámbito de la administración pública (STC 302/1993, de 21 de octubre, FJ 2).

El TC ha resaltado la vinculación entre el procedimiento de clasificación profesional y el derecho a la promoción de clasificación profesional y el derecho a la promoción ya que "viene a ser el mecanismo jurídico que conecta al trabajador con el conjunto normativo regulador de su nexo contractual: delimita la prestación en principio exigible, confiere un tratamiento retributivo específico e incide en el tiempo de la prestación del trabajo (...)" (STC 20/1993, de 18 de enero, FJ 4). Además, la promoción en el ámbito laboral se ha vinculado en numerosas ocasiones con el principio de igualdad y, por tanto, con cumplimiento del art. 14 CE (STS 119/2022, de 20 de mayo, sobre las diferencias retributivas derivadas de los criterios de las distintas clasificaciones profesionales; STC 182/2005, de 4 de julio, sobre la postergación derivada de la maternidad).

Finalmente, hay que destacar que "la formación a lo largo de la vida" o la formación continua de trabajadores asalariados en activo, no pertenece al ámbito de la educación (art. 149.1.13 CE) porque a diferencia de la formación profesional reglada, se fundamenta en el título laboral del art. 149.1.7 CE. Desde el punto de vista de los destinatarios de esta formación —las personas trabajadoras— a través de éste se da efectividad al derecho de la promoción a través del trabajo del art. 35.1 CE, por lo que los poderes públicos están llamados a fomentar una política activa, como exige el art. 40.2 CE (STC 95/2022, de 25 de abril, FJ 10).

3. Derecho a una "remuneración suficiente"

El precepto amplía la referencia a la remuneración suficiente, como característica intrínseca al derecho del art. 35.1, a que "el empleado pueda vivir dignamente de un único trabajo". Esta afirmación conecta directamente con los ODS —el nº. 8, en concreto— y la Declaración del Centenario de la OIT. Efectivamente tener un trabajo digno y del que poder vivir supuso una reivindicación constante en España y en los países de nuestro entorno tras la brutal crisis del 2008. Factores como la deslocalización productiva y la temporalidad extrema (con los *microworks* o contratos de cero horas) arrastró a nuestro sistema de relaciones laborales a una proliferación inusitada de las calificados como contratos "atípicos" cuya conceptualización se define frente al clásico indefinido y a jornada completa.

En ese contexto, la importancia que ha adquirido el salario legal o Salario Mínimo Interprofesional ha sido sobresaliente y se ha convertido en algo más que un completo para la determinación retributiva que se establece en los convenios colectivos. Tal y como ha reconocido el TC constituye "una intervención coactiva en las relaciones de trabajo, que encuentra su justificación en la protección de un interés que se estima digno y necesitado de atención del Estado" (STC 31/1984, FJ 11). De manera más omnicomprensiva señala que en "un Estado social y democrático de Derecho, que propugna entre sus valores superiores de su ordenamiento jurídico la justicia y la igualdad (art. 1.1 CE) y en el que se encomienda a todos los Poderes públicos promover las condiciones para que la igualdad del individuo y de los grupos en que se integran sean reales y efectivas (art. 9.2 CE), ha de completar aquel sistema de determinación del mínimo salarial estableciendo desde lo poderes (...) unos techos salariales mínimos que respondiendo a aquellos valores de justicia e igualdad den efectividad al también mandato constitucional contenido en el art. 35.1 CE" (STC 119/2002, de 20 de mayo, FJ 6; STC 27/2004, de 4 de marzo, FJ 4).

4. Prohibición de discriminación por razón de sexo

Por último, el art. 35.1 CE expresamente recoge la prohibición de discriminación por razón de sexo, lo que se ha interpretado acertadamente como una proyección del art. 14 CE, en particular, del principio de no discriminación en las relaciones laborales.

De hecho, es el ámbito retributivo donde el art. 35.1 CE se ha alegado con más frecuencia para denunciar discriminaciones salariales o definiciones sexistas en las categorías profesionales en relación con trabajos de igual valor. En esta línea, se ha propugnado la utilización de "criterios neutros, basados en atributos igualmente predicables de ambos géneros, sin cuya utilización real y efectiva la evaluación de tareas sería ilegítima por obstaculizar el logro de la igualdad de trato en materia salarial (arts. 14 y 35.2 CE)" (STC 58/1994, de 28 de febrero, FJ 6, entre otras).

V. LA INDETERMINACIÓN CONSTITUCIONAL PARA SU DESARROLLO NORMATIVO

Según el sistema normativo arbitrado por la Constitución, el Estado goza de la competencia exclusiva para elaborar leyes y reglamentos en materia laboral. Pues bien, como señala la STC 227/1998, de 26 de noviembre, "el mencionado art. 35.2 CE, al disponer que 'la ley regulará un estatuto de los trabajadores', no se limita a configurar una reserva de ley, sino que, al deferir al legislador la normación de un régimen jurídico específico para los trabajadores, le encomienda simultáneamente la tarea de acotar, otorgándole así relieve constitucional, un determinado sector social, constituido por las personas físicas vinculadas por el dato común de la prestación de actividad configurada como relación contractual laboral, a lo que viene a añadirse la circunstancia de que el concepto o categoría de trabajador es determinante del ámbito subjetivo de determinados derechos, de distinto carácter, reconocidos por la Constitución (arts. 7, 28.1 y 2, 37.1 y 42), y sin que esta proyección constitucional se agote en los indicados derechos sustantivos, trascendiendo también al plano procesal, como ha reconocido la jurisprudencia de este Tribunal (STC 3/1983, fundamento jurídico 3º, reiterada en las SSTC 65/1983, 114/1983 y 125/1995)".

Pues bien, frente a esa reserva, son relevantes el ciclo de tres pronunciamientos –el ATC 43/ 2014, de 12 de febrero; la STC 119/2014, de 16 de julio, y la STC 8/2015, de 22 de enero– a través de los cuales el Tribunal Constitucional ha sancionado la constitucionalidad de las medidas de reforma del mercado de trabajo puestas en marcha a través del Real-Decreto Ley 3/2012, en su formulación urgente, y la Ley 3/2012, en su versión definitiva. El acento viene puesto ahora en la "libertad de configuración de las relaciones laborales" que la misma reconoce al legislador. Basta para dar cuenta de ello con advertir cómo en todos los casos en que se recurre al canon de proporcionalidad el Tribunal se limita a pasar revista a los objetivos perseguidos por el legislador y los límites a los que ha decidido someter su aplicación, para afirmar a continuación que resultan proporcionadas, puesto que de su aplicación se derivan más ventajas para los bienes que las sustentan que perjuicios para los derechos afectados.

En definitiva, debería recuperarse la idea del constituyente de que el derecho del trabajo es "un derecho para armar" a las personas trabajadoras y no un derecho de política económica más.

VI. BIBLIOGRAFÍA

AA.VV., "Los trabajadores y la Constitución", *Cuadernos de Derecho del Trabajo*, serie monográfica, núm. 1, Madrid, 198).

ALARCÓN CARACUEL, M. R. (coord.), *Constitución y Derecho del Trabajo: 1981-1991 (Análisis de diez años de jurisprudencia constitucional)*, Marcial Pons, Madrid, 1992.

ALONSO OLEA, M., "La Constitución española como fuente del Derecho del Trabajo", en AA.VV., *El modelo social en la Constitución Española de 1978*, MTAS, Madrid, 2003, pp. 4 y ss.

BAYLOS GRAU, A., *Derecho del trabajo: modelo para armar*. Trotta, Madrid, 1991.

NOGUEIRA GUASTAVINO, M., "Treinta años de doctrina constitucional sobre el art. 35 CE y un camino por andar", en CASAS BAAMONDE, M. E., RODRÍGUEZ-PIÑERO, M. (dirs.), Comentarios a la Constitución Española. XXX Aniversario, Fundación Wolters Kluwer, Madrid, 2009, pp. 930-948.

SAGARDOY BENGOECHEA, J. A., *Las relaciones laborales en la Constitución Española*, Ministerio de Trabajo, Madrid, 1979.

VILLA GIL, L. E., de la, GARCÍA BECEDAS, G., GARCÍA PERROTE ESCARTÍN, I., *Instituciones de Derecho del Trabajo*, CEURA, Madrid, 1991, pp. 65 y ss.

VII. JURISPRUDENCIA

STC 22/1981, de 2 de julio.
STC 107/1984, de 23 de noviembre.

STC 99/2001, de 23 de abril.
STC 119/2002, de 20 de mayo.
STC 8/2015, de 22 de enero.
STC 221/2021, de 31 de octubre.
STC 95/2022, de 25 de abril.
STS 119/2022, de 20 de mayo.

Artículo 36

La ley regulará las peculiaridades propias del régimen jurídico de los Colegios Profesionales y el ejercicio de las profesiones tituladas. La estructura interna y el funcionamiento de los Colegios deberán ser democráticos.

COMENTARIO

Matilde Carlón Ruiz
Catedrática de Derecho Administrativo
Universidad Complutense de Madrid
Ex Letrada del Tribunal Constitucional

SUMARIO: I. CLAVES DEL precepto en sus cuarenta Y CINCO años de andadura. II. CONTENIDO DEL PRECEPTO: ALCANCE DE LA RESERVA DE LEY EN SU PROYECCIÓN SOBRE PROFESIONES TITULADAS Y COLEGIOS PROFESIONALES. 1. La posición del Tribunal Constitucional acerca de la naturaleza jurídica de los Colegios Profesionales en conexión con el ejercicio de determinadas profesiones tituladas: la discusión sobre la garantía institucional. 2. La institución colegial como modulación de las libertades de asociación y de elección de profesión u oficio. 3. Consecuencias de la caracterización de los colegios en relación con el ejercicio de ciertos derechos fundamentales. III. UN APUNTE COMPETENCIAL: ALCANCE DE LAS COMPETENCIAS DEL ESTADO EN EL CONTEXTO DEL Art. 36 CE. IV. BIBLIOGRAFÍA. V. JURISPRUDENCIA.

I. CLAVES DEL PRECEPTO EN SUS CUARENTA Y CINCO AÑOS DE ANDADURA

Hay buenas razones para entender que los constituyentes, el aprobar el artículo que nos ocupa, quisieron atender a la tradicional configuración jurídica de los colegios como instrumentos clave en la ordenación de determinadas profesiones. El modo en que, sin embargo, el Tribunal Constitucional ha venido interpretando su alcance en un contexto general de desnaturalización de la *institución* colegial ha conducido a su desdibujamiento, lo que, paradójicamente, ha impedido que las normas europeas limitadoras de estas estructuras organizativas en aras a la plena implantación de la libertad de prestación de servicios, encabezadas por la famosa Directiva de Servicios, hayan entrado en conflicto frontal con el texto constitucional.

Sin referentes en el constitucionalismo comparado ni en nuestra historia constitucional, tal y como el propio Tribunal Constitucional ha destacado (STC 89/1989, de 11 de mayo, a la que posteriormente prestaremos especial atención), la introducción en nuestro texto constitucional de un artículo como el 36 se explica, sin duda, en la larga tradición española de la organización colegial, enraizada en la organización gremial. De ahí el interés de los constituyentes por reconocer, literalmente, sus *peculiaridades*.

Así se extrae, en efecto, de los trabajos parlamentarios, en cuyo análisis se constata que el artículo 36 CE se desgajó, para atender específicamente a los colegios profesionales, de un texto original más amplio en el que tenían igualmente cabida los sindicatos y las asociaciones empresariales y, en general, las organizaciones profesionales, a los que se dedicaron finalmente sendos artículos con ubicación sistemática significativamente distinta (art. 7 y 52, respectivamente). De todos ellos se exigía, y se exige —como a los partidos políticos (art. 6)— que su estructura interna y funcionamiento sean democráticos, si bien los colegios se distinguen tradicionalmente por ser de creación legal y, de forma conexa, por la exigencia de colegiación obligatoria, lo que los separa de los principios de la organización asociativa, con la que entronca.

Si a ello le sumamos el dato de que la Ley 2/1974, de 13 de febrero, ordenadora de los Colegios Profesionales, fue, precisamente, objeto de reforma mediante la Ley 74/1978, de 26 de diciembre, de tramitación paralela al propio texto constitucional, tenemos argumentos suficientes para concluir que en el sentir de los constituyentes estaba el deseo de *constitucionalizar* los colegios profesionales en su tradicional configuración. El modo en que se hizo facilitó, sin embargo, una jurisprudencia no exenta de quiebras, y en cuanto tal, polémica, que no ha llegado a reconocer plenamente en el art. 36 CE una garantía institucional de los colegios profesionales en su configuración tradicional.

II. CONTENIDO DEL PRECEPTO: ALCANCE DE LA RESERVA DE LEY EN SU PROYECCIÓN SOBRE PROFESIONES TITULADAS Y COLEGIOS PROFESIONALES

De la lectura atenta del art. 36 CE se desprende que en el mismo se establece una reserva de ley para la regulación de los colegios profesionales y del ejercicio de las "profesiones tituladas", reserva de ley que solo encuentra como condicionantes constitucionales, para aquéllos, el respeto a las "peculiaridades propias" del régimen jurídico de los colegios y el mandato de que su estructura y funcionamiento sean democráticos.

En el contenido del artículo hay que distinguir, en efecto, aunque estén íntimamente conectadas, la cuestión de la ordenación del ejercicio de las profesiones tituladas y la el establecimiento de un régimen jurídico de los colegios profesionales respetuoso con sus *peculiaridades*. Ambas cubiertas por la reserva de ley. La interpretación del alcance de esas *peculiaridades* del régimen de los Colegios como fórmula de ordenación del ejercicio de determinadas profesiones tituladas en función de los intereses públicos subyacentes es el que determinará el margen de libertad del legislador a la hora de establecer su regulación.

1. La posición del Tribunal Constitucional acerca de la naturaleza jurídica de los Colegios Profesionales en conexión con el ejercicio de determinadas profesiones tituladas: la discusión sobre la garantía institucional

El concepto mismo de "profesión titulada" ha sido delimitado tempranamente por el Tribunal Constitucional, que identifica como tal aquella "profesión para cuyo ejercicio se requieren títulos, entendiendo por tales la posesión de estudios superiores y la ratificación de dichos estudios mediante la consecución del oportuno certificado o licencia" (STC 42/1986, de 10 de abril, FJ 1). Su identificación misma está reservada al legislador, cuyos únicos límites son los derivados del resto de los preceptos de la Constitución y, principalmente, de los derechos fundamentales, "atendiendo a las exigencias del interés público y a los datos producidos por la vida social", sin que a este respecto haya ningún contenido esencial que preservar, en los términos del art. 53.1 CE (STC 83/1984, de 24 de julio, FJ 3, al que se remite recientemente la STC 103/2018, de 4 de octubre, FJ 7, en relación con la ordenación del turno de oficio, abundando en que la ley legítimamente disciplina el régimen de las profesiones tituladas para permitir su ejercicio). Dentro de aquellas coordenadas, "puede el legislador crear nuevas profesiones y regular su ejercicio, teniendo en cuenta, como se ha dicho, que la regulación del ejercicio de una profesión titulada debe inspirarse en el criterio del interés público y tener como límite el respeto del contenido esencial de la libertad profesional" (STC 42/1986). Más recientemente, el Tribunal matiza que la profesión titulada puede no solo requerir estudios universitarios, sino también "una formación complementaria que acredite la capacitación para ejercer la profesión para cuyo ejercicio habilita el título" [STC 170/2014, de 23 de octubre, FJ 4 a), refrendada por la 176/2015, de 22 de julio, FJ 5].

El Tribunal insiste en la condición de profesión titulada como sustrato de la de "profesión colegiada" al precisar que la reserva de ley contenida en el art. 36 CE implica que es el legislador quien debe determinar "qué profesiones quedan fuera del principio general de libertad, valorando cuáles de esas profesiones requieren, por atender a los fines mencionados, la incorporación a un Colegio Profesional, así como, en su caso, la importancia que al respecto haya de otorgar a la exigencia de una previa titulación para el ejercicio profesional" (la misma STC 170/2014, en su FJ 4.d, con cita de la previa 194/1998, de 1 de octubre, FJ 5). Esta jurisprudencia asume, en definitiva, que la ordenación de determinadas profesiones tituladas puede exigir la incorporación a un colegio profesional, con lo que se apuntaría a la colegiación obligatoria como núcleo de la institución colegial. Este rasgo capital de la *institución* colegial entendida en su sentido más clásico ha quedado, sin embargo, descartado en una sentencia clave, la 89/1989, de 11 de mayo, con evidentes consecuencias sobre el real alcance de su constitucionalización.

Esta sentencia, no exenta de contradicciones, parte de la afirmación de que el art. 36 CE, "si bien constitucionaliza la existencia de los Colegios Profesionales, no predetermina su naturaleza jurídica ni se pronuncia al respecto" (FJ 5). Esta afirmación pugna, sin embargo, con afirmaciones sucesivas de la misma sentencia, en línea con previos pronunciamientos del mismo Tribunal, que muy tempranamente vino a caracterizar los colegios como entes públicos de carácter corporativo (ATC 93/1980, de 12 de noviembre). En sus propias palabras, "los Colegios profesionales son corporaciones sectoriales que se constituyen para defender primordialmente los intereses privados de sus miembros, pero que también atienden a finalidades de interés público, en razón de las cuales se configuran legalmente como personas jurídico-públicas o Corporaciones de Derecho Público cuyo origen, organización y funciones no dependen sólo de la voluntad de los asociados, sino también, y en primer término, de las determinaciones obligatorias del propio legislador, el cual, por lo general, les atribuye asimismo el ejercicio de funciones propias de las Administraciones Territoriales o permite a estas últimas recabar la colaboración de aquéllas mediante delegaciones expresas de competencias administrativas, lo que sitúa a tales Corporaciones bajo la dependencia o tutela de las citadas Administraciones Territoriales titulares de las funciones o competencias ejercidas por aquéllas" (STC 20/1988, de 18 de febrero, FJ 4, a la que se remite la propia STC 89/1989, FJ 6, así como a las SSTC 23/1984 y 123/1987).

De hecho, la propia STC 89/1989 asume la que califica como posición mayoritaria de la doctrina, para reconocerlos como corporaciones que, junto con los fines que son consustanciales a su base asociativa, cumplen determinados fines públicos atribuidos por la ley (FFJJ 4 y 5, algo en lo que abunda la reciente STC 29/2021, de 15 de febrero, FJ 4.b), por remisión a la 103/2018). En estos términos, bajo lo que califica como naturaleza "bifronte" de los colegios —ya apuntada en la STC 123/1987, de 15 de mayo, FJ 3, a la que se remite posteriormente la STC 69/2017, 25 de mayo, FJ 3— el Tribunal parece reconocer las peculiaridades de los Colegios "por su tradición, por su naturaleza jurídica y fines y por su constitucionalmente permitida regulación por ley" (FJ

7), para concluir, por ello, que "no son subsumibles en la totalidad del sistema general de las asociaciones".

Estas afirmaciones parecen apuntar al reconocimiento, por el Tribunal, de que el art. 36 CE integra una *garantía institucional* respecto de los Colegios Profesionales, como alternativa a un modelo burocratizado de gestión de las profesiones tituladas. En ello parecerían abundar, de hecho, por contraste con el alcance del art. 52 CE, otras sentencias (SSTC 113/1994, de 14 de abril, FJ 9, y 179/1994, de 16 de junio, FJ 5, citada, esta última, a tal efecto, por la posterior 198/2012, de 6 de noviembre, FJ 7). Tal conclusión se debilita, sin embargo, en el seno de la misma STC 189/1989 cuando en el propio FJ 5 —en argumento que recuerda a la previa STC 20/1988, FJ 26— afirma que "es el legislador, por tanto, dentro de los límites constitucionales y de la naturaleza y fines de los Colegios, quien puede *optar* por una configuración determinada (STC 42/1986), dado además que la reserva legal citada no es equiparable a la que se prevé en el art. 53.1 CE respecto de los derechos y libertades en cuanto al respeto de su contenido esencial, puesto que en los Colegios profesionales —en la dicción del art. 36— no hay *contenido esencial* que preservar (Sentencia 83/1984), salvo la exigencia de estructura y funcionamiento democrático" (abundando en ello, SSTC 386/1993, de 23 de diciembre, y 330/1994, de 15 de diciembre).

Con todo, el golpe de gracia a la *institución* colegial propiamente entendida viene dado, en la misma STC 89/1989, cuando descarta que la adscripción obligatoria a un colegio sea rasgo definitorio del mismo, a pesar de previos argumentos en sentido inverso. En el mismo FJ 5 se parte, implícitamente, de la ecuación Colegio-adscripción obligatoria cuando se afirma que "el legislador, al hacer uso de la habilitación que le confiere el artículo 36 CE, deberá hacerlo de forma tal que restrinja lo menos posible, y de modo justificado, tanto el derecho de asociación (art. 22) como el de libre elección profesional y de oficio (art. 35), y que al decidir, en cada caso concreto, la creación de un Colegio profesional, en cuanto tal, haya de tener en cuenta que, al afectar la existencia de éste a los derechos fundamentales mencionados, sólo será constitucionalmente lícita cuando esté justificada por la necesidad de servir un interés público". Y en el sucesivo FJ 7, ya apuntado, se argumenta que la imposibilidad de subsumir a los Colegios profesionales en la totalidad del sistema general de las asociaciones viene dada porque, "aunque siendo en cierto modo asociaciones, constituyen una peculiar o especial clase de ellas, con reglas legales propias (art. 36), distintas de las asociaciones de naturaleza jurídico-privada", para lo cual insiste en que el precepto —a diferencia de los arts. 6 y 7 CE— no ha previsto que su "creación y ejercicio sean libres". Este razonamiento, que llevaría sin dificultad a constatar como otro rasgo distintivo de los Colegios la regla de la colegiación obligatoria, se desliza, sin embargo, hacia la afirmación de que el artículo 36 CE "*ni ordena ni prohíbe* la colegiación obligatoria, diferenciando los Colegios de otros entes con base asociativa". Bajo estos parámetros, la sentencia confirma la constitucionalidad de la redacción entonces vigente del art. 3.2 de la Ley de Colegios Profesionales, que exigía la colegiación como requisito imprescindible para el ejercicio de las "profesiones colegiadas"; pero solo en cuanto resultaría ser una opción legítima del legislador en el marco del art. 36 y no la única opción posible. Así lo ha recordado más recientemente la STC 67/2017, a la que posteriormente nos referiremos.

Esta posición del Tribunal fue refrendada por la STC 330/1994, de 15 de diciembre, FJ 9, que dota de la máxima flexibilidad a la configuración legal de los colegios, a pesar de que apenas seis meses antes, la 179/1994, con afán sistematizador de la jurisprudencia previa sobre las corporaciones de derecho público, había asumido la adscripción obligatoria como un elemento consustancial a las mismas. No deja de pesar en ello, seguramente, el proceso de desnaturalización de la institución colegial que la práctica venía poniendo de manifiesto, con la creación expansiva de colegios para las más diversas profesiones, desvinculadas de intereses públicos, o al menos de intereses con la consistencia suficiente para dar coherencia a una opción organizativa que, en puridad, resulta excluyente *per se* de las libertades de asociación y de elección de profesión. Es revelador, a estos efectos, que en el momento mismo de aprobación del texto constitucional se aprobara la creación de un colegio, el de geólogos, de adscripción voluntaria.

Probablemente el tan español afán de mimetismo, inspirado por una cierta mitificación de la fórmula colegial —identificada como marchamo de prestigio profesional—, esté en la base de un fenómeno de extensión de esta forma organizativa que ha terminado por desnaturalizarla. La creación por ley de un colegio y la imposición de la pertenencia al mismo como requisito para el ejercicio de la profesión solo tiene verdadero sentido —y, en ese espacio, todo el sentido— si se ciñe a profesiones íntimamente vinculadas con intereses públicos de primera magnitud, como forma de colaborar, *desde* la profesión y en modelo de parcial autorregulación, en el ejercicio de funciones públicas. La aplicación del modelo colegial fuera de este espacio natural tiene, como primera consecuencia, poner en cuestión sus propias claves —empezando por la obligación de colegiación—, con la consecuencia última de desnaturalizar la institución misma por no sacrificar la aspiración de cualquier profesión de crear una asociación llamada colegio.

Perdida la oportunidad de reconocer en el art. 36 CE una forma organizativa de determinadas profesiones cualitativamente distinta de la propiamente asociativa —como, de hecho, y así lo hemos defendido en otro lugar, avalaría la jurisprudencia del TEDH, a la que la propia STC 89/1989, paradójicamente, apela—, sentencias sucesivas del Tribunal Constitucional han procedido a ponderar la legitimidad de la exigencia de colegiación obligatoria para el ejercicio de determinadas profesiones en función de los intereses públicos en presencia. Y ello bajo la lógica de entender que, en tales casos, como apuntamos, se produciría un sacrificio del derecho de asociación (art. 22 CE) y de la libertad de elección de profesión u oficio (35 CE).

2. La institución colegial como modulación de las libertades de asociación y de elección de profesión u oficio

Rota la ecuación colegio profesional-colegiación obligatoria, la jurisprudencia constitucional posterior a la STC 89/1989 —probablemente contagiada por la que, en relación con el art. 52 CE, se planteó la legitimidad constitucional de la obligatoriedad de pertenencia a determinadas Cámaras— pondera, para concretos colegios profesionales, si la exigencia de colegiación obligatoria es o no respetuosa, particularmente, con el derecho de asociación.

Este planteamiento no deja de resultar, en términos lógicos, contradictorio con las afirmaciones de algunas sentencias que, en coherencia con la caracterización clásica de los colegios, declaran que respecto de los Colegios Profesionales no puede "con toda evidencia [...], predicarse la libertad positiva de asociación, pues su creación no queda a la discreción de los individuos [...] y tampoco les es aplicable la garantía del 22.4 en cuanto a su disolución o supresión, al constituirse como creaciones de los poderes públicos, y sujetas por tanto a la decisión de éstos en cuanto a su mantenimiento y configuración" (STC 132/1989, de 18 de julio, FJ 6; de forma implícita, STC 5/1996, de 16 de enero, FJ 10). Siendo así que —como recuerda el FJ 10 de la STC 251/2006, de 25 de julio— "en cuanto a los Colegios profesionales, hay que recordar que su existencia no se vincula directamente a los intereses de los ciudadanos, pues no existe 'un derecho de los ciudadanos a crear o a que los poderes públicos creen Colegios profesionales (SSTC 89/1989, 131/1989, 139/1989 y 244/1991)', de manera que su creación responde a 'la exigencia de cumplimiento de fines públicos relevantes' (STC 194/1998, de 1 de octubre, FFJJ 4 y 7)".

En definitiva, de existir estos fines públicos relevantes justificadores de la creación, mediante ley, del colegio, estos mismos fines deberían justificar la colegiación obligatoria para asegurar que todos los ejercientes de la profesión estuvieran sometidos al colegio en el ejercicio de las funciones públicas a él delegadas. Todo ello como excepción, *por concepto*, de la libertad de asociación. Es más, la llamada al principio democrático en la organización y funcionamiento de los Colegios que el art. 36 CE contiene, supone *per se* una nueva excepción a la libertad de asociación entendida en sentido propio, toda vez que resulta radicalmente contradictoria con la potestad de autoorganización que es inherente a aquélla (*a sensu contrario*, STC 135/2006, de 27 de abril, FJ 5).

Proyectando, sin embargo, el escrutinio sobre la legitimidad de la colegiación obligatoria en función de si "el Colegio desempeñe, efectivamente, funciones de tutela del interés de quienes son destinatarios de los servicios prestados por los profesionales que lo integran, así como de la relación que exista entre esta concreta actividad profesional con determinados derechos, valores y bienes constitucionalmente garantizados" (STC 194/1998, de 1 de octubre, FJ 4 *in fine*), el Tribunal llega a la sorprendente conclusión de que sí sería el caso en el supuesto enjuiciado: el de los profesores de educación física. La sucesiva Sentencia 76/2003, de 23 de abril, por su parte, encabeza una larga serie en la que, resolviendo recursos de amparo en los que se invocaba la libertad de asociación en su vertiente negativa, se declara inconstitucional la exigencia de colegiación obligatoria respecto de los Colegios de Secretarios, Interventores y Tesoreros de Administración Local, conclusión en la que pesa, sin duda, el carácter exclusivamente funcionarial de los miembros del Colegio.

Una última precisión es necesaria. El Tribunal ha excluido del ámbito subjetivo del art. 36 CE, estrictamente considerado, el Colegio Notarial (STC 87/1989, de 11 de mayo) y el de Corredores de Comercio (STC 133/1997, de 16 de julio), por entender que en ambos predominan de forma excepcional los intereses públicos, lo que cualifica su dimensión de entidades públicas.

3. Consecuencias de la caracterización de los colegios en relación con el ejercicio de ciertos derechos fundamentales

El Tribunal Constitucional ha tenido más de una ocasión de desarrollar las consecuencias de su caracterización "bifronte" de los Colegios Profesiones al resolver distintos recursos de amparo en los que se le planteó el juego de determinados derechos fundamentales en la órbita del art. 36 CE.

En varias sentencias se planteó el alcance del derecho a la legalidad penal (art. 25.1 CE) en el ámbito de la potestad disciplinaria ejercida por los Colegios. Si bien en un primer momento relativizó el alcance de la reserva de ley respecto de lo que el propio Tribunal califica de "relaciones de especial sujeción" establecidas entre el Colegio y los colegiados por entender que el art. 36 CE daría por sí mismo cobertura al ejercicio por el Colegio de esa evidente potestad pública (STC 219/1989, de 21 de diciembre), este planteamiento fue, afortunadamente, matizado sucesivamente en punto a la necesaria publicación de las disposiciones del Colegio a los efectos de entender cumplidas las exigencias del art. 25 CE en caso de sanción por incumplimiento de aquéllas (SSTC 93/1992, de 11 de junio; 153/1996, de 30 de septiembre, y 188/1996, de 25 de noviembre). Por otra parte, esta misma consideración de la relación del colegios sobre sus colegiados como de especial sujeción sustentó la negación de la infracción del principio *ne bis in idem* en relación con una sanción penal (ATC 141/2004, de 26 de abril).

En otro plano, el Tribunal descartó que los cargos de los órganos de gobierno de los Colegios entren dentro de la esfera objetiva de la garantía de acceso a los cargos públicos consagrada en el art. 23.2 CE (STC 23/1984, de 20 de febrero, FJ 5), si bien evitó volver a pronunciarse al respecto en cuantas ocasiones posteriores se le plantearon (SSTC 73/1989, de 20 de abril, y 132/1989, de 18 de julio). Más recientemente, desestimó el amparo planteado contra los estatutos colegiales que reconocen simbólicamente una determinada avocación religiosa por descartar que el principio de neutralidad religiosa exigible de las Administraciones Públicas quedara afectado (STC 34/2011, de 28 de marzo).

Finalmente, la *peculiar* caracterización bifronte de los Colegios se tradujo, en la esfera del art. 24.1 CE, en sendas resoluciones interesantes. De una parte, se inadmitió el recurso de amparo interpuesto por un Colegio Profesional contra la resolución del Consejo General correspondiente que anuló una sanción que él había impuesto en aplicación de la consolidada doctrina del Tribunal según la cual el art. 24.1 CE no protege el acceso a la jurisdicción en defensa de potestades públicas (ATC 4/1998, de 12 de enero). Son varias ya las sentencias, por otra parte, que reconocen a un Colegio legitimación para recurrir contra un determinado reglamento que pudiera afectar a la *profesión* misma, entendiendo que en tal caso el Colegio ejerce una "función representativa y de defensa [...] bajo las notas de exclusividad o monopolio" (STC 45/2004, de 23 de marzo, FJ 5, y las SSTC 38/2010, de 19 de julio, y 67/2010, de 18 de octubre, y, de forma coherente, la 183/2011, de 21 de noviembre).

III. UN APUNTE COMPETENCIAL: ALCANCE DE LAS COMPETENCIAS DEL ESTADO EN EL CONTEXTO DEL ART. 36 CE

Desde la STC 20/1988, de 18 de febrero, quedó plenamente confirmada la conclusión que ya apuntara la STC 76/1983, de 5 de agosto, según la cual el título contenido en el art. 149.1.18.ª CE da cobertura al legislador estatal para fijar los principios y reglas básicas a que han de ajustarse, en su organización y competencias, los Colegios profesionales, en tanto ejercen potestades públicas, puesto que —en correlación con la caracterización de su naturaleza jurídica— sólo en relación con ambos extremos se concreta y singulariza la dimensión pública de los Colegios que permite puedan ser equiparados a las Administraciones Territoriales. En ello abundaron las SSTC 89/2013, de 22 de abril, y 84/2014, de 29 de mayo, FJ 3 (en este caso, como la previa 201/2013, de 5 de diciembre, FJ 9, para confirmar la legitimidad constitucional de la decisión estatal de contemplar los consejos estatales como estructura colegial supra-autonómica), que no dejan de matizar, con la STC 31/2010, de 28 de junio, FJ 7, ala que se remite también la posterior STC 100/2019, de 18 de julio, FJ 8.b), que la intensidad de las bases estatales al respecto es, con todo, menor que si se tratara de Administraciones en sentido estricto.

La STC 69/2017, de 25 de mayo, FJ 3, —y con la misma fecha, la 62/2017— traen a colación estos antecedentes para confirmar la competencia estatal al respecto, precisando que, en particular, la decisión sobre si en un determinado colegio la colegiación es obligatoria o no corresponde solo al legislador estatal. Así queda reflejado, de hecho —como la propia sentencia recuerda— en la actual redacción del art. 3.2 de la Ley de Colegios Profesionales introducida por la Ley 25/2009, de 22 de diciembre, de adaptación de diversas leyes estatales a la Directiva 2006/123/CE, bajo la lógica de reducir al máximo los supuestos de colegiación obligatoria, restringidos "a aquellos casos en que se afecta, de manera grave y directa, a materias de especial interés público, como la protección de la salud y de la integridad física o de la seguridad personal o jurídica de las personas físicas, y la colegiación demuestre ser un instrumento eficiente de control del ejercicio profesional para la mejor defensa de los destinatarios de los servicios" (STC 3/2013, de 17 de enero, FJ 7), lo que deberá ahora leerse a la luz de las previsiones, más restrictivas, contenidas en el Real Decreto 472/2021, de 29 de junio modificado por el Real Decreto 435/2024, de 30 de abril, por el que se incorpora al ordenamiento jurídico español la Directiva (UE) 2018/958, del Parlamento Europeo y del Consejo, de 28 de junio de 2018, relativa al test de proporcionalidad antes de adoptar nuevas regulaciones de profesiones.

La citada STC 3/2013 es la primera de una larga lista que queda sistematizada en la 69/2017 (FJ 4), apoyándose en particular en la ya citada 89/2013, que habría confirmado que la competencia estatal al respecto trae causa de la competencia para regular las condiciones básicas de igualdad en el ejercicio del derecho fundamental a la libre elección de profesión garantizado por el artículo 35 CE, de acuerdo con lo previsto en el artículo 149.1.1 CE, con independencia de la competencia estatal para determinar cuáles sean las profesiones tituladas *ex* art. 149.1.30ª CE. En ello insiste igualmente la ya citada

STC 201/2013 y, más recientemente, con una buena síntesis de la doctrina habida en la materia, la STC 82/2018, FJ 3.

Sea como fuere, la STC 3/2013 abre, en efecto, una larga serie de sentencias dictadas en el mismo año 2013 y a las que siguen la 150/2014, de 22 de septiembre, y la 229/2015, de 2 de noviembre, y, más recientemente, la STC 82/2018, de 16 de julio, FJ 3, para declarar la inconstitucionalidad de sendas leyes autonómicas eximentes de la colegiación a los empleados públicos que realicen actividades propias de su profesión por cuenta de las Administraciones Públicas autonómicas. Planteamiento éste, de cariz exclusivamente competencial, y que resulta compatible con la doctrina sentada a partir de la STC 131/1989, de 19 de julio, y continuada con las 194/1998, de 1 de octubre; 76/2003, de 23 de abril (ya citada), y 96/2003, de 22 de mayo, según la cual, en punto a la obligación de colegiación de los profesionales al servicio de las Administraciones Públicas, se reconoce que "[...] es perfectamente admisible que las exigencias establecidas con carácter general, como es el requisito de la colegiación obligatoria, cedan o no sean de aplicación en casos (...) de que quienes ejerzan la profesión colegiada lo hagan *únicamente como funcionarios o en el ámbito exclusivo de la Administración Pública*" —esto es clave— "sin pretender ejercer privadamente la actividad profesional", con lo cual "viene a privarse de razón de ser al sometimiento a una organización colegial justificada en los demás casos" (STC 69/1985, FJ 2); en tal supuesto la Administración asumiría directamente la tutela de los fines públicos concurrentes en el ejercicio de las profesiones colegiadas que, con carácter general, se encomiendan a los Colegios Profesionales (STC 131/1989, FJ 4). Conclusión que no impide reconocer en la sentencia de referencia que la prestación de servicios profesionales (en el caso, médicos) a los ciudadanos, aun bajo dependencia de la Administración, determinaría la exigencia de colegiación.

IV. BIBLIOGRAFÍA

ALONSO MAS, Mª J.: "Las bases estatales y la colegiación obligatoria de los funcionarios (a propósito de la STC 3/2013)", *Revista de Administración Pública*, núm. 191, 2013, pp. 223-256.

CALVO SÁNCHEZ, L.: *Régimen jurídico de los Colegios Profesionales*, Unión Profesional-Civitas, Madrid, 1998.

CARLÓN RUIZ, C.: "El impacto de la Directiva de servicios en la institución colegial a la luz del art. 36 CE", *Revista Española de Derecho Constitucional*, núm. 90, 2010, pp. 73-109.

FANLO LORA, A.: "Encuadre histórico y constitucional. Naturaleza y fines. La autonomía colegial", en MARTÍN-RETORTILLO, L. (Coord.), *Los Colegios Profesionales a la luz de la Constitución*, Unión Profesional-Civitas, Madrid, 1996, pp. 67 y ss.

FERNÁNDEZ FARRERES, G.: "La llamada 'Ley Omnibus' y la reforma del marco regulatorio de los colegios profesionales", *Noticias de la Unión Europea*, núm. 317, 2011.
POMED SÁNCHEZ, L.: "Actividades profesionales y Colegios profesionales", *Revista Aragonesa de Administración Pública*, núm. extra 12, 2010, pp. 379-405.
SÁINZ MORENO, F., "Art. 36. Colegios Profesionales", en ALZAGA, O. (Ed.), *Comentarios a las Leyes Políticas. Constitución española de 1978*, Tomo III, Edersa, Madrid, 1983, pp. 507 y ss.
SAZ, S. DEL: *Los Colegios Profesionales*, Colegio de Abogados de Madrid-Marcial Pons, Madrid,1996.

V. JURISPRUDENCIA

STC 89/1989, de 11 de mayo.
STC 330/1994, de 15 de diciembre.
STC 3/2013, de 17 de enero.
STC 69/2017, de 25 de mayo.
STC 82/2018, de 16 de julio.

Artículo 37

1. La ley garantizará el derecho a la negociación colectiva laboral entre los representantes de los trabajadores y empresarios, así como la fuerza vinculante de los convenios.

2. Se reconoce el derecho de los trabajadores y empresarios a adoptar medidas de conflicto colectivo. La ley que regule el ejercicio de este derecho, sin perjuicio de las limitaciones que puedan establecer, incluirá las garantías precisas para asegurar el funcionamiento de los servicios esenciales de la comunidad.

COMENTARIO

María Emilia Casas Baamonde
Catedrática de Derecho del Trabajo y de la Seguridad Social
Universidad Complutense de Madrid
Presidenta emérita del Tribunal Constitucional

I. EL DERECHO A LA NEGOCIACIÓN COLECTIVA LABORAL COMO DERECHO FUNDAMENTAL AUTÓNOMO Y COMO DERECHO DE LIBERTAD SINDICAL

1. El derecho a la negociación colectiva laboral, de derecho fundamental de libertad y garantía institucional a derecho esencialmente de configuración legal

La negociación colectiva es la institución central de los sistemas de relaciones laborales, uno de las fuentes fundadoras del Derecho del trabajo a través de los convenios colectivos (regulación autónoma), junto con el Estado a través de la ley (regulación heteronómica), y una de sus instituciones básicas con el contrato de trabajo y el poder de dirección empresarial, a los que corrige y limita. Pilar de la "democracia social" y de los sistemas jurídicos pluralistas, es institución determinante de la fortaleza o debilidad de los sistemas de relaciones laborales.

La evolución del derecho de la negociación colectiva desde la libertad de negociación, en la concepción liberal del derecho, hasta su conversión en derecho fundamental integrado, primero, en el de acción o actividad sindical y dotado, mas tarde, de sustantividad propia, culminó en las constituciones europeas de tercera generación de los años 70 del pasado siglo. En el conjunto del Derecho del trabajo, desde la construcción primigenia de los esposos WEBB (1894), el derecho de negociación colectiva se dirige a restaurar en el plano colectivo el equilibrio que le falta en el plano individual ante la desigualdad fundamental entre el trabajador y el empresario.

El derecho de negociación colectiva significa el reconocimiento de un poder social y jurídico de los representantes de los trabajadores y los empresarios de regulación conjunta de las condiciones de trabajo, de su autonomía colectiva, e implica el equilibrio de ese poder que el Estado, a través de la ley, debe garantizar. En esta línea, el Convenio núm. 98 de la OIT, sobre aplicación de los principios del derecho de sindicación y de negociación colectiva (1949), establece el deber de los Estados de adoptar medidas de estímulo y fomento del pleno desarrollo y uso de procedimientos de negociación voluntaria entre las organizaciones de trabajadores y los empleadores y sus organizaciones con objeto de reglamentar, por medio de contratos colectivos, las condiciones de empleo (art. 4). Objetivo que reitera el Convenio núm. 154 de la propia OIT sobre la negociación colectiva (1984).

Por su parte, ya en este siglo, la Carta de los derechos fundamentales de la Union Europea (Estrasburgo, 2007) reconoce el derecho de negociación y de celebración de convenios colectivos y de acción colectiva, en caso de conflicto de intereses, incluida la huelga, de los trabajadores y los empresarios, o de sus organizaciones respectivas, de conformidad con el Derecho de la Unión y con las legislaciones y prácticas nacionales (art. 28, integrado en su tít. IV, "Solidaridad"), separadamente del derecho de libertad sindical, que "supone el derecho de toda persona a fundar con otras sindicatos y a afiliarse a los mismos para la defensa de sus intereses" (art. 12.1), proclamado en su tít. II, "Libertades". Sin embargo, la negociación colectiva no se menciona expresamente, en el Tratado de Funcionamiento de la Unión Europea, en la lista de materias en que la Unión tiene competencias en materia de política social, completando la acción de los Estados con medidas destinadas a fomentar la cooperación interestatal o mediante directivas mínimas armonizadoras de sus legislaciones (art. 153.1 y 2), siendo la materia más próxima "la representación y la defensa colectiva de los intereses de los trabajadores y de los empresarios, incluida la cogestión, sin perjuicio de lo dispuesto en el apartado 5" [art. 153.1. f)], en que el Consejo ha de decidir por un procedimiento legislativo especial por unanimidad, salvo decisión del propio Consejo, también por unanimidad (art. 153.2). Tampoco se menciona entre las cuatro materias que quedan excluidas de la competencia armonizadora de la Unión de las legislaciones laborales de los Estados: remuneraciones, derecho de asociación y sindicación, derechos de huelga y de cierre patronal (art. 153.5). Ante ese silencio, la doctrina científica ha tratado de rellenar la laguna mediante una interpretación finalista, contextual o sistemática, que integre el derecho a la negociación colectiva en "la representación y la defensa colectiva de los intereses de los trabajadores y de los empresarios" en cuanto instrumento principal y universal de esa defensa de intereses colectivos. No obstante, la interpretación excluyente no supone la "imposibilidad absoluta" de que las directivas armonizadoras actúen, y lo hagan con intensidad, "por vía indirecta o refleja" sobre la negociación colectiva, fomentando su práctica, con absoluto respeto de la identidad de los sistemas estatales. El ejemplo de esa actuación indirecta o refleja no solo estaría en las directivas sobre igualdad retributiva entre mujeres y hombres, sino en las más recientes Directiva (UE) 2018/957 del Parlamento Europeo y del Consejo de 28 de junio de 2018, de modificación de la Directiva 96/71/CE sobre el desplazamiento de trabajadores efectuado en el marco de una prestación de servicios, en la Directiva (UE) 2022/2041 del Parlamento Europeo y del Consejo de 19 de octubre de 2022, sobre unos salarios mínimos adecuados en la Unión Europea, y, de nuevo en materia de igualdad retributiva, la Directiva 2023/1970 del Parlamento Europeo y del Consejo de 10 de mayo de 2023, para reforzar la igualdad de retribución entre hombres y mujeres.

En nuestra Constitución, el art. 37.1 asegura a los representantes de los trabajadores y empresarios un derecho de libertad de negociación colectiva, que se traduce en un poder de autorregulación y de composición de sus intereses respectivos libre de injerencias públicas injustificadas, plasmado en su resultado, el convenio colectivo con fuerza vinculante, que se impone al legislador estatal (art. 149.1.7ª CE).

Pocos preceptos hay en la Constitución de la complejidad del art. 37.1, pese a su aparente simplicidad, que hayan dado lugar a discusiones doctrinales incesantes y suscitado interpretaciones tan encontradas, que se han trasladado a la jurisdicción constitucional. La garantía de la fuerza vinculante de los convenios colectivos ha sido la cuestión más debatida en relación con el art. 37.1

CE, al tiempo que el alcance material y límites de la libertad de estipulación que comprende el derecho a la negociación colectiva es una de las cuestiones mas delicadas y complejas de su identificación jurídico-constitucional. Además, falta doctrina constitucional sobre los elementos centrales del precepto que aborde frontalmente el significado de sus núcleos normativos. Con ese transfondo constitucional discutido e inseguro, desarrollado, sin agotar el precepto constitucional, por una legislación de configuración del sistema negocial de reglas complejas (sobre legitimación y procedimiento negocial, ámbitos, contenido, concurrencia, vigencia y eficacia de convenios...), no puede extrañar el flujo litigioso a que da lugar el ejercicio del derecho a la negociación colectiva en el plano de la legalidad ordinaria, y en concreto el regulado por el título III del ET, ni la formulación, renovada con alguna insistencia, de propuestas de diversa procedencia, doctrinales desde luego, sobre la reforma de su regulación legal y del modelo de convenio colectivo en que se asienta.

En una primera interpretación constitucional, el art. 37.1 establece una doble garantía sustantiva —del derecho a la negociación colectiva y de la fuerza vinculante de los convenios colectivos— y formal: la Constitución garantiza el derecho a la negociación colectiva y la fuerza vinculante de los convenios, que, como contenido esencial, se impone al legislador (art. 53.1 CE), y ordena a la ley garantizarlos. Esa comprensión del precepto constitucional fue acogida en la STC 58/1985, que afirmó que la facultad que poseen "los representantes de los trabajadores y empresarios" (art. 37.1 de la CE) de regular sus intereses recíprocos mediante la negociación colectiva es una facultad no derivada de la Ley, sino propia, que encuentra su expresión jurídica en el texto constitucional". La misma naturaleza constitucional predicó la citada decisión de la fuerza vinculante de los convenios colectivos, que "emana de la Constitución", "al tiempo que ordena garantizarla de manera imperativa al legislador ordinario"; eficacia vinculante que se traduce en una "eficacia jurídica en virtud de la cual el contenido normativo de aquéllos se impone a las relaciones individuales de trabajo incluidas en sus ámbitos de aplicación de manera automática, sin precisar el auxilio de técnicas de contractualización ni necesitar el complemento de voluntades individuales" (STC 58/1985, FJ 3). Esa concepción fue defendida siempre en la doctrina por F. VALDÉS DAL-RÉ.

Esa ley es el título III del Estatuto de los Trabajadores (ET), que ha garantizado el derecho a la negociación colectiva y la fuerza vinculante de los convenios colectivos, entre otras técnicas, mediante el reconocimiento a los convenios colectivos, celebrados conforme a sus exigencias de legitimación, contenido y procedimiento, de una especial fuerza vinculante, caracterizada por su eficacia personal general y valor normativo (arts. 82.3.1 y 3.1 y 3).

En una segunda interpretación constitucional, la Constitución garantiza el derecho a la negociación colectiva como derecho autónomo de libertad de regulación de condiciones de trabajo, libre de injerencias, que se impone al legislador (art. 53.1 CE). Además, ordena al legislador "acciones positivas" dirigidas asegurar ese poder de autorregulación colectiva y la fuerza vinculante de sus resultados para la autonomía de la voluntad individual y la libre decisión empresarial. Con ese mandato al legislador el art. 37.1 contiene una garantía institucional como "complemento indispensable" del derecho fundamental de libertad, que reconoce autónomamente. Formulada por la STC 208/1993 en los siguientes términos, muy conocidos: "El *reconocimiento autónomo y diferenciado* de la negociación colectiva en el art. 37.1 CE, *supone la superación de la mera idea de libertad de negociación, como esfera libre de injerencias, y asegura, mediante una tarea encomendada específicamente al legislador, un sistema de negociación y contratación colectiva y la eficacia jurídica del convenio colectivo. Al legislador le corresponde cumplir un papel activo en la concreción y desarrollo del derecho a la negociación colectiva, dando efectividad y apoyo al proceso de negociación y a su resultado* [...]" (FJ 3). Así lo había sostenido M. RODRÍGUEZ-PIÑERO en 1992, quien fue magistrado ponente de la STC 208/1993.

En una tercera, y última hasta el momento, interpretación constitucional, las SSTC 119/2014 y 8/2015 [FJ 6.a) y FFJJ 2.e) y 10.a)], con votos particulares, calificaron, por vez primera, el derecho a la negociación colectiva laboral del art. 37.1 de derecho "esencialmente de configuración legal" (la STC 85/2001, FJ 5, había otorgado esa calificación al derecho de negociación colectiva de los funcionarios públicos). Partiendo de la premisa de que no existe un modelo constitucional predeterminado de negociación colectiva, esa caracterización depara al legislador un amplio margen de disponibilidad en su regulación, pudiendo establecer limitaciones al poder de autorregulación conjunto de los representantes de los trabajadores y empresarios y a la fuerza vinculante de los convenios para proteger otros derechos y bienes constitucionales, aunque la libertad del legislador no sea absoluta. En esa interpretación, puede el legislador, "en función de la opción que en cada momento considere más oportuna, ampliar o restringir el margen de intervención de la autonomía colectiva" en la fijación de las reglas de ordenación de su propio poder de autorregulación y de su ejercicio sobre las condiciones de trabajo [FFJJ 6 y 6.a)]. En ambas decisiones, el papel garantizador de la ley del derecho de libertad de negociación colectiva y de la fuerza vinculante de los convenios colectivos desaparece y se convierte en papel configurador, para el que es disponible el contenido entero del precepto constitucional. En su argumentación, ese papel configurador de la ley del sistema de negociación colectiva pasa sin solución de continuidad al distinto de regulación de condiciones de trabajo para concluir afirmando la sumisión del convenio colectivo a la superioridad jerárquica de la ley imperativa o de derecho necesario [FFJJ 3.C).a) y 6.a) y FJ 2.e), respectivamente].

Los términos de ambas sentencias son lo bastante ambiguos como para dejar en la indeterminación el alcance de la calificación del derecho a la negociación colectiva como "derecho esencialmente de configuración legal". El derecho de negociación colectiva regulado por el tít. III ET es, naturalmente, de configuración legal. En el plano de la legalidad ordinaria se mueven básicamente ambas sentencias y sus razonamientos, aunque la STC 8/2015 también se refiera a la negociación colectiva y a los convenios colectivos de eficacia limitada, indubitadamente amparados por el art. 37.1 CE (STC 121/2001, FJ 5), pero cuya fuerza vinculante aquella sentencia ha desconocido al convalidar la regulación legal que permite la inaplicación de los pactos extraestatutarios por decisión del empresario en procedimientos de modificación sustancial de condiciones de trabajo [FJ 4.a)]. Es posible que dicha calificación presuponga la condición de *fundamental* del derecho de negociación colectiva, si bien sin un contenido esencial identificado, capaz de imponer límites cualificados a la libertad de configuración del legislador democrático. El recurso a esa calificación ha permitido que los planos de la constitucionalidad y de la legalidad, de alcance siempre controvertido, desenvuelvan aquí sus relaciones con un mayor margen de indeterminación.

La esencialidad es del legislador, no de la regulación constitucional contenida en el art. 37.1 CE, que virtualmente se limitaría a contener un mero mandato al legislador sin proyección constitucional inmediata, quedando en la libre decisión del legislador la regulación de la negociación colectiva laboral con convenios vinculantes. El derecho a la negociación colectiva laboral y a la fuerza vinculante de los convenios colectivos habrían quedado desconstitucionalizados en esa interpretación constitucional. Sin embargo, la STC 119/2014 ha reconocido en el contenido esencial del derecho a la negociación colectiva la libertad de contratación y la libertad de estipulación, entendida ésta última como la "facultad de las partes de seleccionar las materias y contenidos a negociar", aunque permitió, contradictoriamente con ese reconocimiento de esencialidad, su limitación por la ley "en cuanto a las materias objeto de negociación o el sentido en que pueden ser reguladas por la autonomía colectiva" [FJ 3.C)]. Afirma también la STC 119/2014, entre otras consideraciones parcial y desordenadamente enunciadas, que el mandato que el art. 37.1 CE dirige al legislador de "garantizar el derecho a la negociación colectiva y la fuerza vinculante de los convenios no priva a las garantías contenidas en ese precepto constitucional *de eficacia inmediata*", esto es, sin intervención del legislador, añadiendo que la facultad que poseen los representantes de los trabajadores y empresarios de regular sus intereses recíprocos mediante la negociación colectiva no es una facultad derivada de la ley, sino que encuentra su expresión jurídica en el texto constitucional, con cita de la STC 58/1985. Hace suya también la STC 119/2014, parcialmente, la interpretación constitucional del art. 37.1, antes transcrita, de la STC 208/1993 [FJ 4.A)]. Nada de esto aparece en la argumentación de la STC 8/2015, aunque contenga remisiones continuas a su precedente y, como aquélla, esté llena de juicios de proporcionalidad (técnica ponderativa aplicable a las limitaciones legales de los derechos fundamentales, respetando su contenido esencial, por otros derechos, bienes e intereses constitucionalmente protegidos).

Pese a la incertidumbre que aportan las SSTC 119/2014 y 8/2015, puede concluirse que, en la jurisprudencia constitucional, el art. 37.1 contiene, simultáneamente, un *derecho fundamental de libertad* de negociar convenios colectivos de eficacia vinculante para la autonomía de la voluntad individual y empresarial por los representantes de los trabajadores y empresarios, sin interferencias de los poderes públicos, y una *garantía institucional* que ordena al legislador garantizar un sistema de autorregulación colectiva de las condiciones de trabajo sobre la base de convenios colectivos con fuerza vinculante, tal y como ordena el art. 37.1 (SSTC 58/1985 y 208/1993).

En su estructura lógico formal el art. 37.1 CE establece un derecho subjetivo fundamental y prefigura algunos de sus elementos: titularidad, contenido y eficacia vinculante del resultado negocial, sin determinar opciones precisas respecto de ninguno de ellos, que quedan a la libre configuración del legislador democrático dentro de los límites constitucionales que ha de observar. Aquí la coincidencia con la jurisprudencia constitucional, incluidas las SSTC 119/2014 y 8/2015, es plena, pues estas decisiones insisten, con la STC 210/1990, en que la Constitución no diseña un "modelo" o sistema cerrado de relaciones laborales ni, en particular, de ninguno de los elementos del derecho a la negociación colectiva, correspondiendo a la disponibilidad del legislador democrático elegir una determinada opción configuradora, la que estime conveniente en cada momento, dentro del respeto del contenido esencial del derecho de libertad de negociación colectiva y de la garantía institucional, resultantes del art. 37.1. En ese contenido esencial y garantía institucional se sitúan las divergencias interpretativas.

2. La función de la ley: de la garantía del derecho a su libre configuración; la negociación colectiva al margen de la ley garantizadora

El art. 37.1 llama a la ley para garantizar el derecho de autorregulación colectiva y la fuerza vinculante de los convenios colectivos (SSTC 58/1985 y 208/1993). En un entendimiento doctrinal extendido, la ley de desarrollo del artículo 37.1, dentro de las opciones libres del pluralismo político, no puede obstaculizar el ejercicio de la facultad negociadora de los sindicatos, ni desconocer la libertad de negociación y la función de autorregulación laboral del derecho a la negociación colectiva, ni desvirtuar la eficacia "real" y no meramente obligacional de los convenios colectivos inderogables e indisponibles por la autonomía contractual individual y el poder unilateral del empresario. Pero, además de respetar esos límites, la ley ha de garantizar la efectividad del derecho fundamental de libertad reconocido en el art. 37.1, función del legislador que el constituyente ha estimado necesaria para hacer realidad la el poder de autorregulación colectiva conjunto de representantes de trabajadores y empresarios de las condiciones de trabajo, así como la fuerza vinculante de los convenios colectivos. En el constitucionalismo del Estado social de Derecho los derechos fundamentales no incluyen solamente derechos subjetivos de defensa de los individuos y garantías institucionales frente al Estado, sino también deberes positivos del Estado de contribuir a su efectividad, lo que compete especialmente al legislador democrático, que recibe de los derechos fundamentales "los impulsos y líneas directivas" (STC 181/2000, FJ 8, por todas).

Al cumplir con el mandato constitucional de hacer efectivos el derecho de negociación colectiva y la eficacia jurídica de los convenios colectivos, la ley puede imponer exigencias o límites, siempre que, respetado su contenido esencial y el núcleo de las instituciones garantizadas, estén objetivamente justificados y sean proporcionales al fin garantizador que la ley ha de cumplir y al de preservación de otros derechos y bienes constitucionalmente protegidos. Así sucede, entre otras, con las reglas legales sobre legitimación para negociar, que son "un presupuesto de la negociación colectiva que escapa al poder de disposición de las partes negociadoras que no pueden modificarlas libremente, pues [...] en la negociación inciden derechos de carácter sindical que no pueden ser desconocidos", e imponen exigencias, limitativas de la autonomía de la voluntad, "especialmente rigurosas" de representatividad a los sujetos sindicales y asociaciones empresariales legitimados para negociar y concertar convenios colectivos en beneficio de su eficacia general, modelo de negociación colectiva legítimamente acogido por el tít. III ET, "que en todo caso no agota la virtualidad del precepto constitucional" (STC 73/1984, FJ 2).

Sin embargo, en la interpretación de la SSTC 119/2014 y 8/2015, el legislador, en ejercicio de su "esencial" poder de configuración, en virtud de las opciones políticas mayoritarias, puede disponer y limitar el derecho a la negociación colectiva y la fuerza vinculante de los convenios colectivos por su mayor jerarquía en el sistema de fuentes, lo que ha de hacer justificada y proporcionadamente, en aras de la protección o preservación de otros derechos, valores o bienes constitucionalmente protegidos.

Como se ha dicho, la opción legal por el convenio colectivo de eficacia general no es excluyente del convenio de eficacia limitada, y fue tempranamente declarada constitucional por el Tribunal Constitucional (SSTC 4/1983, 12/1983, 73/1984, 98/1985, FJ 3).

El art. 37.1 proporciona cobertura a una noción de convenio colectivo unitaria, no exclusivamente a la materializada en el convenio colectivo de eficacia general y normativa que regula el título III ET, sino también a los convenios colectivos de eficacia vinculante limitada a los representados por los negociadores, y que según ha quedado dicho ha reconocido inequívocamente el Tribunal Constitucional. Tampoco poseen estos convenios o pactos colectivos "extraestatutarios" fuerza normativa. Poseen fuerza vinculante contractual y personal limitada a los representados por los sindicatos y asociaciones empresariales que los han negociado y firmado (STC 121/2001, FJ 5), sin perjuicio de la posterior adhesión libre y voluntaria de todos los trabajadores de la empresa o de todos los trabajadores y empresarios del sector; y salvo, respecto de su eficacia personal general, que, pese a no ser convenios colectivos celebrados conforme a la disciplina del tít. III ET, hayan sido negociados por representaciones de los trabajadores en las empresas con un poder de representación unitario o general (acuerdos de consultas y, en general, pactos de empresa). Su fuerza vinculante deriva del art. 37.1, debiendo hacerse valer dentro de la lógica del Derecho común de obligaciones y contratos (art. 1257 CC) —un *pacta sunt servanda* indisponible por la autonomía contractual individual de aquellos sujetos que han conferido un poder de representación para fijar colectiva y concretamente las condiciones laborales— en tanto el legislador laboral no garantice específicamente la inderogabilidad de lo pactado.

No puede el convenio colectivo "extraestatutario" desvirtuar, negar, o imposibilitar jurídicamente, de modo abusivo y fraudulento, el derecho a la negociación colectiva de eficacia general de los sujetos legitimados; tratándose de los sindicatos, no sólo sería una práctica vulneradora del art. 37.1, sino también una violación del derecho a la libertad sindical que consagra el art. 28.1 CE, una conducta antisindical (SSTC 108/1989, FJ 2; 105/1992, FJ 5; 238/2005, FJ 3). Pero la negativa de un sindicato a firmar un determinado convenio no puede impedir que éste se firme con otros sindicatos representativos (STC 222/2005, FJ 7, y las allí citadas).

3. La Constitución, el derecho fundamental a la igualdad ante la ley; y la primacía de la ley en el sistema laboral de fuentes

Indiscutible la primacía de la ley en la regulación de las relaciones laborales, lo es sobre todo convenio colectivo, esto es sobre el producto, normativo o —como es patente— contractual, de la autonomía privada colectiva, aunque esta problemática tenga particular incidencia sobre la negociación colectiva "estatutaria" por el "plus de eficacia" que le ha reconocido el legislador [SSTC 108/1989, FJ 2; 8/2015, FJ 4.a)]: personal *erga omnes* y valor normativo (art. 82.3.1° ET). El convenio colectivo se somete en sus contenidos reguladores a la ley laboral estatal, al *ordenamiento laboral* (arts. 9.3 y 35.1 y 2 CE y art. 3.1 y 3 ET), y a las demás normas de superior rango jerárquico, evidentemente a la Constitución y a los derechos fundamentales "y, en concreto, a las exigencias indeclinables del derecho a la igualdad y a la no discriminación". La jurisprudencia constitucional ha precisado que esas exigencias, realmente las del derecho a la igualdad normativa —no del derecho a la no discriminación, de valor absoluto—, señaladamente en materia retributiva (dobles escalas salariales), no pueden tener el mismo alcance que en otros contextos y han de aplicarse matizadamente en en el ámbito de las relaciones privadas, en el ámbito de la libertad contractual en que se incardina el convenio colectivo, siendo compatibles con otros valores que tienen su origen en el principio de la autonomía de la voluntad. Su posición de síntesis, conocida, es que ni el derecho a la negociación colectiva puede, a través del convenio colectivo *normativo*, establecer un régimen diferenciado en las condiciones de trabajo sin justificación objetiva y sin la proporcionalidad debida de la medida diversificadora para ser conforme al art. 14 CE, ni en ese juicio pueden minusvalorarse las circunstancias concurrentes a las que hayan atendido los negociadores, siempre que sean constitucionalmente admisibles (STC 27/2004, FJ 4).

Esta fundamentación se encuentra en la serie de sentencias sobre el valor "cuasi público" de los convenios colectivos,"al menos en la mas importante de sus manifestaciones" (SSTC 177/1988, 171/1989, 119/2002, 27/2004, 280/2006, 36/2011, 112/2017), esto es, de aplicación a los convenios colectivos del título III del ET *de eficacia general normativa*. Esa jurisprudencia ha sido muy criticada por la doctrina (VALDÉS) por estar basada en criterios de legalidad ordinaria (representación institucional, jerarquía normativa y eficacia normativa), que no están en el art. 37.1 y rompen la unitaria noción de convenio colectivo ex art. 37.1 CE. Sin embargo, esa eficacia normativa es la que exige el art. 14, primer inciso, CE, que proclama el derecho a la igualdad "ante *la ley*", no ante instrumentos de la autonomía privada, individual o colectiva. Los convenios colectivos de eficacia limitada carentes de eficacia normativa, quedan sometidos únicamente a la interdicción de la desigualdad arbitraria y, claro es, a la prohibición de discriminación, que no opera únicamente "ante la ley", sino también el terreno de la autonomía privada, y al resto de derechos fundamentales. La STC 36/2011 es meridiana a estos efectos. La Constitución es un todo, sin que entre sus preceptos existan contradicciones, y el art. 37.1, y la noción unitaria a sus efectos de convenio colectivo, ha de conciliarse con el art. 14, primer inciso, inequívoco en su dicción, y con el resto de preceptos constitucionales.

En cuanto al convenio colectivo en el orden legal, "la Ley ocupa en la jerarquía normativa una superior posición a la del convenio colectivo, razón por la cual éste debe respetar y someterse a lo dispuesto con carácter necesario por aquélla, así como, más genéricamente, a lo establecido en las normas de mayor rango jerárquico" [SSTC 58/1985, FJ 3; 177/1988, FJ 4; 171/1989, FJ 2.b); 104/2015, FJ 8; 127/2019, FJ 5].

Ya había dicho la STC 11/1981, FJ 24, que sería "paradójico que existiera una bolsa de absoluta y total autonomía dentro de una organización, como el Estado, que, por definición, determina para sus súbditos un factor heteronómico". La ley laboral, que representa y tiene directa conexión con la voluntad popular, ejerce, además de las funciones a que es llamada por la Constitución, la general de reequilibrar la desigualdad estructural de partida entre las partes del contrato de trabajo (arts. 1.1 y 9.2 CE) con una amplísima libertad de configuración. El art. 37.1 no contiene una reserva material de negociación colectiva, ni asegura una presunta inmunidad ni inmutabilidad del convenio colectivo frente a la norma legal sobrevenida hasta el agotamiento de la vigencia temporal de aquél, ni impide la aplicación preferente de las normas de superior rango, debiendo ceder la aplicación del convenio en beneficio de la ley. Nada de esto pertenece al contenido esencial del derecho a la negociación colectiva laboral. En el plano de la legalidad, los arts. 82 y 85 ET no expresan más que la aptitud de los convenios colectivos para ordenar las condiciones de trabajo en concurso con otras fuentes formales.

La regulación del convenio colectivo sobre condiciones de trabajo se sujeta a la ley de derecho necesario, mínimo o absoluto —no, naturalmente, si la ley es meramente dispositiva o subsidiaria, supuestos en que deja el campo de acción al poder de autorregulación de la autonomía colectiva—, también si su entrada en vigor se produce durante la vigencia de la regulación pactada de las condiciones de trabajo, pues el art. 37.1 CE, "ni por sí mismo ni en conexión con el art. 9.3 CE" [...principios de irretroactividad de las disposiciones restrictivas de derechos individuales y de seguridad jurídica], puede oponerse o impedir la producción de efectos de las leyes en la fecha dispuesta por las mismas, "siendo constitucionalmente inaceptable que una Ley no pueda entrar en vigor en la fecha dispuesta por el legislador" (STC 210/1990, FJ 3; 62/2001, FJ 3). Esa intervención de la ley puede alterar el equilibrio interno del convenio colectivo como conjunto de prestaciones y contraprestaciones, pero la recuperación de ese equilibrio ha de lograrse a través de las técnicas propias del derecho de negociación colectiva, sin poder impedir la producción de efectos de la ley en la fecha que ha dispuesto. La ley, en razón su posición superior en la jerarquía normativa, puede desplegar una virtualidad limitadora de la función reguladora de la negociación colectiva y puede, igualmente, de forma excepcional reservarse para sí determinadas materias, que quedan excluidas de la contratación colectiva (STC 58/1985, FJ 3). La interpretación de los convenios colectivos ha de atender también a su relación con las normas legales imperativas, ya que la fuerza vinculante de lo pactado y la autonomía colectiva tampoco excluyen que "los órganos judiciales puedan interpretar y colmar de acuerdo con esas normas los vacíos que en ellos puedan existir" (STC 92/1994, FJ 2).

No ha dejado de reconocer la jurisprudencia constitucional que "el sistema normal de fijación del salario y, en general, del contenido de la relación laboral, corresponde a la autonomía de los trabajadores y empresarios mediante el ejercicio del derecho a la negociación colectiva". Pero un Estado social y democrático de Derecho, que encomienda a todos los poderes públicos promover la igualdad real y efectiva de la persona y de los grupos en que se integra (art. 9.2 CE), no puede desconocer el papel del legislador "asegurando los valores de justicia e igualdad que den efectividad al mandato constitucional contenido en el art. 35.1 CE" (SSTC 119/2002, FJ 6; 27/2004, FJ 4; 112/2017, FJ 5).

Las relaciones entre la ley y la negociación colectiva pueden ser muy variadas. En todo caso, la Constitución impide "asimilar las relaciones entre ley y Convenio a las que se instauran entre norma delegante y norma delegada" (STC 58/1985, FJ 3), ya que es el art. 37.1, y no la ley, el que reconoce el poder de autorregulación de "los representantes de los trabajadores y empresarios" y la fuerza vinculante de los convenios, que la ley imperativamente debe garantizar.

4. El derecho a la negociación colectiva, contenido esencial del derecho de libertad sindical de los sindicatos

El contenido esencial del derecho fundamental de libertad sindical de todo sindicato comprende los medios de acción típicos y definitorios del sujeto sindical, que son la negociación colectiva, la huelga y el conflicto colectivo (arts.

7 y 28.1 CE). De ahí que determinadas Constituciones (la alemana o la italiana) y las normas internacionales de la OIT (con el valor interpretativo cualificado que les otorga el art. 10.2 CE) integren naturalmente el derecho de negociación colectiva en el derecho de libertad sindical, sin necesidad de un reconocimiento autónomo expreso de aquel derecho. La jurisprudencia constitucional no ha dejado de reconocer que, entre los rasgos que histórica e institucionalmente caracterizan la acción del sindicato para el cumplimiento de sus fines institucionales (art. 7 CE), destaca su esencial vinculación con el ejercicio de los derechos de negociación colectiva, huelga y de adopción de medidas de conflicto colectivo (arts. 28.2 y 37.1 y 2), medios de acción que son el contenido esencial mínimo e indisponible del derecho fundamental de libertad sindical, que se impone al legislador, y que distinguen al sindicato del resto de las agrupaciones de índole asociativa.

La negociación colectiva, dijo la STC 73/1984 rectificando la doctrina de otras anteriores dubitativas, "constituye sin duda el medio primordial de acción" del sindicato (FJ 1), ya que es "inimaginable que sin ella [...] logre desarrollar eficazmente las finalidades recogidas en el art. 7 CE" (STC 107/2000, FJ 6). Por tanto, es un medio "necesario" de ejercicio de la libertad sindical (STC 98/1985, FJ 3), imprescindible de la acción sindical en un Estado democrático (STC 238/2005, FJ 3, y las numerosas allí citadas). Consecuentemente, la jurisprudencia constitucional ha interpretado que el art. 28.1, en conexión con su artículo 37.1, reconoce el derecho a la negociación colectiva de los sindicatos como derecho integrante del contenido esencial del de libertad sindical en su vertiente o dimensión colectiva y funcional. De ahí la "doble naturaleza del derecho a la negociación colectiva", derecho fundamental autónomo (art. 37.1) y manifestación del de libertad sindical (art. 28.1), quedando protegido, en esta última naturaleza, por las privilegiadas garantías procesales que la Constitución reserva específicamente "a los derechos fundamentales y libertades públicas" en su art. 53.2. Cuando de sindicatos y representantes sindicales se trata (STC 123/2018, FJ 3), la doctrina constitucional es segura, aunque no podamos echar en el olvido el caso de las representaciones unitarias sindicalizadas.

El derecho de libertad sindical comprende el derecho a la negociación colectiva y el derecho al resultado negocial, el convenio colectivo con fuerza vinculante, necesario para garantizar el ejercicio efectivo de las funciones sindicales y evitar comportamientos antisindicales. Negar, obstaculizar o desvirtuar el ejercicio de la facultad negociadora de los sindicatos y de la fuerza vinculante de los convenios colectivos no solo lesiona el art. 37.1, sino que supone una violación del derecho de libertad sindical frente a la que la Constitución ordena disponer procedimientos judiciales preferentes y sumarios y abrir, en su caso, el recurso de amparo constitucional (art. 53.2). La afectación del derecho a la negociación colectiva es presupuesto para poder considerar la posible afectación del derecho de libertad sindical (STC 104/2015, FJ 8).

Así, en relación con la autonomía de la voluntad y el poder empresarial, el "desconocimiento abierto" de lo dispuesto en el convenio colectivo, al margen de las vías de su modificación o denuncia o de negociación, desvirtúa la facultad negociadora colectiva del sindicato parte en ese convenio, lo que significa la violación del art. 37.1 y la de su derecho a la libertad sindical. La fuerza vinculante del convenio colectivo, en cuya base está el acuerdo de voluntades colectivas, no puede resultar quebrantada o alterada por la autonomía de la voluntad individual "en masa", con independencia de su carácter mas favorable, de que proceda de una voluntad concertada con los trabajadores y de que no esté movida por una intencionalidad lesiva, ni por la decisión unilateral empresarial, pues ello equivaldría a eludir o soslayar la función negociadora de los sindicatos o a vaciar sustancialmente de contenido efectivo el convenio colectivo (SSTC 105/1992, 208/1993, 107/2000, 225/2001 y 238/2005). Son conductas de sustitución sindical que se introducen en la antisindicalidad lesiva del derecho fundamental.

En el contenido adicional del derecho fundamental de libertad sindical se integra el derecho de los sindicatos más representativos y representativos a negociar convenios colectivos de eficacia general dentro de la regulación del tít. III del ET, derecho éste de configuración legal.

5. Titularidad del derecho a la negociación colectiva

En la formulación del artículo 37.1 son titulares del derecho a la negociación colectiva laboral los representantes de los trabajadores y los empresarios.

Siendo el de negociación colectiva un derecho fundamental integrado en el contenido esencial del derecho fundamental de libertad sindical de los sindicatos, el legislador está obligado a reconocerles la titularidad de aquel derecho. En uso de su libertad de configuración, el legislador amplió la titularidad del derecho a los representantes electivos o unitarios de los trabajadores en los centros de trabajo y en las empresas, inicialmente en pie de igualdad con las representaciones sindicales.

Aunque la STC 118/1983 afirmó la titularidad amplia del derecho, advirtiendo de que la Constitución ha eludido consagrar "un monopolio" sindical en el ejercicio de los derechos colectivos de huelga, negociación colectiva y conflicto colectivo, aquella decisión afirmó también que la Constitución, en su art. 7, "constitucionaliza al sindicato, no haciendo lo mismo" con las representaciones unitarias, que son creación de la ley y cuentan con el lejano apoyo del mandato constitucional de promoción eficaz de las diversas formas de participación en la empresa del artículo 129.2 CE (FJ 4). El derecho de las representaciones unitarias a negociar convenios colectivos es un derecho legal. También el Convenio 135 de la OIT destaca la prioridad de los sindicatos en los supuestos de coexistencia de representaciones unitarias y sindicales, de modo que "cuando en una misma empresa existan representantes sindicales y representantes electos, habrán de adoptarse medidas apropiadas, si fuese necesario, para garantizar que la existencia de representantes electos no se utilice en menoscabo de la posición de los sindicatos interesados o de sus representantes y para fomentar la colaboración en todo asunto pertinente entre los representantes electos y los sindicatos interesados y sus representantes".

Sin embargo, la opción legislativa expuesta no ha garantizado la primacía constitucional del sujeto sindical en la negociación colectiva de empresa y de centro de trabajo, habiendo coadyuvado la jurisprudencia constitucional a la igualación de las representaciones a través de la elevación al plano de la constitucionalidad de los representantes unitarios "sindicalizados" (elegidos en candidaturas sindicales). El legislador ha comenzado a corregir ese desequilibrio atribuyendo preferencia a las representaciones sindicales para negociar convenios colectivos en las empresas y centros de trabajo con fórmulas no del todo claras y no exentas de crítica doctrinal (a partir del RDL 7/2011).

Con todo, en la STC 118/1983 no hubo indefinición constitucional. La titularidad amplia del derecho de negociación colectiva precisa de una decisión del legislador; sin ley que reconozca al sujeto colectivo y le atribuya el derecho de negociar colectivamente no hay sujeto ni derecho. Ha sido la STC 8/2015 la decisión que, partiendo del reconocimiento del derecho a la negociación colectiva por el art. 37.1 a "los representantes de los trabajadores y empresarios", ha atribuido al precepto constitucional "la *clara intención* de ampliar el elenco de los legitimados para la determinación de las condiciones de la relación laboral, depositando ese derecho, en consecuencia, no sólo en el sindicato, sino en cualquier sujeto u organización representativa de los trabajadores (como los delegados de personal y los comités de empresa), cuyo fundamento constitucional último no se encuentra en el art. 7 CE, como sucede con los representantes sindicales, sino en los arts. 9.2 y 129.2 CE", con cita de las SSTC 98/1985, FJ 3, y 208/1989, FJ 4, que no dicen tal cosa, sino que las representaciones unitarias no tienen "reconocimiento constitucional". Sin ese reconocimiento, el legislador podrá integrar las fórmulas amplias de titularidad del derecho a la negociación colectiva del art. 37.1, pero el derecho de negociación colectiva de los representantes no sindicales es de "reconocimiento legal", ya que, aun tratándose de un derecho de configuración legal, el "reconocimiento constitucional" del derecho de negociación colectiva de los sindicatos es indisponible por el legislador.

En ámbitos de empresas complejas, y supraempresariales y sectoriales, el reconocimiento legal de la legitimación para negociar convenios colectivos de eficacia normativa y personal general exclusivamente a los sindicatos representativos y más representativos no es discriminatorio frente a los restantes, una vez reconocido a todo sindicato el derecho a la negociación colectiva que hace recognoscible el derecho de libertad sindical (así, SSTC 4/1983, 12/1983, 73/984, 98/1985, 63/2024).

Del lado de los empresarios, la titularidad del derecho se reconoce a los empresarios y a las asociaciones empresariales (art. 22 CE), a los que se les aplica el art. 37, aunque no el art. 28.1 CE (STC 92/1994, FJ 2).

6. La fuerza vinculante de los convenios colectivos, autonomía de la voluntad individual y libertad de empresa

La fuerza vinculante de los convenios colectivos garantiza, en su contenido esencial, que los productos del derecho a la negociación colectiva están dotados de una vinculabilidad mas fuerte y distinta de la que se deriva del derecho común de obligaciones y contratos, inatacable por la autonomía de la voluntad individual y por la libertad empresarial; de una eficacia real. Lo negociado colectivamente es intangible para la libertad contractual individual.

El ET ha identificado la fuerza vinculante de los convenios colectivos con la eficacia personal general y la fuerza normativa, inderogable e indisponible por la autonomía de la voluntad individual y el poder de decisión empresarial presuntamente amparado en la libertad de empresa, para "los convenios colectivos regulados por esta ley" (art. 82.3.1º). La jurisprudencia constitucional ha remitido la realización de la fuerza vinculante constitucional de los convenios colectivos "extraestatutarios", o de eficacia limitada, al Derecho común de obligaciones y contratos a partir de la eficacia jurídica del poder de representación constitucional de los sindicatos y de las asociaciones empresariales y legal de las representaciones electivas o unitarias.

La fuerza vinculante constitucional de los convenios colectivos de eficacia limitada se restringe a las partes signatarias y a sus representados dentro de la "lógica contractual" (art. 1257 CC), según la cual el acuerdo es vinculante sólo para "aquellos sujetos que han conferido un poder de representación para fijar colectiva y concretamente las condiciones laborales" (STC 121/2001, FJ 5), cuya imposición sobre los contratos individuales no precisa de aceptación individual, expresa o tácita, a excepción de los supuestos de extensión de esa eficacia limitada a través de cláusulas de adhesión individual de otros trabajadores y empresarios, no representados por los trabajadores (STC 108/1989, FJ 2). No se ajusta a ese entendimiento constitucional de la fuerza vinculante de los convenios colectivos, asentado en la jurisprudencia constitucional, la decisión de la STC 8/2015 de convalidar la constitucionalidad de la determinación del legislador reformador de 2012 de habilitar la modificación sustancial de condiciones de trabajo contenidas en "acuerdos o pactos colectivos", manifestación del derecho constitucional a la negociación colectiva y dotados de esa fuerza vinculante constitucional, por el pacto individual o la decisión unilateral empresarial (art. 41.2 ET) justificándola en la consecución de fines constitucionales: la evitación de la destrucción de puestos de trabajo en la crisis financiero-económica desatada en 2008, comprendida en el mandato que a los poderes públicos dirige el art. 40.1 CE [FJ 4.a)].

La fuerza vinculante de los convenios colectivos se ha tratado de ordinario en la jurisprudencia constitucional unida a la eficacia personal general y normativa de los convenios colectivos "estatutarios" y al derecho de libertad sindical.

La fuerza vinculante de los convenios colectivos, garantizada por la Constitución, asegura materialmente la prevalencia de la voluntad colectiva sobre la individual de los afectados por el convenio y sobre la voluntad unilateral del empleador, aunque sin anular ésta porque en nuestro sistema de relaciones laborales es compatible la libertad sindical, que significa el predominio de lo colectivo sobre lo individual, con la libertad de empresa, que cubre los poderes directivos del empresario y es un espacio abierto a la autonomía individual (STC 107/2000, FJ 7). La prevalencia de la autonomía colectiva y la consiguiente eficacia del convenio colectivo de sujetar imperativamente a los contratos individuales de trabajo constituye "un elemento de la configuración constitucional del derecho a la negociación colectiva como *medio de acción sindical*" (STC 225/2001, FJ 6), que se proyecta sobre la configuración del sistema normativo laboral. Esa prevalencia de la autonomía colectiva sobre la individual no impide, naturalmente, la modificación del convenio colectivo, esto es, la alteración de las condiciones pactadas, que es institución ordinaria en la vida del convenio colectivo que no puede "petrificar" las condiciones de trabajo. Ya se ha dicho que el art. 37.1 no garantiza una pretendida intangibilidad o inalterabilidad del convenio colectivo frente a la ley (STC 127/2019, FJ 5, y las allí citadas). El art. 37.1 impide la modificación del convenio colectivo por la autonomía individual al margen de los procedimientos previstos en los propios convenios colectivos y en la ley, que han contado "siempre con la voluntad de la representación legítima de las partes". En caso contrario, "se vendría abajo el sistema de la negociación colectiva que presupone, por esencia y conceptualmente, la prevalencia de la autonomía de la voluntad colectiva sobre la voluntad individual de los afectados por el convenio" (SSTC 105/1992, FJ 6; 225/2001, FJ 4; 238/2005, FJ 4).

La fuerza vinculante de los convenios colectivos no permite la inaplicación singular de sus disposiciones mediante decisiones administrativas (STC 92/1992).

7. El derecho de negociación colectiva de los funcionarios públicos

El derecho de negociación colectiva de los funcionarios no está contenido en el derecho a la negociación colectiva laboral del artículo 37.1, pues, como la ya vieja STC 57/1982, FJ 9, dijo, del derecho de libre sindicación de los funcionarios no resulta su derecho a la negociación colectiva laboral, y menos con efectos vinculantes. Es una interpretación discutida, pues aunque se residencie en el artículo 37.1 exclusivamente el derecho a la negociación colectiva laboral, esa interpretación constitucional no deja de producir una desvinculación, de difícil justificación, entre el derecho de libertad sindical de los funcionarios públicos, constitucionalmente reconocido (art. 28.1) y el derecho de negociación colectiva de los sindicatos de funcionarios públicos, contenido esencial de aquel.

Atendiendo a las "peculiaridades" del derecho de libertad sindical de los funcionarios públicos, que la Constitución ordena a la ley establecer (art. 28.1), el legislador básico (art. 149.1.18ª CE) ha configurado el "peculiar" derecho de negociación colectiva de los funcionarios públicos como derecho de participación en la determinación de sus condiciones de trabajo, y la jurisprudencia constitucional posterior ha dado sitio a ese derecho en el contenido adicional —o no esencial— del derecho fundamental de libertad sindical, resultante de la libre decisión del legislador (SSTC 80/2000, 224/2000, 85/2001, 222/2005, 118/2012). Su ejercicio ha de efectuarse, en consecuencia, necesariamente a través de los cauces y procedimientos legales previstos, y subordinado a la superioridad de la ley en la jerarquía normativa (STC 127/2019).

II. EL DERECHO A LA ADOPCIÓN DE MEDIDAS DE CONFLICTO COLECTIVO

1. Derecho fundamental de autotutela colectiva de configuración legal y contenido esencial del derecho de libertad sindical

Como sucede con el derecho fundamental a la negociación colectiva, el art. 37.2 reconoce autónoma y separadamente de los derechos fundamentales de libertad sindical y de huelga del art. 28.1 y 2 el derecho de trabajadores y empresarios a adoptar medidas de conflicto colectivo, derecho del que la STC 11/1981, FJ 22, dijo que no tenía la categoría de derecho fundamental al estar reconocido en la secc. 2ª del cap. 2º del tít. I de la Constitución, en un momento inicial de interpretación de la Constitución en que esa colocación sistemática se entendía con virtualidad jurídica delimitadora de los derechos reconocidos como fundamentales y de los que no obtenían esa calificación, quedándose en el terreno de los "simples" derechos "cívicos"; divisoria hoy superada por una interpretación que analiza los distintos preceptos constitucionales a partir de la identificación de un contenido esencial en la configuración de los derechos, que el legislador democrático ha de respetar. De ahí que la doctrina científica haya dicho que el precepto contenido en el art. 37.2 es ambiguo —muestra la ambigüedad de los propósitos del constituyente— y de contenido ciertamente equívoco. La cuestión es, sin embargo, si el derecho a la adopción de medidas de conflicto colectivo tiene un contenido esencial que se impone al legislador (art. 53.1 CE), o si, por el contrario, la libertad de configuración del legislador es absoluta, con lo que el derecho sería de configuración legal, ni siquiera perteneciente a la categoría de los derechos fundamentales de configuración legal, como, en su caso, sería el derecho de negociación colectiva en la más reciente jurisprudencia constitucional.

El art. 37.2 reconoce un derecho fundamental de libertad frente al Estado, expresión de la autonomía colectiva de sus titulares en su faceta de autotutela colectiva sin injerencias públicas injustificadas, que se manifiesta en la exteriorización del conflicto con una dosis de antagonismo que haga visible la polémica sobre las relaciones laborales o en cuanto a las condiciones de trabajo mediante la adopción de medidas sociales típicas de presión laboral (comunicados a clientes y proveedores, reprobaciones, anuncios empresariales, efectuados también a través de internet y de las redes sociales, boicots, reuniones, manifestaciones, ocupaciones de los lugares de trabajo sin suspensión de éste...), y de medidas de autocomposición de los conflictos (reclamaciones, preguntas, negociaciones, conciliaciones, mediaciones, convenios arbitrales), aunque estas últimas no luzcan en el texto de la norma constitucional, pero que han que quedar naturalmente comprendidas en su significación conceptual, pues el conflicto exteriorizado busca su solución. Sin embargo, la doctrina suele inclinarse por calificar el derecho como de absoluta configuración legal, sin que nada imponga el art. 37.2 al legislador, salvo su reconocimiento mismo, en el confuso espacio que le ha dejado el constituyente entre los derechos fundamentales de huelga y de negociación colectiva. Con la consecuencia, para esta tesis, de que el derecho no es ejercitable sin la intervención del legislador. Y con la paradoja de la abstención del legislador en lo que hace a las medidas de conflicto colectivo que parten de los trabajadores y empresarios —a salvo el cierre empresarial, el proceso de conflicto colectivo y las consecuencias procesales de los medios de solución autónoma de los conflictos colectivos—, quizás por la dificultad misma de su regulación legal en su manifestación genuina de autotutela colectiva, y su sustitución por la negociación colectiva, fuente natural de regulación de los medios autónomos de solución de los conflictos laborales.

De nuevo, la función institucional de representación de intereses —sin entrar todavía en esa misma función institucional y en la titularidad del derecho de los empresarios— y el derecho fundamental de libertad sindical de los sindicatos acogen, dentro del marco del derecho fundamental definido en el art. 28.1 en su vertiente colectiva de actividad, su derecho a la promoción de conflictos colectivos (de doble naturaleza, como el derecho a la negociación colectiva). El derecho de adopción de medidas de conflicto colectivo es un típico medio de acción sindical, que, llevado al contenido esencial mínimo indisponible del derecho fundamental de libertad sindical (desde la STC 70/1982, FJ 5), goza de las garantías constitucionales procesales propias de aquel derecho, de la tutela judicial preferente y sumaria y del recurso de amparo constitucional (art. 53.2 CE).

2. Derecho de conflicto colectivo y derecho a la negociación colectiva

La STC 11/1981 declaró que el arbitraje público obligatorio como medio de resolución de los conflictos colectivos de intereses derivados de la renovación de los convenios colectivos y del fracaso de la negociación colectiva ni es un arbitraje, ni es constitucional, al imponer una restricción no justificada del derecho a la negociación colectiva definido en el art. 37.1, que por lo mismo afecta a su contenido esencial, que comprende la composición autónoma de los intereses enfrentados, libre de injerencias públicas injustificadas. La justificación puede hallarse en el daño que la autonomía colectiva pudiera ocasionar a los intereses generales, como ocurre, por ejemplo, cuando la duración de un conflicto, en concreto de la huelga, produce las consecuencias que justifican la obligatoriedad del arbitraje previsto en el art. 10.1º del RDL 17/1977, garantizada siempre la imparcialidad del árbitro (FFJJ 19 y 24).

Las SSTC 119/2014 y 8/2015 consideraron que la intervención decisoria o arbitral obligatoria de la Comisión Consultiva Nacional de Convenios Colectivos —u órganos equivalentes de las Comunidades Autónomas— en el procedimiento de inaplicación a la empresa de convenios colectivos dotados constitucionalmente de fuerza vinculante, ante la falta de acuerdo de las partes en la negociación colectiva, resulta constitucionalmente legítima al gozar de justificación constitucional y ser razonable y proporcionada a la preservación de los derechos y bienes constitucionales protegidos por los arts. 35.1, 38 y 40.1, y contar la decisión arbitral con una revisión judicial plena o de fondo que satisface el derecho a la tutela judicial efectiva del art. 24.1 [fallo 1º y FFJJ 5.A) y B) y 5].

3. Derecho de conflicto colectivo y derecho de huelga

En la Constitución la huelga de trabajadores no es una modalidad más de conflicto colectivo, con independencia de que conceptualmente la huelga se relacione con la categoría genérica de conflicto colectivo, y que éste y aquélla sean instrumentos de autotutela colectiva. Son dos derechos separados, ocupando el derecho de huelga la norma del apartado 2 de su artículo 28, dentro de los derechos fundamentales y libertades públicas de la secc. 1ª del cap. 2º de su tít. I, cuyo desarrollo exige ley orgánica y cuyas eventuales lesiones pueden depurarse autónomamente a través de procedimientos preferentes y sumarios ante la jurisdicción ordinaria y del recurso de amparo ante la jurisdicción constitucional (art. 81.1 y 53.1 y 2). La Constitución ha separado el derecho de huelga del derecho de conflicto colectivo y ha colocado aquél en un "lugar preferente", dotándole —como a todos los de su grupo— de "una mayor consistencia que se refleja en el mayor rango exigible para la Ley que lo regule y en la más completa tutela jurisdiccional, con un cauce procesal *ad hoc* en la vía judicial ordinaria y el recurso de amparo" ante el Tribunal Constitucional (arts. 53, 81 y 161 CE) (SSTC 123/1992, FJ 5; 33/2011; FJ 4).

Esa distinta colocación sistemática de ambos derechos en la estructura normativa del texto constitucional llevó a la jurisprudencia constitucional a afirmar que en nuestro ordenamiento no rige el principio de la *Waffengleichheit* o de la *Kampfparität*, de la igualdad de armas en la lucha o de la igualdad de medidas de conflicto colectivo de los trabajadores y los empresarios, siendo la propia y específica de éstos el *lock-out* o cierre patronal, que no es una huelga de empresarios. El fundamento y régimen jurídico-constitucional del derecho fundamental de huelga es distinto del propio del *lock-out*, que aporta "una mayor dosis de poder" a "una persona que tenía poder ya desde antes", comprendido en el genérico derecho de adopción de medidas de conflicto colectivo por lo empresarios del art. 37.2. Derecho de defensa, y no de ofensa, su legitimidad constitucional se circunscribe a su ejercicio como poder de policía del empresario dirigido exclusivamente a preservar la integridad de las personas, los bienes y las instalaciones y limitado al tiempo necesario para lograr esa preservación, sin poder ejercerse como medida de retorsión o castigo del ejercicio por los trabajadores de su derecho fundamental de huelga, sin vaciarlo de contenido ni frustrarlo, porque "un simple derecho cívico" no puede impedir un derecho fundamental, ni los derechos y la libertad de los no huelguistas. Es el derecho fundamental de huelga el que limita "el poder de cierre patronal" (SSTC 11/1981, FJ 22; 72/1982, FJ 7; 17/2017, FJ 7). De este modo, el Tribunal Constitucional confirmó la constitucionalidad de la regulación que del *lock-out* hace el RDL 17/1977. De "derecho empresarial de carácter constitucional", no susceptible de recurso de amparo por no pertenecer "al ámbito de protección de los derechos fundamentales", lo calificó la STC 191/1987, FJ 1.

4. Titularidad del derecho de conflicto colectivo

El art. 37.2 reconoce el derecho de conflicto colectivo de los trabajadores y empresarios.

Es, pues, un derecho de titularidad individual, pero de necesario ejercicio colectivo. Siendo un derecho de autotutela colectiva, los trabajadores y empresarios lo ejercen a través de sus representantes, a excepción del empresario en las empresas o en ámbitos infraempresariales, en que la colectividad resulta de su afectación a un colectivo de trabajadores.

La norma constitucional no reserva en exclusiva este derecho a los sindicatos, sino que lo reconoce a otros sujetos, de creación legal o convencional, como los representantes unitarios de los trabajadores en las empresas y centros de trabajo, que pueden realizar estas actividades calificables *latu sensu* como sindicales (SSTC 134/1994, FJ 4; 95/1996, FJ 4). Pero la ley resulta necesaria para que dichos órganos de representación tengan atribuida la titularidad del derecho, pues, aparte de su indirecta vinculación con el art. 129.2, son creación del legislador y sólo poseen las competencias que éste expresamente les atribuya. Por el contrario, el sindicato recibe de la Constitución las funciones que "de ellos es dable esperar, de acuerdo con el carácter democrático del Estado y con las coordenadas que a esta institución hay que reconocer y entre las que se encuentra la posibilidad de ejercer en nombre de los trabajadores el derecho a adoptar medidas de conflicto colectivo" (STC 37/1983, FJ 2).

Para la interposición del proceso de conflicto colectivo el sindicato ha de estar legitimado por su *implantación* en el ámbito del conflicto —concepto distinto al de representatividad—, según jurisprudencia constitucional reiterada (STC 215/2001, FJ 2, y las anteriores citadas). La denegación injustificada de esa legitimación supone un atentado a su derecho de libertad sindical revisable en amparo ante el Tribunal Constitucional.

Es controvertido si el art. 37.2 acoge el derecho de conflicto colectivo de los funcionarios públicos. La Ley Orgánica de Libertad Sindical (LOLS) no establece peculiaridades en el ejercicio de este derecho de actividad de los sindicatos de acuerdo con la habilitación del art. 28.1. Sí lo hace el texto refundido de la Ley del Estatuto Básico del Empleado Público (EBEP), también para trabajadores del sector público, al reconocer a los empleados públicos el derecho al planteamiento de conflictos colectivos de trabajo, "de acuerdo con la legislación aplicable en cada caso" [art. 15-d)]. Remisión a la ley que presupone la naturaleza del derecho de estricta configuración legal.

5. Contenido del derecho a la adopción de medidas de conflicto colectivo; el derecho a disponer medios para su solución y de participar en los sistemas no jurisdiccionales de solución de conflictos

El derecho de conflicto colectivo comprende el derecho a la incoación del conflicto, aunque el art. 37.2 no agota su contenido esencial en el planteamiento formal del conflicto colectivo (SSTC 37/1983, FJ 2; 74/1983, FJ 1), que alcanza naturalmente a su planteamiento real. De parte de los trabajadores, caben en el art. 37.2 cualesquiera medidas de presión menos la huelga. La publicidad del conflicto, la explicación a los clientes de su causa o el anuncio a los intermediarios de las medidas a tomar, dentro del ámbito de los derechos de libre información y expresión, no puede tildarse de boicot, menos de boicot violento o coactivo, que la jurisprudencia constitucional considera incompatible con el lícito ejercicio de las acciones de conflicto laboral (STC 198/2004, FJ 9).

Ya se dijo que el derecho de conflicto colectivo de los empresarios incluye el cierre empresarial en los términos expresados. No es medida empresarial de conflicto colectivo el esquirolaje, esto es, la sustitución interna de trabajadores en huelga, que no legitima el art. 37.2, ni el art. 28.2 (STC 123/1992, FJ 5).

Junto con el derecho a la negociación colectiva, el de adoptar medidas de conflicto colectivo abarca el derecho a crear medios propios y autónomos para solventarlo, de tramitación obligada con carácter previo al ejercicio de acciones judiciales de conflicto colectivo, de "potencial carácter beneficioso" para las partes, por la más pronta resolución de sus conflictos, "para el sistema de relaciones laborales", que gana en autonomía, y "para el desenvolvimiento del sistema judicial en su conjunto que ve aliviada su carga de trabajo" (STC 217/1991, FJ 5). Lo había adelantado la STC 184/1991: "La dinámica conflictual que está en la base de la relación negocial colectiva no es incompatible con la posibilidad de crear desde el Convenio Colectivo mecanismos de cooperación y colaboración, más allá de la esfera de la coerción y el consenso puntual que han caracterizado a nuestra contratación colectiva, e incluso esas formas de participación creadas a través de la contratación colectiva pueden encontrar su apoyo constitucional también en los arts. 9.2 y 129.2 CE" (FJ 6). Es constante en la jurisprudencia constitucional advertir de la importancia de la negociación colectiva como fórmula de solución de conflictos (STC 140/2021, FJ 7).

La titularidad de tal derecho coincidirá, por tanto, con los sujetos legitimados para negociar colectivamente, que, referida a la negociación colectiva "estatutaria", se integra en el contenido adicional del derecho de libertad sindical de los sindicatos mas representativos y representativos en un ámbito territorial y funcional específico, de configuración legal. Lo mismo sucede con el derecho de los sindicatos mas y simplemente representativos a participar en sistemas no jurisdiccionales de solución de conflictos [art. 6.3.d) LOLS]. El art. 45 del EBEP regula los sistemas de solución extrajudicial de conflictos en la función pública en estricta relación con el derecho legal de los sindicatos representativos a la negociación colectiva.

No se entra aquí en el proceso de conflicto colectivo, instrumento esencial de la autonomía colectiva en un sistema constitucional de relaciones de trabajo (SSTC 3/1994, FJ 4; 12/2009, FFJJ 3 y 4; 207/2014, FJ 3), que ha de ser analizado desde el derecho fundamental a la tutela judicial efectiva sin indefensión (art. 24.1). Con la consagración del sistema constitucional de relaciones de trabajo, la autonomía colectiva se ha convertido en la "columna vertebral" del proceso de conflicto colectivo (STC 178/1996, FJ 8).

El conflicto colectivo puede tener por objeto la interpretación y aplicación de los convenios colectivos, pues resulta obvio que quienes pueden intervenir en la negociación de los convenios colectivos, deben poder plantear un conflicto sobre los mismos.

6. La función de la ley reguladora y limitativa del derecho

La apelación a la ley por el art. 37.2 tiene un designio diferente al de garantía que, respecto del derecho a la negociación colectiva y la fuerza vinculante de los convenios, ordena el apartado 1 de este art. 37. En relación con el derecho de adopción de medidas de conflicto colectivo, la ley que regule y concrete su ejercicio puede establecer limitaciones y ha de incluir las garantías precisas para asegurar el *funcionamiento* de los servicios esenciales de la comunidad, fórmula que recuerda inmediatamente a la que contiene el art. 28.2 a propósito del derecho fundamental de huelga, que ordena a la ley establecer las garantías precisas para asegurar el *mantenimiento* de los servicios esenciales de la comunidad. Sin embargo, las limitaciones del derecho que el art. 37.2 permite establecer al legislador son mayores que las que consiente el art. 28.2, ya que aquél menciona literalmente las limitaciones que la ley puede establecer. Como acaba de señalarse, el art. 37.2 se refiere al funcionamiento, y no al mero mantenimiento, de los servicios esenciales comunitarios.

Sin embargo, la STC 11/1981, FJ 18, poco matizadamente, ha unificado ambas fórmulas constitucionales y el significado de la función de la ley de establecer límites a los dos diferentes derechos para garantizar el de la comunidad a la satisfacción de las prestaciones vitales que le proporcionan sus servicios esenciales, prioritario respecto de los derechos fundamentales de huelga y de conflicto colectivo.

III. BIBLIOGRAFÍA

CASAS BAAMONDE, M.E. (2021), "El derecho a la negociación colectiva como derecho fundamental autónomo", en CRUZ VILLALÓN, J., GONZÁLEZ-POSADA MARTÍNEZ, E., MOLERO MARAÑÓN, Mª. L. (dirs.), *La negociación colectiva como institución central del sistema de relaciones laborales. Estudios en homenaje al profesor Fernando Valdés Dal-Ré*, Ed. Bomarzo, Albacete, pp. 91-108.

– "La negociación colectiva en la Constitución. Balance y retos de futuro" (2019), en *La negociación colectiva: balance y retos de futuro tras 40 años de Constitución*, Comisión Consultiva Nacional de Convenios Colectivos, Madrid, pp. 29-68.

CRUZ VILLALÓN, J. (2021): "El derecho a la negociación colectiva en el Derecho de la Unión Europea", en CRUZ VILLALÓN, J., GONZÁLEZ-POSADA MARTÍNEZ, E., MOLERO MARAÑON, MªL. (dirs.), *La negociación colectiva como institución central del sistema de relaciones laborales. Estudios en homenaje al profesor Fernando Valdés Dal-Ré*, Ed. Bomarzo, Albacete, pp. 59-73.

– (2015): "Interrogantes y equívocos de la jurisprudencia constitucional sobre la reforma laboral de 2012", *Derecho de las Relaciones Laborales*, núm. 3, pp. 304-318.

DE LA VILLA GIL, L. E. (1997): "El papel de la ley en el sistema de relaciones laborales", en *Ley y pacto en el Derecho del Trabajo. Homenaje a Rafael Martínez Emperador, Revista del Ministerio de Trabajo y Asuntos Sociales. Derecho del Trabajo*, núm. 3, pp. 79-92.

GARCÍA BLASCO, J (2018): "Artículo 37.2 El derecho a adoptar medidas de conflicto colectivo", en RODRÍGUEZ-PIÑERO Y BRAVO-FERRER, M., CASAS BAAMONDE, M. E., *Comentarios a la Constitución Española*, Conmemoración del XL Aniversario de la Constitución, Tomo I, BOE-Fundación Wolters Kluwer España-Ministerio de Justicia-Tribunal Constitucional, Madrid, pp. 1239-1246.

GARCÍA MURCIA, J (2015): "La reforma laboral de 2012 ante el Tribunal Constitucional", *Derecho de las Relaciones Laborales*, núm. 3, pp. 283-303.

LAHERA FORTEZA, J. (2000): *La titularidad de los derechos colectivos de los trabajadores y funcionarios*, CES, Madrid.

RODRÍGUEZ-PIÑERO Y BRAVO-FERRER, M. (1992): "La negociación colectiva como derecho de libertad y como garantía institucional", *Relaciones Laborales*, tomo I, pp. 47 y ss.

VALDÉS DAL-RE, F. (2018): "Artículo 37.1. El derecho constitucional a la negociación colectiva", en RODRÍGUEZ-PIÑERO Y BRAVO-FERRER, M., CASAS BAAMONDE M. E. (dirs.), *Comentarios a la Constitución Española*, Conmemoración del XL aniversario de la Constitución, Tomo I, BOE-Fundación Wolters Kluwer España-Ministerio de Justicia-Tribunal Constitucional, Madrid, pp. 1220-1238.

- (2012): *La negociación colectiva, entre tradición y renovación*, Ed. Comares, Granada.
- (2004): "La eficacia jurídica de los convenios colectivos", *Temas Laborales, Revista andaluza de trabajo y bienestar social*, núm. 76, pp. 21-66.

WEBB, S. y B. (1894-ed-rev.1920): *The History of Trade Unionism*, Longmans, Londres.

IV. JURISPRUDENCIA

STC 11/1981, de 8 de abril.
STC 70/1982, de 29 de noviembre.
STC 4/1983, de 28 de enero.
STC 74/1983, de 30 de julio.
STC 58/1985, de 30 de abril.
STC 98/1985, de 29 de julio.
STC 108/1989, de 8 de junio.
STC 210/1990, de 20 de diciembre.
STC 217/1991, de 14 de noviembre.
STC 92/1992, de 11 de junio.
STC 105/1992, de 1 de julio.
STC 208/1993, de 28 de junio.
STC 121/2001, de 4 de junio.
STC 225/2001, de 27 de diciembre.
STC 238/2005, de 26 de septiembre.
STC 119/2014, de 16 de julio.
STC 8/2015, de 22 de enero.
STC 63/2024, de 10 de abril.

Artículo 38

Se reconoce la libertad de empresa en el marco de la economía de mercado. Los poderes públicos garantizan y protegen su ejercicio y la defensa de la productividad, de acuerdo con las exigencias de la economía general y, en su caso, de la planificación.

COMENTARIO

Ignacio García Vitoria
Profesor de Derecho Constitucional
Universidad Complutense de Madrid

SUMARIO: I. UN DERECHO RECONOCIDO EN LA CONSTITUCIÓN Y EN EL DERECHO DE LA UNIÓN, QUE NO ESTÁ DIRECTAMENTE RECOGIDO EN LOS TRATADOS SOBRE DERECHOS HUMANOS. II. LA CONSTITUCIÓN ECONÓMICA. III. EL ALCANCE DE LA LIBERTAD CONSTITUCIONALMENTE GARANTIZADA. IV. LA REVISIÓN JUDICIAL DE LOS LÍMITES LEGALES. V. UNA LIBERTAD GARANTIZADA POR EL ESTADO. VI. BIBLIOGRAFÍA. VII. JURISPRUDENCIA.

I. UN DERECHO RECONOCIDO EN LA CONSTITUCIÓN Y EN EL DERECHO DE LA UNIÓN, QUE NO ESTÁ DIRECTAMENTE RECOGIDO EN LOS TRATADOS SOBRE DERECHOS HUMANOS

La Constitución incluye la libertad de empresa dentro de la sección dedicada a los derechos y deberes de los ciudadanos. Este derecho tiene como precedente la libertad de industria y comercio, que aparece en el artículo 33 de la Constitución de 1931, junto a la libertad para elegir profesión. Remontándonos un paso más atrás, resulta interesante comparar las cuatro libertades económicas (trabajo, comercio, industria y crédito) del título preliminar del proyecto de Constitución de 1873 con la escueta referencia a la libre elección de profesión del artículo 12 de la Constitución de 1876.

Al igual que todos los derechos constitucionales, esta libertad vincula a todos los poderes públicos, incluido el legislador. El Tribunal Constitucional, a través del recurso y la cuestión de inconstitucionalidad, es competente para enjuiciar las normas que regulan el ejercicio de la iniciativa económica privada. Podría matizarse, como veremos más adelante, que existe un debate específico acerca de si existe un contenido esencial de la libertad de empresa que sea inmune al legislador y sobre la intensidad con la que puede el Tribunal Constitucional controlar la proporcionalidad de las limitaciones. Sin embargo, la ubicación de este derecho en el artículo trigésimo octavo de la Constitución conlleva dos diferencias respecto de otros derechos fundamentales. Solo rige la reserva de ley general para la regulación del ejercicio del derecho y no es aplicable la reserva cualificada de ley orgánica para el desarrollo legislativo. Además, no puede ser invocado ante el Tribunal Constitucional a través del recurso de amparo. La exclusión del grupo de derechos recurribles en amparo no repercute en una menor protección de esta libertad, porque la tutela se presta a través de los procedimientos ante la justicia ordinaria. Aunque la vía de acceso al Tribunal Constitucional potencia el carácter objetivo de la interpretación constitucional de este derecho.

La Constitución reconoce un derecho constitucional que no tiene correspondencia en los tratados internacionales de derechos humanos. No hay un precepto equivalente en el Convenio Europeo, aunque la interpretación amplia que el Tribunal Europeo de Derechos Humanos hace de la propiedad (Tre Traktörer Aktiebolag contra Suecia, de 7 de julio de 1989) y de la vida privada (Sidabras y Džiautas contra Lituania, de 27 de julio de 2004) le conducen a tutelar facultades que en el sistema español asociamos con la libertad de empresa. En la medida en que la libertad de empresa no tiene una correspondencia directa en el Convenio Europeo, la imposibilidad de invocar en amparo la vulneración de la libertad de empresa no distorsiona el papel del Tribunal Constitucional como mediador entre el estándar constitucional y convencional de protección de los derechos fundamentales.

Mientras, la libertad de empresa se ha convertido en un principio del Derecho de la Unión Europea, que se reconoce actualmente en el artículo 16 de la Carta de Derechos Fundamentales de la Unión Europea. Según las explicaciones que acompañan a la Carta, el origen de este derecho, como principio general del Derecho de la Unión que el Tribunal de Justicia induce a partir de las tradiciones constitucionales comunes a los Estados miembros, se encuentra en la Sentencia Nold, de 14 de mayo de 1974 (asunto 4/73).

Puede matizarse que esta Sentencia, dictada tres años antes de la promulgación de la Constitución española, pone el foco principal en el derecho de propiedad y de forma complementaria se añade que "existen garantías similares del libre ejercicio del comercio, del trabajo y de otras actividades profesionales" (párrafo 14). Que no se reconoce directamente un derecho específico a la libertad de empresa se advierte mejor en las conclusiones del Abogado General, Alberto Trabucchi, cuya argumentación se fundamenta en el derecho de propiedad y en una genérica libertad de comercio. El Abogado General y el Tribunal de Justicia aluden a la libertad de comercio, que resulta la denominación más extendida en el siglo XIX y que se mantiene, por ejemplo, en el vigente artículo 11 de la Constitución de Luxemburgo.

En el momento en que se dicta esta Sentencia, las normas fundamentales de los Estados miembros de la Unión no contenían un derecho a la libertad de empresa. La referencia más próxima era entonces el derecho a la libre iniciativa privada del artículo 41 de la Constitución italiana (dejando al margen la libertad de comercio e industria). Es mayor la distancia con la libertad de profesión del artículo 12 de la Ley Fundamental de Bonn, que en este punto se aparta del artículo 151 de la Constitución de Weimar, que proclamaba la libertad económica del individuo, quedando garantizada la libertad de comercio e industria "conforme a las leyes del Imperio".

La denominación de libertad de empresa era una particularidad del artículo 38 de la Constitución española de 1978, hasta que se aprobaron las Constituciones de los países que habían formado parte del bloque comunista. El artículo 61 de la Constitución portuguesa (tras la revisión constitucional de 1982) sigue el modelo de la Constitución italiana, al afirmar que la iniciativa económica privada se ejerce libremente. La incorporación de la libertad de empresa a las Constituciones de Chequia, Eslovaquia, Rumanía, Bulgaria, Croacia o Hungría, entre otros países, sumada a la evolución de la jurisprudencia del Tribunal de Justicia, consolida paulatinamente este derecho, hasta merecer ser recogido en la Carta de Derechos Fundamentales de la Unión.

La atribución de eficacia vinculante a la Carta de Derechos Fundamentales de la Unión Europea tras el Tratado de Lisboa abre la puerta a que el artículo 16 pudiera utilizarse como parámetro de control por los tribunales de los Estados para enjuiciar las restricciones a la libertad de empresa introducidas por una ley nacional que aplicara Derecho de la Unión. El Tribunal Constitucional Federal Alemán, en el caso "Medicamentos veterinarios" (Sentencia de 27 de abril de 2021. 2 BvR 206/14), sostiene la congruencia entre el artículo 12 de la Ley Fundamental de Bonn, que reconoce la libertad de profesión, y el artículo 16 de la Carta, respecto de la protección de los secretos comerciales, y defiende la existencia en este tema de un estándar paneuropeo de carácter general.

II. LA CONSTITUCIÓN ECONÓMICA

El uso de la denominación de libertad de empresa, unida a la alusión que el precepto constitucional hace a la economía de mercado como marco de este derecho, sitúa el artículo 38 de la Constitución en el centro del debate sobre la idea de "Constitución económica". Aunque la Constitución simplemente alude a la "economía de mercado", la cláusula de Estado social que formula el artículo primero modula el modelo de referencia, por lo que ha sido frecuente recurrir a la idea de origen alemán de la "economía social de mercado".

En un sentido meramente descriptivo, la Constitución económica serviría para referirse a un conjunto de preceptos constitucionales que tienen la función de habilitar, orientar y limitar la intervención del Estado en la economía. Se discute si cabe extraer del concepto de Constitución económica alguna consecuencia prescriptiva.

El principal intento en España por extraer consecuencias jurídicas de la idea de Constitución económica se encuentra en el voto particular del Magistrado Luis Díez-Picazo a la STC 37/1981, de 16 de noviembre. Considera que la constitución económica designa el "marco jurídico fundamental para la estructura y funcionamiento de la actividad económica o, dicho de otro modo, para el orden del proceso económico". Díez Picazo defiende que la Constitución excluye aquellos sistemas económicos contrarios a la existencia del mercado. Pero matizó que la Constitución no sanciona un modelo en concreto. Afirma que el concepto "economía social de mercado" tiene un carácter abierto, dentro de la que caben diferentes grados y formas de intervención pública, siendo compatibles con la Constitución "un sistema económico de economía plenamente liberal, una economía intervenida y una economía planificada por lo menos a través de una planificación indicativa". En consecuencia, el concepto normativo de Constitución económica se proyecta, en caso de aceptar que puede servir como parámetro de control, sobre el modelo global y no sobre políticas públicas concretas.

La evolución de la política económica ha restado relevancia al posible uso del concepto de Constitución económica como canon de enjuiciamiento. El desarrollo legislativo del artículo 38 se ha producido en un contexto favorable a la liberalización, impulsada por la revolución tecnológica y la globalización de los mercados. Las disposiciones de la Constitución que facultan al Estado, en un sentido amplio, a reservar al sector público servicios esenciales o a intervenir empresas (artículo 128.2) y a planificar la actividad económica general (artículo 131) apenas han sido utilizadas. Por el contrario, se ha generalizado la prestación de servicios esenciales por parte de empresas privadas, produciéndose una intensa reformulación de la doctrina del servicio público, en la que el Estado adopta una función como regulador y garante más que como prestador de los servicios. Otra cuestión distinta es la virtualidad puede tener la referencia a la economía de mercado como criterio de interpretación. En concreto, si puede servir para acotar el contenido del derecho o si puede orientar la ponderación con otros derechos y principios constitucionales.

III. EL ALCANCE DE LA LIBERTAD CONSTITUCIONALMENTE GARANTIZADA

La tarea de acotar el ámbito de garantía de la libertad de empresa plantea dificultades en tres niveles. Primero, para distinguir entre los intereses empresariales y las facultades jurídicamente protegidas. Como señala el Tribunal de Justicia en la Sentencia Nold, la garantía que deriva de los principios generales del Derecho de la Unión no puede extenderse "en ningún caso a la protección de meros intereses o expectativas de índole comercial, cuyo carácter aleatorio es inherente a la esencia misma de la actividad económica".

Otro motivo para delimitar el alcance de la libertad de empresa deriva de la concurrencia respecto del derecho de propiedad o la libre elección de profesión u oficio, que aparecen también en la declaración constitucional de derechos y en la Carta de Derechos Fundamentales de la Unión. Asimismo, la libertad de empresa tiende a confundirse con las libertades de circulación y establecimiento de las personas y bienes en todo el territorio español del artículo 139.2, vinculadas a la garantía de la unidad de mercado. Pese al título, la Ley 20/2013, de 9 de diciembre, de garantía de la unidad de mercado, no persigue solo remediar la fragmentación del mercado, sino también poner coto al exceso de regulación, en línea con los índices internacionales sobre libertad económica. La Ley alude de forma indistinta a la libre iniciativa económica y a la libertad de circulación y establecimiento de los operadores económicos, fusionando el desarrollo legislativo de los artículos 38 y 139.2 de la Constitución.

Finalmente, se plantea el difícil deslinde entre las facultades legales y el contenido constitucional. Por ejemplo, respecto de las facultades de dirección y control de la actividad laboral se produce un solapamiento entre el contenido constitucional y legal de la libertad de empresa. En un contexto en el que las innovaciones tecnológicas han contribuido a expandir las posibilidades reales de ejercicio de la facultad de control del empresario sobre los trabajadores, se generan nuevos conflictos con la privacidad de los empleados. Al ponderar los bienes en conflicto surge el interrogante sobre si este poder de dirección forma parte meramente del contenido legal de la libertad de empresa (el artículo 20 del Estatuto de los Trabajadores) o si las sentencias que imponen obligaciones o condiciones al empresario afectan realmente a la garantía constitucional del artículo 38. La idea de que esta facultad forma parte del contenido constitucional de la libertad de empresa forma parte del debate sobre las SSTC 39/2016, de 3 de marzo, o 119/2022, de 29 de septiembre.

La posibilidad de acotar el contenido del derecho fundamental, diferenciando la garantía constitucional de los intereses empresariales y de los derechos legales de los que son titulares los empresarios, está directamente conectada con la caracterización de la naturaleza jurídica del derecho.

El contenido constitucional se estrecha radicalmente cuando se caracteriza la libertad de empresa como una garantía institucional. El principal exponente de esta posición es el voto particular de Díez-Picazo a la STC 37/1981. El autor deduce, a partir de la vinculación de la libertad de empresa con la constitución económica, que el artículo 38 "establece los parámetros del orden económico, pero no reglas jurídicas de libertad de actuación de las empresas en los concretos aspectos de la actividad económica". Concluye que la reserva al legislador estatal de las condiciones básicas que garantizan la igualdad en el ejercicio del artículo 38 únicamente se refiere a los criterios que caracterizan la economía de mercado, no siendo precisa la uniformidad en todo el territorio nacional del régimen concreto de ejercicio de la actividad empresarial.

La finalidad de esta construcción era criticar la solución dada por la Sentencia, en la que se había considerado que la obligación impuesta por el legislador vasco a los cargadores de mercancías de aceptar el transportista facilitado por el organismo público correspondiente afectaba a las condiciones básicas reservadas al Estado (artículo 149.1.1ª CE). La Sentencia se basaba en que la restricción era particularmente intensa, porque en el caso de que el empresario se negara a aceptar al transportista propuesto, la administración disponía de un amplio margen de discrecionalidad para valorar si la negativa estaba justificada. De acuerdo con la Sentencia, la obligación colocaba a los cargadores de mercancía "en una situación sustancialmente distinta de aquella en que se encontraría si la llevara a cabo, en cualquier otra parte de España". Por el contrario, el voto particular consideró que la norma autonómica no transgredía la garantía combinada de los artículos 38 y 149.1.1ª CE, porque la restricción no resultaba suficientemente significativa desde la perspectiva del sistema económico.

Una segunda teoría consiste en subrayar el carácter objetivo de la garantía, pero sin excluir la dimensión subjetiva. En este sentido, se ha sostenido que el artículo 38 consagra una libertad constitucional con una predominante dimensión objetiva. La STC 83/1984 de 24 julio, afirmó que en el artículo 38 CE "predomina, como es patente, el carácter de garantía institucional", por lo que solo reconoce el derecho a "iniciar y sostener en libertad la actividad empresarial", mientras que el ejercicio de las diferentes actividades empresariales está disciplinado por normas de muy distinto orden. La reglamentación de las actividades empresariales en concreto no es considerada por esta Sentencia como una regulación del ejercicio del derecho constitucionalmente garantizado en el artículo 38 CE, a los efectos de aplicar las garantías del artículo 53.1

CE (reserva de ley y contenido esencial). La Sentencia dejaba completamente en manos del legislador, y de la potestad reglamentaria del gobierno, la fijación de los requisitos para la apertura de oficinas de farmacia, incluyendo la posibilidad de establecer distancias mínimas entre farmacias.

La jurisprudencia constitucional ha evolucionado acentuando la vertiente individual del derecho. La STC 225/1993, de 8 de julio, sobre las restricciones autonómicas a los horarios comerciales, marca un punto de inflexión, aunque esforzándose por mantener una apariencia de continuidad. No se abandonó la perspectiva objetiva o institucional, reiterando muchas de las ideas previas sobre la distinción entre la iniciativa económica y el ejercicio concreto de la actividad empresarial, pero se introdujeron matices importantes. Se reconoció una vertiente individual en la libertad de empresa, que aparecía preterida en la STC 83/1984. En este sentido, destaca la afirmación de que el artículo 38 supone "el reconocimiento a los particulares de una libertad de decisión". Se refuerza así la opinión que defiende que la libertad de empresa es un auténtico derecho fundamental en cuanto a su fundamento, de forma que está libertad es a la vez manifestación del libre desarrollo de la personalidad y fundamento del orden político, como proclama con carácter general el artículo 10.1 de la Constitución.

Como consecuencia de esta nueva posición respecto a la naturaleza jurídica del artículo 38, se amplió el alcance de la garantía, diciendo que la libertad no es sólo para crear empresas y para actuar en el mercado, "sino también para establecer los propios objetivos de la empresa y dirigir y planificar su actividad en atención a sus recursos y a las condiciones del propio mercado". Además, la STC 225/1993 exige que el legislador no establezca "limitaciones irracionales, desproporcionadas o arbitrarias que puedan impedir o menoscabar gravemente" el ejercicio de la actividad empresarial. La jurisprudencia ha ampliado aún más el objeto del artículo 38. La STC 111/2017, de 5 de octubre, identifica la libertad de empresa con "la libertad de intercambio comercial; esto es, la capacidad de ofrecer servicios o productos en el mercado". La STC 7/2023, de 21 de febrero ha afirmado que la libertad de contratación es una vertiente de la libertad de empresa.

IV. LA REVISIÓN JUDICIAL DE LOS LÍMITES LEGALES

La libertad de empresa está sujeta a numerosas limitaciones y controles. La STC 227/1993, de 9 de julio, sobre la ley catalana de equipamientos comerciales, destacó que la actividad empresarial se ejerce "dentro de un marco general configurado por las reglas, tanto estatales como autonómicas, que ordenan la economía de mercado y, entre ellas, las que tutelan los derechos de los consumidores, preservan el medio ambiente, u organizan el urbanismo y una adecuada utilización del territorio por todos". Hay actividades económicas (por ejemplo, la banca y el crédito, la actividad de seguro, los servicios de interés general) que, dada su trascendencia social o económica, merecen una regulación más intensa y llevan a que el Estado se asegure de su recto funcionamiento mediante el establecimiento de autorizaciones administrativas, la regulación de los precios o la imposición de obligaciones relacionadas con la prestación de servicios públicos.

La jurisprudencia del Tribunal Constitucional no ofrece, como regla general, ejemplos de aplicación formalizada y completa del juicio de proporcionalidad. En la STC 53/2014 de 10 abril, sobre el impuesto sobre grandes establecimientos comerciales, afirmó que las regulaciones públicas que limiten el ejercicio de una actividad empresarial, sin afectar al propio acceso a la misma, deben ser constitucionalmente adecuadas, "sin que le corresponda a este Tribunal ir más allá, pues ello supondría fiscalizar la oportunidad de una concreta elección del legislador, de una legítima opción política". Aplica un juicio de adecuación que tiene como objetivo hacer frente a las limitaciones que sean arbitrarias.

Se adopta un examen más severo de los límites cuando las restricciones afectan al principio de igualdad. La STC 109/2003, de 5 de junio, afirma que la libertad de empresa "exige que las distintas empresas de un mismo sector se hallen sometidas al mismo género de limitaciones básicas en todo el territorio nacional, pues dicha libertad ... sólo existe en una economía de mercado que resulta incompatible con posiciones jurídicas básicamente distintas de los diversos operadores" (se examina la igualdad de las restricciones, por ejemplo, en el ATC 71/2008, de 26 de febrero). También se intensifica el control de proporcionalidad cuando la medida afecta a la unidad de mercado. Especialmente cuando se aplica la Ley de garantía de la unidad de mercado, cuyo carácter básico la convierte en parámetro de control de la legislación autonómica, como parte del bloque de constitucionalidad (STC 89/2017 de 4 julio). La Ley contiene un listado reducido de razones de interés general que justifican el establecimiento de una autorización e incorpora el test de necesidad.

La jurisprudencia del Tribunal de Justicia coincide con la constitucional en considerar que los derechos económicos no son prerrogativas absolutas, sino que quedan modulados a la luz de la "función social de los bienes y actividades protegidos". Sin embargo, hay diferencias de matiz en cuanto a la forma que adopta el control judicial. Entre las Sentencias posteriores a la entrada en vigor de la Carta de Derechos Fundamentales, posiblemente la más relevante sea la dictada por la Gran Sala en el caso Sky Österreich, de 22 de enero de 2013 (asunto C-283/11), en la que se enjuiciaba la validez de una Directiva que permitía a las televisiones emitir resúmenes de las retransmisiones de acontecimientos de gran interés para el público aun cuando los derechos de retransmisión hubieran sido adquiridos en exclusiva por otra cadena. Se puede apreciar cómo el Tribunal de Justicia aplicó un examen formalizado de proporcionalidad, que incluye el examen de la necesidad de la normativa, basada en la existencia de alternativas menos restrictivas que sean igualmente eficaces, y de la proporcionalidad de las restricciones impuestas a la libertad de empresa en relación con los objetivos que se persiguen.

Sin embargo, se trata de un juicio de proporcionalidad que deja al legislador un amplio margen de configuración de los límites a la libertad de empresa. Se basa en un entendimiento amplio de los objetivos que pueden justificar la intervención pública y en una perspectiva negativa del juicio de necesidad y proporcionalidad. No se trata de sustituir la valoración hecha por el legislador, sino de comprobar que los órganos políticos han realizado esta ponderación. Se examina la existencia de una motivación suficiente y racional de los límites. No es en absoluto comparable con la posición del Tribunal Supremo de los Estados Unidos en la era Lochner, en referencia a la Sentencia de 1905 en la que se declaró la inconstitucionalidad de una ley que limitaba la duración máxima de la jornada laboral. Cabe recordar que el Tribunal Supremo negaba que el Estado pudiera asumir una función de tutela de colectivos que estuvieran en una situación de desigualdad respecto al empresario para negociar sus condiciones de trabajo.

V. UNA LIBERTAD GARANTIZADA POR EL ESTADO

El artículo 38 de la Constitución se completa con una segunda frase en la que se encomienda a los poderes públicos la tarea de garantizar el ejercicio de la libertad de empresa "y la defensa de la productividad". Se condiciona este deber a "las exigencias de la economía general y, en su caso, de la planificación". El mercado en el que se desarrolla la libertad de empresa no es una institución natural que florece por la libre concurrencia de iniciativas privadas y que precisa únicamente un Estado que se abstiene de intervenir. Por el contrario, el mercado es la consecuencia de unas regulaciones que hacen posible cohonestar diversas libertades y derechos en concurrencia. No existe mercado sin Derecho ni Estado. La necesidad de la intervención del Estado para garantizar el ejercicio de la libertad de empresa ha estado estrechamente vinculada a la defensa de la unidad económica en un Estado descentralizado territorialmente.

Encontramos un primer ejemplo del papel activo del Estado en la caracterización de la legislación sobre competencia como una defensa de la libertad de empresa. La STC 88/1986, de 1 de julio, acuña la idea de que el reconocimiento constitucional de la economía de mercado, como marco de la libertad de empresa, supone el deber de perseguir las prácticas que puedan dañar la concurrencia entre empresas. El Tribunal Constitucional afirmó que la represión de las prácticas anticompetitivas aparece "como una necesaria defensa, y no como una restricción, de la libertad de empresa y de la economía de mercado, que se verían amenazadas por el juego incontrolado de las tendencias naturales de éste". El contexto en el que la STC 88/1986 vincula la libertad de empresa y la legislación sobre libre competencia era el conflicto sobre el encuadre competencial de las restricciones impuestas por el legislador autonómico sobre las ventas a pérdida o en rebajas. La finalidad de la norma era la clave para considerar aplicable la materia protección de los consumidores, de titularidad autonómica, o defensa de la competencia, atribuida al Estado. La identificación entre la libertad de empresa y la libre competencia pasó a la Ley 16/1989, de 17 de julio, de defensa de la competencia (y a la vigente Ley 15/2007, de 3 de julio) y a la Ley 3/1991, de 10 de enero, de competencia desleal. Esta conexión fue reiterada en las SSTC 208/1999, de 11 de noviembre, y 108/2014 de 26 junio, en las que se enjuiciaba desde la perspectiva competencial la reserva a la Comisión Nacional de los Mercados y de la Competencia de potestades ejecutivas para sancionar las conductas anticompetitivas o autorizar las concentraciones de empresas.

Esta dimensión positiva de la libertad de empresa, que reclama la intervención del Estado, está muy presente en la Ley de garantía de la unidad de mercado. Esta ley fue impugnada por las Comunidades Autónomas, por considerar que vaciaba sus competencias. La STC 79/2017, de 22 de junio, ha intentado mantener el equilibrio entre los principios de unidad y autonomía. La Sentencia ha considerado la inconstitucionalidad del principio de eficacia en todo el territorio nacional de los requisitos de acceso a una actividad y del mecanismo de suspensión automática previsto para las impugnaciones que realice la Comisión Nacional de los Mercados y la Competencia respecto a las disposiciones autonómicas. Pero ha considerado constitucional que el legislador estatal restrinja los fines que justifican la regulación del mercado, especialmente frente a los sistemas de autorización, e implante un control de proporcionalidad más severo.

VI. BIBLIOGRAFÍA

ARAGÓN REYES, M.: "Constitución económica y libertad de empresa", en IGLESIAS PRADA, J. L. (coord.), *Estudios jurídicos en homenaje al profesor Aurelio Menéndez*, Vol. 1, Civitas, 1996, pp. 163-180

ARIÑO ORTIZ, G.: *Principios constitucionales de la libertad de empresa: libertad de comercio e intervencionismo administrativo*, Marcial Pons, 1995.

ARROYO JIMÉNEZ, L.: *Libre empresa y títulos habilitantes*, Centro de Estudios Políticos y Constitucionales, 2004.

BASSOLS COMA, M.: *Constitución y sistema económico*, 2ª ed., Madrid, Tecnos, 1988.

CIDONCHA MARTÍN, A.: *La libertad de empresa*, Civitas, 2006

ESTEVE PARDO, J.: *La nueva relación entre Estado y sociedad: aproximación al trasfondo de la crisis*, Marcial Pons, 2013.

GARCÍA VITORIA, I.: *La libertad de empresa: ¿un terrible derecho?*, Centro de Estudios Políticos y Constitucionales, 2008.

LÓPEZ GUERRA, L.: "El modelo económico en la constitución", Revista de estudios económicos y empresariales, núm. 2, 1983, pp. 17-25.

QUADRA-SALCEDO JANINI, T. de la: *Los derechos fundamentales económicos en el Estado social*, Marcial Pons, 2022.

RUBIO LLORENTE, Francisco: "La libertad de empresa en la Constitución", en Iglesias Prada, J. L.(coord.), *Estudios jurídicos en homenaje al profesor Aurelio Menéndez*, Vol. 1, Civitas, 1996, pp. 431-446.

VII. JURISPRUDENCIA

STC 37/1981, de 16 de noviembre.
STC 83/1984 de 24 julio.
STC 88/1986, de 1 de julio.
STC 225/1993, de 8 de julio.
STC 227/1993, de 9 de julio.
STC 109/2003, de 5 junio.
STC 53/2014 de 10 abril.
STC 79/2017, de 22 de junio.
STC 111/2017, de 5 de octubre.
STC 7/2023, de 21 de febrero.

CAPÍTULO TERCERO
DE LOS PRINCIPIOS RECTORES DE LA POLÍTICA SOCIAL Y ECONÓMICA

Artículo 39

1. Los poderes públicos aseguran la protección social, económica y jurídica de la familia.

2. Los poderes públicos aseguran, asimismo, la protección integral de los hijos, iguales éstos ante la ley con independencia de su filiación, y de las madres, cualquiera que sea su estado civil. La ley posibilitará la investigación de la paternidad.

3. Los padres deben prestar asistencia de todo orden a los hijos habidos dentro o fuera del matrimonio, durante su minoría de edad y en los demás casos en que legalmente proceda.

4. Los niños gozarán de la protección prevista en los acuerdos internacionales que velan por sus derechos.

COMENTARIO

María Díaz Crego
Profesora Titular de Derecho Constitucional
Universidad de Alcalá

SUMARIO: I. INTRODUCCIÓN. II. EL CONCEPTO CONSTITUCIONAL DE FAMILIA Y SU PROTECCIÓN SOCIAL, ECONÓMICA Y JURÍDICA (ART. 39.1 CE). III. PROTECCIÓN DE LOS HIJOS E HIJAS, DEBERES ASISTENCIALES DE LOS PROGENITORES Y DETERMINACIÓN DE LA PATERNIDAD (ART. 39.2 Y 3 CE). IV. PROTECCIÓN DE LAS MADRES, INDEPENDIENTEMENTE DE SU ESTADO CIVIL (ART. 39.2 CE). V. LA PROTECCIÓN DE LA INFANCIA DE ACUERDO CON LOS TRATADOS INTERNACIONALES EN LA MATERIA (ART. 39.4 CE). VI. BIBLIOGRAFÍA. VII. JURISPRUDENCIA.

I. INTRODUCCIÓN

El art. 39 CE abre el Capítulo dedicado a los Principios rectores de la política social y económica (Cap. III, Tít. I CE) centrándose en la protección de la familia, de los hijos e hijas, las madres y, finalmente, de los niños y niñas, según lo previsto en los tratados internacionales en la materia.

El precepto parece influido por el art. 43 de nuestra Constitución de 1931, que incorporaba ya la mayoría de sus contenidos, aunque incluía una expresa mención al matrimonio, a la igualdad de los cónyuges y a la posibilidad de disolverlo, que nuestra vigente Constitución traslada a su art. 32. Se observa así un rasgo diferenciador claro de este precepto frente a aquellos textos internacionales (art. 16 Declaración Universal de Derechos Humanos, art. 12 Convenio Europeo de Derechos Humanos, art. 9 Carta de derechos fundamentales de la Unión Europea) y de otros Estados (art. 29 Constitución italiana, art. 6 Ley Fundamental de Bonn, art. 36 Constitución portuguesa) que vinculan el derecho a contraer matrimonio y el derecho a fundar una familia. Como ya señalaran Rodríguez Ruiz o Cachón Villar, el constituyente español optó por diferenciar la regulación del matrimonio (art. 32 CE) y la familia (art. 39), lanzando un mensaje que impide limitar la finalidad tuitiva del art. 39 CE a la familia fundada en el matrimonio, tal y como detallaré más adelante (II).

Sin lugar a dudas, el segundo elemento más característico de este precepto tiene que ver con su evidente deseo transformador de las normas de Derecho Civil vigentes en el momento de su adopción, especialmente en lo que a las relaciones paterno-filiales se refiere, tal y como ha señalado Espín Cánovas. Partiendo del derecho a la igualdad (art. 14 CE), los arts. 39.2 y 3 CE reconocen la igualdad de los hijos e hijas, con independencia de su filiación, imponiendo idénticas obligaciones asistenciales a los progenitores para con aquellos nacidos fuera y dentro del matrimonio (III), y reconoce la igualdad de las madres, independientemente de su estado civil (IV). El precepto es muestra también de la vocación universalista de nuestra Constitución, al remitir a los tratados internacionales en relación con la protección de la infancia (V).

II. EL CONCEPTO CONSTITUCIONAL DE FAMILIA Y SU PROTECCIÓN SOCIAL, ECONÓMICA Y JURÍDICA (ART. 39.1 CE)

El art. 39.1 CE es el precepto que asume expresamente la protección constitucional de la institución familiar. Otros artículos constitucionales hacen también referencia a la institución familiar, bien sea para proteger su "intimidad" (art. 18.1 y 4 CE), asegurar que la remuneración que recibe todo trabajador es suficiente para cubrir sus necesidades y las de su familia (art. 35.1 CE), o bien para atribuir indeterminadas obligaciones a la familia en relación con sus mayores (art. 50 CE). No obstante, por lo que aquí interesa, la interpretación del art. 39.1 CE plantea dos problemas esenciales, véase, la determinación del concepto de familia que pretende proteger y la delimitación del alcance del mandato a los poderes públicos que el precepto contiene; cuestión, ésta última, que lleva necesariamente a tratar de deslindar los contornos imprecisos de ese precepto del derecho a la intimidad familiar reconocido en el art. 18 CE.

En relación con la primera cuestión, y en contradicción con lo defendido por autores como Martínez López-Muñiz, entiendo que la significativa separación del derecho a contraer matrimonio y la protección de la familia en nuestro actual texto constitucional abona las tesis de quienes han defendido que la familia protegida por el art. 39 CE no es sólo la nacida de un vínculo matrimonial, sino también la creada a partir de relaciones de *facto*. Tras ciertas incertidumbres (ATC 308/1985) y silencios iniciales (STC 45/1989 y STC 184/1990), así lo ha entendido nuestro Tribunal Constitucional (TC, en adelante), que ha subrayado claramente que, si bien el art. 39.1 CE protege a la familia matrimonial, esa protección también se extiende a otros modelos de familia propios de la sociedad plural en que vivimos (STC 222/1992; STC 198/2012).

En su inicial sentencia sobre la constitucionalidad de la Ley de Arrendamientos Urbanos, el TC no sólo aclaraba ya que el art. 39.1 CE protegía también a las uniones de hecho, sino que iba más allá al afirmar que también protegía a las parejas sin descendencia (STC 222/1992, FJ 4). Siete años después, el TC perfilaba de nuevo los contornos del concepto constitucional de familia en su sentencia referida al recurso de inconstitucionalidad interpuesto contra la Ley de Reproducción Humana Asistida al subrayar que la familia protegida por la Constitución no exigía la existencia de vínculos biológicos, protegiéndose también los estrictamente jurídicos (STC 116/1999). Años después, en su sentencia sobre la constitucionalidad de la Ley que modificó el Código Civil para permitir el matrimonio entre personas del mismo sexo, el TC volvía a insistir en que la protección que el art. 39 CE dispensaba no se limitaba a la familia que tenía su origen en el matrimonio, ni tampoco se vinculaba a la existencia de descendencia, siendo dignos de "(...) protección constitucional los matrimonios sin descendencia, las familias extramatrimoniales o monoparentales y, sobre todo, los hijos (...)" (STC 198/2012, FJ 5). Finalmente, en su primera sentencia en un caso de gestación por sustitución, el TC ha reconocido que la protección que dispensa el art. 39.1 CE se extiende a las relaciones entre la madre comitente y el niño nacido mediante gestación por sustitución, al menos en supuestos en los que la comitente ha asumido el rol parental durante años (STC 28/2024, FJ 5).

A pesar de que el TC sigue subrayando que no ha definido un concepto constitucional de familia (STC 198/2012, FJ 5), parece evidente que la protección constitucional de esta institución va más allá del tradicional modelo de matrimonio con descendencia y abarca relaciones interpersonales *de facto* y legalmente reconocidas, aunque es cierto que el TC no ha acabado de perfilar qué es común a todas esas relaciones y, por tanto, nos permite hablar de la existencia de una vida familiar digna de protección constitucional. En ese sentido, cabe destacar que la jurisprudencia del Tribunal Europeo de Derechos Humanos (TEDH, en adelante) en la materia parece adoptar un criterio muy sensato, entendiendo así que lo relevante para la existencia de una vida familiar digna de protección *ex* art. 8 del Convenio Europeo de Derechos Humanos

(CEDH, en adelante) no son los vínculos genéticos o legales, sino la existencia de lazos personales cercanos y genuinos entre sus miembros; existencia que debe ser valorada caso a caso (por todas, STEDH Marckx c. Bélgica, de 13 de junio de 1979; STEDH Paradiso y Campanelli c. Italia, Gran Sala, de 24 de enero de 2017).

Más allá del concepto constitucional de familia, en proceso de construcción, la interpretación del art. 39.1 CE plantea un segundo problema, en la medida en que no queda claro cuál es el alcance del mandato de protección que impone a los poderes públicos y, a la luz de la jurisprudencia del TC, tampoco queda claro cómo deslindar su contenido del derecho a la intimidad familiar, que reconoce el art. 18.1 CE. Las primeras decisiones del TC referidas al art. 39.1 CE se centraron en su faceta negativa: puesto que el precepto manda proteger a la familia, ésta no puede verse perjudicada por una decisión de los poderes públicos, tal y como claramente se indicaba en la STC 45/1989, en relación con la carga tributaria de los miembros de la unidad familiar.

Tampoco tuvimos que esperar demasiado para que la jurisprudencia del TC neutralizara la posible faceta positiva del precepto al subrayar la libertad de configuración del legislador para dar cumplimiento al mandato de protección de la familia contenido en el art. 39.1 CE. Ningún mecanismo o instrumento de protección de la vida familiar parece exigido por el art. 39.1 CE ya que, a ojos del TC, de ese precepto no se deduce que tal protección deba realizarse a través de medidas determinadas (STC 222/1992, STC 16/1994, STC 214/1994). Eso sí, una vez que el legislador opte por cierto tipo de política de protección de la familia, su articulación concreta debe respetar el texto constitucional, especialmente las exigencias derivadas del derecho a la igualdad y a no ser discriminado (art. 14 CE) (STC 77/2015). Como es bien sabido, ese pronunciamiento ha ido unido a la jurisprudencia por la que el TC ha justificado la constitucionalidad de algunas diferencias de trato entre matrimonios y uniones de hecho (ATC 156/1987; STC 184/1989) y entre éstas entre sí (STC 41/2013; STC 51/2014), en el primer caso, atendiendo al reconocimiento constitucional del derecho a contraer matrimonio (art. 32 CE), y, en el segundo, a la existencia de una justificación objetiva y razonable de la diferencia de trato (art. 14 CE).

Sin embargo, el TC ha tardado décadas en identificar la protección de la familia que contiene el art. 39 CE con el que quizás parece su contenido más evidente, véase, la protección de los vínculos sobre los que se asienta, preservando la vida en común, la convivencia, entre sus miembros. Y, ha de señalarse, que su jurisprudencia al respecto no está exenta de ciertas contradicciones, derivadas quizás de la ubicación del art. 39 CE entre los principios rectores de la política social y económica, excluidos del amparo constitucional, y de la falta de correspondencia entre los contenidos del art. 18 CE y el art. 8 CEDH; falta de correspondencia que ha provocado ya varias sentencias condenatorias a España por parte del TEDH (STEDH Omorefe c. España, de 23 de junio de 2020; STEDH R.M.S., de 18 de junio de 2013, entre otras).

En un primer momento, la jurisprudencia constitucional rechazó analizar la constitucionalidad de medidas que impedían la convivencia familiar desde la perspectiva del art. 18 CE, en el entendimiento de que ese precepto contenía un derecho a la intimidad familiar —y no a la vida familiar— de contenido diferente al art. 8 CEDH, y limitado al poder de resguardar de una publicidad no querida el ámbito reservado por cada individuo para sí y su familia (STC 236/2007; STC 60/2010).

A partir de la STC 127/2013, y más significativamente, de la STC 46/2014, el TC parece modular esa jurisprudencia y analiza casos de separación de los miembros de una familia, ya sea por crisis familiares o por aplicación del Derecho de extranjería, desde la óptica conjunta del art. 24 CE, el art. 18 CE y el 39 CE (STC 131/2016; STC 201/2016; STC 29/2017; STC 151/2021), todos ellos interpretados a la luz de las exigencias que imponen los tratados en la materia ratificados por nuestro país y, entre ellos, el art. 8 CEDH, el art. 7 de la Carta de derechos fundamentales de la Unión Europea y el 3 de la Convención de Derechos del Niño (CDN, en adelante).

Sin embargo, esa aproximación no es constante en todos los asuntos en que se analiza la constitucionalidad de medidas que tienen una incidencia en la convivencia familiar: en la STC 106/2022, por ejemplo, el TC analizaba la constitucionalidad de los preceptos legales que excluían el establecimiento de un régimen de visita o estancia para el progenitor incurso en proceso penal por violencia contra las mujeres desde la óptica del art. 39 CE, sin mencionar siquiera el art. 18 CE. Tampoco se mencionaba este último precepto en la STC 53/2024 —régimen de visitas de hijos con progenitor no custodio— o en la STC 28/2024 —adopción de menor nacido mediante gestación por sustitución—, a pesar de la clara incidencia de las resoluciones judiciales que se impugnaban en la convivencia familiar.

La jurisprudencia del TC genera así dudas en relación con el contenido respectivo de los arts. 18 y 39.1 CE. Podría parecer razonable que la protección de los lazos y la convivencia familiar se vinculara al art. 39 CE, en tanto el concepto de vida familiar parece diferenciarse del concepto de intimidad familiar protegido por el art. 18 CE. No obstante, sería quizás necesaria una toma de postura más clara del TC al respecto.

III. PROTECCIÓN DE LOS HIJOS E HIJAS, DEBERES ASISTENCIALES DE LOS PROGENITORES Y DETERMINACIÓN DE LA PATERNIDAD (ART. 39.2 Y 3 CE)

En lo que a la protección de los hijos e hijas se refiere, los incisos 2 y 3 del precepto analizado contienen importantes derechos y obligaciones, en concreto, un mandato dirigido a los poderes públicos para que aseguren la protección de los hijos e hijas, unido al reconocimiento de la igualdad de éstos con independencia de su filiación y a la obligación que se impone al legislador de hacer posible la investigación de la paternidad (art. 39.2 CE), y el reconocimiento del deber de los progenitores de prestar asistencia a sus hijos (art. 39.3 CE). Todos estos preceptos tienen en común dos elementos: están encaminados a asegurar la protección de los hijos e hijas, independientemente de que sean mayores o menores de edad, y articulan un sistema protector de éstos basado en la radical igualdad de todos ellos y en la necesaria asunción de responsabilidades por parte de sus progenitores y de los poderes públicos.

La interpretación de estos dos incisos plantea varios problemas. En primer lugar, es necesario aclarar que, al contrario de lo sostenido por autores como

Gálvez Montes, tanto la jurisprudencia del TC (STC 154/2006; STC 67/1998, entre otras), como la del TEDH (STEDH *Marckx contra Bélgica*, de 13 de junio de 1979, entre otras), han sostenido de forma reiterada que la prohibición de discriminación por razón de filiación que contienen los arts. 39.2 y 3 CE se refiere a todos los ámbitos y no sólo al asistencial, incluyendo, entre otros, los derechos sucesorios (STC 80/1982; STC 9/2010) o el acceso a distintas prestaciones como las pensiones de orfandad (STC 200/2001; STC 154/2006).

En segundo lugar, y tal y como señalé en un trabajo previo, cabe preguntarse si el contenido de la obligación de protección que pesa sobre los poderes públicos en relación con los hijos e hijas (art. 39.2 CE) es identificable con el deber asistencial que se impone a los progenitores (art. 39.3 CE) y si la obligación de los primeros tiene o no carácter subsidiario con respecto a la de los segundos. A diferencia del artículo 43 de la Constitución de 1931, nuestra Constitución nada nos dice al respecto. Sin embargo, en la determinación de las obligaciones que incumben a los progenitores, los arts. 3.2, 7.1, 14.2, 18.1 y 27.1 CDN parecen servir de notable ayuda, en la medida en que imponen a los progenitores obligaciones de protección, cuidado, guía, y garantía de un nivel de vida adecuado para con sus hijos e hijas.

La determinación de las obligaciones de protección que incumben a los poderes públicos en relación con los hijos e hijas parece una tarea mucho más ardua, en la medida en que tales obligaciones se solaparían necesariamente con las que se imponen en relación con la infancia, que debemos vincular al art. 39.4 CE. Aun así, me aventuro a afirmar que en ningún caso podrían ser idénticas a las que se imponen a los progenitores, sino de distinto calado, en la medida en que los poderes públicos tendrán, al menos, la obligación adicional de arbitrar procedimientos que permitan a los hijos e hijas conocer a sus progenitores, en línea con lo previsto por el art. 39.2 CE y el art. 7.1 CDN; prestar la asistencia que requieran padres y tutores para el ejercicio de sus funciones, en línea con lo recogido en los arts. 18.2 y 27.3 CDN; y actuar de forma diligente en aquellos casos en que el interés superior del niño o niña requiera el alejamiento de sus progenitores o cuando éstos desaparezcan, por el motivo que fuere (arts. 9, 19, 20 y 21 CDN).

En esta línea parece poder interpretarse el hecho de que el TC se haya pronunciado sobre la constitucionalidad de las previsiones que permiten la adopción por parejas del mismo sexo desde la perspectiva del art. 39.2 CE: los poderes públicos, parece afirmarse, tienen la obligación de asegurar que el procedimiento de adopción garantice el interés superior del adoptando, siendo este objetivo independiente de la orientación sexual de los adoptantes (STC 198/2012 y STC 93/2013). En la medida en que esa obligación no puede imponerse a los progenitores, parece evidente que los contornos del art. 39.2 CE y del art. 39.3 CE son distintos.

Junto a Espín Cánovas y Gálvez Montes, entiendo que las obligaciones que los arts. 39.2 y 3 CE imponen a progenitores y poderes públicos no pueden considerarse subsidiarias, dado el contenido de las mismas y la falta de coincidencia entre unas y otras. Si bien los progenitores son los primeros obligados a prestar asistencia a sus hijos e hijas y los poderes públicos han de respetar la tarea encomendada a los progenitores, tal y como se desprende de los arts. 3.2, 5, 14.2, 18.1, 27.2 CDN, estos últimos deberán cumplir con sus obligaciones protectoras aun contando el hijo o hija con sus progenitores, aunque parece evidente que esas obligaciones serán más pesadas cuando éstos hayan desaparecido o no puedan ejercer sus funciones de cuidado.

Finalmente, ha de subrayarse que el inciso del art. 39.2 CE que obliga a la ley a permitir la investigación de la paternidad ha sido fuente de una notable litigiosidad ante el TC, vinculada no sólo a aquellos procesos en los que presuntos padres rechazaban la práctica de pruebas biológicas dirigidas a determinar la filiación (STC 7/1994, STC 95/1999), sino también a procesos en los que se ponía en tela de juicio normas que, por distintos motivos, limitaban la posibilidad de determinar la verdad biológica en relación con la filiación (STC 138/2005, STC 273/2005). Se desprende de esta jurisprudencia que el art. 39.2 CE prohibiría al legislador impedir, sin razón o justificación alguna, la investigación de la paternidad y, en consecuencia, la determinación de la filiación. Por tanto, el eventual derecho a investigar la paternidad que se deriva de tal previsión no es absoluto, de modo que cabe perfectamente que el legislador lo limite a fin de preservar otros valores o derechos constitucionalmente relevantes, como serían, por ejemplo, garantizar la seguridad jurídica en las relaciones familiares y la estabilidad del estado civil de las personas, protegiendo los intereses de los hijos (STC 138/2005) o asegurar el anonimato de los donantes de gametos garantizando así las donaciones con fines terapéuticos (STC 116/1999), siempre y cuando tales medidas sean proporcionadas.

Más allá del carácter no absoluto del derecho a investigar la paternidad, hay que destacar el vínculo claro que existe entre esta previsión y el deber asistencial que el art. 39.3 CE impone a los progenitores. No es de extrañar así que el TC haya reconocido que el objetivo de este precepto no es otro que "constituir, entre los sujetos afectados, un vínculo jurídico comprensivo de derechos y obligaciones recíprocos, integrante de la denominada relación paterno-filial" (STC 116/1999, FJ 15). A pesar de que la finalidad del precepto pone irremediablemente el foco en el derecho de los hijos e hijas a conocer su filiación, el TC ha subrayado en los últimos tiempos que los progenitores también tienen un interés evidente en conocer la verdad biológica que el legislador no puede ignorar por completo (STC 273/2005).

IV. PROTECCIÓN DE LAS MADRES, INDEPENDIENTEMENTE DE SU ESTADO CIVIL (ART. 39.2 CE)

El art. 39.2 CE dedica también parte de su texto a las madres, dirigiendo un mandato de protección a los poderes públicos y reiterando una prohibición de discriminación por razón de estado civil que podría haberse deducido directamente de lo previsto en el art. 14 CE. Queda claro, por tanto, que las madres no pueden ser tratadas de forma desigual por su condición de solteras, casadas, viudas o divorciadas.

Sin embargo, más problemática resulta la determinación de la protección de que deben ser objeto las madres en virtud de lo previsto en ese precepto, protección que aparece irremediablemente unida, en la jurisprudencia constitucional, a la prohibición de toda discriminación por razón de sexo que incorpora el art. 14 CE y a la clara identificación de la maternidad y el embarazo con un motivo de discriminación directa fundada en el sexo (STC 17/2003, art. 8 Ley Orgánica 3/2007).

Como es bien sabido, al hilo de esa prohibición de discriminación, el TC se ha pronunciado sobre un número ingente de supuestos en los que la mujer había sido objeto de un tratamiento perjudicial por su embarazo o maternidad, analizando así casos de despido (STC 124/2009; STC 17/2003; STC 41/2002), decisiones de no continuación de la relación laboral (STC 173/1994), de no reserva efectiva del puesto de trabajo que se desarrollaba antes del embarazo (STC 233/2007) o que impedían el disfrute de algún beneficio, como por ejemplo, las vacaciones anuales retribuidas o determinados complementos retributivos (STC 2/2017; STC 162/2016; STC 324/2006), entre otras. En su jurisprudencia, el TC ha hecho notar que el art. 14 CE no conlleva la promoción de la maternidad o la natalidad, sino sólo la prohibición de todo trato peyorativo de la mujer basado en esas causas, que constituyen un elemento diferencial que afecta únicamente a las mujeres (STC 2/2017).

Esta doctrina hace evidentes los límites del art. 14 CE, que protege a las mujeres en tanto madres, pero sólo en un sentido negativo, sin promocionar la maternidad. Es quizás en ese punto donde encaja la aportación del art. 39.2 CE, que insta a los poderes públicos a adoptar medidas positivas de tutela de la maternidad. Así se desprende de la jurisprudencia constitucional relacionada con este precepto, que se vincula claramente con medidas positivas dirigidas a las mujeres por razón del embarazo o el parto y llamadas a proteger esa realidad biológica que las diferencia del varón (STC 75/2011, STC 109/1993). Esas medidas, ha señalado el TC, no podrán ser consideradas discriminatorias para el varón, en la medida en que están dirigidas a preservar la salud de la mujer y preservar sus particulares relaciones con el niño sin que se produzca merma alguna de otros derechos, especialmente en el ámbito laboral (STC 75/2011).

Hay que destacar que, a partir de la STC 26/2011, el TC ha establecido una distinción entre medidas de protección de la maternidad y medidas de conciliación de la vida personal, laboral y familiar. Las primeras, vinculadas al hecho biológico del embarazo y el parto, traen causa del mandato de protección de las madres que recoge el art. 39.2 CE. Las segundas, unidas a la protección de la institución familiar (art. 39.1 CE) y, especialmente, al deber asistencial que se impone a los padres respecto de los hijos (art. 39.3 CE), incumben a ambos progenitores, no justificándose diferenciación alguna por razón de sexo, en la medida en que tal distinción no contribuiría a eliminar o reducir las desigualdades de hecho que pudieran sufrir las mujeres promoviendo un reparto equitativo de las responsabilidades familiares, sino que perpetuarían un reparto tradicional de roles (STC 149/2017).

Esta distinción, acertada en tanto promueve la corresponsabilidad en el ejercicio de las responsabilidades parentales, se ha aplicado en ocasiones con dudosos resultados. En las STC 111/2018, 117/2018 y 2/2019, el TC validaba la diferente duración de los permisos de maternidad y paternidad, al entender que los primeros estaban vinculados al hecho biológico del embarazo mientras los segundos perseguían la conciliación y un reparto más equitativo de las responsabilidades familiares; lo que justificaba el diferente tratamiento de ambos por el legislador. El razonamiento obviaba el peso en términos de desarrollo profesional que el disfrute de tales permisos tiene, haciéndolo recaer sobre las madres, y contribuía —a ojos de quien suscribe— a perpetuar un reparto inequitativo de responsabilidades familiares.

V. LA PROTECCIÓN DE LA INFANCIA DE ACUERDO CON LOS TRATADOS INTERNACIONALES EN LA MATERIA (ART. 39.4 CE)

El último inciso del art. 39 se dirige de forma clara a los niños y niñas, no ya en su condición de hijos o miembros de una familia, sino en su condición de personas que, por razón de su edad, necesitan de una especial protección. A pesar de que el precepto se centra únicamente en las necesidades de protección de la infancia, justificadas por su situación especialmente vulnerable y dependiente (STC 274/2005), esto no debe llevarnos a pensar que nuestro texto constitucional asume una posición paternalista. Por el contrario, y tal y como ha explicado Aláez Corral, nuestro texto constitucional parte del reconocimiento de los niños y niñas como auténticos sujetos de derechos, como seres autónomos que van desarrollando sus capacidades con el paso de los años.

Según el TC, los niños y niñas son titulares del conjunto de derechos fundamentales que reconoce la Constitución, aunque su eventual falta de madurez y desprotección justifica la imposición de determinados deberes de protección dirigidos a progenitores y poderes públicos y puede justificar el establecimiento de regímenes especiales de tutela de sus derechos, siempre y cuando persigan salvaguardar su interés superior y sean proporcionados (STC 99/2019; STC 31/2018; STC 54/2002; STC 36/1991). El TC no excluye así que la salvaguarda del interés superior de los niños y niñas pueda justificar la imposición de medidas específicas de restricción de sus derechos, tal y como recordaba en su pronunciamiento sobre la constitucionalidad de la Ley 3/2007, de 15 de marzo, reguladora de la rectificación registral de la mención relativa al sexo de las personas (STC 99/2019, FJ 7), o en sus sentencias sobre la vacunación de menores durante la pandemia (STC 148/2023, FJ 4).

Sin embargo, esa limitación adicional deberá perseguir un objetivo constitucionalmente legítimo, normalmente vinculado a las necesidades especiales de protección de la infancia y la búsqueda de su interés superior, y deberá ser proporcionada. En el análisis de esa proporcionalidad, la jurisprudencia del TC parece atribuir un peso específico a la madurez del menor afectado por la medida y, por tanto, a su capacidad para adoptar decisiones libres y racionales, de modo que medidas restrictivas de los derechos de la infancia que pudieran justificarse en abstracto por la especial necesidad de protección de este colectivo, serían inconstitucionales en la medida en que no tuvieran en cuenta el grado de madurez del menor afectado (STC 99/2019; STC 54/2002). Nuestra jurisprudencia constitucional se ubica así en línea con los principales textos internacionales en la materia y, especialmente, con la CDN, que adopta el paradigma de la protección integral de la infancia, cabalgando a medio camino entre el reconocimiento de la autonomía de niños y niñas y su necesidad de protección. El ejercicio autónomo de derechos por parte de niños y niñas se vincula así a su progresión hacia la edad adulta y, por tanto, al grado de madurez alcanzado.

Más allá de esta precisión, hay que destacar que el art. 39.4 CE contiene una remisión a los acuerdos internacionales que velan por los derechos de la infancia, cuyo contenido ha de ser garantizado por los poderes públicos españoles, tal y como apunta la jurisprudencia del TC (STC 141/2000, FJ 4). Quizás el punto más conflictivo de este precepto se relaciona con la determinación de los acuerdos internacionales a los que se refiere. No es de extrañar así que algunos autores, como Escobar, hayan subrayado que si el precepto se refiere únicamente a los acuerdos internacionales ratificados por España, nada se añade respecto de lo ya recogido en el art. 96 CE. Sin embargo, tampoco parece pretender el precepto dotar de idéntico valor jurídico a los acuerdos internacionales en la materia independientemente de que hayan sido ratificados o no por nuestro país. Se entiende así que Espín Cánovas o Pérez Vera hayan sugerido que tal precepto permitiría a los acuerdos no ratificados por nuestro país actuar "como elementos reveladores, en su caso, de la realidad social... conforme a las reglas del Código Civil, que incorpora, junto a las tradiciones, la derivada de la realidad social del tiempo en que han de ser aplicadas las normas".

Independientemente de estas disquisiciones, hay que resaltar que la jurisprudencia del TC hace uso de forma habitual de la CDN, a la que ha aludido, por ejemplo, en aras de justificar la necesidad de tener presente el interés superior del menor como una consideración primordial en cualquier decisión que afecte a un niño o niña (STC 106/2022; STC 29/2017; STC 138/2005), la necesidad de oír a los menores en los procesos que les afecten, de conformidad con lo previsto en el art. 12 CDN (STC 152/2005) o en relación con la libertad de creencias de los menores (STC 141/2000; STc 26/2024). No obstante, la CDN no es el único instrumento internacional utilizado por el TC *ex* art. 39.4 CE, ya que se ha hecho referencia también a la Carta de derechos fundamentales de la Unión Europea, el Convenio Europeo de Derechos Humanos o la Carta europea de los derechos del niño, aprobada por Resolución del Parlamento Europeo de 8 de julio de 1992, entre otros (STC 138/2005). Esta constatación lleva a pensar que el TC no sólo utiliza *ex* art. 39.4 CE convenios internacionales ratificados por nuestro país, sino también instrumentos internacionales que podrían identificarse como *soft-law*.

VI. BIBLIOGRAFÍA

ALÁEZ CORRAL, B.: *Minoría de edad y derechos fundamentales*, Tecnos, Madrid, 2003.

ALONSO SANZ, L.: *El estatuto constitucional del menor inmigrante*, CEPC, Madrid, 2016.

DÍAZ CREGO, M.: "Niños y adolescentes", en ESCOBAR ROCA, G. (ed.), *Derechos sociales y tutela antidiscriminatoria*, Thomson-Aranzadi, Pamplona, 2012, pp. 1615-1719.

ESPÍN CÁNOVAS, D.: "Artículo 39. Protección de la familia", en ALZAGA VILLAMIL, O., *Comentarios a la Constitución española de 1978*. Tomo IV. Artículos 39 a 55. Cortes Generales, Madrid, 1996.

GÓMEZ SÁNCHEZ, Y.: *Familia y matrimonio en la Constitución de 1978*, Congreso de los Diputados, Madrid, 1990.

LÁZARO GONZÁLEZ, I. (cood.), *Los menores en el Derecho español*, Tecnos, Madrid, 2002.

MATÍA PORTILLA, F. J., LÓPEZ DE LA FUENTE, G. (dirs.), *De la intimidad a la vida privada y familiar. Un derecho en construcción,* Tirant lo Blanch, Valencia, 2020.

MARTÍNEZ LÓPEZ-MUÑÍZ, J. L.: "La familia en la Constitución española", *Revista Española de Derecho Constitucional*, núm. 58, 2000, pp. 11-43.

PÉREZ VERA, E.: "El derecho de protección de los menores", en MONEREO PÉREZ, J. L., MOLINA NAVARRETE, Cristóbal y MORENO VIDA, M. N., *Comentarios a la Constitución socio-económica de España.* Editorial Comares, Granada, 2002.

RODRÍGUEZ RUIZ, B.: "Matrimonio, género y familia en la Constitución española: trascendiendo la familia nuclear". *Revista Española de Derecho Constitucional*, núm. 91, 2011, pp. 69-102.

VII. JURISPRUDENCIA

STC 28/2024, de 27 de febrero - Protección de la familia y la identidad de niño nacido mediante gestación por sustitución (art. 39.1, 2, 3 CE)

STC 148/2023, de 6 de noviembre - Interés superior del menor y vacunación (art. 39.4 CE)

STC 106/2022, de 13 de septiembre - Violencia contra las mujeres y ejercicio de derechos parentales por el agresor (art. 39.1 y 4 CE)

STC 99/2019, de 18 de julio - Identidad de género y rectificación registral en menores de 18 años (art. 39.3 y 4 CE)

STC 111/2018, de 17 de octubre - Permisos de paternidad y maternidad (art. 39.1, 2 y 3 CE)
STC 46/2014, de 7 de abril - Derecho de extranjería y protección familia (art. 39.1 CE)
STC 198/2012, de 6 de noviembre - Adopción de pareja homosexual y protección niños (arts. 39.2 CE)
STC 185/2012, de 17 de octubre - Custodia compartida e interés superior menor (art. 39.2, 3 y 4 CE)
STC 75/2011, de 19 de mayo - Protección de maternidad (art. 39.2 CE)
STC 26/2011, de 14 de marzo - Conciliación vida privada y familiar (art. 39.1 y 3 CE)
STC 116/1999, de 17 de junio - Reproducción humana asistida e investigación filiación (art. 39.2 CE)
STC 222/1992, de 11 de diciembre - Arrendamiento de vivienda y protección familia (art. 39.1 CE)
STC 184/1990, de 15 de noviembre - Pensión de viudedad y protección familia (art. 39.1)

Artículo 40

1. Los poderes públicos promoverán las condiciones favorables para el progreso social y económico y para una distribución de la renta regional y personal más equitativa, en el marco de una política de estabilidad económica. De manera especial realizarán una política orientada al pleno empleo.

2. Asimismo, los poderes públicos fomentarán una política que garantice la formación y readaptación profesionales, velarán por la seguridad e higiene en el trabajo y garantizarán el descanso necesario, mediante la limitación de la jornada laboral, las vacaciones periódicas retribuidas y la promoción de centros adecuados.

COMENTARIO

Guillermo Escobar Roca
Catedrático de Derecho Constitucional
Universidad de Alcalá

SUMARIO: I. INTRODUCCIÓN. II. EL MANDATO DE DISTRIBUCIÓN MÁS EQUITATIVA DE LA RENTA. III. EL MANDATO DE PLENO EMPLEO. IV. LOS MANDATOS DE FORMACIÓN Y PROTECCIÓN DE LOS TRABAJADORES. V. BIBLIOGRAFÍA. VI. JURISPRUDENCIA.

I. INTRODUCCIÓN

El art. 40 CE pone de manifiesto lo erróneo de la tesis de la neutralidad de la Constitución económica española: si se lee despacio y completa, encontramos en nuestra Norma Fundamental una concepción ideológica subyacente, que en otra ocasión he denominado socialismo liberal (2012: 545-557), obligando a los poderes constituidos a desarrollar un ambicioso proyecto de transformación social. Sin embargo, el párrafo 1 es uno de los preceptos peor cumplidos de la CE, víctima, como tantos otros, de un contexto internacional (de la Unión Europea, no del Consejo de Europa ni de Naciones Unidas) y cultural poco propicio al socialismo. Es cierto que las garantías para el cumplimiento de este tipo de normas resultaron insuficientes desde su origen, pero su inexistente activación las ha convertido no solo en prácticamente superfluas sino también, paradójicamente, en un pretexto para la regresión social; se demuestra así que una Constitución vale poco si ella misma no contiene mecanismos adecuados para su implementación y si la sociedad no los exige. Como la dogmática jurídica tiene que avanzar y a mi juicio también contribuir al cumplimiento de la Constitución, aquí invertiré el planteamiento habitual (descripción acrítica de la legislación de desarrollo y de la fragmentaria y dispersa jurisprudencia), comenzando por verificar si los mandatos constitucionales se han cumplido o no, para después, si la respuesta es negativa, identificar causas y proponer soluciones.

Dejando de lado las referencias al "progreso social y económico" y a la "estabilidad económica", que por su ambigüedad resultan poco operativas, encontramos en el precepto cinco normas: dos mandatos de política económica relativamente determinados (sobre todo el primero, claramente opuesto al liberalismo, al menos en sus versiones más radicales) y tres mandatos más concretos y dirigidos específicamente al mundo del trabajo, que pueden y deben resultar *subjetivizables* (estos tres últimos): al final, la mejor manera de hacer operativos los mandatos constitucionales es convertirlos en derechos exigibles por sus titulares (Escobar, 2018).

Antes de comenzar el comentario a estos cinco mandatos, conviene realizar dos precisiones:

a) Estado democrático y Estado social tienen el mismo rango. Los "principios rectores de la política social y económica" son normas jurídicas que concretan, en su mayoría, el Estado social y limitan la democracia, por cuanto imponen obligaciones a poderes elegidos directa o indirectamente por la ciudadanía. El equilibrio no es fácil, pero nuestro desarrollo constitucional parece demasiado escorado a favor de la democracia, y lo que es peor, de su exclusivo entendimiento como libertad del legislador; de esta forma, la fuerza normativa del Estado social tiende a desaparecer, en una suerte de "Constitución parcial". El art. 53.3 CE lo único que impide es la exigibilidad directa (en ausencia de ley) de los cinco mandatos del art. 40 ante los tribunales ordinarios, y aun así relativamente (Escobar, 2012: 292-304).

b) Los mandatos constitucionales obligan a conseguir un resultado. Si hay un único medio para obtenerlo, este es constitucionalmente obligatorio. Si existen diversos medios, en principio los poderes públicos pueden escoger cualquiera de ellos. Verificar si se cumple el resultado no es fácil, sobre todo si tenemos en cuenta su carácter abierto y en constante evolución: difícilmente podrá dictaminarse, con carácter general, por ejemplo, que el legislador ha conseguido la distribución equitativa de la renta, de ahí que resulte explicable que el control (sobre todo cuando es abstracto) de los obligados por el mandato constitucional acabe centrándose en el control de los medios empleados. Si se explicitan los argumentos de hecho subyacentes (lo que no resulta habitual), que son de naturaleza económica, la práctica puede ser correcta, pero siempre que no se pierda de vista que lo más importante es la consecución del resultado.

II. EL MANDATO DE DISTRIBUCIÓN MÁS EQUITATIVA DE LA RENTA

El mandato de distribución más equitativa de la renta se subdivide en dos:

a) Distribución más equitativa de la renta personal, reiterado, con alguna concreción, en los arts. 130.1 ("equiparar el nivel de vida de todos los españoles") y 131.1 ("más justa distribución" de la renta y la riqueza). Como el precepto no dice de las "personas físicas", se entiende alude también a las personas jurídicas. Parece claro que el precepto no pretende la igualdad material (comunismo), objetivo este que resultaría incompatible con la propiedad privada (art. 33), la economía de mercado (art. 38) e incluso con el libre desarrollo de la personalidad (art. 10.1). Es decir, el mandato no prohíbe que existan desigualdades de renta sino que obliga a que existan *menos* desigualdades, tanto entre las personas físicas entre sí como entre físicas y jurídicas.

Pues bien, aunque hay ligeras discrepancias en los detalles, todos los estudios coinciden en afirmar que las desigualdades de renta han aumentado bastante en España, convirtiéndose nuestro país en uno de los más desigualitarios de Europa (Carabaña). No se ha logrado el cumplimiento del objetivo impuesto por el poder constituyente; incluso se ha retrocedido.

b) Distribución más equitativa de la renta regional, obligación reiterada en los arts. 138.1 ("equilibrio económico, adecuado y justo entre las diversas partes del territorio español") y 158.2 (deber de "corregir desequilibrios económicos interterritoriales"). También aquí las desigualdades son acusadas, y una desproporción como la actual (p. ej., en 2021 el PIB per cápita del País Vasco era de 32.925 euros y el de Andalucía de 19.072) no puede calificarse de respetuosa con el objetivo constitucional.

En la jurisprudencia constitucional, el mandato de reducción de las desigualdades de renta nunca ha logrado imponerse como tal (tampoco se ha exigido jurídicamente) pero sí ha servido para justificar (jugando el art. 40.1 como norma de habilitación) políticas muy variadas que teóricamente (otra cosa es que lo logren) ayudarían a este objetivo, como por ejemplo la limitación de ingresos de los mejor situados (SSTC 100/1990 o 24/2002) o la creación de nuevos impuestos (STC 186/1993). De otro lado, la expresión "en el marco de una política de estabilidad económica", al igual que el art. 135 CE, juega más bien en sentido regresivo, como se revela en la STC 16/2020, que declara inconstitucional la recuperación del poder adquisitivo de los funcionarios.

Una vez constatado el incumplimiento del mandato constitucional, debemos preguntarnos por cómo revertir esta situación, y para ello conviene comenzar (progresividad) por lo más urgente. Desde la interpretación sistemática de la CE (Estado social del art. 1.1, solidaridad interterritorial del art. 2 y dignidad de la persona del art. 10.1), el acento ha de ponerse, correlativamente:

a) En la eliminación de la pobreza, pues lo importante no es tanto que no haya ricos como que todas las personas puedan llevar una vida digna, con satisfacción de sus necesidades básicas. Es decir, la reducción de las desigualdades no comienza por reducir las rentas más altas (política no imprescindible) sino por aumentar las más bajas. Dado que es muy difícil ("improbable", reconoce la STC 45/1989) el control abstracto de las omisiones e insuficiencias legislativas (que se sepa, ninguno de los legitimados para interponer el recurso o la cuestión de inconstitucionalidad ha exigido en cuarenta años que se cumpla el mandato de distribución más equitativa de la renta), entiendo que la forma más adecuada de eliminar la pobreza es configurar un derecho fundamental al mínimo vital, a la renta mínima o a la renta básica (conceptos distintos pero igualmente coherentes con este objetivo), que a mi juicio cabe deducir, a modo de derecho transversal, de la CE y del Derecho internacional (Escobar, 2020: 97-109), por no hablar de una concepción avanzada (pero no igualitarista) del valor de la igualdad del art. 1.1 (Barragué). Siguiendo la estela de la legislación autonómica, aunque cambiando el título competencial (con el aval de la STC 158/2021), la Ley 19/2021, de ingreso mínimo vital, reconoció este derecho, como parte del derecho fundamental a la seguridad social, si bien de forma bastante limitada (el Defensor del Pueblo desoyó la petición de recurso de inconstitucionalidad que presenté en nombre de ATD Cuarto Mundo) y con un incumplimiento generalizado en la práctica, como reconoce la misma Administración (Opinión 2/23, de la Autoridad Independiente de Responsabilidad Fiscal). En todo caso, para "blindar" este derecho, sería conveniente introducirlo en una reforma constitucional (Amnistía y otros, 2015: 11-14 y 35-37), acompañado lógicamente de un reforzamiento de la vinculación del principio de justicia tributaria (art. 31 CE): sin ingresos no hay progreso y hasta ahora nuestro sistema tributario ha demostrado tener una incidencia limitada y aun decreciente sobre la distribución de la renta (Ruiz-Huerta y Díaz de Sarralde). No veo otra manera de lograr el cumplimiento, al menos en un grado inicial, del mandato constitucional.

b) En una determinación más clara y concreta de las "condiciones básicas" a las que se refiere el art. 149.1.1ª y del "nivel mínimo en la prestación de los servicios públicos fundamentales" del art. 158.1. Nuevamente, lo prioritario no es que no haya regiones más ricas sino que las regiones pobres sean menos pobres. Si la legislación de financiación de las Comunidades Autónomas no ha logrado este objetivo (significativas al respecto las SSTC 250/1988 o 96/2016), quizás convendría plasmarlo con más detalle en una reforma constitucional, devolviendo al poder central, al menos en su parte sustancial, la financiación de los derechos sociales, garantizando la no regresividad (nuevamente, Amnistía y otros, 2015: 37-39).

III. EL MANDATO DE PLENO EMPLEO

Aquí la CE se muestra algo más cauta ("orientada al"), pues entiende que el pleno empleo es imposible (aquí coinciden todos los economistas), lo que refuerza nuestra tesis a favor de la renta básica. Según la OCDE, la media de desempleo en enero de 2023 fue del 6,7% en la Zona Euro y del 12,9% en España, y lo mínimo que podríamos pedir es aproximarnos a la media europea, pues la nuestra es una de las pocas Constituciones que imponen el pleno empleo. Nuevamente, por tanto, encontramos un claro incumplimiento del objetivo constitucional. El Comité Europeo de Derechos Sociales (Conclusiones sobre España, de 29 de enero de 2021) es contundente: "La situación de España no está en conformidad con el art. 1.1 de la Carta de 1961 debido a que los esfuerzos realizados en el marco de las políticas de empleo no son suficientes para combatir el desempleo y fomentar la creación de empleo".

En línea con lo antes señalado sobre la igualdad y en coherencia con ello (pues este segundo mandato sirve también al objetivo del primero), no se pretende que encuentren trabajo todos los españoles que quieran trabajar, sino que disminuyan las cifras de paro. Este mandato es la vertiente objetiva (no exigible como derecho subjetivo) del derecho al trabajo del art. 35.1 CE, y así se desprende claramente de la jurisprudencia (tempranamente, STC 22/1981) y de los tratados internacionales (arts. 1 CSE, 6.2 PIDESC y 1 del Convenio nº 122 de la OIT). Los arts. 35.1 y 40.1 se complementan mutuamente: el primero sirve (aunque cada vez menos) para conservar el trabajo que ya se tiene y el segundo para conseguir uno nuevo. Si ambos fallan, entra en juego el art. 41 ("prestaciones sociales suficientes [...] en caso de desempleo").

Para incrementar de forma rápida y directa el acceso al mercado de trabajo, de entrada solo hay dos posibilidades: creación de nuevos empleos por el Estado o por la empresa privada. La primera opción resulta hoy descartada, salvo de manera excepcional y por ello insuficiente para la consecución del objetivo, habida cuenta del art. 135 CE y de su interpretación en este ámbito; nadie se preocupó de derogar la "congelación de la oferta de empleo público" (RD-Ley 20/2011), y la vigente Ley 2/2023, de Empleo Público, limita la oferta a "las necesidades de recursos humanos con asignación presupuestaria que no puedan ser cubiertas con los efectivos de personal existentes" (art. 24.1). Pues bien, si es el empresario quien hoy casi en exclusiva puede contribuir al cumplimiento del mandato constitucional de pleno empleo y si forma parte del derecho fundamental de libertad de empresa la contratación de trabajadores (esto es, no puede obligarse al empresario a hacerlo, STC 147/1986), no hay otra técnica que el fomento. Así se interpreta habitualmente: desde la perspectiva constitucional podría obligarse, con fundamento en el art. 40.1, al empresario a contratar (pues la libertad de empresa no es absoluta), mediando previsión legal (como se hace, p. ej., con las personas con discapacidad y otros colectivos: Escobar, 2022) y respetando el principio de proporcionalidad, y si esta opción se descarta como regla es más bien por razones económicas (o más bien económico-liberales).

Al final, el mandato constitucional se traduce en incentivación pública a la contratación privada, lo que a su vez se concreta sobre todo en reducir costes. El empresario pretende por definición aumentar sus beneficios, y como el Estado no puede ayudarle directamente en esto, lo hace de forma indirecta. Al respecto, las técnicas principales son tres: flexibilidad laboral (dicho más claramente, aumento del poder del empresario), técnicas de ahorro (subvención empresarial directa o reducción de costes, como bonificaciones por nuevos cotizantes o reducciones y deducciones fiscales) y técnicas de empleabilidad (mejorar la formación de los desempleados para adaptarlos a la demanda de posibles empleadores).

Desde la perspectiva señalada y aunque no existe una reserva de ley en la materia, la política pública de empleo, en buena lógica democrática, debería venir marcada por el legislador, primer destinatario de los mandatos constitucionales, tanto a nivel estatal como autonómico (STC 153/2017), si bien las Cortes Generales tienen la responsabilidad última en la materia. Al respecto, desde 1980 contamos con leyes de empleo, y la última de ellas, la Ley 3/2023, de Empleo (LE), continúa recogiendo las técnicas mencionadas (desarrolladas por numerosos reglamentos y planes, que ahora habrá que actualizar), con una relativa novedad, a la que después me referiré. Si esta normativa resultara insuficiente para cumplir con el objetivo constitucional de reducción del desempleo, alguien debería lograr que un juez la cuestionara, lo que no resulta previsible.

El Tribunal Constitucional nunca ha criticado la constitucionalidad de las políticas de empleo, únicamente ha utilizado el art. 40.1 CE como norma de habilitación para justificar determinadas leyes, convenios colectivos o decisiones empresariales, cuestionadas por motivos diversos: por ejemplo, las cláusulas de jubilación forzosa (STC 280/2006), las reducciones de jornada (STC 213/2005), la legislación de incompatibilidades (STC 178/1989), los límites retributivos en el sector público (STC 62/2001) o la prohibición de entrada en el mercado de determinados agentes (SSTC 23/1989 o 109/2003).

El caso más polémico ha sido la reforma laboral más importante de la crisis (Ley 3/2012), avalada por las SSTC 119/2014, 8/2015 y 140/2015 (las dos primeras con buen razonado voto particular de tres magistrados), precisamente con el argumento, entre otros, del objetivo del pleno empleo. Como se advierte, la jurisprudencia relevante viene a consagrar una habilitación constitucional para afectar al derecho al trabajo: como ya se advertía en el Programa Mundial del Empleo de 1971, la principal consecuencia jurídica del objetivo del pleno empleo es la posibilidad de limitar las condiciones laborales de quienes ya tienen trabajo para favorecer el acceso al mismo a quienes no lo tienen, una de las políticas no solo más exitosas para la reducción del desempleo sino a mi juicio más justas. La flexibilidad laboral es sin duda una medida adecuada para incentivar la contratación, pero no es la única, y seguramente será ineficaz si no va acompañada de otras. Las encuestas ponen de manifiesto que los empresarios no contratan porque las normas laborales sean rígidas sino sobre todo porque falta demanda suficiente y la propia política de empleo de la Unión Europea acentúa más bien otras medidas, como el reparto del trabajo, el apoyo público a la productividad y sobre todo la formación (Miguélez y Molina). En el Informe de España al Comité de Derechos Económicos, Sociales y Culturales de 9 de septiembre de 2017, el Gobierno se esforzó en demostrar que la reforma laboral sirvió para crear empleo, pero las organizaciones de la sociedad civil lo criticaron y propusieron otras medidas (Informe conjunto al Comité, presentado en el Congreso de los Diputados el 20 de marzo de 2018). En sus últimas Observaciones Finales sobre España, de 25 de abril de 2018, el Comité vuelve a criticar el cumplimiento parcial del art. 6.2 PIDESC, en cuanto a la obligación internacional de "ocupación plena" (§§ 21-22).

Entre las múltiples opciones de política activa de empleo, sobre las cuales el art. 40.1 guarda silencio, la interpretación sistemática de la CE favorece (aunque de momento no obliga, pues la igualdad todavía se entiende como prohibición de discriminar —caso, p. ej., de la STC 214/2006— y no como obligación de diferenciar) las llamadas políticas selectivas a favor de los colectivos con mayores dificultades de acceso al empleo. De otro lado, parecen legítimas las limitaciones del acceso de los extranjeros no comunitarios al mercado laboral (requieren autorización de residencia y entrar en el contingente anual), dado que el derecho al trabajo se reconoce a "los españoles", opción que en todo caso no deja de plantear algún problema de compatibilidad con el Derecho internacional.

Llegados a este punto, la pregunta es inevitable: ¿Por qué nuestro Alto Tribunal no ha impedido el manifiesto incumplimiento del mandato constitucional de disminución del desempleo? Seguramente porque no es fácil llegar a él (legitimación restringida en procesos de control abstracto), porque no hay técnicas adecuadas de control de las omisiones e insuficiencias legislativas y porque, de haberse intentado, se habría aducido la libertad de configuración del legislador, centrándose en los medios y no en los resultados. Nuevamente, una improbable reforma constitucional debería reforzar la garantía de este tipo de mandatos, pues no deja de resultar paradójico (en términos democráticos) que el control de la Unión Europea (que tiene también como objetivo "un alto nivel de empleo", art. 147.2 TFUE) haya sido más eficaz que el propio control de constitucionalidad, pues cuenta con instrumentos precisos para ello (art. 148); el inconveniente es que su perspectiva encaja más en el objetivo de la Unión de mero desarrollo económico que en el principio constitucional del Estado social y que las medidas seguidas en nuestro país no han sido las de una política de empleo integral sino sobre todo las de flexibilidad interna.

No obstante, como adelantaba, la vigente LE introduce un cierto cambio de signo, aunque por debajo de una propuesta académica presentada poco antes (Escobar y Gil, 2022), avalada desde antiguo por el Derecho internacional (art. 9 CSE), y recientemente, aunque como *soft law*, por el Pilar Europeo de Derechos Sociales de 2017: el derecho subjetivo a las políticas activas de empleo, que aparece descafeinado en la ley estatal bajo el rótulo de los "servicios garantizados" y de la "cartera de servicios" (arts. 55-61). Mucho más avanzada es la Ley 15/2023, del País Vasco, de Empleo, en línea con nuestra propuesta, que incluye un Título II, sobre "derechos y obligaciones para la mejora de la empleabilidad", que sin duda contribuirá a un mejor cumplimiento del art. 40.1 CE y servirá de acicate a otras Comunidades Autónomas.

IV. LOS MANDATOS DE FORMACIÓN Y PROTECCIÓN DE LOS TRABAJADORES

El párrafo 2 del art. 40 introduce tres mandatos más concretos, también dirigidos en primer lugar al legislador, y que a diferencia de los objetivos del párrafo 1, se han convertido, al menos en parte, en derechos subjetivos, todo ello en coherencia con el Derecho internacional. De esta forma, la limitación de alegación del art. 53.3 pierde su sentido (ahora deben garantizarse en la jurisdicción social y forman parte de nuestra legislación laboral), y la naturaleza puramente constitucional de estos tres mandatos se circunscribe en esencia a que en el futuro algún juez pueda plantear cuestión de inconstitucionalidad por insuficiencia de este desarrollo legal, lo que no parece probable, salvo si se produce regresión legislativa. Veamos brevemente estos tres mandatos-derechos:

a) El derecho a la formación y readaptación profesional, uno de los elementos malogrados de nuestra política activa de empleo, que constitucionalmente parecía un mero mandato a los poderes públicos (convertido en obligaciones de la Administración: últimamente, p. ej., art. 33 LE) se encuentra subjetivado (en coherencia con los arts. 6.2 PIDESC y sobre todo 10 CSE) desde la reforma del ET operada por Real Decreto-Ley 3/2012. La redacción vigente reza así: "El trabajador tendrá derecho [...] d) A la formación necesaria para su adaptación a las modificaciones operadas en el puesto de trabajo. La misma correrá a cargo de la empresa, sin perjuicio de la posibilidad de obtener a tal efecto los créditos destinados a la formación. El tiempo destinado a la formación se considerará en todo caso tiempo de trabajo efectivo" (art. 23 TRET, según redacción por Ley 10/2021), añadiendo el precepto obligaciones claras de los empresarios en materia de permisos y adaptación de jornada. De esta forma, sin perjuicio de seguir insistiendo en su reforzamiento como instrumento de política activa de empleo, todos los trabajadores pueden exigir al empresario (y en su defecto a la jurisdicción social) el cumplimiento del derecho a la formación (SSTC 95/2002 y 190/2002).

b) La seguridad e higiene en el trabajo también son derechos subjetivos. En coherencia con los arts. 7 b) PIDESC y 3 CSE y con la Directiva 89/391/CEE, los arts. 19 TRET y 14 de la Ley 31/1995, de Prevención de Riesgos Laborales, concretan el contenido de estos derechos, cuya estructura es compleja, pues comprenden obligaciones correlativas de los empresarios de prevención, formación, información y reparación y de la Administración de sanción. El Tribunal Constitucional ha protegido algunas manifestaciones de estos derechos a través del derecho a la integridad del art. 15 (SSTC 62/2007 y 160/2007), ha justificado acciones positivas a favor de madres (SSTC 229/1992 y 213/2005) y menores (STC 213/2005) y ha justificado los reconocimientos médicos obligatorios de los trabajadores cuando la salud colectiva se encuentre en riesgo (STC 196/2004). Pese a ello, esta garantía fuerte de la seguridad e higiene laboral no ha servido para paliar la alta siniestralidad, que incluso ha aumentado (826 fallecidos en accidente de trabajo en 2022, frente a 564 fallecidos en 2012).

c) Por último, el bien jurídico "descanso necesario" se traduce a su vez, sobre todo (la mención a los "centros adecuados" resulta algo obsoleta), en dos derechos, reconocidos también en la ley: la limitación de la jornada laboral y las vacaciones periódicas retribuidas. No se reconocen expresamente como derechos subjetivos en el TRET (respectivamente, arts. 34 y 38) pero esta configuración se deduce de los arts. 7 d) PIDESC y 2 CSE y del Convenio nº 103 de la OIT. El Tribunal Constitucional ha destacado en diversas ocasiones la primacía de la ley en esta materia sobre la autonomía de la voluntad, individual y colectiva (SSTC 210/1990 y 238/2005); ha justificado acciones positivas, especialmente para facilitar la vida familiar (STC 3/2007 y AATC 326/1982 y 324/2006); y ha utilizado el derecho a las vacaciones para justificar intervenciones sobre el derecho de huelga (STC 43/1990). En todo caso, ha precisado que los dos derechos destinados a garantizar el descanso no son absolutos pues han de ponderarse con la libertad de empresa (STC 324/2006) y ha evitado concepciones paternalistas de los mismos (STC 192/2003).

Los tres derechos (o conjuntos de derechos) recién mencionados, además de ser alegados y garantizados, según su contenido legal, en la jurisdicción social, pueden extenderse más allá de la ley (vía control de convencionalidad, esto es, aplicando los tratados internacionales por encima de la ley) cuando de los preceptos referidos del PIDESC y de la CSE (y, sobre todo, de su interpretación por los órganos internacionales encargados de su vigilancia: p. ej., Observaciones Generales 18 y 23 del Comité DESC) se deduzcan contenidos más favorables.

A modo de síntesis, los dos mandatos del párrafo 1 no solo han resultado ineficaces, sino que el segundo (pleno empleo) ha servido además, entre otras cosas, para justificar restricciones al derecho al trabajo digno, dudosamente compatibles con el Derecho internacional. En cuanto a los mandatos del párrafo 2, gracias a su transformación en derechos subjetivos, serán eficaces si los trabajadores los alegan y los jueces se los toman en serio. Si se quiere que los dos mandatos del párrafo 1 se conviertan en auténticas normas jurídicas y no en el fraude que actualmente son, sería conveniente la reforma constitucional.

V. BIBLIOGRAFÍA

AMNISTÍA INTERNACIONAL, GREENPEACE y OXFAM INTERMÓN: *Una reforma constitucional para blindar los derechos humanos*, Madrid, 2015.

BARRAGUÉ, B.: *Desigualdad e igualitarismo predistributivo*, CEPC, Madrid, 2017.

CARABAÑA, J.: *Ricos y pobres. La desigualdad económica en España*, La Catarata, Madrid, 2016.

ESCOBAR ROCA, G.: *Derechos sociales y tutela antidiscriminatoria*, Aranzadi, Cizur Menor, 2012.

- *Nuevos derechos y garantías de los derechos*, Marcial Pons, Madrid, 2018.
- "La renta mínima y el Defensor del Pueblo", *Lex Social, Revista de Derechos Sociales*, vol. 10, núm. 1, 2020, pp. 91-139.
- "Acceso al empleo e igualdad", *Noticias Cielo Laboral*, núm. 7, 2022.

ESCOBAR ROCA, G. y GIL Y GIL, J. L.: *El derecho subjetivo a las políticas activas de empleo*, Dirección de Trabajo y Empleo del Gobierno Vasco, Vitoria, 2022.
MIGUÉLEZ, F. y MOLINA, O.: "Políticas de empleo", en TORRES ALBERO, C. (ed.), *España 2015. Situación social*, CIS, Madrid, 2015.
RUIZ-HUERTA, J. y DÍAZ DE SARRALDE, S.: "Sistema fiscal y distribución de la renta en España", en *II Informe sobre la desigualdad en España*, Fundación Alternativas, Madrid, 2015.

VI. JURISPRUDENCIA

STC 22/1981, de 2 de julio: el pleno empleo justifica el reparto del trabajo.
STC 95/2002, de 25 de abril: formación profesional como derecho subjetivo.
STC 192/2003, de 27 de octubre: concepción no paternalista del derecho al descanso.
STC 324/2006, de 20 de noviembre: descanso como derecho subjetivo.
STC 62/2007, de 27 de marzo: salud laboral como derecho susceptible de amparo.
STC 119/2014, de 16 de julio: el pleno empleo justifica la flexibilidad laboral.
STC 96/2016, de 12 de mayo: discrecionalidad legislativa para determinar qué es distribución equitativa de la renta regional.
STC 153/2017, de 21 de diciembre: competencias autonómicas en política de empleo.
STC 16/2020, de 28 de enero: la estabilidad económica impide la recuperación del poder adquisitivo de los funcionarios.

Artículo 41

Los poderes públicos mantendrán un régimen público de Seguridad Social para todos los ciudadanos, que garantice la asistencia y prestaciones sociales suficientes ante situaciones de necesidad, especialmente en caso de desempleo. La asistencia y prestaciones complementarias serán libres.

COMENTARIO

María Luisa Baró Pazos
Letrada de la administración de la Seguridad Social

SUMARIO: I. CONCEPTO Y CARACTERÍSTICAS DEL SISTEMA DE SEGURIDAD SOCIAL. II. PRINCIPIOS CONFIGURADORES DEL SISTEMA. 1. Universalidad de la protección. 2. Protección ante situaciones de necesidad. 3. Suficiencia de la Protección. III. ALCANCE DE LA PROTECCIÓN EN LA JURISPRUDENCIA CONSTITUCIONAL. IV. BIBLIOGRAFÍA. V. JURISPRUDENCIA.

I. CONCEPTO Y CARACTERÍSTICAS DEL SISTEMA DE SEGURIDAD SOCIAL

La CE de 1978 consagra un modelo abierto y flexible de la Seguridad Social que permite hablar de un modelo global de protección social pública y privada. La primera aglutinaría el sistema de Seguridad Social, artículo 41 CE, el sistema nacional de Salud, artículo 43, y la Asistencia Social, no definido en la carta magna, la protección social y económica a la familia, a los minusválidos y a la tercera edad en los artículos 39, 49 y 50 CE. El espacio privado de protección social solo aparece autorizado en la norma suprema, dejando a la voluntad de las partes su desarrollo. Esta dispersión normativa se corresponde con la complejidad y la propia dispersión del sistema de Seguridad Social vigente en el momento de promulgarse la Constitución de 1978.

El artículo 41 de la CE, sin modificar la legislación de Seguridad Social anterior, determina la competencia pública para el mantenimiento de un régimen público de Seguridad Social que ha de proteger a todos y hacer frente a todas las situaciones de necesidad relevantes con arreglo a un criterio de suficiencia.

El derecho a la Seguridad Social se encuadra dentro de los principios rectores de la política social y económica del estado (arts. 39 a 52 CE), principios que informan la legislación positiva, la práctica judicial y la actuación de los poderes públicos, y que sólo pueden hacerse valer ante los jueces y tribunales de acuerdo con lo que dispongan las leyes que los desarrollan.

La configuración actual de la seguridad social se desdobla en tres subsistemas: a) El sistema de protección a la Salud, que atiende los servicios de carácter sanitario. b) Un sistema de Servicios Sociales en beneficio de determinados grupos sociales como la infancia, juventud, tercera edad y minusválidos. c) Un sistema de Seguridad Social que atiende a las situaciones de necesidad mediante prestaciones económicas.

Este último se corresponde con el proclamado en el comentado artículo 41 CE y sobre el que la doctrina constitucional ha manifestado que se trata de una institución abierta, sin que sea posible partir de la consagración constitucional de un único modelo de Seguridad Social, resultando más un reflejo de lo existente en el momento de su promulgación que un verdadero y vertebrado sistema.

Como unánimemente destaca la doctrina, no se puede afirmar que en la Constitución configure un modelo o esquema en base al que deban ordenarse todos los elementos que componen el sistema, al contrario, se puede afirmar que corresponde al legislador ordinario, dentro del margen que el texto constitucional le otorga, establecer y ordenar los mecanismos de protección social configurados de forma dispar a lo largo de su articulado.

La Constitución establece un sistema o régimen público de Seguridad Social de configuración legal de tal forma que, los derechos subjetivos de las personas no están garantizados directamente en el texto constitucional, sino por las leyes ordinarias dictadas en cumplimiento del mandato constitucional analizado. Se trata de derechos que solo nacen mediante su desarrollo legal que, en todo caso, deberá respetar su contenido esencial.

El amplio margen de libertad de apreciación y configuración del legislador para establecer los requisitos exigibles para acceder a las prestaciones económicas de la Seguridad Social y las situaciones que han de considerarse merecedoras de protección dentro del sistema de Seguridad Social se resalta en la doctrina constitucional (SSTC 184/1990, 66/1994, 41/2013, 92 y 157/2014).

En esta línea el Tribunal Constitucional ha considerado que al ser los derechos de Seguridad Social, derechos sociales de prestación que implican una carga financiera considerable, hay que entender que al legislador estatal le corresponde "en función de las situaciones de necesidad existentes y de los medios financieros disponibles determinar la acción protectora a dispensar por el régimen público de Seguridad Social y las condiciones para el acceso a las prestaciones y su perdida". (STC 37/1994)

Sin embargo, el legislador no goza de una libertad absoluta en la delimitación del sistema de Seguridad Social, al contrario, tal y como declara la sentencia citada "El art. 41 CE impone a los poderes públicos la obligación de establecer —o mantener— un sistema protector que se corresponda con las características técnicas de los mecanismos de cobertura propios de un sistema de Seguridad Social". En otros términos, el referido precepto consagra, en forma de garantía institucional, un régimen público "cuya preservación se juzga indispensable para asegurar los principios constitucionales, estableciendo… un núcleo o reducto indisponible por el legislador… de tal suerte que ha de ser preservado en términos reconocibles para la imagen que de la misma (la Seguridad Social) tiene la conciencia social en cada tiempo y lugar".

La Ley General de la Seguridad Social, texto refundido aprobado mediante el Real Decreto Legislativo 8/2015, de 30 de octubre, constituye en la actualidad el cuerpo normativo principal para dar cumplimiento al mandato constitucional de mantener un régimen público de Seguridad Social que garantice la asistencia y prestaciones sociales suficientes ante situaciones de necesidad.

El párrafo segundo del artículo 41 de la CE establece que "La asistencia y prestaciones complementarias serán libres"

Del artículo 41 de la CE deriva una necesaria separación entre el régimen público de la Seguridad Social y las prestaciones complementarias libres basadas en una lógica contractual privada y financiada con fondos también privados a cargo de los asegurados. Se deja así a la libertad de los particulares la organización de todo tipo de dispositivos de protección social encaminados al mismo fin público de proteger las situaciones de necesidad, pero no llamados a desplazar a la protección social publica sino a complementar y apuntalar el sistema público. Esta forma de protección se dispensa principalmente por entidades de previsión social y los fondos de pensiones y su contenido prestacional está constituido básicamente por prestaciones asistenciales y económicas, que como afirma la jurisprudencia constitucional, sin salir del ámbito genérico de la protección social, se encuentra fuera del núcleo institucional de la Seguridad Social (STC 208/1988).

II. PRINCIPIOS CONFIGURADORES DEL SISTEMA

Del texto constitucional se deducen los siguientes los principios configuradores del sistema de Seguridad Social:

1. Universalidad de la protección

En primer término, destaca la necesidad de protección "para todos los ciudadanos", universalidad de la protección que implica la imposibilidad constitucional de establecer mecanismos que supongan una negación a la protección de determinados ciudadanos y que se viene materializado de forma progresiva en los distintos textos legales reguladores del sistema.

Así el sistema de Seguridad Social está previsto para proteger a cualquier ciudadano que se encuentre en una situación de necesidad, de tal forma que la protección debe dispensarse en atención a la situación en que el sujeto protegido se encuentre y no en razón al origen profesional o no que haya causado tal situación de necesidad, superándose así el sistema de los seguros sociales en los que el elemento profesional marcaba el ámbito de la protección social.

La doctrina constitucional ha matizado que la referencia a los ciudadanos no implica necesaria e inmediatamente la universalización de la cobertura (STC 247/93) y que la CE hace un diseño de la Seguridad Social con vocación universalista en el área de la protección social que ha de garantizar las prestaciones sociales cuando concurra la situación de necesidad (STC 3/93). En desarrollo de este principio rector, y siguiendo la doctrina constitucional que declara que el sistema de Seguridad Social permite incluir en su ámbito no sólo a las prestaciones de carácter contributivo, sino también a las no contributivas (STC 37/1994), el legislador, mediante la Ley 26/1990, de 20 de septiembre, estableció y reguló el nivel no contributivo de las prestaciones económicas de Seguridad Social y el Real Decreto Ley 20/2020, de 29 de mayo reguló por primera vez en España el Ingreso mínimo Vital. Se desdobla así el sistema en dos esferas protectoras, la primera de carácter contributivo, limitada a los trabajadores en sentido amplio y financiada fundamentalmente con cargo a cuotas sociales, en la que "las aportaciones hechas por el sujeto protegido y las prestaciones que reciban se determinaran de acuerdo con lo que el legislador decida en cada momento, ciertamente dentro del marco permitido por la Constitución, lo que significa que tiene como límites, entre otros, el respeto a la igualdad, la prohibición de la arbitrariedad y el derecho a la asistencia y prestaciones suficientes para situaciones de necesidad" (STC 134/1987); y la segunda, de carácter no contributivo, abierta a cualquier ciudadano en estado de necesidad y financiada mediante impuestos que responde a un sistema de protección que busca cubrir con carácter universalista las situaciones de necesidad en que puede encontrarse un sector de la población que no cumple los requisitos necesarios para acceder a la protección de carácter contributivo.

2. Protección ante situaciones de necesidad

La justificación constitucional de la existencia de un sistema de Seguridad Social se encuentra en la protección frente a "situaciones de necesidad" entendidas como el estado en que se encuentra una persona o grupo social como consecuencia del exceso de gastos, defecto de ingresos o ambos a la vez, producidos por una contingencia u origen protegido por el sistema de Seguridad Social.

La STC 197/2003 recuerda que "el art. 41 CE convierte a la Seguridad Social en una función estatal en la que pasa a ocupar una posición decisiva el remedio de situaciones de necesidad, pero tales situaciones han de ser apreciadas y determinadas teniendo en cuenta el contexto general en que se producen y en conexión con las circunstancias económicas, las disponibilidades del momento y las necesidades de los diversos grupos sociales. No puede excluirse por ello que el legislador, apreciando la importancia relativa de las situaciones de necesidad a satisfacer, regule, en atención a las circunstancias indicadas, el nivel y condiciones de las prestaciones a efectuar o las modifique para adaptarlas a las necesidades del momento". Sin embargo, no puede ser discutido "... que del hecho de que el art. 41 otorgue una garantía en las situaciones de necesidad, haya que deducir que sólo en las situaciones de necesidad la protección se otorga. El derecho del art. 41 es un mínimum constitucionalmente garantizado. El legislador puede, a impulso de motivaciones de orden de política jurídica o de política social, ampliar el ámbito de la protección". (STC 103/1983). La determinación de una prestación de la Seguridad Social constituye una norma básica que corresponde establecer al Estado (art. 149.1.17 CE) y debe hacerlo de forma unitaria para todos los sujetos comprendidos dentro de su ámbito de cobertura, salvo razones excepcionales debidamente justificadas y vinculadas a la situación de necesidad que se trata de proteger. (STC 158/2021).

3. Suficiencia de la Protección

Por otro lado, el texto constitucional determina el sistema de Seguridad Social ha de garantizar que las prestaciones sean suficientes para cubrir el estado de necesidad. En este punto, el Tribunal ha precisado que la obligación estatal de mantener un sistema público de Seguridad Social no predetermina su contenido ya que la ley ordinaria puede incrementar o reducir los niveles de cobertura existentes (SSTC 65/87, 38/95) solo la supresión o desvirtuación del sistema público significaría una violación constitucional al afectar al núcleo indisponible del derecho STC 206/97). El art. 41 no consagra el principio de irreversibilidad social (STC 38/95) y que la suficiencia de la protección no puede ir más allá de las disponibilidades económicas (STC 134/87), todo ello teniendo en cuenta, como se dijo en la STC 57/1994, que "la dignidad ha de permanecer inalterada cualquiera que sea la situación en que la persona se encuentre, constituyendo en consecuencia, un mínimum invulnerable que todo estatuto jurídico debe asegurar, de modo que las limitaciones que se impongan en el disfrute de los derechos individuales no conlleven un menosprecio para la estima que, en cuanto ser humano, merece la persona".

III. ALCANCE DE LA PROTECCIÓN EN LA JURISPRUDENCIA CONSTITUCIONAL

El Tribunal Constitucional ha dictado numerosas sentencias en materia de Seguridad Social y de protección social pública. La ubicación sistemática del artículo 41 determina la imposibilidad de poder ser, por sí mismo, objeto de recurso de amparo, por lo que sus pronunciamientos parten con fundamento en el principio de igualdad y no discriminación proclamado en el artículo 14 de la CE, el derecho a la tutela judicial efectiva y el planteamiento de diversas cuestiones de constitucionalidad y recursos de inconstitucionalidad.

Delimitando el concepto de Seguridad Social, el Tribunal Constitucional ha declarado que no existe un modelo cerrado de Seguridad Social, sino una noción abierta a distintas opciones de política legislativa y que el artículo 41 acoge un núcleo esencial e inderogable que hace reconocible el derecho a la Seguridad Social en la perspectiva institucional, reconoce su carácter evolutivo y dinámico y un amplio margen del legislador para elegir los medios, determinar su alcance y el momento de alcanzar sus objetivos.

El sistema de Seguridad Social distingue entre la protección dispensada por el Régimen General y la dispensada en los Regímenes Especiales, la existencia de distintos regímenes se justifica por las peculiaridades socio-económicas, laborales, productivas o de otra índole que concurran, aún cuando el legislador actual tienda a conseguir la máxima homogeneización del sistema con el Régimen General. Estas diferencias no afectan al derecho proclamado en el artículo 14 CE ya que "la identidad en el nivel de protección de todos los ciudadanos podrá ser algo deseable desde el punto de vista social, pero cuando las prestaciones derivan de distintos sistemas o regímenes, cada uno con su propia normativa, no constituye un imperativo jurídico" ni vulnera el principio de igualdad. (STC 38/1995).

Así, en relación con el límite de los 45 años necesario para el disfrute de prestaciones económicas derivadas de incapacidad permanente total en el régimen especial de trabajadores autónomos, requisito no exigido en otros regímenes, la STC 184/1993 avalando la diferenciación legal establece que "la presencia de una misma situación de necesidad derivada de una contingencia invalidante no basta para estimar lesionado el principio de igualdad. Ciertamente, el art. 41 CE convierte a la Seguridad Social en una función estatal en la que pasa a ocupar una posición decisiva el remedio de situaciones de necesidad, pero tales situaciones han de ser apreciadas y determinadas teniendo en cuenta el contexto general en que se producen y en conexión con las circunstancias económicas, las disponibilidades del momento y las necesidades de los diversos grupos sociales".

La inembargabilidad absoluta de las pensiones fue declarada inconstitucional por conculcar el artículo 14 de la CE en la STC 113/1989.

El distinto **tratamiento tributario**, ante una misma contingencia protegida, incapacidad permanente absoluta, en distintos regímenes de Seguridad Social, general y de clases pasivas, ha sido declarado inconstitucional en la STC 134/1996, al carecer de justificación objetiva y razonable que la exención a rentas de una misma naturaleza cuando derivan de la protección dispensada por el régimen general y no cuando derivan del régimen de clases pasivas.

En relación con la **acción protectora** del sistema de Seguridad Social, la doctrina del Tribunal Constitucional se ha pronunciado en relación a las distintas prestaciones en diversas ocasiones.

Ya en la STC 22/1981, en la que se planteaba la cuestión de inconstitucionalidad sobre el precepto legal que establecía la **jubilación** forzosa del trabajador en el momento que cumplía los 69 años, se declaró la inconstitucionalidad del texto normativo en cuanto fijaba como causa de jubilación única el cumplimiento de una edad concreta y determinada. La declaración de inconstitucionalidad de la edad forzosa de jubilación tuvo una repercusión directa sobre la acción protectora derivada de esta contingencia.

Desde el plano de la igualdad ante la ley la STC 91 y 92/2019 y posteriormente la sentencia 155/21 declararon la inconstitucionalidad de las reglas de cálculo de la pensión de jubilación y de incapacidad permanente derivada de enfermedad común de los trabajadores contratados a tiempo parcial contenidas en el artículo 248.3 del texto refundido de la LGSS, aprobado por RD Legislativo 8/2015 de 30 de octubre. Al incurrir en discriminación indirecta por razón de sexo.

En relación con las **prestaciones de muerte y supervivencia,** el tribunal ha tenido ocasión de pronunciarse sobre la indemnización de orfandad para el hijo extramatrimonial de un fallecido en accidente de trabajo y cuya madre carece de derecho a ella en la sentencia 154/2006, en la que, reiterando su doctrina anterior sobre el derecho a no ser discriminado por razón de nacimiento, declara que el mantenimiento del régimen público de Seguridad Social y la protección integral de los hijos con independencia de su filiación, permite establecer un derecho de los hijos a beneficiarse de las prestaciones de Seguridad Social fijadas por las normas correspondientes sin discriminación por su filiación. Declarando que la condición extramatrimonial no puede aceptarse como causa de desigualdad de trato al ser notoria la posición de desigualdad sustancial que históricamente han conllevado las relaciones extramatrimoniales frente a las matrimoniales, así como los efectos desfavorables para los hijos nacidos en aquéllas.

La constitucionalidad de la regulación de la **pensión de viudedad** existente en el momento de la promulgación del texto constitucional se efectuó por medio de la sentencia 103/1983, en la que se puso de manifiesto que el entonces vigente artículo 160.2 de la Ley General de Seguridad Social suponía un trato desigual en perjuicio del varón, desde el momento en que el fallecimiento de éste es determinante en todo caso de pensión de viudedad en favor de su esposa, mientras que el de ésta solamente lo es si concurren las exigencias específicas que allí se señalan. El trato desigual en perjuicio del varón es un hecho indiscutible desde el momento en que en identidad de circunstancias el legislador atribuye secuelas distintas.

Continúa el Tribunal argumentando que la norma no queda justificada atendiendo, al parámetro de la situación de necesidad a que se refiere el art. 41 de la Constitución. Dicho precepto establece un mínimo constitucionalmente garantizado, pero no impide que el legislador amplíe el ámbito de la protección. Concretamente, en el supuesto de pensión de viudedad de las viudas la situación o estado de necesidad no es tomada en cuenta, aunque sí lo es en la de los viudos. Ello vulnera el principio de igualdad, pues si el derecho discutido se funda en la situación de necesidad, ésta debe existir para todos los eventuales titulares y si el derecho puede carecer de ese fundamento debe ocurrir así para todos sus titulares.

Desde la STC 184/1990 el Tribunal Constitucional ha declarado reiteradamente que la exigencia del vínculo matrimonial como presupuesto para acceder a la pensión de viudedad establecida dentro del sistema de Seguridad Social no pugna con el artículo 14 CE, recordando que no son incompatibles con el artículo 39.1 CE, ni con el principio de igualdad, las medidas de los poderes públicos que otorgan un trato distinto y más favorable a la unión familiar que a otras unidades convivenciales, concluyendo que siendo el derecho a contraer matrimonio un derecho constitucional, cabe concluir que el legislador puede en principio establecer diferencias de tratamiento entre la unión matrimonial y la puramente fáctica y que, en concreto, la diferencia de trato en la pensión de viudedad entre cónyuges y quienes conviven de hecho sin que nada les impida contraer matrimonio no resulta arbitraria o carente de fundamento. Así, en los casos en que no pudo contraerse matrimonio por imposibilidad de divorcio o si durante el periodo de convivencia la única forma posible de matrimonio era la canónica, el Tribunal reconoce el derecho de viudedad al supérstite en las SSTC 39/1998 y 180/2001, la STC 125/2003 declaró la inconstitucionalidad de la diferencia de trato existente entre el cónyuge supérstite y beneficiario procedente de las situaciones de divorcio y separación. Sintetizándose la doctrina sobre las presuntas desigualdades entre las distintas parejas de hecho en el ATC 8/2019, recordando que, la existencia de acreditación de la pareja de hecho mediante los mecanismos probatorios legalmente contemplados no vulnera el derecho a la igualdad ante la Ley (STC 51/2014), aunque sí lo vulnera la existencia de diversos grados de exigencia entre las legislaciones de la Comunidad autónomas, que disponen de derecho civil propio (STC 40/2014). Si vulnera el principio de igualdad el requisito de la descendencia común que se exigía a las parejas de hecho para obtener la modalidad de pensión por hechos anteriores a la entrada en vigor de la Ley, reiterativo (STC 41/2013), aunque no la diferencia de trato entre parejas de hecho, a efectos del derecho a la pensión de viudedad, en función del umbral de rentas, ligado a la existencia o no de hijos comunes con derecho a pensión de orfandad (ATC 167/20179) y por último, y recuerda que la citada STC 41/2013 establece que "... desde la perspectiva del artículo 14 CE nada impide que el legislador pueda regular legítimamente la pensión de viudedad de las parejas de hecho condicionando su reconocimiento o su cuantía a la existencia de un estado real de necesidad del supérstite o de la dependencia económica del causante, así como, en su caso, a la existencia de cargas familiares", y declara que es perfectamente constitucional una regulación de la pensión de viudedad de parejas de hecho no que replique enteramente el régimen jurídico de la pensión de viudedad previsto para los matrimonios, en particular una regulación cuyo reconocimiento se fundamenta en la concurrencia de una situación real de necesidad del supérstite, en función de su nivel de ingresos propios y de la existencia o no de cargas familiares.

En la STC 69/2007, se discute el derecho al percibo de esta prestación a una mujer casada por el rito gitano. El Tribunal declaró la inexistencia de discriminación por no constar vínculo matrimonial con el causante en cualquiera de las formas reconocidas legalmente. Declarando que la exigencia legal de vínculo matrimonial como presupuesto para acceder a la pensión de viudedad y no respecto de otras formas de convivencia, incluyendo las uniones conforme a los usos y costumbre gitanos, no supone tomar como elemento referencial circunstancias raciales o étnicas, sino una circunstancia relacionada con la libre y voluntaria decisión de no acceder a la formalización del vínculo matrimonial conforme a las previsiones legales. Opinión contraria vemos en la sentencia del TEDH de 8 de diciembre de 2009 (TEDH 2009, 140) al fallar a favor de la mujer a la que las autoridades nacionales denegaron la pensión de viudedad por haber contraído matrimonio por el rito gitano. La sentencia 1/2021, se separa de forma razonada del mandato contenido en la sentencia del TEDH destacado que en el supuesto de hecho controvertido, a diferencia del analizado por el TEDH, la demandante carecía de elementos objetivos para fundar la convicción sobre la validez de su matrimonio y que su unión como convivientes tampoco estaba formalizada ya que había excluido de forma voluntaria la utilización de cualquiera de las formas que le hubiera permitido lucrar la pensión de viudedad, todo ello sin perjuicio de las creencias colectivas de una comunidad bien definida, esto es, la idea del que el matrimonio contraído según sus ritos y tradiciones, es válido únicamente para dicha comunidad, aunque no lo sea para las autoridades nacionales que ciertamente no le otorgan validez, concluyendo que no existe una discriminación indirecta por razones de pertenencia a una minoría nacional en el trato normativo, administrativo y judicial dispensado a las uniones de vida celebradas conforme a las tradiciones culturales del pueblo romaní a los efectos de lucrar la pensión de viudedad.

En relación con las **contingencias invalidantes**, la STC 137/1987 afirma que el incremento del 20 por 100 para los pensionistas de incapacidad permanente total mayores de 55 años no entraña discriminación para quienes no alcanzaran esa edad, sino una medida tendente a compensar las mayores dificultades que para encontrar otro empleo pueden tener los que la hayan cumplido.

La STC 149/2004 declara que no atenta contra el principio de igualdad que la superación de la edad de jubilación impida acceder a una prestación por invalidez. La STC 172/2021, de 7 de 7 de octubre, declara que el legislador no ha establecido otro requisito que el de una determinada edad para acceder a la prestación de incapacidad permanente (art. 195.1, párrafo asegundo, por remisión al art. 205.1.a, LGSS), de forma que no impide su acceso desde una situación de jubilación anticipada, ni distingue entre las causas o presupuestos de este tipo de jubilación para acceder a la incapacidad permanente por lo que resultaría discriminatorio que cualquier persona que se encuentre en situación de jubilación anticipada pudiera acceder a una prestación por incapacidad permanente hasta tanto no haya cumplido la edad ordinaria de jubilación, salvo las personas que la hayan obtenido una jubilación anticipada atendiendo a su discapacidad, ya que ello provocaría una diferencia de trato no prevista en la norma, que no tiene justificación objetiva o razonable. Doctrina reiterada en SSTC 191 y 192/2021; 5, 52 y 111 /2022 y 21/2023.

La constitucionalidad de la imposibilidad de solicitar la revisión del grado de invalidez cuando se ha cumplido la edad de jubilación ha sido declarada en las SSTC 197/2003 y 78/2004, considerando que la situación de vida laboral activa y la de finalización de ésta constituyen situaciones distintas que obedecen a distintos fundamentos. La STC 116/1991 reconoce que las situaciones de vejez y las de invalidez son distintas, por lo que, en principio, pueden recibir un diverso tratamiento legal.

Desde el plano de la igualdad ante la ley, en las SSTC 111, 117 y 138/2018 se discute sobre el pretendido derecho de un padre biológico, trabajador por cuenta ajena a percibir el subsidio por paternidad con la misma extensión y duración que la establecida legalmente par el subsidio por maternidad, descartando que la diferencia de trato entre hombres y mujeres en la duración de los permisos y prestaciones por maternidad y paternidad no incurre en vulneración del principio de igualdad ante la ley, al tratarse de situaciones diferentes en la consideración de la finalidad tuitiva perseguida por el legislador, por lo que no concurre siquiera un término de comparación adecuado.

En materia de **protección en casos de desempleo** la STC 69/1992, y las en ella citadas, ha declarado la inconstitucionalidad de los requisitos establecidos en el RD 625/1985 para acceder al subsidio de desempleo para mayores de 55 años y para los trabajadores fijos y discontinuos por restringir las condiciones de acceso y disfrute de las prestaciones de desempleo en términos no previstos para otros trabajadores.

La STC 213/2005, declara la constitucionalidad de la medida que limita la protección por desempleo parcial a las reducciones de jornada derivadas de expedientes de regulación de empleo por constituir una cuestión que atañe a la libertad de configuración del sistema de Seguridad Social.

En la STC 130/1995 se plantea una cuestión de igualdad de los ciudadanos extranjeros respecto de los españoles en la percepción de la prestación por desempleo. Recordando lo manifestado en la STC 107/1984, declara que el derecho a percibir la prestación por desempleo de un ciudadano extranjero en igualdad con los trabajadores españoles dependerá de que, por ley o por tratado internacional aplicable, ese derecho le esté atribuido como a los españoles.

La suspensión de empleo de una trabajadora tras la presentación de baja maternal ha sido analizada mediante STC 214/2006, en la que se declaró que se vulnera el derecho de la recurrente a no ser discriminada ya que la decisión de tener por suspendida la demanda de empleo de la trabajadora le ha ocasionado la pérdida definitiva e irreversible de una oportunidad de empleo.

La STC 90/1989 considera que no se vulnera el artículo 14 CE que el legislador establezca un subsidio de desempleo para los trabajadores eventuales del sector agrario limitando a ciertas Comunidades Autónomas donde el paro estacional y el número de trabajadores del sector es significativamente superior al de otras zonas.

IV. BIBLIOGRAFÍA

ALONSO GARCÍA, B.: *Derecho Constitucional de la Seguridad Social, Derecho a la Protección Social*, Civitas y Thomson Reuters, Madrid 2018.

MERCADER UGUINA, J R.: "Comentario al artículo 41", en *Comentarios a la Constitución Española XL Aniversario CE*, Tomo I. BOE, Fundación Wolters Klumer, Tribunal Constitucional y Ministerio de Justicia. Madrid, 2018.

VILLA GIL, L. E.: "Modelo Constitucional de Protección Social", en *El Modelo Social en la Constitución Española de 1978. 25 aniversario*, Ministerio de trabajo y Asuntos Sociales, Madrid 2003.

V. JURISPRUDENCIA

STC 184/1990, de 15 de noviembre.
STC 41/2013, de 14 de febrero.
STC 37/1994, de 10 de febrero.
STC 134/1987, de 21 de julio.
STC 103/1983, de 22 de noviembre.
STC 65/1987 de 21 de mayo.
STC 1/2021, de 25 de enero.
STC 172/21, de 7 de octubre.

Artículo 42

El Estado velará especialmente por la salvaguardia de los derechos económicos y sociales de los trabajadores españoles en el extranjero y orientará su política hacia su retorno.

COMENTARIO

Nieves Corte Heredero
Letrada del Tribunal Constitucional
Profesora Titular del Derecho del Trabajo y de la Seguridad Social
Universidad Complutense de Madrid

I. CONTENIDO DEL PRECEPTO: LA TUTELA CONSTITUCIONAL DEL FENÓMENO MIGRATORIO

Conforme establece el art. 42 CE, al Estado le corresponde velar "por la salvaguardia de los derechos económicos y sociales de los trabajadores españoles en el extranjero", y, además, "orientar su política hacia su retorno". El precepto pretende, de este modo, garantizar la debida tutela a la *emigración* española, fenómeno este último que ha estado presente a lo largo de nuestra historia y que el constituyente consideró digno de una específica protección.

No cabe duda de que tradicionalmente España ha sido un país de emigrantes, aunque, obviamente, el fenómeno inmigratorio resulte también significativo debido, entre otras cosas, a nuestra estratégica posición geográfica de puente hacia Europa. La emigración fue, en un principio (desde el siglo XIX hasta mediados del XX) eminentemente trasatlántica, pero a partir de esa fecha pasó a ser fundamentalmente europea, siendo los países más industrializados de nuestro entorno el principal destino de los trabajadores españoles. Ahora bien, la recesión económica de 1975 trajo consigo la reducción drástica del empleo en toda Europa, y con ello, el *retorno* de muchos de aquellos emigrantes españoles que en su día buscaron trabajo en el exterior. Y fue precisamente en ese concreto contexto de recesión en el que se aprobó la Constitución Española de 1978.

El hecho de que nuestro país haya pasado de ser un país de emigrantes a ser uno de los destinos de la inmigración no resta importancia, en modo alguno, a la previsión del art. 42 CE. Ciertamente, aun así sigue siendo preciso dotar de la protección necesaria tanto a los trabajadores que en su día emigraron y se mantienen en el exterior, como a los que lo hicieron y han decidido retornar (o pueden hacerlo en un futuro). Además, lo cierto es que el fenómeno migratorio sigue produciéndose en la actualidad, aunque lo sea con caracteres y bajo circunstancias diversas, favorecidas fundamentalmente por la existencia de un espacio único europeo en el que rige el "principio de libertad de circulación" de mercancías y de personas. A partir de 1986 (año de la integración de España en la CEE), las migraciones más habituales se han venido producido dentro del espacio intracomunitario, y, asistimos, desde entonces, a un nuevo y diferente movimiento migratorio entre los Estados miembros, que se ha incrementado sustancialmente a raíz de la última crisis económica a nivel global iniciada en el año 2008.

Pues bien, partiendo de la importancia del fenómeno migratorio en nuestro país y pasando ya a examinar el alcance de la tutela constitucional que al respecto proporciona el art. 42 CE, debe señalarse que la norma acota claramente su ámbito subjetivo. De un lado, se refiere específicamente al "trabajador español en el extranjero", por lo que la emigración que resultaría protegida sería la que afecta a los trabajadores españoles que, por motivos laborales, han dejado nuestro país para establecerse en otro con la finalidad de trabajar en él (o que, en su caso, retornan después de haberlo hecho), quedando fuera, por el contrario, en principio, aquellas otras personas cuya emigración obedece a motivos diversos. No obstante, como luego veremos, las sucesivas normas que han ido dando cumplimiento a ese mandato constitucional han extendido paulatinamente la protección, en el sentido de no tener como único objeto de tutela al "trabajador español extranjero" (ausente de nuestro país o posteriormente retornado), sino, más en general, a todo español residente en el extranjero cualesquiera que fueran sus motivos y que pueda precisar asistencia. De otro lado, el precepto determina claramente, no solo los sujetos objeto de tutela sino también el sujeto obligado a dispensarla, que no es otro que el "*Estado*", al que según el art. 42 CE le corresponde la salvaguarda de los derechos del emigrante y procurar su retorno, y al que —conforme al art. 149.1.2 CE— le compete también de forma exclusiva la regulación de la materia relativa a la "*emigración*".

Ya desde una perspectiva objetiva, cabe recordar igualmente que el precepto constitucional encomienda al Estado la defensa de los "derechos económicos y sociales" del mencionado colectivo, esto es, los que han sido calificados como derechos de "tercera generación", que como es sabido se trata de derechos de "prestación" a favor de sus titulares, normalmente a cargo de los poderes públicos (derechos en materia de empleo y ocupación, seguridad social, protección de la salud, estados de necesidad, u orientación, entre otros). Como se ha apuntado por la doctrina (PECES BARBA, 1998, p. 32), en ellos no se parte de la universalidad e igualdad, sino, por el contrario, de la diferencia, de la "discriminación de hecho, económica, social o cultural, para proporcionar instrumentos en forma de derecho a quienes están en inferioridad de condiciones", o lo que es lo mismo, "se trata de tratar desigualmente a los desiguales, por lo que los titulares de los derechos económicos, sociales y culturales sólo deben ser aquellas personas que necesitan apoyo, y no quienes no necesitan la igualdad. Igualdad como diferenciación y universalidad en el punto de llegada son los rasgos identificativos de estos derechos".

Nos encontramos, por consiguiente, ante un precepto constitucional que fija unos fines y no los medios para obtenerlos. En efecto, la acción del Estado se ha de centrar en dos claros objetivos. De un lado, la salvaguarda de los derechos económicos y sociales del emigrante, adoptando para ello las medidas oportunas para su efectivo disfrute tanto en España (mientras se encuentra desplazado temporalmente en nuestro país o retorna a él definitivamente) como en el extranjero, promoviendo, a tal efecto, las acciones adecuadas en política exterior —convenios, tratados o acuerdos internacionales— para que el trabajador no sea discriminado por razón de su nacionalidad mientras permanezca en el extranjero y para que reciba un trato igual al que obtendría si hubiese permanecido en nuestro país. De otro lado, la realización de una política orientada hacia el "retorno" del trabajador, lo que incluye todas las medidas que sean precisas para facilitarlo (removiendo los obstáculos que lo dificulten), así como para favorecer su inserción social y, en su caso, laboral. No cabe duda de la dificultad de conseguir ambos objetivos, principalmente, este último relativo a la inserción laboral del retornado teniendo en cuenta la actual situación de desempleo en nuestro país.

II. SU VALOR CONSTITUCIONAL COMO PRINCIPIO ORIENTADOR

El art. 42 CE está incluido en la parte dogmática de nuestra Constitución (Capítulo III, Título I), esto es, entre los "principios rectores de la política social y económica", dirigidos a orientar la actividad de los poderes públicos. Conforme al art. 53 CE, habrán de informar la legislación positiva, la práctica judicial y la actuación de los poderes públicos, y solamente podrán ser alegados ante la jurisdicción ordinaria de acuerdo con lo que dispongan las leyes que los desarrollen. No se trata de "meras fórmulas retóricas o en blanco, carentes de fundamento jurídico", ya que como bien se ha apuntado, "concretan la vertiente de los derechos fundamentales en calidad de principios objetivos del ordenamiento y actúan los postulados del Estado social y democrático de Derecho, reforzando la imagen del hombre condensada en el art. 10.1 CE y la del Estado como espacio de lo público para la tutela de los intereses generales" (de la Villa Gil, 2004, p. 598). A pesar de que en ocasiones son calificados como derechos por el legislador, no son tales en sentido jurídico-positivo, sino "pretensiones comunitarias que la Constitución incorpora a fin de imponer o, cuando menos, de justificar determinadas políticas públicas", motivo por el cual se les ha denominado significativamente como "derechos aparentes" (Jiménez Campo, 1996, pp. 519 y 520). No cabe duda, además, de que tales principios rectores poseen naturaleza muy diversa (STC 247/2007, de 12 de diciembre, FJ 13), tratándose, según los supuestos, de mandatos al legislador, de normas de igualdad o de garantías institucionales (Jiménez Campo, 1996, pp. 522 y ss.). El art. 42 CE es, por tanto, uno de los diversos preceptos programáticos incluidos en la Constitución que imponen al Estado la consecución de un resultado a través de la orientación de su actuación pública en un determinado sentido, en este caso, concretamente ha de procurar la tutela de un sujeto en situación especialmente vulnerable como lo es la del trabajador español emigrante.

Por su propia naturaleza jurídica, estos principios, aunque son tenidos en cuenta por el Tribunal Constitucional en su labor de enjuiciamiento de la constitucionalidad de las leyes, vienen siendo utilizados como complemento o refuerzo de su discurso argumentativo. En este sentido, la STC 45/1989, de 20 de febrero, FJ 4, reconoció que su peculiar naturaleza "hace improbable que una norma legal cualquiera pueda ser considerada inconstitucional por omisión, esto es, por no atender, aisladamente considerada, el mandato a los poderes públicos y en especial al legislador, en el que cada uno de esos principios por lo general se concreta". Ahora bien, esa misma Sentencia puntualiza que "no cabe excluir que la relación entre alguno de esos principios y los derechos fundamentales (señaladamente el de igualdad) haga posible un examen de este género [...] ni, sobre todo, que el principio rector sea utilizado como criterio para resolver sobre la constitucionalidad de una acción positiva del legislador, cuando ésta se plasma en una norma de notable incidencia sobre la entidad constitucionalmente protegida". En el mismo sentido, se ha recordado que, aunque tales principios no constituyen derechos, enuncian, con independencia de su mayor o menor generalidad de contenido, "proposiciones vinculantes" que dejan un amplio margen de actuación al legislador, facultándole a que cumpla los objetivos marcados a través de fórmulas de distinto contenido y alcance (STC 134/2017, de 16 de noviembre, FJ 5). En definitiva, se trata de normas que deben informar la legislación positiva y la práctica judicial conforme al art. 53.3 CE, y aunque el art. 42 CE, como el resto de los principios rectores, carezca de la nota de aplicabilidad inmediata que caracteriza a los derechos constitucionales —ya que solo pueden ser alegados ante la jurisdicción ordinaria de acuerdo con lo que dispongan las leyes que los desarrollen—, no cabe duda de su valor constitucional como principio orientador de la actuación de los poderes públicos, que debe basarse en su reconocimiento, respeto y protección (vid., entre otras, SSTC 233/2007, de 5 de noviembre, FJ 7, y 247/2007, de 12 de diciembre, FJ 13).

III. SU NECESARIO DESARROLLO LEGAL

Son numerosas las disposiciones que se han ido aprobando sobre la materia desde que fueran dictadas en nuestro país las primeras leyes proclamando la libertad de emigración a principios del siglo XX. Hay que reconocer que no se trata de normas de carácter meramente declarativo, sino que, muy al contrario, las mismas se han implicado activamente en la protección del fenómeno migratorio. Entre las promulgadas antes de la Constitución Española de 1978 destacan la Ley 93/1960, de 22 de diciembre, de Bases de Ordenación de la Emigración, y el Decreto 1000/1962, de 3 de mayo, que aprobó su texto articulado, así como la Ley 33/1971, de 21 de julio, de Emigración. También debe resaltarse la Ley General de la Seguridad Social, aprobada por el Decreto 2065/1974, de 30 de mayo, que, en su Disposición Adicional 1ª, contenía una previsión relativa a la protección de los trabajadores emigrantes en el ámbito de la protección social. Tras la aprobación de la Constitución, cabe citar, entre otras, el Real Decreto 996/1986, de 25 de abril, sobre Convenio especial de Seguridad Social para los emigrantes e hijos de estos, que posibilita su inclusión en el campo de aplicación del Régimen General de la Seguridad Social en tanto presten su actividad laboral en el extranjero, con independencia de que con anterioridad hayan estado o no afiliados a la Seguridad Social española y siempre que el país en el que desarrollen su actividad no tenga suscrito con España acuerdo o convenio de Seguridad Social, o que, aun existiendo, deje sin cobertura alguna de las prestaciones de jubilación, incapacidad permanente y muerte y supervivencia. Esa norma fue modificada por el Real Decreto 1203/2003, de 19 de septiembre, en el sentido de no exigir la falta de concurrencia de acuerdo o convenio bilateral de Seguridad Social suscrito por el respectivo país con España, ya que tal circunstancia, anteriormente exigida para la suscripción del convenio no garantizaba por sí sola la protección del emigrante. Por su parte, el Texto Refundido de la Ley General de la Seguridad Social, aprobado por Real Decreto Legislativo 8/2015, de 30 de octubre (TRLGSS), en su Disposición Adicional 2ª —relativa a la "Protección de los Trabajadores emigrantes"—, impone al Gobierno la adopción de las medidas necesarias para que la acción protectora de la Seguridad Social se extienda a los españoles que se trasladen a un país extranjero por causa de trabajo y a los familiares que tengan a su cargo o bajo su dependencia. A tal fin, se encomienda al Gobierno la adopción de las medidas necesarias para garantizar a los emigrantes la igualdad o asimilación con los nacionales del país de recepción en materia de Seguridad Social, directamente o a través de los organismos intergubernamentales competentes, así como mediante la ratificación de convenios internacionales de trabajo, la adhesión a convenios multilaterales y la celebración de tratados y acuerdos con los Estados receptores. Igualmente, en los casos en que no existan convenios o, por cualquier causa o circunstancia, estos no cubran determinadas prestaciones de la Seguridad Social, se establece que el Gobierno extienda su acción protectora en la materia tanto a los emigrantes como a sus familiares residentes en España. Finalmente, la disposición adicional mencionada dispone que los accidentes (en su caso, enfermedades) que se produzcan durante el viaje de salida o de regreso de los emigrantes en las operaciones realizadas por la Dirección General de Migraciones, o con su intervención, tendrán la consideración de accidentes de trabajo, siempre que concurran las condiciones que reglamentariamente se determinen. En esa misma tendencia tuitiva, el TRLGSS contempla la protección del emigrante retornado a través de la prestación y el subsidio de desempleo en los arts. 264.1.c) y 274.1.c), siendo además beneficiario, conforme a lo dispuesto en el Real Decreto 1369/2006, de 24 de noviembre, del programa de renta activa de inserción para desempleados con especiales necesidades económicas y dificultades para encontrar empleo [vid. art. 2.2.b)].

Asimismo, en cumplimiento del art. 42 CE, se promulgó la Ley 40/2006, de 14 de diciembre, del Estatuto de la ciudadanía española en el exterior, que derogó la Ley 33/1971, de 21 de julio, de Emigración. Con este Estatuto se pretende llevar a cabo una "política integral de la emigración y del retorno", superando el concepto tradicional de emigrante mantenido hasta entonces y que venía vinculando la acción tuitiva estatal a la existencia de relación laboral o actividad profesional en el extranjero. En efecto, se amplía la protección, ya que su catálogo de derechos y prestaciones se aplica a todos los españoles que se encuentren en el extranjero con independencia de las circunstancias o motivos que hayan originado su desplazamiento, configurando, de este modo, el marco jurídico que garantiza a la ciudadanía española residente en el exterior el ejercicio de sus derechos y deberes constitucionales en términos de igualdad con los españoles residentes en España. Con tal finalidad, el Capítulo II de su Título I, bajo la rúbrica de "Derechos sociales y prestaciones", reconoce a los españoles residentes en el exterior, la protección de la salud, derechos en materia de Seguridad Social y prestaciones por razón de necesidad, servicios sociales para mayores, acciones de información sociolaboral y orientación, participación en programas de formación profesional ocupacional, y derechos en materia de empleo y ocupación. También ordena la consecución de una política integral en materia de retorno que lo facilite y que remueva los obstáculos que lo dificulten.

Al citado Estatuto le han seguido una serie de disposiciones que merecen especial mención, como el Real Decreto 1493/2007, de 12 de noviembre, por el que se aprueban las normas reguladoras de la concesión directa de ayudas destinadas a atender las situaciones de extraordinaria necesidad de los españoles retornados; el Real Decreto 8/2008, de 11 de enero, por el que se regula la prestación de necesidad a favor de los españoles residentes en el exterior y retornados, y que prevé las pensiones asistenciales por ancianidad como un mecanismo de protección que garantiza un mínimo de subsistencia para los españoles de origen residentes en el extranjero que emigraron de nuestro país y que, habiendo alcanzado la edad de jubilación, carecen de recursos (modificada por la Ley 25/2015, de 28 de julio, de segunda oportunidad, que amplía las previsiones relativas a la "asistencia sanitaria" regulada en el art. 26 del citado RD, a los familiares de los beneficiarios de tal asistencia que carezcan de cobertura); el Real Decreto 230/2008, de 15 de febrero, que crea el Consejo General de la Ciudadanía Española en el Exterior, órgano colegiado consultivo y asesor, adscrito al Ministerio de Trabajo y Asuntos Sociales a través de la Dirección General de Emigración, que tiene por finalidad garantizar la efectividad del derecho de los españoles residentes en el exterior a participar en los asuntos que les conciernen y promover la colaboración de las Administraciones Públicas en materia de atención a la ciudadanía española en el exterior y personas retornadas; finalmente, la Resolución de 25 de febrero de 2008, de la Dirección General de la Emigración y de la Dirección General del Instituto Nacional de la Seguridad Social, que regula el procedimiento para acceder a la referida asistencia sanitaria. Por posterior Resolución de 6 de abril de 2009, se modifica la precedente Resolución a fin de exceptuar del requisito de la aportación de un certificado emitido por la institución de Seguridad Social competente en el país de procedencia, acreditativo de que no procede la exportación del derecho a la prestación de asistencia sanitaria, para que puedan recibirla en nuestro país, cuando se trata de españoles retornados procedentes de EE.UU y Suiza.

IV. PROTECCIÓN EN SEDE CONSTITUCIONAL

Se constata fácilmente que la doctrina constitucional adolece de pronunciamientos concretos relativos al art. 42 CE debido a que la protección de la emigración que en él se ordena se configura como un principio rector de la política social y económica. Esa circunstancia hace que los trabajadores emigrantes no puedan formular recurso de amparo ante el Tribunal Constitucional contra su infracción o incumplimiento, en tanto en cuanto el art. 53.2 CE circunscribe tal cauce de impugnación a los derechos y libertades fundamentales reconocidos en los arts. 14 a 29 CE, más la objeción de conciencia (art. 30 CE).

No obstante, se pueden destacar algunos pronunciamientos recaídos en procesos de amparo en los que de forma, siquiera mediata, se trata la protección del emigrante, a través de la invocación de la infracción de derechos fundamentales como el derecho a la igualdad (art. 14 CE), el derecho a la tutela judicial efectiva (art. 24.1 CE) o el derecho a la prueba (art. 24.2 CE). En este sentido, y siguiendo un orden cronológico, podemos destacar la *STC 262/1988, de 22 de diciembre*, que resolvió el recurso planteado por una emigrante española en Alemania a la que se le desestimó por la Administración española su petición de prestación por desempleo al considerar su petición extemporánea. En la citada Sentencia, el Tribunal Constitucional consideró que la interpretación realizada por el Tribunal Central de Trabajo (en el sentido de que el plazo para solicitar la prestación ante la Administración española se computaba desde la expedición de la autorización de regreso del emigrante y no desde su notificación) era contraria al derecho a la tutela judicial efectiva (art. 24.1 CE), ya que la expedición de la autorización de regreso a España solo podía surtir efectos para la interesada desde el momento en que, a través de la Administración Laboral española le fuera notificada en regla, pues solo a partir de esa fecha podía tenerse por conocida y cumplida la exigencia necesaria para poder optar a la prestación por desempleo. También resulta ilustrativa la *STC 153/1994, de 23 de mayo*, caso en el que se planteó, entre otras cosas, la eventual vulneración del art. 14 CE por los arts. 11.4 y 12.4 del Real decreto 625/1985, de 2 de abril (dictado en desarrollo de la Ley 31/1984, de 2 de agosto, de Protección por desempleo). En el primero de tales preceptos, a los efectos de causar derecho para percibir el subsidio por desempleo se establecía que se consideraban como trabajadores retornados los que hubieran trabajado como mínimo seis meses en el extranjero. En el segundo, con relación a los penados se exigía que se tratase de trabajadores liberados de prisión por libertad condicional o cumplimiento de condena superior a seis meses. En esta Sentencia se negó que tales preceptos, al imponer que la estancia del emigrante en el extranjero (o en su caso, la duración de privación de libertad del penado) tuviera una duración mínima para poder percibir la prestación asistencial de desempleo, no resultaba discriminatoria ni lesiva del principio a la igualdad ante la ley. En este sentido, se recordó que la exigencia de un mínimo de duración de la situación de la que deriva el derecho a prestaciones no es extraña a nuestro sistema de Seguridad Social, ni puede considerarse irracional o ausente de justificación, en un sistema en el que la distribución de medios escasos requiere ponderar cuidadosamente las situaciones de necesidad que han de ser protegidas, estableciéndose los requisitos que han de reunirse a este efecto. Se añadió, en esta línea, que tampoco puede considerarse falto de objetividad el criterio elegido (pues depende de la mera acreditación del transcurso de un determinado período de tiempo), ni desproporcionado en relación con la finalidad o efectos de la medida (pues el período de tiempo exigido no tiene una duración tan excesiva que imposibilite, en la práctica, el acceso a las prestaciones).

Igualmente, hemos de referirnos a *la STC 77/1995, de 22 de mayo*. En el caso enjuiciado, el recurrente en amparo solicitó prestación asistencial de desempleo tras retornar a España después de trabajar unos años en México, prestación que le fue denegada ya que, si bien cumplía el requisito de la carencia genérica para acceder a la pensión, no reunía la específica (esto es, haber cotizado dos años en los ocho últimos), pues la inexistencia entonces de convenio bilateral de Seguridad Social entre España y México impedía computar las cotizaciones efectuadas en este último país. Señaló el Tribunal Constitucional que "la inclusión en el sistema de Seguridad Social viene determinada en general por el criterio de territorialidad, de modo que su protección contributiva se aplica básicamente a los españoles que residen y ejercen su actividad en territorio nacional [...] No obstante, la acción protectora alcanza también a los españoles que por causas de trabajo se trasladan a un país extranjero, mediante diversos instrumentos de Derecho Internacional que tratan de garantizar una igualdad o asimilación con los nacionales del país de recepción o, en su defecto, técnicas normativas internas que, como excepción al principio de territorialidad, implican una unilateral extensión de la propia legislación nacional", recordando que una de esas técnicas es la formalización de convenio especial a favor de emigrantes, regulado en el Real Decreto 996/1986, de 25 de abril. Pues bien, el Tribunal Constitucional desestimó el recurso de amparo sobre la base de que "es claro que [...] propugnar la eficacia de las cotizaciones ingresadas por trabajadores españoles a la Administración de la Seguridad Social de un Estado extranjero, prescindiendo de cualquier otro dato diferencial, no constituye un idóneo término de comparación a efectos del juicio de igualdad. Por el contrario, jurídicamente es relevante que las cotizaciones se hayan generado en un país perteneciente a la Unión Europea, con la consiguiente aplicación del ordenamiento comunitario, o en otro ajeno a esa estructura supranacional, y, en tal hipótesis verificar si resulta aplicable algún instrumento internacional y, en caso negativo, si se suscribió o no el correspondiente Convenio especial", circunstancias estas últimas que en el caso de autos no concurrieron. Por su parte, en la *STC 45/1996, de 25 de marzo*, se invocó por una emigrante española la vulneración del derecho a la utilización de los medios de prueba (art. 24.2 CE) en los términos dispuestos en el Reglamento CEE nº 1408/71 del Consejo, de 14 de junio (relativo a la aplicación de los regímenes de seguridad social a los trabajadores por cuenta ajena, a los trabajadores por cuenta propia y a los miembros de sus familias que se desplazan dentro de la Comunidad) por haberse ignorado por el Juez los documentos en lengua alemana, relativos a su incapacidad, emitidos por un órgano administrativo de Alemania. Los documentos en cuestión no fueron valorados ni tenidos en cuenta en la instancia, y, en sede de suplicación se consideró que la parte había incumplido con su carga procesal de aportarlos traducidos o de instar a su traducción. El recurso de amparo fue desestimado sobre la base de que es facultad del juzgador determinar la norma aplicable al punto controvertido así como su interpretación, considerando que la resolución judicial impugnada, en observancia de la facultad que le corresponde, interpretó la norma comunitaria junto a la del art. 601 LEC, llegando a la conclusión de que la traducción no debe acordarse en todo caso de oficio sino a petición de parte como resulta del citado precepto procesal, interpretación que no se reputa irrazonable ni arbitraria.

Resultó igualmente significativo el caso enjuiciado por la *STC 34/2004, de 8 de marzo*, al plantearse una diferencia de trato retributiva de un trabajador de nacionalidad española, que trabajaba en la Oficina Comercial de España en Belgrado, en relación con los trabajadores yugoslavos que realizaban allí idéntica función. Se estimó la demanda al entenderse que las alegaciones de la Administración demandada para justificar la disparidad salarial (diferente legislación aplicable a las relaciones jurídicas en juego), y que fueron acogidas por la sentencia impugnada, tenían un carácter meramente formal dado que no venían acompañadas de ningún análisis del régimen laboral yugoslavo, de su concreta regulación y de las consecuencias que para el caso pudiera derivar de un "ignoto régimen jurídico dispar", que, además, le correspondía probar a la parte demandada. En definitiva, se consideró que la diferencia retributiva alegada por el demandante en amparo respecto de otras trabajadoras al servicio de idéntica Administración Pública, con la misma categoría y prestación de servicios, resultaba desprovista de una justificación objetiva y razonable, con vulneración, por tanto, del art. 14 CE.

Dicho esto, y por lo que se refiere ahora al resto de los procesos constitucionales (recursos y cuestiones de inconstitucionalidad, y conflictos de competencia), parece improbable también que su resolución se sustente en el art. 42 CE, en la medida en que este precepto incluye un "principio rector". Por ello, en tales procesos actuará, normalmente, como un argumento más de refuerzo en la labor de motivación del Tribunal Constitucional. Ciertamente, los escasos pronunciamientos existentes al respecto afectan a la distribución de competencias entre el Estado y las Comunidades Autónomas en materia de legislación laboral y régimen de Seguridad Social. Así, cabe destacar la *STC 154/1985, de 12 de noviembre*, que resolvió el conflicto de competencia promovido por el Gobierno de la Nación frente al Decreto 120/1982, de 5 de octubre, de la Junta de Galicia, por el que se creó el Instituto Gallego de Bachillerato a Distancia. Se aducía por el Gobierno que tal norma autonómica no respetaba el orden competencial (entre otros, el título relativo a la emigración contenido en el art. 149.1.2 CE) al haber extendido el ámbito de actuación de ese Instituto "a los emigrantes y a las Comunidades Gallegas asentadas fuera de Galicia". El Tribunal Constitucional resolvió el conflicto de competencia planteado en el sentido de declarar que la titularidad de la competencia controvertida, en cuanto suponía una actuación de los poderes públicos en el extranjero, correspondía al Estado. En la misma línea, la *STC 95/2002, de 25 de abril*, insistió en la competencia exclusiva del Estado en materia de migraciones exteriores (art. 149.1.2 CE) con motivo del recurso de inconstitucionalidad y conflicto positivo de competencia acumulados, promovidos por el Consejo Ejecutivo de la Generalitat de Cataluña, frente a Ley de Presupuestos Generales del Estado de 1993 y un Acuerdo tripartito en materia de Formación Continua suscrito en 1992.

Por su parte, tanto la STC 154/2015, de 9 de julio, FJ 7, como la STC 8/2023, de 22 de febrero, FJ 9, han recordado que las políticas de vivienda tratan de facilitar el acceso a una vivienda digna a personas necesitadas, siendo este un objetivo constitucional primordial (art. 9.2 y 47 CE), que guarda relación con la protección social y económica, entre otros colectivos dignos de especial tutela, de los "emigrantes retornados" (art. 42 CE).

V. BIBLIOGRAFÍA

DE LA VILLA GIL, L. E.: *El modelo constitucional de protección social*, Aranzadi Social, núm. 3/2004, Ed. Aranzadi, Pamplona, 2004;

JIMÉNEZ CAMPO, J.: "Art. 53: Protección de los derechos fundamentales", en *Comentarios a la Constitución española de 1978*, tomo IV, en AA.VV. (Dir.: ALZAGA VILLAAMIL, O.), Ed. Cortes Generales y Edersa, 1996, Madrid;

PECES-BARBA MARTÍNEZ, G.: "Los derechos económicos, sociales y culturales: su génesis y su concepto", en *Revista del Instituto Bartolomé de las Casas*, año III, febrero de 1998, núm. 6, Universidad Carlos III de Madrid-BOE;

PRADOS DE REYES, F. J.: "Constitución y políticas migratorias: ¿Una Constitución de emigrantes para inmigrantes?", en *El modelo social en la Constitución española de 1978*, Ministerio de Trabajo y Asuntos sociales, Madrid, 2003;

ROJAS CASTRO, M.: "Competencias del Tribunal Supremo, del Tribunal Constitucional y del Tribunal de Justicia de las Comunidades Europeas sobre los derechos sociales de los trabajadores migrantes", en *Sentencias de TSJ y AP y otros Tribunales*, núm. 6/2002, Ed. Aranzadi, Pamplona, 2002;

SARMIENTO MÉNDEZ, J.: "La efectividad de los derechos fundamentales y el fenómeno emigratorio", *Repertorio Aranzadi del Tribunal Constitucional*, núm. 8/2005, Ed. Aranzadi, Pamplona, 2005.

VI. JURISPRUDENCIA

STC 262/1988, de 22 de diciembre (solicitud de prestación por desempleo de emigrante española en Alemania).

STC 153/1994, de 23 de mayo (prestación asistencial por desempleo de trabajadores retornados).

STC 77/1995, de 22 de mayo (prestación asistencial de desempleo de trabajadores retornados).

STC 45/1996, de 25 de marzo (derecho a la prueba de emigrante española: documentos emitidos por Administración alemana).

STC 34/2004, de 8 de marzo (diferencia de trato retributiva de trabajador español en Oficina Comercial de España en Belgrado).

STC 154/1985, de 12 de noviembre y 95/2002, de 25 de abril (sobre título competencial de emigración, art. 149.1.2 CE).

Artículo 43

1. Se reconoce el derecho a la protección de la salud.

2. Compete a los poderes públicos organizar y tutelar la salud pública a través de medidas preventivas y de las prestaciones y servicios necesarios. La ley establecerá los derechos y deberes de todos al respecto.

3. Los poderes públicos fomentarán la educación sanitaria, la educación física y el deporte. Asimismo facilitarán la adecuada utilización del ocio.

COMENTARIO

Luis Jimena Quesada
Catedrático de Derecho Constitucional
Universitat de València

SUMARIO: I. INTRODUCCIÓN: GÉNESIS Y POTENCIAL EVOLUTIVO DEL DERECHO A LA SALUD DEL ARTÍCULO 43. II. EL CONTENIDO: EL DISFRUTE DEL MÁS ALTO NIVEL POSIBLE DE SALUD. 1. La amplia concepción constitucional del objeto y su desarrollo material en el ámbito interno. 2. La exhaustiva delimitación del contenido por vía internacional. III. LOS SUJETOS: EL ACCESO UNIVERSAL AL DERECHO A LA SALUD. IV. REFLEXIONES FINALES: RETOS PARA LA EFECTIVIDAD DEL DERECHO A LA SALUD EN CLAVE DE CONSTITUCIONALISMO MULTINIVEL EN UN ESCENARIO POST-PANDÉMICO. V. BIBLIOGRAFÍA. VI. JURISPRUDENCIA.

I. INTRODUCCIÓN: GÉNESIS Y POTENCIAL EVOLUTIVO DEL DERECHO A LA SALUD DEL ARTÍCULO 43

De entrada, un acercamiento al art. 43 de la Constitución Española de 1978 (CE) hace ineludible partir de una percepción real y actual del sistema sanitario español como un referente en el plano internacional. En efecto, con anterioridad a la crisis sanitaria mundial provocada por la pandemia de Covid-19, nuestro sistema sanitario venía situado en los últimos años en las más altas posiciones, tanto por la Organización Mundial de la Salud (OMS) como por las publicaciones y estudios más prestigiosos en la materia (por ejemplo, de la revista médica *The Lancet* y del *Institute for Health Metrics and Evaluation*/Instituto de Evaluación y Métrica Sanitaria de la Universidad de Washington). Indicadores como la alta cualificación del personal médico-sanitario, la amplia cobertura de especialistas en la sanidad pública española y en un sólido sector privado de la salud, la puntera capacidad tecnológica (con la implantación de soluciones de *e-health* como la receta tecnológica o la historia médica digital) o un modelo ejemplar de trasplantes de órganos, así lo acreditaban.

Se trata, entonces, de ponderar si, incluso tras la crisis "post-pandémica", nuestro sistema constitucional de derechos fundamentales va a la par de ese sofisticado sistema nacional de salud (SNS) o, en otros términos, si —en lo que nos afecta— hemos sido capaces como expertos constitucionalistas de asentar jurídicamente las exigencias que, para el respeto de la dignidad humana, se derivan del art. 43 CE. Como es conocido, en el caso concreto de Europa y España, la tragedia del Coronavirus se cebó al principio con nuestras personas mayores, con miles de muertes en residencias y centros geriátricos (lo cual ha generado un interesante debate incluso acerca de la posible responsabilidad penal por homicidio imprudente y denegación de asistencia sanitaria desde la perspectiva de la aplicación de triaje y determinación del cuidado exigible). Con ello se generaba la paradoja de descuidar uno de los vectores de nuestro Modelo Social Europeo: los cuidados y atención prioritaria a ese grupo social, máxime cuando no es incompatible la preocupación por el envejecimiento poblacional del "Viejo Continente" debido a la caída del índice de natalidad con una apuesta por el envejecimiento activo para que las personas mayores sigan siendo miembros plenos de la sociedad.

En este sentido, el referido grado de sofisticación que ha alcanzado en la actualidad nuestro SNS conduce inexorablemente al constitucionalista a afrontar el presente breve comentario del art. 43 con el siguiente enfoque: de un lado, el art. 43 CE se ha erigido indudablemente en esa base jurídica habilitante idónea de un pujante SNS que ha conocido un antes y un después, como el propio sistema constitucional, con la Carta Magna de 1978; y, de otro lado, semejante pujanza comporta igualmente que, más que detenerse en la consideración de elementos de Derecho comparado, sea menester centrarse en el modo de perfeccionar nuestra protección constitucional del derecho a la salud a la luz de las cláusulas de apertura internacional relativas a los mandatos interpretativo (art. 10.2) y aplicativos (arts. 93 a 96) de la Norma Fundamental.

Con tales parámetros, nuestros antecedentes "constitucionales" inmediatos de las Leyes Fundamentales franquistas (entre ellas, el Fuero del Trabajo de 1938, el Fuero de los Españoles de 1945 o la Ley de Principios Fundamentales del Movimiento de 1958) nos llevarían a una discusión intrascendente acerca de la delimitación e imbricación organizativas entre los sistemas de Salud y de Seguridad Social. Si acaso, trayendo a colación los antecedentes previos de la Constitución republicana de 1931, resulta curioso recordar que al margen de una concepción meramente "curativa" (art. 43) y "laboralizada" (art. 46) de la salud, su art. 15 aludiera "a las bases mínimas de la legislación sanitaria anterior" (materia 7.ª) como competencia estatal (de posible ejecución por las regiones autónomas), con la interesante premisa de atribuir (materia 1.ª) la inspección de "la ejecución de las leyes sociales" por el Gobierno de la

República "para garantizar su estricto cumplimiento y el de los tratados internacionales que afecten a la materia".

Esa llamada a la internacionalización se perfila hoy en día tanto más pertinente cuanto que, como se verá a continuación, nuestro constitucionalismo social contemporáneo (posterior a la vigente Constitución de 1978) ha adolecido en general, y en especial en el terreno de la salud, de un déficit de atención a los instrumentos internacionales básicos en la materia, tanto de Naciones Unidas (el Pacto de Derechos Económicos Sociales y Culturales —Pacto DESC—) como del Consejo de Europa (la Carta Social Europea —CSE—). Son estos instrumentos internacionales (sin olvidar el juego potencial derivado de la normativa de la Unión Europea —UE—) los que van a propiciar la optimización del contenido del derecho a la salud (apartado II, *infra*) y de su disfrute por los sujetos titulares o beneficiarios (apartado III), todo ello en coherencia con la creciente internacionalización del Derecho constitucional (apartado IV).

Por lo demás, y por lo expuesto, los ingredientes extranjeros objeto de mención en el proceso constituyente de 1978 (entre ellos, el art. 32 de la Constitución italiana de 1947, o el art. 64 de la Constitución portuguesa de 1976) no han alimentado precisamente un debate constitucionalista fructífero en España. Diversamente, la incidencia en el carácter "fundamental" del derecho a la salud, por ejemplo, en el caso de la Constitución y de la doctrina italianas, ha podido incluso generar una traslación comparatista desafortunada y distorsionadora en España, la cual ha acabado incidiendo (por vía de discernimiento meramente formalista) en su naturaleza no "fundamental" (al ubicarse entre los llamados "principios rectores de la política social y económica" del capítulo III del Título I) a través de esa aproximación dogmático-formalista que ha perdido de vista el diverso sistema de protección constitucional de los derechos fundamentales en Italia (en donde no existe el recurso de amparo ante la Corte Constitucional) y en España.

II. EL CONTENIDO: EL DISFRUTE DEL MÁS ALTO NIVEL POSIBLE DE SALUD

1. La amplia concepción constitucional del objeto y su desarrollo material en el ámbito interno

Por lo pronto, la propia redacción del art. 43 CE en sus tres apartados brinda una amplia proyección al contenido del derecho: su apartado 1 utiliza una fórmula prácticamente aislada en el Título I CE cuando no dispone meramente que se reconoce el derecho "a la salud" (como se hace, en cambio, con el derecho "a la vida y a la integridad" —art. 15—, "a la libertad y a la seguridad" —art. 17—, "de reunión" —art. 21—, "de asociación" —art. 22—, "a la educación" —art. 27—, "a sindicarse" —art. 28—, "de petición" —art. 30— "a la propiedad" —art. 33—, "de fundación" —art. 34—, "al trabajo" —art. 35—, "a disfrutar de un medio ambiente" —art. 45—, o "a disfrutar de una vivienda" —art. 47—), sino el derecho "a la *protección* de la salud", incidiendo en la acción protectora; el apartado 2 parece ser coherente con ello al concebir las obligaciones positivas de los poderes públicos organizando y tutelando la salud pública, no mediante un superado diseño de medicina curativa, sino "a través de medidas preventivas y de las prestaciones y servicios necesarios"; el apartado 3 apunta la amplitud de la cobertura protectora a través de la medida preventiva por excelencia, esto es, "la educación sanitaria", a lo que agrega "la educación física y el deporte", así como "la adecuada utilización del ocio".

En todo caso, esa amplia concepción constitucional del objeto va en la línea de la conocida definición de la OMS ("La salud es un estado de completo bienestar físico, mental y social y no consiste solamente en una ausencia de enfermedad o dolencia"). Por añadidura, la amplitud del bien jurídico protegido en el art. 43 CE revela nítidas conexiones con otros derechos constitucionales, bien de modo directo o explicito como en el caso de la vida y la integridad (art. 15 CE), la protección de la familia y de la infancia (art. 39 CE), la salud laboral (art. 40 CE), la seguridad social (art. 41 CE), la salud de las personas con discapacidad (art. 49 CE), la de las personas mayores (art. 50 CE) o la de los consumidores y usuarios (art. 51 CE), bien de manera indirecta o implícita como en el supuesto del disfrute de un medio ambiente sano (art. 45 CE) o de una vivienda digna y adecuada (art. 47 CE); y, por supuesto, esas conexiones indirectas podrían extenderse a la defensa de los intereses laborales y económicos de los profesionales del sector médico-sanitario (arts. 28, 35, 36, 37 y 52 CE), a su formación y perfeccionamiento científico (arts. 27 y 44 CE), o al desarrollo complementario del sector privado de la salud (arts. 34 y 38 CE).

Obviamente, el elenco de conexiones sería susceptible de extensión si se repara en el inciso del mismo art. 43 CE que manda al legislador establecer "los derechos y deberes de todos al respecto", puesto que entonces la protección de la salud podría entrar en juego o en colisión prácticamente con todos los demás derechos constitucionales: así, con la libertad de creencias religiosas (piénsese en la negativa a las transfusiones sanguíneas —STC 154/2002, de 18 de julio—) o no (por ejemplo, posiciones o movimientos contrarios a la vacunación —STC 38/2023, de 20 de abril—) del art. 16 CE, con la situación de la persona privada de libertad (art. 17 CE —STC 48/1996, de 25 de marzo—), con la salvaguardia de los derechos de la personalidad en conflicto con las libertades de comunicación (arts. 18 y 20 CE —STC 20/1992, de 14 de febrero—), con las reivindicaciones de mejora de la sanidad mediante manifestaciones (art. 21 CE) o a través del ejercicio de los derechos de asociación (art. 22 CE), de participación en los asuntos públicos (art. 23 CE —ATC 304/1996, de 28 de octubre—) y de petición (art. 29 CE), sin olvidar la tutela jurisdiccional del art. 24 CE (por ejemplo, para causas de responsabilidad patrimonial sanitaria, sea administrativa, sea civil —STC 37/2011, de 28 de marzo—), o los deberes cívicos con relación a situaciones que pongan en riesgo la salud (art. 30 CE) o con respecto al sostenimiento financiero del sistema sanitario (art. 31 CE).

Como es sabido, el tenso juego de esas conexiones se acentuó con las dos declaraciones de estado de alarma (Real Decreto 465/2020, de 14 de marzo y Real Decreto 926/2020, de 25 de octubre) y correspondientes prórrogas realizadas para la gestión de la Covid-19. Ambas recibieron sendos reproches mediante SSTC 148/2021, de 14 de julio, y 183/2021, de 27 de octubre: en ellas, nuestro máximo intérprete de la Carta Magna aprecia obviamente el carácter extraordinario de la coyuntura provocada por la pandemia, pero en la parte que declara la inconstitucionalidad entiende que se ha procedido a una suspensión de derechos (relacionada con la restricción a la libertad de movimientos, circulación y reunión —en espacios públicos, privados y de culto— y con medidas de contención en establecimientos y actividades económicas) que únicamente es viable en el estado de excepción (y en el de sitio), y no en el de alarma. De todas formas, unos meses antes de la adopción de dichas sentencias constitucionales de 2021, ya se había puesto de manifiesto la necesidad de una "ley de pandemias" (cuya primera manifestación, a buen seguro no definitiva, ha sido la Ley 2/2021, de 29 de marzo, de medidas urgentes de prevención, contención y coordinación para hacer frente a la crisis sanitaria ocasionada por el Covid-19, modificada, entre otras, mediante Ley 31/2022, de 23 de diciembre, de Presupuestos Generales del Estado para 2023).

En cualquier caso, las reseñadas conexiones del art. 43 CE con otros preceptos constitucionales y las mencionadas resoluciones del TC únicamente tienen como propósito ilustrar la amplia concepción constitucional de la salud, no debiendo hacernos caer en una percepción errónea de la protección. Esta, efectivamente, no cabe reconducirla obsesivamente a la vía subsidiaria y restrictiva del recurso de amparo a través de derechos básicamente cívico-políticos sino, por el contrario, al disfrute del más alto nivel posible de salud propiciado por el desarrollo normativo interno (con el correspondiente cumplimiento por las administraciones públicas y todas las personas) y su impregnación reforzada por los instrumentos internacionales de derechos socioeconómicos (apartado II.2 *infra*).

Esta lectura es la que se desprende, justamente, de la Ley 14/1986, de 25 de abril, General de Sanidad (LGS), cuando establece como objeto en su art. 1.1 "la regulación general de todas las acciones que permitan hacer efectivo el derecho a la protección de la salud reconocido en el artículo 43 y concordantes de la Constitución". Pues bien, esas acciones se desarrollan básicamente en el Título I ("Del sistema de salud", arts. 3 a 37) de la LGS, especialmente en los capítulos dedicados a los principios generales y a las actuaciones sanitarias del sistema de salud, que se ven completados por disposiciones específicas sobre salud mental, sobre salud laboral y sobre "la intervención pública en relación con la salud individual y colectiva", además del cuadro correspondiente de infracciones y sanciones.

Desde luego, al margen de los antecedentes legislativos mencionados en su Preámbulo y del mandato de actualización recogido en sus disposiciones finales, la LGS ha venido modificada y completada por otras Leyes estatales relevantes, singularmente la Ley 41/2002, de 14 de noviembre, básica reguladora de la autonomía del paciente y de derechos y obligaciones en materia de información y documentación clínica; la Ley 16/2003, de 28 de mayo, de cohesión y calidad del Sistema Nacional de Salud; la Ley 55/2003, de 16 de diciembre, del Estatuto Marco del personal estatutario de los servicios de salud; la Ley Orgánica 3/2007, de 22 de marzo, para la igualdad efectiva de mujeres y hombres; la Ley 14/2007, de 3 de julio, de Investigación biomédica; *la* Ley Orgánica 2/2010, de 3 de marzo, de salud sexual y reproductiva y de la interrupción voluntaria del embarazo; *la Ley 17/2011, de 5 de julio, de seguridad alimentaria y nutrición; la Ley 26/2011, de 1 de agosto, de adaptación normativa a la Convención Internacional sobre los Derechos de las Personas con Discapacidad; la* Ley 33/2011, de 4 de octubre, General de Salud Pública, o la Ley 3/2014, 27 marzo, por la que se modifica el texto refundido de la Ley General para la Defensa de los Consumidores y Usuarios y otras leyes complementarias. Como es lógico, el desarrollo reglamentario de estas materias es variopinto, pudiendo ilustrarse con normas como el Real Decreto *1575/1993, 10 septiembre, por el que se regula la libre elección de médico en el Insalud; el Real Decreto* 1277/2003, de 10 de octubre, por el que se establecen las bases generales sobre autorización de centros, servicios y establecimientos sanitarios; el Real Decreto 1591/2009, de 16 de octubre, por el que se regulan los productos sanitarios, o el Real Decreto 3/2023, de 10 de enero, por el que se establecen los criterios técnico-sanitarios de la calidad del agua de consumo, su control y suministro.

Por último, cabe tener en cuenta que el apartado 1 del art. 2 LGS configura ésta como "norma básica" en el sentido previsto en el art. 149.1.16ª CE (sanidad exterior, bases y coordinación de la sanidad y legislación sobre productos farmacéutico), lo que ha comportado la adopción de una detallada legislación autonómica en la materia (normas estatutarias, legislativas y reglamentarias, con apoyo asimismo en el art. 148.1.21ª —"sanidad e higiene"—); así lo prevé el apartado 2 del mismo art. 2 LGS ("Las Comunidades Autónomas podrán dictar normas de desarrollo y complementarias de la presente Ley en el ejercicio de las competencias que les atribuyen los correspondientes Estatutos de Autonomía"). Ni este art. 2.2 LGS, ni el art. 149.1.16ª CE, contienen una cláusula similar a la ya mencionada del art. 15.1ª de la Constitución republicana de 1931 de llamada al cumplimiento de "los tratados internacionales que afecten a la materia" (por referencia a la ejecución de las leyes sociales).

2. La exhaustiva delimitación del contenido por vía internacional

Al hilo de lo expuesto, la delimitación del contenido del derecho a la salud ha venido cabalmente de la mano de los instrumentos más importantes sobre derechos sociales de Naciones Unidas y del Consejo de Europa, constituyendo las referencias básicas respectivas el art. 12 del Pacto DESC y el art. 11 CSE de 1961 (España ha ratificado en 2021 la CSE revisada de 1996, aceptando asimismo el procedimiento de reclamaciones colectivas instaurado mediante el Protocolo de 1995).

En cuanto al art. 12 del Pacto DESC, además de la reciente Observación general n.º 22 (2016) *sobre el derecho a la salud sexual y reproductiva*, su contenido básico se ha reflejado en la Observación general n.º 14 (2000), *El derecho al disfrute del más alto nivel posible de salud* (art. 12 del Pacto DESC), en cuyo apartado I se sostiene que "la salud es un derecho humano fundamental e indispensable para el ejercicio de los demás derechos humanos. Todo ser humano tiene derecho al disfrute del más alto nivel posible de salud que le permita vivir dignamente". Agrega en el apartado 11 que se trata de "un derecho inclusivo que no sólo abarca la atención de salud oportuna y apropiada sino también los principales factores determinantes de la salud, como el acceso al agua limpia potable y a condiciones sanitarias adecuadas, el suministro adecuado de alimentos sanos, una nutrición adecuada, una vivienda adecuada, condiciones sanas en el trabajo y el medio ambiente, y acceso a la educación e información sobre cuestiones relacionadas con la salud, incluida la salud sexual y reproductiva. Otro aspecto importante es la participación de la población en todo el proceso de adopción de decisiones sobre las cuestiones relacionadas con la salud en los planos comunitario, nacional e internacional". Y completa la delimitación del contenido del derecho a la salud cifrando en el apartado 12 los siguientes elementos esenciales: a) *disponibilidad* (número suficiente de establecimientos, bienes y servicios públicos de salud y centros de atención de la salud, así como de programas); b) *accesibilidad* física, económica o asequibilidad, e informativa (de todos a esos establecimientos, bienes y servicios, sin discriminación); c) *aceptabilidad* (en clave de ética médica y de diversidad cultural), y d) *calidad* (científica y técnica). En particular, en las observaciones finales adoptadas por el Comité DESC con respecto a España (sexto informe periódico) en su 63º período de sesiones (12-29 de marzo de 2018), se reprochó a nuestro país (apartado 41) "el efecto regresivo en cuanto al disfrute del derecho a la salud que ha tenido el Real Decreto-ley 16/2012, de 20 de abril" en lo que afecta a los migrantes en situación irregular (apartado III, *infra*).

En lo que concierne al art. 11 CSE, el Comité Europeo de Derechos Sociales (CEDS), no sólo se hace eco de la interpretación del Comité DESC de Naciones Unidas, sino que ha elaborado una nutrida jurisprudencia sobre el contenido del derecho a la salud, incidiendo en la dimensión educativa (incluida la sexual), tanto en el sistema de informes como en el de reclamaciones colectivas (por ejemplo, decisión de fondo de 30 de marzo de 2009 sobre la Reclamación n.º 45/2007, *Interights c. Croacia*). Por lo que se refiere a las últimas Conclusiones sobre la materia relativas a España (publicadas en marzo de 2022), el CEDS no pronunció ninguna condena basada en el art. 11 CSE, pero sí declaró la violación del derecho a la seguridad e higiene en el trabajo como consecuencia de la insuficiencia de las medidas adoptadas para reducir el número de accidentes de trabajo (art. 3.2 CSE), tanto mortales como no (ocasionar mínimo cuatro días de baja) con tasas superiores a la media de los otros países de la UE.

Por otra parte, el CEDS incidió en pleno contexto pandémico en las obligaciones positivas referentes al derecho a la salud que pesan sobre los Estados. Dichas obligaciones positivas fueron enfatizadas en su *Observación interpretativa* (adoptada el 21 de abril de 2020) *sobre el derecho a la protección de la salud en tiempos de pandemia*: en ella, sobre la base del art. 11 de la Carta Social, el CEDS recuerda que los Estados deben adoptar todas las medidas de urgencia necesarias y adecuadas para prevenir y limitar la propagación del virus (incluidos los cribados masivos, la distancia social y el autoaislamiento, el suministro de mascarillas y productos desinfectantes o la imposición de cuarentenas y confinamientos), atender a las personas contagiadas (con atención especial a las más vulnerables) y velar por las condiciones de trabajo (sanas y seguras) de los profesionales de la salud.

Por lo que se refiere a la normativa de la UE, su regulación se ha centrado en la dimensión de la persona relacionada con la clásica libre circulación de trabajadores (véase STJUE de 15 de junio de 2023, *Thermalhotel Fontana*, asunto

C-411/2022, sobre aislamiento ordenado por la autoridad sanitaria nacional —e indemnización— como consecuencia de la Covid-19), lo que ha fraguado, ya desde los años ochenta del siglo pasado, unas directivas en materia de salud laboral (verbigracia, Directiva 89/391/CEE del Consejo, de 12 de junio de 1989, relativa a la aplicación de medidas para promover la mejora de la seguridad y de la salud de los trabajadores en el trabajo, o Directiva 92/85/CEE del Consejo, de 19 de octubre de 1992, relativa a la aplicación de medidas para promover la mejora de la seguridad y de la salud en el trabajo de la trabajadora embarazada), de donde lógicamente ha derivado una nutrida jurisprudencia del TJUE (por ejemplo, Sentencia de 22 de febrero de 2018, *Porras Guisado*, asunto C-103/16). Esa normativa inicial, que curiosamente no tuvo una base habilitante explícita en los Tratados comunitarios originarios, se recoge actualmente en cláusulas concretas sobre el derecho a la salud tanto en el Tratado de Funcionamiento de la UE (art. 168) como en la Carta de los Derechos Fundamentales (art. 35). Sin embargo, el lugar al que quedan relegados los derechos sociales (y el particular derecho a la salud del art. 35) en dicha Carta no parece que vaya a ser germen de una jurisprudencia del TJUE de gran impacto (salvo en supuestos de discriminación —por ejemplo, Sentencia de 18 de enero de 2018, *Ruiz Conejero*, asunto C 270/16—), a lo que tampoco contribuye la caracterización como *soft-law* de los derechos sociales y la poca atención reservada al derecho a la salud (salvo la laboral) en el Pilar Europeo de Derechos Sociales proclamado solemnemente en noviembre de 2017.

Por su parte, la jurisprudencia constitucional española no ha favorecido una interpretación sustancial y autónoma del derecho a la protección de la salud, al haber presentado un enfoque meramente procedimental que, bien ha puesto el foco de atención en procesos de constitucionalidad y conflictos competenciales entre el Estado y las Comunidades (STC 139/2016, de 21 de julio, y concordantes, apartado III *infra*), o bien ha descartado la vía del amparo para el derecho a la salud con la inadmisión (por no figurar en el bloque de los arts. 14-30 CE —ATC 940/1985, de 18 de diciembre—) o con implicaciones conexas de relativo alcance (STC 329/1993, de 12 de noviembre).

Del mismo modo, en fin, los aspectos relacionados con la protección de la salud en la jurisprudencia del TEDH revisten un carácter relativo al haberse articulado mediante la protección indirecta o "par ricochet" (las implicaciones o prolongaciones socio-económicas de los derechos convencionales, según la conocida fórmula de la STEDH *Airey c. Irlanda* de 9 de octubre de 1979) en asuntos sobre: expulsión de personas gravemente enfermas (STEDH *D. c. Reino Unido* de 2 de mayo de 1997), confidencialidad de datos relativos a la salud (STEDH *Panteleyenko c. Ucrania* de 29 de junio de 2006), procedimentalización de las condiciones sanitarias de las prácticas abortivas (STEDH *Tysiac c. Polonia* de 20 de marzo de 2007), intervenciones corporales o tratamientos médicos forzados (STEDH *Bogumil c. Portugal* de 7 de octubre de 2008), anonimización sobre el estado de salud (STEDH *C.C. c. España* de 6 de octubre de 2010) discriminación por motivos de salud (STEDH *Kiyutin c. Rusia* de 10 de marzo de 2011), acceso gratuito a medicamentos (STEDH *Panaitescu c. Rumanía* de 10 de abril de 2012), maternidad subrogada (STEDH *Mennesson y otros c. Francia y Labassee c. Francia de* 26 de junio de 2014), salud laboral (STEDH *Brincat y otros c. Malta* de 24 de julio de 2014), reproducción médica asistida (STEDH *Parrillo c. Italia* de 27 de agosto de 2015), responsabilidad patrimonial sanitaria (STEDH *Lopes de Sousa Fernandes c. Portugal* de 19 de diciembre de 2017) o vacunación obligatoria de infancia y adolescencia (STEDH *Vavřička y otros c. República Checa* de 8 de abril de 2021), habiendo el TEDH rechazado medidas cautelares o inadmitido demandas sobre la obligación impuesta a determinadas profesiones implicadas en la gestión de la pandemia (por ejemplo, decisión de inadmisibilidad *Thevenon c. Francia* de 13 de septiembre de 2022).

III. LOS SUJETOS: EL ACCESO UNIVERSAL AL DERECHO A LA SALUD

El tenor literal del art. 43 CE, tanto en su apartado 1 (fórmula impersonal "se reconoce") como en su apartado 2 ("todos", que justamente guarda identidad con los sujetos titulares del derecho a la vida y a la integridad del art. 15 CE), ha diseñado un sistema universal de acceso al derecho a la salud que vino a recogerse en el art. 2.1 LGS. No obstante, semejante diseño constitucional y legislativo vino a ser alterado por la legislación anticrisis plasmada en el Real Decreto-ley 16/2002, de 20 de abril, de medidas urgentes para garantizar la sostenibilidad del SNS y mejorar la calidad y seguridad de sus prestaciones, a través del cual se limitaba el acceso a las personas inmigrantes en situación irregular (solamente menores de dieciocho años, mujeres embarazadas y casos de urgencia).

Tamaña exclusión y ruptura con la consolidada regla de la universalidad vino avalada por la STC 139/2016, de 21 de julio. De tal regresión es consciente el propio TC cuando, tras llamar la atención acerca de que la universalidad había venido confirmándose en las sucesivas leyes de modificación de la LGS (incluida la Ley 33/2011, General de Salud Pública) y en la legislación de extranjería (Ley Orgánica 4/2000), en el FJ 8 hace notar: "Es cierto que, desde la óptica del principio de universalidad, resulta claro el contraste resultante que se produce entre la nueva regulación de la condición de asegurado y la limitación de la cobertura que resulta de las modificaciones introducidas por el Real

Decreto-ley 16/2012 y el marco normativo preexistente. Supone un giro en la anterior política de progresiva extensión de la asistencia sanitaria gratuita o bonificada, a partir de la creación del Sistema Nacional de Salud".

La postura del TC resulta sorprendente, por apartarse de los mandatos constitucionales interpretativo (art. 10.2 CE) y aplicativo (arts. 93 a 96 CE), dado que el CEDS había tachado dicha normativa de contraria al art. 11 CSE en diciembre de 2013 (conclusiones publicadas en enero de 2014), tras recordar que "los Estados Partes en la Carta tienen obligaciones positivas en materia de acceso a la asistencia sanitaria con respecto a los migrantes, 'se encuentren o no en situación irregular' (*Médecins du Monde - International c. Francia*, Reclamación n° 67/2011, decisión de fondo de 11 de septiembre de 2012, §144)". Además, el Comité Europeo refuerza su argumentación en clave de sinergia, acudiendo al parámetro equivalente de Naciones Unidas, esgrimiendo: "la idea de accesibilidad universal ha sido igualmente subrayada como uno de los elementos esenciales del derecho a la protección de la salud por el Comité de Derechos Económicos, Sociales y Culturales de Naciones Unidas: '§12. Los establecimientos, bienes y servicios de salud deben ser accesibles a todos, sin discriminación alguna, dentro de la jurisdicción del Estado Parte' [Observación general n.º 14 (2000), El derecho al disfrute del más alto nivel posible de salud (art. 12 del Pacto Internacional de Derechos Económicos, Sociales y Culturales)]".

Lamentablemente, fue el Comité Europeo quien, pese a lo afirmado meridianamente en las Conclusiones de 2013, cambió sorprendentemente de criterio en sus Conclusiones de 2017 (publicadas en enero de 2018), declarando que la situación en España era "conforme al art. 11.1 de la Carta de 1961". Ese nuevo canon europeo regresivo se alineaba así *a posteriori* con el canon constitucional asimismo restrictivo que había rechazado las posiciones universalizadoras de algunas Comunidades Autónomas (STC 139/2016, de 21 de julio). Pese a todo, debe tenerse en cuenta que la controvertida normativa sanitaria española de 2012 volvió a ser declarada contraria a los parámetros internacionales, en este caso al art. 12 Pacto DESC, por el Comité DESC (observaciones finales adoptadas en marzo de 2018 en su 63º período de sesiones, apartado 42): pide a España "la derogación de las disposiciones que implicaron retrocesos en la protección del derecho a la salud. Además, le insta a que tome las medidas necesarias para que los migrantes en situación irregular tengan acceso a todos los servicios de salud necesarios, sin discriminación alguna, de conformidad con los artículos 2 y 12 del Pacto". Y esta interpretación, en definitiva, es la que debe prevalecer por imperativo del art. 10.2 CE, en conjunción con los arts. 93 a 96 CE, en aras del principio *favor libertatis* o *pro personae*. Afortunadamente, la coherencia con nuestra normativa anterior a 2012 y, especialmente, con los estándares internacionales, fue recuperada mediante el Real Decreto-ley 7/2018, de 27 de julio, sobre el acceso universal al Sistema Nacional de Salud.

IV. REFLEXIONES FINALES: RETOS PARA LA EFECTIVIDAD DEL DERECHO A LA SALUD EN CLAVE DE CONSTITUCIONALISMO MULTINIVEL EN UN ESCENARIO POST-PANDÉMICO

A la luz de lo acabado de reseñar, al margen de la sorpresa que causó ese cambio de criterio del CEDS en medios jurídicos y médico-sanitarios, la interpretación que debe seguirse en el ámbito interno (acudiendo eventualmente al control de convencionalidad por parte de los órganos jurisdiccionales nacionales y la equivalente actuación por parte de los operadores jurídicos y los actores médico-sanitarios implicados haciendo prevalecer el canon internacional más favorable), no es desde luego la del TC español ni la nueva del CEDS, sino la del Comité DESC que asegura la protección más efectiva del derecho a la salud y con la que, dicho sea de paso, sí ha sido coherente el estándar regional de algunas Comunidades Autónomas (rechazado en cambio por el TC, apartado III *supra*).

Con este enfoque de constitucionalismo multinivel, se guarda coherencia y posición *favor libertis* o *pro personae*, no únicamente por mor del mandato interpretativo (art. 10.2) y aplicativo (art. 96) de la Constitución española, sino igualmente con el mandato internacional de estándar mínimo que, por cierto, establece la propia CSE de 1961 (art. 32) y la revisada de 1996 (art. H), lo cual hubiera debido llevar asimismo al Comité Europeo a ser consistente con dicha disposición.

Como también se afirmó (apartado I, *supra*), de los antecedentes de nuestro constitucionalismo histórico se revela interesante la llamada de la Constitución republicana de 1931 (art. 15.1ª) a los tratados internacionales sobre derechos sociales; y, en cuanto al Derecho comparado, aunque de la configuración del derecho a la salud como "fundamental" en la Constitución italiana vigente de 1947 (art. 32) no se extraiga en principio consecuencia práctica alguna en términos de protección (el sistema de justicia constitucional no prevé el recurso de amparo en Italia, mientras que en España se excluye formalmente tal mecanismo con respecto al art. 43 CE), sí es procedente observar que la doctrina italiana ha puesto en conexión la tutela del art. 32 con el disfrute de la salud en condiciones de igualdad, real, sustancial o efectiva del art. 3 de la Carta Magna de 1947. Ello, consecuentemente, sí resulta relevante para nuestro país, por cuanto el art. 3 de la Constitución italiana sirvió de fuente de inspiración para la redacción del equivalente art. 9.2 CE. Un precepto este que, significativamente, se cita en el art. 12 LGS, cuando establece que "los poderes públicos orientarán sus políticas de gasto sanitario en orden a corregir desigualdades sanitarias y garantizar la igualdad de acceso a los Servicios Sanitarios Públicos en todo el territorio español, según lo dispuesto en los arts. 9.2 y 158.1 de la Constitución".

No por casualidad, la financiación del SNS, a la que se dedica una parte sustancial de la LGS (el capítulo V del Título III, arts. 78 a 83), constituye una garantía básica para asegurar la efectividad del contenido del derecho a la salud (apartado II, *supra*), sin que la jurisprudencia europea haya avalado en cambio técnicas recaudatorias como el conocido "céntimo sanitario" (STJUE de 27 de febrero de 2014, *Transportes Jordi Besora*, asunto C-82/12). Todo un reto en clave de un constitucionalismo multinivel que pretende compensar las desigualdades territoriales y la libertad de movimientos atajando supuestos de "turismo sanitario".

Por descontado, los recursos económicos y financieros deben ponerse al servicio del sistema nacional de salud, lo mismo que las nuevas tecnologías, incluida la inteligencia artificial (IA). A este respecto, entre sus múltiples aplicaciones, la IA suele situarse en el centro de la medicina del futuro, dado que puede facilitar las intervenciones quirúrgicas asistidas, el seguimiento de pacientes a distancia, la utilización de prótesis inteligentes, o la implementación de tratamientos personalizados gracias al acopio de un número creciente de datos personales o megadatos (*big data*). En otras palabras, son diversos los terrenos aplicativos de la IA a la medicina, que van desde la medicina predictiva (predicción de una enfermedad y/o su evolución) o la medicina de precisión (recomendación de un tratamiento personalizado), hasta la cirugía asistida por ordenador o el recurso a robots acompañantes (especialmente para personas mayores o en situación de fragilidad), pasando por la ayuda a la decisión (diagnóstica o terapéutica) y, por supuesto, la prevención de la población en general (anticipación de una epidémica y farmacovigilancia).

Dichos avances deben ser acordes con la garantía personal del *habeas data*, pues las técnicas algorítmicas no han de estar reñidas con la concepción de sistemas de *e-health* transparentes para el usuario y bien adaptados al contexto en el que se utilizan. La problemática tiene una enorme actualidad, como muestra el *Informe sobre el impacto de la inteligencia artificial en la relación médico-paciente* publicado el 7 de junio de 2022 por el Comité Director para los derechos humanos en los ámbitos de la biomedicina y la salud (CDBIO) del Consejo de Europa. Sea como fuere, para concluir, las potencialidades que presenta la IA para la optimización del derecho a la salud deben seguir siendo explotadas, no sorprendiendo el interrogante acerca de si la IA podría haber evitado la trágica pandemia de la Covid-19.

V. BIBLIOGRAFÍA

ALZAGA VILLAAMIL, O.: *Comentario sistemático a la Constitución española de 1978*, Marcial Pons, Madrid, 2ª ed., 2016, especialmente pp. 248-249 ("Artículo 43").

DELGADO DEL RINCÓN, L.: "El derecho a la asistencia sanitaria de los inmigrantes irregulares: reflexiones sobre la reforma introducida por el Real Decreto-ley 16/2012, de 20 de abril", *Revista de Estudios Políticos*, núm. 163, 2014, pp. 189-230.

ESCOBAR ROCA, G.: "El derecho a la protección de la salud" (capítulo IX), en ESCOBAR ROCA, G. (Dir.), *Derechos sociales y tutela antidiscriminatoria*, Aranzadi, Cizur Menor, 2012, pp. 1073-1178.

JIMENA QUESADA, L.: "Inteligencia artificial, protección de datos y derecho a la salud en la era pos-Covid", en PAUNER, C., GARCÍA, R., y TOMÁS, B. (Eds.): *La implementación del Reglamento General de Protección de Datos en España y el impacto de sus cláusulas abiertas*, Tirant lo Blanch, Valencia, 2023, pp. 93-113.

LEÓN ALONSO, M.: *La protección constitucional de la salud*, La Ley, Madrid, 2010.

MONEREO PÉREZ, J. L.: "Derecho a la protección de la salud. Artículo 11 de la Carta Social Europea", en MONEREO ATIENZA, C., y MONEREO PÉREZ, J. L. (Dir. y Coord.): *La garantía multinivel de los derechos fundamentales en el Consejo de Europa. El Convenio Europeo de Derechos Humanos y la Carta Social Europea*, Comares, Granada, 2017, pp. 598-612.

TAJADURA TEJADA, I.: "La protección de la salud (art. 43 CE)" (capítulo III), en TAJADURA TEJADA, J. (Dir.): *Los principios rectores de la política social y económica*, Biblioteca Nueva, Madrid, 2004, pp. 203-261.

TOMÁS MALLÉN, B.: "El Tribunal Europeo de Derechos Humanos ante la pandemia de la Covid-19 (Análisis de las primeras decisiones)", *Revista General de Derecho Europeo*, núm. 54, 2021, pp. 45-73.

VI. JURISPRUDENCIA

Tribunal Constitucional

STC 37/2011, de 28 de marzo (responsabilidad patrimonial sanitaria).

SSTC 139/2016, de 21 de julio; 183/2016, de 3 de noviembre; 33/2017, de 1 de marzo; 63/2017, de 25 de mayo; 64/2017, de 25 de mayo; 97/2017, de 17 de julio; 98/2017, de 20 de julio; 134/2017, de 16 de noviembre, y 145/2017, de 14 de diciembre (acceso universal a la salud y distribución de competencias entre Estado y Comunidades Autónomas).

SSTC 148/2021, de 14 de julio, y 183/2021, de 27 de octubre (estado de alarma por emergencia sanitaria).

STC 38/2023, de 20 de abril (caso de vacunación obligatoria frente a la Covid-19).

Tribunal Europeo de Derechos Humanos

STEDH *Kiyutin c. Rusia* de 10 de marzo de 2011 (discriminación por motivos de salud).
STEDH *Panaitescu c. Rumanía* de 10 de abril de 2012 (acceso gratuito a medicamentos).
STEDH *Vavřička y otros c. República Checa* de 8 de abril de 2021 (vacunación obligatoria de infancia y adolescencia)
STEDH *García Herrero c. España* de 11 de octubre de 2022 (responsabilidad sanitaria).

Artículo 44

1. Los poderes públicos promoverán y tutelarán el acceso a la cultura, a la que todos tienen derecho.

2. Los poderes públicos promoverán la ciencia y la investigación científica y técnica en beneficio del interés general.

COMENTARIO

Rosa Velázquez Álvarez
Doctora en Derecho

SUMARIO: I. ESTRUCTURA DEL PRECEPTO. II. EL APARTADO 1 DEL ARTÍCULO 44. 1. Cultura como noción constitucional. 2. Distribución de poder en la materia. 3. Contenido normativo del apartado primero. III. EL APARTADO SEGUNDO: LA CIENCIA Y LA INVESTIGACIÓN COMO FORMAS DE CULTURA. IV. BIBLIOGRAFÍA. V. JURISPRUDENCIA.

I. ESTRUCTURA DEL PRECEPTO

El contexto de cultura jurídica que rodea a la elaboración del texto constitucional español incide quizás de modo especialmente significativo en lo que atañe a la materia del artículo 44. El llamado constitucionalismo cultural que había ido madurando y se había plasmado en varios textos de postguerra —Constitución italiana de 1947—, encontró singular recepción en Portugal y España tras el fin de las dictaduras. La generosidad con que el texto fundamental español alude al término cultura y culturas así como el uso intensivo de dicha noción como instrumento de mejora y estabilidad social, como herramienta de bienestar individual y colectivo, refleja una acendrada confianza en el ideal de la Ilustración. A esos precedentes hay que sumar que en los años de elaboración del texto constitucional era común adherir —quizás inadvertidamente— a las tesis de Adorno sobre los usos emancipatorios de la cultura que en síntesis afirman que se llega a la libertad por la educación.

El precepto analizado recoge dos facetas de un mismo fenómeno, el del conocimiento humano, y podría decirse que el segundo inciso es una concreción temática del primer apartado.

En la jurisprudencia constitucional se ha recordado (voto particular de Xiol Ríos a la STC 177/2016) que "La cultura aparece definida en el diccionario de la Real Academia Española como el '[c]onjunto de modos de vida y costumbres, conocimientos y grado de desarrollo artístico, científico, industrial, en una época, grupo social, etc.'". Por su parte, en la Declaración de México sobre las Políticas Culturales aprobada en la Conferencia mundial sobre las políticas culturales celebrada en 1982 bajo los auspicios de la UNESCO, se establece "que, en su sentido más amplio, la cultura puede considerarse actualmente como el conjunto de los rasgos distintivos, espirituales y materiales, intelectuales y afectivos que caracterizan a una sociedad o un grupo social. Ella engloba, además de las artes y las letras, los modos de vida, los derechos fundamentales del ser humano, los sistemas de valores, las tradiciones y las creencias".

La Constitución española configura este artículo 44 dotándolo de un rasgo normativo esencial: su encuadre en el Título I acarrea una eficacia de irradiación en la interpretación del resto del ordenamiento constitucional pero que, no obstante, deja acotada su capacidad de vincular al legislador en cuanto a su densidad normativa dado que se incardina en el Capítulo III como uno de los principios rectores de la política social y económica.

II. EL APARTADO 1 DEL ARTÍCULO 44

La norma que contiene este apartado constituye la regulación de una política pública prestacional pero enuncia, asimismo, un derecho subjetivo de configuración legal. De este modo las vertientes objetiva y subjetiva del derecho de acceso a la cultura se reúnen en este principio rector de la política social y económica. El precepto complementa, además, la consagración de la libertad de creación cultural reconocida en el más amplio marco del artículo 20.1. CE, dotado allí de la especial protección, garantía y resistencia dispensadas a un derecho fundamental.

Las conexiones con otros preceptos constitucionales no se limitan a aquellos en los que hay mención específica del término cultura, como en el propio Preámbulo constitucional, o el art. 3.3 en el que se adivina la garantía institucional para proteger la diversidad lingüística y reconocer tal hecho como manifestación del patrimonio cultural protegido o el significativo reconocimiento del "servicio de la cultura como deber y atribución esencial del Estado" en conjunción con las Comunidades Autónomas en el artículo 149.2 CE. El artículo 44.1 comparte con el art. 9.2 no sólo el uso del vocablo cultura, sino que también se dirige de modo directo a los poderes públicos a los que encomienda la promoción de la participación de todos los ciudadanos en la vida cultural (así como política, económica y social). De este modo, la Constitución española se inserta en la tradición de lo que PRIETO DE PEDRO ha llamado el constitucionalismo cultural. Pero es cierto, asimismo, que las alusiones a la cultura como bien constitucionalmente protegido se remontan desde luego al texto de la Constitución mexicana de 1917 e incluso antes, con alusiones en distintos instrumentos constitucionales de la España decimonónica. Prueba de que esta tradición no ha sido objeto de la misma recepción en todos los países de nuestro entorno se percibe en el caso alemán: la sociedad alemana se concibe históricamente como un Estado cultural desde el germen del Estado prusiano (*Kulturstaatlichkeit*) y consagró derechos culturales en la Constitución de Weimar; sin embargo no estimó oportuno en 1949 llevar la constitucionalización de la materia cultural más allá de la consagración de la correspondiente libertad del conocimiento en su artículo 5.3. de la Ley Fundamental, eludiendo deliberadamente conferir esta competencia promocional al Estado federal, sin duda entre otros motivos, por el riesgo de instrumentalización de la cultura por los poderes públicos.

1. Cultura como noción constitucional

Para considerar este precepto se parte de la afirmación de PRIETO DE PEDRO sobre la polisemia del término cultura en el texto constitucional, que señala la virtualidad del artículo 44 al enunciarlo en su sentido integral: "(...) el artículo 44.1 CE, que se comporta como un cruce de caminos, un punto de encuentro para todas las manifestaciones de la cultura dispersas en el texto constitucional, donde el derecho a la cultura es el derecho a la potencialidad ínsita a esa noción holística con que la Constitución afronta el tema cultura". El sustrato de análisis también puede engarzarse con el a la libertad de creación y el derecho a la educación, pero parece más adecuado el planteamiento citado, pues no necesariamente la cultura está vinculada a la actividad creativa en que predomina la visión del sujeto del derecho como sujeto activo de la creación o con la educación reglada. Pocas dudas caben de que el constituyente quiere proteger todas las manifestaciones culturales, no sólo la cultura institucionalizada o sólo al sujeto emisor de la producción cultural sino también a quien es receptor de los más diversos productos culturales. Resulta especialmente útil observar que la cultura es un componente ineludible del proyecto de sociedad que se inscribe en la Constitución. Una sociedad en la que la cultura constituye un elemento de la actividad económica y objeto y herramienta de la comunidad política.

2. Distribución de poder en la materia

La cultura y la investigación científica y técnica responden para la determinación del régimen competencial a sus diversas facetas, pues en tanto que derecho fundamental (artículo 20.1.d) su régimen jurídico es competencia exclusiva del Estado, aunque la intervención de los poderes subestatales alcanza a aquellos ámbitos de su competencia para los que tengan titularidad. Junto a las primeras sentencias constitucionales en la materia en los años ochenta y noventa, en las décadas más recientes ha habido pronunciamientos relevantes y no exentos de discusión: SSTC 122/2014, 177/2016 y 134/2018.

Por otro lado, en lo que atañe a su faceta como principio rector responde a un régimen de distribución competencial de plena concurrencia, pues como política pública se trata de un ámbito de actividad en el que se superponen el poder del Estado, el poder autonómico, el local y el poder de la Unión Europea.

La convivencia entre el título competencial del Estado (art. 149.2 para la cultura y 149.1.15 CE referido a la investigación) y el correspondiente de los poderes autonómicos (art. 148.1.17 CE) genera un marco de concurrencia en el que la regla es la acumulación de potestades y no cabe concebir la actuación estatal como una coordinación general sobre la base de la actividad autonómica.

La STC 177/2016 resolvió el recurso de inconstitucionalidad interpuesto por un grupo de senadores contra la regulación legal del parlamento de Cataluña que prohibía los espectáculos públicos con muerte de toros. En lo que aquí interesa —dejando a un lado la discusión que atañe al contenido del artículo 149.2 pues es objeto de comentario en otro lugar de esta obra— la comprensión que la mayoría de los magistrados hacen del artículo 44 genera un entendimiento robusto de la competencia estatal que permite vetar al legislador autonómico la intervención en la materia de tauromaquia. Lo cierto es que los votos discrepantes (también en la ulterior STC 134/2018 sobre un supuesto similar pero no coincidente de la normativa legal balear) señalan un riesgo de incertidumbre en la noción de "menoscabo competencial" sobre la cual se basa la estimación del recurso de inconstitucionalidad.

Desde el punto de vista del contenido del artículo 44, resulta especialmente interesante el criterio expresado en el voto particular que firma el magistrado Xiol Ríos indicando un criterio no acogido por la mayoría pero que se reproduce por su interés: "(...) la cultura es un bien transgeneracional que exige no solo mantener la herencia recibida, sino promover y reforzar su proyección hacia el futuro; pero también es un conjunto dinámico y evolutivo de valores que cada sociedad debe confrontar y, en su caso, asumir y enriquecer en la medida en que perviva una afección e identificación con ese sistema de valores. Al margen de ello, además, por el ya mencionado carácter plural de los pueblos y culturas que conforman el Estado español, tampoco puede obviarse que ese sistema puede no resultar necesariamente monolítico en toda su expresión territorial."

El corolario del razonamiento es que cabría legitimar constitucionalmente orientaciones opuestas del legislador estatal y el autonómico en materia de cultura. La tesis de que el artículo 46 (y de modo reflejo el artículo 44) incluye la hipótesis de la pluralidad cultural y posible contraposición de criterios entre poderes territoriales no es la solución que, por el momento, ha concitado el respaldo mayoritario en el órgano de control de constitucionalidad.

Por otra parte, como en el ámbito de la cultura, para la regulación de la política pública de investigación la Constitución asume que los poderes públicos pueden superponerse en su tarea y que tal situación genera ventajas para la mejor consecución de la finalidad del precepto cual es la promoción de la ciencia y la investigación.

La distribución competencial en materia de investigación cuenta adicionalmente con la atribución de competencia exclusiva de coordinación al Estado (art. 149.1.17 CE).

3. Contenido normativo del apartado primero

La cultura constituye un sector de actividad social presidido por el principio de libertad en el que actúan tanto sujetos privados como públicos y estos últimos ejercen un poder regulatorio no menor, que en cualquier caso debe respetar el contenido esencial del concepto constitucional correspondiente.

La caracterización como principio rector emplaza a los poderes públicos a desarrollar una actividad de promoción y protección cuya precisa concreción será fruto del criterio de oportunidad del legislador y de las administraciones públicas competentes en cada caso.

Ahora bien, la configuración constitucional limita la intervención legislativa con indicaciones sobre la extensión del derecho. En concreto, se reconoce la titularidad del derecho con singular generosidad pues la formulación de modo invertido "(...) cultura, a la que todos tienen derecho" da lugar a una potencial universalidad del derecho. Esta opción del constituyente supone distanciarse relativamente de otros reconocimientos en textos constitucionales iberoamericanos —en su mayoría posteriores en el tiempo— en los que se liga la protección de la cultura a la protección de minorías étnicas indígenas de modo cualificado. Aun reconociendo el texto la diversidad cultural y el plurilingüismo de España, en este precepto el objeto de regulación es una noción —la cultura— que se estima inherente al ser humano, sin más alusión a su pertenencia o no a grupo alguno, sino como individuo y como sujeto en sociedad. El artículo 44.1 se distingue así de otros preceptos constitucionales que aluden a la cultura, pues éste omite las referencias a la diversidad. En términos contemporáneos podría decirse que la Constitución no busca una sociedad de yuxtaposición de culturas, sino de culturas compartidas que tengan al ser humano como centro, y se aleja de visiones identitarias esencialistas. El constituyente ancla el derecho de acceso a la cultura a una noción universal de cultura y no adjetivada.

En el ámbito internacional ha habido un desarrollo que tiene en la Carta cultural iberoamericana (aprobada en noviembre de 2006 en Montevideo en el contexto de la XVI Cumbre Iberoamericana de Jefes de Estado y de Gobierno) un documento que aúna tanto la visión de la cultura como derecho del individuo como la protección de las colectividades con rasgos culturales diferenciados, específicamente en América latina las comunidades indígenas, afrodescendientes o de otros grupos.

Dada la redacción del artículo 44.1 —"la promoción y tutela del acceso a la cultura"—, puede colegirse que el constituyente apunta a una manifestación de la igualdad de oportunidades, pues no se trata de una imposible obligación de resultado, sino un mandato de hacer y de poner los medios necesarios y remover los obstáculos que puedan socavar el acceso a la cultura en igualdad de oportunidades. El poder público debe dar acceso pero no puede garantizar la producción. La noción liberal de política cultural y la del estado de procura existencial se ven así obligados a convivir. Las instituciones han de contribuir a que los individuos construyan su propia cultura, la ensanchen, la conserven y la transmitan, pero no deben sustituir a los individuos ni a los grupos en esa actividad, pues la autonomía creativa forma parte del núcleo necesario para que la sociedad sea libre. Los riesgos de extralimitarse en el ámbito de la política cultural han sido patentes en distintos momentos de la historia de las sociedades occidentales. La política pública de subvenciones se ha interpretado a menudo como una consecuencia de la obligación de promoción de la cultura, pero quizás el esquema de análisis deba distinguir entre el momento de generación de cultura (libertad) y el momento de acceso a la cultura (derecho de prestación). Si en el momento libertad el Estado debe fundamentalmente abstenerse de intervenir, su obligación alcanza también a una faceta prestacional cual es la educación de creadores que vuelve a encontrarse dentro del ámbito del artículo 27 pero en indudable conexión con el artículo 44.

El desarrollo normativo infraconstitucional, como corresponde a un principio rector del capítulo III, ha sido ingente y abarca desde la ley de patrimonio hasta la normativa de museos, bibliotecas y archivos, creación y regulación de teatros o la ley del cine. También las Comunidades autónomas han hecho uso de sus potestades y han desarrollado legalmente instituciones culturales, han creado organismos administrativos especializados (Consejo nacional de la cultura y de las artes de 2008 en Cataluña), regulado los espectáculos públicos y el patrimonio histórico autonómico o aprobado leyes para el fomento de la cultura tradicional, entre otras variadas materias. Más arriba se ha hecho mención a cómo las previsiones del legislador autonómico en el ámbito de la tauromaquia han generado pronunciamientos del Tribunal Constitucional que han conformado un deslinde posible entre competencias del Estado y de las Comunidades autónomas.

III. EL APARTADO SEGUNDO: LA CIENCIA Y LA INVESTIGACIÓN COMO FORMAS DE CULTURA

Si se acepta que el conocimiento humano es único se llega sin grandes operaciones lógicas a concluir que el apartado segundo del artículo 44 marca un territorio específico dentro de la promoción de la cultura, aquel ligado a la investigación científica y la innovación técnica. El texto español regula aquí de modo diferenciado la faceta de obligación promocional de los poderes públicos relativa a la actividad investigadora. También en este ámbito ha separado el constituyente la faceta libertad, en este caso científica, incluida en el art. 20.1.b CE de la faceta de función prestacional del poder público recogida en el presente art. 44.2 CE. Como ha señalado EMBID TELLO, la particularidad de este enunciado constitucional al compararlo con los preceptos análogos en otros textos constitucionales es la explícita alusión a una finalidad determinada, el sometimiento al interés general de la promoción de la investigación científica y técnica. Esta vinculación finalista ha planteado interesantes interrogantes, pues cabe cuestionar si existe una investigación que no cumpla con el interés general o que sea contraria a la misma. La hipótesis de que el interés general sólo se cumple en un tipo de investigación y no es en todo caso enriquecedor el incremento y profundización del conocimiento humano es útil para determinar si los poderes públicos deben promover tal actividad en virtud del artículo 44.2 CE. Lo cierto es que en la práctica, dados los limitados recursos públicos para esta materia, el riesgo cierto es que no toda la investigación que efectivamente cumple con el interés general alcance a ser promovida —financiada— por los poderes públicos. Asimismo en la realidad de los últimos años parece funcionar una presunción de legitimidad a favor del gasto y la política pública de investigación. Dicha presunción ha generado en otros países, señaladamente Alemania, que ni siquiera en coyuntura de restricción presupuestaria se haya preterido la inversión pública en favor de otras partidas.

Como en el ámbito de la cultura, para la regulación de la política pública de investigación la Constitución asume que los poderes públicos pueden superponerse en su tarea y que tal situación genera ventajas para la mejor consecución de la finalidad del precepto cual es la promoción de la ciencia y la investigación. La concurrencia se incrementa con la intervención de la Unión Europea que desarrolla de modo creciente su actividad en este ámbito y actúa de hecho como guía indirecta de la investigación en todos los países miembros dado el abultado volumen de fondos que maneja.

Con respecto a los límites generales de la libertad de investigación científica debe remitirse a los que se derivan del artículo 20.1.b CE, pero estos deben distinguirse de la previsión del apartado segundo del artículo 44. En este apartado el legislador enuncia el mandato de sometimiento al interés general y la síntesis que en cada momento, dicho legislador legitimado como poder democrático, haga de cómo gestionar las incertidumbres del conocimiento científico en sus conflictos con otros bienes susceptibles de protección jurídica.

La finalidad de fortalecimiento del Estado democrático de Derecho que subyace en la mayoría de los principios rectores del capítulo III es capital para entender la promoción de la cultura que el artículo 44 atribuye a los poderes públicos.

IV. BIBLIOGRAFÍA

CUETO PÉREZ, M.: "El marco constitucional de la investigación científica", *Vlex*

EMBID TELLO, A. E.: "Crítica a la evaluación objetiva como método de promoción de la investigación científica", *Los retos del Estado y la Administración en el siglo XXI: libro homenaje al Profesor Tomás de la Quadra-Salcedo Fernández del Castillo*, Valencia, 2017.

ESTEVE PARDO, J., TEJADA PALACIOS, J.: *Ciencia y Derecho: la nueva división de poderes*, Madrid, 2015

FAMIGLIETTI, G.: *Diritti culturali e diritto della cultura*, Torino, 2010.

PRIETO DE PEDRO, J.: *Cultura, culturas y Constitución*, Madrid, 2013.

– "Artículo 44.1", *Vlex*.

VAQUER CABALLERÍA, M.: *Estado y Cultura*, Madrid, 1998.

V. JURISPRUDENCIA

STC 49/1984, de 5 de abril, sobre el régimen competencial en materia de cultura.

STC 17/1991, de 31 de enero, sobre el régimen jurídico del patrimonio histórico y el artículo 46 CE.

STC 122/2014, de 17 de julio sobre competencias de patrimonio cultural.

STC 177/2016, de 20 de octubre, sobre patrimonio histórico y cultura.

STC 134/2018, de 13 de diciembre, sobre patrimonio histórico y cultura.

Artículo 45

1. Todos tienen el derecho a disfrutar de un medio ambiente adecuado para el desarrollo de la persona, así como el deber de conservarlo.

2. Los poderes públicos velarán por la utilización racional de todos los recursos naturales, con el fin de proteger y mejorar la calidad de la vida y defender y restaurar el medio ambiente, apoyándose en la indispensable solidaridad colectiva.

3. Para quienes violen lo dispuesto en el apartado anterior, en los términos que la ley fije se establecerán sanciones penales o, en su caso, administrativas, así como la obligación de reparar el daño causado.

COMENTARIO

Raúl Canosa Usera
Catedrático de Derecho Constitucional
Universidad Complutense

I. LA INCLUSIÓN DE LO AMBIENTAL EN EL CONSTITUCIONALISMO SOCIAL

La Constitución de 1978 se sumó a la moda de constitucionalizar novedosos intereses sociales, incluido el ambiental, como se recogieron en las Constituciones griega de 1975 (art. 24) y portuguesa de 1976 (art. 66.1). Las tres formalizaron regímenes democráticos tras periodos autocráticos y deseaban ofrecer textos lo más completos posibles. Por lo demás, este fenómeno de incorporación era natural, pues lo propio del constitucionalismo social era, y sigue siendo, que el Estado se preocupe de las condiciones vitales de los seres humanos y que para ello asigne tareas a los poderes públicos e incluso reconozca a los individuos derechos subjetivos, también prestacionales, que aseguren esas condiciones vitales de bienestar. La igualdad sustancial que proclama, como *desiderátum* del Estado social, el artículo 9.2 CE, se nutre del disfrute de estos nuevos derechos subjetivos a algo y de la acción de los poderes públicos para mejorar esas condiciones. En consecuencia, lo ambiental se incorporó sin estridencias en el cuadro general del Estado social que la Constitución dibujaba, encomendándole proteger el ambiente frente a la contaminación, ya percibida como un mal por una sociedad que aprecia las bases naturales de la vida.

A pesar de su constitucionalización que lo refuerza, no es fácil, sin embargo, encauzar jurídicamente el interés ambiental que tiende a entrar en conflicto con otros intereses, a menudo también constitucionales (desarrollo económico, incluso derechos fundamentales). Su misma transversalidad lo acaba debilitando y dificulta su despliegue. El alcance y la interpretación del artículo 45 constitucional no es sencilla, más aún cuando el legislador estatal ha preferido no desarrollarlo sistemáticamente y ha optado por una dispersión normativa sectorial, por lo demás imprescindible ya que la inmensa mayoría de la legislación ambiental se destina a combatir la contaminación y fijar mínimos de calidad ambiental que permitan el disfrute de los bienes ambientales. Lo decisivo es que, ahora que tal disfrute está en peligro debido a la contaminación, las personas desean disfrutarlos en esa clave distinta de la económica que ha caracterizado la relación de la humanidad con su entorno. Deseamos dos cosas en potencia contradictorias: el disfrute de los bienes ambientales y simultáneamente continuar con un modo de vida basado en su explotación. Lo llamamos desarrollo sostenible.

Una primera incógnita que ha de despejarse es la definición de lo que es el medio ambiente. La STC 102/1995 terminó por perfilarlo, advirtiendo que esa definición no podía ser sino antropocéntrica y epocal y que aunase lo útil con lo bello. Hay que contrastar esta visión con la ecocéntrica que se va abriendo paso (derechos de la naturaleza y de los animales). A la vista de los datos normativos y jurisprudenciales, podríamos definir el medio ambiente como un conjunto de elementos simples, los recursos naturales a los que genéricamente se refiere el artículo 45.2 CE (aire, suelo, subsuelo, agua, fauna, flora, costas, fondos marinos), y de elementos compuestos, las relaciones que se generan entre los simples (clima, paisaje, espacios naturales, ecosistemas, incluyendo los artificiales creados por el ser humano). Todos ellos deben protegerse frente a la contaminación.

En este contexto hay que entender el alcance del apartado primero del artículo 45 CE que en apariencia reconoce un derecho subjetivo, acompañado del deber. En su apartado segundo recoge ciertos principios, para concluir, en el tercero, con unas precisiones acerca de las sanciones por contaminar. *A priori*, por consiguiente, estamos ante un precepto muy completo que aborda los aspectos esenciales de lo ambiental.

II. EL CONTEXTO COMPETENCIAL DEL ARTÍCULO 45 CE: LA CONCURRENCIA EN LA PROTECCIÓN DEL AMBIENTE

En materia ambiental la descentralización es muy compleja pues son varias las instancias de poder público que intervienen, concurriendo. No se produce, como ocurre en otras materias (estoy refiriéndome aquí a la descentralización española), un reparto de éstas para que cada cual ejerza en exclusiva sus competencias. Lo que acontece es que tres autoridades (incluyendo la europea) con capacidad legislativa se proyectan sobre la totalidad de la materia. Y como no pueden aplicarse dos normas sobre la misma materia simultáneamente, el problema se zanja entendiendo que esta concurrencia se resuelve aplicando la disposición más protectora. En otras palabras, el Estado podrá mejorar la protección ambiental brindada por el Derecho de la Unión Europea, pero no disminuirla. Lo mismo puede decirse de la protección autonómica respecto a la dispensada por el Estado (STC 102/1995).

En el prolijo Derecho ambiental comunitario no se reconoce, sin embargo, el derecho subjetivo a disfrutar del medioambiente, pues, aunque se contempló en un borrador de lo que luego sería el Tratado de Maastricht de 1992, fue a la postre desechado. Por eso mismo el artículo 37 de la CDFUE se limita a sintetizar los principios ambientales de la Unión, ya recogidos en los Tratados.

En lo estrictamente competencial, el TFU (artículo 3) establece que la Unión dispone de "competencia exclusiva" en: "d) la conservación de los recursos biológicos marinos dentro de la política pesquera común". Por su parte, el artículo 4 enumera, entre las competencias compartidas con los Estados miembros, "el medio ambiente". En realidad, se trata de una concurrencia que debe ser resuelta no apelando sin más al principio de primacía del Derecho de la Unión, sino al de mayor protección que podría suponer la aplicación de la norma estatal, si ésta no infringiera alguna otra disposición comunitaria. Desarrollo de lo anterior es el Título XX del TFUE (artículos 191 a 193) que bajo la rúbrica "Medio ambiente", se ocupa de orientar la política ambiental de la Unión, incluyendo a los Estados pues hay que concluir en que estas orientaciones igualmente los vinculan.

Como en otras materias, también en la ambiental el Estado fue perdiendo espacio en beneficio de las Comunidades Autónomas. A ello contribuyó también el uso intensivo de la cláusula de residualidad en beneficio de las Comunidades que permitió a estás asumir, por vía de creación estatutaria, micro competencias en materias desgajadas del tronco común de la ambiental. El punto de partida que tan notoriamente se ha complicado era: el artículo 149.1.23 CE que reserva al Estado la facultad de dictar la legislación básica sobre protección del medio ambiente, consentía a las Comunidades, constituidas por la vía del artículo 151 CE, ocuparse de establecer normas adicionales de protección. Por su parte, el artículo 148.1.9 CE permitía a todas las CC.AA., también a las del artículo 143 CE, asumir en exclusiva la "gestión en materia de protección del medio ambiente". Así que, en principio, respecto a las Comunidades del artículo 143 CE, el Estado se reservaba toda la legislación, mientras que permitía la concurrencia legislativa (normas adicionales de protección) con las Comunidades del artículo 151. Algunas de éstas incorporaron una competencia sobrevenida: la de desarrollar la legislación estatal y obviaron la constitucionalmente prevista en el artículo 149.1.23. CE.

Con todo, ya desde la primera hora Estatutos del artículo 143 CE recogieron competencias legislativas y además éstas se ampliaron, primero, con la LO 9/1992 y luego con las reformas estatutarias de los años noventa, que generalizaron un esquema que confería a las CC.AA. tanto la competencia para dictar normas adicionales de protección como la de desarrollo de la legislación básica del Estado, amén de crear micro competencias ambientales, incluso más reducidas que la de espacios naturales (también generalizada entonces) y que obligó al TC, en su sentencia 102/1995, a aclarar que la legislación básica ambiental condiciona la tarea legislativa de las CC.AA. en esta materia y por extensión en todas las ambientales, aunque sus Estatutos se refieran a ellas como "exclusivas".

Finalmente, las seis reformas estatutarias efectuadas en el bienio 2006-2007 y la posterior canaria de 2018 siguieron la pauta de recoger micro materias ambientales. Pero su mayor novedad, en el terreno que nos ocupa y en muchos otros, fue declarar derechos y principios. Así lo hacen en materia ambiental. Como en muchas materias ligadas a la realización del Estado social, las CC.AA. son competentes, se optó por orientar su actividad mediante esa declaración de principios y derechos propios.

III. DIMENSIÓN OBJETIVA: LOS PRINCIPIOS AMBIENTALES

El constitucionalismo social se caracteriza sobre otras cosas por imponer tareas y objetivos a los poderes públicos y al mismo tiempo orientar su cumplimiento con principios. Y en este punto, recordar que cuando se proclaman derechos, éstos operan también como principios. En los tres escalones de la compleja descentralización que más atrás se ha descrito, se establecen principios de acción.

En el Derecho de la Unión no se proclama un derecho, pero sí numerosos principios cuya feliz síntesis realiza el artículo 37 de la CDFUE, en el que se recogen: el principio de integración de lo ambiental en todas las políticas de la Unión (recogido también en el artículo 11 del TFUE) y los principios de desarrollo sostenible y de mejora de la calidad del medioambiente que debe recibir un nivel elevado de protección (estos tres últimos establecidos en el artículo 3 del TUE). Por su parte, el título XX contiene objetivos de la política ambiental de la Unión (artículo 191) e incide en la conservación, protección y mejora de la calidad del medio ambiente, la utilización racional de los recursos naturales y la protección de la salud de las personas. Además, resalta el objetivo, siempre abierto, de alcanzar un nivel de protección elevado, basado en los principios de cautela, corrección y de quien contamina paga.

En comparación con los principios constitucionales los comunitarios parecen mucho más modernos. Por ejemplo, la universalmente empleada expresión desarrollo sostenible no era conocida en 1978, aunque la idea se plasme en la al menos parcialmente equivalente expresión "utilización racional de los recursos naturales" del artículo 45.2 CE, para vincularla a la "protección y mejora de la calidad de vida" y para "defender y restaurar el medio ambiente". Resultado de esta acción de los poderes públicos sería la mejora de la "calidad de vida" (otro *desideratum* del Estado social), presupuesto del disfrute del ambiente en los términos previstos en el apartado primero del artículo 45. Vemos entonces cómo el derecho en apariencia proclamado es servido por lo previsto en el apartado segundo del artículo 45.

La referencia a la solidaridad colectiva conecta con el deber de conservar el medio ambiente recogido en el apartado primero, y su infracción podría acarrear las sanciones contempladas en el apartado tercero del artículo 45.

Y como ocurre con cualquier principio o derecho de carácter social, su promoción y satisfacción no tiene límites de mejora porque siempre puede ser mejor la calidad del medioambiente que permita un mejor disfrute del derecho.

Los Estatutos aprobados en el bienio 2006-2007 que introdujeron partes dogmáticas, se ocupan de lo ambiental, por lo general proclamando tanto derechos como principios y casi siempre distinguiendo claramente entre unos y otros. Por lo que respecta a los "Principios rectores", como los califican los Estatutos de Cataluña, Andalucía y Castilla León, el artículo 46 del nuevo Estatuto de Cataluña da la pauta con una combinación de principios que ya se mencionan en el Derecho de la Unión Europea o en la misma Constitución. Menos prolijos son en este punto los Estatutos de Andalucía (art. 37), Baleares (art. 23.), Castilla-León (art. 16.15), o Canarias (art. 37).

IV. CONFIGURACIÓN SUBJETIVA DE LO AMBIENTAL: ESTRUCTURA ABIERTA DEL DERECHO

1. La naturaleza de lo proclamado en el apartado primero del artículo 45

El siempre recordado artículo 16 de la Declaración francesa de 1789 liga la existencia misma de la Constitución a la garantía de los derechos a los que serviría la separación de poderes. Pero ¿qué derechos han de recogerse para que se cumpla lo determinado en aquel célebre precepto? Es obvio que, a despecho de las tesis iusnaturalistas de la primera hora cuyas manifestaciones concretas variaban entre sí, cada época fija ese elenco de derechos indispensable requerido a cualquier constitución. Y entre este mínimo indispensable no se halla por el momento el derecho a disfrutar del medio ambiente, tan raro en el constitucionalismo europeo e incluso descartado expresamente en el Derecho de la Unión Europea. En contraste es de sólito reconocido por las Constituciones iberoamericanas.

En España, el reconocimiento constitucional que pudiera parecer ejemplar, no lo es porque la aparente proclamación del derecho subjetivo ambiental es engañosa, ya que su alcance vienen determinado no por el apartado primero del artículo 53 CE (el que circunscribe el ámbito de los derechos fundamentales), sino por el apartado tercero del mismo precepto que, como es sabido, prevé para lo contemplado en el Capítulo III (donde se ubica el artículo 45) no un efecto directo, sino condicionado a lo que dispongan las leyes que los desarrollen.

Al margen de la mala técnica normativa que implica esta declaración de derechos aparentes (protección de la salud, disfrutar del medio ambiente, vivienda), lo cierto es que el disfrute efectivo de cualquiera de ellos, aun cuando hubieran recibido el mismo tratamiento que se dispensó al derecho a la educación en su vertiente prestacional (artículo 27.4), hubiera dependido de su desarrollo legal. Ello ha sucedido en particular con el derecho a la protección de la salud (artículo 43.1 CE) e incluso la conversión del principio de protección de los intereses de los consumidores (artículo 51 CE) en derechos subjetivos. No ha sucedido lo mismo con el derecho disfrutar del medio ambiente, mucho más difícil de concretar su contenido; no ha habido ley estatal que se ocupara de ello, a pesar de que el mismo enunciado constitucional debería haber provocado esa concreción.

Es verdad que los Estatutos aprobados en el bienio 2006-2007 prolijamente contemplan derechos subjetivos ambientales y singularmente en algunos de esos Estatutos se pretendía salvaguardar claramente su condición de tales derechos. Sin embargo, como es notorio la STC 247/2007, primero, y la STC 31/2010, después, privaron a la mayoría de los derechos estatutarios, especialmente los sociales, de su condición de tales degradándolos a mandatos para el legislador autonómico, es decir, a una condición muy parecida a la de los "derechos" recogidos en el Capítulo III del Título I de la Constitución, en todo caso necesitados de una ley que concrete su contenido.

De la redacción del artículo 45.1 CE se desprende que estamos ante un derecho de libertad cuyo ejercicio, disfrutar del ambiente, es personalísimo, y sería irrelevante para el orden jurídico, como otras tantas manifestaciones de la libertad personal, si no fuera ya problemático su ejercicio, debido a la contaminación. Así que para disfrutar de él los poderes públicos habrán de poner a disposición de los sujetos bienes ambientales adecuados para el desarrollo de la persona. En definitiva, manteniendo su naturaleza de derecho de libertad que implica en los sujetos pasivos no interferencia, supone asimismo posibilidad de exigir a los poderes públicos la protección de los bienes ambientales. Una doble naturaleza: derecho de libertad y derecho prestacional.

2. Contenidos y objeto

No hay una idea social clara de lo que este derecho implica, así que no es fácil determinar su contenido que queda al albur del legislador. Porque en la Constitución sólo se dispone el disfrute de bienes ambientales "adecuados" para el desarrollo de la persona. Esto último conecta con el "libre desarrollo de la personalidad", aludido en el artículo 10.1 CE. En relación con el disfrute, es obvio que no es el tradicional, consistente en la explotación económica de los recursos naturales. Ahora se trata de otra cosa que la contaminación ha puesto en peligro; se trata de un disfrute espiritual, no económico, de los bienes ambientales que produce bienestar físico y espiritual y que cambia también la naturaleza de lo disfrutado a lo que ahora podemos dar el calificativo de bienes ambientales.

Por otro lado, la cada vez mayor adecuación del objeto del derecho, tales bienes ambientales, demanda una paulatina reducción de la inevitable contaminación (objetivo orientado por lo dispuesto en el art. 45.2 CE); se trata de determinar cuánta contaminación deseamos aceptar.

Además de la Constitución, también los Estatutos del bienio 2006-2007 recogen ese derecho al disfrute y tres de los Estatutos el complementario ya señalado: el derecho a protección frente a contaminación; estos tres Estatutos lo complementan además con el derecho a la información ambiental (el único, por lo demás, reconocido en el Derecho de la Unión Europea y en la legislación estatal que lo desarrolla (Ley 38/1995, de 12 de diciembre, de acceso a la información en materia de medio ambiente), uno de los contenidos instrumentales, junto con el derecho de participación ambiental. Ninguna norma recoge, sin embargo, abiertamente derecho de acceso al objeto, a los bienes ambientales, ni siquiera la Ley de espacio naturales. Únicamente la Ley 22/1988, de 28 de julio, de Costas contempla en su artículo 31.1, la utilización libre del dominio público marítimo-terrestre.

3. La articulación de pretensiones procesales ambientales, en especial la peripecia ante el Tribunal Europeo de Derechos Humanos

Si muchos se han referido a lo ambiental como interés difuso, su articulación procesal necesitaría, al margen de las clásicas vías individuales, otro tipo de acciones que permitieran a los grupos u organizaciones especialmente vinculadas a la defensa del ambiente articular pretensiones procesales ambientales. Es el sentido de la acción pública que juega en el orden administrativo y también en el penal.

En este contexto pareciera que las vías constitucionales serían impracticables o casi inocuas, al no reconocerse en la Constitución un verdadero derecho, como tampoco lo hacen ni el CEDH ni siquiera la Carta Social Europea. Sin embargo, ha sido precisamente en relación con lo ambiental donde la jurisprudencia del TEDH (y en su estela la del TC, incluso la del TS) ha creado verdaderos derechos fundamentales ambientales a despecho de ese silencio normativo aludido. Ha sido posible gracias a la *vis* expansiva de lo ambiental que tiende a relacionarse con otros derechos, conflictivamente a veces (como ocurre con el derecho de propiedad o con la libertad de empresa), pero asimismo a yuxtaponerse con algunos (derecho a la vida privada, protección de la salud, intimidad domiciliaria). En estos últimos casos es posible encauzar pretensiones ambientales que enlazan con el disfrute del ambiente, a través de la invocación de otros derechos, algunos de ellos de máxima protección.

El solapamiento de derechos consiste en ampliar el contenido cubierto por un enunciado normativo expandiendo su protección a situaciones de la vida antes ignoradas. Y en lo ambiental tenemos ejemplos canónicos, sobre todo del TEDH que dictó una sentencia pionera en el caso López Ostra c. España, de 1994. Precisamente el TC rehusó hacer esa ampliación de los contenidos de derechos fundamentales protegidos en amparo constitucional e inadmitió el recurso de amparo de López Ostra. Ello propició la creativa decisión del TEDH incluyendo en el derecho a la vida privada y familiar (artículo 8 CEDH) un derecho a que se preserve la vida privada frente a contaminación (en ese caso, malos olores).

Esta línea jurisprudencial del TEDH se ha venido nutriendo como muchas otras sentencias relativas a diversas formas de contaminación. La STC 119/2001 asumió solemnemente la doctrina López Ostra —con una rectificación en toda regla de la propia— adaptándola al orden constitucional español y concluyendo en que era posible que la contaminación lesionara en potencia el derecho a la integridad (art. 15 CE) o el derecho a la intimidad domiciliaria (art. 18 CE). Sin embargo, el amparo se acabó desestimando por falta de prueba que dejara clara la intensidad de la contaminación (aquí, por ruidos). El recurrente acudió entonces al TEDH y éste estimó su demanda y condenó de nuevo a España (caso Moreno Gómez c. España, de 2004), al considerar que el TC hizo una valoración formalista de la prueba y que la declaración de zona acústicamente saturada hecha por el Ayuntamiento de Valencia del lugar donde la recurrente vivía hacía innecesario reclamarle más prueba de la que ya se disponía en el pleito.

Este complemento jurisprudencial del TEDH, junto con la adaptación de la doctrina realizada por la STC 119/2001, son tenidos en cuenta por el TS (caso Barajas) para resolver un recurso de casación que acabó en favor de los recurrentes (unos vecinos de un municipio sobrevolado por aviones en aproximación al aeropuerto de Barajas), condenando al aeropuerto a cambiar de ruta.

Este proceder ejemplar del TS no fue empero reproducido en la STC 150/2011 donde se resolvió en contra de un recurrente que se encontraba en situación casi idéntica a la de Moreno Gómez en el caso de la STC 119/2001. La desestimación también llegó al TEDH que volvió a condenar a España (caso Cuenca Zarzoso, de 2018). El TEDH acaba de resolver, el 9 de abril de 2024, tres casos pioneros relativos a cambio climático, en uno de ellos, el caso Verein Klimaseniorinnen Schweiz y otros c. Suiza, el TEDH entiende lesionado el derecho a la vida privada debido a la insuficiencia de la acción de las Autoridades Suizas para mitigar el cambio climático.

V. DEBER CONSTITUCIONAL DE CONSERVAR EL MEDIO AMBIENTE

No es infrecuente que los textos constitucionales que reconocen un derecho lo acompañen de la imposición del deber constitucional de conservar el ambiente. El deber ya no sería sólo un reflejo de la proclamación del derecho, sino que cobraría autonomía y serviría de cobertura, entre otras, a la acción sancionadora del Estado. Nuestra Constitución hace justamente lo descrito: el deber ambiental se suma al reducido grupo de deberes constitucionales.

El cumplimiento del deber atempera y encauza el ejercicio del derecho porque simultáneamente al disfrute debe conservarse su objeto. Por lo demás, es obvia la conexión del deber con lo previsto en el apartado tercero del artículo 45 que contiene una reserva de ley para establecer sanciones penales y administrativas, así como —en relación con ambas— la obligación de reparar el daño causado. Estas sanciones se impondrían por incumplimientos, concretados en las leyes, del genérico deber de conservar el ambiente. Porque también los deberes constitucionales, como a menudo los derechos, necesitan concretarse normativamente en obligaciones específicas de hacer o de omitir. Todo ellos están ligados, aunque sólo expresamente el ambiental (art. 45.1 CE), a la solidaridad.

VI. BIBLIOGRAFÍA

ALONSO GARCÍA, M. C.: *La protección de la dimensión subjetiva del derecho al medio ambiente*, Cizur Menor, Aranzadi, 2015.

BETANCOR, A.: *Derecho ambiental*, La Ley Wolters Kluvers, Madrid, 2014.

CANOSA USERA, R.: *Constitución y medio ambiente*, Dykinson, Madrid, 2000.

EMBID IRUJO, A. (Dir.): *El derecho a un medio ambiente adecuado*, Iustel, Madrid, 2008.

FERRAJOLI, L.: (2022). *Por una Constitución de la Tierra. La humanidad en la encrucijada*. Trotta, Madrid, 2022.

GÓMEZ PUERTO, A. B.: *Constitución, ciudadanía y medio ambiente*, Dykinson, Madrid, 2020.

MORENO MOLINA, A. M.: *Derecho comunitario del medio ambiente*, Marcial Pons, Madrid, 2006.

SIMÓN YARZA, F.: *Medio ambiente y derechos fundamentales*, Centro de Estudios Políticos y Constitucionales, Madrid, 2012.

VII. JURISPRUDENCIA

STEDH caso López Ostra c. España, de 9 de diciembre de 1994.
STEDH caso Moreno Gómez c. España, de 16 de noviembre de 2004.
STEDH caso Cuenca Zarzoso c. España, de 16 de enero de 2018
STEDH caso Verein Klimaseniorinnen Schweiz y otros c. Suiza, de 9 de abril de 2024.
STC 102/1995, de 26 de junio.
STC 247/2007, de 12 de diciembre.
STC 31/2010, de 28 de junio.
STC 119/2001, de 24 de mayo.
STC *150/20111*, de 29 de septiembre.
STS caso Barajas, de 13 de octubre de 2008.

Artículo 46

Los poderes públicos garantizarán la conservación y promoverán el enriquecimiento del patrimonio histórico, cultural y artístico de los pueblos de España y de los bienes que lo integran, cualquiera que sea su régimen jurídico y su titularidad. La ley penal sancionará los atentados contra este patrimonio.

COMENTARIO

Juan Manuel Alegre Ávila
Catedrático de Derecho Administrativo
Universidad de Cantabria
Exletrado del Tribunal Constitucional
Ana Sánchez Lamelas
Profesora Titular de Derecho Administrativo
Universidad de Cantabria

I. INTRODUCCIÓN

La encomienda contenida en este precepto halló su plasmación legislativa en la Ley 16/1985, de 25 de junio, del Patrimonio Histórico Español [en adelante, LPHE], cuyo dictado obedeció, según puede leerse en su Preámbulo, al designio de lograr estos tres objetivos, a saber: superar la dispersión normativa a que condujo la paulatina introducción de diversas fórmulas con las que afrontar situaciones no previstas o inexistentes al momento de promulgarse la Ley de 13 de mayo de 1933, sobre defensa, conservación y acrecentamiento del Patrimonio Histórico-Artístico Nacional; la incorporación a la legislación interna de los nuevos criterios para la protección y conservación de los bienes históricos o culturales adoptados por los organismos internacionales competentes en la materia y plasmados en diversas convenciones y, en particular, recomendaciones suscritas y observadas por España; y, en tercer lugar, dar respuesta a la necesaria distribución de competencias entre el Estado y las Comunidades Autónomas [Preámbulo, III].

En esta tesitura, la LPHE, verdadero *código* del Patrimonio Histórico Español, consagra, en la línea de la concepción italiana de los *bienes culturales* que alumbrara a mediados de los sesenta de la pasada centuria la *Comisión Franceschini* y teorizara en 1976 Massimo Severo Giannini, "una *nueva definición de Patrimonio Histórico y amplía notablemente su extensión*" [Preámbulo, IV], al comprender, siempre según los términos del Preámbulo LPHE, "los bienes muebles e inmuebles que lo constituyen, el Patrimonio Arqueológico y el Etnográfico, los Museos", a lo que debe sumarse el "patrimonio inmaterial" desde la reforma operada por la Ley 10/2015, de 26 de mayo, referenciado en el propio artículo 46 de la Constitución. Este precepto, según el preámbulo de esta última Ley, "desbordando las tradicionales denominaciones de patrimonio 'histórico y artístico' agrega ahora un tercer valor, el 'cultural', que ensancha indudablemente el concepto de lo protegido para dar cabida a lo que ahora se denomina como cultura inmaterial". Se busca, en suma, "asegurar la protección y fomentar la cultura material debida a la acción del hombre en sentido amplio, y concibe aquélla como un conjunto de bienes que en sí mismo han de ser apreciados, sin establecer limitaciones derivadas de su propiedad, uso, antigüedad o valor económico" [Preámbulo, IV], en línea, así, con la caracterización de su objeto, el ahora rotulado *Patrimonio Histórico Español*, como "principal testigo de la contribución histórica de los españoles a la civilización universal y de su capacidad creativa contemporánea" [Preámbulo, I].

II. LA CUESTIÓN COMPETENCIAL

Una de las razones que estuvieron en la base de la revisión de la legislación de los bienes históricos o culturales [antes, histórico-artísticos] fue, precisamente, la acomodación del marco normativo anterior a 1985 a los criterios de reparto de funciones o competencias entre el Estado y las Comunidades Autónomas. Unos criterios que, en lo sustancial, se desprenden de dos preceptos, los artículos 148.1.16ª y 149.1.28ª de la Constitución, además del artículo 149.2 de la Constitución, expresamente citado, junto con los artículos 44, 46, 149.1.1ª y 149.1.28ª del texto constitucional, por el artículo 2.1 LPHE en cuanto fundamento de la competencia del Estado en este ámbito, en cuya virtud, y sin perjuicio de las que puedan asumir las Comunidades Autónomas ["El Estado considerará el servicio de la cultura como deber y atribución esencial y facilitará la comunicación cultural entre las Comunidades Autónomas, de acuerdo con ellas"]. Estos preceptos asignan a la competencia de las Comunidades Autónomas, según lo dispuesto en sus Estatutos de Autonomía, el "patrimonio monumental de interés de la Comunidad Autónoma" (148.1.16ª), en tanto que como competencia exclusiva del Estado-aparato se consigna la defensa del patrimonio cultural, archivístico y monumental español contra la exportación y la expoliación; museos, bibliotecas y archivos de titularidad estatal, sin perjuicio de su gestión por parte de las "Comunidades Autónomas" (149.1.28ª).

El entendimiento que la LPHE plasmó del ámbito competencial del Estado-aparato puede sintetizarse así: a) el Estado deviene competente para dictar una ley general en materia de Patrimonio Histórico; una ley que, sin perjuicio de su desarrollo o complemento por las Comunidades Autónomas, diseña el régimen jurídico, en sus trazos fundamentales o definitorios, del ahora signado como Patrimonio Histórico; b) el grueso de las competencias ejecutivas se entregaba a las Comunidades Autónomas [artículo 6 a) LPHE], salvo que la intervención de la Administración del Estado fuera requerida de modo expreso por la propia LPHE o resultara necesaria para la defensa frente a la exportación ilícita y la expoliación, o se tratara de bienes adscritos a servicios públicos gestionados por la Administración del Estado o que formen parte del Patrimonio Nacional [artículo 6 b) LPHE].

Uno de los supuestos en que la LPHE reclamaba la intervención [ejecutiva] de la Administración del Estado era, justamente, a la hora de proceder a la declaración de *Bien de Interés Cultural*, la más importante de las categorías de protección previstas en la LPHE [artículos 1.3 y 9.1 LPHE], en la medida en que, sin perjuicio de la incoación y tramitación de los oportunos procedimientos administrativos por la correspondiente Comunidad Autónoma, aquella declaración debía efectuarse por Real Decreto del Gobierno [*recte* del Consejo de Ministros] de la Nación. Competencia [ejecutiva] que la STC 17/1991, de 31 de enero [fundamento jurídico 10] restringió notablemente, al constreñir esta potestad de declaración [por el Consejo de Ministros] a los supuestos *nominatim ex* artículo 6 b) LPHE, esto es, cuando se trate de bienes del Patrimonio Histórico Español adscritos a servicios públicos gestionados por el Estado-aparato o pertenecientes al Patrimonio Nacional. En todos los demás casos las Comunidades Autónomas, en virtud de lo dispuesto en sus Estatutos de Autonomía, devenían apoderadas no sólo para incoar y tramitar los procedimientos administrativos de declaración sino también para resolver aquéllos, esto es, para efectuar las pertinentes declaraciones.

El referido pronunciamiento constitucional [típica sentencia interpretativa de rechazo de los oportunos recursos de inconstitucionalidad deducidos frente a la LPHE] abrió así paso en materia de Patrimonio Histórico al más amplio ejercicio de las potestades legislativas autonómica que ha dado lugar al dictado por todas las Comunidades Autónomas de la correspondiente ley general en materia de patrimonio histórico o cultural, amén de las oportunas leyes, en su caso, sobre museos, archivos y bibliotecas de la competencia autonómica. Leyes, por lo demás, cuya imbricación en el entero ordenamiento de los bienes históricos o culturales, a saber, su ensamblaje en el sistema diseñado por la LPHE, no siempre es de fácil intelección.

En manos del Estado queda, además de lo ya indicado, la competencia exclusiva [*recte* plena] del Estado sobre *exportación* y *expoliación*, así como sobre *museos, archivos y bibliotecas de titularidad estatal* con el alcance en este último caso de lo señalado en la STC 103/1988.

La noción *expoliación* [artículo 149.1.28ª del texto constitucional] se define en el artículo 4 LPHE, cuyos contornos fueron avaladas por la STC 17/1991, fundamentos jurídicos 7, 14 y 15, como título habilitante de la competencia legislativa del Estado, y fundamento de la regulación incorporada posteriormente al artículo 57 bis del Real Decreto 111/1986, de 10 de enero, de desarrollo parcial de la Ley 16/1985, según redacción introducida por el Real Decreto 64/1994, de 21 de enero, de modificación de aquél. Esta materia, la *expoliación*, es la clave de bóveda de la STC 122/2014, de 17 de julio, que resolvió el recurso de inconstitucionalidad interpuesto contra diversos preceptos de la Ley 3/2013, de 18 de junio, de Patrimonio Histórico de la Comunidad de Madrid. Un pronunciamiento que, junto a la STC 17/1991, conforma el *corpus* constitucional sobre el alcance y extensión de la competencia estatal en materia de Patrimonio Histórico y, por ende, el ámbito de la competencia autonómica sobre los bienes históricos o culturales, en particular por lo que atañe a la posición de la LPHE en el entramado de la regulación acerca del Patrimonio Histórico.

A este propósito, la doctrina incorporada a la STC 122/2014 puede sintetizarse del modo que sigue:

- Las previsiones constitucionales y estatutarias en materia de patrimonio histórico "resultan suficientes, por sí sol[a]s, como instrumentos de delimitación de las competencias en la materia".
- La LPHE "no constituye en sí misma bases materiales ni define el canon o parámetro de constitucionalidad" del enjuiciamiento de las leyes autonómicas en la materia.
- Este enjuiciamiento pasa por verificar si las determinaciones de la LPHE [en el caso, los preceptos de la LPHE alegados por los recurrentes como término de contraste de la constitucionalidad de la ley autonómica impugnada] pueden imbricarse en las distintas "submaterias" que integran el contenido de las "competencias estatales" en la materia, específicamente, la comprendida en el primer inciso del artículo 149.1.28ª de la Constitución en el particular atinente a la "defensa contra la expoliación".

Por tanto, si como consecuencia de esa labor de verificación se aprecia que "esos ámbitos materiales", esas "submaterias", se integran "en el contenido y alcance de las citadas competencias estatales, muy en particular en la determinada por el artículo 149.1.28ª CE", la consecuencia no puede ser sino que los mismos "quedarán extramuros de la competencia general atribuida a la Comunidad Autónoma de Madrid en relación al patrimonio histórico en virtud del art. 26.1.19 EAM [Estatuto de Autonomía de la Comunidad de Madrid], de modo que si las normas impugnadas de la LPHCM inciden en esas materias estarán invadiendo las referidas competencias estatales". En todo caso, se recalca con renovado énfasis, "*no es la LPHE, por sí misma, la que opera como parámetro de constitucionalidad, en tanto que las normas constitucionales que atribuyen tales títulos competenciales al Estado,* según han sido interpretadas por la doctrina de este Tribunal, *amparan su concreto contenido material como competencia estatal*" [la cursiva es mía]. Formulación, pues, del cometido del Tribunal Constitucional:

> "En definitiva, el análisis del fondo de este recurso de inconstitucionalidad exigirá [...] verificar si los preceptos de la LPHE propuestos por los recurrentes regulan una submateria comprendida en alguna de las competencias estatales invocada por aquéllos y, en caso afirmativo, comprobar si la norma autonómica impugnada en cada caso incide en ese sector material o, por el contrario, respetándolo, regula otro de los contenidos que abarca la materia competencial patrimonio histórico".

En otros términos, la norma autonómica sólo será inconstitucional si "incide" en alguno de los sectores materiales, o "submaterias", incardinados en los específicos contenidos a que dan cobertura las "competencias estatales" en la materia "patrimonio histórico", que, como se viene insistiendo, no agotan el entero repertorio de aquélla, resultando, por el contrario, conforme a la Constitución si, respetando esos específicos contenidos, regula otros de los comprendidos en la referida materia.

Dicho esto, y antes de abordar el examen de las impugnaciones dirigidas frente a los concretos preceptos recurridos, el Tribunal Constitucional insistirá, como quicio de la resolución del recurso de inconstitucionalidad, en que "las competencias estatales invocadas *no aparecen configuradas en la Constitución como competencias básicas, por lo que corresponde a este Tribunal, interpretando directamente los enunciados del texto constitucional, delimitar qué submaterias comprenden aquéllas*". De este aserto se desprenden dos consecuencias, la primera, a su vez, verbalizada en dos planos o vectores.

Así, en primer lugar, el haz de la primera consecuencia: "[...] este Tribunal puede reconocer que alguno de estos contenidos que integran los títulos estatales en presencia, y que por formar parte de dichos títulos las Comunidades Autónomas no pueden regularlos, son [...] los disciplinados en la LPHE"; y, sin solución de continuidad, el envés de esta primera consecuencia: "Pero es igualmente posible que identifique como submaterias que forman parte de estos títulos competenciales estatales ciertos contenidos que, respondiendo a su sentido y funcionalidad propios, no estén normados por el Estado en la LPHE u otra ley estatal".

Y, de seguido, la segunda consecuencia: "[...] tales submaterias se insertan en los referidos títulos competenciales estatales no porque estén regulados en la LPHE u otra ley estatal, como ocurriría si la atribución estatal en estas materias (arts. 149.1.28ª y 149.2 CE) fuese una competencia básica, sino porque así delimita este Tribunal el alcance de los mismos".

En suma, forman parte de los sectores materiales, o "submaterias", incorporados a las "competencias estatales" en materia de patrimonio histórico, aquellos contenidos que el Tribunal Constitucional "interpretando directamente los enunciados del texto constitucional", reconoce como tales, hállense o no disciplinados en la LPHE. En este sentido, por tanto, tales "submaterias" se integran en los títulos competenciales del Estado en virtud de la específica "delimitación" operada por el Tribunal Constitucional, no por el hecho de la incorporación de su regulación a la LPHE, u otra ley estatal, como ocurriría de haber procedido el texto constitucional a la atribución en favor del Estado de una "competencia básica".

En otro orden de consideraciones, el Tribunal Constitucional se ha referido también al artículo 46 de la Constitución y su compleja relación con el sistema de distribución competencial, al analizar el alcance de la competencia autonómica en materia de corridas de toros (SSTC 177/2016 y 134/2018). En la primera de las citadas Sentencias advierte el Tribunal Constitucional que, si bien los diversos poderes públicos responsables de cumplir el mandato del art. 46 CE pueden tener distintas e, incluso, opuestas concepciones de lo que se entienda como expresión cultural susceptible de protección, "*dichas diferencias han de manifestarse de modo conforme al orden constitucional de distribución de competencias en el que las decisiones autonómicas encuentran su fundamento, de manera que no pueden llegar al extremo de impedir, perturbar o menoscabar el ejercicio legítimo de las competencias del Estado en materia de cultura al amparo del art. 149.2 CE*". Seguidamente el Tribunal considera que el Estado, al amparo del referido artículo 149.2, cuenta con un título competencial prevalente que le permite ordenar la preservación de expresiones o manifestaciones del patrimonio cultural común, en este caso las corridas de toros, lo que impide que las Comunidades Autónomas adopten medidas prohibitivas o que desnaturalicen tales manifestaciones culturales al amparo de cualesquiera otros títulos competenciales como los espectáculos públicos o la protección animal.

III. EL MANDATO DE PROTECCIÓN PENAL

La *ley penal* sancionará los atentados contra este patrimonio [histórico, cultural y artístico], dice el último inciso del artículo 46 de la Constitución. El Tribunal Constitucional ha tenido oportunidad de conocer, con ocasión del oportuno recurso de amparo, de la amplitud de la protección/represión penal en este ámbito. En concreto, se enjuiciaba el reproche dirigido *ex* artículo 25.1 del texto constitucional a una condena penal por daños en una zona que contenía restos arqueológicos aun cuando aquélla no había sido objeto de una formal declaración protectora. En el fundamento jurídico 8 de la STC 181/1998, de 17 de septiembre, se dice a este respecto:

> "La ausencia en el tipo penal aplicado de un requisito de carácter normativo —que el daño se produzca en el Patrimonio Histórico-Artístico Nacional— sirve a los demandantes para alegar que los órganos judiciales han realizado una interpretación extensiva de la norma penal que se opone a las garantías consagradas por el principio de legalidad reconocido en el art. 25.1 CE [...]".

Los arts. 557 y 558 del anterior Código Penal (Texto Refundido de 1973), en la redacción dada por la Ley Orgánica 8/1983, castigaban con pena de prisión menor a quienes causasen daños en el Patrimonio Histórico-Artístico Nacional siempre que su cuantía excediese de 250.000 pesetas. Pues bien, lo que deba entenderse por Patrimonio Histórico-Artístico Nacional constituye un concepto normativo que es necesario integrar con la Ley 16/1985, del Patrimonio Histórico Español. En la idea de los recurrentes, la aplicación del art. 1, párrafos [*sic*] 2 y 3, de la expresada Ley obliga a entender que los bienes que integran el Patrimonio Histórico, en cada caso, precisan de su previa calificación formal como tales o, lo que es lo mismo, que sean declarados Bienes de Interés Cultural o, al menos, se haya incoado el expediente administrativo al efecto. Como quiera, arguyen, que en la fecha en que se llevaron a cabo las obras en C'an Partit, que dañaron las necrópolis y restos arqueológicos por los que se siguió este procedimiento, no había sido declarado el yacimiento ni los restos como Bienes de Interés Cultural [...], las Sentencias recurridas habrían castigado penalmente unos hechos que no eran, en la fecha de su comisión, constitutivos del delito tipificado en el art. 558.5º del aplicable Código Penal, por no concurrir en los bienes dañados el elemento normativo, exigido por la Ley 16/1985, de formar parte del Patrimonio Histórico Español.

En realidad, lo que pretenden los actores con tal alegación es la incorporación al tipo penal de un requisito adicional, no previsto en la norma que lo configura, que ha de buscarse en la Ley de Patrimonio Histórico Español, a saber: que los bienes dañados hayan sido declarados como bienes de interés cultural o, al menos, incoado el expediente administrativo para ello".

Alegato frente al que el Tribunal Constitucional señalará:

> "Hemos de partir del dato de que el art. 46 de la Constitución encomienda a los poderes públicos la conservación y enriquecimiento del patrimonio histórico, cultural y artístico de España y de los pueblos que lo integran, encomendando a la ley penal la sanción de los atentados contra este patrimonio 'cualquiera que sea su régimen jurídico y su titularidad'".

La interpretación que del art. 558.5º del Código Penal han realizado las sentencias impugnadas no es, en modo alguno, arbitraria, irrazonable o fruto de un error patente. Si se atiende a la regulación contenida en la citada Ley 16/1985, del Patrimonio Histórico Español, su art. 1, párrafo [*sic*] 2º, comprende en su ámbito a los yacimientos y zonas arqueológicas, y si bien es cierto que otorga una especial protección a aquellos que han sido inventariados o declarados de interés cultural, según resulta del párrafo [*sic*] 3º del mismo artículo, en relación con los arts. 9 y 14 y siguientes de la misma Ley, ello no significa que los bienes no declarados de interés cultural queden extramuros del concepto de Patrimonio Histórico Español. Así lo prueba el art. 40 de la Ley, cuando afirma que tanto "los bienes muebles como inmuebles de carácter histórico, susceptibles de ser estudiados con metodología arqueológica, hayan sido o no extraídos y tanto se encuentren en la superficie como en el subsuelo, en el mar territorial o en la plataforma continental" forman parte del Patrimonio Histórico Español, sin perjuicio de que puedan ser declarados como bienes de interés cultural, como "zona arqueológica", una vez que se tramite y resuelva el expediente administrativo correspondiente (arts. 14 a 25 de la Ley 16/1985).

Más, ahora a la luz del proceso de interpretación de la norma penal:

> "Por otra parte, ha de tenerse en cuenta que, tratándose de cuestión incardinada en la legalidad ordinaria, cuya interpretación corresponde con exclusividad a la jurisdicción ordinaria (*ex* art. 117.3 CE), la jurisprudencia de la Sala de lo Penal del Tribunal Supremo se ha inclinado, en la aplicación de la circunstancia de afectar a bienes históricos, artísticos, culturales, etc., por entender que ésta concurre aunque no haya precedido a la actuación delictiva una formal declaración de que aquéllos ostenten la condición de bienes de interés cultural o han sido incluidos en el inventario correspondiente, bastando con atender a las circunstancias y valor intrínseco de las cosas o bienes, puestas de relieve por las actuaciones (Sentencias del TS de 6 de junio de 1988 y 13 de noviembre de 1991)".

Corolario:

> "No constituye, pues, según la interpretación respaldada por esta línea jurisprudencial, requisito integrante del tipo penal el de que preceda la declaración del interés cultural de los bienes dañados, pues la protección penal se dispensa respecto de los que, con calificación formal o sin ella, integran el ámbito objeto del Patrimonio Histórico Español, conforme éste es configurado por la citada Ley 16/1985".

El artículo 321 del Código Penal de 1995, primero de los relativos a los "delitos sobre el patrimonio histórico", no alude, en la línea del artículo 558.5º del anterior Código Penal, objeto de la STC 181/1998, a la exigencia de formal declaración, al amparo de la legislación histórica o cultural, de los bienes de que se trate a fin de integran el tipo penal, si bien ahora se acentúa ["edificios singularmente protegidos por su interés histórico, artístico, cultural o monumental", dice el precepto] la particular sujeción a aquella legislación como elemento del tipo correspondiente ["los que derriben o alteren gravemente", en la dicción de la acción típica], circunstancia que podría llevar a entender ["singularmente protegidos"] que la previa inscripción o catalogación en algún instrumento administrativo de protección se configura como requisito del tipo penal. Conclusión que, *a fortiori*, avala el tenor de los artículos 322 a 324, los otros tres preceptos que junto al artículo 321 integran hoy el Capítulo II del Título XVI del Código Penal, los dos últimos de aquellos tres, esto es, los artículos 323 y 324, en la redacción introducida por las Leyes Orgánicas 1/2015 y 15/2003, respectivamente.

La jurisprudencia de la Sala Segunda del TS viene considerando, sin embargo, que el delito previsto en el actual artículo 323 del CP se refiere a bienes de valor histórico, artístico, científico, cultural o monumental, lo que "*remite a un elemento normativo cultural, para cuya valoración el juzgador debe atender a elementos o valores que configuran la normativa administrativa en esta materia; sin necesidad de que ese bien previamente haya sido administrativamente declarado, registrado y/o inventariado formalmente con ese carácter, pues no es exigencia prevista en la norma y no satisfaría adecuadamente el mandato del artículo 46 CE*" (Sentencias del TS, Sala de lo Penal, núms. 641/2019 de 20 diciembre; 273/2022 de 23 marzo y 830/2021 de 29 octubre).

IV. BIBLIOGRAFÍA

ALEGRE ÁVILA, J. M.: "Los bienes históricos y el Tribunal Constitucional", *Revista Española de Derecho Constitucional*, núm. 32, 1991, pp. 187 ss.

– *Evolución y régimen jurídico del Patrimonio Histórico Español. La configuración dogmática de la propiedad histórica en la Ley 16/1985, de 25 de junio, del Patrimonio Histórico Español*, Ministerio de Cultura, Madrid, 1994.

– "Justicia constitucional y legalidad histórica: el tanteo y el retracto ante el Tribunal Constitucional (Los bienes del Monasterio de Sigena y la Sentencia del Tribunal Constitucional 6/2012, de 18 de enero)", *Patrimonio Cultural y Derecho*, núm. 16, 2012, pp. 417-441.

– "Archivos estatales: integración en sistemas archivísticos autonómicos y restitución de documentos (A propósito de las SSTC 14/2013, 20/2013, 38/2013, 66/2013,

67/2013, 68/2013 y 136/2013)", *Patrimonio Cultural y Derecho*, núm. 17, 2013, pp. 169-214.
- "La Sentencia del Tribunal Constitucional 122/2014, de 17 de julio, y la Ley de la Asamblea de Madrid 3/2013, de 18 de junio, de Patrimonio Histórico de la Comunidad de Madrid", Patrimonio Cultural y Derecho, núm. 18, 2014, pp. 469-502.
- "Toros y Patrimonio Cultural: la tauromaquia como Patrimonio Cultural inmaterial (consideraciones a propósito de la Sentencia del Tribunal Constitucional 177/2016, de 20 de octubre)", *Patrimonio Cultural y Derecho*, núm. 21, 2017, pp. 551-607.
- "Patrimonio histórico y expolio: variaciones y paradojas", *Revista Española de Derecho Administrativo*, núm. 189, 2018, pp. 241 ss.

GARCÍA FERNÁNDEZ, J.: *Estudios sobre el Derecho del Patrimonio Histórico*, Fundación Registral, Madrid, 2008.

YÁÑEZ, A.: "Los bienes integrantes del 'Patrimonio Histórico Español'. A propósito de la Sentencia 181/1998 del Tribunal Constitucional", Revista Española de Derecho Administrativo, núm. 103, 1999, pp. 459-472.

V. JURISPRUDENCIA

STC 17/1991, de 31 de enero.
STC 181/1998, de 17 de septiembre.
STC 6/2012, de 18 de enero.
STC 14/2013, de 31 de enero.
STC 20/2013, de 31 de enero;
STC 38/2013, de 14 de febrero
STC 66/2013, de 14 de marzo
STC 67/2013, de 14 de marzo
STC 68/2013, de 14 de marzo
STC 136/2013, de 6 de junio.
STC 122/2014, de 17 de junio.
STC 177/2016, de 20 de octubre.
STC 134/2018, de 13 de diciembre.
STS 641/2019 de 20 diciembre (Sala de lo Penal).
STS 830/2021 de 29 octubre (Sala de lo Penal).
STS 273/2022 de 23 marzo (Sala de lo Penal).

Artículo 47

Todos los españoles tienen derecho a disfrutar de una vivienda digna y adecuada. Los poderes públicos promoverán las condiciones necesarias y establecerán las normas pertinentes para hacer efectivo este derecho, regulando la utilización del suelo de acuerdo con el interés general para impedir la especulación. La comunidad participará en las plusvalías que genere la acción urbanística de los entes públicos.

COMENTARIO

Andrei Quintiá Pastrana
Investigador Postdoctoral
Universidad de Groningen

I. EL DERECHO CONSTITUCIONAL A LA VIVIENDA

El "*derecho (...) a disfrutar de una vivienda digna y adecuada*" (art. 47 CE) forma parte del Capítulo III del Título I de la Constitución española, que trata "de los derechos y deberes fundamentales". Durante décadas se ha discutido la naturaleza jurídico-constitucional del precepto, calificado por el Tribunal Constitucional (STC 152/1988, de 20 de julio) como un "principio rector" de limitada eficacia jurídica. En los últimos años viene consolidándose una interpretación más amplia de su contenido y alcance que conecta con los desarrollos recientes del derecho internacional de los derechos humanos.

1. Derechos humanos, vivienda y dignidad

La vivienda constituye un espacio fundamental para el desarrollo de la vida. Es un espacio de descanso y un refugio frente a diversas amenazas para la salud. En un sentido más abstracto, se trata también de un espacio donde se reúnen los presupuestos necesarios para el libre desarrollo de la personalidad y es el punto en el que convergen todas las iteraciones básicas de la vida. Desde esta perspectiva, la vivienda constituye un elemento esencial del derecho a la vida y la integridad física (art. 15) o la libertad y seguridad (art. 17) y es imprescindible para el ejercicio de otros derechos como la educación (art. 27), la salud (art. 43) o el trabajo (art. 35). Por su transcendencia para la dignidad de la persona (art. 10.1 CE), la vivienda debe interpretarse de acuerdo con lo establecido en "*la Declaración Universal de Derechos Humanos y los tratados y acuerdos internacionales sobre las mismas materias ratificados por España*" (art. 10.2 CE).

La vivienda ha sido reconocida como un derecho en diversos tratados internacionales de derechos humanos ratificados por España, como el art. 25 de la Declaración Universal de los Derechos Humanos (DUDH), el art. 11 del Pacto Internacional de Derechos Sociales, Económicos y Culturales (PIDESC) y el art. 31 de la Carta Social Europea Revisada (CSER). El proceso de reconocimiento del derecho a la vivienda se ha intensificado en los últimos años, alcanzando también a tratados sobre materias específicas. En esta línea, debe tenerse en cuenta que, desde finales de los años 90, el Tribunal Europeo de Derechos Humanos viene reconociendo también la vivienda como una dimensión fundamental de la vida privada y familiar protegida en el art. 8 del Convenio Europeo de Derechos Humanos (CEDH) (STEDH de 2 de octubre de 2001, *Hatton vs. Reino Unido*).

El contenido y alcance del derecho internacional a la vivienda han sido delimitados, a lo largo de las últimas décadas, por diferentes órganos de control de los tratados, como el Comité de Derechos Sociales, Económicos y Culturales (CDSEC), la Relatora Especial sobre el derecho a una vivienda adecuada en el marco de las Naciones Unidas o, en el marco del Consejo de Europa, el Tribunal Europeo de Derechos Humanos (TEDH) y el Comité Europeo de Derechos Sociales (CEDS). Sus informes, conclusiones y decisiones (muchas de estas últimas dirigidas a España) han contribuido a perfilar las obligaciones internacionales estableciendo pautas interpretativas y requisitos procedimentales para su implementación. Entre ellas destacan la prohibición de realización de desahucios forzosos propuesta en el seno de las Naciones Unidas y el Consejo de Europa o el concepto jurídico de hogar desarrollado por el TEDH.

Igualmente, aunque la vivienda no es una competencia de la Unión Europea en los últimos años ha promovido diversos instrumentos de *soft law* que conectan con estas normas de derecho internacional para respaldar la protección del derecho internacional a la vivienda. El art. 19 del Pilar Europeo de Derechos Sociales del Consejo de la Unión Europea, el Parlamento y la Comisión, por ejemplo, se estructura conforme a los criterios establecidos en el derecho internacional de los derechos humanos para asegurar la protección frente a los desahucios forzosos, promover la atención de personas sin hogar y el acceso a la vivienda social para personas vulnerables. Y, en un sentido similar, también el Tribunal de Justicia de la Unión Europea ha llegado a declarar el derecho a la vivienda como un "derecho fundamental protegido por el art. 7 de la Carta de Derechos Fundamentales de la Unión Europea" que debe ser tenido en consideración por los jueces nacionales al aplicar el derecho comunitario (STJUE, *Kušionová v. SMART Capital, a.s.*, de 10 de septiembre de 2014).

Estos desarrollos deben tenerse en cuenta a la hora de interpretar los derechos fundamentales y pueden guiar también la lectura del art. 47 CE, en la medida en que perfilan el contenido jurídico-constitucional de la dignidad de la persona (art. 10.1 y 10.2 CE). El derecho internacional delimitaría, de esta manera, la interpretación de la naturaleza y contenido del art. 47 CE con instrucciones claras también para la articulación de medidas que garanticen su cumplimiento y conduzcan de manera progresiva a su realización efectiva.

2. La naturaleza del derecho a la vivienda

El art. 47 CE es un derecho constitucional en la medida en que comprende una expectativa, jurídicamente vinculante, al "disfrute de una vivienda digna y adecuada". Los titulares de esta expectativa son todos los ciudadanos, con independencia de su nacionalidad, de acuerdo con la jurisprudencia y lo convenido en el derecho internacional. Los obligados por el mandato constitucional son los poderes públicos, que *promoverán las condiciones necesarias y establecerán las normas pertinentes para hacer efectivo este derecho* (art. 47 CE).

Este mandato tiene un alto contenido prestacional y comporta obligaciones de "medios" para asegurar su cumplimiento. A diferencia de las obligaciones de resultados, que otorgan al sujeto obligado una cierta discrecionalidad para seleccionar los medios más adecuados para alcanzar un determinado objetivo, en las obligaciones de medios toda actividad está delimitada por el mandato constitucional. Éstas delimitan de qué modo los poderes públicos deben asegurar el cumplimiento del derecho. Por ello, el derecho a la vivienda no puede reducirse a la asignación de una vivienda gratuita o prestación económica equivalente. Tiene un alcance más amplio que implica obligaciones tanto negativas como positivas y se despliegan sobre un amplio abanico de sectores del ordenamiento jurídico. El derecho a la vivienda, en definitiva, informa toda "*la legislación positiva, la práctica judicial y la actuación de los poderes públicos*" (art. 53.3 CE).

La jurisprudencia se muestra cada vez más receptiva al valor jurídico del art. 47 CE. El Tribunal Supremo ha invocado el precepto constitucional en materias diversas, como los desahucios administrativos (STS, Sala de lo Contencioso-Administrativo, de 18 de febrero de 2002, FJ 10º) o para fundamentar la asignación de una vivienda en el marco de un procedimiento civil de modificación de medidas definitivas (STS, Sala de lo Civil, de 30 de abril de 2012, FJ 3º). Igualmente, en el marco de un desahucio con implicaciones para personas vulnerables, el Tribunal Supremo ha aplicado los estándares que el TEDH ha fijado en materia de proporcionalidad en relación con la protección del derecho al hogar comprendido en el art. 8 del CEDH y con la dignidad de la persona (STS 1797/2017, de 23 de noviembre de 2017). Así mismo, ha tenido en cuenta el valor jurídico de la vivienda en relación con los principios de desarrollo urbano sostenible para convalidar la legalidad de limitaciones impuestas sobre los usos del suelo en aras a la protección de la habitabilidad de las ciudades, conectando con decisiones similares en la jurisprudencia reciente del TJUE en la materia (STS 1550/2020, de 19 de noviembre).

El Tribunal Constitucional (TC) ha mantenido, históricamente, una lectura limitada del contenido y alcance del art. 47 CE. Sin embargo, en los últimos años parece haber ampliado la interpretación del precepto que, en línea con los desarrollos en el ámbito del derecho internacional, vincula con la dignidad de la persona (STC 93/2015, de 14 de mayo, FJ 9º; 37/2022, de 10 de marzo, FJ 4º). En este sentido cabe apuntar también que si bien, generalmente opta por la fórmula técnica "principio rector", se observa también entre las sentencias más recientes el empleo del concepto "derecho" para calificar el art. 47 CE (STC 37/2022, de 10 de marzo, FJ 4º).

3. Contenido y garantías

El derecho a la vivienda tiene un contenido complejo. Por un lado, está compuesto por un mínimo esencial que viene determinado en la Constitución por su conexión con la dignidad de la persona y los derechos fundamentales —interpretados en relación con el derecho internacional de los derechos humanos— (art. 10 CE) y, por otro, por un contenido variable y determinable por el poder legislativo. Por esta estructura compuesta se habla de un derecho "estatutario" o "de configuración legal".

El constituyente ha delimitado el contenido mínimo del derecho a la vivienda con las notas de "dignidad" y "adecuación" que han sido perfiladas de manera exhaustiva en el derecho internacional de los derechos humanos. La vivienda adecuada, tal y como fue definida por el CEDSC y por el CESCR en sus conclusiones y decisiones, no es un simple techo. Se trata de un espacio estable, seguro, salubre, con acceso a todos los servicios básicos esenciales y asequible. La jurisprudencia del TEDH y las decisiones del CEDSC han delimitado este contenido con otros criterios jurídicos (sociales y ambientales) que exigen interpretar la vivienda dentro de su contexto. Así, la vivienda digna es también aquella situada en un entorno adecuado para la vida.

Como otros derechos sociales, el art. 47 CE tiene, además, un alto contenido prestacional que puede ser modulado en función de diversas condiciones históricas, socioeconómicas o legítimas diferencias políticas. Por su carácter eminentemente político, su determinación requiere la implicación de instituciones democráticas representativas. El contenido del derecho había sido delimitado en normas básicas como la Ley estatal 38/1999, de 5 de noviembre de Ordenación de la Edificación o las normas autonómicas de suelo y vivienda. En la última década, el contenido del derecho ha sido ampliado por medio de decenas de normas estatales y autonómicas de carácter tanto legislativo como gubernativo para proteger los derechos fundamentales de grupos sociales vulnerables en línea con el derecho internacional de los derechos humanos.

Cabe advertir en este punto, que a diferencia de los derechos comprendidos en los Capítulos I y II del Título I de la CE, el art. 47 CE no está protegido por las garantías recogidas en el art. 53.1 y 53.2 CE. El derecho a la vivienda no está vinculado por un principio absoluto de reserva de ley ni da acceso al recurso de amparo. Esto no significa, sin embargo, que no sea un derecho vinculante y exigible. De acuerdo con el art. 53.3 CE, el derecho a la vivienda es alegable "*ante la Jurisdicción ordinaria de acuerdo con lo que dispongan las leyes*" que lo desarrollen.

El reconocimiento de derechos subjetivos a la vivienda se produce, entonces, a través de la legislación ordinaria, que determinará su contenido y alcance. Las reformas autonómicas y estatales de los últimos años han conducido al reconocimiento de expectativas jurídicas derivadas del derecho a la vivienda que se han orientado a proteger el acceso o la permanencia en la vivienda. Pueden identificarse así en algunas Comunidades Autónomas, derechos subjetivos al acceso o a la permanencia a la vivienda que son exigibles frente a la Administración pública que los presta y pueden ser objeto de una acción pública (STC 16/2018, de 22 de febrero).

II. DISTRIBUCIÓN COMPETENCIAL

Dado su carácter estatutario, el análisis de la naturaleza jurídico-constitucional del derecho a la vivienda requiere un cuidado análisis del marco de distribución competencial. En la medida en que el art. 47 CE informa toda la legislación positiva y tiene un alcance complejo que deriva de obligaciones positivas y negativas sobre diversos sectores jurídicos, esclarecer los marcos competenciales se antoja, sin embargo, una tarea compleja.

La vivienda es, *a priori*, una materia de competencia autonómica (STC 152/1988, de 20 de julio). De conformidad con el art. 148.1.3 CE, todas las CC.AA. asumieron en sus respectivos Estatutos de Autonomía competencias en materia de "ordenación del territorio, urbanismo y vivienda". Esta atribución se consolidaría a partir de 2007 en algunas reformas estatutarias que han definido con mayor precisión el alcance de la atribución competencial y se han acompañado también de un reconocimiento expreso del derecho a la vivienda. Algunos de estos Estatutos han establecido también delegaciones de las competencias a los municipios.

Sobre la base del art. 148.1.3 CE el legislador autonómico ha impulsado a lo largo de la última década importantes cambios normativos que han buscado ensanchar los límites competenciales con el objeto de asegurar la eficacia horizontal de los derechos fundamentales. El Tribunal Constitucional se ha pronunciado sobre buena parte de estas normas, reconociendo un margen de acción autonómica que alcanzaría, incluso, la delimitación de relaciones jurídicas entre privados como los derechos de propiedad y las relaciones contractuales (STC 93/2015 de 14 de mayo; STC 16/2018, de 22 de febrero de 2018; STC 37/2022, de 10 de marzo de 2022). Esta jurisprudencia, oscilante en algunos momentos, ha contribuido a delimitar las competencias autonómicas en relación con el margen de acción estatal.

El Tribunal Constitucional descartó desde un primer momento una competencia autonómica "exclusiva" de toda intervención estatal (STC 166/1987, de 28 de octubre). La esfera competencial autonómica coexiste con otros títulos estatales que son relevantes para la configuración del régimen jurídico de la vivienda, como la competencia en materia de igualdad en el ejercicio de los derechos (149.1.1 CE); la regulación de las bases de la economía (149.1.13 CE); la ordenación del crédito (149.1.11 CE); la legislación civil (149.1.8 CE); la legislación procesal (art. 149.1.6 CE) y las bases del procedimiento administrativo común (149.1.18 CE). El Alto Tribunal ha interpretado estas competencias de una manera amplia, identificando dentro del marco competencial estatal la formulación de los planes estatales de vivienda con directrices para la "definición de actuaciones protegidas", la determinación del "nivel de protección", la "regulación esencial de las fórmulas de financiación adoptadas" o la "aportación de recursos estatales" (152/1988, de 20 de julio). El Estado tiene, también, de acuerdo con el Alto Tribunal, competencia para determinar la extensión de las medidas de protección en relación con los deudores hipotecarios que tengan incidencia en el mercado (STC 93/2015, de 14 de mayo) o la fijación de las bases de las obligaciones contractuales en el ámbito de la vivienda (STC 37/2022, de 10 de marzo).

La adecuada regulación del sector de la vivienda requiere, en definitiva, la coordinación de diversos niveles competenciales. Por la complejidad de actores implicados en la provisión de la vivienda y su incidencia sobre otros derechos constitucionales, su regulación no puede abordarse desde uno sólo de los títulos referidos. En un momento de intensa actividad legislativa como el actual, la delimitación de competencias estatales y autonómicas puede seguir originando debates. En este sentido téngase en cuenta, por ejemplo, los recursos presentados por algunos diputados del Grupo Popular del Congreso de los diputados y varias Comunidades Autónomas frente a la Ley estatal 12/2023, de 24 de mayo, por el derecho a la vivienda que han sido admitidos a trámite por el TC.

III. DESARROLLOS LEGISLATIVOS EN CONEXIÓN CON LOS DERECHOS FUNDAMENTALES

Durante años el derecho a la vivienda fue desatendido por el poder legislativo. La emergencia habitacional que siguió al crac financiero de 2007, sin embargo, ha llamado la atención sobre este vacío, impulsando desarrollos que han buscado la regulación del sector asegurando la tutela de grupos sociales vulnerables.

El reconocimiento legislativo del derecho a la vivienda se produjo primero en la ley estatal del suelo de 2007. Ésta incluía un reconocimiento expreso del derecho que amplió los contornos del art. 47 CE en línea con lo establecido en el derecho internacional de los derechos humanos y los principios de desarrollo urbano sostenible. El reconocimiento sigue vigente en la redacción actual de los art. 1, 3 y 5 del Real Decreto Legislativo 7/2015, de 30 de octubre, por el que se aprueba el texto refundido de la Ley de Suelo y Rehabilitación Urbana.

El impulso al desarrollo normativo del derecho a la vivienda continuó en la legislación autonómica. En el marco de un proceso de reforma estatutaria que proclamó el reconocimiento de un derecho a la vivienda de alcance autonómico, se aprobaron la Ley catalana 18/2007, de 28 de diciembre o la, hoy derogada, Ley gallega 18/2008, de 29 de diciembre que, además de reconocer el derecho a la vivienda establecieron medidas concretas de garantía. Entre ellas, la acción pública, la movilización de viviendas vacías o la declaración del sector vivienda como un servicio de interés general para la garantía del derecho.

El mayor impulso normativo se produjo, sin embargo, como reacción a las situaciones de emergencia habitacional de grupos sociales vulnerables durante el punto álgido de la crisis de la vivienda. A partir del año 2013 una serie de Comunidades Autónomas entraron a regular de nuevo la materia con una vocación exhaustiva. Aunque algunas de aquellas normas (las que establecían la expropiación de la vivienda habitual del deudor hipotecario o los controles autonómicos sobre la renta) fueron declaradas inconstitucionales por el TC, el resto han sido convalidadas en una jurisprudencia que, aunque oscilante, se ha mantenido abierta al desarrollo autonómico de la materia. Comprenden, entre otras, la expropiación de viviendas vacías, las reservas de vivienda social en suelo urbano consolidado, alquiler social obligatorio, el ejercicio de derechos administrativos de adquisición preferente o el diseño de índices de precios de referencia en el mercado del alquiler. Las medidas se encaminan a la tutela de grupos sociales vulnerables, en estrecha conexión con las recomendaciones del derecho internacional de los derechos humanos para España en la materia.

Estos desarrollos se han consolidado con la aprobación, en el nivel estatal, de la Ley estatal 12/2023, de 24 de mayo, por el derecho a la vivienda. La norma ha unificado la interpretación de elementos básicos del derecho a la vivienda, ha regulado con alcance estatal algunas medidas introducidas previamente por algunas Comunidades Autónomas y ha perfilado sectores del ordenamiento jurídico estatal en línea con los mandatos del derecho internacional. En este sentido, por ejemplo, destaca la regulación del proceso de desahucio que parece conectar con los mandatos en relación con el principio de proporcionalidad desplegados por el CDESC y CEDS.

IV. UN NUEVO MARCO JURÍDICO-CONSTITUCIONAL PARA LA INTERPRETACIÓN DEL DERECHO A LA VIVIENDA

No se puede negar hoy el valor jurídico del derecho a la vivienda. El marco normativo, jurisprudencial e institucional que se ha formado a lo largo de los últimos años orienta la interpretación del art. 47 CE con directrices claras sobre el contenido y alcance de la expectativa de los ciudadanos a la tutela del derecho a disfrutar de una vivienda digna y adecuada.

Los desarrollos recientes en el derecho internacional han empujado en nuestro derecho una interpretación más rigurosa del art. 47 CE en conexión con los derechos fundamentales que se abre paso entre la jurisprudencia y la legislación positiva. Tanto el Tribunal Constitucional como la jurisdicción ordinaria, así como importantes leyes estatales y autonómicas acompañadas de regulaciones administrativas, planes, estrategias y otras medidas de política pública apuntan —con matices y diversidad de criterios— en la misma dirección en la que camina el derecho internacional. Esto es, el reconocimiento y la tutela del derecho a la vivienda en conexión con los derechos fundamentales.

V. BIBLIOGRAFÍA

ARIAS MARTÍNEZ, A. (2019): "Las competencias autonómicas en materia de vivienda frente a las competencias estatales de carácter transversal en la reciente jurisprudencia constitucional", *REALA. Nueva Época*, núm. 11, pp. 106-121.

CANALS I AMETLLER, D. (2020): "La efectividad de la regulación normativa del derecho a una vivienda digna y adecuada: Una crítica desde el análisis social del derecho", en PALEO MOSQUERA, N. (Ed.), *Políticas y derecho a la vivienda: Gente sin casa y casas sin gente*, Tirant lo Blanch, Valencia, pp. 97-136.

LÓPEZ RAMÓN, F. (2014): "El derecho subjetivo a la vivienda", *Revista Española de Derecho Constitucional*, vol. 34, núm. 102, pp. 49-91.

NOGUEIRA LÓPEZ, A. (2020): "Vulnerabilidad administrativa: Los obstáculos administrativos en el acceso a los programas de vivienda", en PALEO MOSQUERA, N. (Ed.), *Políticas y derecho a la vivienda: gente sin casa y casas sin gente*, Tirant lo Blanch, Valencia, pp. 213-244.

PISARELLO, G. (2013): "El derecho a la vivienda: acoso, derribo, resistencias", *Información y debate. Revista de Jueces para la democracia*, núm. 77, pp. 14-22.

PONCE SOLÉ, J. (2017): "El derrumbe de un mito: La vivienda es un derecho subjetivo constitucional y legalmente reconocido y exigible judicialmente", *Revista institucional de la defensa pública*, vol. 7, núm. 11, pp. 122-174.

QUINTIÁ PASTRANA, A. (2022): "Más allá del art. 47 CE: Derechos fundamentales y legislación autonómica para la protección del derecho a la vivienda de grupos sociales vulnerables", Revista de Derecho Público: Teoría y Método, vol. 6, pp. 115-153.

RUIZ-RICO RUIZ, G. (2008): *El derecho constitucional a la vivienda: un enfoque sustantivo y competencial*, Ministerio de Vivienda, Centro de Publicaciones, Madrid.

TRUJILLO RINCÓN, M. A. (2018): "Artículo 47", en PÉREZ TREMPS, P., SAIZ ARNAIZ, A. & MONTESINOS PADILLA, C. (Coord.), *Comentario a la Constitución Española: 40 Aniversario 1978-2018. Libro-Homenaje a Luis López Guerra*, Tirant lo Blanch, Valencia, pp. 873-884.

VAQUER CABALLERÍA, M: *La eficacia y la efectividad del derecho a la vivienda en España*, Iustel, Madrid, 2011.

VI. JURISPRUDENCIA

STEDH, *López-Ostra v. España*, de 9 de diciembre de 1994 (no. 16798/90).

STJUE, *Kušionová v. SMART Capital, a.s.*, de 10 de septiembre de 2014, (C-34/13).

STS 262/2012, de 30 de abril de 2012.

STS 1797/2017, de 23 de noviembre de 2017.

STS 1550/2020, de 19 de noviembre de 2020.

STC 152/1988, de 20 de julio de 1988.

STC 61/1997, de 20 de marzo de 1997.
STC 93/2015, de 14 de mayo de 2015.
STC 16/2018, de 22 de febrero de 2018.
STC 37/2022, de 10 de marzo de 2022.

Artículo 48

Los poderes públicos promoverán las condiciones para la participación libre y eficaz de la juventud en el desarrollo político, social, económico y cultural.

COMENTARIO

Maite Zelaia Garagarza
Contratada Doctora de Derecho Constitucional
Universidad País Vasco/Euskal Herriko Unibertsitatea

SUMARIO: I. ORIGINALIDAD Y MOTIVACIÓN. II. PRINCIPIO RECTOR CON VOCACIÓN DE DERECHO SOCIAL. III. TITULARIDAD: EL CONCEPTO CONSTITUCIONAL DE JUVENTUD. IV. ÁMBITO DE INTERVENCIÓN MATERIAL: PARTICIPACIÓN DE LA JUVENTUD. V. ÁMBITO COMPETENCIAL: LA JUVENTUD COMO COMPETENCIA CONCURRENTE. VI. BIBLIOGRAFÍA. VII. JURISPRUDENCIA.

I. ORIGINALIDAD Y MOTIVACIÓN

Este precepto constitucional, anclado en el Capítulo Tercero del Título I, forma parte del catálogo constitucional de los principios rectores de la política social y económica, custodiado por el artículo 53.3 en cuanto a su protección. El contenido del artículo 48 goza de originalidad en lo referido tanto a la trayectoria constitucional española previa como a las líneas trazadas por las constituciones comparadas coetáneas. Muestra de ello es que ningún texto constitucional español había fijado anteriormente su interés en la promoción de la actividad participativa de la juventud como tal. En el panorama comparado, el artículo 70 de la Constitución portuguesa de 1976 y el artículo 21 de la Constitución griega de 1975 fueron las únicas que se habían referido previamente al colectivo juvenil como sujeto de eventuales derechos.

Ciertamente, el referente portugués, de alcance amplio y perfil progresista, fija la especial protección de la que los jóvenes gozan en el disfrute efectivo de sus derechos económicos, sociales y culturales (con referencia específica, entre otros, a la educación, el empleo y a la vivienda). A la par, establece como objetivos prioritarios de la política de juventud, el desarrollo de la personalidad de los jóvenes, la generación de las condiciones necesarias para su integración en la vida activa, la creación libre y el sentido del servicio a la comunidad. Y asigna al Estado, en colaboración con otros agentes públicos y privados, la tarea de conseguir tales objetivos. Por su parte, el artículo 21 de la Constitución griega, de un modo más escueto, recoge que corresponde al Estado la adopción de medidas especiales para la protección de la juventud.

En este contexto, el constituyente español adopta una posición, en palabras de Ruiz-Rico y Contreras, entre complaciente e indiferente. El *iter* constitucional nos muestra que, tras un debate parlamentario, que puede calificarse como breve y plano, se aprueba una redacción final idéntica al texto propuesto en el Anteproyecto como artículo 41. Podemos convenir con los citados autores que, del análisis del *iter* legislativo se extrae que es en la Comisión de Constitución del Senado donde se desarrolla el debate con un argumentario más sólido. En él se alude, por una parte, al contenido del precepto como innecesario y se aboga por prescindir del mismo, y, por otra, se apunta hacia una línea completamente opuesta a la anterior, en la medida en que se sugiere fortalecer el precepto con una mayor concreción de su titular y contenido.

En ambos casos es la indefinición de la redacción del texto propuesto la que permite construir unos razonamientos, que derivan, en cambio, hacia direcciones diametralmente antagónicas. La tendencia supresora edifica su demanda en la dificultad para definir el colectivo social al que pretende amparar el mandato constitucional, la juventud. A ello se añade el argumento de la necesaria lectura e interpretación de la norma en un contexto sistemático, que aporta un mayor peso a quienes promovían la desaparición del precepto en tanto en cuanto podía llegar a considerarse como una reiteración (respecto de un beneficiario sectorial e indeterminado, como es la juventud) de la obligación de los poderes públicos recogida en el artículo 9.2 con carácter general. Por su parte, la propuesta de ampliación del contenido del precepto sugiere dotar a la juventud de los mecanismos necesarios para una participación libre y eficaz en el desarrollo político, social, económico y cultural. Precisamente, quienes promovieron este planteamiento enfocaban su atención hacia la necesidad de impulsar organizaciones propias de las personas jóvenes como movimientos desvinculados de las estructuras organizativas estatales, políticas, sindicales o incluso religiosas. Hernández (2017) incide en que esta petición de ampliación del contenido respondía a una estrategia que pretendía devolver el segundo párrafo al precepto comentado, que se desplomó del artículo 42 del Borrador de la Constitución (antes de convertirse en el artículo 41 del Anteproyecto) y que rezaba: 2. *Con este fin, fomentarán las organizaciones propias de los jóvenes*.

Ninguno de los planteamientos obtuvo el desenlace deseado por sus proponentes, con lo que el texto mantuvo su literalidad inicial. En cierta manera, el constituyente consigue mantenerse en la motivación que le llevó a incorporar este precepto con la redacción inicial, con un reconocimiento de carácter general y sin excesivo detalle en la titularidad y contenido. Y ello, con la consideración de que constituía una estrategia adecuada de acercamiento de los poderes públicos a la juventud como colectivo social y que respondía, de este modo, al alto nivel de participación y protagonismo social de movimientos y colectivos juveniles en el escenario socio-político del momento.

II. PRINCIPIO RECTOR CON VOCACIÓN DE DERECHO SOCIAL

No cabe duda de que el artículo 48 es uno de los referentes que forma parte del conjunto de los principios rectores de la política social y económica sobre el que se asienta el Estado social diseñado por la Constitución española. Huelga decir que la propia ubicación del precepto marca su pertenencia a la categoría de contenidos protegidos por el artículo 53.3. Se trata, por tanto, de un principio que ejerce una fuerza vinculante sobre los actores públicos y que cumple una función informadora de la actuación legislativa, la práctica judicial y, con carácter general, de la actuación de los poderes públicos. Ahora bien, en un primer acercamiento, no dispone de la cualidad de derecho subjetivo. Los principios rectores son la antesala de nuevos derechos sociales y todos ellos se aferran a una expectativa de proyección futura como derechos. Este ejercicio de convertir el principio en derecho subjetivo realmente efectivo e invocable en sede judicial precisa, en todo caso, de la mediación del legislador. Ello armoniza con la doctrina del Tribunal Constitucional de que el valor normativo inmediato de los preceptos sobre principios rectores, tales como el artículo 48, ha de ser modulado en los términos del artículo 53.3 de la Constitución (STC 80/1982). En este sentido, la doctrina constitucional no da amparo a la concepción de que se trate de normas sin contenido. Por contra, consolida la obligatoriedad de que los poderes públicos deban interpretar el resto del ordenamiento jurídico, en general, y del texto constitucional, en particular, a la luz de los principios rectores (SsTC 19/1982 y 14/1992).

Precisamente esta línea doctrinal favoreció el devenir de la inicial consideración del artículo 48 como un precepto cargado de contenido retórico, con un limitado compromiso con la realidad y con extremas dificultades para su efectiva aplicabilidad, tal y como indican Ruiz-Rico y Contreras, hacia una percepción hermenéutica del precepto.

En síntesis, el artículo 48 combina de un modo equilibrado, por un lado, su carácter de principio con vocación pedagógica motivada por la necesidad de revolver las bases del sistema socio-político anterior con una cotidianeidad en la que los derechos resultaban inexistentes, y, por otro, su carácter de principio rector con vocación de alcanzar el estatus de derecho social efectivo. En cierta manera, el contexto social, político y económico resultó propicio para la incorporación de preceptos que, gestados como principios rectores pudieran convertirse, en un corto o medio plazo, en derechos sociales efectivos.

III. TITULARIDAD: EL CONCEPTO CONSTITUCIONAL DE JUVENTUD

Dos son los aspectos centrales que respecto del sujeto titular del artículo 48 se pueden destacar. Por un lado, la falta de determinación del concepto *juventud* y, por otro, el solapamiento del concepto con otras categorías constitucionales de alcance más amplio identificadas como titulares de derechos.

Precisamente la indeterminación que este concepto arrastra ha sido uno de los argumentos que directamente se vinculan a la escasa transcendencia del precepto en el marco constitucional. Ciertamente, no cabe negar que el sujeto titular de los beneficios resultantes de la actuación de los poderes públicos conforme al artículo 48 es un colectivo social cuyo contorno no está definido ni jurídica ni socialmente. Lo cierto es que esta técnica constitucional de manejar conceptos indeterminados y flexibles no es una característica exclusiva del artículo 48, ya que, en un sentido similar, se acude a conceptos como *infancia* y *tercera edad* en los artículos 39.4 y 50, respectivamente. Ahora bien, la conclusión de que a consecuencia de ello deba entenderse debilitado el contenido del precepto o que carezca de validez jurídica es más cuestionable. En este sentido, es preciso dejar constancia de la línea doctrinal que propone recurrir a la normativa sectorial referida al colectivo juvenil (en materias como el empleo juvenil o las políticas públicas sobre la infancia y adolescencia) a efectos de obtener recursos interpretativos y orientativos que permitan franquear el escollo producido por la indefinición constitucional (Buisán y Hernández, 2017). Al mismo tiempo, este planteamiento se alinea con el espíritu del constituyente de incorporar este precepto en respuesta y reconocimiento al activismo y movimientos juveniles, en el sentido apuntado por Rallo, lo que permite que los poderes públicos puedan modular el mandato constitucional adaptándose a la coyuntura de cada momento histórico y a cada escenario social.

En lo concerniente a la superposición conceptual que pudiera producirse en el texto constitucional en relación con el artículo 48 es posición común considerar que la referencia sectorial al colectivo social de la juventud en cuanto a la participación en el desarrollo político, social, económico y cultural mantiene una conexión directa con la participación del conjunto de la ciudadanía en la vida política, económica, cultural y social, prevista en el artículo 9.2. Sin embargo, las posiciones no son unívocas cuando se trata de valorar la correlación de ambas titularidades como una mera duplicidad o reiteración sin ninguna pretensión adicional, y que podía haberse evitado prescindiendo del artículo 48, o si la duplicidad lleva imbricada una especial protección respecto del colectivo juvenil, postura esta última que creemos más acorde con la coyuntura en la que se aprobó el texto constitucional y la voluntad del constituyente de responder con un reconocimiento normativo expreso a un grupo social que tuvo un peso extraordinario en el proceso de transición democrática.

IV. ÁMBITO DE INTERVENCIÓN MATERIAL: PARTICIPACIÓN DE LA JUVENTUD

Del mismo modo que hemos constatado unanimidad doctrinal en afirmar la falta de determinación del concepto *juventud*, se puede confirmar el consenso existente en relación con la ambigüedad que recae sobre el ámbito material del precepto: la participación libre y eficaz en el desarrollo político, social, económico y cultural. Igual que sucediera con la titularidad, los artículos 9.2 y 48 rozan también en el fundamento material. Así, la participación en *la vida política, económica, cultural y social* que promueve el primero de los preceptos dispone de un alcance más amplio que la participación en *el desarrollo político, económico, cultural y social* que se refleja en el segundo. Esta mayor limitación conceptual del artículo 48 trae causa de que la expresión *desarrollo político* se encuentra directamente conectada al escenario político de la transición democrática y ello provoca un cierto debilitamiento del contenido del precepto. Por contra, en un afán de garantizar la calidad de la participación juvenil, el artículo 48 categoriza esta participación como *libre y eficaz*, cuando esta adjetivación no se realiza respecto de la participación prevista para toda la ciudadanía en el artículo 9.2.

La imbricación de elementos limitadores, por un lado, y garantizadores de la participación, por otro, nos acerca al posicionamiento de Álvarez García, quien considera que la utilización de conceptos jurídicos indeterminados en el diseño del artículo comentado no deriva en una indeterminación absoluta del mandato impuesto al legislador. Al contrario, podría concluirse que: de un lado, el deber de los poderes públicos de *promover la participación* en las áreas política, social, económica y cultural no se devalúa y que estos serán los encargados de crear los instrumentos de colaboración necesarios que sirvan para que el colectivo juvenil pueda contribuir, de modo conjunto con los poderes públicos, al desarrollo de las citadas áreas: y, de otro, se garantizará que la participación sea *libre y eficaz*, lo que conlleva implícitamente que los mecanismos de participación juvenil deberán disponer de autonomía e independencia respecto de los poderes públicos y que, además, deberán tener capacidad para generar opinión, que, a la postre, sea tomada en consideración en la creación y desarrollo de las políticas públicas en materia de juventud, cuestión sobre la que volveremos en el siguiente epígrafe.

V. ÁMBITO COMPETENCIAL: LA JUVENTUD COMO COMPETENCIA CONCURRENTE

El acercamiento a la determinación competencial en materia de juventud requiere, en primera instancia, referirse al propio mandato constitucional del artículo 48 y que, con una fórmula general, se dirige a todos los poderes públicos, desde los estatales hasta los locales, pasando por los autonómicos. Será, por tanto, preciso acudir a la distribución competencial de los artículos 148 y 149 para dibujar las relaciones competenciales de los distintos niveles territoriales. Pero debemos advertir que ni el artículo 149 prevé la materia de juventud como competencia exclusiva estatal ni el artículo 148 lo incluye de modo expreso entre las materias sobre las que las Comunidades Autónomas pueden asumir competencias. Con este telón de fondo, tanto el Estado como las Comunidades Autónomas han actuado sobre la materia.

El primero actuó tempranamente con la aprobación de la *Ley 18/1983, de 16 de noviembre, de creación del organismo autónomo Consejo de la Juventud de España*, que ha sido derogada por la *Ley 15/2014, de 16 de septiembre, de racionalización del Sector Público y otras medidas de reforma administrativa*, cuyo artículo 21.2 ha sido modificado, a su vez, por la *Ley 6/2018, de 3 de julio, de Presupuestos Generales del Estado*. El cometido del Consejo de la Juventud, como entidad de Derecho público con personalidad jurídica propia y plena capacidad para el cumplimiento de sus fines, se ha centrado en ofrecer un canal de libre adhesión para propiciar la participación de la juventud en el desarrollo político, social, económico y cultural en la línea trazada por el artículo 48. A partir de la entrada en vigor de la Ley 15/2014, se ha incorporado a la estructura del Instituto de la Juventud. Una incorporación que podría llegar a poner en riesgo la participación *libre* y *eficaz* de la juventud en la creación y desarrollo de políticas públicas que le afecten, dada la distinta naturaleza de los dos organismos: el Consejo de la Juventud como entidad autónoma y el Instituto de la Juventud como organismo funcionarial vinculado a las directrices gubernamentales (Mestre y Álvarez).

En la actualidad, el mayor reto a nivel estatal gira en torno al cumplimiento de los objetivos planteados en materia de participación juvenil en la *Estrategia de Juventud 2030. Bases para un nuevo contrato social con la juventud*. Se trata de un ambicioso plan dirigido a la Administración General del Estado, y alineado con los objetivos de la Agenda 2030 y la Estrategia Europea de Juventud 2021/2027.

A nivel autonómico, todos los Estatutos de Autonomía (ya sea en base a la consideración de que la juventud es una materia vinculada a la *asistencia so-*

cial prevista en el artículo 148.1.20, ya sea en aplicación del artículo 149.3) han asumido para las Comunidades Autónomas competencias en la materia, si bien, cada texto estatutario ha procedido de distinto modo. Hernández (2017 y 2020) realiza un análisis exhaustivo del panorama estatutario y concluye que los estatutos de autonomía del Principado de Asturias, Canarias, Galicia y La Rioja utilizan una técnica de incorporación implícita de la materia, sin ninguna mención expresa a la juventud. Por su parte, los estatutos de autonomía de Aragón, Cantabria, Comunidad Valenciana, Comunidad de Madrid, Comunidad Foral de Navarra, País Vasco y Región de Murcia optan por referencias expresas, pero sin realizar ninguna aportación adicional al diseño y contenido constitucionales. Y, en cambio, las normas estatutarias de Andalucía, Castilla, Castilla-La Mancha, Cataluña, Extremadura, Islas Baleares y León proporcionan un desarrollo y concreción mayores a la base constitucional. Precisamente el artículo 142.1 del Estatuto catalán, referido a la competencia de la Generalitat de suscribir acuerdos con entidades internacionales y de participar en las mismas en colaboración con el Estado o de forma autónoma, se recurrió en inconstitucionalidad y el Tribunal Constitucional sentenció que las autoridades autonómicas y sus instituciones juveniles podrán desarrollar relaciones internacionales con el límite de los actos reservados al Estado (SsTC 31/2010 y 137/2010).

Previamente, la jurisprudencia constitucional ya había establecido las bases interpretativas en relación con la competencia en materia de juventud. Entre otras cuestiones, había determinado el carácter concurrente de la competencia, aunque los estatutos de autonomía los hubieran reconocido como competencia exclusiva, y definiéndola como la competencia en materia de política de promoción de la juventud (STC 13/1992). Ello permite que las autoridades autonómicas puedan actuar en aras a la consecución de los fines previstos en el artículo 48, sin invadir competencias del Estado y respetando que las autoridades estatales también puedan ejercer sus propias competencias sectoriales (STC 157/1992) del mismo modo que ejerce el control inverso, procediendo a declarar inconstitucional la normativa estatal invasora de la competencia autonómica (SsTC 129/2010 y 36/2012).

VI. BIBLIOGRAFÍA

ÁLVAREZ GARCÍA, V.: "La ordenación jurídica de la participación juvenil", en *Anuario de la Facultad de Derecho*, nº 31, 2014, pp. 13-28.

ÁLVAREZ GARCÍA, V.; HERNÁNDEZ DÍEZ, E.: "Los efectos del proceso de reforma de las Administraciones públicas sobre la ordenación jurídica de la participación juvenil", en *Cuadernos de Investigación en Juventud*, nº 1, 2016, pp. 63-89.

BUISÁN GARCÍA, N.: "Artículo 48", en CASAS BAAMONDE, M. E.; RODRÍGUEZ-PIÑERO Y BRAVO-FERRER, M. (Dirs.): *Comentarios a la Constitución Española. XXX Aniversario*, La Ley-Fundación Wolters Kluwer, Madrid, 2008.

HERNÁNDEZ DÍEZ, E.: "El bloque de constitucionalidad español sobre la Administración en materia de juventud", en *Cuadernos de Investigación en Juventud*, nº 2, enero 2017.

– "A general approach to Spanish Law on youth policies", en *Cuadernos de Investigación en Juventud*, nº 8, enero 2020.

MESTRE DELGADO, J. F.; ÁLVAREZ GARCÍA, V.: *Las vicisitudes histórico-jurídicas del Consejo de la Juventud de España (Desde su Ley de creación hasta el Informe CORA)*, Universidad de Extremadura, Cáceres, 2018.

RALLO LOMBARTE, A.: "La juventud como sujeto titular de derechos constitucionales", en *Cuadernos de la Cátedra Fadrique Furió Ceriol*, nº 1, 1992, pp. 105-118.

RUIZ-RICO, J. J.; CONTRERAS, M.: "Artículo 48: Participación de la juventud", en ALZAGA, Oscar (Dir.). *Comentarios a la Constitución Española de 1978*, Edersa, Madrid, 1996.

VII. JURISPRUDENCIA

STC 19/1982, de 5 de mayo, BOE nº 118 de 18 de mayo 1982.
STC 80/1982, de 20 de diciembre, BOE nº 13 de 15 de enero 1983.
STC 13/1992, de 6 de febrero, BOE nº 54 de 3 marzo 1992.
STC 14/1992, de 10 de febrero, BOE nº 54 de 3 marzo 1992.
STC 157/1992, de 22 de octubre, BOE nº 276 de 17 de noviembre 1992.
STC 31/2010, de 28 de junio, BOE nº 172 de 16 de julio 2010.
STC 129/2010, de 29 de noviembre, BOE nº 4 de 5 de enero 2011.
STC 137/2010, de 16 de diciembre, BOE nº 16 de 19 de enero 2011.
STC 36/2012, de 15 de marzo, BOE nº 88 de 12 de abril 2012.

Artículo 49

1. Las personas con discapacidad ejercen los derechos previstos en este Título en condiciones de libertad e igualdad reales y efectivas. Se regulará por ley la protección especial que sea necesaria para dicho ejercicio.

2. Los poderes públicos impulsarán las políticas que garanticen la plena autonomía personal y la inclusión social de las personas con discapacidad, en entornos universalmente accesibles. Asimismo, fomentarán la participación de sus organizaciones, en los términos que la ley establezca. Se atenderán particularmente las necesidades específicas de las mujeres y los menores con discapacidad.

Ana de la Puebla Pinilla
Catedrática de Derecho del Trabajo y de la Seguridad Social
Universidad Autónoma de Madrid

NOTA DE LOS EDITORES

Cuando los originales que integran esta obra colectiva se encontraban en imprenta, las Cortes Generales aprobaron la reforma del artículo 49 de la Constitución, publicada en el BOE el día 17 de febrero de 2024. Por este motivo, el comentario a la presente disposición constitucional incorpora una Nota inicial que puede considerarse un análisis de urgencia del nuevo contenido del artículo 49. En todo caso, hemos decidido mantener también el texto inicialmente remitido por su autora, referido a la anterior versión del mismo artículo 49.

NOTA INICIAL

Artículo 49 reformado

En su momento, el art. 49 CE situó a España a la vanguardia de la protección de las personas con discapacidad, precisamente por ser uno de los pocos textos constitucionales que incluía una expresa mención a este colectivo y un mandato de promoción de sus derechos. Pero, en las últimas décadas, la sensibilidad y la forma de afrontar el tratamiento de la discapacidad ha experimentado una evolución, expresada en Tratados y Convenciones internacionales, que evidenciaban el enfoque anacrónico de este precepto constitucional.

En particular, la Convención Internacional de las Naciones Unidas sobre derechos de las personas con discapacidad, de 13 de diciembre de 2006, ratificada por España el 23 de noviembre de 2007 (BOE 21-4-2008), entiende la discapacidad como una situación de vulnerabilidad que precisa, para su solución, del diseño de instrumentos específicos de protección que logren la promoción de la autonomía de las personas con discapacidad, completándola o complementándola, para lograr su inserción plena. Una concepción de la discapacidad muy alejada de la que contemplaba el art. 49 CE, que observaba a este colectivo casi exclusivamente como destinatario de medidas asistenciales, médicas y preventivas.

Ello no ha impedido, como se pone de manifiesto en el análisis que sigue a esta Nota inicial, que el art. 49 CE, interpretado y aplicado en sintonía con otros preceptos constitucionales, especialmente los arts. 9.2 y 10.2 CE, y por previsión de este último, conforme a los tratados internacionales en la materia, haya permitido desarrollar políticas de apoyo e impulso de la integración de las personas con discapacidad. En este sentido, diversos pronunciamientos del Tribunal Constitucional han reconocido a este colectivo la titularidad y ejercicio de los derechos fundamentales y han legitimado la adopción de medidas de acción positiva para promover la efectiva igualdad y libertad de sus miembros.

La necesidad de actualizar el contenido del art. 49 CE había impulsado, desde hace ya varios años, propuestas para su reforma lideradas por las organizaciones representativas del colectivo de personas con discapacidad. El objetivo era, precisamente, que la Constitución española volviera a ser referencia en la promoción y tutela de los derechos de las personas con discapacidad. Se trataba, por tanto, de acoger en el texto constitucional esa perspectiva conforme a la cual el punto de partida es la consideración de las personas discapacitadas como titulares de derechos y el papel de los poderes públicos el de garantizar y asegurar su ejercicio, removiendo, allí donde sea necesario, los obstáculos que impidan ese ejercicio y ofreciendo apoyos para favorecer su autonomía personal e inclusión social. A ese impulso transformador responde, sin duda, la reforma del art. 49 CE.

El aspecto que ha recibido mayor atención mediática de la reforma constitucional ha sido el cambio en la terminología, la sustitución de la anacrónica y desafortunada referencia a los "disminuidos físicos, sensoriales y psíquicos" por la de "personas con discapacidad". Ciertamente se trata de una denominación que, en su momento, no resultaba extraña en un contexto en el que tanto otros textos constitucionales como los tratados internacionales dirigidos al colectivo de discapacitados utilizaban expresiones similares. Pero que, en pleno siglo XXI, resultaba ya completamente superada y precisaba de una actualización.

Junto a ello, el nuevo art. 49 CE incorpora también otras novedades de no menor alcance.

En primer lugar, el actual art. 49 CE coloca a las personas con discapacidad en el centro de la norma, partiendo de que son titulares de derechos que deben ejercer en condiciones de libertad e igualdad reales y efectivas. Se supera, pues, la perspectiva objetiva o finalista de la anterior redacción del precepto, en la que las personas con discapacidad aparecían exclusivamente como destinatarias pasivas de las políticas públicas dirigidas a su tratamiento y rehabilitación. De esta forma, el texto constitucional se suma a la concepción acogida en la Convención sobre los Derechos de las Personas con Discapacidad (2006), que parte del amplio reconocimiento de los derechos de estas personas y articula mecanismos para promoverlos y protegerlos de forma integral, con el objetivo de paliar su desventaja social. El nuevo art. 49 CE, ubicado sistemáticamente entre los Principios rectores de la política económica y social, no atribuye directamente derechos subjetivos a las personas con discapacidad. Ni siquiera menciona expresamente su derecho a no ser discriminados por razón de su discapacidad, como sí ocurría en alguna versión anterior de la reforma del art. 49 CE. Una precisión que resultaría probablemente inadecuada, a la vista del carácter programático del art. 49 CE, e innecesaria, dado que tal protección deriva directamente del art. 14 CE en los términos fijados por el Tribunal Constitucional. Pero la titularidad de estos derechos por las personas con discapacidad es la premisa de la que parte el art. 49 CE para añadir que su ejercicio se realizará en condiciones de libertad e igualdad.

No solo eso. El art. 49 CE prevé también, y en este punto está la segunda novedad relevante, que legalmente se regulará la protección especial que sea necesaria para el ejercicio de los derechos por las personas discapacitadas, imponiendo pues a los poderes públicos la carga de adoptar las medidas necesarias para asegurar dicho ejercicio en las condiciones previstas. Sin duda, esta específica previsión ampara las medidas de acción positiva cuya legitimidad, anclada también en el art. 9.2 CE, el Tribunal Constitucional ya ha reconocido.

Junto a ello, el art. 49 CE supera ya definitivamente la concepción médica que recogía el precepto en su versión inicial cuando contemplaba la protección de las personas con discapacidad casi exclusivamente desde una perspectiva de previsión, tratamiento, rehabilitación e integración. Una concepción que presentaba a las personas con discapacidad como enfermos a los que los poderes públicos habían de prestar una atención especializada. En la versión actual, el mandato constitucional a los poderes públicos es el de impulsar políticas dirigidas a garantizar su plena autonomía personal y su inclusión social, en entornos universalmente accesibles. Entre tales políticas se incluyen, lógicamente, las de carácter médico y rehabilitador, pero la nueva redacción del precepto resulta omnicomprensiva de cualesquiera otras que atiendan o resulten eficaces a la finalidad de asegurar la autonomía personal e inclusión social de las personas con discapacidad.

También resulta novedosa la específica mención que el art. 49 CE efectúa al fomento de la participación de las organizaciones representativas de las personas con discapacidad en los términos que la ley establezca. Una llamada, sin duda, a que la legalidad ordinaria disponga la intervención de estas organizaciones en el diseño de las normas y políticas dirigidas a las personas con discapacidad. Pero sin imponer tal participación, como sugerían algunas propuestas de reforma del art. 49 CE, y dejando que sea el legislador el que determine en qué supuestos y condiciones se ha de materializar. De hecho, la intervención de estas organizaciones está ya prevista en el RD Legislativo 1/2013, de 29 de noviembre, por el que se aprueba el texto Refundido de la Ley general de las personas con discapacidad y su inclusión social, que incluye entre sus principios el del diálogo civil, asegurando la amplia participación de las organizaciones representativas en el diseño de las políticas que se desarrollen en relación con las personas con discapacidad.

Finalmente, el art. 49 CE se refiere expresamente a las mujeres y los menores con discapacidad, cuyas necesidades específicas se atenderán particularmente. Una referencia también vinculada con la Convención Internacional sobre derechos de las personas con discapacidad, cuyos arts. 6 y 7 atienden precisamente a estos dos colectivos: a las mujeres con discapacidad, en cuanto sujetas a múltiples formas de discriminación; y a los y las menores con discapacidad, en cuanto sujetos a los que debe garantizarse el ejercicio pleno de sus derechos en condiciones de igualdad con los demás niños y niñas.

Ubicado entre los principios rectores de la política social y económica, el art. 49 CE carece de capacidad transformadora directa. Pero su contenido integra un mandato al legislador y al resto de poderes públicos que necesariamente estos deben atender para dar cumplimiento a los fines señalados por el poder constituyente.

COMENTARIO

Artículo 49 vigente hasta la reforma constitucional de febrero de 2024

Los poderes públicos realizarán una política de previsión, tratamiento, rehabilitación e integración de los disminuidos físicos, sensoriales y psíquicos a los que prestarán la atención especializada que requieran y los ampararán especialmente para el disfrute de los derechos que este Título otorga a todos los ciudadanos.

SUMARIO: I. EL MANDATO CONSTITUCIONAL DE INTEGRACIÓN DE LOS DISCAPACITADOS Y DE GARANTÍA DEL DISFRUTE DE SUS DERECHOS CONSTITUCIONALES. II. GARANTÍAS PARA EL EFECTIVO DISFRUTE POR LAS PERSONAS CON DISCAPACIDAD DE SUS DERECHOS. 1. Una cuestión previa: La exigencia de motivación reforzada cuando se invoca la protección de las personas con discapacidad prevista en el art. 49 CE. 2. La legitimidad constitucional de las medidas de acción positiva para garantizar la igualdad de hecho de las personas con discapacidad. 3. La obligación de aplicar los ajustes razonables como garantía de la plena efectividad de los derechos de las personas con discapacidad. III. BIBLIOGRAFÍA. IV. JURISPRUDENCIA.

I. EL MANDATO CONSTITUCIONAL DE INTEGRACIÓN DE LOS DISCAPACITADOS Y DE GARANTÍA DEL DISFRUTE DE SUS DERECHOS CONSTITUCIONALES

Ubicado en el Capítulo III (De los principios rectores de la política económica y social) del Título I de la Constitución, el art. 49 CE no contempla, en sentido estricto, un derecho o libertad fundamental ni una garantía constitucional sino un mandato a los poderes públicos para que desarrollen una política de prevención, tratamiento, rehabilitación e integración de los discapacitados amparándoles en el disfrute de los derechos que el Título primero de la norma constitucional otorga a todos los ciudadanos.

Sin duda, esta segunda parte del precepto es de especial interés en la medida en que, como ha señalado el Prof. Rodríguez-Piñero, supone un enfoque de la discapacidad desde la perspectiva de la igualdad, superando así una tradicional política centrada únicamente en la rehabilitación y la educación, para abordar un tratamiento que tiene por finalidad la integración social, garantizando a las personas discapacitadas el pleno ejercicio de sus derechos.

Desde esta perspectiva, el art. 49 CE está estrechamente vinculado, como el Tribunal Constitucional ha reiterado en numerosas ocasiones, con el art. 9.2 CE, que impone a los poderes públicos el deber de promover las condiciones para que la libertad e igualdad de los ciudadanos y los grupos en que se integran sean reales y efectivas, y con el art. 14 CE, que prohíbe la discriminación. Preceptos que, como también ha señalado el Tribunal, deben ser interpretados, en virtud del art. 10.2 CE, a la luz de lo dispuesto en los tratados internacionales que España ha celebrado sobre la materia.

Al respecto, es esencial la referencia a la Convención de la ONU sobre los Derechos de las personas con discapacidad, de 13 de diciembre de 2006, que protege a "quienes tengan deficiencias físicas, mentales, intelectuales o sensoriales a largo plazo que, al interactuar con diversas barreras, puedan impedir su participación plena y efectiva en la sociedad, en igualdad de condiciones con los demás"; prohíbe la discriminación por motivo de discapacidad y acoge el concepto de "ajustes razonables" entendido como la obligación de las autoridades de adoptar las modificaciones y adaptaciones necesarias y adecuadas que no impongan una carga desproporcionada o indebida, cuando se requieran en un caso particular, para garantizar a las personas con discapacidad el goce o ejercicio, en igualdad de condiciones con las demás, de todos los derechos humanos y libertades fundamentales.

Por su parte, el Convenio Europeo para la protección de los Derechos Humanos y de las Libertades Fundamentales, (Roma 4 de noviembre de 1950) consagra el principio de no discriminación en su art. 14 que, a pesar de no mencionar expresamente la discapacidad, sí incluye su protección como "grupo particularmente vulnerable" tal y como ha señalado, entre otras, la STEDH de 30 de abril de 2009 (Asunto Glor contra Suiza) afirmando que dicho precepto se refiere también a los discapacitados a través de su cláusula final, referida a "cualquier otra situación".

En el ámbito de la Unión Europea, la Carta de derechos fundamentales (DOUE 30 de marzo de 2010) incluye expresamente en su art. 21 la discapacidad como uno de los factores de protección frente a la discriminación y, en su art. 26, reconoce el derecho de las personas discapacitadas a beneficiarse de medidas para su integración. Y la Directiva 2000/78/CE, relativa al establecimiento de un marco para la igualdad de trato en el empleo y en la ocupación, también acoge la discapacidad como factor específico de discriminación contra la que la Directiva pretende operar. No debe olvidarse, además, que una vez incorporada al ordenamiento de la Unión Europea, mediante la Decisión 2010/48/CE del Consejo, de 26 de noviembre de 2009, la Convención de la ONU sobre los derechos de las personas con discapacidad, dicha norma internacional sirve a los fines interpretativos del derecho a la no discriminación por discapacidad en el ámbito europeo, como acreditan numerosos pronunciamientos del Tribunal de Justicia de la Unión Europea.

En el ámbito nacional, el RDLegislativo 1/2013, de 29 de noviembre, por el que se aprueba el Texto Refundido de la Ley general de derecho de las personas con discapacidad y de su inclusión social (RDLeg 1/2013), traslada a nuestro marco normativo el modelo de protección jurídica de los derechos de las personas con discapacidad previsto en el citado Convenio de la ONU. A partir de una definición similar de la discapacidad, dicho texto normativo consagra también el principio de no discriminación para las personas con discapacidad, sea directa o indirecta, e impone la exigencia de la adopción de los ajustes razonables que se requieran. Esta norma compendia las principales medidas de protección de la discapacidad, con la finalidad de garantizar el derecho a la igualdad de oportunidades y de trato, así como el ejercicio real y efectivo de derechos en igualdad de condiciones que el resto de los ciudadanos.

La aplicación del mandato constitucional recogido en el art. 49 CE a la luz de estos textos internacionales ha permitido que, a pesar del carácter esencialmente programático de citado precepto y su escasa fuerza normativa, su aplicación práctica haya adquirido una trascendencia jurídica no desdeñable, en la medida en que particulariza en un colectivo especialmente necesitado de protección y tutela el genérico deber de los poderes públicos de garantizar una igualdad no meramente formal, sino real y efectiva para estos ciudadanos. Un colectivo que, a pesar de la anacrónica e inadecuada referencia constitucional a "disminuidos físicos, sensoriales y psíquicos", remite a las personas con discapacidad tal y como estas se definen en los texto internacionales, incluyendo expresamente a "aquellas a quienes se les haya reconocido un grado de discapacidad igual o superior al 33 por ciento", entre las que se encuentran quienes tengan reconocida una pensión de incapacidad permanente en el grado de total, absoluta o gran invalidez (art. 4 RDLeg 1/2013).

II. GARANTÍAS PARA EL EFECTIVO DISFRUTE POR LAS PERSONAS CON DISCAPACIDAD DE SUS DERECHOS

La protección de las personas con discapacidad, para dar cumplimiento al mandato constitucional garantizando su protección y plena integración social, se proyecta sobre todos los ámbitos de la vida social. Con la finalidad de evitar obstáculos que impidan su efectiva participación, el RDLeg 1/2013 incorpora medidas en el ámbito de la salud, de las prestaciones sociales y económicas, referidas a la atención integral, al derecho a la educación, al derecho a la vida independiente, al trabajo, a la protección social y a la participación en asuntos públicos.

A efectos de garantizar adecuadamente estos derechos, adquieren especial relevancia dos instrumentos que, a la postre, resultan esenciales para la consecución de tales objetivos. Por una parte, las medidas de acción positiva, que reciben un reconocimiento expreso del legislador, y la exigencia de ajustes razonables, cuando estos se requieren como condición para el efectivo ejercicio de sus derechos. Ambos instrumentos han recibido el aval no solo normativo sino también del propio Tribunal Constitucional que, a través de distintos pronunciamientos, ha delimitado los términos y alcance de su aplicación.

1. Una cuestión previa: La exigencia de motivación reforzada cuando se invoca la protección de las personas con discapacidad prevista en el art. 49 CE

La jurisprudencia constitucional ha hecho hincapié en numerosas sentencias en la exigencia de motivación reforzada en los supuestos en los que se invoca la protección a las personas con discapacidad prevista en el art. 49 CE. En estos casos, el canon de razonabilidad constitucional deviene más exigente por cuanto que se encuentran implicados valores y principios de indudable relevancia constitucional, al invocarse por el demandante de amparo el principio del interés de los discapacitados que tiene su proyección constitucional en el art. 49 CE y que se define como rector e inspirador de todas las actuaciones de los poderes públicos, tanto administrativas como judiciales. Ello supone que, cuando están afectados los intereses o derechos de personas discapacitadas, los órganos judiciales no solo deben resolver sobre el fondo de lo que la parte alegue, sino que deben hacerlo aplicando de manera preferente el interés del discapacitado.

Un ejemplo significativo de esta exigencia, y de las consecuencias de su incumplimiento, se encuentra en la STC 113/2021, de 31 de mayo, en la que se estima la vulneración del derecho a la defensa de la recurrente en amparo en la medida en que, en el procedimiento de ejecución de una orden de desalojo de la vivienda que ocupaba, los órganos judiciales no ponderaron si, frente a la literalidad de las causas de oposición legalmente previstas, las circunstancias del caso —señaladamente la existencia de hijos menores de edad, uno de ellos discapacitado—, exigían no limitarse a una respuesta formalista. Por otra parte, la STC 161/2021, de 4 de octubre exige, aunque sin mencionarlo expresamente, esa motivación reforzada también en un supuesto de ejecución de un desahucio, en este caso reprochando al órgano judicial no haber desarrollado la actividad necesaria para comprobar si, dados los indicios de discapacidad del afectado, podía resultar afectada su capacidad de comprensión sobre la incomparecencia en el procedimiento judicial que, a la postre, determinó la ejecución del desahucio. Muchas de las sentencias que se mencionan a continuación aplican igualmente esta exigencia de motivación reforzada para resolver los correspondientes recursos de amparo.

2. La legitimidad constitucional de las medidas de acción positiva para garantizar la igualdad de hecho de las personas con discapacidad

Sin duda, una de las fórmulas más eficaces para hacer efectivos los derechos de los discapacitados remite a la adopción de medidas de discriminación positiva. La figura no se contempla con esa denominación específica en la Convención de la ONU sobre los derechos de las personas con discapacidad, pero su art. 5 sí las legitima cuando dispone que "No se considerarán discriminatorias, en virtud de la presente Convención, las medidas específicas que sean necesarias para acelerar o lograr la igualdad de hecho de las personas con discapacidad".

Con mayor claridad, el art. 2 del RDLeg 1/2013 define las medidas de acción positiva como aquellas "de carácter específico consistentes en evitar o compensar las desventajas derivadas de la discapacidad y destinadas a acelerar o lograr la igualdad de hecho de las personas con discapacidad y su participación plena en los ámbitos de la vida política, económica, social, educativa, laboral y cultural, atendiendo a los diferentes tipos y grados de discapacidad". Entre las medidas de acción positiva se incluyen expresamente medidas para facilitar el estacionamiento de vehículos (art. 30), el derecho al subsidio de movilidad y compensación por gastos de transporte (art. 31), o la reserva de viviendas protegidas para personas con discapacidad (art. 32). Pero igualmente, la norma citada prevé la adopción de medidas de discriminación positiva en el ámbito del empleo (arts. 40 y 42), en el marco de las políticas de protección de la familia (art. 67.2) o en el ya mencionado de la discriminación múltiple (art. 67.1).

El Tribunal Constitucional ha tenido la oportunidad de pronunciarse sobre el alcance de algunas medidas de acción positiva. Es el caso de la STC 18/2017, de 2 de febrero, referida a las medidas dirigidas a facilitar a las personas con discapacidad el estacionamiento de vehículos. Señala el Tribunal que "las personas con discapacidad encuentran especiales dificultades para ejercer ese derecho por sus limitaciones físicas de movilidad por lo que, como ya hemos destacado, los poderes públicos —cada uno en el ámbito de sus competencias— deben promover las condiciones para que la libertad e igualdad de los miembros de ese colectivo sean reales y efectivas, y para que se remuevan los obstáculos que impidan o dificulten su plenitud (art. 9.2 CE). En el mismo sentido, y de manera más específica para los disminuidos físicos, sensoriales y psíquicos, el art. 49 CE exige también a los poderes públicos que les ampare especialmente para el disfrute de los derechos que este Título otorga a todos los ciudadanos". De ese mandato constitucional, tanto general (art. 9.2) como específico (art. 49 CE) deduce el Tribunal que el Estado cuenta con competencia para establecer una serie de condiciones que aseguren en todo el territorio español la libre circulación de personas que padecen algún tipo de discapacidad.

También constituyen medidas positivas las previsiones que la normativa de empleo establece sobre reserva de empleo en favor de los discapacitados. En este sentido, el art. 40.1 RDLeg 1/2013 prevé, con carácter general, que "Para garantizar la plena igualdad en el trabajo, el principio de igualdad de trato no impedirá que se mantengan o adopten medidas específicas destinadas a prevenir o compensar las desventajas ocasionadas por motivo de o por razón de discapacidad". Y su art. 42 impone la reserva de puestos de trabajo para personas con discapacidad disponiendo que "Las empresas públicas y privadas que empleen a un número de 50 o más trabajadores vendrán obligadas a que de entre ellos, al menos, el 2% sean trabajadores con discapacidad", aunque se permitan, excepcionalmente, fórmulas alternativas de cumplimiento. Medidas explicitadas con detalle, para el empleo público, en el art. 49 RDLegislativo 5/2015, de 30 de octubre, por el que se aprueba el Texto Refundido de la Ley del Estatuto Básico del Empleado Público, que dispone (art. 49) que en las ofertas de empleo público se reservará un cupo no inferior al 7% de las vacantes para ser cubiertas entre personas con discapacidad, siempre que superen los procesos selectivos y acrediten su discapacidad y la compatibilidad con el desempeño de las tareas, de modo que progresivamente se alcance el 2% de los efectivos totales en cada Administración Pública.

En relación con esta reserva de empleo se pronuncia la STC 269/1994, de 3 de octubre. En este caso, la demandante, aspirante a una plaza en un proceso de selección en la Administración Pública, impugnaba la actuación de la Administración alegando que había sido postergada por la aplicación de dicha reserva en favor de los discapacitados. Para la recurrente en amparo, el criterio seguido había introducido "una diferencia de trato discriminatoria, por favorecerse a unos aspirantes frente a otros por razón de una condición personal concurrente en unos y no en otros". En este contexto, el Tribunal Constitucional aborda el análisis de la legitimidad constitucional de las medidas de acción positiva vinculándolas con el mandato contenido en el art. 9.2 CE y específicamente con el art. 49 CE. Afirma la sentencia que precisamente porque la discapacidad puede constituir "un factor de discriminación con sensibles repercusiones para el empleo de los colectivos afectados, tanto el legislador como la normativa internacional (Convenio 159 de la OIT) han legitimado la adopción de medidas promocionales de la igualdad de oportunidades de las personas afectadas por diversas formas de discapacidad, que, en síntesis, tienden a procurar la igualdad sustancial de sujetos que se encuentran en condiciones desfavorables de partida para muchas facetas de la vida social en las que está comprometido su propio desarrollo como personas". Por ello concluye que es claro que la reserva porcentual de plazas en una oferta de empleo, destinadas a un colectivo con graves problemas de acceso al trabajo, no vulnera el art. 14

CE, siendo por tanto perfectamente legítimo desde la perspectiva que ahora interesa, y que además constituye un cumplimiento del mandato contenido en el art. 9.2 CE, en consonancia con el carácter social y democrático del Estado (art. 1.1 CE).

También, para finalizar, la regulación de la jubilación anticipada por razón de discapacidad constituye una medida de acción positiva. Se trata, en este caso, de un instrumento consistente en establecer unos "coeficientes reductores de la edad de jubilación" (art. 206 bis LGSS) que tienen como "fundamento el mayor esfuerzo y la penosidad que ocasiona para un trabajador minusválido la realización de una actividad profesional [...], sin reducción de la cuantía de la pensión". El problema planteado en torno a esta jubilación anticipada por discapacidad ha llegado al Tribunal Constitucional a raíz de diversas resoluciones del Instituto Nacional de la Seguridad Social en las que se denegaba el acceso a la incapacidad permanente a personas discapacitadas en situación de jubilación anticipada a pesar de que cumplían el requisito de edad exigido por la legislación para poder acceder a la incapacidad permanente (la normativa de Seguridad Social excluye del acceso a la incapacidad permanente a las personas que tengan cumplida la edad de jubilación ordinaria, lo que no ocurría con las personas discapacitadas afectadas que precisamente se habían jubilado antes de cumplir dicha edad de jubilación ordinaria). En una serie de sentencias (STC 172/2021, de 7 de octubre y STC 21/2023, de 27 de marzo, entre otras) el Tribunal Constitucional rechaza esta interpretación afirmando que la misma produce una discriminación no justificada para las personas con discapacidad, en la medida en que permite a otras personas en situación de jubilación anticipada acceder a la prestación por incapacidad permanente, en tanto que se niega ese derecho a las personas con discapacidad, a pesar de cumplir estas los requisitos exigidos legalmente.

3. La obligación de aplicar los ajustes razonables como garantía de la plena efectividad de los derechos de las personas con discapacidad

La Convención de la ONU sobre personas con discapacidad atribuye una importancia esencial a los "ajustes razonables", entendidos como las modificaciones y adaptaciones necesarias y adecuadas que no impongan una carga desproporcionada o indebida, cuando se requieran en un caso particular, para garantizar a las personas con discapacidad el goce o ejercicio, en igualdad de condiciones con los demás, de todos los derechos humanos y libertades fundamentales (art. 2). Un concepto, el de ajustes razonables, que se incorpora también en la normativa europea (art. 5 Directiva 2000/78) y nacional (art. 2.m RDLeg 1/2013) y que remite, como el TJUE ha señalado (STJUE de 11 de abril de 2013, Asuntos C-335/11 y C-337/11, Ring/Danmark), a una serie de medidas de variada tipología —de orden físico (adaptación de instalaciones, equipamientos...), educacionales (ofreciendo medios formativos...) u organizativas (ajustando las condiciones de acceso y ejercicio de los derechos)—. En el ámbito del empleo, por ejemplo, la obligación de adoptar ajustes razonables ha servido para proteger a trabajadores con discapacidad frente a medidas extintivas adoptadas por la empresa sin haber atendido previamente a la condición del trabajador (adoptando medidas como la adaptación de su puesto de trabajo, la reducción de jornada o el cambio de puesto a otro compatible con su discapacidad).

La obligación de adoptar "ajustes razonables" adquiere así una relevancia esencial en la tutela de las personas discapacitadas. Y aunque tiene límites —los que derivan de la propia noción de razonabilidad (art. 66.2 RDLeg 1/2013)— no puede obviarse que "la denegación de ajustes razonables a las personas con discapacidad" constituye una forma de discriminación directa (art. 6 Ley 15/2022, de 12 de julio, integral para la igualdad de trato y la no discriminación).

El Tribunal Constitucional ha abordado en diferentes ocasiones el alcance de este deber de efectuar "ajustes razonables" y las consecuencias de su incumplimiento. Lo ha hecho en el ámbito de la educación, de la tutela judicial, del acceso a la asistencia o servicios sociales o, finalmente, en el ámbito del empleo.

En relación con la educación, la STC 10/2014, de 27 de enero, con motivo de la impugnación de una resolución de la Administración Educativa por la que se decidía la escolarización de un menor discapacitado en un centro educativo especial, estableció que la administración educativa debe tender a la escolarización inclusiva de las personas discapacitadas y, tan solo cuando los ajustes que deba realizar para dicha inclusión sean desproporcionados o no razonables, podrá disponer la escolarización de estos alumnos en centros de educación especial, debiendo en este último caso, por respeto a los derechos fundamentales y bienes jurídicos afectados, exteriorizar los motivos por los que ha seguido esta opción y considerado inviable la integración del menor discapacitado en un centro ordinario. En este caso, el Tribunal valora el conflicto planteado desde la perspectiva de todos los derechos y bienes constitucionalmente protegidos y concluye que, como principio general, que la educación debe ser inclusiva, es decir que debe promover la escolarización de los menores en un centro de educación ordinaria, proporcionándoseles los apoyos necesarios para su integración en el sistema educativo si padecen algún tipo de discapacidad.

Por lo que se refiere al derecho a la tutela judicial efectiva, el art. 13.1 de la Convención de Naciones Unidas sobre los derechos de las personas con discapacidad dispone expresamente que "los Estados Partes asegurarán que las personas con discapacidad tengan acceso a la justicia en igualdad de condiciones con las demás, incluso mediante ajustes de procedimiento y adecuados a la edad". El cumplimiento de este deber obliga a la adopción de las modificaciones y adaptaciones necesarias y adecuadas para hacerlo efectivo, siempre que no impongan un carga excesiva o indebida, si son necesarias para garantizar que las personas con discapacidad ejerzan de forma efectiva sus derechos. En aplicación de estos criterios, y en aplicación de los arts. 9.2 y 49 ET, la STC 77/2014, de 22 de mayo, otorga el amparo solicitado y considera que celebrar un juicio oral sin la presencia del demandado vulnera sus derechos a la tutela judicial efectiva y a la defensa, en la medida en que existían en el proceso indicios suficientes sobre la existencia de una discapacidad psíquica que pudiera haber influido en su capacidad de comprensión sobre las consecuencias legales derivadas de su incomparecencia. Considera el Tribunal Constitucional que, existiendo indicios de discapacidad mental, los órganos judiciales debían haber realizado diligencias complementarias orientadas a verificar que esa discapacidad no era un obstáculo a su capacidad comprensiva sobre los efectos de su ausencia y a asegurar su presencia en el juicio oral. No habiéndose llevado a cabo tales diligencias, se aprecia lesión del derecho a la tutela judicial del discapacitado en cuanto no se garantizó adecuadamente su derecho a la defensa. En similares términos se pronuncia la STC 161/2021, de 4 de octubre, ya citada.

En el ámbito del acceso a la asistencia y servicios sociales, la STC 3/2018 estimó el amparo a favor de una persona, con discapacidad psíquica severa, a la que por ser mayor de sesenta años se había denegado la inclusión en un programa de atención individualizada en un centro de asistencia para personas con discapacidad. Reprocha el Tribunal a la autoridad competente no haber adoptado los "ajustes razonables" que hubieran asegurado la prestación del servicio asistencial adaptado a sus necesidades de discapacidad, máxime cuando la propia Administración había reconocido que disponía de centros para cumplir adecuadamente esa finalidad y no incurrir en un resultado discriminatorio. La Sentencia tiene especial interés, además, porque se aprecia discriminación múltiple por razón de discapacidad y de edad. Estima el Tribunal Constitucional que al aplicar automáticamente la norma que impedía el acceso a servicios residenciales para discapacitados a mayores de 60 años se está discriminando doblemente al recurrente en la medida en que se le impide acceder a la atención que necesita, tanto para su salud como para su integración social, frente a quienes en su misma situación de discapacidad sí disponen de dicha asistencia por no tener la edad de 60 años.

Finalmente, la STC 51/2021, de 15 de marzo, recuerda la importancia de garantizar la protección e igualdad de oportunidades de las personas con discapacidad en el ámbito del empleo, una de las esferas donde la discriminación por motivos de discapacidad ha sido "tan preeminente como persistente". Y afirma que "el incumplimiento de la obligación por parte del empleador de adoptar los ajustes razonables priva de legitimidad la adopción de medidas como el despido o la adopción de medidas disciplinarias motivadas en posibles insuficiencias en el desempeño de sus funciones por incurrir en discriminación. Aunque tales medidas puedan estar fundadas, en principio, en razones objetivas y aparentemente neutras relacionadas con dicho desempeño, incurren en discriminación si no se ha garantizado antes la observancia del principio de igualdad de trato de las personas discapacitadas mediante los debidos ajustes". Partiendo de estas consideraciones, se estima el amparo de un funcionario que había sido objeto de una sanción disciplinaria por un defectuoso cumplimiento de sus obligaciones laborales. Advierte el Tribunal Constitucional que "tan pronto como un trabajador o trabajadora acredite la existencia de una discapacidad el empleador debe tener en cuenta debidamente los obstáculos específicos con los que este se enfrenta y cumplir con su obligación de adoptar ajustes razonables en el puesto de trabajo para garantizar a quien la padece el ejercicio de sus derechos en el ámbito del empleo en igualdad de condiciones que las demás personas. Asimismo, por respeto a los derechos fundamentales y bienes jurídicos afectados, debe exteriorizar debidamente la motivación de la decisión adoptada, en particular si se aprecia la improcedencia o imposibilidad de los ajustes solicitados. En caso contrario, la adopción de medidas como el despido o la imposición de una sanción de carácter disciplinario, que estén relacionadas con dificultades en el desempeño de sus funciones que puedan ser solventadas mediante ajustes razonables, incurrirán en discriminación prohibida por el art. 14 CE aun cuando estén basadas en razones objetivas aparentemente neutras".

III. BIBLIOGRAFÍA

GARCÍA-CUEVAS ROQUE, E.: "Aportaciones de la jurisprudencia constitucional al ámbito de la discapacidad. Especial referencia a las SSTC 3/2018 y 52/2022", *Revista General de Derecho Constitucional*, núm. 38, 2023, pp. 87-129.

GARCÍA MURCIA, J.: "La integración laboral del minusválido", en *IV Jornadas Universitarias de Derecho del Trabajo y Relaciones Laborales*, Documentación Laboral, 1986, pp. 67-77.

RODRÍGUEZ-PIÑERO Y BRAVO-FERRER, M.: "Comentario al artículo 49", en AA.VV. CASAS BAAMONDE, M. E., Y RODRÍGUEZ-PIÑERO Y BRAVO-FERRER, M., (Dirs.), *Comentarios a la Constitución Española, XXX Aniversario*, Madrid, *Wolters Kluwer*, 2008, pp. 1118-1123.

VIDA SORIA, J.: "Artículo 49, Protección de los disminuidos físicos", en AA.VV. ALZAGA VILLAAMIL, O. (Dir.) *Comentarios a la Constitución Española de 1978*, Madrid, *Cortes Generales*, 1996-1999, Tomo IV, pp. 355-364.

IV. JURISPRUDENCIA

STEDH de 30 de abril de 2009 (Asunto *no. 3444/04* Glor contra Suiza).
STC 77/2014, de 22 de mayo.
STC 10/2014, de 27 de enero.
STC 3/2018, de 22 de enero.
STC 18/2017, de 2 de febrero.
STC 269/1994, de 3 de octubre.
STC 51/2021, de 15 de marzo.
STC 113/2021, de 31 de mayo.
STC 161/2021, de 4 de octubre.
STC 172/2021, de 7 de octubre.
STC 52/2022, de 4 de abril.

Artículo 50

Los poderes públicos garantizarán, mediante pensiones adecuadas y periódicamente actualizadas, la suficiencia económica a los ciudadanos durante la tercera edad. Asimismo, y con independencia de las obligaciones familiares, promoverán su bienestar mediante un sistema de servicios sociales que atenderán sus problemas específicos de salud, vivienda, cultura y ocio.

COMENTARIO

Laura Díez Bueso
Catedrática de Derecho Constitucional Universidad de Barcelona
Magistrada del Tribunal Constitucional

I. LA PROTECCIÓN A LA TERCERA EDAD COMO MANIFESTACIÓN DEL ESTADO SOCIAL

Una adecuada comprensión del art. 50 de la Constitución vigente nos remite, como sucede con muchos otros preceptos constitucionales, a un contexto más amplio. La obligada contextualización de la protección a la tercera edad, no se refiere solamente a su inscripción y sentido general del Capítulo III del Título I, sino que nos remite al propio Título Preliminar de la Constitución, concretamente, a sus artículos primero y noveno. En efecto y como señala Vidal, la protección a los mayores es una manifestación directa de ambos preceptos: en primer lugar, del Estado social como abanderado de los colectivos más desfavorecidos; y, en segundo lugar, de la remoción de los obstáculos que impiden a los grupos más desvalidos su igualdad material respeto del resto de ciudadanos.

En este marco, el Tribunal Constitucional ha precisado en su Sentencia 100/1989, de 5 de junio, que el art. 50 es un precepto que no dispone de las garantías reservadas al Capítulo II del Título I de la Constitución. No obstante, esta misma Sentencia sostiene que cuenta con una relevancia propia en la configuración de los derechos sociales de los ciudadanos y establece un límite de constitucionalidad de los poderes del Estado, incluidos los legislativos, en este importante ámbito.

¿Cuál es el ámbito al que se refiere el art. 50 de la Constitución? Surge aquí una primera indeterminación del precepto que es necesario interpretar. Tras el sintagma "ciudadanos de la tercera edad" no se precisa a partir de qué edad se pasa a formar parte de este grupo y, en consecuencia, a merecer la protección constitucional.

En esta cuestión se ha tratado de distinguir en función de los dos tipos de protección que ofrece el propio precepto: la suficiencia económica y los servicios sociales. Respecto del primero, parece que el constituyente se refiere a los pensionistas al vincular la suficiencia económica a las pensiones adecuadas y actualizadas; más concretamente, parece que el precepto se refiere a la inactividad pensionable. No obstante, conectar la protección con la inactividad pensionable conduce a la siguiente incongruencia: por un lado, hay mayores no titulares de pensiones; por otro, hay pensionistas (pre-jubilados, por ejemplo) que no son considerados socialmente como personas mayores.

Pese a esta incoherencia, se ha planteado la posibilidad de que, no sólo los destinatarios de la suficiencia económica sean los pensionistas (y no los mayores), sino que también los pensionistas sean los destinatarios de los servicios sociales. Esta interpretación se fundamentaría en el siguiente argumento: cuando la Constitución estipula que los poderes públicos promoverán "su bienestar mediante un sistema de servicios sociales", esta alocución aludiría a "los pensionistas". No parece que esta interpretación restrictiva sea la única, máxime cuando puede considerarse que "su bienestar" se refiere al de "los ciudadanos de la tercera edad". A mayor abundamiento, no puede desconocerse que los sujetos beneficiarios de los servicios sociales no se determinan en función de su categoría como pensionistas pues, a lo sumo, la asistencia social tiene en cuenta la pensión para ofrecer mayor o menor cobertura.

En definitiva, los motivos expuestos unidos a una lectura sistemática de la Constitución fundamentada en el Estado social, así como una interpretación "pro derechos", indican que la suficiencia económica debería garantizarse al colectivo de la tercera edad considerado precisamente en razón de ello, su edad. Por otro lado, la protección ofrecida por los servicios sociales no debería vincularse a la existencia de una pensión sino, otra vez, a la avanzada edad de su beneficiario. Ciertamente, la edad a partir de la cual una persona puede considerarse de la tercera edad es una cuestión flexible y dependerá de múltiples circunstancias, por lo que será la ley la que en cada momento deberá tenerlas en cuenta y concretará qué debe entenderse por colectivo de la tercera edad.

II. CONTENIDO DE LA PROTECCIÓN: SUFICIENCIA ECONÓMICA MEDIANTE PENSIONES ADECUADAS Y ACTUALIZADAS

La suficiencia económica mediante pensiones adecuadas y actualizadas configura de forma dinámica el poder adquisitivo de los mayores, de manera que les permita mantener una vida digna. Esta garantía de suficiencia de recursos a través de las pensiones supone una indicación muy precisa que vincula al legislador, que deberá cohonestarse con las previsiones del art. 41 de la Constitución. En efecto, las pensiones de los mayores se verán condicionadas por los rasgos estructurales del sistema de pensiones *ex* art. 41, puesto que el art. 50 no habilita al legislador para configurar un sistema de pensiones al margen de la Seguridad Social.

En este marco y en virtud de los arts. 41 y 50 de la Constitución, los ciudadanos de la tercera edad tienen derecho a disfrutar de dos tipos de pensiones: las contributivas, con un devengo determinado en base a las cotizaciones anteriores; y las no contributivas, financiadas con impuestos y prestadas en atención a situaciones de necesidad y carencia de recursos económicos. Tanto unas como otras deberán ser suficientes, aunque la Constitución no precisa tal concepto, ni siquiera por aproximación. Dado el contexto tan diverso de unas pensiones y otras, en relación con el nacimiento del derecho y su cuantía, una posible interpretación consistiría en la siguiente: en las contributivas la suficiencia debería ponerse en relación con las rentas dejadas de percibir, en tanto que en las no contributivas con el mínimo vital. No obstante, parece que no es ésta la lectura correcta sino que, como defiende Goñi, la Constitución no pretende establecer una protección diferenciada de suficiencia económica en función de la pensión, sino que sólo pretende reforzar la garantía de suficiencia establecida en el art. 41 CE para todas las prestaciones sociales en situaciones de necesidad. Con ello, y como afirma la Sentencia del Tribunal Constitucional 104/1983, de 23 de noviembre, la Constitución acoge el estado o situación de necesidad como objeto y fundamento de la protección, lo que implica una tendencia a garantizar a los ciudadanos un mínimo de rentas, estableciendo una línea por debajo de la cual comienza a actuar la protección.

Además de esta Sentencia, el Tribunal Constitucional se ha pronunciado en diversas ocasiones en relación con el concepto de suficiencia. De forma determinante ha configurado la inembargabilidad de las pensiones como institución ligada a la garantía de la suficiencia económica. Según las Sentencias 113/1989, de 22 de junio, y 158/1993, de 6 de mayo, esta inembargabilidad deriva del respeto a la dignidad de la persona, que impide que la efectividad de los derechos patrimoniales se lleve al extremo de sacrificar el mínimo económico vital del deudor. En esta línea, el Tribunal ha añadido que debe respetarse un equilibrio que asegure el mínimo económico vital de sus beneficiarios pero que no se extienda en demasía, de manera tal que exista inmunidad frente a la acción ejecutiva de los acreedores en cuantía que resulte excedente a ese mínimo vital.

Otro importante tema relacionado con la suficiencia económica tratado por el Tribunal Constitucional ha sido el de adecuación de las pensiones. En Sentencias como la 134/1987, de 11 de agosto, y la 100/1990, de 20 de junio, el Tribunal sostiene que la pensión adecuada no puede considerarse aisladamente, atendiendo a cada pensión singular, sino que debe tener en cuenta el sistema de pensiones en su conjunto, sin que pueda prescindirse de las circunstancias sociales y económicas de cada momento y sin que quepa olvidar que se trata de administrar medios económicos limitados para un gran número de necesidades sociales.

Finalmente, también el Tribunal Constitucional ha tenido ocasión de pronunciarse sobre la actualización periódica de las pensiones. Respecto de las pensiones contributivas, el Tribunal ha sostenido que la revisión periódica no es un principio absoluto de aplicación incondicionada, sino sometida a las posibilidades financieras y al reparto solidario de los recursos, por lo que la idea de pensión adecuada no supone obligadamente el incremento anual de todas las pensiones. Al fijar un límite a la percepción de nuevas pensiones o al negar la actualización durante un tiempo de las que superan ese límite, el legislador no rebasa el ámbito de las funciones que le corresponden en la apreciación de actualización del sistema de funciones (Sentencias ya citadas 134/1987 y 100/1990).

Dando un paso más en esta dirección, la Sentencia del Tribunal Constitucional 49/2015, de 5 de marzo, considera constitucional el Real Decreto-Ley 28/2012, de 30 de noviembre, que dejó sin efecto para 2012 la actualización de todas las pensiones, sin distinción de cuantía, para el caso de que el IPC fuera superior al previsto. En opinión de ciertos autores, como Ponce, el Tribunal acaba por otorgar al legislador presupuestario una libertad omnímoda que puede considerarse que pervierte el papel de la Constitución.

Para concluir el epígrafe dedicado a la garantía de la suficiencia económica mediante un sistema de pensiones adecuadas y actualizadas se debe aludir a las ayudas económicas que, en este contexto, pueden aportar las Comunidades Autónomas. En efecto, el sistema de pensiones estatales al amparo de la Seguridad Social puede completarse con ayudas de las Comunidades en orden a asegurar la suficiencia económica. De este modo, éstas pueden complementar las pensiones estatales de las personas de la tercera edad cuyos medios de subsistencia resulten insuficientes para llevar una vida digna.

Respecto de estas ayudas autonómicas la Sentencia del Tribunal Constitucional 239/2002, de 11 de diciembre, sostiene que nada impide que las Comunidades con competencia en materia de asistencia social otorguen ayudas de esta naturaleza a colectivos de personas que, aun percibiendo prestaciones asistenciales del sistema de Seguridad Social, se encuentren en situación de necesidad, siempre que con dicho otorgamiento no se produzca una modificación o perturbación de dicho sistema o de su régimen económico. De esta forma, las personas de la tercera edad que no tengan cubiertas sus necesidades mínimas por las pensiones del sistema de la Seguridad Social pueden acceder a otras en virtud de título competencial en asistencia social reconocido en el art. 148.1.20 de la Constitución. La confluencia de ayudas económicas deriva de que, en determinadas coyunturas económicas, el ámbito de protección de la Seguridad Social puede conllevar limitaciones asistenciales y prestacionales que precisen de complementación con otras fuentes para asegurar el principio de suficiencia. Ahora bien, tal posibilidad de actuación por parte de las Comunidades Autónomas exige la concurrencia de una situación real de necesidad en la población de la tercera edad beneficiaria de las ayudas de la Seguridad Social y, además, no puede interferir ni en el régimen jurídico básico de la citada Seguridad Social ni en su régimen económico.

III. CONTENIDO DE LA PROTECCIÓN: SISTEMA DE SERVICIOS SOCIALES QUE ATIENDA A SUS PROBLEMAS ESPECÍFICOS

Como acaba de exponerse, en el ámbito de las pensiones económicas a la tercera edad existe concurrencia competencial, donde el Estado tiene un claro protagonismo otorgando pensiones contributivas y no contributivas y las Comunidades Autónomas complementan las pensiones en casos de necesidad. Esta concurrencia competencial también se produce en el ámbito de los servicios sociales, aunque aquí el protagonismo se desplaza hacia las Comunidades.

De una lectura conjunta de los artículos 149.1.1 y 148.1.20 de la Constitución se ha derivado un sistema de servicios sociales donde el Estado regula los elementos configuradores generales del sistema, para garantizar los valores de la igualdad y la solidaridad en materia de protección social. A partir de esta regulación, prácticamente todas las Comunidades Autónomas han aprobado leyes en materia de servicios sociales, que como explica Jimena ponen mayor o menor énfasis en la vertiente dogmática de los servicios sociales (como derecho multifacético que agrupa otros derechos); en la vertiente orgánica del servicio (como política pública); o, sencillamente, en una formulación aséptica (aludiendo a los servicios sociales sin más). Como explica Hierro, en este contexto las Comunidades han desarrollado prestaciones muy diversas, entre las que destacan la ayuda o la teleasistencia domiciliaria; los centros de día o las residencias asistidas; y la atención continuada o las ayudas para equipamientos en los hogares.

Probablemente esta diversa concepción de los servicios sociales deriva de la ausencia de una cláusula constitucional autónoma de reconocimiento del derecho al beneficio de los servicios sociales, por otra parte, poco definidos en el momento de aprobar el texto constitucional. El Tribunal Constitucional sólo ha ofrecido una aproximación a este contenido describiendo a los servicios sociales como un mecanismo protector de situaciones específicas de necesidad sentidas por grupos de población situados normalmente (aunque no siempre) fuera del sistema de Seguridad Social, y que otorga prestaciones con independencia de las aportaciones previas de sus potenciales beneficiarios (Sentencias 76/1986, de 9 de junio, y 239/2002, de 11 de diciembre). En esta línea, el Tribunal ha descrito la asistencia social como una técnica de protección fuera del sistema de la Seguridad Social, con caracteres propios, que la separan de otras afines (Sentencia 146/1986, de 25 de noviembre).

Más allá de la definición precisa de los servicios sociales, lo cierto es que la Constitución aboca a un sistema unitario de los servicios sociales a la tercera edad, lo que implica un enfoque universal y comprensivo de los mecanismos de atención a los mayores que evalúe globalmente sus problemas específicos. Ello aboca, a su vez, a un sistema donde Estado y Comunidades Autónomas configuren y presten una atención social integral e integrada.

Este sistema se configuró en la Ley estatal 39/2006, de 14 de diciembre, de promoción de la autonomía personal y atención a las personas en situación de dependencia. Más allá de las dudas competenciales que suscitó su aprobación, que han sido ampliamente discutidas por la doctrina y sintetizadas por Durán, lo cierto es que se trata de la primera ley que regula de forma global los servicios sociales a la tercera edad con una alusión directa al art. 50 de la Constitución.

En efecto, la Exposición de Motivos de la Ley se refiere a los arts. 49 y 50 de la Constitución afirmando explícitamente que ambas disposiciones se refieren a la atención de las personas con discapacidad y de las personas mayores y a un sistema de servicios sociales promovido por los poderes públicos para el bienestar de los ciudadanos.

La conexión entre discapacidad, tercera edad y dependencia se establece a partir del concepto de dependencia que maneja la propia Ley, como “estado de carácter permanente en que se encuentran las personas que, por razones derivadas de la edad, la enfermedad o la discapacidad, y ligadas a la falta o a la pérdida de autonomía física, mental, intelectual o sensorial, precisan de la atención de otra u otras personas o ayudas importantes para realizar actividades básicas de la vida diaria" (art. 2.2 Ley).

Cierto es que el concepto de dependencia no es cuestión pacífica, como ha explicado Meléndez. No obstante, la virtud de esta aproximación a los servicios sociales, asociados a la situación de dependencia, radica en que esta Ley establece un concepto unitario de dependencia que aplicará a todos los casos de vejez, enfermedad o discapacidad.

¿Cuáles son estos servicios sociales al dependiente? El contenido de la protección a la tercera edad que la Ley ha derivado directamente del texto constitucional se concreta en un contenido básico y mínimo de prestaciones, que pueden consistir en ayudas económicas o en servicios concretos. Estas prestaciones están destinadas a promover la autonomía personal y a atender las necesidades de las personas con dificultades para la realización de las actividades básicas diarias; además, se ofrecen para alcanzar una mayor autonomía personal y poder ejercer plenamente derechos de ciudadanía, con lo que la Ley realiza una aproximación moderna al derecho de los servicios sociales. Como desarrollo y complemento de este catálogo mínimo, la normativa de las Comunidades Autónomas sobre servicios sociales perfila su contenido y también puede ampliarlo. En este marco, no debe olvidarse que la legislación local atribuye a los municipios la responsabilidad última en servicios sociales, por lo que éstos también son competentes en la materia a través de los servicios sociales de base, que engloban la asistencia esencial a quienes se encuentran en situación de necesidad.

Así, tanto la Administración central como la autonómica y local se encuentran implicadas en la prestación de servicios sociales a la tercera edad. En línea con la citada Sentencia del Tribunal Constitucional 146/1986, que explicitó que la asistencia social comprende la dispensada directamente por los entes públicos y la que otorgan las entidades privadas cuando actúan fomentadas y controladas por los poderes públicos, la Ley de la Dependencia determina que este servicio público puede prestarse mediante centros y servicios públicos o a través de centros privados concertados debidamente acreditados. Además, no es imprescindible que estos servicios se dirijan exclusivamente a la tercera edad, sino que pueden integrarse en un sistema general de servicios sociales organizado para el conjunto de ciudadanos; incluso, como señala Herreros, en ocasiones será obligado desde un punto de vista presupuestario.

Precisamente en relación con cuestiones presupuestarias, debe destacarse que la Ley de Dependencia vincula sus prestaciones y servicios, no sólo con las condiciones personales de los beneficiarios, sino también con su capacidad económica. Así, la Ley prevé su participación en el coste de las prestaciones según el tipo y valor del servicio y en función de dicha capacidad económica.

Y es en el punto de la financiación de la atención a los dependientes donde la Ley de la Dependencia ha merecido más críticas. La bondad del sistema no puede ocultar sus déficits de aplicación, entre otros motivos, por falta de aportación de los recursos necesarios que permitan un envejecimiento activo. Éste es el concepto que la Organización Mundial de la Salud utilizó en 2002 para describir el horizonte hacia donde debería apuntar la protección a la tercera edad prevista en el art. 50 de nuestra Constitución: "un proceso de optimización de las oportunidades de salud, participación y seguridad con el fin de mejorar la calidad de vida a medida que las personas envejecen".

IV. BIBLIOGRAFÍA

DURÁN BERNARDINO, M.: *La protección de las personas en situación de dependencia*, Comares, 2015.

GOÑI SEIN, J. L.: "Los mecanismos de protección social de las personas de la tercera edad. Comentario al artículo 50 CE a la luz de la doctrina constitucional", en CASAS BAAMONDE, M. E. y RODRÍGUEZ-PIÑERO Y BRAVO FERRER, M., *Comentarios a la Constitución Española, XXX Aniversario*, Fundación Wolters Kluwer, 2008, pp. 1124-1134.

HERREROS LÓPEZ, J. M.:, "Personas mayores", en ESCOBAR ROCA, G. (Dir.), *Derechos sociales y tutela antidiscriminatoria*, Thomson Reuters, 2012, pp. 1909-1957.

HIERRO HIERRO, F. J.: "Implicaciones de la doctrina del TJCE sobre las prestaciones del SAAD en el Estado autonómico: (a propósito de la STJCE de 1 de abril de 2008 [TJCE 2008, 63])", *Aranzadi Social: Revista Doctrinal*, Vol. 1, núm. 22, abril 2009, pp. 11-29.

JIMENA QUESADA, L.: "El derecho a los servicios sociales", en ESCOBAR ROCA, G., (Dir.), *Derechos sociales y tutela antidiscriminatoria*. Thomson Reuters, 2012, pp. 1484-1576.

MELÉNDEZ MORILLO-VELARDE, L.: "Delimitación conceptual de la dependencia", en SEMPERE, A. (DIR.), CHARRO, P. (Coord.), *Comentario sistemático de la Ley de Dependencia*, Thomson-Aranzadi, Cizur Menor, 2008, pp. 157-179.

PONCE SOLÉ, J.: "Reforma constitucional y derechos sociales: la necesidad de un nuevo paradigma en el Derecho Público español", *Revista Española de Derecho Constitucional*, núm. 111, 2017, pp. 67-98.

VÁZQUEZ GARRANZO, J.: "Artículo 50", en CAZORLA PRIETO, L. M., PALOMAR OLMEDA, A., (Dirs.), *Comentarios a la Constitución Española de 1978*, Vol. 1, 2018, pp. 1532-1574.

VIDAL PRADO, C.: "La protección constitucional de la tercera edad", en LASARTE ÁLVAREZ, C. (DIR.), MORETÓN SANZ, M. F. Y LÓPEZ PELÁEZ, P. (Coords.), *La protección de las personas mayores*, Tecnos, 2007, pp. 19-30.

V. JURISPRUDENCIA

STC 104/1983, de 23 de noviembre.
STC 76/1986, de 9 de junio.
STC 146/1986, de 25 de noviembre.
STC 134/1987, de 11 de agosto.
STC 100/1989, de 5 de junio.
STC 113/1989, de 22 de junio.
STC 239/2002, de 11 de diciembre.
STC 49/2015, de 5 de marzo.

Artículo 51

1. Los poderes públicos garantizarán la defensa de los consumidores y usuarios, protegiendo, mediante procedimientos eficaces, la seguridad, la salud y los legítimos intereses económicos de los mismos.

2. Los poderes públicos promoverán la información y la educación de los consumidores y usuarios, fomentarán sus organizaciones y oirán a éstas en las cuestiones que puedan afectar a aquéllos, en los términos que la ley establezca.

3. En el marco de lo dispuesto por los apartados anteriores, la ley regulará el comercio interior y el régimen de autorización de productos comerciales.

COMENTARIO

Manuel Rebollo Puig
Catedrático de Derecho Administrativo
Universidad de Córdoba

I. DEFENSA DE LOS CONSUMIDORES Y USUARIOS

1. Mandato y legitimación a los poderes públicos

La consagración constitucional de este principio rector de política social y económica supone reconocer una situación de debilidad del consumidor y la insuficiencia de los mecanismos tradicionales para garantizar sus intereses. Ante ello impone a los poderes públicos su protección. Con ese mandato los poderes públicos encuentran en la protección de los consumidores un potente título de intervención en la economía.

Este principio rector debe ponerse inmediatamente en relación con el resto de las determinaciones sobre el sistema económico que acoge la Constitución. No en vano ya en el primer artículo del Texto Refundido de la Ley de Defensa de los Consumidores y Usuarios (R. Decreto Legislativo 1/2007, de 16 de noviembre; en adelante, TRDCU) se dice que la defensa de los consumidores se hará en el marco del sistema económico diseñado en los arts. 38 y 128 de la Constitución y con sujeción a lo establecido en el art. 139. Esto es, en el marco de la economía de mercado y de la libre empresa y sin adoptar medidas que obstaculicen la libre circulación de bienes. De tal forma que la política de defensa del consumidor no puede consistir en establecer mecanismos contra el mercado o sustitutivos del mercado pero sí en medidas correctivas y complementarias. Se legitiman así limitaciones a la libertad de empresa y eventualmente a la libertad de circulación de bienes en tanto sean proporcionadas para la protección de los consumidores.

El art. 51 no impone que la protección del consumidor se plasme en una o varias leyes precisamente adoptadas con ese designio. Es un mandato de realizar una política que debe impregnar los más variados sectores y las más diversas legislaciones. Su cumplimiento más pleno se logra diluyendo la protección de los consumidores en multitud de normas y actuaciones públicas que han de estar presididas, en su caso, junto con otras, por esa finalidad. En ese sentido cabe decir que debe ser una política transversal. Pero, sin perjuicio de ello, el Estado optó por aprobar una ley general (que ahora se recoge en el ya aludido TRDCU) e igual vía han seguido todas las Comunidades Autónomas. Seguramente es una opción acertada porque contribuye a establecer una serie de principios e instrumentos comunes. No obstante, la protección del consumidor que impone el precepto constitucional comentado no se agota ahí. Influye en los más clásicos Códigos, incluido el Penal, en las leyes procesales y en un sinfín de leyes de Derecho privado y público. Por eso mismo, no tiene mucho sentido intentar acotar qué sea la defensa del consumidor o un sector del ordenamiento que lo agote. Cosa distinta es que, al haberse convertido por obra de los Estatutos en una materia a efectos de distribución de competencias con la pretensión de atribuirla en exclusiva a las Comunidades Autónomas, el TC haya tenido que manejar y construir a esos solos efectos un cierto concepto de defensa de los consumidores que, en realidad, no abraza nada más que una parte pequeña de las normas en las que se proyecta esta política esencialmente horizontal.

Pasemos somera revista a los componentes de esa política que explicita el art. 51 CE.

2. Protección de la salud y seguridad de los consumidores

Más exactamente habla el TRDCU del derecho a "la protección contra los riesgos que puedan afectar a su salud o seguridad". Se parte del deber general de no poner en el mercado bienes que pongan en peligro la salud y seguridad de los consumidores; esto es, de solo poner en el mercado productos y servicios seguros (art. 11.1 TRDCU). Después, infinidad de normas (de ordinario, reglamentos nacionales; a veces, normas de autorregulación, como las que en España aprueba AENOR; y con frecuencia normas europeas) concretan para cada bien o servicio las condiciones que han de tener para ser considerados seguros, aunque eso no excluya siempre cualquier riesgo sino que, atendiendo al principio de proporcionalidad, se admitan algunos. Después corresponde a las Administraciones, de un lado, vigilar el cumplimiento de aquel deber general y de los múltiples deberes concretos en que se diversifica, vigilancia para la que las leyes le han atribuido intensas potestades de inspección; y de otro, reaccionar ante los incumplimientos, esto es, ante los riesgos para la salud y seguridad que, pese a todo, se presenten. También aquí las leyes consagran severas potestades administrativas. Baste recordar el art. 15 TRDCU que, ante riesgos para la salud y seguridad de los consumidores, permite adoptar todas "las medidas que resulten necesarias y proporcionadas para la desaparición del riesgo, incluida la intervención directa sobre las cosas y la compulsión directa sobre las personas". Lo cual a la postre se traduce en la posibilidad de dictar órdenes para que se cambien las condiciones de los bienes o acordar la retirada de productos (incluso su destrucción) o el cierre de establecimientos.

3. Protección de los legítimos intereses económicos de los consumidores

En el desarrollo legal se habla no solo de intereses económicos sino también de intereses sociales. Cuáles y con qué alcance sean los intereses económicos y sociales de los consumidores efectivamente tutelados lo deciden muchas y heterogéneas normas. No solo las normas aprobadas como de defensa de los consumidores sino todas aquéllas que, aun con fines distintos (ordenación de la banca, de los seguros, del turismo, transportes, enseñanza, juego, etc.), determinan el comportamiento que los empresarios han de tener con los consumidores: al hacerlo, establecen también lo que éstos pueden esperar y exigir y, en ese sentido, sus legítimos intereses económicos y sociales. Es esta idea la que refleja el art. 19.1 TRDCU con el que se abre el capítulo dedicado a estos intereses: "Los legítimos intereses económicos y sociales de los consumidores y usuarios deberán ser respetados en los términos establecidos en esta norma, aplicándose, además, lo previsto en las normas civiles y mercantiles, en las regulaciones sectoriales de ámbito estatal, así como en la normativa comunitaria y autonómica que resulten de aplicación". Así, al servicio de la efectividad de esas normas se pone todo el arsenal de instrumentos para la protección de los consumidores.

Aun manteniendo ese contenido amplio y variado, el TRDCU señala dos aspectos que considera prioritarios: la protección de los legítimos intereses de los consumidores frente a las prácticas comerciales desleales y frente a las cláusulas abusivas de los contratos. O sea, que esa protección tiene sobre todo dos frentes. Pero esos dos frentes no agotan la protección de estos intereses de los consumidores que se extiende a otros aspectos tales como la exactitud en el peso, número y medida de los bienes y, en general, la lucha contra cualquier tipo de fraude en cuanto a las cantidades o cualidades; exigibilidad por los consumidores del contenido de las ofertas y promociones y de la publicidad, aunque no se recoja en el contrato, así como de las calidades adecuadas a las expectativas generadas según las circunstancias; transparencia de los precios, lo que comporta, entre otras cosas, su formación conforme a las reglas de la libre competencia, la prohibición de las prácticas que dificultan a los consumidores conocer el verdadero precio de los productos o servicios o su comparación con otros similares; garantía de los bienes de naturaleza duradera, así como de servicios de reparación y repuestos o recambios. Junto a ello, aunque tenga independencia conceptual, hay que citar el derecho a la indemnización de los daños y perjuicios sufridos por el uso de bienes y servicios.

4. Información y educación de los consumidores

La política de defensa del consumidor parte de que la debilidad de su posición se debe en gran medida a su falta de formación e información, carencia que se acentúa a medida que el mercado es más complejo. Por eso la Constitución ordena que se promueva la educación de los consumidores, aunque ello solo ha encontrado vagos reflejos legales y escasas realizaciones prácticas. Y por eso la Constitución impone también la información. Esto ha tenido mucho mayor desarrollo hasta el punto de que el TRDCU lo configura como un derecho: derecho de los consumidores a "la información correcta...". Sin esa información, la libertad de elección del consumidor se convierte en una falacia. Así, la información del consumidor no es solo instrumento al servicio de sus otros derechos (los de salud y seguridad y los económicos) sino un valor en sí mismo. Se traduce eso, de una parte, en una actividad administrativa de suministro de información a los consumidores (como la que prestan las oficinas municipales de información al consumidor) y, de otra, en la imposición de deberes a los empresarios. Esto es más relevante y tiene numerosas proyecciones. El TRDCU tiene varios preceptos que imponen estos deberes en los etiquetados, instrucciones, carteles, ofertas contractuales y en los mismos contratos, deberes muchas veces concretados hasta en sus detalles por reglamentos y cuya transgresión puede dar origen no solo a reacciones administrativas sino a la invalidez de los contratos.

5. Organizaciones de consumidores

Una singularidad notable del art. 51 es su explícita referencia a las organizaciones de consumidores. No hay nada similar cuando se consagran otros principios rectores (por ejemplo, no lo hay en el art. 45 pese a la relevancia que luego se ha conferido a las asociaciones para la protección del medio ambiente). Incluso más allá de lo que concretamente se dice de estas organizaciones, lo relevante es su reconocimiento constitucional que pone de relieve la importancia que se les atribuye. Laten en ello dos ideas: la primera que la debilidad del consumidor aislado debe compensarse mediante sus organizaciones; la segunda que, además del interés individual de cada consumidor y del interés general o público en el buen funcionamiento del mercado, hay un interés que no se identifica con los anteriores, el interés "colectivo" o "difuso" de toda la categoría de consumidores cuya representación y defensa se atribuye a sus propias organizaciones, en esencia, a sus asociaciones. La misma idea de interés colectivo o difuso es reciente y, desde luego, desconocida para el Estado liberal, polarizado en torno a la dualidad de intereses públicos y privados. Se conecta con el Estado social, con su visión del individuo, no solo aisladamente considerado, sino integrado en grupos como refleja el art. 9.2 CE. Con ese punto de partida, que guarda cierto parentesco con los sindicatos, el art. 51.2 ordena a los poderes públicos que las fomenten. No se trata solo de una actividad administrativa de fomento (de la que desde luego son beneficiarias las asociaciones de consumidores) sino de un fomento en un sentido muy amplio que obliga a darles un estatuto singular con privilegios sustantivos y procesales. Dentro de ello, más en concreto, se impone que se les dé audiencia en cuantas cuestiones afecten a los consumidores. La configuración legal a la que el art. 51.2 llama es prolija y muy significativa. Dejemos aquí solo constancia de que se ha instaurado un régimen de las asociaciones de los consumidores que, junto con requisitos estrictos (de democracia interna, de transparencia, de independencia, de restricciones a sus actividades, etc.), les confiere el beneficio de justicia gratuita y una amplia legitimación procesal, así como capacidad de representación ante las Administraciones que se canaliza con su inserción en órganos (normalmente consultivos) y con su participación necesaria en una variada gama de procedimientos (por ejemplo, los de fijación de precios y tarifas de servicios), especialmente en los de elaboración de reglamentos sobre bienes o servicios, ordenación del mercado, etc. (art. 39 TRDCU). En conjunto, cabe afirmar que el tratamiento jurídico de las asociaciones de consumidores es uno de los más completos y avanzados de protección de intereses colectivos.

6. La alusión a los "procedimientos eficaces"

Llama la atención que el art. 51.1 exija que se proteja a los consumidores "mediante procedimientos eficaces". Parece una aclaración vacua pues sería inconcebible que este mandato de protección se satisficiera mediante procedimientos ineficaces. Pero esta alusión está cargada de significado. En realidad es expresión de la insatisfacción que producen los remedios clásicos y generales para los problemas que sufren los consumidores, de la necesidad de instaurar nuevos y específicos cauces más adecuados a su situación. Esto tiene consecuencias en distintos órdenes. Para empezar, justifica poner del lado de los intereses de los consumidores las más clásicas intervenciones administrativas y otras novedosas justificando, en su caso, procedimientos especialmente expeditivos para restablecer los derechos de los consumidores. Pero también ha dado lugar a buscar alternativas a las tradicionales vías procesales y a mejorar éstas para hacerlas más adecuadas a la posición real de los consumidores. Respecto a lo primero, hay que mencionar como mínimo todo el sistema arbitral de consumo instaurado, que se ha hecho pivotar sobre la Administración y que abre una vía fácil y barata para resolver conflictos. Naturalmente, el sometimiento a este arbitraje es voluntario pero se estimula la adhesión a él y, desde luego, los laudos que se dicten sí son obligatorios y susceptibles de ejecución forzosa. Y respecto a las reformas procesales se han acogido las acciones colectivas ejercidas por grupos de perjudicados u organizaciones de consumidores y se ha conferido a éstas una amplia legitimación para la defensa de los intereses colectivos de los consumidores y la de una pluralidad de consumidores.

7. Defensa de los consumidores y Unión Europea

La Unión Europea marca decisivamente la política de defensa del consumidor y son sus normas las que en gran medida señalan la forma y el grado en que son tutelados sus intereses. Nada más lógico. Es inherente a la idea de un mercado único el que los derechos del consumidor —que es sobre todo un sujeto de las relaciones de mercado— sean esencialmente iguales en todo ese mercado. No puede haber un mercado con tantos regímenes de defensa del consumidor como Estados miembros. Es necesario que se exijan las mismas condiciones de salubridad y seguridad de los productos, que la responsabilidad de los fabricantes y comerciantes obedezca a las mismas reglas, que todos tengan las mismas limitaciones en su publicidad y demás prácticas comerciales, que existan iguales restricciones a las condiciones generales de la contratación... Y no solo que exista un Derecho material uniforme sino también una tutela procesal y administrativa similar. Así no es de extrañar que las instituciones europeas, incluso antes de contar con apoyo expreso en los Tratados constitutivos, desarrollaran una actividad que afectaba a las políticas nacionales de tutela de los consumidores. Y casi al mismo tiempo decidieron que se eso se hiciera, no como un freno a esas políticas nacionales, sino para impulsarlas. Ahora eso tiene expreso respaldo en el art. 169 del Tratado de Funcionamiento de la Unión Europea, cuyo apartado 1 guarda similitud con el precepto constitucional comentado que, en realidad, estuvo inspirado por los documentos comunitarios que ya en 1978 sentaban los rasgos de esta política europea. En suma, aunque con la finalidad última de construir el mercado único, la Unión asume una decidida política para garantizar "un alto nivel de protección" de los consumidores que condiciona intensamente la defensa de los consumidores de todos los Estados miembros. Hasta tal punto es así que casi todas las normas españolas de protección del consumidor son trasposición de Directivas. Pero conste que esa política europea no se encierra solo en una serie de normas presididas por ese fin sino que, de modo similar a lo visto para España, se extiende a otras en diversos ámbitos que, siendo en esencia otra cosa, también tienen en cuenta y protegen los intereses de los consumidores.

II. COMERCIO INTERIOR Y AUTORIZACIÓN DE PRODUCTOS COMERCIALES

1. El mandato de regulación del comercio interior

El mandato de regulación del comercio interior es, en principio, poco relevante. Hasta la totalidad del Derecho Mercantil puede considerarse regulación del comercio y siempre ha habido y siempre habrá, al margen de lo que diga la Constitución, una cierta regulación comercial. Pero, en la práctica, esta misma alusión constitucional a la regulación del comercio interior sí tuvo consecuencias. Por lo pronto dio pábulo a que la ordenación del comercio interior se convirtiera en una específica materia de distribución de competencias porque los distintos Estatutos de Autonomía la configuraron como tal. Y ello, a su vez, originó la aparición de una profusa legislación autonómica formalmente denominada de "comercio interior" (o expresión similar, por ejemplo, de la "actividad comercial") que, en realidad, es solo de ordenación pública del comercio interior —esto es, de la intervención administrativa sobre el comercio—, pues la legislación mercantil y civil corresponde, con solo algunos matices, al Estado. A la postre, el propio Estado, sobre todo en ejercicio de la competencia que le confiere el art. 149.1.13ª CE, abordó también la ordenación pública del comercio interior con la pretensión de establecer un marco general para toda España (Ley 7/1996, de 15 de enero, que con notables reformas sigue vigente y constituye referente fundamental de toda esta regulación).

En esa legislación estatal y autonómica, que es la que puede considerarse entroncada directamente con el art. 51.3 CE, lo que se contiene es una ordenación económica (no, por ejemplo, la sanitaria o la ambiental) específica (no la que es aplicable a los comercios pero también a otros establecimientos como la legislación de protección de los consumidores, la de competencia desleal, la de libre competencia, etc.) de la actividad de distribución comercial (no de la fabricación de los productos comercializados). Y prioritariamente relativa al comercio minorista (solo a veces incluye algún aspecto del comercio mayorista) de artículos (no, salvo excepciones, de inmuebles ni de servicios) que además deja a salvo la regulación especial de algunos productos (los estancados, los medicamentos, las armas, los fabricados con metales preciosos, los libros, los animales domésticos, etc.). Dentro de ello, de lo que se ha ocupado es sobre todo de cuatro aspectos: condiciones de implantación de los establecimientos comerciales, especialmente de las denominadas grandes superficies; horarios comerciales; ventas promocionales (rebajas, saldos, ventas con obsequio, etc.); y ventas especiales (a distancia, domiciliaria, ambulante, etc.). Junto a ello, algunas de estas leyes se ocupan de otros extremos como las ferias comerciales o el pago de los comerciantes a sus proveedores. Salvo en la Ley estatal de comercio minorista, que incluye algunas normas de Derecho privado, lo que se prevé como complemento de la regulación material de estas leyes son las potestades administrativas para la supervisión de la actividad, destacadamente las de restablecimiento de la legalidad y la sancionadora. En menor medida, se aborda en estas leyes la actividad de fomento que han desplegado algunas Administraciones para la modernización del sector en favor de los pequeños comerciantes. Queda al margen la actividad de servicio público como la de los mercados de abasto minoristas y mayoristas.

Esta legislación de comercio interior tuvo un desarrollo notable a finales del siglo anterior y principios de éste con el propósito de proteger al pequeño y tradicional comerciante minorista frente a nuevos formatos comerciales y la tendencia a la concentración empresarial del sector. Invocaba no solo ese fin sino el de defensa de los consumidores, del entorno urbano y del medio ambiente (especialmente en sus restricciones a la implantación de comercios) y la defensa de la libre y leal competencia (sobre todo para justificar sus restricciones a las ventas promocionales). Pero en la actualidad está cuestionada y casi deslegitimada. No solo se duda de su utilidad real para proteger a los pequeños comerciantes sino que se la ha considerado una traba para el desarrollo económico. La progresiva tendencia a la liberalización de la economía, muy acentuada en lo que al comercio atañe, halla en el Derecho europeo un aliado porque ve en esta regulación comercial obstáculos para la libertad de establecimiento y de circulación de mercancías. Y, por lo demás, para sus otros fines se piensa que debe bastar la legislación general de protección de los consumidores y de la competencia (Ley de Defensa de la Competencia y Ley de Competencia Desleal), la urbanística y la ambiental, legislaciones que simplemente se proyectarían sobre la actividad comercial como sobre tantas otras sin necesidad de que haya una legislación específica sobre comercio interior. En suma, la prolija regulación comercial a que dio origen el art. 51.3 CE ha perdido gran parte de la relevancia que llegó a alcanzar.

2. La conexión entre la regulación del comercio y la defensa de los consumidores

En segundo lugar, se desprende de este art. 51.3 una conexión de esa regulación comercial con la protección de los consumidores. Parece partir el constituyente de la idea de que tal protección ha de plasmarse precisamente en la legislación de comercio y de que ésta, a su vez, ha de tener como finalidad única esa protección. Pero, aun admitiendo que existe una relación, ni es cierto que la protección de los consumidores haya de plasmarse solo y concretamente en la legislación de comercio, porque debe proyectarse en la ordenación de otros muchos sectores (como los de la banca, las telecomunicaciones, la electricidad, los seguros, la vivienda, el turismo, los transportes...), ni tampoco es verdad que la legislación comercial deba estar presidida únicamente por esa finalidad sino también puede estarlo por otras. De hecho, persiguió, como ya he dicho, incluso destacada y confesadamente, la tutela de los pequeños comerciantes tradicionales: y hasta lo hizo a veces, como es el caso de su regulación de los horarios comerciales, sin atender preferentemente a los intereses de los consumidores. En suma, esa relación del art. 51.3 entre ordenación del comercio interior y la protección de los consumidores no es muy feliz y hasta responde a una pobre concepción de lo que ha de significar ésta.

3. El mandato de regulación de la autorización de los productos comerciales

Ni la expresión "productos comerciales" significa nada concreto ni aquí se habla de "autorización" en sentido estricto. Lo que se ordena en esta última parte del precepto es que se regulen las condiciones que deben cumplir los productos (en sentido amplísimo, incluyendo inmuebles, servicios...) para ser lícitamente comercializados. Comprende establecer no solo sus requisitos intrínsecos (materias primas y formas de elaboración) sino también los de presentación, etiquetado y similares; incluso las condiciones subjetivas de quienes pueden elaborarlos o comercializarlos. Como esto, además, debe hacerse "en el marco de lo dispuesto por los apartados anteriores", significa que se han de regular las condiciones de los bienes que se ofertan a los consumidores y con la finalidad de defender sus derechos e intereses. Entendido así, el mandato del precepto resulta acertado y razonable. También relevante. No solo legitima una amplia regulación de los productos y servicios sino que hasta ordena que se haga tal regulación, con lo que ello comporta de justificación constitucional a multitud de limitaciones a la libertad de empresa y, en su caso, a la libre circulación de mercancías y servicios, aunque todas ellas sometidas al principio de proporcionalidad. Solo cabe añadir que, aunque el art. 51.3 presenta esto junto con la ordenación del comercio interior, poco tiene que ver con ella. En realidad, esa regulación de las condiciones de los productos no es propia de una legislación de comercio sino de otras (la de sanidad, industria, agricultura, etc., y, especialmente, la de defensa de los consumidores). No solo ha sido y es siempre así, sino que con acierto lo ha proclamado el TC. Es ilustrativa su sentencia 313/1994, de 24 de noviembre: "... determinar las características técnicas de seguridad de un producto industrial y controlar su ejecución constituye algo previo (...) y, en definitiva, algo distinto, de la actividad comercial o, más precisamente, de la actividad pública relativa a la actividad comercial".

4. La reserva de ley para regular el comercio y la autorización de los productos

Por último, en el art. 51.3 hay una reserva de ley. Así suelen ser entendidas estas expresiones de la CE en que dice que "la ley regulará", por más que la locución en sí misma, aunque indudablemente entraña un mandato al legislador, no alcanza a señalar un ámbito vedado al reglamento independiente, que es lo que excluyen *a radice* las reservas de ley. Pero, en general, se trata de reservas de ley relativas o flexibles que, con leyes que contiene regulaciones sustantivas muy parcas y remisiones a los reglamentos muy amplias, permiten una extensa regulación administrativa y, por tanto, reglamentos, no ya ejecutivos de las leyes, sino casi meramente habilitados por ellas. No es excepción a ello, ni mucho menos, esta del art. 51.3. Lo ha confirmado el TC al mismo tiempo que ha destacado que la ley a la que se refiere este art. 51.3 puede ser autonómica. Baste la cita de su sentencia 227/1993, de 9 de julio: "... la reserva de ley que el art. 51.3 CE realiza para regular el comercio interior y el régimen de autorización de los productos comerciales no impide que el legislador autonómico pueda efectuar la ordenación discutida, puesto que esta llamada a la Ley lo es a la Ley formal o parlamentaria, tanto de Cortes como autonómica (...) Tampoco se trata de una reserva de ley absoluta que excluya la intervención en todo caso del reglamento. Antes bien ocurre lo contrario: no hay obstáculo alguno a que la ley (...) habilite expresamente al reglamento para concretar o desarrollar sus mandatos (...) mediante una imprescindible colaboración entre las potestades legislativa y reglamentaria que, en un asunto como éste, en el cual son previsibles numerosas ordenaciones sectoriales muy detalladas, resulta inevitable e incluso conveniente...". Con todo, dos observaciones complementarias son procedentes, dos observaciones que juegan en sentido opuesto, una para reforzar la reserva de ley y otra para debilitarla. De un lado, que, junto a la reserva de ley del art. 51.3, debe tenerse en cuenta la que se desprende del juego combinado de los arts. 38 y 53.1 CE: la regulación del comercio interior y de los requisitos de los productos para su comercialización entraña límites a la libertad de empresa que, por ello, "solo por ley" pueden ser instaurados, aunque finalmente sean concretados por reglamentos. De otro lado, debe notarse que lo que el art. 51.3 confía a la ley no es exactamente el establecimiento de las condiciones que han de reunir los productos sino el "régimen" de ello de modo que la ley cumple con fijar el marco en el que los reglamentos establezcan esas condiciones de los productos. Esto, por lo demás, es casi imprescindible pues estamos hablando de incontables productos y servicios que requieren un sinfín de normas meticulosas imposibles de abordar por ley incluso en sus rasgos más elementales. Así queda justificado que leyes, como las de sanidad o industria, confíen todo esto a reglamentos incluso de ínfimo rango (o, a veces, incluso a la autorregulación) con solo indicar sus fines. Representativo de ello es el art. 14 TRDCU que prevé "reglamentos reguladores de los diferentes bienes y servicios" a los que confía determinar todas sus condiciones con la única condición de que lo hagan solo "en la medida que sea preciso para asegurar la salud y seguridad de los consumidores y usuarios".

III. BIBLIOGRAFÍA

BERCOVITZ, R., SALAS, J. (Dirs.): *Comentarios a la Ley General de Defensa de los Consumidores y Usuarios*, Civitas, 1992.

BERCOVITZ, R., LEGUINA VILLA, J. (Coords.): *Comentarios a las Leyes de Ordenación del Comercio Minorista*, Tecnos, Madrid, 1997.

BOTANA GARCÍA, G., RUIZ MUÑOZ, M. (Coords.): *Curso sobre protección jurídica de los consumidores*, McGraw-Hil, Madrid, 1999.

GUILLÉN CARAMÉS, J.: *El estatuto jurídico del consumidor. Política comunitaria, bases constitucionales y actividad de la Administración*, Civitas, Madrid, 2002.

IZQUIERDO CARRASCO, M.: *La seguridad de los productos industriales. Régimen jurídico-administrativo y protección de los consumidores*, Marcial Pons, Madrid, 2000.

MUÑOZ MACHADO, S., GARCÍA DELGADO, J. L., y GONZÁLEZ SEARA (Dirs.): *Las estructuras del bienestar*, Escuela libre editorial/Civitas, Madrid, 3 tomos, 1997/2002.

REBOLLO PUIG, M. (Dir.): *Derecho de la regulación económica. IX. Comercio interior*, Iustel, Madrid, 2013.

REBOLLO PUIG, M., IZQUIERDO CARRASCO, M. (Dirs.): *La defensa de los consumidores y usuarios. Comentario sistemático del Texto Refundido aprobado por Real Decreto Legislativo 1/2007*, Iustel, Madrid, 2011.

IV. JURISPRUDENCIA

STC 15/1989, de 26 de enero.
STC 62/1991, de 22 de marzo.
STC 14/1992, de 10 de febrero.
STC 227/1993, de 9 de julio.
STC 10/2015, de 2 de febrero.
STC 156/2021, de 16 de septiembre.

Artículo 52

La ley regulará las organizaciones profesionales que contribuyan a la defensa de los intereses económicos que les sean propios. Su estructura interna y funcionamiento deberán ser democráticos.

COMENTARIO

Vicente Álvarez García
Catedrático de Derecho Administrativo
Universidad de Extremadura
Flor Arias Aparicio
Profesora Titular de Derecho Administrativo
Universidad de Extremadura

I. LA CONSTITUCIONALIZACIÓN DE LAS FORMAS ASOCIATIVAS DE CARÁCTER PROFESIONAL

De un modo bastante genérico, y como el último de sus "Principios rectores de la política social y económica", la Constitución declara en su art. 52 que "[*l*]*a ley regulará las organizaciones profesionales que contribuyan a la defensa de los intereses económicos que les sean propios*". La inclusión de este artículo en el Capítulo III del Título I de la Norma Suprema supone el reconocimiento constitucional de entidades asociativas, de carácter social y con relevancia pública, con capacidad para participar —asesorando y colaborando— en la planificación de la actividad económica estatal (art. 131.2 CE), y, más en general, el reconocimiento de un derecho específico de asociación, la profesional, encuadrable en los preceptos constitucionales que rigen el régimen de asociaciones (arts. 22 y 28 CE), no sin especialidades y modulaciones dados los "fines relevantes de interés general" que se le asignan y cumplen estas organizaciones profesionales.

La novedad del artículo y la amplitud con la que se configura han propiciado una abundante jurisprudencia dirigida a precisar los aspectos esenciales que conforman el contenido de la previsión constitucional, esto es: el alcance de la reserva de ley, la naturaleza jurídica de las organizaciones profesionales, su vinculación con el régimen de las asociaciones, y, en fin, la competencia para regularlas. En la concretización por el Tribunal Constitucional de estos elementos es posible destacar dos líneas argumentales en sus pronunciamientos: por un lado, el tratamiento similar y conjunto del art. 52 con el art. 36, referido a los Colegios Profesionales, a la hora de perfilar las previsiones constitucionales sobre las organizaciones profesionales, formuladas en casi los mismos términos que los Colegios Profesionales; por otro, la compatibilidad entre el principio de libertad y el derecho de asociación en su vertiente negativa —esto es, la libertad de no asociarse—, en relación con la adscripción forzosa a estas "organizaciones profesionales" de base asociativa, adscripción obligatoria que viene justificada por la relevancia de las funciones jurídico-públicas que realizan.

A) El reconocimiento de los denominados derechos de carácter económico y social, reflejado en diversos preceptos de la Constitución, requiere, en un Estado social y democrático de Derecho, de la necesaria intervención del Estado para hacerlos efectivos. La función ordenadora de la sociedad y la interacción del Estado con la misma puede conseguirse de muy diversas formas, siempre respetando el marco de la Constitución. Así lo puso de relieve pronto el Tribunal Constitucional, en relación con las Federaciones deportivas, al preguntarse en qué medida el Estado —social y democrático de Derecho— puede organizar su intervención en los diversos sectores de la vida social a través de la regulación de asociaciones privadas de configuración legal, a las que se les confiere el ejercicio de funciones públicas de carácter administrativo relativas a todo un "sector" (STC 67/1985, de 24 de mayo). En el ámbito de la organización, la interpenetración entre Estado y sociedad se traduce, en palabras del Tribunal Constitucional —en relación con las Cajas de Ahorros—, "tanto en la participación de los ciudadanos en la organización del Estado como en una ordenación por el Estado de entidades de carácter social en cuanto a su actividad presenta un interés público relevante, si bien los grados de intensidad de esta ordenación y de intervención del Estado pueden ser diferentes, lo que se explica no sólo por la libertad de que dispone el Legislador en el marco constitucional, sino también por la confluencia de diversos principios, como el del pluralismo político en relación a los partidos políticos, dado su carácter de organizaciones sociales con relevancia constitucional (art. 6 de la Constitución) o el derecho de libertad sindical en cuanto se traduce en la creación de sindicatos (art. 28)" (STC 18/1984, de 7 de febrero, FJ 3). Junto a estas formaciones sociales con relevancia constitucional, "la Constitución se refiere a otros entes de base asociativa representativos de intereses profesionales y económicos (arts. 36, 52 y 131), los cuales pueden llegar a ser configurados como Corporaciones de Derecho Público en determinados supuestos (art. 15 de la Ley 12/1983 del

Proceso Autonómico)". Y, termina el Alto Tribunal razonando que esa interacción Estado-sociedad y la interpenetración de lo público y lo privado puede conseguirse de muy diversas formas, siendo "propio del Estado social de Derecho la existencia de entes de carácter social, no público, que cumplen fines de relevancia constitucional o de interés general" (FJ 3).

B) Nada dice el art. 52 CE sobre el carácter público o privado de las organizaciones profesionales, como nada se dice acerca de la afiliación obligatoria a las mismas de los profesionales de los diversos sectores. Ambas cuestiones han sido el nudo gordiano de los pronunciamientos, en relación con este artículo, a los que se ha enfrentado el Tribunal Constitucional. Para deshacer el nudo, el Alto intérprete constitucional se ha planteado si encuentra justificación en la Constitución un modelo de organización profesional articulado a través de Corporaciones Públicas que imponga la adscripción forzosa de los profesionales a las mismas, por lo que ello supone de tratamiento excepcional respecto del principio de libertad.

La contradicción que emerge entre el principio general de libertad y la libertad de asociación en su vertiente negativa (como derecho a no asociarse), de un lado, y la regulación, por otro lado, de asociaciones privadas de configuración legal, a las que se les confiere el ejercicio de funciones públicas de carácter administrativo relativas a todo un sector, lleva al Tribunal Constitucional a caracterizar a estas organizaciones como "auténticamente" "bifrontes". Y, atendiendo a este doble carácter, construye el Alto Tribunal un control de constitucionalidad sobre tres criterios que hacen compatible el derecho de asociación con la creación mediante ley de entes corporativos de base profesional que implican la adscripción obligatoria. A saber: 1) La adscripción obligatoria a una entidad corporativa no puede ir acompañada de una prohibición de asociarse libremente, esto es, no puede quedar afectada la libertad de asociación en su sentido originario o positivo. 2) El recurso a esta forma de actuación administrativa que es, al propio tiempo y antes que nada, una forma de agrupación social creada *ex lege*, incluida la previsión de adscripción forzosa, no puede ser convertida en la regla sin alterar el sentido de un Estado social y democrático de Derecho basado en el valor superior de libertad (art. 1.1 CE) y que encuentra en el libre desarrollo de la personalidad el fundamento de su orden político (art. 10.1 CE). 3) La adscripción obligatoria a estas Corporaciones Públicas, en cuanto "tratamiento excepcional respecto del principio de libertad", debe encontrar suficiente justificación, ya sea en disposiciones constitucionales, ya sea en las características de los fines de interés público que persigan, de las que resulte, cuando menos, la dificultad de obtener tales fines sin recurrir a la adscripción forzosa a un ente corporativo. Y, en relación con esta "dificultad", se advierte que: "Ciertamente, este Tribunal Constitucional no puede erigirse en juez absoluto de dicha 'dificultad', en cuya apreciación, por la propia naturaleza de la cosa, ha de corresponder al Legislador un amplio margen de apreciación, pero sí podrá identificar legítimamente aquellos supuestos en los que, *prima facie*, tal imposibilidad o dificultad no se presente" (SSTC 132/1989, de 18 de julio, FJ 6; 113/1994, de 14 de abril, FJ 12; y 179/1994, de 16 de abril, FJ 8).

C) La historia de las organizaciones económico-profesionales de base privada muestra su continua consideración como entidades de derecho público y como organismos oficiales. En efecto, estas asociaciones profesionales (Hermandades de Labradores y Ganaderos, Cámaras sindicales Agrarias, Cámaras Agrarias; Cámaras de Comercio, Industria y Navegación; Cámaras de la Propiedad Urbana; Cofradías de Pescadores; Comunidades de Usuarios del Agua...) se han configurado históricamente como entidades creadas por el poder público para la consecución de fines de interés general asumiendo el carácter de Corporaciones de Derecho Público. Si bien en su origen se crean como asociaciones de carácter voluntario, pronto prescinden de ese rasgo en la medida en que la normativa reguladora las reconoce y les asigna la representación y gestión de asuntos de interés general en el sector. En esta evolución histórica destacan dos notas distintivas: el carácter público y la incorporación obligatoria. Sobre estos dos elementos ha girado, principalmente, la jurisprudencia constitucional que se ha pronunciado, con fundamentos en algunos casos contradictorios, sobre el encuadre en la Constitución de las organizaciones más tradicionales de nuestro ordenamiento jurídico, hasta llegar a fijar los términos de su encaje constitucional.

Partiendo de la base de que una asociación de configuración legal es distinta de las formas asociativas previstas en el art. 22 CE, y que, en consecuencia, este último precepto constitucional no comprende el derecho de constituir asociaciones para el ejercicio de funciones públicas de carácter administrativo relativas a un sector de la vida social, el Tribunal Constitucional, en relación con las Federaciones deportivas —contempladas en la vieja Ley 13/1980, de 31 de marzo, General de la Cultura Física y del Deporte—, argumentó que la peculiaridad de estas asociaciones, dado su objeto, podía dar lugar a que el Legislador regulase su constitución exigiendo los requisitos que estimase pertinentes [STC 67/1985, de 24 de mayo, FJ 4 D)]. En relación con las Cámaras Agrarias, el Alto Tribunal llegó a la conclusión de que ninguna de las funciones asignadas a las mismas "justifica la necesidad de adscripción obligatoria en cuanto que pudieran ser ejercidas mediante técnicas que incidieran menos en la libertad negativa de asociación de los profesionales del sector agrario" (SSTC 132/1989, de 18 de julio, FJ 8; y 139/1989, de 20 de julio). La misma doctrina se recoge en relación con las Cámaras de Propiedad Urbana para confirmar que no tienen cabida en las organizaciones profesionales del art. 52 CE (STC 113/1994, de 14 de abril, FJ 16). Más problemático ha sido el debate en torno a las Cámaras de Comercio cuyas funciones pasaron de ser intereses sectoriales, propios de una categoría profesional que, aunque tengan manifiesta repercusión en los intereses públicos generales, no justifican la obligatoriedad de este tipo de corporaciones (STC 179/1994, de 16 de abril, FJ 10), para llegar a considerarse muy poco tiempo después que cumplen funciones de carácter público-administrativo, de "relevancia constitucional", que legitima esa afiliación forzosa (STC 107/1996, de 12 de junio, FJ 4).

II. LA CONFORMACIÓN LEGAL DE LAS ORGANIZACIONES PROFESIONALES

El art. 52 CE confiere un particular protagonismo al Legislador en la configuración de las organizaciones profesionales, reservando a la ley su constitución, su régimen jurídico y sus funciones, con dos requerimientos explícitos: por un lado, que su estructura interna y su funcionamiento sean democráticos; y, por otro lado, que estas organizaciones contribuyan "a la defensa de los intereses económicos que les sean propios". Los márgenes del Legislador para su ordenación son, pues, muy amplios a la hora de crear y configurar las entidades de base corporativa que considere necesarias para el cumplimiento de fines y para el desarrollo de funciones de interés general. Dice literalmente nuestro Tribunal Constitucional, a este respecto, que corresponde al Legislador "precisar los términos de esa colaboración y la instrumentación de los métodos representativos a adoptar, con las innovaciones que estime conveniente, tanto en cuanto a la amplitud o extensión del sector social a integrar, como en cuanto a la intensidad y métodos de participación" (STC 132/1989, de 18 de julio, FJ 10), subrayando en esta misma sentencia, además, que "no es posible encontrar en la Constitución, y concretamente en su artículo 52, una garantía de un contenido esencial, intocable por el Legislador, consistente en una determinada estructura, conjunto de funciones o nivel de autonomía" (FJ 10), para llegar a concluir que no existe ni una garantía institucional de estas organizaciones profesionales, a diferencia de la previsión del art. 36 respecto de los Colegios Profesionales, "ni dato alguno que reconduzca necesariamente a configuraciones incardinables en la administración corporativa, pero sí se encomienda a la ley particular protagonismo en la conformación concreta de estas 'organizaciones profesionales'"(STC 179/1994, de 16 de julio, FJ 5).

1. Sobre la naturaleza jurídica de las organizaciones profesionales

No se refiere el art. 52 CE a la naturaleza jurídica de las organizaciones profesiones. Nada dice este precepto, en efecto, sobre el carácter público o privado de tales organizaciones. Sin embargo, tanto la doctrina como el Tribunal Constitucional han justificado un modelo de organización profesional articulado a través de una Corporación Pública, reconduciendo al precepto una serie de entidades de Derecho Público de base corporativa, creadas *ex lege*. Se incluye, así, dentro de aquel precepto a la genéricamente llamada Administración corporativa, esto es, "corporaciones no territoriales", "corporaciones sectoriales de base privada" o "entes públicos asociativos", entendiendo por tales a diversas agrupaciones sociales, creadas por voluntad de la ley en función de diversos intereses sociales, fundamentalmente profesionales, dotadas frecuentemente de personalidad jurídico-pública y acompañadas, también frecuentemente, del deber de afiliarse a las mismas (STC 113/1994, de 14 de abril, FJ 9). Se trata de formaciones o agrupaciones sociales cuya creación y disolución se producen como consecuencia de la decisión del poder público y a las que el Legislador les dota de carácter de "Corporación de Derecho Público", pudiendo asignarles funciones jurídico-públicas más o menos relevantes (STC 132/1989, de 18 de julio, FJ 18). Su origen no está en un *pactum asociationis*, sino en un acto de creación estatal: "Nos hallamos —dice literalmente nuestro Tribunal Constitucional— ante entidades que no han sido fruto de la libre decisión u opción de los afectados, para la obtención de fines autónomamente elegidos, sino fundamentalmente (y sin excluir forzosamente este último aspecto), de una decisión de los poderes públicos, sin que exista por tanto un *pactum asociationis* original, que se ve sustituido por un acto de creación estatal" (STC 113/1994, de 14 de abril, FJ 10).

Las Corporaciones de Derecho Público constituyen un fenómeno de autoadministración de sujetos vinculados por un mismo interés privado —profesional, económico, asistencial— que se agrupan para representar y defender sus intereses corporativos y para desempeñar todas aquellas funciones públicas que la Administración Pública pueda atribuirles o delegarles. La base privada de estas entidades junto con el cumplimiento de fines que se consideran de interés público constituyen, pues, sus notas definitorias. La diversidad de las fórmulas organizativas, y en todo caso asociativas, que se incluyen en este concepto es heterogénea: cámaras, asociaciones patronales, federaciones deportivas, cofradías... La Constitución menciona, aunque sin calificarlas como tales, a los dos tipos más importantes de Corporaciones existentes en nuestro ordenamiento jurídico: los Colegios Profesionales (art. 36 CE) y las Cámaras Oficiales (art. 52 CE).

Las organizaciones profesionales a las que se refiere el art. 52 CE son, en definitiva, Corporaciones de Derecho Público creadas por el Estado a las que se atribuyen competencias jurídico-administrativas que se añaden a sus funciones características de defensa de los intereses de sus miembros, de donde resulta su carácter "bifronte". Precisamente, consecuencia de su condición de Corporaciones Públicas, de creación legal, es la adscripción obligatoria ("no puede hablarse de un derecho a constituir asociaciones para el ejercicio de funciones públicas", STC 132/1989, de 18 de julio, FJ 6). Las funciones jurídico-públicas encomendadas a estas Corporaciones presentan clara relevancia constitucional y fundamentan la adscripción forzosa como medio imprescindible para lograr estos fines públicos. La afiliación forzosa está justificada, en otras palabras, por la naturaleza de los fines perseguidos por resultar necesaria para el cumplimiento de fines relevantes de interés general (STC 107/1996, de 12 de junio, FJ 10).

2. De la defensa de los intereses económicos

El objeto de las agrupaciones de tipo corporativo viene definido por los in-

tereses públicos para cuya defensa son creadas, intereses que son también fijados por el poder público. Frente a las corporaciones creadas para tutelar un interés público atendiendo a las condiciones subjetivas de sus integrantes (el ejercicio de una profesión titulada, en el caso de los Colegios Profesionales regulados en el art. 36 CE), las organizaciones económico-profesionales tienen unos fines de carácter objetivo ya que los intereses económicos que les son propios comprenden aquellos intereses generales para cuya promoción sean especialmente idóneas tales organizaciones.

Dentro de la variedad de funciones públicas que desempeñan (de consulta, colaboración, representación, promoción y defensa de los intereses generales de un sector), en cuyo ejercicio se someten al Derecho Administrativo, destacan aquellas que tienen plena relevancia constitucional por cuanto afectan al principio de eficacia de la actuación administrativa (art. 103.1 CE), a la colaboración entre las organizaciones profesionales (art. 131.2 CE), a la colaboración en la formación y readaptación profesionales que los poderes públicos deben fomentar a través de sus políticas (art. 40.2 CE), a las actividades en el terreno del comercio exterior en el marco de una economía de mercado (art. 38 CE), así como al arbitraje y a la mediación como contribución a una mayor fluidez de la tutela judicial (art. 24 CE). Y todo ello siempre en la línea de la participación ciudadana que con carácter general reclama el art. 9.2 CE, y más específicamente el art. 105.a) CE (STC 107/1996, de 12 de junio, FJ 10).

En esta línea, la exposición de motivos de la vigente Ley 4/2014, de 1 de abril, Básica de las Cámara Oficiales de Comercio, Industria, Servicios y Navegación, pondera la importancia y la necesidad de estas Corporaciones de Derecho Público como instituciones básicas para el desarrollo económico y empresarial de nuestro país, "garantizando el ejercicio de las funciones público-administrativas que, en el actual contexto económico, tienen una especial relevancia de cara a la regeneración del tejido económico y la creación de empleo y se consagra su finalidad de representación, promoción y defensa de los intereses generales del comercio, la industria, los servicios y la navegación, así como la prestación de servicios a todas las empresas". A tales efectos, el art. 1 de la Ley 4/2014, de 1 de abril, define estas Cámaras como Corporaciones de Derecho Público que realizan funciones de carácter consultivo y de colaboración con las Administraciones Públicas en todo aquello que tenga relación con la representación, promoción y defensa de los intereses generales del comercio, la industria, la navegación y los servicios.

Las funciones públicas no pueden ponerse en riesgo, arguye el Legislador, y por esta razón la Ley 4/2014, de 1 de abril, procede a establecer un sistema de adscripción a las Cámaras Oficiales de Comercio, Industria, Servicios y Navegación, en la forma señalada en su art. 7, que establece el principio general de pertenencia de todas las empresas a las Cámaras, sin que de ello se derive obligación económica alguna. La adscripción universal se entiende porque las Cámaras representan los intereses generales de toda la actividad económica y empresarial y no de un determinado sector, asociación o colectivo de empresas en función de su dimensión, localización o adscripción a la Cámara.

3. Acerca de la estructura y del funcionamiento democrático

Acaba el art. 52 con la misma garantía prevista para los Colegios Profesionales (art. 36), e idéntica a la que acompaña al reconocimiento de la libertad de creación de partidos políticos (art. 6), sindicatos (art. 7) y asociaciones empresariales (y, con carácter general, a todas las asociaciones, conforme al art. 2.5 de la Ley Orgánica 1/2002, de 22 de marzo, reguladora del Derecho de Asociación): su estructura interna y su funcionamiento deberán ser democráticos. El fundamento último de este mandato está, así lo justifica el Tribunal Constitucional, en la dimensión social y el carácter último de formas de organización social de estos entes: "Su base, en efecto, es siempre social, sus órganos son de extracción social, sus intereses, por más que puedan ser también generales, son siempre y en último término intereses sociales" (STC 179/1994, de 16 de junio, FJ 5).

La dimensión social de las organizaciones profesionales es la que precisamente determina que su estructura interna y funcionamiento tengan que ser democráticos. Este principio tiene como consecuencia que las personas que conforman el sustrato social de la corporación son quienes nombran e integran sus órganos de gobierno, que los estatutos y las normas de régimen interno deben ser aprobadas por sus órganos democráticamente elegidos, mediante procesos electorales libres e igualitarios, y que, en fin, permitan el acceso tanto activo como pasivo a todos los afiliados en igualdad de condiciones (STC 89/1989, de 11 de mayo, FJ 8, en relación con el régimen jurídico de los Colegios Profesionales).

III. EL RÉGIMEN JURÍDICO Y LA DISTRIBUCIÓN DE COMPETENCIAS

Las Corporaciones de Derecho Público representativas de intereses económicos están orientadas a la consecución de fines privados, no obstante, participan de la naturaleza de las Administraciones Públicas en la medida en que realizan funciones público-administrativas. En este sentido, la Ley 39/2015, de 1 de octubre, del Procedimiento Administrativo Común de las Administraciones Públicas, establece que estas Corporaciones se regirán por su normativa específica en el ejercicio de las funciones públicas que les hayan sido atribuidas por Ley o delegadas por una Administración Pública, y supletoriamente por esta Ley (art. 2.4).

La regulación de los aspectos esenciales del régimen jurídico de las organizaciones profesionales —su definición, las exigencias para crearlas y los requisitos para ser miembros de ellas— corresponde al Estado en virtud de las competencias que le atribuye la regla 18 del art. 149.1 CE. Desde la STC 76/1983, de 5 de agosto, en relación con el art. 21 del Proyecto de la LOAPA [FJ 31 D)], hasta la STC 31/2010, de 28 de junio, con respecto al art. 125 del nuevo Estatuto de Autonomía de Cataluña (FJ 71), el Tribunal Constitucional ha venido reconociendo la competencia del Legislador estatal para establecer los principios y las reglas básicas a las que han de ajustarse las Corporaciones en la medida en que ejercen potestades públicas: "Ciertamente —dice nuestro Alto Tribunal—, las Corporaciones de Derecho Público, tanto si son representativas de intereses profesionales (Colegios Profesionales), como si lo son de intereses económicos (Cámaras de Comercio, Industria y Navegación u otras), tienen la condición de Administraciones públicas de carácter corporativo, es decir, realizan, además de funciones representativas de intereses privados, funciones de carácter público bajo tutela de la Administración y en tal condición quedan sometidas a la competencia estatal de establecimiento de las bases del régimen jurídico correspondiente *ex* art. 149.1.18 CE, si bien 'la extensión e intensidad que pueden tener las bases estatales al regular las Corporaciones camerales es mucho menor que cuando se refieren a Administraciones públicas en sentido estricto' (SSTC 20/1988, de 18 de febrero, FJ 3 y 206/2001, de 22 de octubre, FFJJ 3 y 4)" (STC 31/2010, de 28 de junio, FJ 71).

Esta competencia regulatoria estatal se extiende, por ser cuestiones reconducibles al art. 149.1.18 CE, a la creación de tales Corporaciones y a la atribución de sus funciones, así como a la ordenación de su organización interna, de su funcionamiento y de su régimen económico, presupuestario y contable, además de abarcar el sistema de adscripción, los derechos y los deberes de sus miembros y el régimen disciplinario (STC 31/2010, de 28 de junio, FJ 64).

Otros títulos competenciales estatales intervienen también en la ordenación de la materia; en concreto, los relativos a las bases y la coordinación de la planificación general de la actividad económica (art. 149.1.13 CE), al comercio exterior (art. 149.1.10 CE), y a la legislación procesal, en cuanto a la jurisdicción procedente para recurrir las resoluciones dictadas por estas Corporaciones en ejercicio de sus funciones público-administrativas, así como las que afecten a su régimen electoral (art. 149.1.6 CE).

En este contexto, la normativa estatal esencial sobre la materia se recoge, con carácter general, en el art. 15 de la Ley 12/1983, de 14 de octubre, del Proceso Autonómico, y, en particular, en la Ley 4/2014, de 1 de abril, Básica de las Cámaras Oficiales de Comercio, Industria, Servicios y Navegación, desarrollada por Real Decreto 669/2015, de 17 de julio; en la Ley 12/2014, de 9 de julio, por la que se regula el procedimiento para la determinación de la representatividad de las organizaciones profesionales agrarias y se crea el Consejo Agrario; o, en el Real Decreto 277/2016, de 24 de junio, por el que se regulan las organizaciones profesionales en el sector de los productos de la pesca y de la acuicultura.

De acuerdo con nuestro sistema constitucional de reparto de competencias, todas las Comunidades Autónomas han asumido en sus respectivos Estatutos competencias en relación con las Corporaciones de Derecho Público representativas de intereses económicos y profesionales. Esto significa que, junto a la legislación básica estatal mencionada, hay que tener en cuenta la abundante normativa de desarrollo dictada por las Comunidades Autónomas en función de los títulos materiales que les corresponden respecto del ámbito de actuación de las concretas Corporaciones. En efecto, todos los Estatutos de Autonomía recogen bien como competencia exclusiva, aunque "de acuerdo con los principios básicos de la legislación general y sin perjuicio de las competencias del Estado", bien como competencia de desarrollo legislativo y de ejecución, "en el marco de la legislación básica del Estado", la materia "Cámaras Oficiales y otras Corporaciones de Derecho Público representativas de interés económicos y profesionales", como fácilmente puede comprobarse de la lectura de los siguientes preceptos estatutarios: 1) Art. 10.21 EAPaís Vasco; 2) Art. 125 EACataluña; 3) Art. 27.29 EAGalicia; 4) Art. 79.3 EAAndalucía; 5) Art. 11.9 EAAsturias; 6) Art. 25.5 EACantabria; 7) Art. 10.10 EARioja; 8) Art. 11.10 EAMurcia; 9) Art. 49.1.33 EAValencia; 10) Art. 71.29 EAAragón; 11) Art. 32.5 EACastilla-La Mancha; 12) Art. 109 EA Canarias; 13) Art. 44. 24 LO de Reintegración y Amejoramiento del Régimen Foral de Navarra; 14) Art. 9.1.11 EAExtremadura; 15) Art. 71.9 EAIlles Balears; 16) Art. 27.6 EAMadrid; 17) Art. 71.1.13 EACastilla y León.

En el ejercicio de las competencias sobre Corporaciones de Derecho Público así asumidas, las Comunidades Autónomas cuentan, en definitiva, con amplias facultades para establecer la legislación autonómica de desarrollo que mejor pudiese responder a la realidad económica y empresarial de sus territorios.

IV. BIBLIOGRAFÍA

ÁLVAREZ GARCÍA, V.: "La confirmación por parte de la jurisprudencia del Tribunal de Justicia de la Unión Europea de la capacidad normativa de los sujetos privados y sus lagunas jurídicas (el asunto 'James Elliott Construction Limited contra Irish Asphalt Limited')", *Revista General de Derecho Administrativo*, núm. 46, 2017.

CARLÓN RUIZ, M.: "Comentarios al art. 52", en CASAS BAAMONDE, M. E. RODRÍGUEZ-PIÑERO, M. (Dirs.), *Comentarios a la Constitución Española*, BOE/Fundación Wolters Kluwer, Madrid, 2018.

– "Las Corporaciones de Derecho Público", en CANO CAMPOS, T. (Coord.), *Lecciones y materiales para el estudio del Derecho Administrativo*, Tomo II, Iustel, Madrid, 2009.

FERNÁNDEZ FARRERES, G.: "Las Cámaras de Comercio, Industria y Navegación y el derecho de asociación", *Revista Aragonesa de Administración Pública*, núm. 5, 1994.

GÁLVEZ, J.: "Artículo 52", en GARRIDO FALLA, F. (Dir.), *Comentarios a la Constitución*, Civitas, Madrid, 3ª ed., 2001.

HERRERO DE MIÑON, M.: "Organizaciones profesionales en defensa de los intereses económicos: artículo 52", en ALZAGA, O. (Ed.), *Comentarios a la Constitución Española de 1978*, Cortes Generales-Edersa, Madrid, 1996.

LÓPEZ BENÍTEZ, M.: *Régimen jurídico de la Cámaras Oficiales de Industria, Comercio y Navegación*, Consejería de Turismo, Comercio y Deporte, Sevilla, 2007.

REBOLLO PUIG, M., LÓPEZ BENÍTEZ, M., y FALCÓN Y TELLA, R.: *Naturaleza y régimen jurídico de las cofradías de pescadores*, Universidad de Córdoba, Córdoba, 1996.

SAZ CORDERO, S. del: *Cámaras Oficiales y Cámaras de Comercio*, Marcial Pons, Madrid, 1996.

V. JURISPRUDENCIA

STC 76/1983, de 5 de agosto (sobre el proyecto de Ley Orgánica de Armonización del Proceso Autonómico).
STC 18/1984, de 7 de febrero (sobre Cajas de Ahorro).
STC 67/1985, de 24 de mayo (sobre Federaciones deportivas).
STC 132/1989, de 18 de julio (sobre Cámaras Agrarias).
STC 139/1989, de 20 de julio (sobre Cámaras Agrarias).
STC 113/1994, de 14 de abril (sobre Cámaras de Propiedad Urbana).
STC 179/1994, de 16 de abril (sobre Cámaras de Comercio).
STC 107/1996, de 12 de junio (sobre Cámaras de Comercio).
STC 31/2010, de 28 de junio (sobre la naturaleza jurídica de las Corporaciones de Derecho Público).

CAPÍTULO CUARTO
DE LAS GARANTÍAS DE LAS LIBERTADES Y DERECHOS FUNDAMENTALES

Artículo 53

1. Los derechos y libertades reconocidos en el Capítulo segundo del presente Título vinculan a todos los poderes públicos. Sólo por ley, que en todo caso deberá respetar su contenido esencial, podrá regularse el ejercicio de tales derechos y libertades, que se tutelarán de acuerdo con lo previsto en el artículo 161, 1, a).

2. Cualquier ciudadano podrá recabar la tutela de las libertades y derechos reconocidos en el artículo 14 y la Sección primera del Capítulo segundo ante los Tribunales ordinarios por un procedimiento basado en los principios de preferencia y sumariedad y, en su caso, a través del recurso de amparo ante el Tribunal Constitucional. Este último recurso será aplicable a la objeción de conciencia reconocida en el artículo 30.

3. El reconocimiento, el respeto y la protección de los principios reconocidos en el Capítulo tercero informarán la legislación positiva, la práctica judicial y la actuación de los poderes públicos. Sólo podrán ser alegados ante la Jurisdicción ordinaria de acuerdo con lo que dispongan las leyes que los desarrollen.

COMENTARIO

José Luis Cascajo Castro
Catedrático de Derecho Constitucional
Universidad de Salamanca

SUMARIO: I. EL PRINCIPIO DE VINCULACIÓN CONSTITUCIONAL DIRECTA. EL PRINCIPIO DE RESERVA DE LEY. EL CONTENIDO ESENCIAL DE LOS DERECHOS Y LIBERTADES. II. EL RECURSO DE AMPARO JUDICIAL ORDINARIO. III. EL RECURSO DE AMPARO CONSTITUCIONAL. IV. REFERENCIA AL ÁMBITO DE PROTECCIÓN DERIVADO DEL PROCESO DE EUROPEIZACIÓN CONSTITUCIONAL. V. LOS PRINCIPIOS RECTORES DEL CAPÍTULO III DEL TÍTULO I DE LA CONSTITUCIÓN ESPAÑOLA. VI. BIBLIOGRAFÍA. VII. JURISPRUDENCIA.

I. EL PRINCIPIO DE VINCULACIÓN CONSTITUCIONAL DIRECTA. EL PRINCIPIO DE RESERVA DE LEY. EL CONTENIDO ESENCIAL DE LOS DERECHOS Y LIBERTADES

En materia de derechos fundamentales y libertades públicas es sabido que no basta con reconocer, sino que sobre todo lo que importa es garantizar. Después de una declaración de derechos tan llena de principios, normas y valores como es la que figura bajo el rótulo del Título I de la constitución española vigente, se hacía necesario recoger el repertorio de los mecanismos de garantía de los citados derechos y libertades. A esto se dedica el art. 53, auténtica clave de bóveda de la parte dogmática de nuestra Constitución.

La primera idea que brota del precepto que comentamos es la de la vinculación a los derechos y libertades de los poderes públicos y privados. Puede decirse que cualquier ámbito del Derecho se halla conformado y afectado por los derechos fundamentales. Todos los preceptos constitucionales, incluidos aquellos que enuncian principios presentan valor aplicativo inmediato, pudiendo ser invocados y fundar la resolución de una controversia sin esperar a su desarrollo legislativo.

Otro mecanismo de garantía viene dado por la singular potestad del Tribunal Constitucional de indicar al legislador los límites de la Constitución y eventualmente declarar la nulidad de las leyes inconstitucionales.

También es posible encontrar un tipo de norma declarativa de derechos fundamentales que requiera algún tipo de organización y procedimiento para su ejercicio dando lugar a derechos de configuración legal. La doctrina señala que se trata de un tipo de norma abierta, cuyo contenido y desarrollo pide ser completada, y en esa medida adquiere una perspectiva renovadora. El precepto comentado ha ido respondiendo a las distintas circunstancias de tiempo y lugar, tal como se refleja en su complejo desarrollo legislativo y la numerosa jurisprudencia constitucional que le acompaña. También resulta llamativo las diferencias que se hacen en el texto entre los distintos grupos de derechos (fundamentales, constitucionales, principios rectores) como también las distinciones que se hacen en los distintos niveles de protección.

Mediante fórmula muy sucinta se constitucionaliza el instituto de la reserva de ley para asegurar que la regulación de los ámbitos de libertad que correspondan a los ciudadanos dependa exclusivamente de la voluntad de sus representantes (STC 6/1981, de 6 de marzo). Así, cabe pues colaboración normativa pero sin que ello suponga degradación de la posición de la ley.

Solvente doctrina ha fijado ya el perfil de esta garantía con ayuda de la correspondiente jurisprudencia constitucional: sólo la ley puede fijar los límites de un derecho fundamental; el objetivo de este instituto jurídico es la delimitación del ámbito constitucionalmente protegido de los derechos fundamentales, incluido el momento de su ejercicio; y persigue cumplir exigencias de seguridad jurídica, ponderando bienes e intereses constitucionalmente relevantes. También se sostiene que el principio de proporcionalidad sirve para controlar al legislador limitador de los derechos fundamentales (M. Medina).

Dejando de lado todo el trabajo hecho en torno a la reserva de ley orgánica (art. 81 CE) que tanta confusión ha traído en mi opinión a nuestro sistema de fuentes del Derecho, queda el principio de la reserva general del art. 53.1 de la CE, establecido mediante ley ordinaria para los derechos de la sección 2ª del capítulo II del título I de la CE. En este supuesto no se exige mayoría cualificada alguna, y escapa al ámbito del decreto-ley no siendo delegable.

Numerosos estudiosos de la STC 11/1981 han identificado las vías complementarias y no alternativas para aproximarse a la definición del contenido esencial de un derecho fundamental. Una de ellas se apoya en la naturaleza jurídica o sea en el modo de concebir o configurar cada derecho según sean las facultades que hacen que el derecho sea reconocible como tal. La otra indaga los intereses jurídicamente protegidos como núcleo y médula de los derechos subjetivos en cuestión.

El manejo de este concepto de origen jurisprudencial ha dado lugar durante su proceso de depuración dogmática a otras categorías tales como la del contenido suplementario o la del contenido adicional que ayudan a explicar la postura del legislador en el ejercicio de su función, que al decir de algunos puede llegar a considerarse materialmente constituyente en algunos supuestos. "Es especialmente la STC 120/1990 de 27 de junio, donde se encuentra una conexión práctica del concepto de dignidad en la configuración del contenido esencial de los derechos" (A. Oehling).

II. EL RECURSO DE AMPARO JUDICIAL ORDINARIO

Comentando el contenido del art. 53.2 de la C. E. se ha dicho que en él se pone en marcha un doble mecanismo jurisdiccional escalonado. En primer lugar, actúan los tribunales ordinarios en una fase principal y general, y en un segundo proceso extraordinario y subsidiario interviene el Tribunal Constitucional.

El Tribunal Constitucional insiste en que la vía judicial previa al recurso de amparo "no puede ser considerada como una formalidad vacía cuya eficacia real puede ser debilitada por una interpretación decididamente anti-formalista del precepto que la contiene. Se trata, evidentemente, de un elemento esencial en el sistema de articulación de la jurisdicción constitucional con la jurisdicción ordinaria" (STC 112/1983, de 5 de diciembre).

Se tutelan derechos y libertades pero no cualquier otra figura del texto normativo objeto de tutela. También se ha producido una cierta extensión por conexión del objeto protegido. La idea de preferencia equivale a la de prioridad absoluta, y la de sumariedad a rapidez o celeridad, como notas típicas de garantía suplementaria o reforzada. Se trata, en suma, de un mandato al legislador que se traduce en una pluralidad de procedimientos.

Como ha escrito el autor antes citado: "La idea subyacente es crear un sistema concéntrico y sucesivo de garantía de los derechos y libertades, a realizar por una pluralidad de institutos (legislativo, Tribunal Constitucional, jurisdicción ordinaria, también aparte —de conformidad con el art. 54 de la Constitución— el Defensor del Pueblo) y asimismo, en su caso, muy dúctil al reajuste frente a nuevas situaciones y problemáticas de mecánica de protección que se vayan dando." El protagonismo necesario en este punto por parte de Jueces y Tribunales no podía hacerse esperar para proteger por la vía ordinaria los derechos cualesquiera que fuera el tipo o clase de proceso. Posteriormente se han producido acontecimientos que demandan más que una superioridad, una bien delimitada reserva de jurisdicción constitucional, con facultades para anular actos y resoluciones que inquieten sus competencias.

En este contexto cabe citar a la figura del incidente de nulidad de actuaciones que aparece como vía adicional que permite la reparación judicial de cualquier derecho mencionado en el art. 53.2 que haya podido vulnerarse en un proceso concluido por resolución judicial firme

Se ha discutido mucho pero la naturaleza subsidiaria del recurso de amparo se desprende claramente del precepto que comentamos. Hace referencia al primer requisito para acceder a la jurisdicción constitucional en vía de amparo, esto es, el agotamiento de todos los recursos utilizables dentro de la vía judicial. Debe tenerse presente que el art. 53.2 CE atribuye la tutela de los derechos fundamentales, primariamente, a los tribunales ordinarios, por lo que la articulación de la jurisdicción constitucional con la ordinaria ha de preservar el ámbito que al Poder Judicial reserva la Constitución. El respeto a la precedencia temporal de la tutela de los Tribunales ordinarios exige que se apuren las posibilidades que los cauces procesales ofrecen en la vía judicial para la reparación del derecho fundamental que se estime lesionado, de suerte que cuando aquellas vías no han sido recorridas el recurso de amparo resultará inadmisible. (STC 284/2000 de 27 de noviembre. De la citada sentencia su Fundamento Jurídico 2 sostiene que el Tribunal Constitucional no es intérprete de la legalidad procesal pero sí examina el cumplimiento de los presupuestos procesales, entendidos como requisitos procedentes para la reparación.

Quizás cabría enfocar el recurso de amparo no tanto desde la óptica del recurso de amparo constitucional sino desde la propia del recurso de amparo como mecanismo más ajustado al plano de la legalidad ordinaria.

La doctrina habla de una primera protección de derechos en vía ordinaria cualquiera que fuera el tipo de proceso. Luego se ponen en funcionamiento procedimientos típicos de los distintos órdenes jurisdiccionales, cumpliéndose así el requisito de la pluralidad de los distintos órdenes de control.

Se escribía ya en el 2008 que "la experiencia de casi 30 años de desarrollo constitucional ha demostrado que crear un solo procedimiento de tutela judicial de los derechos o agrupar todos los procedimientos existentes en una sola norma, presenta dificultades técnicas insalvables". A este respecto concluía J. García Roca que dentro de este profuso panorama de procesos ordinarios y amparos judiciales de tutela de derechos fundamentales "la asignatura pendiente en este terreno sigue siendo una buena ordenación legal y una cabal —y más imaginativa— aplicación jurisdiccional de las medidas cautelares".

La doctrina ha considerado como un logro notable en esta materia la reconfiguración progresiva del amparo judicial ordinario. A partir de la ley 62/1978 que funcionó como punto de partida insuficiente, se fueron aprobando normativas especiales que desembocaron en los respectivos órdenes jurisdiccionales.

Es evidente que el desarrollo lógico del art. 53.2 no ha coincidido con su desarrollo histórico. En los Manuales al uso se describe que el procedimiento contencioso administrativo especial de la ley 29/1998 se caracteriza porque es formalmente un procedimiento administrativo especial y materialmente un procedimiento constitucional, poniendo así de relieve la naturaleza híbrida del amparo judicial.

Para el estudio de la evolución y estado de situación del proceso preferente y sumario, es decir, para determinar el esquema claro de las vías de tutela me remito al espléndido trabajo ya citado de A. Oehling.

III. EL RECURSO DE AMPARO CONSTITUCIONAL

Como ya he escrito en reciente ocasión, el recurso de amparo constitucional (en adelante, RAC) ha sido desde su origen, y continuará siendo, probablemente, una garantía de la directa vinculación de la normatividad constitucional.

La especial trascendencia constitucional como criterio esencial de admisión, traído del modelo alemán, llega con casi treinta años de distancia a través de la Ley Orgánica 6/2007, de 24 de mayo. La STC 155/2009, de 25 de junio, explicita después los supuestos de un nuevo rumbo. Sobre la relevancia de esta reforma, sus efectos, y las problemáticas que ha provocado, nos remitimos al comentario del art. 161.1.b) CE de la presente obra.

No hace falta ser un especialista en la materia para saber que uno de los puntos más lábiles del recurso de amparo estriba en deslindar los planos de la legalidad y de la constitucionalidad. Se repite hasta la saciedad que el juez constitucional no es juez de la legalidad, pero en la práctica se supera con facilidad esta frontera. Derechos como el de la tutela judicial efectiva, dotados de gran potencia expansiva, obligan a una interpretación de las leyes procesales conforme a Constitución, que produce, por una especie de efecto llamada, un crecimiento desmesurado del RAC.

Mucho se ha escrito sobre la doble dimensión subjetiva y objetiva del RAC. No son aspectos contrapuestos ni excluyentes entre sí, sino complementarios. Traducen en términos procesales la doble perspectiva de los derechos fundamentales vistos como situaciones jurídicas subjetivas y a la vez como principios o valores constitucionales.

El RAC tiene una única finalidad, a pesar de su doble naturaleza (defensa subjetiva de los derechos fundamentales y defensa e interpretación objetiva de la Constitución). Ésta no es otra que la de defender, reparar y, en su caso, prevenir lesiones concretas, reales y efectivas de los derechos fundamentales.

Los manuales al uso describen ya pormenorizadamente los tipos de actos impugnables a través del RAC, lo que se ha traducido en una reconfiguración muy detallada de este mecanismo de protección y tutela.

Una de las tareas más llamativas del RAC se ha dicho que es hacer explícitas las normas constitucionales con criterios de justicia y razón antes que en edificar un Derecho nuevo. Participa así el RAC en el establecimiento de reglas superiores de Derecho, es decir, en las fuentes de creación del Derecho, formando normas, reglas y principios que se adhieren a las de rango constitucional. Se deja así claro la triple función objetiva del RAC: creación de un *corpus* jurisprudencial en torno al concreto contenido de los derechos fundamentales; centralización de la jurisprudencia de los derechos en una única instancia cuyas decisiones vinculan a los tribunales inferiores y la labor de adaptación de los contenidos de los derechos a los cambios sociales.

Del mismo modo se advirtió el problema de coordinación entre un recurso de protección de derechos y el cumplimiento del trámite de admisión de marcado carácter objetivo, cuyo debate ha sido zanjado por una constante jurisprudencia constitucional en el que la tutela subjetiva queda supeditada a la existencia de una especial trascendencia constitucional de la demanda de amparo, como se explica en el comentario del art. 161.1.b) CE de la presente obra.

IV. REFERENCIA AL ÁMBITO DE PROTECCIÓN DERIVADO DEL PROCESO DE EUROPEIZACIÓN CONSTITUCIONAL

El proceso de internacionalización, y más concretamente, de europeización del Derecho Constitucional es un fenómeno que no solo afecta a cuestiones procesales, como las mencionadas en el apartado anterior, sino a cuestiones materiales, esto es, al contenido de los derechos fundamentales. En consecuencia, este proceso afecta al ámbito de protección del recurso de amparo, es decir, a los derechos fundamentales y libertades públicas mencionadas en el art. 53.2 CE. En este proceso tiene una gran relevancia la cláusula hermenéutica contenida en el art. 10.2 CE.

El art. 10.2 CE impone una obligación de interpretación conforme de los derechos fundamentales y libertades públicas con los tratados internacionales en materia de derechos humanos ratificados por España. Es una cuestión pacífica que a través del art. 10.2 CE no se amplía el catálogo de derechos fundamentales de la Constitución española, y por tanto, del listado de derechos amparables, ni otorga rango constitucional a los Tratados Internacionales en materia de derechos humanos en tanto en cuanto estos no estén también recogidos en la Constitución. Sin embargo, se ha discutido si la norma constitucional resultante de *integrar* (Saiz Arnaiz) su contenido a raíz de interpretarla con un Tratado internacional o una sentencia del Tribunal Europeo de Derechos Humanos que amplía el espectro o el ámbito de protección de ese derecho fundamental previsto en los arts. 14-29 CE es protegible vía recurso de amparo. La respuesta en la actualidad ha de ser afirmativa, puesto que "este contenido se convierte en cierto modo en el contenido constitucionalmente declarado de los derechos y libertades que enuncia el capítulo segundo del título I de nuestra Constitución (STC 36/1991, de 14 de febrero FJ 5) De esta manera, como ha afirmado De Carreras, el contenido esencial reconocido en el art. 53.1 CE es el contenido constitucionalmente declarado por el TC en su jurisprudencia. De este contenido esencial, núcleo duro de los derechos fundamentales, forman parte los tratados internacionales y, en su caso, la jurisprudencia de los tribunales creados al amparo de estos tratados. Los tratados internacionales en materia de derechos fundamentales (art. 10.2 CE) pueden ser considerados 'normas interpretativas' en los juicios de amparo, formando parte del bloque de constitucionalidad".

V. LOS PRINCIPIOS RECTORES DEL CAPÍTULO III DEL TÍTULO I DE LA CONSTITUCIÓN ESPAÑOLA

Los primeros comentaristas del art. 53.3 de la Constitución española ya señalaron que los principios rectores de la política económica y social consistían en mandatos vinculantes de actuación dirigidos a los poderes del Estado, con eficacia objetiva, pero que no implicaban generalmente el nacimiento de derechos públicos subjetivos. Daban lugar a tareas del Estado de desarrollo permanente que implicaban actuaciones favorables en distintos sectores.

Rodríguez de Santiago, entre otros, ha fijado con acierto el régimen general del art. 53.3 de la CE, y a su trabajo me remito. La implementación material y legislativa de cada principio rector reenvía a cada uno de los sectores del ordenamiento jurídico y requiere de un estudio concreto y particularizado.

Algún autor ha querido ver dentro del complejo e indeterminado campo de los principios rectores un tipo de cláusula interpretativa de amplios sectores del ordenamiento. Sabido es que se trata de figuras difícilmente justiciables que no producen situaciones de ventaja a favor del titular de las mismas. En cambio, sí pueden ser consideradas como canon de validez de la ley. Y en ese sentido sostienen determinadas políticas legislativas.

Ciertamente no es muy afortunado el texto del precepto comentado. Tampoco los principios rectores tienen esa estructura garantista que acompaña a los derechos fundamentales. Su mayor o menor virtualidad jurídica depende demasiado de la obra del legislador. Su dinamismo y su propia necesidad de graduación constituyen un factor de dificultad añadida.

El apartado tercero del art. 53 CE trae consigo un marcado carácter objetivo, dirigido en gran medida al legislador. También sirve de canon interpretativo para los órganos judiciales, sin que esto signifique que pueda abrirse sin límites a las materias propias de la política social y económica.

Dentro de las normas constitucionales que van desde el art. 39 al 52 CE se presta también atención a grupos y colectivos que son acreedores de cierta tutela y protección constitucional.

Como ya he escrito en otra ocasión, no parece de recibo que el principio de vinculación a la Constitución opere de forma distinta según se trate de los Derechos y Libertades reconocidos en el capítulo II del título I, o bien de los principios rectores del capítulo III, porque la fuerza normativa de la Constitución (art. 9.1 CE) se proclama respecto de toda ella y no solo en relación con algunas de sus partes o contenidos (STC 19/1982, de 5 de mayo).

Tampoco la diferenciación entre derechos y principios debe leerse como un binomio que divide lo exigible y garantizado de aquello otro con valor meramente informador de la legislación positiva.

En realidad, lo que el art. 53.3 CE viene a decir es que "la declaración de derechos se divide en función del mayor o menor margen de maniobra del que dispone el legislador a la hora de desarrollarla". Muy oportuna me parece la crítica hecha a lo que se denomina el error de la contemplación de la CE como foto fija, que tiende a ignorar la complejidad de un "sistema jurídico cuyos materiales van agregándose y ajustándose por aluvión".

A estas alturas parece superfluo destacar la naturaleza heterogénea y variada en grado extremo del capítulo III del título I de la CE, donde hay también genuinos derechos, entre otras figuras. Pero ayuda a encaminarse hacia mis posiciones el reconocimiento de que con la perspectiva de la dinámica constitucional, la línea de separación que distancia a los principios rectores de los genuinos derechos fundamentales se hace bastante más tenue.

En vez de refugiarse en la fácil coartada que supone una lectura simplista del art. 53.3 CE hay que "considerar el modo a través del cual los desarrollos normativos han ido moldeando (quizás alternando las altas con las bajas) un régimen jurídico hecho de luces y sombras... pero al que no podemos acercarnos con la claudicante impresión de que es un ámbito ajeno a la fuerza normativa de la Constitución y al sistema de valores y fórmulas políticas que le dan fundamento".

VI. BIBLIOGRAFÍA

CARRASCO DURÁN, M., *Los procesos para la tutela judicial de los derechos fundamentales*, CEPC, Madrid, 2002

CASCAJO CASTRO, J. L., GIMENO SENDRA, V., *El recurso de amparo*, Tecnos, 1992.

MEDINA GUERRERO, M., y RODRÍGUEZ DE SANTIAGO, J. M., "Artículo 53", en RODRÍGUEZ-PIÑERO Y BRAVO FERRER, Miguel, y CASAS BAAMONDE, María Emilia (Dirs), *Comentarios a la Constitución española. Conmemoración del XL Aniversario de la Constitución*, Tomo II, BOE, Wolters Kluwers, Madrid, 2018, pp. 1456-1494.

OEHLING DE LOS REYES, A., "El artículo 53 de la Constitución española de 1978: esquema de la evolución y del estado de situación de sus instrumentos de garantía de los derechos fundamentales (1978-2017)", *Revista de Derecho Político*, n. 100, 2017, pp. 1099-1136.

PÉREZ TREMPS, P., *El recurso de amparo*, Tirant lo Blanch, última edición.

SAIZ ARNAIZ, A., *La apertura constitucional al Derecho Internacional y Europeo de los derechos humanos. El art. 10.2 de la Constitución Española*, CGPJ, 1999.

VII. JURISPRUDENCIA

STC 1/1981, de 26 de enero.
STC 6/1981, de 6 de marzo.
STC 19/1982, de 5 de mayo,
STC 80/1982, de 20 de diciembre
STC 81/1992, de 28 de mayo.
STC 284/2000, de 27 de noviembre.
STC 155/2009, de 24 de junio.

Artículo 54

Una ley orgánica regulará la institución del Defensor del Pueblo, como alto comisionado de las Cortes Generales, designado por éstas para la defensa de los derechos comprendidos en este Título, a cuyo efecto podrá supervisar la actividad de la Administración, dando cuenta a las Cortes Generales.

COMENTARIO

José Manuel Sánchez Saudinós
Profesor Titular de Derecho Constitucional
Universidad Carlos III de Madrid

SUMARIO: I. INTRODUCCIÓN. II. LA NATURALEZA JURÍDICA DEL DEFENSOR DEL PUEBLO. III. LOS CARACTERES ORGÁNICOS DE LA INSTITUCIÓN. 1. El nombramiento del Defensor del Pueblo. 2. El cese del Defensor del Pueblo. 3. El estatuto del Defensor del Pueblo. IV. LAS FACULTADES ATRIBUIDAS AL DEFENSOR DEL PUEBLO. 1. El ámbito competencial de supervisión del Defensor del Pueblo. 2. El procedimiento de supervisión del Defensor del Pueblo. 3. Las resoluciones del Defensor del Pueblo. 4. La legitimación del Defensor del Pueblo ante el Tribunal Constitucional. 5. Los informes del Defensor del Pueblo a las Cortes Generales. 6. El Defensor del Pueblo como Mecanismo Nacional de Prevención de la Tortura. 7. El carácter de institución nacional de derechos humanos del Defensor del Pueblo. V. BIBLIOGRAFÍA. VI. JURISPRUDENCIA.

I. INTRODUCCIÓN

La Constitución ha establecido, entre el amplio elenco de garantías de los derechos constitucionales, una institución defensora de los derechos que es nueva en nuestro sistema jurídico: el *Ombudsman* o Defensor del Pueblo. Así, el constituyente español ha querido crear una garantía de tipo institucional, configurando al Defensor del Pueblo como alto comisionado de las Cortes Generales, designado por éstas para la defensa de los derechos constitucionales y otorgándole para ello facultades de supervisión de la actividad de la Administración.

No existen precedentes históricos de una institución de esta naturaleza en España, como ha sido destacado de modo casi unánime por la doctrina, sino que se trata de la adopción por la Constitución de una figura que encuentra su precedente más remoto en la inclusión en 1809 del *ombudsman* en la Constitución de Suecia, modificación por la que se convirtió una figura preexistente en un comisionado del Parlamento para el control de la actividad de la Administración.

El art. 54 CE señala además que la regulación del Defensor del Pueblo se hará mediante una ley orgánica, dejando así al legislador un amplio margen de discrecionalidad para el establecimiento de los perfiles concretos de la institución. Cumpliendo este mandato constitucional, se promulgó la Ley Orgánica 3/1981, de 6 de abril, del Defensor del Pueblo, modificada posteriormente por la Ley Orgánica 2/1992, de 5 de marzo, y por la Ley Orgánica 1/2009, de 3 de noviembre [en adelante, LODP]. Asimismo, como desarrollo de esta legislación orgánica, las Mesas del Congreso de los Diputados y del Senado, en su reunión conjunta de 6 de abril de 1983, aprobaron el Reglamento de Organización y Funcionamiento del Defensor del Pueblo, que ha sido objeto de modificación por Resoluciones de las Mesas del Congreso de los Diputados y del Senado de 21 de abril de 1992, de 26 de septiembre de 2000 y de 25 de enero de 2012 [en adelante, ROFDP].

II. LA NATURALEZA JURÍDICA DEL DEFENSOR DEL PUEBLO

En primer lugar, nos encontramos ante un órgano del que podríamos resaltar su relevancia constitucional, puesto que es la propia norma suprema quien directamente lo crea y le dota de sus principales atribuciones. En segundo término, el emplazamiento sistemático de este precepto en el título I de la Constitución, que se consagra a los derechos y deberes fundamentales, y dentro de este título en su capítulo IV, destinado a las garantías de las libertades y derechos fundamentales, nos muestra con claridad cuál es la función o finalidad de la institución que analizamos: la defensa de los derechos que la propia Constitución reconoce, a la luz de la cual hay que considerar las facultades que el texto constitucional le encomienda, principalmente la de supervisar la actividad administrativa, pero también la de interponer recursos de inconstitucionalidad y de amparo. Y ello porque aunque ambas facultades atribuidas al Defensor son muy diferentes, tienen en común configurarse como funciones de control que, como ha señalado Varela Suanzes-Carpegna, son sólo los medios que el ordenamiento pone a su alcance para realizar su labor de protección de los derechos constitucionales. Pérez Calvo hace hincapié en que, de este modo, el Defensor del Pueblo español rompe el esquema clásico del *ombudsman* tradicional, volcado principalmente hacia la fiscalización de la Administración, puesto que aunque ciertamente fiscaliza a la Administración, ese objetivo ya no es el esencial, sino que queda englobado en el primordial, que es la defensa de los derechos y libertades. El propio tenor literal del artículo 54 CE parece determinarlo cuando afirma que el Defensor del Pueblo sea designado por las Cortes Generales para la defensa los derechos del título I, a cuyo efecto podrá supervisar la actividad de la Administración, dando cuenta a las propias Cortes. Además, como afirma Aguiar de Luque, esta función protectora alcanza a todos los derechos del Título I sin excepción, y ha de desplegarse tanto sobre la dimensión subjetiva de los derechos como posiciones jurídicas, como especialmente en su condición de elementos del ordenamiento objetivo.

Por otra parte, hay que advertir que aunque se trata de un órgano auxiliar del Parlamento (según la Constitución, el Defensor del Pueblo es su alto comisionado y la LODP exige que rinda anualmente ante las Cortes Generales un informe de su gestión, su dotación económica se integra en los Presupuestos de las Cortes y su ROFDP se aprueba por las Cámaras), goza frente a la institución parlamentaria de autonomía, cuando menos en el plano funcional: la LODP establece que el Defensor no está sujeto a mandato imperativo alguno y que no recibe instrucciones de ninguna autoridad, desempeñando sus funciones con autonomía y según su criterio.

Finalmente, es necesario destacar que el Defensor del Pueblo no es un órgano dotado de poder resolutorio por sí mismo y que sus decisiones carecen en general de fuerza vinculante: el Defensor no puede imponer sanciones, ni puede anular acuerdos o normas, ni modificarlos, sino que simplemente puede sugerir, recomendar, advertir o recordar deberes legales a la Administración, ejercitar acciones procesales ante el Tribunal Constitucional y, en todo caso, dar publicidad a sus actuaciones y resoluciones a través de los informes que sobre su actividad dirige a las Cortes Generales, puesto que además son publicados. El Defensor del Pueblo se configura pues como *un poder disuasor* (Bar Cendón), una *magistratura de persuasión* (La Pérgola), *de opinión* (De Vega), o *de influencia* (Napione, Rideau). En este sentido, la Comisión Europea para la Democracia a través del Derecho del Consejo de Europa (más conocida como *Comisión de Venecia*) aprobó en 2019 unos denominados "Principios para la Protección y la Promoción de la Institución del Defensor del Pueblo", que han pasado a ser conocidos como los *Principios de Venecia*, en los que se plasman los parámetros que deben presidir la organización y funcionamiento de estas instituciones respecto a su mandato, a la designación del titular de la institución, a sus facultades de actuación y a su ámbito competencial.

III. LOS CARACTERES ORGÁNICOS DE LA INSTITUCIÓN

1. El nombramiento del Defensor del Pueblo

El nombramiento del Defensor del Pueblo está regulado en la LODP, que establece como requisito personal de elegibilidad la condición de ciudadano español mayor de edad en pleno disfrute de sus derechos civiles y políticos. Esta misma Ley dispone que corresponde a la Comisión parlamentaria Mixta Congreso-Senado para las Relaciones con el Defensor del Pueblo (en adelante, la Comisión Mixta), instituida por la reforma legislativa de 1992, proponer el candidato o candidatos a Defensor del Pueblo, lo que abre la posibilidad de que sean más de uno los candidatos propuestos. En todo caso, la candidatura o candidaturas propuestas por la Comisión Mixta serán sometidas a votación en primer lugar en el Congreso de los Diputados, resultando designado el candidato que obtuviese el voto favorable de las tres quintas partes de los miembros del Congreso, pasando posteriormente su candidatura al Senado al efecto de que esta Cámara, en el plazo máximo de veinte días, ratifique por esa misma mayoría su designación. Caso de no alcanzarse las mencionadas mayorías, se procederá en nueva sesión de la Comisión Mixta, y en el plazo máximo de un mes, a formular sucesivas propuestas. En tales casos, una vez conseguida la mayoría de los tres quintos en el Congreso, la designación quedará realizada al alcanzarse la mayoría absoluta del Senado.

La duración prevista por la LODP para el mandato del Defensor del Pueblo es de cinco años, sin que nada impida la posibilidad de reelección. A este respecto hay que destacar la no coincidencia con el período de mandato parlamentario, que como es sabido la Constitución fija en cuatro años. Con esta diferencia temporal parece haberse querido acentuar más, si cabe, la independencia del Defensor de las Cámaras parlamentarias que le eligieron. Hasta la fecha han sido designados por las Cortes Generales como Defensor del Pueblo las siguientes personas: D. Joaquín Ruiz-Giménez Cortés (1982-1987), D. Álvaro Gil-Robles y Gil-Delgado (1988-1993), D. Fernando Álvarez de Miranda y Torres (1994-1999), D. Enrique Múgica Herzog (2000-2005 y 2005-2010), Dª Soledad Becerril Bustamante (2012-2017) y D. Ángel Gabilondo Pujol (2021-...).

Aunque la LODP configura al Defensor del Pueblo como una institución con un marcado carácter unipersonal, prevé sin embargo la existencia de dos colaboradores para que le auxilien y en los que puede delegar sus funciones, además de prever que puedan sustituirle en caso de cese o imposibilidad temporal. La LODP otorga a estos colaboradores la denominación de Adjuntos, y prevé que su nombramiento y separación, cuya propuesta corresponde al propio Defensor del Pueblo, ha de obtener la conformidad previa de la Comisión Mixta, estableciendo así una intervención directa del Parlamento en su designación.

2. El cese del Defensor del Pueblo

Las causas de cese del Defensor del Pueblo, que aparecen tasadas en la LODP, como no puede ser de otro modo al tratarse de una institución de control, son: por renuncia, por expiración del plazo de su nombramiento, por muerte o incapacidad sobrevenida, por actuar con notoria negligencia en el cumplimiento de las obligaciones y deberes del cargo, y por haber sido condenado, mediante sentencia firme, por delito doloso.

De estas causas, la LODP distingue entre muerte, renuncia y expiración del plazo del mandato, supuestos en los que la vacante se declarará automáticamente por el Presidente del Congreso de los Diputados, y el resto de las causas, en las que la decisión se adoptará por mayoría de tres quintas partes de cada una de las Cámaras, mediante debate y previa audiencia del interesado. El único fundamento que, a nuestro juicio, puede explicar esta distinción se encontraría en la condición de cuestiones de hecho de la muerte, renuncia y expiración del plazo, lo que claramente las distinguiría de otros supuestos de cese en los que cabría una apreciación discrecional, como en el de la actuación con notoria negligencia.

La declaración o decisión de que el cargo de Defensor del Pueblo se encuentra vacante activa el proceso para la elección de un nuevo Defensor en plazo no superior a un mes, según dispone la LODP. Entre tanto, y hasta que no haya un nuevo Defensor, desempeñarán interinamente sus funciones, en su propio orden, los Adjuntos. Sin embargo, la necesidad de que exista un acuerdo parlamentario cualificado para la nueva designación puede conducir a que la situación de interinidad pueda prolongarse en el tiempo, lo que no resulta en modo alguno deseable.

3. El estatuto del Defensor del Pueblo

El Defensor es el alto comisionado de las Cortes Generales, por lo que no es posible sino que el titular de la institución se sitúe en la órbita parlamentaria; sin embargo, hay elementos, como la exigencia de una mayoría cualificada para su designación, que tienen como objetivo fortalecer su posición de independencia y autonomía respecto de los grupos políticos (a tenor de la LODP, el Defensor no está sujeto a mandato imperativo alguno, no puede recibir instrucciones de ninguna autoridad y desempeña sus funciones con autonomía y según su criterio). Pérez Calvo ha resaltado que el principio de autonomía del Defensor debe ser conectado con otros preceptos de la LODP que garantizan las posibilidades de información y actuación necesarias para el desempeño de su función, como son la accesibilidad de los ciudadanos para acudir a la institución, la posibilidad de la investigación de oficio, los amplios poderes de inspección y los medios coactivos no decisorios con que cuenta, o la continuidad de sus actividades aunque las Cámaras estén disueltas o se hayan declarado los estados excepcionales previstos constitucionalmente.

Por otra parte, la independencia y autonomía del Defensor del Pueblo están garantizadas también por la existencia de una serie de prerrogativas de índole personal. Así, la LODP determina que el Defensor goza de inviolabilidad, sustrayéndose a la posibilidad de ser detenido, expedientado, multado, perseguido o juzgado en razón a las opiniones que formule o a los actos que realice en el ejercicio de las competencias propias de su cargo. Igualmente disfruta de inmunidad, por lo que no puede ser detenido ni retenido sino en caso de flagrante delito, y de fuero especial, puesto que la decisión sobre su inculpación, prisión, procesamiento y juicio corresponde exclusivamente a la Sala de lo Penal del Tribunal Supremo. Estas prerrogativas personales del Defensor, junto con la prohibición del mandato imperativo a la que nos referimos antes, colocan al titular de la institución en una posición que recuerda a la de los propios integrantes de las Cámaras, cuyo estatus previsto constitucionalmente parece haberse trasladado a este comisionado, con la única diferencia de no exigirse la previa autorización parlamentaria para su inculpación o procesamiento.

Del mismo modo, la pretensión de garantizar la independencia del Defensor lleva a la LODP a fijar una profusa serie de incompatibilidades que amplían la ya prevista constitucionalmente respecto al mandato parlamentario en el artículo 70.1 CE. Así, la condición de Defensor del Pueblo es incompatible con todo mandato representativo, con todo cargo político o actividad de propaganda política, con la permanencia en el servicio activo de cualquier Administración pública, con la afiliación a un partido político o el desempeño de funciones directivas en un partido político o en un sindicato, asociación o fundación, y con el empleo al servicio de los mismos, con el ejercicio de las carreras judicial y fiscal, y con cualquier actividad profesional, liberal, mercantil o laboral. No obstante, estas causas de incompatibilidad no lo son, obviamente, de inelegibilidad, sino que se fija el plazo de los diez días posteriores a su nombramiento, y antes de tomar posesión, para que el Defensor cese en toda situación de incompatibilidad que pudiera afectarle, entendiéndose en caso contrario que no acepta el nombramiento, mientras que se entiende que renuncia al cargo de Defensor si se produce una incompatibilidad sobrevenida siendo ya titular de la institución.

IV. LAS FACULTADES ATRIBUIDAS AL DEFENSOR DEL PUEBLO

Al comienzo adelantamos que la función o finalidad del Defensor del Pueblo es la defensa de los derechos reconocidos en el título I de la Constitución y que es a la luz de esta función como hay que considerar las facultades que se le encomiendan.

1. El ámbito competencial de supervisión del Defensor del Pueblo

La supervisión de la actividad de la Administración figura, pues, como el primero de los medios que la Constitución atribuye al Defensor del Pueblo para poder ejercitar su función de defensa de los derechos comprendidos en el título I de la Constitución. La LODP establece que el Defensor puede realizar cualquier investigación conducente al esclarecimiento de los actos y resoluciones de la Administración pública y sus agentes, en relación con los ciudadanos, a la luz de lo dispuesto en el artículo 103.1 de la Constitución, y el respeto debido a los derechos proclamados en su título I. Para ello, las atribuciones del Defensor se extienden a la actividad de los ministros, autoridades administrativas, funcionarios y cualquier persona que actúe al servicio de las Administraciones públicas. En este sentido, la LODP parece querer extender el ámbito de actuación del Defensor más allá de lo que es la Administración en sentido estricto, tanto por incluir la actividad de los funcionarios y cualesquiera otros agentes al servicio de la Administración, como por comprender la supervisión de otro tipo de entidades que pueden no ser propiamente Administración pública, pero que prestan de un modo u otro servicios públicos.

Al mismo tiempo cabe afirmar que el Defensor puede extender el ámbito de su actuación a la supervisión de toda la actividad de la Administración, ya sea la del Estado, la de las comunidades autónomas o la local, si bien la creación de algunos comisionados parlamentarios autonómicos a imitación del Defensor del Pueblo planteó la necesidad de adoptar fórmulas de coordinación y cooperación para actuar en relación con la Administración pública propia de cada comunidad autónoma, así como de las administraciones de los entes locales cuando actúen en ejercicio de competencias delegadas por aquella, llevando a la promulgación de la Ley 36/1985, de 6 de noviembre, por la que se regulan las relaciones entre la institución del Defensor del Pueblo y las figuras similares en las distintas comunidades autónomas. En esta Ley se establece el régimen de colaboración y coordinación de las instituciones políticas y administrativas de las comunidades autónomas con el Defensor del Pueblo y, en relación con las competencias que cabe que se atribuyan a los comisionados autonómicos, dispone que tanto éstos como el Defensor del Pueblo podrán supervisar la actividad de la Administración pública propia de cada comunidad autónoma, así como de la Administración local cuando actúe en ejercicio de competencias delegadas por aquélla en régimen de cooperación, siempre sin mengua de lo establecido en cuanto a facultades del Defensor del Pueblo por la Constitución y por la LODP, como ha ratificado el propio Tribunal Constitucional en varios pronunciamientos (entre otros, SSTC 142/1988, de 12 de julio; 157/1988, de 15 de septiembre, y 31/2010, de 28 de junio).

Sin embargo, pese a que esta competencia de supervisión de la Administración atribuida al Defensor del Pueblo podría ser calificada de *universal*, en el sentido de que se extiende a todos los niveles de la Administración del Estado, también parece claro que no es inclusiva de todo acto o decisión emanada de un poder público. Sainz Moreno plantea un primer límite a ese poder de supervisión de la Administración al señalar que el Defensor sólo puede examinar las relaciones de la Administración con los ciudadanos, pero no las relaciones internas de organización de la propia Administración, salvo que ello sea necesario por conexión con la queja del ciudadano.

Por otra parte, la actuación del Poder Judicial en el ejercicio de la función jurisdiccional no es susceptible de ser supervisada, porque podría constituir una injerencia en la actividad de Juzgados y Tribunales, a quienes les corresponde ejercer con carácter exclusivo la función jurisdiccional (artículo 117.3 CE). Sin embargo, sí que puede caber la intervención del Defensor del Pueblo respecto a cuestiones de tipo administrativo que rodean la función jurisdiccional, aunque la LODP modula sus posibilidades de actuación en este ámbito. A tal efecto, esta Ley prevé que cuando el Defensor reciba quejas referidas al funcionamiento de la Administración de Justicia, deberá dirigirlas al Fiscal para que éste investigue su realidad y adopte las medidas oportunas con arreglo a la ley, o bien dé traslado de las mismas al Consejo General del Poder Judicial, según el tipo de reclamación de que se trate; todo ello sin perjuicio de que el Defensor pueda hacer referencia al tema en su informe anual a las Cortes Generales.

Junto al funcionamiento de la Administración de Justicia hay otro espacio en el que la capacidad de actuación del Defensor es también singular: el de las propias Cortes Generales, de las que es alto comisionado, y ante las que más allá del control de las actividades sujetas a Derecho administrativo puede activar la legitimación para interponer el recurso de inconstitucionalidad y el recurso de amparo, el cual incluye la defensa de los derechos frente a actos o decisiones sin valor de ley del Parlamento.

Finalmente, es preciso mencionar la existencia de otro ámbito en el que la actuación del Defensor del Pueblo está sujeta a algún condicionante: el de la Administración militar. En efecto, la LODP determina que la misión del Defensor de velar por el respeto de los derechos constitucionales, que se mantiene explícitamente para este sector de la Administración, no puede entrañar una interferencia en el mando de la Defensa nacional.

2. El procedimiento de supervisión del Defensor del Pueblo

La actuación del Defensor del Pueblo puede iniciarse de dos modos: de oficio o a instancia de parte. La facultad de actuar de oficio, es decir, por la propia iniciativa del Defensor, resulta una atribución de extraordinaria importancia para el ejercicio de la función que el Defensor del Pueblo tiene encomendada, puesto que le permite intervenir directamente, sin tener que esperar a la denuncia del afectado o de alguno de los otros sujetos legitimados para dirigirse a la institución. No obstante, como parece lógico, el número de las intervenciones iniciadas de este modo supone un porcentaje menor en el total de asuntos estudiados cada año. La actuación de oficio puede tener como origen la existencia por parte del Defensor de un programa de acción que le lleve a fijar determinados objetivos en su actividad investigadora, o bien presupone que se tenga conocimiento de la existencia de una presunta vulneración de derechos fundamentales.

La otra posibilidad para el inicio de las actuaciones del Defensor del Pueblo consiste en que un particular se dirija a la institución, o bien lo haga un diputado o senador, o una comisión parlamentaria. En el caso de los particulares, la LODP establece que podrá dirigirse al Defensor cualquier persona natural o jurídica que invoque un interés legítimo, sin restricción alguna, y sin que puedan constituir impedimento para ello la nacionalidad, residencia, sexo, minoría de edad, la incapacidad legal del sujeto, el internamiento en un centro penitenciario o de reclusión o, en general, cualquier relación especial de sujeción o dependencia de una Administración o poder público. Las actuaciones a instancia de parte pueden originarse también por los diputados y senadores individualmente, por las comisiones de investigación o relacionadas con la defensa general o parcial de los derechos y libertades públicas, y por la Comisión Mixta, que podrán solicitar, mediante escrito motivado, la intervención del Defensor para la investigación o esclarecimiento de actos, resoluciones y conductas concretas producidas en las Administraciones públicas, que afecten a un ciudadano o grupo de ciudadanos, en el ámbito de sus competencias. Por último, la LODP plantea taxativamente la prohibición de que presenten quejas ante el Defensor las autoridades administrativas en asuntos de su competencia.

En relación con las quejas de particulares, la LODP exige el cumplimiento de una serie mínima de requisitos formales para la admisión de la queja, que son la presentación de la misma firmada por el interesado, con indicación de su nombre, apellidos y domicilio, en escrito razonado, en papel común y en el plazo máximo de un año, contado a partir del momento en que tuviera conocimiento de los hechos objeto de la misma. No obstante, en la actualidad, un alto número de las quejas llega al Defensor del Pueblo por vía telemática, y para facilitar su uso la web de la institución (www.defensordelpueblo.es) dispone de un formulario de queja de fácil cumplimentación. Asimismo, se advierte que todas las actuaciones del Defensor son gratuitas para el interesado y que no es preceptiva la asistencia letrada ni la utilización de procurador.

La LODP establece que el Defensor del Pueblo registre y acuse recibo de las quejas que se le formulen, que tramitará o rechazará, en función del cumplimiento de los requisitos ya expresados (por ejemplo, no cabe la admisión de quejas anónimas), pero también de la no concurrencia de las causas de inadmisión que la propia LODP prevé y que son la existencia de un proceso judicial abierto sobre la cuestión objeto de la queja, la advertencia de mala fe, la carencia de fundamento, la inexistencia de pretensión, o la irrogación de perjuicio al legítimo derecho de tercera persona. La LODP proclama también que las decisiones del Defensor del Pueblo no son susceptibles de recurso alguno.

Admitida la queja a trámite, el Defensor del Pueblo promueve una investigación sumaria e informal para el esclarecimiento de los supuestos denunciados en la queja, en la que se da cuenta del contenido sustancial de la solicitud al órgano administrativo correspondiente con la finalidad de que el jefe del mismo remita informe escrito al Defensor en el plazo máximo de quince días. En el supuesto de que se produzca una negativa o negligencia por parte del funcionario o autoridad responsables de enviar el informe solicitado, el Defensor puede considerar su actitud hostil y entorpecedora de sus funciones, haciéndolo constar así públicamente y destacando tal calificación en su informe a las Cortes Generales, sin perjuicio de la aplicación además, cuando proceda, del artículo 502.2 del Código Penal, que tipifica como delito la obstaculización de las investigaciones del Defensor del Pueblo.

En cuanto a las facultades investigadoras del Defensor del Pueblo, la LODP dispone que todos los poderes públicos están obligados a auxiliar al Defensor, con carácter preferente y urgente, en sus investigaciones e inspecciones, pudiendo personarse él mismo, su Adjunto, o la persona en quien delegue, en cualquier centro de la Administración pública, dependiente de la misma o afecto a un servicio público, para comprobar datos, hacer entrevistas personales o proceder al estudio de los expedientes y documentación necesaria, cuyo acceso no puede negársele en ningún caso, excepto lo previsto en la propia LODP para los documentos clasificados.

Concluidas las investigaciones del Defensor del Pueblo, éste debe informar al interesado del resultado de las mismas, incluyendo la respuesta que haya dado la Administración al asunto (salvo que tenga el carácter de reservada o secreta), comunicando asimismo el resultado negativo o positivo de sus investigaciones al órgano administrativo afectado. Cuando la intervención se hubiere producido instada por un diputado o senador, o por una comisión parlamentaria, el Defensor les informará de los resultados alcanzados al término de sus investigaciones o, cuando decida no intervenir, de las razones de su decisión. En todo caso, es preciso no olvidar aquí lo que dijimos al principio respecto a que estamos ante una institución que carece de poder resolutorio y cuyas decisiones no están dotadas en general de fuerza vinculante.

3. Las resoluciones del Defensor del Pueblo

La función de defensa de los derechos constitucionales asignada al Defensor del Pueblo no se agota en la investigación de los actos y resoluciones de la Administración, sino que se extiende al ejercicio de otras actividades que pueden resultar complementarias, como son la sugerencia de modificación normativa o de los criterios utilizados para la producción de dichos actos y resoluciones administrativas, la interposición de recursos ante el Tribunal Constitucional, o el ejercicio de otras acciones procesales de oficio o dirigiéndose al Fiscal General del Estado.

En efecto, como señalamos al referirnos a la naturaleza jurídica de la institución, el Defensor del Pueblo no es competente para modificar o anular los actos y resoluciones de la Administración pública, pero puede sugerir la modificación, bien de los criterios que la Administración utiliza para la adopción de estos actos y resoluciones, bien de la norma cuyo cumplimiento riguroso puede provocar situaciones injustas o perjudiciales para los ciudadanos. En este sentido, la LODP atribuye al Defensor del Pueblo la capacidad para formular advertencias, recomendaciones, recordatorios de deberes legales y sugerencias para la adopción de nuevas medidas a las autoridades y funcionarios de las Administraciones públicas. En todos estos casos, las autoridades y los funcionarios vendrán obligados a responder por escrito en el plazo no superior a un mes.

Aparte de la existencia de este catálogo de resoluciones entre las que puede optar el Defensor del Pueblo a la hora de plantear a la Administración una pretensión que espera ver satisfecha, la LODP delimita una serie de supuestos concretos de recomendaciones del Defensor a los que ahora nos vamos a referir. En primer lugar, la LODP faculta al Defensor del Pueblo para que sugiera a los órganos legislativos la modificación de normas cuyo cumplimento riguroso puede provocar situaciones injustas o perjudiciales. En segundo término, también puede realizar una sugerencia similar, en este caso al Gobierno o la Administración, cuando los efectos injustos o perjudiciales provengan de la aplicación de una norma sin fuerza de ley. Tercero, el Defensor puede recomendar a la Administración una modificación de los criterios utilizados para la producción de actos y resoluciones administrativas que exceda de la rectificación de los aspectos concretos de una actuación administrativa, extendiéndose a la modificación de la base general en que se apoya dicha actuación. En cuarto lugar, si las actuaciones se hubiesen realizado con ocasión de servicios prestados por particulares en virtud de acto administrativo habilitante, el Defensor podrá instar de las autoridades administrativas competentes, mediante un recordatorio de sus deberes legales, el ejercicio de sus potestades de inspección y sanción. Finalmente, cuando las actuaciones practicadas revelen que la queja ha sido originada presumiblemente por el abuso, arbitrariedad, discriminación, error, negligencia u omisión de un funcionario, el Defensor podrá dirigirse al afectado haciéndole constar su criterio al respecto y, con la misma fecha, dará traslado de dicho escrito al superior jerárquico, formulando las sugerencias que considere oportunas.

4. La legitimación del Defensor del Pueblo ante el Tribunal Constitucional

El artículo 162.1 CE legitima al Defensor del Pueblo para interponer el recurso de inconstitucionalidad y el recurso de amparo. La asignación al Defensor de esta competencia, que comparte con pocos de los comisionados similares que existen en el Derecho comparado, resalta la importancia política de la institución, sobre todo si tenemos en cuenta lo parca que ha sido la Constitución española a la hora de conceder legitimación para promover procesos de declaración de inconstitucionalidad.

Por otro lado, con la atribución al Defensor del Pueblo de esta legitimación, la norma suprema no hace sino subrayar que la auténtica función del Defensor es la protección de los derechos constitucionales, como venimos afirmando, y no la mera supervisión de la Administración, la cual se manifiesta así en su verdadera dimensión de medio al servicio de la función principal. Sin embargo, hay que señalar también que la legitimación del Defensor para interponer el recurso de inconstitucionalidad no deja de tener cierto carácter contradictorio con la propia naturaleza de la institución, puesto que supone dotar al Defensor de la facultad para solicitar que sean expulsadas del ordenamiento las leyes aprobadas por el Parlamento, del que es alto comisionado. En este sentido, como ha señalado Sainz Moreno, parece claro que la expresión "comisionado" no es la más adecuada para definir la posición jurídica del Defensor y su relación con las Cortes. La autonomía que se reconoce al Defensor, incluso frente a las Cortes, y su desvinculación de las vicisitudes que éstas experimenten, no guarda relación con las fórmulas propias de una comisión o de un mandato, sino más bien con el ejercicio de una función estatal sostenida por el Parlamento, pero no instrumentalizada por el mismo.

El dilema principal que puede suscitarse en relación con el planteamiento del recurso de inconstitucionalidad por el Defensor del Pueblo es el de la ausencia o no de límites para su interposición, puesto que si el Defensor tutela no sólo derechos subjetivos, sino Derecho objetivo, como ya indicamos más arriba, parece que su legitimación debe ser de carácter general o *universal*, y por tanto no sujeta a límites. En este sentido, la Ley Orgánica 2/1979, de 3 de octubre, del Tribunal Constitucional no plantea ninguna restricción al Defensor del Pueblo para promover el recurso, cuando sí que lo hace con otros de los sujetos legitimados. Así lo ha entendido el Tribunal Constitucional en varios pronunciamientos: en la STC 150/1990, de 4 de octubre, señala que "los artículos 161.1 a) de la Constitución y 32.1 de la LOTC reconocen la legitimación del Defensor del Pueblo para interponer recursos de inconstitucionalidad sin sujetarla a límites o condiciones objetivas de ningún tipo", y también en la STC 274/2000, de 15 de noviembre, donde añade: "con independencia de la cualidad del Defensor del Pueblo como alto comisionado de las Cortes Generales para la defensa de los derechos comprendidos en el Título I, su legitimación al respecto ha de entenderse en los mismos términos y con la misma amplitud que la del resto de los sujetos contemplados conjuntamente en los arts. 162.1 a) CE y 32.1 LOTC, pues, como afirmamos en la temprana STC 5/1981, de 13 de febrero, dicha legitimación les ha sido reconocida a cada uno de ellos 'no en atención a su interés, sino en virtud de la alta cualificación política que se infiere de su respectivo cometido constitucional'". En cualquier caso, es preciso poner de manifiesto que los sucesivos titulares de la institución se han conducido con prudencia en este ámbito, a la vista del número de recursos que han sido planteados hasta la fecha, lo que ha sido valorado positivamente por la doctrina.

Por lo que se refiere al recurso de amparo, aunque su potencialidad no es tan importante como en el caso anterior, puesto que aquí se encuentra legitimado, además del Defensor, el propio interesado y el Ministerio Fiscal, sí que puede tener la virtualidad de configurarse como una vía para extender la actuación del Defensor a ámbitos en los que su facultad de supervisión no le permite acceder, pero que sí están sujetos al recurso de amparo, como son las decisiones o actos sin valor de ley emanados de las Cortes Generales o de las asambleas legislativas de las comunidades autónomas.

5. Los informes del Defensor del Pueblo a las Cortes Generales

La labor del Defensor del Pueblo queda reflejada en los informes que debe presentar a las Cortes Generales. El propio artículo 54 CE, después de definir al Defensor como alto comisionado parlamentario para la defensa de los derechos constitucionales, a cuyo efecto le atribuye la facultad de supervisar la Administración, añade que ejercerá sus funciones "dando cuenta a las Cortes Generales". La LODP concreta esta obligación disponiendo que el Defensor dé cuenta anualmente al Parlamento de la gestión realizada en un informe que ha de ser presentado ante las Cámaras cuando se hallen reunidas en período ordinario de sesiones y que posteriormente será publicado.

Según la LODP, el Defensor ha de exponer en dicho informe anual el número y tipo de las quejas presentadas, de las que han sido rechazadas y sus causas, de las que fueron objeto de investigación y el resultado de la misma, con especificación de las sugerencias o recomendaciones admitidas por las Administraciones públicas, además de un anexo en el que se hará constar la liquidación del presupuesto de la institución en el período que corresponda. Creemos que la exigencia de la LODP de incluir estas cuestiones relacionadas con la supervisión del funcionamiento de la Administración no debe excluir que el Defensor dé cuenta también del resto de los asuntos que han constituido su actuación durante el período sometido a examen, como por ejemplo los recursos de inconstitucionalidad o de amparo solicitados y las razones que han motivado o no su interposición, pero lo cierto es que no hay previsión de que esté obligado a hacerlo. En relación con el significado de estos informes, Bar Cendón apunta que constituyen la actividad de mayor trascendencia del Defensor del Pueblo, por la publicidad que adquiere y por el carácter de la instancia a que se dirige.

La creación de la Comisión Mixta, que sustituyó en 1992 a las dos comisiones parlamentarias que en cada una de las Cámaras se encargaban de las relaciones con el Defensor, supone la existencia de un foro parlamentario único especializado, en el que se somete a examen el informe anual, con carácter previo a su debate en los Plenos de las Cámaras, a tenor de lo dispuesto en la Resolución de las Mesas del Congreso de los Diputados y del Senado, de 21 de abril de 1992, sobre organización y funcionamiento de dicha Comisión Mixta y en el ROFDP.

Por consiguiente, nos encontramos con la existencia de un primer debate en la citada Comisión Mixta, en el que tras la exposición general del informe por parte del Defensor del Pueblo intervienen los portavoces de los grupos parlamentarios para formular preguntas o pedir aclaraciones, que son contestadas después por el Defensor. Posteriormente, se produce un segundo debate en el Pleno de cada una de las Cámaras, previsto en el caso del Congreso de los Diputados en su propio Reglamento y desarrollada su regulación por Resolución de la Presidencia del Congreso, de 21 de abril de 1992. En ésta se establece que, incluido en el orden del día de una sesión el informe, el procedimiento de discusión se iniciará con la exposición por el Defensor de un resumen del mismo, tras cuya ausencia comenzarán las deliberaciones, en las que cada grupo parlamentario podrá intervenir para fijar su posición respecto al informe, sin que puedan presentarse propuestas de resolución. Por lo que se refiere al Senado, no hay previsión específica en su Reglamento, tan sólo una genérica referente a informes que por imperativo legal deban someterse al Senado, pero sí existe una Resolución de la Presidencia del Senado, de 28 de abril de 1992, en la que se dispone una regulación para este debate idéntica a la del Congreso de los Diputados.

Esta diferenciación en dos debates, en el primero de los cuales el Defensor explica su gestión ante la Comisión Mixta y se somete a preguntas y aclara las dudas que hubieran podido surgir a los parlamentarios, sin que la discusión vaya más allá; mientras que en el segundo se limita a presentar un resumen del informe y posteriormente se celebra un debate en el que, con él ausente, los grupos fijan posiciones, sólo puede entenderse en la medida en que se haya querido preservar al Defensor de los embates que la discusión de su informe entre los grupos parlamentarios hubiera podido depararle.

Además de este informe anual, la LODP faculta al Defensor para la elaboración de informes extraordinarios cuando la gravedad o urgencia de los hechos lo aconseje, previéndose incluso la presentación de dichos informes ante las Diputaciones permanentes de las Cámaras si éstas no se encontrasen reunidas. Al margen de estos informes extraordinarios motivados por razones graves, la institución ha realizado habitualmente, presentado a las Cortes y publicado estudios monográficos que abordan temas de particular interés social o que afectan al disfrute de los derechos constitucionales.

6. El Defensor del Pueblo como Mecanismo Nacional de Prevención de la Tortura

Es sabido que la prohibición de la tortura y otras formas de malos tratos está universalmente reconocida y se encuentra recogida en los principales instrumentos internacionales y regionales de derechos humanos, que reconocen su carácter absoluto y no derogable. Para dar mayor efectividad a esta prohibición se han establecido mecanismos específicos de lucha contra la tortura, señaladamente la Convención contra la tortura y otros tratos o penas crueles, inhumanos o degradantes, adoptada por Naciones Unidas en 1984 y vigente desde 1987. Posteriormente, en 2002, Naciones Unidas adoptó el Protocolo Facultativo de la Convención (OPCAT), destinado a prevenir la tortura y otras formas de malos tratos, mediante un sistema de visitas periódicas a los lugares de privación de libertad de cualquier naturaleza. La novedad que trae el Protocolo Facultativo es la creación de una nueva estructura de actuación basada en dos pilares: un órgano internacional, el *Subcomité para la Prevención de la Tortura* de las Naciones Unidas, y un órgano nacional complementario, el *Mecanismo Nacional de Prevención de la Tortura* (en adelante, MNP).

En abril de 2006 España ratificó el Protocolo Facultativo a la Convención de Naciones Unidas contra la Tortura, que entró en vigor el 22 de junio de 2006. Como se acaba de señalar, este Protocolo tiene por objeto la prevención de la tortura mediante el establecimiento de un sistema de visitas periódicas a los lugares de privación de libertad, a cargo de un órgano internacional (el *Subcomité para la Prevención de la Tortura*, con sede en Ginebra) y de mecanismos nacionales de prevención en cada uno de los Estados signatarios del Protocolo. Se intenta con ello fortalecer la idea de que cuanto más abiertos y transparentes sean los lugares de detención, menores serán los abusos que allí se cometan.

A este propósito hay que señalar que si bien el Protocolo Facultativo establece ciertos requisitos básicos para la constitución de estos mecanismos, otorga flexibilidad a cada Estado para conformar su MNP en consonancia con su regulación constitucional. España ha designado al Defensor del Pueblo como MNP a través de la Ley Orgánica 1/2009, de 3 de noviembre, que introduce una disposición final única en la LODP, por la que "el Defensor del Pueblo ejercerá las funciones del Mecanismo Nacional de Prevención de la Tortura de conformidad con la Constitución, la presente Ley y el Protocolo Facultativo de la Convención contra la tortura u otros tratos o penas crueles, inhumanos o degradantes". La decisión de atribuir las funciones de MNP al Defensor del Pueblo hace posible que puedan utilizarse, también en este ámbito, todas las facultades propias de la institución, singularmente la de emitir el abanico de resoluciones al que ya nos hemos referido (recomendaciones, sugerencias, advertencias o recordatorios de deberes legales) tras las visitas de inspección de las dependencias de privación de libertad. Esta designación del Defensor del Pueblo como Mecanismo Nacional de Prevención a través de la Ley Orgánica 1/2009, de 3 de noviembre, también incluye la creación de un *Consejo Asesor* como órgano de cooperación técnica y jurídica en el ejercicio de las funciones propias del MNP, lo que supone el establecimiento de un espacio de participación de la sociedad civil en el funcionamiento del Mecanismo. El Defensor del Pueblo ha de elaborar informes específicos sobre su actividad como MNP, que se presentan ante las Cortes Generales y ante el Subcomité para la Prevención de la Tortura de Naciones Unidas.

7. El carácter de institución nacional de derechos humanos del Defensor del Pueblo

La Comisión de Derechos Humanos de las Naciones Unidas plasmó en 1992 las conclusiones de diversos trabajos preparatorios relativos a la cooperación entre las organizaciones internacionales y las instituciones nacionales de derechos humanos en la Resolución 1992/54 de la Comisión, titulada *Principios relativos al Estatuto de las Instituciones Nacionales*, llamados *Principios de París*, y el 20 de diciembre de 1993 la Asamblea General de las Naciones Unidas los aprobó en la Resolución 48/134.

De modo muy genérico, por institución nacional de derechos humanos se entiende un órgano establecido por un Estado en virtud de la constitución o por ley, cuyas funciones se definen concretamente en función de la promoción y protección de los derechos humanos. Los *Principios de París* afirman que las instituciones nacionales deben tener competencia para la promoción y protección de los derechos humanos, por lo que se les debe conferir el mandato más amplio posible, el cual debe estar claramente enunciado en un texto constitucional o legislativo. En numerosos países del mundo (entre ellos, España) se ha atribuido al *ombudsman* o Defensor del Pueblo la condición de institución nacional de promoción y protección de los derechos humanos, encuadrándole plenamente en el marco de estos *Principios de París*.

El Defensor del Pueblo fue reconocido en 2000 por el Comité Internacional de Coordinación de las Instituciones Nacionales para la Promoción y Protección de los Derechos Humanos (ICC), actualmente denominado Alianza Global de Instituciones Nacionales de Derechos Humanos (GANHRI), como Institución Nacional de Derechos Humanos con la categoría "A", lo que significa el pleno cumplimiento de estos *Principios de París* y el disfrute de un acceso mayor a los comités de tratados y otros órganos de derechos humanos de Naciones Unidas. En este sentido, los *Principios de París* suponen para las Instituciones Nacionales atribuciones para presentar recomendaciones, propuestas e informes sobre cuestiones relativas a la protección y promoción de los derechos humanos; promover y asegurar que la legislación y las prácticas nacionales se armonicen con los instrumentos internacionales y alentar la ratificación de esos instrumentos; contribuir a la elaboración de los informes que los Estados deban presentar a Naciones Unidas y cooperar con esta organización en las esferas de la promoción y protección de los derechos humanos, y colaborar a la elaboración de programas relativos a la enseñanza y la investigación en la materia, sensibilizando a la opinión pública. Como puede comprobarse, se trata de importantes cometidos que pueden suponer una notable ampliación del mandato nacional que el Defensor del Pueblo tiene otorgado por la Constitución y la LODP.

V. BIBLIOGRAFÍA

AGUIAR DE LUQUE, L.: "Defensor del Pueblo", en ARAGÓN REYES, M. (Dir.), *Temas básicos de Derecho constitucional: III. Derechos fundamentales y su protección*, Civitas [Thomson Reuters], Cizur Menor (Navarra), 2011, pp. 127-131.

BAR CENDÓN, A.: "El Defensor del Pueblo en el ordenamiento jurídico español", en RAMÍREZ, M. (ed.): *El desarrollo de la Constitución española de 1978*, Pórtico, Zaragoza, 1982, pp. 299-356.

CARBALLO ARMAS, P.: *El Defensor del Pueblo. El Ombudsman en España y en el Derecho comparado*, Tecnos, Madrid, 2003.

COLOMER VIADEL, A.: *El Defensor del Pueblo, Protector de los Derechos y Libertades y Supervisor de las Administraciones Públicas*, Civitas [Thomson Reuters], Cizur Menor (Navarra), 2012.

DE ANDRÉS ALONSO, F. L.: *Los defensores del pueblo en España*, Reus, Madrid, 2017.

ESCOBAR ROCA, G. (ed.): *La protección de los derechos humanos por las Defensorías del Pueblo*, Dykinson, Madrid, 2013.

PÉREZ CALVO, A.: "Artículo 54. El Defensor del Pueblo", en ALZAGA VILLAAMIL, Ó. (dir.), *Comentarios a la Constitución española de 1978*, tomo IV, Edersa, Madrid, 1996, pp. 531-579.

ROVIRA VIÑAS, A. (Dir.): *Comentarios a la Ley Orgánica del Defensor del Pueblo*, Aranzadi, Cizur Menor (Navarra), 2002.

SAINZ MORENO, F.: "Defensor del Pueblo y Parlamento (Relaciones con las Cámaras)", en *Diez años de la Ley Orgánica del Defensor del Pueblo. Problemas y perspectivas*, Universidad Carlos III de Madrid, Madrid, 1992.

VARELA SUANZES-CARPEGNA, J.: "La naturaleza jurídica del Defensor del Pueblo", *Revista Española de Derecho Constitucional*, núm. 8, 1983, pp. 63-80.

VI. JURISPRUDENCIA

STC 142/1988, de 12 de julio.
STC 157/1988, de 15 de septiembre.
STC 150/1990, de 4 de octubre.
STC 162/1996, de 17 de octubre.
STC 274/2000, de 15 de noviembre.
STC 31/2010, de 28 de junio.
STC 137/2010, de 16 de diciembre.
STC 46/2015, de 5 de marzo.

CAPÍTULO QUINTO
DE LA SUSPENSIÓN DE LOS DERECHOS Y LIBERTADES

Artículo 55

1. Los derechos reconocidos en los artículos 17, 18, apartados 2 y 3, artículos 19, 20, apartados 1, a) y d), y 5, artículos 21, 28, apartado 2, y artículo 37, apartado 2, podrán ser suspendidos cuando se acuerde la declaración del estado de excepción o de sitio en los términos previstos en la Constitución. Se exceptúa de lo establecido anteriormente el apartado 3 del artículo 17 para el supuesto de declaración de estado de excepción.

2. Una ley orgánica podrá determinar la forma y los casos en los que, de forma individual y con la necesaria intervención judicial y el adecuado control parlamentario, los derechos reconocidos en los artículos 17, apartado 2, y 18, apartados 2 y 3, pueden ser suspendidos para personas determinadas, en relación con las investigaciones correspondientes a la actuación de bandas armadas o elementos terroristas.

La utilización injustificada o abusiva de las facultades reconocidas en dicha ley orgánica producirá responsabilidad penal, como violación de los derechos y libertades reconocidos por las leyes.

COMENTARIO

Roberto L. Blanco Valdés
Catedrático de Derecho Constitucional
Universidad de Santiago de Compostela

I. LA NATURALEZA DEL DERECHO DE EXCEPCIÓN

Se califica como derecho de excepción al previsto en las Constituciones, y en las leyes que eventualmente vienen a darles desarrollo, con la finalidad de facilitar que los poderes públicos estén en condiciones de hacer frente a situaciones de emergencia política, económica o social. El derecho de excepción puede activarse como consecuencia de crisis que afectan a la relación de un país con otro u otros y que amenazan, por lo tanto, su independencia o su soberanía nacional (guerras o invasiones). O, también, de crisis internas derivadas de hechos de origen diferente: bien de carácter natural (graves catástrofes, como inundaciones, terremotos, incendios o accidentes de gran envergadura), bien de carácter social (crisis sanitarias, huelgas salvajes que afecten al funcionamiento de servicios esenciales para la comunidad, masivo desabastecimiento de productos de primera necesidad) o bien, en fin, de carácter político (rebeliones interiores o graves crisis de seguridad o de orden público).

La denominación "derecho de excepción" se deriva de la circunstancia de que su activación por parte los poderes del Estado, con arreglo a las previsiones legales que en cada caso resulten aplicables, supone la entrada en vigor de un orden jurídico distinto del que rige en situaciones de normalidad política, económica o social, de forma que su puesta en práctica excepciona el orden jurídico *normal* durante el tiempo en que el de *excepción* esté vigente. Su importancia suele ser extraordinaria porque la activación del derecho de excepción, que puede dar lugar a la adopción de medidas que afecten sólo de forma indirecta al estatus jurídico de los particulares (por ejemplo, el racionamiento en el uso de servicios o en el consumo de productos o la impartición de órdenes para el adecuado abastecimiento de los mercados) suele traducirse casi siempre en una limitación mayor menor de los derechos y libertades personales. Por eso, la concreta regulación del derecho de excepción, resulta tan trascendental: porque con él, como ha señalado Cruz Villalón, "el imperio de las leyes se [extiende] a las situaciones de emergencia para la seguridad del Estado". Tal ha sido, de hecho, el objetivo de la constitucionalización del derecho de excepción en los ordenamientos democráticos: tratar de evitar que los poderes públicos que tienen es sus manos limitar en situaciones de emergencia el normal ejercicio de los derechos fundamentales y libertades públicas, puedan abusar de un instrumento que permite recurrir a tal limitación con la finalidad esencial de eliminar la situación anormal que la provoca. Por eso, el derecho de excepción, a diferencia del derecho aprobado para las situaciones de normalidad, que constituye la inmensa mayoría del que compone el ordenamiento jurídico de todos los Estados, se prevé en gran medida con la esperanza de que su aplicación no resulte nunca necesaria. El de excepción es, en conclusión, por su naturaleza, un derecho de aplicación transitoria, especial y contingente.

II. ANTECEDENTES HISTÓRICOS DEL ARTÍCULO 55 DE LA CONSTITUCIÓN ESPAÑOLA

La Constitución que inauguró nuestro constitucionalismo, la de Cádiz, contiene el antecedente directo más remoto del artículo 55 de nuestra ley fundamental: "Si en circunstancias extraordinarias la seguridad del Estado exigiese, en toda la Monarquía o en parte de ella, la suspensión de algunas de las formalidades prescritas en este capítulo para el arresto de los delincuentes, podrán las Cortes decretarla por un tiempo determinado" (art. 308). Ese mecanismo de suspensión de "algunas" —y por tanto no especificadas— garantías constitucionales, se reprodujo en términos muy similares, aunque con una mayor concreción de los derechos que podían suspenderse, en la Constitución de 1837 (art. 8º) y de ahí pasó, si cambio alguno, a la de 1845 (art. 8º): ambos textos constitucionales determinaban que ningún español podía ser detenido, ni preso, ni separado de su domicilio, ni allanada su casa sino en las formas prescritas en las leyes; y en ambos se prescribía la posible suspensión temporal, mediante una ley, de tales garantías, en toda la monarquía o parte de ella, si en circunstancias extraordinarias lo exigiera la seguridad del Estado.

Lo cierto será, sin embargo, que este mecanismo de suspensión de garantías constitucionales jugará durante el tramo central del siglo XIX español un papel poco relevante frente a las vías de hecho a las que, de forma paralela a lo sucedido en otros países europeos, recurrirán las autoridades estatales para hacer frente a situaciones de emergencia. Lo habitual será la declaración de un estado de excepción que, puesto en manos de los militares, tomaba la forma de un estado se sitio o estado de guerra: las autoridades militares declaraban por su cuenta en estado excepcional, ocupaban el lugar de las civiles y asumían facultades que no quedaban limitadas ni fijadas por el instrumento —un bando militar generalmente— a través del cual se declaraba la situación excepcional.

La Constitución de 1869 (art. 31) introdujo un nuevo modelo de suspensión de garantías al especificar cuales podían ser suspendidas, determinar que el territorio sujeto a suspensión se regiría por una ley de orden público aprobada de antemano, disponer que sólo podrían suspenderse las garantías constitucionalmente previstas, prohibir al Gobierno la adopción de determinadas medidas represivas en materia de extrañamientos, deportaciones y destierros y, finalmente, autorizar de forma implícita la aplicación del fuero militar bajo la fórmula de que en ningún caso los jefes civiles o militares podrían establecer otra penalidad que la prescrita por la ley. La ley de orden público aprobada para dar cumplimiento al mandato constitucional se promulgó el 23 de abril de 1870 y contempló dos diferentes estados de excepción: un estado de prevención y alarma, de naturaleza civil; y un estado de guerra, de naturaleza militar. Este modelo, pervertido en la práctica mediante una interpretación que permitía la declaración del estado de guerra sin intervención de las Cortes, fue alterado profundamente por la Constitución de 1876 (art. 17), que además de eliminar la garantía que suponía en el texto de 1869 la necesaria adopción de una ley de orden público, iba a permitir que la suspensión de garantías fuese declarada por el Gobierno, bajo su responsabilidad, en casos graves y de notoria urgencia, sin intervención de las Cortes, cuando aquellas no estuviesen reunidas, y con la única limitación de que el propio Gobierno debía someter su decisión a la aprobación del parlamento lo más pronto posible.

En un ambiente marcado por el destacado protagonismo del ejercito en la las labores de mantenimiento y restauración del orden público y por una creciente extensión de la jurisdicción militar a los civiles implicados en conflictos de carácter político y social, la regulación de la suspensión de garantías en el texto de 1931 ofrece una novedad fundamental, expresiva de la situación que la II República atravesó desde el principio: el artículo 42 de la Constitución sólo autorizaba la suspensión total o parcial de un grupo expreso de derechos y garantías, pero permitía que aquella tuviese lugar por decreto del Gobierno "cuando así lo exija la seguridad del Estado, en casos de notoria e inminente gravedad". Entonces, si las Cortes estuviesen reunidas, resolverían sobre la suspensión, y si no lo estuviesen el propio Gobierno debería convocarlas en el plazo máximo de ocho días, de forma que si no hubiera tal convocatoria se reunirían automáticamente el noveno día. Las Cortes no podrían además ser disueltas antes de decidir sobre la suspensión y en caso de estarlo sus facultades corresponderían a la Diputación permanente. Para completar los límites a la suspensión, disponía el texto constitucional que su plazo no podría exceder de treinta días, que cualquier prórroga debería ser decretada por las Cortes o su Diputación permanente y que durante la suspensión regiría en todo el territorio en que se aplicase la ley de orden público.

III. EL ARTÍCULO 55.1: LA SUSPENSIÓN DE LOS DERECHOS Y LIBERTADES BAJO LA VIGENCIA DE LOS ESTADOS DE EXCEPCIÓN Y DE SITIO

El breve recorrido por la historia constitucional de la suspensión de garantías permite apreciar el gran avance que ha supuesto la regulación contenida en el artículo 55 de la Constitución de 1978. Su apartado primero establece tres previsiones esenciales: enumera, en primer lugar, los derechos que podrán ser objeto de suspensión; detalla, en segundo lugar, la circunstancia bajo la que podrá tener lugar; y, añade, en tercer lugar, una excepción concreta en relación con las dos disposiciones anteriores.

1. Sólo podrán suspenderse en nuestro ordenamiento los derechos reconocidos en el artículo 17 (derecho a la libertad y a la seguridad, duración máxima de la detención preventiva, garantías del detenido y habeas corpus), en los apartados 2 y 3 del artículo 18 (inviolabilidad del domicilio y secreto de las co-

municaciones), en el artículo 19 (libertades de residencia y circulación), el los apartados 1.a) y d) y 5 del artículo 20 (libertades de expresión e información y prohibición de secuestro de publicaciones y medios de información salvo por resolución judicial), en el artículo 21 (derechos de reunión y manifestación), en el apartado 2 del artículo 28 (derecho de huelga) y en el apartado 2 del artículo 37 (derecho de los trabajadores y empresarios a la adopción de medidas de conflicto colectivo). La precisa enumeración de los derechos, libertades y garantías constitucionales que pueden ser excepcionalmente suspendidos supone para aquellos, como es obvio, una protección adicional que se une a los diversos mecanismos de defensa contenidos al respecto en la Constitución, pues significa, a sensu contario, que todos los derechos, libertades y garantías constitucionales que no aparecen expresamente enumerados en el artículo 55 son siempre resistentes a la suspensión. La regulación se completa, en todo caso, con lo dispuesto en el artículo 117.5 de la ley fundamental según el cual la jurisdicción militar, cuyo ejercicio deberá ser regulado por la ley en el ámbito estrictamente castrense, podrá ser extendida más allá del mismo, es decir a los civiles no sujetos a disciplina militar, en los supuestos de estado de sitio.

2. La eventual suspensión de los derechos, libertades y garantías constitucionales que pueden serlo según lo previsto en nuestra ley fundamental queda sujeta a una limitación fundamental, que expresa el verdadero sentido de nuestro derecho para situaciones de emergencia: que aquella sólo podrá producirse cuando se acuerde la declaración de los estados de excepción o sitio en los términos previstos en la Constitución (art. 116). Y son estos términos, precisamente, los que introducen una gran limitación en la aplicación del derecho de excepción. En efecto, aunque el estado de excepción será declarado por el Gobierno mediante decreto acordado en Consejo de Ministros, tal declaración queda sujeta a la previa autorización del Congreso, disponiéndose además en la Constitución que la autorización y proclamación del estado de excepción deberá determinar expresamente sus efectos, el ámbito territorial a que se extiende y su duración, que no podrá exceder de treinta días, prorrogables por otro plazo igual, con los mismos requisitos. Por lo que se refiere al estado de sitio, su declaración corresponde al Congreso de los Diputados, que sólo podrá acordarla por mayoría absoluta, a propuesta exclusiva del Gobierno, debiendo el Congreso determinar su ámbito territorial, duración y condiciones.

El Tribunal Constitucional tendrá la oportunidad de pronunciarse sobre la naturaleza y extensión de tales garantías con ocasión del recurso de inconstitucionalidad 2045/2020, presentado el 28 de abril de 2020 por más de 50 diputados del Grupo parlamentario de Vox contra varios de los preceptos del Real Decreto 463/2020, de 14 de marzo, por el que el Gobierno procedía a declarar el estado de alarma con la finalidad de hacer frente a la grave crisis sanitaria provocada por la epidemia del Covid-19. En efecto, nuestro TCE se enfrentó en su sentencia 148/2021, de 14 de julio, entre otras, a la cuestión central de si la libertad de residencia y circulación (que sólo puede ser objeto de suspensión, como acaba de verse, como consecuencia de la declaración de un estado de excepción o sitio) se había visto simplemente *limitada*, o directamente o *suspendida*, por el Real Decreto del Gobierno que, por haber declarado un estado de alarma, no podía dar cobertura jurídica a la suspensión de las libertades referidas. En tal sentido el TCE establecerá que las previsiones al respecto del Real Decreto del Gobierno aparecían "más como una *privación* o *cesación* del derecho, por más que sea temporal y admita excepciones, que como una *reducción* de un derecho o facultad a menores límites. Dicho en otros términos, la disposición no delimita un derecho a circular libremente en un ámbito (personal, espacial, temporalmente) menor, sino que lo suspende *a radice*, de forma generalizada, para todas *las personas*, y por cualquier medio. La facultad individual de circular *libremente* deja pues de existir, y solo puede justificarse cuando concurren las circunstancias expresamente previstas en el Real Decreto. De este modo, cualquier persona puede verse obligada a justificar su presencia en cualquier vía pública, y podrá ser sancionada siempre que la justificación no se adecue a lo previsto en las disposiciones del real decreto" (Fto. Jco. 5). Afirmado todo lo anterior —que las restricciones establecidas en el artículo 7 Real Decreto de declaración del estado de alarma suponían una suspensión y no una mera limitación de la libertad de circulación prevista en el artículo 19 de la Constitución— el TCE procede declarar la inconstitucionalidad de varios apartados del referido precepto.

En todo caso, y más allá de las limitaciones apuntadas previamente, la Constitución fija un sistema destinado a garantizar el normal funcionamiento de los poderes del Estado durante los períodos de vigencia de los dos estados referidos, más el de alarma, sistema que se concreta en el establecimiento de cinco disposiciones destinadas a dificultar que los estados excepcionales pueden suponer una restricción no constitucionalmente prevista en el régimen de ejercicio de las libertades y derechos: a) El Congreso no podrá disolverse mientras estén declarados algunos de los estados del 116; b) Las Cortes quedarán automáticamente convocadas si no estuvieran en período de sesiones, c) Ni el funcionamiento de las Cortes, ni el de los restantes poderes del Estado, podrá interrumpirse durante la vigencia de los estados excepcionales; d) La declaración de los estados excepcionales no modificará el principio de responsabilidad del Gobierno y de sus agentes reconocidos constitucional o legalmente; y, por último, e) Si el Congreso estuviera disuelto o hubiera expirado su mandato y se produjeran cualquiera de las situaciones que dan lugar a los estados excepcionales, las competencias del Congreso corresponderán a su Diputación Permanente. El artículo 169 de la Constitución añade a todas ellas que no podrá iniciarse la reforma constitucional durante la vigencia de cualquiera de los estados previstos en el 116.

3. El artículo 55 Constitución contiene, finalmente, en el último inciso de su apartado primero, una previsión especial en relación con las garantías del detenido contenidas en el apartado 3 del artículo 17: que ninguna de ellas (el derecho de toda persona detenida a ser informada de forma inmediata, y de modo que le sea comprensible, de sus derechos y de las razones de su detención, no pudiendo ser obligada a declarar y el derecho a la asistencia de abogado al detenido en las diligencias policiales y judiciales, en los términos que la ley establezca) podrán ser suspendida durante la vigencia del estado de excepción o, lo que es lo mismo, que sólo podrán serlo durante la vigencia del de sitio.

IV. LA SUSPENSIÓN INDIVIDUAL DE LAS GARANTÍAS CONSTITUCIONALES

Nuestro régimen constitucional de suspensión de los derechos y libertades se completa con la suspensión individual de garantías a la que se refiere el apartado 2 del artículo 55. Según él una ley orgánica —es decir, una de las que, entre otras peculiaridades procedimentales, deberá aprobarse en el Congreso de los Diputados por mayoría absoluta en una votación final sobre el conjunto del proyecto— podrá determinar la forma y los casos en los que, de forma individual, podrán suspenderse, para personas determinadas, los derechos reconocidos en los artículos 17, apartado 2 (período de duración máxima de la detención preventiva: el tiempo estrictamente necesario para la realización de las averiguaciones tendentes al esclarecimiento de los hechos, y en todo caso no más de 72 horas) y 18 apartados 2 (inviolabilidad del domicilio) y 3 (secreto de las comunicaciones). La suspensión individual de garantías queda sometida en todo caso a dos condiciones: que se realice con la necesaria intervención judicial y el adecuado control parlamentario y que opere en relación con las investigaciones correspondientes a la actuación de bandas armadas o elementos terroristas. El último párrafo del precepto añade, además, que la utilización injustificada o abusiva de las facultades reconocidas en la citada ley orgánica producirá responsabilidad penal, como violación de los derechos y libertades reconocidos por las leyes.

Tales limitaciones están directamente relacionadas con la naturaleza de la suspensión de garantías que regula el apartado segundo del artículo 55, que, a diferencia de la prevista en el apartado primero, no se produce con carácter *general* como consecuencia de la declaración del estado de excepción o de sitio, sino con carácter *individual* y en relación con las investigaciones correspondientes a la actuación de bandas armadas o elementos terroristas. No puede dejar de señalarse a este respecto que cuando se elaboró la Constitución sufría España una durísima presión por parte de grupos terroristas, que de la mano de ETA se mantendría durante muchos años tras la aprobación de la ley fundamental. De la directa vinculación de las previsiones sobre la suspensión individual de garantías con el fenómeno terrorista que asolaba España en el momento constituyente es también buena prueba la distinta previsión de desarrollo constitucional que se contiene en el apartado primero del artículo 55 en relación con la suspensión individual de garantías (que otorga a las Cortes la posibilidad de aprobar o no la correspondiente ley orgánica limitadora) y la que se dispone en el artículo 116 cuando, imperativamente, se determina que las Cortes regularán los estados en él previstos.

Las previsiones del artículo 55 fueron desarrolladas, muy poco tiempo después de la aprobación de la Carta Magna, por la ley orgánica 11/1980, de 1 de diciembre, sobre los supuestos previstos en el artículo 55.2 de la Constitución, luego derogada por la ley orgánica 9/1984, de 26 de diciembre, contra la actuación de bandas armadas y elementos terroristas y de desarrollo del artículo 55.2 de la Constitución, derogada a su vez por la ley orgánica 3/1988, de 25 de mayo, de reforma del Código Penal. Tanto la ley orgánica 11/1980 como la 9/1984 fueron objeto de sendos recursos de inconstitucionalidad, y aunque el Tribunal Constitucional no se pronunció sobre el contenido de la primera norma, al desestimar el recurso presentado por el parlamento vasco (STC 25/1981, de 14 de julio), sí lo hizo sobre la segunda, al resolver los recursos presentados por los parlamentos vasco y catalán, en su sentencia 199/1987, de 16 de diciembre, en la que, además de declarar inconstitucionales algunos de los preceptos de la ley orgánica 9/1984, sentó dos principios interpretativos del artículo 55.2 de notable relevancia: en primer lugar que "la Constitución no ha hecho de la 'suspensión individual' de ciertos derechos fundamentales un instrumento de protección extraordinaria de la seguridad del Estado, genéricamente concebida, sino que le asignó una finalidad muy concreta: la investigación de las actuaciones de las bandas armadas o elementos terroristas"; y relacionado muy directamente con ello, que "el concepto de 'bandas armadas' ha de ser interpretado [...] restrictivamente y en conexión, en su transcendencia y alcance, con el de 'elementos terroristas' mencionado en el precepto constitucional. En idéntica línea la jurisprudencia penal también ha definido de forma restrictiva el tipo contemplado en el art. 7 de la ley orgánica 9/1984, de 26 de diciembre, haciendo referencia no sólo a la nota de permanencia y estabilidad del grupo, y a su carácter armado (con armas de defensa o de guerra, y también con sustancias o aparatos explosivos), sino también a su entidad suficiente para producir un terror en la sociedad y un rechazo de la colectividad, por su gran incidencia en la seguridad ciudadana, que suponga así también un ataque al conjunto de la sociedad democrática. Cualquier otra interpretación más amplia de la expresión bandas armadas, que permitiera la aplicación de la ley orgánica 9/1984 y singularmente de los preceptos de su Capítulo III a personas o grupos que actuar con armas, sin provoca el terror en la sociedad ni pretender alterar el orden democrático y constitucional del Estado de Derecho y sin ponerlo objetivamente en peligro, carecería de la cobertura constitucional del art. 55.2"

Frente al modelo de una norma específica de desarrollo del 55.2 que se concretó en las leyes orgánicas 11/1980 y 9/1984, el legislador optó posteriormente por introducir la correspondiente regulación en la Ley de Enjuiciamiento Criminal, para la que procedió a reformarla por medio de la ley orgánica 4/1988, de 25 de mayo, norma que determinó el régimen jurídico vigente en materia de suspensión individual de garantías hasta la modificación llevada a cabo por la ley 13/2015 de 5 de octubre, de modificación de la Ley de Enjuiciamiento Criminal para el fortalecimiento de las garantías procesales y la regulación de las medidas de investigación tecnológica.

En una y otra se establecen, entre otras, las siguientes excepciones al régimen jurídico aplicable con carácter general:

1. Que una vez firme un auto de procesamiento o decretada la prisión provisional por un delito que fuera cometido por una persona integrada o relacionada con bandas armadas o individuos terroristas o rebeldes, el procesado que ostentara una función o cargo público quedará automáticamente suspendido en el ejercicio del mismo mientras dure la situación de prisión.

2. Que el plazo de 72 horas siguientes a la detención, en que toda persona detenida como presunto partícipe de integración o relación con bandas armadas o individuos terroristas o rebeldes deberá puesta a disposición del juez competente, podrá prolongarse el tiempo necesario para los fines investigadores, hasta un límite de otras cuarenta y ocho horas, siempre que, solicitada tal prórroga mediante comunicación motivada dentro de las primeras cuarenta y ocho horas desde la detención, sea autorizada por el juez en las veinticuatro horas siguientes, debiendo ser adoptada tanto la autorización cuanto la denegación de la prórroga en resolución motivada.

3. Que respecto de cualquier persona detenida por los motivos aludidos, podrá solicitarse del juez que decrete su incomunicación, el cual deberá pronunciarse sobre la misma, en resolución motivada, en el plazo de veinticuatro horas, de modo que une vez solicitada la incomunicación, el detenido quedará

en todo caso incomunicado hasta que el juez hubiere dictado la resolución pertinente, todo ello sin perjuicio del derecho de defensa que le asiste al detenido y de lo derechos que se le atribuyen en los artículos 520 y 527 de la propia Ley de Enjuiciamiento Criminal. Durante la detención, el juez podrá, además, en todo momento requerir información y conocer, personalmente o mediante delegación en el Juez de Instrucción del partido o demarcación donde se encuentre el detenido, la situación de éste.

4. Que los agentes de policía podrán proceder de propia autoridad a la inmediata detención de las personas cuando se trate de presuntos responsables de integración o relación con bandas armadas o individuos terroristas o rebeldes cualquiera que fuese el lugar o domicilio donde se ocultasen o refugiasen, así como al registro que, con ocasión de aquélla, se efectúe en dichos lugares y a la ocupación de los efectos e instrumentos que en ellos se hallasen y que pudieran guardar relación con el delito perseguido, debiendo darse cuenta inmediata al juez competente del registro efectuado, conforme a lo establecido en el párrafo anterior, con indicación de las causas que lo motivaron y de los resultados obtenidos en el mismo, con especial referencia a las detenciones que, en su caso, se hubieran practicado, e indicando también las personas que hayan intervenido y los incidentes ocurridos.

5. Que en delitos de terrorismo el juez podrá acordar la detención de la correspondencia privada, postal y telegráfica, incluidos faxes, burofaxes y giros, que el investigado remita o reciba, así como su apertura o examen, si hubiera indicios de obtener por estos medios el descubrimiento o la comprobación del algún hecho o circunstancia relevante para la causa.

6. Que en delitos de terrorismo podrá autorizarse la colocación y utilización de dispositivos electrónicos que permitan la captación y grabación de las comunicaciones orales directas que se mantengan por el investigado, en la vía pública u otro espacio abierto, en su domicilio u otros lugares cerrado, pudiendo colocarse los dispositivos de escucha y grabación tanto en el exterior como en el interior del domicilio o lugar cerrado, y siempre que tales dispositivos esté vinculada a comunicaciones que puedan tener lugar en uno o varios encuentros concretos del investigado con otras personas y sobre cuya previsibilidad haya indicios puestos de manifiesto por la investigación.

7. Que en delitos de terrorismo juez competente podrá autorizar la utilización de datos de identificación y códigos, así como la instalación de un software, que permitan, de forma remota y telemática, el examen a distancia y sin conocimiento de su titular o usuario del contenido de un ordenador, dispositivo electrónico, sistema informático, instrumento de almacenamiento masivo de datos informáticos o base de datos.

V. BIBLIOGRAFÍA

BLANCO VALDÉS, R. L.: "La lucha contra el Covid-19 y la declaración de inconstitucionalidad del primer estado de alarma de 2020 en España: sobre la limitación y la suspensión de los derechos fundamentales", *Diritto Pubblico Comparato ed Europeo on line*, Vol. 54, 2022.

CRUZ VILLALÓN, P.: *Estados excepcionales y suspensión de garantías*, Tecnos, Madrid, 1984.

FERNÁNDEZ SEGADO, F.: "La suspensión de garantías constitucionales en la nueva Constitución española", *Revista de Estudios Políticos*, núm. 7, 1979, pp. 299-312.

– "La suspensión individual del ejercito de derechos constitucionales", en *Revista de Estudios Políticos*, núm. 35, 1983, pp. 123-182.

GARRIDO LÓPEZ, C. (Coord.): *Excepcionalidad y derecho: el estado de alarma en España*, Zaragoza, Fundación Manuel Giménez, 2021.

LÓPEZ GARRIDO, D.: *Terrorismo, política y derecho. La legislación antiterrorista en España, Reino Unido, República Federal de Alemania, Italia y Francia*, Alianza Editorial, Madrid, 1987.

REMOTTI CARBONELL, J. C.: *Constitución y medidas contra el terrorismo: la suspensión individual de derechos y garantías*, Colex, Madrid, 1999.

REQUEJO RODRÍGUEZ, P.: "Suspensión o supresión de los derechos fundamentales", *Revista de Derecho Político*, núm. 51, 2001, pp. 106-137.

VÍRGALA FORURIA, E.: "La suspensión de los derechos por terrorismo en el derecho español", *Revista Española de Derecho Constitucional*, núm. 40, 1994, pp. 61-132.

VI. JURISPRUDENCIA

STC 25/1981, de 14 de julio.
STC 199/1987, de 16 de diciembre.
STC 148/2021, de 14 de julio.

TÍTULO II
DE LA CORONA

Artículo 56

1. El Rey es el Jefe del Estado, símbolo de su unidad y permanencia, arbitra y modera el funcionamiento regular de las instituciones, asume la más alta representación del Estado español en las relaciones internacionales, especialmente con las naciones de su comunidad histórica, y ejerce las funciones que le atribuyen expresamente la Constitución y las leyes.

2. Su título es el de Rey de España y podrá utilizar los demás que correspondan a la Corona.

3. La persona del Rey es inviolable y no está sujeta a responsabilidad. Sus actos serán siempre refrendados en la forma establecida en el artículo 64, careciendo de validez sin dicho refrendo, salvo lo dispuesto en el artículo 65.2.

COMENTARIO

Pedro González-Trevijano
Catedrático de Derecho Constitucional
Universidad Rey Juan Carlos

SUMARIO: I. A MODO *DE INTROITO.* LA MONARQUÍA PARLAMENTARIA, ÚNICA COMPATIBLE CON UN RÉGIMEN CONSTITUCIONAL. II. CONFIGURACIÓN DE LA CORONA EN LA CONSTITUCIÓN DE 1978. III. EL STATUS DEL MONARCA: SU INVIOLABILIDAD E IRRESPONSABILIDAD. IV. TÍTULOS DEL REY DE ESPAÑA. V. BIBLIOGRAFÍA. VI. JURISPRUDENCIA.

I. A MODO *DE INTROITO.* LA MONARQUÍA PARLAMENTARIA, ÚNICA COMPATIBLE CON UN RÉGIMEN CONSTITUCIONAL

Desde los albores de nuestro constitucionalismo histórico (Estatuto de Bayona de 1808 y Constitución de Cádiz de 1812) hasta la vigente Constitución de 1978, la monarquía es un elemento casi perenne, con la salvedad de las dos azaradas experiencias republicanas (Proyecto de Constitución federal de 1873 y Constitución de 1931). La monarquía en España, afirma De Esteban, "ha sido por razones históricas, una de las piezas básicas del eterno rompecabezas constitucional". Y es más; no le falta razón a Menéndez Rexach, cuando señala que "uno de los problemas capitales del Derecho público español actual ha sido, y en parte sigue siéndolo, el de la configuración de la Jefatura del Estado". Historia constitucional española y monarquía, al margen de su específica caracterización, son categorías casi interdependientes.

Hemos de adelantar tres aclaraciones sobre su encuadre en la Constitución de 1978: primera, la soberanía ya no está coparticipada con las Cortes (Constituciones de 1808, 1834, 1845 y 1876), sino que en la estela de las Constituciones de 1812, 1856 y 1869, ésta se encomienda al pueblo, sea en su vertiente "nacional" o "popular"; segunda, el principio de separación de poderes excluye al monarca del ejercicio de las funciones ejecutivas, también de las legislativas, como si lo hacían en cambio el Estatuto Real de 1834 o la Constitución de 1876, y, por supuesto, de las funciones de naturaleza jurisdiccional. Las primeras lo son del Gobierno (artículo 97), las segundas de las Cortes (artículo 66) y las terceras de los órganos judiciales (artículo 117); tercera, el rey no tiene participación en el proceso de reforma constitucional, como acontecía en las Constituciones de 1808, 1834, 1845 y 1876. En resumidas cuentas, nos enfrentamos con un órgano constitucional que se concretiza en una magistratura simbólica, en una de las denominadas "instituciones para la unidad", titular de la Jefatura del Estado, pero sin competencias ejecutivas y legislativas de ningún género.

La Constitución de 1978 se construye, recordemos, sobre tres grandes acuerdos: la monarquía, el reconocimiento de los derechos fundamentales y un modelo de descentralización territorial del Estado. Se instituye así en su Título II, "De la Corona", abriendo la Parte Orgánica de la Constitución, una Jefatura del Estado monárquica, justo detrás del Título I dedicado a los derechos y libertades. Pero no una monarquía indiferenciada, sino una monarquía con unos perfiles y unas atribuciones definidos e integrados en el orden político jurídico del Estado español. Estamos ante una monarquía parlamentaria, a tenor del artículo 1.3, en el que se dice expresamente: "La forma política del Estado español es la Monarquía parlamentaria." La única monarquía compatible con un auténtico régimen constitucional: "La Monarquía no sabría ser democrática —dice Subra de Bieusses— más que siendo parlamentaria y de un parlamentarismo monista, a fin de que todo poder efectivo no proceda más que del pueblo". No hay resquicio a trasfondo alguno de prerrogativas, ni a poderes implícitos, ni a reservas constitucionales excepcionales. El listado tasado y cerrado de sus potestades (artículo 62) no deja lugar a la duda.

Este marco constitucional se completa y desarrolla en otros dos mandatos. En primer término, con el artículo 1.2, donde se explicita que la soberanía nacional se halla depositada en el pueblo español, del que emanan todos los poderes del Estado. Nada, por tanto, de soberanías compartidas, como en nuestro Derecho histórico, entre las Cortes y el Rey. Y, en segundo lugar, con lo previsto en el mismo artículo 1, pero en su apartado primero, en el que se enuncia que España se constituye en un Estado social y democrático de Derecho que propugna como valores superiores de su ordenamiento la libertad, la justicia, la igualdad y el pluralismo político. Jefatura de Estado monárquica —la monarquía parlamentaria—, soberanía nacional incardinada en el pueblo español en su conjunto y configuración de un Estado social y democrático de Derecho como forma de organización jurídico política —su contenido sustantivo irrenunciable— son, de esta suerte, los tres rasgos delimitadores básicos de nuestra ordenación constitucional

Partiendo de tales presupuestos, nuestra Constitución se adscribe a la forma política de la monarquía parlamentaria, con la misma denominación que, por ejemplo, las Constituciones de Dinamarca y Japón. En consecuencia, estamos en las antípodas de las monarquías absolutas, definidas por un poder unitario fundamentado en el predominio máximo del principio monárquico: *princeps legibus solutus est*. También nos hallamos muy alejados de las monarquías limitadas, pues el rey no sólo no disfruta del poder constituyente, sino que tampoco es el origen último del poder político, en un régimen asentado, como el nuestro, en la soberanía popular. Pero tampoco la monarquía española es una monarquía constitucional, pues la base sobre la que se cimienta es el principio democrático, distante al dualismo estructural de tales monarquías, que giraban sobre la separación de poderes del rey y sus ministros (principio monárquico) y el pueblo (principio democrático).

El Estado democrático que implanta la Constitución de 1978 es un Estado monista plenamente compatible con una monarquía parlamentaria, en el que todo el poder político nace de una sola fuente: el pueblo español. Por ello, todas las competencias regias lo son *ope Constitutione*. La Jefatura del Estado es un órgano constituido y no, como dice acertadamente Solozábal, constituyente, ni tampoco *coconstituyente*, como en las monarquías constitucionales *sensu stricto;* es decir, "sin atribuciones soberanas ni, por tanto, participación efectiva en la actuación legislativa, competencia exclusiva del pueblo o de sus representantes; ni participación alguna en el establecimiento de la dirección política del Estado, ni en su actuación".

Es una monarquía, como apunta Rodríguez Zapata, en la que el rey ha perdido la mayoría de sus potestades, donde el Gobierno reside en el poder ejecutivo, independiente de aquél y responsable sólo ante las Cámaras, y en el que la Jefatura del Estado queda reducida a una magistratura integradora y moderadora de las instituciones. Así se prescribe en el citado artículo 56.1: "El Rey es el Jefe de Estado, símbolo de su unidad y permanencia, arbitra y modera el funcionamiento regular las instituciones..." Aunque, como advierte Sánchez

Agesta, siguiendo a Bagehot, "hay zonas de sombra sobre las que no es fácil proyectar una claridad meridiana (...) el poder regio tiene en cierta manera que quedar velado con una prerrogativa secreta, porque la Monarquía contiene un elemento emocional y mágico y el misterio de la magia no se puede realizar a la luz del día". Arbitraje y moderación son, por tanto, los dos elementos indisociables del hacer del monarca en la Constitución de 1978.

A esta delimitación responde la formalización que el constituyente de 1978 realizó de sus relaciones con los poderes del Estado y de la asignación de sus atribuciones. Baste en este sentido recordar, como lo hiciera Lucas Verdú, las imbricaciones con la actividad de las Cámaras en ámbito legislativo, a través de la sanción y promulgación de las leyes (artículo 91); con el poder ejecutivo, con el nombramiento del Presidente del Gobierno (artículo 99), su dimisión y remoción (artículo 114), así como en materias de trasfondo constitucional, como el de la disolución de las Cortes o de alguna de sus Cámaras (artículos 99. 5 y 115), sin olvidar la trascendencia de ciertas instituciones de la democracia directa, como es el caso del referéndum (artículo 92. 2). Detrás de tales regulaciones se halla una evidente voluntad racionalizadora, por más que un examen desapasionado de la realidad político constitucional nos muestra una certeza incuestionable: la institución monárquica, por su configuración camaleónica y simbólica, escapa a un tratamiento exhaustivo e impermeable de sus potestades. La significación de sus cometidos históricos y el papel convencional y consuetudinario de sus actos es refractario no pocas veces a un tratamiento pormenorizado y cerrado de sus atribuciones.

Por lo demás, la progresiva desnutrición de la *potestas* tradicional de las monarquías de otros tiempos (Jiménez de Parga) se ha visto suavizada con el prestigio de su *auctoritas*, consecuencia de su reconocimiento y autoridad moral (Carcajo Castro). Estamos, pues, cercanos a los derechos que Bagehot formulaba de la Monarquía inglesa. A saber: el derecho a ser consultado, a impulsar y a aconsejar. Prestigio de la Corona que se rastrea en los *dignified parts* de la Constitución, gracias a los cuales los *efficients parts*, los auténticos sujetos titulares de los poderes jurídicos efectivos, Gabinete y Parlamento, despliegan sus funciones.

Ahora bien, lo manifestado requiere de dos observaciones. De una lado, lo que ya no parece tan pacífico, a pesar de ser el criterio mayoritariamente defendido, es convertir todos y cada uno de los actos del rey, en cualquier circunstancia de lugar y de tiempo, en actuaciones absolutamente debidas, en acciones en las que el monarca carece de toda discrecionalidad, competencia, ni libertad, por escasa que pueda ser, ya que se limitaría, sin más, a expresar una voluntad ajena. Es cierto que existen, los más, numerosísimos supuestos en los que el refrendo se articula como un acto ajeno a la voluntad del rey, exteriorizando, al tiempo, la unidad del ordenamiento respecto de determinadas acciones que le son extrañas, tanto en su gestación como en su ejecución. Tal es el caso de la mayoría de los contenidos de la Constitución (62 y 63 CE).

Pero tampoco el monarca se mueve siempre dentro de un ámbito tan encorsetado y carente de toda autonomía. La Constitución ha previsto una especie de cierto poder residual, que se manifiesta, de forma especialísima, en la propuesta de candidato a Presidente de Gobierno, según los artículos 62.d) y 99, así como en las competencias *ad extra* enumeradas en el artículo 65 (distribución libre de las cantidades consignadas en los Presupuestos Generales del Estado para el sometimiento de la Familia Real, así como el nombramiento y relevo de los miembros civiles y militares de su Casa). Una circunstancia que no puede sin embargo predicarse, a pesar de ciertas opiniones doctrinales, respeto del mando supremo, en casos excepcionales y límites, de las Fuerza Armadas (artículo 62. h). No cabe aquí ningún poder de reserva directo ni mediato.

Sin olvidar el papel que puede desarrollar en algunas actuaciones, como mensajes, viajes, audiencias... (Porras Ramírez). Además, como matizaba García Pelayo al estudiar la Monarquía británica, siempre queda un "poder potencial, un poder virtual", pues "del mismo modo que han sido circunstancias históricas las que han convertido en nominales los poderes reales, no está excluido, en principio, que bajo otras circunstancias se inviertan los términos y adquieran efectividad poderes que hoy son meramente formales". Recordemos, por ejemplo, la decidida acción de Don Juan Carlos en el golpe de Estado del 23 de febrero de 1981, al restablecer la legalidad constitucional.

Y algo más. El papel simbólico del rey, en tanto que aglutinador de la unidad del Estado, disfruta de una especial relevancia en un modelo de descentralización política tan acusado, en un Estado compuesto, como es el denominado Estado de las Autonomías. Una función de integración interterritorial de las diferentes nacionalidades y regiones (artículo 2 y STC 5/1987, de 27 de enero), que los otros poderes del Estado no pueden satisfacer. Manifestación asimismo visible del carácter permanente del Estado, dada la legitimidad histórica de las monarquías, asentadas en el derecho hereditario y en su naturaleza, en principio, vitalicia.

II. CONFIGURACIÓN DE LA CORONA EN LA CONSTITUCIÓN DE 1978

La Corona se caracteriza en el sistema político instaurado en 1978 por los siguientes principales rasgos.

En primer lugar, nos encontramos ante un órgano constitucional con todos sus predicamentos propios. Como sucede paralelamente también con las Cámaras (Congreso de los Diputados y Senado), el Gobierno, el Consejo General del Poder Judicial y el Tribunal Constitucional, nos situamos ante un órgano definido por los siguientes caracteres: es definitorio y consustancial de la ordenación jurídico política aprobada en su día por el poder constituyente de 1978; se halla situado en el vértice de la organización jurídico política del Estado; se encuentra recogido de manera expresa —Título II— en el Texto constitucional; y se sitúa en relaciones de paridad y coordinación con los demás órganos constitucionales; esto es, no está sometido a ninguna dependencia de índole jerárquica.

En segundo término, y a pesar de que el Título II de la Constitución se abre con la regulación de la Corona, pareciendo que nos hallamos en los tiempos de la posición protagónica de las monarquías limitadas o constitucionales decimonónicas, la realidad constitucional es otra diferente. La monarquía parlamentaria, aunque se halle reglada justo delante de las Cortes Generales (Título III), es, como indica su nombre, parlamentaria. El adjetivo es aquí, sin género de dudas, de naturaleza sustantiva. Esto es, el poder legislativo se encomienda a las Cortes, el poder ejecutivo al Gobierno, y la función de administrar justicia, aunque se acoja la fórmula ritual tradicional, de que "se administra en nombre del Rey" (artículo 117. 1), compete con exclusividad a los órganos jurisdiccionales sin intromisión regia de ninguna clase. Todo lo contrario sería una burda violación de su naturaleza de poder constituido, del principio de separación de poderes y de su conformación en tanto que monarquía parlamentaria.

En tercer lugar, la posición del rey en una monarquía parlamentaria le coloca, por lo tanto, *au-dessus de la mêlée*. El monarca no sólo no dispone de los poderes clásicos (ejecutivo, legislativo y judicial), atribuidos a las Cortes, el Gobierno y a los Jueces y Magistrados, sino que además, o precisamente como consecuencia de ello, no participa, ni puede hacerlo, en la diaria refriega política. La monarquía parlamentaria se alza, de esta suerte, como una institución *supra* partidista, en la medida en que aparece como último y característico símbolo *apartidista* del Estado, de su unidad y de su permanencia. Estamos ante una especie, de acuerdo con la construcción de Benjamin Constant, de poder neutral. Una actuación que queda circunscrita fundamentalmente al ejercicio de sus poderes de arbitraje y moderación sobre las demás instituciones.

Arbitraje y moderación aparecen, pues, como las dos acciones más propias de un rey en una monarquía parlamentaria, acercando, facilitando y atemperando las posturas y actuaciones, especialmente sí se hallan fuertemente enfrentadas, de los diferentes poderes del Estado. En el caso de la función de moderación, ésta se ejerce de manera informal, y de modo marcadamente confidencial. En cambio, la función de arbitraje es más amplia, reviste carácter público, y tiene perfiles discrecionales y más intensos. Junto a las señaladas potestades, hay asimismo un ámbito donde el monarca ha desempeñado históricamente un papel significativo. Nos referimos al de las relaciones internacionales, explícitamente recogido en el artículo 56. 1. Evidentemente no corresponde al rey la fijación de la acción exterior del Estado que, de acuerdo con el artículo 97, es competencia del Ejecutivo, pero es innegable que este es un campo donde su acción ha sobresalido por su presencia y eficacia. Una actuación donde descollan las vinculaciones con nuestra comunidad histórica, esto es, con Hispanoamérica.

Finalmente, todo lo reseñado no es incompatible con la configuración de la Jefatura del Estado como una institución que disfruta de una especial dignidad formal respecto de los otros órganos constitucionales. La referida supremacía formal no goza, eso sí, de consecuencias jurídico políticas eficientes y reales. Como hemos adelantado, en una monarquía parlamentaria el rey no tiene poderes políticos sustantivos propios. A lo dicho, hay que apuntar, no obstante, una circunstancia histórica que no se puede desconocer en la gestación y desarrollo de nuestro sistema político: la Transición Política, y su síntesis jurídica, es decir, la *Carta Magna* de 1978, fue impulsada de forma directa por la figura de Don Juan Carlos, denominado, con toda razón, el piloto o el motor del cambio. Don Juan Carlos actuó así durante el *iter* constituyente, parafraseando a los poderes del *speaker* británico, como una partera, asistiendo al anhelado nacimiento constitucional, pero sin intromisiones indeseables.

III. EL STATUS DEL MONARCA: SU INVIOLABILIDAD E IRRESPONSABILIDAD

Llegados a este punto, hemos de hacer hincapié en el status político jurídico del monarca. Un status que viene definido por dos notas. La inviolabilidad e irresponsabilidad del Jefe de Estado, y el correlativo refrendo de sus actos. La necesidad de que sus actos se hallen refrendados por otros órganos del Estado —Presidente de Gobierno, Ministros y Presidente del Congreso de los Diputados—, que asumen su responsabilidad política, encuentra su justificación en la reiterada ausencia de poderes políticos reales y en la irresponsabilidad del Jefe de Estado en las monarquías parlamentarias (I. Rodríguez). Una irresponsabilidad del monarca que hay que "compensar", si no se quiere incurrir en un privilegio incongruente, en una contradicción imposible de conciliar con los principios democráticos, con el preceptivo refrendo de sus actos.

Una monarquía parlamentaria que contiene un régimen de relación, de obligada *fiducia*, en el que el Gobierno se somete al Parlamento, en la medida en que, en tanto que dirige la política interior y exterior del Estado (artículo 97), responde de sus actos ante éste (C. Ollero). Así lo prescribe el artículo 64.2: "De los actos del rey serán responsables las personas que los refrenden", después de haber señalado en el artículo 56.3 la irresponsabilidad del Jefe de Estado: "La persona del Rey es inviolable y no está sujeta a responsabilidad." Se sigue de ello que el refrendo se caracteriza por dos elementos. El primero, su imprescindibilidad. Y, el segundo, el traslado de la decisión a la voluntad del sujeto refrendante.

De esta suerte, el artículo 56.3 constitucionaliza la postura de nuestra *Carta Magna* respecto de la posición jurídica y política del rey. Se afirma su indemnidad e inmunidad, es decir, la imposibilidad de poder ser objeto de un proceso, y de ser considerado autor de un delito, aun al margen del proceso en cuestión. Esta excepción al principio de igualdad del artículo 14 se explicaría como una exención personal; es decir, como una causa de exclusión de la responsabilidad penal por razón de la persona, pues de otra forma no podría entenderse la asunción de la responsabilidad del sujeto refrendante. Y, de otra parte, se consagra su irresponsabilidad política por el ejercicio de sus funciones; aquella responsabilidad que se imputa, no al enjuiciamiento acerca de la legalidad o ilegalidad, sino al juicio discrecional sobre la oportunidad y convivencia. Responsabilidad ante el Parlamento que en un régimen, como el que acoge nuestro Texto constitucional, afecta a todas las conductas desplegadas por parte del Gabinete. Ejecutivo y Gobierno responsable son, en un sistema parlamentario, conceptos equivalentes (O. Alzaga).

Sin embargo, la extensión de la inviolabilidad fue puesta prontamente en cuestión por el profesor Gimbernat, argumentándose en favor de una solución "jurídicamente pretextuada", de acuerdo con la cual sería posible proceder a la inhabilitación de un rey delincuente, a tenor del artículo 59.2. La crítica al entonces artículo 48 del Anteproyecto de Constitución se realizaba atendiendo a la siguiente formulación: "Anticipando la irresponsabilidad regia y no previendo su enjuiciamiento criminal por el Tribunal Supremo en pleno, previa autorización del Congreso, el Anteproyecto se niega a afrontar un incómoda posibilidad de un monarca delincuente [...] [pudiendo llegarse] a una regulación que consagrara la inmunidad de un monarca asesino o violador y al que ni siquiera se le podría remover de su cargo si delinquiera".

Ahora bien, al margen del ámbito discursivo propio entre universitarios, en el campo de la realidad práctica se requiere de otro enfoque. Por eso, nos resultan más acertados los pareceres de quienes rechazan una construcción como la expuesta. Su formulación no parece aplicable a una situación creíble, sino que es la elaboración de una teoría pergeñada en el ámbito de un laboratorio de Derecho constitucional o de Derecho penal. Como argumentó en este sentido López Guerra, "en una Monarquía parlamentaria contemporánea la hipótesis de que el rey delinca, que barajaba el profesor Gimbernat, no debe estar prevista en la Constitución, y de llegarse al caso improbabilísimo de que tal supuesto se hiciese realidad, nos encontraríamos ante el desprestigio, y, por ende, ante el ocaso de la institución monárquica". Al tiempo, la ratificación por España del Estatuto de Roma sobre la Corte Penal Internacional (artículo 25), referida a la dimensión externa o internacional de la cuestión, no se ha visto como contradictoria con el mandato de la inviolabilidad.

Del mismo modo, tampoco son adecuadas las interpretaciones iniciales de otros autores, algunas de ellas posteriormente rectificadas, que defendieron una inhabilitación política del monarca por las Cortes, en los casos de reiteradas violaciones constitucionales. Tales construcciones suponen una errónea comprensión de la monarquía parlamentaria. En ella no puede existir, por definición conceptual, responsabilidad política regia. La responsabilidad por los actos del rey se ha transferido íntegramente a manos del Gobierno, exclusivo órgano responsable ante las Cámaras. De encontrarnos en tales casos, el desenlace de los acontecimientos iría ciertamente por otros derroteros. Terminaría imponiéndose, pero por la mera fuerza de los hechos, la abdicación del monarca; o, lo que es más grave, se entraría en un proceso de modificación constitucional de la mismísima monarquía.

La responsabilidad por los actos refrendados puede ser de dos clases. La primera, una responsabilidad jurídica por parte del sujeto refrendante, en la que éste no participa materialmente en la realización de los actos, pero asume las responsabilidad civil y penal de sus aspectos jurídicos formales, como son los casos, por ejemplo, del nombramiento de algunos de los miembros del Tribunal Constitucional (artículo 159.1) y de los vocales del Consejo General del Poder Judicial (artículo 122.3). La segunda, la responsabilidad política, de acuerdo con los artículos 108 y siguientes, donde el refrendante, por el contrario, fija el contenido del acto, como ocurre, por ejemplo, en el refrendo por el Presidente de Gobierno de los decretos de nombramiento y cese de los miembros del Ejecutivo (artículo 100) y de la disolución de las Cámaras (artículo

115). Ambas se recogen en nuestro régimen constitucional, pues, como ha señalado el Tribunal Constitucional, al hilo del refrendo por el Presidente del Gobierno del acto de nombramiento del Presidente de una Comunidad Autónoma, la responsabilidad del refrendo lo es por la "legitimidad constitucional del acto real" (STC 5/1987, de 27 de enero). La participación directa del sujeto refrendante ha pasado de esta forma a ser secundaria en el proceso de formación de los actos del monarca.

Ante este estado de cosas, se ha denunciado la falta de sentido de la inviolabilidad, la irresponsabilidad y el refrendo, una vez que los actos del rey, al haber perdido éste su consideración de auténtico poder, para transformarse en un órgano constitucional que queda fuera de juego político, no son propiamente suyos. Son actos, en sentido estricto, políticos; actos casi siempre del Ejecutivo, que el monarca, sin más, firma. El refrendo ministerial de los actos del rey que, combinado con el principio del responsabilidad política, desempeñó una función esencial en el período de formación y consolidación del régimen parlamentario, fue perdiendo así su sentido inicial en la medida en que con su desarrollo la voluntad real dejó de determinar el contenido de los actos, y el refrendante se convirtió en la autoridad que sustancialmente había dado contenido al acto refrendado, que sólo formalmente cabe calificar ya como "del rey". El examen particular de los actos objeto de refrendo, así como de los sujetos refrendantes, se estudiará más adelante en los artículos 64 y 65 del presente Título II.

La conclusión no puede ser más que una. La inviolabilidad, lejos de ser una característica de la Monarquía, se ha convertido en una función despojada de cualquier incidencia en el proceso político. Y, en consecuencia, el refrendo, dice Pérez Royo, "ha dejado de ser realmente un mecanismo traslaticio de responsabilidad para convertirse en un simple rito. Dicho en otras palabras: la inviolabilidad y el refrendo son dos reliquias históricas que se mantienen por tradición y que se limitan sencillamente a recordarnos cuál ha sido el origen de la monarquía parlamentaria de nuestros días".

IV. TÍTULOS DEL REY DE ESPAÑA

Esta es una materia de escasa relevancia desde la perspectiva del moderno Derecho Constitucional, más propio del interés de otras disciplinas, como, por ejemplo, la Historia del Derecho. Esta encuentra su explicación última en la condición en su día de Don Juan Carlos de "legítimo heredero de la dinastía histórica" (artículo 57. 1), y hoy de Don Felipe VI. Unos títulos que no son objeto sin embargo de uso frecuente: Rey de Jerusalén, Señor de Vizcaya y de Molina, su Majestad Católica...

V. BIBLIOGRAFÍA

AA.VV.: *La monarquía parlamentaria: Título II de la Constitución*, VII Jornadas de Derecho Parlamentario, Congreso de los Diputados, Madrid, 2001.

AA.VV.: *Monarquía y Constitución*, dos tomos, TORRES DEL MORAL, A. (Dir.), Colex, Madrid, 2001.

ARAGÓN REYES, M.: *Dos estudios sobre la Monarquía parlamentaria*, Civitas, Madrid, 1990.

BAGEHOT, W.: *The English Constitution*, Oxford University Press, Londres, 1968.

CASCAJO CASTRO, J. L.: "Materiales para un estudio de la figura del Jefe del Estado en el sistema político español", *Anuario de Derecho Constitucional y Parlamentario*, núm. 5, 1993, pp. 43-60.

CAZORLA PRIETO, L.: FERNÁNDEZ FONTECHA, M.: *¿Una Ley de la Corona?*, Aranzadi-Thomson, Navarra, 2021.

ESTEBAN, J. de: *Curso de Derecho Constitucional*, T. I, Facultad de Derecho de la Universidad Complutense, 1ª reimpresión, Madrid, 1994

GARCÍA CANALES, M.: *La monarquía parlamentaria española*, Tecnos, Madrid, 1991.

GARCÍA PELAYO, M.: *Derecho constitucional comparado*, Revista de Occidente, 6ª ed., Madrid, 1961, pp. 299 y ss.

GIMBERNAT ORDEIG, E.: "Los aspectos penales en el Proyecto de Constitución", Conferencia pronunciada durante el ciclo titulado *La Constitución a debate*, Madrid, 18 de febrero de 1978.

GONZÁLEZ-TREVIJANO, P. J.: *El refrendo*, Centro de Estudios Políticos y Constitucionales, Madrid, 1998.

JIMÉNEZ DE PARGA, M.: "El estatuto del rey en España y en las monarquías europeas", en *La Corona y la Monarquía española en la Constitución de 1978*, LUCAS VERDÚ, P. (Coord.), Facultad de Derecho de la Universidad Complutense, Madrid, 1983.

MENÉNDEZ REXACH, A.: *La Jefatura del Estado en el Derecho Público Español*, INAP, Madrid, 1979.

OLIVER LEÓN, B.: "La irresponsabilidad como elemento consustancial de la Monarquía", en Torres del Moral, A. (Director*), Monarquía y Constitución*, Colex, Madrid, 2001.

SÁNCHEZ AGESTA, L.: "Significado y poderes de la Corona en el Proyecto constitucional", en *Estudios sobre el Proyecto de Constitución*, Centro de Estudios Constitucionales, Madrid, 1978.

TORRES DEL MORAL, A.: *El Príncipe de Asturias. Su estatuto jurídico*, Congreso de los Diputados, Madrid, 2005.

VI. JURISPRUDENCIA

STC 5/1987, de 27 de enero.

STC 177/2015, de 22 de julio.

ATC 72/2019, de 2 de julio.

STC 111/2019, de 2 de octubre.

Artículo 57

1. La Corona de España es hereditaria en los sucesores de S.M. Don Juan Carlos I de Borbón, legítimo heredero de la dinastía histórica. La sucesión en el trono seguirá el orden regular de primogenitura y representación, siendo preferida siempre la línea anterior a las posteriores; en la misma línea, el grado más próximo al más remoto; en el mismo grado, el varón a la mujer, y en el mismo sexo, la persona de más edad a la de menos.

2. El Príncipe heredero, desde su nacimiento o desde que se produzca el hecho que origine el llamamiento, tendrá la dignidad de Príncipe de Asturias y los demás títulos vinculados tradicionalmente al sucesor de la Corona de España.

3. Extinguidas todas las líneas llamadas en Derecho, las Cortes Generales proveerán a la sucesión en la Corona en la forma que más convenga a los intereses de España.

4. Aquellas personas que teniendo derecho a la sucesión en el trono contrajeren matrimonio contra la expresa prohibición del Rey y de las Cortes Generales, quedarán excluidas en la sucesión a la Corona por sí y sus descendientes.

5. Las abdicaciones y renuncias y cualquier duda de hecho o de derecho que ocurra en el orden de sucesión a la Corona se resolverán por una ley orgánica.

COMENTARIO

David Ortega Gutiérrez
Catedrático de Derecho Constitucional
Universidad Rey Juan Carlos

SUMARIO: I. INTRODUCCIÓN. II. LA SUCESIÓN EN LA CORONA. III. TRATAMIENTO DEL PRÍNCIPE HEREDERO. IV. EXTINCIÓN DE LAS LÍNEAS SUCESORIAS. V. LOS MATRIMONIOS REGIOS. VI. ABDICACIONES, RENUNCIAS Y DUDAS EN EL ORDEN SUCESORIO. VII. BIBLIOGRAFÍA. VIII. JURISPRUDENCIA.

I. INTRODUCCIÓN

Aborda el extenso y prolijo artículo 57 diferentes cuestiones relacionadas con la sucesión en la Corona, concretamente cinco, tantas como apartados tiene el mismo. En el apartado primero se afronta el tema siempre controvertido de los diferentes criterios generales para el orden sucesorio. En el segundo se indica el tratamiento del Príncipe heredero. En los siguientes apartados se contemplan supuestos más excepcionales en el orden sucesorio, de ahí la especial participación de las Cortes Generales. Así, en el tercer apartado se regula la extinción de las líneas sucesorias, en el cuarto la exclusión en la sucesión a la Corona y, en el último apartado, se trata el tema de las abdicaciones y renuncias. Veamos cada una de ellas por separado.

II. LA SUCESIÓN EN LA CORONA

El apartado primero del artículo 57 regula básicamente dos cuestiones. La primera, en la primera frase del apartado, deja claro que la Constitución de 1978 no instaura ninguna nueva dinastía, sino que mantiene la "dinastía histórica" en la persona de Su Majestad Don Juan Carlos I de Borbón. En este sentido, hemos de recordar la renuncia a sus derechos dinásticos del padre de Don Juan Carlos, Don Juan de Borbón y Battenberg, efectuada el día 14 de mayo de 1977, de esta forma, transmite a su hijo la titularidad de estos derechos. La legitimidad histórica o dinástica de la Corona está pues cumplida en base a la Constitución y al ser Don Juan Carlos el legítimo heredero de la dinastía histórica cuando el texto constitucional se aprueba. Nadie tiene mejor derecho que él el día 27 de diciembre de 1978. Lógicamente, el efecto jurídico de esta expresión del artículo 57.1 es que queda sin efecto y valor jurídico la designación a título de rey realizada por Franco y por las Cortes franquista en la Ley 62/1969, de 22 de julio, por la que se provee lo concerniente a la sucesión en la Jefatura del Estado. La Corona se hereda, por tanto, en los legítimos sucesores del Rey, como así ha sido, cuando llegó al trono el 19 de junio de 2014 el hijo de Don Juan Carlos, el actual Rey Felipe VI. Aunque hay autores como Jellinek que sostienen en su *Teoría General del Estado* lo contrario: "no hereda el monarca la corona, sino la corona al monarca".

La segunda cuestión, más controvertida, es la sucesión al trono, que se regula en la segunda frase del apartado primero. En este sentido el constituyente de 1978 es fiel a la larga tradición de nuestro constitucionalismo histórico, que toma por base la Ley de Partidas de Alfonso X de 1265 (Partida II, 15,2), que a su vez parte de la Novela 118 de Justiniano. En un sentido parecido se manifiesta también el Fuero General de Navarra (II, 4,1). Se puede apreciar que se copia casi literalmente el artículo 60 de la Constitución de 1876: "La sucesión al Trono, de España seguirá el orden regular de primogenitura y representación, siendo preferida siempre la línea anterior a las posteriores; en la misma línea, el grado más próximo al más remoto; en el mismo grado, el varón a la hembra, y en el mismo sexo, la persona de más edad a la de menos".

Siguiendo a De Esteban y a González-Trevijano, el constituyente utiliza para la sucesión en la Corona cinco principios: 1. Principio de primogenitura. El heredero es el primer nacido del matrimonio del Rey y, si no lo hay, el de más edad entre los llamados a sucederle conforme a; 2. Principio de preferencia del varón. También conocido como Ley Sálica, viene del pueblo salio, dentro pues de la tradición francesa y lejos de la castellana. Tiene tres modalidades: "absoluta" (las mujeres ni reinan ni transmiten sus derechos dinásticos), "moderada" (las mujeres no reinan pero sí transmiten sus derechos) y "mínima", la adoptada por nuestros constituyentes (las mujeres reinan y transmiten sus derechos, pero en el mismo grado ceden ante un varón); 3. Principio de preferencia de grados. La generación más próxima al Rey tiene preferencia, esto es, sus hijos respecto de sus nietos; 4. Principio de preferencia de líneas. Se marca la preferencia entre las líneas directas respecto de las colaterales, preferencia por tanto de la línea de hijos, nietos y biznietos, respecto de la de hermanos, tíos, primos o sobrinos y, por último; 5. Principio de representación. Si fallece el heredero principal, sus descendientes, conforme a los principios señalados, heredan los derechos dinásticos antes que otros posibles herederos.

Respecto del principio de preferencia del varón, es prácticamente unánime su necesidad de reforma y supresión, para defender el principio universal de igualdad entre el hombre y la mujer. Hemos de recordar, por lo demás, que en el año 1984 España ratifica la Convención para la eliminación de todas las formas de discriminación contra la mujer, adoptada en Nueva York el 18 de diciembre de 1979, donde se defiende como postulado básico la plena igualdad del hombre y la mujer en todas las esferas jurídicas y sociales. Para la sucesión de títulos nobiliarios, la Ley 33/2006, de 30 de octubre, ya reguló la plena igualdad del hombre y la mujer, incluso el Tribunal Supremo ha aplicado dicha Ley de forma retroactiva (STS 197/2012, de 26 de marzo, Sala 1ª).

En relación con esta cuestión, no menor, de reformar el artículo 57.1 para suprimir la preferencia del varón, debemos apuntar varias ideas. En primer lugar, que ya el Presidente Zapatero en la sesión de investidura de su primer Gobierno en la primavera de 2004, planteó la posible reforma de este artículo de la Constitución junto con otras posibles tres reformas (la del Senado, la recepción en la Constitución del proceso de construcción europea y la inclusión también de la denominación de las 17 Comunidades Autónomas). Para este propósito el Gobierno de España solicitó un informe al Consejo de Estado, que este aprueba el 16 de febrero de 2006. La argumentación principal del Consejo de Estado para la supresión de la preferencia del varón, la encontramos en la página 20 al afirmar que "la supresión de la preferencia masculina en el acceso a la Corona respondería, entonces, al sentir muy ampliamente mayoritario del pueblo español, y nos situaría en la senda de otras monarquías europeas, con un perfil constitucional y sociológico análogo al de la nuestra, que nos han precedido a la hora de llevar a cabo esa supresión, instaurando la plena igualdad por razón de sexo en la sucesión al trono". Por tanto, estamos ante una reforma prácticamente querida por todos, incluida la actual Familia Real con el Rey

Felipe VI a la cabeza, y que ya han realizado otras monarquías europeas en sus respectivas constituciones como es el caso de Países Bajos, desde 1982 (art. 25 de la Constitución), en Noruega, desde 1990 (art. 6 de la Constitución) y en Bélgica, desde 1991 (art. 85 de la Constitución). Suecia, sin embargo, modificó su Ley de Sucesión (art. 1) en 1980.

En segundo lugar, es conveniente señalar que la reforma nace del consenso casi generalizado sobre su oportunidad y conveniencia, pero no de una posible contradicción jurídica dentro de la propia Constitución entre los artículos 57.1 y 14, como a veces se apunta. En este sentido el Tribunal Constitucional fue bastante claro en su Sentencia 126/1997, de 3 de julio de 1997, al decir que "*la conformidad con la Constitución del orden regular de sucesión en la Corona (art. 57.1) no puede suscitar duda alguna, por haberlo establecido así el constituyente*" (fundamento jurídico 7º). En una línea similar, el Informe del Consejo de Estado en su página 32 sostiene que "los dos preceptos, el artículo 14 y el artículo 57.1, tienen ámbitos de aplicación distintos en el texto constitucional y no se interfieren mutuamente. La conveniencia de reformar el segundo no se deriva, en suma, de ninguna contradicción jurídica con el primero, sino del progresivo deterioro que ha sufrido en la conciencia social todo tipo de postergación femenina".

En tercer lugar, la propuesta de reforma más conveniente en términos jurídicos es la simple supresión en el artículo 57.1 de la mención a la preferencia del varón, quedando el final del artículo de la siguiente forma: "[...] siendo preferida siempre la línea anterior a las posteriores; en la misma línea, el grado más próximo al más remoto; y en el mismo grado, la persona de más edad a la de menos".

Por último, nos debemos olvidar que la presente reforma afecta al contenido del artículo 168 CE y, por tanto, debe seguir su especialmente agravado procedimiento, que en síntesis exige mayoría de dos tercios de ambas Cámaras, disolución de las mismas, idéntica mayoría de las nueva Cámaras y consulta obligatoria al pueblo español para que, en referéndum, apruebe la reforma.

III. TRATAMIENTO DEL PRÍNCIPE HEREDERO

No es extraño encontrar en las monarquías europeas un título especial para el heredero a la Corona. En España se le da la dignidad de Príncipe de Asturias, en la Corona británica, por ejemplo, recibe la dignidad de Príncipe de Gales. El título de Príncipe de Asturias se remonta a las Cortes palentinas de 1388, cuando el Rey Juan I de Castilla concedió esta dignidad a su primogénito el infante Enrique. Así, Enrique III, el Doliente, fue el primer Príncipe de Asturias.

Como curiosidad podemos recordar que el Rey Juan Carlos no uso dicha denominación, sino la de "Príncipe de España" cuando fue proclamado sucesor a la Jefatura del Estado el 22 de julio de 1969. Igualmente es destacable que el actual Rey Felipe VI, que sí disfrutó de la tradicional dignidad, no lo hizo en ninguno de los dos casos contemplados en el artículo 57.2, pues adquirió este título el 1 de noviembre de 1977, no se había aprobado aún la Constitución actual. Ese mismo año, se aprueba el Real Decreto 54/1977, de 21 de enero, sobre títulos y denominaciones que corresponden al Heredero de la Corona. También debemos tener presente el Real Decreto 1368/1987, de 6 de noviembre, sobre régimen de títulos, tratamientos y honores de la Familia Real y los Regentes.

La actual Princesa de Asturias, doña Leonor de Borbón, sí cumplió uno de los supuestos contemplados en el artículo 57.2, pues es Princesa de Asturias desde el 19 de junio de 2014, cuando su padre el Rey Felipe VI fue proclamado Rey de España.

Respecto del resto de títulos vinculados al heredero a la Corona, tenemos que son los siguientes, en el caso de doña Leonor de Borbón: Princesa de Girona y Princesa de Viana, correspondientes a los primogénitos del Reino de Castilla, de la Corona de Aragón y del Reino de Navarra, cuya unión formó en el siglo XVI la Monarquía española. Ostenta, asimismo, los títulos de Duquesa de Montblanc, Condesa de Cervera y Señora de Balaguer.

La Constitución se limita a señalar respecto del Príncipe Heredero su tratamiento, sin indicar nada más, ni siquiera genéricamente, sus actividades o funciones, si es que debiera tenerlas, cuestión no pacífica. Al final, la costumbre constitucional, la práctica y el precedente —tanto en la persona de Don Felipe en su día como de Doña Leonor en la actualidad—, han consolidado algunos elementos esenciales en la figura del Príncipe o Princesa de Asturias, como el acto formal y solemne de su juramento, el desarrollo de su carrera militar o su consolidada participación en los premios que llevan su nombre, por citar los casos más conocidos.

IV. EXTINCIÓN DE LAS LÍNEAS SUCESORIAS

El artículo 57 contempla en su tercer apartado un supuesto que, por raro que parezca que se pueda producir, dado el elevado número de personas que en Derecho suelen estar llamadas a suceder al Rey, lógicamente tiene que prever el texto constitucional. Nuevamente el constituyente de 1978 tomó por base la Constitución canovista de 1876, concretamente su artículo 62, que establece que "si llegaran a extinguirse todas las líneas que se señalan, las Cortes harán nuevos llamamientos, como más convenga a la Nación".

Estamos ante una de las tres intervenciones que de las Cortes Generales se contempla en este artículo 57 de la Constitución. Esta, como la del apartado siguiente, el cuarto, es expresa o explícita. La otra, la del apartado quinto, no menciona directamente a las Cortes Generales, pero sí de manera indirecta o implícita, al establecerse la necesidad de resolución por ley orgánica para los supuestos enunciados. Bien es verdad que en este supuesto no actuarían de manera conjunta.

A este respecto debemos realizar alguna precisión en contraste precisamente con lo regulado en el artículo 57.3. No deja de resultar curioso y difícilmente explicable que se exija ley y además orgánica, para los casos de renuncia, abdicación y cualquier otra duda que se plantee en el orden sucesorio, lo que por lo demás nos parece razonable, mientras que no se exija reserva de ley, siquiera ordinaria, para el caso de que las Cortes Generales elijan nada menos que al nuevo Rey de España. Creemos que en este sentido el constituyente no estuvo demasiado acertado y que se debería de haber exigido igualmente en el artículo 57.3 la reserva de ley, que, por la igual, sino superior, importancia del hecho regulado, debiera de ser reserva de ley orgánica.

Por lo demás, tal y como nos recuerda el propio artículo 74.1 de la Constitución, nos encontramos ante competencias conjuntas de las Cortes Generales establecidas en el Título II de la Constitución y que exigen sesión conjunta de ambas Cámaras. Sesión que debiera de regularse en el aún inexistente Reglamento de las Cortes Generales —artículo 72.2 de la Constitución—. Ciertamente sería sensato plantear si todas estas incertidumbres que estamos apuntando en temas tan relevante como el orden sucesorio de la Corona de España, no requerirían de un desarrollo normativo adecuado del artículo 57, más allá de las convenciones constitucionales al uso.

La consecuencia evidente de este precepto es que el Parlamento español puede instaurar una nueva dinastía para el Reino de España siguiendo, como único criterio marcado en la Constitución, lo que a su entender sea el mejor interés para nuestra Nación. Por último, la elección parlamentaria de un rey de España solo se ha producido una vez, el 16 de noviembre de 1870 cuando las Cortes Generales eligieron a Amadeo I de Saboya.

V. LOS MATRIMONIOS REGIOS

Los denominados "matrimonios regios" o que afectan a miembros de la Familia Real, tienen lógicamente trascendencia constitucional en cuanto que pueden llegar a influir en el devenir de la propia Corona como poder constitucional, ya que en ellos participan aquellas personas que tienen "derecho a la sucesión en el trono", tal y como señala el artículo 57.4.

Lo primero que debemos señalar son los sujetos afectados, que expresamente son los que están en el orden sucesorio. Pero a diferencia de nuestras constituciones monárquicas históricas, no se regula en la Constitución de 1978 el matrimonio del Rey. El artículo 57.4 afecta a todos los matrimonios de los herederos a la Corona, pero con particular énfasis al del Príncipe heredero, cuyo matrimonio es especialmente relevante para la propia Corona y el buen desarrollo de la institución, convirtiéndose por tanto en asunto de Estado.

El artículo 57.4 no impide el matrimonio regio, que siempre se puede realizar, lo que contempla es que, si se da la negativa del Rey y las Cortes Generales, el contrayente queda excluido en la sucesión a la Corona si el matrimonio se celebra. Nada dice la Constitución de la motivación de la negativa del Rey y las Cortes Generales. La doctrina no es pacífica respecto si se regula una prohibición o no al derecho constitucional al matrimonio. Gómez Sánchez sostiene que no hay tal prohibición, aunque sí habilita una consecuencia jurídica. Por el contrario, Torres del Moral entiende que la consecuencia jurídica de separar del orden sucesorio, si supone una limitación del derecho al matrimonio.

En cualquier caso, lo que sí parece obvio es que la razón tiene que ser de peso en todos los supuestos, pero especialmente en el caso del Príncipe heredero. Por lo demás, el veto o negativa al matrimonio debe ser "expreso", pero nada se dice de la forma que tal manifestación debe adoptar. En otras Constituciones históricas españolas se exigía una reserva de ley para, no la prohibición, pero sí la aprobación. En este sentido, hemos de destacar que la Constitución de 1978 a diferencia de las anteriores, no exige la aprobación expresa de los matrimonios regios, que se pueden producir siempre que no haya prohibición, el silencio pues se entiende como aprobación.

Respecto de la naturaleza de la prohibición, se trata de un acto conjunto que precisa de la concurrencia de dos voluntades negativas: la del Rey y la de las Cortes Generales. Hemos de entender que si falta alguna de las dos, no sería válida la negativa y, por lo tanto, se podría celebrar el matrimonio sin la exclusión en el orden sucesorio. La expresa negativa del Rey precisaría, como todos sus actos, del refrendo del Presidente del Gobierno, dada la trascendencia e importancia de tal decisión para el futuro de la Corona de España.

Por lo demás, la propia intervención del refrendo del Presidente del Gobierno ayudaría a evitar y armonizar las posibles discrepancias, si se dieran, entre el Monarca y las Cortes Generales. En relación con la negativa de las Cortes Generales, se requeriría de una sesión conjunta de ambas Cámaras; sin saberse con qué mayoría se debería de aprobar la negativa y qué forma adoptaría ese pronunciamiento conjunto de ambas Cámaras. Nuevamente se echa en falta la existencia del ya citado Reglamento de las Cortes Generales. En cualquier caso, las dudas posibles se pueden resolver atendiendo al propio artículo 57.5 mediante la correspondiente ley orgánica.

VI. ABDICACIONES, RENUNCIAS Y DUDAS EN EL ORDEN SUCESORIO

Nos resta para concluir este breve comentario sobre el complejo artículo 57, los supuestos de las abdicaciones, renuncias y posibles dudas que se planteen en el orden sucesorio. De nuevo la influencia de la Constitución de 1876 es contrastable. Así, el artículo 63 de la misma establecía que "cualquiera duda de hecho o de derecho que ocurra en orden a la sucesión de la Corona se resolverá por una ley".

La abdicación es uno de los casos en los que se produce la sucesión y que se ha dado con frecuencia en nuestra Corona: Carlos I abdica en 1556 a favor de Felipe II; Felipe V en 1724 a favor de su hijo Luis; Carlos IV en 1808 a favor de Fernando VII, Isabel II en 1870 a favor de Alfonso XII y en 1941 Alfonso XIII a favor de su hijo Don Juan, quien nunca llegó a reinar. El último caso es la abdicación del Rey Juan Carlos I a favor de su hijo Felipe el día 19 de junio de 2014.

La abdicación es un acto libre y voluntario del Rey que estima que ya no debe seguir siéndolo, por las razones que considere. En el caso del Rey Juan Carlos, en un escrito dirigido al Presidente del Gobierno el 2 de junio de 2014, explicaba alguna de estas razones en los siguientes términos: "Hoy merece pasar a la primera línea una generación más joven, con nuevas energías, decidida a emprender con determinación las transformaciones y reformas que la coyuntura actual está demandando y a afrontar con renovada intensidad y dedicación los desafíos del mañana". En el mismo acto de abdicación se nombra nuevo Rey al inmediato sucesor, que lo normal es que sea el Príncipe heredero. Por último, se precisa de la participación de las Cortes Generales por medio, en el caso de nuestra Constitución, de una ley orgánica. Para la abdicación de Don Juan Carlos a favor del actual Rey Felipe VI, esta ley fue la Ley Orgánica 3/2014, de 18 de junio, en cuyo preámbulo, en relación con este artículo 57.5 se nos recuerda que "Este precepto sigue los precedentes históricos del constitucionalismo español, que en los textos fundamentales de 1845,

1869 y 1876 y, con variaciones, en otros precedentes, ya reservaban al poder legislativo la solución de las cuestiones a que diera lugar la sucesión así como la autorización de la abdicación, incluso mediante una ley especial para cada caso. Si bien la Constitución en vigor no utiliza este último término, los citados antecedentes y el mandato del artículo 57 de que el acto regio sea resuelto por una ley orgánica hacen que sea éste el instrumento legal idóneo para regular la efectividad de la decisión".

El apartado quinto también apunta el supuesto de las renuncias de manera global, así puede entenderse que afecta tanto a las renuncias regias como a las sucesorias. Se diferencia la renuncia de la abdicación en que con la renuncia también se pierden los derechos dinásticos de los herederos, extinguiéndose pues su dinastía. En nuestra historia constitucional destaca en 1873 la expresa renuncia de Amadeo de Sabaya. La renuncia tiene carácter definitivo en España, a diferencia, por ejemplo, de Bélgica, donde sí cabe la renuncia temporal. La renuncia, como la abdicación, precisa de ley orgánica.

Por último, cualquier duda en relación con la sucesión en la Corona será resuelta por las Cortes Generales a través de una ley orgánica. Podría ser, por ejemplo, la anulación de un matrimonio regio o el caso de un divorcio.

VII. BIBLIOGRAFÍA

AZNAR DOMINGO, A.: "La posición jurídica de la mujer en las monarquías europeas contemporáneas", *Diario La Ley*, núm. 9230, Sección Doctrina, 3 de julio de 2018.

DE ESTEBAN, J., GONZÁLEZ-TREVIJANO, P. J.: "Monarquía parlamentaria y Poder moderador", en *Curso de Derecho Constitucional Español III*, Universidad Complutense de Madrid, Madrid, 1994, pp. 34-90.

GÓMEZ SÁNCHEZ, Y.: *La monarquía parlamentaria: Familia Real y sucesión a la Corona*, Madrid, Ediciones Hidalguía, 2008.

HERNÁNDEZ-GIL ÁLVAREZ-CIENFUEGOS, A.: *La preferencia del varón en la sucesión nobiliaria después de la Constitución*, Chitas, Madrid, 1992.

SAIZ ARNAIZ, A.: "La sucesión en la Corona: abdicación y renuncia", en SÁINZ MORENO, F. (coord.), *VII Jornadas de Derecho Parlamentario: La monarquía parlamentaria*, Congreso de los Diputados, Madrid, 2001, pp. 419-438.

TAJADURA TEJADA, J. (director): *La jefatura del Estado parlamentario en el siglo XXI*, Sevilla, Athenaica ediciones, 2022.

TOMÁS VILLARROYA, J. y PÉREZ DE ARMIÑAN Y DE LA SERNA, A.: "Artículo 57 Sucesión a la corona", en ALZAGA VILLAAMIL, Ó. (dir.), *Comentarios a la Constitución española de 1978*, Tomo V, Cortes Generales/Edersa, Madrid, 1997, pp. 78-173.

TORRES DEL MORAL, A., GÓMEZ SÁNCHEZ, Y. (coordinadores): *Estudios sobre la monarquía*, Universidad Nacional de Educación a Distancia, Madrid, 1995.

TORRES DEL MORAL, A.: *El Príncipe de Asturias. Su estatuto jurídico*, Congreso de los Diputados, Madrid, 2005.

VIII. JURISPRUDENCIA

STC 27/1982, de 24 de mayo.
STC 114/1995, de 6 de julio.
STC 126/1997, de 3 de julio.
STS de 20 de junio de 1987.
STS de 27 de julio de 1987.
STS de 28 de abril de 1989.
STS de 21 de diciembre de 1989.
STS de 26 de marzo de 2012.

Artículo 58

La Reina consorte o el consorte de la Reina no podrán asumir funciones constitucionales, salvo lo dispuesto para la Regencia.

COMENTARIO

Mª Asunción García Martínez
Profesora Titular de Derecho Constitucional
Universidad Complutense de Madrid

SUMARIO: I. ANTECEDENTES. II. FUNCIÓN DE LOS CONSORTES REGIOS. III. DENOMINACIÓN Y TRATAMIENTO DE LOS CONSORTES REGIOS. IV. BIBLIOGRAFÍA.

I. ANTECEDENTES

Este precepto sólo tiene precedentes en nuestro constitucionalismo deminonónico, sin que sea posible encontrar redacciones similares en derecho comparado. La trayectoria nacional la inicia la Constitución de 1812, que en su artículo 184 establecía que "En el caso de que llegue a reinar una hembra, su marido no tendrá autoridad ninguna respecto del Reino, ni parte alguna en el Gobierno"; el mismo significado, de forma casi literal, se encuentra en las Constituciones de 1837, 1845, 1869 y 1876. La precisión del supuesto de hecho, limitado a que sea una mujer la titular de la Corona, se explica fácilmente por la valoración social, y política en este caso, de la naturaleza femenina que excluiría de plano que una Reina consorte pudiera tener ni intención ni tentación de actuar en la vida política, lo que ya resultaría más problemático en el caso del consorte varón de la Reina.

II. FUNCIÓN DE LOS CONSORTES REGIOS

El artículo 58 CE hay que insertarlo en el mismo concepto de la Corona, símbolo de la institución monárquica, y más específicamente en el modelo de Monarquía parlamentaria que instituye la Constitución de 1978. Este artículo tiene su punto de partida, y de contraste, en la afirmación rotunda de que el Jefe del Estado es el Rey, titular de la Corona, al que corresponden en exclusiva las funciones constitucionales que como Jefe del Estado le asigna la Constitución, y en consecuencia está vedada la asunción de aquellas funciones por cualesquiera otras personas integradas en la Corona que no sean el Rey. Por supuesto, la prohibición incluye las funciones incluidas en los artículos 56, 62 y 63 CE, pero, como afirma Fernández-Fontecha Torres, debe interpretarse de modo extensivo incluyendo la prohibición de cualquier otra actividad política o privada en la medida en que de ellas pudiera derivarse un conflicto de intereses que pudiera afectar a la doctrina de la neutralidad.

La realidad es que de las funciones constitucionales del Rey no están únicamente excluidos los destinatarios del precepto que comentamos, sino todos los miembros de la Familia Real, incluido el Príncipe heredero, a los que les es también exigible, lo mismo que a los consortes, la prohibición de cualesquiera actividad que pueda afectar a la naturaleza de la función regia. No deja de ser oportuna la referencia al artículo 6.1 a) de la LO 6/1985, de 19 de junio, del Régimen Electoral General, que incluye entre las causas de inelegibilidad la que afecta a los miembros de la Familia Real incluidos en el Registro Civil que regula el RD 2917/1981, así como a sus cónyuges.

En definitiva, aunque la prohibición del artículo 58 CE no es exclusiva de los consortes regios, su intención explícita es precisar la exclusión respecto de las personas que, como consecuencia del vínculo matrimonial, pudieran estar más próximas al ámbito personal, afectivo e institucional del titular de la Corona, y en consecuencia estuviesen en condiciones de poder ejercer una mayor influencia sobre el mismo.

La Constitución no contempla la posibilidad de que los consortes regios pudieran asumir algunas funciones concretas, excluidas las constitucionales, lo que tampoco se ha valorado de forma explícita en normas infraconstitucionales. Este vacío normativo no impide que aquellos consortes puedan asumir funciones de carácter institucional, que es regla común en todas las monarquías parlamentarias, y por supuesto en la española. A este respecto, el DL 434/ 1988, de 6 de mayo, de reestructuración de la Casa de S.M. el Rey, que crea la Secretaría de la Reina integrada en la Secretaría General, pone de relieve la previsión de funciones asignadas a la Reina; es más explícita la normativa interna de la Casa Rea, como el Código de Conducta del Personal de la Casa de S.M. el Rey del año 2014, que establece como función de la Secretaría General, e indudablemente de la de la Reina, apoyar al Rey en cuanta actividad derive del ejercicio de sus funciones, así como a los demás miembros de la Familia Real en el ejercicio de sus funciones institucionales. Finalmente los Criterios de Actuación de los miembros de la Familia Real y de las actividades de la Casa de S.M. el Rey precisan, de forma genérica, las funciones que podrán desarrollar los miembros de la Familia Real, entre ellos la Reina consorte, que serán, con carácter de exclusividad, actividades de naturaleza institucional, cuyo desarrollo tendrá lugar cuando exista encargo del Rey, dentro del ámbito de sus atribuciones, o cuando por la naturaleza o el lugar de la actividad se solicite y requiera la correspondiente decisión aprobada por el Gobierno.

Se excluye de la prohibición *"lo dispuesto para la Regencia"*, precisión que, a nuestro juicio, no habría sido necesaria ya que la institución de la Regencia se guía por sus propias reglas previstas en el artículo 59 CE, que establece como posibles titulares de la misma *"al padre o la madre del Rey"*, que pueden o no coincidir con el consorte de la Reina o con la Reina consorte; si fuese este el caso, uno u otra asumirían las funciones constitucionales por imperativo del artículo 59 y no tanto en virtud de la excepción del precepto que comentamos.

Aunque algún autor ha señalado que también hubiera sido conveniente incluir en el artículo 58 CE la misma exclusión planteada para la Regencia referida a la tutela, creemos, con mayor motivo, que tal referencia no es necesaria en absoluto. En primer lugar, porque la tutela, pese a la dimensión constitucional que tiene, no sólo por el hecho de estar prevista en la Constitución sino, sobre todo, por la singularidad de su destinatario, el Rey menor, no implica la asunción de funciones constitucionales; en segundo lugar, porque el posible ejercicio conjunto de la tutela y la Regencia, que es lo que habilitaría a que la misma persona asuma las funciones de tutela junto a las constitucionales, deriva directamente del artículo 60.1 CE y no del 58.

III. DENOMINACIÓN Y TRATAMIENTO DE LOS CONSORTES REGIOS

Llama la atención que el precepto constitucional establezca la denominación concreta de la consorte del Rey, Reina consorte, lo que no hace con el consorte de la Reina, razón por la que Freixes Sanjuán considera discriminatorio este artículo en relación con el consorte varón. La práctica en el derecho comparado es que a este último corresponda la dignidad de Príncipe, lo que ha asumido el RD 1368/1987, de 6 de noviembre, que establece el Régimen de títulos, tratamiento y honores de la Familia Real y de los Regentes; esta norma reserva el título de Rey o Reina de España al titular de la Corona, con el tratamiento de Majestad; a la consorte del Rey, mientras lo sea o permanezca viuda, le da el título de Reina consorte, reproduciendo lógicamente la dicción constitucional, con el tratamiento de Majestad, mientras que al consorte de la Reina le asigna la dignidad de Príncipe y el tratamiento de Alteza Real. Pese a la denominación diferente, la dignidad de los dos consortes es similar como pone de manifiesto el hecho de que el RD 684/2010, de 20 de mayo, por el que se aprueba el Reglamento de Honores Militares, establece para ambos iguales honores, análogos a los establecidos para el heredero de la Corona.

La posible discriminación entre los consortes regios estaría en la denominación de sus respectivos títulos y tratamientos, no en sus funciones ni en su estatus, que es similar. Aquella dispar denominación responde sin duda a razones históricas, que seguramente son las mismas que justificaron, como hemos indicado, la redacción del artículo 184 de la Constitución gaditana y de las posteriores: mientras que en épocas pasadas la denominación como Reina de la consorte del Rey no levantaría ninguna suspicacia por su condición de mujer, la posibilidad de llamar Rey, aunque fuese Rey consorte, al esposo de la Reina parecería una invitación a que pudiera asumir las funciones que correspondían a su regia esposa, mujer al fin. Ciertamente se trata de una valoración superada en la actualidad de forma que posiblemente no existe ningún impedimento sustancial para asumir la denominación de Rey consorte, si bien hay que tener en cuenta que no deja de ser significativo que las monarquías parlamentarias europeas sigan manteniendo en este supuesto la dignidad tradicional de Príncipe para el consorte de la Reina. La monarquía es sin duda una institución de muy larga trayectoria histórica en la que la tradición tiene un significado específico que no es fácil ignorar, a la que no escapan algunas cuestiones semánticas.

IV. BIBLIOGRAFÍA

ALZAGA VILLAAMIL, O.: *Comentario sistemático a la Constitución española de 1978*, Marcial Pons, Madrid, 2016.

ENTRENA CUESTA, R.: "Comentario al artículo 58", en GARRIDO DE FALLA et al. (Dir.) *Comentarios a la Constitución*, 3ª ed. Civitas, Madrid, 2001.

FERNÁNDEZ-FONTECHA TORRES, M.: "Comentario al artículo 58" en CASAS BAAMONDE, E., BORRAJO INIESTA, I. (Dirs.), *Comentarios a la Constitución Española. XXX aniversario*, Fundación Wolters Kluwer, Madrid, 2008.

FREIXES SANJUÁN, T.: "La reina consorte y el consorte de la reina", en *VII Jornadas de Derecho Parlamentario*, Congreso de los Diputados, Madrid, 2001.

TOMÁS VILLARROYA, J.: "Comentario al artículo 58", en ALZAGA VILLAMIL, O., *Comentarios a las leyes políticas. Constitución española de 1978*, EDERSA, Madrid, 1983-1989.

Artículo 59

1. Cuando el Rey fuere menor de edad, el padre o la madre del Rey y, en su defecto, el pariente mayor de edad más próximo a suceder en la Corona, según el orden establecido en la Constitución, entrará a ejercer inmediatamente la Regencia y la ejercerá durante el tiempo de la minoría de edad del Rey.

2. Si el Rey se inhabilitare para el ejercicio de su autoridad y la imposibilidad fuera reconocida por las Cortes Generales, entrará a ejercer inmediatamente la Regencia el Príncipe heredero de la Corona, si fuere mayor de edad. Si no lo fuere, se procederá de la manera prevista en el apartado anterior, hasta que el Príncipe heredero alcance la mayoría de edad.

3. Si no hubiere ninguna persona a quien corresponda la Regencia, ésta será nombrada por las Cortes Generales, y se compondrá de una, tres o cinco personas.

4. Para ejercer la Regencia es preciso ser español y mayor de edad.

5. La Regencia se ejercerá por mandato constitucional y siempre en nombre del Rey.

COMENTARIO

Mª Asunción García Martínez
Profesora Titular de Derecho Constitucional
Universidad Complutense de Madrid

SUMARIO: I. NATURALEZA, FUNCIÓN Y COMPETENCIAS DE LA REGENCIA. II. LOS DOS SUPUESTOS DE LA REGENCIA. LA REGENCIA POR DERECHO PROPIO. 1. La minoría de edad del Rey. 2. La inhabilitación del Rey. III. LA REGENCIA PARLAMENTARIA. IV. BIBLIOGRAFÍA.

I. NATURALEZA, FUNCIÓN Y COMPETENCIAS DE LA REGENCIA

La Regencia es una institución de derecho público que consiste en el ejercicio provisional y vicario de la Jefatura del Estado en nombre del Rey como consecuencia de la imposibilidad de que éste pueda ejercer sus funciones constitucionales; es pues un supuesto excepcional de sustitución en el ejercicio de poderes constitucionales.

La trascendencia de la Regencia para la institución monárquica deriva de la naturaleza hereditaria de la titularidad de la Corona, lo que dota a la magistratura de un carácter personalísimo; de la predeterminación por la normativa sucesoria de la persona concreta llamada de forma automática a ser Rey deriva el conflicto que supone el hecho de que no esté en condiciones de ejercer sus funciones. Por ello la Regencia forma parte de la misma institución monárquica prácticamente desde sus orígenes, y desde luego no podía dejar de ser regulada en los textos constitucionales. Las Constituciones españolas del siglo XIX, desde la de 1812 hasta la de 1876, incluyeron en sus respectivos articulados tanto los supuestos que podrían dar lugar al establecimiento de una Regencia (minoría de edad del Rey o imposibilidad de ejercer su autoridad por causa física o moral) como la determinación de las personas a ejercerla y sus funciones. También en derecho comparado todas las constituciones monárquicas, entre ellas la belga, la sueca, la danesa, la de los Países Bajos, etc. incluyen la regulación de la Regencia en términos más o menos similares.

Como afirma Alzaga, el artículo 59 de nuestra Constitución de 1978 responde a la naturaleza de la Regencia al configurarse como complementario del artículo 57 CE, en la medida en que en él se establecen las normas que predeterminan a la persona concreta llamada a asumir la titularidad de la Corona. El breve párrafo del artículo 59.5 CE es expresivo al respecto; en primer lugar, porque el ejercicio de la magistratura de la Jefatura del Estado por parte de la Regencia sólo puede hacerse por mandato constitucional y con pleno sometimiento, como todos los poderes del Estado a la Norma Fundamental; en segundo lugar, porque el Regente únicamente puede ejercer legítimamente sus funciones en nombre del Rey, que es el titular exclusivo de la magistratura. La condición vicaria del Regente subrayada por este precepto se proyecta en el RD 1368/1987, de 6 de noviembre, que establece el Régimen de títulos, tratamiento y honores de la Familia Real y de los Regentes, en virtud del cual los Regentes tendrán el tratamiento de Alteza Real e iguales honores que los establecidos para el Príncipe de Asturias, marcando claramente la diferencia con el tratamiento que la misma norma asigna al Rey como Jefe del Estado.

En términos generales, la articulación de la Regencia exige, como punto de partida, abordar tres cuestiones: los hechos concretos determinantes de la necesidad de instituir la Regencia, la designación de las personas u órganos llamados a ejercerla y la precisión de sus funciones.

A la primera de las cuestiones responden los dos primeros numerales del artículo 59 que establece dos causas que pueden dar lugar a esta institución, minoría de edad o inhabilitación del Rey, que son las que de forma general se incluyen en todas las constituciones nacionales decimonónicas y en derecho comparado. Aunque en el debate constituyente se presentaron dos enmiendas para incluir un tercer supuesto de Regencia en caso de ausencia del Rey del territorio nacional (supuesto existente en la Constitución danesa) éstas no prosperaron, con toda lógica, estimando la desproporción de la medida dado el desarrollo actual de los medios de transporte y de comunicaciones.

La determinación de los llamados a asumir la Regencia se ha resuelto, tanto por nuestras constituciones decimonónicas como por las europeas, mediante dos fórmulas: la primera por medio de un Regente predeterminado por derecho propio, llamado en nuestro derecho histórico Regente legítimo (art. 59.1 y 2 CE) y la segunda nombrada por las Cámaras, que se activaría bien como primera opción, bien de manera subsidiaria ante la carencia del Regente por derecho propio, tal como ha hecho nuestro artículo 59.3 CE.

Respecto de las funciones a ejercer por el Regente son las constitucionales que corresponden al Rey (arts. 56, 62 y 63 CE), asumidas con los condicionantes del parlamentarismo, lo que le obliga al refrendo de sus actos en los términos del artículo 64 CE. Cabe sin embargo tomar en consideración la posible existencia de limitaciones específicas, como puede ser la prohibición de abordar la reforma de la constitución existente en alguna de nuestras constituciones históricas y que en derecho comparado incluye la Constitución danesa; dada la inexistencia en nuestro texto constitucional de limitaciones concretas, hay que entender que el Regente ejerce todas las funciones que la Constitución de 1978 atribuye al Rey.

II. LOS DOS SUPUESTOS DE LA REGENCIA. LA REGENCIA POR DERECHO PROPIO

El artículo 59, en sus apartados 1 y 2, consagra los dos supuestos que abren la formación de la Regencia así como la determinación de las personas llamadas a ejercerla. En ambos supuestos, al estar predeterminada constitucionalmente la persona del Regente, la delación es automática sin acto de designación, de forma que aquél entrará a ejercer la Regencia inmediatamente, al margen de que en su momento preste el juramento que establece el artículo 61.2 CE.

1. La minoría de edad del Rey

El primer supuesto de Regencia tiene lugar como consecuencia de la menor edad del Rey (art. 59.1). El Regente ejercerá las funciones constitucionales que le corresponden al Rey hasta que éste alcance la mayoría de edad, momento en que desaparece la causa legitimadora de la Regencia; se trata pues de una Regencia cuya duración está predeterminada. El momento concreto en que el Rey llega a la mayoría de edad fue una cuestión abordada tradicionalmente en nuestras Constituciones históricas, que establecieron expresamente la edad de la mayoría de edad del Monarca (catorce, dieciséis o dieciocho años). Al no incluir la Constitución de 1978 una mayoría de edad específica para el Rey se aplica la regla genérica para todos los españoles de los dieciocho años (art. 12 CE).

Nuestras normas constitucionales decimonónicas solucionaron este supuesto bien confiando la Regencia al padre o la madre del Rey menor o parientes más próximos a suceder en la Corona, bien estableciendo una Regencia provisional ejercida por aquéllos, solos o con otros miembros predeterminados por la constitución correspondiente, que ejercerían esta función hasta el nombramiento de la Regencia definitiva por las Cortes.

El artículo 59.1 CE establece que la Regencia recaerá en el padre o la madre del Rey y, en su defecto, en el pariente mayor de edad más próximo a suceder. Considera Torres del Moral desafortunada esta redacción que entiende como una suerte de prohibición del divorcio regio desde el momento en que los constituyentes dieron por supuesto que el padre o la madre del Rey serían en todo caso el o la consorte de la Reina o del Rey difunto. Al margen de que, en nuestra opinión, no se puede entender que haya una prohibición, aunque sea indirecta, del divorcio del Rey o de la Reina, lo que supondría negar un derecho implícito en el mismo derecho al matrimonio (art. 32 CE), coincidimos con la valoración negativa de la redacción constitucional que no ha tenido en cuenta que el posible divorcio del Rey, o de la Reina, supondría la desaparición del vínculo conyugal pero no la pérdida de la condición del ex cónyuge de madre o padre del Rey menor, lo que, como resultado del automatismo de la solución constitucional, derivaría en la asunción de la Regencia por parte del cónyuge divorciado, que incluso hubiera podido volver a casarse con la modificación que esto supondría de su situación personal.

La Constitución se apoya, no ya en este precepto sino en todo el Título II, en lo que llama Santamaría Pastor criterios mayoritariamente biológicos y familiares, con soluciones simplistas; el concepto de familia tradicional que subyace en este artículo no tiene en cuenta los profundos cambios que se han producido en las instituciones familiar y matrimonial, a los que no pueden ser ajenos los miembros de las familias reales; la consecuencia de estos cambios es la existencia de múltiples posibilidades de relaciones familiares poco convencionales y su proyección en la pluralidad de circunstancias que pueden afectar a la Corona como institución de derecho público y órgano constitucional llamado a ejercer la Jefatura del Estado, lo que habría obligado a una especial precisión en la redacción de algunos preceptos constitucionales, entre ellos el que comentamos. Los constituyentes reprodujeron la fórmula adoptada por nuestras constituciones decimonónicas (el padre o la madre del Rey), sin considerar que en aquéllas no podía concebirse una opción distinta a la de identificar al progenitor vivo del Rey menor con el consorte viudo del Monarca difunto. Dado que hoy en día no puede darse por supuesta aquella identificación, creemos que hubiera sido más afortunado que el precepto que comentamos hubiera vinculado expresamente la Regencia al padre o madre en la medida en que conservasen la condición de consortes viudos del Rey fallecido; por supuesto que tal condición no garantizaría por sí sola la idoneidad de la persona para ejercer la Regencia, de la misma forma que el divorcio del consorte regio no supone necesariamente la pérdida de idoneidad del cónyuge divorciado para aquella función, pero no nos parece superflua la exigencia del mantenimiento de una posición y vinculación efectiva con la Corona del padre o madre del Rey menor ya que con ello se garantizaría el conocimiento de las exigencias del ejercicio de las funciones de la Jefatura del Estado. Al fin y al cabo se trata de ejercer una magistratura de derecho público, y de no poca importancia.

Tampoco ha contemplado el artículo 59.1 el supuesto de que la Regencia por minoría de edad del Rey se active como consecuencia de la abdicación del Rey, no del fallecimiento, de forma que, aplicando literalmente la previsión del precepto constitucional, el Regente podría ser el padre del Rey menor, que sería el Rey cuya abdicación abrió la sucesión, lo que no dejaría de plantear una situación un tanto paradójica.

2. La inhabilitación del Rey

El segundo supuesto de Regencia (art. 59.2 CE) tiene como causa la inhabilitación del Rey para el ejercicio de su autoridad, cuya imposibilidad tiene que ser reconocida por las Cortes Generales; en este supuesto el Regente será el Príncipe heredero, si fuera mayor de edad; si no lo fuera, se aplicarían las mismas normas que en el caso de la minoría de edad hasta que el Príncipe heredero llegase a la mayoría de edad, momento en que asumiría la Regencia.

Prácticamente todas nuestras constituciones históricas contemplaron este supuesto, estableciendo la Regencia bien del Príncipe heredero mayor de edad, bien, si éste no hubiese alcanzado dicha edad o de forma directa, en una Regencia nombrada por las Cortes; únicamente la Constitución de 1876 designa como Regente, en caso de minoría de edad del heredero, al consorte del Rey.

Hay consenso entre la doctrina respecto de que la incapacidad del Rey puede deberse a un problema físico (enfermedad, accidente, etc. teniendo en cuenta que estas situaciones no implican necesariamente la imposibilidad que tuviese que abrir la Regencia) o psíquico (relacionada con enfermedad o cualquier posible circunstancia que afecte a las condiciones psíquicas del Rey, impidiéndole desempeñar sus funciones); en definitiva, lo que se plantea es un supuesto de incapacidad civil, básicamente por motivos médicos. Señala Santamaría Pastor la imprevisión del texto constitucional en la medida en que no ha valorado la existencia de una serie de circunstancias anómalas, como puede ser la incapacitación civil del Rey, impeditivas del ejercicio de las funciones constitucionales; a este respecto habría que tener en cuenta que una constitución no puede incluir la relación detallada de todas y cada una de las situaciones posibles que pudieran derivar en la inhabilitación del Rey, de forma que el enunciado constitucional, que por supuesto es muy abierto, permite por su misma generalidad considerar incluidas aquellas circunstancias no expresadas explícitamente.

La duración de la Regencia puede ser en este supuesto difícilmente previsible ya que la imposibilidad del Rey puede ser transitoria, con lo que la Regencia sería temporal y cesaría al concluir la causa de la inhabilitación, o definitiva, pudiendo plantearse en ese caso (la CE no lo hace) la conveniencia de acudir a la sucesión y no a prolongar la Regencia; esta situación derivaría en la necesidad de que el Rey abdicase, que al ser una decisión personal es difícilmente regulable.

La posibilidad de que la inhabilitación sea por causas políticas (que el Rey no cumpla con sus deberes constitucionales) ha sido objeto de debate entre los tratadistas de Derecho Constitucional; Aragón Reyes entiende que se trataría de un supuesto de violaciones constitucionales por parte del Rey, en cuyo caso la inhabilitación conllevaría la propuesta de abrir la sucesión. El supuesto es tan excepcional que la doctrina tiende, salvo excepciones, a rechazar esta hipótesis, primero porque en virtud del artículo 56.3 CE "*La persona del Rey... no está sujeta a responsabilidad*", y, sobre todo, en segundo lugar porque se trataría de una situación límite que habría que resolver por otras vías constitucionales.

La función de las Cortes Generales se limita al reconocimiento de la imposibilidad del Rey, sin incluir la designación del Regente, que ya está predeterminado por la Constitución. La Constitución no establece ninguna referencia respecto de los diversos aspectos del procedimiento a desarrollar en las Cortes, que tampoco se ha establecido en normas infraconstitucionales, entre otras causas por la inexistencia de un Reglamento de las Cortes Generales. La decisión tendría que tomarse en una reunión conjunta del Congreso de los Diputados y del Senado (art. 74.1 CE) en la medida en que se trata de una competencia no legislativa, pero ello no aclara ni el procedimiento a seguir, ni la mayoría exigible para que se aprecie la incapacidad, ni a quien correspondería la iniciativa; coinciden Delgado-Iribarren y Torres del Moral en que el órgano idóneo para plantear la cuestión a las Cortes sería el Gobierno, lo que parece lógico. La iniciativa tendría que consistir en la propuesta de inhabilitación del Rey con la motivación adecuada, incorporando la identidad concreta de la persona que, en aplicación del orden previsto en el artículo 59.1 CE, debería asumir la Regencia en el supuesto de que las Cortes aprecien aquella inhabilitación. Torres del Moral no excluye la posibilidad de una iniciativa parlamentaria al respecto, lo que no deja de suscitar algunos interrogantes: ¿quién y con qué mayoría presentaría la iniciativa? ¿podría provenir de cualquiera de las dos Cámaras?, etc.

En cualquier caso, el cese de la Regencia exigiría que las Cortes reconociesen la desaparición de la imposibilidad del Rey de ejercer sus funciones, lo que plantea el mismo vacío procedimental señalado anteriormente.

III. LA REGENCIA PARLAMENTARIA

El artículo 59.3 CE articula una tercera forma de designar a los Regentes,

que no modifica ni amplía las causas que abren la institución. Sea por inexistencia del padre y la madre del Rey, sea por minoría de edad del Príncipe heredero (según se trate del supuesto de minoría de edad o de inhabilitación) el supuesto de hecho es la inexistencia de un posible Regente por derecho propio, lo que descarta la Regencia automática.

Mientras que en nuestras Constituciones históricas se hace evidente la preferencia por la Regencia nombrada por las Cortes, que en ocasiones venía precedida por una Regencia provisional, integrada por el padre o la madre del Rey menor y sustituida posteriormente por la electiva, la Constitución de 1978 ha optado por situar la Regencia parlamentaria como última opción. Critica Santamaría Pastor la decisión del constituyente que prima la Regencia "de cualquier persona vinculada por razones de sangre con el Rey" a la electiva, entendiendo que, si bien puede no ser cuestionable la delación en el padre o madre del Rey, o en el Príncipe de Asturias en su caso, la posibilidad de que recaiga en parientes cada vez más alejados de la sucesión no parece que sea la opción más eficaz respecto de la idoneidad para el ejercicio del cargo. Hay que tener en cuenta, no obstante, que la Regencia parlamentaria sería la única opción en el supuesto de extinción de todas las líneas llamadas a suceder, mientras las Cortes provean a la sucesión a la Corona (art. 57.3 CE) ya que el supuesto no implica ni la desaparición ni de la Corona ni la de la Monarquía.

En el supuesto constitucional serán las Cortes Generales, en sesión conjunta (art. 74.1 CE), las encargadas de nombrar la Regencia, que podrá estar integrada por una, tres o cinco personas. Nuevamente se constata la inexistencia de las normas procedimentales necesarias para hacer frente a este supuesto, si bien los términos genéricos del precepto que comentamos pone de relieve la discrecionalidad de las Cortes a la hora de decidir tanto el número de integrantes de la Regencia cuanto las condiciones o cualidades de aquéllos, a partir de los requisitos mínimos que establece la misma Constitución.

Ciertamente llama la atención los escasos requisitos que exige la Constitución (art. 59.4) para ejercer la Regencia (ser español y mayor de edad) en contraste con las mayores exigencias de nuestras constituciones históricas. Ante la parca redacción de este precepto, la doctrina coincide en que hay que entender implícita, por pura lógica, la exigencia de que las personas llamadas a ejercer la Regencia tengan plena capacidad jurídica y de obrar, además del pleno goce de los derechos civiles y políticos. Al margen de estos requisitos elementales, el elemento que dota a la Regencia electiva de un significado especial es que es la única en la que se puede incorporar la valoración de la idoneidad concreta para el cargo de los posibles Regentes.

Parece incuestionable la iniciativa del Gobierno ante la constatación de la imposibilidad de recurrir a la Regencia por derecho propio, que desde luego podría incluir la propuesta del o los candidatos a integrar la Regencia. Dicha imposibilidad posiblemente sea constatable, por lo que no parecería necesario un gran debate por parte de las Cortes, aunque puede no resultar tan pacífico el debate sobre los candidatos propuestos por el Gobierno desde el momento en que no se puede negar la capacidad de las Cortes para rechazar aquellos candidatos y para proponer candidatos alternativos ya que la competencia del nombramiento es de ellas; ¿quiénes podrían presentar dichas alternativas, cada grupo parlamentario, un número concreto de parlamentarios, diputados y/o senadores?, ¿qué mayorías se exigirían para aprobar las candidaturas propuestas?..., cuestiones que nos lleva nuevamente a plantear la conveniencia de abordar la regulación parlamentaria del supuesto, sin esperar a la presión que pueda derivarse de que la necesidad de aplicar el precepto constitucional imponga una solución de urgencia e improvisada.

Mientras que los Regentes legítimos comenzarán a ejercer sus funciones inmediatamente por mandato constitucional, en el supuesto que comentamos resulta evidente que su ejercicio no podrá ser inmediato ya que dependerá del nombramiento concreto decidido por las Cortes y de que el o los Regentes presten el juramento exigido por el artículo 61.2 CE, momento en que se harán cargo de sus funciones; pese a esta diferencia, el contenido de las funciones a ejercer por estos Regentes no difiere en absoluto en relación con las de los Regentes por derecho propio.

IV. EL ESTATUTO DEL REGENTE

La Constitución no dedica especial atención al estatuto del Regente. Sus funciones, como hemos indicado, son las propias de la Regencia, el ejercicio de las funciones constitucionales del Rey, ejercidas por mandato constitucional y en nombre del Rey (art. 59.5 CE).

El RD 1368/1987, de 6 de noviembre, que establece el Régimen de títulos, tratamiento y honores de la Familia Real y de los Regentes atribuye a quienes ejerzan la Regencia, sean por derecho propio o por elección por las Cortes, el tratamiento de Alteza Real e iguales honores que los establecidos para el Príncipe de Asturias, a no ser que les corresponda otros de mayor rango.

Aunque la única incompatibilidad constitucional es la establecida en el artículo 60.1 CE, en virtud del cual no se pueden acumular los cargos de Regente y de tutor del Rey menor, salvo en el supuesto de los Regentes por derecho propio (padre, madre o ascendientes directos del Rey), no cabe duda de que el desempeño de las funciones regias exige dedicación exclusiva y desde luego es, por la misma naturaleza del cargo, incompatible con el desempeño de cualquier cargo de naturaleza política.

Tampoco contempla la Constitución la posibilidad de revocación del Regente, lo que sin duda está implícito en la competencia de las Cortes Generales en relación con el o los Regentes nombrados por ellas. Cuestión distinta es que las Cortes puedan revocar a los Regentes legítimos; indica Santamaría Pastor que, pese a que la doctrina rechaza esta posibilidad, sería aconsejable reconocer esta competencia a las Cortes también en estos casos, ya sea como consecuencia de la pérdida sobrevenida de las condiciones explícitas en la Constitución para el ejercicio de la Regencia, ya como resultado de situaciones no previstas expresamente que afecten a aquellas condiciones.

IV. BIBLIOGRAFÍA

ALZAGA VILLAAMIL, Ó.: *Comentario sistemático a la Constitución española de 1978*. Marcial Pons, Madrid, 2016.

ARAGÓN REYES, M.: "La monarquía parlamentaria", en PREDIERI, GARCÍA DE ENTERRÍA (Dir.), *La Constitución española de 1978*, Civitas, Madrid, 1984.

ENTRENA CUESTA, R.: "Comentario al artículo 59", en GARRIDO FALLA ET AL (Dirs.) *Comentarios a la Constitución*, 3ª ed. Civitas, Madrid, 2001.

FERNÁNDEZ FONTECHA, M., PÉREZ DE ARMIÑÁN Y DE LA SERNA, A.: *La monarquía y la Constitución*. Civitas, Madrid, 1987

SANTAMARÍA PASTOR, J. A.: "Inhabilitación, regencia y tutela del rey", en *La Monarquía parlamentaria. VII Jornadas de Derecho Parlamentario*, Congreso de los Diputados, Madrid, 2001

TOMÁS VILLARROYA, J.: "Comentario al artículo 59", en ALZAGA VILLAMIL, O. (Dir.), *Comentarios a las leyes políticas. Constitución española de 1978*, EDERSA, Madrid, 1983-1989

TORRES DEL MORAL, A.: "La monarquía parlamentaria como forma política del estado español", en LUCAS VERDÚ, P. (Comp.) *La Corona y la monarquía parlamentaria en la Constitución de 1978*, Universidad Complutense de Madrid, Facultad de Derecho, Sección de Publicaciones, Madrid, 1983.

Artículo 60

1. Será tutor del Rey menor la persona que en su testamento hubiese nombrado el Rey difunto, siempre que sea mayor de edad y español de nacimiento; si no lo hubiese nombrado, será tutor el padre o la madre, mientras permanezcan viudos. En su defecto, lo nombrarán las Cortes Generales, pero no podrán acumularse los cargos de Regente y de tutor sino en el padre, madre o ascendientes directos del Rey.

2. El ejercicio de la tutela es también incompatible con el de todo cargo o representación política.

COMENTARIO

Mª Asunción García Martínez
Profesora Titular de Derecho Constitucional
Universidad Complutense de Madrid

SUMARIO: I. ANTECEDENTES Y NATURALEZA DE LA TUTELA DEL REY MENOR. II. LA DELACIÓN DE LA TUTELA. 1. La tutela testamentaria. 2. La tutela legítima. 3. La tutela parlamentaria. III. LA INHABILIDAD DE LOS TUTORES. IV. EL ESTATUTO DEL TUTOR DEL REY MENOR Y EL EJERCICIO DE LA TUTELA. V. BIBLIOGRAFÍA.

I. ANTECEDENTES Y NATURALEZA DE LA TUTELA DEL REY MENOR

Como otras instituciones referidas a la Corona, la tutela del Rey menor ha sido objeto de regulación tanto en las Constituciones españolas como en el derecho comparado. El artículo 198 de la Constitución de 1812 establece un sistema de tutela claro antecedente del articulado en la Constitución vigente: el supuesto de tutela es la minoría de edad del Rey y los tutores serían, es este orden, el designado por el Rey difunto en testamento, la Reina madre, mientras permaneciese viuda, y el nombrado por las Cortes. Con ligeras variantes se mantiene la prescripción de Cádiz en las siguientes Constituciones hasta la de 1876.

En derecho comparado, las Constituciones belga y holandesa dan una respuesta diferente al supuesto de la tutela del Rey menor, cuya provisión se defiere a las Cámaras.

El rasgo que comparten tanto las constituciones nacionales históricas como las contemporáneas de sistemas monárquicos es que no contemplan más supuesto que el de la tutela por minoría de edad del Rey, que coincide con la circunstancia incluida en el artículo 222.1 de nuestro Código civil. La consecuencia es que se trata de una función a plazo fijo, que necesariamente concluirá al cumplir el Rey la mayoría de edad. Advierte Santamaría Pastor que la segunda causa de la tutela civil (art. 222.2 del Código Civil), la incapacitación, hubiera podido también ser contemplada como una segunda posibilidad de tutela del Rey incapacitado, lo que no ha hecho el artículo 60 CE, si bien considera que, si se plantease este evento, debería aplicarse la institución de la tutela por vía analógica, aunque en este caso no podría plantearse de forma previa un plazo de término para su ejercicio; ciertamente este supuesto conllevaría valorar el efecto de la incapacitación del Rey sobre la imposibilidad de ejercer su autoridad, lo que desembocaría en el plano de la Regencia, o incluso en el de la sucesión.

La institución de la tutela, típica del derecho privado, se regula en el Código Civil que establece los supuestos en los que tiene que configurarse (art. 222), su contenido (art. 215), el orden de los llamados a ejercerla (arts. 234 y 235) y el control de los actos de tutela (arts. 232 y 233). Las diferencias claramente apreciables en la regulación constitucional respecto de la civilista pone de relieve que la tutela del Rey menor de edad no puede tener una naturaleza meramente privada desde el momento en que el menor tutelado es el titular de la Jefatura del Estado; por ello la tutela adquiere una dimensión pública, ciertamente no comparable con la de la Regencia al no ser la función de la tutela de derecho público, pero tampoco asimilable de forma automática con la tutela regulada por el derecho privado. En definitiva, se trata de una tutela constitucional respecto de la que la Constitución sólo determina el supuesto determinante de la misma y su delación, pero no su régimen jurídico.

La escasa, por no decir nula, regulación constitucional respecto del régimen jurídico de la tutela del Rey menor obliga a considerar la necesaria supletoriedad del Código Civil, si bien teniendo en cuenta la necesaria acomodación de sus preceptos a la singularidad de la tutela constitucional.

En principio la tutela del Rey menor se configura con los mismos fines que la tutela común ("la guarda y protección de la persona y bienes o solamente de la persona o de los bienes", art. 215 Código Civil), lo que quiere decir que las funciones del tutor se centran en la guarda del patrimonio personal y privativo del Rey y en la labor educativa y formativa del mismo. La función del tutor, a diferencia de la del Regente, no tiene, como hemos indicado, dimensión pública y está restringida al ámbito personal y privado del Rey, pero la realidad es que el Rey menor de edad no deja de ser el titular de la Jefatura del Estado, lo que tiene que repercutir necesariamente en la función de la tutela, sobre todo en la vertiente educativa y formativa que en definitiva consiste en la educación y formación del Rey, que pasará a ejercer personalmente una función pública muy concreta al llegar a la mayoría de edad.

II. LA DELACIÓN DE LA TUTELA

La primera consecuencia de la singularidad de la persona tutelada es la modificación que establece el artículo 60 CE respecto de los llamados por el Código Civil a ejercer la tutela.

1. La tutela testamentaria

En primer lugar, será tutor del Rey menor la persona designada por el Rey difunto en su testamento, con los únicos requisitos de ser mayor de edad y español de nacimiento, requisito éste que no se exige para ser Regente ya que el artículo 59.4 CE únicamente requiere que sea español.

La necesidad de que el testamento del Rey esté refrendado es una cuestión debatida por la doctrina, que responde mayoritariamente de forma afirmativa; Alzaga Villaamil mantiene una posición contraria a partir de la naturaleza privada y personalísima del acto de otorgar últimas voluntades que, además de que éstas pueden no ser conocidas hasta la muerte del testador, no forma parte de las funciones constitucionales del Rey, lo que excluiría la necesidad del refrendo. Por el contrario Entrena Cuesta, entre otros, sostiene que la designación testamentaria del tutor del Rey menor es un acto con consecuencias políticas que debe ser refrendado, siempre que en el testamento no se incluyan solo cuestiones privadas sino que se designe también al tutor del Rey menor.

En nuestra opinión, no cabe duda de que la designación testamentaria del tutor del Rey menor supera el ámbito de lo privado y tiene una transcendencia pública por la magistratura asumida por el menor tutelado, lo que avalaría la necesidad de refrendo por el Presidente del Gobierno; sin embargo nos preguntamos si realmente podría considerarse absolutamente inválido el testamento del Rey difunto no refrendado que determinase el tutor del Rey menor, más si se tiene en cuenta que éste no tuviese la condición de Príncipe heredero en el momento en el que el Rey otorgó el testamento (piénsese en un hijo no primogénito, por ejemplo).

Al margen de estas disquisiciones, el artículo 60 CE se refiere nítidamente al tutor designado en el testamento del Rey difunto, que puede no ser necesariamente el padre del Rey menor, primando así la dimensión pública de la decisión regia sobre el posible testamento de los padres del Rey menor en el que hubiesen podido designar a la persona o personas llamadas a ejercer la tutela.

2. La tutela legítima

En el supuesto de que no hubiese tutor testamentario, sea porque el Rey difunto no otorgó testamento, o habiéndolo hecho no hubiese nombrado tutor, ejercerá la tutela el padre o la madre del Rey menor, mientras permanezcan viudos.

De la misma forma que en la Regencia, parece que los constituyentes consideraron que el padre o la madre del Rey menor sería necesariamente el cónyuge viudo del Rey, o Reina, difunto, sin plantearse las posibilidades familiares o sucesorias que podrían afectar a esta tutela legítima, como puede ser que el Rey menor no sea hijo del Rey difunto, de forma que su progenitor/a no sea el cónyuge viudo/a, e incluso, en el mismo supuesto, que los dos progenitores estén vivos; se puede plantear la misma hipótesis con los padres divorciados y vueltos a casar, uno o los dos, etc. En definitiva, la literalidad del artículo 60 excluiría de la tutela, en cualquier caso, a los padres del Rey, que no fuesen el cónyuge viudo del Rey difunto, en cuyo supuesto habría que recurrir a la tutela parlamentaria.

Podemos plantearnos si en las diversas hipótesis que pueden presentarse se podría privar de la tutela de su hijo, el Rey menor de edad, a los padres que lógicamente tendrían, uno o ambos, la patria potestad. En nuestra opinión, la condición de Jefe de Estado del Rey incide de forma relevante en la respuesta; los constituyentes quisieron vincular la tutela con la garantía de determinadas condiciones de los tutores, condiciones que podrían presumirse en el caso de los padres a partir de la consideración de que la condición de cónyuge viudo del Rey difunto garantizaría su experiencia en el ámbito público que corresponde al Rey, y que tendrían que ser constatadas por las Cámaras en el caso de la tutela parlamentaria, como veremos a continuación. No nos parece descabellado que en los supuestos que no respondan estrictamente a la delación de la tutela legítima prevista constitucionalmente sean las Cortes Generales las llamadas a valorar las condiciones de los tutores, lo que ofrece una garantía institucional sobre la condición y cualidades de los llamados a ejercer esta tutela singular, sin excluir que puedan ser nombrados por la vía parlamentaria los padres o los ascendientes del Rey menor.

3. La tutela parlamentaria

La tutela parlamentaria se activaría en defecto de la tutela legítima en cuyo caso correspondería a las Cortes Generales la designación del tutor; no establece la Constitución requisitos especiales de los posibles candidatos, que tendrían que reunir los mínimos exigidos para el tutor testamentario (ser mayor de edad y español de nacimiento) si bien parece lógicamente exigible que el tutor tenga plena capacidad jurídica y de obrar, además del pleno goce de los derechos civiles. Sin embargo hay que tener en cuenta que la intervención de las Cortes ofrece *prima facie* una garantía institucional de valoración de las cualidades y condiciones específicas que tienen que tener los tutores del Rey menor, lo que supone que su función no puede limitarse a aplicar los requisitos mínimos exigidos por la Constitución y la normativa civil a la hora de considerar la idoneidad de los posibles candidatos.

Como sucede en las previsiones de intervención de las Cámaras incluidas en el Título II CE no hay más referencia al procedimiento de actuación de las mismas que la mención del artículo 74.1 CE en virtud del cual las Cortes Generales ejercerán sus competencias no legislativas, entre las que se incluyen las referidas a la tutela del Rey menor, en sesión conjunta. La inexistencia de un Reglamento de las Cortes Generales supone la existencia de una laguna normativa referida al procedimiento concreto para articular aquellas competencias parlamentarias.

III. LA INHABILIDAD DE LOS TUTORES

Los artículos 243 y siguientes del Código Civil incluyen una serie de causas que impiden que puedan ser tutores, cualquiera que haya sido la vía de delación, los incursos en las mismas. La cuestión a plantear es su posible aplicación a la tutela constitucional.

Dado que la finalidad de estos preceptos es ofrecer la mayor garantía de la idoneidad de los tutores en interés de los menores tutelados, parece razonable que se puedan exigir a los tutores del Rey. Respecto de los tutores designados por las Cortes el supuesto no parece ofrecer grandes dificultades desde el momento en que las Cortes deberían tener en cuenta estas causas de inhabilidad en el momento de valorar los requisitos y cualidades de los candidatos a ejercer la tutela real.

Su aplicación a los supuestos de los tutores testamentarios y los legítimos puede plantear más dificultades, si bien en nuestra opinión entendemos aplicables en interés del Rey menor las causas civiles de inhabilidad, incluso en contra de la decisión testamentaria del Rey si el tutor designado incurriese en alguna de aquellas causas, y por supuesto acumulándose a la causa constitucional de inhabilidad específica de los tutores legítimos, "mientras permanezcan viudos". La responsabilidad de la función exige la mayor garantía de la idoneidad de los tutores y no parece razonable que la tutela del Rey menor esté menos garantizada que la de los demás menores.

IV. EL ESTATUTO DEL TUTOR DEL REY MENOR Y EL EJERCICIO DE LA TUTELA

La Constitución determina en su artículo 60.2 la incompatibilidad del ejercicio de la tutela con cualquier cargo o representación política, lo que incluye cualquier actividad o función pública o política, sea o no de carácter representativo. A esta incompatibilidad general se añade la prohibición expresada en el primer numeral del precepto de acumular los cargos de Regente y tutor, salvo en el supuesto de que ambos cargos recaigan en el padre, la madre o los ascendientes directos del Rey menor.

Los ascendientes directos del Rey menor no están incluidos en la tutela legítima, lo que no impide que pudieran ser tutores, bien por decisión testamentaria del Rey difunto, bien por designación parlamentaria; sin embargo, el análisis conjunto de este precepto y del artículo 59.1 CE les impediría el ejercicio conjunto de la Regencia y la tutela, salvo que, además de ser ascendientes directos del Rey menor, fueran "el pariente mayor de edad más próximo a suceder en la Corona", lo que no es necesariamente descartable. Si no se diese esta doble condición entendemos que el ascendiente directo del Rey que fuese su tutor, por cualquiera de las vias antes señaladas, no podría acumular los dos cargos pese a la excepción del artículo 60.1.

El Código Civil establece una serie de principios en base a los cuales tienen que ejercer los tutores su función, que se resumen en el mandato del artículo 261 que configura la tutela como un deber, ejercida en beneficio del tutelado y bajo la salvaguarda de la autoridad judicial. No hay obstáculo en mantener las dos primeras afirmaciones en relación con el ejercicio de la tutela del Rey menor, pero, como afirman, entre otros, Santamaría Pastor y Fernández-Fontecha Torres, resultaría atípica la aplicación de los sistemas de vigilancia y control judicial previstos en los artículos 232 y 233 del Código Civil; la solución que ofrecen estos autores es que aquellas potestades de control fuesen ejercidas, a nuestro juicio en todos los supuestos de tutela, por un órgano designado *ad hoc* por las Cámaras.

Como afirma Torres del Moral, no cabe excluir la renuncia del tutor ni su remoción parlamentaria. En el primer caso, cualquiera que hubiera sido la vía de delación, se trata de un acto voluntario que debería ser admitida por las Cortes, que procederían a proveer con los mismos criterios del artículo 60 CE. También plantea el dilema, no resuelto por la Constitución, de que el tutor sea también Regente y que manifieste su voluntad de renunciar sólo a uno de los cargos, en cuyo caso, opina el citado autor, las Cortes podrían no admitir la renuncia a uno solo. Desde nuestro punto de vista, la función de cada cargo tiene una naturaleza lo suficientemente diferente como para que las Cámaras tengan la libertad de no vincular la renuncia a uno de ellos con el otro.

La posible remoción del tutor deriva en un escenario diferente. No nos plantea ninguna duda la posibilidad de su remoción por las Cortes de los tutores designados por ellas por cualquiera de las causas previstas en el artículo 247 del Código Civil; en la medida en que en ellas se incluye el incumplimiento de los deberes o la ineptitud para el ejercicio de la tutela, el interés del Rey menor justifica su aplicación. En este supuesto entendemos que si la remoción parlamentaria del tutor, que además fuese Regente, se debiese al incumplimiento de sus funciones las Cortes tendrían que cuestionar su continuidad como Regente.

Más problemático podría resultar la remoción del tutor testamentario o del legítimo al estar predeterminados constitucionalmente y no tener vinculación previa con las Cortes; pese a ello, entendemos que la función que asumen incluye unas obligaciones en interés del Rey menor, interés que debería prevalecer en estos supuestos que son siempre hipótesis indeseables que difícilmente puede prever la Constitución.

V. BIBLIOGRAFÍA

ALZAGA VILLAAMIL, Ó.: *Comentario sistemático a la Constitución española de 1978*. Marcial Pons, Madrid, 2016.

ENTRENA CUESTA, R.: "Comentario al artículo 60", en GARRIDO FALLA ET AL (Dirs.) *Comentarios a la Constitución*, 3ª ed. Civitas, Madrid, 2001.

FERNÁNDEZ-FONTECHA TORRES, M.: "Comentario al artículo 58", CASAS BAAMONDE, E., BORRAJO INIESTA, I. (Dirs.), *Comentarios a la Constitución Española. XXX aniversario*, Fundación Wolters Kluwer, Madrid, 2008.

GARCÍA MERCADAL Y GARCÍA LOYGORRI, F.: "La tutela regia", *Revista General de Legislación y Jurisprudencia*, núm. 2, 1985.

SANTAMARÍA PASTOR, J. A.: "Inhabilitación, regencia y tutela del rey", *La Monarquía parlamentaria. VII Jornadas de Derecho Parlamentario*, Congreso de los Diputados, Madrid, 2001.

TOMÁS VILLARROYA, J.: "Comentario al artículo 60", en ALZAGA VILLAMIL, O. (Dir.), *Comentarios a las leyes políticas. Constitución española de 1978*, EDERSA, Madrid 1983-1989

TORRES DEL MORAL, A.: "La monarquía parlamentaria como forma política del estado español", en LUCAS VERDÚ, P. (comp.), *La Corona y la monarquía parlamentaria en la Constitución de 1978*, Universidad Complutense de Madrid, Facultad de Derecho, Sección de Publicaciones, Madrid, 1983

Artículo 61

1. El Rey, al ser proclamado ante las Cortes Generales, prestará juramento de desempeñar fielmente sus funciones, guardar y hacer guardar la Constitución y las leyes y respetar los derechos de los ciudadanos y de las Comunidades Autónomas.

2. El Príncipe heredero, al alcanzar la mayoría de edad, y el Regente o Regentes al hacerse cargo de sus funciones, prestarán el mismo juramento, así como el de fidelidad al Rey.

COMENTARIO

Mª Asunción García Martínez
Profesora Titular de Derecho Constitucional
Universidad Complutense de Madrid

SUMARIO: I. ANTECEDENTES Y DERECHO COMPARADO. II. JURAMENTO Y PROCLAMACIÓN DEL REY. 1. La naturaleza del juramento. 2. El contenido del juramento. 3. El efecto inmediato del juramento. La proclamación. 4. El retraso en prestar juramento y dos hipótesis extravagantes. 5. La naturaleza singular del juramento del Rey. III. EL JURAMENTO DEL PRÍNCIPE HEREDERO Y DEL REGENTE. IV. BIBLIOGRAFÍA. V. JURISPRUDENCIA.

I. ANTECEDENTES Y DERECHO COMPARADO

El acto de proclamación, precedido del juramento, tiene su origen en las Monarquías electivas germánicas, entre ellas la visigoda asentada en España, en las que la elección del Rey por la asamblea del Reino convertía su proclamación en constitutiva. En la medida en que la sucesión electiva fue sustituida por el automatismo de la hereditaria parecería que tanto el juramento como la proclamación habrían perdido su razón de ser, si bien a lo largo de la Edad Media subsistirá el juramento del Rey al subir al trono sobre la base de dos juramentos recíprocos: el Rey juraba la observancia de las leyes, fueros y usos del Reino y recibía el juramento de fidelidad y obediencia de los estamentos representados en el Reino; el vínculo feudal que unía al Rey con el Reino se articulaba así con una fórmula contractual, cuya sustitución por las monarquías absolutas supuso la desaparición del fundamento pactista de la Monarquía; la legitimación divina de los Reyes hizo perder su significado al juramento real, que volverá a cobrar vigencia con el Estado democrático liberal como expresión de la nueva fórmula del compromiso del Rey con el pueblo soberano, representado por el Parlamento y sometidos ambos a la Constitución.

En nuestras constituciones históricas sólo se hace mención al juramento. El artículo 173 de la Constitución gaditana de 1812 establecía el juramento del Rey ante las Cortes, especificando la extensa y farragosa fórmula del mismo. El Estatuto Real de 1834 limitó el juramento ante las Cortes a "la observancia de las leyes", reviviendo por última vez el doble juramento ya que, tras el del Rey, éste recibía el juramento de fidelidad y obediencia de las Cortes. Las Constituciones posteriores, desde la de 1837 hasta la de 1876, incluyeron como competencia de las Cortes recibir el juramento del Rey de guardar la Constitución y las leyes.

También en derecho comparado se encuentran fórmulas similares, bien sea prestando el juramento personalmente ante las Cámaras (Constituciones belga, noruega y de los Países Bajos), o haciendo una declaración solemne por escrito al Consejo de Ministros, reiterada posteriormente ante el Parlamento (Constitución de Dinamarca); tanto la Constitución belga como la danesa incluyen la proclamación junto al juramento del Rey.

La práctica medieval de que, en vida del Rey, las Cortes reconociesen al heredero y le jurasen fidelidad *a futuro* respondía tanto a la expresión del pacto Rey-Reino cuanto a la inseguridad derivada del no siempre pacífico proceso sucesorio. La introducción de las reglas sucesorias en las constituciones y los nuevos principios liberales eliminaron la razón de ser de aquel juramento, que fue sustituido por el del propio heredero ante las Cámaras; en esta línea, todas las Constituciones decimonónicas españolas lo incorporaron en su articulado, de la misma forma que incluyeron también la obligación de los Regentes de prestar juramento ante las Cortes.

II. JURAMENTO Y PROCLAMACIÓN DEL REY

1. La naturaleza del juramento

La connotación religiosa del juramento, que supone, en contraposición con la promesa, poner a Dios por testigo del compromiso asumido, se adecúa al origen del ritual en el que quedaba patente la conexión entre la monarquía y la religión, que era uno de sus factores legitimadores; de hecho, el término juramento se ha mantenido no sólo en nuestro derecho histórico sino también en las actuales constituciones europeas monárquicas. Es evidente que el término no puede interpretarse hoy en su significado tradicional, no sólo por los principios legitimadores de las Monarquías actuales, sino por la aconfesionalidad del Estado que proclama el artículo 16.3 CE; como sostiene López Guerra, hay que entender que la fuerza vinculante para el que presta el juramento no deriva de la invocación de la Divinidad (al margen de las creencias personales que pueda tener), sino del hecho mismo de la prestación solemne y del compromiso personal que de ella deriva; el juramento del artículo 61 CE, como fórmula de compromiso, se adapta a los parámetros políticos que sitúan a la Constitución como referente de legitimidad de las instituciones, incluido el Monarca. Este sentido laico se puso de relieve en el acto en el que el Rey Felipe VI prestó juramento ante las Cortes Generales sobre la Constitución, sin incluir el crucifijo entre los símbolos que acompañaron el acto.

2. El contenido del juramento

El contenido del juramento que presta el Rey ante las Cortes lo determina el precepto constitucional de forma nítida. Con Alzaga y López Guerra consideramos que se trata de una fórmula reiterativa y retórica; primero, porque el compromiso de guardar y hacer guardar la Constitución y las leyes incluye el respeto a los derecho de los ciudadanos y a la estructura autonómica del Estado, que son parte fundamental de ambas normas; segundo, porque los constituyentes no tuvieron en cuenta que las Comunidades Autónomas no son titulares de derechos sino de funciones y competencias. Quedan pues dos contenidos claves del juramento.

En primer lugar, "desempeñar fielmente sus funciones y guardar la Constitución y las leyes"; entiende el Tribunal Constitucional que el acatamiento a la Constitución supone "el compromiso de aceptar las reglas de juego político y del orden jurídico existente en tanto existe y a un no intentar su transformación por medios ilegales" (STC 122/1983; en el mismo sentido, SSTC 119/1990, 74/1991). El concepto, referido a los parlamentarios, supone el relación con el Rey el compromiso de respeto y acatamiento en su actuación presente y futura de las competencias que la Norma Fundamental le atribuye expresamente, así como a la naturaleza de su función (representación apolítica y neutral del Estado) y a los requisitos derivados de la misma, entre ellos, y de forma sustancial, el refrendo.

En segundo lugar, "hacer guardar la Constitución"; la fórmula alude (STC 101/1983), a la obligación activa de todos los poderes públicos impuesta por el artículo 9.2 CE, que les obliga no solo a no infringir la Constitución sino a garantizar de forma activa su respeto e integridad. Esta obligación referida al Rey hay que valorarla nuevamente en función de la naturaleza neutral y arbitral de su función. En situaciones de normalidad el Rey está obligado a respetar escrupulosamente el reparto constitucional de funciones y competencias entre los poderes del Estado, sin interferir en ellos; tal y como afirma Solozábal

Echevarría, en aquellas situaciones "no puede atribuirse al Rey una especial obligación de guardar la Constitución, pues carece de poder político para imponer su observancia al órgano que la incumpla"; la Constitución ha establecido sus propias vías de garantía, que se le imponen al Rey.

Pero el compromiso puede tener una proyección distinta si la situación deja de ser de normalidad. Entiende López Guerra que en situaciones excepcionales, en las que las autoridades competentes se encuentren imposibilitadas para cumplir sus funciones, el compromiso regio de "hacer cumplir la Constitución" habilitaría al Rey para suplir a aquellas autoridades. ¿Qué situaciones se pueden entender como excepcionales, hasta el punto de impulsar al Rey a una asumir su compromiso de forma activa? En cuanto excepcionales no son fáciles de prever, pero es posible apreciarlas en las dos situaciones en las que los dos Reyes constitucionales ha asumido aquel compromiso, escenificado en sendos mensajes excepcionales dirigidos a la ciudadanía. El primer caso es el intento de golpe de Estado de 23 de febrero de 1981, con el Gobierno y los diputados secuestrados en el Congreso de los Diputados; Juan Carlos I pronunció un mensaje institucional en la madrugada del 23 al 24 febrero en el que informó de la orden explícita dada por él a las autoridades militares para que tomasen las medidas necesarias para mantener el orden constitucional. En un contexto distinto, Felipe VI pronunció un mensaje institucional el día 3 de octubre de 2017, dos días después de la celebración del referéndum en Cataluña prohibido por el Tribunal Constitucional, cuyo contenido fue una llamada a los poderes legítimos del Estado a asegurar el orden constitucional, la vigencia del Estado de Derecho y el autogobierno de Cataluña. En el primer supuesto, la actuación del Rey para hacer guardar la Constitución consistió en una forma de suplir a las autoridades secuestradas; la situación en la que Felipe VI pronunció su mensaje es bien diferente: el Gobierno y las Cámaras ejercían sus funciones, de manera que la actuación del Rey no podía tener la finalidad de suplirlos; su mensaje debe calificarse de apoyo explícito a la preservación de la Constitución en un momento posiblemente no menos grave que el que afrontó su padre. En la actuación de los dos Monarcas hay una intensidad distinta, impuesta por las circunstancias, pero ante sendas situaciones excepcionales ambos asumen su juramento de "hacer cumplir la Constitución". Por supuesto, ninguna situación excepcional es deseable ni para el sistema constitucional, al que pone en riesgo, ni mucho menos para la Monarquía en la medida en la que puede verse impelida a asumir una función que rebasa sus propios límites funcionales naturales, pero no por ello es descartable su existencia.

En definitiva, el significado de los dos elementos sustanciales de la fórmula constitucional del juramento es el compromiso de presente y de futuro que asume solemnemente el Rey y subraya, como afirma López Guerra, el carácter parlamentario de la Monarquía instaurada en el artículo 1.3 CE, la adhesión expresa del Rey a los valores y principios constitucionales y la sujeción de la Corona a la Constitución y al resto del ordenamiento jurídico (art. 9.1 CE) que obliga a todos los poderes públicos, y por supuesto al Rey, titular de una magistratura estatal.

3. El efecto inmediato del juramento. La proclamación

El hecho de que la proclamación, a diferencia del juramento, desapareciese de nuestras constituciones decimonónicas pone en evidencia que se había convertido en una verdadera reliquia histórica, sólo reverdecida en la Ley de Sucesión de 1947, de forma comprensible dado su contenido, que fue aplicada en la proclamación de don Juan Carlos I en 1975. La voluntad de los constituyentes de 1978 de rescatar aquella reliquia se puede entender como una forma de subrayar expresamente la naturaleza constitucional y parlamentaria de la Monarquía.

El artículo 61.1 prescribe, tras el juramento del Monarca, su proclamación ante las Cortes, no por las Cortes, lo que convierte a aquélla en un acto prácticamente automático y presunto a partir de la prestación efectiva del mismo; las Cortes no debaten, ni votan, ni hacen ningún pronunciamiento formal; actúan como testigos y receptoras del acto expreso del Rey exigido por la Constitución, del que deriva de forma necesaria la proclamación por asentimiento.

La configuración constitucional de la proclamación ha suscitado el debate doctrinal sobre sus efectos constitutivos, o no, resuelto, o no, con posturas bien diferentes. En nuestra opinión la cuestión debe ser encuadrada en conexión con la naturaleza sucesoria de la Jefatura del Estado monárquica, teniendo en cuenta que el mismo rango constitucional tiene la proclamación (art. 61) como la sucesión hereditaria (art. 57). Como afirma Torres del Moral, las Cortes no eligen al Rey, el Rey lo es en función del hecho sucesorio; el Rey no jura para ser Rey, jura porque es Rey, y en virtud de la aplicación de las reglas de sucesión establecidas en el artículo 57.1 CE es prácticamente el único titular de una magistratura constitucional predeterminado de forma personal por la Constitución, lo que ya es una condición excepcional que obliga la valorar la singularidad de su proclamación. Ello no supone negar al juramento y a la proclamación significado y transcendencia constitucional ya que son formalidades *ad solemnitatem*, con un significado de integración institucional, pero estimamos que tienen que interpretarse sistemáticamente con los demás preceptos constitucionales, y de manera especial con los contenidos en el Título II; esta interpretación sistemática se pone en evidencia cuando se abordan las disfunciones que derivan al plantear, como haremos posteriormente, algunas circunstancias que pueden alterar la normalidad del desarrollo previsto en el precepto que comentamos.

La Constitución no incluye ninguna referencia al procedimiento de la ceremonia correspondiente, salvo la prescripción del artículo 74.1 CE; el silencio constitucional y la inexistencia de un Reglamento de las Cortes Generales ha sido suplida por el único supuesto práctico en el que se ha aplicado este precepto cuando el Rey Felipe VI prestó juramento y fue proclamado ante las Cortes Generales; el acto se celebró ante las dos Cámaras reunidas en la sede del Congreso de los Diputados presidido por el Presidente del Congreso (art. 72.2 CE), que tomó juramento al Rey en el que reprodujo literalmente los términos del artículo 61.1 CE. A continuación el Presidente del Congreso hizo la proclamación correspondiente ("En cumplimiento de la Constitución, queda proclamado Rey de España Don Felipe de Borbón y Grecia, que reinará con el nombre de Felipe VI"). Fue un procedimiento austero, revestido no obstante con la solemnidad requerida en una Monarquía parlamentaria actual, y que a nuestro juicio constituye un buen precedente.

4. El retraso en prestar juramento y dos hipótesis extravagantes

La Constitución no ha establecido un plazo concreto para que tenga lugar la ceremonia en cuestión. El criterio generalizado es que siempre es conveniente que el plazo sea lo más breve posible, y de hecho Felipe VI lo hizo el mismo día, 19 de junio de 2014, en que entró en vigor la LO 3/2014, por la que se hacía efectiva la abdicación del Rey Juan Carlos I. La posibilidad de que pueden tener lugar circunstancias que distancien la ceremonia del hecho sucesorio (que el llamado a la sucesión estuviese fuera del país, enfermo, que las Cortes estuviesen disueltas, etc.) plantea una cuestión concreta: producido el hecho sucesorio y determinada su condición de Rey, ¿puede el Rey ejercer sus funciones mientras no preste el juramento y sea proclamado?; ¿qué valor tendrían los actos realizados antes de la citada ceremonia? Tanto en las monarquías históricas como en las actuales europeas no es infrecuente que haya un determinado espacio temporal, más o menos largo, entre la asunción de la Corona como resultado del hecho sucesorio y la ceremonia del acto formal del juramento y la proclamación sin que en ningún momento se cuestione el derecho del Rey a ejercer las funciones constitucionales que le corresponden ni la validez de sus actos. Esta realidad cuestiona el efecto constitutivo de la proclamación que, insistimos, hay que insertar en el esquema constitucional de la sucesión hereditaria, que es uno de los pilares, también constitucionalizado, de la Jefatura de Estado monárquica.

La realidad de la asunción de sus funciones por parte del Rey a partir del hecho sucesorio, a la espera de que en su momento preste el juramento prescrito, plantea la naturaleza de la obligación del mismo. ¿Qué consecuencias tendría que el Rey se negase a prestarlo?, ¿Y cuáles la ruptura del juramento por parte del Rey? Dos hipótesis extravagantes y desde luego indeseables, pero que dan pie a hacer alguna reflexión.

Dado que la proclamación, aunque sea automática, deriva de la prestación del juramento, si éste no tiene lugar tampoco podría producirse aquélla. López Guerra entiende que en este supuesto el Rey no podría actuar como tal, es decir como Jefe del Estado ya que la cualidad de Rey deriva del hecho sucesorio, pero su efectividad depende del acto explícito y solemne que configuran el juramento y la proclamación como elementos formales de integración institucional. La hipótesis que se expone sólo podría resolverse para este autor bien por la abdicación o la renuncia (art. 57.5 CE), bien por la vía de la inhabilitación (art. 59.2 CE), pero son dos opciones son igualmente conflictivas. La primera ya plantea un nuevo dilema: si la solución es la abdicación se está reconociendo que el Rey es Rey efectivo por el hecho sucesorio porque para abdicar hay que ostentar la titularidad de la magistratura, lo que parece que no se le reconoce al no haber jurado; si se opta por la vía de la renuncia prácticamente se está negando el hecho sucesorio, que de hecho ya ha tenido lugar; en cada caso se parte de una valoración bien diferente del efecto, mitigado o sustancial, del juramento, y consiguiente proclamación, sobre la magistratura a asumir, con los efectos ¿jurídicos? derivados. De todas formas, siendo la abdicación y la renuncia decisiones personales nos situamos en el resbaladizo terreno de la presión sobre el Rey remiso a prestar el juramento. Respecto de la posibilidad de acudir a la inhabilitación por motivos políticos, ya hemos hecho referencia en el comentario al artículo 59 CE a las dificultades de encaje del supuesto.

En el caso de ruptura del juramento, la irresponsabilidad del Rey (art. 56.3 CE) excluye que pudiera ser sometido a un proceso penal, al margen de que el juramento no es un contrato del que derive responsabilidad jurídica. Descartada ésta, podría entenderse la existencia de una responsabilidad de tipo político como causa para abrir el proceso de inhabilitación del Rey que desembocase en una Regencia; reiteramos que el supuesto ha sido mayoritariamente rechazado por la doctrina al tratarse de una contingencia absolutamente límite.

La exposición de estas hipótesis ciertamente extravagantes, y de las dificultades que se presentan al intentar darles respuesta, ponen en evidencia la insuficiencia, y posiblemente la imposibilidad, de querer aplicar a la Jefatura de Estado monárquica los mismos sistemas de garantía que a los demás poderes públicos; mientras que la actuación de éstos puede ser garantizada por vías judiciales y políticas predeterminadas, la del Rey, aunque esté constitucionalmente configurada y sometida a la Norma Fundamental, no puede compartir, por su propia naturaleza, los mismos mecanismos de garantía, lo que no quiere decir que no los haya pero sí que son mucho más complejos, en su configuración y en su aplicación práctica. La diferente naturaleza de la estructura y función de aquellos poderes públicos y del Monarca incide de forma necesaria en la naturaleza propia del juramento del Rey.

5. La naturaleza singular del juramento del Rey

Mientras que la generalidad de los poderes públicos se configuran como poderes que actúan con la *potestas* que deriva del *imperium*, la Monarquía no pierde su naturaleza de magistratura de *auctoritas*, aunque se le haya dado un contenido constitucional en el intento de equipararla en su regulación con otras instituciones y poderes públicos. La pretensión de los constituyentes de 1978 de aplicar a la Corona los mismos parámetros que a las demás instituciones, sin tener en cuenta el valor simbólico del poder real asentado en la *auctoritas*, deriva, con afirma de Vega García, en la incomprensión del peso de los componentes simbólicos que la definen. Esto supone, como afirma Fernández-Fontecha, que el juramento del Rey no tiene, ni puede tener, la misma función que el de las autoridades y funcionarios, es decir poderes dotados de poder de decisión, sino que hay que reconducirlo al poder simbólico de la Corona, que es la verdadera naturaleza de su función: es el símbolo el que jura la Constitución.

El juramento del artículo 61.1 CE es la expresión pública y solemne del compromiso personal, ético y moral del Rey en relación con la función y las competencias que le atribuye la Constitución, pero difícilmente puede sostenerse que constituya una obligación jurídica desde el momento en que no tiene vía sancionadora, ni jurídica ni política. Como indica González Hernández, "este es el principal motivo por el que se ha negado virtualidad jurídico-práctica al juramento que ha sido considerado mera garantía subjetiva", lo que no disminuye su transcendencia si bien obliga a darle un tratamiento singular respecto de las fórmulas de acceso a las funciones constitucionales de los demás poderes públicos.

III. EL JURAMENTO DEL PRÍNCIPE HEREDERO Y DEL REGENTE

El artículo 61.2 establece la obligación del Príncipe heredero al alcanzar la mayoría de edad y del Regente o Regentes al hacerse cargo de sus funciones de prestar el correspondiente juramento ante las Cortes. En ambos casos el contenido del juramento es el mismo del artículo 61.1 CE, con el añadido del compromiso de fidelidad al Rey, adición que en el caso del heredero puede tener un significado más bien simbólico, mientras que para el Regente adquiere una proyección especial al reforzar su compromiso de ejercicio del cargo "en nombre del Rey" (art. 59.5 CE). El juramento tiene la transcendencia constitucional de expresar la adhesión a los valores y principios consagrados en la Norma Suprema, en el sentido a que ya hemos alusión al referirnos al juramento del Rey, aunque su proyección varía en función de su protagonista.

Respecto del Príncipe heredero, el carácter del juramento tiene que reconducirse, en nuestra opinión, a la equivalencia entre los criterios sucesorios contenidos en el artículo 57.1 CE y la obligación que impone el precepto que comentamos, en términos similares a los expuestos en páginas anteriores; el Príncipe heredero jura no para ser heredero, sino porque lo es, y asume su compromiso, en principio *a futuro* puesto que la Constitución no le atribuye ninguna función, bien cuando acceda a la Jefatura del Estado, bien si tuviese que asumir la Regencia, pero hay que entender que la vinculación del juramento se proyecta también en las actividades institucionales que pudiera desempeñar el heredero por encargo o representación del Rey. Por el contrario, para los Regentes, que sean legítimos o electivos tienen que prestar el mismo juramento, éste está asociado al momento de hacerse cargo de las funciones constitucionales concretas que le competen.

Algún autor ha planteado la existencia de una cierta incoherencia en la reiteración de juramentos del Príncipe heredero, que podría tener que jurar al cumplir la mayoría de edad, al asumir la Regencia en su caso, y finalmente al acceder a la Jefatura de Estado, entendiendo que su contenido, prácticamente idéntico, justificaría que el primero de los prestados cubriese los demás; reconociendo que efectivamente "es mucho jurar", lo cierto es que cada uno de los juramentos tiene su propia finalidad por lo que no nos parecen superfluos.

La Constitución determina los supuestos en los que hay que prestar el juramento, sin determinar plazos, lo que no deja de plantear algún dilema. El entonces Príncipe Felipe prestó juramento el mismo día en que alcanzó la mayoría de edad, 30 de enero de 1986, y no parece que en principio haya ningún obstáculo para que los Regentes lo hagan de forma inmediata a su delación, sea automática o tras su elección por las Cortes. Sin embargo, si no puede darse esta inmediatez (Cámaras disueltas o cualquier situación personal o institucional que impongan la dilación temporal) podría plantearse la duda, en relación con los Regentes, de si podrían hacerse cargo de sus funciones sin prestar el juramento; dado que la función del Regente no admite dilaciones, no hubiera estado de más una previsión semejante a la del artículo 69 de la

Constitución de 1876 que preveía que el juramento, en el supuesto de que no estuviesen reunidas las Cortes, se prestase ante el Consejo de Ministros, reiterándolo luego el Regente ante las Cortes.

IV. BIBLIOGRAFÍA

CASTAÑÓN JIMÉNEZ, C.: *Régimen jurídico y práctica del juramento en España*, Centro de Estudios Políticos y Constitucionales, Madrid, 2017.

DE VEGA GARCÍA, P.: "El poder moderador", RUBIO NÚÑEZ, R. (Ed.), *Obras escogidas de Pedro de Vega García*, Centro de Estudios Políticos y Constitucionales, Madrid, 2017.

FERNÁNDEZ-FONTECHA TORRES, M.: "Comentario al artículo 58", CASAS BAAMONDE, E., BORRAJO INIESTA, I. (Dirs.), *Comentarios a la Constitución Española. XXX aniversario*, Fundación Wolters Kluwer, Madrid, 2008.

GONZÁLEZ HERNÁNDEZ, E.: "Juramento y lealtad a la Constitución", *Revista de Derecho Político*, núm. 60, 2004, pp. 185-242.

HERRERO DE MIÑÓN, M, "El juramento regio. Reflexiones en torno al artículo 61.1 CE". *Revista de Derecho Político*, núm. 50, 2001, pp. 11-26

LÓPEZ GUERRA, L.: "Comentario al artículo 61" en ALZAGA VILLAMIL, O. (dir.), *Comentarios a la Constitución española de 1978*, Cortes Generales— Edersa, 2ª edición, Madrid, 1997.

SOLOZÁBAL ECHEVARRÍA, J. J.: "Juramento o promesa de la Constitución (Derecho Constitucional)", en MONTOYA MELGAR (Dir.), *Enciclopedia Jurídica Básica*, Civitas, Madrid, 1995.

TORRES DEL MORAL, A., *El Príncipe de Asturias. Su estatuto jurídico*. Congreso de los Diputados, Madrid, 1997.

V. JURISPRUDENCIA

STC 101/1983, de 18 de noviembre
STC 122/1983, de 16 de diciembre
STC 119/1990, de 21 de junio
STC 74/1991, de 8 de abril

Artículo 62

Corresponde al Rey:

a) Sancionar y promulgar las leyes.

b) Convocar y disolver las Cortes Generales y convocar elecciones en los términos previstos en la Constitución.

c) Convocar a referéndum en los casos previstos en la Constitución.

d) Proponer el candidato a Presidente del Gobierno y, en su caso, nombrarlo, así como poner fin a sus funciones en los términos previstos en la Constitución.

e) Nombrar y separar a los miembros del Gobierno, a propuesta de su Presidente.

f) Expedir los decretos acordados en el Consejo de Ministros, conferir los empleos civiles y militares y conceder honores y distinciones con arreglo a las leyes.

g) Ser informado de los asuntos de Estado y presidir, a estos efectos, las sesiones del Consejo de Ministros, cuando lo estime oportuno, a petición del Presidente del Gobierno.

h) El mando supremo de las Fuerzas Armadas.

i) Ejercer el derecho de gracia con arreglo a la ley, que no podrá autorizar indultos generales.

j) El Alto Patronazgo de las Reales Academias.

COMENTARIO

José Manuel Vera Santos
Catedrático de Derecho Constitucional
Universidad Rey Juan Carlos

SUMARIO: I. INTRODUCCIÓN. II. DE LAS DECLARACIONES RETÓRICAS AL MUNDO DE LOS HECHOS. LA MONARQUÍA PARLAMENTARIA EN LA CONSTITUCIÓN ESPAÑOLA DE 1978: UN SISTEMA POLÍTICO PARLAMENTARISTA CON UNA JEFATURA DE ESTADO MONÁRQUICA. III. CATALOGACIÓN DE LAS FUNCIONES DEL REY. 1. Funciones genéricas (remisión al artículo 56 CE). 2. Estudio específico de las funciones concretas recogidas en el artículo 62 CE. IV. CONCLUSIONES. V. BIBLIOGRAFÍA.

I. INTRODUCCIÓN

Sin entrar en disquisiciones teóricas que no vienen al caso, podemos convenir que el Derecho es un sistema, un "ordenamiento". Ello quiere decir, no cabe duda, de que el estudio del mismo ni empieza ni concluye en la literalidad de un precepto determinado, ni siquiera en el uso de la mera y neta teoría pura del Derecho, tan esencial en su momento bautismal como, desde el principio, incompleta para observar la realidad social y política, amén de jurídica, que subyace en el derecho constitucional, como he tenido ocasión de defender en reiterados momentos de mi vida académica. De ahí que el primero de los epígrafes sea el dedicado a "enmarcar" el ámbito de actuación de las funciones que "corresponden al Rey", según indica el propio artículo estudiado.

Crecí leyendo "a los clásicos", sobre todo españoles, franceses e italianos: desde Hauriou a Duverger, pasando por De Vergottini a García Pelayo, Lucas Verdú, Jiménez de Parga o Jorge de Esteban. El adjetivo, nos enseñaban en EGB, califica al nombre, lo que conlleva que, sin desfigurar al sustantivo, lo dota de un significado concreto, de una realidad "distinta"... Y el carácter constitucional, aplicado al sustantivo Derecho, el constitucionalismo, no lo entiendo como el antiguo "derecho político", pero tampoco sin las aportaciones que, insisto, realizaron en el seno de aquél y realizan hoy día de manera independiente la teoría del Estado o de la Constitución (por cierto, siempre necesarias y en este momento de nuestra democracia mucho, muchísimo más ¿para cuándo una real explicación de los mismos en nuestros planes de estudio?), así como la ciencia política o la teoría de las ideas políticas. De lo contrario, el Derecho

constitucional quedaría negado, quedaría reducido a un mero juego cuantitativo de mayorías y minorías, insustancial, intranscendente en lo axiológico, en lo valorativo, en su propia realidad ontológica y finalística, en su aspecto básico para la consecución de la convivencia de una sociedad, libre por igual... e igual por más libre, no olvidemos esa nueva derivada de potenciar, en el seno de las sociedades democráticas occidentales avanzadas, la libertad individual dentro de la igualdad real y efectiva.

Antes de pasar, con Lope de Vega, "de las musas al teatro", en estas "horas veinticuatro" (en estas palabras introductorias, vaya), quiero destacar una cuestión previa: cuarenta y cinco años de Constitución, de libertades, merecen un respeto. Con todas sus posibles reformas, el Texto de 1978 debe, además, celebrarse como muy positivo. Nunca lo olvidemos; tampoco cuando explicamos en las aulas nuestra realidad constitucional. Considero que, en ocasiones, al ser tan críticos con determinados aspectos concretos (que debemos serlo), olvidamos recordar a las nuevas generaciones que la democracia española, el Estado constitucional no es un maná que baja del cielo... antes bien hay que cuidarla, trabajarla de manera cotidiana, como aquel contrato de tracto sucesivo en el que se enmarcaba el matrimonio en el Derecho romano. Vayamos a crear una sociedad "de hombres masa" como la que describía Ortega, personas mimadas e irresponsables, que no valoran los éxitos alcanzados por las anteriores generaciones, que los dan como "naturales", fruto de un adanismo suicida que les hace separarse de la siempre sufrida realidad.

II. DE LAS DECLARACIONES RETÓRICAS AL MUNDO DE LOS HECHOS. LA MONARQUÍA PARLAMENTARIA EN LA CONSTITUCIÓN ESPAÑOLA DE 1978: UN SISTEMA POLÍTICO PARLAMENTARISTA CON UNA JEFATURA DE ESTADO MONÁRQUICA

Comencemos por el principio. Leemos en nuestra Constitución que "España se constituye en un Estado social y democrático de Derecho" (art. 1.1); que "la soberanía nacional reside en el pueblo español" (art. 1.2); y que la "forma política del Estado español es la Monarquía parlamentaria" (art. 1.3).

Pues bien, siguiendo a la mejor doctrina de variadas disciplinas, podemos decir que: a) un Estado democrático no permite que un solo órgano, en este caso el Rey, asuma *de facto* las múltiples competencias que nuestro ordenamiento le permite, ya que se acabaría con el conocido axioma de que "el poder controle al poder"; una mera lectura de este artículo 62, en relación con lo prescrito en los artículos 1 o 56 CE, resulta ejemplificadora; b) que si la soberanía reside en el pueblo, debe ser éste, a través de sus decisiones como poder constituyente, el que b.1) adopte la Monarquía como otro poder constituido más, como Jefatura del Estado, nunca como otra fuente de soberanía, considerándola como un órgano constitucional, con poderes tasados y sometido al ordenamiento; b.2) ese pueblo soberano legitima el sistema democrático, eligiendo a sus representantes que son los verdaderos protagonistas del devenir político y social; y c), ya es clásica la diferenciación de Sthal, entre formas de Estado y de gobierno y cómo la Monarquía, en los sistemas democráticos, ha pasado de ser una realidad, incluso superior a la estatal, a definirse como forma de gobierno en el que el contenido esencial de la misma es su configuración como "parlamentaria". Así, el artículo 66 CE expresamente indica que el Parlamento, las Cortes Generales "representan al pueblo español" y el artículo 99 CE refiere cómo es el Congreso de los Diputados la Cámara que elige y ante la que responde el Presidente del Gobierno. Estamos así ya ante el principio democrático que asume la Jefatura del Estado monárquica como órgano constitucional. Nada más... y nada menos.

Y, para entender este artículo 62, que recoge las funciones regias en la España constitucional, junto a estos preceptos citados, y a la interpretación de los mismos realizada, han de mencionarse otros tales como el apartado 3 del artículo 56 que establece dos cuestiones básicas. A saber. a) el Rey es irresponsable, políticamente hablando; y b) como consecuencia de lo anterior, en un sistema democrático, si no "juega en política", al ser irresponsable, sus actos se encuentran sometidos a la institución del refrendo (arts. 64 y 65 CE), figura en la que descarga dicha responsabilidad, además de que todos sus actos se encuentran tasados por la Constitución y las leyes (art. 56.1 *in fine*).

Es el refrendo uno de los aspectos esenciales a considerar en el papel que desempeña el Rey en cada uno de sus actos. Refrendo que, en la práctica, se lleva a cabo incluso cuando la Constitución exime de la necesidad del mismo (nos estamos refiriendo al supuesto excepcional del artículo 65.2 CE). Aunque el espacio y el tema no lo permite, simplemente aducir que me he pronunciado en reiteradas ocasiones sobre esta institución, mostrándome de nuevo contrario a la doctrina binaria dominante para la que, o bien se "cosifica" la actividad regia o, todo lo contrario, se dota al Rey de una discrecionalidad que, salvados sean momentos determinados, yo no observo. Y es que, insisto, ni el Rey lo es con poderes exorbitantes ni tampoco se pueden desdeñar su actividad, necesaria siempre para dotar de validez jurídica al acto.

Sea como fuere, la irresponsabilidad regia no se agota con la figura del refrendo y los actos institucionales que lleva a cabo el Monarca. La inviolabilidad de la que le enviste el referido artículo 56.3 CE le confiere al mismo tiempo irresponsabilidad jurídica. Prerrogativa regia heredada del constitucionalismo histórico, pero que hoy únicamente encuentra sentido en el favorecimiento del desempeño de las funciones que el Texto Constitucional le atribuye. Una lectura diferente no sería compatible con un sistema democrático como el nuestro, inspirado en la igualdad como valor superior del ordenamiento jurídico (art. 1.1 CE) y en el sometimiento de los poderes públicos —sin excepción— a la Constitución y el resto de leyes (art. 9.1 CE). Solo pueden blindarse los actos privados del Rey si ello permite conservar la indemnidad de la Institución monárquica para que, en consecuencia, ésta pueda servir satisfactoriamente al pueblo. Es lo que algunos autores denominan la *funcionalidad* de la inviolabilidad regia. Razonamiento que ha sido confirmado recientemente por la Ley Orgánica 4/2014, de 11 de julio, por la que se atribuye el conocimiento de las causas civiles y penales dirigidas contra el Jefe del Estado "que hubiera abdicado", dice el nuevo artículo 55 bis LOPJ, al Tribunal Supremo. De esta manera, la inviolabilidad rige *mientras* se es Rey, pero no después. Expresado de una forma sencilla, existen unas funciones constitucionales que se deben proteger que se extinguen cuando el Monarca abdica la Corona.

Queda así claro, el porqué del título de este apartado. A continuación, entro ya en el estudio de las funciones regias en el marco sistemático de nuestra Constitución.

III. CATALOGACIÓN DE LAS FUNCIONES DEL REY

1. Funciones genéricas (remisión al artículo 56 CE)

Antes de proceder a diseccionar algunas cuestiones referidas a las diez competencias/tareas/funciones que le competen al Jefe del Estado, al Rey (o a la Reina, en su caso), considero, con la mejor doctrina, que las mismas se enmarcan dentro de las generales que se indican en el artículo 56 CE, verdadero frontispicio de la realidad regia en España. Por ello, amén de, es obvio, indicar dicha remisión, debo realizar algún apunte más. Concretamente, los que siguen:

La función simbólica a la que alude el artículo citado se me antoja esencial, tanto entendiendo la Corona institucionalmente, como también en un sentido integrador schmittiano. No puedo desarrollar la cuestión como desearía. En cualquier caso, ese simbolismo "real y efectivo" (permítaseme el uso de la expresión constitucional del artículo 9.2), referido a la unidad y permanencia de España, siempre aparecerá sacudido por los vaivenes ordinarios (la polisemia del rico lenguaje español es evidente en este caso), por los envites de "antiguos y nuevos" canes que ladran en las cunetas, bien sean comunistas o fascistas, populistas, nacionalistas o integristas (sobre todo islámicos). Dichos ladridos no empecen en absoluto (al contrario, son ejemplos) de la esencialidad de la tarea integradora del Rey, tanto en su normalidad cotidiana como en actos que lo son menos, también preñados de la función moderadora y arbitral.

En segundo término, respecto a estas tareas arbitrales y moderadoras, debo indicar brevemente que el Monarca desarrolla más bien las últimas que las primeras, ya que la literalidad a veces resulta, como decía antes, más retórica que efectiva, y el concepto "arbitral" no puede en ningún caso entenderse como lo propusiese Constant en pleno doctrinarismo, vinculado a una serie de facultades que resultan exorbitantes para un Monarca en las democracias actuales. Se realizan tanto de manera informal, como también "formalizada" a través de las correspondientes atribuciones concretas que estudiaremos.

Es en este ámbito, en el de la *auctoritas* y no el de la *potestas* donde ubico las actuaciones extraordinarias del Monarca, tales como la actuación y el mensaje de SM Don Juan Carlos I, en febrero de 1981, con motivo del fallido golpe de Estado, o el paralelismo surgido en octubre de 2017, con el magnífico discurso de SM Don Felipe VI referido a la realidad de la España constitucional y democrática frente al totalitarismo simbolizado esta vez por el nacionalismo catalán. Actuaron los diferentes reyes como símbolo de la unidad y permanencia patria, así como en uso de sus competencias simbólicas, arbitrales y moderadores como sostén del funcionamiento regular de las instituciones. Y ello se debe a que el Monarca se sirve del discurso para hacer un llamamiento a la ciudadanía o a los poderes públicos sobre una cuestión de especial trascendencia para el Estado. De forma tal que, sin existir un "derecho" en la Carta Magna al discurso, el Jefe del Estado hace llegar su opinión pero únicamente como órgano constitucional neutral y apolítico.

Respecto a las tareas regias derivadas de su definición como "más alto representante del Estado español en las relaciones internacionales, especialmente con las naciones de su comunidad histórica", me permitirá el lector que me remita a mi comentario al artículo 63.

Y concluyo: en algunas ocasiones se alude a la función del Rey como garante de la Constitución. No voy a entrar en la clásica polémica entre Schmitt y Kelsen al respecto de qué órgano es el defensor de la Constitución. Creo que existe un claro ganador, y es la justicia constitucional. El Rey no lo es más que cualquier otro órgano constitucional o poder público sujeto al dictado del artículo 9.1 CE, a pesar de la literalidad de un artículo 61 referido al juramento regio de guardar y hacer guardar la Constitución. Es evidente que goza de un *plus* de legitimación simbólica en momentos excepcionales. Y es que no es lo mismo ser Jefe del Estado que subsecretario del Ministerio de Agricultura. Pero no creo que la excepcionalidad pueda constituirse en norma general. Ante situaciones excepcionales, respuestas excepcionales... Y dichas rarezas políticas o convivenciales no pueden cambiar la teoría general y el marco constitucional. Hablamos de la diferenciación clásica entre *auctoritas* y *potestas*. Ha de quedar claro. En términos comparatistas, el Rey de España no es el Presidente de la República francesa, ni nuestro artículo 61 el paralelo al conocido artículo 16 de la Constitución de 1958, que dota al Jefe del Estado galo de poderes excepcionales.

2. Estudio específico de las funciones concretas recogidas en el artículo 62 CE

Vamos, ahora ya sí, con el estudio del contenido concreto del artículo 62 CE, toda vez que hemos ubicado el mismo en su marco constitucional. No sin antes destacar que en los artículos 62 y 63 CE, no se recoge toda la actividad que la Constitución indica como propia del Monarca, bien que, esencialmente, me centraré en ellos. Valgan como ejemplos el nombramiento por el Rey de los doce magistrados del Tribunal Constitucional al que se refiere el artículo 159.1 CE, la referencia en el artículo 91 CE a que ordena la publicación de la leyes, o los nombramientos del Presidente del Tribunal Supremo y del Fiscal General del Estado, reconocidos en los artículos 123 y 124 CE, todos ellos actos debidos y refrendados.

Reitero lo argumentado antes: los diferentes actos a los que se refiere este artículo 62 CE en los que participa el Rey son instrumentos para ejercer dichas funciones simbólicas, arbitrales/moderadoras a las que aludía más arriba, bien que tampoco son los únicos medios para implementarlas. Quiero destacar así que la mera presencia regia en actos, conferencias, reuniones privadas o públicas, agendadas o no, constituyen un día a día del Monarca que, en absoluto, es desdeñable en su importante tarea como Jefe del Estado, no lo olvidemos, garante del "funcionamiento regular de las instituciones", como indicaba el artículo 56.1 CE.

Si exceptuamos las letras c) y j), es decir, la convocatoria de referéndums (acto debido, refrendado por el Presidente del Gobierno y decidido por el Consejo de Ministros mediante Real Decreto, indica el artículo 2 de la Ley orgánica 2/1980, reguladora de las distintas modalidades de referéndum) y el honorífico Alto Patronazgo de las Reales Academias, las ocho restantes funciones, algunas con variados contenidos, se refieren a la relación del Jefe del Estado con los poderes "clásicos", es decir, Legislativo, Ejecutivo (y con la Administración) y Judicial.

En relación con las Cortes Generales, el Rey:

Convoca y disuelve las mismas, así como también convoca las elecciones, indica la letra b) del artículo 62. Es decir que, por una parte, es el Monarca quien convoca las elecciones, bien sea por expiración de los cuatro años de legislatura (arts. 68 y 69 CE), bien en caso de disolución anticipada del artículo 115 CE, en los supuestos de reforma constitucional agravada (art. 168 CE) o de imposibilidad de conformación de gobierno tras el trascurso de los dos meses que indica el artículo 99 CE. Evidentemente nos hallamos ante actos reglados, sin margen de discrecionalidad alguno, y con el refrendo del Presidente del Gobierno o del Congreso de los Diputados (en el caso referido del artículo 99). La lectura del artículo 42 de la Ley orgánica 5/1985, del régimen electoral general, confirman el argumento que defiendo.

Igualmente, alejados ya de las monarquías protoliberales y del doctrinarismo posterior, y sin poder alguno de decisión con el que mediatizar la actividad del Legislativo, el Jefe del Estado procede a la convocatoria de las Cortes Generales, como también a su disolución, en los casos referidos en los artículos 99, 115 y 168 CE antes citados, continúa el artículo 62 en su letra b). Insisto en que dichos actos regios aparecen como actos debidos, como actos que "exterioriza" el Jefe del Estado en virtud de la importancia que representan para la vida ordinaria del Parlamento y para el funcionamiento institucional en general.

El Rey sanciona y promulga las leyes, indica la letra a) del artículo 62, sin olvidar que el artículo 91 CE indica también que mandará su publicación en un plazo de quince días. No cabe la "no sanción", ya que el Rey no participa del poder legislativo; no cabe, pues, ni veto regio temporal ni definitivo, como ocurría en las monarquías predemocráticas.

Respecto al Poder Ejecutivo y la Administración, el Jefe del Estado:

Según indica la letra d) del precepto que estudio, propone el candidato a Presidente del Gobierno y, en su caso, procede a su nombramiento y pone fin a sus funciones, es decir, lo cesa. Nos encontramos aquí, tras la convocatoria de elecciones generales antes referida, por dimisión o fallecimiento del Presidente elegido o en el caso de pérdida de la cuestión de confianza regulada en los artículos 112 y 114 CE, ante el supuesto más evidente de la posible discrecionalidad regia a la hora de la propuesta de candidato a Presidente del Gobierno, siempre vinculada a los resultados electorales y/o a la composición del Congreso ya constituido, amén de, por supuesto, a la ronda de contactos políticos que el artículo 99 CE establece. Esta cuestión es esencial y la tarea del Rey muy relevante, precisamente en el momento culminante del sistema parlamentarista, en el que comienza, se mantiene o desaparece la relación de confianza entre Parlamento y Ejecutivo; discrecionalidad regia que aumenta sobre todo si el resultado electoral, la composición del Congreso de los Diputados, no arroja una mayoría clara, tal como hemos tenido ocasión de observar, por ejemplo, en la propuesta regia de candidatos a Presidente del Gobierno posterior a las elecciones de diciembre de 2015, en las que no se obtuvo acuerdo para la elección de Presidente, dando paso a los consiguientes comicios de junio de 2016.

El Rey también procede posteriormente al nombramiento de Presidente del Gobierno. Igualmente actúa si nos encontramos ante los casos referidos de dimisión, muerte o pérdida de confianza del anterior jefe del Ejecutivo, tras los correspondientes trámites referidos en el artículo 99 CE. El Monarca también firma el cese en los casos de elección de un nuevo Presidente del Gobierno tras la celebración de elecciones, pérdida de confianza (también en caso de moción de censura), dimisión o muerte del mismo.

"Corresponde al Rey (...) Nombrar y separar a los miembros del Gobierno, a propuesta de su Presidente", podemos leer en la letra e). Aparte de remitirme al artículo 1 de la Ley 50/1997, del Gobierno, que ratifica que los miembros del mismo son, aparte del Presidente que los elige (art. 100 CE), los Vicepresidentes y los Ministros, poco más que añadir. De nuevo destacar que la elección de Ministros compete libremente al Presidente del Gobierno.

También corresponde al Monarca, en relación con el Poder Ejecutivo "expedir los decretos acordados en el Consejo de Ministros, conferir los empleos civiles y militares y conceder honores y distinciones con arreglo a las leyes", indica la letra f) del artículo 62. Volvemos de nuevo a destacar las cuestiones generales ya indicadas con anterioridad: el Rey no participa del poder ejecutivo, como tampoco lo hace del *ius legislationis*... Como símbolo de la unidad y permanencia de España, como árbitro y moderador de las instituciones, esta expedición de las normas aprobadas por el Ejecutivo (normalmente Reales Decretos aprobados en Consejo de Ministros, pero también las normas referidas en los artículos 82 a 85 y 86 CE, es decir, Decretos Legislativos y Decretos Leyes), se exteriorizan a todos los españoles por la institución que los simboliza en su unidad. Se indica de igual manera la capacidad regia para conferir los empleos civiles y militares de la Administración, utilizando una fórmula retórica de nuevo, ya que la realización de la misma "con arreglo a la ley" conlleva que el acto regio sea tasado, y debido. No se puede decir lo mismo respecto a la concesión de determinados honores y distinciones ya que en algunos de ellos, a pesar de que su decisión, recuerdo, debe ser refrendada, la Casa Real lleva "la voz cantante", permítaseme la expresión, como es el caso de la concesión del Toisón de Oro.

Por su parte, la letra g) del artículo 62 abunda en que "corresponde al Rey ser informado de los asuntos de Estado y presidir, a estos efectos, las sesiones del Consejo de Ministros, cuando lo estime oportuno, a petición del Presidente del Gobierno". Parece obvia la razón de este apartado. De muy mala manera podría cualquier Jefe de Estado, monárquico o republicano, en un sistema parlamentarista, desarrollar sus tareas de arbitraje/moderación, de asegurar el funcionamiento regular de las instituciones, sin obtener la suficiente información. Sin obviar que la misma no solo aparece a través de esta vía que formaliza el artículo 62 (y es que el Rey se entrevista de manera cotidiana con numerosos actores de la vida política y pública en general), encontramos en la literalidad de este apartado varias cuestiones que separan al Rey de aquella decimonónica presidencia efectiva del Ejecutivo. A saber: la obligación existente, sobre todo, por parte de los órganos constitucionales, de informar al Rey sobre sus actividades y problemática que afecte a cuestiones de Estado. Más relevante a efectos constitucionales resulta que, a tal fin, meramente informativo, el Rey "pueda" (*ergo*, no se encuentra obligado) presidir alguna sesión concreta del Consejo de Ministros, previa solicitud del Presidente del Gobierno y siempre que el Monarca acepte dicha invitación. El constituyente anduvo muy fino en la redacción de este precepto... Se observan en él las diferentes cautelas existentes: por una parte el Rey no participa del Ejecutivo y, por tanto, solo acude, excepcionalmente y como invitado, a efectos informativos, nunca deliberantes o decisorios. Se impide con ello posibles veleidades regias respecto a su papel institucional; pero, por otro lado, se establece la posibilidad regia de no acudir a una invitación del Presidente del Gobierno que pueda suponer, *de facto*, un intento de utilizar la figura del Rey como apoyo a una decisión del Consejo de Ministros que resultara socialmente polémica, ya que el Monarca pude negarse a asistir a dicha sesión. La realidad es mucho más normal: el Rey preside algún Consejo de Ministros "descafeinado", aprovechando el periodo vacacional. Y es que la capacidad regia de "animar, advertir y ser consultado" que destacase Bagehot, en el siglo XX y en el XXI, en plena sociedad democrática, se realiza por el Rey de otras muchas maneras que cumpliendo con esta competencia.

"Corresponde al Rey: f) el mando supremo de las fuerzas armadas". Si cada una de las competencias que recoge el artículo 62 y a las que he aludido en esta breve exégesis darían para ocupar el espacio que los editores me han concedido para la totalidad del artículo, esta es una sobre las que más ha escrito la doctrina. Véase como ejemplo la controversia surgida respecto a la actuación del Rey Don Juan Carlos en el dictado de altas órdenes militares y su influencia en el nombramiento de Ministros de Defensa, en los autores que reflejo en la bibliografía. En resumen, y sin tener que volver los ojos a la escuela exegética de Savigny, simplemente aludiendo al artículo 3 de nuestro Código Civil, debo atender a una interpretación sistemática de los artículos 1, 56, 64... y 97 de la Constitución. Y es que, aparte de las aseveraciones realizadas con anterioridad, nuestra Constitución establece literalmente en el último precepto de los indicados que "El Gobierno dirige la política interior y exterior, la administración civil y militar y la defensa del Estado". Y considero que el Rey no puede actuar, en ningún caso, como mando efectivo de las fuerzas armadas. Ni siquiera en situaciones de crisis institucional, como se observa en la ley orgánica 4/1981 reguladora de los estados de excepción recogidos en el artículo 116 CE; tampoco, obvio es decirlo, en situaciones ordinarias, como se desprende de la Ley orgánica 5/2005 de Defensa Nacional, sobre todo en su artículo 5. Simplemente no es así. La actuación del Rey Don Juan Carlos en la noche del 23 de febrero no pude aparecer vinculada a esta competencia militar que, realmente, goza de un sentido testimonial. La Constitución y su normativa de desarrollo pueden regular las situaciones de excepción, digamos, "ordinarias". En una situación tan excepcional, con el secuestro de todo el Gobierno y del Congreso de los Diputados, la máxima autoridad del Estado actuó por su *auctoritas* y no en base a ninguna *potestas* concreta. Lo contrario supondría asumir una cláusula exorbitante bastante peligrosa que sí que colocaría al Rey como defensor de la Constitución. *Auctoritas* y *potestas*... Ahí reside la clave, como antes explicitaba.

Una vez observados la actuación relacional del Rey respecto a los poderes "más políticos", el Legislativo y el Ejecutivo, en lo tocante al Poder judicial, el artículo 62, letra i) indica que el Monarca ejerce el derecho de gracia, eso sí, con arreglo a la ley que además imposibilita indultos generales. He de indicar también que la justicia se administra en su nombre (art. 117.1 CE) y que nombra al Presidente del Tribunal Supremo y al Fiscal General del Estado (arts. 123 y 124 CE), así como confiere el resto de empleos civiles como he indicado antes. Ni que decir tiene que el derecho de gracia, los indultos, se encuentran absolutamente regulados y en manos del Ejecutivo, por lo que la actuación regia no deja de ser otro acto debido, sometido a refrendo y sin ningún margen de maniobra. Como debe ser, dicho sea de paso. Ejemplo reciente de ello lo encontramos en la concesión de las medidas de gracia a los líderes políticos condenados en el marco del proceso soberanista catalán. Si bien el Jefe del Estado hacía una intervención televisiva en octubre del 2017 reprobando duramente los hechos acaecidos en Cataluña, en junio del 2021 va a firmar los Reales Decretos en virtud de los cuales se indulta, por decisión del Gobierno, a los delincuentes.

IV. CONCLUSIONES

De manera sintética, debo terminar indicando que la Monarquía, en la Constitución de 1978, se configura como una jefatura de Estado que asume atribuciones simbólicas, arbitrales, moderadoras y de representación internacional, que actúa en garantía del funcionamiento regular de las instituciones, dentro de un régimen relacional parlamentarista en el que, evidentemente, la relación Parlamento-Gobierno supone la clave de bóveda del sistema democrático español. Dicha actuación regia goza de irresponsabilidad política, lo que conlleva que sea debida, sometida a refrendo y, en la inmensa mayoría de ocasiones, con escasa potestad discrecional.

En segundo término, he de indicar que las competencias genéricas antes citadas se implementan a través de actos que a veces aparecen constitucionalizados y otras veces no: dentro de los primeros, destacan los artículos 62 y 63 CE. Dicho artículo 62 CE alude a actuaciones regias, casi todas ellas, relacionadas con los poderes "clásicos" (Legislativo, Ejecutivo y Judicial), debido sin duda al peso de la historia en la redacción de todo el Título II de la Constitución. Estos actos que "corresponden al Rey" solo se explican dentro del marco constitucional y político que he reflejado antes. En palabras de Don

Felipe VI a la Princesa Leonor, durante la ceremonia de imposición del Toisón de Oro realizada en enero de 2018, nuestros Reyes, con alguna excepción que confirma la regla, han sabido "guiarse *permanentemente por la Constitución, cumpliéndola y observándola"; han servido a España "conscientes de su posición institucional"; y han sabido, en general, simbolizar "las preocupaciones y las alegrías, todos los anhelos y los sentimientos de los españoles".*

V. BIBLIOGRAFÍA

ÁLVAREZ CONDE, E., TUR AUSINA, R.: *Derecho constitucional*, últ. ed, Tecnos Madrid.

BELDA PÉREZ-PEDRERO, E.: "Funciones del rey y refrendo: El sometimiento pleno a la Constitución de la monarquía del siglo XXI", en PENDÁS GARCÍA, B. (dir) y GONZÁLEZ HERNÁNDEZ, E. y RUBIO NÚÑEZ, R. (coord.), *España Constitucional (1978-2018): Trayectorias y perspectivas*, Centro de Estudios Políticos y Constitucionales, 2018, pp. 2981-2998.

BLANCO VALDÉS, R. L.: *La ordenación constitucional de la Defensa*, Tecnos, Madrid, 1988.

FERNÁNDEZ FONTECHA, M., PÉREZ DE ARMIÑAN, A. *La Monarquía y la Constitución*, Civitas, Madrid, 1987.

DE ESTEBAN, J., GONZÁLEZ TREVIJANO, P. J.: *Tratado de Derecho constitucional*, Servicio de Publicaciones de la Universidad Complutense de Madrid, Madrid.

GARCÍA, E., "El rey en la Constitución de 1978: El cometido de la monarquía en una democracia con pretensión de veracidad", *Revista de Derecho Político*, núm. 105, 2019, pp. 19-55.

GONZÁLEZ-TREVIJANO, P. J.: *El refrendo*, CEPC, Madrid, 1998.

LAFUENTE BALLE, J. M., *El Rey y las Fuerzas Armadas en la Constitución*, EDERSA, Madrid, 1987.

LÓPEZ GUERRA, L. (et alt.): *Derecho constitucional*, Tirant lo Blanch, Valencia

TORRES DEL MORAL, A. (dir.): *Monarquía y Constitución*, Colex, Madrid, 2001.

VERA SANTOS, J. M., "El refrendo en la Constitución española de 1978", *Revista de la Facultad de Derecho de la UCM*, núm. 89, 1998, pp. 309-345.

Artículo 63

1. El Rey acredita a los embajadores y otros representantes diplomáticos. Los representantes extranjeros en España están acreditados ante él.

2. Al Rey corresponde manifestar el consentimiento del Estado para obligarse internacionalmente por medio de tratados, de conformidad con la Constitución y las leyes.

3. Al Rey corresponde, previa autorización de las Cortes Generales, declarar la guerra y hacer la paz.

COMENTARIO

José Manuel Vera Santos
Catedrático de Derecho Constitucional
Universidad Rey Juan Carlos

SUMARIO: I. INTRODUCCIÓN. II. EL CONCEPTO DE MONARQUÍA PARLAMENTARIA EN LA CONSTITUCIÓN ESPAÑOLA DE 1978. III. CATALOGACIÓN DE LAS FUNCIONES DEL REY. 1. Funciones genéricas (remisión a la exégesis de los artículos 56 y 62 CE): en concreto "la más alta representación del Estado español en las relaciones internacionales, especialmente con las naciones de su comunidad histórica". 2. Estudio específico de las funciones concretas recogidas en el artículo 63 CE. IV. CONCLUSIONES. V. BIBLIOGRAFÍA.

I. INTRODUCCIÓN

Tal y como he realizado en el breve comentario del artículo precedente, corresponde a continuación indicar el porqué de la vertebración del estudio de este precepto de la manera que aparece en el sumario. El motivo es evidente y queda explicado con una mera lectura del apartado 1 del artículo 3 del Código Civil: "Las normas se interpretarán según el sentido propio de sus palabras, en relación con el contexto, los antecedentes históricos y legislativos y la realidad social del tiempo en que han de ser aplicadas, atendiendo fundamentalmente al espíritu y finalidad de aquellas."

Es decir, que la interpretación literal de un precepto debe conjugarse, además, con la lógica, con la sistemática, apreciando también los elementos históricos y de la realidad social. Y todo ello sin obviar el espíritu y finalidad de los mismos. Es decir, que como indiqué en el anterior precepto estudiado, no se puede entender este artículo 63 en su literalidad, sin atender, sobre todo, a una interpretación sistemática del resto del ordenamiento jurídico... y tampoco obviando la realidad social y política que el sistema constitucional democrático español estructuró en 1978, amén del desarrollo del mismo acaecido en estos años que conmemoramos en esta obra colectiva de manera muy acertada. Ni que decir tiene también hemos de utilizar conceptos y contenidos de materias tales como la ciencia política o la teoría del Estado y de la Constitución.

No voy a incidir de nuevo en los conceptos que defiendo respecto a la conceptuación del Derecho constitucional. Me remito a lo ya escrito. Pero sí considero adecuada esta breve digresión, previa al estudio concreto que se me pide. Creo que la misma es aplicable a la totalidad del Derecho constitucional, entendido como una rama del ordenamiento "diferente", debido a su evidente contenido no únicamente jurídico. Los epígonos de Kelsen me perdonarán (o no), pero así lo creo y así lo defiendo.

Todas las reflexiones anteriores vienen dadas para explicar, insisto, el contenido del sumario. "El curioso jurista persa", ya sé que la expresión no es mía, incluso "el curioso ciudadano español" que se acerca a leer/comprender su Texto constitucional, nunca podrá entender en su globalidad ni la posición del Rey en el entramado constitucional e institucional democrático español, ni tampoco, es obvio, su tarea de máximo representante internacional, que es la cuestión que nos ocupa, si antes no utiliza una interpretación lógica y sistemática de toda la regulación.

De todo lo anterior se desprende que deba empezar por ubicar en su contexto político y constitucional, el significado de la Monarquía parlamentaria en la Constitución española de 1978, así como atender a las diferentes tareas que le corresponde como Jefe del Estado, incluyendo ya, por una parte, la cuestión genérica de la superior representación internacional, para concluir atendiendo a las cuestiones más concretas a las que se refiere el artículo 63 CE. A ello voy.

II. EL CONCEPTO DE MONARQUÍA PARLAMENTARIA EN LA CONSTITUCIÓN ESPAÑOLA DE 1978

En la génesis de nuestro Texto constitucional, en el primero de sus artículos, ya sabemos que se define España como un Estado social y democrático de Derecho; que la soberanía del mismo pertenece al pueblo español y que la forma política del mismo se define como Monarquía parlamentaria.

Sintetizando cuestiones, sin salir del primero de los artículos constitucionales, podemos concluir que, si la soberanía reside en el pueblo español, este prescinde del caduco principio monárquico, por lo que el Rey ni es soberano ni tampoco participa de la soberanía compartiéndola con el pueblo, como ocurría bajo la ficción doctrinaria; además, a fuer de democrático, un Estado no puede permitir ¡qué sería de la doctrina de la separación de poderes! que un mismo órgano goce de competencias efectivas en los ámbitos nacional (respecto a los ámbito legislativo, ejecutivo y judicial, por ejemplo ex artículos 56 y 62 CE), e internacional (me refiero a la literalidad de este artículo 63, en relación también con el 56). Es decir, que las tareas que le "corresponde" realizar al Rey (o a la Reina, en su caso), en dichas materias tan esenciales, las realiza como Jefe de Estado, como un órgano constitucional más, sobre el que no pivota la dirección política del régimen parlamentarista en el que se basa la democracia española. El binomio Legislativo-Ejecutivo, en el que no participa de manera fehaciente el Jefe del Estado, constituye la piedra angular de la democracia constitucional española, no resultando determinante la Jefatura de Estado, monárquica o republicana, para la definición de aquella. Una mera lectura y la consiguiente interpretación sistemática de los artículos 56 y 64, 66, 99 y 100 CE, expresa sin discusión la idea que indico.

El artículo 56 CE, amén de expresar las funciones genéricas del Jefe del Estado, del Rey, entre las que se encuentra la superior representación internacional, junto a las simbólicas y de arbitraje y moderación, destaca una irresponsabilidad política del Monarca que, unida a la institución del refrendo a la que alude el artículo 64, a la evolución histórica de la Monarquía y, como no, a la prevalencia del principio liberal democrático frente al monárquico, ubican a la Corona como un órgano que actúa fuera del juego político y cuyas reglas, que se recogen en el resto de los artículos citados, dan lugar a una transformación en la expresión "Monarquía parlamentaria" como forma política del Estado español, quedando redefinido este como a) sistema parlamentarista (en el que la esencial relación de confianza entre el Congreso de los Diputados y el Presidente del Gobierno resulta muy distante de los quehaceres del Jefe del Estado, salvados sean los actos debidos y refrendados a los que me he referido en el estudio del artículo 62 CE), y b) con una Jefatura de Estado monárquica. Y no es esta una cuestión netamente nominalista...

III. CATALOGACIÓN DE LAS FUNCIONES DEL REY

1. Funciones genéricas (remisión a la exégesis de los artículos 56 y 62 CE): en concreto "la más alta representación del Estado español en las relaciones internacionales, especialmente con las naciones de su comunidad histórica"

Aparte de la remisión obligada a los estudios de los artículos citados, y para aquellos que no consideren acudir a ellos, recuerdo que los actos regios son, en todo caso, actos debidos, sometidos a refrendo y tasados en "la

Constitución y las leyes" (arts. 56 y 64 CE). No goza el Monarca de ningún tipo de prerrogativa o de cláusula de apoderamiento exorbitante al respecto. Constitución y resto de ordenamiento; resto del ordenamiento y Constitución, son los ejes únicos de la actividad de la Jefatura del Estado, como también de cualesquiera otros órganos constitucionales.

De igual manera creo adecuado aludir a que las competencias genéricas del Jefe del Estado serían las simbólicas y las de arbitraje y moderación, así como las de representación internacional que trato a continuación. La actuación regia debe velar también por el funcionamiento regular de las instituciones y, en ningún caso, se presenta como garante de la Constitución, tarea que desempeña el Tribunal Constitucional. Las actuaciones regias en momentos puntuales de emergencia nacional no vienen sustentadas en *potestas* alguna, sino en la *auctoritas* aparejada a su cargo y, cómo no, a su propia persona.

Pues bien, una vez que me he referido a las anteriores cuestiones previas, corresponde el estudio de la función genérica regia como "más alto representante del Estado en las relaciones internacionales, especialmente con las naciones de su comunidad histórica". Posteriormente ubicaremos como competencias específicas las que recoge el artículo 63 CE.

El artículo 56 CE, en el primero de sus apartados indica literalmente que "El Rey es el Jefe del Estado (...) [y] asume la más alta representación del Estado español en las relaciones internacionales, especialmente con las naciones de su comunidad histórica". Tres cuestiones se nos plantean como esenciales para ser explicadas. A saber: el papel del Jefe del Estado, de cualquier Jefe del Estado en un sistema parlamentarista como es el nuestro, en el ámbito de las relaciones internacionales; en segundo término, si el Rey es el único órgano, o no, que goza de esa representación; y por último, la alusión a las naciones de la denominada "comunidad histórica".

En cuanto a las competencias del Rey en el ámbito de las relaciones internacionales, de nuevo la literalidad del artículo 56 CE ha de ponerse en relación, en este caso, con el artículo 97 CE, precepto que literalmente recoge la competencia del Gobierno para dirigir la política, tanto interior como también exterior, de España. Un vistazo a los artículos 1 y 2 de la Ley 50/1997, del Gobierno, ratifican lo dicho. Por tanto he de concluir que la actuación del Monarca en las relaciones internacionales de España resulta netamente representativa, mediante actos refrendados y debidos, en tanto en cuanto no participa en la elaboración de la agenda internacional.

La redacción del artículo 56 CE al aludir como actividad regia a "la más alta representación" en las relaciones internacionales, ya indica que no excluye otro tipo de representaciones. Así, la Convención de Viena de derecho de los tratados, aprobada en 1969, indica en su artículo 6 que "todo Estado tiene capacidad para celebrar tratados". Y, a continuación, en el precepto siguiente, el 7, prescribe que "1. Para la adopción la autenticación del texto de un tratado, para manifestar el consentimiento del Estado en obligarse por un tratado, se considerará que una persona representa a un Estado: a) si se presentan los adecuados plenos poderes, o b) si se deduce de la práctica seguida por los Estados interesados o de otras circunstancias, que la intención de esos Estados ha sido considerar a esa persona representante del Estado para esos efectos y prescindir de la presentación de plenos poderes. 2. En virtud de sus funciones, y sin tener que presentar plenos poderes, se considerará que representan a su Estado: a) los Jefes de Estado, Jefes de Gobierno y Ministros de relaciones exteriores, para la ejecución de todos los actos relativos a la celebración de un tratado; b) los Jefes de misión diplomáticas, para la adopción del texto de un tratado entre el Estado acreditante y el Estado ante el cual se encuentran acreditados; c) los representantes acreditados por los Estados ante una conferencia internacional o ante una organización internacional o uno de sus órganos, para la adopción del texto de un tratado en tal conferencia, organización u órgano."

Poco más que añadir: la más alta representación del Estado no quita que existan "otras representaciones", incluso reconocidas por la normativa internacional, como podemos leer en el apartado 2 del artículo 7 citado de la Convención de Viena. Ninguna duda plantea que el diferente papel, a nuestros efectos, que juega en cada país cada una de las instituciones meritadas en dicho precepto (Jefes de Estado, de Gobierno, Ministros de Exteriores), depende del ordenamiento interno de cada Estado. Es evidente que el Presidente de Estados Unidos de América del Norte no goza de las mismas competencias que el Rey en España, por poner un ejemplo notorio que me sirve para destacar que, también en el ámbito de las relaciones internacionales, los actos regios deben ser refrendados y son actos tasados y debidos. Ello no obsta, y vuelvo a diferenciar los planos de la *auctoritas* y de la *potestas*, para que los viajes del Rey a determinados países, tanto de la denominada comunidad histórica como vinculados secularmente a España y/o a la Corona, digo que los viajes del Rey resulten muchísimo más fructíferos en términos políticos y económicos que los del Presidente del Gobierno o del Ministro de Asuntos Exteriores. Y ello es debido a que el Monarca atesora, va atesorando desde su nombramiento como Príncipe Heredero, como Príncipe de Asturias, una agenda y bagaje que un Presidente de la República, con un mandato de cinco o siete años, renovables o no, pueda disponer. Lo que no quita para que la agenda de tal visita (o recepción en nuestro país de un alto dignatario extranjero), sean evidentemente definidas por el Gobierno, tal y como establece la propia Constitución;

y que la actividad regia en el exterior resulte refrendada de manera tácita con la presencia, bien del Presidente del Gobierno, bien por el Ministro de Exteriores, encargado de acompañar al Monarca en el desplazamiento.

Concluyo así con la referencia a las naciones que componen la "comunidad histórica", alusión con la que el Texto constitucional patrio se refiere, sobre todo, a los países hermanos de Hispanoamérica. Sin entrar en mayores detalles, considero que España debe avanzar mucho en este ámbito, potenciando una relación cultural, política y económica, además de moral, si se me permite la expresión, que incremente la relación entre los "españoles de ambos hemisferios" a los que aludiese la Constitución gaditana de 1812 (por cierto, redactada con una amplia delegación de españoles del otro lado del Atlántico, no lo olvidemos). Desde una relación de iguales, por supuesto que sí. Unas relaciones internacionales maceradas por siglos de convivencia y por un idioma, el español, que constituye un vínculo indeleble que España nunca debe obviar ¿para cuándo unverdadero Erasmus iberoamericano? ¿para cuándo dobles titulaciones entre las universidades españolas y las universidades punteras de países como Argentina, Chile, Colombia o México? ¡Eso sí es verdadera "Marca España"! me refiero a las relaciones internacionales que perduran y que hacen que los Estados y de sus nacionales creen y mantengan vínculos inmemoriales y duraderos. Y en esa tarea, marcada por los Gobiernos, tanto el Rey Don Juan Carlos, como Don Felipe VI han gozado y gozan de una credibilidad y de una agenda insuperable, en beneficio de España.

2. Estudio específico de las funciones concretas recogidas en el artículo 63 CE

Después de estudiada la función genérica del Rey como "más alto representante del Estado español en las relaciones internacionales", el artículo 63 CE alude a tres actuaciones regias muy relevantes: la asunción del denominado "ius legationis", la manifestación del consentimiento del Estado para obligarse internacionalmente, así como declarar la guerra y hacer la paz. Vamos a ello.

El apartado primero del artículo 63 CE indica que "el Rey acredita a los embajadores y otros representantes diplomáticos. Los representantes extranjeros en España están acreditados ante él". Encarna, de manera activa y pasiva, el "ius legationis", el derecho a acreditar a los representantes del Reino de España ante otros Estados (u organizaciones internacionales), así como también recibe las cartas credenciales de los propios de otros Estados ante España. Dos cuestiones aclaratorias. La primera de ellas, no es el Rey, sino que es el Gobierno el que nombra a los embajadores de España en otros países o en organismos internacionales; el Rey procede a sus nombramientos, los "acredita", pero no los elige. A este respecto cabe destacar que España es uno de los escasísimos países, y lo apunto como crítica, que nombra casi todos los embajadores del cuerpo de funcionarios dedicados a tal fin. He creído siempre, y sigo creyendo, que es un error de concepción que linda con el sistema tecnocrático-corporativo y que produce, como aquellos sueños goyescos, verdaderos "monstruos de la razón". En segundo término, en relación con este precepto recogido en el apartado primero del artículo 63, aunque los embajadores extranjeros se acreditan ante él, en un acto ceremonial, el "placet", el consentimiento del Estado español hacia dicho delegado extranjero, pertenece al Gobierno.

"Al Rey corresponde manifestar el consentimiento del Estado para obligarse internacionalmente por medio de tratados, de conformidad con la Constitución y las leyes", podemos leer en el apartado segundo del artículo en cuestión. Y otra vez he de retrotraerme, de un lado, a la irresponsabilidad política regia y al carácter debido de unos actos que aparecen siempre refrendados (art. 56 y 64 CE); y, de otro, teniendo en cuenta el inciso final del precepto, a la regulación que establezcan "la Constitución y las leyes". No voy a entrar en el estudio de la participación de los diferentes órganos constitucionales en la discusión y firma por España de los tratados internacionales a los que se adhiere, pero tampoco debe obviarse, en este caso de manera acertada, la literalidad de este apartado, al establecer que al Monarca le compete "manifestar el consentimiento del Estado", es decir, sacar a la luz, publicitar dicho consentimiento, lo que conlleva *a contrario sensu*, que no goza de competencias para participar en la decisión sobre si se firma o no el mismo; evidentemente mucho menos participa en las fases internas definitorias del contenido del acuerdo internacional.

Como digo, según los artículos 93 y 94 CE y la Ley 25/2014, de Tratados y otros acuerdos internacionales, no cabe ninguna duda que la tarea esencial del Rey, al igual que ocurre con su actividad respecto a la legislación interna, consiste en dar a la luz, sacar al exterior una manifestación del Estado en la que la Corona no ha participado. Es decir, realizando un paralelismo con el artículo 91 CE, el Monarca actúa en la fase de externalización de la manifestación del consentimiento, en este caso, internacional. Una somera lectura a los artículos, 3 a 5 de la Ley de 2014 refleja la preeminencia del Ejecutivo en la política exterior (competencias del Consejo de Ministros, del Ministerio de Asuntos Exteriores y del resto de departamentos ministeriales), como indica expresamente el artículo 97 CE; los artículos 11 a 16 de dicha norma legal inciden en el papel de los diferentes órganos ejecutivos mencionados en cuanto a la negociación, adopción, autenticación, autorización de firma, aplicación provisional o manifestación del consentimiento. Este último artículo, el 17 (sobre todo) y el 21 se refieren a la tramitación interna previa a la manifestación del consentimiento de obligarse por un tratado internacional y el papel que, en este caso, cumplen las Cortes Generales *ex* artículos 93 y 94.1 CE.

Va a ser el artículo 22, referido a la firma del instrumento de manifestación del consentimiento por el Rey, el precepto que establezca, literalmente, que será el Monarca quien, con el refrendo del Ministro de Asuntos Exteriores, firmará los instrumentos de ratificación y de adhesión que manifiesten el consentimiento de España en obligarse mediante un tratado internacional.

La duda surge respecto si el Rey actúa en toda manifestación de consentimiento internacional. La mejor doctrina ya indicaba que no era así, que el artículo 63.2 CE alude al caso de "tratados" y que no todo acuerdo internacional goza de dicha calificación. Así lo indicó también el Tribunal Constitucional mediante Auto 114/1991. En cualquier caso, la redacción del artículo 22 citado aboga por seguir lo establecido por la doctrina y el supremo intérprete de la Constitución, indicando que la actuación regia viene referida a los casos de ratificación o adhesión, intervengan las Cortes Generales mediante su autorización previa o no lo hagan. Es decir, que el Rey actúa cuando la manifestación del consentimiento del Estado en el ámbito internacional, se realice de forma, digamos, más solemne de entre las diversas posibilidades que ofrece el artículo 11 del Convenio de Viena, recepcionado en la Ley de 2014.

Así, si atendemos a los supuestos de Tratados internacionales regulados en la Constitución, en sus artículos 93 y 94, la intervención regia viene estructurada como a continuación indico: a) en la conclusión de los tratados que atribuyan a una organización internacional el ejercicio de competencias derivadas de la Constitución, a los que se refiere el artículo 93 CE, el Rey interviene, *ex* artículo 91 CE, sancionando, promulgando y mandando la publicación de la correspondiente ley orgánica autorizante, así como en el postrer momento de la adhesión o ratificación; b) en los casos referidos en el apartado primero del artículo 94 CE, es decir, tratados de carácter político, militar, que afecten a la integridad territorial o a los derechos fundamentales, que impliquen obligaciones financieras..., en los que se necesita una autorización previa de las Cortes Generales, a la que se refiere el artículo 74.2 CE, desarrollado en los Reglamentos de ambas Cámaras, la figura del Jefe del Estado solo aparece en el último de los momentos citados; al igual que ocurre, c) en los supuestos referidos en el apartado segundo del artículo 94 CE en el que se prescribe que, respecto al resto de los tratados celebrados, simplemente serán informados tanto el Congreso de los Diputados como el Senado, por lo que el Jefe del Estado sólo actuará en el momento de la adhesión o ratificación, siendo siempre sus actos debidos y refrendados convenientemente. No entro en polémicas respecto a cuándo un tratado es o no "político" o conlleva obligaciones financieras, conceptos tan indeterminados como interpretados en primera instancia por el Gobierno.

La poética, bien que sea bélica y en prosa, se adentra, de manera ciertamente anacrónica, en nuestra Constitución de nuevo al aludir el artículo 63, en su apartado tercero, que "al Rey corresponde, previa autorización de las Cortes Generales, declarar la guerra y hacer la paz".

Dejando a un lado la firma regia para "hacer" la paz, el citado anacronismo se sustenta en que, en el ámbito internacional, la Carta de las Naciones Unidas sólo permite una actuación bélica cuando sea en legítima defensa (art. 51) o mediante participación en misiones militares aprobadas por el Consejo de Seguridad de la propia ONU para el mantenimiento de la paz (art. 42, sobre todo). En el mismo orden de cosas, el artículo 42.7 TUE recoge su propia cláusula de defensa mutua entre los Estados Miembros (así como la OTAN la tiene en su artículo 5), mientras que el artículo 43 del mismo cuerpo legal hace lo propio en relación con el aseguramiento de la paz. Invito a reflexionar sobre hasta qué punto, en la actualidad, podría hablarse de una "declaración formal" de guerra. Bastaría con que el Ejecutivo decidiera enviar tropas, armamento... para, *de facto*, vernos inmersos en ella.

En la normativa española, el artículo 97 CE indica que la dirección de la política civil y militar, así como la defensa del Estado, corresponde ejercerlas al Gobierno. Una lectura de la Ley orgánica 5/2005, de Defensa Nacional, en sus artículos 5 a 7, nos ratifica en lo dicho. La referencia de esta normativa a la actuación regia viene dada en el artículo 3 en el que, con una redacción muy genérica referida a la Corona, no aporta nada nuevo a lo previsto constitucional y normativamente.

Vuelvo a los orígenes: la actuación del Rey o, en su caso, de la Reina, se constituye como un acto debido, refrendado, y que en ningún caso supone decisión alguna al respecto de la importante cuestión material a adoptar. La literalidad del precepto estudiado, proveniente de nuestro primer constitucionalismo gaditano, ha de entenderse dentro de la Monarquía parlamentaria y el correspondiente juego de poderes resultante al que ya me he referido. De la conjunción de los poderes regios, del Gobierno y del Parlamento, los del primero son formales, los del segundo decisorios en cuanto a la materia y los del Parlamento de control previo.

Sin incidir tampoco en el tema que nos ocupa, que no es otro que la actuación regia en este ámbito, cabe preguntarse hasta qué punto se presenta como necesaria esa autorización del Legislativo en actuaciones de España en el exterior por cuestiones de seguridad... El artículo 4 de la citada Ley orgánica de Defensa Nacional, en sus apartados primero y segundo, ya separa la autorización solicitada *ex* artículo 63.3 de la restante actuación gubernamental, con autorización previa del Congreso, que luego se desarrollan en los artículos 15 a 18, preceptos a los que me remito. El espíritu de la normativa constitucional resulta de esta manera interpretado a favor de las competencias del Ejecutivo.

IV. CONCLUSIONES

Los actos internacionales del Rey, como también los realizados en el ámbito nacional, resultan ser actos debidos, tasados, propios del simbolismo y la alta representación que se preconizan del Jefe del Estado. Que su tarea representativa sea muy destacada no quita para concluir con la evidencia de que la política exterior de España no se define, ni siquiera siempre se formaliza, por el Rey. Lo que no puede ocultar la realidad que supone el relevante papel de Su Majestad en este campo.

V. BIBLIOGRAFÍA

FERNÁNDEZ-FONTECHA TORRES, M.: "De la Corona. Artículo 63", en CAZORLA PRIETO, L., PALOMAR OLMEDA, A. (dirs) *Comentarios a la Constitución española de 1978*, Thomson Reuters Aranzadi, 2018, pp. 1762-1770.

MARIÑO MENÉNDEZ, F. M.: *Derecho internacional público. Parte general*, Trotta, Madrid, 1999.

PASTOR RIDRUEJO, J. A.: *Curso de Derecho internacional público y organizaciones internacionales*, Tecnos, Madrid, 2016.

PRIETO GUTIÉRREZ, M. G.: "El rey-embajador: La corona en las relaciones internacionales", en PENDÁS GARCÍA, B. (dir.) *España Constitucional (1978-2018): Trayectorias y perspectivas*, Centro de Estudios Políticos y Constitucionales, Madrid, 2018, pp. 3017-3028.

REMIRO BROTONS, A. *(et al): Derecho internacional*, Tirant lo Blanch, Valencia, 2010.

VERA SANTOS, J. M.: "El refrendo en la Constitución española de 1978", *Revista de la Facultad de Derecho de la UCM*, núm. 89, 1998, pp. 309-345.

Artículo 64

1. Los actos del Rey serán refrendados por el Presidente del Gobierno y, en su caso, por los Ministros competentes. La propuesta y el nombramiento del Presidente del Gobierno, y la disolución prevista en el artículo 99, serán refrendados por el Presidente del Congreso.

2. De los actos del Rey serán responsables las personas que los refrenden.

COMENTARIO

Yolanda Gómez Sánchez
Catedrática de Derecho Constitucional
Universidad Nacional de Educación a Distancia. UNED

SUMARIO: I. MONARQUÍA Y DEMOCRACIA EN LA CONSTITUCIÓN DE 1978: CARÁCTER SIMBÓLICO, JURAMENTO Y REFRENDO. II. EL ARTÍCULO 64 DE LA CONSTITUCIÓN: EL REFRENDO. III. FORMAS DE REFRENDO. IV. ACTOS DISPENSADOS DE REFRENDO. V. BIBLIOGRAFÍA. VI. JURISPRUDENCIA.

I. MONARQUÍA Y DEMOCRACIA EN LA CONSTITUCIÓN DE 1978: CARÁCTER SIMBÓLICO, JURAMENTO Y REFRENDO

A pesar de la contradicción semiótica entre *monarquía* (gobierno de uno) y *democracia* (gobierno del pueblo), la feliz mixtura de la *monarquía parlamentaria* como forma de la Jefatura del Estado (art. 1.3 CE), encontró acomodo en la Constitución española de 1978 con perfiles propios. El marco de esta monarquía parlamentaria se despliega a lo largo del Texto constitucional pero puede delimitarse más nítidamente a partir de la definición de España como Estado social y democrático de Derecho (art. 1.1 CE) y de la adhesión del mismo a los valores superiores de libertad, justicia, igualdad y pluralismo político; de la proclamación de la soberanía nacional residenciada en el pueblo español, del que emanan todos los poderes del Estado (art. 1.2 CE) y de la definición de un estatuto del rey o reina como Jefe del Estado definido en el Título II de la Constitución y en otros preceptos concordante de la misma. El modelo de monarquía parlamentaria española, pues, podría definirse en torno a las siguientes notas, el rey o reina: a) no es la persona titular de la soberanía sino el pueblo; b) es titular de un órgano constitucional, la Corona y asume la más alta representación del Estado; c) no es titular de ninguno de los tres poderes: Legislativo, Ejecutivo y Judicial pero sus funciones están imbricadas en todos ellos; d) se le atribuyen competencias y funciones que ejerce siempre de conformidad con la Constitución y la ley; y e) en tanto que titular de la Jefatura del

Estado, no está sujeto a responsabilidad por sus actos, motivo por el que los actos derivados de sus funciones constitucionales requieren el refrendo de quien resulte responsable de ellos.

Derivado de lo anterior, se ha afirmado que la Jefatura del Estado no tiene adscripción política; en mi opinión, tal afirmación no es exacta totalmente. El rey o reina, como titular de un órgano constitucional, la Corona, sí debe tener una adscripción política, en el sentido de defensa y vinculación a una opción política y esta solo puede ser la democracia y el régimen constitucional que legalmente rija en el país. Quizá, por tanto, sería mejor decir que no debe tener adscripción partidista. Por este motivo es constitucionalmente legítimo que el rey o reina apoye expresamente a la Constitución y al régimen constitucional a través de discursos o con su presencia en actos. Como es sabido, la Constitución española ha recogido un amplio catálogo de funciones regias, aunque como es propio de una monarquía parlamentaria, dichas funciones son actos tasados y debidos del rey. Son, por un lado, actos tasados por cuanto el contenido jurídico y político del acto viene determinados por otros órganos. La participación del rey o reina permite completar el acto y que este alcance la calidad de acto estatal. Por otro lado, son actos debidos porque el rey o reina no puede realizar un examen sobre el contenido del acto previo a su participación del cual pudiera derivarse una negativa a completar el acto. La participación del Jefe del Estado no implica, pues, ningún tipo de control de legalidad, material o formal, ni de oportunidad política. Esta asimetría en la determinación del contenido jurídico-político de los actos tiene dos consecuencias: la primera, la ausencia de responsabilidad jurídica y política del rey en tanto no determina el contenido del acto; la segunda, la necesidad de articular un sistema a través del cual se formalice dicha asimetría y su consecuencia, es decir, la atribución de responsabilidad al órgano decisor en cada caso. El refrendo es el instrumento jurídico que permite realizar este principio.

El compromiso acordado en su día por los constituyentes para conciliar y compatibilizar un Estado democrático, articulado en torno a un sistema parlamentario de gobierno, con la institución monárquica implicaba también asumir excepciones a principios y reglas generales de la democracia (singularmente, el principio hereditario y, en España, además, la preferencia del varón sobre la mujer en la sucesión, art. 57.1 CE) y, sobre todo, obligaba a una interpretación integrada de la Constitución en la que la Corona aparece como un órgano constitucional cuya definición y funciones deben armonizarse con el resto de los principios y reglas constitucionales. Un equivocado análisis puede llevar a ver antinomias constitucionales donde solo hay interpretación errónea del sistema constitucional en su conjunto. Así, por ejemplo, podría decirse que mientras el artículo 62.a) CE establece que el rey ha de *sancionar y promulgar las leyes*, lo que permitiría afirmar la participación del monarca en la culminación de la función legislativa, el art. 66.2 CE establece que solo las *"Cortes Generales ejercen la potestad legislativa del Estado"*; o similar conflicto podría apreciarse a partir del artículo 117 CE, en el que se afirma que *"la justicia emana del pueblo"* (lógica consecuencia del principio de *"soberanía nacional"* enunciado en el artículo 1.2 CE), pero que *"se administra en nombre del Rey"* y no en nombre del pueblo. ¿Cómo pueden encajar estas aparentes contradicciones de la Constitución de 1978? El encaje constitucional descansa, principal aunque no exclusivamente, en un conjunto de preceptos. El primero de ellos es el art. 56.1 CE que declara que *"El Rey es el Jefe del Estado, símbolo de su unidad y permanencia, arbitra y modera el funcionamiento regular de las instituciones, asume la más alta representación del Estado español en las relaciones internacionales, especialmente con las naciones de su comunidad histórica, y ejerce las funciones que le atribuyen expresamente la Constitución y las leyes"*. Es la función simbólica la que puede explicar que se administre justicia en su nombre o la función moderadora la que haga lo propio respecto de la sanción y promulgación de las leyes: *tales actos son realizados en nombre o como personificación del Estado español*. Algunos autores consideran inadecuado que sea el carácter simbólico de la monarquía el que determine su haz de competencias porque parten del error de considerar el símbolo como algo pasivo e inerte. Pero un símbolo puede ser útil en democracia, porque actúa incluso en los niveles afectivos y sentimentales de la persona, aunque también puede generar animadversión, sentimiento, por otro lado, del que tampoco escapan las leyes. El segundo precepto es el art. 64 CE, el refrendo, objeto principal de la reflexión contenida en estas páginas, de cuya naturaleza y alcance me ocupo en los epígrafes siguientes. Baste ahora señalar que el refrendo es la institución que permite la traslación de la responsabilidad política y jurídica del Jefe del Estado al órgano refrendante, permitiendo que el carácter simbólico, más no inerte, se mantenga. El tercero de los preceptos relevantes en la configuración esencial de la monarquía parlamentaria y el estatuto del rey o reina como Jefe de Estado, es el artículo 61.2 CE, que regula el juramento del rey al ser proclamado ante las Cortes generales, de desempeñar fielmente sus funciones, guardar y hacer guardar la Constitución y las leyes y respetar los derechos de los ciudadanos y de las Comunidades Autónomas. Igual juramento, así como el de fidelidad al rey, debe ser prestado por quien sea titular de los derechos de inmediata sucesión, príncipe o princesa de Asturias, al alcanzar la mayoría de edad, y por el regente o regentes al hacerse cargo de sus funciones. He insistido en la importancia de este precepto para la correcta interpretación de las funciones del Jefe del Estado en una monarquía parlamentaria y correlativamente de las funciones que a partir del dicho juramento puede asumir el inmediato sucesor a la Corona. El juramento del rey al ser proclamado ante las

Cortes y no por éstas, es un acto obligatorio y determinante para el estatuto del Jefe del Estado por cuanto representa, en una fórmula tasada constitucionalmente, la formalización del sometimiento del rey o reina a la Constitución y al resto del ordenamiento jurídico (art. 9.1 CE). Igual relevancia y sujeción a la Constitución y a la ley manifiesta el juramento del príncipe o princesa de Asturias pero, además, en este caso es el elemento jurídico constitucional que permite al inmediato sucesor a la Corona desempeñar funciones constitucionales, pues así se establece en la fórmula constitucional del artículo 61.2 CE. He señalado en trabajos anteriores que, en mi opinión, a partir del juramento —que va unido a la mayoría de edad— el heredero o heredera adquiere un *status* constitucional por cuanto resulta imposible obviar el acto constitucional regulado en el artículo 61.2 CE y la fórmula de tal juramento de "desempeñar fielmente sus funciones, guardar y hacer guardar la Constitución y las leyes y respetar los derechos de los ciudadanos y de las Comunidades Autónomas" y fidelidad al rey. El príncipe o princesa de Asturias carece, sin embargo, de la exención de responsabilidad que la Constitución reconoce al Jefe del Estado y, por tanto, la responsabilidad de sus actos quedaría sujeta a las normas generales. Aunque, se ha defendido la extensión de la irresponsabilidad regia a los actos del príncipe o princesa de Asturias reconociéndole como *portavoz* del rey, opino que el refrendo previsto en el artículo 64 CE solo alcanza a los actos del rey o reina y que no cabe hacer una interpretación extensiva de la excepción a la exigencia de responsabilidad contenida en este precepto.

Por todo lo expuesto anteriormente, creo que podría concluirse que a) el príncipe o princesa de Asturias tienen, a partir de la prestación del juramento al que alude el artículo 61 CE, funciones constitucionales que se desenvuelven en el marco de la función simbólica, integradora y representativa de la Corona como órgano constitucional; b) que puede ser designado representante de España en actos de carácter internacional, lo cual debe formalizarse mediante Real Decreto como correctamente ha venido haciéndose; c) que al príncipe o princesa de Asturias no le alcanza la irresponsabilidad regia, lo cual no impide que el Gobierno pudiera hacerse responsable de los actos del heredero en el desenvolvimiento de las funciones que le hubieren sido encomendadas. Ello no está excluido por la Constitución y es perfectamente compatible con el amplio marco que la Constitución otorga a la función de dirección política atribuida al Gobierno en el artículo 97 CE. Así debe hacerse y esta es la práctica habitual. Este hecho hace conveniente que se extremen las medidas para que las actividades del príncipe o princesa no generen controversia alguna. El Gobierno debe atender —como así se hace— todas las actividades oficiales del heredero o heredera asignando a un ministro —generalmente el que corresponda por razón de la materia del acto de que se trate— para que acompañe al príncipe o princesa en estos actos. No estamos ante un refrendo de presencia puesto que el artículo 64 CE al tratar del refrendo se refiere exclusivamente al rey, sino ante un acto del Gobierno al que la Constitución no impide que avale o se responsabilice de los actos de un miembro de la Familia Real al que el propio Gobierno habrá pedido su participación en dicho acto o habrá aceptado la solicitud formulada por otros órganos, instituciones o entidades públicas o privadas.

II. EL ARTÍCULO 64 DE LA CONSTITUCIÓN: EL REFRENDO

La traslación de la responsabilidad de los actos del rey o reina a quien deba asumirlos por mandato constitucional se formaliza, como ya hemos indicado en el epígrafe anterior, a través de la institución del refrendo regulada en el artículo 64 CE, cuyo apartado primero incluye tres relevantes aspectos. Por un lado, determina que los "actos del Rey serán refrendados". Dado que la Constitución no se refiere a "todos" los actos del rey, es posible que el art. 65.2 CE contemple actos no requeridos de refrendo al establecer que el "Rey nombra y releva libremente a los miembros civiles y militares de su Casa". Esta excepción no constituye sin embargo una obligación (la de nombrar y relevar sin refrendo, como se ha señalado, a mi juicio, erróneamente) sino una exención de una obligación general (la contenida en el artículo 64 CE), que es algo totalmente diferente. En segundo lugar, atribuye de forma tasada la competencia de refrendar los actos del rey al presidente del Gobierno y, en su caso, a los ministros competentes; para el caso específico de la propuesta y nombramiento del presidente del Gobierno, y la disolución prevista en el artículo 99, al presidente del Congreso. Sobre esta atribución del artículo 64.1 CE a personas tasadas, al presidente del Gobierno, ministros y, para el caso del art. 99, al presidente del Congreso, la STC 5/1987, de 27 de enero, que resolvió un conflicto de competencias en relación al refrendo del Real Decreto de nombramiento de Carlos Garaikoetxea como Lendakari de la Comunidad Autónoma del País Vasco, atribuida directamente al presidente del Parlamento autonómico por la Ley 7/1981, de 30 de junio, confirmó que esta atribución personal impedía que otros pudieran refrendar los actos rey y que ello no debía verse como una competencia del presidente del Gobierno en el ámbito propio de una Comunidad Autónoma ni, "en consecuencia, una injerencia suya en la esfera competencial autonómica", por la misma razón que no cabe ver competencia alguna del presidente del Gobierno en el ámbito de la justicia constitucional o del Poder Judicial porque aquél refrende el Real Decreto de nombramiento de los miembros del Tribunal Constitucional o del presidente del Tribunal Supremo. Afirma también el Tribunal Constitucional que el "acto real del nombramiento está referido al momento final con que culmina la articulación de la democracia representativa en el interior de la Comunidad Autónoma; de ahí que todo el contenido del acto venga determinado por el órgano que expresa la voluntad popular en el interior de la Comunidad"; el "nombramiento por el Rey de la persona elegida por el Parlamento autonómico no tiene otro sentido que el ... de hacer visible la inserción en el Estado de la organización institucional de la Comunidad Autónoma". En este caso, el Tribunal Constitucional falló declarando la inconstitucionalidad del art. 4, párrafo 2, de la Ley del Parlamento Vasco 7/1981, de 30 de junio; y declarando que correspondía al Presidente del Gobierno refrendar el Real Decreto de nombramiento del Presidente del Gobierno Vasco. El Tribunal Constitucional reiteró esta doctrina en su sentencia 8/1987, de 29 de enero (nombramiento de José Antonio Ardanza Garro), que resolvió un conflicto de competencias en los mismo términos que los señalados en la STC 5/1987.

En tercer lugar, el artículo 64,2 CE consagra la consecuencia jurídica de la atribución de la responsabilidad política y jurídica al refrendante, estableciendo que de los actos del rey serán responsables las "personas que los refrenden". Nótese, por un lado, que aunque el artículo 64.1 CE habla de "actos del rey", ello no puede ser interpretado en el sentido de atribución material del acto al Jefe del Estado, sino que debe ser entendido como sinónimo de *actividad* del rey; y, por otro, que el artículo 64.2 CE, como he indicado, alude a las "personas" que refrenden el acto del rey o reina y no a órganos refrendantes. Esta específica redacción del apartado segundo del art. 64 CE es coherente, sin duda, con la atribución igualmente personal del refrendo en el art. 64.1 CE al presidente del Gobierno, a los ministros o al presidente del Congreso y no al Gobierno o al Congreso de los Diputados. En el caso del presidente del Gobierno, no hay dificultad en entender que esta es una de las competencias y responsabilidades que le corresponden como órgano unipersonal (como lo es la propuesta y cese de sus ministros, la disolución de las Cámaras o la presentación de una cuestión de confianza, entre otras). En el caso de los ministros, debe entenderse que el artículo 64.1 CE les atribuye una responsabilidad directa derivada de los actos que refrenden, con apoyo en el artículo 98.2 CE que les asigna competencias y responsabilidades derivadas directamente de su gestión, a pesar del funcionamiento colegiado del Gobierno. Igual situación se produce cuando es el presidente del Congreso el que asume la acción refrendataria, que se justifica en este caso por la ausencia de un gobierno con plenos poderes y en fase de renovación. El Tribunal Constitucional, en la STC 5/1987, ya citada, después de señalar que la norma constitucional que debía servir de base para enjuiciar la validez del párrafo 2 del art. 4 de la Ley vasca estaba integrada por los artículos 56 y 64 de la Constitución, que contienen la regulación esencial del refrendo de los actos del rey, afirmó que la institución del refrendo aparece caracterizada en nuestra Constitución por las siguientes notas: a) los actos del rey deben ser siempre refrendados, con la salvedad prevista en el artículo 56.3 en relación con el 65.2 CE; b) en ausencia de refrendo, dichos actos carecen de validez; c) el refrendo debe realizarse en la forma fijada en el art. 64; y d) la autoridad refrendante en cada caso asume la responsabilidad del acto del rey.

En lo que respecta a la extensión de la responsabilidad, nada dice el artículo 64 CE, de donde debe seguirse que cualquier tipo de responsabilidad (civil, penal, administrativa... y, también, política) queda comprendida en esta norma. Es frecuente, por último, que las constituciones reconozcan algunos actos del rey para los que no se exige constitucionalmente refrendo, como así sucede en el artículo 65.2 CE, ya mencionado.

III. FORMAS DE REFRENDO

Atendiendo a la forma que adopta el acto de refrendo se han formulado diferentes clasificaciones. De entre todas, creo adecuada la distinción entre *refrendo expreso* que, a su vez, puede ser *documental* o de *presencia; refrendo implícito* y *refrendo presunto*. El refrendo *expreso documental* se manifiesta, por lo general, en la contrafirma del presidente del Gobierno o del ministro correspondiente junto a la del rey en un documento nacional o supranacional, acto legislativo o de otra naturaleza. El refrendo *expreso de presencia* se produce cuando el refrendante —presidente del Gobierno o ministro que corresponda por razón de la materia— acompañan al Jefe del Estado durante el desarrollo de un acto o actividad pública (tal es el caso, de los viajes oficiales del rey), asumiendo la responsabilidad derivada de aquel. Sigue siendo un refrendo expreso, porque la presencia del refrendante lo es. Los casos de *refrendo implícito* y de *refrendo presunto*, conceptos que creo deben distinguirse aunque no lo ha interpretado así un sector de la doctrina, son más difíciles de catalogar. En el *refrendo implícito* no hay firma, ni presencia que acredite la posición del refrendante pero la misma puede deducirse de otros elementos que concurren en el acto del rey. Tal podría ser el caso de un discurso del Jefe del Estado ante organismos internacionales o intervenciones del monarca en relación con otros mandatarios extranjeros pero, sobre todo, los casos de actos o actividades del rey o reina de carácter semipúblico o, incluso, privado (asistencia del rey a un funeral, a una boda o a otro tipo de acto social semejante). También a este tipo de situaciones debe alcanzar el refrendo —aunque sea el refrendo implícito— y por ello resultaría necesario que la agenda del Jefe del Estado fuera siempre conocida en su totalidad por el Gobierno. Si ante una determinada actuación del rey de esta naturaleza se produce algún tipo de reacción gubernamental, ya sea una explicación de hechos, una toma de posición o, quizá, una crítica abierta, debe deducirse que el presidente del Gobierno no había prestado su aval al acto del rey. Problema distinto es el de las consecuencias de esta situación puesto que, en todo caso, el presidente del Gobierno o los ministros deben responder de los actos del rey y su discrepancia revelaría o una grave falta de coordinación política o una fisura institucional igualmente grave. La situación resultaría en todo caso sumamente compleja; el rey no puede ser cesado y no está sometido a exigencia de responsabilidad ni política ni de otra índole. El presidente del Gobierno o los ministros, de otra parte, son responsables y quienes deben asumir las consecuencias del acto, cuyas consecuencias podrían alcanzar un nivel tal que forzarán la dimisión del refrendante.

Por último, el *refrendo presunto* lo sería en sentido estricto, es decir, aquéllos actos del rey que ni reciben refrendo ni, por las circunstancias, podían recibirlo. El caso paradigmático sería la intervención televisada del rey Juan Carlos en la madrugada del 24 de febrero de 1981, después del fallido golpe de Estado y los actos subsiguientes, como las conversaciones con altos mandos de las Fuerzas Armadas, dado que el Gobierno y el Parlamento se encontraban secuestrados. Es la imposibilidad de refrendar el acto del rey lo que distingue a este supuesto del refrendo implícito descrito anteriormente. El refrendo presunto requeriría un acto de validación posterior, ya fuera expreso o implícito.

Como he señalado, la doctrina acepta la posibilidad de refrendos no expresos, como son los supuestos señalados más arriba de refrendo implícito o presunto. El Tribunal Constitucional, en su sentencia 5/1987, ya citada, confirmó que el refrendo debe producirse en los términos regulados en el artículo 64.1 CE y por las personas en dicho artículo mencionadas. Dictaminó, además, que cualquier forma de refrendo de los actos del monarca distinta de la establecida en el art. 64 de la CE. "o que no encuentre en éste su fundamento", debe ser considerada contraria a lo preceptuado en el art. 56.3 de la CE y, por consiguiente, inconstitucional. Conforme a la doctrina del Tribunal Constitucional, la forma implícita y la forma presunta de refrendo serían constitucionales en la medida en la que no se altera la literalidad del artículo 64 CE. Este precepto constitucional no establece que el refrendo deba coincidir en el tiempo con el acto material de que se trate, pero sí dice el art. 56.3 que los actos del rey carecen de validez sin dicho refrendo. Parece deducirse del mandato constitucional que el acto se formaliza cuando concurren en el mismo todos sus elementos, incluido el refrendo, sin el cual el acto es inválido y, por tanto, el refrendo es un elemento necesario para la validez del acto. Siendo así, el refrendo implícito debe ser considerado constitucional, mientras que el refrendo presunto requerirá de un acto expreso o implícito, aun *a posteriori*.

Dado que se han producido ya supuestos de refrendo implícito e incluso presunto, una posible reforma de la Constitución debería modificar la redacción del artículo 64 CE, incluyendo, en el apartado 1, estas modalidades de refrendo del que debería quedar excluido el supuesto del artículo 99 CE que siempre debería ser expreso. En el apartado 2, debería modificarse también la redacción de manera que quedará establecida la posibilidad de actos del rey no sometidos a refrendo, para lo cual sería correcta una redacción como la siguiente: *2. De los actos del Rey que deban someterse a refrendo, serán responsables las personas que los refrenden.*

IV. ACTOS DISPENSADOS DE REFRENDO

La Constitución española, como se ha indicado, exime determinados actos de refrendo al establecer que "El Rey nombra y releva libremente a los miembros civiles y militares de su Casa" (art. 65.2 CE). Para estos nombramientos la Constitución no obliga a aplicar la regla general del art. 64 CE antes analizada y por tanto habilita a que estos actos se realicen con plena validez sin necesidad de refrendo. No impide la Constitución, sin embargo, que dichos actos puedan ser refrendados. Alcanzan su plena validez sin el refrendo pero, de igual manera, no se perjudica ni anula dicha validez en el caso de que sean refrendados. Esta matización es relevante con relación al art. 9.3 del Real Decreto 434/1988, de 6 de mayo, que prevé el nombramiento por Real Decreto del personal de alta dirección (Jefe de la Casa, Secretario General y Jefe del Cuarto Militar) y de dirección (Consejero Diplomático y Jefes de las Unidades integradas en la Secretaría General y el Interventor de la Casa), así como aquel otro que en lo sucesivo se considere corno tal. Este hecho originó que algún sector de opinión estimara que con ello se había violado la Constitución por determinar ésta que dichos actos no requerían refrendo, vulnerándose el ámbito de decisión discrecional del rey o reina. Por lo que venimos diciendo, consideramos incorrecta dicha opinión puesto que, como se ha reiterado, la Constitución otorga validez a dichos actos sin refrendo pero no establece una obligación jurídica de que así sea. Por otro lado, el refrendo protege al Jefe del Estado y le exime de cualquier repercusión política negativa derivada del acto. La existencia de actos de esta naturaleza eximidos de refrendo puede justificarse en el reconocimiento histórico de cierta discrecionalidad del rey o reina en orden a la organización de su Casa y Familia. Hoy, tal discrecionalidad ha perdido su sentido ya que la Casa es un ente administrativo que, aun sin la consideración formal de *ministerio*, presenta muchas de sus características y, lo que es aún más relevante, está sometido al control jurídico propio de las administraciones públicas y sus actos pueden ser recurrido en amparo si vulneran los derechos fundamentales. Por ello, creo que la práctica consagrada en el citado Real Decreto 434/1988 en relación al nombramiento por Real Decreto del personal de alta dirección y dirección, entre los que se encuentra el Jefe de la Casa, resultan políticamente irreprochable aunque tendrían mejor acomodo jurídico en el propio artículo 65.2, cuya propuesta de reforma he formulado en trabajos anteriores (ver también "Comentario al art. 65" en esta misma obra).

V. BIBLIOGRAFÍA

ALVARADO PLANAS, J.: *Prólogo*, en GÓMEZ SÁNCHEZ, Y. *La Monarquía Parlamentaria: Familia Real y sucesión a la Corona*, Hidalguía, Madrid, 2008.

BELDA PÉREZ-PEDRERO, E.: "La evaluación y el control de los actos del Rey, como presupuesto para mejorar la racionalización democrática de la Corona", *Revista catalana de dret públic*, núm. 51, 2015, pp. 155-173.

FERNÁNDEZ-MIRANDA CAMPOAMOR, C.: "La irresponsabilidad del Rey. El refrendo: evolución histórica y regulación actual", *Revista de Derecho Político*, núm. 44, 1998, pp. 225-256.

FERNÁNDEZ-FONTECHA TORRES, M.: *Artículo 64*, en RODRÍGUEZ-PIÑERO Y BRAVO-FERRER, M., CASAS BAAMONDE, M. E., *Comentarios a la Constitución Española*, Fundación Wolters Kluwer/BOE/Ministerio de Justicia, 2018, pp. 1653-1664.

GÓMEZ SÁNCHEZ, Y.: *La Monarquía Parlamentaria: Familia Real y sucesión a la Corona*, Hidalguía, 2008.

– "Artículo 64", en MONTESINOS PADILLA, C. (coord.); Pérez Tremps, P., SÁIZ ARNAIZ, A. (dirs.), *Comentario a la Constitución Española: 40 aniversario 1978-2018*, vol. 1, Tirant lo Blanch, 2018, pp. 1061-1071.

GONZÁLEZ-TREVIJANO SÁNCHEZ, P. J.: *El refrendo*, CEPC, Madrid, 1999.

– "Naturaleza jurídica del refrendo" en Torres del Moral, A. (Dir). *Monarquía y Constitución*, Editorial Constitución y Leyes, COLEX, Madrid, pp. 403-424.

HERRERO Y RODRÍGUEZ DE MIÑÓN, M.: "Artículo 64", en MUÑOZ MACHADO, S. (ed. lit.). *Comentario mínimo a la Constitución española*, Editorial Crítica. Barcelona, 2018, pp. 260-262.

LÓPEZ GUERRA, L.: "Las funciones del rey y la institución del refrendo", en TORRES DEL MORAL, A. (Dir). *Monarquía y Constitución*, Editorial Constitución y Leyes, Colex, 1999, pp. 389-402.

PORRAS RAMÍREZ, J. M.: "El principio de irresponsabilidad regia y el instituto del refrendo: Apuntes para un estudio en claves histórica y jurídico positiva", en TORRES DEL MORAL, A. (Dir). *Monarquía y Constitución*, Editorial Constitución y Leyes, COLEX, 2001, pp. 373-388.

TAJADURA TEJADA, J. (coord.): *La jefatura del Estado parlamentario en el siglo XXI*, Athenaica Ediciones Universitarias, Sevilla, 2022.

TORRES DEL MORAL, A.: *El Príncipe de Asturias. Su estatuto jurídico*, Congreso de los Diputados. Madrid, 2005.

– "Cuarenta años de Monarquía parlamentaria (Balance)", *Revista de Derecho Político*, núm. 101, 2018, pp. 33-64.

VI. JURISPRUDENCIA

STC 5/1987, de 27 de enero.
STC 8/1987, de 29 de enero.

Artículo 65

1. El Rey recibe de los Presupuestos del Estado una cantidad global para el sostenimiento de su Familia y Casa, y distribuye libremente la misma.

2. El Rey nombra y releva libremente a los miembros civiles y militares de su Casa.

COMENTARIO

Yolanda Gómez Sánchez
Catedrática de Derecho Constitucional
Universidad Nacional de Educación a Distancia. UNED

SUMARIO: I. LA CASA DE S.M. EL REY. 1. Definición y funciones. 2. Evolución legislativa: una administración pública singular. 3. Organización. II. LA DOTACIÓN PARA EL SOSTENIMIENTO DE LA FAMILIA Y CASA. III. LOS ACTOS DISPENSADOS DE REFRENDO DEL ARTÍCULO 65.2 CE: UNA PROPUESTA DE REFORMA CONSTITUCIONAL. IV. BIBLIOGRAFÍA. V. JURISPRUDENCIA.

I. LA CASA DE S.M. EL REY

1. Definición y funciones

El Real Decreto 434/1988, de 6 de mayo, sobre reestructuración de la Casa de Su Majestad el Rey, que desarrolla el artículo 65 CE, define la Casa de S.M. el Rey como "el Organismo que, bajo la dependencia directa de S.M., tiene como misión servirle de apoyo en cuantas actividades se deriven del ejercicio de sus funciones como Jefe de Estado". Así, pues, la función de la Casa se define genéricamente en relación a "cuantas actividades se deriven del ejercicio" de las funciones constitucionales del rey o reina y comprenden los ámbitos administrativo y económico pero también las "relaciones del Rey con los Organismos Oficiales, Entidades y particulares", su seguridad y la del resto de los miembros de la Familia Real, "así como a la rendición de los honores reglamentarios y a la prestación del servicio de escoltas cuando proceda" (art. 1.2) y la "organización y funcionamiento del régimen interior de la residencia de la Familia Real" (art. 1.3). A pesar de esta amplia definición, la Casa es algo más, porque también auxilia y apoya en aspectos de la vida privada de los miembros de la Familia Real.

El Tribunal Constitucional en su Sentencia 112/1984, de 28 de noviembre (que resolvió un recurso de amparo promovido por un militar que prestaba servicios en la Casa de S.M. el Rey en relación con un ascenso profesional), definió la Casa de S.M. el Rey como una "organización estatal... que no se inserta en ninguna de las Administraciones Públicas" pero que, su carácter estatal, determina que todos los actos de la Casa puedan someterse al control jurisdiccional, a través de la vía contencioso-administrativa, y, en su caso, al recurso de amparo por violación de derechos fundamentales.

2. Evolución legislativa: una administración pública singular

En 1975, apenas cinco días después de que el Rey Juan Carlos asumiera la Jefatura del Estado, se publicó el Decreto 2942/1975, de 25 de noviembre, que creaba la Casa de Su Majestad el Rey. Este Decreto se limitó a señalar los órganos a través de los cuales se estructuraba la Casa de S.M. el Rey; los Ministerios de Presidencia, Ejército y Marina quedaron facultados para dictar las normas de desarrollo que fueran necesarias (art. 4). La constitución de la Casa de S.M. el Rey determinó la extinción de las Casas Civil y Militar de Franco y de la Casa de don Juan Carlos como Príncipe de España. No olvidemos, por otro lado, que hasta el 14 de mayo de 1977, fecha en la que el Conde de Barcelona, padre del rey Juan Carlos, renunció a sus derechos históricos, don Juan mantuvo su propia estructura político-administrativa en el exilio. Ya en este primer Decreto de 1975 incorporó la previsión de que, para el "mantenimiento y dotación de los servicios de la Casa de S.M. se habilitarían los créditos y transferencias pertinentes" (art. 3). El régimen jurídico del personal de la Casa fue regulado meses después por el Real Decreto-Ley 6/1976, de 16 de junio.

Tras la entrada en vigor de la Constitución española, la Casa se reorganizó mediante Real Decreto 310/1979, de 13 de febrero, dando respuesta a la necesidad de adecuar su estructura a las nuevas circunstancias y sobre todo al necesario desarrollo del artículo 65 CE que se refería —decía el Real Decreto— a la Casa de manera explícita. El Real Decreto de 1979 fue modificado por el Real Decreto 1677/1987, de 30 de diciembre que matizó las funciones de algunas de las unidades de la Casa, especialmente la Secretaría General, que asumió mayores competencias y dentro de la cual se integraron el Archivo de la Casa y la Secretaría de S.M. la Reina (en aquél momento, la reina Sofía).

El Real Decreto 434/1988, de 6 de mayo, sobre reestructuración de la Casa de S.M. el Rey derogó el de 1979 y sigue vigente en la actualidad aunque ha sido reformado en numerosas ocasiones (Real Decreto 657/1990, de 25 de mayo; Real Decreto 725/1993, de 14 de mayo, por el que se modifica el Real Decreto 2157/1977, de 23 de julio, de creación del distintivo de la Casa de Su Majestad el Rey; Real Decreto 1033/2001, de 21 de septiembre, Real Decreto 1183/2006, de 13 de octubre; Real Decreto 999/2010, de 5 de agosto, Real

Decreto 547/2014, de 27 de junio y Real Decreto 772/2015, de 28 de agosto, Real Decreto 372/2019, de 7 de junio y Real Decreto 297/2022, de 26 de abril.

El Real Decreto 999/2010, marca un punto de inflexión en la estructura y organización de la Casa y respondió a la fundada preocupación por las consecuencias que para la Monarquía podía generar la implicación de la Infanta Cristina y del su entonces marido, Iñaki Urdangarín, en el *caso Noos*. Esta reforma introdujo, entre otras importantes modificaciones, las relativas al control de las cuentas de la Casa, asignando al Jefe de la misma la aprobación anual de las cuentas (art. 1.3) y la responsabilidad sobre la Oficina de Intervención, al frente de la cual se situó a un Interventor, con funciones de control de la gestión económico-financiera, presupuestaria y contable conforme a las técnicas empleadas en la Administración del Estado. Se estableció también la obligación de realizar un informe anual que recogiera el grado de eficacia en la actividad de control. En el art. 4.2 se incluyó la obligación de elaborar, una vez aprobada en los Presupuestos del Estado la cantidad global asignada al Rey, el "presupuesto propio de la Casa, con arreglo a los principios de rigor, economía y eficiencia, y elevarlo al Jefe de la Casa para su aprobación por Su Majestad el Rey".

Tras la abdicación del Rey Juan Carlos y la consiguiente proclamación de Felipe VI como Rey de España, se produjo una nueva reforma por Real Decreto 547/2014, de 27 de junio, que adaptó la estructura de la Casa a la nueva composición de la Familia Real. Esta reforma tuvo cuatro ejes principales. El primero fue crear, dentro de la Secretaría General de la Casa de Su Majestad el Rey, la Secretaría del rey Juan Carlos, que también debía prestar los apoyos necesarios a las actividades de la reina Sofía (art. 1). Nada dice este Real Decreto sobre el ámbito de las actividades que podría realizar el rey emérito, debiendo entenderse que serían aquéllas que le fueran expresamente encomendadas por iniciativa del Gobierno o del rey y siempre con nombramiento o conformidad del Gobierno. Así se hizo en algunos casos, como el Real Decreto 3/2016, de 8 de enero, por el que se confiere al rey Juan Carlos, la representación de España en los actos de toma de posesión del Presidente de la República de Guatemala, por acuerdo del Consejo de Ministros de 8 de enero de 2016, a propuesta del Presidente del Gobierno o el Real Decreto 95/2018, de 2 de marzo, por el que se confiere igual representación al rey Juan Carlos en los actos de toma de posesión del presidente de la República de Chile. El 2 de junio de 2019, el rey emérito ceso en sus actividades institucionales.

El segundo eje de esta reforma consistió en la supresión de la Secretaría del, hasta entonces, príncipe de Asturias (Disposición Adicional Única). La Secretaría podría haberse mantenido para la princesa de Asturias, Leonor, con el necesario cambio de denominación. Sin embargo, el Real Decreto justifica que no se haga así en base a la minoría de edad de la princesa de Asturias, aunque la posterior reforma de la Casa en 2015 ya aludirá al futuro nombramiento de "ayudantes de campo" de la princesa. Hasta su supresión, la Secretaria del príncipe de Asturias, integrada en la estructura de la Secretaría General, contaba con su propio Jefe, Jaime Alfonsín Alfonso, nombrado por Real Decreto 1946/1995, de 1 de diciembre, refrendado por el presidente del Gobierno. En tercer lugar, se creó la figura de un *Consejero Diplomático*, de dependencia directa del Jefe de la Casa, de apoyo en el ámbito de las relaciones internacionales, sin perjuicio del asesoramiento que la Casa recibe de la Administración del Estado para las actividades representativas del rey, como Jefe del Estado, en dichas relaciones internacionales. Y, en cuarto lugar, la reforma de 2010, modificó la denominación de la *Unidad de Relaciones con los Medios de Comunicación* por la de *Comunicación*, que ya venía utilizándose al amparo de la Resolución interna del Jefe de la Casa de 28 de febrero de 2012.

Apenas un año después de la reforma de 2014 y fruto, sin duda, de la decisión del rey Felipe VI, el Real Decreto 434/1988 volvió a ser reformado por Real Decreto 772/2015, de 28 de agosto para introducir previsiones específicas tendentes tanto a reforzar el principio de transparencia en el funcionamiento de la Casa como a garantizar su eficiencia, fortaleciendo los cambios que se habían introducido en la reforma de 2010. El Real Decreto 772/2015, incluye la regulación de los conflictos de intereses y las incompatibilidades del personal de la Casa remitiéndose a lo aplicable a las diversas categorías de la Administración General del Estado (art. 9, 4, 5 y 6) y al personal al servicio de las Administraciones Públicas (art. 10.5), sin perjuicio de la aprobación de un Código de Conducta para el personal al servicio de la Casa, que efectivamente se aprobó el 4 de diciembre de 2014 y su obligatoriedad se materializó en el posterior Real Decreto 297/2022, de 26 de abril. Se modificó también el art. 7.1 para permitir que el Servicio de Seguridad, que es responsable de la seguridad de la Familia Real, pudiera prestar también servicio a otros "miembros de la familia y de la Casa del Rey" (hubiera sido preferible hablar de familiares del Rey y no de Casa del Rey, expresión que genera una innegable confusión con el órgano de apoyo al rey).

De otra parte, el Real Decreto 372/2019, de 7 de junio, modificó el artículo 4.3 del Real Decreto 434/1988, de 6 de mayo, a los solos efectos de suprimir la Secretaría del rey emérito Juan Carlos, a partir de que, como se ha indicado anteriormente, cesaran sus actividades institucionales anunciadas el 2 de junio de ese año, fecha en la que se cumplieron cinco años de su abdicación de la Corona.

Por último, el Real Decreto 297/2022, de 26 de abril, introdujo nuevas modificaciones al Real Decreto 434/1988, de 6 de mayo, con el objetivo de consolidar reformas anteriores, "continuar el proceso de modernización iniciado en el año 2014 y ahondar en el reforzamiento de los principios de transparencia, rendición de cuentas y publicidad" en línea con el compromiso de la Corona con la sociedad de observar una conducta íntegra, honesta y transparente. La petición de Compromís (Grupo Parlamentario Mixto) de tramitar una proposición de ley intitulada "Para el fomento de la transparencia económico-presupuestaria del Rey y de la Casa Real", fue inadmitida a trámite en el Congreso de los Diputados y también fue inadmitido el recurso de amparo que se elevó al Tribunal Constitucional (STC 24/2020, de 13 de febrero).

El Real Decreto 2022 incorpora actuaciones que venían siendo ya una práctica dentro de la Casa pero que quedan ahora consolidadas en esta norma. Así, se establece para el personal de alta dirección y dirección de la Casa la obligación de presentar una declaración de bienes y derechos en el plazo de tres meses desde su nombramiento y cese, respectivamente, como ya establece la Ley 3/2015, de 30 de marzo para los altos cargos de la Administración General del Estado, se encomienda a la Abogacía General del Estado-Dirección del Servicio Jurídico del Estado el asesoramiento jurídico de la Casa de SM el Rey (art. 13.4) y se regula la información complementaria a la legal que debe publicada en la página web de la Casa.

Respecto del control externo, que venía realizando la Intervención General de la Administración del Estado desde el ejercicio económico de 2015, se establece que será el Tribunal de Cuentas el que realice la auditoría de las cuentas de la Casa, en los términos que queden establecidos en un convenio entre las dos instituciones, que respete el contenido del título II de la Constitución Española y, en particular, las previsiones contenidas en sus artículos 56 y 65 (art. 13.5). Se justifica esta decisión, reconociendo a la Casa de SM el Rey, en la introducción de este Real Decreto 297/2022, la naturaleza de órgano de relevancia constitucional, opinión que comparte un sector de la doctrina.

3. Organización

El artículo 2 del Real Decreto 434/1988, establece que la Casa de Su Majestad el Rey está constituida por: a) la Jefatura; b) la Secretaría General; y c) el Cuarto Militar y Guardia Real. A la Jefatura de la Casa le corresponde la dirección e inspección de todos sus servicios y la responsabilidad del "normal funcionamiento de la Casa, así como del cumplimiento de las misiones asignadas a la misma" (art. 3.1). Las competencias del Jefe de la Casa se vieron sustancialmente ampliadas por las reforma de 2010 y 2015 en materia de control económico-administrativo y transparencia, sin olvidar que depende también del Jefe de la Casa el Consejero Diplomático, con competencias en materia de asesoramiento internacional. El Secretario General es el segundo Jefe de la Casa y le corresponde sustituir al Jefe de la Casa en caso de ausencia o enfermedad y coordinar todos los servicios mediante un amplio elenco de funciones, entre las que se encuentran las de propuesta de resoluciones de organización interna y elevar los pagos y las cuentas anuales al Jefe de la Casa (art. 4.2). La Secretaría General tiene una estructura compleja articulada en seis *Unidades*: Gabinete de Planificación y Coordinación; Secretaría de Su Majestad la Reina; Servicio de Seguridad; Comunicación; Protocolo y Administración, Infraestructura y Servicios (art. 4.3). El Cuarto Militar "constituye la representación de honor de la institución militar, al servicio inmediato del Rey" y está formado por el Jefe del Cuarto Militar, primer ayudante de Rey, del que dependen la Guardia Real por delegación del Jefe de la Casa, y los ayudantes de campo de S.M. el Rey y otros empleos militares de distintas categorías pertenecientes al Ejército de Tierra, la Armada, el Ejército del Aire y el Cuerpo de la Guardia Civil. Asimismo se integrarán en el Cuarto Militar los ayudantes de campo que, en un futuro, se designen a Su Alteza Real la Princesa de Asturias (art. 5) y un Gabinete.

Los artículos 8 y 9 del Real Decreto 434/1988, regulan las categorías del personal de la Casa, que quedan asimilados a categorías existentes en la Administración General del Estado. Así, por ejemplo, el Jefe de la Casa, el Secretario General y el Jefe del Cuarto Militar, quedan asimilados, respectivamente, a los ministros, secretarios de Estado y subsecretarios. El Consejero Diplomático, los Jefes titulares de las Unidades que componen la Secretaría General y el Interventor, tienen la consideración de personal de Dirección y tanto unos como otros deben ser nombrado por Real Decreto y, por tanto, con refrendo del Presidente del Gobierno desde la reforma de 2015, aunque se mantiene la discrecionalidad del Rey para el nombramiento y relevo de todos los miembros civiles y militares de la Casa (art. 65.2 CE y 10.1 RD 434/1988).

De otra parte, el personal de alta dirección, de dirección y el personal laboral perciben sus retribuciones con cargo a la dotación presupuestaria que recibe el Rey para el mantenimiento de su Familia y Casa (art. 65.1 CE), mientras que el personal que sea funcionario de carrera del Estado, de las Comunidades Autónomas o de las Entidades Locales y los funcionarios eventuales percibirán sus retribuciones por el Ministerio de la Presidencia, Departamento en el que figuran como apéndice de su relación los puestos de trabajo desempeñados por estos funcionarios en la Casa.

En relación con los recursos materiales, el artículo 13 de este Real Decreto 434/1988, establece que por razones de economía administrativa, la Casa de S.M. el Rey podrá utilizar medios personales y patrimoniales de Patrimonio Nacional, del Parque Móvil del Estado u otros organismos, conforme a lo dispuesto en su respectiva normativa reguladora (art. 13.1) y "para evitar en cuanto sea posible la creación en la Casa de S.M. el Rey de órganos con funciones paralelas a los de la Administración del Estado, los distintos departamentos de ésta proporcionarán a aquella los informes, dictámenes o asesoramientos de cualquier naturaleza que la Casa solicite, así como cuantos otros apoyos sean necesarios y contribuyan a facilitar el cumplimiento de las misiones que tienen encomendadas" (art. 13.2).

II. LA DOTACIÓN PARA EL SOSTENIMIENTO DE LA FAMILIA Y CASA

En referencia al apartado 1, del artículo 65, resulta evidente que las exigencias actuales de las sociedades democráticas en relación al control de los fondos públicos no deben presentar excepciones que menoscaben la credibilidad de las instituciones. El control y, sobre todo, la transparencia deben extenderse también a la institución monárquica como se confirmó con ocasión de la aprobación de la *Ley 19/2013, de 9 de diciembre, de transparencia, acceso a la información pública y buen gobierno*, en la cual quedó incluida la institución monárquica y ha permitido un acceso sin precedentes a la información sobre los gastos y actividades realizados a través de la Casa. El artículo 2, al definir el ámbito subjetivo de aplicación de la Ley incluye a la Casa de S.M. el Rey, en todas las actividades sujetas al Derecho Administrativo. Por su parte la Disposición adicional sexta, sobre la Información de la Casa de Su Majestad el Rey, establece que la "Secretaría General de la Presidencia del Gobierno será el órgano competente para tramitar el procedimiento mediante en el que se solicite el acceso a la información que obre en poder de la Casa de Su Majestad el Rey, así como para conocer de cualquier otra cuestión que pudiera surgir derivada de la aplicación por este órgano de las disposiciones de esta Ley" y así se aplica a través de un acceso directo en la web oficial de la Casa.

Desde el último periodo del reinado de Juan Carlos I, la Casa ha implantado progresivamente nuevas medidas de control y transparencia de los fondos asignados para el mantenimiento de la Familia Real y la Casa, práctica que se ha mantenido y ampliado en el reinado de Felipe VI, tanto en lo que se refiere al control económico-financiero interno como a la difusión pública del presupuesto. El Rey recibe de los Presupuestos del Estado una cantidad global para el sostenimiento de su Familia y Casa, y distribuye libremente la misma, de conformidad con lo establecido en el artículo 65.1 CE. De acuerdo con esta previsión constitucional, que tiene precedentes en el constitucionalismo histórico español y en el Derecho comparado, los Presupuestos Generales incluyen una cantidad fija con carácter anual para el organismo "Casa de S.M. el Rey". Esta cantidad global viene siendo normalmente objeto de un incremento también anual a fin de compensar la inflación registrada y así mantener su valor en términos reales, pero el Rey Felipe VI ha instado la adopción de medidas de ajuste y reducción de gastos para adaptarse a las medidas de control de la crisis económica. No han faltado los que han cuestionado la cuantía que se asigna al sostenimiento de la Familia y Casa por considerarla excesiva, pero las asignaciones que reciben los Jefe del Estado en otras monarquías y, paralelamente, el costo que representa mantener la Jefatura del Estado en países republicanos, demuestran que tales objeciones no tienen un fundamento sólido, ya que la cuantía que se asigna a la Casa del Rey en España es una de las menos elevadas de Europa. De otra parte se ha criticado también la falta de datos sobre estos gastos, argumento que ya no puede aplicarse en rigor a partir de las reformas de 2010, 2015 y 2022 y de la publicación del presupuesto anual en la web oficial de la Casa de S.M. el Rey desde 2011.

En la ejecución del gasto, la Casa de S.M. el Rey está sujeta al cumplimiento de la legislación vigente en materia laboral y fiscal y los Reyes Felipe y Letizia están sujetos al impuesto general sobre la renta de las personas físicas en los mismos términos que el resto de los españoles. Ni la Constitución ni ninguna otra norma impiden que los miembros de la Familia Real y los familiares del rey o reina ejerzan actividades remuneradas, pero los acontecimientos ligados al *caso Noos* han puesto de manifiesto la cautela con la que hay que abordar este asunto. Aun sin regulación expresa, el inmediato sucesor a la Corona y los demás los hijos del rey o reina no deben ejercer ningún tipo de actividad remunerada. Las actividades remuneradas de otros miembros de la familia del rey o reina, si se encuentran en el orden de sucesión, no deberían ser prohibidas con carácter general (lo cual obligaría al mantenimiento de todos ellos de los fondos asignados a la Casa), pero sí deberían ser revisadas y sometidas regularmente a control, rechazándose todas aquéllas que puedan presentar cualquier conflicto de interés o peligro para la integridad de la función institucional de la Corona. Obviamente, los familiares del rey o reina que no se encuentre en el orden de sucesión a la Corona deben tener reconocido el mismo margen de actuación que cualquier ciudadano y ello aunque cualquier eventualidad en su comportamiento pueda tener consecuencia para la imagen institucional de la Corona.

A pesar de las reformas legislativas ya señaladas, una posible reforma constitucional debería abordar la revisión del apartado 1, del artículo 65 CE para incluir los cambios ya consolidados en la legislación de desarrollo, especialmente, con relación al control económico y la transparencia.

III. LOS ACTOS DISPENSADOS DE REFRENDO DEL ARTÍCULO 65.2 CE: UNA PROPUESTA DE REFORMA CONSTITUCIONAL

El artículo 65.2 CE, reconoce al Rey la capacidad de nombrar y relevar libremente a los miembros civiles y militares de su Casa, competencia que reitera el artículo 10.1 del Real Decreto 434/1988 que, sin embargo, establece también en su artículo 9.3 que el personal de Alta Dirección (Jefe de la Casa, Secretario general y Jefe del Cuarto Militar) y el de Dirección (Consejero Diplomático y los Jefes titulares de las Unidades de que se compone la Secretaria General), así como aquel otro que en lo sucesivo se considere como tal, será nombrado por Real Decreto. Por tanto, la discrecionalidad del rey, reconocida en el art. 65.2 CE, ha quedado delimitada por Real Decreto. La opción es prudente pero el medio empleado —un Real Decreto— no fue el mejor. El rey Juan Carlos introdujo la práctica de someter a refrendo sus propuestas de nombramiento de Jefe de su Casa, manifestando que dicha Jefatura tenía relevancia suficiente para que el Ejecutivo participara en la designación de su titular y lo acontecido con ocasión del fallido golpe de Estado del 23 de febrero, puso de manifiesto el acierto de esta decisión, pues en dicho suceso estuvo implicado un general que había pertenecido a la Casa del, en su momento, Príncipe de España.

De otra parte, debe señalarse que el ámbito de discrecionalidad que la Constitución reconoce al rey no representa una obligación para el monarca, como erróneamente se ha señalado, ni supone ningún vicio de inconstitucionalidad formal el que dichos nombramientos sean formalizados por Real Decreto y refrendados por el presidente del Gobierno como ya se hace a partir de la aplicación del art. 9.3 RD 434/1988, ya citado. Lo establecido en el artículo 65 CE representa, sin duda, una excepción a la necesidad de que todos los actos del rey o reina sean refrendados para su validez (art. 64, en relación con el artículo 56.3 CE) pero no implican la invalidez de dichos actos por incorporar a ellos el refrendo. Esta controversia y, especialmente, la necesidad de elevar a rango constitucional lo ya regulado en el art. 9.3 del Real Decreto 434/1988, aconsejan, como ya he señalado en trabajos anteriores, que, en una posible reforma de la Constitución, fuera revisado el apartado 2 del artículo 65 para adecuar la literalidad de este precepto a la práctica ya irreversible del nombramiento con refrendo de los cargos más relevantes dentro de la Casa. Una posible redacción sería la siguiente: *El Rey o Reina nombra y releva libremente a los miembros civiles y militares de su Casa, salvo el nombramiento del Jefe de la Casa de S.M. el Rey o Reina y del resto del personal de Alta Dirección y Dirección que será nombrado por Real Decreto, con el refrendo previsto en el artículo 64 de la Constitución.*

IV. BIBLIOGRAFÍA

BELDA, E.: "La evaluación y el control de los actos del Rey, como presupuesto para mejorar la racionalización democrática de la corona", *Revista catalana de dret públic*, núm. 51, 2015, pp. 155-173.

DÍEZ-PICAZO, L.: "El régimen jurídico de la Casa del Rey", en *Revista Española de Derecho Constitucional*, núm. 6, 1982.

FERNÁNDEZ-FONTECHA, M. y PÉREZ DE ARMIÑÁN, A.: *La Monarquía y la Constitución*, Civitas, 1987.

GÓMEZ SÁNCHEZ, Y.: *La Monarquía Parlamentaria: Familia Real y sucesión a la Corona*, Hidalguía, 2008.

- "Monarquía parlamentaria en la Constitución de 1978: valoración y propuestas de reforma constitucional", en FREIXES, T., GAVARA, J. C. (Coords.). *Repensar la Constitución. Ideas para una reforma de la Constitución de 1978: reforma y comunicación dialógica*, BOE, 2016, pp. 73-86.
- "Artículo 65", en MONTESINOS PADILLA, C. (coord.); Pérez Tremps, P., SÁIZ ARNAIZ, A. (dirs.), *Comentario a la Constitución Española: 40 aniversario 1978-2018*, vol. 1, Tirant lo Blanch, 2018, pp. 1073-1083.

GONZÁLEZ-TREVIJANO SÁNCHEZ, P. J., "Artículo 65", en MUÑOZ MACHADO, S. (ed. lit.), *Comentario mínimo a la Constitución española*, Editorial Crítica, 2018, pp. 263-266.

ORTEGA CARBALLO, C.: "Artículo 65", en RODRÍGUEZ-PIÑERO Y BRAVO-FERRER, M., CASAS BAAMONDE, M. E.: *Comentarios a la Constitución Española*. BOE/Ministerio de Justicia/Fundación Wolters Kluwer, 2018, pp. 1665-1674.

VACAS GARCÍA-ALOS, L.: "Aproximación a un nuevo régimen jurídico de la Casa del Rey", en TORRES DEL MORAL, A.: *Monarquía y Constitución*, Editorial Colex, Madrid, 2001.

V. JURISPRUDENCIA

Sentencia 112/1984, de 28 de noviembre
Sentencia 24/2020, de 13 de febrero

TÍTULO III
DE LAS CORTES GENERALES
CAPÍTULO PRIMERO
DE LAS CÁMARAS

Artículo 66

1. Las Cortes Generales representan al pueblo español y están formadas por el Congreso de los Diputados y el Senado.

2. Las Cortes Generales ejercen la potestad legislativa del Estado, aprueban sus Presupuestos, controlan la acción del Gobierno y tienen las demás competencias que les atribuya la Constitución.

3. Las Cortes Generales son inviolables.

COMENTARIO

Manuel Cavero Gómez
Letrado de las Cortes Generales

SUMARIO: I. ASPECTOS GENERALES. II. LA REPRESENTACIÓN DEL PUEBLO ESPAÑOL. III. EL BICAMERALISMO EN LAS CORTES GENERALES: CONGRESO DE LOS DIPUTADOS Y SENADO. IV. LAS FUNCIONES DE LAS CORTES GENERALES. 1. La función legislativa. 2. La función presupuestaria. 3. La función de control de la acción del Gobierno. 4. Otras funciones de las Cámaras. V. LA INVIOLABILIDAD DE LAS CORTES GENERALES. VI. BIBLIOGRAFÍA.

I. ASPECTOS GENERALES

Las Cortes Generales son la consecuencia directa de la constitución de España (artículo 1.1 CE) como Estado de Derecho, uno de cuyos pilares característicos es la separación de poderes, y como Estado democrático, en el que los poderes del Estado emanan del pueblo (artículo 1.2 CE). Y además son la piedra angular de la monarquía parlamentaria, que es la forma política del Estado español (artículo 1.3 CE). Pocos preceptos constitucionales, quizá ninguno, tienen una relación más estrecha con las decisiones políticas esenciales que se contienen en el artículo 1 CE.

El artículo 66 CE no es solamente un precepto de naturaleza organizativa. Lo es, sin duda, porque establece la estructura del poder legislativo y sus funciones. Pero también es un precepto de índole sustantiva en la medida en que concreta y desarrolla el carácter representativo que se otorga a las Cámaras.

Además, el precepto que se examina condiciona el desarrollo posterior que el Título III de la Constitución efectúa de las Cortes Generales y es pieza clave para la interpretación de las normas contenidas en aquel.

La denominación de Cortes es clásica en el constitucionalismo español de los siglos XIX y XX para referirse al órgano que encarna el poder legislativo, siguiendo el nombre de las asambleas estamentales nacidas en los reinos de la Edad Media. El antecedente más inmediato se halla en el artículo 2.1 de la Ley 1/1977, de 4 de enero, para la reforma política. El adjetivo Generales, sin embargo, es novedoso y permite diferenciarlas tanto de las Cortes Españolas del régimen franquista como de las diferentes asambleas legislativas de las Comunidades Autónomas que han empleado el término "Cortes".

II. LA REPRESENTACIÓN DEL PUEBLO ESPAÑOL

Las Cortes Generales se hallan en el centro del sistema político español. Es el único órgano del Estado directamente elegido por el conjunto de los ciudadanos españoles, es decir, por el pueblo, del que emanan todos los poderes del Estado (artículo 1.2 CE). Su fundamento es, por tanto, la voluntad popular, lo que le convierte en un elemento esencial para la legitimación del sistema político. Es inimaginable un sistema político democrático sin parlamento.

Y cabe añadir que el carácter electivo de las Cortes Generales irradia legitimidad democrática a los demás órganos que el Congreso y el Senado eligen o designan (en todo o en parte), como el Gobierno, el Tribunal Constitucional, el Consejo General del Poder Judicial o el Defensor del Pueblo.

El artículo 66 CE establece el carácter representativo de las Cortes Generales. Excede del alcance de este comentario abordar el complejo concepto de representación, pero sí cabe insertar a las Cortes en el ámbito de la democracia representativa, fundada en la selección de representantes mediante elecciones libres y periódicas. A estos efectos, es imprescindible recordar el papel constitucionalmente asignado a los partidos políticos que "concurren a la formación y manifestación de la voluntad popular y son instrumento fundamental para la participación política" (artículo 6 CE), así como la configuración como fundamental —y por ello dotado de un especial sistema de garantías— del derecho de participación política (artículo 23 CE). Ha de completarse este apartado con la referencia a que el Senado, integrante de las Cortes Generales y, por tanto, órgano representativo del pueblo español, es además la Cámara de representación territorial (artículo 69.1 CE), naturaleza dual no exenta de dificultades en su concreción.

III. EL BICAMERALISMO EN LAS CORTES GENERALES: CONGRESO DE LOS DIPUTADOS Y SENADO

El artículo 66.1 CE establece un sistema bicameral: Congreso de los Diputados y Senado conforman las Cortes Generales. Se sigue así con la tradición constitucional española (con la excepción de las Constituciones de Cádiz y de la II República) y con el antecedente inmediato de las Cortes que elaboraron la Constitución de 1978. Solución bicameral que, por otra parte, es común a un buen número de Estados democráticos contemporáneos.

Sin embargo, el bicameralismo de 1978 es de los denominados imperfectos o atenuados: las Cámaras tienen una posición en el entramado constitucional que no es idéntica. El Congreso tiene una serie de competencias que le sitúan como la Cámara de mayor peso en el sistema: de ellas las más relevantes, aunque no las únicas, serían las de disponer de la decisión última en el procedimiento legislativo con alguna excepción muy singular; hacer surgir la relación de confianza del parlamento con el Gobierno y exigir la responsabilidad política de éste; controlar las situaciones excepcionales previstas en el artículo 116 CE; e imponer su criterio, con mayorías cualificadas, en el procedimiento ordinario de reforma de la Constitución (artículo 167 CE) y en el de la autorización de los tratados internacionales (artículo 74.2 CE). En cambio, solo el Senado es llamado a autorizar las medidas a adoptar por el Gobierno en las situaciones de "anomalía autonómica" (artículo 155 CE). Ambas Cámaras tienen, en cambio, una posición de completa paridad en la reforma constitucional agravada (artículo 168 CE).

En el bicameralismo de 1978 la mayor parte de las funciones se ejercen de forma separada por ambas Cámaras, si bien en diversos supuestos se llevan a cabo de forma coordinada. Las únicas sesiones conjuntas del Congreso y del Senado para la adopción de acuerdos se refieren a competencias relacionadas con la Corona de acuerdo con el artículo 74.1 CE. Por otro lado, la Constitución prevé mecanismos de resolución de conflictos cuando, llamadas ambas Cámaras a ejercer sus funciones en una misma tarea, se producen decisiones divergentes en una y otra; tal es el caso del ejercicio de la función legislativa o de la de reforma constitucional.

Aunque algunos autores sostienen la tesis de que las Cortes Generales son un órgano único de naturaleza compleja, en parte con apoyo en el citado artículo 74.1 CE, parece más acorde con la propia Constitución y con los desarrollos legislativos posteriores la posición favorable a la atribución del carácter de órgano a cada una de las Cámaras. Las sesiones conjuntas mencionadas en el artículo 74.1 CE los son de dos órganos distintos. Es cierto, sin embargo, que el —pendiente de elaboración— Reglamento de las Cortes Generales podría aclarar definitivamente esta cuestión.

Cada una de las Cámaras, Congreso de los Diputados y Senado, son órganos constitucionales del Estado en tanto en cuanto es la propia Constitución la que los establece y además regula las líneas principales de su composición, organización y competencias. Esta condición, además, se la reconoce de forma explícita el artículo 59.1 c de la Ley Orgánica del Tribunal Constitucional al establecer la legitimación de los órganos constitucionales para promover los conflictos de competencias.

Por otra parte, Congreso y Senado son órganos constitucionalmente limitados. Las Cortes Generales, como poder público que son, se hallan sometidas a la Constitución y al resto del ordenamiento jurídico (artículo 9.1 CE), aunque esto último en alguna menor medida que los poderes ejecutivo y judicial puesto que puede cambiar las normas del ordenamiento jurídico a través del ejercicio de la función legislativa. Es pues un poder constituido, no soberano. Una de las consecuencias más relevantes de ello es que el parlamento español está ampliamente sometido al control de los tribunales (tanto del Constitucional como de los ordinarios).

IV. LAS FUNCIONES DE LAS CORTES GENERALES

El apartado 2 del artículo 66 CE atribuye de forma conjunta a las Cortes Generales las funciones legislativa, presupuestaria y de control del Gobierno, así como las demás que se establezcan en otros preceptos constitucionales. Sin embargo, como ya se ha avanzado, los poderes de cada Cámara en el ejercicio de las mismas difieren, de modo que para determinar su alcance es preciso tener en cuenta otros preceptos constitucionales contenidos, principal pero no únicamente, en los Títulos III y V de la Constitución.

1. La función legislativa

La primera de las funciones enunciadas es la legislativa. Con ello se pone de manifiesto la relevancia de la misma, que da lugar a la clásica denominación del parlamento como poder legislativo. Durante mucho tiempo fue indiscutiblemente la función parlamentaria más importante.

Se trata de una tarea que incumbe preferentemente a la mayoría parlamentaria que en cada momento exista: en el Estado democrático la fijación de las reglas generales que rigen la convivencia de los ciudadanos compete a la mayoría. Mayoría que puede cambiar después de cada convocatoria de elecciones legislativas. A las minorías les corresponde participar en el procedimiento legislativo con todas las garantías que la Constitución y los reglamentos parlamentarios prevén y, por esta vía, formular aportaciones y también realizar un control democrático del ejercicio que la mayoría hace de la función legislativa.

Corresponde a las Cortes Generales la aprobación de las leyes, que son el instrumento normativo de mayor nivel dentro del ordenamiento jurídico, subordinadas únicamente a la Constitución. Se trata de una función central en el ámbito parlamentario, sobre la que numerosos preceptos constitucionales establecen pautas que luego son desarrolladas y complementadas por los reglamentos parlamentarios.

Se trata de una función en la que el parlamento español no es soberano, en el sentido de ilimitado, sino que actúa dentro de los confines establecidos por la Constitución, tanto desde la perspectiva material como desde el punto de vista procedimental. Es una manifestación más del Estado constitucional de Derecho, en el que los poderes públicos actúan con sujeción a la Norma fundamental y en el que el Tribunal Constitucional puede declarar la nulidad por inconstitucionalidad de las leyes aprobadas por la Cortes Generales, así como establecer interpretaciones vinculantes de las mismas.

La atribución de la potestad legislativa a las Cortes Generales es compatible con el hecho de que la aprobación de normas con rango y fuerza de ley ya no es una competencia exclusiva del Congreso de los Diputados y del Senado, pues existe una pluralidad de centros de producción de normas de esa naturaleza.

La propia Constitución confiere la potestad legislativa al Gobierno tanto mediante la figura de la legislación delegada (artículos 82 a 85 CE) como mediante la legislación de urgencia (artículo 86 CE); se trata no obstante de atribuciones gubernamentales limitadas por la propia Constitución y sometidas a control tanto político, por las propias Cámaras, como judicial, por el Tribunal Constitucional y, para los decretos legislativos, también por la jurisdicción contencioso administrativa.

La Constitución, así mismo, reconoce la potestad legislativa a las Comunidades Autónomas (artículo 152.1 CE), atributo propio de la autonomía política de que disfrutan las mismas, que ha de ejercerse dentro del sistema constitucional de distribución de competencias entre el Estado y dichas Comunidades.

De otra parte, la pertenencia de España a la Unión Europea implica la aplicación directa de la mayor parte del Derecho europeo, en las materias en las que el ejercicio de las competencias se ha transferido a las instituciones comunitarias (artículo 93 CE).

Por su parte, los convenios y tratados internacionales son objeto de regulación constitucional y se insertan en el sistema de las fuentes del Derecho español (artículos 94 a 96 CE).

Son pues numerosos los sujetos a los que la Constitución reconoce la facultad de dictar normas con rango equivalente al de la ley aprobada por las Cortes Generales. Y ello dota al ordenamiento jurídico español de una notable complejidad que se debe afrontar mediante el sistema de relaciones internormativas definidas en la Constitución. Pero el hecho de que la potestad legislativa se halle distribuida de forma tan amplia no es óbice para que las leyes más relevantes del sistema jurídico español deban ser aprobadas por las Cortes Generales.

Desde la perspectiva del ejercicio de la función legislativa a las Cortes Generales les incumbe de forma plena y exclusiva la fase central del procedimiento legislativo. Son el Congreso y el Senado quienes determinan el contenido último de las leyes a través de los diversos procedimientos parlamentarios existentes.

No obstante, como se ha avanzado, no es la misma la posición que Congreso de los Diputados y Senado tienen en el procedimiento legislativo. Con la sola excepción de las leyes que regulan los fondos de compensación interterritorial, que inician su tramitación en el Senado (lo que plantea problemas jurídicos relevantes), el Congreso tiene la última palabra en dicho procedimiento. Por ello es Cámara de primera lectura y puede desde el momento inicial rechazar o cambiar globalmente, mediante las enmiendas de totalidad de devolución o de texto alternativo, respectivamente, las iniciativas legislativas que se le someten. Superado este momento inicial, el Congreso puede enmendar el texto en tramitación. Y si el Senado, que interviene en segunda lectura, introdujera un veto al texto remitido por el Congreso, éste puede ratificar su propio texto en los términos y con las mayorías fijadas por el artículo 90.2 CE. Si, en cambio, el Senado se limitara a introducir enmiendas al citado texto, el Congreso las podrá aceptar o rechazar por mayoría simple.

Una y otra Cámara tienen así mismo reconocida la iniciativa legislativa, potestad que sirve para poner en marcha la fase central del procedimiento (artículo 87.1 CE). Sin embargo, en el modelo de la Constitución de 1978 el autor más frecuente de iniciativas legislativas es el Gobierno: de este modo la iniciativa legislativa se configura como una de las facultades centrales del ejercicio de la dirección política que al mismo compete de acuerdo con el artículo 97 CE.

2. La función presupuestaria

La segunda de las funciones que el artículo examinado encomienda a las Cortes Generales es la presupuestaria.

Se trata de una función que está en el origen de las asambleas estamentales de la Edad Media, que debían aprobar los subsidios económicos a los reyes. Pero importa sobre todo su formulación moderna, que surge con la revolución americana de finales del siglo XVIII, y que se concreta en el principio de que no se pueden exigir impuestos si no hay representación.

El contenido propio de esta función consiste en aprobar los Presupuestos Generales del Estado, que, según el vigente artículo 32 de la Ley General Presupuestaria, "constituyen la expresión cifrada, conjunta y sistemática de los derechos y obligaciones a liquidar durante el ejercicio por cada uno de los órganos y entidades que forman parte del sector público estatal".

Hoy en día la función presupuestaria se lleva a cabo a través del procedimiento legislativo, con una serie de especialidades, algunas contenidas en el artículo 134 CE y otras en los reglamentos parlamentarios. Entre otras, que solo el Gobierno puede ejercer la iniciativa.

Se trata además de una función que viene condicionada por el principio de estabilidad presupuestaria regulado en el artículo 135 CE.

Por su parte, es preciso señalar que la jurisprudencia del Tribunal Constitucional, en diversos pronunciamientos, ha perfilado significativamente los contornos constitucionalmente adecuados de esta función.

3. La función de control de la acción del Gobierno

Si la función legislativa es la potestad central del parlamento clásico, el control parlamentario constituye en la actualidad el eje de la actividad del parlamento moderno. Hay autores que señalan que las demás funciones parlamentarias no son, hoy, sino otras manifestaciones de la función de control.

En nuestro sistema actual, el control deriva de forma inmediata del sistema parlamentario de gobierno (artículo 1.3 CE), en el cual el gobierno nace de la confianza política que le otorga el parlamento y ha de mantenerla para no ser removido, tarea no sencilla en un parlamentarismo de corte racionalizado como el que configura nuestra Constitución.

En un sentido amplio, el control parlamentario consiste en la posibilidad que las Cámaras y sus miembros tienen de someter a examen la acción del Gobierno; ejercer la crítica de la misma ante el resto del parlamento, con el objetivo de influenciarla o condicionarla, y con un destinatario mediato que es el ciudadano (mediato en cuanto la información sobre el ejercicio del control le llegará normalmente a través de los medios de comunicación); proponer las políticas alternativas sustentadas por la propia formación política; y en última instancia convencer al elector de la conveniencia de cambiar el Gobierno.

Por su naturaleza es una función propia de las minorías parlamentarias, aunque no se excluya la posibilidad de ejercerla por los integrantes de la mayoría. A tal efecto se establecen distintos instrumentos de actuación, que la mejor doctrina clasifica en mecanismos de información, mecanismos de control en sentido estricto (caracterizados por el debate público y contradictorio entre los parlamentarios y los miembros del Ejecutivo) y mecanismos de exigencia de responsabilidad política.

Empezando por esta última categoría, la máxima expresión del control parlamentario es la posibilidad de derribar al Gobierno en el poder. En nuestro sistema tal es el resultado de la aprobación de una moción de censura (artículos 113 y 114.2 CE) o de la negación de la confianza cuando se sustancia una cuestión de confianza (artículos 112 y 114.1 CE). En ambos casos es una competencia exclusiva del Congreso de los Diputados, el cual, previamente, ha sido el órgano competente para la investidura del Presidente del Gobierno (artículo 99 CE) de la que nace la relación de confianza entre parlamento y gobierno.

En la propia Constitución se regulan otros mecanismos de control, susceptibles de utilización por el Congreso y por el Senado, o quizá de modo más preciso, por los diputados y por los senadores, como las solicitudes de información y ayuda (artículo 109 CE), las comparecencias del Gobierno ante las Cámaras y sus Comisiones (artículo 110 CE) y las preguntas e interpelaciones (artículo 111 CE). Suelen incluirse en este capítulo las Comisiones de investigación, aunque solo son verdaderos instrumentos de control cuando el objeto de la investigación lo sea la actuación del Gobierno, lo que no es exigido en el artículo 76 CE que contiene una formulación mucho más amplia.

4. Otras funciones de las Cámaras

La cláusula de cierre del apartado 2 del artículo 66 CE se refiere a "las demás competencias que les atribuya la Constitución".

Dentro de este grupo cabe señalar en primer lugar, por su relevancia dentro de la propia Norma fundamental, de las competencias parlamentarias relacionadas con la reforma de la Constitución (artículos 166 a 169 CE). Son el Congreso de los Diputados y el Senado, con diferente peso en función del tipo de reforma de que se trate, los órganos competentes para establecer las modificaciones del texto constitucional.

Un segundo bloque de funciones lo constituye la designación de los titulares de otros órganos constitucionales, designación que contribuye a la legitimidad democrática de tales órganos. Es el caso de magistrados del Tribunal Constitucional (artículo 159.1 CE), de vocales del Consejo General del Poder Judicial (artículo 122.3 CE) y del Defensor del Pueblo (artículo 54 CE).

En tercer lugar, en el Título II de la Constitución se atribuyen competencias a las Cortes Generales relacionadas con la Corona. La peculiaridad es que estas funciones, cuando no suponen el ejercicio de la potestad legislativa, se desempeñan en sesión conjunta del Congreso y el Senado (artículo 74.1 CE). Son los casos previstos en concretos apartados de los artículos 57, 59, 60 y 61 CE.

Cabe señalar asimismo la atribución a las Cámaras de funciones que se podrían enmarcar en una doble naturaleza, normativa y de control. De una parte se halla la potestad del Congreso de los Diputados de convalidación de los Decretos Leyes (artículo 86 CE); la convalidación (o alternativamente el rechazo) de la norma aprobada por el Gobierno supone el control político por la Cámara del ejercicio de una potestad propia del Ejecutivo, pero, además, de ella depende que tal norma continúe vigente o quede derogada. En lo que concierne a los tratados internacionales, su autorización es competencia —con facultades distintas— de ambas Cámaras (artículos 93 y 94.1 CE), autorización que comporta una vertiente de control de la política exterior del Gobierno, pero que, simultáneamente, es un requisito imprescindible para que las normas contenidas en los convenios desplieguen plena eficacia interna en el ordenamiento jurídico español.

Y para concluir, particular relevancia tienen las funciones relacionadas con las situaciones de anomalía constitucional. El control, en sentido amplio, de tales situaciones corresponde al Congreso cuando se trata de los estados de alarma, excepción y sitio (artículo 116 CE), y al Senado en el supuesto de que una Comunidad Autónoma incumpla sus obligaciones constitucionales o legales o atente gravemente contra el interés general de España (artículo 155.1 CE).

V. LA INVIOLABILIDAD DE LAS CORTES GENERALES

Concluye el artículo 66 CE con un apartado 3 que declara la inviolabilidad de las Cortes Generales.

Una afirmación de esta naturaleza entra dentro de la categoría de las garantías institucionales previstas en la Constitución, en favor, en este caso, del conjunto de la institución parlamentaria, con la finalidad de asegurar el normal desenvolvimiento de su actividad, esencial para el funcionamiento del Estado democrático.

Es una declaración de protección de las Cortes Generales que permite al legislador concretarla en medidas normativas, como es el caso del Código Penal (artículos 472 4º, y 492 y siguientes).

No es, en ningún caso, una declaración de irresponsabilidad de las Cortes Generales. Como ya se ha señalado, en el Estado constitucional de Derecho que configura la Constitución, las Cortes Generales están sometidas a la Norma fundamental y al resto del ordenamiento jurídico y por ello a controles de índole jurisdiccional.

VI. BIBLIOGRAFÍA

CAAMAÑO DOMÍNGUEZ, F.: "Comentario al artículo 66", Tomo II, en RODRÍGUEZ-PIÑERO Y BRAVO FERRER, M. Y CASAS BAAMONDE, M. E. (Dirs.), *Comentarios a la Constitución Española, XL Aniversario*, Fundación Wolters Kluwer, Las Rozas, Madrid, 2018, pp. 13-19.

GARCÍA-ESCUDERO MÁRQUEZ, P.: "Las Cortes Generales: nuevos roles y transformación de funciones", en *Repensar la Constitución: ideas para una reforma de la Constitución de 1978: reforma y comunicación dialógica*, parte primera, 1ª ed., Agencia Estatal Boletín Oficial del Estado, Madrid, 2016, pp. 101-130.

GONZÁLEZ DEL CAMPO, L.: "La inviolabilidad de las Cámaras parlamentarias en el ordenamiento jurídico español: significado y alcance", en *Legebiltzarreko aldizkaria-Legal: Revista del Parlamento Vasco*, núm. 3, 2022, p. 44.

LAVILLA RUBIRA, J. J.: "Congreso de los Diputados y demás poderes públicos: información, control y responsabilidad", en *Estudios sobre la Constitución española. Homenaje al Profesor García de Enterría*, Civitas, Madrid, 1991, III.

LÓPEZ GUERRA, L. M.: "El control parlamentario como instrumento de las minorías". *Anuario de derecho constitucional y parlamentario* nº 8, 1996.

MARAÑÓN GÓMEZ, R.: "Título III. De las Cortes Generales", en ARÉVALO GUTIÉRREZ, A. (Dir.), *Introducción a la Constitución Española de 1978*, Dykinson, D. L., Madrid, 2018, pp. 77-114.

RUBIO LLORENTE, F.: "Comentario al Título III", en ALZAGA VILLAAMIL, Ó., (Dir.) *Comentarios a la Constitución Española de 1978*, Cortes Generales-Edersa, Madrid, 1996-1999, VI.

Artículo 67

1. Nadie podrá ser miembro de las dos Cámaras simultáneamente, ni acumular el acta de una Asamblea de Comunidad Autónoma con la de Diputado al Congreso.

2. Los miembros de las Cortes Generales no estarán ligados por mandato imperativo.

3. Las reuniones de parlamentarios que se celebren sin convocatoria reglamentaria no vincularán a las Cámaras, y no podrán ejercer sus funciones ni ostentar sus privilegios

COMENTARIO

Francisco Caamaño
Catedrático de Derecho Constitucional
Universidad de A Coruña

I. INTRODUCCIÓN

El señalado artículo, reproducción prácticamente inalterada del art. 58, apartados 2, 3 y 4, del Anteproyecto de Constitución (Boletín Oficial de las Cortes, núm. 44, del 5 de enero de 1978) regula, en términos absolutamente clásicos, tres elementos inherentes al Parlamento que, a modo de garantías institucionales, son vivo reflejo de su proceso de formación histórica.

La primera de ellas, persigue apuntalar la independencia de las Cámaras que integran las Cortes Generales y, sobre todo, la de sus funciones constitucionales, impidiendo su confusión a través de los miembros que las integran. En cierto modo, es un cauce indirecto para asegurar la vieja idea, presente en nuestro constitucionalismo, según la cuál "los cuerpos colegisladores no pueden deliberar juntos" (art. 47 de la Constitución de 1869 y, en similares términos, se pronunciaban los arts. 27, 32 y 38 de las de 1837, 1845 y 1876, respectivamente) cuando indirectamente reconocían, como acontece con la Constitución de 1978, puntuales y excepcionales supuestos de reunión conjunta de ambas Cámaras.

La segunda expresa el fundamento mismo de la democracia representativa y presenta, como es conocido, serias dificultades de encaje conceptual en relación con las actuales democracias en las que los partidos políticos monopolizan la acción política y parlamentaria.

La tercera y última, garantía tiene por objeto evitar viejas experiencias en las que los representantes del pueblo llegaron a sentirse soberanos al margen de la institución, cuando, constitucionalmente, es el parlamento, y no la mera suma de sus miembros, quien representa al pueblo. Bajo esta última garantía late una tensión individuo/institución acerca de la ubicación del poder (quién es el genuino representante y cómo se representa) que ha marcado los inicios de parlamentarismo y que, a día de hoy ha perdido su fuerza originaria. Ahora bien, si cambiamos los sujetos protagonistas (partidos políticos por parlamentarios) surgen algunos interrogantes mucho más actuales, que se relacionan con el deterioro de la función representativa e, incluso, con la crisis de la ley. De hecho, no es ajeno al parlamento de nuestros días que se suscriban pactos entre partidos o entre órganos del estado y sindicatos u otros agentes sociales, adoptados al margen del parlamento, y que después son formalizados en las Cámaras, como si se tratasen de actos debidos.

II. LA ACUMULACIÓN DE ACTAS COMO CAUSA DE INCOMPATIBILIDAD

El constituyente de 1978 pensó en la estructura bicameral de las Cortes Generales y en la existencia de los futuros Parlamentos autonómicos, pero no en el Parlamento europeo. Siempre puede alegarse que en aquel año era algo razonablemente imprevisible pero no es fácil olvidar que los 72 miembros integrantes de la Asamblea Común de la CECA se reunieron por primera vez en 1952 y que el 20 de septiembre de 1976 el Consejo Europeo ya había anunciado su decisión de abandonar la fórmula tradicional de designación de miembros del Parlamento europeo (entre parlamentarios nacionales) para proceder a su elección directa mediante el sufragio universal de los ciudadanos de los estados miembro, lo que aconteció por primera vez en junio de 1979.

En todo caso, y en coherencia con el fin perseguido por el constituyente parece conveniente que, en una futura reforma constitucional, se incorpore a este precepto la prohibición que hoy se contiene en el art. 211.2. letras c) y d) de la Ley Orgánica 5/1985, de 19 de junio, de Régimen Electoral General (LOREG) y que, en consecuencia, la incompatibilidad entre el acta de parlamentario europeo y miembro de las Cortes Generales o de un parlamento autonómico forme parte de un mismo mandato constitucional.

Como toda incompatibilidad, la prohibición de acumular actas se compagina con el ofrecimiento a la persona directamente afectada de un derecho de opción que, con carácter general, según se desprende de los reglamentos parlamentarios de nuestro país (por todos, art. 16.3 del Reglamento del Congreso de los Diputados) y de lo dispuesto en la LOREG (art. 6.4) debe ejercitarse en el plazo máximo de ocho días. Sin embargo, y aunque el art. 155.3 LOREG contempla la prohibición del art. 67.1 CE como causa de incompatibilidad "ser miembro de las dos Cámaras simultáneamente", llama la atención que, en el artículo inmediatamente anterior (art. 154.3) también sea jurídicamente considerada como una causa de inelegibilidad ("Nadie podrá presentarse simultáneamente como candidato al Congreso de los Diputados y al Senado"). Sin discutir ahora la competencia del legislador para regular la nómina de las causas de inelegibilidad, debe advertirse que esa inclusión expresa en la LOREG como causa de inelegibilidad no es consecuencia directa de lo dispuesto en el art. 67.1 CE, sino de una decisión adicional adoptada libremente por el legislador orgánico.

Según se infiere de la literalidad del art. 67.1 CE, la prohibición constitucional que nos ocupa tendría una única excepción: ser simultáneamente miembro del Senado y, al tiempo, de la asamblea legislativa de una comunidad autónoma. La razón de ser de esta quiebra del régimen general debe buscarse en la pretendida representación territorial del Senado (art. 69.1. CE) y, más concretamente, en la figura de los denominados senadores de procedencia autonómica (art. 69.5 CE).

La Constitución no impide, en su literalidad, que los senadores provinciales puedan ser diputados autonómicos. Tampoco descarta que una Comunidad Autónoma pueda declarar incompatible la condición de miembro de su parlamento con la de senador. Tan solo se limita a admitir la posibilidad de que ambas situaciones puedan lícitamente producirse, dejando la decisión final al legislador. Pues bien, desde la aprobación de los primeros estatutos de autonomía, el legislador entendió que la compatibilidad de actas solo era admisible en relación con los senadores de designación autonómica, excluyendo expresamente la posibilidad de que pudiesen ser miembros de los parlamentos autonómicos los senadores de elección provincial.

Sobre esta razonable premisa, que facilitaba una organización de los parlamentos autonómicos no condicionada por la programación de los trabajos del Senado —entre las prerrogativas de los senadores no figura el don de la ubicuidad— el legislador dispuso una primera excepción a la excepción y, a partir de ella, con el paso del tiempo se abrieron dos escenarios básicos diferenciados: el de aquellas CC.AA. en las que solo puede designarse senador autonómico a quien previamente ostenta la condición de diputado regional y el de aquellas otras CC.AA. en las que no se exige ese requisito, siendo suficiente con tener la condición política de ciudadano de la comunidad autónoma. Ya en este siglo, con ocasión de los últimos procesos de reforma estatutaria, la gran mayoría de las CC.AA. han sustituido la primera de las apuntas alternativas para decantarse claramente por la segunda. Incluso, en términos estrictamente políticos, se aprecia la progresiva consolidación de una tendencia consistente en no designar senadores a quienes ya formen parte de la cámara autonómica, haciendo suya los parlamentos autonómicos la idea, cada vez más imperante, de "una persona, un cargo".

III. LA PROHIBICIÓN DEL MANDATO IMPERATIVO

El artículo 67.2 CE consagra una garantía sobre la que gravita el entero edificio de la representación política en el estado constitucional. A diferencia de la representación de derecho privado, en la que el representante da cuenta de la voluntad de su representado, en el proceso de formación democrática de la voluntad estatal, el representado únicamente legitima el origen del representante, permitiéndose de ese modo que el contenido de la representación sea un acto creativo de estos últimos y no una decisión adoptada por los primeros. A través del sistema electoral el pueblo decide quienes tienen su confianza para hablar en su nombre y, una vez elegidos, los depositarios de aquélla crean/escenifican/representan la voluntad del pueblo. Para que ese cambio conceptual fuese posible, resultaba imprescindible liberar al representante de toda atadura jurídica respecto de sus electores, de suerte que, una vez elegido, tuviese la condición de representante de toda la nación y no de delegado de una parte de la misma.

El parlamento siempre fue un lugar representativo, pero no siempre fue igual su representación. Esa cualidad de la institución sirvió estratégicamente al pensamiento liberal para apoderarse de él y, a su través, de los instrumentos hasta entonces disponibles (ley, justicia, impuestos, ejército...) para organizar políticamente la sociedad. En el parlamento del *Ancien Régime* sólo se representaban una miscelánea de intereses particulares que competían con el interés del rey, quien, como un buen padre, representaba a todo su pueblo, respondiendo de ello ante dios. El precedente del concepto político de representación nace en el parlamento, pero no, como pudiera pensarse, de la relación entre los parlamentarios y sus poderdantes, sino como transformación de la posición del rol desempeñado por el rey. A diferencia de los representantes que integraban las viejas asambleas estamentales, el rey no representaba en ellas un interés personal o de grupo, sino que actuaba en nombre de todo su pueblo. Por eso, la representación que más se parecía a la actual representación política era la que asumía el rey cuando intervenía ante la asamblea en defensa de un pueblo ausente, cuya voluntad y deseo solo él podía expresar y conocer, dado que los parlamentarios solo eran portadores de concretos intereses de grupo y estaban vinculados por las instrucciones de sus representados.

La prohibición del mandato imperativo sirvió para invertir ese esquema, de modo que lo que era cometido del rey (hablar por el pueblo) se convirtió progresivamente en potestad exclusiva del parlamento y la responsabilidad regia ante dios se mudó en responsabilidad política ante la Cámara. La democracia representativa se debe a tan sencilla como radical diferencia. El representante, una vez elegido, no representa a sus electores porque lo es —como antes el rey— de toda la nación. En el parlamento, mediante la deliberación y el libre contraste de ideas, se forja la voluntad del pueblo y esa voluntad se plasma en la ley. Como escribió Francisco Rubio Llorente "el representante elegido no es el servidor de sus electores, sino su señor".

La generalización del sufragio y la irrupción de los partidos políticos como mediadores necesarios entre el electorado y las instituciones de gobierno del estado, resquebrajó la concepción liberal de la representación política y puso en tela de juicio la eficacia jurídica de la prohibición contenida en el art. 67.2 CE que no es más que el fiel reflejo de otras normas similares presentes en las constituciones de nuestro entorno. El debate surgido en el período de entreguerras entorno a esta cuestión fue tan intenso y de tanto calado que traspasó su perímetro para incidir directamente sobre la naturaleza del estado y la estructura del poder. Y, ciertamente, las respuestas que puede ofrecer el derecho parecen más bien limitadas.

Si se aplica, en sus propios términos, la prohibición constitucional del mandato imperativo (art. 67.2 CE) se opone claramente la realidad política existente en las democracias de nuestros días y al protagonismo constitucionalmente reconocido a los partidos políticos como agentes imprescindibles en el funcionamiento del estado (art. 6 CE). Además, su estricta exigencia cuestionaría la posición jurídica de los grupos parlamentarios, sin los que sería imposible gestionar la actividad que desarrollan las modernas Cámaras parlamentarias y hasta pudiera llega a pensarse que, a día de hoy, la prohibición del mandato imperativo solo sirve para amparar jurídicamente una práctica socialmente tan reprobada como la del llamado "transfuguismo político".

Contrariamente, admitir que el parlamentario está enteramente sujeto a las órdenes del partido o del grupo parlamentario al que pertenece conduce a un resultado poco gratificante, pues no puede sostenerse que los electores voten exclusivamente en razón de los contenidos del programa electoral presentado por un partido o por adhesión ideológica o afecto a unas siglas ya que, en no pocas ocasiones, son las personas —especialmente la figura del líder— y no la organización, las que resultan atractivas para los votantes, resultando, decisivas a la hora de decantar su voto. Además, puede ocurrir que, ante la decisión de la cúpula del partido de cambiar su posición inicial, sea el parlamentario individualmente considerado quien aparezca como el único defensor del compromiso asumido ante los electores.

Está encrucijada constitucional ha podido administrarse pragmáticamente mientras no se han producido situaciones de conflicto entre las fuerzas encontradas (parlamentario independiente o parlamentario sujeto a instrucciones de partido). Cuando ello ocurre es imprescindible ofrecer una repuesta jurídica y, a mi modo de ver, la solución no puede consistir en trazar una barrera que incomunique la norma con la realidad. La alternativa, en consecuencia, siempre ha de ser ponderativa y necesariamente constructiva en función del concreto supuesto de hecho. Pueden articularse remedios puntuales, pero, ciertamente, es muy difícil intentar formular una teoría de la representación sobre premisas tan contradictorias e inestables.

Ha pesar de todas esas dificultades, la jurisprudencia constitucional ha sido capaz de encontrar un camino propio y lo bastante coherente como para ofrecer una respuesta que permite salir razonablemente al paso y superar la mera solución *ad casum*.

En efecto, el Tribunal Constitucional ha tenido que enfrentarse en diversas ocasiones a asuntos, generalmente planteados por el cauce del recurso de amparo del art. 42 LOTC, en los que esta cuestión constituía el núcleo principal de la controversia suscitada entre las partes. Importa subrayar el cauce procesal utilizado, pues en él es condición imprescindible invocar la lesión de un derecho fundamental, lo que motivó que los demandantes tuviesen que fundamentar su pretensión en preceptos distintos del art. 67.2 CE que, en cierto modo, quedó extra muros del debate entre las partes. Esta circunstancia ofrecía un nuevo contexto al Tribunal Constitucional, que hábilmente aprovechó, convirtiendo un debate acerca de la eficacia real de una prohibición constitucional, en un asunto, mucho más amplio y rico en contenidos, relativo a los derechos fundamentales de participación política y representación previstos en el art. 23 de la Constitución. Lo que parecía una garantía típica de la parte orgánica de la Constitución (art. 67.2) se transformó en una densa relación jurídico-pública entre parlamento y pueblo, intervenida por diversos actores y elementos (partidos, candidaturas, listas electorales, grupos parlamentarios, competencia, igualdad, pluralismo...) que la llenaban de nuevas aristas e intersecciones.

A este trascendente cambio de "ubicación" constitucional también coadyuvó una segunda circunstancia. Los primeros recurrentes que plantearon un asunto concerniente a la prohibición del mandato imperativo no eran miembros de las Cortes Generales sino concejales de un Ayuntamiento y la Constitución española, al menos en su literalidad, sólo establece esa prohibición en relación con los primeros. Sería posible, en consecuencia, defender que la propiedad del escaño corresponde al parlamentario y no al partido (art. 67.2 CE) exclusivamente en lo que atañe a los miembros de las Cortes Generales y, si acaso, en tanto que también son órganos legislativos, a los parlamentarios autonómicos, mientras que, en el supuesto de los concejales —aunque también son elegidos por los ciudadanos—, dado el silencio de la Constitución, podría entenderse que la decisión se dejaba a la libertad del legislador, de suerte, que la exigencia, o no, de esa prohibición dependería de lo que dispusiese la ley.

Al plantearse la controversia desde una base constitucional distinta (la de los derechos fundamentales del art. 23 CE) el Tribunal tuvo la oportunidad de explorar soluciones diversas que, con las imperfecciones son propias de toda construcción jurisprudencial, ha permitido con el tiempo formar una razonable zona de equilibrio argumental.

Los fundamentos teóricos sobre los que se practica ese deslinde son ciertamente consistentes, desde la perspectiva del principio democrático:

"El derecho que la Constitución (art. 23.1) garantiza a todos los ciudadanos a participar en los asuntos públicos mediante representantes libremente elegidos es un derecho que corresponde a cada ciudadano y que puede ser vulnerados por actos que sólo afecten a cada uno de éstos en particular. La vulneración que resulta del hecho de privar al representante de su función les afecta, sin embargo, a todos simultáneamente y es vulneración del derecho del representante a ejercer la función que le es propia, derecho, sin el que, como es obvio, se vería vaciado de contenido el de los representados" (STC 10/1983, Fj 2º)

"El extremo que debe ser analizado es el de si, dada la conexión necesaria e inmediata que (...) existe entre representación y elección popular, cabe considerar constitucionalmente legítima una organización de la representación política en la que los representantes puedan ser privados de su función por una decisión que no emana de los propios electores" (STC 10/1983, Fj 2º).

"Los (elegidos) lo fueron para una función que exige que la libre voluntad del representante y, por ende, su permanencia en el cargo, no quede subordinada a ningún poder que no emane de la voluntad popular" (STC 10/1983, Fj 4º).

El mandato de los representantes "es producto de la voluntad de quienes lo eligieron, determinada por la exposición de un programa político jurídicamente lícito. La fidelidad a este compromiso, que ninguna relación guarda con la obligación derivada de un supuesto mandato imperativo (...) no puede ser desconocida ni obstaculizada, como se ha hecho en este caso, mediante la prohibió de añadir la expresión 'por imperativo legal' en el momento mismo de prestar el acatamiento..." (STC 119/1990, FJ 7).

"...los diputados, en cuanto integrantes de las Cortes Generales representan al conjunto del pueblo español, de acuerdo con el art. 66 de la Constitución, sin perjuicio del pluralismo político (...) y de que la voluntad popular resulta de la concurrencia de los distintos partidos, tal como establece el art. 6 de la Constitución. Otra cosa sería abrir el camino a la disolución de la unidad de la representación y con ello de la unidad del Estado" (STC 101/1983, Fj 3º).

Como puede apreciarse, el Tribunal Constitucional utiliza los derechos fundamentales del art. 23 CE conferir un nuevo sentido funcional al art. 67.2 CE en el contexto de una democracia de partidos. Sin citar el precepto, lo recrea a través de los derechos del art. 23 CE. La representación política se concibe ahora como un cauce de expresión permanente de derechos fundamentales, de modo que la relación representativa no se agota en el momento de la elección, sino que adquiere nuevas dimensiones vinculadas sustancialmente con la protección jurídica de la pluralidad y la defensa de las minorías. El art. 67.2 CE sigue siendo el mismo pero su semántica se ha modernizado y enriquecido abriendo espacios que permiten compatibilizar la democracia representativa y la inevitable mediación de los partidos.

La clave de esa construcción no descansa en contemplar la representación política como una mera relación jurídica entre sujetos, sino en entenderla también como una cualidad inherente al estado democrático, fuera del cuál los derechos fundamentales dejan de existir. Una afirmación que puede constatarse, con toda claridad, en la STC 97/2020, de 21 de julio, en cuyo FJ 6º, se sintetiza la jurisprudencia en la materia, del modo que sigue:

"a) Desde las SSTC 10/1983, de 21 de febrero, y 32/1985, de 6 de marzo, FFJJ 2 y 3 de una y otra, tiene declarado este tribunal que el derecho a acceder a los cargos de naturaleza representativa implica también el de mantenerse en ellos y desempeñarlos de acuerdo con la ley, sin constricciones o perturbaciones ilegítimas.

b) Cuando se trata de tales cargos representativos, el derecho enunciado en el artículo 23.2 CE ha de ponerse en conexión con el de todos los ciudadanos a participar en los asuntos públicos por medio de representantes, libremente elegidos en elecciones periódicas por sufragio universal (art. 23.1 CE), pues son los representantes quienes actualizan aquel derecho de los ciudadanos, al margen ahora la participación directa a la que el propio precepto se refiere.

c) El derecho establecido en el artículo 23.2 CE es, como se desprende del inciso final del precepto, de configuración legal, correspondiendo a la ley, concepto en el que se incluyen los reglamentos parlamentarios, ordenar los derechos y facultades que correspondan a los distintos cargos públicos y que pasan así a integrarse en el estatus propio de cada uno de ellos, con la consecuencia de que podrá su titular defender, al amparo de esta disposición constitucional, el *ius in officium* que estime ilegítimamente constreñido o ignorado por actos de los poderes públicos.

d) El legislador dispone de un amplio margen de libertad para regular el ejercicio del derecho, si bien con límites, tanto generales, como el respeto al principio de igualdad y a los demás derechos fundamentales, como referidos, cuando se trata de cargos representativos, a la necesaria salvaguarda de la naturaleza de la representación.

e) El derecho fundamental de que se trata no es incondicionado o absoluto, sino que queda delimitado en su contenido tanto por su naturaleza como en atención a su función. Aunque el derecho se impone, en su contenido esencial al legislador, puede este establecer limitaciones y restricciones a su ejercicio que, respetando ese contenido y los imperativos del principio de igualdad, se ordenen, desde la perspectiva constitucional, a un fin legítimo y en términos proporcionados a esa válida finalidad. Limitaciones y restricciones legales que habrán de aplicarse, en especial por los órganos judiciales, mediante resolución especialmente motivada y no incursa en desproporción en relación con aquella finalidad.

f) Los criterios reseñados son según se puntualiza con detalle en las mencionadas sentencias constitucionales, semejantes a los que se desprenden de la jurisprudencia del Tribunal Europeo de Derechos Humanos sobre el artículo 3 del Protocolo adicional número 1 al CEDH, jurisprudencia que constituye relevante referencia hermenéutica para la determinación del sentido y alcance de los derechos que la Constitución reconoce en su artículo 10.2." (FJ. 6º).

En la doctrina del Tribunal Constitucional conviven las dos dimensiones de la representación política —la relacional y la que confiere personalidad representativa al estado— porque ambas se necesitan. Sin estado no hay derechos fundamentales, ni tampoco democracia. Y sin representación, como proceso de reconducción de la pluralidad a la unidad, difícilmente puede haber estado. Para conjugar esa dualidad los derechos de representación no pueden concebirse de modo incondicionado o absoluto, correspondiendo al legislador, a la hora de proceder a su configuración legal, determinar sus límites y condiciones de ejercicio.

IV. REUNIONES DE PARLAMENTARIOS SIN CONVOCATORIA REGLAMENTARIA

Solo en el parlamento y como parte activa de la institución, los representantes se convierten en un cuerpo legislador capaz de elaborar las pautas normativas que deben ordenar la vida de la comunidad y los derechos y libertades de las personas. Fuera de la institución y no estando sujetos a sus reglas, los representantes electos pueden hacer política, pero en modo alguno convertirla en voluntad del estado; pueden ejercer su *auctoritas* pero carecen de la protección jurídica y de los derechos y garantías (prerrogativas parlamentarias) mediante los que la Constitución salvaguarda el ejercicio de sus funciones. Por el pueblo no puede hablarse de cualquier modo y en cualquier lugar. Jurídicamente, por el pueblo, solo se habla en el Parlamento. El contenido de la representación es libre, pero su existencia jurídica está sometida a determinadas condiciones de ejercicio.

Una de esas condiciones, de especial relevancia para el constituyente español, a la vista de su expresa inclusión en el texto de la Constitución (art. 67.3), es la que determina que las reuniones de los parlamentarios han de estar debidamente convocadas para ser tenidas por válidas. La correlación entre este precepto constitucional y lo dispuesto en el art. 79.1 de la propia Constitución ("Para adoptar acuerdos, las Cámaras deben estar reunidas reglamentariamente y con la asistencia de la mayoría de sus miembros") es tan evidente que raya en lo redundante. Solo la referencia a los "privilegios" del art. 67.3 CE parece introducir alguna diferencia.

Es necesario volver la mirada hacia la historia para encontrar algún argumento que pueda justificar la inclusión de esta materia en la Constitución y desentrañar la preocupación del constituyente sobre algo que, en principio, resulta más propio de un reglamento parlamentario que de una norma constitucional. La tarea resulta, sin embargo, bastante insatisfactoria. Por un lado, porque de poco sirve examinar el proceso de elaboración de esa disposición constitucional, toda vez que, salvo alguna enmienda interesando su supresión, y que fue rechazada sin argumento alguno, el precepto fue aprobado tal como figuraba en el Anteproyecto de Constitución. Por otro lado, tampoco existen precedentes claros en nuestras Constituciones históricas, ni se aprecia que, en el último tercio del siglo XX, concurran razones de coyuntura política y social por las que la regularidad formal en la convocatoria de las Cámaras deba ser un asunto de interés constitucional.

Se ha apuntado como hipótesis que el art. 67.3 puede ser concebido como una reacción cautelar ante la posibilidad de que se pretendiese reavivar una práctica autorizada por el artículo 59 de la Constitución de 1931, a cuyo tenor "las Cortes disueltas se reúnen de pleno derecho y recobran su potestad como poder legítimo del Estado, desde el momento en que el Presidente no hubiere cumplido, dentro del plazo, la obligación de convocar las nuevas elecciones". Sin embargo, esta norma recuerda más a sus equivalentes en el constitucionalismo histórico cuando, como garantía de continuidad de las Cámaras, se autorizaba la convocatoria automática de las Cortes si el Rey no las convocaba, que al sentido perseguido por el art. 67.3 CE consistente, a mi juicio, en asegurar que la única representación política válida a efectos jurídico-constitucionales es la institucionalizada a través de las Cortes Generales.

Dado que averiguar el origen del art. 67.3 CE no parece que vaya a ser un factor que añada comprensión constitucional al contenido del precepto, me limitaré a examinar las dos principales dudas jurídicas que se desprenden de su lectura.

En este sentido, se trata de esclarecer, en primer lugar, si, como ha apuntado Da Silva Ochoa, los privilegios a los que hace referencia el art. 67.3 CE son sólo los individuales de los parlamentarios que se reúnen o también los que son propios de la Cámara a la que pertenecen o, incluso los de las Cortes Generales, como institución. Y, en segundo lugar, si esos privilegios, singularmente la inviolabilidad, despliegan o no su eficacia en el supuesto de convocatorias realizadas de forma irregular o que adolecen de algún defecto de forma apreciado a posteriori.

En nuestra opinión, ambas cuestiones tiene un alcance jurídico muy limitado y no requieren necesariamente de la cobertura constitucional que pueda prestarle el art. 67.3 CE, en cuanto que pueden resolverse de forma más clara y contundente mediante la aplicación de otros preceptos constitucionales. Item más: puede ocurrir que, en algún caso, el art. 67.3 CE dificulte alcanzar una respuesta jurídica razonable.

Así, no parece discutible que una reunión de parlamentarios sin la debida convocatoria, pero que se realice en dependencias de la Cámara goza, en ciertos aspectos, de la protección indirecta que le suministra la adscripción del recinto al órgano constitucional Cortes Generales que, según determina el art. 66.3 CE "son inviolables", concepto que inevitablemente se proyecta sobre los espacios que se encuentran bajo su responsabilidad. Exista o no convocatoria, sea formal o informal, lo cierto es que esos parlamentarios se benefician de la protección jurídica adicional que se deriva de las prerrogativas constitucionales de las Cortes Generales, como institución. Por tanto, solo interpretando que los "privilegios" a los que se refiere el precepto son los personales de cada parlamentario, el art. 67.3 CE puede tener alguna utilidad. Ahora bien, es obvio que una reunión de parlamentarios, convocada o no convocada reglamentariamente, nunca puede afectar a las prerrogativas de inmunidad y fuero, de modo que el art. 67.3 CE solo podría reconducirse al "privilegio" de la inviolabilidad, el cuál, como muy bien dice el art. 71 CE, solo cubre al parlamentario por las opiniones y votos "manifestados en el ejercicio de sus funciones". Por tanto, poco aporta el art. 67.3 CE, pues no existe duda acerca de que, en las reuniones que no se hubiesen reglamentariamente convocado, el parlamentario no está ejerciendo sus funciones y que, por tanto, solo se encontraría protegido, como un ciudadano más, por su libertad de expresión.

En relación con la segunda de las hipótesis anteriormente señaladas puede acontecer, en efecto, que se produzca una convocatoria defectuosa y que, por tanto, se tenga que cuestionar tanto la validez de los acuerdos adoptados como, en su caso, si los parlamentarios así reunidos podrían invocar la prerrogativa de la inviolabilidad. De nuevo la referencia jurídica del art. 67.3 CE aporta más complejidad que ayuda, a la hora de solucionar un potencial conflicto de esta naturaleza. Así, mientras el art. 79.1 CE permite entender, sin dificultad, que las convocatorias defectuosas pero subsanables pueden considerarse, a esos efectos, como válidas (siempre, claro está, que además concurran los requisitos de asistencia y mayoría requeridos) y, en consecuencia, que la inviolabilidad amparó a los parlamentarios intervinientes en la sesión, los términos en que se expresa el art. 67.3 CE parecen excluir cualquier clase de razonamiento intermedio.

La difícil inteligencia de precepto y su escasa utilidad corroboran, en mi criterio, la lacónica opinión de quienes, en su día, presentaron enmiendas solicitando su supresión. Quizá, en una futura reforma de la Constitución, pueda aprovecharse la oportunidad para acoger aquel consejo.

V. BIBLIOGRAFÍA

ALZAGA VILLAAMIL, Ó.: *Comentario sistemático a la Constitución Española de 1978*, 2ª ed., 2016, Comentario al art. 67, pp. 341-345.

BORRAJO INIESTA, I.: "Comentario al art. 67.1 CE", en CASAS BAAMONDE, M. E., RODRÍGUEZ-PIÑERO, M. (dirs.), *Comentarios a la Constitución Española*, Wolters Kluwer, Madrid, 2000, pp. 1335-1337.
CAAMAÑO DOMÍNGUEZ, F.: *El mandato parlamentario*, Cortes Generales, Madrid, 1991.
DA SILVA OCHOA, J. C.: "Comentario al art. 67.3 CE", en CASAS BAAMONDE, M. E., RODRÍGUEZ-PIÑERO, M. (dirs.), *Comentarios a la Constitución Española*, Wolters Kluwer, Madrid, 2000, pp. 1338-1343.
RUBIO LLORENTE, F.: *La forma del Poder*, CEC, Madrid, 1993.

VI. JURISPRUDENCIA

STC 10/1983, de 21 de febrero.
STC 32/1985, de 6 de marzo.
STC 119/1990, de 21 de junio.
STC 155/2019, de 28 de noviembre.
STC 97/2020, de 21 de julio.

Artículo 68

1. El Congreso se compone de un mínimo de 300 y un máximo de 400 Diputados, elegidos por sufragio universal, libre, igual, directo y secreto, en los términos que establezca la ley.

2. La circunscripción electoral es la provincia. Las poblaciones de Ceuta y Melilla estarán representadas cada una de ellas por un Diputado. La ley distribuirá el número total de Diputados, asignando una representación mínima inicial a cada circunscripción y distribuyendo los demás en proporción a la población.

3. La elección se verificará en cada circunscripción atendiendo a criterios de representación proporcional.

4. El Congreso es elegido por cuatro años. El mandato de los Diputados termina cuatro años después de su elección o el día de la disolución de la Cámara.

5. Son electores y elegibles todos los españoles que estén en pleno uso de sus derechos políticos. La ley reconocerá y el Estado facilitará el ejercicio del derecho de sufragio a los españoles que se encuentren fuera del territorio de España.

6. Las elecciones tendrán lugar entre los treinta días y sesenta días desde la terminación del mandato. El Congreso electo deberá ser convocado dentro de los veinticinco días siguientes a la celebración de las elecciones

COMENTARIO

Emilio Pajares Montolío
Profesor titular de Derecho Constitucional
Universidad Carlos III de Madrid

SUMARIO: I. EL SISTEMA ELECTORAL DEL CONGRESO DE LOS DIPUTADOS. II. EL DERECHO DE SUFRAGIO. III. LA CONVOCATORIA DE ELECCIONES, LA CONSTITUCIÓN DE LA CÁMARA Y LA DURACIÓN DE LA LEGISLATURA. IV. BIBLIOGRAFÍA. V. JURISPRUDENCIA.

I. EL SISTEMA ELECTORAL DEL CONGRESO DE LOS DIPUTADOS

En una decisión que no es tan habitual en otros textos constitucionales, el artículo 68 CE contiene, de manera más destacada, algunos elementos esenciales del sistema electoral del Congreso de los Diputados, configurándolo en gran medida, ya que establece el número máximo y mínimo de sus integrantes (entre 400 y 300), la circunscripción provincial más Ceuta y Melilla, el prorrateo basado en la población pero con un mínimo inicial igual para todas las provincias (Ceuta y Melilla cuentan con un escaño cada una) y el uso de criterios proporcionales en cada circunscripción. A disposición del legislador (orgánico, ya que se considera que esta materia integra el "régimen electoral general" que el artículo 81 reserva a la ley orgánica) queda por tanto únicamente la concreción del número de miembros, de ese mínimo inicial, de las operaciones para distribuir el resto de escaños entre las circunscripciones provinciales y de la forma de emisión del voto (único elemento en el que no existe ninguna predeterminación constitucional), así como la selección, entre las proporcionales, de la fórmula electoral a utilizar.

Además de la obvia trascendencia que se deduce de esta mera enumeración, hay que tener en cuenta para hacerse una idea adecuada de la relevancia de este artículo que la participación política, reconocida como derecho fundamental en el artículo 23, se ejerce básicamente a través de la elección de representantes, dado el lugar secundario que en la CE ocupa la participación directa. De todas esas elecciones, a celebrar libre y periódicamente y por sufragio universal, las más significativas son precisamente las que determinan la composición del Congreso, por ser la cámara principal de las Cortes Generales (que representan al pueblo español), entre otros motivos porque es la única que otorga y puede retirar la confianza al Gobierno. Esta relación entre elecciones y sistema parlamentario de gobierno y, más concretamente, con la investidura presidencial (que tiene lugar obligatoriamente "después de cada renovación del Congreso de los Diputados", como señala expresamente el artículo 99) ha marcado obviamente no sólo la regulación de estas elecciones sino también el comportamiento electoral, pues una y otro atienden al menos a un doble objeto: producir representación y también gobierno.

En todo caso, tanto en el plano constitucional como en el legal se observa una clara voluntad de mantener las mismas normas que han regido la elección del Congreso desde 1977, recogidas en parte en estas determinaciones constitucionales y confirmadas de manera casi íntegra con la aprobación de la Ley orgánica 5/1985, de 5 de junio, del régimen electoral general (LOREG), pues la única novedad apreciable en sus artículos 162 y 163, que desarrollan este precepto constitucional, viene a ser que en cada convocatoria electoral es necesario precisar el número de escaños que corresponde a cada circunscripción (en las anteriores, entre 1977 y 1982, se aplicó el prorrateo previsto directamente en el Real decreto-ley 20/1977, de 18 de marzo, sobre normas electorales. RDLNE). Sería un ejemplo de la tendencia general a la resistencia al cambio, a la permanencia de los sistemas electorales, que no suelen ser objeto frecuente de cambio en tanto determinan el acceso y el mantenimiento en el poder (operación que en todo caso resulta más complicada cuando está en parte constitucionalizado, como es el caso).

En este marco y bajo estos presupuestos ha quedado configurado un sistema electoral integrado por los siguientes elementos:

1. Un número de diputados relativamente bajo, de 350, si se compara con el de cámaras similares de otros países europeos, sobre todo los que tienen una población similar o superior: incluso aunque se reformara la LOREG para ampliarlo al máximo posible seguiría siendo más reducido que el Sejm de Polonia, que cuenta con 460 miembros (para una población muy inferior, diez millones de habitantes menos), mientras que el Bundestag, la Assemblée Nationale o la House of Commons tienen más de 500 e incluso más de 600 integrantes, aunque sus respectivos países rebasan los 60.000.000 de habitantes. La Camera dei deputati sigue teniendo un tamaño mayor (400 miembros) tras la reforma de 2020, pero en términos relativos habría que tener en cuenta que la población de Italia supera en unos diez millones a la de España.

2. Un número bastante elevado de circunscripciones, 52, de dimensiones muy variadas (hay que tener en cuenta que se trataba de la única división existente en el momento de elaborarse la CE, utilizada para desplegar territorialmente la Administración central, al tiempo que integraba con los municipios la Administración local, con autonomía para la gestión de sus intereses), siendo este un aspecto que no se puede modificar sin reforma constitucional, cuando ha resultado decisivo para el funcionamiento del sistema electoral. Visto desde otra perspectiva, impide que una mayoría coyuntural pueda configurar a su antojo el *mapa electoral*, eludiendo así la manipulación en este ámbito o "gerrymandering".

3. Un prorrateo que tiene en cuenta los dos criterios habituales en este ámbito: igualdad y población. Por lo que a la primera respecta, cada circunscripción provincial ha de contar con un mínimo de dos escaños; la segunda se tiene en cuenta en mayor medida: el número de habitantes de las circunscripciones afectadas (todas menos Ceuta y Melilla) se divide entre el número de escaños restante (248), para a continuación dividir la población de cada circunscripción entre el resultado de la anterior operación, de modo que a cada una le corresponderá un número de diputados igual al número entero, atribuyéndose los restantes a los mayores decimales. Dicha operación, como se ha dicho, es preciso realizarla con ocasión de cada proceso electoral y se plasma en el mismo decreto de convocatoria.

La combinación de estos tres primeros elementos propicia ya un primer efecto del sistema: una gran desigualdad del voto entre los electores de provincias más y menos pobladas, ya que las primeras están infrarrepresentadas y las segundas sobrerrepresentadas. Si la media resulta ser de unos 135.000 habitantes por escaño, en las primeras ronda los 180.000 (Madrid y Barcelona), mientras que en las segundas hay muchas en las que esa relación no alcanza los 100.000 e incluso en dos (Soria y Teruel) es inferior a 50.000.

4. En cuanto al procedimiento de votación o forma de expresión del voto, esto es, la capacidad que tengan los electores para configurar el sufragio (sobre el que no existe prescripción constitucional alguna), se basa en un sistema de voto único mediante listas cerradas y bloqueadas, en el que no cabe expresar más que una opción a favor de una candidatura y no sobre las personas que en ellas figuran, so pena de anular el voto si llegara a indicarse algún tipo de preferencia. Queda por tanto reducida a la mínima capacidad posible, justificada en su momento por la necesidad de simplificar el proceso de votación y, sobre todo, con el afán de consolidar la posición de los partidos (de las direcciones de los partidos más bien, en la medida en que les corresponda la elaboración de las candidaturas).

5. Se ha introducido en la LOREG sin base constitucional expresa el requisito de superar una barrera electoral para acceder a la asignación de escaños, una condición con la que se pretende limitar la presencia de un número excesivo de formaciones políticas en la cámara. Concretada en la necesidad de superar el 3% de los votos válidamente emitidos en la circunscripción, al no exigirse a nivel nacional es posible obtener representación con porcentajes totales muy bajos; también es indiferente que se consiga en unas sí y en otras no: en aquéllas habrá la posibilidad de obtener escaño, en éstas no.

6. A las formaciones que lo rebasen se les aplicará la fórmula electoral o procedimiento matemático de conversión de los sufragios en escaños que sigue la llamada regla D'Hondt, de división de los votos entre los divisores sucesivos de los escaños a repartir (1, 2, 3, 4...), resultando adjudicados los escaños a los cocientes más altos.

La inclusión de estas dos últimas opciones primero en el RDLNE y después en la LOREG evidencia un claro objetivo del sistema electoral, pues se trataría con ellas de evitar una representación excesivamente fragmentada (ya que las formaciones minoritarias quedarían excluidas de la cámara por no superar ese porcentaje o verían mermados sus escaños al ser de aplicación una fórmula de promedio mayor, que beneficia a los partidos más votados). Con ello se sortearía la consiguiente inestabilidad gubernamental a la que podría dar lugar, causa a su vez, se pensaba, de la breve duración de algunas experiencias democráticas en España y en otros países. De hecho, este sistema electoral incluso ha llegado a ser calificado más bien como mayoritario, en la medida en que generaba una concentración de la representación en los dos principales partidos de ámbito nacional, con clara infrarrepresentación (o incluso ninguna) de los partidos menores de ese mismo ámbito, mientras que se podían considerar ajustados los resultados de los partidos de ámbito autonómico.

Sin embargo, las causas de esta desproporcionalidad se encuentran más bien en la magnitud de las circunscripciones, pues solo en las que cuentan con un número más elevado de escaños el sistema puede funcionar de manera proporcional: a menor magnitud se reduce la presencia de candidaturas con representación, incluso tendencialmente a dos, las de las formaciones políticas más votadas (con algunas excepciones, que corresponden sobre todo a circunscripciones en las que compiten partidos nacionalistas con porcentajes de voto elevados en ellas). Hay que tener en cuenta que las circunscripciones pequeñas son mayoría (si por magnitud baja se entiende, por ejemplo, menos de seis escaños): siempre han sido más de 30 y en ellas se eligen alrededor del 40% de los miembros de la cámara. En todo caso, para entender de forma completa los efectos que produce la magnitud de las circunscripciones hay que considerar también el voto útil o estratégico, que lleva a escoger, en lugar de la candidatura más cercana pero con escasas posibilidades de obtener escaño, la menos lejana entre las que sí tengan posibilidades de conseguir representación (o una representación más nutrida): este efecto se manifiesta sobre todo, lógicamente, en los distritos más pequeños, provocando a su vez que la desproporción en ellos sea mayor, pero también se ha extendido a los de mayor magnitud, en los que en muchos casos la asignación de escaños se ha limitado asimismo a los dos grandes partidos de ámbito nacional.

Se pudo así concluir que este sistema electoral reflejaba de manera limitada el pluralismo ideológico, al dar pie a una representación circunscrita sobre todo a dos partidos (aquellos que contaban con elevados porcentajes de voto en todas o casi todas las circunscripciones). Los restantes, pequeños o con porcentajes de voto reducido (inferior al 10%, por ejemplo), solo obtenían en el mejor de los casos representación en unas pocas circunscripciones, las más grandes, siempre infrarrepresentados e incluso con cierta tendencia a tener una presencia episódica, no sostenida en el tiempo. Al tiempo, garantizaba (y garantiza) la expresión del pluralismo territorial, pues ha hecho posible el acceso a esta cámara de partidos nacionalistas (incluso de varios de la misma comunidad autónoma) en ocasiones con menos votos pero más escaños que fuerzas que concurren en todo el territorio español: reciben un respaldo, en las circunscripciones en las que concurren, que los equiparan en ellas a esos partidos grandes de ámbito nacional, con independencia de la magnitud que tengan, que es muy variada.

Por otro lado, en lo que se refiere a su proyección sobre las previsiones constitucionales acerca del sistema parlamentario y de la división de poderes, con este sistema electoral se ha evitado la fragmentación, contribuyendo decisivamente a la formación de mayorías gubernamentales (se acentúa la prima al partido ganador) y permitiendo la continuidad de la oposición. Ha dado pie en todo caso, con fórmulas diferentes (mayoría absoluta o minoría mayoritaria, siempre más abultada respecto a los votos recibidos, pues en ningún caso el partido más votado ha rebasado el 50% de los sufragios), a gobiernos monocolores, de un solo partido, presidido por el líder de la formación con más votos y escaños, que había concurrido como cabeza de cartel o "candidato a la presidencia del Gobierno", con investiduras en las que, hasta 2015, se ha recibido la confianza parlamentaria en primera votación por mayoría absoluta y, en dos ocasiones (una de ellas celebrada no inmediatamente después de las elecciones) en la segunda votación, en la que ya no es necesaria esa mayoría absoluta. En gran medida, parece responder a una visión antagónica o polarizada de la política, como contienda entre dos opciones (e incluso entre dos liderazgos personales), entre las que el electorado se tiene que decantar, acentuando los elementos propios de sistemas presidenciales que por lo demás no están del todo ausentes de la CE, en la que hay una clara recepción del principio de canciller (en una terminología muy habitual en los análisis electorales, proporcionaría más un mandato acerca de quién debe gobernar que una muestra de la diversidad social).

A este tipo de competencia se acomoda perfectamente el proceso de concentración no sólo de la representación sino también de los sufragios, que se puede advertir si se comparan votos y escaños obtenidos por las dos principales formaciones políticas: si en 1977, cuando se practica por primera vez, suman algo más del 80% de los miembros de la cámara sin haber llegado al 65% de los votos, en las elecciones posteriores se puede apreciar que la concentración de la representación cada vez es mayor, porque empiezan a ser efectivas las condiciones psicológicas que implican que las grandes formaciones incrementen sus votos, lo que a su vez va a producir sucesivas concentraciones de votos y de escaños. Se podría hablar incluso de un punto culminante del sistema cuando en 2008 esas dos primeras fuerzas políticas han pasado ya a contar con más del 90% de los miembros del Congreso, tras haber recibido casi el 85% de los votos: solo uno de cada diez escaños no es de candidatos de estas dos formaciones, solo el 15% del electorado ha votado a una formación política diferente. Si el sistema electoral tiende a ser bipartidista, con efectos mayoritarios, lo es porque la mayor parte, de forma abrumadora, del cuerpo electoral ha ido votando cada vez con más intensidad teniendo en cuenta este tipo de competencia.

Pero a partir de 2015 cabe preguntarse no solo si este análisis sigue siendo acertado sino también si este sistema sigue proporcionando algún beneficio.

Sin que hayan cambiado las reglas, la concentración de la representación en las dos primeras formaciones se ha reducido (en torno al 60-70% de los escaños) y han aparecido otras que consiguen representación en numerosas circunscripciones (incluso en su primera concurrencia a este tipo de elecciones) porque han alcanzado el número de votos suficiente para eludir los efectos que se han descrito sobre los partidos minoritarios, consiguiendo escaños no solo en las circunscripciones de magnitud grande y media, por encima de siete escaños (las únicas en las que hasta ahora se consideraba factible), sino también en las de pequeño tamaño: han rebasado ese umbral mínimo de votos necesario para obtener al menos un escaño en ellas, que es bastante alto. Eso no implica que haya desaparecido la sobrerrepresentación e infrarrepresentación de unas y otras formaciones, pues sigue existiendo en términos semejantes o algo atenuados, así como un coste de votos por escaño con marcadas diferencias. Pero en el momento actual ya no cabe hablar de forma tajante de un sistema que funcione como mayoritario, pues la fragmentación de la representación parlamentaria es mucho mayor, con evidentes consecuencias sobre la formación de gobierno: no fue posible tras las elecciones de 2015 ni las de 2019, lo que llevó a aplicar por primera vez las previsiones sobre disolución automática de las Cortes Generales del artículo 99.5 CE; tras las elecciones de 2016 primero se constituyó un Gobierno monocolor con el respaldo de una mayoría muy minoritaria, inferior al 40% de los escaños y posteriormente, tras haber prosperado por primera vez una moción de censura, otro igualmente monocolor sostenido por un grupo aún más minoritario y que ni siquiera era la primera mayoría de la cámara; tras las (segundas) elecciones de 2019, se constituyó un gobierno de coalición, el primero no monocolor, cuya presidencia, eso sí, recayó en el líder de la formación más importante; esta misma fórmula de coalición no mayoritaria se repitió tras las elecciones de 2023, pero ahora la Presidencia (con el mismo titular desde la moción de censura) corresponde a quien encabeza la segunda formación en escaños y votos.

Como es fácilmente explicable, durante este periodo de vigencia de la CE el sistema electoral del Congreso ha sido objeto de permanente debate, en el que se apreciaba por un lado una visión globalmente positiva entre los principales actores políticos (a los que beneficiaba), por considerar su rendimiento adecuado en términos de participación y representación, alcanzando de forma razonable los objetivos propuestos (de ahí su constitucionalización o su incorporación y mantenimiento en la LOREG), mientras que por otro se formulaban críticas incluso muy severas por fuerzas políticas minoritarias (las que se consideraban perjudicadas) y también desde el ámbito académico, de las que se han hecho eco de manera recurrente medios de comunicación y foros de opinión, con mayor o menor rigor.

En cambio, no sido objeto apenas de atención en la jurisprudencia constitucional: sólo la STC 265/1993, de 26 de julio, se ha pronunciado, de forma directa pero muy parcial, sobre unos de sus elementos, la barrera del 3% de los votos, cuya existencia o incluso el nivel de exigencia que recoge en realidad no se cuestionaba. Resolvía un recurso de amparo fundamentado en que para calcularlo se tenían en cuenta los votos en blanco, que fue desestimado sin dar lugar a consideraciones de interés. Quizá lo más destacado de este pronunciamiento es que permite poner de manifiesto que es el elemento menos relevante, pues se presentó en la primera ocasión en que en una elección al Congreso de los Diputados una candidatura se vio privada de un escaño por no superar esa barrera electoral en una circunscripción, fenómeno que desde entonces solo se ha producido en otro proceso electoral, con ese mismo limitado alcance: hubiera sido el único escaño de esas formaciones políticas.

Aunque la referencia a la proporcionalidad que figura en el apartado 3 no ha dado lugar a un cuestionamiento en sede constitucional de este sistema, cabe reflejar aquí el poco éxito que han tenido recursos dirigidos contra algunas reformas de sistemas electorales autonómicos (que también utilizan mayoritariamente la provincia como circunscripción, un prorrateo en el que está mucho más presente el elemento territorial, las listas cerradas y bloqueadas y la misma fórmula, con barreras en ocasiones más elevadas), resueltos en términos que en general se pueden extrapolar al sistema electoral del Congreso. En ese sentido, ha señalado el Tribunal que no existe un sistema puro, único, de proporcionalidad, perfectamente delimitable, de manera unívoca, en todos sus contornos sino una variedad de fórmulas que coinciden en procurar, en esencia, una cierta adecuación entre votos recibidos y obtención de escaños. Entre ellas, sin duda, está la prescrita, no solo en la LOREG sino también en las restantes normas electorales (aunque no sea de las más proporcionales). Por otro lado, la prescripción constitucional no es sino una mera orientación o criterio tendencial de aplicación en cada circunscripción, no globalmente, por lo que puede estar corregida. En realidad, es la propia CE la que produce directamente esa modulación: la desproporción está causada por las otras tres decisiones constitucionales (número de escaños, circunscripción provincial y mínimo igual), que, por tener un contenido determinado y fijo, permiten un escaso margen al legislador y también al eventual control por parte del Tribunal Constitucional. Finalmente, ha entendido que hay un criterio implícito en la CE, aunque no se exprese en los mismos términos que esa orientación proporcional, que legitima la introducción de incentivos y límites para que la proporcionalidad sea compatible con una representación no excesivamente fragmentada, puesto que el proceso electoral no sólo está al servicio del ejercicio de derechos individuales, sino que también es "un medio para dotar de capacidad de expresión a las instituciones democráticas del Estado y proporcionar centros de decisión política eficaces y aptos para imprimir una orientación general a la acción de aquél" (STC 75/1985, de 21 de junio).

En todo caso, las críticas al sistema electoral del Congreso se han acentuado en tiempos recientes, en la medida en que se ha extendido, con mayor o menor motivo, la idea de que la propia democracia es de baja calidad (o incluso inexistente), por lo que habría que cambiar, renovar o regenerar las instituciones y, en primera línea, este sistema electoral, identificado como causa de algunos de los defectos más notorios del régimen político establecido por la CE (paradójicamente algunas de esas nuevas fuerzas políticas que participan de este discurso crítico han podido obtener una amplia presencia institucional con ese mismo sistema electoral). Incluso en los programas electorales de algunos partidos se han incluido previsiones sobre reformas de las normas electorales con referencias tanto a algunos de sus elementos como a su orientación general, que hasta la fecha no han pasado de su mera formulación. Por tanto, sólo cabe plantearse en este momento si se seguirá manteniendo esa inercia característica de los sistemas electorales que los preserva de cambios (no hay que olvidar que intentos anteriores no cristalizaron, aunque

al menos produjeron textos tan interesantes como el Informe del Consejo de Estado sobre las propuestas de modificación del régimen electoral general de 24 de febrero de 2009) o si se alcanzará un acuerdo suficiente para reformar la LOREG (lo que quizá no implicaría la implantación de un nuevo sistema, pero puede que sí cambios de cierta relevancia: en el prorrateo —para incrementar la igualdad en el valor de los votos—, en el procedimiento de voto —para dotar a los electores de mayor capacidad para configurar el sufragio— o la fórmula —para aumentar la proporcionalidad... o disminuirla—) o incluso la propia CE (lo que en todo caso es necesario para cambiar la circunscripción en tanto que elemento más determinante), reforma constitucional que podría sustituir las actuales previsiones constitucionales por otras, con diferente orientación, o simplemente desconstitucionalizar esta materia, lo que supondría dejarla a disposición del legislador (orgánico)...

II. EL DERECHO DE SUFRAGIO

También establece el artículo 68 quiénes son electores y elegibles para estas elecciones, de forma algo reiterativa, ya que establece el carácter *universal* del sufragio y menciona a continuación expresamente a los "españoles en pleno uso de sus derechos políticos". En realidad, esta condición, básica en la configuración del Derecho electoral, entronca más claramente con el reconocimiento de los derechos a participar en los asuntos públicos y de acceder en condiciones de igualdad a los cargos públicos en el artículo 23 CE, de los que se colige el tratamiento legal del derecho de sufragio para todo tipo de elecciones, no sólo para el Congreso: aunque solo es compatible con el Estado democrático su reconocimiento universal, es posible la exclusión de algunos sujetos porque el sufragio cumple también una función que no todas las personas están capacitadas para desarrollar, siempre que se remita a condiciones objetivas, definidas de manera abstracta.

En lo que a la vertiente activa se refiere, en la LOREG solo se consideran causas de exclusión de su titularidad la mayoría de edad y la nacionalidad española (artículo 2.1). La aprobación de la Ley orgánica 2/2018, de 5 de diciembre, supuso la supresión de las referencias a la capacidad que figuraban en el artículo 3, por lo que las resoluciones judiciales al respecto ya no pueden afectar a la titularidad de este derecho. Respecto al derecho de sufragio pasivo, las causas de inelegibilidad se amplían: en principio, se parte de un principio de equiparación entre sufragio activo y pasivo, que se manifiesta en la inexistencia de requisitos cualificados para concurrir a las elecciones (mayor edad, titulación académica...), sin perjuicio de la exclusión de esta segunda vertiente del derecho de quienes desempeñen ciertos cargos u oficios públicos recogidos con carácter general (aplicables en todo tipo de procesos electorales) tanto en el artículo 70 CE (magistrados del Tribunal Constitucional, Defensor del Pueblo, jueces, policías y militares, miembros de las juntas electorales, altos cargos de la Administración) como en la LOREG, que también contiene, en sus diversos títulos, causas de inelegibilidad específicas para cada proceso electoral (no hay que olvidar por lo demás las sanciones penales de privación del derecho de sufragio pasivo o de inhabilitación para el ejercicio de cargo público).

También se recogen otras circunstancias propias del sufragio directamente derivadas del principio democrático: *libre*, *igual* y *secreto*. En la LOREG se pueden encontrar múltiples manifestaciones de estos caracteres, relacionados con el mismo reconocimiento del derecho en los términos que se acaban de señalar (y también con su ejercicio condicionado a la inscripción en un censo electoral que se elabora de oficio), con la existencia de garantías específicas para el correcto desarrollo del proceso electoral (por un lado, una Administración especial integrada por juntas y mesas; por otro, varios recursos judiciales que han de tramitarse de forma singular, sobre todo en relación al plazo para resolverlos, sin que se haya considerado necesario crear una jurisdicción especial, integrada por tribunales electorales) o con la regulación de alguna de sus fases, en especial la campaña y sobre todo la votación, estableciendo incluso sanciones de orden penal para quienes pudieran violentar la libertad o el secreto del sufragio. Sobre la igualdad de voto en todo caso ya se comentaron anteriormente los efectos del prorrateo en estas elecciones, con la correspondiente sobrerrepresentación o infrarrepresentanción de las circunscripciones menos y más pobladas.

Finalmente, también se establece que la elección de los miembros de esta cámara se produzca por sufragio *directo*, el que predomina en la actualidad frente a modelos pasados en los que sí era más habitual la elección de delegados o compromisarios a los que correspondía posteriormente escoger en una instancia posterior (o incluso en varias) a quienes hubiera de ocupar esos cargos electivos.

Mención especial han de merecer las garantías para que ejerzan este derecho quienes viven en el extranjero, a quienes se refiere expresamente el apartado 5. Entre ellas hay que destacar en primer lugar la inscripción de oficio por parte de la oficina consular para la formación del censo de electores residentes-ausentes (artículo 32 LOREG), quienes por cierto no pueden votar en las elecciones locales, en las que es necesaria la inscripción en el censo de residentes en España tras la reforma introducida por Ley orgánica 2/2011, de 28 de enero, cuya conformidad con la CE, que había sido cuestionada con base en esta mención constitucional, fue confirmada por la STC 153/2014, de 25 de septiembre (que entendió que había que circunscribir esa garantía a las elecciones al Congreso de los Diputados).

En cuanto a la emisión del voto, se sigue un sistema que ha sido objeto de notables cambios, primero por la profunda revisión que supuso la mencionada ley de 2011 con el objeto de introducir el voto rogado en aras de garantizar que no haya suplantación o falseamiento del sufragio, más recientemente por Ley orgánica 12/2022, de 30 de septiembre, que ha supuesto un cierto retorno al modelo original del en todo caso extenso y detallado artículo 75 LOREG, tras las notables críticas que se formularon a la primera de esas reformas, especialmente por las personas afectadas, que tenían que cumplimentar complicados trámites ante las oficinas consulares, además de depender del funcionamiento de los servicios de correos extranjeros a los que obviamente no les alcanzan estas normas especiales para que agilicen y aseguren los correspondiente y sucesivos envíos. En definitiva, siendo su finalidad muy plausible, tuvo como efecto más importante una drástica reducción de la participación de estos electores-

En la actualidad, pues, se prevé el envío de oficio del material electoral a los electores residentes en el extranjero, tanto de los sobres electorales y la documentación necesaria para emitir de forma anticipada el voto en un primer plazo (en el que ha de figurar la información necesaria para descargarse telemáticamente un juego de papeletas), como de las papeletas una vez se hayan proclamado definitivamente las candidaturas. El voto se puede emitir en urna habilitada a estos efectos en dependencias consulares o enviándolo por correo a la oficina consular, que en ambos casos los remitirán a su vez al Ministerio de Asuntos Exteriores para que los entregue a las juntas electorales a las que corresponda realizar el escrutinio general, que se constituyen en mesa electoral para escrutar estos votos e incorporarlos al acta correspondiente, siempre que se acredite que el envío se hizo cumpliendo los requisitos temporales previstos (la alternativa de utilizar medios electrónicos no solo para obtener las papeletas, como se prevé en la actualidad, sino también para emitir el voto ha sido considerada en un interesante informe de la Junta Electoral Central de 16 de noviembre de 2016, en el que apunta tanto ventajas como inconvenientes de este procedimiento).

III. LA CONVOCATORIA DE ELECCIONES, LA CONSTITUCIÓN DE LA CÁMARA Y LA DURACIÓN DE LA LEGISLATURA

Por último, forman parte de su contenido una serie de determinaciones temporales de suma importancia para el desarrollo del proceso electoral y para el funcionamiento de la cámara (y por tanto para el propio sistema democrático), que tienen que ver con la convocatoria de las elecciones "entre los treinta días y sesenta días desde la terminación del mandato", la constitución de la cámara "dentro de los veinticinco días siguientes a la celebración de las elecciones" y la duración de la legislatura, de "cuatro años", el mismo periodo que dura el mandato de los diputados ("cuatro años después de su elección"), salvo que se ejerza la potestad de disolución anticipada prevista en el artículo 115 CE.

Se trata de plazos o periodos fijados convencionalmente, pero ligados en primer lugar y por lo que a la duración de la legislatura se refiere al carácter temporal del poder propio de un Estado democrático y por tanto a la convocatoria periódica de elecciones a representantes, tal como viene recogido expresamente en el artículo 23 CE. Ese periodo de cuatro años es el mismo para todos los órganos cuyos miembros son elegidos por sufragio universal en los diversos niveles de gobierno (estatal, autonómico o local), con la única excepción del Parlamento Europeo, cuyas elecciones tienen lugar cada cinco años (artículo 14.3 TUE).

Con las normas sobre convocatoria y constitución se trata de impedir un uso arbitrario de estas facultades, de modo que esté expresamente previsto cuándo ha de procederse a celebrar elecciones al concluir el mandato y en qué fecha ha de tener lugar la sesión constitutiva de la nueva cámara. La posibilidad de disolver anticipadamente las Cortes Generales impide que exista, como ocurre en otros países y también para elecciones locales y algunas autonómicas, una fecha predeterminada en la que tenga lugar la votación (como el célebre primer martes después del primer lunes de noviembre de los Estados Unidos de América o, ya en nuestro país, el cuarto domingo de mayo para los mencionados procesos electorales). Conforme al artículo 42 LOREG, la votación tiene lugar en todo caso 54 días después de su convocatoria por real decreto, que ha de expedirse si no se trata de una disolución anticipada 25 días antes de la expiración del mandato. En el mismo sentido, también tiene que figurar en el decreto de convocatoria "el día y la hora" en que se celebrará la sesión constitutiva dentro del plazo fijado en el apartado 6 (artículo 1 del Reglamento del Congreso de los Diputados).

IV. BIBLIOGRAFÍA

CHUECA RODRÍGUEZ, R. Y GÁLVEZ MUÑOZ, L. (dir.): *El voto de los españoles en el exterior*, Centro de Estudios Políticos y Constitucionales, Madrid, 2022.

GARROTE DE MARCOS, M.: *El sistema electoral español. Memoria, balance y cambio*, Marcial Pons/Fundación Manuel Giménez Abad, Madrid, 2020.

MONTERO, J. R. Y RIERA, P.: "Anexo II. Informe sobre la reforma del sistema electoral", en AA.VV.: *El informe del Consejo de Estado sobre la reforma electoral. Texto del informe y debates académicos*, Consejo de Estado/Centro de Estudios Políticos y Constitucionales, Madrid, 2009.

PAJARES MONTOLÍO, E.: "Revisión y reforma del régimen electoral", en RUIZ-RICO, G., PORRAS NADALES, A. Y REVENGA SANCHEZ, M. (coord.): *Regeneración democrática y reforma constitucional*, Tirant lo Blanch/Universidad de Jaén/Centro de Estudios Sociales y Jurídicos del Sur de Europa, 2017.

PASCUA MATEO, F. (dir.): *Estado democrático y elecciones libres: cuestiones fundamentales de Derecho electoral*, Thomson Reuters/Civitas, Cizur Menor, 2010.

PENADÉS, A. Y PAVÍA, J. M.: *La reforma electoral perfecta*, Los Libros de la Catarata, Madrid, 2016.

PRESNO LINERA, M. Á.: "Régimen electoral ('maquiavélico') y sistema de partidos (con sesgo mayoritario)", *Revista Española de Derecho Constitucional*, núm. 104, 2015, pp. 13-48.

SÁNCHEZ NAVARRO, Á. J.: *Constitución, igualdad y proporcionalidad electoral*, Centro de Estudios Políticos y Constitucionales, Madrid, 1998.

SANTOLAYA MACHETTI, P.: *Procedimiento y garantías electorales*, Civitas, Cizur Menor, 2013.

V. JURISPRUDENCIA

STC 75/1985, de 21 de junio.
STC 265/1993, de 26 de julio.
STC 153/2014, de 25 de septiembre.

Artículo 69

1. El Senado es la Cámara de representación territorial.

2. En cada provincia se elegirán cuatro Senadores por sufragio universal, libre, igual, directo y secreto por los votantes de cada una de ellas, en los términos que señale una ley orgánica.

3. En las provincias insulares, cada isla o agrupación de ellas, con Cabildo o Consejo Insular, constituirá una circunscripción a efectos de elección de Senadores, correspondiendo tres a cada una de las islas mayores —Gran Canaria, Mallorca y Tenerife— y uno a cada una de las siguientes islas o agrupaciones: Ibiza-Formentera, Menorca, Fuerteventura, Gomera, Hierro, Lanzarote y La Palma.

4. Las poblaciones de Ceuta y Melilla elegirán cada una de ellas dos Senadores.

5. Las Comunidades Autónomas designarán además un Senador y otro más por cada millón de habitantes de su respectivo territorio. La designación corresponderá a la Asamblea legislativa o, en su defecto, al órgano colegiado superior de la Comunidad Autónoma, de acuerdo con lo que establezcan los Estatutos, que asegurarán, en todo caso, la adecuada representación proporcional.

6. El Senado es elegido por cuatro años. El mandato de los Senadores termina cuatro años después de su elección o el día de la disolución de la Cámara.

COMENTARIO

Enoch Albertí Rovira
Catedrático de Derecho Constitucional
Universidad de Barcelona

SUMARIO: I. LA REPRESENTACIÓN TERRITORIAL COMO ESPECIFIDAD REPRESENTATIVA DEL SENADO. II. LA FRUSTRACIÓN DEL PRINCIPIO DE REPRESENTACIÓN TERRITORIAL. III. EL PAPEL DEL SENADO EN EL SISTEMA CONSTITUCIONAL ESPAÑOL DE 1978. IV. BIBLIOGRAFÍA. V. JURISPRUDENCIA.

I. LA REPRESENTACIÓN TERRITORIAL COMO ESPECIFIDAD REPRESENTATIVA DEL SENADO

A diferencia de las segundas cámaras en la historia constitucional española, el Senado previsto por la Constitución de 1978 tiene por misión básica la representación territorial. Así se establece, expresamente, en el apartado primero del art. 69 CE: "El Senado es la cámara de representación territorial." Se aparta de este modo del modelo seguido en las Constituciones históricas españolas, mayoritariamente bicamerales (a excepción de las de 1812 y 1931), que incluían una segunda cámara de representación oligárquica, concebida esencialmente como freno a la primera. Paradójicamente, la única Constitución que adoptó un modelo territorial descentralizado, parecido al de 1978, la Constitución republicana de 1931, rechazó la creación de una segunda Cámara y creó un parlamento unicameral, apelando fundamentalmente, como hizo Jiménez de Asúa en su discurso de presentación del proyecto de Constitución, a razones democráticas.

Atribuir al Senado una especifidad representativa frente a la cámara baja, y que ésta fuera la representación territorial, estaba ya presente en el Anteproyecto de Constitución de 5 de enero de 1978, que preveía que los senadores fueran elegidos por las Asambleas legislativas de los entonces denominados Territorios Históricos, de entre sus miembros y mediante un criterio proporcional, a razón de diez por cada uno de ellos más otro por cada 500.000 habitantes o fracción superior a 250.000, con el límite de que ningún Territorio pudiera contar con un número de senadores igual o mayor al doble del número que correspondiera a otro. En el Dictamen aprobado por la Comisión Constitucional del Congreso se pasó ya a la elección directa de base provincial y se introdujeron los senadores de designación autonómica, y la Comisión Constitucional del Senado acabó dando forma prácticamente definitiva a la composición de la segunda cámara, además de introducir la expresión lapidaria sobre su misión de representación territorial, colocándola en el frontispicio de la regulación constitucional de la Cámara.

La representación territorial constituye pues, en 1978, la especifidad representativa que Alcalá Galiano, en las lecciones impartidas en el Ateneo de Madrid, reclamaba hace ya 180 años al Senado español, cualquiera que ésta fuere, sin haberse logrado nunca. El artículo 69 CE es tajante al respecto: "El Senado es la Cámara de representación territorial". Así, con esta afirmación de principio, establece la justificación constitucional de la segunda cámara, que debe orientar su posición en las Cortes Generales, que, conjuntamente —Congreso y Senado *pro indiviso*-—, "representan al pueblo español" (art. 66.1 CE). De este modo, la representación, necesariamente unitaria, del pueblo español, que se corresponde con la unidad con la que la Constitución lo concibe (art. 1.2 y 2 CE), adopta el carácter de una representación compuesta, que refleja también la pluralidad de este mismo pueblo. La formación de su voluntad no corresponde sólo a la cámara que lo representa de manera directa, inmediata y unitaria, sino que en ella están llamadas a participar también otras instancias, de carácter territorial y con una base igualmente popular.

Toda representación política tiene una dimensión territorial, con independencia de la estructura interna de cada Estado, pues la representación política se construye necesariamente sobre circunscripciones de base territorial. Pero estas circunscripciones no implican siempre una representación territorial, específica o en sentido propio, pues no siempre forman una entidad con una cualidad política distinta o diferenciada del conjunto, ni tienen vocación de serlo. En los Estados unitarios, y en las elecciones a la cámara baja de los Estados federales o compuestos, son meras divisiones administrativas en las que se estructura un cuerpo electoral único, que es objeto de representación política como tal unidad. La representación territorial, en cambio, adquiere pleno sentido cuando se refiere a algo distinto de la representación general y unitaria de la población del Estado, en su conjunto, y por ello la cuestión ha surgido y se ha planteado sólo en los Estados federales, en los que el reconocimiento de la existencia en su seno de una pluralidad de instancias políticas permite —y aún puede decirse que exige—que éstas dispongan de una representación propia en la unidad federal. El origen de la representación territorial hay que buscarlo en el origen del federalismo, cuando se creó un Estado de Estados: una nueva entidad estatal a partir de las entidades estatales ya existentes, que sin embargo no se disolvían en la nueva unidad. Por ello, tal como expuso Madison en *The Federalist*, había que implicar a las partes originarias en ciertas funciones y decisiones de carácter general, que iban a residenciarse en la nueva instancia estatal central. Y el vehículo para hacerlo —no único, pero sí el más visible, formal e institucionalizado—fue la segunda cámara, concebida como instancia de representación de estas entidades en el nuevo Estado, mediante la cual participan en los asuntos generales que les afectan de manera principal. El modo de articular tal participación, así como el ámbito material y la intensidad con la que debe producirse, son cuestiones que dependen de cada Estado, de su historia particular y de sus tradiciones políticas y jurídicas. Pero el principio general de la representación territorial, expresado mediante las segundas cámaras, es común a todos los Estados federales, y en general, compuestos, de manera prácticamente unánime (sólo con las excepciones actuales de Nueva Zelanda y Micronesia y la histórica de la II República española).

La unidad de decisión con la que se expresa la "voluntad general" no significa necesariamente, como ya notó Sieyès en un contexto muy distinto al del Estado federal o compuesto, unidad de deliberación. En su proceso de formación pueden intervenir otras instancias, que aporten sus posiciones e intereses propios. En el caso español, estas instancias no pueden ser sino las Comunidades Autónomas, a pesar de la deficiente redacción del artículo 137 CE, que cita indiscriminadamente municipios, provincias y Comunidades Autónomas como partes en las que se organiza el Estado. Esta ha sido, al menos hasta ahora, la interpretación unánime de la representación territorial, que nadie ha pretendido referir ni a provincias ni a municipios. Sólo las Comunidades Autónomas poseen las características adecuadas, en términos de poderes de naturaleza estatal diferenciados del Estado central, para intervenir como tales en el proceso de formación de la voluntad general que encarnan las Cortes Generales. Y así se ha entendido por todas las fuerzas políticas presentes en las Cortes, como prueban los diversos intentos de reforma del Senado a los que se hará alusión más adelante, a pesar de que el propio art. 69 CE oscurece algo esta cuestión, al establecer la provincia como circunscripción electoral. Pero resulta obvio que de ello no puede deducirse que la representación territorial que debe encarnar la Cámara se asigne a las provincias.

Al establecer que el Senado es la Cámara de representación territorial, la Constitución está demandando que las Comunidades Autónomas —o las nacionalidades y regiones de las que éstas son sus instituciones de autogobierno, si se contempla desde el punto de vista de la población y no de las instituciones-— tengan una presencia en los procesos deliberativos y de decisión de la formación de la voluntad general, por la que puedan expresar en los mismos sus intereses y sus posiciones. Esto es lo que prescribe el principio general que proclama solemnemente el apartado 1 del art. 69 CE.

II. LA FRUSTRACIÓN DEL PRINCIPIO DE REPRESENTACIÓN TERRITORIAL

La misión de representación territorial que la Constitución asigna al Senado, sin embargo, ha resultado frustrada, tanto inicialmente, desde el propio diseño constitucional de la Cámara, como después, de forma persistente, al fracasar los diversos intentos de reforma que se han producido con posterioridad y que pretendían corregir, al menos en parte, los defectos originales.

Hay que notar en primer lugar que el Senado, por su propia configuración constitucional, no se encuentra en condiciones de asumir y desempeñar el papel que la Constitución le otorga nominalmente como cámara de representación territorial. Ni por su composición, híbrida y en la que tiene un peso significativamente menor la parte de senadores que son designados por los Parlamentos de las Comunidades Autónomas respecto de los de elección directa de base provincial (57 y 208, respectivamente, en la XV Legislatura), que es la misma que sirve para elegir a los diputados del Congreso y que confiere al Senado una composición en gran parte redundante respecto del Congreso; ni por su organización interna, por la que los grupos se forman por afinidades partidistas y no territoriales, reproduciendo prácticamente los del Congreso de los Diputados; ni por sus funciones, secundarias en la elaboración de las leyes y casi nulas —aunque con algunas excepciones-— en el ámbito del control político; ni por su posición relativa respecto del Congreso de los Diputados, ante el que se halla completamente subordinado, el Senado presenta una configuración adecuada para llevar la posición de las Comunidades Autónomas al Parlamento estatal y hacerlas presentes en los procesos de decisión que se desarrollan en su seno. En cuanto a sus funciones, sólo en el proceso de reforma de la Constitución (art. 167 y 168 CE) y en la apreciación de la necesidad de adoptar una ley de armonización (art. 150.3 CE), el Senado goza de una posición de paridad respecto del Congreso; y únicamente dispone de una facultad propia y exclusiva, sin intervención del Congreso, cuando se trata de autorizar al Gobierno la adopción de medidas de intervención forzosa sobre las Comunidades Autónomas, en el marco del mecanismo excepcional previsto en el art. 155 CE, lo que se ha revelado más bien como un problema cuando se ha aplicado este procedimiento por primera vez, en 2017, en el caso de Cataluña. Estas escasas y limitadas excepciones constituyen un pobre bagaje para vehicular una representación territorial y no permite alterar el juicio anterior acerca de la inadecuación del Senado para hacer presentes a las Comunidades Autónomas en los procesos de decisión que se siguen en el Parlamento estatal sobre cuestiones de su interés. No se trata, por tanto, de que el Senado, por su actuación, no haya desempeñado la función principal que la Constitución le asigna, sino que su propio diseño constitucional no le permite asumirla de un modo mínimamente adecuado.

Este es un diagnóstico ampliamente compartido no solo por la academia, sino también por las fuerzas políticas presentes en el propio Senado. Esta valoración compartida ha dado lugar a varios intentos de reforma, tanto del Reglamento de la Cámara (significadamente la de 1994, que creó la Comisión General de las Comunidades Autónomas) como de la propia Constitución. Así, la insuficiencia de la reforma del Reglamento de 1994 dio lugar en el mismo año 1994 y con el acuerdo de todos los grupos de la Cámara, a la creación de una ponencia para estudiar su reforma constitucional. Dicha ponencia se constituyó de inmediato (en una legislatura con mayoría del Grupo Socialista), continuó sus trabajos en la siguiente legislatura (1996-2000, con mayoría del Partido Popular), pero se paralizó en la siguiente (2000-2004, con mayoría absoluta del Partido Popular). Con la nueva mayoría y el nuevo Gobierno, del Partido Socialista, en la nueva legislatura se emprendieron los trabajos preparatorios de una amplia reforma constitucional, en 2004, que incluía también la reforma del Senado, trabajos que concluyeron, sin mayores consecuencias, con el Informe del Consejo de Estado sobre la reforma constitucional, de 2006. En 2012 —con mayoría del Partido Popular--se inició un nuevo ciclo de intento de reforma, con la aprobación en el Pleno del Senado, por unanimidad, de una moción que instaba a la creación de una ponencia para estudiar *"las reformas precisas para reforzar las funciones del Senado como Cámara de represen-*

tación territorial y dotar de un mayor equilibrio al sistema bicameral de las Cortes Generales". La ponencia se constituyó en mayo de 2012, realizó 25 reuniones hasta 2015, sin que conste hasta la fecha —mayo de 2023-—, cuatro legislaturas después, que haya obtenido ningún resultado.

Esta larga serie de fracasos convierten la frustración inicial en una frustración crónica y permanente, y propician un ambiente en el que han aparecido ya las primeras voces, en el concierto parlamentario y también en ámbitos académicos, que abogan, simple y llanamente, por la supresión de la segunda cámara.

La reforma constitucional del Senado no es fácil, desde luego, porque altera los equilibrios electorales y de poder que han venido funcionando en España desde 1978. Además, en una situación de inmovilismo, e incluso de crisis, del Estado autonómico, resulta más difícil aun reconfigurar una de sus piezas sin tener en cuenta el diseño general en el que debe insertarse, para cuya reforma, en su caso, no existe hoy consenso.

III. EL PAPEL DEL SENADO EN EL SISTEMA CONSTITUCIONAL ESPAÑOL DE 1978

El Senado no puede cumplir con la misión de representación territorial que le asigna nominalmente la Constitución. Pero tampoco desempeña en España el papel de límite y contrapeso a los otros poderes, que intensifique la división de poderes y contribuya al equilibrio de todos ellos basado en un juego de pesos y contrapesos, que cumplen también las segundas cámaras en los Estados federales, como explicitó Madison ya desde el principio. El Senado en España más bien tiende a reproducir e incluso amplificar la mayoría gubernamental en el Congreso de los Diputados, circunstancia que ha venido produciéndose desde 1979, con la sola excepción de las legislaturas de 2004, 2008 y 2023, con mayoría socialista en el Congreso, y en las que la oposición dispuso de mayoría de gobierno en el Senado. Ello pone de manifiesto otra característica importante del Senado de 1978: su tendencia a favorecer una composición conservadora, debido a que los representantes de base provincial, elegidos mediante un sistema mayoritario, son mucho más numerosos que los de designación autonómica —-que se asignan en proporción a la población de cada Comunidad-—, lo cual otorga ventaja a territorios menos poblados y tradicionalmente más conservadores. Por todo ello, el Senado español se sitúa en la categoría del bicameralismo irrelevante que estableció Lijphart, que clasificó las diversas modalidades de bicameralismo en fuerte, débil e irrelevante, basándose fundamentalmente en la posición de la segunda cámara respecto de la primera y en su composición, también en relación con la primera. El Senado español, en efecto, se encuentra subordinado en sus funciones al Congreso de los Diputados y su composición es generalmente redundante respecto de éste, y, por ello, en la clasificación de Lijphart, resulta irrelevante.

Esta consideración general no queda desmentida por el hecho de que el Senado pueda desempeñar cierto papel en el proceso legislativo, como cámara de segunda lectura, que permite revisar y corregir los proyectos remitidos por el Congreso. Incluso en ocasiones puede actuar como cámara de reflexión para abordar algunos problemas desde una posición más alejada de las tensiones políticas, que se focalizan normalmente en la cámara baja. Pero ello no guarda ninguna relación con la función de representación política que expresamente le asigna la Constitución y que constituye su razón constitucional de ser.

Incluso en ocasiones su posición como cámara de segunda lectura ha sido utilizada de un modo parecido al papel que tantas veces, como ha señalado Artola, el Senado ha desempeñado en la historia constitucional española, recordando viejas prácticas de la Restauración, entre las que destaca por encima de todas la tramitación de la Ley de jurisdicciones, de 1906, cuyas previsiones más polémicas, como la jurisdicción militar para juzgar delitos de opinión, fueron introducidas mediante enmiendas en el Senado, ahorrando al Gobierno el coste político de incluirlas en su proyecto inicial. En el siglo XIX, la existencia de un Senado de las características que tuvo casi invariablemente a lo largo del mismo, fuertemente oligárquico, permitió evitar la injerencia directa del Rey en el proceso legislativo, ahorrándole la interposición de muchos vetos. Hoy no existe el veto real sobre las leyes, pero el Senado en ocasiones ha seguido proporcionando al Gobierno un refugio parlamentario cómodo, donde introducir modificaciones a los proyectos, y a veces incluso en realidad proyectos nuevos, con discreción, lejos del Congreso, más apartado de la atención mediática y de la opinión pública, y, además, dado el corto trámite posterior en el Congreso de los Diputados, prácticamente sin debate. Así, se han introducido como enmiendas en proyectos de ley provenientes del Congreso cuestiones tan polémicas y problemáticas como la titulización de los costos de transición a la competencia de las empresas del sector eléctrico; una forma novedosa de gestión descentralizada de los centros hospitalarios públicos; la modificación del régimen de los seguros de los automóviles; un sistema nuevo de actualización de las tarifas de los peajes de autopistas; la creación de un cuerpo único de notarios integrando a los corredores de comercio; la modificación de la Ley de telecomunicaciones para remitir al Gobierno la regulación de la composición del consejo asesor de las telecomunicaciones y de la sociedad de la información; la modificación de la Ley de la televisión privada y del Estatuto de Radio y Televisión Española; la modificación del sistema de financiación de las Comunidades Autónomas e incluso la creación de nuevos impuestos. Mediante este expediente se llegó incluso a modificar el Código Penal (esencialmente para castigar la convocatoria ilegal de elecciones y consultas populares por vía de referéndum, así como la participación de funcionarios públicos en las mismas y su subvención), a través de una enmienda en el Senado... al proyecto de Ley orgánica complementaria de la Ley de Arbitraje que se había recibido del Congreso de los Diputados.

Estas prácticas gravemente perturbadoras del proceso legislativo han sido finalmente proscritas por el Tribunal Constitucional, que, rectificando su doctrina inicial —por la cual consideraba que no existían límites constitucionales a la facultad del Senado para introducir enmiendas en los proyectos recibidos del Congreso (STC 99/1987, de 11 de junio, y 194/2000, de 19 de julio)—consideró que las enmiendas presentadas a un proyecto o a una proposición de ley deben guardar una conexión material mínima con respecto al mismo, y que tal relación de homogeneidad debe ser controlada por los órganos competentes de las cámaras, que deberán emitir cuando corresponda una resolución motivada sobre la cuestión (STC 119/2011, de 5 de julio, que resuelve expresamente la doctrina contradictoria que había generado el propio TC mediante resoluciones anteriores). Esta nueva doctrina establece un criterio general claro, que, aunque otorga a las cámaras un amplio margen de apreciación, debería bastar para evitar estos fraudes del proceso legislativo. Pero es claro que esta limitación razonable —aplicada en algún caso de modo extremadamente polémico por el TC (ATC 177/2022, de 19 de diciembre, que suspendió de forma cautelar e *inaudita parte* la tramitación parlamentaria, aún en el Congreso, de dos enmiendas a una proposición de Ley orgánica de transposición de varias directivas europeas para la adaptación de la legislación penal al ordenamiento comunitario, que modificaban la Ley orgánica del Tribunal Constitucional y la Ley orgánica del Poder Judicial) —se refiere a la función legislativa general del Senado (y del Congreso), sin afectar en nada a su papel de representación territorial, que sigue destacando por su ausencia. El Senado sigue instalado en su posición esencialmente irrelevante, en los términos indicados por Lijphart, y sigue proporcionando un lugar cómodo al Gobierno y a la mayoría parlamentaria que lo sustenta, sin introducir variables representativas que alteren el juego de fuerzas y los equilibrios presentes en el Congreso. Incluso cuando ello no ocurre y la oposición del Congreso es mayoría en el Senado, como en la Legislatura iniciada el 2023, la falta de un papel propio y específico y la subordinación al Congreso hacen que el Senado siga siendo irrelevante, cualquier modificación del Senado en la línea de conseguir una auténtica o, al menos, una cierta representación territorial introduciría factores nuevos en el proceso parlamentario de las Cortes (en el ámbito legislativo y en aquellos otros en los que se proyectase tal representación), que alteraría esta cómoda situación de irrelevancia en la que hoy se ha instalado al Senado. Ello puede explicar los fracasos de los intentos de reforma habidos hasta hoy y las dificultades de la reforma en el futuro.

IV. BIBLIOGRAFÍA

AJA, E., ALBERTÍ, E., RUIZ, J. J.: *La reforma constitucional del Senado*, Centro de Estudios Políticos y Constitucionales, Madrid, 2005.

ALBERTÍ, E.: "La representación territorial", BASTIDA, F. (coord.), *La representación política*, Fundamentos, 3, 2004.

GARRIDO LÓPEZ, C.: *El Senado ante el enigma de la representación territorial*, Marcial Pons-Fundación Manuel Giménez Abad, Madrid, 2019.

LIJPHART, A.: *Democracies: Patterns of Majoritarian and Consensus Government in Twenty-one Countries*, Yale University Press, New Haven, 1984.

MADISON, J.: Artículos LXII (The Senate) y LXIII (The Senate continued), *The Federalist Papers*, New York, 1787-88.

PÉREZ LEDESMA, M. (coord.), *El Senado en la historia*, 2ª ed., Senado, Madrid, 1998, con Introducción de M. Artola.

– *Teoría y Realidad Constitucional*, Monográfico sobre el Senado, núm. 17, 2006, con una amplia bibliografía sobre el Senado.

V. JURISPRUDENCIA

STC 40/1981, de 18 de diciembre (senadores autonómicos: especialidades).

STC 99/1987, de 11 de junio (enmiendas en el Senado).

STC 76/1989, de 20 de abril (senadores elegidos por los parlamentos autonómicos: proporcionalidad).

STC 194/2000, de 19 de julio (enmiendas en el Senado).

STC 119/2011, de 5 de julio (enmiendas: conexión material entre iniciativa legislativa y enmienda).

STC 123/2017, de 2 de noviembre (senadores autonómicos: revocación).

ATC 177/2022, de 19 de diciembre (procedimiento legislativo: medidas cautelares).

Artículo 70

1. La ley electoral determinará las causas de inelegibilidad e incompatibilidad de los Diputados y Senadores, que comprenderán, en todo caso:

a) A los componentes del Tribunal Constitucional.

b) A los altos cargos de la Administración del Estado que determine la ley, con la excepción de los miembros del Gobierno.

c) Al Defensor del Pueblo.

d) A los Magistrados, Jueces y Fiscales en activo.

e) A los militares profesionales y miembros de las Fuerzas y Cuerpos de Seguridad y Policía en activo.

f) A los miembros de las Juntas Electorales.

2. La validez de las actas y credenciales de los miembros de ambas Cámaras estará sometida al control judicial, en los términos que establezca la ley electoral

COMENTARIO

Artemi Rallo Lombarte
Catedrático Derecho Constitucional
Universitat Jaume I de Castellón

SUMARIO: I. RESERVA DE LEY ORGÁNICA Y GARANTÍAS ELECTORALES. II. LAS CAUSAS DE INELEGIBILIDAD E INCOMPATIBILIDAD EN LA LEY ELECTORAL. III. EL CONTROL JUDICIAL DE LAS ELECCIONES. IV. BIBLIOGRAFÍA. V. JURISPRUDENCIA.

I. RESERVA DE LEY ORGÁNICA Y GARANTÍAS ELECTORALES

La Constitución de 1978 ha cultivado un modelo de configuración normativa del régimen electoral que pretende dotar de estabilidad y neutralidad al Derecho electoral mediante la constitucionalización de sus elementos nucleares y reforzando las mayorías parlamentarias necesarias para adoptar el régimen electoral general.

El art. 81.1 de la Constitución establece la reserva de ley orgánica en favor del "régimen electoral general" y el art. 86 proscribe que el Gobierno dicte Decretos-leyes que afecten "al Derecho electoral general". Por su parte, el art. 70.2 remite a "la ley electoral" la determinación de las causas de inelegibilidad e incompatibilidad de los Diputados y Senadores y la configuración del control judicial de las actas y credenciales de los electos. En definitiva, los mecanismos de control del proceso electoral deben estar incorporados en la Ley orgánica de régimen electoral general.

La ley electoral deberá contener, como señaló el Tribunal Constitucional en su Sentencia 72/84, de 14 de junio (*Caso Proyecto de Ley Orgánica Incompatibilidades Diputados y Senadores*), "por lo menos, el núcleo central de la normativa atinente al proceso electoral, materia en la que se comprende lo relativo a quiénes pueden elegir, a quién se puede elegir y bajo qué condiciones, para qué espacio de tiempo y bajo qué criterios organizativos desde el punto de vista procedimental y territorial". En consecuencia, el contenido mínimo esencial de la ley electoral quedó nítidamente fijado por el TC.

El legislador orgánico, apoyándose en la STC 38/83, de 16 de mayo (*Caso Proyecto de Ley Orgánica de Elecciones Locales*), ha incorporado a la LOREG la normativa aplicable a todo proceso electoral y no, exclusivamente, los aspectos fundamentales. La LOREG, respetando las competencias autonómicas, ha regulado de forma completa y detallada el régimen electoral general.

Si la Constitución es la *norma normarum* y a ella se sujeta todo el ordenamiento jurídico, no resulta exagerado afirmar que la ley electoral es la norma primaria y, en cierto modo, primera del sistema político. La ley electoral, en tanto norma procedimental, instrumentaliza el ejercicio de la soberanía popular y la reproduce en aquellos órganos constitucionales con potestad normativa. La legitimidad del orden político y, por ende, del ordenamiento jurídico descansa, en buena medida, sobre la ley electoral. Por todo ello, parece conveniente y deseable que los mecanismos de control electoral, por muy procedimentales que parezcan, gocen del consenso parlamentario de que disfrutan las leyes orgánicas aunque otras muy razonables opiniones cuestionan su detallismo y exhaustividad.

II. LAS CAUSAS DE INELEGIBILIDAD E INCOMPATIBILIDAD EN LA LEY ELECTORAL

El art. 70.1 de la Constitución remite a la ley orgánica de régimen electoral general la determinación de la totalidad de causas de inelegibilidad e incompatibilidad —como sostuvo la STC 72/84, de 14 de junio, no cualquier ley puede tipificarlas— aunque fija unos supuestos mínimos: magistrados del Tribunal Constitucional, altos cargos de la Administración del Estado (excepto los miembros del Gobierno), Defensor del Pueblo, magistrados, jueces y fiscales en activo, militares profesionales y miembros de las Fuerzas y Cuerpos de Seguridad y Policía en activo y miembros de las Juntas Electorales.

Residenciar en la ley orgánica de régimen electoral la determinación de las causas de inelegibilidad e incompatibilidad constituye una consecuencia lógica derivada de la vinculación de dichas causas al ejercicio del derecho fundamental de sufragio pasivo consagrado en el art. 23 de la Constitución. Al mismo tiempo, la relación de causas expresamente establecidas en la Constitución busca fortalecer la garantía efectiva de la limpieza de las elecciones mediante una escrupulosa disociación de la intervención de los distintos poderes del Estado en el proceso electoral.

La prohibición de concurrir a las elecciones como candidatos de los integrantes en activo del Poder Judicial o del Ministerio Público así como del Tribunal Constitucional no sólo responde a la intención de preservar la independencia de poderes si no, particularmente, al hecho de que todos ellos están llamados a jugar un papel específico en el control del proceso electoral previsto en el art. 70.1 CE. En concreto, jueces y magistrados tendrán una significativa participación en la resolución de los recursos contencioso-electorales que se interpongan contra la proclamación de candidatos o electos y el Tribunal Constitucional se configurará como suprema jurisdicción electoral al corresponderle sentenciar auténticos recursos de amparo electorales (como han señalado las SSTC 24/1990, 1/1993, 49/2000, 85/2003 y 99/2004). La mayoritaria presencia de jueces y magistrados en activo como integrantes de las Juntas electorales explicaría por si sola la proscripción de los miembros de las Juntas electorales como elegibles aunque se justifique por sí sola, también para los vocales no judiciales que las integran, dada su condición de Administración independiente electoral garante del proceso electoral.

La exclusión de militares profesionales y miembros de las Fuerzas y Cuerpos de Seguridad y Policía en activo se explica en la naturaleza coercitiva de las funciones profesionales de estos cuerpos y, seguramente, en el recelo que acompaña la tradición histórica de intervención de los mismos en la vida política española. La garantía máxima de sufragio activo debe evitar que elector pueda sentirse en modo alguna coaccionado en su libertad.

También la Constitución ha querido limitar la concurrencia electoral del Poder Ejecutivo entendiendo que la acción de los integrantes del Gobierno durante el proceso electoral pudiera condicionar el libre ejercicio del voto por los electores. Sin embargo, esta prohibición se extiende a todos los altos cargos de la Administración del Estado excepto a los miembros del Gobierno. Corresponderá al legislador concretar el alcance concreto de esta exclusión pero, en todo caso, quedan al margen de este impedimento los miembros del Gobierno. Este último concepto alcanza en la legislación vigente a los integrantes del Consejo de Ministros (Presidente, Vicepresidentes y Ministros) y a los

Secretarios de Estado y su condición de elegibles y compatibles con las actas parlamentarias se justifica en la naturaleza significativamente política de unos cargos que, más allá del desempeño de funciones ejecutivas, adquieren una dimensión pública merecedora de referendo electoral.

Por último, la Constitución ha querido sustraer a la contienda electoral a una magistratura de autoridad vinculada, precisamente en su elección, a la representación de la soberanía nacional: el Defensor del Pueblo. La finalidad de esta causa de inelegibilidad hay que residenciarla tanto en el deseo de impedir una influencia desequilibrante en el proceso electoral como un deterioro en el prestigio institucional de este alto órgano de relevancia constitucional.

Predicable para todo tipo de procesos electorales, el limitado elenco de causas de inelegibilidad previsto en la Constitución ha sido ampliamente completado por el art. 6 LOREG excluyendo otras tantas altas magistraturas del Estado (la Familia Real Española y sus cónyuges, Presidentes del Tribunal Constitucional, del Tribunal Supremo, del Consejo de Estado, del Tribunal de Cuentas y del Consejo Económico y Social, Magistrados del Tribunal Constitucional, Vocales del Consejo General del Poder Judicial, Consejeros Permanentes del Consejo de Estado y Consejeros del Tribunal de Cuentas, Defensor del Pueblo y sus Adjuntos y Fiscal General del Estado) y explicitando los altos cargos de la Administración General del Estado o altos funcionarios nacionales o en misiones diplomáticas inelegibles (Embajadores, Subsecretarios, Secretarios generales, Directores generales y equiparados, Directores de los Departamentos del Gabinete de la Presidencia de Gobierno, Directores de los Gabinetes de los Ministros y de los Secretarios de Estado, Delegados del Gobierno en las Comunidades Autónomas y los Subdelegados del Gobierno y las autoridades similares, Presidentes, Directores y cargos asimilados de las entidades estatales autónomas y Presidentes y Directores generales de las Entidades Gestoras de la Seguridad Social). También se consideran inelegibles algunos cargos vinculados a Administraciones independientes pero sin carácter exhaustivo (Gobernador y Subgobernador del Banco de España y miembros del Consejo de Seguridad Nuclear). Singular interés adquiere la inelegibilidad del Director de la Oficina del Censo Electoral (plenamente justificada por su integración y dependencia funcional de las Juntas Electorales) y el Presidente de Radio Televisión Española (cuya tradicional vinculación gubernamental invita a evitar su intervención e influencia en el proceso electoral a través del servicio público televisivo). La exhaustividad en la tipificación de causas de inelegibilidad tiene su contrapunto, como estableció la STC 45/1983, de 25 de mayo, en su preceptiva interpretación estricta, inevitable al tratarse de una restricción del derecho fundamental de sufragio pasivo, proscribiéndose interpretaciones analógicas que extendieran su aplicación a casos no previstos legalmente.

También obedece a una lógica incontestable la privación del sufragio pasivo a quienes han sido condenados por sentencia judicial firme a tal pena principal o accesoria durante el tiempo de su cumplimiento. Más cuestionable desde el punto de vista constitucional a la vista de su funcionalidad resulta la privación del sufragio activo. De hecho, esta sanción fue derogada por la Ley Orgánica 10/1995 que aprobaba el nuevo Código Penal. Tampoco son pocas las voces que han cuestionado que el art. 6 LOREG considere inelegibles a los condenados por sentencia firme, a pena privativa de libertad, durante el período que dure la pena y, especialmente, a los condenados por sentencia, aunque no sea firme, por delitos de rebelión, de terrorismo, contra la Administración Pública o contra las Instituciones del Estado cuando la misma haya establecido la pena de inhabilitación para el ejercicio del derecho de sufragio pasivo o la de inhabilitación absoluta o especial o de suspensión para empleo o cargo público en los términos previstos en la legislación penal. En este último caso el equilibrio entre el principio de presunción de inocencia y los bienes protegidos por el impedimento para concurrir a las elecciones ceden en favor de los segundos.

Las causas de inelegibilidad se verifican en el momento de concurrir a las elecciones y quieres sean inelegibles no podrán ser candidatos pero, al tiempo, quienes incurran en ellas resultarán incompatibles de forma que, si con carácter sobrevenido un electo pretendiera acceder a alguno de los cargos proscritos, deberá renunciar al acta parlamentaria.

Si bien las causas de inelegibilidad, en términos generales, persiguen garantizar la independencia de los poderes del Estado y preservar la autoridad de las más altas magistraturas del orden constitucional, las causas de incompatibilidad buscan salvaguardar el ejercicio efectivo de la función parlamentaria. Por ello, por ejemplo, los arts. 155 y ss. LOREG consideran incompatible la condición de Diputados y Senadores con numerosos cargos públicos (Presidente de la Comisión Nacional de la Competencia, miembros del Consejo de Administración de RTVE, miembros del Gabinete de la Presidencia del Gobierno o de cualquiera de los Ministros y de los Secretarios de Estado, Delegados del Gobierno en Autoridades Portuarias o Confederaciones Hidrográficas, Presidentes de Consejos de Administración, Consejeros, Administradores, Directores generales, Gerentes y cargos equivalentes de entes públicos, etc.), con el desempeño de empleos públicos y el ejercicio de actividades privadas (régimen de dedicación absoluta incompatible con cualquier otro puesto, profesión o actividad, públicos o privados, o el desempeño de cualquier puesto que figure en los presupuestos de órganos constitucionales, Administraciones Públicas, Organismos y entes públicos o empresas con participación pública). No es menos cierto, sin embargo, que esta expresa prohibición no impide que las Cámaras autoricen a un buen número de diputados y senadores la realización de actividades privadas profesionales que resultan de dudoso encaje en la interdicción legal. Debe advertirse, no obstante, que el art. 69.5 CE habilita a los Estatutos de Autonomía y al legislador autonómico para regular las causas de inelegibilidad de los Senadores de designación autonómica (como ha sido amparado por la STC 40/1981, de 16 de diciembre).

El régimen de incompatibilidades ha sido utilizado por el legislador, también, para otros fines tradicionalmente ajenos a esta previsión. La prohibición constitucional del mandato imperativo de la que el Tribunal Constitucional dedujo la titularidad personal de las actas parlamentarias legalmente obtenidas en los procesos electorales y, en consecuencia, la imposible remoción del electo por causa distinta a su propia voluntad de renuncia ha conducido al legislador a regular supuestos de incompatibilidad que produzcan similar efecto sin confrontar con la doctrina constitucional. Así, el legislador orgánico con la intención de impedir la utilización de la institución parlamentaria por integrantes de opciones políticas vinculadas a la organización terrorista ETA contempló causas de incompatibilidad dirigidas a remover en sus cargos a electos que concurrieron a las elecciones en candidaturas de partidos políticos que fueron declarados ilegales —conforme a la profusa jurisprudencia constitucional concentrada en las SSTC 176/2003, 99/2004, 68/2005 y 110 y 112/2007— con posterioridad a la celebración de los comicios. Así, el art. 6 LOREG declara incompatibles a las personas electas en candidaturas presentadas por partidos o por federaciones o coaliciones de partidos declarados ilegales con posterioridad por sentencia judicial firme, así como los electos en candidaturas presentadas por agrupaciones de electores declaradas vinculadas a un partido ilegalizado por resolución judicial firme. Esta incompatibilidad, sin embargo, podría salvarse si, tras comunicar la Administración Electoral al interesado la causa de incompatibilidad, éste formulara, voluntariamente, una declaración expresa e indubitada de separación y rechazo respecto de las causas determinantes de la declaración de ilegalidad del partido político, del partido integrante de la federación o coalición en cuya candidatura hubiese resultado electo, o del partido al que se hubiera declarado vinculada la agrupación de electores en cuya candidatura hubiere resultado electo. Ahora bien, el celo del legislador le llevó a establecer una cláusula de salvaguarda en virtud de la cual, si durante el ejercicio del mandato al que hubiera accedido el electo arrepentido se retractase o mostrara contradicción, quedaría definitivamente incurso en causa de incompatibilidad. En concreto, el art. 155 f) LOREG predica la incompatibilidad para los Diputados y Senadores electos en candidaturas presentadas por partidos o por federaciones o coaliciones de partidos declarados ilegales con posterioridad por sentencia judicial firme y los electos en candidaturas presentadas por agrupaciones de electores vinculadas a un partido ilegalizado y así declaradas por resolución judicial firme.

III. EL CONTROL JUDICIAL DE LAS ELECCIONES

La Constitución española de 1978, siguiendo la tónica general y el buen criterio de las restantes Constituciones históricas españolas, a excepción de la Constitución de 1812, se limita a regular determinados aspectos fundamentales del régimen electoral (arts. 67, 68, 69 y 70) y remite a una futura ley orgánica (art. 81.1) el desarrollo de los restantes aspectos relativos a la organización y procedimiento electoral. Únicamente un precepto de nuestra Carta Magna, el art. 70.2, hace referencia al control electoral: "La validez de las actas y credenciales de los miembros de ambas Cámaras estará sometida al control judicial, en los términos que establezca la ley electoral".

La constitucionalización del control judicial de las actas y credenciales de los miembros de las Cortes Generales permite afirmar que, por primera vez en la historia española, un texto constitucional atribuye al Poder Judicial el control del proceso electoral. Todas las Constituciones históricas españolas, sin embargo, reservaban a las Cortes el examen de la legalidad de las elecciones.

La *verificación de poderes*, entendida como examen de la validez de las actas de los miembros de las Cámaras, encuentra su precedente lejano en los antiguos Parlamentos medievales. Sus miembros, vinculados por mandato imperativo a los estamentos que los designaban, debían someter a comprobación sus poderes, sus *cahiers d'instructions*. La verificación de poderes como control del proceso electoral en el régimen representativo tendrá su origen inmediato en la Francia revolucionaria de 1789 y su origen mediato en el sistema político inglés del siglo XVII. La verificación de las actas electorales se atribuirá al titular del poder supremo: al monarca, en un primer momento, y, con la instauración del régimen representativo parlamentario, al Parlamento.

La verificación de poderes modifica sustancialmente su significado al proclamarse el principio de soberanía nacional y el mandato representativo. Frente a la verificación del poder del mandatario medieval, comprobándose la identidad del mandatario y las órdenes recibidas por su Estamento, en el régimen parlamentario representativo, donde el electo adquiere su condición a través de un proceso electoral y representa al conjunto de la Nación, se verifica la legalidad de la elección y la proclamación como electo. El nuevo sentido de esta institución jurídica se plasmará en la mayoría de textos constitucionales del siglo XVIII y XIX y hundirá sus raíces en la siguiente lógica: la interpretación rígida de la división de poderes excluía la injerencia del Poder judicial en el Poder legislativo; el Parlamento como órgano soberano gozaba de autonomía en cuanto le afectara; la desconfianza política hacia los Tribunales de justicia se ubicaba en un marco histórico donde los jueces se encontraban más próximos al Monarca que al Parlamento.

El modelo parlamentario de control electoral va a sufrir importantes críticas que demuestran su inconveniencia a la vista de las transformaciones que acompañan la consolidación del Estado de Derecho, la crisis de la soberanía del Parlamento y la independización del Poder judicial. La atribución a los jueces del control del proceso electoral no es imaginable sin la aceptación en el edificio institucional del Estado de un Parlamento independiente y autónomo y la plena conciencia de los abusos en la verificación parlamentaria de los poderes.

El control parlamentario ya no sirve para la verificación de poderes y se abre paso el control judicial del proceso electoral. La proclamación de un electo es el resultado final de un procedimiento electoral que la Ley regula en todas sus fases, cuyo control constituye una operación jurídica de aplicación de normas y que corresponde a los jueces velar por la aplicación de la ley. El control de las actas electorales no puede perseguir, en un Estado Social y Democrático de Derecho, más que un objetivo: corroborar y sentenciar la adecuación y ajuste entre los electos y la voluntad expresada por el electorado a través de elecciones libres. Este no puede ser nunca un juicio político o discrecional sino que debe constituir un juicio jurídico, es decir, de adecuación entre el cumplimiento de las normas reguladoras del régimen electoral y la proclamación definitiva de los electos.

Aunque el control judicial de las elecciones es constitucionalizado, por primera vez, en 1978, conviene puntualizar que es en el Real Decreto-ley 20/1977, de 18 de marzo, sobre normas electorales donde hay que buscar la causa inmediata de la opción del constituyente en favor del control judicial de las elecciones.

La LOREG contempla cinco supuestos de revisión judicial en el ámbito electoral: a) recurso judicial tramitado por el procedimiento preferente y sumario previsto en el art. 53.2 de la Constitución contra las resoluciones en materia censal de las Delegaciones Provinciales de la Oficina del Censo Electoral recaídas durante el periodo de actualización mensual; b) recurso ante el Juez de Primera Instancia contra las resoluciones de la Oficina del Censo Electoral recaídas durante el periodo electoral; c) recurso ante el Juzgado contencioso-administrativo contra la proclamación de candidaturas y candidatos; d) recurso contencioso— administrativo ordinario contra las resoluciones de la Junta Electoral Central sobre materia de encuestas y sondeos; e) y el recurso contencioso electoral contra los acuerdos de las Juntas Electorales sobre proclamación de electos.

El art. 70.2 de la Constitución otorga al legislador un amplísimo margen en la regulación del control judicial de las elecciones. El legislador orgánico podría haberse limitado, en la interpretación más restrictiva del precepto constitucional, a configurar un recurso contencioso electoral orientado a la revisión judicial global de las elecciones con motivo de la proclamación de resultados y electos o por garantizar, en su acepción más amplia, la revisión judicial de cualquier momento del procedimiento electoral. Esta última ha sido la orientación seguida por el legislador orgánico que, de forma progresiva, ha ido garantizando judicialmente diferentes actos del procedimiento electoral.

Lo cierto es que el modelo de control judicial del proceso electoral previsto en la LOREG se ha evidenciado como una fórmula de éxito puesto que los conflictos jurisdiccionales han sido de menor alcance si exceptuamos el episodio vivido con motivo de las elecciones generales de 1989 en las que fueron judicialmente anuladas algunas proclamaciones de electos obligándose a celebrar nuevas elecciones parciales. La jurisprudencia constitucional recaída en aquellos litigios (STC 24/1990 y 25/1990, ambas de 19 de febrero) y la adaptación normativa posterior zanjó toda conflictividad futura.

IV. BIBLIOGRAFÍA

DUQUE VILLANUEVA, J. C.: *Elecciones políticas y Tribunal Constitucional: jurisprudencia constitucional en materia electoral 1980-2005*, Aranzadi, Madrid, 2006.

RALLO LOMBARTE, A.: *Garantías Electorales y Constitución*, CEPC, Madrid, 1997.

SANTOLAYA MACHETTI, P.: *Procedimiento y Garantías Electorales*, Civitas, Madrid, 2013.

SATRÚSTEGUI, M.: "Las garantías del Derecho Electoral", *Revista de las Cortes Generales*, núm. 20, 1990, pp. 91-118.

SOLOZÁBAL, J. J.: "Sobre la jurisprudencia constitucional en materia electoral", *Revista Española de Derecho Constitucional*, núm. 30, 1990, pp. 133-147.

V. JURISPRUDENCIA

STC 38/83, de 16 de mayo.

STC 72/84, de 14 de junio.

STC 24/1990, de 19 de febrero.

STC 25/1990, de 19 de febrero.

Artículo 71

1. Los Diputados y Senadores gozarán de inviolabilidad por las opiniones manifestadas en el ejercicio de sus funciones.

2. Durante el período de su mandato los Diputados y Senadores gozarán asimismo de inmunidad y sólo podrán ser detenidos en caso de flagrante delito. No podrán ser inculpados ni procesados sin la previa autorización de la Cámara respectiva.

3. En las causas contra Diputados y Senadores será competente la Sala de lo Penal del Tribunal Supremo.

4. Los Diputados y Senadores percibirán una asignación que será fijada por las respectivas Cámaras.

COMENTARIO

José María Morales Arroyo
Catedrático de Derecho Constitucional
Universidad de Sevilla

I. INTRODUCCIÓN

A día de hoy el art. 71 continúa presentándose como un precepto bastante excéntrico dentro de una Constitución moderna por lo que reconoce, por cómo se ha desarrollado y por su evidente conexión con una tradición constitucional superada.

El precepto recoge una serie de ventajas derivadas del cargo público que ejercen diputados y senadores, incluyendo entre ellas las históricamente consideradas "prerrogativas parlamentarias" de naturaleza individual. Desde una perspectiva institucional se trata, junto a las reglas sobre incompatibilidades, de un esfuerzo a escala singular por hacer efectivo el principio de separación de poderes mediante la consolidación de un estatuto jurídico-político para los parlamentarios. Como tal, el instituto de las prerrogativas se diseñó para un contexto histórico y político muy diferente, anterior a la consolidación del Estado de Derecho; pero, las mismas se aplican y desenvuelven actualmente en el marco jurídico de unos Estados constitucionales de democracia avanzada, construidos sobre los principios de igualdad y de seguridad jurídica, con un Poder Judicial independiente vinculado a la Constitución y la Ley.

La obsolescencia de las prerrogativas parlamentarias en un Estado constitucional que comenzaba a andar como el español ha tenido como resultado que en gran medida la configuración interpretativa de sus mandatos haya correspondido más a la justicia constitucional y ordinaria que al propio legislador. En este sentido se puede señalar que ya en el año 1985 el Tribunal Constitucional había fijado las bases para construir una interpretación restrictiva en el caso de la inviolabilidad y la inmunidad parlamentarias, mientras que se da la paradoja de que el procesamiento de diputados y senadores continúa a día de hoy anclado en una regulación realizada por la Ley de Enjuiciamiento Criminal de 1882 (arts. 750 a 756) y por la Ley de 9 de febrero de 1912.

El precepto constitucional añade una garantía de aforamiento para diputados y senadores claramente conectada con la tradicional prerrogativa de la inmunidad, y otra garantía constitucionalmente más innovadora por la que se reconoce dentro del propio articulado constitucional la remuneración del cargo parlamentario.

Mientras que los tres primeros institutos enlazan con una tradición que separa al parlamentario del régimen jurídico común, limitando por motivos funcionales derechos como la igualdad en la ley (art. 14 CE) o la tutela judicial efectiva (art. 24 CE), el párrafo 4º del artículo constitucional normaliza la posición de los parlamentarios a los que aleja sobre criterios democratizadores de la consideración honorífica del ejercicio esta función pública.

Por último, en el marco de este precepto constitucional, cuando se utiliza el término "prerrogativa" para describir estas situaciones de ventaja que se integran en el estatuto jurídico de los cargos representativos, se acepta que *se trata de garantías constitucionalmente establecidas a favor de los parlamentarios sobre la quiebra del principio de igualdad para proteger la posición y actuación de diputados y senadores por motivos estrictamente funcionales*. La eficacia de las mismas comienza con el mandato y se mantiene hasta la extinción del mismo en el momento de la disolución de la Cámara, salvo para los miembros de la Diputación Permanente de Congreso y Senado, aun cuando, como se explicará, los efectos de la inviolabilidad por la lógica interna de la propia prerrogativa trascienden más allá de dicho periodo de tiempo.

II. LA INVIOLABILIDAD

La *inviolabilidad* confiere al parlamentario un reconocimiento pleno de la libertad de expresión para que con su ejercicio conforme la voluntad de la Cámara e, indirectamente, configure la opinión pública, en la medida que impide que diputados y senadores sean perseguidos jurídicamente por las opiniones expresadas, por los votos emitidos y, en general, por el contenido de los actos que desarrolle en el ejercicio de su función. Fuera de las actividades parlamentarias decae la prerrogativa, desaparece la irresponsabilidad y el ejercicio de la libertad de palabra queda sometido, como el resto de los ciudadanos, a los márgenes fijados en el art. 20 de la CE y a la práctica que del mismo se ha ido configurando.

La calidad de órgano deliberante y decisorio convierte a la institución parlamentaria en una tribuna privilegiada que precisa el concurso de sus miembros para la conformación de la propia voluntad, e, igualmente, requiere un plus de libertad sistémico para afrontar el ejercicio del control político. Por ello, se sustraen las opiniones, los votos y la actividad del parlamentario a cualquier control externo, incluido el jurisdiccional, y sólo se somete a la corrección de los órganos de dirección de la propia Cámara.

La inviolabilidad de una manera sintética se identifica con una serie de notas.

1. La irresponsabilidad derivaba de la inviolabilidad alcanza a cualquier tipo de sanción jurídica: penal, civil, administrativa y laboral. Protege jurídicamente al parlamentario frente a otros órganos del Estado y, incluso, frente al Cuerpo Electoral.

2. El ámbito temporal de vigencia de la prerrogativa presenta dos vertientes. La inviolabilidad se considera permanente para aquellos actos funcionales realizados durante el ejercicio del mandato. Es decir, no protege las actuaciones realizadas por diputados y senadores antes de acceder al cargo, ni las hechas por los exparlamentarios tras la pérdida del escaño. Pero, además, la libertad conferida al parlamentario requiere que la protección derivada de la inviolabilidad no quede constreñida a la legislatura. No se trata de evitar una persecución actual para convertirla en diferida; la libertad de opinión y acción del parlamentario ha de ser absoluta y ello sólo se consigue otorgando efectos indefinidos al amparo ofrecido por la irresponsabilidad. Así, lo reconocen los arts. 10 del RCD y 21 del RS y el propio Tribunal Constitucional en la Sentencia 36/1981 (FJ 6).

3. La inviolabilidad, como el resto de las garantías funcionales reconocidas en la Constitución, es *irrenunciable*, dado que se otorga en interés público, como efecto directo del derecho objetivo y no como privilegio personal.

4. Si la prerrogativa protege los actos realizados por los parlamentarios en el ejercicio de sus funciones, que quedan sometidos al control y al poder disciplinario de la propia Cámara, se construye la exclusión sobre un indeterminado y bifronte criterio material/funcional que requiere una cierta delimitación. Así podría recibir una interpretación amplia y abarcaría a todos los actos desarrollados por el parlamentario mientras dure su mandato, entendiendo que se enmarcan en la función representativa asumida tras la elección, o bien una más estricta, que quedaría reducida sólo a aquellos actos realizados en las sesiones parlamentarias que constituyan emisión de opiniones y votos. La solución más adecuada, y parece que asumida por la STC 51/1985 (FJ 6), considera que la protección de la inviolabilidad debe alcanzar las actuaciones de los diputados y senadores reglamentariamente destinadas a la lícita formación de la voluntad de su Cámara. Una delimitación de esta naturaleza conecta la función del parlamentario con las funciones propias de las Cortes Generales y sus Cámaras, así como con los medios que ambas tienen para cumplirlas, y con las facultades de las que disponen sus miembros para impulsar las funciones de la institución legisladora. Esta caracterización garantiza el respeto a la autonomía que la Constitución concede a cada Cámara (art. 72.1) y al mandato del art. 67.2, cuando establece que las reuniones que se celebren sin convocatoria reglamentaria no vincularán a las Cámaras y los diputados y los senadores no podrán ejercer sus funciones ni ostentar sus privilegios.

La solución descrita parece que se ha querido cuestionar por ciertas actuaciones judiciales en la actualidad a través de dos vías. La primera a través de una Sentencia de 5 de septiembre de 2003 del Tribunal Superior de Justicia del País Vasco, al considerar que una intervención no conectada con el objeto de la sesión plenaria del Parlamento Vasco podía ser sometida a la jurisdicción penal. El recorrido de esa doctrina fue corto en la medida que el Tribunal Supremo (STS Sala Penal, de 21 de diciembre de 2004) la anuló en casación, ajustando con ello su visión de la prerrogativa a un entendimiento más clásico de la irresponsabilidad en consonancia con la doctrina fijada por la STC 30/1997. La segunda ha surgido de la concepción defendida tanto por el Tribunal Supremo (Autos de Sala Especial de 20/05/2003, 18/06/2003, 18/06/2003 y 01/10/2003), como por el Tribunal Constitucional (AATC 24/2017, 123/2017 y 124/2017) en torno al alcance de la protección de la prerrogativa cuando los parlamentarios, tomando una decisión en el marco de un órgano de la Cámara, proceden al incumplimiento, por una lado, de mandatos ejecutivos derivados de las resoluciones judiciales y, de otro, de decisiones tomadas por la jurisdicción constitucional.

El cierre de este epígrafe requiere unas breves menciones a ciertas consecuencias de la irresponsabilidad derivada de la aplicación de la prerrogativa. En primer lugar, la reconvención por los órganos de la Cámara de la actividad de los diputados y senadores debe realizarse conforme al principio de legalidad en el marco de las potestades disciplinarias reglamentariamente reguladas y aplicadas de manera razonable y proporcionada para no violentar el estatuto del cargo público representativo (STC 25/2023). En segundo lugar, como estableció la STC 30/1997, reafirmando la doctrina de la anterior STC 243/1988, al tribunal que se le planteen pretensiones cuyo objeto recaiga sobre actos protegidos por la inviolabilidad debe declararse incompetente *ope Constitutione* o, en términos del Alto Tribunal, asumir una carencia absoluta de jurisdicción. Y, en último lugar, la prerrogativa puede amparar actos exteriores a la vida de la Cámara, cuando sean reproducción literal de un acto parlamentario, con lo que quedan exentas de responsabilidad las reproducciones periodísticas o digitales de las sesiones parlamentarias, de los actos de diputados y senadores, de los textos de los diarios de sesiones, etc.

III. LA INMUNIDAD

La Constitución acoge en este artículo dos figuras: la prohibición de detención de diputados y senadores y la imposibilidad de que sean procesados sin autorización de la Cámara a la que pertenezcan, actuando ambas durante el tiempo de vigencia del mandato. La inmunidad tiene un contenido formal-procesal y, a diferencia de la inviolabilidad, protege al parlamentario no por actuaciones relacionadas con la actividad parlamentaria, sino por actos externos penalmente perseguibles. En definitiva, la prerrogativa trata de evitar que un acto externo a la vida de la Cámara —una acción administrativa o una acción judicial— impida arteramente que los parlamentarios participen en los trabajos parlamentarios.

1. La prohibición de detención

La prohibición de ser detenido supone para diputados un plus añadido al derecho de libertad personal consagrado en el art. 17 de la CE. La imposibilidad de someterlos a privación de libertad tiene un carácter absoluto y permanece incluso en situaciones de vigencia de estados excepcionales (art. 55 CE). Cualquier autoridad a la que se identifique una persona como diputado o senador debe abstenerse de privarle de libertad a riesgo de incurrir en una conducta penalmente proscrita (arts. 500 y 501 Código penal).

La única excepción aplicable se localiza en el propio precepto constitucional, cuando establece que la eficacia del impedimento cesa en aquellos supuestos en los que los parlamentarios son sorprendidos en flagrante delito (arts. 11 RCD y 22 RS; arts. 751 y 795.1, 1º LECr). En tal situación la derogación resulta razonable ya que los intereses que protege la inmunidad quedan a salvo, pues difícilmente puede estar instrumentalizada una detención que tiene lugar porque el sujeto ha sido sorprendido *en* el momento de la comisión (o inmediatamente después) del hecho delictivo. No obstante, la flagrancia no exime al Tribunal Supremo del deber de solicitar la correspondiente autorización si continúa con el procesamiento del parlamentario detenido.

Una vez que se verifica la detención, las autoridades la deben notificar a la Presidencia de la Cámara a la que pertenezca el parlamentario, porque dicho conocimiento le permitirá adoptar las medidas que se estimen oportunas para garantizar sus derechos y prerrogativas (arts. 12 RCD y 22.1 RS).

2. La autorización para proceder o suplicatorio

Uno de los elementos más clásicos de la protección derivada de la inmunidad como prerrogativa de naturaleza procesal se configura mediante la prohibición de que se comience un procedimiento del que se deriven responsabilidades penales para diputados y senadores sin el conocimiento y la autorización previos de la Cámara a la que pertenecen. La decisión de la Cámara actúa como un acto constitucional de voluntad de naturaleza excepcional con el que se levantan los efectos protectores de la prerrogativa.

La inmunidad se pone en movimiento cuando se producen actos y situaciones no integradas o derivadas de actos funcionales. En puridad conceptual, el suplicatorio no protege frente a actos del parlamentario, externos a la vida de la Cámara, sino frente a determinadas consecuencias de tales actos que pueden hacer peligrar el normal desarrollo de la vida parlamentaria; con él se trata de evitar el procesamiento de un parlamentario sin causa suficiente, impulsado por particulares o por organismos públicos. La autorización de la Cámara se presenta como un elemento imprescindible en aquellos procesos que conlleven penas privativas de libertad o impidan la asistencia del parlamentario a los trabajos de las Cámaras, es decir, los procesos penales. Así lo entiende la Constitución cuando utiliza los términos "procesar" e "inculpar" y sólo prevé el fuero especial para jurisdicción penal, la Sala Segunda del Tribunal Supremo. Esta interpretación fue claramente sancionada por la STC 9/1990, cuando anuló un exceso legislativo que ampliaba la necesidad de suplicatorio para aquellos procesos de responsabilidad civil por lesiones del derecho al honor en el que diputados o senadores fuesen objeto de demanda.

La petición de autorización debe ser tramitada una vez que existen evidencias claras de la implicación de un parlamentario en el delito objeto de investigación y con anterioridad a tomar cualquier medida procesal sobre el parlamentario; aunque el art. 118 *bis* de la LECr permite desde la reforma legislativa de 2015 a diputados y senadores la personación en un proceso que les afecte para ejercer su derecho a la defensa, en un momento anterior a la tramitación y concesión del suplicatorio. Por razones evidentes, también deberá tramitarse por el Tribunal Supremo la solicitud de autorización para proceder, cuando el procesamiento del diputado o senador se haya iniciado con anterioridad a su elección (arts. 11 RCD y 22.2 RS). Aunque, en este ámbito el Tribunal Constitucional ha considerado razonable la interpretación construida por el Tribunal Supremo (SSTC 70/2021 y 71/2021), en virtud de la cual no resultará necesario dirigir el suplicatorio a la Cámara si ya se ha dictado auto de procesamiento contra el parlamentario o se ha iniciado la vista oral en el procedimiento criminal, pues en dicha situación se considera descartado cualquier *fumus persecutionis*.

La decisión de la Cámara sobre la petición de procesamiento del diputado o del senador se configura como un acto expreso y constitucionalmente exigido, en el que la capacidad de configuración del Congreso y del Senado se encuentra vinculada por el fin funcional de la prerrogativa. Por lo tanto, pese a lo que sigue manteniendo el art. 7 de la Ley de 1912, la denegación del suplicatorio no puede tener como consecuencia el *sobreseimiento libre* del parlamentario investigado, porque ello supondría conceder a las Cámaras colegisladoras facultades jurisdiccionales, contraviniendo de plano el art. 117.3 de la CE. También en esta línea, la apreciación de insuficiencia penal en el procesamiento no puede convertirse en el motivo que lleve a la Cámara a tomar la decisión de denegar una autorización a proceder; aunque esta regla sea complicada de respetar en la medida que los elementos de conocimiento del asunto y de convicción no son otros que el contenido de las actuaciones judiciales.

Así entendido, y en a medida que la autorización de la Cámara se convierte en una condición de procedibilidad que afecta al derecho a la tutela judicial efectiva (art. 24 CE), la misma debe apoyarse en una suficiente y razonada valoración de que el proceso del parlamentario se encuentra instrumentalizado y busca privar indebidamente de la vida parlamentaria a uno de sus miembros —"juicio de oportunidad o intencionalidad", en términos de la jurisprudencia constitucional—. La razonabilidad de la fundamentación del acto de denegación —y, en su caso, de una indebida concesión— desde la STC 206/1992, se puede someter a la revisión del Tribunal Constitucional a través del recurso de amparo.

La mecánica de la tramitación y del acuerdo es bastante parecida en ambas Cámaras. Una vez recibida la petición motivada del Tribunal Supremo, la Presidencia —con acuerdo de la Mesa en el caso del Congreso de los Diputados— remite a la Comisión competente la solicitud de proceder contra uno de los parlamentarios; la Comisión, una vez analizada la información y oído al afectado, emite un dictamen que se eleva al Pleno para que mediante votación decida aceptar o rechazar el suplicatorio. El sentido del acuerdo se remite al Tribunal Supremo para que continúe con el procesamiento o acuerde al archivo provisional de la causa (arts. 13 y 14 RCD y 22 RS).

Por último, los reglamentos de ambas Cámaras recogen un supuesto de rechazo del suplicatorio por silencio, si no hay respuesta expresa en un plazo de tiempo desde la recepción de la autorización -60 días naturales— (arts. 14.2 RCD y 22.5 RS); un supuesto claramente contradictorio con lo que el Tribunal Constitucional ha entendido que es el fundamento constitucional propio de la prerrogativa y las exigencias para el comportamiento de la Cámara que de ello se derivan y con el mandato constitucional de exclusividad en el ejercicio de la función jurisdiccional atribuido a jueces y tribunales por el art. 117.3 de la CE.

IV. EL AFORAMIENTO PROCESAL

La garantía del aforamiento se encuentra conectada con la práctica de la inmunidad parlamentaria, ya que supone la creación de un régimen singular de atribución de competencias judiciales en atención a la persona implicada en la comisión de un delito. En el caso de diputados y senadores la competencia se asigna a la Sala de lo Penal del Tribunal Supremo, que adquiere la consideración de juez ordinario predeterminado por la Ley a efectos del seguimiento de las causas penales mientras dure el mandato parlamentario. La excepcionalidad del régimen procesal ha llevado al Tribunal Supremo a devolver aquellos asuntos de diputados y senadores que cesan en su cargo a los tribunales de instrucción con competencia, especialmente en aquellos procedimientos que fueron iniciados con anterioridad al momento de la elección (STC 22/1997).

La atribución de la competencia al máximo órgano de la jurisdicción (art. 123 CE) tiene un doble motivo; garantizar a la institución parlamentaria un proceso no alterado por presiones externas dada la trayectoria, el prestigio, la experiencia y la visibilidad del órgano que instruye y resuelve, y al Poder

Judicial que el procesado no va a utilizar su ascendente de cargo público para condicionar el desarrollo de la instrucción y el resultado del proceso. Pero, en el aspecto negativo, coloca al aforado y, lo que es peor, a los procesados junto a él ante el perjuicio de perder el derecho a la doble instancia penal, elemento propio del contenido del derecho a la tutela judicial efectiva, como reconocen las normas internacionales de derechos y la propia jurisprudencia constitucional. Desde la STC 51/1985, el Tribunal Constitucional viene considerando que el refuerzo de la posición del procesado que supone la atribución de competencia al máximo órgano del orden judicial, compensa en cierta medida el perjuicio de la pérdida del recurso y la revisión de todo el enjuiciamiento en una segunda instancia.

V. EL DERECHO A RECIBIR UNA ASIGNACIÓN ECONÓMICA

El último apartado del precepto garantiza en sentido amplio el derecho de diputados y senadores a obtener una serie de compensaciones económicas. En ámbito de este derecho se incluiría toda prestación o exención de contenido económico atribuido a los miembros de las Cortes Generales con la intención de permitir un cumplimiento independiente, eficaz y digno de las funciones parlamentarias. Las prestaciones económicas han actuado como garantía tanto para ofrecer una independencia económica a diputados y senadores, como para mantener el decoro de la propia Cámara.

El reconocimiento constitucional de este derecho le confiere una doble garantía en comparación con otros derechos del cargo público representativo de diputados y senadores. De un lado, su supresión sólo resulta viable a través de una reforma del articulado constitucional. Y, de otro lado, lo incluye directamente, como hace con las prerrogativas o el derecho de voto (art. 79.3 CE), entre los elemento del contenido esencial del estatuto garantizado a los miembros de las Cortes conforme al art. 23 de la propia Constitución, sin necesidad de reconocimiento por una intervención legislativa posterior.

No obstante, la concreción de estos derechos económicos se realiza autónomamente dentro de la normativa interna de cada Cámara. Los reglamentos parlamentarios de cada Cámara optan por establecer junto una asignación básica (arts. 8.1 RCD y 23.1 RS), una serie de aportaciones económicas de carácter compensatorio (arts. 8.2 RCD y 23.1 RS). Además, otro beneficio económico que reciben los parlamentarios es el pago de las cuotas de la Seguridad Social o de las mutualidades funcionariales a las que se encuentren afiliados (arts. 9 RCD y 24.2 y 3 RS).

Las cuantías y modalidades de la totalidad de las prestaciones económicas vendrán determinadas por las Mesas de la Cámara en el Congreso de los Diputados y en el Senado (arts. 8.4 RCD y 24.1 RS, respectivamente), dentro de las correspondientes previsiones presupuestarias. Las cantidades percibidas se encuentran sujetas al régimen tributario general y pueden ser objeto de privación o reducción en todo o en parte, como consecuencia de la aplicación de medidas disciplinarias por un reiterado incumplimiento de los deberes parlamentarios (arts. 99 RCD y 23.2 RS). Ambas limitaciones, alejan a este derecho del campo de las prerrogativas funcionales y lo acercan más claramente a otros elementos de ventaja que integran la posición jurídica del diputado y senador y que conforman el contenido del cargo público representativo propio de los miembros de las Cortes Generales.

VI. BIBLIOGRAFÍA

FERNÁNDEZ-MIRANDA CAMPOAMOR, A.: "Del intento de ampliación del ámbito material de la inmunidad parlamentaria a determinados procedimientos civiles", *Revista Española de Derecho Constitucional*, núm. 12, 1984, pp. 9-21.

– "Origen histórico de la inviolabilidad e inmunidad parlamentarias", *Revista de la Facultad de Derecho de la Universidad Complutense*, núm. 10, 1986, pp. 1-42.

FERNÁNDEZ-VIAGAS BARTOLOMÉ, P.: *Inviolabilidad e inmunidad de los diputados y senadores: las crisis de los "privilegios" parlamentarios*, Civitas, Madrid, 1990.

JIMÉNEZ APARICIO, E.: *Régimen jurídico de las retribuciones de los diputados y senadores*, Centros de Estudios Políticos y Constitucionales, Madrid, 1994.

MANCISIDOR ARTARAZ, E.: *La prerrogativa constitucional de la inviolabilidad parlamentaria*, Instituto Vasco de Administración Pública, Vitoria, 2009.

VIANA BALLESTER, D.: *Inmunidades e inviolabilidades: naturaleza jurídica y concepción dogmática*, Congreso de los Diputados, Madrid, 2011.

VII. JURISPRUDENCIA

STC 36/1981, de 19 de noviembre
STC 51/1985, de 10 de abril.
STC 90/1985, de 22 de julio.
STC 243/1988, de 19 de diciembre.
STC 9/1990, de 18 de enero.
STC 206/1992, de 27 de noviembre.
STC 22/1997, de 11 de febrero.
STC 30/1997, de 24 de febrero.
STC 69/2001, de 17 de marzo.
STC 70/2021, de 18 de marzo.
STC 71/2021, de 18 de marzo.
STC 25/2023, de 17 de abril.

Artículo 72

1. Las Cámaras establecen sus propios Reglamentos, aprueban autónomamente sus presupuestos y, de común acuerdo, regulan el Estatuto del Personal de las Cortes Generales. Los Reglamentos y su reforma serán sometidos a una votación final sobre su totalidad, que requerirá la mayoría absoluta.

2. Las Cámaras eligen sus respectivos Presidentes y los demás miembros de sus Mesas. Las sesiones conjuntas serán presididas por el Presidente del Congreso y se regirán por un Reglamento de las Cortes Generales aprobado por mayoría absoluta de cada Cámara.

3. Los Presidentes de las Cámaras ejercen en nombre de las mismas todos los poderes administrativos y facultades de policía en el interior de sus respectivas sedes.

COMENTARIO

Elviro Aranda Álvarez
Catedrático Derecho Constitucional
Universidad Carlos III de Madrid

SUMARIO: I. LA AUTONOMÍA PARLAMENTARIA: ORIGEN Y MARCO CONSTITUCIONAL. II. LA AUTONOMÍA NORMATIVA DE LAS CÁMARAS. III. LA AUTONOMÍA FINANCIERA DE LAS CÁMARAS. IV. LA AUTONOMÍA DE PERSONAL DE LAS CORTES GENERALES. V. LOS ÓRGANOS DE GOBIERNO DE LAS CÁMARAS. VI. LAS CORTES GENERALES EN SESIÓN CONJUNTA. VII. CONCLUSIONES. VIII. BIBLIOGRAFÍA. IX. JURISPRUDENCIA.

I. LA AUTONOMÍA PARLAMENTARIA: ORIGEN Y MARCO CONSTITUCIONAL

La autonomía parlamentaria hunde sus raíces en la clásica independencia de las Cámaras que, desde el Derecho Parlamentario inglés más clásico, tiene como objetivo fundamental garantizar la libertad de palabra. Para May "*la libertad es un privilegio esencial de cualquier reunión libre; es, sobre todo, tan necesaria para la legislación que si no hubiera sido confirmada expresamente, hubiera debido reconocerse inseparable del Parlamento e inherente a su institución*". El Parlamento moderno en sus orígenes era una institución que, allí donde se desarrollaba, lo hacía en una lucha constante frente a los poderes tradicionales e históricos del Monarca. Para fortalecerse en esta tensión la práctica más común era atribuir privilegios a las Cámaras que asegurasen el libre funcionamiento de la institución y sus miembros. Los instrumentos para la defensa del Parlamento eran diferentes en unos y otros países dependiendo de su tradición jurídica y política, pero en todos ellos el objetivo era el mismo:

preservar la independencia parlamentaria frente las injerencias de los otros poderes. De Lolme decía que "*La base de la constitución inglesa, y el principio fundamental de que depende todos los demás, es que la autoridad legislativa pertenece al parlamento sólo*".

Aunque en 1978 ya contábamos en España con una amplia tradición parlamentaria, incluso no faltaban estudios sobre el funcionamiento interno de las Cortes que reclamaban la independencia parlamentaria (v.gr. Pons y Umbert, Fernández Martín), las características de nuestro Texto Fundamental de 1978 —constitución normativa, reguladora de derechos de los parlamentarios y que se ocupa de materias del funcionamiento interno de las Cámaras— hace que se tenga que redefinir la "independencia parlamentaria" y se empiece a hablar, en unos términos más ajustados a nuestra realidad constitucional, de autonomía parlamentaria. El Parlamento y sus Cámaras son instituciones del Estado y, por tanto, están sometidas a la Constitución y el resto del ordenamiento jurídico (art. 9.1. CE).

El compromiso del Constituyente español de 1978 con la autonomía parlamentaria se expresa en el artículo 72.1 CE cuando dice que "*Las Cámaras establecen sus propios Reglamentos, aprueban autónomamente sus presupuestos y, de común acuerdo, regulan el Estatuto del Personal de las Cortes Generales*". Los objetivos de dicho precepto se ajustan plenamente a la idea que Loewenstein tenía sobre cómo debía operar el Derecho Parlamentario en las democracias pluralistas modernas: "*Con una doble función: es un 'ordenamiento defensivo', de la independencia parlamentaria frente a los demás poderes y, a la vez, es normación de mecanismos de colaboración de las fuerzas políticas con representación parlamentaria entre sí, para una adecuada articulación de mayorías y minorías en los órganos de la Cámara y del Parlamento*".

A partir de ahí, la construcción teórica y práctica en el funcionamiento del Parlamento cambia sustancialmente. La autonomía normativa requiere que las normas parlamentarias sean conformes a los mandatos y principios constitucionales. Hasta tal punto es así, que el Legislador establece que los Reglamentos Parlamentarios están sometidos a control de constitucionalidad (art. 27 LOTC). La autonomía financiera supondrá que cada una de las Cámaras elabora su presupuesto, pero se incluyen en el seno de los Presupuestos Generales del Estado, vehículo para aprobarlos. Finalmente, la autonomía de personal —mediante el EPCG— regula su administración y cuenta como derecho supletorio la regulación de personal de la Administración General del Estado.

En este nuevo contexto, en los años ochenta y noventa, el debate doctrinal y jurisprudencial fue sobre lo que suponía, desde el punto de vista formal y material, la autonomía parlamentaria. Una discusión que llevó a confirmar cuál era el sistema de fuentes del Derecho Parlamentario, los mecanismos de control de dichas normas y, en menor medida, la determinación de los contenidos que correspondían a los Reglamentos Parlamentarios. En este tiempo, también se empezó a desarrollar, como señaló Aguiar de Luque una *extraordinaria y detallista* jurisprudencia del Tribunal Constitucional sobre la protección de los derechos fundamentales de los parlamentarios que servirá para elaborar una doctrina sobre las condiciones para el ejercicio de los cargos públicos representativos y, sensu contrario, acerca de los límites en la actuación de dichos órganos.

Una de las peculiaridades de nuestro Derecho Parlamentario es que el Constituyente de 1978 se decantó por el establecimiento en la propia Norma Fundamental de los preceptos que determinan la organización formal —sistema de fuentes— y material de las Cámaras. Además del art. 72.1 CE, se han de tener en cuenta un buen número de preceptos de los Capítulos I y II del Título III (arts. 66-92) que habilitan e, incluso diseñan, dicha autonomía. Desde el punto de vista material, la organización y el funcionamiento de las Cámaras está fuertemente determinado por la propia Constitución. Las normas que se ocupan de estas materias van de lo más general y común —v.gr. determinación del número de Cámaras (art. 66.1), prohibición del mandato imperativo (art. 67.2), número de miembros que las conforman (art. 68 y 69), hasta cuestiones de detalle —v.gr. regla de convocatorias (art. 67.3), periodos de sesiones (art. 73.1), quórum para adoptar acuerdos (art. 79)—. Pareciera que aquí el Constituyente hubiera pretendido "precisar" la libertad de las Cámaras o, quizás, orientar el criterio que debiera tomar el Legislador futuro a la hora de aprobar los Reglamentos Parlamentarios. Pese a ello, no faltaron seguidores de las teorías clásicas sobre la independencia parlamentaria que pretendían la *autodiquia* de las Cámaras a partir de dichos preceptos. Sin embargo, la normatividad constitucional (art. 9.1 CE) dejaba pocas dudas sobre la necesidad de reconocer a los Reglamentos como normas subordinadas a la Constitución. Como ha señalado López Guerra "*...ya no puede hablarse, en los términos tradicionales de autocrinia parlamentaria, que suponga inmunidad frente a cualquier jurisdicción externa*". Para situar la cuestión en sus justos términos debemos buscar el "justo equilibrio" y reconocer que lo anterior no impide, más bien sirve para enmarcar, el principio de autonomía parlamentaria que está constitucional y estatutariamente garantizado. Es decir, que dicho principio reconoce una esfera de decisión propia a las Cámaras *que únicamente puede ser sometida a fiscalización del TC en la medida que un acto de la Cámara se apliquen de manera desigual las normas que rigen su vida interior (art. 23.2 CE) o cuando del mismo resulte una lesión representativa constitucionalmente encomendada a los parlamentarios que pueda repercutir en el* *derecho de participación política de sus representantes (art. 23.2 CE en relación con el párrafo primero)* (fj. 5º STC 38/2022). En dichos casos estaríamos ante *interna corporis acta* que puesto que tienen efectos externos adquieren relevancia constitucional y son controlables jurisdiccionalmente, en los demás casos el estatuto jurídico de funcionamiento de la Cámara y el estatuto de los parlamentarios se configura de acuerdo con su facultad de autonormación.

La conclusión que podemos sacar de esta doble determinación constitucional del Derecho Parlamentario –formal y material– es que en el Estado constitucional democrático de Derecho no hay "soberanía parlamentaria", ni tan siquiera una plena libertad organizativa de las Cámaras. El Parlamento es un Poder del Estado y, por tanto, debe estar enmarcado por la Constitución. Como ha señalado Aragón Reyes, esto supone: a) que las normas internas no son las únicas que regulan la actuación parlamentaria; b) que el Derecho Parlamentario no resulta separable del ordenamiento jurídico general del Estado; c) que los actos internos de las Cámaras –*interna corporis acta*– en ciertos casos son objeto de control de constitucionalidad; d) y que el derecho interno de las cámaras solo regula por sí mismo aquellos aspectos de la organización, funcionamiento e, incluso, status de los parlamentarios que no están previsto en la Constitución. Por lo tanto, el problema en la actualidad no es cómo se conforma constitucionalmente el Derecho Parlamentario sino si se cumplen el criterio de fuentes que ha establecido la Norma Fundamental.

II. LA AUTONOMÍA NORMATIVA DE LAS CÁMARAS

La regulación normativa de las Cámaras parlamentarias es fundamental para evitar las injerencias de otros poderes. Dicha autorregulación consiste en que las normas de organización, funcionamiento y desarrollo son aprobadas, modificadas o derogadas por la propia Cámara. Se expresa mediante un sistema de fuentes del Derecho Parlamentario interno en el que la más importante es el Reglamento Parlamentario, pero donde no hay que olvidar las Resoluciones de Presidencia, los Acuerdos y Decisiones de las Mesas y los usos y costumbres.

En cuanto al Reglamento Parlamentario, tanto la doctrina como la jurisprudencia constitucional española, desde el primer momento tuvieron claro que tiene naturaleza jurídica y que, además, ostenta rango de ley aunque, se dice, desprovisto de fuerza de ley (SSTC 101/1983; 119/1990 y 301/2005). De ello se infiere que nos encontramos ante normas localizadas en una posición inmediatamente inferior a la Constitución (STC 234/2000) no intercambiables por otras de igual rango. Finalmente, del rango que ocupan los Reglamentos

Parlamentarios se desprende que el Juez Constitucional ha de considerarlos en algunos casos como "normas interpuestas" a la hora de emitir un juicio de constitucionalidad en cuanto al procedimiento de formación de las leyes e, incluso, a la hora de considerar si la actuación de un órgano parlamentario ha violado o no el derecho al ejercicio de cargo público (STC 103/2008, 44/2015 y 96/2022).

Una de las cuestiones más problemáticas en estos tiempos, respecto de los Reglamentos Parlamentarios, es que la dificultad para su reforma y puesta al día ha producido lo que se ha denominado una *huida del Derecho Parlamentario reglamentario* a otro tipo de fuentes. El Tribunal Constitucional ha advertido sobre la inidoneidad de esta vía como mecanismo para la actualización de las normas reglamentarias (SSTC 190/2009, 208/2003 y 44/2015).

Respecto a las Resoluciones presidenciales. Según lo arts. 32 del RC y 27 del RS los respectivos Presidentes podrán dictar resoluciones de carácter general que son susceptibles de una pluralidad de actos concretos de aplicación singular, que se integran en el ordenamiento reglamentario de la Asamblea, en cuanto suplen las lagunas de éste, y producen los mismos efectos que el Reglamento. Dos cuestiones sobre este tipo de fuentes:

Primera, las Resoluciones presidenciales son una fuente que integra preceptos reglamentarios incompletos que se incorporan al Reglamento. Según el Tribunal Constitucional (STC 118/88), son normas que pueden "*... suplir omisiones o interpretarlo, pero no pueden desarrollarlo o especificar sus prescripciones*". Más adelante (SSTC 119/90, 74/91 y 44/95), el Alto Tribunal perfila la anterior doctrina aclarando lo que se ha de entender por suplencia de omisiones que integran y completan "*...la insuficiencia del Reglamento, mediante nuevas reglas que sin modificarlo ni poderlo infringir, se añaden, se integran o incorporan al ordenamiento reglamentario de la Cámara y producen materialmente los mismos efectos que los preceptos del propio Reglamento*". Finalmente, el Tribunal en las (SSTC 226/2004 y 227/2004) dice que "*...solo puede apreciarse la existencia de una laguna cuando el contenido normativo que se considera en falta puede de alguna manera considerarse implícito en previsiones normativas expresas dotadas de contenido equivalente*".

Segunda, se ha planteado la necesidad de determinar el tipo de acción constitucional frente a dichas resoluciones. La jurisprudencia ha evolucionado notablemente a lo largo de estos años. La situación actual, desde la STC 44/95 es que, puesto que las resoluciones interpretativas son jerárquicamente inferiores a los Reglamentos y no pueden introducir innovaciones ni limitar los derechos de los parlamentarios, son susceptibles de anulación como consecuencia de los recursos de amparo que se interpongan contra sus actos de aplicación, por infracción del art. 23.2 CE o invasión de la reserva reglamentaria. Solución que, aunque parece la más práctica, no es la más ajustada al sistema de fuentes parlamentarias.

Los Acuerdos y Decisiones de las Mesas de las Cámaras elaborados de forma conjunta o individual, ante la falta de actualización de los Reglamentos Parlamentarios, también están adquiriendo una cierta notoriedad. En un primer momento dicho tipo de normas se correspondían con la actualización en cada Legislatura del número de miembros de órganos parlamentarios (v.gr. art. 40.1 RC para determinar el número de miembros de cada grupo parlamentario en las Comisiones). Después su contenido se ha extendido a decisiones de más transcendencia (v.gr. Resolución de 21 de marzo de 2012 *para el desarrollo del procedimiento de votación telemática de sus miembros*). Estamos ante disposiciones de carácter parlamentario que si en un primer momento tenían un perfil de disposición singular, cada vez aparecen más como disposiciones de carácter general. Puesto que son normas parlamentarias, su control jurisdiccional correspondería al Tribunal Constitucional por la vía del artículo 42 de la LOTC y el 161.2 CE. La cuestión más problemática en cuanto a estas normas es que no cuentan con una habilitación reglamentaria de forma parecida a lo que sucede con las Resoluciones de presidencia.

En cuanto a lo que hemos definido como *usos y costumbres*. La primera cuestión a tratar es que se ha de diferenciar entre *precedentes*, *usos* y *costumbre*. Estamos ante un *precedente* cuando para la solución de un caso concreto se toma un acuerdo sin que tenga cobertura reglamentaria, surgiendo así una disciplina de facto que puede llegar a ser punto de referencia para la solución de otros casos análogos (STC 149/1990). Los precedentes tienen valor cuando existe una cierta continuidad en soluciones dadas a situaciones similares convirtiéndose en usos parlamentarios (SSTC 4/1992 y 206/1992). Por lo tanto, los usos parlamentarios se diferencian de los precedentes en que constituyen comportamientos que, al ser reiterados en el funcionamiento de la Cámara, se conforman como verdadero "hábito" para los parlamentarios y grupos, o el órgano que ha de aplicarlos, sin que de ello se desprenda sanción alguna (v.gr. los usos de cortesía y buenas costumbres parlamentarias, la ubicación de los miembros del Gobierno en los "bancos azules", etc...). En este sentido, el Alto Tribunal ha dicho en la Sentencia 38/2022 que *los usos parlamentarios, entendidos como la reiteración de actos sustancialmente iguales adoptados por el mismo órgano parlamentario y referidos a la misma cuestión, tienen una "trascendencia nomotética" (...) y "han constituido tradicionalmente, y siguen constituyendo, un importante instrumento normativo dentro del ámbito de organización y funcionamiento de las Cámaras. Así ha venido a reconocerlo este tribunal, al afirmar que estos usos parlamentarios 'siempre han sido con-*

sustanciales al régimen parlamentario y, por ende, al Estado de Derecho' (STC 206/1992, de 27 de noviembre, FJ 3)" (STC 190/2009, de 28 de septiembre, FJ 4). Ahora bien, también ha señalado este tribunal que "ello no quiere decir que tales usos parlamentarios hayan de tener necesariamente el mismo valor que las propias normas del reglamento parlamentario aprobadas por el Pleno de la Cámara [...]" (STC 190/2009, citada, FJ 4). El Alto Tribunal no ha distinguido entre usos y costumbre parlamentaria. Esta última, para la doctrina se podría diferenciar de los primeros por su valor extraordinario que le hace antecedente de la norma reglamentaria. Entendemos, por tanto, que los usos se convierten en costumbre cuando pasan a formar parte de la capacidad de configurar la actuación de los órganos parlamentarios en su funcionamiento o el *ius in officium* de los representantes parlamentarios en el supuesto de ambigüedad o de insuficiencia de la norma reglamentaria, eso sí, siempre que dichos usos no contravengan lo dispuesto en el reglamento de la Cámara (STC 38/2022).

III. LA AUTONOMÍA FINANCIERA DE LAS CÁMARAS

Como ya hemos señalado, la autonomía financiera de las Cámaras viene reconocida directamente en el artículo 72.1 de la CE, *"Las Cámaras aprueban autónomamente sus presupuestos"*. Dicha autonomía, además de otorgar a las Cámaras la potestad para elaborar y aprobar sus presupuestos, también conlleva su ejecución y control. De acuerdo con el art. 31.1.2º del RC y el 36.1. e) se encarga a las Mesas de cada una de las Cámaras la elaboración del respectivo Proyecto de Presupuestos. Una vez aprobados por las Mesas se remiten al Ministerio de Economía y Hacienda que los incorpora en los Presupuestos Generales del Estado (Sección 02 Cortes Generales) junto con otros servicios comunes correspondientes a las Cortes Generales (Cortes Generales, Defensor del Pueblo, Junta Electoral Central). En estos casos, la competencia es ejercida colectivamente por las Mesas de ambas Cámaras reunidas en sesión conjunta. A partir de aquí, el proyecto de presupuesto parlamentario vuelve a la Cámara y serán los diputados y senadores con sus votos quienes validen, en su caso, lo elaborado por sus respectivas Mesas. Aunque no es frecuente, la Sección 02 puede ser objeto de enmiendas.

Por último, como decíamos, la ejecución y control del Presupuesto de las Cámara forma parte de la autonomía parlamentaria y en su nombre la ejercen los respectivos Mesas y Presidentes. El control interno corresponde a la Intervención General de cada una de las Cámaras orgánicamente integradas en la correspondiente Secretaría General.

IV. LA AUTONOMÍA DE PERSONAL DE LAS CORTES GENERALES

Respecto del Estatuto de Personal de las Cortes Generales habría que destacar en primer lugar, que se trata de una norma jurídica de carácter primario; estamos, por tanto, ante una materia que la Constitución reserva expresamente para que se regule mediante una norma parlamentaria, que ha de cumplir ciertas condiciones procedimentales constitucionalmente establecidas. La materia regulada por el EPCG carece de una vinculación directa con las funciones parlamentaria propiamente dichas, siendo, quizás, una de las expresiones más claras de la autonomía "doméstica" de las Cortes. Por tanto, el Estatuto de personal implica la existencia de una Administración auxiliar que asiste y apoya a los órganos parlamentarios. Puesto que no se ha aprobado un Reglamento de las Cortes Generales son las Mesas de ambas Cámaras, en reunión conjunta, quien aprueba el EPCG. Se han aprobado durante este tiempo tres Estatutos: el primero de 1983, el segundo de 1989, y el tercero, hoy vigente, aprobado por Acuerdo de 27 de marzo de 2006, y modificado por Acuerdos de 16 de septiembre de 2008, de 21 de septiembre de 2009 y de 10 de mayo de 2016.

En segundo lugar, cabe plantearse si se trata de normas con "valor" y "fuerza" de Ley y si cabe un control de constitucionalidad sobre ellas. Puesto que el Estatuto del Personal de las Cortes viene reconocido en el artículo 72 de la CE y es una norma distinta a los Reglamentos de las Cámaras, no cabe duda de que es una norma que, de acuerdo con el art. 161.1.a y el art. 27.1.b de la LOTC, resulta susceptible de recurso de inconstitucionalidad (STC 139/1988).

V. LOS ÓRGANOS DE GOBIERNO DE LAS CÁMARAS

Una manifestación fundamental de la autonomía parlamentaria es la capacidad de la Cámara para elegir libremente sus órganos de gobierno. Como es conocido, el origen más remoto de estos órganos está en la figura del speaker británico que no solo era el encargado de dirigir los trabajos del Parlamento sino que lo representaba y actuaba como auténtico *contrapoder* del Monarca. En la tradición histórica hay dos grandes modelos de órganos de gobierno: los unipersonales —speaker—, propios del modelo anglosajón, y los colegiados —Bureau, Mesa—, propios de los parlamentos continentales.

En el modelo español los órganos de gobierno son el Presidente y la Mesa. Se trata de órganos diferenciados tanto en su elección, organización y funciones, y el Presidente, además, forma parte de la Mesa. Esta peculiar forma de relacionarse se desprende con toda claridad de la Constitución: el art. 72.2

dice que *Las Cámara eligen sus respectivos Presidentes y demás miembros de sus Mesas.* Además, la Norma Fundamental otorga funciones propias al Presidente (v.gr. refrendo de los actos del Rey en la propuesta de candidato a Presidente del Gobierno, art. 64.1 CE), o dar cuenta al Senado de la aprobación de un proyecto de ley por el Congreso de los Diputados, art. 90.1 CE). Ese especial protagonismo del Presidente hace que también sea el Presidente de la Diputación Permanente (art. 78.2 CE).

Los Reglamentos del Congreso y del Senado son los encargados de establecer el procedimiento para la elección del Presidente y el resto de miembros de las Mesas. Según los arts. 37.1 RC y 7 RS, para la elección del Presidente del Congreso y el Senado se requiere mayoría absoluta en primera votación y, de no obtenerla ningún candidato, los dos que hayan obtenido el mayor número de votos se someten a una segunda votación donde bastará con mayoría simple para salir elegido. Para la elección de los cuatro Vicepresidentes y los cuatro Secretarios los diputados y senadores escribirán un solo nombre para cada uno de los dos grupos y saldrán elegidos por orden sucesivos los que obtengan más votos. En cuanto a las funciones, el Presidente desarrolla funciones parlamentarias (v.gr. dirección de los debates, velar por la observancia del Reglamento, desempeñar la función disciplinaria); funciones institucionales (v.gr. representar a la Cámara, ser cauce de relación con otros órganos del Estado).

La Mesa es el órgano rector de la Cámara y para ello dispone de competencias de calificación, organización y programación (v.gr. registro de escritos, calificación de iniciativas parlamentarias); administrativas (v.gr. elaborar los presupuestos internos, control de su ejecución, contratación y servicios); relativas a la actividad parlamentaria (v.gr. determinación del calendario de actividades de la Cámara, elaboración del orden del día, ambas funciones de acuerdo con la Junta de Portavoces).

De entre las funciones que los reglamentos parlamentarios atribuyen a las Mesas de las Cámaras, la *calificación y admisión a trámite (...) de los escritos de índole parlamentaria* es, sin duda, la más importante para el trabajo político parlamentario y la que de forma más clara puede interferir en el *ius in officium* de los parlamentarios. Por ello, dichos actos de las Mesas han dado lugar a lo largo de los años a una abundantísima jurisprudencia del Tribunal Constitucional en la que se ha ido, no sin pocas idas y venidas, definiendo el alcance y lo límites de la potestad de calificación y admisión a trámite:

En un primer momento, que comienza con la STC 161/1988, se dice que la Mesa ha de limitarse a verificar la regularidad de la iniciativa en los estrictos términos del Reglamento. Comprobación de requisitos procedimentales, formales y materiales (También en las Sentencias 40/2003, 78/2006, 44/2010 y 29/2011 del TC).

Sin embargo, pronto se cae en la cuenta que ese control estrictamente formal es insuficiente y se reconoce que la Mesa puede rechazar iniciativas que sean entera y manifiestamente ajenas a las atribuciones de las Cámaras. Dicho cambio ya se empieza a percibir en la STC 205/1990 estableciendo tres supuestos que consienten entrar en el fondo del asunto: a) en el supuesto de que el ordenamiento jurídico estableciese límites materiales, b) en el supuesto de que su contenido fuera manifiestamente contrario a derecho o inconstitucional y c) en el supuesto de que fuera inequívocamente extraño a las finalidades establecidas para la iniciativa en cuestión en el Reglamento de la Cámara.

En la Sentencia 124/1995 el Alto Tribunal parece que quiere volver a su criterio exclusivamente formal. Paso a la interpretación formal que se deduce también de sentencias como la 38/1999 y la 90/2005.

A partir de aquí, en sentencias como la 119/2011 y la 136/2011 que tratan sobre el control de las Mesas sobre la homogeneidad y congruencia entre las enmiendas y las iniciativas enmendadas se afianza la idea de que el órgano parlamentario para hacer dicho juicio debe entrar a conocer el fondo de la iniciativa. En la Sentencia 10/2016 el Tribunal reconoce que la Mesa de la Cámara tiene la facultad de inadmitir una proposición de ley en caso de que *la contradicción a derecho o la inconstitucionalidad de la proposición sean palmarias y evidentes*. En este caso, señala el Alto Tribunal que esa inadmisión no produce daño alguno al *ius in officium* de los parlamentarios (en esta línea también las SSTC 109/2016 y 46/2018 y el ATC 24/2017). Nuevamente, el Alto Tribunal ha dicho que las Mesas podrán rechazar los escritos que planteen cuestiones manifiestamente ajenas a las competencias de las Cámaras, así como aquellas iniciativas que constituyan un incumplimiento manifiesto de los resuelto por el Tribunal Constitucional (entre otras, STC 68/2020).

El último paso que el Tribunal Constitucional ha dado para reconocer a las Mesas de las Cámaras que entren en el fondo del asunto a la hora de calificar y admitir documentos parlamentarios se ha producido en las SSTC 34/2018 y 44/2018 en las que se resuelven dos conflictos de competencia entre el Gobierno y el Parlamento a raíz de la facultad que confiere el art. 134.6 CE al primero para dar su conformidad a que se tramiten proposiciones de ley u otras iniciativas que supongan aumento de créditos o disminución de ingresos presupuestarios. En estos casos, se dice que las Mesas realizan una función técnico-jurídica para comprobar que el "veto presupuestario" del Gobierno se ha hecho porque la iniciativa incide directamente sobre el Presupuesto aprobado, esto es, sobre los gastos e ingresos del sector estatal; que la incidencia es real y efectiva y se refiere al presupuesto en vigor, no a presupuestos futuros.

Finalmente, hemos de señalar que el Tribunal Constitucional ha dicho que los Diputados y Senadores tienen derecho a formar parte de las Mesas de las Cámaras en los términos que establezcan los respectivos Reglamentos (38/1999 y 199/2016). En cuanto al cese de alguno de estos órganos, aunque no está regulado, parece lógico que se pierda la condición de miembro de la Mesa si se pierde la de diputado o senador. También por fallecimiento, incapacidad física o psíquica, renuncia. La remoción por parte del Pleno ha planteado más dudas. Sin embargo, de la jurisprudencia del Tribunal Constitucional parece desprenderse su posibilidad siempre que se cumplan ciertos requisitos (STC 141/1990): causa justificada, motivación y respeto a las minorías.

VI. LAS CORTES GENERALES EN SESIÓN CONJUNTA

Como señalaron Pendás y García-Escudero "*La reunión de las Cámaras en sesión conjunta es un acontecimiento excepcional en el funcionamiento de los Parlamentos bicamerales, ya que supone una derogación singular de las reglas en virtud de la cual, como manifestación de los principios del régimen parlamentario frente al convencional, las dos Asambleas deben funcionar simultáneamente, pero por separado*". Pues bien, dentro de esa excepcionalidad las sesiones de las Cortes Generales se recogen en la Constitución española en el art. 72.2 para definir aspectos formales y en el art. 74 para los materiales.

Desde el punto de vista formal, las sesiones conjuntas son presididas por el Presidente del Congreso de los Diputados y se han de organizar mediante un Reglamento de las Cortes Generales que habrán de aprobar por mayoría absoluta ambas Cámaras. Como es sabido dicho Reglamento no existe y, en su defecto, para esas reuniones sería de aplicación el de la Cámara donde se produzca la sesión.

Desde el punto de vista material las competencias de la reunión conjunta de las Cortes Generales se deducen *sensu contrario* de las previsiones del art. 74 CE que establece que "*Las Cámaras se reunirán en sesión conjunta para ejercer las competencias no legislativas que el Título II atribuye expresamente a las Cortes Generales*" (v.gr. proveer a la sucesión a la Corona en caso de extinción de todas las línea con Derecho, art. 57.3 CE; proclamación del Rey y prestar juramento, art. 61.1 CE; jura del Príncipe heredero o del Regente o Regentes, art. 61.2 CE).

Finalmente, hemos de apuntar que las sesiones conjuntas a las que hasta ahora hemos hecho referencia son las referidas a los Plenos de las Cámaras, sin embargo, la práctica parlamentaria ha generado no solo sesiones conjuntas sino también la constitución de órganos mixtos o la remisión de otros órganos de sesión conjunta (v.gr. Comisiones Mixtas, reuniones de ambas Mesas).

VII. CONCLUSIONES

Pese a la claridad con la que se regulas la autonomía parlamentaria la "centralidad" de nuestro Parlamento no ha dejado de deteriorarse en todos estos años. Por otro lado, el protagonismo del Ejecutivo y los intereses de los grupos parlamentarios tampoco han dejado de intensificarse en detrimento de las Cámaras y su actividad. En este contexto la pregunta sería ¿se puede hacer algo para que tanto el Derecho Parlamentario como la institución salgan de esa situación? Desde nuestro punto de vista sí. La clave está en ajustar e interpretar correctamente la autonomía parlamentaria, en particular la que se ocupa de la organización y el funcionamiento de las Cámaras, que durante estos años ha sido descuidada de forma muy notable hasta el punto de producirse, como ya hemos señalado, una "alarmante" huida del Derecho Parlamentario a otro tipo de fuentes. Por ello, además de trabajar en la mejora de las funciones institucionales (legislación, control, designación), no se ha de olvidar la reforma los Reglamentos Parlamentarios para establecer una nueva técnica de cómo organizar el Derecho parlamentario (reglamentario, resoluciones, acuerdos, usos, costumbres, etc.) que, sin perder la seguridad y fiabilidad que da el Derecho escrito, ofrezca un espacio de trabajo en la Cámara lo suficientemente flexible para solucionar los problemas del día a día.

VIII. BIBLIOGRAFÍA

AGUIAR DE LUQUE, L.: "La composición y organización parlamentarias en la jurisprudencia constitucional", en AA.VV. *Parlamento y Justicia Constitucional.* IV Jornadas de la Asociación Española de Letrados de Parlamentos, Aranzadi, Madrid, 1997. pp. 53-71.

ARAGÓN REYES, M.: "Las fuentes del Derecho parlamentario", AA.VV. *Fuentes del Derecho Parlamentario,* Edit. Parlamento vasco, Vitoria 1996, pp. 29-48.

ARANDA ÁLVAREZ, E.: *Los actos parlamentarios no normativos y su control jurisdiccional,* Centro de Estudios Políticos y Constitucionales, Madrid, 1998.

– "El Reglamento del Congreso de los Diputados. Propuestas para su reforma". En la Revista de Estudios Políticos. Núm. 175. Enero/marzo 2017. Pp. 17-65.

DE LOLME, J. L.: *Constitución de Inglaterra,* CEPC, Madrid, 1992.

FERNÁNDEZ MARTÍN, M.: *Derecho parlamentario español,* Textos parlamentarios clásicos III, Edit. Congreso de los Diputados, Madrid, 1992.

GARCÍA-ESCUDERO MÁRQUEZ, P., PENDÁS, B.: "Artículo 72.2. Autogobierno de las Cámaras. Sesiones Conjuntas", en ALZAGA VILLAMIL, O. (Dir.), *Comentarios a la Constitución Española de 1978,* Tomo VI, Cortes Generales, Editoriales de Derecho Reunidas, Madrid, 1998, pp. 433-455.

LOEWENSTEIN, K.: *Teoría de la Constitución,* Edit. Ariel Derecho, 4ª reimpresión. Madrid, 1986.

LÓPEZ GUERRA, L.: "El control del Derecho Parlamentario". Ponencia presentada en el Seminario *Las fuentes del Derecho parlamentario.* Vitoria 25-26 de octubre de 1995. Edit. Parlamento vasco, Vitoria 1996, pp. 279-303.

MATÍA PORTILLA, E.: "El Estatuto de Personal de las Cortes Generales como fuente de derecho", *Revista de las Cortes Valencianas,* núm. 29, pp. 179-209.

MAY, T. E.: *Treatise on the Law, Privileges, Proccedings and Usage of Parliament.* 19ª edic, London, 1976.

PONS y UMBERT, A.: *Organización y funcionamiento de las Cortes según las Constituciones Españolas.* Textos parlamentarios clásicos IV. Edit. Congreso de los Diputados, Madrid, 1992.

IX. JURISPRUDENCIA

ATC 183/1984, de 21 de marzo.
STC 90/1985, de 22 de julio.
STC 118/1988, de 20 de junio.
STC 23/1990, de 15 de febrero.
STC 119/1990, de 21 de junio.
STC 234/2000, de 3 de octubre.
STC 227/2004, de 29 de noviembre.
STC 301/2005, de 21 de noviembre.
STC 38/2022, de 11 de marzo.
STC 96/2022, de 12 de julio.

Artículo 73

1. Las Cámaras se reunirán anualmente en dos períodos ordinarios de sesiones: el primero, de septiembre a diciembre, y el segundo, de febrero a junio.

2. Las Cámaras podrán reunirse en sesiones extraordinarias a petición del Gobierno, de la Diputación Permanente o de la mayoría absoluta de los miembros de cualquiera de las Cámaras. Las sesiones extraordinarias deberán convocarse sobre un orden del día determinado y serán clausuradas una vez que éste haya sido agotado.

COMENTARIO

Juan Carlos da Silva Ochoa
Magistrado
Letrado del Parlamento Vasco (exc.)

SUMARIO: I. PERMANENCIA Y DISCONTINUIDAD DEL EJERCICIO DE LAS FUNCIONES PARLAMENTARIAS. II. PROGRAMACIÓN DEL TRABAJO PARLAMENTARIO. III. LAS CÁMARAS FUERA DEL PERÍODO DE SESIONES. IV. LAS SESIONES FUERA DEL PERÍODO DE SESIONES. V. LA PRÁCTICA PARLAMENTARIA TENDENTE A LA *ULTRACONTINUIDAD* DE LAS CÁMARAS. VI. BIBLIOGRAFÍA.

I. PERMANENCIA Y DISCONTINUIDAD DEL EJERCICIO DE LAS FUNCIONES PARLAMENTARIAS

La evolución de la institución parlamentaria desde sus orígenes en las asambleas estamentales ha conllevado muchas transformaciones, y una de las más relevantes es su conversión en órgano permanente del Estado. En nuestro sistema constitucional, la Constitución de 1812 marcó, como en otros ámbitos, un punto de inflexión respecto de la continuidad parlamentaria. Así, el artículo 104 impuso la reunión anual de las Cortes (subrayando la estabilidad de su diseño institucional en el inciso que prevé la existencia de *un edificio destinado a este solo objeto* en la capital del reino). Por su parte, el artículo 106 fijó por primera vez la duración de sus sesiones: tres meses consecutivos al año, dando principio el día primero del mes de marzo (con la posibilidad de prórroga a petición del Rey, o cuando las Cortes lo creyeren necesario por una resolución de las dos terceras partes de los diputados, conforme al artículo 107). Es asimismo significativa la redacción elegida para el artículo 108, que prefiere subrayar la temporalidad de los miembros en lugar de referirse a una nueva constitución de la institución: *Los diputados se renovarán en su totalidad cada dos años.*

Estas normas son trasunto de un fenómeno generalizado. Una de las consecuencias del éxito del régimen constitucional, del que es testigo el devenir histórico del siglo XIX, fue precisamente el reforzamiento del Parlamento, que progresivamente adquirió mayor centralidad, como consecuencia de la generalización del principio democrático, garantizado por el mecanismo de la renovación electoral. Un Parlamento cada vez más presente en la vida cotidiana del Estado tuvo que convertirse en una institución cada vez más organizada, mejor dotada y con más tiempo hábil para deliberar y decidir, progresivamente emancipada de la convocatoria por instancias ajenas.

Ahora bien, la manera en la que se integraba el Parlamento liberal, a través de representantes temporales, que en muchos casos residían en la circunscripción que les elegía y que en buen número seguían ejerciendo su labor, oficio o profesión, obligaba a armonizar el carácter cada vez más permanente de la institución con las necesidades de sus miembros, por lo que sin solución de la continuidad se fijaron periodos para la reunión de los parlamentarios y otros en los que éstos no se reunían. Más adelante, la discontinuidad parlamentaria se justificó en la necesidad de los miembros del gobierno y de los propios parlamentarios de tener a su disposición períodos de tiempo en los que desarrollar otras funciones constitucionales (en el caso de los últimos, en el contacto y permanencia en la circunscripción que representaban) sin tener que atender a los debates de una asamblea permanente.

En España, durante la Restauración, la Corona disponía de una amplia facultad para suspender la actividad parlamentaria. La Constitución de 1931 limitó las posibilidades del Presidente de la República de suspender las sesiones de la Cortes, para evitar los abusos del régimen anterior. Su artículo 81, después de señalar que el Presidente podía convocar el Congreso con carácter extraordinario siempre que lo estimase oportuno, añadía: "Podrá suspender las sesiones ordinarias del Congreso en cada legislatura sólo por un mes en el primer período y por quince días en el segundo, siempre que no deje de cumplir lo preceptuado en el artículo 58." Este último precepto disponía: "Las Cortes se reunirán sin necesidad de convocatoria el primer día hábil de los meses de febrero y octubre de cada año y funcionarán por lo menos durante tres meses en el primer período y dos en el segundo."

En la actualidad, estos períodos siguen existiendo en buena parte de los parlamentos de nuestro entorno histórico-cultural. Con todo, algunas constituciones han optado por el sistema de asamblea permanente; así, por ejemplo, el artículo 39.3 de la Ley Fundamental comienza estableciendo que *el Bundestag determinará la clausura y la reapertura de sus sesiones*. Mientras que otras mantienen el sistema de concentrar el trabajo en períodos de sesiones;

así, la vigente Constitución francesa de 1958, que en su artículo 28 prevé un único periodo de sesiones —del primer día laborable del mes de octubre hasta el último día laborable de junio—, sin que el número de días del mismo pueda exceder de ciento veinte. Como excepción, se pueden acordar días suplementarios de sesión dentro del período (sin limitación de objetivo), o habilitar un período extraordinario (para tramitar un concreto orden del día —artículo 29—). Por su parte, el artículo 62 de la vigente Constitución italiana de 1947 establece la automática convocatoria de ambas cámaras en dos períodos de sesiones que comienzan en los primeros días no festivos de febrero y de octubre; el mismo precepto autoriza la convocatoria extraordinaria de la Cámara de Diputados o del Senado (por iniciativa de su presidente o del Presidente de la República, o de un tercio de sus miembros), lo que conlleva la automática convocatoria de la otra cámara. En el Reino Unido, el período entre elecciones se denomina "parlamento" y, según la *Fixed-term Parliaments Act* de 2011, dura cinco años (aunque en la práctica constitucional la regla de las últimas décadas es la disolución anticipada). Cada uno de los cinco años parlamentarios se denomina "sesión" (*session*), que comienza y termina en primavera. Cada sesión tiene varios recesos, que habitualmente coinciden con la Navidad, la Pascua y el verano.

Es lo cierto que la justificación actual de la división del trabajo de las asambleas en períodos de sesiones parece menos evidente que en el pasado. Hoy en día, las cámaras desempeñan sus funciones en un mundo en el que el mandato parlamentario ya es incompatible con la mayor parte de las actividades privadas (motivo por el cual la retribución por el desempeño del cargo los parlamentarios se ha generalizado), en el que los transportes y los medios de comunicación telemática han acortado considerablemente las distancias y los tiempos, y en el que la dinámica política exige un diálogo ininterrumpido entre las instituciones del Estado y una relación permanente con los electores. Además, no puede pasarse por alto la impopularidad que conlleva la existencia de las llamadas "vacaciones parlamentarias", por mucho que el concepto sea infiel a la realidad de las tareas que desempeñan hoy los miembros de las cámaras.

II. PROGRAMACIÓN DEL TRABAJO PARLAMENTARIO

La Constitución Española prevé que el trabajo de las Cortes Generales se desarrolle en dos períodos de sesiones, a lo largo de nueve meses cada año. Las interrupciones se producen en el mes de enero, y en los de julio y agosto. Tanto el Congreso como el Senado gozan de absoluta autonomía para organizar su trabajo el resto de los meses del año, correspondiendo a sus órganos internos la fijación de la agenda parlamentaria, aunque ambas cámaras utilizan habitualmente la totalidad del tiempo constitucionalmente hábil para el desarrollo de sus sesiones. La interpretación unánime del apartado segundo del artículo 73 y la práctica parlamentaria reiterada permiten concluir que la regla del apartado primero se limita a establecer una duración mínima del tiempo de trabajo parlamentario. Esta interpretación ha evitado la reforma constitucional que hubiera exigido la incorporación formal de los meses de enero y julio a los períodos de sesiones, como se ha propuesto con cierta frecuencia (por ejemplo, en la Nota de la Secretaría General del Senado sobre la viabilidad constitucional y reglamentaria de que el Senado se reúna de forma habitual los meses de enero y de julio, de 8 de marzo de 2010).

Así, al inicio de cada período de sesiones la Mesa del Congreso de los Diputados, conforme a la potestad que le confiere el artículo 31.1.6º RCD en orden a programar las líneas generales de actuación de la Cámara, previa audiencia de la Junta de Portavoces, fija el calendario de actividades del Pleno y de las comisiones; es decir, la distribución entre los órganos parlamentarios de aquella duración mínima. La costumbre consolidada es que el Pleno se reúne de martes a viernes, tres semanas al mes, dejando la primera semana del mes al trabajo en la circunscripción. Esta práctica parlamentaria, a la vez que atestigua la necesidad de una presencia cercana de la diputada o diputado respecto de sus electores, limita las razones para la existencia de los períodos de sesiones. Con dicha planificación, las comisiones disponen del resto del tiempo parlamentario para sus sesiones, para las que se elabora un calendario indicativo por la Mesa, que se completa conforme se van concretando las necesidades de cada una de ellas. No hay más límites que el fijado para el número total de sesiones diarias (seis) y el número de salas disponibles en los edificios del Congreso. De manera que si estos límites se alcanzan en un determinado día (considerando separadamente las sesiones matutinas y vespertinas), la Presidencia del Congreso decide el orden de prioridad en atención a criterios predeterminados. Estos criterios son los siguientes, por orden de precedencia: tramitación de proyectos legislativos con competencia legislativa plena, tramitación sin competencia legislativa plena o de convenios internacionales, comparecencias de ministros, y altos cargos, otras comparecencias calificadas como urgentes, y otros asuntos. La preferente tramitación de los Presupuestos Generales y la concurrencia del elevado número de diputadas y diputados que exige este procedimiento también se reflejan en el trabajo de las Comisiones, ya que las semanas en las que se celebran las comparecencias de la Administración para explicar las partidas presupuestarias y las destinadas a la elaboración del Dictamen de la Comisión de Presupuestos, siguen el régimen de las semanas con sesión plenaria.

En el Senado se celebran sesiones plenarias generalmente dos veces al mes, en semanas alternas. No se admite la celebración de más de tres sesiones de comisión simultáneamente, autorizándolas la Presidencia del Senado por orden de solicitud. El calendario de actividades del Senado se aprueba por la Mesa, oída la Junta de Portavoces, y depende en cierta medida de la remisión de proyectos del Ley desde el Congreso, porque la Constitución impone plazos a la Cámara alta para la segunda lectura en el artículo 90 (dos meses con carácter general y veinte días para los proyectos declarados urgentes).

III. LAS CÁMARAS FUERA DEL PERÍODO DE SESIONES

Desde el punto de vista estrictamente jurídico, la división del tiempo en períodos de sesiones y períodos entre sesiones tuvo diversos efectos, algunos desaparecidos, como la pérdida de la inmunidad de los parlamentarios o el cambio en la presidencia de la asamblea que preveía en Italia el Estatuto Albertino de 1848.

Uno de los más importantes entre los que han soportado el paso del tiempo es la caducidad de los proyectos en tramitación, de modo que el Parlamento se veía compelido a decidir sobre ellos antes de la vacación parlamentaria bajo sanción de perder la capacidad de hacerlo.

En nuestro actual Derecho Constitucional, sin embargo, rige un principio distinto cual es el de interrupción del cómputo de los plazos reglamentarios, de modo que las iniciativas cuya tramitación no ha sido finalizada sólo decaen con el fin de la legislatura. Este principio aparece recogido expresamente en los artículos 90.2 RCD y 106.2 RS, que excluyen del cómputo de los plazos los períodos en los que las Cámaras no celebran sesiones, salvo que el asunto en cuestión entre en el orden del día de una sesión extraordinaria.

El único vestigio de aquella caducidad se observa hoy en las interpelaciones y en las preguntas con solicitud de respuesta oral en comisión pendientes al finalizar el período de sesiones. No decaen, pero pierden su naturaleza, tramitándose como preguntas con respuesta escrita, salvo en el caso de que respecto de las primeras el Diputado o el Grupo Parlamentario interpelante las mantengan (artículo 182.3 RCD).

Tampoco existe la posibilidad de suspender formalmente la actividad de las Cámaras durante los períodos de sesiones, contra el precedente de la historia de nuestro Derecho Constitucional, en que tal facultad correspondía al Rey o al Gobierno. Por el contrario, la Constitución, habilita un tiempo para el trabajo parlamentario sin excepción alguna.

Por lo demás, en los períodos entre sesiones no se interrumpe completamente la actividad parlamentaria. Si bien no hay sesiones de Pleno ni de Comisión, una parte del trabajo de los miembros de las cámaras sigue desarrollándose, aunque al margen de las mismas. También continúa con normalidad la actividad instrumental que sirve de dirección y soporte organizativo del trabajo parlamentario: las Mesas se reúnen y ejercen sus funciones y las Secretarías Generales continúan prestando sus servicios.

Para velar por los poderes de las Cámaras cuando éstas no están reunidas, en cada una de ellas hay una Diputación Permanente (artículo 78 CE). Son órganos de continuidad, reflejo de la composición de los respectivos plenos, que asumen las funciones de las Cortes cuando ha expirado el mandato de éstas (los parlamentarios que las integran son los únicos que conservan tal condición hasta la constitución de las nuevas cámaras), cuando han sido disueltas y en el período entre sesiones; en el que, además y como se dirá, pueden pedir la convocatoria de sesiones extraordinarias (artículo 73.2 CE).

IV. LAS SESIONES FUERA DEL PERÍODO DE SESIONES

Como excepción a las reglas generales del artículo 73.1 CE hasta ahora expuestas, el apartado 2 de este precepto prevé la celebración de sesiones parlamentarias fuera de los períodos ordinarios de sesiones.

Aunque se ha criticado que la Constitución emplee el término sesiones extraordinarias y no el de períodos extraordinarios de sesiones, lo cierto es que lo que la norma está regulando es algo distinto a los periodos de sesiones del apartado anterior, pues aquí se trata de reuniones con fin predeterminado, como se advierte por la exigencia de que exista una convocatoria y un orden del día, cuyo agotamiento determina el fin del tiempo habilitado. De modo que, aunque sean varios los órganos que se pongan en funcionamiento (por ejemplo, ponencia, comisión y pleno, para ultimar la tramitación de un proyecto de ley urgente), lo que existen son sesiones extraordinarias de cada uno de ellos, y no una habilitación general para el trabajo parlamentario en ambas Cámaras, contrariamente a lo previsto para los meses de febrero a junio y de septiembre a diciembre. El artículo 116.5 es quizá la única excepción a esta regla según la cual no existen períodos extraordinarios de sesiones, como veremos más adelante.

Las sesiones extraordinarias son convocadas por la Presidencia respectiva, a instancia del Gobierno, de la Diputación Permanente o de la mayoría absoluta de los miembros de la Cámara. Pese al modo condicional del verbo usado por el texto constitucional, parece indudable que ejercida la iniciativa por uno de los sujetos legitimados, la Presidencia no puede negarse a la convocatoria. Es sin duda un supuesto singular, en el que se prevé un acto debido, no reconociéndose a la Presidencia la potestad de convocatoria a iniciativa propia, como es la regla (estudiada en el comentario al artículo 67.3).

Junto a la previsión indeterminada del artículo 73.2, la Constitución recoge dos supuestos específicos en los que debe procederse a la convocatoria de las Cortes fuera de los períodos de sesiones. El primero se encuentra en el artículo 86.2, que obliga a reunir al Congreso de los Diputados dentro de los treinta días siguientes a la promulgación de un Decreto-ley, para convalidarlo, derogarlo o acordar su tramitación como proyecto de ley por el procedimiento de urgencia. El segundo afecta a Congreso y Senado que, según el artículo 116.5, quedan automáticamente convocados con la declaración, durante un período entre sesiones, de los estados de alarma, excepción o sitio, y que permanecen en esta situación mientras dure cualquiera de estas situaciones. Con el término "convocatoria automática" la Constitución indica claramente que no es necesaria la solicitud de los sujetos legitimados por el artículo 73.2; ni siquiera la convocatoria formal de la Presidencia, contrariamente a lo que ocurre en el supuesto de los Decretos-leyes. Por eso, en ausencia de convocatoria, de orden del día y de tarea específica, la situación del artículo 116.5 es propiamente, como avanzábamos con anterioridad, la de un período extraordinario de sesiones.

V. LA PRÁCTICA PARLAMENTARIA TENDENTE A LA *ULTRACONTINUIDAD* DE LAS CÁMARAS

Finalmente, y sin dejar de tener en cuenta las normas expuestas, es inevitable acudir a la práctica parlamentaria para comprender cuál es la actual situación de la actividad parlamentaria fuera de los períodos ordinarios de sesiones. En los últimos años se ha acentuado la tendencia a utilizar todo el tiempo disponible en los períodos ordinarios con sesiones parlamentarias, bien sea del Pleno bien de las Comisiones, Subcomisiones y Ponencias. Los propios reglamentos facilitan esta proliferación de reuniones; así, el artículo 54 RCD obliga a convocar el Pleno si lo solicitan al menos dos Grupos parlamentarios o una quinta parte de los Diputados, y el artículo 42 recoge la misma regla para las convocatorias de las Comisiones —aquí, mediando la quinta parte de los miembros de las mismas—.

En los recesos parlamentarios cada vez se convocan más reuniones de los órganos parlamentarios, tanto de gobierno como funcionales, a la vez que se difuminan las fronteras entre unos y otros. Así, las reuniones de las Diputaciones Permanentes se utilizan no sólo para debatir sobre la convocatoria de una sesión de control del Gobierno en Comisión o en Pleno, sino para hacer efectivo este control, trasladando a la opinión pública el contenido del juicio que se pretende manifestar en la sesión de control (y, como se ha señalado por la doctrina, renunciando el Gobierno, al no asistir a estas sesiones de la Diputación Permanente, al debate con la oposición). Ante esta situación, no debe extrañar que se haya planteado la posibilidad de que la propia Diputación Permanente se transforme formalmente en foro para el control parlamentario del Gobierno, como excepcionalmente ocurrió en su sesión de 11 de julio de 1985 (en la que el Gobierno solicitó comparecer para explicar los cambios en su composición), o como propugnaron diversos Grupos parlamentarios mediante una proposición de ley publicada en el BOCG el 31 de mayo de 2002.

Lo que en todo caso esto indica es que las cámaras contemporáneas han evolucionado hacia una dinámica funcional que ya no se ajusta bien al concepto tradicional de los períodos de sesiones, que es el reflejado en el texto constitucional.

VI. BIBLIOGRAFÍA

ARAUJO DÍAZ DE TERÁN, M.: "Sinopsis del artículo 73 CE", (actualizada por Fernando Galindo Elola-Olaso y por Mercedes Cabrera), accesible en http://www.congreso.es/consti/constitucion/indice/sinopsis/sinopsis.jsp?art=73&tipo=2

ASTARLOA HUARTE-MENDICOA, I.: "La continuidad del Parlamento como principio constitucional fundamental, consolidado y expansivo", en *La España constitucional (1978-2018). Trayectorias y perspectivas*, Centro de Estudios Políticos y Constitucionales, Madrid, 2018, pp. 3541 a 3561.

PUNSET, R., *Estudios parlamentarios*, Madrid, 2001.

RECODER DE CASSO, E. y GARCÍA-ESCUDERO MÁRQUEZ, P.: "Artículo 73", en GARRIDO FALLA, F., *Comentarios a la Constitución*, 3ª ed., Madrid, 2001.

SANTAOLALLA LÓPEZ, F.: "*Artículo 73-Período de sesiones*", en ALZAGA VILLAAMIL, O. (Dir.), *Comentarios a la Constitución Española de 1978*, Tomo VI, Cortes Generales-Editoriales de Derecho Reunidas, Madrid, 1999, pp. 471 y ss.

Artículo 74

1. Las Cámaras se reunirán en sesión conjunta para ejercer las competencias no legislativas que el Título II atribuye expresamente a las Cortes Generales.

2. Las decisiones de las Cortes Generales previstas en los artículos 94, 1, 145, 2 y 158, 2, se adoptarán por mayoría de cada una de las Cámaras. En el primer caso, el procedimiento se iniciará por el Congreso, y en los otros dos, por el Senado. En ambos casos, si no hubiera acuerdo entre Senado y Congreso, se intentará obtener por una Comisión Mixta compuesta de igual número de Diputados y Senadores. La Comisión presentará un texto que será votado por ambas Cámaras. Si no se aprueba en la forma establecida, decidirá el Congreso por mayoría absoluta.

COMENTARIO

Juan Carlos da Silva Ochoa
Magistrado
Letrado del Parlamento Vasco (exc.)

I. SESIONES CONJUNTAS Y ÓRGANOS MIXTOS COMO EXCEPCIÓN AL PRINCIPIO DE DIVISIÓN FUNCIONAL DEL TRABAJO PARLAMENTARIO

Una de las características del bicameralismo, tanto en el parlamentarismo contemporáneo como en el del Estado liberal, es la división de funciones entre las dos Cámaras. La Constitución participa de este modelo y prevé que cada Cámara delibere y adopte acuerdos por separado, actuando con competencia exclusiva, simultánea o sucesiva. Así, por ejemplo, la convalidación de los Decretos-leyes o la investidura del Presidente del Gobierno corresponden en exclusiva al Congreso de los Diputados (artículos 86.2 y 99, respectivamente), la elección de Magistrados del Tribunal Constitucional a ambas Cámaras simultánea aunque independientemente (159.1 CE) y la aprobación de las leyes a ambas Cámaras en debates y votaciones sucesivas (90 CE). La división de funciones de las cámaras responde al distinto perfil institucional con el que parecen revestidas en la Norma Fundamental, que como en otros sistemas bicamerales, intenta aprovechar la dualidad interna del parlamento para incrementar su funcionalidad y consolidar su legitimación.

Como excepción a esta regla general la Constitución enumera algunas potestades parlamentarias que deben ejercerse a través de sesiones conjuntas o a través de órganos mixtos compuestos por miembros de ambas cámaras. Estas excepciones no suponen la creación de instituciones constitucionales nuevas, conceptual u operativamente distintas de las dos cámaras en que se organiza el poder legislativo. En realidad, se trata de manifestaciones orgánicas de las relaciones de cooperación entre las mismas, que siguen monopolizando las potestades constitucionales de legislación, presupuestación, control e impulso de la acción gubernamental (artículo 66.2), con el perfil que la Constitución atribuye respectivamente a cada una de ellas.

El instrumento idóneo para regular el desarrollo de las sesiones conjuntas es el Reglamento de las Cortes Generales, previsto en el artículo 72.2 CE, a cuyo tenor las sesiones conjuntas serán presididas por el Presidente del Congreso y se regirán por un Reglamento de las Cortes Generales aprobado por mayoría absoluta de cada Cámara. A este Reglamente se refieren también el artículo 27.2. d) LOTC y los Reglamentos de ambas Cámaras. Pero tras cuarenta y cinco años de vigencia de la Constitución, esta norma aún no ha visto la luz, por lo que conforme a la DF 3.ª RCD y a la DA 2.ª RS, se aplican supletoriamente los Reglamentos de cada Cámara, en la forma que se explica más abajo.

II. TIPOLOGÍA DE LAS SESIONES PLENARIAS CONJUNTAS

Existen tres tipos de sesiones conjuntas: las previstas con ese carácter por el artículo 74.2 CE, las sesiones conjuntas de los Plenos con motivo de ocasiones solemnes y las sesiones conjuntas de las Mesas del Congreso y del Senado. Las dos últimas modalidades han sido consagradas por la práctica parlamentaria, y en parte han encontrado acomodo en los reglamentos.

El artículo 74.2 dispone que las competencias no legislativas de las Cortes Generales relativas a la Corona se ejercen en sesión conjunta. Se trata de los siguientes supuestos:

a) La provisión a la sucesión de la Corona en el caso de que se hayan extinguido todas las líneas llamadas en derecho (57.3)

b) La resolución sobre la expresa prohibición de matrimonio de personas con derecho a la sucesión en el trono (57.4)

c) El reconocimiento de la inhabilitación del Rey para ejercer su autoridad (59.2)

d) El nombramiento de Regente o Regentes (59.3)

e) El nombramiento del tutor del Rey menor (60.1)

f) El juramento y la proclamación del Rey (61.1)

g) El juramento del Príncipe heredero (61.2)

h) El juramento del Regente o Regentes (61.2)

i) La autorización del Rey para que declare la guerra o haga la paz (63.3)

Como puede verse, todas ellas son competencias que tienen que ver con la titularidad o la sucesión en la Corona y con la Regencia, salvo el último inciso (en el que la función que se fiscaliza se ejerce materialmente por el Gobierno, como director de la defensa y de la política exterior del Estado —artículo 97 CE—). La Constitución, por tanto, ha querido rodear al ejercicio de las funciones relacionadas con la jefatura del Estado de una especial solemnidad que les dota de una privilegiada resonancia para la opinión pública. Resta tan sólo una competencia en este ámbito que no se ejerce por acuerdo adoptado en sesión conjunta, sino a través del procedimiento de aprobación de leyes orgánicas, "las abdicaciones y renuncias y cualquier duda de hecho o de derecho que ocurra en el orden de sucesión de la Corona" (artículo 57.5 CE), materia en la que, por tanto, el equilibrio entre ambas Cámaras se decanta en favor del Congreso, preeminente en todo procedimiento legislativo.

Las Cortes Generales conocen otras dos especies de sesiones solemnes y conjuntas de los Plenos que se diferencian de las anteriores no sólo porque no están expresamente previstas en la Constitución, sino, sobre todo, porque en ellas no se delibera ni se adopta acuerdo; en ellas las Cámaras son meras destinatarias de mensajes institucionales, a los que pueden responder por medio de quien preside la sesión, pero también en forma estrictamente institucional o protocolaria, es decir, sin fijación de posición de partido o grupo. Es ésta una de las formas en que las Cortes Generales ejercen la representación del pueblo español en su conjunto, tal y como les viene atribuida por el artículo 66.1 de la Constitución.

En primer lugar, la práctica ha consolidado una sesión solemne de apertura de la legislatura, con asistencia del Rey, que dirige un mensaje a las Cámaras, lo que evidentemente va más allá de la previsión del artículo 62.b) CE, que se únicamente se refiere a la potestad regia de convocar las Cortes Generales (que materialmente corresponde de nuevo al Gobierno, y más en concreto a su Presidente —artículo 167 LOREG), de la que se habla en el comentario al artículo 67.3. En la actualidad, el artículo 5 RCD dispone que dentro del plazo de los quince días siguientes a la celebración de la sesión constitutiva, tiene lugar la solemne sesión de apertura de la legislatura. Como se ve, la intervención de la Corona deriva exclusivamente de la práctica parlamentaria, porque el Reglamento no prefigura el formato de esta sesión solemne, y las Cortes ya se han constituido y elegido a sus órganos rectores, que son los encargados de convocar esta sesión de apertura, de carácter eminentemente simbólico (a la que asisten los Senadores, que en general gozan de la facultad de asistir a todas las sesiones del Pleno y de las Comisiones de la Cámara Baja que no sean secretas: artículo 66 RCD).

En segundo lugar, las Cámaras se reúnen en sesión conjunta con ocasión de la visita a las Cortes Generales de algunos Jefes de Estado extranjeros, o para celebrar determinados acontecimientos singulares. Así ocurrió el 22 de noviembre de 2000, con motivo del vigésimo quinto aniversario de la proclamación de Don Juan Carlos I como Rey de España. E, igualmente, el 19 de junio de 2014, para la proclamación como Rey de España de Don Felipe VI de Borbón. Un último ejemplo es el Acto conmemorativo del XL Aniversario de las Elecciones de 1967, que, presidido por los Reyes, tuvo lugar el 28 de junio de 2017. Aunque las convocatorias prefieren denominar a estos actos "sesiones solemnes", no parece que existan motivos sustantivos para suponer que estemos ante un tipo de sesión parlamentaria distinto de las sesiones conjuntas, previstas en la Constitución y a las que la práctica parlamentaria ha dotado de un contenido algo más extenso que el previsto en la Norma Fundamental.

III. SESIONES CONJUNTAS DE LAS MESAS

Además de estas sesiones conjuntas de los Plenos, también se reúnen en sesión conjunta las Mesas, para resolver sobre aspectos instrumentales y de organización del trabajo parlamentario. En cuanto a lo primero, se han aprobado en sesión conjunta de las Mesas el Estatuto del Personal de las Cortes Generales (cuya versión vigente fue aprobada en la sesión conjunta de las Mesas de 27 de marzo de 2006, BOE de 5 de abril, con modificaciones diversas, la última de las cuales proviene de una sesión conjunta de 2016), el Reglamento de Organización y Funcionamiento del Defensor del Pueblo (sesión conjunta de 6 de abril de 1983, BOE de 18 de abril, y última reforma de 2012), las Normas de Publicaciones Oficiales de la Cortes Generales (sesiones conjuntas de 17 de enero de 1991, 21 de abril de 1992 y 19 de diciembre de 1996), las que regulan el Registro de Intereses (sesión conjunta de 18 de diciembre de 1995), o las que acuerdan la creación y composición de los Grupos de Amistad de carácter Mixto con otros Parlamentos y resuelven en relación con las delegaciones en las Asambleas parlamentarias de organizaciones internacionales (como el Consejo de Europa, la Organización para la Seguridad y la Cooperación en Europa o la Organización del Tratado del Atlántico Norte, entre otras). También se aprueba en sesión conjunta el proyecto de presupuesto de las Cortes Generales. Por lo que respecta a cuestiones de procedimiento, las Mesas han aprobado en sesión conjunta el relativo a la tramitación de la Cuenta General del Estado (1 de marzo de 1984) o el de renovación del Consejo General del Poder Judicial (11 de julio de 2006). Dentro de este apartado merecen mención específica las normas relativas al funcionamiento de las comisiones mixtas, de las que se hablará a continuación: del Tribunal de Cuentas (3 de marzo de 1983), de relaciones con el Defensor del Pueblo (21 de abril de 1992 y 25 de mayo del 2000), para la Unión Europea (21 de septiembre de 1995), y de control parlamentario de la Corporación RTVE y sus sociedades (27 de febrero de 2007). Con carácter general, en la sesión conjunta de 20 de mayo de 2004 se acordaron los criterios para la composición de las comisiones mixtas Congreso-Senado.

IV. ÓRGANOS MIXTOS CONGRESO-SENADO

Los órganos mixtos Congreso-Senado son órganos compuestos por miembros de ambas Cámaras, distintos por tanto de los existentes en cada una de ellas, contrariamente a lo que ocurre en las sesiones conjuntas, en las que no actúa un órgano especial, sino los órganos ordinarios (Pleno o Mesa) de cada cámara. Prueba de ello es que las Cámaras por separado carecen de autonomía normativa, porque el Reglamento que rige las sesiones conjuntas debe ser aprobado por Congreso y Senado, como se ha dicho (artículo 72.2 CE). Los únicos órganos mixtos que existen en nuestro Derecho Constitucional son las comisiones mixtas, que pueden ser de dos clases: ordinarias y de conciliación.

En el primer supuesto, las Cámaras deliberan y resuelven a través de órganos estables, cuya creación viene impuesta por una norma de naturaleza legal (DT 1.ª de la Ley Orgánica 2/1982, de 12 de mayo, del Tribunal de Cuentas; Ley Orgánica 3/1981, del Defensor del Pueblo, con la modificación introducida por la Ley Orgánica 2/1992, de 5 de marzo; Ley 8/1994, de 19 de mayo, "por la que se regula la Comisión Mixta para la Unión Europea"; Ley 17/2006, de 5 de junio, de la Radio y Televisión de Titularidad Estatal). Según el artículo 46.2 RCD, las comisiones que deban constituirse por disposición legal son Comisiones Permanentes. Actúan como órgano conjunto de estudio y preparación del trabajo de los respectivos plenos, como foro especializado para el ejercicio de las funciones de control e impulso de la acción del Gobierno, o como mecanismo de relación ordinaria con instituciones y órganos dependientes del Parlamento.

La ya citada resolución de las Mesas del Congreso y del Senado reunidas en sesión conjunta, de 20 de mayo de 2004, establece las normas que rigen la composición de las Comisiones Mixtas, atribuyendo a cada Grupo Parlamentario un número de miembros, y dictando normas sobre el cómputo de votos, sobre su sede (que estará en la Cámara a la que pertenezca su presidente), y sobre el Reglamento por el que rigen, que será el de la Cámara en la que tienen su sede.

En su segunda modalidad, las Cámaras ejercen sus potestades por separado de manera simultánea o sucesiva para llegar a un único acto imputable al Parlamento. Si hay discrepancias en cuanto al contenido de dicho acto, la Constitución prevé que éstas se diriman en un órgano *ad hoc*, que adopta la forma de comisión mixta. Por tanto, no son Comisiones Permanentes, como las Comisiones Mixtas del tipo anteriormente analizado. Si no es posible el acuerdo, porque el texto que la comisión aprueba y presenta a los respectivos plenos es rechazado, la última palabra corresponde al Congreso, por mayoría absoluta.

Los tres supuestos previstos en el artículo 74.2 CE son los siguientes:

1.º La autorización previa de las Cortes para la prestación del consentimiento del Estado para obligarse por medio de Tratados o Convenios Internacionales cuando éstos tengan carácter político, militar, afecten a la integridad territorial del Estado o a los derechos y deberes fundamentales establecidos en el Título I, impliquen obligaciones financieras para la Hacienda Pública, o supongan modificación o derogación de alguna ley o exijan medidas legislativas para su ejecución (artículo 94.1 CE). El Gobierno dispone de un plazo de 90 días (ampliables a 180 con causa justificada) para enviar al Congreso la solicitud de autorización, junto con el texto del Tratado o Convenio, una memoria que justifique la solicitud y las reservas y declaraciones que el Gobierno pretende formular, contados a partir de la fecha del Acuerdo del Consejo de Ministros, y el Congreso debe resolver en 60 días (artículos 154 a 160 RCD). No hay previsión de plazos para la tramitación en el Senado; del acuerdo se da cuenta al Gobierno y al Congreso, y si difiere del adoptado en la Cámara baja, se constituye la Comisión Mixta (artículos 144 a 146 RS).

2.º La autorización de las Cortes Generales para la celebración de acuerdos de cooperación entre Comunidades Autónomas distintos de los que, para la gestión y prestación de servicios propios de las mismas prevean sus respectivos Estatutos de Autonomía (artículo 145.2 CE). Aunque según la Constitución la tramitación debe comenzar por el Senado, el estrecho margen que los Estatutos de Autonomía (actuando como fuentes del Derecho Parlamentario estatal) han impuesto a las Cortes (estableciendo su aprobación tácita si en el plazo de 30 días desde su remisión a las cámaras éstas no manifiestan reparos o acuerdan su tramitación como acuerdos de cooperación), ha determinado que en la práctica Congreso y Senado examinen simultáneamente los acuerdos. Esta práctica se ha consolidado en el artículo 166 RCD, cuyo apartado 1 prevé que el acuerdo pueda ser enviado a la Comisión Constitucional el Congreso sin necesidad de que vaya acompañado de la comunicación del Senado. Si el criterio de ambas cámaras es coincidente, se comunica a los presidentes de las Comunidades Autónomas afectadas. Si no lo es, se nombra la Comisión Mixta (artículos 166 RCD y 137 a 140 RS).

3.º La distribución en las Comunidades Autónomas y provincias, en su caso, de los recursos del Fondo de Compensación con destino a gastos de inversión (158.2 CE). La disposición constitucional sobre esta distribución fue desarrollada por la Ley Orgánica 8/1980, de 22 de septiembre, de Financiación de las Comunidades Autónomas, cuyo art. 16 fija los principios que deben regir el denominado Fondo de Compensación Interterritorial, remitiendo a su ley reguladora la ponderación de los distintos índices o criterios para su distribución, que será revisable cada cinco años. Tal ley fue la Ley 7/1984, de 31 de marzo, del Fondo de Compensación Interterritorial, que fue tramitada conforme al art. 74.2, así como sus modificaciones posteriores y las leyes que la sustituyeron. A su vez, dicha ley fue derogada por la Ley 29/1990, de 26 de diciembre, del Fondo de Compensación Interterritorial, derogada a su vez por la Ley 22/2001, de 27 de diciembre, reguladora de los Fondos de Compensación Interterritorial.

El Tribunal Constitucional ha subrayado la diferencia entre el procedimiento por el que se asignan recursos con destino al Fondo de Compensación Interterritorial, que es el presupuestario, y el de distribución de los mismos, que es el específicamente contemplado en el precepto que comentamos: "ambos actos —el de autorización presupuestaria de las transferencias del fondo, por un lado, y el de distribución del mismo, por otro— producen sus respectivos efectos y han de realizarse a través de procedimientos distintos: El acto de autorización presupuestaria de las transferencias sólo produciría los mismos efectos que cualquier otra consignación y aprobación de créditos presupuestarios y habría de acordarse siguiendo el procedimiento de tramitación propio de la Ley de Presupuestos, mientras que la distribución del fondo, que vendría acordada por las Cortes Generales a través del procedimiento específicamente previsto en el artículo 74.2 de la Constitución, sería la auténtica fuente en este caso de las obligaciones del Estado para con las Comunidades Autónomas. El esquema, pues, establecido por la Constitución y la LOFCA consiste en que la Ley de Presupuestos Generales del Estado ha de limitarse a autorizar las transferencias del Fondo de Compensación Interterritorial de conformidad con la distribución del mismo acordada por las Cortes Generales a través de un procedimiento distinto, fijado en el art. 74.2 de la Constitución Española" (STC 63/1986, de 21 de mayo).

El procedimiento previsto en el artículo 74.2 CE sólo ha sido utilizado en dos ocasiones, en ambas con relación a la potestad del art. 94.1 CE (Comisiones Mixtas constituidas en la II Legislatura para dictaminar el proyecto de reserva formulado por el Senado al Convenio sobre Comercio Internacional de especies amenazadas de fauna y flora silvestres, hecho en Washington el 03 de marzo de 1973, y para dictaminar el proyecto de reserva formulado por el Senado al Convenio relativo a la Conservación de la Vida Silvestre y del Medio Natural en Europa, hecho en Berna el 19 de septiembre de 1979).

Finalmente, aún hay otra previsión constitucional para la formación de una Comisión Mixta Congreso-Senado, al margen de las del artículo 74.2. Se trata de la llamada Comisión de composición paritaria de Diputados y Senadores, que se constituye para intentar obtener un acuerdo sobre los proyectos de reforma constitucional mediante la presentación de un texto que se debe votar en cada una de las Cámaras, conforme a lo dispuesto en el artículo 167.1 CE. Si el texto no obtiene la mayoría requerida de tres quintos de los votos de cada Cámara, basta que obtenga el voto favorable de la mayoría absoluta del Senado y la mayoría de dos tercios del Congreso (167.2 CE).

V. BIBLIOGRAFÍA

ARAUJO DÍAZ DE TERÁN, M.: "Sinopsis del artículo 74 CE", (actualizada por Fernando Galindo Elola-Olaso y por Mercedes Cabrera), accesible en http://www.congreso.es/consti/constitucion/indice/sinopsis/sinopsis.jsp?art=74&tipo=2

ASTARLOA HUARTE-MENDICOA, I.: *La vocación de nuestro tiempo por la legislación y los retos para el legislador,* Real Academia de Jurisprudencia y Legislación, Madrid, 2020.

DELGADO-IRIBARREN GARCÍA CAMPERO, M., "Artículo 74. Sesiones conjuntas de las Cámaras y Comisiones mixtas de conciliación", en ALZAGA VILLAAMIL, O. (Dir.), *Comentarios a la Constitución Española de 1978*, Tomo VI, Cortes Generales-Editoriales de Derecho Reunidas, Madrid, 1999, pp. 491 y ss.

RECODER DE CASSO, E., "Artículo 74", en GARRIDO FALLA, F. (Dir.), *Comentarios a la Constitución*, Civitas, Madrid, 1985.

SANTAOLALLA LÓPEZ, F., *Derecho parlamentario español*, Madrid, 2015.

VI. JURISPRUDENCIA

STC 63/1986, de 21 de mayo.

Artículo 75

1. Las Cámaras funcionarán en Pleno y por Comisiones.

2. Las Cámaras podrán delegar en las Comisiones Legislativas Permanentes la aprobación de proyectos o proposiciones de ley. El Pleno podrá, no obstante, recabar en cualquier momento el debate y votación de cualquier proyecto o proposición de ley que haya sido objeto de esta delegación.

3. Quedan exceptuados de lo dispuesto en el apartado anterior la reforma constitucional, las cuestiones internacionales, las leyes orgánicas y de bases y los Presupuestos Generales del Estado.

COMENTARIO

María Salvador Martínez
Prof. Titular de Universidad
Universidad Nacional de Educación a Distancia (UNED)

SUMARIO: I. EL FUNCIONAMIENTO DE LAS CÁMARAS EN PLENO Y POR COMISIONES. 1. La constitucionalización de las comisiones parlamentarias. 2. Comisiones: composición, número y tipos. II. LA COMPETENCIA LEGISLATIVA PLENA DE LAS COMISIONES. III. BIBLIOGRAFÍA. IV. JURISPRUDENCIA.

Las comisiones parlamentarias son las protagonistas del art. 75 CE, una disposición de la que no encontramos precedentes en nuestro constitucionalismo histórico y que tampoco existe en la mayoría de las constituciones de nuestro entorno geopolítico. El apartado primero de este artículo establece que las cámaras funcionan en pleno y por comisiones, constitucionalizando así a estos órganos de trabajo por primera vez en nuestra historia constitucional. Los apartados segundo y tercero constitucionalizan a su vez una facultad concreta de las comisiones legislativas que da idea de la relevancia que éstas pueden alcanzar: la competencia legislativa plena.

El art. 75 CE es un precepto que contiene normas de organización con un contenido claro y preciso; seguramente por ello no se han planteado dudas ni controversias en su interpretación y desarrollo.

I. EL FUNCIONAMIENTO DE LAS CÁMARAS EN PLENO Y POR COMISIONES

1. La constitucionalización de las comisiones parlamentarias

Las comisiones parlamentarias aparecen mencionadas en nuestras constituciones históricas (así, por ejemplo, el art. 134 de la Constitución de 1812 disponía que "admitido a discusión, si la gravedad del asunto requiriese, a juicio de las Cortes, que pase previamente a una comisión, se ejecutará así"), aunque en ninguna de ellas se les dedica un artículo como el actual 75. Curiosamente el art. 8 de la Ley de Cortes de 1942, en términos exactamente iguales, proclamaba que "Las Cortes funcionarán en pleno y por comisiones".

Tradicionalmente la regulación del parlamento que hacían las constituciones se centraba en el sistema electoral, las prerrogativas parlamentarias y ciertos aspectos esenciales de su organización y funcionamiento relativos fundamentalmente al procedimiento legislativo, dejando las restantes cuestiones de organización y funcionamiento ordinario a la autonomía de las cámaras, esto es, a los reglamentos parlamentarios. En todos ellos, desde el primer Reglamento de nuestra historia constitucional, el de 1810, se dispuso la creación de comisiones, si bien éstas tenían una configuración diferente a la de las actuales, pues se diseñaron siguiendo el modelo francés de las "secciones", muy distintas en composición y forma de actuar a las modernas comisiones. El Reglamento de 1931 fue el primero que optó por un sistema de comisiones permanentes para cada uno de los ministerios, así como para otros objetivos, y de comisiones especiales cuando las circunstancias así lo exigieran.

La constitucionalización de las comisiones en el art. 75 de la CE supone reconocer cuál es la forma de organización del trabajo de las modernas cámaras parlamentarias.

En primer lugar, la cámara funciona "en" pleno, que es la reunión de la totalidad de los miembros de esta: 350 diputados en el Congreso y el conjunto de los senadores elegidos por sufragio universal más los designados por las Comunidades Autónomas en el caso del Senado. Es cierto que los reglamentos de las cámaras permiten a los diputados y senadores asistir a las sesiones de la cámara contraria (art. 66 RCD y art. 83.2 RS), pero sin voz ni voto y, desde luego, sin por ello entrar a formar parte del pleno de la cámara a la que no pertenecen.

Que la cámara funcione en pleno no necesita mayor explicación. Funcionar significa, según la primera acepción que ofrece el diccionario de la RAE, "ejercer las funciones que le son propias". Así, en un Estado constitucional democrático, y con una forma de gobierno parlamentaria, en la que al parlamento se le asignan la función legislativa y la función de control, es el pleno de la cámara, integrado por todos los miembros, quien ejerce legítimamente dichas funciones, cómo conjunto de los representantes políticos de los distintos intereses sociales. Por eso, siempre que actúa el pleno está actuando la cámara, no es necesario ningún apoderamiento específico en favor de aquél.

Si el pleno tiene o no una relación de identidad con la cámara es algo que puede discutirse desde el punto de vista teórico, pero lo cierto es que históricamente sólo comienza a hablarse del "pleno" cuando aparece otra forma de funcionamiento de la cámara, las comisiones —cuya finalidad es descargar de trabajo a la cámara reunida en su conjunto—, de la que la forma natural de funcionar de ésta ("en pleno") necesita diferenciarse.

En segundo lugar, según dispone textualmente el art. 75 CE, la cámara funciona "por" comisiones, y no "en" comisiones. La utilización de diferentes preposiciones para las dos formas de funcionamiento expresa que existe una diferencia cualitativa en la forma de funcionar la cámara en uno y otro caso. Frente al funcionamiento en pleno, las comisiones actúan, por regla general, como órganos de trabajo, recabando información, e instruyendo o preparando las decisiones que se tomarán en el pleno de la cámara. Es el sentido original que éstas tienen. La creación de las comisiones, como órganos de apoyo del pleno, se justifica por motivos de división del trabajo, racionalidad y eficacia, en un momento histórico en el que los parlamentos intensifican su actividad legislativa y los asuntos sobre los que hay que decidir son más complejos y técnicos que antes.

Sin embargo, es posible también otra forma de actuación de las comisiones: no como órganos de trabajo, sino como si fueran el pleno, es decir, actuando como cámara. Pero para ello es precisa habilitación expresa y específica, bien a través del reglamento de la cámara (el art. 194 del RCD, por ejemplo, permite a las comisiones adoptar resoluciones no legislativas), o bien por delegación del pleno (como prevé el propio art. 75.2 CE, que permite que el pleno delegue en una comisión la aprobación de una ley).

Constitucionalmente el art. 75 contiene un mandato dirigido a las cámaras: en ejercicio de su autonomía organizativa pueden adoptar las fórmulas que consideren adecuadas, pero la cámara siempre ha de funcionar en pleno o por comisiones. Por ello se ha señalado que el constituyente ha introducido una suerte de garantía institucional, ya que no se puede prescindir del pleno ni de las comisiones; de otro lado, esto supone una limitación a la autonomía reglamentaria como rasgo de "parlamentarismo racionalizado".

Por último, el art. 75 CE puede leerse también en sentido excluyente: las cámaras sólo funcionan en pleno o por comisiones. La Constitución recoge los principales órganos internos de las cámaras: el Presidente y la Mesa (art. 72), y la Diputación Permanente (art. 78), pero no son órganos a través de los cuales funcione la cámara, sino que desempeñan otro papel, incluida la Diputación Permanente, a pesar de la tarea que ésta tiene encomendada y de las facultades que se le reconocen para ello.

2. Comisiones: composición, número y tipos

a) Sobre la composición que deberán tener las comisiones no establece nada el art. 75 CE, siendo este uno de sus elementos definitorios. No existe duda, sin embargo, de que las comisiones deben tener una composición más reducida que el pleno, pues otra cosa no tendría sentido, y proporcional a la importancia numérica de los distintos grupos parlamentarios, de modo que éstas puedan actuar como expresión proporcionalmente fiel, pero reducida, del equilibrio de fuerzas políticas que existe en el pleno.

El número de los miembros, según los reglamentos de las dos cámaras (art. 40.1 RCD y art. 51.2 RS), corresponde fijarlo a la Mesa de la cámara oída la Junta de Portavoces. Este número ha ido variando ligeramente de unas legislaturas a otras en torno a los 30-35 miembros. En la XIV Legislatura, por ejemplo, las comisiones del Congreso estuvieron compuestos por 37 diputados, salvo aquellas para las que rige una composición diferente, y en el Senado por 30 miembros, salvo la Comisión General de las Comunidades Autónomas, que tiene 60, y alguna otra que tiene también una composición especial.

El requisito de la proporcionalidad se recoge en los citados arts. 40.1 RCD y 51.2 RS. Al respecto el Tribunal Constitucional ha argumentado que la exigencia de proporcionalidad deriva de la propia Constitución, ya que la consagración de los partidos políticos como expresión del pluralismo obliga a que la adscripción política de los representantes elegidos por los ciudadanos no pueda ser ignorada por las normas infraconstitucionales que regulen la estructura interna del órgano en que tales representantes se integran (STC 93/1998, FJ 3). Matiza, no obstante, el Tribunal que esta exigencia no debe entenderse en el sentido de cumplir con una proporción matemáticamente exacta, sino en el de impedir situaciones notablemente desventajosas que no respondan a ningún criterio objetivo o razonamiento que las justifique (STC 36/1990, FJ 2), por lo que en diversas ocasiones ha admitido pequeñas desviaciones porcentuales (la propia STC 36/1990, o el ATC 262/2002).

b) Tampoco establece el art. 75 CE cuántas comisiones habrán de crearse. El número de estas ha ido variando según la voluntad del sujeto competente para crearlas.

Así, en primer lugar existe un grupo de comisiones creadas por los reglamentos de las cámaras. En la XIV Legislatura, por ejemplo, fueron 24 en el Congreso (21 permanentes legislativas y 3 no legislativas) y 33 en el Senado (24 permanentes legislativas, la Comisión General de las Comunidades Autónomas y 8 permanentes no legislativas). Se trata de comisiones permanentes, por lo que este número es fijo, salvo que se modifique el reglamento de la cámara, lo cual ha sucedido en numerosas ocasiones. De hecho, los arts. 46.1 RCD y 49 RS, en los que se enumeran las comisiones permanentes, son la disposición de ambos reglamentos que más modificaciones ha sufrido con objeto de adaptar las comisiones legislativas a la estructura ministerial de cada Gobierno.

En segundo lugar existe un número variable de comisiones que pueden crear el pleno y/o la Mesa de la cámara para un objetivo concreto y que se disuelven al terminar la legislatura o al concluir sus trabajos (arts. 51 a 53 RCD y art. 59 RS). Este es el caso, por ejemplo, de la Comisión para la reconstrucción social y económica, creada en el Congreso, por decisión de la Mesa de 28 de abril de 2020.

En tercer lugar, también es posible la creación de comisiones por ley, como es el caso de la Comisión de los créditos destinados a gastos reservados, creada por la Ley 11/1995, reguladora de la utilización y control de los créditos destinados a gastos reservados. Los propios reglamentos parlamentarios prevén esta posibilidad (art. 46.2 RCD y art. 49.3 RS), aunque limitándola a la creación de comisiones permanentes no legislativas.

c) En cuanto a los tipos de comisiones, la Constitución sólo señala expresamente que habrá comisiones permanentes legislativas (en el propio art. 75.2) y una Comisión Constitucional en el Congreso (art. 151.2).

Todas las creadas, según la clasificación tradicional, se dividen en comisiones permanentes (cuya duración alcanza toda la legislatura) —que, a su vez, pueden ser legislativas (actúan en el procedimiento legislativo) o no legislativas (actúan en otras materias, no legislativas)— y comisiones no permanentes (creadas para un fin concreto y que se disuelven al finalizar sus trabajos).

Las comisiones permanentes legislativas son las más numerosas, se recogen en los reglamentos parlamentarios y coinciden, más o menos, con los distintos departamentos ministeriales. Entre ellas destaca, por su carácter singular, la Comisión General de las Comunidades Autónomas del Senado, introducida por la ambiciosa reforma del RS de 11 de enero de 1994. De composición más numerosa que las demás y con competencias en materia autonómica, se creó con la intención de potenciar la función territorial de Senado, aunque los resultados no han sido los esperados.

Las comisiones permanentes no legislativas se ocupan de asuntos relativos a la organización y funcionamiento internos (por ejemplo, Reglamento, Incompatibilidades, Suplicatorios en el Senado), a las relaciones con otros órganos (Comisión de Nombramientos en ambas cámaras), a las peticiones de los ciudadanos (en ambas cámaras) o a otros asuntos (en el Senado: Asuntos iberoamericanos; Derechos de la Familia, la Infancia y la Adolescencia; y Juventud).

Las comisiones no permanentes, de carácter especial, pueden crearse con un fin de estudio, encuesta o investigación en las materias que se considere necesario. En la práctica algunas de ellas han adquirido un carácter "semipermanente" (de hecho, en la jerga parlamentaria se las denomina comisiones permanentes de legislatura) porque se ha acordado su constitución en legislaturas sucesivas y con intención de que funcionen durante todo el periodo de la legislatura (Comisión de Seguimiento y Evaluación de los Acuerdos del Pacto de Toledo, por ejemplo).

II. LA COMPETENCIA LEGISLATIVA PLENA DE LAS COMISIONES

La Constitución recoge por primera vez en nuestro constitucionalismo histórico, en los apartados 2 y 3 del art. 75, la denominada competencia legislativa plena de las comisiones, siguiendo claramente el modelo del art. 72 de la Constitución italiana de 1947. En Italia la posibilidad de delegación legislativa en las comisiones surgió durante el régimen fascista, pero su introducción en la Constitución de 1947 obedeció a razones distintas: permitir que las comisiones descargasen de mayor trabajo al pleno, incluso decidiendo en los procedimientos legislativos, en un momento en el que se preveía que el parlamento iba a tener que hacer frente a un ingente trabajo legislativo para adaptar el ordenamiento jurídico a la entonces nueva norma constitucional. En nuestro país, en 1978, existía también un precedente en la Ley de las Cortes Orgánicas de 1942, que admitía las llamadas "leyes de comisión", pero lo más lógico es que los constituyentes, conociendo la experiencia italiana, razonasen igual que allí, es decir, con la voluntad, no tanto de mantener una institución parlamentaria nacida en un régimen no democrático, como de admitirla, con las prevenciones necesarias, para racionalizar el trabajo legislativo de acomodar el ordenamiento jurídico a las exigencias del nuevo Estado constitucional.

En un régimen no democrático la delegación legislativa en comisiones no responde a razones técnicas de descarga de trabajo, sino a razones políticas relacionadas con la voluntad de reducir los debates ante la opinión pública. Por ello, la doctrina, tanto en Italia como en nuestro país, acogió en un principio con ciertos recelos esta figura que, no obstante, se ha adaptado sin problemas al sistema parlamentario democrático y hoy en día no es objeto de controversia. Al fin y al cabo, diseñadas las comisiones como expresión proporcional y reducida del pleno, y conociendo la disciplina que vincula a los parlamentarios con su grupo, la única diferencia entre que la votación final de un proyecto o proposición de ley tenga lugar en el pleno o en la comisión correspondiente es el grado de publicidad con que actúan uno y otras: las sesiones de las comisiones permiten el acceso de los medios de comunicación acreditados, pero no son públicas, mientras que sí lo son las sesiones del pleno. Si se considerase que esta diferencia en el grado de publicidad debe ser salvada, la solución pasaría simplemente por reforzar la publicidad de las comisiones en los casos de delegación legislativa, como prevé el art. 72 de la Constitución italiana, que remite al reglamento parlamentario para determinar en estos casos "las formas de publicidad de los trabajos de las comisiones".

De otro lado, las razones técnicas que avalan esta figura son claras. El procedimiento legislativo ordinario es lento y complejo, y por eso existen diferentes procedimientos especiales, entre los que se cuenta el que nos ocupa. En este sentido la doctrina ha señalado en alguna ocasión que el art. 75.2, y 3 CE es un precepto "mal colocado", ya que regula una variante del procedimiento legislativo, más que una característica de las comisiones.

De la redacción del art. 75.2 se deduce claramente que estamos ante un supuesto de delegación: delegación de una competencia que es propia del pleno, pero delegable en las comisiones. Esto significa que la regla general será la aprobación de los proyectos y proposiciones de ley en el pleno, y la excepción la aprobación en comisión. De forma coherente con ello el art. 130.1 RS establece que el Senado, a propuesta de la Mesa, oída la Junta de Portavoces, de un grupo parlamentario o de veinticinco senadores, podrá acordar que un proyecto o proposición de ley sean aprobados por la comisión legislativa correspondiente. En el Congreso, sin embargo, rige la presunción de delegación legislativa en la comisión que corresponda, ya que el art. 148.1 RCD dispone que el acuerdo del pleno por el que se delega la competencia legislativa plena en las comisiones se presumirá para todos los proyectos y proposiciones de ley que sean constitucionalmente delegables. No hay, así, en el Congreso, acuerdo expreso de delegación en cada caso concreto, sino presunción en todos ellos de que el pleno quiere delegar en la comisión. Este desarrollo del RCD ha sido, lógicamente, objeto de crítica mayoritaria al no respetar el espíritu del art. 75 CE y alterar el principio de que el procedimiento legislativo común es la regla general. Por ello, en las diversas propuestas que se han hecho de reforma del RCD se ha incluido siempre la de sustituir este sistema de presunción por uno de verdadera delegación.

En los supuestos de delegación el órgano delegante mantiene siempre la facultad de revocar su decisión y, por eso, el art. 75.2 CE establece que el pleno podrá recabar en cualquier momento el debate y votación de un proyecto o proposición de ley que haya sido delegado. De la misma forma el RS (130.2) prevé que el pleno podrá decidir en cualquier momento la observancia del procedimiento ordinario. El RCD, sin embargo, puesto que ha establecido la presunción de delegación, se aparta también en esto del modelo del art. 75 CE y establece un sistema de avocación conforme al cual la reasignación al pleno se puede decidir en dos momentos y con dos fórmulas distintas: el pleno puede recabar para sí la deliberación y votación final de los proyectos y proposiciones de ley en virtud de acuerdo adoptado en la sesión en que se celebre el debate de totalidad o la toma en consideración; o bien, antes de iniciarse el debate en comisión, a propuesta de la Mesa, y oída la Junta de Portavoces, puede avocar la aprobación final mediante votación sin debate previo (art. 149.1).

Según el art. 75 el pleno sólo puede delegar en comisiones legislativas permanentes, es decir, las que hayan creado los reglamentos parlamentarios con éste carácter, que actúan en el procedimiento legislativo simplificando el trabajo de la cámara y que, en caso de delegación, actúan por ella. No prevén los reglamentos que las comisiones deban aceptar la delegación o que puedan rechazarla.

También según el art. 75 lo que se delega es la aprobación de proyectos y proposiciones de ley, es decir, sólo este trámite. El procedimiento legislativo, por tanto, transcurre de forma ordinaria (debate y votación de enmiendas de totalidad o de la toma de consideración en el pleno, presentación de enmiendas, fase de ponencia dentro de la comisión...) con la única diferencia de que una vez que se ha producido el debate y la votación en la comisión, que se desarrollan de la misma forma que cuando la comisión sólo dictamina, el texto no pasa al pleno para su lectura y votación final, sino que se envía al Senado, en el caso del Congreso, o se devuelve al Congreso, en el caso del Senado. Estamos, por tanto, ante una forma de agilizar el procedimiento eliminando la lectura final en el pleno. Al respecto se ha apuntado que ese debate final en el pleno no se celebra exactamente en los mismos términos que el debate que tiene lugar en la comisión, y, por ello, se ha señalado la conveniencia de que en los casos de delegación el debate final en la comisión siguiera las normas establecidas para el debate final en el pleno (Senén Hernández).

La delegación de la competencia legislativa corresponde a cada una de las cámaras por separado, y de forma autónoma, de manera que un proyecto o proposición puede ser aprobado en comisión en una cámara y por el pleno en la otra. En este sentido el art. 149.2 RCD prevé que si un proyecto o proposición de ley ha sido vetado o enmendado por el pleno del Senado no podrá, a su vuelta al Congreso, aprobarse en comisión. Esta previsión no era necesaria en el caso del veto, ya que éste tiene en todos los casos que ser aprobado por el pleno del Senado y requiere del Congreso, para levantarlo, una votación por mayoría absoluta también en el pleno. En el caso de las enmiendas, a la vista de lo dispuesto en el art. 90 CE, puede interpretarse, como se ha hecho, que el Congreso debe aceptarlas por mayoría simple tras debate y votación en el pleno, aunque también cabría considerar que esa mayoría podría alcanzarse en comisión.

Finalmente establece el art. 75 los límites materiales a la delegación. El pleno puede delegar tanto proyectos como proposiciones de ley, cualquiera que sea su origen, pero no cabe delegar: la reforma constitucional, que exige una mayoría cualificada; las cuestiones internacionales, expresión poco precisa que podría incluir los tratados que se enumeran en el art. 94 CE, pero también otras materias; las leyes orgánicas, que deben aprobarse por mayoría absoluta; las leyes de bases del art. 82 CE, porque suponen una delegación legislativa en el Gobierno; y los presupuestos generales del Estado, por su relevancia de cara a la política económica y social. En todos estos casos se considera que existe una "reserva de pleno" (Ruiz Robledo).

Para concluir cabe señalar que la presunción de delegación que rige en el Congreso no supone, en la práctica, que la mayoría de las leyes se aprueben en comisión; esto sucede sólo en algo más de la mitad de los casos. En el Senado la cifra es bastante menor; por otro lado, allí este procedimiento se utiliza en ocasiones, al final de la legislatura, combinado con el procedimiento de urgencia, para poder aprobar las leyes en tramitación antes de la disolución de las cámaras.

III. BIBLIOGRAFÍA

ARCE JANÁRIZ, A.: "Artículo 75", en CASAS BAAMONDE, M. E., RODRÍGUEZ-PIÑERO, M., *Comentarios a la Constitución española*, Madrid, Wolters Kluwer/BOE/TC/Ministerio de Justicia, 2018.

BASTERRA MONTSERRAT, D.: *Las comisiones legislativas con delegación plena*, Comares, Granada, 1997.

DA SILVA OCHOA, J. C. (coord.): *Las comisiones parlamentarias*, Parlamento Vasco, Vitoria, 1994.

GÓMEZ LUGO, Y.: *Los procedimientos legislativos especiales en las Cortes Generales*, Congreso de los Diputados, Madrid, 2008.

RECODER DE CASSO, E., GARCÍA-ESCUDERO, P.: "Artículo 75", en GARRIDO FALLA, F., *Comentarios a la Constitución*, Civitas, Madrid, 2001 (3ª ed.).

RUIZ ROBLEDO, A.: "La delegación legislativa en las Comisiones Parlamentarias", *REDC*, nº 15, 1995, pp. 73-111.

SENÉN HERNÁNDEZ, M.: "Artículo 75", en ALZAGA VILLAAMIL, O., *Comentarios a la Constitución española de 1978*, Edersa, Madrid, 1996-1999.

VILA RAMOS, B.: *Los sistemas de comisiones parlamentarias*, CEPC, Madrid, 2004.

IV. JURISPRUDENCIA

STC 36/1990, de 1 de marzo, FJ 2.
STC 214/1990, de 20 de diciembre, FJ 4.
STC 93/1998, de 4 de mayo, FFJJ 3 y 4.
ATC 262/2002, de 9 de diciembre.
STC 226/2004, de 29 de noviembre, FJ 5.
STC 136/2011, de 13 de septiembre, FJ 10.

Artículo 76

1. El Congreso y el Senado, y, en su caso, ambas Cámaras conjuntamente, podrán nombrar Comisiones de investigación sobre cualquier asunto de interés público. Sus conclusiones no serán vinculantes para los Tribunales, ni afectarán a las resoluciones judiciales, sin perjuicio de que el resultado de la investigación sea comunicado al Ministerio Fiscal para el ejercicio, cuando proceda, de las acciones oportunas.

2. Será obligatorio comparecer a requerimiento de las Cámaras. La ley regulará las sanciones que puedan imponerse por incumplimiento de esta obligación.

COMENTARIO

María Garrote de Marcos
Profesora Contratada Doctora de Derecho Constitucional
Universidad Complutense de Madrid

SUMARIO: I. INTRODUCCIÓN. II. LAS COMISIONES DE INVESTIGACIÓN EN LAS CORTES GENERALES: CREACIÓN, COMPOSICIÓN, FUNCIONAMIENTO. III. EL OBJETO DE LAS COMISIONES DE INVESTIGACIÓN: "CUALQUIER ASUNTO DE INTERÉS PÚBLICO". IV. LA NECESARIA DIFERENCIACIÓN ENTRE LA ACTIVIDAD INVESTIGADORA DE LAS COMISIONES Y LA LABOR JURISDICCIONAL. V. LAS FACULTADES ATRIBUIDAS A LAS COMISIONES DE INVESTIGACIÓN. EL DEBER DE COMPARECER. VI. BIBLIOGRAFÍA. VII. JURISPRUDENCIA.

I. INTRODUCCIÓN

Las Comisiones de Investigación son órganos que cuentan con una dilatada trayectoria en España. Muchos reglamentos parlamentarios del siglo XIX mencionaban este tipo de Comisiones, con diferentes denominaciones, y las regulaban con más o menos detalle, pero con dos notas particulares: se trata de órganos auxiliares del Pleno que permiten trabajar con mayor eficacia y se les encomienda una labor de examen y acopio de información para vigilar o controlar la acción del Gobierno. Su carácter de órgano auxiliar de la Cámara y su dimensión netamente política son sus rasgos más fundamentales.

La Constitución de 1978 es la primera que consagra de manera explícita las Comisiones de Investigación, emulando a ciertas Constituciones aprobadas tras la segunda posguerra (Alemania, Austria, Italia, Grecia, Portugal). De esta manera, las Comisiones de Investigación dejan de ser órganos relegados al ámbito interno de los parlamentos para convertirse en instituciones de relevancia constitucional que afectan a otros órganos constitucionales y con importantes consecuencias para los particulares. Además, su uso se ha extendido a todos parlamentos autonómicos, que las utilizan con frecuencia, e incluso a las corporaciones locales.

La escueta e imprecisa redacción del artículo 76 ha suscitado no pocos interrogantes acerca de la naturaleza, funcionamiento y alcance de las Comisiones de Investigación. A lo largo de los 45 años de vigencia de la Constitución algunas de estas cuestiones se han ido resolviendo, primero, a través de los reglamentos parlamentarios, después mediante leyes, y más recientemente con la jurisprudencia del Tribunal Constitucional. Curiosamente, toda la jurisprudencia del Alto Tribunal ha estado referida a Comisiones de Investigación autonómicas, sin que se haya pronunciado todavía sobre ningún caso de alcance nacional. Pese a todo, en modo alguno puede decirse que el régimen jurídico de las Comisiones de Investigación sea suficientemente claro y completo.

De la lectura del artículo 76 se pueden individualizar cuatro aspectos fundamentales que condicionan el funcionamiento de estos órganos y su valoración: En primer lugar, su ubicación en el contexto parlamentario de las Cortes Generales; en segundo lugar, el objeto de las Comisiones de Investigación, que está definido en términos amplios como "cualquier asunto de interés público"; en tercer lugar, la necesaria diferenciación entre la actividad investigadora de las Comisiones y la labor jurisdiccional, pues las conclusiones que aprueben las Comisiones de Investigación ni afectarán a las resoluciones judiciales ni vincularán a los Tribunales; y, en cuarto lugar, las facultades atribuidas a las Comisiones de Investigación para el desempeño de su función, entre las que destaca la de obligar a comparecer ante el requerimiento de las Cámaras, remitiendo al legislador el régimen sancionador que deba aplicarse. Estos son los puntos sobre los que se centrará el presente comentario.

II. LAS COMISIONES DE INVESTIGACIÓN EN LAS CORTES GENERALES: CREACIÓN, COMPOSICIÓN, FUNCIONAMIENTO

La Constitución se limita a señalar que tanto el Congreso de los Diputados como el Senado o, en su caso, ambas Cámaras conjuntamente, podrán nombrar Comisiones de Investigación sobre cualquier asunto de interés público. Los Reglamentos del Congreso (RCD) y del Senado (RS) han regulado con cierto detalle la composición y funcionamiento de estas Comisiones, despejando desde el principio algunas dudas.

Comisiones mixtas. Aunque sería posible que ambas Cámaras acordasen la constitución de una Comisión de Investigación, directamente, sin necesidad de un acuerdo específico en cada una de ellas con carácter previo, lo cierto es que la ausencia de un Reglamento de las Cortes Generales ha alejado esta posibilidad. El RCD no contiene ninguna previsión sobre este tipo de Comisiones de Investigación, y solo se limita a incluirlas en la breve referencia que sobre las Comisiones no permanentes se hace en el artículo 53, precisando que requieren un acuerdo de la Mesa del Congreso, a iniciativa propia, de dos grupos parlamentarios o de la quinta parte de los miembros del Congreso, oída la Junta de Portavoces. En cambio, el RS sí que se refiere específicamente las Comisiones de Investigación mixtas en el art. 59.2, exigiendo un acuerdo previo de ambas Cámaras. Solo se ha constituido una Comisión de Investigación mixta durante la I Legislatura, al amparo de los Reglamentos parlamentarios provisionales (arts. 124.6 RPCD y 41 RPS): la denominada Comisión de Investigación Conjunta Congreso de los Diputados-Senado sobre los Hechos Derivados del Proceso Tóxico debido al Consumo de Aceite Adulterado y Objeto de Comercialización Clandestina. En cualquier caso, ambas Cámaras pueden crear Comisiones de Investigación y llevar a cabo investigaciones simultáneas sobre el mismo objeto o de forma sucesiva.

Creación de las Comisiones de Investigación. El art. 76 CE nada dice sobre la creación de estas Comisiones y desde luego no exige que deba ser acordada por la regla de la mayoría. Tampoco define las relaciones orgánicas entre el Pleno y la Comisión de Investigación, o si estas Comisiones deben ser o no permanentes.

La solución adoptada por los reglamentos parlamentarios de sendas Cámaras difiere ligeramente, aunque coinciden en considerarlas comisiones no permanentes o especiales, claramente diferenciadas de las comisiones permanentes, legislativas o no. El RCD señala en el art. 52 que la constitución de una Comisión de Investigación será acordada por el Pleno, a propuesta del Gobierno, de la Mesa, de dos Grupos Parlamentarios o de la quinta parte de los miembros de la Cámara (70 diputados). En el Senado la iniciativa le corresponde al Gobierno o a 25 senadores que no pertenezcan a un mismo grupo parlamentario (art. 59.1 RS). Pese a que estas reglas permiten a la minoría parlamentaria y, por tanto, a la oposición, proponer una determinada Comisión de Investigación, lo cierto es que la decisión sobre su creación recae en la mayoría que soporta al Gobierno. Al someter su creación al acuerdo del Pleno (por mayoría simple, en aplicación de la regla general) se impide que estos órganos puedan constituirse con la sola voluntad de las minorías, como ocurre por ejemplo en Alemania. A lo que se une la singular iniciativa gubernamental en un asunto que entra de lleno en la función de control al Gobierno.

La composición de las Comisiones suele acordarse de manera proporcional a la importancia numérica de los grupos parlamentarios, si bien con una enorme flexibilidad, dada la reducida dimensión de estos órganos. El acuerdo incluye un breve esquema de funcionamiento de la Comisión, plazo de duración y fecha para la emisión del dictamen con las conclusiones. La propia Comisión es la que después elige la Presidencia y la Mesa, aprueba su plan de actuación, comparecencias a celebrar, información que se debe solicitar y normas de funcionamiento.

Las sesiones de las Comisiones están, en general, abiertas a los medios de comunicación, aunque en el Congreso no serán públicas las sesiones preparatorias de su plan de trabajo o de las decisiones del Pleno, las de deliberación interna, o las reuniones de las Ponencias que se creen en su seno (art. 64.4 RCD). En cambio, son secretas las comparecencias que versen sobre materias que hayan sido declaradas reservadas o secretas conforme a la legislación vigente o cuando los asuntos a tratar coincidan con actuaciones judiciales que hayan sido declaradas secretas. En todo caso, también se puede acordar que las sesiones de las Comisiones de Investigación sean secretas por mayoría absoluta de sus miembros (arts. 64.2 RCD y 75.1 y 3 RS). Las votaciones se realizan mediante voto ponderado para asegurar la correcta correspondencia con la composición del Pleno.

Los trabajos de las Comisiones de Investigación culminan con la aprobación de las conclusiones, que se realiza en dos fases. Primero, la adopción del acuerdo de la propia Comisión, que se plasma en un dictamen, como es habitual en el resto de comisiones legislativas. Segundo, la deliberación y votación de las conclusiones en el Pleno. El presidente de la Cámara decide sobre el orden del debate, en el que intervendrá el presidente de la Comisión y los miembros integrantes de la misma.

De esta manera, no solo la creación de la Comisión de Investigación está en manos de la mayoría, sino que todas las decisiones relevantes sobre su actuación también dependen de la voluntad mayoritaria, incluidas, por supuesto, las conclusiones. Ante posibles abusos de la mayoría, el Tribunal Constitucional ha señalado que el obstruccionismo o la dilatación desproporcionada del trabajo de la Comisión afecta, aunque sea de manera objetiva y no intencionada, al *ius in officium* de los representantes (art. 23.2 CE), pudiendo frustrar la finalidad y propósito de este tipo de comisiones (STC 12/2019, FJ 5). Además, solo se puede disolver una Comisión de Investigación en los supuestos expresamente previstos en el reglamento parlamentario, normalmente al finalizar su objeto o, en todo caso, al concluir la legislatura. Los órganos rectores de la Cámara no pueden alterar estas previsiones y disolver anticipadamente una

Comisión, so pena de vulnerar el derecho de los parlamentarios a ejercer sus funciones representativas en condiciones de igualdad y con arreglo a lo previsto en el Reglamento (STC 226/2004, FJ 6).

III. EL OBJETO DE LAS COMISIONES DE INVESTIGACIÓN: "CUALQUIER ASUNTO DE INTERÉS PÚBLICO"

La amplitud y ambigüedad con la que la Constitución delimita el objeto de las Comisiones de Investigación, como "cualquier asunto de interés público", es un rasgo común en el resto de ordenamientos jurídicos europeos. Doctrinalmente se ha impuesto la llamada "teoría del corolario" formulada por Zweig a principios del siglo XX, según la cual el límite de actuación de las Comisiones de Investigación queda definido por las competencias atribuidas al propio Parlamento, debido al carácter auxiliar que tienen respecto a éste. Las Comisiones de Investigación no pueden investigar materias en las que la propia Cámara no puede entrar. Esto significa, para empezar, que en un Estado descentralizado territorialmente como el nuestro, las materias objeto de indagación deben ajustarse a los respectivos ámbitos competenciales del Estado (Cortes Generales) y las Comunidades Autónomas (Asambleas autonómicas). Esta cuestión no ha estado exenta de polémica. Primero, por el requerimiento de comparecencia efectuado por Comisiones de Investigación creadas en algunos parlamentos autonómicos que iban dirigidos a autoridades y cargos públicos de la Administración General del Estado. El Consejo de Estado se pronunció en varias ocasiones en contra de la obligatoriedad de comparecer de estos cargos ante las Comisiones de Investigación autonómicas (Dictámenes CE 34/2003 852/2012, 643/2012, 194/2013, 193/2016 y 406/2017). Lo hizo partiendo de la idea de que estas Comisiones realizan una función esencialmente de control de la actuación de órganos y autoridades que, en el ámbito parlamentario autonómico, debe ceñirse solo a los de la propia Comunidad Autónoma y no a los que son ajenos a su ámbito de competencia. Y ello con independencia de que el asunto a tratar esté plenamente vinculado al "interés público" de la Comunidad Autónoma. Esta postura ha sido criticada por considerar de manera excesivamente rígida la función —y por tanto, también la naturaleza— de las Comisiones de Investigación: la actividad investigativa no tiene por qué anudarse solo a la función de control parlamentario, sino que puede responder a la más amplia función de obtención de información o incluso ser de carácter polivalente o autónoma.

El Tribunal Constitucional ha zanjado, parcialmente, este debate. La resolución del Parlamento de Cataluña por la que se creaba la Comisión de Investigación sobre la Monarquía fue declarada inconstitucional en la STC 111/2019. Para el Tribunal resulta irrelevante si la función de las Comisiones de Investigación es exclusivamente de control o también de carácter informativo, porque lo decisivo es que "Las comunidades autónomas (...) no pueden, sin incurrir en inconstitucionalidad, sujetar a sus decisiones políticas, del modo que sea, las instituciones de todos" (FJ 4). La resolución es contraria a la Constitución porque crea una Comisión de Investigación cuyo objeto y contenidos básicos no se ajustan a las competencias que tiene reconocida la Generalitat de Cataluña.

El objeto de investigación también se encuentra limitado por las atribuciones del resto de poderes constitucionales. En este sentido, la limitación opera de manera intensa con respecto al poder judicial, habida cuenta de la rotunda reserva de jurisdicción enunciada en el art. 117 CE. No es posible que una Comisión de Investigación tenga como objeto una determinada decisión judicial —como reclama la garantía de independencia del poder judicial—, aunque nada impide que existan investigaciones paralelas en sede judicial y parlamentaria. Solo la autocontención de las Comisiones en su desempeño puede evitar que se generen interferencias o efectos indeseados. En cambio, la posibilidad de investigar al poder ejecutivo no conoce apenas límites, pues está en la propia naturaleza de las Comisiones de Investigación indagar y recabar información sobre el Gobierno. Tampoco parece existir óbice alguno para que las Comisiones de Investigación centren su objeto en conductas privadas de los ciudadanos o empresas siempre que exista una conexión con el interés público al que se refiere el art. 76 CE, con el único límite del respeto de los derechos fundamentales. Todo ello abunda, de nuevo, en la idea de que la función de las Comisiones de Investigación no es exclusivamente la de controlar al Gobierno, sino que puede exceder el ámbito del ejecutivo y abarcar a toda la sociedad. Las Comisiones de Investigación pueden tener también una función de visibilizar las posturas políticas de cada grupo sobre determinados hechos investigados, que se consideran de interés público, pues no hay que olvidar que las Cortes Generales son, ante todo, el órgano de representación de la ciudadanía.

IV. LA NECESARIA DIFERENCIACIÓN ENTRE LA ACTIVIDAD INVESTIGADORA DE LAS COMISIONES Y LA LABOR JURISDICCIONAL

Pese a que se ha repetido hasta la saciedad que las Comisiones de Investigación no son tribunales de justicia, lo cierto es que la labor de indagación parlamentaria ha suscitado recelos por su posible intersección con la función jurisdiccional. El artículo 76 CE deja bien claro que las conclusiones de las

Comisiones "no serán vinculantes para los Tribunales, ni afectarán a las resoluciones judiciales, sin perjuicio de que el resultado de la investigación sea comunicado al Ministerio Fiscal para el ejercicio, cuando proceda, de las acciones oportunas". Sin embargo, no queda claro si la actividad investigadora se debe limitar a fijar solo hechos, o puede enjuiciar conductas y determinar responsabilidades. Ha sido el Tribunal Constitucional quien ha ido precisando el ámbito constitucionalmente posible de la actividad investigadora de las Comisiones. Ha sostenido desde el principio que esta es una actividad de naturaleza estrictamente política, que en modo alguno puede ser reputada o calificada como jurisdiccional (ATC 664/1984, FJ 1). Las Comisiones emiten juicios de oportunidad política que "por muy sólidos y fundados que resulten, carecen jurídicamente de idoneidad para suplir la convicción de certeza que sólo el proceso judicial garantiza" (STC 46/2001, FJ 2). Su ámbito de actuación se debe limitar, siempre con arreglo a parámetros políticos o de oportunidad, al esclarecimiento de los hechos objeto de investigación, a la determinación de la responsabilidad política y a la formulación de propuestas o recomendaciones. De modo que no pueden en ningún caso calificar jurídicamente actos o conductas punibles ni atribuirlos de manera individualizada a los sujetos a los que pudiera alcanzar la investigación (STC 133/2018, FJ 8).

En dos recursos de amparo en los que los recurrentes entendían vulnerado su derecho a la presunción de inocencia por las expresiones incluidas en las conclusiones de sendas Comisiones de Investigación, el Tribunal ha fijado una clara línea divisoria entre lo que pueden y no pueden hacer estos órganos. En el primer caso, se considera que la imputación de conductas ilícitas de manera individualizada afecta a la dimensión extraprocesal de la presunción de inocencia, pero su protección debe garantizarse a través de la tutela del derecho al honor, que es el que considera vulnerado en el fallo (STC 133/2018). En el segundo caso, más reciente, el Tribunal da un paso más y asume sin matices la doctrina del TEDH sobre el derecho a la presunción de inocencia que "exige que ningún representante del Estado o de la autoridad pública declare que una persona es culpable de una infracción antes de que su culpabilidad haya sido establecida por un tribunal" (SSTEDH Lizaso Azconobieta c. España, 2011 y Lolov y otros c. Bulgaria, 2019), incluyendo entre las autoridades públicas a las comisiones de investigación parlamentarias. Además, proyecta la protección de la presunción de inocencia en su dimensión extraprocesal no solo sobre el resultado de la investigación, plasmado en las conclusiones, sino también sobre la propia actividad investigadora, y encuentra vulnerado específicamente el derecho incluido en el art. 24.2 CE (STC 77/2023).

De esta manera, queda suficientemente claro que las Comisiones de investigación no pueden actuar como lo hacen los jueces. Con independencia de la función concreta que se les atribuya, de mero control, de información, o función autónoma de investigación, siempre ha de ejercerse con criterios de oportunidad y la única responsabilidad que cabe exigir es la política. Y ello no impide que se les apliquen, si bien con cautelas, las garantías contenidas en el art. 24 CE, que ya no quedan restringidas al ámbito del proceso penal o administrativo sancionador.

V. LAS FACULTADES ATRIBUIDAS A LAS COMISIONES DE INVESTIGACIÓN. EL DEBER DE COMPARECER

Tradicionalmente se ha considerado que las Comisiones de Investigación deben tener facultades especiales —englobadas en la clásica expresión *"the power to send for persons, papers and records"*—, pero las atribuciones concretas que poseen varían mucho de un país a otro. En Alemania, Italia o Portugal se asimilan a las que poseen los tribunales de justicia. En España, pese a la parquedad con la que se regulan las Comisiones de Investigación en la Constitución, el art. 76 CE hace una referencia expresa a la facultad más significativa de estas instituciones: requerir la comparecencia de personas ante ellas, que se ve reforzada por la remisión a la ley para que regule las sanciones que puedan imponerse por incumplimiento de esta obligación.

Es en este ámbito donde, por mandato constitucional, ha incidido más directamente el legislador. La Ley Orgánica 5/1984, de 24 de mayo, de comparecencia ante las Comisiones de Investigación del Congreso y del Senado o de ambas Cámaras, regula con cierto detalle este deber constitucional. Todos los ciudadanos españoles y extranjeros que residan en España tienen la obligación de comparecer personalmente a informar a requerimiento de las Comisiones de Investigación de las Cámaras. Los requerimientos a personas jurídicas se dirigen a quienes ostenten su representación legal. Salvo el Rey, por su inviolabilidad e irresponsabilidad (art. 56.3 CE), no existe ninguna excepción a la obligación de comparecer, incluidos los miembros del poder judicial. De hecho, se ha requerido la comparecencia de personas investigadas e incluso privadas de libertad.

Las Comisiones aprueban internamente qué comparecencias se solicitan, teniendo en cuenta las propuestas que realizan los grupos según su cupo asignado. La LO 5/1984 y los Reglamentos parlamentarios (arts. 52.2 RCD y 60.2 RS) detallan el procedimiento para la realización de la notificación y el desarrollo de las comparecencias. La notificación debe realizarse con un plazo de quince días de antelación o de tres en caso de urgencia. Entre los puntos a incluir en la misma están los aspectos sobre los que deberá informar, que suele saldarse con una mención genérica a los extremos de los que tenga conocimiento en relación con la investigación, y los derechos que le asisten. En este sentido, la ley atribuye a la Mesa de la Cámara la obligación de velar por que queden salvaguardados el respeto a la intimidad y el honor de las personas, el secreto profesional, la cláusula de conciencia y los demás derechos constitucionales, entre los que se incluyen los contenidos en el art. 24 CE, como no declarar contra sí mismo o declararse culpable o violar el secreto de sumario. La ley también garantiza que, previa conformidad del Presidente de la Comisión, el ciudadano requerido podrá comparecer acompañado de la persona que designe para asistirlo.

Las comparecencias se desarrollan normalmente con una intervención inicial del compareciente, seguida por los turnos de los portavoces para formular las preguntas que consideren oportunas. Si de las manifestaciones del compareciente se dedujeran indicios racionales de criminalidad para alguna persona, la Comisión lo notificará así a la Mesa de la Cámara para que ésta, en su caso a través de la Presidencia respectiva, lo ponga en conocimiento del Ministerio Fiscal.

La LO 5/1981 advierte que si el requerido dejara voluntariamente de comparecer para informar ante una Comisión de Investigación incurrirá en un delito de desobediencia grave. El legislador ha optado, de esta manera, por imponer la sanción penal, aunque conforme a la Constitución podría haber recurrido a la sanción meramente administrativa. Este delito ha sido especificado en el art. 502.1 del Código penal en los siguientes términos: "Los que habiendo sido requeridos en forma legal y bajo apercibimiento, dejaren de comparecer ante una Comisión de Investigación de las Cortes generales o de una Asamblea legislativa de Comunidad Autónoma, serán castigados como reos de delito de desobediencia. Si el reo fuera autoridad o funcionario público, se le impondrá además la pena de suspensión se le impondrá la pena de suspensión de empleo o cargo público por tiempo de seis meses a dos años".

De esta previsión conviene resaltar que, al referirse expresamente a las Asambleas legislativas de las Comunidades Autónomas, se equipara el deber de comparecer ante las Comisiones de las Cortes Generales con las de cualquier parlamento autonómico. Por otra parte, la remisión al delito de desobediencia significa que se aplicará la pena prevista en la art. 550 del Código penal (prisión de seis meses a un año).

Posteriormente se completó este marco sancionador con la obligación de declarar verazmente ante las Comisiones de Investigación, incluyendo el falso testimonio ante la Comisión, sin perjuicio de los derechos que asisten a las personas imputadas en una causa penal. Tras la reforma operada en 2003, el art. 502.3 del Código penal castiga con pena de prisión de seis meses a un año o multa de 12 a 24 meses a "quienes faltaren a la verdad en su testimonio" ante una comisión parlamentaria de investigación.

Este concreto régimen sancionador mantiene sin embargo algunas incertidumbres: no hay un tratamiento diferenciado entre los comparecientes, que pueden hacerlo como "investigados" —respecto de los cuales se está valorando una posible responsabilidad política— o como "testigos" —citados simplemente para aportar información relevante para la investigación—, teniendo unos y otros la misma condición de "convocados", lo que puede afectar a las garantías incluidas en el art. 24 CE. Por otra parte, no se impone específicamente el deber de declarar ni se sanciona la negativa a declarar, aunque parece que el deber de declarar está implícito en el deber de comparecer. De todo ello puede concluirse que el compareciente tiene derecho a no declarar sobre aquellas cuestiones que sean ajenas al asunto de interés público que ha motivado la constitución de la Comisión de Investigación, aquellas cuestiones que puedan perjudicar su situación jurídica o aquellas cuyo conocimiento viene protegido por el secreto profesional. Estas cuestiones permanecen aún abiertas, si bien el Tribunal Superior de Justicia de Andalucía archivó la denuncia contra el expresidente de la Junta Manuel Chaves por no declarar ante una Comisión de Investigación, señalando que no existe norma alguna que imponga al compareciente el deber de declarar o castigue específicamente su incumplimiento.

Además de las comparecencias, las Comisiones de Investigación pueden solicitar información, aunque en este caso se derive del régimen general establecido en el art. 109 CE y en los arts. 7 y 44 RC y 67 RS. Además, el Real Decreto Ley 5/1994 dispone que la Administración Tributaria y las entidades financieras deberán proporcionar cuantos documentos les sean requeridos por las Comisiones de Investigación siempre que se refieran a personas que desempeñen o hubieran desempeñado su actividad como altos cargos, que el objeto de la investigación tenga relación con el desempeño de aquellos y que sin tales datos no sería posible cumplir la función para la que fueron creadas.

La petición de documentación encuentra su límite, entre otros, en el respeto a la intimidad de las personas y en los secretos oficiales, de modo que no pueden obtener cualquier información, sino solo la que no requiera autorización judicial para su consulta. En este ámbito se ha insistido en la necesidad de contar con una ley análoga a la de las comparecencias que concrete la competencia de las comisiones para reclamar información; señaladamente, qué tipo de documentos se pueden solicitar, quién está obligado a proporcionar esa información, cuándo es posible negarse, qué medios de coacción —incluido el auxilio judicial— se pueden utilizar, o que régimen sancionador se aplica.

VI. BIBLIOGRAFÍA

ARÉVALO GUTIÉRREZ, A.; "Las comisiones de investigación de las Cortes Generales y de las Asambleas legislativas de las Comunidades Autónomas", *Revista Española de Derecho Constitucional*, núm. 43, 1995, pp. 113-205.

ASTARLOA HUARTE-MENDICOA, I.; CAVERO GÓMEZ, M.: "Cuestiones resueltas y cuestiones pendientes en el régimen jurídico de las comisiones de investigación", *Teoría y realidad constitucional*, núm. 1, 1998, pp. 123-181.

GARCÍA MAHAMUD, R.: *Las comisiones parlamentarias de investigación en el derecho constitucional español*, McGraw-Hill, Madrid, 1996.

GUDE FERNÁNDEZ, A.: *Las comisiones parlamentarias de investigación*, Santiago de Compostela, Universidad de Santiago de Compostela, 2000.

RIDAO MARTÍN, J.: "Nueva mirada sobre antiguas cuestiones acerca de las comisiones de investigación parlamentarias. El deber de comparecer de las autoridades y funcionarios del Estado en las asambleas legislativas autonómicas, la obligación de decir la verdad y el rol de las minorías en las comisiones creadas preceptivamente a su instancia", *Revista de las Cortes Generales*, núm. 100-101-102, 2017, pp. 101-129

TORRES BONET, M.: *Las comisiones de investigación: instrumentos de control parlamentario del gobierno*, Congreso de los Diputados, Madrid, 1998.

TORRES MURO, I.: *Las comisiones parlamentarias de investigación*, Centro de Estudios Políticos y Constitucionales, Madrid, 1998.

VII. JURISPRUDENCIA

STC 226/2004, de 29 de noviembre de 2004 (Caso Prestige, Parlamento Galicia).
STC 39/2008, de 10 de marzo de 2008 (Caso Tamayo y Sáez, Asamblea de Madrid).
STC 133/2018, de 13 de diciembre de 2018 (Caso Metrovalencia, Cortes Valencianas).
STC 12/2019, de 28 de enero de 2019 (Caso parques eólicos, Cortes de Castilla y León).
STC 111/2019, de 2 de octubre de 2019 (Caso Monarquía, parlamento Cataluña).
STC 77/2023, de 20 de junio de 2023 (Caso GITPA, Junta general del principado de Asturias).

Artículo 77

1. Las Cámaras pueden recibir peticiones individuales y colectivas, siempre por escrito, quedando prohibida la presentación directa por manifestaciones ciudadanas.

2. Las Cámaras pueden remitir al Gobierno las peticiones que reciban. El Gobierno está obligado a explicarse sobre su contenido, siempre que las Cámaras lo exijan.

COMENTARIO

María José Fernández Ostolaza
Letrada de las Cortes Generales

SUMARIO: I. MARCO NORMATIVO. II. ORIGEN Y EVOLUCIÓN DEL DERECHO DE PETICIÓN ANTE LAS CÁMARAS. III. LA COMISIÓN DE PETICIONES. IV. PROCEDIMIENTO. V. ANEXO: DATOS ESTADÍSTICOS CORRESPONDIENTES AL PRIMER PERIODO DE SESIONES DEL AÑO 2022. VI. BIBLIOGRAFÍA.

I. MARCO NORMATIVO

El artículo 77 de la CE, junto con el artículo 29 del propio texto constitucional, en el que se consagra el derecho de petición ante los poderes públicos como derecho fundamental, ha sido objeto de desarrollo en la Ley Orgánica 4/2001, de 12 de noviembre, reguladora del derecho de petición que, en su disposición adicional primera viene a regular los denominados Regímenes especiales, y dispone:

1. Las peticiones dirigidas al Congreso de los Diputados, al Senado o a las Asambleas Legislativas de las Comunidades Autónomas se tramitarán de conformidad a lo establecido en sus respectivos Reglamentos que deberán recoger la posibilidad de convocar en audiencia especial a los peticionarios, si así se considerara oportuno, quedando sujetas, en todo caso, las decisiones que adopten al régimen de garantías fijado en el artículo 42 de la Ley Orgánica del Tribunal Constitucional.

2. En los supuestos en que una iniciativa legislativa popular haya resultado inadmitida por no cumplir con todos los requisitos previstos en su normativa reguladora, a petición de sus firmantes podrá convertirse en petición ante las Cámaras, en los términos establecidos en sus respectivos Reglamentos.

Y, en efecto, los reglamentos de ambas cámaras configuran las respectivas comisiones de peticiones. El reglamento del congreso lo hace en su Artículo 49, que reza así:

1. Será aplicable a la Comisión de Peticiones lo establecido en el apartado 1 del artículo anterior. [1. La Comisión del Estatuto de los Diputados estará compuesta por un miembro de cada uno de los Grupos Parlamentarios. Tendrá un Presidente, un Vicepresidente y un Secretario, que corresponderán, por su orden, a los representantes de los tres Grupos Parlamentarios de mayor importancia numérica al comienzo de la Legislatura.]

2. La Comisión examinará cada petición, individual o colectiva, que reciba el Congreso de los Diputados y podrá acordar su remisión, según proceda, por conducto del Presidente de la Cámara:

1º. Al Defensor del Pueblo.

2º. A la Comisión del Congreso que estuviere conociendo del asunto de que se trate.

3º. Al Senado, al Gobierno, a los Tribunales, al Ministerio Fiscal o a la Comunidad Autónoma, Diputación, Cabildo o Ayuntamiento a quien corresponda.

3. La Comisión también podrá acordar, si no procediere la remisión a que se refiere el apartado anterior, el archivo de la petición sin más trámites.

4. En todo caso se acusará recibo de la petición y se comunicará al peticionario el acuerdo adoptado.

En tanto que el reglamento del senado contiene una regulación más extensa, ya que le dedica al tema todo su Título Undécimo. Con el siguiente contenido:

Artículo 192

Las peticiones que los españoles dirijan al Senado, en el ejercicio de su derecho de petición, se atendrán a la forma y demás requisitos que establezca la ley.

Artículo 193

1. La Comisión de Peticiones examinará las individuales o colectivas que reciba el Senado y, previa deliberación, podrá acordar:

1º. Trasladarla a la Comisión que resulte competente por razón de la materia.

2º. Trasladarla a los Grupos parlamentarios para que, si lo estiman oportuno, puedan promover alguna iniciativa parlamentaria.

3º. Remitirla, a través del Presidente del Senado, al Congreso, al Gobierno, a los Tribunales, al Ministerio Fiscal, a la Comunidad Autónoma, Diputación, Cabildo, Ayuntamiento o autoridad que corresponda. Si el órgano al que se remitiese la petición se considerase competente en la materia, informará a la mayor brevedad posible, salvo que una disposición legal lo impidiese, de las medidas adoptadas o a adoptar en torno a la cuestión suscitada.

4º. Archivarla sin más trámite.

2. También podrá la Comisión o, en su defecto, cualquier Grupo parlamentario elevar al Pleno del Senado una moción que asuma el contenido de una de estas peticiones.

Artículo 194

Siempre que sean admitidas a trámite las peticiones, los dictámenes correspondientes de la Comisión se incluirán en alguna de las publicaciones oficiales de la Cámara.

En todo caso, la Comisión acusará recibo de la petición y comunicará al peticionario el acuerdo adoptado.

Artículo 195

En cada período ordinario de sesiones la Comisión de Peticiones informará al Senado del número de peticiones recibidas, de la decisión adoptada sobre las mismas, así como, en su caso, de las resoluciones de las autoridades a las que hayan sido remitidas. El texto del informe se incluirá en alguna de las publicaciones oficiales de la Cámara y será objeto de consideración en sesión plenaria.

II. ORIGEN Y EVOLUCIÓN DEL DERECHO DE PETICIÓN ANTE LAS CÁMARAS

El artículo 77 de la Constitución española consagra el derecho de petición ante las Cámaras, como una categoría del derecho de petición ante los poderes públicos, que aparece recogido en el artículo 29 del propio texto constitucional.

El origen del derecho de petición hay que buscarlo en el origen del propio Parlamento. Históricamente ha contribuido a la expansión de las funciones de las cámaras representativas, tanto en el desarrollo del parlamento inglés, como en la Asamblea francesa, durante y tras la etapa revolucionaria.

Está reconocido en los primeros textos constitucionales y declaraciones de derechos: Bill of Rights, la Constitución de Estados Unidos, la Constitución francesa de 1791, y en la mayoría de las constituciones en la actualidad.

En el constitucionalismo español, el derecho de petición a las Cortes se ha reconocido en todos los textos desde el de 1837. La Constitución vigente lo recoge como un tipo particular del derecho de petición a los poderes públicos, consagrado como derecho fundamental en el artículo 29 de la misma.

Como señala Pérez Serrano, el derecho de petición, en general y, el derecho de petición ante las cámaras, en particular, actualmente goza de poca virtualidad, al haber sido reemplazado por procedimientos concretos y más eficaces para la defensa de los intereses, individuales o colectivos.

Por su parte, Cruz Villalón, explica, atendiendo a la tramitación parlamentaria de que fue objeto el anteproyecto de la Constitución española de 1978, que el Artículo 77 surge del artículo 71 incorporado como consecuencia del voto particular formulado por el grupo parlamentario alianza popular en la fase de redacción del anteproyecto de la constitución. Dicho artículo recogía la práctica política del lobbying, que en Estados Unidos se fundamenta en la Primera Enmienda de su Constitución. Se pretendía constitucionalizar la actividad de los grupos de presión. Sin embargo, las modificaciones operadas en el artículo durante el proceso de debate y enmienda del texto, hicieron que el resultado final haya quedado muy alejado de aquella pretensión.

III. LA COMISIÓN DE PETICIONES

Como ya se ha mencionado, el artículo 77 CE viene a concretar el derecho de petición general reconocido en el artículo 29 de la Carta Magna ante cada una de las dos cámaras que componen las Cortes Generales.

Para ello, tanto en el CD como en el Senado, se han constituido sendas Comisiones de Peticiones, que son las encargadas de recibirlas y, tras examinarlas, decidir bien su remisión al Gobierno o al órgano que considere competente para conocerla (Tribunales de justicia, Defensor del Pueblo, Ministerio Fiscal, Ayuntamientos, CC.AA., etc); o bien su archivo sin más trámite.

Las comisiones constituidas en cada una de las cámaras son de carácter permanente y no legislativas. En cuanto a su composición, siguen la regla general del número de miembros que se determine para este tipo de comisiones, y de su reparto proporcional en función del peso político de cada uno de los grupos parlamentarios existentes en la Cámara. Asimismo siguen las reglas generales en materia de elección de los miembros de la Mesa.

Se pregunta Fernández Fontecha si las Comisiones de Peticiones podrían adoptar una decisión distinta de la remisión o archivo, ya que el Reglamento del Senado permite, por ejemplo, elevar al Pleno una moción en la que la Comisión asuma el contenido de una petición.

En este sentido, la STC 242/1993, que constituye la sentencia de cabecera en la materia, considera, en su FJ 2, que "Desde la perspectiva del destinatario, se configuran dos obligaciones, una al principio, exteriorizar el hecho de la recepción y otra al final, comunicar al interesado la resolución que se adopte (arts. 6.2 y 11.3 de la Ley reguladora), sin que ello 'incluya el derecho a obtener respuesta favorable a lo solicitado' (STC 161/1988 y en el mismo sentido ATC 749/1985)".

IV. PROCEDIMIENTO

Tal y como disponen la Constitución, la Ley Orgánica y los reglamentos de las dos cámaras que componen las Cortes Generales, las peticiones se remiten a las cámaras presencialmente, por correo o bien a través del correo administrativo, en caso de que hayan sido presentadas ante otra administración. No se admiten, por tanto, peticiones verbales ni remitidas por correo electrónico; como tampoco se admite la remisión de copias pues, en todo caso, han de ser originales e ir firmadas.

Una vez recibidas por la Mesa de la cámara correspondiente, son enviadas a la respectiva Comisión de Peticiones, quien está obligada a emitir un acuse de recibo.

La Comisión suele reunirse una vez al mes, en el caso del Congreso de los Diputados, y una vez por cada periodo de sesiones, en el Senado. Esta diferencia en la frecuencia de las reuniones obedece a la cantidad de peticiones recibidas por una y otra, mucho mayor el Congreso que en el Senado. En tales sesiones, la Comisión examina las peticiones recibidas, adopta la decisión que proceda y la comunica al peticionario. En el caso del Senado, también da cuenta al Pleno de la Cámara en un informe que, una vez aprobado por la Comisión, es elevado para que aquel tome conocimiento de su contenido.

Tal y como establece la Disposición adicional primera de la Ley Orgánica 4/2001, de 12 de noviembre, reguladora del Derecho de Petición, "Las peticiones dirigidas al Congreso de los Diputados, al Senado o a las Asambleas Legislativas de las Comunidades Autónomas se tramitarán de conformidad a lo establecido en sus respectivos Reglamentos que deberán recoger la posibilidad de convocar en audiencia especial a los peticionarios, si así se considerara oportuno, quedando sujetas, en todo caso, las decisiones que adopten al régimen de garantías fijado en el artículo 42 de la Ley Orgánica del Tribunal

Constitucional". Se trata, por tanto, de decisiones sujetas a recurso de amparo ante el Alto Tribunal como, por otra parte, es norma respecto de todas aquellas decisiones de las Cámaras parlamentarias o de sus órganos que puedan resultar lesivas de derechos fundamentales.

V. ANEXO: DATOS ESTADÍSTICOS CORRESPONDIENTES AL PRIMER PERIODO DE SESIONES DEL AÑO 2022

Durante el periodo ordinario de sesiones de 1 de febrero a 30 de junio de 2022:

CONGRESO DE LOS DIPUTADOS (Datos obtenidos de la página web del Congreso de los Diputados - 28_06_2022.pdf (congreso.es)):

Se han tramitado 1644 peticiones, de las cuales 295 eran repeticiones de otras anteriores y, respecto de las peticiones remitidas a los diferentes organismos, 416 de ellas han recibido respuesta.

SENADO (datos obtenidos de la página web del Senado —https://www.senado.es/legis14/publicaciones/pdf/senado/bocg/BOCG_D_14_394_3490.PDF):

- 9 peticiones se han archivado (sin perjuicio de dar conocimiento a los peticionarios, si hay en el escrito datos que lo permitan), por no tener carácter de petición, faltarles las indicaciones indispensables para conocer su objeto, no tener otra finalidad que su conocimiento por la Comisión o tratarse de reiteraciones en temas ya resueltos anteriormente por la Comisión, sin que se aporte ningún elemento de juicio nuevo.
- 8 peticiones se han remitido a Departamentos Ministeriales.
- 29 peticiones se han remitido a otros organismos.

La Comisión realiza el seguimiento de las peticiones que se han trasladado a los diversos organismos y a dicho efecto cuenta con expedientes individuales de cada petición, siempre actualizados, que permiten consultar y conocer en todo momento el estado de su tramitación.

VI. BIBLIOGRAFÍA

CRUZ VILLALÓN, P.: "Las peticiones a las cámaras: artículo 77º", en ALZAGA VILLAMIL, O. (dir.), *Comentarios a la Constitución española de 1978*, T. VI, Cortes Generales [etc.], Madrid, 1996-1999.

FERNÁNDEZ-FONTECHA TORRES, M.: "Artículo 49", en *Comentarios al Reglamento del Congreso de los Diputados*, Congreso de los Diputados, Madrid, 2012.

RECODER DE CASSO, E., FARCÍA ESCUDERO, P.: "Artículo 77", en GARRIDO FALLA, F. [et al.], *Comentarios a la Constitución*, 3ª ed., Civitas, Madrid, 2001.

SÁNCHEZ FERRIZ, R.: "El derecho de petición y su ejercicio ante las cámaras", en *Las Cortes Generales* [organizadas por la] Dirección General del Servicio Jurídico del Estado, Instituto de Estudios Fiscales, Madrid, D.L. 1987. Vol. III

SANTAOLALLA LÓPEZ, F.: Derecho parlamentario español, Espasa Calpe, Madrid, 1990.

Artículo 78

1. En cada Cámara habrá una Diputación Permanente compuesta por un mínimo de veintiún miembros, que representarán a los grupos parlamentarios, en proporción a su importancia numérica.

2. Las Diputaciones Permanentes estarán presididas por el Presidente de la Cámara respectiva y tendrán como funciones la prevista en el artículo 73, la de asumir las facultades que correspondan a las Cámaras, de acuerdo con los artículos 86 y 116, en caso de que éstas hubieren sido disueltas o hubiere expirado su mandato y la de velar por los poderes de las Cámaras cuando éstas no estén reunidas.

3. Expirado el mandato o en caso de disolución, las Diputaciones Permanentes seguirán ejerciendo sus funciones hasta la constitución de las nuevas Cortes Generales.

4. Reunida la Cámara correspondiente, la Diputación Permanente dará cuenta de los asuntos tratados y de sus decisiones.

COMENTARIO

Ascensión Elvira Perales
Catedrática de Derecho Constitucional
Universidad Carlos III de Madrid

SUMARIO: I. LAS DIPUTACIONES PERMANENTES. II. FUNCIONES. 1. Funciones en los periodos entre sesiones. 2. Funciones entre legislaturas. III. EL CONTROL DEL GOBIERNO EN LA DIPUTACIÓN PERMANENTE. IV. DACIÓN DE CUENTAS. V. CUESTIONES PENDIENTES. VI. BIBLIOGRAFÍA. VII. JURISPRUDENCIA.

I. LAS DIPUTACIONES PERMANENTES

Las Diputaciones permanentes son órganos parlamentarios (de naturaleza discutida) que dan permanencia a las Cámaras en los periodos entre sesiones y al finalizar la legislatura hasta la constitución de las nuevas Cámaras. Nuestra Constitución, en lugar de optar por la *prorogatio* de todos los parlamentarios (al menos en circunstancias excepcionales) por la que optan otros textos constitucionales, eligió otorgar la continuidad a un órgano específico compuesto solo de un número limitado de diputados o senadores. Cabe llamar la atención de que el constituyente prescribiera la Diputación permanente para los dos Cámaras, cuando en las constituciones históricas solo se incluyó este órgano en los supuestos de Cortes monocamerales (1812 y 1931).

No obstante lo anterior, puede ya avanzarse que serán más y más significativas las funciones atribuidas a la Diputación Permanente del Congreso, acorde con el modelo bicameral presente en nuestra Constitución conforme al cual en las Cortes Generales es el Congreso de los Diputados la cámara preponderante, sin perjuicio del papel clave del Senado en relación con algunos aspectos significativos relativos a las Comunidades Autónomas.

Junto al precepto constitucional relativo a la Diputación permanente serán el Reglamento del Congreso de los Diputados (RCD) y el Reglamento del Senado (RS) los que especifiquen la composición y funcionamiento de estos órganos, si bien la regulación existente no resuelve todas las cuestiones que pueden plantearse con respecto al contenido y alcance de su actividad.

La composición de las Diputaciones permanentes se fijará al comienzo de la legislatura, aunque sus funciones solo se activarán en los momentos constitucionalmente previstos: intervalos entre los periodos ordinarios de sesiones y los periodos desde la disolución de las Cámaras hasta la constitución de las nuevas tras la correspondiente celebración de elecciones.

La Constitución solo establece un número mínimo de integrantes, 21; en realidad su número se fijará al comienzo de cada legislatura, apreciándose un aumento con el paso del tiempo, de manera que, en particular en el Congreso, cabe pensar si no sería conveniente reducir su número para acercarlo más al modelo inicial. La composición se determinará, al igual que las del resto de comisiones, por los grupos parlamentarios de manera proporcional a la composición del pleno (en esta forma hay que entender la expresión "que representarán a los grupos parlamentarios" utilizada en la Constitución), y, junto a los miembros titulares, se asignará igual número de suplentes. En el Congreso podrán asistir indistintamente titulares o suplentes (con la simple obligación de comunicar la asistencia del suplente), mientras que en el Senado los suplentes solo se incorporarán a la Diputación permanente para cubrir la vacante del titular. No obstante, tras la reforma de 2008 del Reglamento del Senado, tanto titulares como suplentes en ambas Cámaras seguirán gozando de las prerrogativas parlamentarias. En este sentido, será a la Diputación permanente a quien le corresponda pronunciarse sobre el suplicatorio en caso de que uno de sus integrantes sea inculpado o procesado (art. 71 CE).

En el Senado se especificaba anteriormente la incompatibilidad de los miembros del gobierno para integrar la Diputación permanente, después omitida, como ya sucedía en el Congreso. De hecho, en esta Cámara en distintas legislaturas se ha designado a ministros como miembros de la Diputación permanente, lo que no parece lo más adecuado para este tipo de órgano, dada la labor de fiscalización que le corresponde, máxime si se tiene en cuenta que el gobierno normalmente se verá respaldado por la mayoría en ese órgano. En cualquier caso, los ministros que no formen parte de la Diputación permanente podrán asistir a sus reuniones con voz, pero sin voto.

La presidencia de cada Diputación permanente se atribuye a los presidentes de Congreso y Senado, eligiéndose por sus componentes dos vicepresidentes y dos secretarios, los cuales acostumbran a serlo también del Pleno de la respectiva Cámara. A pesar de que el resto de órganos parlamentarios desaparecen con la disolución, *de facto,* funciona asimismo una junta de portavoces encargada principalmente de la fijación del orden del día.

La Diputación permanente del Congreso establece en su Reglamento que será convocada por el Presidente, a iniciativa propia o a petición de dos grupos parlamentarios (este supuesto se remitiría a los periodos de vacaciones parlamentarias) o de una quinta parte de los miembros de aquella (art. 56.4 RCD); en el último supuesto serían todos los firmantes los que, en su caso, podrían plantear un recurso de amparo contra la resolución de la Mesa (STC 98/2009, de 27 de abril). En el Senado, además de a iniciativa propia de su Presidente, este la convocará también a petición del Gobierno o cuando lo pida al menos una cuarta parte de sus miembros (art. 48 RS).

II. FUNCIONES

De las funciones de las Diputaciones permanentes hay que distinguir entre aquellas que desempeñan en las semanas entre los periodos de sesiones y aquellas que corresponden a los periodos de disolución de las Cámaras hasta la conformación de las nuevas, culminando sus funciones precisamente con el informe que han de rendir ante estas. En ambos casos, no obstante, la Mesa ocupará un papel destacado mediante su función de admisión a trámite.

1. Funciones en los periodos entre sesiones

Las funciones que asumen en los periodos de vacaciones parlamentarias son muy limitadas y prácticamente se reducen a la convocatoria del pleno de la respectiva Cámara cuando las circunstancias lo requieren, dado que en estos periodos incluso las tareas de tramitación ordinaria serán efectuadas por la Mesa de la Cámara. No obstante, la función de convocatoria del Pleno (art. 73.2 CE) —fuera de los casos en los que esa convocatoria es obligada, como sucede de acuerdo a las previsiones de los arts. 86 y 116 CE— otorga a las Diputaciones permanentes una capacidad nada desdeñable, si bien la obligación de determinar el orden del día obliga a pasar la decisión por el tamiz de los grupos parlamentarios.

Cabe reseñar que algunas asambleas autonómicas habilitaron —en virtud de interpretación analógica— a las diputaciones permanentes durante la fase inicial de la pandemia de Covid-19. Esto abre la puerta a considerar la posibilidad de habilitación de las diputaciones permanentes en supuestos de fuerza mayor (también en Congreso y Senado), si bien con las cautelas precisas para evitar abusos y no cercenar los derechos del conjunto de parlamentarios.

2. Funciones entre legislaturas

Las funciones más significativas de las Diputaciones permanentes son asumidas cuando las Cámaras han sido disueltas o se ha extinguido su mandato hasta la reunión de las nuevas, en cuyo caso, más allá de velar por las funciones parlamentarias y las que podríamos calificar de trámite, adquiere especial relieve la Diputación permanente del Congreso a la cual atribuye la Constitución las funciones de esta Cámara conforme a lo prescrito en los arts. 86 y 116 CE.

El primero de esos preceptos regula la convalidación o derogación de los decretos-leyes que corresponderá a la Diputación permanente del Congreso en los periodos entre legislaturas, asumiendo así la facultad atribuida al Pleno de la Cámara en el resto de circunstancias. De esta forma, para convalidar un decreto-ley se requerirá de la mayoría de los miembros de la Diputación permanente. Más dudoso resulta que las Diputaciones permanentes puedan tramitar un decreto-ley como proyecto de ley —a pesar de la mención en ese sentido del art. 151.5 RCD—, puesto que, si bien la propia Constitución reconoce la posibilidad de que las comisiones legislativas permanentes adquieran facultades legislativas plenas, conforme a la literalidad del art. 75.2 CE, lo harán por delegación del Pleno, el cual siempre podrá recabar para sí la facultad delegada. De esta forma, ni las Diputaciones permanentes son comisiones permanentes legislativas, ni existe delegación del Pleno (salvo que se interprete implícita y concedida de forma general, en línea con la criticada previsión del art. 148.1 RCD); tampoco parece una facultad que pueda entenderse como "necesaria" o "mínima" característica de las atribuidas a estos órganos, a lo que cabe añadir que en las nuevas Cámaras siempre podrán presentar una proposición de ley que verse sobre la materia objeto del previo decreto-ley, modificando así los aspectos que los nuevos representantes estimasen convenientes. No obstante, conviene mencionar que, si bien hasta la fecha no se ha producido ninguna tramitación de un decreto-ley como proyecto de ley en estos periodos, hace años una nota de la Secretaría General se pronunció en contra, mientras que un informe sobre esta cuestión solicitado a la Secretaría General del Congreso de los Diputados en la XII legislatura expresó una opinión favorable a la citada posibilidad, aunque advirtiendo sobre la dificultad de que pudiera sacarse adelante el proyecto en el corto plazo hasta la reunión de las nuevas Cortes.

El segundo —art. 116 CE— afecta a la declaración de los estados excepcionales y conforme al mismo se trasladarían a la Diputación permanente las funciones que en él se atribuyen al Pleno del Congreso, esto es: en caso de declaración de estado de alarma por parte del Gobierno deberá dar cuenta a la Diputación permanente y será esta la que, en su caso, pueda autorizar una prórroga; para declarar el estado de excepción el Gobierno habrá de contar con la previa autorización de la Diputación Permanente, quien también debería autorizar su prórroga; finalmente, en caso de estado de sitio deberá ser declarado por la mayoría absoluta de los miembros de la Diputación permanente a propuesta del Gobierno, correspondiendo a esta la determinación de su ámbito territorial, duración y condiciones.

Conviene subrayar que en ambos supuestos reseñados —de convalidación de decretos-leyes y de declaración de estados excepcionales— la Diputación permanente intervendrá solo si, previa declaración de estos estados, la Cámara ya hubiera estado disuelta o se extinguiera su mandato, puesto que de otro modo sería exigible la convocatoria inmediata del Pleno.

Cabe traer a colación otro supuesto que no llegó a afectar a las Cortes Generales, pero sí a dos parlamentos autonómicos, la posposición de la celebración de elecciones provocada por la pandemia de Covid-19, en cuyo caso la actuación de la Diputación permanente cobró un especial relieve y condujo a replantear su alcance y límites.

Junto a esas funciones específicas, a la Diputación permanente le corresponde "velar por los poderes de las Cámaras", imprecisa expresión cuyo significado y alcance ha sido objeto de debate por la doctrina. Ese enunciado habrá de corresponder a mantener la actividad mínima para que la función que se busca con la creación de las Diputaciones permanentes sea posible, es decir, si el gobierno en funciones mantiene la actividad necesaria para evitar una paralización del Estado, las Diputaciones permanentes habrán de mantener aquellas funciones de las Cortes que dan sentido a la continuidad de las Cámaras aunque sea también de manera limitada y adaptada a las circunstancias del caso. "Velar por los poderes de las Cámaras" ha de significar, pues, mantener el equilibrio de la división de poderes impuesto en la Constitución, en todo caso con la actividad mínima propia de las características del órgano y del periodo en el que realizan el grueso de sus funciones.

Por último, la doctrina entiende que en supuestos de urgencia le corresponderían a las Diputaciones permanentes otras funciones como las relativas a la inhabilitación del rey, nombramiento de regente (art. 59.2 y 3 CE) y a la declaración de guerra o conclusión de paz (art. 63.3 CE) o, de acuerdo en este caso con un desarrollo legal, la presentación de un informe extraordinario por el Defensor del Pueblo (art. 32.2 LODP). Al margen de lo extraordinario de estas situaciones, la intervención de las Diputaciones permanentes respondería a supuestos en los que, por su gravedad, no fuera posible esperar a la reunión de las nuevas Cortes.

III. EL CONTROL DEL GOBIERNO EN LA DIPUTACIÓN PERMANENTE

Dentro de la genérica atribución de "velar por los poderes de las cámaras", un capítulo especialmente controvertido consiste en determinar si, entre ellos, puede asumir la Diputación permanente el control del Gobierno. En principio, la respuesta debería ser afirmativa puesto que el control es uno de los "poderes" del parlamento, sin embargo, en nuestro país con frecuencia "control" se ha entendido como equivalente a exigencia de responsabilidad política del gobierno por lo que se ha negado la posibilidad de su ejercicio por parte de las Diputaciones permanentes dado que, cuando pudiera considerarse que les corresponde el ejercicio de esa facultad, se hallan desempeñando su labor mientras el Gobierno se encuentra en funciones; seguramente por ese motivo, la práctica parlamentaria ha sido contraria al desarrollo de la función de control por las Diputaciones permanentes y a la admisión de comparecencias del Gobierno.

Frente a tal interpretación, cabe oponer que la Constitución atribuye a la Diputación permanente del Congreso la convalidación de los decretos-leyes cuando las Cámaras están disueltas, tarea esta que es una clara muestra de fiscalización del Gobierno, por lo que resulta difícil de aceptar que no puedan ejercer otro tipo de control, pues conforme al clásico aforismo "quien puede lo más, puede lo menos".

En consecuencia, las Diputaciones permanentes podrán ejercer los medios ordinarios de control como preguntas y comparecencias, puesto que les corresponde velar por que el ejecutivo no se exceda en las funciones encomendadas, en particular aquellas propias del gobierno en funciones, sentido en el que se manifestó la STC 124/2018, la cual, si bien no se refería a la actuación de la Diputación permanente, su contenido le resulta perfectamente aplicable. Por ello, habría que entender que es admisible el control sobre la actuación que lleva a cabo el Gobierno en ese periodo, excluyendo, obviamente, la moción de censura o una cuestión de confianza por parte del gobierno y, en general, cualquier pronunciamiento sobre el programa político del gobierno, lo que incluiría a las interpelaciones, sin perjuicio de pudieran admitirse algunas excepciones vinculadas a la actividad propia de ese periodo. En apoyo de esa interpretación, hay que tener presente que si bien la actividad política interna se rebaja en los momentos de gobierno en funciones no sucede igual con la actividad exterior, en concreto con la ligada a la Unión Europea en la que puede haber situaciones que requieran de respuesta inmediata y de su correspondiente fiscalización.

IV. DACIÓN DE CUENTAS

Cada Diputación permanente habrá de efectuar una dación de cuentas ante el Pleno de la respectiva Cámara de todas las funciones llevadas a cabo. Aunque no se produce un control de su actividad, sí que los grupos pueden manifestar su posición y, en todo caso, es una muestra, por un lado, de la continuidad parlamentaria que se pretende con esos órganos; por otro, representa un símbolo de que es el Pleno quien encarna en su plenitud la representación popular, el Congreso, o territorial, el Senado.

V. CUESTIONES PENDIENTES

A la luz de la experiencia en las Cortes, pero también en las asambleas autonómicas, convendría abordar con mayor precisión las concretas funciones de las Diputaciones permanentes y los preceptivos procedimientos. En especial, debería matizarse el alcance de la función de control de las diputaciones permanentes, abogando por admitirlo, cerrando únicamente la puerta, por razones obvias, a los medios que conllevan poner en juego la responsabilidad política del Gobierno o la creación de una comisión de investigación. La fiscalización del gobierno se centraría en controlar que el Gobierno no excede sus competencias propias, en particular mientras se encuentra en funciones, y que las desempeña con corrección.

De igual forma, convendría plantear la posibilidad de si podría atribuirse a las diputaciones permanentes algún tipo de funciones en supuestos extraordinarios como los que puso de manifiesto la pandemia de Covid-19 (sin que las cámaras estuvieran disueltas) y, en caso de respuesta afirmativa, con qué alcance y límites.

Resta por apuntar la duda de si la Diputación permanente del Senado podría albergar la competencia que le atribuye el art. 155.1 CE. Por una parte, la constitución no dice nada al respecto, como sí hace en relación con los estados excepcionales; por otra, si se produjera una situación que requiriera la adopción de tal tipo de medidas con urgencia, cabría pensar en una interpretación analógica, permitiéndolo, sin perjuicio de que la nueva Cámara se pronunciase sobre las medidas adoptadas al inicio de la legislatura.

VI. BIBLIOGRAFÍA

ALONSO DE ANTONIO, J. A.: "La Diputación permanente en el sistema parlamentario español", *Revista de las Cortes Generales*, núm. 8, 1986, pp. 133-187.

CARRASCO DURÁN, M.: "El Parlamento en tiempos de coronavirus: El recurso a la Diputación permanente", *Revista Española de Derecho Constitucional*, núm. 122, 2021, pp. 119-150.

GONZÁLEZ BEILFUSS, M.: "La Diputación permanente", en *Comentarios a la Constitución española. XXX Aniversario*. Fundación Wolkers Kluver, Madrid, 2008.

GUILLÉN LÓPEZ, E.: *La continuidad parlamentaria*, Civitas, Madrid, 2002.

ITURBE MACH, A.: Informe jurídico de análisis y delimitación de las competencias de la Diputación Permanente (Parlamento Vasco. 31.3.2020), *Revista del Parlamento Vasco*, 3, 2022, pp. 260-273. https://doi.org/10.47984/legal.2022.00

PEÑA JIMÉNEZ, P. J.: "La Diputación Permanente a la luz de cuatro décadas de vida parlamentaria", en *Revista de las Cortes Generales*, núm. 103, 2018, pp. 319-365.

VII. JURISPRUDENCIA

STC 98/2009, de 27 de abril.
STC 124/2018, de 14 de noviembre.

Artículo 79

1. Para adoptar acuerdos, las Cámaras deben estar reunidas reglamentariamente y con asistencia de la mayoría de sus miembros.

2. Dichos acuerdos, para ser válidos, deberán ser aprobados por la mayoría de miembros presentes, sin perjuicio de las mayorías especiales que establezcan la Constitución o las leyes orgánicas y las que para elección de personas establezcan los Reglamentos de las Cámaras.

3. El voto de Senadores y Diputados es personal e indelegable.

COMENTARIO

Piedad García-Escudero Márquez
Catedrática de Derecho Constitucional
Universidad Complutense de Madrid

SUMARIO: I. QUÓRUM, MAYORÍAS E INDELEGABILIDAD DEL VOTO. II. CONVOCATORIA REGLAMENTARIA. III. QUÓRUM DE CONSTITUCIÓN Y QUÓRUM PARA ADOPTAR ACUERDOS. IV. MAYORÍAS NECESARIAS PARA LA ADOPCIÓN DE ACUERDOS. 1. Regla general: mayoría simple. 2. Mayorías especiales. V. EL VOTO PERSONAL E INDELEGABLE. 1. Evolucion y sistemas. 2. Parlamentos autonómicos. 3. Voto a distancia en el Congreso de los Diputados y en el Senado. 4. Otras cuestiones relacionadas con la indelegabilidad del voto. VI. JURISPRUDENCIA CONSTITUCIONAL SOBRE VOTACIONES. VII. BIBLIOGRAFÍA. VIII. JURISPRUDENCIA RELEVANTE.

I. QUÓRUM, MAYORÍAS E INDELEGABILIDAD DEL VOTO

El artículo 79 CE regula aspectos relacionados con la adopción de acuerdos por las Cámaras, fijando requisitos de quórum y mayorías, y definiendo el voto de diputados y senadores como personal e indelegable.

Podemos distinguir tres tipos de quórum o número de miembros de un órgano colectivo necesario para la validez de sus reuniones o acuerdos: a) quórum de presencia o de constitución, número de miembros necesario para que el órgano se entienda válidamente constituido; b) quórum de acuerdos o de votación, número de miembros presentes necesario para que el órgano pueda adoptar acuerdos; c) quórum de aprobación o mayoría, número de votos necesario para que un acuerdo se entienda adoptado.

El artículo 79, siguiendo los precedentes de nuestras Constituciones históricas y del Derecho comparado, no establece ningún quórum de presencia, esto es, un número de miembros para que las Cámaras puedan iniciar o celebrar sus reuniones. Sí para adoptar acuerdos, es decir, para la celebración de votaciones, siendo necesaria la presencia de la mayoría de sus miembros (cuya forma de cómputo tendremos ocasión de precisar más adelante).

Y asimismo se establece el quórum ordinario de aprobación de acuerdos, fijado en la mayoría (simple, añaden los Reglamentos, 79.1 RC y 93.1 RS) de los miembros presentes (más votos sí que votos no, siendo indiferente el número de abstenciones, siempre que se cumpla con el quórum de presencia anteriormente expuesto), sin perjuicio de las mayorías especiales establecidas por la Constitución, las leyes orgánicas, o los Reglamentos de las Cámaras para la elección de personas.

Con carácter previo, el artículo 79.1 CE exige para la adopción válida de acuerdos que las Cámaras estén reunidas reglamentariamente (una cautela para evitar las Asambleas de parlamentarios) lo que nos lleva a examinar en primer lugar los requisitos de convocatoria y constitución del Pleno y de las comisiones —aunque el artículo sólo se refiera al primero de estos órganos— que establecen los Reglamentos del Congreso y del Senado.

II. CONVOCATORIA REGLAMENTARIA

Del Reglamento del Congreso (RC) se desprende que el Pleno y las comisiones de esta Cámara no podrán reunirse sin que se hayan cumplido los siguientes *requisitos*: a) convocatoria y constitución del Pleno por el Presidente, por propia iniciativa o a solicitud, al menos, de dos grupos parlamentarios o de una quinta parte de los miembros de la Cámara (54 RC), y convocatoria de las comisiones por el Presidente de la Cámara o de la comisión, a iniciativa propia o a petición de dos grupos parlamentarios o de una quinta parte de los miembros de la comisión (42 RC); b) fijación del orden del día: por el Presidente, de acuerdo con la Junta de Portavoces, para las sesiones plenarias (67.1 RC), y por la Mesa de la comisión, de acuerdo con el Presidente de la Cámara y teniendo en cuenta el calendario fijado por la Mesa del Congreso, para las sesiones de comisiones (67.2 RC); c) distribución a los diputados con derecho a participar en la sesión del informe, dictamen o documentación que haya de servir de base en el debate (69 RC); y d) transcurso de un plazo de cuarenta y ocho horas, al menos, desde la distribución antedicha, salvo acuerdo de la Mesa del Congreso o de la comisión, debidamente justificado (69 RC).

El Reglamento del Senado (RS) diferencia entre las sesiones del Pleno y de las comisiones. Convoca el Pleno su Presidente (37.2 RS), con un orden del día que fija de acuerdo con la Mesa, oída la Junta de Portavoces (71 RS). Desde el mismo día de la convocatoria del Pleno para aprobación de textos legislativos

(119 RS), quedarán en la Secretaría de la Cámara, a disposición de los Senadores, los dictámenes de las comisiones y los votos particulares que hayan de ser sometidos al Pleno, sin perjuicio de su impresión y distribución. En cuanto a las comisiones, éstas son convocadas asimismo por su Presidente o el de la Cámara, directamente o a petición de un tercio de sus miembros (la Comisión General de las Comunidades Autónomas también a petición del Gobierno o de un Consejo de Gobierno de Comunidad Autónoma, 56 bis 3 RS), con una antelación mínima de tres días, salvo casos de urgencia (61.1 y 2 RS). También en esta Cámara puede su Presidente armonizar y ordenar las convocatorias de las comisiones, en consideración a las exigencias del trabajo del Senado (61.3 RS). El orden del día es fijado por el Presidente de la comisión, oída la Mesa respectiva y teniendo en cuenta en su caso el programa de trabajo de la Cámara; un tercio de los miembros de la comisión puede incluir un solo asunto con carácter prioritario. El Presidente del Senado puede convocar a las comisiones, fijando su orden del día, cuando lo haga necesario el desarrollo de los trabajos legislativos de la Cámara (71.3 RS).

Lo hasta aquí expuesto se refiere a las reuniones en períodos ordinarios de sesiones. Tanto el Pleno como las comisiones pueden celebrar sesiones extraordinarias fuera de los periodos ordinarios que establece el artículo 73.1 CE (septiembre a diciembre y febrero a junio), siendo precisa petición del Gobierno, de la Diputación Permanente o de la mayoría absoluta de los miembros de la Cámara. La petición ha de contener el orden del día que se propone, para el cual se convoca la sesión (en el plazo de diez días en el Senado, 70.2 RS), que no podrá levantarse hasta agotar aquél (61.3 RC, 70.2 RS). Convoca las sesiones extraordinarias el Presidente de la Cámara.

Se ha instaurado en nuestras Cámaras la limitación de sesiones simultáneas de un número de comisiones por acuerdo de la Mesa en cada legislatura como consecuencia de las dificultades que la coincidencia plantea a los grupos parlamentarios de menor tamaño, circunstancia que también ha llevado en el Senado a acuerdos de prohibición de reunión de comisiones los martes por la mañana para no coincidir con las reuniones de Mesa y Junta de Portavoces, así como de los grupos.

En ambas Cámaras, las sesiones de las comisiones y las del Pleno no pueden celebrarse de forma simultánea (regla por otra parte general en el Derecho comparado). No lo dice el Reglamento del Congreso, pero así se ha aplicado estrictamente, incluso para las reuniones de ponencia y de Mesas de comisión de convocatoria formal. El artículo 79 RS lo impone tajantemente: "En ningún caso (las comisiones) podrán simultanear sus sesiones con las del Pleno".

III. QUÓRUM DE CONSTITUCIÓN Y QUÓRUM PARA ADOPTAR ACUERDOS

En concordancia con la falta de previsión constitucional, el Reglamento del Senado declara expresamente que no se precisa un *quórum para la constitución* de sus órganos, manteniendo el artículo 82 RS la regla del artículo 68 del Reglamento provisional de esta Cámara, según la cual "tanto el Pleno como las Comisiones, debidamente convocadas, abrirán sus sesiones cualquiera que sea el número de Senadores presentes, sin perjuicio de lo que en este Reglamento se establezca sobre quórum y requisitos para la adopción de acuerdos". Lo mismo se desprende implícitamente para el Congreso del establecimiento por el RC de quórum solamente para acuerdos.

Por su parte, la exigencia por el artículo 79.1 CE de la asistencia de la mayoría de los miembros de la Cámara *para adoptar acuerdos* ha tenido distinto desarrollo en los Reglamentos del Congreso y del Senado.

Conforme al artículo 93 RS, se presume la presencia del número legal necesario para adoptar acuerdos, que fija en la mitad más uno de los miembros del órgano; no obstante, será necesaria su comprobación cuando antes de iniciarse una votación lo requiera un grupo parlamentario o diez senadores en el Pleno o cinco en la Comisión. Cuando se trate de un acto o propuesta que exija mayoría cualificada, el Presidente puede disponer que se compruebe la existencia de quórum. Si se comprueba la falta de quórum para adoptar acuerdos, el Presidente podrá aplazar la votación hasta el momento que señale. No impone, sin embargo, el RS la repetición de aquellas votaciones (inválidas) respecto de las que se ha comprobado a posteriori que no existía el quórum necesario.

El RC (78.2) se refiere a la verificación del quórum en el momento de la votación —sin indicar a instancia de quién se realiza aquella— o después de celebrada ésta, supuesto (por entenderse que la votación no sería válida) que se asimila al primero, posponiéndose en ambos casos la votación por el plazo máximo de dos horas. Si transcurrido este plazo tampoco pudiera celebrarse válidamente la votación, el asunto será sometido a decisión del órgano correspondiente en la siguiente sesión.

Hoy en día no suelen plantearse problemas de quórum de votación en el Pleno, entre otras cosas por la agrupación de votaciones al final del debate diario. Tampoco en las comisiones, en las que facilita la presencia del número de miembros necesario el sistema de suplencias y sustituciones dentro de cada grupo parlamentario, así como la celebración de las votaciones a hora previamente anunciada (en particular, si coinciden en el tiempo las sesiones de varias comisiones) o al final de la sesión.

Con la regulación del voto telemático, al que nos referiremos más adelante, ambos Reglamentos (79.3 RC, 93.3 RS por reformas aprobadas el 21 de julio de 2011 y 21 de noviembre de 2013, respectivamente) han incorporado la regla de computar como presentes en la votación a efectos del quórum para acuerdos —como también lo serán para el cómputo de mayorías— a los miembros de la Cámara que, pese a estar ausentes, hayan sido expresamente autorizados por la Mesa para participar en la misma.

La determinación del quórum para acuerdos ha planteado dudas en aquellos órganos que adoptan éstos mediante voto ponderado (las comisiones cuya composición no refleja la del Pleno, las ponencias y subcomisiones, la Junta de Portavoces). Tres son las interpretaciones posibles, sin que ninguna se haya impuesto de forma clara: computar la mayoría por referencia al número de miembros del Pleno, sobre el número de grupos parlamentarios existentes o sobre el número de miembros del órgano en cuestión.

IV. MAYORÍAS NECESARIAS PARA LA ADOPCIÓN DE ACUERDOS

1. Regla general: mayoría simple

La votación es el mecanismo mediante el cual se articula la voluntad de los órganos colegiados. Salvo en aquellos supuestos en que se exige unanimidad, en las votaciones se pone de manifiesto una opinión mayoritaria que se atribuye al órgano, lo que permite la adopción de acuerdos, sin perjuicio de que la minoría sea oída (conforme al clásico principio *the minority should have its say, the majority shall have its way*); así lo recuerda el Tribunal Constitucional en la sentencia 139/2017 FJ 5. La regla de mayoría es consustancial a la democracia y se manifiesta singularmente en las Cámaras parlamentarias. Como ha señalado el Alto Tribunal (STC 5/1981 FJ 21.a), "nuestra Constitución ha instaurado una democracia basada en el juego de las mayorías, previendo tan sólo para supuestos tasados y excepcionales una democracia de acuerdo basada en mayorías reforzadas", aunque no es menos cierto que "esas mayorías cualificadas o reforzadas son reconocidas como necesarias cuando la naturaleza o carácter de las decisiones o acuerdos que han de ser tomados lo justifican" (STC 238/2012 FJ 4). La exigencia de mayorías especiales responde al deseo de contar con un cierto consenso a la hora de adoptar determinadas decisiones o de aprobar textos de relevancia, y en definitiva, de proteger (en alguna medida, en función de la mayoría requerida) a las minorías de la acción de la mayoría, como afirma el Tribunal Constitucional en la sentencia 44/1995, en relación con la exigencia de mayoría absoluta para la aprobación del Reglamento parlamentario, y reitera en otras: SSTC 179/1989 FJ 7, 238/2012 FJ 4.

Así pues, conforme dispone el artículo 79.2 CE, la regla general para la adopción de acuerdos por las Cámaras es la mayoría simple, esto es, en los términos del precepto constitucional, "mayoría de los miembros presentes", a la que los Reglamentos han añadido el calificativo de "simple" (79.1 RC, 93 RS). El carácter de regla general ha sido confirmado por el Tribunal Constitucional en las diversas sentencias citadas, a partir de la STC 5/1981.

Como se ha señalado, la mayoría se obtiene mediante la votación. Su ejercicio constituye un derecho de los parlamentarios reconocido en los Reglamentos (6.1 RC, 20.1 RS), relacionado con el deber de asistencia (cuyo incumplimiento puede ser sancionado; 15, 99.1 RC, 20.1, 63 RS). El derecho al voto forma parte del *ius in officium* del parlamentario, integrado en el núcleo de la función representativa; como declara la STC 361/2006 FJ 3, no parece que puedan plantearse dudas al respecto.

La forma de las votaciones ha sufrido una evolución en la práctica desde la aprobación de la Constitución y de los propios Reglamentos (78 a 89 RC y 92 a 100 RS). Las votaciones en Pleno se celebran usualmente por procedimiento electrónico y en las comisiones a mano alzada.

2. Mayorías especiales

El artículo 79.2 CE excepciona de la regla de la mayoría simple para la obtención de acuerdos por las Cámaras las mayorías especiales que establezcan la Constitución o las leyes orgánicas y las que para elección de personas establezcan los Reglamentos de las Cámaras. Se ha indicado ya el fundamento de la exigencia de estas mayorías especiales, destacado por el Tribunal Constitucional, consistente en el deseo de obtener un mayor consenso cuando la naturaleza o carácter de las decisiones lo justifican (238/2012 FJ 7), en particular para proteger más eficazmente los derechos de las minorías (STC 179/1989 FJ 7, 44/1995 FJ 3, 238/2012 FJ 4).

Aunque suele entenderse como mayoría absoluta aquella en que vota a favor la mitad más uno de los miembros de la Cámara (así aparece, si bien no para la mayoría sino para el quórum de presencia, en el 93 RS), la definición correcta —que confirma el Diccionario de la Real Academia Española: mayoría que consta de más de la mitad de los votos— es la que la considera formada por más de la mitad de los miembros de la Cámara, lo que determina una diferencia en el caso de número impar de miembros. Así se computa en las Cámaras.

Dado que el cómputo de la mayoría absoluta, como de las restantes especiales, se realiza sobre el número de miembros de la Cámara, se plantea cuál es el que ha de tomarse a estos efectos, si el de miembros de derecho (350 en el Congreso) o el de los que en ese momento componen la Cámara, en función de que hayan perfeccionado su condición. Este último era el criterio de la Constitución de 1869 y el que se aplica en nuestras Cámaras, al menos desde la III y IV legislaturas, cuando los parlamentarios electos de Herri Batasuna no accedieron a la plena condición de tales y, en consecuencia, se entendía menor el número de miembros a efectos de cómputo de la mayoría. En la actualidad, se aplica con normalidad en Pleno y comisión cuando un parlamentario renuncia al acta y el que ha de sustituirle no ha adquirido todavía la plena condición de parlamentario en el momento de celebrarse la sesión, mediante la presentación de su credencial y la prestación de juramento.

Los supuestos para los que la *Constitución* exige *mayoría absoluta* (voto a favor de más de la mitad de los miembros que en ese momento componen la Cámara) son los siguientes: aprobación y reforma de los Reglamentos de las Cámaras y del Reglamento de las Cortes Generales, 72.1 y 2 CE; petición de sesión extraordinaria, 73.2 CE; apreciación de la necesidad para dictar leyes de armonización (150.3 CE), declaración de una sesión plenaria como secreta, si el Reglamento no exige otra cosa, 80 CE; decisión final del Congreso en las discrepancias entre las Cámaras sobre los supuestos establecidos en el 74.2 CE: 94.1 (autorización de tratados internacionales), 145.2 (autorización de acuerdos de cooperación entre Comunidades Autónomas) y 158.2 (distribución del Fondo de Compensación interterritorial); del Congreso, para la aprobación, modificación y derogación de leyes orgánicas (en votación final sobre el conjunto, 81 CE), el levantamiento inmediato del veto del Senado mediante ratificación del texto inicial (90.2 CE), el otorgamiento de la confianza en primera vuelta al candidato a Presidente del Gobierno propuesto por el Rey (99.3 CE), la adopción de una moción de censura (113.1 CE), la autorización del estado de sitio (116.4 CE); del Senado, para la aprobación de medidas excepcionales hacia una Comunidad Autónoma (155.1 CE), la aprobación de un veto a proyectos (y proposiciones) de ley (90.2 CE), y sobre el texto de la Comisión Mixta, para que el Congreso pueda solventar finalmente las discrepancias en la reforma constitucional ordinaria (167.2 CE).

La Constitución exige *mayoría reforzada* o cualificada de tres quintos (se interpreta, como todas las mayorías especiales, de los miembros que en ese momento componen la Cámara) para la elección de miembros del Consejo

General del Poder Judicial (122.3 CE) y del Tribunal Constitucional (159.1 CE), así como para la aprobación de la reforma constitucional ordinaria (167.1 CE). También en la reforma constitucional ordinaria se exige mayoría de dos tercios del Congreso para la aprobación del texto de la Comisión Mixta que hubiera obtenido al menos la mayoría absoluta del Senado (167.2 CE). Para la aprobación de una reforma constitucional agravada, se requieren dos tercios en cada una de las Cámaras en dos legislaturas sucesivas (aprobación del principio de reforma en la primera y del nuevo texto constitucional en la segunda).

Distintas *leyes orgánicas* establecen mayorías especiales de las Cámaras para la elección de cargos: así, tres quintos para la elección del Defensor del Pueblo (LO 3/1981, para sucesivas propuestas mayoría de tres quintos en el Congreso y absoluta en el Senado) y de los miembros del Tribunal de Cuentas (LO 2/1982). La elección de los miembros del Observatorio de la vida militar se hace por el Congreso y por el Senado por mayoría absoluta con el apoyo de, al menos, tres grupos parlamentarios en cada Cámara (LO 9/2011, de 27 de julio, de derechos y deberes de los miembros de las Fuerzas Armadas). La LO 3/2013 prevé la posibilidad de veto, por mayoría absoluta de la Comisión competente del Congreso, al nombramiento del candidato propuesto por el Gobierno para miembro, Presidente o Vicepresidente de la Comisión Nacional de los Mercados y de la Competencia. El Presidente de la Agencia Española de Protección de Datos y su Adjunto son nombrados por el Gobierno previa ratificación por la Comisión de Justicia del Congreso de los Diputados en votación pública por mayoría de tres quintos o absoluta en inmediata segunda votación, en la que los votos favorables han de proceder de diputados procedentes de al menos dos grupos parlamentarios (art. 48 LO 3/2018), con problemas también en la primera designación.

Por Resolución de la Presidencia del Congreso de 25 de mayo de 2000, relativa a la intervención de la Cámara en el nombramiento de las autoridades del Estado, se regula el procedimiento para los supuestos en que el Congreso haya de efectuar una propuesta para la designación de personas o proceder al nombramiento directo de éstas, que incluye la posibilidad de comparecencia previa ante la Comisión Consultiva de Nombramientos, integrada por el Presidente del Congreso y los portavoces de los grupos parlamentarios. La Comisión trasladará al Pleno su criterio sobre la idoneidad de los candidatos. En el Senado, la reforma del Reglamento de 14 junio 2000 incorpora esta Comisión entre las no legislativas y regula su actuación (estableciendo el voto ponderado para la adopción de los acuerdos) en el artículo 185. Al igual que en el Congreso, la Comisión somete al Pleno un informe sobre la idoneidad de los candidatos.

Aunque el artículo 79.2 CE habilita sólo a las leyes orgánicas para requerir mayorías parlamentarias especiales, algunas *leyes ordinarias* también establecen estas mayorías para determinados nombramientos, lo que podría suponer la vulneración de la reserva constitucional a favor de los Reglamentos de las Cámaras. Así, dos tercios para los miembros del Consejo de Administración y de Presidente de la Corporación RTVE (Ley 17/2006, modificada por Ley 5/2017 y por Real Decreto-ley 4/2018, afectado por la STC 134/2021; véanse los problemas planteados para alcanzar las mayorías requeridas en 2018). La Ley 15/1980, de 22 de abril (art. 5), de Creación del Consejo de Seguridad Nuclear, requiere para el nombramiento del Presidente y los Consejeros por el Gobierno la previa aprobación o el veto razonado por el Congreso a través de la Comisión competente, que decide por mayoría de tres quintos. La Comisión competente del Congreso ha de refrendar por mayoría absoluta en el plazo de un mes el nombramiento del Presidente del Consejo de Transparencia y Buen Gobierno (art. 37 Ley 19/2013).

El artículo 79.2 CE permite a los *Reglamentos de las Cámaras* establecer mayorías especiales para la elección de personas. Al amparo de este artículo, los Reglamentos requieren mayoría absoluta para elegir en primera votación al Presidente de la Cámara (37.1 RC, 7.1 RS), celebrándose en su defecto nueva votación entre los dos que hubieran obtenido mayor número de votos, de la que resultará elegido el que obtenga más votos. A las reglas de elección de la Mesa de la Cámara se remite la elección de las Mesas de las comisiones (41 RC, 53.3 RS), por lo que ha de entenderse que los Presidentes de comisión han de elegirse asimismo por mayoría absoluta en primera vuelta.

Los Reglamentos reproducen las exigencias constitucionales de mayoría absoluta o reforzada. Además, el Reglamento del Senado requiere mayoría absoluta para acordar la suspensión en la condición de senador tras la concesión de suplicatorio (art. 22.6 RS), supuesto no incluible en el ámbito que el artículo 79.2 CE otorga a los Reglamentos para fijar mayorías especiales. Tampoco cabe entender comprendida en este ámbito la exigencia de mayoría absoluta —no prevista en el 168 CE— por el artículo 159 RS, en el procedimiento agravado de reforma constitucional, para la ratificación del principio de reforma por la segunda legislatura.

V. EL VOTO PERSONAL E INDELEGABLE

1. Evolución y sistemas

El artículo 79.3 CE declara el carácter personal e indelegable del voto de senadores y diputados, en la línea —aun sin proclamación expresa— de la mayor parte de los Parlamentos, que imponen la presencia de sus miembros para poder votar, con la consiguiente exclusión del voto por delegación. Existen, no obstante, algunas excepciones o matizaciones a esta afirmación.

La excepción más clara la constituye el modelo francés de voto por delegación o *procuration* (también en Luxemburgo y algunos parlamentos africanos), así como los supuestos en que se admite el voto a distancia, que mantiene la personalidad e indelegabilidad pero no exige la presencia. Son matizaciones el sistema de *pairing* —basado en la cortesía parlamentaria, practicado tradicionalmente en el Reino Unido, Irlanda, Estados Unidos y Canadá, y también en otros países, como Bélgica— y algunos supuestos de sustitución temporal.

No existen precedentes del artículo 79.3 CE en nuestros textos constitucionales, sólo un supuesto de sustitución por los anteriores diputados en la Constitución de 1812, por razones de guerra u ocupación. Tampoco existe previsión del voto por delegación ni de la sustitución temporal en los Reglamentos parlamentarios históricos. En los Reglamentos de las Cortes de 1813 y 1821 y del Senado de 1838, 1842, 1847, 1866 y 1867, la obligación de asistencia se complementa con el *deber de votar* (excluyendo del mismo el Reglamento de 1813 a los diputados que no hubieren asistido a la discusión). En los Reglamentos de los Estamentos de 1834 se admite el derecho a manifestar la abstención (a decir un parlamentario que se abstiene de votar). La expresión *derecho a votar* aparece a partir del Reglamento de 1838, referido a los diputados que entren en el salón de sesiones antes de que se cierren las votaciones.

2. Parlamentos autonómicos

La preocupación por conseguir la igualdad en el trabajo de los parlamentarios y dar respuesta a las situaciones de ausencia por maternidad ha hallado reflejo en los Reglamentos autonómicos antes que en los del Congreso de los Diputados y el Senado. La STC 179/1989 dejó claro que no es exigible que las instituciones legislativas de las Comunidades Autónomas deban adecuar su estructura, funcionamiento u organización a las correspondientes de las Cortes Generales, "ni que deban aplicarse a las Cámaras legislativas de las Comunidades Autónomas, en forma directa o supletoria, las normas constitucionales que regulen la organización y funcionamiento de las Cortes Generales, entre ellas el art. 79.2 CE", lo que, aplicado al 79.3 CE, ha permitido —con algunas dudas en la doctrina— que distintos Parlamentos autonómicos hayan incluido en su Reglamento la posibilidad de delegación de voto en otro parlamentario.

Si bien en un primer momento la práctica totalidad de los Reglamentos autonómicos (con la excepción de los del Parlamento de Cataluña y del Parlamento Vasco) reproducían, en su regulación de las votaciones, el artículo 79.2 RC (cuya primera parte, a su vez, procede del artículo 79.3 CE, copiado en algunos Estatutos de Autonomía), la situación normativa comienza a cambiar, con la admisión de la delegación en algunos Reglamentos y la incorporación a otros del voto no presencial.

Antes del primer estado de alarma causado por la pandemia por Covid-19 en 2020 encontramos supuestos de *delegación de voto* autorizable por la Mesa en los Reglamentos de los Parlamentos de Cataluña, País Vasco, Galicia, Andalucía, Canarias, Navarra y Extremadura, generalmente en relación con la maternidad, paternidad y enfermedad grave o prolongada (en este caso, en Andalucía previo acuerdo del Pleno).

Los Reglamentos de 13 Parlamentos autonómicos, admitieran o no la delegación, habían comenzado a incorporar el *voto no presencial* por causas similares a las citadas, regulando los supuestos y las votaciones a las que puede aplicarse con mayor o menor amplitud, así como la autorización por la Mesa y los sistemas técnicos que permiten la emisión del voto. Sólo las Cortes de Castilla-La Mancha carecían de previsión reglamentaria del voto a distancia. En el Parlamento de Cataluña, como consecuencia del proceso de independencia, se planteó la extensión del mecanismo a los diputados en prisión o en el extranjero.

Con la pandemia y tras reformas normativas, la admisión del voto a distancia se generaliza; a finales de 2020, sólo Navarra no había incorporado al Reglamento el voto telemático (estando previsto por delegación), con frecuencia desarrollado con posterioridad por norma de rango inferior.

Un giro importante en sentido restrictivo del voto por delegación se produce con la STC 65/2022 (y otras posteriores: 75/2022, 85/2022, 92/2022, 93/2022 o 24/2023), sobre el voto por delegación, en la que se reafirma el principio de personalidad del voto —siendo también aplicable a los Parlamentos autonómicos el art. 79.3 CE; previamente se había afirmado la exigencia de presencialidad para la investidura en las SSTC 19 y 45/2019— y se exige, para que el voto delegado sea conforme a la Constitución, que el diputado delegante, con carácter previo a la celebración de la votación, manifieste de forma expresa y fehaciente el sentido de su voto, de forma que la delegación sea solo de la expresión del voto, pero no de la decisión sobre el sentido de este. Esta forma de ejercer el voto es excepcional, para supuestos tasados que deben ser interpretados de forma restrictiva, siendo su práctica solo constitucionalmente admisible "en los casos en los que permitir la emisión del voto antes de la deliberación se encuentre justificada en la necesidad de salvaguardar otros bienes o valores constitucionales que se consideren merecedores de protección y respete las exigencias que se derivan del principio de proporcionalidad" (FJ 6).

3. Voto a distancia en el Congreso de los Diputados y en el Senado

Entendiendo que el carácter personal del voto no exige la inmediatez en el tiempo ni presencia, ambas Cámaras han incorporado también a sus Reglamentos la posibilidad del llamado voto telemático, esto es, mediante procedimientos electrónicos. Estas reformas deben mantener la compatibilidad con el artículo 79.3 CE, de forma que aquél se aplique sólo con carácter excepcional, que no violente en exceso la concepción de la asamblea representativa como reunión de personas para deliberar (Cámara deliberante) en que se basa el principio democrático y las votaciones como regidas por el principio de unidad de acto. Y deben en todo caso habilitarse las garantías necesarias para asegurar que es el titular del mandato el que ejerce su derecho al voto libremente y que no se altera el sentido del mismo.

Por reforma de 21 de julio de 2011 se incorporó un nuevo apartado 2 al artículo 82 del *Reglamento del Congreso* para permitir la emisión del voto por procedimiento telemático en los casos de embarazo, maternidad, paternidad o enfermedad grave en que, por impedir el desempeño de la función parlamentaria y atendidas las especiales circunstancias, se considere suficientemente justificado. La Mesa de la Cámara autoriza, a solicitud del diputado, la emisión de voto telemático con comprobación personal, sólo en las sesiones plenarias y para aquellas votaciones que, por no ser susceptibles de fragmentación o modificación, sea previsible el modo y el momento en que se llevarán a cabo. El desarrollo del procedimiento de voto telemático se rige por Resolución de la Mesa del Congreso de los Diputados de 21 de mayo de 2012. Con el mismo objetivo de permitir la votación no presencial, fue modificado el artículo 92 del *Reglamento del Senado* mediante reforma de 21 de noviembre de 2013, cuyo apartado 3 ofrece una redacción similar a la del RC. El procedimiento de voto telemático se regula por la Resolución de la Mesa del Senado, de misma fecha, sobre desarrollo del procedimiento de votación telemática en las sesiones plenarias del Senado. Al existir en el Senado la modalidad de votación por bolas blancas y negras, se atribuye al Presidente el introducir en la bolsa la bola que corresponda al sentido del voto emitido, junto a las demás ya depositadas provenientes del voto presencial. Como peculiaridad técnicamente correcta, el artículo 8.2 de la Resolución prohíbe la votación por asentimiento de los asuntos cuya votación telemática sea autorizada.

Durante la pandemia, al igual que en distintos Parlamentos autonómicos, las Mesas del Congreso y del Senado acordaron la aplicación generalizada del voto telemático, acordando además las Juntas de Portavoces restricciones de aforo, que se extendió hasta mediados o finales del año 2021 (Senado y Congreso, respectivamente). Tras la pandemia, la extensión del voto a distancia adquiere reconocimiento reglamentario, con sendas reformas: del Reglamento del Senado (art. 92) el 27 de abril de 2022 —desarrollada por una Resolución de la misma fecha—, que amplía los supuestos de hecho para el voto remoto (situaciones excepcionales, asistencia a reuniones internacionales), permite la generalización del voto electrónico en determinados supuestos y lo extiende a todas las votaciones plenarias; y del Reglamento del Congreso, de 26 de mayo de 2022 (art. 82.2), para incluir entre los supuestos de posible autorización de emisión de voto telemático las situaciones de especial gravedad y aplicar el mismo régimen de votación a los miembros de las delegaciones permanentes de las Cortes Generales en Asambleas parlamentarias o a los diputados que tuvieran compromisos de representación institucional en el extranjero o en cumbres internacionales o reuniones oficiales, cuando la participación en sus actividades les impida la asistencia a la votación plenaria.

4. Otras cuestiones relacionadas con la indelegabilidad del voto

Algunas normas de los Reglamentos han sido cuestionadas en cuanto a su compatibilidad con la prohibición de delegación de voto contenida en el artículo 79.3 CE. Así, el artículo 148.1 del RC desarrolla el artículo 75.2 CE estableciendo una *presunción de delegación* de la competencia legislativa plena en las comisiones permanentes para todos los proyectos y proposiciones de ley susceptibles de delegación por no versar sobre las materias excluidas por el artículo 75.3 CE. García Martínez, Recoder de Casso, Santaolalla o Punset (como yo misma) dudan de la conformidad de la presunción de delegación con la indelegabilidad constitucional del voto. Más correctamente, el artículo 130 RS exige acuerdo expreso del Pleno en cada caso para la delegación de la competencia legislativa plena respecto a un proyecto o proposición de ley.

También plantea dudas de constitucionalidad el *voto ponderado*, en virtud del cual al voto emitido por el representante de un grupo parlamentario se le otorga el valor correspondiente al número de miembros de dicho grupo en el Pleno de la Cámara. Introducido primero en la práctica, la consagración del voto ponderado aparece en los Reglamentos en relación con las decisiones a adoptar por la Junta de Portavoces (39.4 RC) y las comisiones de investigación (52 RC) del Congreso de los Diputados y por las comisiones para el supuesto de empate en ambas Cámaras (88.2 RC, 100.4 RS, los dos últimos supuestos tras reformas de 16 de junio de 1994 y 24 de octubre de 1995, respectivamente), y en el Senado, al regular la Comisión de Nombramientos (185.2 RS, en el Congreso se establece por la Resolución de la Presidencia de 25 de mayo de 2000); en otras normas de desarrollo reglamentario, para la adopción de acuerdos por las ponencias (en el Senado, Norma interpretativa de 18 de noviembre de 1997; en el Congreso, Resolución de 18 de mayo de 2004, que modifica la de 23 de septiembre de 1986).

En lo que se refiere a la Junta de Portavoces y a las ponencias, al tratarse de órganos cuya composición no refleja la de la Cámara y cuyos acuerdos no sustituyen a los de ésta —siendo de organización los de la primera y de propuesta a la Comisión respectiva los emanados de las ponencias—, no parece que su regulación contradiga el artículo 79.3 CE. Pero plantean más problemas los acuerdos de las comisiones, ordinariamente constituidas en proporción a la importancia numérica de los grupos parlamentarios en el Pleno, cuando en ocasiones, como en el caso de competencia legislativa delegada, expresan la voluntad de la Cámara. De ahí que, con anterioridad a la reforma de 1993, el artículo 88.3 RC —hoy derogado— excluyera del recurso al voto ponderado en caso de empate los procedimientos legislativos en los que la Comisión actuara con competencia legislativa plena, así como las mociones y proposiciones no de ley en comisión, supuestos en que intervendría el Pleno para dirimir el empate no resuelto en varias votaciones. Cabría defender, no obstante, que la ponderación de voto en Comisión no es contraria a la indelegabilidad del voto atendiendo a que las previsiones reglamentarias lo aplican sólo como técnica, no ya para dirimir un empate, sino para entender que este no se produce; también se ha considerado (Ortega Santiago) que la nueva regulación del empate no es contraria a la personalidad e indelegabilidad del voto porque la garantía esencial de esa indelegabilidad está constituida por el requisito necesario para que el voto ponderado se pueda aplicar en comisión, esto es, que se haya producido el empate en la votación, y además que todos los miembros de la Comisión y del mismo grupo parlamentario hayan votado en el mismo sentido.

En alguna ocasión ha sido objeto de debate público el ejercicio del *voto de unos parlamentarios por otros*. La Mesa del Senado, mediante acuerdo de 13 de marzo de 1991, anuló por esta causa las votaciones correspondientes al proyecto de la que sería Ley 18/1991, ordenando su repetición. Formuladas denuncias por falsedad y usurpación de funciones, la Sala Segunda del Tribunal Supremo acordó el archivo de las actuaciones (además de porque tal acto no pudo influir en la decisión y que ésta se repitió con el mismo resultado mayoritario), sobre la base de que estas anomalías deben ser corregidas por las propias Cámaras en aplicación de sus normas reglamentarias internas (ATS 21 septiembre 1992).

Más recientemente, se ha producido el voto por un asistente siguiendo las instrucciones de una senadora con movilidad reducida, que no se encontraba en su escaño. La Mesa del Senado, por Resolución de 13 de febrero de 2017 (que cita la STC 129/2006 en relación con el carácter personal e indelegable del voto), acuerda anular el voto emitido y amonestar a la senadora "por promover la suplantación de su voto, apercibiéndola de que si dicha situación se repite en el futuro, se adoptarán las medidas sancionadoras oportunas".

VI. JURISPRUDENCIA CONSTITUCIONAL SOBRE VOTACIONES

Además de las sentencias y autos reseñados en apartados anteriores, distintos incidentes consecuencia de la introducción del sistema de voto electrónico, en particular en Parlamentos autonómicos, han dado lugar a pronunciamientos del Tribunal Constitucional. Sobre el *voto de un diputado por otro* en el Parlamento Vasco (ni el Estatuto de Autonomía ni el Reglamento del Parlamento Vasco recogían la personalidad e indelegabilidad del voto parlamentario), sea votando efectivamente, sea pulsando el botón de presencia que permite el cómputo de la mayoría, el Tribunal afirma (STC 129/2006 FJ 6): "en ningún caso resulta dudoso que en ambas hipótesis el parlamentario, al pulsar el botón que no le corresponde, está suplantando la personalidad de otro parlamentario y con ello infringiendo el deber de respeto de los procesos y mecanismos de votación, que es en definitiva el fundamento de la subsunción de la conducta en la norma sancionadora". "No resulta baladí recordar que tanto el art. 79.3 CE, al que se refiere el acuerdo sancionador, como los usos parlamentarios determinan el carácter personal e indelegable del voto; de manera que, por formar parte del núcleo esencial de las reglas de ordenación de la función parlamentaria, un parlamentario no puede alegar su desconocimiento sin que dicho desconocimiento implique paralelamente la infracción de la lex artis parlamentaria".

La STC 361/2006 resuelve el recurso de amparo de una diputada del Parlamento Vasco que *alegó no poder votar*, a pesar de que se encontraba en su escaño e intentó accionar el mecanismo electrónico. El Tribunal declara que en un caso en que resulta afectado el derecho fundamental de un parlamentario, "recae sobre los órganos de la Cámara, y en especial sobre su Presidente, la tarea de demostrar que la Diputada tuvo una conducta negligente"; de esta forma se invierte la carga de la prueba y se hace recaer la responsabilidad sobre la Presidencia, lo cual es cuestionable: lo que corresponde a la Presidencia es observar la máxima diligencia, velando por el buen funcionamiento del sistema, porque lo que está en juego no es sólo el derecho al voto de un diputado, sino también que la voluntad de la Cámara sea correctamente expresada y reflejada en el acuerdo adoptado.

VII. BIBLIOGRAFÍA

FERNÁNDEZ RIVEIRA, R. Mª.: *El voto parlamentario*, Centro de Estudios Políticos y Constitucionales, Madrid, 2003.

GARCÍA-ESCUDERO MÁRQUEZ, P.: "¿Es posible repetir las votaciones parlamentarias? ¿Vota el diputado o el grupo parlamentario? A propósito de la STC 361/2006", *Teoría y realidad constitucional*, núm. 20, 2007, pp. 611-631.

- "Voto parlamentario no presencial y sustitución temporal de los parlamentarios", *Corts*, núm. 24, 2010, pp. 81-114.
- "La ductilidad del Derecho parlamentario en tiempos de crisis. Actividad y funcionamiento de los Parlamentos durante el estado de alarma por COVID-19", *Teoría y Realidad Constitucional*, núm. 46, 2020, pp. 271-308.
- "¿Es constitucional el voto por delegación en los parlamentos autonómicos? Comentario a la Sentencia del Tribunal Constitucional 65/2022, de 31 de mayo. Recurso de amparo núm. 2388-2018. (BOE núm. 159, de 4 de julio de 2022)", *Revista de las Cortes Generales*, núm. 114, 2022, pp. 559-575.
- "El debido retorno del Parlamento a los hábitos prepandemia", en TUDELA, J.; KÖLLING, M. (dirs.), *Calidad democrática y Parlamento*, Marcial Pons, Madrid, 2022.
- "Pandemia y voto parlamentario telemático". *Legal Revista del Parlamento Vasco*, nº 4, 2033, pp. 38-59.

DE MIGUEL BÁRCENA, J.: "La personalidad e indelegabilidad del voto y las reformas de los Reglamentos de los Parlamentos autonómicos", *Revista Española de Derecho Constitucional*, núm. 90, 2010, pp. 149-169.

ORTEGA SANTIAGO, C.: "El ejercicio del cargo representativo por el parlamentario ausente", en *La sustitución temporal de los representantes políticos*, Centro de Estudios Políticos y Constitucionales, Madrid, 2009.

PRESNO LINERA, M. A., "La sustitución temporal de los representantes políticos", en *La sustitución temporal de los representantes políticos*, Centro de Estudios Políticos y Constitucionales, Madrid, 2009.

RECODER DE CASSO, E., "Artículo 79", en *Comentarios a la Constitución*, dir. F. Garrido Falla, 3ª ed., Civitas, Madrid, 2001.

VÍRGALA FORURIA, E., "Sobre el concepto de mayoría en el ordenamiento parlamentario español", *Revista de las Cortes Generales*, nº 37, 1996.

VIII. JURISPRUDENCIA RELEVANTE

STC 5/1981, de 13 de febrero, FJ 21.a

STC 179/1989, de 2 de noviembre, FJ 7.

STC 44/1995, de 13 de febrero, FJ 3 y 4.

STC 129/2006, de 24 de abril, FJ 6.

STC 361/2006, de 18 de diciembre.

STC 238/2012, de 13 de diciembre, FJ 4 y 7.
STC 139/2017, de 29 de noviembre, FJ 5.
STC 65/2022, de 31 de mayo.
STC 75/2022, de 15 de junio.
STC 85/2022, de 27 de junio.
STC 92/2022, de 11 de julio.
STC 93/2022, de 11 de julio.
STC 24/2023, de 27 de marzo.
ATS 21 septiembre 1992.

Artículo 80

Las sesiones plenarias de las Cámaras serán públicas, salvo acuerdo en contrario de cada Cámara, adoptado por mayoría absoluta o con arreglo al Reglamento.

COMENTARIO

Piedad García-Escudero Márquez
Catedrática de Derecho Constitucional
Universidad Complutense de Madrid

I. LA PUBLICIDAD PARLAMENTARIA

1. La publicidad parlamentaria, consustancial a la democracia

El Parlamento representativo, propio de la democracia liberal, es un órgano de publicidad, al objeto de que el elector pueda conocer las actuaciones de sus representantes, lo que en su caso determinará el sentido de su voto en las siguientes elecciones. Precisamente porque, como señala De Vega, la representación parlamentaria supone la marginación de la práctica totalidad de los ciudadanos del proceso de discusión y decisión en las Cámaras, cobra significado el principio de publicidad de la actividad parlamentaria, hasta el punto de que sin publicidad de la vida de las asambleas no cabe hablar de democracia representativa.

Deliberación (que está en el origen de la palabra "parlamento") y publicidad son las dos características básicas del Parlamento democrático. Mediante la deliberación, se incorporan a sus decisiones —al menos participando en el debate— todas las fuerzas políticas representadas en el Parlamento. La publicidad hace llegar las distintas posiciones y las decisiones adoptadas a la ciudadanía. Estos dos elementos permiten que, incluso cuando la negociación se desarrolla en sede extraparlamentaria, como ocurre en nuestro Estado de partidos —en el que el sentido de la votación viene determinado de antemano por la disciplina del grupo—, la intervención del Parlamento, representante del pueblo, los legitime. Ello explica, como decía De Otto, que, aun con una defectuosa organización, aun sin haber sido objeto de reformas, el Parlamento sea un órgano eficaz y útil en la legislación, como lugar adecuado para la negociación y mediación entre las partes que conduce a la adopción de decisiones; todo ello siempre que su actuación esté revestida de la indispensable publicidad, porque ni la función legitimadora ni la de integración se pueden localizar al margen del proceso público, de forma que la legitimación impone límites al principio de eficacia en la adopción de decisiones, porque la perspectiva de la eficacia de actuación no puede ser la única a tener presente en la organización del Parlamento.

En estos tiempos de transparencia institucional, a la que dedicaremos un apartado final, puede decirse que el Parlamento ha sido y es la institución más transparente en la toma de decisiones. En efecto, la publicidad es un elemento inherente al procedimiento parlamentario, consagrada bajo el principio "luz y taquígrafos" como consustancial al Parlamento democrático desde su proclamación absoluta por la Constitución francesa de 1791: "Las deliberaciones del Cuerpo legislativo serán públicas y las actas de las sesiones se imprimirán". El principio de publicidad pasaría a la Constitución de Cádiz, cuyo artículo 126 ("Las sesiones de las Cortes serán públicas, y sólo en los casos que exijan reserva podrá celebrarse sesión secreta") se mantiene en el artículo 80 de la vigente referido a las sesiones plenarias salvo acuerdo en contrario de la Cámara.

Los dos componentes del principio de publicidad parlamentaria son reconocidos por la STC 136/1989: "la publicidad de la actividad parlamentaria, que es una exigencia del carácter representativo de las Asambleas en un Estado democrático mediante la cual se hace posible el control político de los elegidos por los electores, ofrece dos vertientes: una, la publicidad de las sesiones; otra, la publicación de las deliberaciones y de los acuerdos adoptados".

2. La publicidad de las sesiones

El artículo 80 CE, en un texto apenas modificado a lo largo de su tramitación, para volver en la Comisión Mixta al inicial del artículo 70 del Anteproyecto (cambiando la conjuntiva "y" del inciso final por la disyuntiva "o"), proclama el carácter público de las sesiones plenarias como regla.

Los Reglamentos del Congreso (RC) y del Senado (RS) distinguen entre las sesiones del Pleno y de las comisiones, declarando el carácter público de las primeras y, en el Congreso, el carácter no público de las segundas (64 RC). No obstante, como se señala a continuación que a las sesiones de las comisiones no secretas pueden asistir los representantes de los medios de comunicación social debidamente acreditados ante la Cámara (también en el 73 RS), podemos concluir que en la era moderna de las comunicaciones en tiempo real y de las imágenes televisivas, tanto las sesiones del Pleno como las de las comisiones son, en principio, públicas, con la única salvedad de que unas y otras difieren en que en las segundas falta uno de los instrumentos de publicidad: el público asistente, que, por otra parte, por su número, tiene un carácter puramente simbólico en el Pleno.

Sentado el principio general de publicidad, en sus dos formas distintas para el Pleno y las comisiones, los Reglamentos establecen los supuestos en que se permiten las sesiones sin publicidad, esto es, las sesiones secretas. Los Reglamentos regulan estas sesiones distinguiendo por una parte aquellas sesiones que deben ser secretas, y por otra estableciendo la posibilidad de que el Pleno y las comisiones acuerden que determinadas sesiones tengan tal carácter.

2.1 Las sesiones plenarias

Las sesiones plenarias del Congreso de los Diputados son públicas, salvo cuando se traten cuestiones concernientes al decoro de la Cámara o de sus miembros, o de la suspensión de un diputado, o se debatan propuestas, dictámenes, informes o conclusiones elaborados en el seno de la Comisión del Estatuto de los Diputados que no afecten a las incompatibilidades parlamentarias, esto es, las relativas a suplicatorios (63.1º y 2º RC; hasta la reforma del RC de 29 de octubre de 2009 eran secretas las sesiones plenarias en que se trataran asuntos procedentes de la Comisión del Estatuto de los Diputados sin excepción, es decir, incluyendo las incompatibilidades). Igualmente, en el Senado se excepcionan las sesiones en que el Pleno es informado de un dictamen sobre un suplicatorio (22.3 RS) o se debate la privación de la asignación a un senador por inasistencia (23.2 RS). Quedan sujetas a la regla general de publicidad las incompatibilidades en el Senado, a diferencia de su debate en comisión.

En ambas Cámaras, el Pleno puede acordar por mayoría absoluta el secreto de la sesión: en el Congreso a iniciativa de la Mesa del Congreso, del Gobierno, de dos grupos parlamentarios o de la quinta parte de los diputados (63.3º RC); en el Senado, a petición razonada del Gobierno o de cincuenta senadores. En la Cámara Baja, planteada la solicitud de sesión secreta, se somete a votación sin debate y la sesión continúa con el carácter que se haya acordado.

2.2 Las sesiones de las Comisiones

Las sesiones de las Comisiones no son públicas (64.1 RC), en el sentido de que no están abiertas al público en general, como los Plenos. No obstante, tienen acceso a ellas los representantes acreditados de los medios de comunicación social, salvo cuando tengan carácter secreto (64.1 RC, 75.1 RS).

Son secretas (a puerta cerrada, según 75.3 RS) las sesiones de las Comisiones cuando así lo acuerdan por mayoría absoluta de sus miembros. La iniciativa corresponde en el Congreso a la respectiva Mesa, al Gobierno, dos grupos parlamentarios o la quinta parte de sus componentes (64.2 RC). Asimismo, son secretas las sesiones (y los trabajos) de la Comisión del Estatuto de los Diputados en el Congreso (64.3 RC) y de Incompatibilidades y Suplicatorios en el Senado, en esta Cámara además de aquellas sesiones o aquellos puntos que tengan por objeto el estudio de cuestiones personales que afecten a senadores (75.2 RS).

En el Congreso de los Diputados, tienen asimismo carácter secreto ("no serán públicas") las sesiones de las comisiones de investigación preparatorias de su plan de trabajo o de las deliberaciones del Pleno, o de deliberación interna. A partir de la reforma reglamentaria aprobada el 16 de junio de 1994 como consecuencia de las filtraciones más o menos parciales del contenido de las sesiones, tienen acceso los medios de comunicación, siguiendo el régimen general de publicidad de las sesiones de comisiones, a aquellas sesiones que tengan por objeto la celebración de comparecencias informativas ante las comisiones de investigación, salvo cuando la comparecencia verse sobre materias declaradas reservadas o secretas conforme a la legislación vigente o cuando, a juicio de la Comisión, los asuntos a tratar coincidan con actuaciones judiciales que hayan sido declaradas secretas (64.4 RC).

Son asimismo secretas en el Congreso de los Diputados, por disposición de otras normas, las sesiones de la Comisión de control de los créditos destinados a gastos reservados (art. 7.3 de la Ley 11/1995, de 11 de mayo, reguladora de la utilización y control de los créditos destinados a gastos reservados), comisión que conoce, asimismo, de la información del Centro Nacional de Inteligencia, reiterando su Ley reguladora (Ley 11/2012, de 6 de mayo, art. 11.1) el carácter secreto de las sesiones; y, a solicitud del Gobierno, de las comisiones que soliciten información sobre una materia clasificada o que sean competentes en la materia sobre la que se facilite información en materia clasificada (apartado sexto de la Resolución de la Presidencia del Congreso de los Diputados sobre secretos oficiales de 26 de abril de 2022).

De Vega cuestionó la amplitud en la posibilidad de adopción por las comisiones del acuerdo para el secreto de sus sesiones. La práctica muestra que no se hace uso de él. No obstante, existe en la doctrina un debate en torno a la publicidad de las comisiones en el procedimiento legislativo, siempre reconociendo, por supuesto, el carácter público de las sesiones en que las comisiones ejerzan competencias legislativas plenas, al amparo del art. 75.2 CE (que no se ha preocupado de exigir este carácter público como garantía explícita, a diferencia de la Constitución italiana, como tampoco los Reglamentos, lo que permitiría el acuerdo de sesión a puerta cerrada). Nuestra opinión en este punto, referida a la publicidad en el procedimiento legislativo, es que cada uno de los tres momentos que se corresponden con la ponencia, la comisión y el Pleno tienen su ámbito propio de actuación y su propio régimen de publicidad, siendo adecuada la escala de menor a mayor publicidad: ponencia reservada, comisión con medios de comunicación, Pleno con asistencia de un público simbólico que se corresponde con su carácter formalizador de todo el proceso anterior, como órgano que representa la soberanía nacional.

No compartimos las propuestas de reforma que pretenden incorporar al público (forzosamente más simbólico aún que en el Pleno) a los debates de comisión. Ni es necesario para el propósito de acercar el Parlamento al electorado (existiendo como existe el canal parlamentario para satisfacer a estudiosos y curiosos, sería trivializar el debate en comisión el que forme parte de las curiosidades parlamentarias a visitar) ni cumple con la función simbólica de representar al electorado en el máximo órgano representativo que es el Pleno. La comisión es un órgano de trabajo, y como tal debe ser respetada su función, sin incorporar elementos que puedan distraer de esa naturaleza.

Es esencial, en cambio, la existencia de los Diarios de sesiones que reflejen las actuaciones de las comisiones. Su importancia ha llevado a su generalización en el Senado, pese al precepto reglamentario (190 RS) que limita su carácter forzoso a las sesiones en que se aprueban definitivamente leyes o celebran sesiones informativas los miembros del Gobierno, y pese a los acuerdos iniciales de la Mesa de la Cámara que daban preferencia a las sesiones informativas sobre las legislativas. El Reglamento del Congreso (art. 96) sí prevé la reproducción íntegra de todas las sesiones de las comisiones que no tengan carácter secreto. Obviamente, aunque su existencia no va dirigida al mismo público que las reseñas en la prensa o la crónica televisiva, constituyen un elemento imprescindible de publicidad.

3. Instrumentos de publicidad

La regulación de los distintos instrumentos que hacen realidad el principio de publicidad parlamentaria, en su doble vertiente de publicidad de las sesiones y reproducción de sus deliberaciones, es la siguiente:

3.1 Acceso a las sesiones

A las *sesiones plenarias* no secretas pueden asistir, además de los miembros de la Cámara y el Gobierno (55.2 RC, 83.1 RS), los funcionarios de las Cortes en ejercicio de su cargo y quienes estén expresamente autorizados por el Presidente (55.3 RC), entre los que se encuentran los periodistas y el público. Los miembros de la otra Cámara pueden asistir a las sesiones del Pleno y de las Comisiones que no tengan carácter secreto (66 RC, 83.2 RS).

La asistencia del *público* a las sesiones plenarias está sujeta a las normas de disciplina parlamentaria, prohibiéndose las manifestaciones de aprobación o desaprobación (107.2 RC, 74 RS; se trata con ello de garantizar la debida libertad en la discusión y evitar el efecto coaccionador de los "galeristas" de las Cortes de Cádiz) o la comunicación en el salón de sesiones con los senadores (74 RS). Quienes perturbaren el orden o faltaren a la debida compostura pueden ser expulsados por el Presidente (107.2 RC, 39 RS), que puede asimismo ordenar que los servicios de seguridad de la Cámara levanten las oportunas diligencias por si los actos producidos pudieran ser constitutivos de delito o falta (107.2 RC), u ordenar su detención y entrega a las autoridades competentes (39 RS) o su puesta a disposición judicial (105 RC).

A las *sesiones no secretas de las Comisiones*, además de los parlamentarios de ambas Cámaras y de los miembros del Gobierno (40.3 RC, 83.1 RS), así como de los asesores de comparecientes, parlamentarios y grupos que autorice la presidencia, pueden asistir, como se ha indicado, los representantes de los medios de comunicación social acreditados, lo que, añadido a los Diarios de sesiones, garantiza la publicidad, que es inmediata cuando se trata de reproducción televisiva en directo.

Sin perjuicio de la asistencia de los representantes de los medios escritos y gráficos, son las propias Cámaras las que graban las sesiones del Pleno y de las comisiones en señal única, que retransmiten en directo o en diferido en el canal parlamentario, dependiendo de la coincidencia de sesiones, y que ofrecen a las distintas cadenas de televisión para que reproduzcan lo que estimen oportuno. Los debates plenarios de mayor importancia a veces se retransmiten en directo, en ocasiones a impulso de los grupos parlamentarios o de los órganos de gobierno de las Cámaras.

La concesión de credenciales a los representantes de los medios de comunicación social para que puedan acceder a los locales y sesiones parlamentarias es regulada por la Mesa de la Cámara (98.2 RC), quien determina los lugares donde deben situarse (73 RS), siendo en el Congreso el Presidente quien ha de autorizar expresamente la realización de grabaciones gráficas o sonoras de las sesiones (98.3 RC). El Reglamento del Congreso prevé que la Mesa adopte las medidas para facilitar a los medios de comunicación social la información sobre las actividades parlamentarias; a tales efectos, existe en el Congreso una Dirección de Comunicación, encargada de las relaciones con los medios de comunicación social. Por Instrucción de la Presidencia de 28 de diciembre de 2011 se regula la información gráfica en la Cámara, para cuyo ejercicio es preciso obtener una acreditación.

3.2 Actas de las sesiones

De las *sesiones del Pleno y de las comisiones* se levanta acta, que contiene una relación sucinta de las materias debatidas, personas intervinientes, incidencias producidas y acuerdos adoptados (65.1 RC, 81.1 RS). Las actas son firmadas por el Presidente y un Secretario del órgano de que se trate (dos Secretarios en el caso del Pleno del Senado, 41.1 RS). En el Congreso, las actas quedan a disposición de los diputados en la Secretaría General y, de no producirse reclamación sobre su contenido en los diez días siguientes a la celebración de la sesión, se entienden aprobadas; en caso contrario, se someten a la decisión del órgano correspondiente en su siguiente sesión (65.2 RC). En el Senado, se leen o se dan por leídas (en las sesiones plenarias, siempre que hayan sido puestas a disposición de los portavoces de los grupos parlamentarios con veinticuatro horas de antelación) para su aprobación, si procede, antes de entrar en el orden del día de la siguiente sesión.

En el Congreso debe levantarse acta de las *reuniones de las Mesas* de las Comisiones, de la que se dará traslado a la Presidencia de la Cámara (Instrucción sobre el funcionamiento de las Comisiones, de 10 de febrero de 1987).

De las *sesiones secretas* se levanta acta taquigráfica, aunque sólo está prevista en el Reglamento del Congreso (art. 96.2), que dispone que su único ejemplar se custodiará en la Presidencia, pudiendo ser consultado por los diputados previo acuerdo de la Mesa, sin perjuicio de que los acuerdos adoptados se publiquen en el Diario de Sesiones salvo que la Mesa de la Cámara decida el carácter reservado de los mismos.

La Mesa del Senado, a petición de una comisión de investigación, puede disponer la reproducción taquigráfica de las declaraciones de testigos, pudiendo la Comisión acordar la incorporación de estas declaraciones al informe que haya de elevar a la Cámara (190 RS), norma en desuso porque tales sesiones suelen ser públicas y por tanto reproducidas en el Diario de Sesiones.

3.3 Publicaciones oficiales

Para garantizar la publicidad de los trabajos y debates de las Cámaras se editan dos publicaciones oficiales: el *Boletín Oficial de las Cortes Generales*, que en sus tres Secciones (Congreso de los Diputados, Senado y Cortes Generales) recoge los textos y documentos cuya publicación sea requerida por los Reglamentos (composición de la Cámara y de los grupos parlamentarios, tramitación de los proyectos y proposiciones de ley, preguntas, interpelaciones, mociones, etc.), sea necesaria para su debido conocimiento y adecuada tramitación parlamentaria o sea ordenada por la Presidencia (97.1 RC, 191 RS); y el *Diario de Sesiones* del Pleno, de la Diputación Permanente y de las Comisiones, que en cada Cámara reproduce íntegramente, dejando constancia de los incidentes producidos, todas las intervenciones y acuerdos adoptados en las sesiones de los órganos citados que no tengan carácter secreto (96.1 RC, 190 RS). Como se ha señalado, en el Senado la exigencia reglamentaria alcanza sólo a las sesiones de Comisiones cuando éstas aprueben definitivamente leyes o celebren sesiones informativas con miembros del Gobierno, aunque la evolución posterior ha hecho que se reproduzcan todas las sesiones. Las que celebran las Comisiones Mixtas de ambas Cámaras se recogen en el Diario de Sesiones de las Cortes Generales.

3.4 Otros instrumentos de publicidad parlamentaria: las nuevas tecnologías

Las nuevas tecnologías han introducido un cambio fundamental en la publicidad parlamentaria, ampliando sus instrumentos más allá de los tradicionales y, en consecuencia, también sus destinatarios potenciales. De la época de la prensa escrita (los cronistas parlamentarios) se pasó a los informadores gráficos, y más tarde (1960-70) a la retransmisión por radio y televisión, con una cierta preocupación por la teatralización del debate y un cambio fundamental en el destinatario del mismo, en adelante el electorado. Los avances son cada vez más rápidos y cualitativamente diferentes: gracias a internet y las páginas web (véanse las Reglas de La Haya de 2010 sobre websites parlamentarios), la documentación parlamentaria es hoy plenamente accesible; los canales parlamentarios permiten seguir los debates —no sólo del Pleno, sino de las comisiones— con una inmediatez temporal e incluso ambiental hasta ahora imposible, salvo para un reducido grupo de público invitado; el correo electrónico y las redes sociales han abierto además nuevos cauces de comunicación con los parlamentarios y la propia institución.

Se han distinguido a este respecto tres etapas, aunque no exactamente sucesivas en el tiempo, en el uso de las tecnologías en el Parlamento (Campos Domínguez): Parlamento electrónico (tecnificación de procedimientos parlamentarios, eparlamento), Parlamento digital (las TICs como instrumento de comunicación parlamentaria) y Parlamento abierto (transparencia y participación: foros, redes sociales), que nos conducen al epígrafe siguiente.

II. PUBLICIDAD PARLAMENTARIA Y TRANSPARENCIA

Al principio tradicional de publicidad parlamentaria, renovado por la irrupción de las TICs, se ha superpuesto el reciente movimiento en favor de la transparencia pública, como intento regenerador frente al descrédito de los actores políticos y de las instituciones, en aumento a partir de la crisis económica mundial que se inicia en 2008.

1. Aplicación de la Ley de Transparencia

Las Cortes Generales y los Parlamentos autonómicos han acogido lo que de regenerador tiene el movimiento por la transparencia de las instituciones plasmado en la Ley 19/2013, de 9 de diciembre, de transparencia, acceso a la información pública y buen gobierno (cuyo Título I —publicidad activa en páginas web y publicidad pasiva o derecho de acceso a la información— por disposición del art. 2.1.f es de aplicación a las Cámaras en relación con sus actividades sujetas al Derecho administrativo), aprobando modificaciones reglamentarias o normas supletorias que amplían al funcionamiento económico administrativo y a los parlamentarios la tradicional transparencia de la actividad parlamentaria mediante los Diarios de sesiones y Boletines Oficiales, a los que se unieron más tarde los canales parlamentarios y las páginas web.

Es importante destacar que, a los efectos de salvaguardar la autonomía parlamentaria, la disposición adicional octava establece que el Congreso de los Diputados, el Senado y las Asambleas Legislativas de las Comunidades Autónomas regularán la aplicación concreta de las disposiciones de la Ley. Ello supone, pues, que ésta no es de aplicación directa en el caso de las instituciones parlamentarias, sino que requiere una regulación propia de cada Cámara, que examinamos a continuación.

Por otra parte, la normativa parlamentaria en materia de transparencia y acceso a la información no comienza a partir de la Ley 19/2013. Sirvan de ejemplo los acuerdos de las Mesas del Congreso de los Diputados y el Senado de 21 de diciembre de 2009 (BOCG nº 247, 14 enero 2010), por el que se aprueban normas en materia de registro de intereses, y de 19 de julio de 2011 (BOCG nº 455, 22 julio 2011), que modifica el anterior. En ellos se establece la publicidad en la sede electrónica de cada Cámara de los Registros de actividades, y posteriormente de bienes, de los parlamentarios, en un formato que no sea susceptible de manipulación por terceros.

En cuanto a la aplicación de la Ley 19/2013 a las Cámaras, el *Senado* fue la primera Cámara de las Cortes Generales en aplicar la Ley. La reforma de su Reglamento aprobada por el Pleno el 5 de junio de 2014 (BOCG Senado nº 362, de 9 de junio) incluye en el artículo 36.1, relativo a las competencias de la Mesa de la Cámara,. la de "aprobar las normas y adoptar las medidas que resulten precisas para garantizar la transparencia de la actividad de la Cámara y el derecho de acceso a la información pública del Senado". El 9 de diciembre de 2014, es decir el día anterior al señalado para la entrada en vigor del Título I de la Ley 19/2013, se publica en el Boletín Oficial de las Cortes Generales la Norma reguladora del derecho de acceso a la información pública del Senado, aprobada por la Mesa de esta Cámara el 2 de diciembre. Esta Norma, de conformidad con su disposición final segunda, entró en vigor el día 10 de diciembre de 2014, por tanto simultáneamente a la Ley de Transparencia.

En el *Congreso de los Diputados*, la Mesa, oída la Junta de Portavoces y al amparo de las facultades que le reconoce el artículo 31.1.1º del Reglamento para adoptar cuantas decisiones y medidas requieran la organización del trabajo y el régimen y gobierno interiores de la Cámara, aprobó en su reunión del día 20 de enero de 2015 las Normas para la aplicación de las disposiciones de la Ley 19/2013, de 9 de diciembre, de transparencia, acceso a la información pública y buen gobierno a la Cámara, en relación con su actividad sujeta a derecho administrativo (BOCG Congreso de los Diputados, nº 595, de 23 de enero). Estas Normas tienen un objeto más amplio que las de la Cámara Alta, por cuanto no sólo regulan el derecho de acceso a la información, sino también la publicidad activa, dedicando su Capítulo II al Portal de Transparencia del Congreso de los Diputados, que ya se había puesto en marcha en el Senado.

Antes de la aprobación de la Ley estatal, algunas *Asambleas autonómicas* se habían involucrado con intensidad en la tarea de la transparencia, como puede apreciarse en los resultados del primer Índice de transparencia de

2013-2014, al que aludimos en el epígrafe siguiente, en el que los dos primeros puestos eran ocupados por los Parlamentos de Cantabria y Navarra, el primero con un 98,8%.

Las leyes autonómicas aprobadas en materia de transparencia y acceso a la información pública contienen un precepto similar al estatal de remisión a la normativa parlamentaria. En materia de publicidad activa, algunos Reglamentos imponen la publicación en la página web de determinados documentos, en ocasiones con un detallismo (así, en los Reglamentos del Parlamento de Andalucía, la Asamblea de Extremadura y las Corts Valencianas) excesivo, más propio de un acuerdo de la Mesa.

2. La trasparencia parlamentaria

En el órgano legislativo existía desde hace tiempo transparencia absoluta en lo que a la actividad parlamentaria se refiere: los Reglamentos regulan la publicidad de las sesiones y trabajos parlamentarios a través de los Diarios de Sesiones y Boletines Oficiales, a los que se han unido más tarde los canales parlamentarios y las páginas web.

En dos direcciones puede extenderse todavía la transparencia de nuestras Cámaras: hacia el llamado Parlamento abierto, que busca una relación bidireccional con el pueblo, aprovechando las nuevas tecnologías de la información que permiten una interacción que fomente la transparencia y la rendición de cuentas, con el objetivo final de combatir la desafección ciudadana y la desconfianza hacia los políticos; y en la transparencia en la gestión de recursos, mediante el acceso a información hasta ahora no publicada, que no está relacionada con las funciones constitucionales de las Cámaras, sino con su funcionamiento económico-administrativo como órgano (contratos, presupuestos, personal) y con sus miembros (retribuciones, intereses..., información que ya es pública).

Una manifestación clara del esfuerzo de nuestros Parlamentos por avanzar en el camino de la transparencia se ha visto en las valoraciones obtenidas en los dos primeros índices de transparencia de los Parlamentos (IPAR) publicados en 2014 y 2016 por la organización Transparencia Internacional. Si ya la primera evaluación, realizada sobre 80 indicadores divididos en seis áreas de transparencia, revelaba un cumplimiento casi pleno de los indicadores relativos a información sobre funcionamiento y actividad parlamentaria y relaciones con los ciudadanos y la sociedad, en la valoración global de la segunda, en la que se añaden nuevos indicadores, la puntuación total de las 19 Cámaras españolas supera el 60 por 100. Queda pendiente mejorar la transparencia económico-financiera y de contratación, sobre todo en el Congreso de los Diputados, y en algunos Parlamentos autonómicos el derecho de acceso a la información.

3. Parlamento abierto

Superada la publicidad tradicional por el principio de transparencia, constituye una preocupación creciente de nuestros Parlamentos (y de las instituciones públicas en general) conseguir establecer una relación bidireccional con los ciudadanos. A ella tienden los contenidos de las páginas web (apartados de relaciones con los ciudadanos o participación), además de los canales parlamentarios de difusión de la actividad, la multiplicación de las jornadas de puertas abiertas o las visitas a las Cámaras, así como la más reciente utilización de las redes sociales.

Sin perjuicio de la iniciativa popular reconocida constitucional y estatutariamente y del derecho de petición, y con independencia de las distintas leyes autonómicas en materia de participación ciudadana y gobierno abierto —referidas al Ejecutivo—, se han incluido ya en los Reglamentos parlamentarios autonómicos medidas de participación de la ciudadanía, tales como foros en cuestiones de actualidad, admisión de sugerencias y aportaciones por vía electrónica, audiencia de organizaciones de intereses como trámite ordinario en el procedimiento legislativo, aportaciones a los procesos legislativos... Un simbólico paso más supone reconocer en algún Parlamento a asociaciones representativas de intereses la posibilidad de presentar enmiendas al articulado a las iniciativas legislativas (que deben ser asumidas por un grupo parlamentario para su tramitación, pero de las que ha de citarse la autoría), y preguntas de iniciativa ciudadana, que asimismo debe asumir un diputado haciendo constar su autor.

El Congreso de los Diputados y el Senado, con unos Reglamentos de 1982 parcialmente obsoletos pero difíciles de reformar por razones políticas (salvo modificaciones puntuales) incluso en la era del bipartidismo, tienen pendiente el avance hacia el Parlamento abierto, por más que las Cámaras hayan perseguido el acercamiento a la sociedad por otros medios desde hace tiempo, en particular recientemente mediante el reforzamiento y la —relativa— modernización de sus páginas web, así como con la aprobación de un Código de Conducta de las Cortes por Acuerdo de las Mesas del Congreso y del Senado de 1 de octubre de 2020.

III. BIBLIOGRAFÍA

CAMPOS DOMÍNGUEZ, E.: "Historia, concepto y evolución del Parlamento 2.0", en RUBIO NÚÑEZ, R. (coord.), *Parlamentos abiertos. Tecnología y redes para la democracia*, Congreso de los Diputados, Madrid, 2013.

DE VEGA GARCÍA, P.: "El principio de publicidad parlamentaria y su proyección constitucional", *Revista de Estudios Políticos*, núm. 43, 1985, pp. 45-65.

GARCÍA-ESCUDERO MÁRQUEZ, P.: "Regeneración del Parlamento, transparencia y participación ciudadana", *Teoría y Realidad Constitucional*, núm. 36, 2015, pp. 171-216.

– *El procedimiento legislativo ordinario en las Cortes Generales*, Centro de Estudios Políticos y Constitucionales, Madrid, 2006.

MORÁN NAVARRO, S. A.: *La publicidad parlamentaria*, Facultad de Derecho Universidad Complutense de Madrid, Madrid, 2012.

MURILLO FERROL, F.: "Publicidad parlamentaria", *Revista de la Facultad de Derecho de la Universidad Complutense*, núm. 64, 1988-1989.

DE OTTO, I.: "La función política de la legislación", en *Parlamento y sociedad civil*, Universidad de Barcelona, Barcelona, 1988.

RUBIO NÚÑEZ, R., VELA NAVARRO-RUBIO, R., *El Parlamento abierto en el mundo, evolución y buenas prácticas. 125 instrumentos de apertura parlamentaria*, Fundación Giménez Abad, Zaragoza, 2017.

IV. JURISPRUDENCIA

STC 136/1989, de 19 de julio.

CAPÍTULO SEGUNDO
DE LA ELABORACIÓN DE LAS LEYES

Artículo 81

1. Son leyes orgánicas las relativas al desarrollo de los derechos fundamentales y de las libertades públicas, las que aprueben los Estatutos de Autonomía y el régimen electoral general y las demás previstas en la Constitución.

2. La aprobación, modificación o derogación de las leyes orgánicas exigirá mayoría absoluta del Congreso, en una votación final sobre el conjunto del proyecto.

COMENTARIO

Luis Martín Rebollo
Catedrático de Derecho Administrativo
Profesor emérito
Universidad de Cantabria

I. ORÍGENES Y FINALIDAD DE LAS LEYES ORGÁNICAS

La Ley orgánica tal y como se contempla en el art. 81 del texto constitucional es una completa novedad en nuestro constitucionalismo histórico que nunca había contemplado tal figura. Existían, sí, Leyes "orgánicas" pero en el sentido primigenio de la expresión, esto es, leyes que regulaban algunos "órganos" del Estado. Prototípicamente la vieja Ley *orgánica* del Poder Judicial de 1870 o, más recientemente, la Ley *orgánica* del Consejo de Estado, de 1944. Pero ambas Leyes no obedecían a los criterios y postulados que parecen subyacer en el art. 81 y poco o nada tenían que ver con ellos sin perjuicio de que, al final, los dos ámbitos regulados por las Leyes "orgánicas" que acabo de citar, tras la Constitución de 1978 acabaran para el futuro exigiendo también Leyes orgánicas en el sentido del art. 81.

1. ¿Cuál fue entonces el origen de la Ley orgánica y cuál su razón de ser? La Ley orgánica aparece con tal nombre desde el principio en el Anteproyecto de la Constitución, aunque su contenido y regulación cambió en el texto definitivo. La previsión partía de considerar un contenido material o sustantivo (las materias que habrían de ser objeto de ley orgánica) y un régimen jurídico formal (la aprobación de la Ley por mayoría absoluta del Congreso). Este régimen formal se mantuvo prácticamente igual desde el primer texto del Anteproyecto constitucional; no así el contenido sustantivo. Obsérvense en el cuadro adjunto las diferencias entre la primera y la última versión.

ANTEPROYECTO	TEXTO DEFINITIVO
1. Son leyes orgánicas las relativas al desarrollo de los Títulos I y II de la Constitución, a la organización de las instituciones centrales del Estado, las que aprueben los Estatutos de Autonomía y el régimen electoral general	1. Son leyes orgánicas las relativas al desarrollo de los derechos fundamentales y de las libertades públicas, las que aprueben los Estatutos de Autonomía y el régimen electoral general y las demás previstas en la Constitución.
2. Las leyes orgánicas deberán ser aprobadas, modificadas o derogadas por mayoría absoluta del Congreso.	2. La aprobación, modificación o derogación de las leyes orgánicas exigirá mayoría absoluta del Congreso, en una votación final sobre el conjunto del proyecto.

La previsión del Anteproyecto fue objeto de algunas enmiendas, pero pasó por el Congreso sin apenas debate. Alianza Popular, Herri Batasuna y Raúl Morodo por el Grupo Mixto propusieron la supresión del precepto. El Grupo Socialista (y el entonces Grupo Socialista de Catalunya) propuso la sustitución del apartado 1 por este otro: "Son leyes orgánicas las relativas al desarrollo de las libertades públicas, a la organización de los poderes del Estado, las que aprueben los Estatutos de Autonomía y el régimen electoral general y las demás establecidas en la Constitución". Una redacción que si, por un lado, reducía el ámbito de las leyes orgánicas (en vez de aludir al desarrollo de los Títulos I y II se limitaba al de las libertades públicas) por otro lo ampliaba al sustituir la referencia a las "instituciones centrales" por "la organización de los poderes del Estado" que, fácilmente, había que considerar como un concepto más amplio. Y añadía, además, la cláusula final que consta en el texto definitivo: las demás que prevea la propia Constitución.

Por su parte, la UCD enmendó el artículo aceptando suprimir la referencia al desarrollo de los Títulos I y II e incluir el añadido de "los demás supuestos que la Constitución establezca". Su enmienda decía así: "Son leyes orgánicas las relativas a la organización de las instituciones centrales del Estado, las que aprueben los Estatutos de Autonomía, la ley electoral general y los demás supuestos que la Constitución establezca".

La ponencia aceptó la propuesta socialista en el cambio que ésta proponía ("son leyes orgánicas las relativas al desarrollo de las libertades públicas") y en el añadido final. Y mantuvo la referencia a "la organización de las instituciones centrales del Estado". En el Senado el texto sufrió algún interesante cambio. No en el apartado 1, referido a los supuestos materiales que exigen ley orgánica, pero sí en cuanto al régimen jurídico pues la Comisión y luego el Pleno añadieron que cuando se tratara de leyes orgánicas que se refirieran a los Estatutos de Autonomía o en los supuestos de delegación de competencias estatales a las Comunidades autónomas dichas leyes "necesitarán también ser aprobadas por mayoría absoluta del Senado".

Fue en el Senado donde se produjo el único y pequeño debate protagonizado, sobre todo, por el senador Ollero que empezó refiriéndose al carácter amplio e integrador de la Constitución; característica que debía considerarse un acierto pero que se convertiría en error, dijo, si la "legislación constitucional complementaria", esto es, las leyes orgánicas, tuvieran un campo de acción excesivamente amplio. No puede, no debe haber —concluyó— "una abusiva remisión a las leyes orgánicas de materias y cuestiones que han debido quedar especificadas con claridad en el texto". Porque de darse esa ampliación material, "¿de qué nos serviría esa rigidez [la del texto constitucional] si, a través de las leyes orgánicas, una avispada y circunstanciada mayoría absoluta de Diputados puede alterar sensiblemente parte del contenido y del espíritu de nuestra ley fundamental?". Sería "una puerta abierta para convertir el poder legislativo en una especie de poder constituyente permanente". Su intervención, que ponía certeramente el acento en un aspecto importante, no se traducía sin embargo en la supresión de la figura sino, al contrario, en incluir requisitos más severos para ciertas leyes orgánicas; establecer para ellas una especie de "reserva constitucional" para "algunas", no todas, las materias inicialmente previstas.

En línea parcialmente coincidente con el discurso del Senador Ollero —no con la propuesta final de la superrigidez— se expresó el senador Martín-Retortillo quien, aun aceptando la exigencia de una mayoría reforzada para ciertas leyes, cuestionó, de un lado, el nombre previsto para este tipo de leyes (recordando justamente que ese mismo nombre se había dado en el pasado a algunas leyes de carácter organizativo, que nada tenían que ver con las pretensiones del proyecto) y, de otro, criticó el carácter potencialmente expansivo de los conceptos utilizados proponiendo unos límites más precisos.

No puedo ahora por razones de espacio detallar el devenir del precepto, pero lo cierto es que las voces críticas hallaron cierto eco en el texto final que se debe al trabajo de la Comisión mixta y en el que desaparece la referencia a las instituciones centrales o fundamentales del Estado y se reduce la referencia inicial a un concepto más preciso, el "desarrollo de los derechos fundamentales y de las libertades públicas" que remitía, sin decirlo, a la literal previsión de la Sección primera del Capítulo II del Título I de la Constitución, esto es, a los arts. 15 a 29, lo que, en línea con algunas de las intervenciones citadas, limitaba el ámbito material del precepto.

La exigencia formal de la mayoría absoluta del Congreso se mantuvo sustancialmente igual sin más añadidos que la referencia a la "votación final sobre el conjunto". La Comisión mixta suprimió la propuesta del Senado para el caso de los Estatutos de Autonomía a que me acabo de referir.

He ahí, pues, en síntesis, el origen de una institución, la de las Leyes Orgánicas, que fue una novedad constitucional y que ha dado pie a algunos fallos destacados del Tribunal Constitucional para terminar de concretar sus perfiles. Me referiré de inmediato a la doctrina jurisprudencial más significativa, pero antes debo terminar con la respuesta a la pregunta que retóricamente antes me hacía, es decir, el porqué de este tipo de Leyes.

2. Más allá de lo acertado o no de su denominación el sentido político de la previsión está sugerido en la intervención del Prof. Ollero en el Senado a la que me acabo de referir. Se trataba de prolongar el consenso constitucional en algunas materias cuya concreción quedó aparcada en aras, justamente,

del propio consenso y para permitir avanzar en el texto de la Constitución, en el sobreentendido de que, siendo improbables mayorías absolutas de un solo partido, el desarrollo o concreción de lo que quedaba aparcado sólo sería posible con un pacto entre partidos de características similares al que subyacía en la redacción del texto constitucional.

La exigencia excepcional de mayoría absoluta para el desarrollo de ciertas materias —que es la principal característica de las Leyes orgánica— halla su razón de ser, como digo, en el hecho de que en la elaboración de la Constitución se fueron dejando aparcados el desarrollo o la concreción de algunos temas especialmente sensibles, bien para no alargar en demasía el texto, bien como medio de consolidar el acuerdo, esto es, el consenso que caracterizó la aprobación de un texto en el que todos cedieron algo en aras de una asunción ampliamente mayoritaria del resultado final. Pues bien, la Ley Orgánica supone un pacto que prolonga ese consenso, que evita las desconfianzas al imponer la exigencia de unas mayorías que se pensaba obligaban al acuerdo entre, al menos, los grandes partidos en el caso de normas especialmente importantes como los Estatutos de autonomía, la ley electoral o las leyes de desarrollo de los derechos fundamentales.

Muy pronto la realidad electoral posterior constató que el presupuesto o sobreentendido subyacente de la previsión desaparecía. Cuatro años después, en octubre de 1982 (II Legislatura, 1982-1986), el Partido socialista obtuvo la primera mayoría absoluta (202 diputados); mayoría que repitió en la III Legislatura (1986-1989), con 184 diputados. Años después el Partido Popular obtuvo de nuevo mayoría absoluta en la VII Legislatura (2000-2004), con 183 diputados y aun en la X (2011-2016), con 186. Es decir, durante casi la mitad de los 45 años de democracia postconstitucional el partido del Gobierno ha gozado de mayoría absoluta en el Congreso. Ese dato formal rompía el presupuesto inicial, el sobreentendido al que acabo de referirme, es decir, posibilitaba al partido gobernante con tal mayoría aprobar o modificar cualquier Ley, orgánica o no, es decir, posibilitaba romper el consenso al que remitía la previsión constitucional de la mayoría absoluta. Y, sin embargo, hay que decir que, salvo en un par de ámbitos a los que luego me referiré, las leyes orgánicas aprobadas bajo las mayorías absolutas a que he hecho mención no fueron luego modificadas o derogadas cuando hubo mayorías absolutas de diferente signo, lo que, al margen de lo que sucediera en el proceso de elaboración y aprobación parlamentaria de cada una de ellas, permite concluir que, en la práctica, el acuerdo básico de 1978 ha subsistido en la mayoría de los casos.

II. SOBRE LA NATURALEZA Y EL RÉGIMEN JURÍDICO DE LAS LEYES ORGÁNICAS

En cuanto a la naturaleza de las Leyes orgánicas el primer problema que en seguida se planteó fue el de su carácter formal o material. Si se hubiera dado prevalencia a lo primero eso hubiera significado que podrían aprobarse leyes orgánicas respecto de cualquier materia siempre que obtuvieran la mayoría absoluta y se calificara la Ley como tal Ley Orgánica. Si lo segundo, eso quería decía que no son posibles más leyes orgánicas que las que se refieran a las "materias" que menciona el art. 81, sin perjuicio de que, *además*, se necesite la aprobación de la Ley con la ya mencionada mayoría cualificada.

El Tribunal Constitucional se decantó en seguida por el segundo punto de vista. Esto es, elaboró un *concepto material* de Ley Orgánica por contraposición a otro formal que podía deducirse del inciso final del art. 28.2 de la Ley Orgánica 2/1979, del Tribunal Constitucional, según el cual, el Tribunal podrá declarar inconstitucional por infracción del art. 81 CE, una Ley que no hubiera sido aprobada con el carácter de orgánica en el caso de que hubiera regulado materias reservadas a Ley Orgánica o implique modificar o derogar una Ley aprobada con tal carácter "*cualquiera que sea su contenido*". Ese "cualquiera que sea su contenido" —expresión en la que podía fundarse un concepto formal de ley orgánica— dio lugar a un breve debate doctrinal que fue zanjado de inmediato por el Tribunal Constitucional, que, como digo, rechazó desde el primer momento la tesis del carácter formal de la Ley orgánica. Y ello porque, también desde el primer momento y más allá de la hermenéutica formal que se deducía directamente del prevalente art. 81, tuvo en cuenta el origen y la razón de ser de la Ley orgánica. La consecuencia es obvia: no toda Ley que se apruebe formalmente por mayoría absoluta del Congreso puede ser orgánica, sino, como ya he dicho, únicamente aquellas que se refieran a las "materias" a que, de modo expreso y cerrado, alude el art. 81.1 CE, aunque quepan también algunas materias conexas y se haya acabado por permitir la existencia de leyes parcialmente orgánicas, esto es, leyes calificadas como orgánicas, pero que incluyen preceptos no orgánicos. La modificación de esos preceptos no orgánicos no exige, claro es, los requisitos formales de la Ley Orgánica, a pesar de que en la tramitación parlamentaria se ha instalado la práctica de someter *toda* la Ley a la votación final sobre el conjunto que el art. 81.2 CE exige, en principio, sólo para las Leyes orgánicas.

El inicial debate sobre el carácter material o formal de las Leyes Orgánicas fue, en su momento, importante porque si hubiera prosperado un criterio meramente formal de Ley Orgánica ello hubiera supuesto que para que una Ley fuera orgánica bastaría declararla como tal y ser aprobada por mayoría absoluta del Congreso en una votación final sobre el conjunto, fuera cual fuera la materia a que se refiriera. El efecto de congelación de rango conduciría a que cualquier modificación de esas Leyes necesitaría también mayoría absoluta. Y, como ha dicho el TC,

> "llevada a su extremo, la concepción formal de Ley Orgánica podría producir en el ordenamiento jurídico una petrificación abusiva en beneficio de quienes en un momento dado gozasen de la mayoría parlamentaria suficiente y en detrimento del carácter democrático del Estado, ya que nuestra Constitución ha instaurado una democracia basada en el juego de las mayorías, previendo tan sólo para supuestos tasados y excepcionales una democracia de acuerdo basada en mayorías cualificadas o reforzadas.
>
> Por ello hay que afirmar que si es cierto que existen materias reservadas a Leyes orgánicas (art. 81.1 CE) también lo es que las Leyes Orgánicas están reservadas a estas materias y que, por tanto, sería disconforme con la Constitución la Ley orgánica que invadiera materias reservadas a la Ley ordinaria" (STC 5/1981, de 13 febrero).

La doble consecuencia del carácter material de la Ley orgánica es que una ley ordinaria no podrá regular las materias reservadas a la Ley orgánica, de la misma manera que una ley orgánica sólo podrá regular, precisamente, esas materias. La jurisprudencia del TC avala ambos postulados y, así, se pueden citar tanto Sentencias que anulan preceptos de leyes ordinarias por regular materias que deberían haber sido contempladas en una Ley orgánica como supuestos en los que se anula una Ley orgánica por regular materias que no pueden tener ese carácter. Así, como ejemplo de lo primero, cabe citar las

SSTC 160/1986, 118 y 119/1992 que anulan preceptos de leyes ordinarias por el alcance penal que contienen. Y en sentido contrario, como ejemplo de lo segundo, se puede citar la STC 76/1983, sobre la llamada LOAPA (ley orgánica y de armonización del Proceso Autonómico), en la que el Tribunal señala que la citada Ley no podía ser orgánica justamente porque las materias que regulaba no eran subsumibles en el art. 81 CE.

La aceptación de leyes parcialmente orgánicas vino a suponer una cierta flexibilidad para permitir contemplar en el mismo texto legal materias propias de la Ley orgánica y otras que no lo son pero que guardan con las primeras alguna relación. No es necesario, sin embargo, insistir en que, en esos casos, como ya dije, la congelación de rango (orgánico) sólo se predicará, precisamente, de los aspectos materiales que guarden ese carácter.

III. LOS ÁMBITOS MATERIALES

Establecido así el carácter material de las leyes orgánicas reducidas a los supuestos tasados en el art. 81.1 CE, el debate giró luego sobre la delimitación de esas materias. La aprobación de los Estatutos de autonomía no planteaba problema alguno. El ámbito más discutido fue la expresión "desarrollo de los derechos fundamentales". De la doctrina del TC se deduce un criterio restrictivo, de modo que hay que entender que esa expresión se refiere solamente a los preceptos incluidos en la Sección primera del Capítulo segundo del Título I (arts. 15 a 29) y, además, el término "desarrollo" ha de interpretarse en un sentido igualmente restrictivo, exigiéndose que se trate de un desarrollo frontal y directo de esos preceptos, no bastando, para que sea precisa ley Orgánica, una mera afección o incidencia indirecta.

En cuanto a la expresión "régimen electoral general" se incluye en ella tanto la regulación de las elecciones al Congreso y al Senado como la de las elecciones locales. Así lo estableció el TC en la STC 38/1983, según la cual la expresión "régimen electoral general" debe interpretarse en tal sentido pues, en efecto, la remisión a la ley de los arts. 68.1 (elecciones al Congreso) y 140 (elecciones locales) debe integrarse con el art. 23.1, referido al derecho del sufragio; derecho cuyo desarrollo, conforme al art. 81 CE, exige ley orgánica. Se reserva así a la Ley Orgánica la regulación del régimen electoral general, tanto de las elecciones generales como de las municipales o locales. La Ley orgánica 5/1985, del Régimen electoral general, regula ambos procesos.

Finalmente, son Leyes orgánicas las previstas con tal carácter en la propia Constitución, donde, efectivamente, se contiene una lista muy heterogénea en los siguientes preceptos: art. 8 (Defensa Nacional), art. 54 (Defensor del Pueblo), art. 55 (suspensión individual de derechos), art. 57 (abdicación del Rey), art. 69 (elección de senadores subsumible en la previsión genérica del régimen electoral general en el art. 81), art. 87 (iniciativa legislativa popular), art. 92 (modalidades de referéndum), art. 93 (tratados de adhesión a organizaciones supranacionales), art. 104 (Fuerzas y cuerpos de seguridad), art. 107 (Consejo de Estado), art. 116 (estados de alarma, excepción y sitio), art. 122 (Poder judicial), art. 135 (estabilidad presupuestaria), art. 136 (Tribunal de cuentas), art. 141 (alteración de límites provinciales), art. 144 (supuestos excepcionales de constitución de Comunidades autónomas), art. 147 (reformas estatutarias, subsumible en la previsión genérica del art. 81), art. 149.1.29 (remisión a Ley de Fuerzas y Cuerpos de seguridad), art. 150.2 (transferencia o delegación de competencias estatales a las Comunidades autónomas), art. 151 (remisión a la Ley del referéndum), art. 157 (financiación autonómica), arts. 161, 162 y 165 (Tribunal Constitucional), DT 5ª (Estatutos Ceuta y Melilla). O sea, unas 25 referencias, que en realidad contienen 19 supuestos de Leyes orgánicas, presentes en los arts. 8, 54, 55, 57, 87, 92, 93, 104, 107, 116, 122, 135, 136, 141, 144, 150.2, 157, 165 y DT 5.

1218 En todas las materias objeto de Ley Orgánica no caben las delegaciones legislativas (art. 82 CE). Tampoco el Decreto-ley (art. 86 CE), la iniciativa legislativa popular (art. 87 CE) o la competencia legislativa plena de las Comisiones del Congreso (art. 75.3 CE). Desde el punto de vista de su tramitación parlamentaria la ley orgánica sigue el procedimiento legislativo común, pero requerirá, como nos consta, el voto favorable de la mayoría absoluta de la Cámara en una votación final sobre el conjunto del texto (art. 131 del Reglamento del Congreso). Si con posterioridad el Senado, al conocer del proyecto, opusiera su veto la ratificación del texto inicial y el levantamiento del veto o la aceptación de enmiendas introducidas por el Senado requerirá también el voto favorable de la mayoría absoluta de los miembros del Congreso.

IV. OTRAS CUESTIONES

Especial importancia tiene el problema de las relaciones entre la Ley Orgánica y la Ley autonómica. A ello se han referido las SSTC 173/1998, de 23 julio y 135/2006, de 27 abril, en recursos de inconstitucionalidad contra las Leyes de Asociaciones del País vasco y Cataluña, respectivamente. Destaca allí el Tribunal que la reserva de Ley Orgánica no es, en cuanto tal y por sí sola, un título competencial específico a favor del Estado. En este sentido reitera la doctrina ya expuesta en la anterior STC 137/1986, de 6 noviembre. La Ley orgánica, cuando incide en materias sobre las que las Comunidades Autónomas poseen competencias, constituye ciertamente un "prius" del que necesariamente hay que partir, pero dicha Ley orgánica no puede agotar la regulación de la materia cuando, como digo, una Comunidad tiene competencias legislativas que inciden sobre ella. Se imponía, pues, establecer un criterio de delimitación del ámbito reservado a la Ley Orgánica y el ámbito competencial autonómico. "Lo que está constitucionalmente reservado a la Ley Orgánica —dirá el TC— es la regulación de determinados aspectos esenciales para la definición del derecho, la previsión de su ámbito y la fijación de sus límites en relación con otras libertades". En definitiva, corresponde a la Ley Orgánica "la regulación de los aspectos esenciales, el desarrollo directo del derecho fundamental en abstracto" (no así, pues, todo el desarrollo del derecho) y al legislador ordinario (estatal o autonómico) la regulación de la materia sobre la que se proyecta ese derecho. Pauta interpretativa que el propio TC reconoce que, a veces, no será de fácil aplicación.

He aquí, pues, los aspectos esenciales de este tipo de Leyes "de complemento o desarrollo constitucional" a cuya función principal ya me he referido; función en cierto modo prolongadora del trabajo constituyente que ha sido imitada por algunas previsiones estatutarias, que han introducido lo que podríamos denominar la ley "orgánica" autonómica. Se trata de previsiones que sobre la base del modelo estatal contempla, por ejemplo, el Estatuto de Cataluña que somete la aprobación de ciertas leyes a un *quorum* reforzado como el de las Leyes orgánicas. Así, el art. 62.2 del citado Estatuto (LO 6/2006) dispone que son "leyes de desarrollo básico del Estatuto" las que regulan una serie de materias (las mencionadas en los arts. 2.3, 6, 37.2, 56.2, 67.5, 68.3, 77.3, 79.3, 81.2 y 94.1); leyes cuya aprobación o modificación "requieren el voto favorable de la mayoría absoluta del Pleno del Parlamento en una votación final sobre el conjunto".

V. ANÁLISIS EMPÍRICO DE LA PREVISIÓN CONSTITUCIONAL: EL NÚMERO DE LEYES ORGÁNICAS

Queda, finalmente, una referencia a la realidad empírica, al uso que se ha hecho de la previsión constitucional. Y aunque no me puedo detener en un análisis más amplio cabe decir que hasta el final de la XIV Legislatura (mayo de 2023) se han aprobado 384 Leyes orgánicas a lo largo de catorce legislaturas, distribuidas del siguiente modo:

LEGISLATURAS	Gobiernos	Leyes de desarrollo de derechos y libertades (incluida Ley electoral) y sus respectivas reformas	Estatutos de Autonomía y otras leyes relacionadas con las CC.AA. (incluidas Leyes de delegación o transferencia)	Leyes orgánicas singularmente previstas en la Constitución (y sus reformas)	TOTAL
I (1979-1982)	UCD	9	17	12	38
II (1982-1986)	PSOE	26	5	10	41
III (1986-1989)	PSOE	15	1	2	18
IV (1989-1993)	PSOE	14	8	2	24
V (1993-1996)	PSOE	19	15	4	38
VI (1996-2000)	PP	19	12	9	40
VII (2000-2004)	PP	27	3	11	41
VIII (2004-2008)	PSOE	21	6	6	33
IX (2008-2011)	PSOE	12	2	12	26
X (2011-2016)	PP	18	2	21	41
XI (2016) _	PP (en funciones)	–	–	–	–
XII (2016-2018)	PP PSOE	2 4	- 2	1 2	3 8
XIII (2019)	PSOE	-	-	-	-
XIV (2019-2023)	PSOE/UP	24	4	6	34
TOTAL		210	77	98	385

Toda clasificación es convencional y ésta aún más habida cuenta de que, con frecuencia, hay leyes que pueden ubicarse en más de una de las columnas del cuadro. Con todo, la clasificación aproximativa sugiere algunas reflexiones que, por razones de espacio, no puedo detallar, pero que enuncio telegráficamente.

En primer lugar, no parece haber un sesgo claro de carácter cuantitativo en las legislaturas en las que el partido del Gobierno gozó de mayoría absoluta (la II, III, VII y X) y aquellas otras en las que no hubo tal mayoría, lo que sugiere que no ha habido excesivas discrepancias o que, cuando las ha habido, se han logrado superar y las Leyes aprobadas en una legislatura se han mantenido luego cuando ha cambiado el signo ideológico de la mayoría parlamentaria. Esto se observa en la mayor parte de las Leyes de desarrollo de derechos fundamentales y es un dato positivo al que indirectamente me referí más atrás y que importa destacar. Con todo, siendo eso globalmente así, destacan dos ámbitos donde sí se han mantenido las discrepancias y, en consecuencia, ha habido cambios significativos en las leyes reguladoras. Me refiero al régimen de la extranjería y al ámbito educativo. En el caso de los derechos de los extranjeros la inicial Ley orgánica 7/1985 fue derogada por LO 4/2000 y ésta modificada en numerosas ocasiones (LLOO 8/2000, 11/2003, 14/2003, 2/2009, 10/2011, 16/2012, 4/2013, 4/2015, 8/2015 y 10/2022). En el ámbito educativo ha subsistido la discrepancia y se han sucedido varias Leyes principales que han otorgado al sistema cierto grado de inestabilidad y confusión. Hay que citar, así, además de la LO 8/1985, reguladora del derecho a la educación (formalmente vigente, pero sustancialmente afectada por diversas Leyes posteriores), las Leyes articuladoras del sistema, entre ellas, la LO 1/1990, de Ordenación General del Sistema educativo, la LO 9/1995, de la participación, la evaluación y el gobierno de los centros docentes o la LO 10/2002, de Calidad de la Educación, las tres derogadas por la LO 2/2006, de Educación, que es ahora la norma de referencia, aunque sustancialmente modificada, primero por LO 8/2013, de mejora de la calidad educativa, y, después, sobre todo, por la LO 3/2020, de 29 diciembre, que en realidad es prácticamente una nueva Ley completa. Todas ellas, a su vez, objeto de algunas otras reformas menores; lo cual, como digo, ha propiciado un cierto grado de inestabilidad en un ámbito donde la estabilidad parece una exigencia obligada pensando en que la educación juega siempre a largo plazo.

Hay que destacar, en todo caso, que la mayoría de las Leyes de desarrollo directo de los derechos y libertades se aprobaron en los primeros años de vigencia de la Constitución, entre 1980 (LO 7/1980, de Libertad Religiosa) y 1985 (LO 11/1985, de Libertad Sindical), lo que debe ser igualmente resaltado y dice positivamente mucho de la labor de aquellas primeras Cortes. Entre esas dos fechas cabe citar, por ejemplo, las Leyes orgánicas 1/1982 (protección civil del derecho al honor, a la intimidad personal y familiar y a la propia imagen), 9/1983 (derecho de reunión), 11/1983 (Reforma Universitaria), 2/1984 (derecho de Rectificación), 6/1984 (procedimiento de "habeas corpus"), 5/1985 (régimen electoral general), 7/1985 (derechos y libertades de los extranjeros) y 8/1985 (derecho a la educación), aunque algunas de ellas, como ya se ha dicho, hayan sufrido luego varias modificaciones. Del núcleo principal de los derechos individuales sólo quedaba la Ley del derecho de asociación, que se aprobó en 2002 (LO 1/2002).

Debe resaltarse también que el grueso de las Leyes orgánicas ubicables en esta columna o apartado se corresponden con leyes que inciden en aspectos penales y deben ser aprobadas, en esa parte al menos, como leyes orgánicas. Se trata de leyes de reforma de la legislación penal anterior al Código de 1995 (unas 35 leyes) o bien leyes de reforma directa del Código de 1995, aprobado por LO 10/1995, que también han muy sido abundantes (unas 45 veces hasta principios de 2023).

Por lo que se refiere a las Leyes orgánicas contempladas nominativamente en la Constitución la mayoría se aprobaron muy pronto, algo que de nuevo debe ser destacado. En los apenas seis años que van desde la LO 2/1979 (del Tribunal Constitucional) hasta la LO 2/1986 (de Cuerpos y Fuerzas de Seguridad) se aprobaron otras diez Leyes principales: modalidades de referéndum (LO 2/1980), Consejo de Estado (LO 3/1980), Defensa Nacional (LO 6/1980), Financiación autonómica (LO 8/1980), Suspensión individual de derechos (LO 11/1980), Defensor del Pueblo (LO 3/1981), Estados de alarma (LO 4/1981), Tribunal de Cuentas (LO 2/1982), Iniciativa legislativa popular (LO 3/1984) y Poder Judicial (LO 6/1985). Las demás son, casi todas, reformas de otras anteriores y entre ellas destacan las reformas de la Ley Orgánica del Poder Judicial que, hasta 2023, ha sido afectada, de forma directa o indirecta (es decir, al hilo de otras leyes de reforma) nada menos que en 70 ocasiones.

Finalmente hay que recordar que los 17 Estatutos de Autonomía (que deben ser aprobados mediante Ley orgánica) estaban todos aprobados en febrero de 1983. Luego, además de algunas reformas menores (LLOO 1 a 7/1991, para determinar el momento de las elecciones autonómicas en 7 Comunidades Autónomas: Murcia, Madrid, Asturias, C. Valenciana, Extremadura, Castilla-La Mancha y Cantabria), ha habido tres oleadas de modificaciones y cambios importantes. La primera entre 1994 y 1996 supuso una ampliación competencial significativa subsiguiente a los Pactos de 1992 y a la posterior LO de transferencias 9/1992 y afectó a 11 Comunidades Autónomas (LLOO 1 a 11/1994, referidas a Asturias, Cantabria, La Rioja, Murcia, Comunidad Valenciana, Aragón, Castilla-La Mancha, Extremadura, Islas Baleares, Madrid y Castilla-León). En esta ocasión quedaron al margen de las reformas las Comunidades autónomas de primer grado (País Vasco, Cataluña, Galicia, Navarra y Andalucía) más Canarias. Una segunda oleada de reformas de carácter institucional y ampliación competencial se produce entre 1996 y 1999 y se llevaron a cabo mediante Leyes Orgánicas 4 y 5/1996 (Canarias y otra vez Aragón), 3/1997 (Castilla-La Mancha), 1/1998 (Murcia), 5/1998 (Madrid), 11/1998 (Cantabria) 1 a 4/1999 (Asturias, La Rioja, I. Balears y Castilla y León) y 12/1999 (Extremadura). Las reformas afectaron, pues, de nuevo a once Comunidades Autónomas, el mismo número que en la anterior ocasión, con la única diferencia que ahora se modifica también el EA de Canarias pero no el de la Comunidad Valenciana. Finalmente, en los años 2006 y 2007 tienen lugar otro conjunto de reformas estatutarias que en realidad son ya Estatutos enteramente nuevos, aprobados por Leyes orgánicas 1/2006 (Comunidad Valenciana), 6/2006 (Cataluña), 1/2007 (Illes Balears), 2/2007 (Andalucía), 5/2007 (Aragón) y 14/2007 (Castilla y León). Y todavía unos años después, en la misma línea de contemplar un texto enteramente nuevo, la LO 1/2011, de reforma del Estatuto de Extremadura. Hay mencionar también para Navarra las LLOO 1/2001 y 7/2010 que modifican la Ley de reintegración y amejoramiento del Régimen Foral de 1982 (el Estatuto) y algunas otras que circulan al margen porque se refieren a cuestiones institucionales concretas (limitar el aforamiento, posibilitar Decretos-Leyes o modificar aspectos del sistema electoral), pero apenas a temas competenciales. En total, pues, 77 leyes orgánicas que aprueban, modifican o reforman los Estatutos de Autonomía (incluidas las que aprueban los de Ceuta y Melilla) o que se han utilizado también para activar algunas previsiones constitucionales con objeto de suplir o completar el modelo autonómico (en particular, las Leyes orgánicas de transferencia o delegación de competencias estatales 11/1982, 12/1982, 5/1987, 9/1992, 16/1995, 6/1997, 6/1999 y 5/2013, ubicables todas ellas en el art. 150.2 CE).

En conclusión, cabe decir que las leyes orgánicas como leyes de desarrollo de la Constitución han cumplido su finalidad de prolongar el consenso constitucional al tener que ser aprobadas por una mayoría cualificada de la Cámara. La superabundancia de pequeñas reformas en leyes institucionales, la frecuente modificación de las normas penales, la normalización de las llamadas leyes parcialmente orgánicas y otras circunstancias sobrevenidas han relativizado un tanto su papel. Dudo que los constituyentes estuvieran pensando que, cuarenta años después, se iban a haber aprobado casi 400 leyes de este tipo como las que finalmente se han aprobado. Pero eso no invalida seguramente lo acertado de la previsión, aunque invita a recordar las cautelas que durante el debate de la Constitución en el Senado expusieron los senadores Ollero y Martín-Retortillo —ambos profesores— advirtiendo acerca del carácter potencialmente expansivo de los conceptos utilizados y proponiendo unos criterios más estrictos.

VI. BIBLIOGRAFÍA

FERNÁNDEZ, T. R.: *Las Leyes orgánicas y el bloque de la constitucionalidad*, Civitas, Madrid, 1981.

PEMÁN GAVÍN, J.: "Sobre las leyes orgánicas en el Derecho español: algunas observaciones a propósito de la jurisprudencia del Tribunal Constitucional", *Revista Vasca de Administración Pública*, núm. 9, 1984.

– "Las leyes orgánicas: concepto y posición en el sistema de fuentes del Derecho", en *Estudios sobre la Constitución española: Homenaje al profesor Eduardo García de Enterría, I*, Civitas, Madrid, 1991.

SANTAMARÍA, J.: "Las leyes orgánicas: notas en torno a su naturaleza y procedimiento de elaboración", *Revista de Derecho Político*, núm. 4, 1979.

VII. JURISPRUDENCIA

STC 5/1981, de 13 de febrero.
STC 6/1982 22 de febrero.
STC 38/1983, de 16 de mayo.
STC 76/1983, de 5 de agosto.
STC 137/1986, de 6 de noviembre.
STC 224/1993, de 1 de julio.
STC 173/1998, de 23 de julio.
STC 135/2006, de 27 abril.

Artículo 82

1. Las Cortes Generales podrán delegar en el Gobierno la potestad de dictar normas con rango de ley sobre materias determinadas no incluidas en el artículo anterior.

2. La delegación legislativa deberá otorgarse mediante una ley de bases cuando su objeto sea la formación de textos articulados o por una ley ordinaria cuando se trate de refundir varios textos legales en uno sólo.

3. La delegación legislativa habrá de otorgarse al Gobierno de forma expresa para materia concreta y con fijación del plazo para su ejercicio. La delegación se agota por el uso que de ella haga el Gobierno mediante la publicación de la norma correspondiente. No podrá entenderse concedida de modo implícito o por tiempo indeterminado. Tampoco podrá permitir la subdelegación a autoridades distintas del propio Gobierno.

4. Las leyes de bases delimitarán con precisión el objeto y alcance de la delegación legislativa y los principios y criterios que han de seguirse en su ejercicio.

5. La autorización para refundir textos legales determinará el ámbito normativo a que se refiere el contenido de la delegación, especificando si se circunscribe a la mera formulación de un texto único o si se incluye la de regularizar, aclarar y armonizar los textos legales que han de ser refundidos.

6. Sin perjuicio de la competencia propia de los Tribunales, las leyes de delegación podrán establecer en cada caso fórmulas adicionales de control.

Artículo 83

Las leyes de base no podrán en ningún caso:

a) Autorizar la modificación de la propia ley de bases.

b) Facultar para dictar normas con carácter retroactivo.

Artículo 84

Cuando una proposición de ley o una enmienda fuere contraria a una delegación legislativa en vigor, el Gobierno está facultado para oponerse a su tramitación. En tal supuesto, podrá presentarse una proposición de ley para la derogación total o parcial de la ley de delegación.

Artículo 85

Las disposiciones del Gobierno que contengan legislación delegada recibirán el título de Decretos Legislativos.

COMENTARIO

Juan Manuel López Ulla
Profesor Titular de Derecho Constitucional
Universidad de Cádiz

SUMARIO: I. EL DECRETO LEGISLATIVO, NORMA DEL GOBIERNO CON RANGO DE LEY. II. CONDICIONES GENERALES DE LA DELEGACIÓN LEGISLATIVA. 1. La delegación es en favor del Gobierno. 2. La delegación ha de ser expresa y para materia concreta. 3. La ley de delegación ha de fijar un plazo. III. EN PARTICULAR, LAS DOS MODALIDADES DE DELEGACIÓN LEGISLATIVA. 1. La delegación mediante ley de bases para formular un texto articulado. 2. La delegación mediante ley ordinaria para dictar un texto refundido. IV. EL CONTROL DE LOS DECRETOS LEGISLATIVOS. 1. El control jurisdiccional. 2. El control parlamentario. V. BIBLIOGRAFÍA. VI. JURISPRUDENCIA.

I. EL DECRETO LEGISLATIVO, NORMA DEL GOBIERNO CON RANGO DE LEY

La Constitución contempla, en relación con las instituciones generales del Estado, una amplia serie de potestades normativas. Una de ellas es la que el Gobierno tiene para dictar decretos legislativos, categoría normativa distinta a la ley pero que tiene su mismo rango y fuerza (artículo 82.1 CE).

Puesto que la Constitución confía la potestad legislativa en su ejercicio ordinario a las Cortes Generales (artículo 66.2 CE) y la potestad reglamentaria al Gobierno (artículo 97 CE), este tipo de normas supone una excepción a la atribución parlamentaria de la función legislativa. Para evitar que la excepción se transforme en la regla general y que el decreto legislativo se convierta en la forma habitual de legislar, esta potestad está sometida a unos requisitos formales.

El decreto legislativo es fruto de una delegación de las Cortes en favor del Gobierno para que éste pueda dictar una norma con rango de ley sobre una materia determinada (artículo 82.1 CE). Sin esa previa autorización, que ha de establecerse por ley, el Gobierno no puede dictarlo. Este sería, por tanto, el primer requisito.

El segundo, en esta primera aproximación, consiste en que la ley que delega esta función habrá de cumplir una serie de condiciones, encuadrando el ejercicio de la potestad legislativa del Gobierno en un marco necesariamente más estrecho que aquel en el que se mueven las Cortes Generales en cuanto órgano legislador soberano (STC 51/1982, FJ. 1).

Estas cautelas que la Constitución impone tratan de garantizar que el ejercicio de esta técnica legislativa no pervierta el principio constitucional de separación de poderes, pues la historia ha demostrado que la delegación legislativa encierra el peligro de que el Parlamento recurra a ella con el propósito de fortalecer abusivamente el poder del Gobierno, confiriéndole una función que ordinariamente no le corresponde. El ejemplo más famoso lo encontramos en la ley alemana de 23 de marzo de 1933, que concedió al Canciller Hittler plenos poderes para legislar sin la participación del Parlamento, pudiendo incluso modificar los preceptos de la propia Constitución.

Entre los países de nuestro entorno, la delegación legislativa está prevista con más o menos similitud en las Constituciones italiana de 1947 (artículo 76), portuguesa de 1976 (artículo 168), alemana de 1949 (artículo 80) y francesa de 1958 (artículo 38). La Constitución española le dedica cuatro preceptos (artículos 82 a 85), que comentaremos en conjunto de manera inmediata. Llama la atención que el último de ellos tan sólo se redacte para conferir el título de "Decretos Legislativos" a estas disposiciones del Gobierno que contienen legislación delegada. Bien podría el artículo 82.1 haber finalizado de esa manera, esto indicando que esas disposiciones recibirían el título de Decretos Legislativos.

Por el espacio limitado que disponemos no podemos detenernos en la regulación de esta figura a nivel autonómico. Tan sólo señalaremos que todas las Comunidades Autónomas han reconocido esta técnica legislativa. Catorce lo han hecho en su Estatuto de Autonomía [Andalucía (artículo 109), Aragón (artículo 43), Asturias (artículo 24 bis), Baleares (artículo 48), Cantabria (artículo 9.1), Castilla-La Mancha (artículo 9.2.a), Castilla y León (artículo 25.3), Cataluña (artículo 63), Extremadura (artículo 22.2), Galicia (10.1), La Rioja (artículo 19.3), Madrid (artículo 15.3), Navarra (artículo 21), Valenciana (artículo 44.3)] y tres en normas infraestatutarias [Canarias (artículo 21.b Ley 1/1983, de 14 de abril, de Gobierno y Administración), Murcia (artículo 47 de la Ley 6/2004, de 28 de diciembre, del Presidente y del Consejo de Gobierno) y País Vasco (artículos 18.b y 52 de la Ley 7/1981, de 30 de junio, de Gobierno)].

II. CONDICIONES GENERALES DE LA DELEGACIÓN LEGISLATIVA

La Constitución establece de manera muy precisa las condiciones bajo las cuales "las Cortes Generales podrán delegar en el Gobierno la potestad para dictar normas con rango de ley" (artículo 82.1 CE). Estos límites circunscriben el campo de la delegación legislativa, de manera que si el decreto legislativo no los observara, la norma adolecería de un vicio de nulidad, pues el ejercicio delegado de la función legislativa supone que el Gobierno no sólo está sujeto a la Constitución sino también a la ley de delegación, que concreta la facultad conferida (STC 205/1993, FJ. 3).

La Constitución reconoce dos modalidades de delegación legislativa, la que tiene por objeto la formación de un texto articulado, que se otorgará mediante una ley de bases, y la que tiene por finalidad la refundición de varios textos legales en un solo, que se hará por ley ordinaria (artículo 82.2 CE).

En primer lugar nos referiremos a los requisitos que la Constitución exige para delegar en el Gobierno el ejercicio de esta potestad en cualquiera de sus dos modalidades. Más adelante nos ocuparemos de las condiciones específicas para cada una de ellas.

1. La delegación es en favor del Gobierno

El decreto legislativo es fruto de una delegación legislativa que las Cortes hacen en favor del Gobierno. Por tal hemos de entender el órgano constitucional definido en el artículo 98.1 CE.

La subdelegación a autoridades distintas al propio Gobierno está prohibida por el artículo 82.3 CE. Se trata de una manifestación del principio *delegata potestas non potest delegari*, que ordena que un poder recibido por delegación no pueda a su vez ser delegado. La Ley de delegación no podrá, por tanto, autorizar al Gobierno para que éste delegue ni en el Presidente del Gobierno ni en ninguno de sus miembros (artículo 98.1 CE). Ello no impedirá, lógicamente, que por vía reglamentaria el Gobierno, o la autoridad en la que éste delegue, dicte cuantas disposiciones sean precisas en desarrollo del decreto legislativo.

El artículo 84 CE faculta al Gobierno para oponerse a la tramitación de cualquier proposición de ley o enmienda que pudiera ser contraria a una delegación legislativa en vigor, lo que no impedirá que en cualquier momento pudiera presentarse una proposición de ley para la derogación total o parcial de la ley de delegación. El objetivo evidente es evitar iniciativas legislativas que impidan o dificulten la encomienda realizada.

Hasta la fecha, el artículo 84 CE no ha sido invocado por el Gobierno en ninguna ocasión. Si se hiciera, hemos de advertir que el Reglamento del Congreso no dice nada, por lo que podría aplicarse, por analogía, el artículo 111.4 de dicho Reglamento, que en virtud de lo dispuesto por el artículo 134.6 CE, permite al Gobierno mostrar su disconformidad con la tramitación de enmiendas que suponiendo un aumento de los créditos o disminución de los ingresos presupuestarios no hubiesen sido sometidos a la consideración del Gobierno. Por el contrario, el Reglamento del Senado sí prevé esta posibilidad en su artículo 128, que ordena la suspensión de los plazos del procedimiento legislativo hasta la resolución definitiva del conflicto planteado, del que conocerá el Pleno de la Cámara.

En relación con la elaboración del decreto legislativo, el Gobierno habrá de observar los preceptos que regulan el procedimiento de normas con rango de ley y reglamentos, contemplados en el artículo 26 de la Ley 50/1997, del Gobierno. Entre ellos cabe destacar el previsto en el párrafo séptimo, que alude al preceptivo dictamen del Consejo de Estado en Pleno (artículo 21.3 de la Ley Orgánica 3/1980, del Consejo de Estado), que no será vinculante. Por otra parte, puesto que el decreto legislativo no es formalmente una ley, no se promulga, sino que se expide por el Rey con el refrendo del Presidente del Gobierno o del Ministro competente [artículo 62.f) CE], siendo lo habitual que lo hagan los segundos (los autonómicos no se expiden por el Rey). A continuación, la norma se publicará en el *Boletín Oficial del Estado*.

2. La delegación ha de ser expresa y para materia concreta

Señala el artículo 82.3 CE que "la delegación legislativa habrá de otorgarse al Gobierno de forma expresa". Aun cuando hubiera bastado esta frase para entender lo que la Constitución exige, el precepto añade que tal habilitación "no podrá entenderse concedida de modo implícito", haciéndonos ver la importancia que esta cautela tiene. No caben, pues, delegaciones tácitas o implícitas. 1229

Sólo cabrá la delegación "para materia concreta", subraya también el artículo 82.3 CE. Se trata de un requisito que no sólo encontramos en este párrafo tercero. En el primero, la Constitución exige que la delegación se haga sobre "materias determinadas"; en el cuarto ordena que "las leyes de bases delimit[en] con precisión el objeto y alcance de la delegación legislativa"; y en la misma dirección, el quinto precisa que la ley ordinaria que autorice una refundición de textos legales, habrá de determinar "el ámbito normativo a que se refiere el contenido de la delegación". La Constitución pone, por tanto, bastante cuidado en esta condición, cuyo objetivo no es otro que evitar delegaciones en blanco encubiertas. El decreto legislativo sólo puede ser resultado de una encomienda específica, determinada.

Dicho esto, hemos de advertir que el Tribunal Constitucional ha llevado a cabo una interpretación flexible de este requisito, pues ha considerado que siempre que se trate de un sector determinado, este carácter concreto no impide la delegación sobre materias con una cierta amplitud (SSTC 13/1992, FJ. 16 y 205/1993, FFJJ. 3 a 6). Paradigmática al efecto fue la Ley 47/1985, de 27 de diciembre, de Bases de delegación al Gobierno para la aplicación del Derecho de las Comunidades Europeas, que dio lugar a 15 decretos legislativos: difícilmente podemos considerar que esta norma habilitara al Gobierno para regular una materia concreta.

3. La ley de delegación ha de fijar un plazo

Señala el artículo 82.3 CE que la delegación legislativa habrá de otorgarse "con fijación del plazo para su ejercicio", esto es, "no podrá entenderse concedida (...) por tiempo indeterminado". El precepto advierte también que "la delegación se agota por el uso que de ella haga el Gobierno mediante la publicación de la norma correspondiente". Al igual que los requisitos anteriores, éste trata de garantizar la excepcionalidad de esta técnica legislativa limitándola en el tiempo: la aprobación y publicación del decreto legislativo extingue automáticamente el título habilitante, al igual que desaparece la delegación cuando el plazo concedido llega a su fin.

Cuando, por la razón que fuere, el Gobierno no está en condiciones de aprobar a tiempo la norma delegada, cabe que las Cortes prorroguen el plazo inicialmente concedido. En estos cuarenta y cinco años han sido varios los decretos legislativos que la necesitaron (entre otros, los Decretos Legislativos 1091/1988, 1/1992, 1/1994, 1, 3 y 4/2000, 3/2004, 4/2004, 5/2004 y 1/2020 precisando el segundo de esta relación incluso de dos prórrogas).

Puesto que el decreto legislativo requiere una ley de delegación, la prórroga también ha de establecerse por ley. De acuerdo con la STC 61/1997 (FJ. 2), ésta puede ser incluso de Presupuestos Generales del Estado (así fueron dictados los Decretos Legislativos 670/1987 y 1091/1988).

El plazo que la ley de delegación debe fijar se suele establecer en años o meses a partir de su entrada en vigor. A veces, cuando el plazo se prorroga, el legislador opta por establecer una fecha concreta. En una ocasión, la ley habilitante (46/2002, de 18 de diciembre) no concretó el plazo que concedía al Gobierno para aprobar tres textos refundidos. Siete meses después, el defecto fue subsanado por la Ley 19/2003, de 4 de julio, cuya disposición adicional cuarta concedió un año para cumplir con la tarea. Estos textos refundidos fueron finalmente publicados como Decretos Legislativos 3, 4 y 5/2004, de 5 marzo, después de una prórroga de quince meses autorizada por la Ley 62/2003, de 30 de diciembre.

De acuerdo con el artículo 21.6 de la Ley 52/1997, de 27 de noviembre, del Gobierno, "las delegaciones legislativas otorgadas por las Cortes Generales quedarán en suspenso durante todo el tiempo que el Gobierno esté en funciones como consecuencia de la celebración de elecciones generales", de donde se deriva que el Gobierno que surge tras los comicios puede cumplir con las delegaciones que se hubiesen realizado en la legislación anterior. Durante un cierto tiempo, algún sector de la doctrina discutió esta posibilidad, alegando que, como cualquier iniciativa legislativa procedente de las Cortes (artículo 207 del Reglamento del Congreso y disposición adicional primera del Reglamento del Senado), la delegación legislativa también debía caducar cuando acabara la legislatura o cuando el Gobierno cesara por alguna de las causas previstas en el artículo 101 CE. A nuestro juicio, aprobada la ley de delegación no se puede considerar que se trate de un asunto pendiente de resolución por la Cámara. En cualquier caso, como decimos, la Ley del Gobierno expresamente lo permite.

A lo largo de estos cuarenta y cinco años de Constitución, en diecinueve ocasiones, la aprobación del decreto legislativo no tuvo lugar en la misma legislatura en la que se había aprobado la ley de delegación (Decretos Legislativos 670/1987, de 30 de abril; 1564/1989, de 22 de diciembre; 339/1990, de 2 de marzo; 521/1990, de 27 de abril; 1175/1990, de 28 de septiembre; 1/1993, de 24 de septiembre; 1/1996, de 12 de abril; 1/2000, de 9 de junio; 2/2000, de 16 de junio; 3/2000, de 23 de junio; 4/2000, de 23 de junio; 5/2000, de 4 de agosto; 1/2001, de 20 de julio; 1/2002, de 29 de noviembre; 6/2004, de 29 de octubre; 2/2008, de 20 de junio; 1/2013, de 29 de noviembre; 1/2016, de 16 de diciembre; y 1/2020, de 5 de mayo). Cuando así sucede, lo normal es que la ley de delegación se dicte en la legislatura anterior, pero en los dos últimos señalados no fue así: la ley de delegación que habilitó al Gobierno para dictar el Decreto legislativo 1/2016 (XII legislatura) fue aprobada en la X legislatura (recordaremos al efecto que la XI legislatura tuvo una duración tan solo de seis meses); y la ley de delegación que permitió la aprobación del Decreto legislativo 1/2020 (XIV legislatura) fue aprobada en la X legislatura, con prórroga del plazo para dictar el correspondiente texto refundido en la XII legislatura. Lo determinante, en definitiva, es que el decreto legislativo se dicte en el plazo establecido o en la prórroga, si la hubiere, como sucedió en este último caso.

La experiencia que deriva de la práctica parlamentaria nos hace concluir que el decreto legislativo es fruto de una delegación que tiene su origen no tanto en la confianza de las Cortes en un Gobierno de un determinado color sino en la idoneidad de esta institución para acometer la tarea encomendada. Por ello acertó el constituyente cuando en el artículo 82.1 CE empleó el verbo "delegar" y no habló de confiar. Quien delega normalmente confía, y efectivamente entre Gobierno y Parlamento existe una relación de confianza (artículo 99.3 CE). Pero perfectamente se puede delegar sin saber a ciencia cierta quiénes terminarán cumpliendo la misión. Valga como ejemplo que, en estos cuarenta y cinco años de Constitución, en cinco ocasiones al menos la ley de delegación se dictó cuando la legislatura estaba expirando. Así sucedió con la ley que autorizó el Decreto Legislativo 1564/1989, que se aprobó un mes y medio antes de que se convocaran las elecciones; o también con la ley que dio lugar a los Decretos Legislativo 1/2000, 3/2000, 4/2000 y 5/2000, aprobada 19 días antes de que se disolvieran las Cámaras.

En cuanto a la posibilidad de que el Gobierno dicte un decreto legislativo durante el periodo que media entre la presentación de una moción de censura y la votación de la misma (artículo 113 CE), el artículo 21.6 de la Ley 52/1997, del Gobierno, no lo impide, pues el Gobierno entraría en funciones tan sólo si la moción se aprobara. Mientras la confianza parlamentaria no sea efectivamente retirada, no está justificado dejar la delegación en suspenso. Adviértase que de las seis mociones de censura presentadas en estos cuarenta y cinco años (1980, 1987, 2017, 2018, 2020 y 2023), solo la cuarta prosperó.

III. EN PARTICULAR, LAS DOS MODALIDADES DE DELEGACIÓN LEGISLATIVA

La Constitución distingue dos supuestos de delegación legislativa: el que tiene por objeto la formulación de un texto articulado, que se otorga mediante una ley de bases, y la que encomienda la refundición de varios textos legales en uno sólo, que se realiza a través de una ley ordinaria. Desde que la Constitución entró en vigor, el 29 de diciembre de 1978, hasta el 16 de mayo de 2018, se han aprobado 68 decretos legislativos, 21 de ellos de desarrollo de leyes de bases y 47 que aprueban textos refundidos.

1. La delegación mediante ley de bases para formular un texto articulado

La primera modalidad es la que tiene por objeto dictar "textos articulados" (artículo 82.2 CE) sobre "materias determinadas" (artículo 82.1 CE). En estos casos, "la delegación legislativa deberá otorgarse mediante leyes de bases" (artículo 82.2 CE) que "delimitarán con precisión el objeto y alcance de la delegación legislativa y los principios y criterios que han de seguirse en su ejercicio" (artículo 82.4 CE). Esto es, cuando las Cortes deciden que sea el Gobierno quien modifique o regule *ex novo* una materia, la autorización exigirá una ley que establezca los términos y condiciones de la potestad normativa conferida.

Para garantizar que el Gobierno a través del decreto legislativo no altere el régimen constitucional de separación de poderes, asumiendo la función que al

Parlamento le corresponde, el art. 83 CE advierte que la ley de bases en ningún caso podrá autorizar la modificación de la propia ley de bases, ni facultar para dictar normas con carácter retroactivo, lo que haría incontrolable el ejercicio de la potestad delegada.

En el pasado, esta modalidad se ha utilizado para encomendar la regulación de materias especialmente extensas o complejas. Puesto que el Gobierno cuenta con toda la maquinaria administrativa a su servicio, a veces la envergadura o dificultad de la materia así lo ha aconsejado. El Código Civil (aprobado por Real Decreto de 24 de julio de 1889), o las Leyes de Enjuiciamiento Civil (aprobada por Real Decreto de 3 de febrero de 1881) y Criminal (aprobada por Real Decreto de 14 de septiembre de 1882) fueron fruto de esta modalidad de delegación legislativa.

Hemos de advertir que en los últimos años la delegación mediante ley de bases ha caído en desuso. Por legislaturas, los 21 decretos legislativos que han sido fruto de esta modalidad fueron los siguientes: 1, en la I, 15 en la II, ninguno en la III, 4 en la IV, y 1 en la V. Desde entonces, no se ha recurrido más a esta técnica legislativa a pesar de que han sido regulados amplios sectores del ordenamiento jurídico con un elevado grado de complejidad técnica (como ha sido el caso, por ejemplo, de la Ley 1/2000, de 7 de enero, de Enjuiciamiento Civil o la Ley 58/2003, de 17 de diciembre, General Tributaria). El motivo probablemente lo encontremos en la jurisprudencia del Tribunal Constitucional sobre los decretos legislativos *ultra vires*, que ha cristalizado en el artículo 1 de la Ley 29/1998, de 13 de julio, reguladora de la Jurisdicción Contencioso-Administrativa, que permite a los órganos de la jurisdicción ordinaria degradar el rango del decreto legislativo cuando consideren que éste excede los límites de la ley de delegación.

En estos cuarenta y cinco años de Constitución tan sólo se han aprobado siete leyes de bases [la Ley 47/1985, de 27 de diciembre, de Bases de delegación al Gobierno para la aplicación del Derecho de las Comunidades Europeas dio lugar a los quince decretos legislativos aprobados en la II Legislatura (Decretos Legislativos 442, 931, 1163, 1255, 1257, 1265, 1296, 1297, 1298, 1299, 1300, 1301, 1302, 1303, 1304/1986)]. De estas siete leyes, sólo cuatro llevan el título de "ley de Bases" (Ley 39/1980, de 5 de julio, de Bases sobre procedimiento económico-administrativo; Ley 47/1985, anteriormente citada; Ley 18/1989, de 25 de julio, de Bases sobre tráfico, circulación de vehículos a motor y seguridad vial; y Ley 7/1989, de 2 de abril, de Bases de Procedimiento Laboral), las otras tres fueron leyes ordinarias que en algún artículo o disposición autorizan al Gobierno a dictar un decreto legislativo de acuerdo con unos determinados principios o criterios (artículo 86.1 de la Ley 39/1988, de 28 de diciembre, reguladora de las Haciendas Locales; disposición adicional primera de la Ley 6/1991, de 11 de marzo, de modificación parcial del Impuesto sobre Actividades Económicas y se dispone el comienzo de su aplicación el 1 de enero de 1992; y disposición adicional novena de la Ley 22/1993, de 29 de diciembre, de medidas fiscales, de reforma del régimen jurídico de la función pública y de la protección por desempleo). Por lo que a estas últimas se refiere, algún autor las ha denominado "leyes mixtas", en la medida en que solo algún artículo o disposición confiere la delegación.

2. La delegación mediante ley ordinaria para dictar un texto refundido

La segunda modalidad de delegación legislativa consiste en confiar al Gobierno no la articulación de un texto nuevo sino la refundición de varios textos legales en uno solo, esto es, la unificación de la normativa dispersa y fragmentaria sobre una determinada materia. En estos casos, la habilitación parlamentaria se otorgará "por una ley ordinaria" (artículo 82.2 CE) que "determinará el ámbito normativo a que se refiere el contenido de la delegación, especificando si se circunscribe a la mera formulación de un texto único o si se incluye la de regularizar, aclarar y armonizar los textos legales que han de ser refundidos" (artículo 82.5 CE).

Cuando la delegación se efectúa mediante una ley ordinaria, el campo de maniobra del Gobierno es mucho menor que cuando se otorga mediante una ley de bases, pues si la tarea encomendada por esta última es la elaboración de un texto de nueva creación, con aquélla el Gobierno se encontrará sujeto no sólo a las directrices que las Cortes hubiesen podido fijar en la ley de delegación sino también a la propia normativa legal a refundir, que en ningún caso podrá ser modificada.

Con todo, dentro de esta segunda modalidad, el margen de actuación es mayor cuando el Gobierno queda autorizado para "regularizar, aclarar y armonizar" que cuando se trata de "la mera formulación de un texto único", pues ello le permitirá "la explicitación de normas complementarias a las que son objeto de la refundición", con el fin de colmar lagunas y eliminar discordancias o antinomias que pudieran detectarse en la regulación precedente, al objeto de alcanzar un texto refundido coherente y sistemático (STC 166/2007, FJ. 8). Esto último ha sido lo habitual en los cuarenta y cinco años de vigencia de la Constitución: la mayoría de las leyes de delegación autorizaron al Gobierno a regularizar, aclarar y armonizar los textos a refundir.

Desde que la Constitución entró en vigor se han dictado, como ya hemos señalado, 47 decretos legislativos que aprueban textos refundidos. Por legislaturas fueron los siguientes: 1 en la I; 2 en la II, en la III y en la IV; 4 en la V; 2 en la VI; 12 en la VII; 6 en la VIII; 5 en la IX; 9 en la X; ninguno en la XI; y 1 en la XII; y 1 en la XIV (a fecha, 20 de junio de 2023). Algunos de ellos fueron fruto de una misma ley de delegación (por ejemplo, la Ley 42/1994 dio lugar a dos; la Ley 46/2002, a tres; la Ley 50/1988 también a tres; la Ley 34/2003, a dos; y la Ley 20/2014, a seis).

Del examen realizado se deriva que la autorización para dictarlos normalmente se contiene en una disposición final de la ley de delegación (al menos en veintitrés ocasiones así ha sucedido: leyes 47/1980, 50/1984, 33/1987, 19/1989, 8/1990, 26/1990, 22/1992, 42/1994, 4/1995, 27/1995, 46/1999, 53/1999, 19/2002, 44/002, 34/2003, 15/2006, 8/2007, 3/2009, 12/2010, 33/2010, 26/2011, 9/2015 y 1/2019). En menos ocasiones hemos encontrado la delegación en las disposiciones adicionales (véanse las leyes 29/1991, 22/1993, 46/2002, 19/2003, 48/2002, 55/1999) o en el articulado (véanse, artículo 62 de la Ley 50/1998 o artículo 32.18 de la Ley 24/2001).

En cuanto a la necesidad de delimitar la normativa legal a refundir, a veces la ley que prorroga el plazo concedido para dictar el decreto legislativo aprovecha para delegar una nueva regularización, sistematización y armonización, ordenando que ésta se integre en el texto refundido previsto en la primera ley de delegación (véanse, por ejemplo, los Decretos Legislativos 1/1994, 1/1995).

Algunos textos refundidos aprobados por decreto legislativo se dictaron para incorporar al Derecho español directivas comunitarias (véanse los Decretos Legislativos 1564/1989, 1/1993 y 1/1996). Y también entre los que respondieron a esta técnica recordaremos cómo en el origen del Decreto Legislativo 5/2000 estuvo la STC 195/1996, que en su FJ. 17 estableció la necesidad de que el legislador estatal reelaborara la Ley 8/1988 sobre infracciones y sanciones en el orden social. La disposición adicional primera de la Ley 55/1999 encomendó finalmente al Gobierno esta tarea.

IV. EL CONTROL DE LOS DECRETOS LEGISLATIVOS

El artículo 82.6 CE establece que "sin perjuicio de la competencia propia de los Tribunales, las leyes de delegación podrán establecer en cada caso fórmulas adicionales de control". El precepto hace referencia, pues, a dos tipos de control, uno jurisdiccional y otro parlamentario.

1. El control jurisdiccional

El Tribunal Constitucional para controlar la constitucionalidad de un decreto legislativo. Como norma con rango de ley que es (artículo 82.1 CE), su validez puede ser impugnada ante esa jurisdicción [arts. 161.1.a) y 163 CE y 27.2.b) de la Ley Orgánica 2/1979 del Tribunal Constitucional] tanto por razones formales (si se observa algún defecto en el procedimiento de aprobación de la norma) como por motivos materiales (si el precepto cuestionado es, por razón de su contenido, contrario a la Constitución).

La mención que el precepto hace a "la competencia propia de los Tribunales" suscitó en un principio un debate sobre el control que podrían llevar a cabo los tribunales ordinarios. Al efecto, el Tribunal Constitucional ha determinado que cuando estos tengan dudas sobre la constitucionalidad material de la norma, el planteamiento de la cuestión de inconstitucionalidad (artículo 163 CE) será preceptivo. Sin embargo, cuando se advierta que el Gobierno se excedió en el ejercicio de la de la facultad delegada, esto es, que el decreto legislativo supera los límites establecidos en la ley de delegación (defecto *ultra vires*), el órgano judicial tendrá la posibilidad de inaplicarlo, si no tiene dudas al respecto, o de elevar la cuestión de inconstitucionalidad, si no estuviera tan convencido (SSTC 51/1982, 47/1984, 51/2004 y 166/2007).

Efectivamente, el decreto legislativo es fruto de la delegación que las Cortes hacen en el Gobierno para que éste legisle de acuerdo con unos parámetros. Por ello, cuando se advierte un exceso en el ejercicio de la facultad conferida, la norma resultante no puede tener fuerza de ley: si sobre la materia hubiera una reserva material de ley (establecida por la Constitución o por haber sido ya regulada por el legislador), el exceso de delegación incurrirá en un vicio de nulidad. Si este no fuera el caso, valdría como norma reglamentaria.

Como ya hemos comentado, la doctrina del Tribunal Constitucional sobre los decretos legislativos *ultra vires* ha sido recogida por la Ley 29/1988, de 13 de julio, reguladora de la Jurisdicción-Contencioso Administrativa, cuyo artículo 1.1 reconoce la competencia de los Juzgados y Tribunales de este orden jurisdiccional para conocer de las pretensiones que se deduzcan en relación con los decretos legislativos cuando excedan los límites de la delegación. Esta previsión ha de ser completada con el artículo 6 de la Ley Orgánica 6/1985 del Poder Judicial que ordena a los jueces no aplicar los reglamentos o cualquier otra disposición contrarios a la Constitución, a la ley o al principio de jerarquía normativa. Además, los tribunales de lo contencioso-administrativo pueden anular con eficacia *erga omnes* las normas de un decreto legislativo que consideren extralimitadas con respecto a la correspondiente ley de delegación (STS 697/2017, de 21 de diciembre, Sala de lo Civil, Sección 1ª, FD. 3).

Por último, si la nulidad del decreto legislativo trae causa de la ley delegante, ya fuere por razones formales o materiales, el juez habría de denunciar la validez de aquélla planteando una cuestión de inconstitucionalidad.

2. El control parlamentario

Además del control jurisdiccional, el párrafo sexto del artículo 86 prevé la posibilidad de que la ley de delegación contemple fórmulas adicionales de control, que podrían ser previas o posteriores a la aprobación de la norma. En este último caso, la reprobación parlamentaria del decreto legislativo ya aprobado no afectaría a su vigencia, pues se trata de un control político, no jurisdiccional.

El control parlamentario referido en este precepto se contempla en los artículos 152 y 153 del Reglamento del Congreso de los Diputados (Título VI: "Del control de las disposiciones del Gobierno con fuerza de ley"). El primero de ellos ordena al Gobierno que tan pronto como hubiere hecho uso de la delegación, lo comunique al Congreso, acompañando el texto articulado o refundido objeto de aquélla, que se publicará en el *Boletín Oficial de las Cortes Generales*. El segundo señala el procedimiento a seguir: publicado el texto articulado o refundido se abrirá un plazo de un mes para que cualquier diputado o Grupo Parlamentario pueda formular objeciones sobre el uso correcto de la delegación legislativa. Tales reproches habrán de ser presentados por escrito ante a la Mesa del Congreso, que lo remitirá a la correspondiente Comisión de la Cámara, la cual habrá de emitir un dictamen al respecto en el plazo que se señale. Este dictamen será debatido en el Pleno de la Cámara con arreglo a las normas generales del procedimiento legislativo, y las consecuencias jurídicas de dicho control serán las previstas en la ley de delegación. Con todo, hemos de advertir que las previsiones contenidas en este Reglamento no pueden impedir que la ley de delegación establezca otros mecanismos parlamentarios de control, pues el artículo 82.6 CE no establece al efecto límite alguno.

V. BIBLIOGRAFÍA

CONGRESO DE LOS DIPUTADOS: "Sinopsis de los artículos 82 a 85 de la Constitución española", descargado de http://www.congreso.es/consti/.

DE OTTO, I.: *Derecho Constitucional. Sistema de fuentes*, Ariel Derecho, Barcelona, 1991.

DONAIRE VILLA, F. J.: *Las normas con fuerza de ley de las Comunidades Autónomas. Las figuras del Decreto legislativo y del Decreto-ley autonómicos*, Institut d'Estudis Autonòmic, Barcelona, 2012.

DUQUE VILLANUEVA, J. C.: "Los Decretos legislativos de las Comunidades Autónomas", *Revista de las Cortes Generales*, núm. 7, 1986, pp. 53-94.

FREIXES SANJUAN, T.: "La legislación delegada", *Revista Española de Derecho Constitucional*, núm. 28, 1990, pp. 119-176.

GARCÍA DE ENTERRÍA, E.: *Legislación delegada, potestad reglamentaria y control judicial*, Civitas, Madrid, 2006.

VILLAR PALASÍ, J. L., SUÑÉ LLINÁS, E.: "Artículos 82 a 85", en ALZAGA VILLAAMIL, Ó., *Comentarios a la Constitución española*, Tomo VII, Edersa, Madrid, 2006.

VIRGALA FORURIA, E.: *La delegación legislativa en la Constitución y los decretos legislativos como normas con rango incondicionado de ley*, Publicaciones del Congreso de los Diputados, Madrid, 1991.

VI. JURISPRUDENCIA

STC 51/1982, de 19 de julio.
STC 47/1984, de 4 de abril.
STC 13/1992, de 6 de febrero.
STC 205/1993, de 17 de junio.
STC 67/1997, de 7 de abril.
STC 166/2007, de 4 de julio.

Artículo 86

1. En caso de extraordinaria y urgente necesidad, el Gobierno podrá dictar disposiciones legislativas provisionales que tomarán la forma de Decretos-leyes y que no podrán afectar al ordenamiento de las instituciones básicas del Estado, a los derechos, deberes y libertades de los ciudadanos regulados en el Título I, al régimen de las Comunidades Autónomas ni al Derecho electoral general.

2. Los Decretos-leyes deberán ser inmediatamente sometidos a debate y votación de totalidad al Congreso de los Diputados, convocado al efecto si no estuviere reunido, en el plazo de los treinta días siguientes a su promulgación. El Congreso habrá de pronunciarse expresamente dentro de dicho plazo sobre su convalidación o derogación, para lo cual el reglamento establecerá un procedimiento especial y sumario.

3. Durante el plazo establecido en el apartado anterior, las Cortes podrán tramitarlos como proyectos de ley por el procedimiento de urgencia.

COMENTARIO

Ana Carmona Contreras
Catedrática de Derecho Constitucional
Universidad de Sevilla

SUMARIO: I. DE 1978 A 2023: TEORÍA Y PRÁCTICA. II. LA POTESTAD GUBERNAMENTAL DE URGENCIA: ¿EXCEPCIÓN O NORMALIDAD? III. PAUTAS CONFIGURADORAS DEL CONTROL JURISDICCIONAL DEL PRESUPUESTO HABILITANTE: PODER Y NO SIEMPRE QUERER. IV. LOS LÍMITES MATERIALES Y LA PROHIBICIÓN DE AFECTAR. V. EL CONTROL PARLAMENTARIO DEL DECRETO-LEY COMO CONVIDADO DE PIEDRA. VI. REFLEXIONES FINALES: RECUPERAR LA SENDA CONSTITUCIONAL. VII. BIBLIOGRAFÍA. VIII. JURISPRUDENCIA.

I. DE 1978 A 2023: TEORÍA Y PRÁCTICA

En 1978, el constituyente no dudó sobre la necesidad de incorporar el decreto-ley al sistema de fuentes del derecho diseñado por la Norma Suprema. Con la experiencia todavía reciente de la profusa utilización que dicho instrumento normativo presentó en el franquismo y precisamente como reacción a la misma, el debate se centró en diseñar una regulación estricta. Inspirado por tal finalidad, el artículo 86 vincula el uso del decreto-ley a la concurrencia de situaciones de "extraordinaria y urgente necesidad", aunque vetando que se pueda afectar un nutrido bloque de materias. La nota de provisionalidad que acompaña la normativa gubernamental, por su parte, trae aparejada una condición de precariedad existencial cuya superación se hace depender de la voluntad parlamentaria susceptible de manifestarse a través de dos vías diferentes (convalidación/conversión).

Así planteada la cuestión en sede constitucional, teóricamente cabía auspiciar que la potestad gubernamental de urgencia estaba llamada a desplegar una virtualidad restringida, limitándose a actuar en supuestos fácticos cualificados por su carácter urgente y extraordinario. Tal percepción de partida, sin embargo, quedó inmediatamente desvirtuada, puesto que ya desde la entrada en vigor de la Constitución el uso recurrente al decreto-ley puso de manifiesto un entendimiento no sólo menos estricto, sino progresivamente más permisivo, lo cual ha traído consigo su radical transformación en la práctica. Prueba elocuente de la situación creada es el abultado número (657) de decretos-leyes aprobados en estos años (hasta el 30 de junio de 2023). Un análisis cualitativo del fenómeno, asimismo, deja en evidencia el uso cada vez más frecuente de la legislación gubernamental de urgencia para llevar a cabo regulaciones de amplio calado, de naturaleza estructural y referidas a sectores materiales muy diversos, con lo que ello implica en términos de reducción subsiguiente del espacio normativo accesible a la ley parlamentaria.

Las causas explicativas de tal situación, como se verá, apuntan directamente hacia la acusada debilidad que han demostrado los controles sobre el decreto-ley constitucionalmente previstos. En la esfera política, la nota dominante ha sido el rol eminentemente marginal asumido por el Congreso de los Diputados con ocasión de la convalidación de la normativa gubernamental de urgencia. A una conclusión similar se llega atendiendo a la actitud escasamente incisiva desplegada por el TC frente a los decretos-leyes impugnados ante su jurisdicción, limitándose a avalar, salvo excepciones puntuales, su constitucionalidad. La acción concurrente de ambos elementos ha venido a respaldar una situación de abuso creciente que, al hilo de la severa crisis económica que España atravesó a partir de 2008, ha experimentado un exponencial agravamiento que ha desembocado en lo que M. Aragón ha calificado justamente como "desbordamiento del marco constitucional".

Un punto y aparte en este cuadro general de referencia viene de la mano del abundante uso del decreto-ley que tenido lugar con ocasión de la pandemia causada por el Covid-19, tanto en la prolongada fase en la que estuvieron vigentes los estados de alarma declarados (de marzo a junio de 2020 y de octubre de ese año a mayo de 2021), como en los períodos previos y posteriores en los que el azote del coronavirus estuvo presente. Atendiendo a la emergencia concurrente, el recurso a la potestad legislativa de urgencia por parte del Ejecutivo se muestra plenamente justificado en términos objetivos, sin que genere dudas la existencia del presupuesto habilitante en el contexto de crisis no solo sanitaria, sino también social y económica generado por la pandemia. Así se pondrá expresamente de manifiesto en las sentencias hasta ahora producidas por el TC cuyo objeto gira, precisamente, en torno a casos de decretos-leyes producidos en la etapa referida (SSTC 110, 111 y 134/21 y 9/23, entre otras). Elemento común a las mismas es que las imputaciones de inconstitucionalidad denunciadas por los recurrentes no se refieren a la carencia de la urgente necesidad en tiempos de pandemia sino, antes bien, a la ausencia de la necesaria conexión de sentido que las disposiciones impugnadas muestran con ésta (casos de decretos-leyes heterogéneos o transversales).

II. LA POTESTAD GUBERNAMENTAL DE URGENCIA: ¿EXCEPCIÓN O NORMALIDAD?

La indeterminación en la formulación de la cláusula habilitante que abre la puerta al uso del decreto-ley confiere al Gobierno un amplio margen de discrecionalidad en la apreciación de su concurrencia. No estamos, empero, ante una potestad carente de límites constitucionales y tampoco frente a una cláusula vacía de contenido. Así lo manifestó el TC desde su primera resolución en la materia, afirmando expresamente que "el peso que en la apreciación de lo que haya de considerarse como caso de extraordinaria y urgente necesidad es forzoso reconocer al juicio puramente político de los órganos a los que incumbe la dirección política del Estado, no puede ser obstáculo para extender también el examen sobre la competencia habilitante al conocimiento del TC, en cuanto sea necesario para garantizar un uso del decreto-ley adecuado a la Constitución" (STC 29/82). Este modo de concebir el presupuesto fáctico que habilita recurrir al decreto-ley adquiere una fundamental relevancia, sirviendo para circunscribir los márgenes dentro de los que el TC ejerce su control. En tanto que legislador negativo adopta una actitud de acusada auto-restricción que, como regla general, se concreta en una intensa deferencia hacia la valoración política realizada por el Gobierno a resultas de la cual, una eventual declaración de inconstitucionalidad se limita a casos de uso abusivo o arbitrario en los que se detecta una manifiesta ausencia del presupuesto de hecho (STC 29/82).

La ductilidad inherente a tal planteamiento, a su vez, va a permitir identificar el presupuesto habilitante con "situaciones concretas de los objetivos gubernamentales que por razones difíciles de prever requieran una acción normativa inmediata en un plazo más breve que el requerido por la vía normal o por el procedimiento de urgencia para la tramitación parlamentaria de las leyes" (STC 6/83). Gracias a este enfoque, en cuya base se encuentra una "consideración flexible y matizada del decreto-ley", se le confiere una renovada funcionalidad que se concreta en la afirmación de su genérica aptitud para "dar respuesta a las perspectivas cambiantes de la vida actual" (STC 6/83). Concebido en estos términos, deviene inevitable que la pretensión de excepcionalidad que anidaba en la base del diseño constitucional comience a desvanecerse bajo el poderoso influjo de la realidad circundante. Porque en el contexto del Estado social intervencionista, dominado por la necesidad de actuar sobre una realidad compleja que exige continuamente a los poderes públicos respuestas rápidas y expeditivas, el decreto-ley se perfila como un instrumento especialmente cualificado. Es una valiosa herramienta a la que acudir para dotar de cobertura normativa a todas aquellas situaciones con respecto a las que, según la perspectiva subjetiva del Gobierno, la premura reguladora se erige en condición determinante.

Va a ser precisamente esta línea interpretativa la que permitirá al TC afirmar la especial capacidad de dicha fuente para afrontar "coyunturas económicas problemáticas" en las que la inmediatez de la respuesta normativa se erige en condición esencial (STC 23/93). Ahora bien, aunque como indica De la Iglesia crisis y decreto-ley son términos "emparentados" (y ahí están para confirmarlo los abrumadores datos de la masiva utilización que de dicho instrumento llevaron a cabo los distintos Gobiernos con ocasión de la crisis iniciada en 2008, así como más recientemente, en el contexto de crisis generado por la pandemia), el TC ha extendido el radio de acción accesible a la normativa gubernamental y ha admitido su uso también para gestionar otros contextos, siempre y cuando aparezcan cualificados por las notas de gravedad y excepcional (STC 31/11). Avanzando un paso más en la senda de la flexibilización, la inicial exigencia de imprevisibilidad ha sido posteriormente preterida, considerándose que lo determinante es que "la gravedad exista y que exija ser afrontada con celeridad", esto es, en un tiempo menor que el requerido por el procedimiento legislativo de urgencia (STC 11/02). Un significativo hito en esta línea flexibilizadora se ha producido recientemente con la STC 18/23, en la que el Alto Tribunal ha procedido a avalar la concurrencia del presupuesto habilitante en un supuesto hasta ahora inédito y que merece una atención específica. En efecto, tras constatar "los resultados discretos, cuando no insignificantes derivados de la Ley Orgánica 3/2007, para la igualdad efectiva entre mujeres y hombres", así como la persistencia de "desigualdades intolerables en la condiciones laborales" —la denominada brecha salarial—, el Gobierno estimó la concurrencia de una situación que no solo legitimaba la aprobación de "un nuevo texto articulado, integral y transversal en materia de empleo y ocupación", sino también la de hacerlo mediante decreto-ley (RDL 6/2019). Más concretamente, constató la existencia de una circunstancia de extraordinaria y urgente necesidad para la modificación del marco normativo vigente, puesto que "acumular un mayor retraso en la activación de la nueva regulación, causaría un daño de difícil reparación, que no puede ser asumido". El TC, por su parte, avalará expresamente esta percepción y, a modo de refuerzo argumental, viene a señalar que la igualdad de trato y oportunidades en el empleo y la ocupación es una materia "que por su íntima conexión con la esfera individual de la persona, el libre desarrollo de la personalidad y sus profundos vínculos con disposiciones fundamentales de la Constitución ... exige una acción normativa absolutamente inmediata, sin que la actuación púbica orientada al logro de esos objetivos gubernamentales admita ningún retraso, ni siquiera la demora que conllevaría la tramitación legislativa" (STC 18/23).

La consideración de los razonamientos hasta aquí expuestos permite concluir que, para el TC, la potestad gubernamental recogida en el artículo 86 CE es susceptible de ser activada en toda circunstancia fáctica con respecto a la que el Gobierno estima necesario articular una inmediata respuesta normativa. De este modo, la percepción subjetiva del presupuesto habilitante, unida a la valoración preferente que merece la premura de su regulación a cargo del Ejecutivo se afirman como criterios fundamentales que dejan expedita la vía para el recurso habitual al decreto-ley. La inicial aproximación constitucional teórica en clave de excepcionalidad ha dado paso, pues, a un claro proceso de normalización que, como ya indicara tempranamente J. Pérez Royo, permite identificarlo con la "ley a secas".

III. PAUTAS CONFIGURADORAS DEL CONTROL JURISDICCIONAL DEL PRESUPUESTO HABILITANTE: PODER Y NO SIEMPRE QUERER

Como contrapunto a la amplia discrecionalidad reconocida al Gobierno y aras de alcanzar un mayor grado de seguridad jurídica, el TC procede a individualizar un criterio de control consistente en exigir una referencia explícita y razonada sobre "las situaciones concretas y los objetivos gubernamentales que han dado lugar a la aprobación de cada uno de los decretos-leyes enjuiciados" (STC 6/83). En relación a este punto, hemos de recordar que la actitud escasamente rigurosa mantenida a la hora de verificar su cumplimiento ha traído consigo la aceptación de justificaciones despojadas de una mínima concreción y sustentadas sobre parcos razonamientos. Buena prueba de ello es que habrá que esperar 25 años de recorrido jurisprudencial para encontrar una resolución que, abandonando la laxitud habitual, declare inconstitucional un decreto-ley (STC 86/07) por ausencia de urgente necesidad. En este caso, el Tribunal afirmó que el recurso a "fórmulas rituales o meramente vacuas" para identificar la situación de urgencia concurrente no satisface la exigencia de justificación a cargo del Ejecutivo (STC 68/07). Abierta la brecha para la aplicación efectiva de las propias pautas de control, sin embargo, debe llamarse la atención sobre su carácter aislado, al quedar confinada su aplicación a un reducido número de resoluciones posteriores (SSTC 27/15, 126 y 169/16, 134/23, entre otras).

En relación con la STC 68/07 merece, asimismo, ser resaltada la formulación de un segundo deber de motivación a cargo del Gobierno consistente en justificar "los perjuicios u obstáculos que para la consecución de los objetivos perseguidos se seguirían de la tramitación ... por el procedimiento legislativo ordinario". Consecuentemente, el incumplimiento de tal deber generará la inconstitucionalidad del decreto-ley por ausencia del presupuesto habilitante. La sorpresa que nuevamente suscita el recurso marginal a este criterio (SSTC 31/11, 137/11, 126/16, 169/16 y 111/21) se incrementa ulteriormente cuando se constata la intensa difuminación que el mismo ha experimentado. En efecto, el TC ha rechazado expresamente que el Ejecutivo deba formular "una justificación expresa e individualizada de la inadecuación del procedimiento legislativo para atender a tiempo los objetivos gubernamentales". El criterio determinante es, por el contrario, que "sea posible inferir la existencia de la urgencia a partir de la valoración conjunta de la justificación esgrimida" (STC 93/15). Más recientemente, se ha dado una nueva vuelta de tuerca flexibilizadora a la exigencia referida que, en términos prácticos, parece confinarla al terreno de la inoperancia. Así se desprende de la consideración aducida por el TC, señalando que no estamos ante una "carga específica de motivación" que imponga al Ejecutivo "la estricta justificación de la necesidad y urgencia de las medidas" adoptadas. Tal deber, sigue razonándose, "no se desprende de nuestra doctrina" y de ser aceptado impondría a aquel la obligación adicional de "evaluar los perjuicios que pudieran derivarse, para la consecución de sus objetivos, de seguirse la tramitación de la regulación proyectada por el procedimiento legislativo parlamentario". Lo que no es constitucionalmente obligado, concluye el TC, puesto que, "una vez justificada la necesidad y urgencia de las medidas adoptadas, no es necesario realizar o aportar también un estudio o pronóstico de los riesgos que podrían derivarse de esperar a la tramitación de la modificación normativa pretendida por el procedimiento legislativo ordinario" (STC 18/23).

Un segundo elemento orientado a reforzar el control ejercido por el juez constitucional nos sitúa ante la exigencia de que exista conexión de sentido o, si se prefiere, una relación de congruencia entre la situación considerada urgente por el Ejecutivo y la respuesta ofrecida por parte del decreto-ley. Mediante tal requisito, como ya fue señalado en su momento por P. Cruz, la cláusula habilitante adquiere una clara dimensión bifuncional, dado que entre los dos vectores concernidos (realidad/norma) se ha de establecer un imprescindible nexo teleológico. Un análisis de la jurisprudencia constitucional en este punto vuelve a poner nuevamente de manifiesto su escasa operatividad práctica. Motivo fundamental es el escaso celo aplicado por el Tribunal, que acepta y da por válida la apelación gubernamental a circunstancias marcadamente genéricas. Sobre la base de tal aproximación, su actuación se limita a realizar un mero juicio de razonabilidad, que rechaza la formulación de "valoraciones políticas o relativas a la bondad técnica de las medidas adoptadas" (STC 111/83). Los términos del control discurren, pues, por cauces externos que únicamente reservan la tacha de inconstitucionalidad para "supuestos de manifiesta incongruencia o palmaria arbitrariedad" (STC 182/97).

Lo insatisfactorio de este planteamiento ha alcanzado su máxima expresión en el caso de los decretos-leyes ómnibus (también denominados transversales o heterogéneos) que tanto proliferaron en el contexto de emergencia económica concurrente a partir de 2008. Interpelado sobre su constitucionalidad, el TC ha considerado que estamos un "mero defecto de técnica normativa carente de relevancia constitucional" (STC 199/15). Por lo que a la conexión de sentido respecta, se ha limitado a exigir una motivación expresa de la urgencia específica existente en relación con cada bloque de materias abordado por el decreto-ley analizado. Este modo de proceder merece ser valorado en términos críticos, puesto que ofrece un salvoconducto de constitucionalidad a todo tipo de normas, incluidas aquellas que están desprovistas de un efectivo vínculo relacional con la situación fáctica que justifica la emisión del decreto-ley y que, por lo tanto, no gozan de sustento legitimador. Como contrapunto a esta actitud genéricamente permisiva, cabe reseñar la existencia de una batería de recientes resoluciones (SSTC 110, 111 y 134/21) en las que, ante decretos-leyes de naturaleza transversal producidos durante la crisis sanitaria provocada por el Covid-19, el TC ha asumido una actitud más exigente a la hora de verificar existencia de una efectiva relación de adecuación. Este cambio de actitud en la aplicación de su doctrina que, en sus términos sustanciales se mantiene inalterada, ha permitido declarar la inconstitucionalidad de normas intrusas, que ninguna conexión causal muestran con la situación de pandemia y cuyo objeto no se dirige a la gestión de la misma.

IV. LOS LÍMITES MATERIALES Y LA PROHIBICIÓN DE AFECTAR

Como ya se ha indicado, el artículo 86.1 CE limita en términos sustanciales la potestad normativa del Gobierno, excluyendo que por decreto-ley puedan afectarse las materias expresamente señaladas. Dejando a un lado la incoherencia que supone abrir la puerta al legislador de urgencia para, inmediatamente a continuación cerrar el paso a la regulación de ciertos ámbitos materiales (la urgencia no conoce límites), lo cierto es que en la práctica se ha impuesto un entendimiento matizado de la prohibición constitucional que ha reducido significativamente su comprensión. La interpretación defendida por el TC rechazó desde sus inicios una aproximación extrema en clave reduccionista del verbo afectar que, basándose en una idea eminentemente restrictiva del decreto-ley determinase su absoluta inutilidad en la práctica (STC 6/83). Descartada dicha vía, la opción preferida por el Alto Tribunal apuntará hacia una interpretación posibilista y más permisiva en cuya virtud la actuación vedada a la potestad gubernamental de urgencia, se identifica no con cualquier incidencia sino, antes bien, con el establecimiento de regulaciones de ámbito general o referidas a aspectos esenciales de la materia concernida. A sensu contrario, por tanto, emerge un ámbito regulador accesible al decreto-ley, quedando este habilitado para establecer previsiones de carácter sectorial, accesorio o incidental.

Expuestos los trazos generales de la doctrina jurisprudencial, consideramos necesario llevar a cabo unas sucintas consideraciones dedicadas específicamente a los derechos, deberes y libertades del Título I CE, teniendo presente que, según estableció el TC, perfilar la comprensión del término "afectar" en dicho ámbito "exige que se tenga muy en cuenta la configuración del derecho constitucionalmente afectado, e incluso su colocación dentro de las diversas secciones y capítulos de su Título I, dotados de mayor o menor rigor protector a tenor del artículo 53 de la CE" (STC 111/83).

En función de tal planteamiento se desprende la existencia de un radio de acción muy reducido en relación con los derechos y libertades de la sección primera del Capítulo II, con respecto a los que se afirma el límite del contenido esencial y en el que confluyen las tareas configuradoras del legislador orgánico (desarrollo directo) y del ordinario (regulación del ejercicio). Un espectro normativo más amplio, por su parte, se constata con respecto a la sección segunda, puesto que aquí a la esencialidad de los contenidos intocables por el legislador se suma *únicamente* la reserva de ley ordinaria. Resulta, pues, que una vez acotado por la ley lo relativo a la regulación del ejercicio del derecho, queda expedita la vía para la acción normativa del decreto-ley. En el recorrido propuesto, el último de los reductos constitucionales implicados nos sitúa ante los principios rectores de la política social y económica recogidos en el Capítulo III, los cuales afirman una dimensión puramente informadora de la actuación de los poderes públicos (carecen de eficacia directa) y, asimismo, se muestran condicionados en su eficacia práctica (ejercicio e invocación ante los tribunales) a la existencia de un previo desarrollo legislativo (artículo 53.3 CE). Es aquí, pues, donde la existencia de un nivel constitucional de tutela con un grado de intensidad decididamente menor permite al decreto-ley desplegar una actividad reguladora más intensa.

Este diagnóstico inicial, no obstante, requiere ser matizado, puesto que una atenta mirada al Capítulo III revela que este no sólo contiene principios, sino también algunos destacados derechos de carácter social. El caso del derecho a la salud (artículo 43 CE) constituye un ejemplo paradigmático que merece una atención especial. A fin de encuadrar correctamente el tema debe recordarse una vez más que en la etapa de crisis económica imperante a partir de 2008 el TC respaldó la constitucionalidad de aquellos decretos-leyes que, amparándose en la gravedad de la situación y movidos por la necesidad de reducir el gasto y limitar el déficit públicos para dar cumplimiento a las exigencias del principio de estabilidad presupuestaria (artículo 135 CE, tras su modificación en 2011), llevaron a cabo reformas integrales de profundo calado restrictivo en relación con la financiación de una serie de políticas públicas directamente incardinadas en el núcleo del Estado social: educación, relaciones de trabajo o sanidad. Centrándonos en esta última, los jueces constitucionales rechazaron expresamente que la supresión por decreto-ley de la asistencia sanitaria a los inmigrantes en situación de irregularidad administrativa, con la excepción de los tratamientos de urgencia, mereciera reprobación alguna desde la perspectiva de la afectación vedada por el artículo 86.1 CE a dicho instrumento normativo. La razón aducida por el TC es que nos hallamos en presencia no de un derecho en sentido estricto sino, antes bien, de un mero principio despojado de contenido esencial frente al que no opera la aludida prohibición (STC 139/16). Tal argumentación, en nuestra opinión, merece ser reprobada no sólo por razones derivadas del respeto a los principios de justicia social y solidaridad. Asimismo, atendiendo a un básico criterio de coherencia constitucional, porque ignorar la dialéctica entre principios y derechos existente en el Capítulo III trae consigo una lectura eminentemente formalista generadora de un efecto uniformador que, a la postre, desvirtúa la voluntad diferenciadora de la Norma Suprema.

V. EL CONTROL PARLAMENTARIO DEL DECRETO-LEY COMO CONVIDADO DE PIEDRA

Para afrontar esta cuestión, a modo de premisa, es preciso recordar que la normativa de urgencia producida por el Gobierno presenta una legitimidad democrática inferior a la ley, puesto que es producto exclusivo de la voluntad de aquel y no de la representación popular residenciada en las Asambleas legislativas. Precisamente por tal razón, las disposiciones gubernamentales nacen con fecha de caducidad, son provisionales, de tal manera que su incorporación estable (ratificación) al ordenamiento jurídico o, por el contrario, su expulsión (derogación) se hace depender de la manifestación de una expresa voluntad parlamentaria.

La práctica acumulada en este terreno a lo largo del tiempo arroja una imagen en la que la convalidación de los decretos-leyes por el Congreso resulta absolutamente dominante. La afirmación de un contexto caracterizado por la existencia de un alto grado de cohesión política entre mayoría parlamentaria y Gobierno, basada en una fuerte disciplina de partido, que logra un eficaz efecto de homogeneización interinstitucional (binomio Ejecutivo-mayoría parlamentaria versus oposición), se muestra como principal factor que explica esta situación. No es casual que, con la excepción del primer decreto-ley derogado por el Congreso en el lejano 1979, los escasos casos producidos (3) con posterioridad hayan tenido lugar a partir de la XII legislatura, coincidiendo con la afirmación de un escenario caracterizado por la fragmentación política en sede parlamentaria derivada de la irrupción en la escena de nuevos partidos

(y el consiguiente cuestionamiento del bipartidismo). Esta situación ha traído consigo la existencia de Gobiernos en minoría que se han topado con más dificultades a la hora de recabar los apoyos necesarios para poder sacar adelante sus decretos-leyes.

Es precisamente en este contexto de debilidad gubernamental en el que ha cobrado un renovado vigor la necesidad del control desarrollado en el Congreso como cauce que brinda a las minorías la ocasión para posicionarse frente a la normativa gubernamental, manifestando sus discrepancias y alternativas. A este respecto, hay que recordar que la convalidación se presenta como trámite preceptivo, desarrollado únicamente en el seno de la Cámara baja y que circunscribe su margen de actuación a la alternativa de tomar o dejar en bloque la normativa emanada por el Gobierno. Sólo se dará entrada al Senado y, asimismo, resultará posible introducir enmiendas en la normativa originaria si inmediatamente a continuación de ser aprobada la convalidación se acuerda por la mayoría del Congreso la apertura del procedimiento de conversión en ley previsto en el artículo 86.3 CE. En relación con esta segunda vía, que claramente refuerza la capacidad parlamentaria de intervención sobre las decisiones gubernamentales, abriendo la puerta a su modificación los datos extraídos de la práctica dejan en evidencia un elocuente nivel de infrautilización, puesto que sobre un total de 653 decretos-leyes convalidados (hasta el 30 de junio de 2023) tan sólo 152 han seguido el trámite de conversión, lo que en términos porcentuales supera ligeramente el 23%.

Los datos expuestos confirman claramente la neta preeminencia de la convalidación, razón por la que resulta obligado volver a insistir en su deficiente regulación por parte del Reglamento del Congreso (artículo 151). Afirmándose como el momento en el que las minorías que integran la oposición desarrollan su natural función de crítica, deviene ineludible articular un procedimiento en el que esta se lleve a cabo efectivamente. Cosa que en la práctica no sucede, al quedar establecidos unos tiempos de intervención extraordinariamente exiguos (15 minutos para el representante del Gobierno y 10 para los de grupos parlamentarios) que despojan al debate de convalidación de buena parte de su justificación constitucional. Esta insatisfactoria disposición normativa, que justamente fue considerada por P. Santolaya hace ya 35 años como "uno de los mayores problemas para la consideración de los decretos-leyes como instrumentos plenamente democráticos en el ordenamiento jurídico español", ha experimentado un preocupante agravamiento en los últimos tiempos como consecuencia del recurrente uso a decretos ómnibus y también de contenido estructural. En relación con tales supuestos, discrepamos de la apreciación mantenida por el TC (STC 199/15), rechazando que el derecho fundamental de participación política que asiste a las minorías parlamentarias resulte vulnerado. La razón es clara: el ya de por sí endeble control ejercido a través de la convalidación experimenta una nueva vuelta de tuerca reductora al tener que pronunciarse los diputados sobre decretos caracterizados ya sea por su intensa heterogeneidad de contenidos (ómnibus), ya sea por su carácter omnicomprensivo.

VI. REFLEXIONES FINALES: RECUPERAR LA SENDA CONSTITUCIONAL

Las consideraciones que han ido aflorando a lo largo del recorrido realizado ponen en evidencia un paulatino proceso de ampliación de los contornos existenciales del decreto-ley que, con ocasión de la grave crisis económica que azotó nuestro país a partir de 2008, así, como en la fase de la pandemia alcanzó su punto álgido. El punto a subrayar es que la lectura extraordinariamente permisiva adoptada con carácter general por el TC en torno al presupuesto habilitante, unida al débil control ejercido en sede parlamentaria ha brindado a los Gobiernos un fuerte incentivo para adoptar un buen número de medidas que hubieran debido aprobarse mediante ley parlamentaria. En dicha tesitura, el continuado uso del decreto-ley ha alcanzado tal intensidad que el Ejecutivo ha pasado a asumir un rol de legislador preponderante que lo presenta, en la expresión acuñada por M. Cartabia, como el "señor de las fuentes". Un señorío que, como ya se ha indicado, tiende a afirmarse en términos absolutos, puesto que el Congreso ha asistido prácticamente inerme al aluvión de decretos-leyes producidos por los sucesivos Gobiernos sin que, por su parte, el TC haya asumido una decidida actitud para frenar dicho abuso.

El resultado final puede resumirse en el sombrío y no por ello menos acertado diagnóstico contenido en el voto particular formulado a la STC 199/15 por los Magistrados F. Valdés, A. Asúa y J. A. Xiol: "la funesta consecuencia es la parte de relegación del poder legislativo a un papel pasivo, secundario y disminuido, en detrimento del principio representativo, de la calidad democrática y, en las propias palabras del preámbulo de la Constitución, del Estado de Derecho que asegura el imperio de la ley como expresión de la voluntad popular".

Se impone, pues, la necesidad de recuperar el sentido constitucional que justifica la existencia del decreto-ley como instrumento llamado a desempeñar una importante y necesaria función en el contexto del Estado contemporáneo. Tras 45 años de vigencia constitucional y un balance eminentemente negativo de la situación existente no cabe más opción que abogar para que los actores concernidos (Gobierno, Congreso y Tribunal Constitucional) asuman su respectiva responsabilidad, procediendo a generar una dinámica que permita eliminar las graves patologías arraigadas en la práctica.

VII. BIBLIOGRAFÍA

ARAGÓN REYES, M.: *Uso y abuso del decreto-ley. Una propuesta de reinterpretación constitucional*, Madrid, Iustel, 2016.

ASTARLOA HUARTE-MENDICOA I.: "Imperio del decreto-ley y debilitamiento del Parlamento", en CAZORLA PRIETO, L. (dir.), *Últimas novedades normativas afectantes al sector eléctrico*, Thomson Reuters Aranzadi, Cizur Menor, 2022.

BALAGUER CALLEJÓN, F.: *Fuentes del derecho*, Centro de Estudios Políticos y Constitucionales, Madrid, 2022.

CARMONA CONTRERAS, A.: *La configuración constitucional del decreto-ley*, Centro de Estudios Políticos y Constitucionales, Madrid, 1997.

– "Decreto-ley y crisis económica. O cuando la necesidad (política) no hace virtud (constitucional)", en *Diritto&Questioni Pubbliche*, XVII/2017, 2, 2017.

CARTABIA, M.: "Il Governo, signore delle fonti?", en CARTABIA, M., LAMARQUE, E., TANZARELLA, P. (eds.), *Gli atti normativi del Governo tra Corti e giudici*, Giapichelli, Torino, 2011.

CRUZ VILLALÓN, P.: "Tres sentencias sobre el decreto-ley", en AA.VV., *El Gobierno en la Constitución y en los Estatutos de autonomía*, Diputació de Barcelona, Barcelona, 1985.

DE LA IGLESIA CHAMARRO, A.: "Crisis económica y expansión del ejercicio normativo del Gobierno. En particular de los decretos-leyes nacionales y autonómicos", en *Revista Estudios de Deusto*, vol. 61, núm. 2, 2013, pp. 69-80.

DE OTTO Y PARDO, I.: *Derecho constitucional. Sistema de fuentes*, Ariel, Barcelona, 1987.
PÉREZ ROYO, J., *Las fuentes del derecho*, Tecnos, Madrid, 1992.
SANTOLAYA MACHETTI, P., *El régimen constitucional de los decretos-leyes*, Tecnos, Madrid, 1988.

VIII. JURISPRUDENCIA

STC 29/1982, de 31 de mayo.
STC 6/1983, de 4 de febrero.
STC 111/1983, de 2 de diciembre.
STC 23/1993, de 21 de enero.
STC 11/2002, de 17 de enero.
STC 68/2007, de 28 de marzo.
STC 199/2015, de 24 de septiembre.
STC 110/2021, de 13 de mayo.
STC 134/2021, de 24 de junio.
STC 18/2023, de 21 de marzo.

Artículo 87

1. La iniciativa legislativa corresponde al Gobierno, al Congreso y al Senado, de acuerdo con la Constitución y los Reglamentos de las Cámaras.

2. Las Asambleas de las Comunidades Autónomas podrán solicitar del Gobierno la adopción de un proyecto de ley o remitir a la Mesa del Congreso una proposición de ley, delegando ante dicha Cámara un máximo de tres miembros de la Asamblea encargados de su defensa.

3. Una ley orgánica regulará las formas de ejercicio y requisitos de la iniciativa popular para la presentación de proposiciones de ley. En todo caso se exigirán no menos de 500.000 firmas acreditadas. No procederá dicha iniciativa en materias propias de ley orgánica, tributarias o de carácter internacional, ni en lo relativo a la prerrogativa de gracia.

COMENTARIO

M. Jesús Larios Paterna
Profesora titular de Derecho Constitucional
Universidad de Barcelona

I. PLURALIDAD DE LA INICIATIVA LEGISLATIVA: PLURALISMO POLÍTICO Y PARTICIPACIÓN CIUDADANA

Las normas reguladoras del procedimiento legislativo, más allá de establecer las reglas que debe seguir el Parlamento para aprobar una ley, suponen realizar principios y valores constitucionales esenciales en el marco del Parlamentarismo democrático, como los de participación ciudadana, pluralismo político y respeto a la posición y derechos de las minorías que contribuyen a dotar de legitimación a la ley y actúan como contrapeso a la regla de la decisión mayoritaria. Estas reglas y procedimientos, que se desarrollan en los reglamentos parlamentarios, también aseguran también el ejercicio de los derechos y facultades de los parlamentarios. Como ha señalado el Tribunal Constitucional la democracia parlamentaria no se agota, ciertamente, en formas y procedimientos, pero el respeto a unas y otros está entre sus presupuestos inexcusables (STC 109/2016, FJ. 5).

El artículo 87 contiene lo que se ha denominado una iniciativa legislativa plural. Así, junto a la iniciativa legislativa gubernamental y de las Cámaras, dispone como fórmula de participación de las Comunidades Autónomas en la formación de la voluntad estatal la iniciativa legislativa de sus Parlamentos (art. 87.2) y como forma de participación ciudadana en el procedimiento, la iniciativa legislativa popular (87.3). El ejercicio de la iniciativa legislativa se integra en derecho de los ciudadanos a participar en los asuntos públicos (art. 23.1 CE) y también en el núcleo del *ius in officium* parlamentario protegido constitucionalmente a través del art. 23.2 CE (STC 242/2006, FJ 5).

La iniciativa legislativa es el acto de iniciación del procedimiento legislativo tendente a producir una norma en sentido formal, sin embargo, dependiendo de los actores, esa propuesta va a poder disfrutar de mayor recorrido y va a tener más o menos obstáculos en el mismo. La propia redacción del artículo 87 conduce a establecer dos niveles en cuanto a los efectos sobre el procedimiento legislativo de la iniciativa ejercida. Por un lado, el que ocupan el Gobierno, el Congreso y el Senado, a los que les atribuye directamente la titularidad de la iniciativa y que, por sí solos, pueden poner en marcha el procedimiento legislativo. Por otro lado, las Asambleas de las Comunidades Autónomas, los ciudadanos y aquellos que determinen los reglamentos de las Cámaras pueden presentar una proposición de ley, pero el inicio del procedimiento legislativo dependerá de su asunción por la Cámara. Estos distintos efectos son los que llevan a la doctrina a distinguir entre los titulares de la iniciativa propiamente dichos y los que pueden presentar solamente propuesta de iniciativa.

II. PREEMINENCIA GUBERNAMENTAL Y DEBILIDAD DE LAS PROPOSICIONES DE LEY

El Gobierno ocupa una posición privilegiada en relación con la iniciativa legislativa, fundamentada en su función de dirección política, reflejada en diversos momentos procedimentales, además de poder condicionar las restantes. Por el contrario, las proposiciones de ley se sitúan en una posición subordinada y debilitada como instrumento parlamentario. Las restricciones más importantes son el sometimiento a la toma en consideración y, más aún, a la aprobación del Gobierno atendiendo a sus efectos financieros (art. 134.6 CE).

La toma en consideración supone que la Cámara puede rechazar la proposición, a priori, sin más justificación que la de su oportunidad política. Tal previsión responde al principio de economía procesal y parlamentarismo racionalizado, de modo que la Cámara no se ve obligada a tramitar propuestas planteadas por formaciones con escasa representatividad o sin posibilidades de ser aprobadas. Ahora bien, también supone privar a las minorías de la posibilidad de discusión de las propuestas de forma más intensa y detallada y de poder negociar y transaccionarlas.

Por otro lado, el Gobierno puede oponerse a las proposiciones de ley si considera que su aprobación supone un aumento de créditos o disminución de ingresos presupuestarios (art. 134.6 CE). Esta limitación es materialmente muy intensa pues difícilmente una medida legislativa carece de tales efectos. Sin embargo, se trata de una previsión habitual en derecho comparado pues se entiende que debe protegerse la función gubernamental de dirección política y ejecución presupuestaria. La Constitución española sigue el sistema alemán, de aceptación condicionada de las proposiciones (o enmiendas) que supongan aumento de créditos o disminución de ingresos. A pesar de la lógica de la previsión, basada en el derecho gubernamental a velar por que las autorizaciones de gastos aprobadas no sean desnaturalizadas con la presentación de iniciativas, el problema se plantea cuando el Gobierno la utiliza de forma excesiva o desproporcionada y limita la función de impulso de las minorías y paraliza las iniciativas de la oposición. Aunque la práctica ha ido matizando esta potestad, aceptando proposiciones que incorporan una cláusula que retrase la entrada en vigor de los preceptos con efectos presupuestarios hasta el siguiente ejercicio, sigue teniendo importantes efectos limitadores para el ejercicio en curso

De acuerdo con la doctrina constitucional, la capacidad de valoración de la Mesa abarca tanto la vertiente formal como la material. En relación con la primera, tiene un control pleno sobre la concurrencia de los requisitos de la intervención del Gobierno, tales como el carácter expreso de la disconformidad, su motivación, la referencia al presupuesto aprobado y el plazo de treinta días hábiles para su remisión. Desde el punto de vista material, a la Mesa le corresponde hacer una valoración de la argumentación del Gobierno limitada a "un control desde la perspectiva de la razonabilidad y la proporcionalidad", que lleva a rechazar los casos de "carácter manifiestamente infundado del criterio del Gobierno" o de "interpretación arbitraria e irrazonable" (STC 242/2006). Estos límites, elemento imprescindible para garantizar la función de impulso legislativo de las minorías, fueron cuestionados en el conflicto entre órganos constitucionales resuelto en la STC 34/2018, de 13 de abril. El Tribunal, frente a la pretensión gubernamental, llevó a cabo una interpretación restrictiva de la facultad de veto presupuestario y señaló que la afectación presupuestaria no puede ser hipotética, sino real y efectiva, debiendo el Gobierno precisar las concretas partidas presupuestarias afectadas. En cuanto al alcance temporal del veto presupuestario, también precisa que, a efectos del régimen jurídico del artículo 134.6 CE, sólo puede ser utilizado para paralizar aquellas proposiciones de ley con impacto en el presupuesto vigente y no en presupuestos futuros, que aún no han sido elaborados por el Gobierno ni sometidos por tanto al proceso de aprobación regulado en el artículo 134 CE (STC 34/2018, FJ7). Asimismo, el Tribunal recuerda que la Mesa es el órgano legitimado para rechazar el veto interpuesto cuando sea "manifiestamente infundado", aspecto que había sido cuestionado por el Gobierno en el conflicto planteado. Finalmente, cabe reseñar que tal interpretación restrictiva del veto presupuestario refuerza el papel de las minorías en el Parlamento y los derechos participativos de sus miembros, como se evidencia en la STC 94/2018, de 17 de septiembre, donde el Alto Tribunal estimó un recurso de amparo planteado por vulnerar el derecho del diputado al ejercicio de sus funciones representativas con los requisitos que señala la ley (art. 23.2), en conexión con el derecho de los ciudadanos a participar en los asuntos públicos a través de sus representantes, y anuló un acuerdo de la Mesa del Congreso que había aceptado la no conformidad del Gobierno a la toma en consideración de una iniciativa legislativa basándose en efectos presupuestarios futuros.

Además del veto presupuestario, el Gobierno debe manifestar su criterio respecto a la toma en consideración (art. 126.2 RCD), un posicionamiento que no tiene efecto jurídico, pero que puede retrasar y obstaculizar la tramitación.

En definitiva, pese a la aparente pluralidad de la iniciativa en el artículo 87, el juego de otros preceptos constitucionales, su desarrollo y la práctica reglamentaria la han sometido a excesivas restricciones, si bien ponderadas por la jurisprudencia constitucional como se ha explicado. Esto es crucial para la actividad parlamentaria pues es esencial preservar los limitados instrumentos en manos de las minorías, como la iniciativa legislativa, que son garantía del equilibrio entre oposición y mayoría gubernamental, en última instancia, promoviendo el pluralismo político y el principio democrático (STC 124/1995, FJ 3).

III. LOS DISTINTOS TIPOS DE INICIATIVA LEGISLATIVA

1. La iniciativa del Gobierno

El artículo 87 atribuye la iniciativa legislativa al Gobierno en su conjunto, no al Presidente ni a los Ministros, como precisa el artículo 88, que dispone que los proyectos de ley deben ser aprobados por el Consejo de Ministros, el cual los someterá al Congreso, acompañados por una exposición de motivos y los antecedentes necesarios para pronunciarse. La Constitución establece que la iniciativa del Gobierno debe ejercitarse con la remisión al Congreso, no a cualquiera de las dos Cámaras que conforman las Cortes Generales, lo que responde a la especial relación del Gobierno con la Cámara en la que tiene lugar la investidura de quien lo preside y es una expresión más del bicameralismo imperfecto establecido en la Constitución.

Respecto a los proyectos de ley, es relevante la existencia de una presunción de su aceptación preliminar frente al sometimiento de las proposiciones de ley a la toma en consideración. Sin embargo, los proyectos de ley sí que pueden ser objeto de una votación inicial de rechazo, a través de la aprobación de una enmienda a la totalidad, lo que atenúa las diferencias entre las distintas iniciativas. De todos modos, el rechazo del proyecto gubernamental tiene lugar en un momento posterior al de las proposiciones, pues sólo podrá llevarse a cabo en el debate de totalidad posterior a la presentación de enmiendas, y sólo en caso de que se hubieran presentado de ese carácter.

2. Iniciativa legislativa parlamentaria

A diferencia de otros modelos comparados, la Constitución no atribuye la iniciativa legislativa a los parlamentarios (individualmente o a través de su grupo) sino que lo hace a las propias Cámaras, es decir, a una mayoría de estas, que son las titulares de la iniciativa legislativa. Ello requiere que los reglamentos parlamentarios desarrollen cómo puede impulsarse esa iniciativa. Actualmente, pueden hacerlo en el Congreso un grupo parlamentario o 15 diputados y en el Senado un grupo o 25 Senadores o la Comisión General de las Comunidades Autónomas. Hasta que no se produce la aprobación de la toma en consideración no se puede considerar que la Cámara ha ejercitado la iniciativa legislativa.

Para que tenga lugar el debate de toma en consideración, es necesario que la Mesa califique y admita a trámite la proposición. De acuerdo con una jurisprudencia constitucional constante, las facultades de las Mesas en orden a la calificación y admisión a trámite de iniciativas parlamentarias lo son a efectos de controlar la regularidad jurídica y la viabilidad formal o procesal de las iniciativas presentadas. La inadmisión de propuestas o proposiciones a causa de la supuesta inconstitucionalidad de su contenido infringiría el derecho fundamental del art. 23.2 CE, si bien el Tribunal Constitucional ha admitido que en supuestos excepcionales las Mesas pueden inadmitir a trámite, sin daño para el derecho fundamental citado, las propuestas o proposiciones cuya contradicción con el derecho o inconstitucionalidad sean "palmarias y evidentes" (SSTC 124/1995, FJ 2, y STC 10/2016, FJ 4). En definitiva, con carácter general no existe en nuestro ordenamiento jurídico un derecho fundamental a la constitucionalidad de las iniciativas parlamentarias como parte del acervo que integra el ius in officium parlamentario (SSTC 107/2016, FJ 3 y 46/2018, FJ 4, entre otras).

3. Iniciativa de las Comunidades Autónomas

La Constitución establece como forma específica de participación de las Comunidades Autónomas en la formación de la voluntad estatal la presentación de proposiciones de ley por sus Parlamentos ante el Congreso de los Diputados. Debe remarcarse la anomalía de que tan solo puedan presentarse proposiciones de ley en el Congreso y no en el Senado, dado el carácter de representación territorial que la Constitución atribuye a esta Cámara.

Esta iniciativa es, por tanto, una manifestación del principio de colaboración entre el Estado y las Comunidades Autónomas. Con carácter general, y a pesar de la consideración distinta por parte de algunos autores en los primeros años de vigencia de la Constitución, no está limitada a la simple gestión de los respectivos intereses autonómicos, sino que puede extenderse a todo tipo de materias, ya que la Constitución no establece ningún tipo de limitación material.

El sometimiento también a la toma en consideración de las proposiciones autonómicas supone una restricción excesiva de esta forma de participación en el Parlamento estatal por parte de estas y del principio de colaboración, lo que parece entrar en conflicto con la función que el artículo 87.2 parece querer asegurar a las Comunidades Autónomas de colaborar en la tarea legislativa del Estado. Sin embargo, resulta difícil sostener la inconstitucionalidad de tal medida, pues el propio precepto, tras atribuir la iniciativa legislativa a Gobierno, Congreso y Senado, dispone que las Asambleas autonómicas "pueden presentar una proposición de ley ante la Mesa del Congreso", con lo que en puridad pueden someterse a las mismas normas que regulan las proposiciones de ley.

En la presentación de esa iniciativa, la Constitución reconoce el derecho a enviar tres delegados para la defensa de la proposición (art. 87.2), que serán designados en la forma que establezca el respectivo Reglamento. El procedimiento en las Cámaras autonómicas, tanto la aprobación de la iniciativa como la designación de delegados, se regula en sus propios reglamentos, los cuales se remiten al procedimiento legislativo ordinario, exigiendo en general aprobación por mayoría absoluta. La tramitación de estas proposiciones en el Congreso se somete a las normas generales de procedimiento y la regulación ha limitado la intervención de los delegados a la toma en consideración.

Finalmente, el artículo 87.2 también prevé que las Asambleas de las Comunidades Autónomas puedan solicitar del Gobierno un proyecto, lo cual no puede considerarse iniciativa legislativa ya que se ejerce ante el Gobierno.

4. La iniciativa legislativa popular

La Constitución remite la regulación de la forma de ejercicio de la iniciativa legislativa popular a una ley orgánica, estableciendo las firmas que deben obtenerse y las materias excluidas. En concreto, deben acreditarse 500.000 firmas y no pueden versar sobre materias propias de ley orgánica, tributarias o de carácter internacional y la prerrogativa de gracia. A estas materias hay que incluir la presentación de una iniciativa de reforma constitucional, de acuerdo con el artículo 166 de la Constitución, según el cual la iniciativa de reforma constitucional se ejercerá en los términos previstos en los apartados 1 y 2 del artículo 87. La Ley Orgánica 3/1984, reguladora de la iniciativa legislativa popular, reformada por la Ley 4/2006 y por la LO 3/2015, desarrolla la institución abundando en la regulación restrictiva ya presente en el texto constitucional. Como hemos señalado, no es una iniciativa legislativa propiamente dicha sino una proposición, pues en el acto de propuesta se agota el derecho de participación ciudadana al que se le vincula (VINTRÓ).

La regulación constitucional es una clara manifestación del recelo con que el constituyente acoge la iniciativa legislativa popular, pues no solo establece un número de firmas excesivamente elevado, sino que excluye ámbitos materiales muy amplios y de considerable interés para la ciudadanía. En cuanto a su naturaleza, la iniciativa legislativa popular tiene los efectos propios de los mecanismos de democracia participativa, es decir, se trata de una propuesta ante la Cámara que esta puede libremente aceptar o no, sin que en ningún caso pueda tener efectos decisorios, como sucede, por el contrario, en algunos supuestos en derecho comparado donde la iniciativa se vincula a un posterior referéndum (en Suiza y en los Länder alemanes). A pesar de esos limitados efectos, se le aplican limitaciones materiales propias de las instituciones de democracia directa, dándose una clara confusión de ambos institutos. Resulta revelador constatar que el precedente de la Constitución republicana de 1931 excluye materias muy similares pero sólo para el referéndum. La regulación de 1978 supone desnaturalizar la iniciativa popular pues se impide de forma absoluta que los ciudadanos puedan plantear una simple propuesta sobre determinadas materias. En definitiva, como ha señalado PRESNO LINERA, excluir del alcance ciudadano la propuesta de regulación de materias muy relevantes para la ciudadanía puede ser considerado antidemocrático.

En definitiva, la regulación constitucional desvirtúa la potencialidad de un instrumento complementario de la democracia representativa y, como señaló RUBIO LLORENTE, la convierte en una vía casi improbable.

Las causas de inadmisión de la iniciativa legislativa popular redundan en su configuración restrictiva. De acuerdo con el artículo 5 de la LOILP, la Mesa del Congreso inadmitirá una proposición de ley de iniciativa popular cuando tenga por objeto alguna materia excluida, no cumpla los requisitos formales exigidos por la propia ley, el texto de la proposición verse sobre materias manifiestamente distintas y carentes de homogeneidad entre sí, si en el Congreso o el Senado existe un proyecto o proposición de ley sobre el mismo objeto en trámite de enmiendas o más avanzado, reproduzca otra iniciativa popular de contenido igual o equivalente presentada en la legislatura en curso. Al margen de su excesiva extensión, algunas podrían considerarse contrarias a la Constitución, por su limitación al derecho de participación política. Otras, como la carencia de homogeneidad, suponen un claro trato discriminatorio por el plus de exigencia que establecen para las proposiciones de origen popular en relación con las restantes.

En la práctica, la Comisión promotora adquiere pleno protagonismo, configurándose cómo el verdadero motor de este mecanismo de participación, aunque este protagonismo no se traduzca en la regulación legal. El proceso de recogida de firmas está sujeto a condicionantes formales, como la autenticación de firmas por notario, cónsul, secretario judicial o municipal o fedatarios especiales, y se establece un órgano de control, la Junta Electoral, con el fin de garantizar la regularidad del procedimiento de recogida de firmas. La Ley 4/2006 amplía el plazo de recogida de firmas a 9 meses, prorrogables por 3 meses más en casos de fuerza mayor, e introduce la posibilidad de firma electrónica, incorporando así las nuevas tecnologías en los procesos de recogida de firmas.

Por lo que se refiere a la tramitación parlamentaria, una vez admitida a trámite la proposición, se sigue el procedimiento dispuesto para las proposiciones de ley, con algunas especificidades. En todo caso, la persona designada por la Comisión Promotora será llamada a comparecer en la Comisión del Congreso de los Diputados competente por razón de la materia, con carácter previo al debate de toma en consideración por el Pleno, para que exponga los motivos que justifican la presentación de la iniciativa legislativa popular.

Finalmente, la ley estatal establece un régimen especial en relación con la caducidad de las proposiciones de ley de iniciativa legislativa popular, de manera que no decaen cuando son disueltas las Cámaras, a diferencia de lo que sucede con las restantes iniciativas (art. 14 LOILP). Tal previsión, que supone un – excepcional- tratamiento privilegiado de las proposiciones de origen popular frente a las restantes, reconoce y tiene en cuenta que tal iniciativa es resultado de un proceso participativo de los ciudadanos.

Una vez alcanzada la tramitación parlamentaria, la ley estatal establece el resarcimiento de los gastos realizados por la Comisión promotora, lo que es importante para que la institución de la iniciativa popular tenga viabilidad, cantidad que puede ser revisada anualmente a través de la Ley de Presupuestos.

Las iniciativas populares presentadas ante las Cortes tratan de cubrir la inactividad del legislador en relación con sectores de la realidad social que se consideraban necesitados de regulación o de modificación de su régimen jurídico. En la práctica, la presentación de iniciativas legislativas populares es impulsada por organizaciones y entidades de naturaleza jurídica diversa, como sindicatos, organizaciones ecologistas, asociaciones de padres de alumnos, colegios profesionales, entre otros, tratándose normalmente de organizaciones ya existentes, no creadas *ad hoc*.

Finalmente, en lo que respecta a su uso, aunque el número de iniciativas presentadas ha experimentado un progresivo incremento desde la entrada en vigor de la ley en 1984, tan solo han sido aprobadas tres proposiciones. De ellas, y como muestra de las dificultades de este instrumento participativo, cabe destacar la que culminó en la Ley 1/2023, de medidas para reforzar la protección a los deudores hipotecarios, reestructuración de deuda y alquiler social, cuya iniciativa recabó 1.402.854 firmas, pero acabo subsumida en otra que difería sustancialmente de la presentada por la Comisión promotora, lo que puede considerarse que desnaturalizó su resultado final. Por tanto, más allá de lo señalado en relación con la regulación, también la práctica de la iniciativa legislativa popular en España puede calificarse de insatisfactoria.

IV. BIBLIOGRAFÍA

BIGLINO CAMPOS, P.: "Iniciativa legislativa", en *Enciclopedia jurídica básica*, vol. III, Civitas, Madrid, 1995.

FERNÁNDEZ FERRERO, MA.: *La iniciativa legislativa popular*, Centro de Estudios Políticos y Constitucionales, Madrid, 2001.

FERNÁNDEZ SILVA, A.: *La participación en las Comunidades Autónomas a través de la iniciativa popular*, Editorial Aula Magna, McGrawHill, Sevilla, 2023.

GARCÍA-ESCUDERO MÁRQUEZ, P.: *La iniciativa legislativa del gobierno*, Centro de Estudios Políticos y Constitucionales, Madrid, 2000.

– "La iniciativa legislativa en la Constitución española de 1978", *Revista Española de Derecho Constitucional*, núm. 59, 2000, pp. 57-91.

GIMÉNEZ SÁNCHEZ, I. M.: "El control del Parlamento sobre el llamado 'veto presupuestario' del Gobierno", RJCL, núm. 42, 2017.

PRESNO LINERA, M. A.: "La participación ciudadana en el procedimiento legislativo como parte de la esencia y valor de la democracia", *Asamblea. Revista parlamentaria de la Asamblea de Madrid*, núm. 27, 2012.

VINTRÓ CASTELLS, J. BILBAO UBILLOS, J. M: *Participación ciudadana y procedimiento legislativo: de la experiencia española a la iniciativa ciudadana europea*, Centro de Estudios Políticos y Constitucionales, Madrid, 2011.

V. JURISPRUDENCIA

STC 94/2018, de 17 de septiembre
STC 24/2018, de 12 de abril.
STC 109/2016, de 24 de julio.
STC 107/2016, de 7 de junio.
STC 19/2015, de 16 de febrero.
STC 242/2006, de 15 de julio.
STC 124/1995, de 18 de julio.
STC 76/1994, de 14 de marzo.

Artículo 88

Los proyectos de ley serán aprobados en Consejo de Ministros, que los someterá al Congreso, acompañados de una exposición de motivos y de los antecedentes necesarios para pronunciarse sobre ellos.

COMENTARIO

Yolanda Gómez Lugo
Profesora Titular de Derecho Constitucional
Universidad Carlos III de Madrid

I. LA INICIATIVA EN LA TEORÍA DEL PROCEDIMIENTO LEGISLATIVO

El artículo 88 forma parte de las disposiciones constitucionales que regulan las líneas básicas del procedimiento legislativo en sentido amplio, esto es, incluyendo las fases instaurativa e integrativa de la eficacia. El precepto reconoce al Gobierno la iniciativa legislativa, que comparte con los restantes titulares enunciados en el artículo 87, y precisa la forma en la que debe ejercitarse. Aunque inicialmente su desarrollo legislativo fue bastante escueto, el marco jurídico de los proyectos de ley se completó con la modificación de la Ley 50/1997, del Gobierno por dos leyes administrativas (Leyes 39 y 49/2015). Según su tenor literal, corresponde al Consejo de Ministros elaborar los proyectos de ley y remitirlos al Congreso acompañados de una exposición de motivos y de los antecedentes necesarios. Ahora bien, con carácter previo al examen del precepto resulta necesario enmarcar la iniciativa legislativa en la secuencia de actos y trámites que integran el procedimiento legislativo y diferenciarla de los actos que constituyen el proceso legislativo.

1. Proceso legislativo y procedimiento legislativo

Para que las Cortes Generales puedan ejercer la función legislativa es necesaria la consecución de una diversidad de actos procedentes de distintos sujetos y de diferente naturaleza, todos ellos tendentes a un mismo fin: la emanación de la ley. Ahora bien, ello no implica que todas estas decisiones adoptadas en este proceso tengan la misma incidencia jurídica en la disposición aprobada, ni que todos estos actos formen parte del procedimiento legislativo en sentido estricto. Los actos y decisiones que tienen lugar fuera de la sede parlamentaria, como por ejemplo la redacción de un proyecto o proposición de ley, son meros actos de impulso legislativo, externos al *iter* parlamentario y forman parte del denominado *proceso legislativo* pero no del *procedimiento legislativo.* Se trata de actos extraparlamentarios que no se van a regir por normas parlamentarias, sino de carácter administrativo.

El procedimiento legislativo es tan sólo una parte de la secuencia total de actos que conforman el proceso legislativo, que comienza con la generación de ideas tendentes a la adopción de un texto legislativo y finaliza con el control sobre la efectividad de las medidas adoptadas por la ley. O si se prefiere, sería tan sólo una etapa del macroproceso de concreción normativa, con forma de ley, que abarca desde el momento de planeamiento de los objetivos a alcanzar con las medidas legislativas hasta aquellas tendentes a controlar la eficacia de las mismas.

Durante la tramitación parlamentaria del *iter legis*, y no en cualquier otro momento del proceso legislativo, es cuando los legítimos representantes democráticos del pueblo proceden al examen, discusión y votación del texto propuesto, planteando, si lo estiman conveniente, las modificaciones oportunas sobre el mismo; todo ello, de forma pública y respetando los principios parlamentarios. La finalización del *iter* se producirá cuando en ambas Cámaras se adopte la decisión parlamentaria por parte de alguno de los órganos con potestades resolutorias o decisorias en función de los distintos cauces procedimentales. Por tanto, es este procedimiento, y no el proceso, el canal a través del cual se manifiesta la función legislativa que el artículo 66.2 CE deposita en las Cortes Generales.

De este modo, haciendo una interpretación sistemática de las normas constitucionales y parlamentarias que regulan el modo de producción de la ley, el procedimiento legislativo en sentido estricto quedaría constituido por el conjunto de actos y trámites parlamentarios que median entre el momento de surgimiento de la obligación para las Cámaras de examinar, debatir y adoptar una decisión sobre la propuesta legislativa, y el acto resolutorio de la misma. Mientras que el proceso, o procedimiento legislativo en sentido amplio, lo integrarían el "conjunto de actos o actividades que conducen a la creación de la ley, desde la iniciativa que pone en marcha el procedimiento hasta la publicación de la misma" (STC 234/2000, FJ 10), esto es, quedarían incorporados tanto los actos de iniciativa legislativa, como los integrativos de la eficacia.

2. Fases del procedimiento legislativo y delimitación de la iniciativa

La anterior disquisición enlaza con otro tema de gran calado teórico como es el referente a la delimitación de las fases del *iter legis*. De acuerdo con el esquema clásico la secuencia completa del procedimiento legislativo queda estructurada en tres fases: a) inicial o instaurativa, b) central o constitutiva; y c) final o integradora de la eficacia. Su ordenación depende de la regulación de las fuentes parlamentarias, por lo que son la Constitución y los Reglamentos parlamentarios las normas encargadas de delimitar tanto los actos y trámites que integran cada una de las fases, así como la relación entre éstas y el procedimiento.

La delimitación de las fases del *iter legis* es una cuestión ampliamente tratada por la doctrina clásica italiana y francesa. Sobre ello, debe recordarse que no todos los actos jurídicos que intervienen en la formación de la ley (iniciativa, deliberación, adopción, promulgación y publicación) pueden considerarse parte del *iter legis* en sentido estricto. Por ello, será necesario discernir cuáles son meros presupuestos previos al procedimiento y cuáles integran la secuencia procesal de actos y trámites que configuran el *iter legis* a través del cual se canaliza la función legislativa que corresponde a las Cortes Generales. Por lo que respecta a la iniciativa legislativa, uno de los primeros tratadistas que abordó esta cuestión fue Carré de Malberg, quien negó la incorporación de este acto en el *iter legis*, ya que "proponer no es disponer, e invitar a hacer la ley no es hacer la ley". Desde esta óptica, sería un acto ajeno al ejercicio de la función legislativa, por lo que se trataría más bien de un acto de impulso a la legislación o una condición preliminar de la formación de la ley.

En nuestro caso, esta discusión dogmática sobre la naturaleza de la iniciativa y, en concreto, sobre el *dies a quo* del *iter legis* ha dado lugar a un interesante debate entre quienes sitúan este momento procedimental en el depósito de la iniciativa legislativa ante las Cámaras y quienes, en el supuesto de las proposiciones de ley, lo retrasan al trámite de toma en consideración. Resulta evidente que esta discusión trae causa directa de los vigentes Reglamentos parlamentarios que disciplinan un régimen jurídico diferenciado en función del modo de expresión de la iniciativa legislativa, esto es, si se trata de proyectos o proposiciones de ley. Por tanto, teniendo en cuenta el concepto técnico o estricto de procedimiento legislativo y la diferente regulación de los tipos de iniciativas, puede concluirse que la incoación procedimental se produce con la admisión a trámite de los proyectos de ley y con la toma en consideración de las proposiciones de ley. Con carácter previo a estos actos no existe obligación alguna para las Cámaras de examinar, debatir, enmendar y pronunciarse sobre el texto propuesto para su aprobación en forma de ley, de ahí que únicamente superados ambos trámites pueda aceptarse que se ha iniciado el procedimiento legislativo en el sentido más estricto del término. Sólo en esos supuestos, la Mesa de la Cámara podrá proceder a la remisión del texto a la Comisión correspondiente por razón de la materia y abrir el plazo de presentación de enmiendas. Este es, por tanto, el momento procedimental en el que realmente se pone en marcha el procedimiento legislativo y comienza la fase constitutiva del mismo.

II. LA INICIATIVA LEGISLATIVA GUBERNAMENTAL

Desde la perspectiva de la teoría del procedimiento legislativo, puede definirse la iniciativa legislativa como el acto que pone en marcha el procedimiento de elaboración de la ley. Ahora bien, y como señala Aragón Reyes, debe diferenciarse entre iniciativa y propuesta legislativa, ya que "promover no es iniciar" el *iter*. Únicamente la primera categoría activa obligatoriamente el procedimiento de emanación de la ley.

En cuanto a los tipos de iniciativa legislativa, existen diferentes clasificaciones en función de sus titulares, o del instrumento a través del cual se expresa la misma. A la luz de la normativa parlamentaria resulta más adecuado el segundo modo de sistematización que distingue entre proyectos y proposiciones de ley; distinción, que no se limita solo al *nomen iuris*, sino también al régimen jurídico al que quedan sometidas ambas modalidades.

Según se desprende del artículo 88 las iniciativas legislativas gubernamentales reciben la denominación de proyectos de ley. En cuanto a su titularidad, existe una pequeña discrepancia entre la redacción del genérico artículo 87 que la atribuye al Gobierno, y el artículo 88 que especifica que será el Consejo de Ministro el encargado de aprobarla y remitirla al Congreso de los diputados. En todo caso, queda descartada la iniciativa individual del Presidente o de los ministros, reservándose exclusivamente al órgano colegiado del Gobierno.

Además de activar el *iter legis*, la iniciativa legislativa cumple con otro cometido: acotar la materia y el objeto del procedimiento que se tramitará en las Cámaras y que, de prosperar, dará lugar a la aprobación de la Ley. Por esta razón, el ejercicio de la potestad legislativa de las Cámaras debe contraerse a la materia y objeto de la iniciativa legislativa presentada por el sujeto legitimado (STC 136/2011, FJ 6). En el supuesto concreto de los proyectos de ley, éstos tienen un objeto material más amplio que el de las proposiciones de ley, en la medida en que no están sometidos a límites materiales con la salvedad de lo que se indica a continuación. Así, pueden abarcar cualquier materia, a excepción de las referentes a la reforma constitucional (que se articula —según el órgano proponente— en forma de proyecto o proposición de reforma constitucional) o las reformas estatutarias (sólo en el caso de que el Estatuto de Autonomía correspondiente prevea la iniciativa del Gobierno de la Nación). Asimismo, debe tenerse en cuenta que entre las limitaciones que el art. 21 de la Ley del Gobierno impone al Gobierno en funciones se incluye la prohibición de presentar de proyectos de ley, en general y el de la Ley de Presupuestos, en particular.

Junto a la iniciativa legislativa gubernamental de carácter genérico del artículo 88, la Constitución atribuye al Gobierno varias iniciativas exclusivas y excluyentes para la tramitación de determinadas decisiones, como las referidas a los arts. 94.1 o 134 CE. Sin duda, el supuesto más paradigmático lo constituye el supuesto del proyecto de Ley de Presupuestos. Se trata de una iniciativa exclusiva porque la facultad para iniciar el procedimiento presupuestario queda reservado a un órgano constitucional concreto, el Gobierno de la Nación; y tiene carácter excluyente, porque los restantes titulares del derecho de iniciativa legislativa del art. 87 CE quedan privados de esta facultad para poner en marcha el procedimiento de elaboración de la ley de presupuestos.

En consecuencia, este tipo de iniciativas gubernamentales obligatorias constituyen una excepción a las de carácter facultativo de los artículos 87 y 88 CE. Este monopolio del Ejecutivo en el ejercicio de la iniciativa legislativa viene justificado por su función de *indirizzo político* y su posición en el modelo de parlamentarismo racionalizado por el que optó el constituyente.

Por lo que respecta a la praxis parlamentaria, ésta pone de manifiesto que el Ejecutivo continua siendo el principal impulsor de la actividad legislativa del Parlamento, en la medida en que el número de leyes aprobadas a iniciativa del Gobierno sigue siendo superior a las que tienen su origen en proposiciones de ley. A este respecto, deben traerse a colación las palabras de López Guerra, cuando afirma que "hoy, gobernar es legislar". En efecto, la mayor parte de legislación parlamentaria es fruto de la activación del procedimiento legislativo por parte del Gobierno que, junto a la relación existente entre mayoría parlamentaria-Gobierno, condiciona la capacidad del Parlamento para definir el contenido sustancial de la ley llegando a obstruir incluso la posibilidad de modificar el texto propuesto a las Cámaras. De este modo, nos encontramos ante un reforzamiento del papel del Ejecutivo provocado por una preponderancia de las iniciativas legislativas de origen gubernamental. Ahora bien, cabe destacar que en escenarios de alta fragmentación y polarización parlamentaria se vienen observando dos tendencias relativas al modo en que el Gobierno canaliza sus impulsos legislativos: de un lado, a través de proyectos de ley procedentes de decretos leyes convalidados, y de otro, mediante proposiciones de ley presentadas por sus grupos parlamentarios.

III. ELABORACIÓN DE LOS PROYECTOS DE LEY

El ejercicio de la iniciativa legislativa gubernamental está regulado por la Ley 50/1997, de 27 de noviembre, del Gobierno. A este respecto, es relevante apuntar que en 2015 se produjo una importante reforma de la misma dentro del marco de dos leyes administrativas: la Ley 39/2015, de 1 de octubre, del Procedimiento Administrativo Común de las Administraciones Públicas y la Ley 40/2015, de 1 de octubre, de Régimen Jurídico del Sector Público.

Según dispone el artículo 5.1 de la Ley del Gobierno corresponde al Consejo de Ministros aprobar los proyectos de ley y remitirlos al Congreso de los Diputados o, en su caso, al Senado. Nótese que el precepto se refiere a la aprobación y remisión como actos diferenciados, aunque tengan lugar simultáneamente.

El Título V de la Ley 50/1997 regula conjuntamente el ejercicio de la iniciativa legislativa y de la potestad reglamentaria del Ejecutivo. El artículo 22 dispone que el Gobierno ejercerá esta iniciativa de conformidad con los principios y reglas establecidos en el Título VI de la Ley 39/2015; en concreto, con los principios de buena regulación detallados en su artículo 129 (necesidad, eficacia, proporcionalidad, seguridad jurídica, transparencia, y eficiencia). De acuerdo con este régimen jurídico, corresponde al titular o titulares de los Departamentos proponentes elevar el texto de la iniciativa, previo sometimiento a la Comisión General de Secretarios de Estado y Subsecretarios, al Consejo de Ministros, a fin de que éste decida sobre las consultas, dictámenes e informes preceptivos y aquellos que resulten convenientes.

El artículo 26 regula detalladamente el proceso administrativo de elaboración de los anteproyectos de ley. La principal novedad de esta normativa es que arbitra mecanismos de participación ciudadana en el proceso legislativo imponiendo, previamente a la elaboración del anteproyecto o proyecto de ley, una serie de trámites de consulta, información pública y audiencia a los ciudadanos afectados, así como a organizaciones y asociaciones que representen a las personas cuyos derechos o intereses legítimos se viesen afectados por la iniciativa (art. 26.6).

Una vez efectuados los trámites anteriores, y si fuera necesario, la emisión de informes preceptivos o aquellos que se consideren convenientes, la propuesta se someterá a la Comisión General de Secretarios de Estado y Subsecretarios y se elevará al Consejo de Ministros para su aprobación y su remisión al Congreso o, en el caso del proyecto de ley del Fondo de Compensación Interterritorial (arts. 74.2 y 158.2 CE), al Senado. Es precisamente en este momento cuando surge el verdadero proyecto de ley desde el punto de vista técnico. No se prevé un plazo para la presentación de la iniciativa legislativa gubernamental, con la única excepción del plazo que para la LPGE establece el art. 134.3 CE. El texto irá acompañado de una Exposición de Motivos y de la documentación propia del procedimiento de elaboración a que se refieren las letras b) y d) del artículo 7 de la Ley 19/2013, de 9 de diciembre, de transparencia, acceso a la información pública y buen gobierno y su normativa de desarrollo, esto es, los dictámenes de órganos consultivos y la Memoria del Análisis de Impacto Normativo (MAIN) (art. 26.8). Por último, corresponde al Ministerio de la Presidencia y para las Administraciones Territoriales la coordinación y el control de la calidad de la actividad normativa del Gobierno (art. 26.9).

IV. REMISIÓN Y TRAMITACIÓN PARLAMENTARIA DE LOS PROYECTOS DE LEY

1. Inicio de la tramitación en Congreso

El artículo 88 indica el orden de intervención de las Cámaras en la tramitación de los proyectos de ley al establecer que serán sometidos al Congreso en primer lugar, si bien queda exceptuado de este orden el supuesto tipificado en el art. 74.2 CE (Fondo de Compensación Interterritorial) en el que el proyecto de ley se presenta primero ante el Senado. Precisamente esta disposición es la primera manifestación del sistema bicameral desequilibrado a favor del Congreso que aparece en el texto constitucional. Por tanto, será la Cámara baja la que examinará, enmendará y se pronunciará primero sobre la propuesta legislativa.

Como se indicó anteriormente, no existe limite temporal para la presentación de los proyectos de ley con la única salvedad del proyecto de Ley de Presupuestos Generales del Estado que debe presentarse antes del 1 de octubre de cada año.

2. Documentos necesarios

Por otro lado, el precepto constitucional prevé la necesidad de que el proyecto de ley vaya acompañado de una exposición de motivos y de los antecedentes necesarios para que la Cámara pueda pronunciarse sobre la iniciativa. La exigencia constitucional de estos documentos ha sido interpretada doctrinalmente como un mecanismo de racionalización de la actividad legislativa, cuyo fundamento reside en facilitar a las Cámaras elementos de juicio suficientes para que puedan desempeñar la función legislativa. Se trata de facilitar una mejor comprensión sobre los objetivos perseguidos por la legislación proyectada, así como de los medios que se pretenden utilizar para lograrlos.

Respecto a la exposición de motivos, tradicionalmente ha existido cierta confusión doctrinal entre esta figura y el preámbulo de la ley; confusión, que en aras de una buena técnica legislativa debería superarse, ya que se trata de documentos elaborados por distintos órganos constitucionales, con diferente significado y destinatarios, y de diferente carácter. Mediante la primera, el Gobierno está obligado a motivar los proyectos de ley que presenta ante las Cámaras. En cambio, el preámbulo, de carácter facultativo, permite al Parlamento explicar a los ciudadanos las razones en las que fundamenta el sentido de su acción legislativa y exponer los objetivos que pretende alcanzar (STC 31/2010, FJ 7). Sin embargo, esta confusión parece superada actualmente por la normativa parlamentaria. Por un lado, a efectos de la tramitación del procedimiento legislativo el art. 110.5 RCD dispone que la exposición de motivos tendrá la consideración de un artículo; y por otro lado, el art. 114.2 RCD deja clara la diferencia entre ambos documentos al disponer que las "enmiendas que se hubieren presentado en relación con la Exposición de Motivos se discutirán al final del articulado, si la Comisión acordare incorporar dicha Exposición de Motivos como preámbulo de la ley".

El principal problema suscitado en torno a estos documentos que deben acompañar al proyecto de ley es el relativo a su naturaleza jurídica y los efectos que puede provocar su omisión. Sobre esta cuestión, la doctrina mayoritaria ha descartado que la exposición de motivos tenga valor normativo, pero sí valor interpretativo. En esta misma línea, y en relación con la remisión tardía de la exposición de motivos y la memoria explicativa, el Tribunal Constitucional ha sostenido que, pese a tratarse de una infracción del art. 88 CE, sin embargo este defecto "sólo tendría relevancia si hubiese menoscabado los derechos de Diputados o grupos parlamentarios" y en el caso de que los afectados hubieran denunciado la lesión de sus derechos (STC 108/1986, FJ 4). Por otro lado, el alto Tribunal ha descartado que el preámbulo tenga valor normativo, por lo que no puede ser objeto de un recurso de inconstitucionalidad, aunque ha admitido que es un elemento a tener en cuenta en la interpretación de las leyes (STC 36/1981, FJ 7). Asimismo, ha reconocido que "carencia de valor normativo no equivale a carencia de valor jurídico" de los preámbulos, y que éste último se agota "en su cualificada condición como criterio hermenéutico" (STC 31/2010, FJ 7).

En cuanto a los antecedentes necesarios, esta exigencia constitucional ha sido interpretada como una cláusula de cierre con la que no se especifica cuáles son esos documentos concretos, si bien es comúnmente aceptado que los antecedentes están compuestos por un conjunto de dictámenes e informes emitidos por diferentes órganos. Aunque la Constitución y los reglamentos parlamentarios no precisan que son los antecedentes necesarios, suelen incluirse dos tipos de documentos: los formulados a nivel interno por el Departamento ministerial proponente, y aquellos otros recabados de órganos externos al Ejecutivo que, a su vez, pueden tener carácter facultativo o preceptivo. En cualquier caso, tienen un carácter instrumental y su finalidad es facilitar al Parlamento la información necesaria para que este pueda ejercer adecuadamente la función legislativa.

Al igual que ocurre con la exposición de motivos, la doctrina ha cuestionado las consecuencias que pueden ocasionar los defectos en la tramitación de los antecedentes necesarios. Sobre ello, y aun constituyendo un incumplimiento de una exigencia constitucional, la jurisprudencia constitucional ha descartado que pueda considerarse un vicio invalidante del *iter legis*.

Así, respecto a la omisión de informe preceptivo del CGPJ con motivo de la tramitación del proyecto de la LOPJ (art. 108.1), en la STC 108/1986 el Tribunal puntualizó que este tipo de defecto se produce en el procedimiento administrativo previo al envío del proyecto al Congreso y no en el procedimiento legislativo, relativo a la elaboración de la Ley, que se desenvuelve en las Cortes Generales, por lo que no puede sostenerse que puedan provocar la invalidez del procedimiento y de la ley afectada. A juicio del Tribunal, "la ausencia de un determinado antecedente sólo tendrá trascendencia si se hubiere privado a las Cámaras de un elemento de juicio necesario para su decisión", si bien precisa que el defecto tendría que haber sido denunciado ante las mismas Cámaras (FJ 3). En el mismo sentido se pronunció en la STC 136/2011, en la que los recurrentes cuestionaron que la memoria que acompañaba al proyecto de ley pudiera considerarse como "antecedente" en el sentido constitucional y de conformidad con el art. 88 (FJ 10 a).

En cuanto al alcance de las facultades de la Mesa en el juicio de admisibilidad a trámite de las iniciativas legislativas, la doctrina ha admitido que en caso de omisión de la exposición de motivos, el órgano rector podría negarse a tramitar el proyecto de ley ante el incumplimiento de este requisito constitucional, sin que en ningún caso cupiera un control de fondo para apreciar la suficiencia de la motivación. En cualquier caso, y a la luz de la doctrina constitucional de la STC 108/1986, durante la tramitación del proyecto de ley cualquier diputado o grupo parlamentario podrá denunciar el incumplimiento de la obligación constitucional que se deriva del artículo 88 CE.

3. Preferencia en la tramitación y ausencia de toma en consideración

Una vez admitidos a trámite por la Mesa del Congreso, los proyectos de ley son publicados y remitidos a la Comisión competente por razón de la materia, a la vez que se abre el plazo para la presentación de enmiendas (art. 109 RCD). Al tiempo queda fijado el objeto material del texto que se someterá a tramitación parlamentaria y sobre el cual las Cámaras deliberarán; de ahí, que la admisibilidad a trámite constituya el momento procedimental que abre la fase constitutiva y, con ello, el procedimiento legislativo en sentido estricto.

Además, las iniciativas legislativas procedentes del Ejecutivo se caracterizan por dos particularidades procedimentales. De una parte, gozan de prioridad en la tramitación frente a las proposiciones de ley en virtud de lo dispuesto por los artículos 89.1 CE y 105 RS. No obstante, debe destacarse la especial prioridad que tiene el proyecto de Ley de Presupuestos frente al resto de trabajos parlamentarios (arts. 133.2 RCD y 148.1 RS), y ello, para garantizar su aprobación antes del 31 de diciembre de cada año y evitar la prórroga presupuestaria. De otra, las iniciativas legislativas gubernamentales quedan exentas del trámite de toma en consideración por el Pleno de la Cámara, lo que a juicio de un sector doctrinal las convierte en auténticas iniciativas legislativas en el sentido anteriormente apuntado. El argumento que tradicionalmente se ha esgrimido para justificar estos privilegios en la tramitación parlamentaria de los proyectos de ley son la posición preeminente y la función de dirección política que corresponde al Gobierno en nuestro régimen de parlamentarismo racionalizado.

Por otro lado, y entre las peculiaridades de la tramitación parlamentaria de los proyectos de ley, en relación con las enmiendas presentadas al mismo que supongan aumento de créditos o disminución de ingresos, la normativa parlamentaria exige la conformidad del Gobierno para su tramitación (art. 111 RCD).

4. Retirada de los proyectos de ley

Por último, el Gobierno, como titular de la iniciativa legislativa, dispone de la facultad de retirar sus proyectos de ley presentados. La retirada ha sido definida como el acto de revocar la iniciativa en tramitación dentro de los límites marcados por la normativa parlamentaria. En nuestro caso, los Reglamentos limitan el poder de retirada en cualquier momento de la tramitación, pero con anterioridad a la aprobación definitiva del texto por la Cámara (arts. 129 RCD y 127 RS). Desde esta óptica, el instituto de la retirada se presenta como un modo anormal de terminación del procedimiento legislativo y constituye un correlato del carácter de auténtica iniciativa que tienen los proyectos de ley.

V. BIBLIOGRAFÍA

ARAGÓN REYES, M.: "La iniciativa legislativa", *Revista Española de Derecho constitucional*, núm. 16, 1986.

BIGLINO CAMPOS, P.: *Los vicios en el procedimiento legislativo*, Centro de Estudios Constitucionales, Madrid, 1991.

DORREGO DE CARLOS, A.: "Artículo 88", en ALZAGA, O., *Comentario a las Leyes Políticas*, EDERSA, Madrid, 1990,

GARCÍA MARTÍNEZ, M. A.: *El procedimiento legislativo*, Congreso de los diputados, Madrid, 1987.

GARCÍA-ESCUDERO MÁRQUEZ, P.: *La iniciativa legislativa del Gobierno*, CEPC, Madrid, 2000.

GARCÍA-ESCUDERO MÁRQUEZ, P.: "Incidencia legislativa del Gobierno y técnica normativa en las nuevas leyes administrativas (Leyes 39 y 40/2015)", *Teoría y Realidad Constitucional*, núm. 38, 2016.

GÓMEZ LUGO, Y.: *Los procedimientos legislativos especiales en las Cortes Generales*, Congreso de los Diputados, Madrid, 2008.

SANTAMARÍA PASTOR, J. M.: "Artículo 88", en GARRIDO FALLA, *Comentarios a la Constitución*, 3ª ed., Civitas, Madrid, 2001.

VI. JURISPRUDENCIA

STC 108/1986, de 29 de julio.
STC 234/2000, de 3 de octubre.
STC 31/2010, de 28 de junio.
STC 136/2011, de 13 de septiembre.

Artículo 89

1. La tramitación de las proposiciones de ley se regulará por los Reglamentos de las Cámaras, sin que la prioridad debida a los proyectos de ley impida el ejercicio de la iniciativa legislativa en los términos regulados por el artículo 87.

2. Las proposiciones de ley que, de acuerdo con el artículo 87, tome en consideración el Senado, se remitirán al Congreso para su trámite en éste como tal proposición.

COMENTARIO

Yolanda Gómez Lugo
Profesora Titular de Derecho Constitucional
Universidad Carlos III de Madrid

I. LA INICIATIVA LEGISLATIVA NO GUBERNAMENTAL

El artículo 89 se integra en el marco constitucional que fija las reglas del procedimiento de elaboración de leyes. El precepto concretiza la iniciativa legislativa de carácter no gubernamental que el art. 87 reconoce de modo genérico al Congreso de los diputados, al Senado, a las Asambleas legislativas de las Comunidades Autónomas y a un número de ciudadanos superior a 500.000. En estos supuestos, y dado que el precepto se refiere principalmente a las proposiciones de ley de origen parlamentario, precisa la forma en que debe ejercitarse dicha facultad y remite el desarrollo de su tramitación a los respectivos Reglamentos parlamentarios. Por lo que respecta a la iniciativa legislativa popular, la forma de ejercicio y demás requisitos son remitidos por el párrafo tercero del art. 87 CE a la Ley Orgánica 3/1984, de 26 de marzo, reguladora de la iniciativa legislativa popular, si bien la tramitación parlamentaria queda sometida a los mismos trámites que el resto de las propuestas legislativas.

Teniendo en cuenta el modo de clasificar las iniciativas legislativas en función del órgano proponente, las fuentes parlamentarias distinguen entre proyectos y proposiciones de ley, según sea el Gobierno u otros órganos no gubernamentales el autor de la misma. Conforme a esta sistematización, las iniciativas recibirán diferente denominación jurídica dependiendo de su origen gubernamental o no y, en virtud de dicha calificación, quedarán sometidas a un régimen jurídico diferenciado.

El origen no gubernamental de las proposiciones de ley va a justificar su sometimiento a una serie de trámites particularizados de los que quedan exentos los proyectos de ley, sin que ello implique que se minusvalore su significado frente a éstos. Además, en virtud de lo dispuesto por el párrafo primero de art. 89 su tramitación por las Cámaras queda supeditada a la preferencia que gozan los proyectos de ley, y cuyo fundamento se sitúa en la función de dirección política que corresponde al Gobierno. Por lo que respecta al significado de las proposiciones de Ley de origen parlamentario, el Tribunal Constitucional ha reconocido que poseen una doble naturaleza. Por un lado, son un instrumento de participación de los parlamentarios en la potestad legislativa de las Cámaras que permite poner en movimiento el procedimiento legislativo. Y por otro, constituyen un cauce instrumental al servicio de la función representativa que sirve para forzar el debate político y obligar a los distintos grupos políticos a tomar expreso partido sobre la oportunidad de regular mediante ley una determinada materia (STC 124/1995, FJ 3).

Además, del artículo que nos ocupa —y de los arts. 88.1 y 90.1 CE— se desprende la regla general sobre el orden de intervención de las Cámaras en el *iter legis*, conforme a la cual las iniciativas legislativas comienzan su tramitación parlamentaria en el Congreso, salvo determinadas decisiones tipificadas en el art. 74.2 CE (Fondo de Compensación Interterritorial y Acuerdos de cooperación entre CC.AA.) que comienzan en el Senado. Este prevalencia de la Cámara baja para tramitar en primer lugar las iniciativas legislativas responde a la fórmula del bicameralismo desequilibrado por la que optó el constituyente; rasgo, que se aplica también para la tramitación de las proposiciones de ley de las CC.AA. e incluso las procedentes del Senado que, en virtud del mandato contenido en el art. 89.2, deberán remitirse a la Cámara baja para iniciar su andadura parlamentaria una vez superada la toma en consideración en el Senado.

II. TITULARES Y REQUISITOS DE LA INICIATIVA LEGISLATIVA NO GUBERNAMENTAL

Los requisitos que deben reunir las iniciativas legislativas varían en función del órgano proponente, por ello deben abordarse por separado.

1. Proposiciones de ley de origen parlamentario

Respecto a las proposiciones de ley de origen parlamentario, y aunque el art. 87.1 CE prevé que corresponde al Congreso y al Senado, la normativa de desarrollo contenida en los Reglamentos precisa los requisitos formales para su ejercicio. Por un lado, el art. 126.1 RCD establece que las proposiciones de ley del Congreso deberán adoptarse a iniciativa de un diputado con la firma de otros catorce miembros de la Cámara, o bien por un grupo parlamentario con la firma de su portavoz. Por otro, el art. 108 RS precisa que las iniciativas legislativas del Senado deberán ir suscritas por un grupo parlamentario o veinticinco senadores. En ambos supuestos, la normativa en materia de iniciativas legislativas parlamentarias muestra un claro predominio de los grupos parlamentarios sobre los miembros de las Cámaras individualmente considerados; rasgo, que convierte al grupo en el auténtico promotor de las proposiciones de ley y que se manifiesta igualmente en las restantes fases del *iter legis*.

Asimismo, las fuentes parlamentarias prevén cuáles son los requisitos formales que deberán reunir las proposiciones de ley. A este respecto los Reglamentos siguen el modelo del art. 88 CE sobre los documentos necesarios que deben acompañar a los proyectos de ley, y los hacen extensibles a las proposiciones de ley de origen parlamentario. En este sentido, art. 124 RCD dispone que deberán ir acompañadas de una exposición de motivos y de los antecedentes necesarios para que la Cámara pueda pronunciarse al respecto. En esta misma línea, el Reglamento del Senado dispone que las proposiciones deberán ser acompañadas de una exposición justificativa y memoria económica, si bien añade una exigencia no prevista por la normativa del Congreso al establecer que deberán ser formuladas en texto articulado (art. 108.1 RS).

2. Proposiciones de ley de origen autonómico

Uno de los principales rasgos de la iniciativa legislativa de origen autonómico es que, en virtud de lo dispuesto por el art. 87.2 CE, admite dos modos de ejercitarse de muy distinto matiz. Por un lado, se arbitra la posibilidad de que la Asamblea legislativa de la Comunidad Autónoma solicite al Gobierno que presente un proyecto de ley, y por otra, que presente una proposición de ley, con la particularidad de que delegará un máximo de tres miembros de la Asamblea autonómica encargados de su defensa en el trámite de toma en consideración. A este respecto, la normativa parlamentaria admite el examen por parte de la Mesa del Congreso a los efectos de verificar dichos requisitos (art. 127 RCD), sin que en ningún caso pueda extenderse a un control de legalidad o de oportunidad que excedería de sus funciones. Resulta obvio que el primer supuesto, difícilmente puede catalogarse de iniciativa legislativa en sentido estricto, en la medida en que el curso que siga la solicitud autonómica dependerá de la voluntad del órgano receptor. Por ello, solo puede considerarse como un mero acto de impulso, ya que por sí misma no abre obligatoriamente el *iter legis*. Por lo que respecta a la segunda modalidad, quedará sometida a los mismos trámites parlamentarios que el resto de proposiciones de ley.

3. Proposiciones de ley de origen popular

Las iniciativas legislativas de origen popular son la única modalidad de iniciativa sometida a límites materiales (art. 87.3 CE). A diferencia de éstas, las proposiciones de ley de origen parlamentario no tienen prevista ninguna limitación material, con excepción de las iniciativas de carácter exclusivo y excluyente previstas por la Constitución a favor del Gobierno (arts. 94.1 o 134.1 CE). Otra particularidad en la tramitación de estas iniciativas, es que la LO 3/1984 establece un listado de causas expresas de inadmisión de las iniciativas populares en atención al contenido formal y material de las mismas: que tenga por objeto una materia excluida, el incumplimiento de los requisitos formales (suscripción por 500.000 firmas autenticadas, forma articulada del texto, presentación de exposición de motivos y relación de miembros de la Comisión promotora), falta de homogeneidad de las materias incluidas, existencia de otra iniciativa legislativa en tramitación en las Cámaras que verse sobre el mismo objeto material...

Por último, respecto a la práctica parlamentaria, y aunque desde la XII Legislatura —en el contexto de un Parlamento más fragmentado— se viene observando un incremento considerable del número de proposiciones de ley presentadas en relación con el de proyectos de ley, las leyes aprobadas por iniciativa no gubernamental siguen siendo minoritarias.

III. TRAMITACIÓN PARLAMENTARIA DE LAS PROPOSICIONES DE LEY

Siguiendo el mandato constitucional del art. 89, los Reglamentos parlamentarios disciplinan el régimen jurídico de las proposiciones de ley que, como se señaló, es común a todas las modalidades de iniciativa no gubernamental, independientemente del órgano proponente. Una vez presentadas las iniciativas las proposiciones de ley siguen una tramitación similar, conforme a las reglas procedimentales que se exponen a continuación

1. Calificación y admisión a trámite de las proposiciones de ley

Para dar curso a la tramitación de la proposición de ley presentada, es necesario que previamente ésta sea calificada y admitida a trámite. Estos actos corresponden a la Mesa de la Cámara en virtud de la competencia genérica que los Reglamentos parlamentarios le atribuyen para calificar, admitir a trámite y decidir sobre la tramitación los escritos y documentos de índole parlamentaria (arts. 31.1 4º RCD y 36.1 c RS), y cuyo fundamento se encuentra en la racionalización de la vida de las Cámaras (STC 38/1999, FJ 3 a). En realidad, se trata de actos conexionados en el sentido de que para decidir la tramitación previamente se ha debido calificar la propuesta y admitirla a trámite. Asimismo, para garantizar la efectividad de los derechos de los parlamentarios debe llevarse a cabo un correcto desempeño en el juicio de calificación y admisibilidad. No puede olvidarse que las irregularidades en el desarrollo de estos actos (por ejemplo, una calificación o inadmisión incorrecta de la iniciativa, o la decisión de tramitarla por un procedimiento inadecuado) puede dar lugar a una lesión del *ius in officium* de los parlamentarios (art. 23.2 CE). Esta idea fue confirmada por el Tribunal Constitucional al sostener que al decidir la Mesa sobre la admisión no puede desconocer que estos actos constituyen una "manifestación del ejercicio de un derecho del parlamentario que los formula, y que, por ello, cualquier rechazo arbitrario o no motivado causará lesión de dicho derecho" (STC 78/2006, FJ 3). Precisamente porque la inadmisión de las iniciativas legislativas puede implicar una limitación del derecho a ejercer la función representativa, y con ello, del derecho de los ciudadanos a participar en los asuntos públicos a través de sus representantes, el Tribunal ha exigido un requisito añadido: la necesidad de la motivación de la decisión de la Mesa "a fin de tras ellas no se esconda un juicio sobre la oportunidad política" que escaparía por completo a sus potestades (STC 242/2006, FJ 4).

Centrándonos en los juicios de calificación y admisibilidad, y en la decisión sobre la tramitación de las iniciativas legislativas, y pese a tratarse de tres actos parlamentarios conexionados, resulta necesario hacer unas breves precisiones acerca de su significado. Así, la calificación de la iniciativa consiste en el examen del texto presentado y de los documentos aportados con el fin de subsumir y asignar a la Comisión competente, así como de decidir la tramitación adecuada en virtud de la calificación otorgada. Asimismo, se procede a la selección de la modalidad procedimental por la que se opta para la sustanciación de la iniciativa presentada. Téngase en cuenta que no existe vinculación entre la calificación del autor de la iniciativa y la otorgada por la Mesa, por lo que ésta no se encuentra condicionada por la calificación inicial del proponente. En segundo lugar, la admisión a trámite de la proposición de ley implica una valoración sobre la viabilidad procedimental de la propuesta, previa calificación de la misma y habiendo sido seleccionado el *iter* conforme al cual pretende sustanciarse. A través del mismo la Mesa verifica el cumplimiento de los requisitos formales y, en su caso, materiales exigidos por el ordenamiento para la tramitación de la iniciativa en cuestión y la sustanciación del procedimiento. Y por último, a través de la *decisión sobre la tramitación* la Cámara selecciona el procedimiento aplicable para la tramitación de la iniciativa presentada, por lo que se trata de un acto de tipificación procedimental por el cual se subsume la calificación otorgada en el procedimiento adecuado. En consecuencia, puede afirmarse que existe una relación dependiente entre la calificación otorgada por la Mesa y el procedimiento aplicable, sobre todo en el supuesto de las reservas procedimentales.

En cuanto al alcance de estos actos, así como al control que realiza la Mesa en la ejecución de los mismos, ello varía de unos procedimientos parlamentarios a otros. Así, mientras que en el juicio de admisibilidad sobre la iniciativa legislativa popular la Mesa podrá controlar materialmente el escrito, en la medida en que el ordenamiento establece causas de inadmisión en atención a su contenido material, tratándose de proposiciones de ley parlamentaria respecto de las cuales las fuentes parlamentarias no prevén límites materiales la actividad de calificación y admisión de la Mesa se limitará al "control del cumplimiento de los requisitos formales y, en su caso, al examen liminar de su adecuación a Derecho" (STC 76/1994, FJ 3).

No obstante, y desde una perspectiva general, se confirma la existencia de una consolidada doctrina constitucional conforme a la cual la calificación y admisión a trámite se efectúa "en función de un canon estrictamente normativo, no político o de oportunidad (que es el que en cambio tiene lugar en el trámite de toma en consideración" (ATC 428/1989, FJ 3). En esta misma línea, el Tribunal ha precisado en reiteradas ocasiones que estos actos no constituyen un juicio de oportunidad política, ya que este tipo de decisiones quedan reservadas al Pleno de la Cámara, no a sus Mesas, que cumplen "la función jurídico-técnica de ordenar y racionalizar el funcionamiento de la Cámaras para su mayor eficiencia, precisamente como tal foro de debate y participación en la cosa pública" (STC 208/2003, FJ 4 c). De este modo, de esta doctrina constitucional puede colegirse que la calificación y admisión a trámite de escritos y documentos de índole parlamentaria son actos reglados por normas jurídicas, y por tanto, los órganos parlamentarios encargados de estos cometidos se encuentran sometidos a criterios estrictamente jurídicos.

2. El criterio del Gobierno sobre la toma en consideración y la conformidad presupuestaria

Superados los trámites de calificación y admisión a trámite, la Mesa ordenará simultáneamente su publicación y remisión al Gobierno para que manifieste su criterio respecto a la toma en consideración y su conformidad o disconformidad en relación con la tramitación si implicara aumento de los créditos y disminución de los ingresos presupuestarios (art. 126.2 RCD). A tal efecto, el Gobierno dispone de un plazo de treinta días para posicionarse, transcurrido el cual sin que hubiera negado expresamente su conformidad a la tramitación, se entenderá que ha prestado su conformidad y, por tanto, la proposición de ley será incluida en el orden del día del Pleno para su toma en consideración (art. 126.3 RCD).

Sobre este doble pronunciamiento del Gobierno deben realizarse un par de precisiones. En realidad, se trata de dos facultades del Ejecutivo con diferente significado y alcance. Por lo que respecta al criterio en relación con la toma en consideración, en modo alguno condiciona la tramitación parlamentaria de la proposición de Ley; por el contrario, se limita a dar a conocer a la Cámara su postura respecto a la toma en consideración de la misma en función de criterios de oportunidad, políticos o de otra índole. En cuanto a la conformidad presupuestaria del Gobierno para su tramitación si implica un aumento de los créditos o una disminución de los ingresos presupuestarios, esta decisión "constituye una condición insoslayable para la misma que, en su caso, impide la celebración del debate plenario de toma en consideración" (STC 240/1997, FJ 3 y STC 242/2006, FJ 3). Como puede observarse, el criterio del Gobierno en estos supuestos produce diferentes efectos jurídicos, ya que solo en el segundo caso se paraliza la tramitación de la proposición de ley al impedir su toma en consideración. Y ello, porque la conformidad presupuestaria es una prerrogativa gubernamental que cuenta con respaldo constitucional (art. 134.6 CE) y cuyo fundamento se encuentra en la atribución de la dirección de la política al Ejecutivo y la relación de confianza que vincula a Gobierno y Parlamento en nuestro régimen parlamentario. Sobre ello, el Tribunal Constitucional ha precisado que los supuestos de disconformidad presupuestaria del Gobierno vienen justificados por la necesidad de garantizar la ejecución del programa económico aprobado en la Ley de presupuestos o prorrogado como consecuencia de la no aprobación de la misma (STC 242/2006, FJ 6).

En el contexto de los Gobiernos minoritarios el debate doctrinal sobre esta facultad gubernamental se ha centrado en el abuso de su ejercicio; esto es, una práctica mediante la cual el Ejecutivo se opone sistemáticamente a la tramitación de proposiciones de ley de la oposición invocando motivos presupuestarios. Resulta obvio que ello, de una parte, afecta directamente a las potestades parlamentarias al bloquear la actividad legislativa de las Cámaras, y de otra, altera las relaciones Gobierno-Parlamento.

Así, como consecuencia de este tipo de situaciones se han suscitado cuestiones de gran calado teórico como la relativa al alcance de la facultad de la Mesa para admitir a trámite una proposición de ley, aún en contra del criterio del Gobierno, cuando la Mesa considera que éste no ha justificado suficientemente el aumento de créditos o la disminución de ingresos del Presupuesto en vigor. Precisamente, durante la XII Legislatura el Consejo de Ministros planteó sendos conflictos de atribuciones frente a los Acuerdos de la Mesa del Congreso de los Diputados en los que se rechazó la disconformidad expresada por el Gobierno de la Nación, en uso de la prerrogativa del art. 134.6 CE, a la tramitación de dos proposiciones de ley. El Tribunal resolvió ambas controversias en las SSTC 34 y 44/2018 en las que desestimó ambos conflictos entre órganos constitucionales. Partiendo de la doctrina sobre el reparto de competencias presupuestarias entre el Ejecutivo y el Legislativo, ambas resoluciones vienen a precisar el alcance de la potestad que el art. 134.6 reconoce al Gobierno. De este modo, el Tribunal concluye que dicho precepto contiene "una prerrogativa del Ejecutivo que tiene, como presupuesto habilitante, la vinculación estricta a la norma presupuestaria, que debe por ello verse afectada.". Por ello, y teniendo en cuenta que cualquier iniciativa o proposición de ley es susceptible de suponer un incremento de gasto o una disminución de ingresos, "el Gobierno debe justificar de forma explícita la adecuada conexión entre la medida que se propone y los ingresos y gastos presupuestarios. Esta conexión debe ser directa e inmediata, actual, por tanto, y no meramente hipotética. Debe además referirse al presupuesto en particular, sin que pueda aceptarse un veto del Ejecutivo a proposiciones que, en el futuro, pudieran afectar a los ingresos y gastos públicos, pues ello supondría un ensanchamiento de la potestad de veto incompatible con el protagonismo que en materia legislativa otorga a las Cámaras la propia Constitución (art. 66 CE)." (STC 34/2018, FJ 8).

3. La toma en consideración de las proposiciones de ley

Una vez manifestada la conformidad del Gobierno sobre los extremos anteriores, la proposición de ley es incluida en el orden del día para su toma en consideración ante el Pleno de la Cámara ante la que se presentó. Este trámite es común a todas las proposiciones de ley con independencia del órgano proponente, a excepción de las procedentes del Senado que hayan superado esta exigencia en dicha Cámara. Ahora bien, la exigencia con carácter general de este trámite a todas las proposiciones no solo ha sido criticada por algunos autores por considerar poco acertado su exigencia para las proposiciones de origen autonómico y popular; sino que, además, ha llevado a la doctrina a reconocer que en nuestro ordenamiento no existen más que dos tipos de iniciativas: la del Gobierno, libre de esta exigencia procedimental, y la de las Cámaras, sometidas a dicho trámite.

Con carácter previo, se dará lectura al criterio del Gobierno, si lo hubiere, y seguidamente se celebrará un debate de totalidad sobre la oportunidad (art. 126.4 RCD) En el caso de las proposiciones de origen autonómico o popular, la defensa de la iniciativa ante el plenario corresponderá a la delegación de la Asamblea proponente integrada por un máximo de tres miembros designados por la misma, en el primer caso, y a la Comisión promotora, en la segunda. Finalizado el debate, el Pleno se pronunciará sobre si hace suya o no la iniciativa.

Si la Cámara decide tomar en consideración la proposición presentada, se entiende que hace suya la iniciativa legislativa y, en consecuencia, se abre la fase central o decisoria del *iter legis*. A partir de entonces, proseguirá su tramitación parlamentaria conforme a las mismas reglas previstas para los proyectos de ley. De este modo, la Mesa acordará su envío a la Comisión competente por razón de la materia y la apertura del plazo de presentación de enmiendas, con la excepción de las enmiendas de totalidad de devolución (art. 126.5 RCD). Otra de las consecuencias que produce la aprobación de la toma en consideración es que a partir de este momento, los autores de la proposición de ley no podrán retirarla; es decir, superado dicho trámite la retirada quedará supeditada a su aceptación por parte del Pleno de la Cámara (art. 129 RCD).

Por el contrario, si el Pleno se pronuncia en contra de la toma en consideración la propuesta legislativa, se entiende que la Cámara rechaza la iniciativa y, como resultado de ello, técnicamente el procedimiento legislativo nunca empezó.

Desde el punto de vista estrictamente técnico, este trámite parlamentario constituye un acto de procedibilidad y, en consecuencia, es *conditio sine qua non* para que la proposición pueda proseguir, de tal suerte que solo superado este momento tiene lugar la verdadera iniciativa legislativa (que la Cámara hace suya por medio de la toma en consideración) y la apertura de la fase central del *iter legis*.

De otra parte, el instituto de la toma en consideración tiene una indudable trascendencia política, en la medida en que implica una previa deliberación y votación sobre la viabilidad de la propuesta legislativa conforme a criterios de oportunidad política. Esta deliberación del Pleno se centra en el texto y contenido de la misma, y permite tener una primera valoración de los miembros de la Cámara acerca de la conveniencia política de la proposición presentada.

Esta valoración sobre la viabilidad de la iniciativa pretende evitar que las Cámaras dediquen su tiempo a tramitar y debatir propuestas con pocas o nulas posibilidades de prosperar por carecer de apoyo suficiente o tratarse de temas ajenos a la agenda política de la mayoría.

No obstante, la exigencia de este trámite obligatorio para las proposiciones de ley ha dado lugar a una división doctrinal sobre la verdadera naturaleza de la toma en consideración; cuestión que enlaza, a su vez, con la discusión sobre el *dies a quo* del procedimiento legislativo y la naturaleza de la iniciativa legislativa. Para un sector minoritario el acto de presentación de una proposición de ley constituye una auténtica iniciativa legislativa que abre el procedimiento legislativo. El argumento que se ha esgrimido para sostener esta afirmación es que del art. 87 CE no se desprende distinción alguna entre la facultad de presentación y auténtica iniciativa (Santaolalla López, Merino Merchán). Desde esta óptica, la toma en consideración es concebida como un acto de desarrollo procesal, en la medida en que es un trámite cualificado mas del procedimiento legislativo.

Sin embargo, para la doctrina mayoritaria las proposiciones de ley no son iniciativas en sentido técnico, sino tan solo meras propuestas de iniciativa. En esta línea, cuando el art. 87.1 atribuye la iniciativa al Congreso y al Senado de acuerdo con los Reglamentos parlamentarios, lo único que hace es reconocer a los miembros de las Cámaras y de los grupos parlamentarios la facultad para promover la iniciativa, pero no para abrir la fase deliberante del *iter legis*. Como consecuencia de ello, y teniendo en cuenta la naturaleza de la iniciativa y el régimen jurídico de las proposiciones de ley, la toma en consideración es considerada doctrinalmente como un presupuesto jurídico para el surgimiento de la iniciativa legislativa parlamentaria (Santamaría Pastor, Punset Blanco, García Martínez, García-Escudero Márquez) y la incoación del procedimiento legislativo en sentido estricto. De ese modo, el *dies a quo* se sitúa en el acto de toma en consideración, mediante el cual las Cámaras asumen la propuesta presentadas por los promotores y hacen suya la iniciativa poniendo en marcha de forma obligatoria el procedimiento de elaboración de la ley.

Por último, cabe destacar que el Acuerdo del Congreso por el que toma o no en consideración una proposición de ley es un acto parlamentario libre en cuanto al fin, por lo que no cabe examen de conformidad a Derecho sobre dicha decisión de la Cámara. En este sentido se pronunció el Tribunal Constitucional en el ATC 659/1987 al sostener que la resolución parlamentaria recaída sobre las proposiciones de ley "(rechazándolas o convirtiéndolas en iniciativa de la Cámara) es manifestación del libre ejercicio por cada asamblea de sus atribuciones constitucionales" (FJ 2).

IV. BIBLIOGRAFÍA

ARAGÓN REYES, M.: "La iniciativa legislativa", *Revista Española de Derecho constitucional*, núm. 16, 1986.

ARCE JANÁRIZ, A.: "Calificación y admisión a trámite en los procedimientos legislativos", *Revista Española de Derecho Constitucional*, núm. 29, 1990.

GARCÍA MARTÍNEZ, M. A.: *El procedimiento legislativo*, Madrid, Congreso de los diputados, 1987.

GARCÍA-ESCUDERO MÁRQUEZ, P.: *El procedimiento legislativo ordinario en las Cortes Generales*, CEPC, Madrid, 2006.

GIMÉNEZ SÁNCHEZ, I.: "Evolución de la doctrina del Tribunal Constitucional en materia de veto presupuestario del Gobierno", *Revista Española de Derecho Constitucional*, núm. 118, 2020.

MERINO MERCHÁN, J.: "Artículo 89", en ALZAGA, O., *Comentario a las Leyes Políticas*, EDERSA, Madrid, 1990.

PÉREZ TREMPS, P. y GARCÍA MORILLO, J.: "Legislativo *vs.* Ejecutivo autonómicos: el problema del control del 'veto presupuestario'", *Parlamento y Constitución. Anuario*, núm. 2, 1998.

PUNSET BLANCO, R.: "La iniciativa legislativa en el ordenamiento español", *Revista de Derecho Político*, núm. 14, 1982.

SANTAMARÍA PASTOR, J. M.: "Artículo 89", en GARRIDO FALLA, *Comentarios a la Constitución*, 3ª ed., Madrid, Civitas, 2001.

V. JURISPRUDENCIA

ATC 659/1987, de 27 de mayo.
STC 76/1994, de 14 de marzo.
STC 124/1995, de 18 de julio.
STC 240/1997, de 25 de junio.
STC 38/1999, de 22 de marzo.
STC 78/2006, de 13 de marzo.
STC 242/2006, de 24 de julio.
STC 34/2018, de 12 de abril.
STC 44/2018, de 26 de abril.

Artículo 90

1. Aprobado un proyecto de ley ordinaria u orgánica por el Congreso de los Diputados, su Presidente dará inmediata cuenta del mismo al Presidente del Senado, el cual lo someterá a la deliberación de éste.

2. El Senado en el plazo de dos meses, a partir del día de la recepción del texto, puede, mediante mensaje motivado, oponer su veto o introducir enmiendas al mismo. El veto deberá ser aprobado por mayoría absoluta. El proyecto no podrá ser sometido al Rey para sanción sin que el Congreso ratifique por mayoría absoluta, en caso de veto, el texto inicial, o por mayoría simple, una vez transcurridos dos meses desde la interposición del mismo, o se pronuncie sobre las enmiendas, aceptándolas o no por mayoría simple.

3. El plazo de dos meses de que el Senado dispone para vetar o enmendar el proyecto se reducirá al de veinte días naturales en los proyectos declarados urgentes por el Gobierno o por el Congreso de los Diputados.

COMENTARIO

Yolanda Gómez Lugo
Profesora Titular de Derecho Constitucional
Universidad Carlos III de Madrid

SUMARIO: I. BICAMERALISMO IMPERFECTO Y FUNCIÓN LEGISLATIVA. II. INTERVENCIÓN DEL SENADO EN EL PROCEDIMIENTO LEGISLATIVO. 1. El Senado en la tramitación del iter legis común. 2. Excepciones a las reglas del artículo 90. III. EL SENADO EN EL PROCEDIMIENTO LEGISLATIVO DE URGENCIA. 1. ¿Procedimiento autónomo o norma de funcionamiento? 2. Especialidad procedimental y tramitación. IV. BIBLIOGRAFÍA. V. JURISPRUDENCIA.

I. BICAMERALISMO IMPERFECTO Y FUNCIÓN LEGISLATIVA

El art. 90 CE regula las líneas fundamentales de la intervención del Senado en la fase central del procedimiento legislativo; reglas, que son desarrolladas por los artículos 104 a 128 del Reglamento del Senado. Su contenido queda estructurado en tres apartados en los que se regulan, respectivamente: la remisión a la Cámara alta de los textos aprobados por el Congreso; las facultades senatoriales en el ejercicio de la potestad legislativa y la resolución de discrepancias entre las Cámaras; y el procedimiento legislativo de urgencia. De este modo, dicho precepto se configura como uno de los preceptos constitucionales en los que se plasma la diferente posición que ocupan Congreso y Senado en el procedimiento legislativo ordinario, así como de las relaciones entre ambas Cámara en el ejercicio de la potestad legislativa que el art. 66.2

CE residencia en las Cortes Generales, lo cual responde al modelo bicameral adoptado por nuestra Constitución (STC 234/2000, FJ 8º).

El haz de facultades que el artículo 90 reconoce a favor de la Cámara Alta constituye una auténtica ruptura con nuestra tradición histórica. A diferencia del modelo de Cámaras colegisladoras que predominó durante el constitucionalismo histórico, este precepto instaura la fórmula del bicameralismo imperfecto en nuestro parlamentarismo atribuyendo un destacado protagonismo al Congreso en relación con la función legislativa. En principio, ello parece colisionar con el contenido del art. 66.2 CE, que reconoce a las Cortes Generales como las depositarias de la potestad legislativa del Estado y de donde se desprende una concepción del Senado como cámara auténticamente colegisladora. A este respecto, la doctrina ha criticado la contradicción en la que incurrió el constituyente al optar por una Cámara de elección popular, pero subordinada al Congreso en el ejercicio de sus facultades. Aunque el art. 66.2 atribuye al órgano complejo Cortes Generales la función legislativa, las normas constitucionales y parlamentarias que regulan la elaboración de la ley ponen de manifiesto la posición claramente secundaria que el Senado ocupa con respecto al Congreso. De este modo, si bien la aprobación de la ley requiere la concurrencia de voluntades de las dos Cámaras que integran el Parlamento, nos encontramos con una participación claramente descompensada a favor del Congreso. Aunque la potestad legislativa queda atribuida a ambas ramas del Parlamento, el Senado no concurre a la formación de la ley en igualdad de condiciones ni su intervención tiene el mismo alcance que la del Congreso.

A este respecto, el Tribunal constitucional ha encontrado una interpretación conciliadora para salvar esta aparente contradicción entre ambas normas constitucionales. Así, ha reconocido que la potestad legislativa que residencia en las Cortes Generales el art. 66.2 CE se ejerce por cada una de las Cámaras que lo integran "en la forma y con la extensión que el propio texto constitucional determina" en el capítulo segundo de su Título III (STC 234/2000, FJ 13). Por otro, ha admitido que, aunque la relación entre los arts. 66 y 90 CE no es de jerarquía, sin embargo "...la lectura de sus textos pone de relieve el contraste entre la generalidad del primero y la especialidad del segundo: mientras que el art. 66.2 —primero de los dedicados a las Cortes Generales— atribuye globalmente la potestad legislativa del Estado a las Cortes Generales, es decir, al Congreso de los Diputados y al Senado, el art. 90.2 —último de los que regulan 'la elaboración de las leyes'— concreta las funciones que dentro del procedimiento legislativo" (STC 97/2002, FJ 4).

Por lo tanto, puede concluirse que mientras el art. 66.2 contiene una definición genérica de la función parlamentaria, la regla del art. 90.2 constituye una concreción de las atribuciones que, en el ejercicio de la potestad legislativa, corresponde al Senado; esto es, concretiza el sentido de su capacidad colegisladora prevista en el art. 66.2 CE y que, ciertamente, no resulta equiparable a la del Congreso, lo que ha llevado a algún autor a hablar de una "disminuida potestad legislativa" del Senado. Clara manifestación de este rol limitado lo constituyen el orden de intervención subordinado, la limitación de los tiempos de intervención y la restricción en el alcance de la actuación senatorial.

Un último rasgo sobre la posición del Senado es su condición de Cámara de segunda lectura o de reflexión. Así, se ha apuntado su capacidad para lograr un mayor consenso y debates más reposados gracias a la menor tensión política que caracteriza la tramitación legislativa en esta sede. Asimismo, su intervención en el *iter legis* contribuye a una mejora técnica de los textos y a lograr acuerdos políticos de última hora. Y ello, en cierto modo, gracias a las previsiones reglamentarias que permiten la presentación de enmiendas *in voce* durante el debate en Comisión (art. 115 RS) o enmiendas transaccionales en Pleno (art. 125 RS) constituyen un claro ejemplo de ello.

II. INTERVENCIÓN DEL SENADO EN EL PROCEDIMIENTO LEGISLATIVO

En primer lugar, cabe precisar que, aunque el tenor literal del art. 90.1 CE alude únicamente a proyectos de ley, dicho precepto resulta aplicable también a las proposiciones de ley "pues aunque la Comisión Mixta suprimió la referencia a ésta en la redacción definitiva que dio al texto, la evidente semejanza de ambas figuras pone de relieve la identidad de razón para su régimen jurídico" (STC 97/2002, FJ 4º).

Teniendo en cuenta que la emanación de la ley requiere la preceptiva intervención de ambas ramas del Parlamento y que el orden de intervención de las Cámaras prevé la obligatoriedad de iniciar la tramitación parlamentaria en la Cámara baja (salvo los supuestos previstos por el art. 74.2 CE), el art. 90.1 CE dispone que, aprobado un proyecto de ley por el Congreso, su Presidente dará inmediata cuenta del mismo al del Senado, a cuya deliberación ha de someterlo sin especificar plazo alguno. Asimismo, el párrafo segundo del mismo artículo concretiza las reglas generales de la tramitación del procedimiento legislativo ordinario en el Senado. En este sentido, establece que en el plazo de dos meses, a partir del día de la recepción del texto, puede, mediante mensaje motivado, oponer su veto o introducir enmiendas al texto remitido por el Congreso. Ambas normas responden a la finalidad del art. 90 CE de lograr cierta celeridad en la tramitación senatorial del procedimiento legislativo.

1. El Senado en la tramitación del iter legis común

La tramitación del procedimiento legislativo en el Senado se caracteriza principalmente por la limitación temporal a la que se ve sometida, en la medida en que su actuación no puede exceder del plazo de dos meses desde la recepción del texto del Congreso (arts. 90.2 CE y 106.1 RS). Como consecuencia de este condicionante temporal, el Reglamento del Senado establece plazos fijos, breves y perentorios para cada uno trámites que integran la fase del *iter legis* en la Cámara alta.

Entre las cuestiones más problemáticas que ha suscitado esta limitación temporal pueden destacarse las relativas al cómputo de los plazos y las consecuencias derivadas de su incumplimiento. Respecto a lo primero, las normas parlamentarias prevén que dicho plazo "se entiende referido al período ordinario de sesiones. En el caso de que concluyese fuera de este período, se computarán los días necesarios del siguiente hasta completar el plazo de dos meses" (art. 106.2 RS). En cuanto a lo segundo, sobre las consecuencias del incumplimiento del plazo de dos meses previsto por el art. 90.2 CE, así como el de veinte días del art. 90.3 CE, la doctrina descarta que esta eventualidad pueda producir efectos invalidantes. Aunque dicha infracción supondría una vulneración de un requisito constitucional, no generaría la invalidez del procedimiento legislativo ni de la norma afectada. Sobre esta cuestión, cabe recordar que conforme a la doctrina constitucional de los vicios *in procedendo* la inobservancia de los preceptos que regulan el *iter legis* podría viciar de inconstitucionalidad la ley sólo cuando esa inobservancia "altere de modo substancial el proceso de formación de voluntad en el seno de las Cámaras" (STC 99/1987, FJ 1.a; STC 103/2008, FJ 5). 1287

No obstante, deben distinguirse dos supuestos de incumplimiento: el retraso y el silencio del Senado. Respecto al primero, en el supuesto de que el veto o enmienda senatoriales se produjere fuera del plazo fijado por el art. 90.2 CE, la doctrina se muestra unánime al admitir que ello no provocaría la nulidad de las actuaciones y por tanto no constituiría problema para que el Congreso pudiera pronunciarse. En el segundo caso, si transcurriera el plazo de dos meses sin que la Cámara lo hubiera vetado o enmendado, un sector minoritario considera que el texto se convertiría en ley y debería someterse a sanción real y promulgación de conformidad con lo previsto con el art. 91 CE (Santaolalla, Punset). Sin embargo, esta opinión no es compartida por la mayoría de la doctrina que sostiene que la voluntad del Senado no puede presumirse, sino que para la aprobación de la ley es necesaria la aprobación de ambas Cámaras (García Martínez, Santamaría Pastor, García-Escudero Márquez). Efectivamente, conforme al concepto formal de ley como norma emanada de las Cortes Generales que se desprende de nuestro texto constitucional, resulta cuestionable admitir la tesis del silencio legislativo positivo, ya que para la emanación de la ley resulta necesaria la concurrencia de la voluntad de las dos ramas del Parlamento.

En relación con este asunto se ha suscitado otra controversia relativa a las facultades del Senado. Así, se ha cuestionado si su intervención debe limitarse a enmendar o vetar el texto del Congreso, como se desprende del tenor literal del art. 90.2; o por el contrario, caben otras posibilidades de actuación al margen de las facultades fijadas expresamente por la norma constitucional, en concreto, la aprobación de la iniciativa. De una interpretación sistemática de los artículos 66.2 y 90.2 CE cabe concluir que, durante el plazo de dos meses de que dispone el Senado para intervenir en la tramitación del *iter legis*, éste queda facultado para aprobar, enmendar o vetar el texto remitido por el Congreso. Si lo aprueba, el proyecto o proposición de ley queda definitivamente aprobado y debe ser remitido para su sanción real y publicación.

Si en el plazo fijado la Cámara aprueba una propuesta de veto por mayoría absoluta o enmiendas por mayoría simple de los senadores, el Presidente del Senado dará por concluido el debate sobre la iniciativa afectada, y lo comunicará a los Presidentes del Gobierno y del Congreso, trasladándoles el texto de la propuesta (art. 122 RS). En ambos supuestos la normativa parlamentaria establece un requisito de forma al exigir que deberá realizarse "mediante mensaje motivado". En el caso de las enmiendas, éstas pueden ser aprobadas por el Congreso y quedar incorporadas en el texto definitivo, o bien rechazadas por mayoría simple de los votos emitidos (art. 123 RCD). Respecto a la falta de mensaje motivado del Senado, el TC ha sostenido que si en estos casos el Congreso entendiera suficientemente motivada la modificación introducida en el Senado, es una cuestión que afecta a los actos internos de las Cámaras y por tanto no produce alteración de modo sustancial en el proceso de formación de la voluntad del órgano parlamentario (STC 57/1989, FJ 2 c).

En cuanto a las propuestas de veto, éstas constituyen un rechazo frontal y global al proyecto o proposición remitidos por el Congreso, es decir, son una enmienda a la totalidad (STC 97/2002, FJ 6). No obstante, se trata de un veto relativo en la medida en que puede ser superado por la Cámara baja debido al peculiar mecanismo de resolución de discrepancias previsto para el *iter legis* ordinario. Efectivamente, en caso de que el Senado oponga su veto, el debate se ajustará a lo establecido para los de totalidad y se someterá a votación el texto inicialmente aprobado por el Congreso y, si fuera ratificado por el voto favorable de la mayoría absoluta de los diputados, quedará levantado el veto (art. 122.1 RCD). De no lograrse dicha mayoría, se someterá de nuevo a votación, transcurridos dos meses a contar desde la interposición del veto, bastando que la mayoría simple de los votos emitidos para considerar levantado el veto (art. 122.2 RCD). La práctica parlamentaria pone de manifiesto que el veto fue utilizado muy escasamente durante el bipartidismo imperfecto; así por ejemplo, el primer veto aprobado tuvo lugar en diciembre de 2004 con respecto al proyecto de LPGE para 2005. Por ello, se sostiene que tiene una eficacia limitada, especialmente cuando coinciden las mayorías parlamentarias en ambas Cámaras. Sin embargo, en contextos parlamentarios divididos y fragmentados en los que la mayoría parlamentaria del Senado no coincide con la mayoría del Congreso, como en la XV Legislatura, se observa una mayor predisposición a utilizar el veto para frenar las iniciativas legislativas impulsadas por el Gobierno y la mayoría del Congreso que lo sustenta. Desde la perspectiva política, se ha apuntado que puede ser utilizado para llamar la atención de la opinión pública y como instrumento de obstrucción con finalidad dilatoria respecto al procedimiento legislativo.

Estas reglas constituyen una manifestación del bicameralismo imperfecto en la tramitación del *iter legis*, en la medida en que las discrepancias entre ambas Cámaras se resuelven concediendo una preeminencia absoluta al Congreso y desplazando la voluntad del Senado, cuya influencia en la elaboración de la ley será relativa.

Con la previsión constitucional del art. 90.2 el constituyente de 1978 rompió con lo que había sido la regla general durante nuestra tradición histórica desde 1837, consistente en la resolución de las discrepancias entre ambas Cámaras mediante la intervención de una Comisión mixta de composición paritaria encargada de dictaminar una solución conciliadora. Efectivamente, el artículo 10 de la Ley de Relaciones entre los Cuerpos Colegisladores de 19 de julio de 1837 disponía "[s]i uno de los Cuerpos colegisladores modificare o desaprobare sólo en algunas de sus partes un proyecto de ley, aprobado ya en el otro Cuerpo colegislador, se formará una Comisión compuesta de igual número de Senadores y Diputados, para que conferencien sobre el modo de conciliar las opiniones. El dictamen de esta Comisión se discutirá sin alteración ninguna por el Senado y el Congreso, y si fuese admitido por los dos, quedará aprobado el proyecto de ley". Este mecanismo de la Comisión Mixta se mantuvo durante nuestro Constitucionalismo histórico y fue la fórmula recogida por la Ley para la Reforma Política en 1977 y aplicada para la elaboración de la Constitución de 1978. Sin embargo, con la entrada en vigor de ésta se sustituyó por la fórmula prevista en el artículo 90.2 CE, reservando excepcionalmente para los supuestos tipificados en los artículos 74.2 y 167.1 la técnica de conciliación de la Comisión Mixta.

En definitiva, este mecanismo constitucional de resolución de discrepancias entre las Cámaras no encaja con el sistema tradicional de nuestro bicameralismo consistente en crear una Comisión mixta paritaria, ni con ninguno de los modelos de derecho comparado, al menos por cuanto se refiere al *iter legis* ordinario. En primer lugar, porque la Constitución de 1978 no arbitra una fórmula única para dirimir estas controversias, sino que articula un mecanismo general (art. 90.2) y otro excepcional (art. 74.2 y 167.1). Y en segundo término, porque la regla ordinaria no coincide con ninguno de los modelos de derecho comparado donde prevalece el sistema de la comisión conciliadora o mixta, con la salvedad del instrumento previsto por el 74.2 que guarda cierta similitud con las Comisiones mixtas o de Conciliación de los ordenamientos francés (*Commission mixte paritaire*, art. 45 CF) y alemán (*Vermittlungsasschuss*, arts. 53a y 77 LFB).

2. Excepciones a las reglas del artículo 90

Algunas de estas reglas generales previstas para el *iter legis* común por el art. 90.2 CE no resultan de aplicación en la tramitación de determinados procedimientos legislativos especiales. A continuación se incluyen aquellas particularidades procedimentales que constituyen la excepción a las reglas que acaban de analizarse.

En primer lugar, para la tramitación en el Senado de los Acuerdos de cooperación entre Comunidades Autónomas y de la Ley del Fondo de Compensación Interterritorial, el art. 74.2 CE prevé dos especificidades procedimentales que se alejan de las reglas del art. 90.2: el inicio de la tramitación en la Cámara Alta, y la resolución de las discrepancias entre las Cámaras conforme al sistema de la Comisión mixta paritaria. Así, se reserva al Senado una posición más favorable en el *iter legis*, pero en ningún caso llega a suprimirse la preeminencia del Congreso.

a) Respecto a la primera, esta inversión en el orden de intervención de las Cámaras (arts. 138.1 y 140.1 RS) constituye una excepción a la regla general según la cual Congreso examina y se pronuncia en primer lugar sobre las iniciativas legislativas. Como consecuencia de esta alteración, los plazos ordinarios previstos para el examen, enmienda y aprobación de la iniciativa por el Senado no serán de aplicación a estos supuestos. Así, para la tramitación de las decisiones parlamentarias de los arts. 145.2 y 158.2 CE la Cámara Alta dispondrá de un mayor tiempo de intervención al no actuar los límites constitucionales de dos meses, o 20 días para el procedimiento de urgencia, que impone el art. 90 CE, lo que permitirá un examen más detenido de las decisiones.

b) En cuanto a la segunda especialidad procedimental, el art. 74.2 prevé un procedimiento excepcional de resolución de discrepancias entre las Cámaras a través de una Comisión mixta. Así, y a diferencia de otros ordenamientos, como el francés o alemán en los que esta fórmula constituye la regla general, en derecho parlamentario español esta técnica de conciliación está prevista excepcionalmente para los procedimientos legislativos especiales tipificados en dicho precepto constitucional. Se trata de un sistema de conciliación entre las Cámaras conducente a la elaboración de una posición común respecto al otorgamiento de la autorización que cuente con el beneplácito de ambas. El mecanismo conlleva la creación de una Comisión mixta formada de igual número de diputados y senadores, cuya función será lograr un texto consensuado capaz de superar las desavenencias surgidas y que será votado en cada Cámara por separado. Además, este mecanismo está previsto también para resolver las discrepancias que puedan surgir entre Congreso y Senado respecto a la autorización parlamentaria de los tratados internacionales a los que se refiere el art. 94.1 CE (art. 74.2 CE). Esta especialidad trata de equilibrar el bicameralismo imperfecto que rige nuestro sistema parlamentario y debiera convertirse en regla general para dirimir los desacuerdos entre las Cámaras en el procedimiento legislativo.

Asimismo, en relación con la intervención del Senado en el procedimiento ordinario de reforma constitucional del art. 167 CE, que prevé expresamente el recurso a la Comisión mixta para la resolución de discrepancias, existen algunas especialidades procedimentales que se alejan de las reglas generales fijadas en el art. 90 CE. En primer lugar, ni la Constitución, ni los Reglamentos parlamentarios imponen un plazo fijo a la Cámara alta para examinar y aprobar la reforma constitucional. Así pues, dada la relevancia de la materia objeto de las iniciativas de reforma constitucional, no deberían aplicarse a la actuación del Senado los plazos previstos por el art. 90, ni el ordinario de dos meses, ni el urgente de 20 días naturales, ya que recortaría notablemente las posibilidades de debatir sosegadamente las modificaciones constitucionales propuestas. En segundo lugar, no cabe la presentación del veto senatorial en la tramitación de la reforma constitucional. Así se desprende de los Reglamentos parlamentarios que admiten únicamente la aprobación o la enmienda parcial. Por tanto, la intervención del Senado en la tramitación de la reforma constitucional quedaría reducida a aprobar por tres quintos o enmendar la propuesta de reforma. Y por último, en caso de discrepancia entre las Cámaras se acudirá al *procedimiento de conciliación de la Comisión Mixta* (art. 167.1 CE) cuya función será elaborar un texto común que deberá ser aprobado por tres quintas partes de los miembros de cada una de las Cámaras (arts. 146.3 RCD y 156.3 RS). Se contempla también, de forma expresa, la posibilidad de que el

Senado no aprobara por la mayoría requerida de tres quintos el texto elaborado por la Comisión mixta; en esta hipótesis, si lograra el apoyo de la mayoría absoluta de los senadores y el Congreso obtuviera un voto favorable de tres quintos, la reforma queda igualmente aprobada (arts. 146.4 RCD y 156.4 RS). Una nueva muestra de la posición capitidisminuida del Senado.

III. EL SENADO EN EL PROCEDIMIENTO LEGISLATIVO DE URGENCIA

1. ¿Procedimiento autónomo o norma de funcionamiento?

Por último, el párrafo tercero del art. 90 prevé una simplificación procedimental aplicable durante la intervención del Senado en la tramitación legislativa al disponer que el plazo de dos meses de que dispone para vetar o enmendar el proyecto "se reducirá al de veinte días naturales en los proyectos declarados urgentes por el Gobierno o por el Congreso". Dicho precepto establece una especialidad procedimental que, a diferencia de otros procedimientos abreviados, no actúa sobre las fases del *iter legis*, sino sobre los plazos y tiempos ordinarios previstos para el desarrollo de los actos y trámites integrantes del procedimiento común. Asimismo, el art. 136 del Reglamento del Senado regula otra modalidad alternativa en la que la tramitación parlamentaria queda reducida a un mes (procedimiento de un mes o de semiurgencia), si bien en este caso los plazos no son naturales, como sucede en el procedimiento de urgencia, sino hábiles, lo cual alarga mas la tramitación parlamentaria en el Senado.

No obstante, el art. 90.3 ha suscitado un debate en torno a su naturaleza, cuestionando si dicha disposición establece una mera regla de reducción de plazos o por el contrario reconoce un procedimiento legislativo especial.

En la STC 234/2000, el Tribunal Constitucional se manifestó a favor de la primera opción negando que el art. 90.3 CE regulase un procedimiento legislativo abreviado, para lo cual argumentó que la Constitución carece de un precepto que lo prevea expresamente. Por el contrario, sostuvo que lo que dicho precepto contiene es "una regla de reducción de plazos por la que se disminuye a veinte días el referido plazo ordinario de dos meses en el caso de los proyectos declarados urgentes" (FJ 8).

Sin embargo, y aunque la Constitución no reconozca explícitamente la existencia de un procedimiento de urgencia, del contenido de los arts. 90.3 y 86.3 puede deducirse dicho reconocimiento. A favor de la tesis de la urgencia como procedimiento legislativo especial, y no como mera norma de funcionamiento, pueden esgrimirse varios argumentos, que expuestos brevemente serían los siguientes. En primer lugar, la ausencia de reconocimiento constitucional expreso no es óbice porque las Cámaras pueden crear procedimientos abreviados a través del Reglamento parlamentario. En segundo lugar, porque no resulta equiparable la mera prórroga o acortamiento ordinario de plazos aplicables a trámites concretos del *iter legis* que puede acordar la Mesa de la Cámara (art. 135.6 RS), que la activación de la modalidad de urgencia, de aplicación genérica y con alcance a todos los trámites y actos integrantes del *iter* que restan hasta la finalización de la tramitación parlamentaria (arts. 133-135 RS). En tercer término, porque el propio Reglamento del Senado regula expresa y detalladamente esta modalidad junto al resto de "procedimientos legislativos especiales".

2. Especialidad procedimental y tramitación

La declaración de urgencia constituye el fundamento habilitante de este mecanismo procedimental. Se presenta como requisito previo y necesario, cuya concurrencia deberá verificar la Mesa de la Cámara. Respecto al alcance de su función para calificar, admitir a trámite y decidir sobre la tramitación de la declaración de urgencia, la Mesa no podrá controlar jurídico-materialmente el contenido de la declaración de urgencia, limitándose a verificar los requisitos formales exigidos (STC 76/1994 FJ 3).

La aplicación del procedimiento de urgencia en el Senado conlleva que la duración de la tramitación en dicha Cámara quedará reducida a veinte días naturales, frente a los dos meses que prevé el art. 90.2 para el *iter legis* ordinario. En consecuencia, el lapso temporal de la secuencia procedimental se repartirá del siguiente modo: el plazo para la presentación de enmiendas quedará reducido a cuatro días (art. 135.1 RS), el mismo de que dispondrá la Ponencia para emitir su Informe (art. 135.2 RS). A los tres días de concluido éste se reunirá la Comisión para emitir su dictamen en el plazo de dos días (art. 135.3 RS). Respecto a la deliberación en el Pleno, aunque en principio se rige por las normas del procedimiento legislativo ordinario, la Mesa tiene la facultad de modificar la duración de las intervenciones cuando así lo aconseje el desarrollo de los debates (art. 135.4 RS). Como puede comprobarse, a través de estas normas se establecen límites máximos para el desarrollo de cada uno de los trámites señalados, con la única excepción del debate plenario que se celebrará durante el tiempo restante hasta el transcurso de los veinte días que dura la tramitación en la Cámara Alta. Además, cabe señalar que el acortamiento de la tramitación que implica el procedimiento de urgencia es perfectamente compatible con la aplicación de las reglas generales de ampliación o reducción de tiempos previstas por la normativa parlamentaria (art. 135.6 RS).

Asimismo, y dado que la facultad del Gobierno de declarar la urgencia no está sometida a límites temporales, el procedimiento de urgencia puede aplicarse desde el inicio de la tramitación en el Congreso o posteriormente en cualquier otro momento procesal de forma sobrevenida. En este último caso, se aplicarán las especialidades de esta modalidad al resto de fases restantes hasta la adopción del texto y sin retrotraer el procedimiento al momento de la incoación del mismo. Por otro lado, la práctica parlamentaria pone de manifiesto que es bastante frecuente la aplicación simultánea del procedimiento de urgencia junto a las modalidades de delegación de competencia legislativa en Comisión o el método de lectura única.

Respecto a la activación del procedimiento de urgencia el art. 90.3 CE y el art. 133 del Reglamento del Senado admite no sólo el origen parlamentario de la decisión sobre la urgencia, sino también la activación procedimental mediante la declaración procedente de órganos ajenos a la Cámara Alta. De una parte, se reconoce al Gobierno y al Congreso la capacidad para declarar la urgencia del "proyecto", término que es utilizado de forma genérica abarcando cualquier tipo de iniciativa (STC 97/2002, FJ 4), lo que conlleva una aplicación del procedimiento de urgencia de carácter automático y de obligada observancia. Este automatismo constituye una excepción al carácter dispositivo que tipifica a los procedimientos legislativos abreviados. De otra, se atribuye a la Mesa del Senado la potestad de activarlo de oficio, o bien a propuesta de un Grupo parlamentario o veinticinco senadores (art. 133.1 RS). Ahora bien, tras la reforma del art. 133 RS en 2023, se ha añadido un nuevo párrafo que viene a duplicar lo previsto por el anterior art. 133.2 (actual art. 133.1, párrafo segundo) con la única salvedad de que establece un régimen jurídico diferenciado aplicable a las proposiciones de ley. Así, el nuevo párrafo establece que "[e]n las proposiciones de ley, la Mesa del Senado podrá decidir la aplicación del procedimiento de urgencia cuando así lo solicite el Gobierno o el Congreso de los Diputados, o también actuando de oficio o a propuesta de un grupo parlamentario o de veinticinco senadores". Sin embargo, esta nueva disposición normativa suscita serias dudas de constitucionalidad en relación con el art. 90.3 CE y la interpretación del mismo sostenida en la STC 97/2002.

A este respecto, la particularidad que aporta la normativa del Reglamento se encuentra en la posibilidad de que el órgano rector actúe no sólo a propuesta de un grupo parlamentario o veinticinco senadores, sino también de oficio lo que viene a reforzar no sólo los poderes de dirección de la Mesa, sino también el papel del Senado en el ejercicio de la función legislativa. En este supuesto se produce una ligera variación en el alcance de las potestades de la Mesa; ésta deja de actuar como mero órgano técnico en el ejercicio de su facultad de decidir sobre la tramitación, en la medida en que no se limita a llevar a cabo solamente un mero juicio de procedibilidad.

Otro de los rasgos del procedimiento de urgencia es que puede aplicarse a cualquier propuesta legislativa sobre cuya tramitación haya sido declarada la urgencia, ya que su aplicación no está sometida a límites materiales. Desde esta perspectiva, puede afirmarse que se trata de una modalidad caracterizada por el carácter genérico de su ámbito de aplicación, en la medida en que permite su activación a cualquier proyecto o proposición de ley independientemente del contenido material de ésta, lo cual dota de mayor flexibilidad y agilidad a la tramitación y actividad legislativa de las Cámaras, precisamente por esta simplicidad en la activación. No obstante, ello no impide que se cuestione si sería aconsejable incorporar alguna excepción a esta regla de ausencia de límites materiales al procedimiento de urgencia, como sería la reforma constitucional.

Por último, la praxis parlamentaria pone de manifiesto que se trata de un procedimiento utilizado principalmente en el Senado. Sin duda esta técnica se ha convertido en un cauce alternativo al *iter legis* ordinario cuando las circunstancias políticas requieren de una rápida intervención legislativa por parte del Parlamento; celeridad, que no deriva exclusivamente de la acumulación habitual de tramitaciones legislativas en las Cámaras, sino también de otro tipo de circunstancias como el propósito de evitar la caducidad de las iniciativas legislativas en curso en el supuesto de disolución de las Cámaras. Desde esta perspectiva, puede afirmarse que el procedimiento de urgencia es una técnica a disposición del Gobierno que permite activar una actuación urgente del Legislador.

IV. BIBLIOGRAFÍA

BIGLINO CAMPOS, P.: *Los vicios en el procedimiento legislativo*, Centro de Estudios Constitucionales, Madrid, 1991.

GARCÍA MARTÍNEZ, M. A.: *El procedimiento legislativo*, Congreso de los diputados, Madrid, 1987.

GARCÍA-ESCUDERO MÁRQUEZ, P.: *El procedimiento legislativo ordinario en las Cortes Generales*, CEPC, Madrid, 2006.

GÓMEZ LUGO, Y., *Los procedimientos legislativos especiales en las Cortes Generales*, Congreso de los Diputados, Madrid, 2008.

– "La urgencia en el *iter legis*: una técnica de agilización procedimental a disposición del Gobierno", *Revista de Derecho Político*, núm. 71-72, 2008.

LÓPEZ GUERRA, L.: "La reforma del procedimiento legislativo del Senado", *Ante el futuro del Senado*, Institut d'Estudis Autonòmics, Barcelona, 1996.

RUIZ RUIZ, J. J., *El veto del Senado*, CEPC, Madrid, 2007.
SANTAOLALLA LÓPEZ, F., "Artículo 90. Intervención legislativa del Senado", en ALZAGA, O., *Comentario a las Leyes Políticas*, EDERSA, Madrid, 1990.
TORRES MURO, I.: "¿Subordinando al Senado? La declaración gubernamental de urgencia, ex art. 90.3 CE, ante el Tribunal Constitucional (STC 234/2000)", *Repertorio Aranzadi del Tribunal Constitucional*, 2000, núm. 3.

V. JURISPRUDENCIA

STC 99/1987, de 11 de junio.
STC 57/1989, de 16 de marzo.
STC 76/1994, de 14 de marzo.
STC 234/2000, de 3 de octubre.
STC 97/2002, de 25 de abril.

Artículo 91

El Rey sancionará en el plazo de quince días las leyes aprobadas por las Cortes Generales, y las promulgará y ordenará su inmediata publicación.

COMENTARIO

Yolanda Gómez Lugo
Profesora Titular de Derecho Constitucional
Universidad Carlos III de Madrid

I. LA FASE INTEGRATIVA DE LA EFICACIA

El artículo que nos ocupa regula los actos de sanción, promulgación y publicación de las leyes aprobadas por el Parlamento. A través del mismo no sólo se disciplina la última fase del procedimiento legislativo, entendido en sentido amplio, sino que además se inserta la actuación del Jefe del Estado en el proceso de producción legislativa. Aprobada la ley por las Cortes Generales, el Presidente de la Cámara donde haya finalizado el acto de aprobación remitirá el texto al Presidente del Gobierno, y será éste quien lo presentará al Rey a los efectos previstos en el artículo 91 CE. A este respecto, dicho precepto configura tres elementos que forman parte de la fase integrativa del *iter legis*, si bien cada uno ellos posee un significado y finalidad diferente. No obstante, los tres presentan algunos rasgos en común, en la medida que tienen lugar fuera de los límites del Parlamento y quedan atribuidos a órganos constitucionales diferentes de las Cortes Generales, al Jefe del Estado y al Ejecutivo, respectivamente. Asimismo, ninguno de ellos afecta al contenido material de la ley, ya que éste queda fijado durante la fase constitutiva del *iter*, y en concreto, con el acto de aprobación parlamentaria. Desde ese momento la ley es perfecta, pero para producir efectos jurídicos debe reunir los requisitos previstos por el artículo 91.

1. Naturaleza y ubicación de la sanción, promulgación y publicación en el procedimiento legislativo

Respecto a la naturaleza de la sanción, promulgación y publicación, así como su ubicación en las fases del procedimiento legislativo, la doctrina se ha mostrado claramente dividida sobre estos aspectos. Por razones de espacio se realizará un tratamiento conjunto de esta cuestión en relación con los tres actos previstos por el artículo 91 CE, si bien la doctrina se ha ocupado de abordar este asunto de forma particularizada en relación con cada uno de ellos.

Para valorar correctamente esta cuestión debe traerse a colación algunos aspectos de la teoría del procedimiento legislativo. Conforme a la definición clásica acuñada por Galeotti, el *iter legis* es aquel fenómeno de formación sucesiva de un acto jurídico final, caracterizado por una combinación concatenada de actos, que más que ser jurídicamente posible, se presenta, con diferentes intensidades, como jurídicamente necesaria. Para el ilustre tratadista italiano existe una conexión funcional necesaria entre los actos de esta serie procedimental, de tal suerte que todos ellos quedan unificados en el acto total o final, que es la ley. Por otro lado, y siguiendo el esquema clásico, la estructura del procedimiento que ha de seguirse para la aprobación legislativa consta de tres etapas: a) fase inicial o instaurativa, b) fase central, perfectiva o constitutiva; y c) fase final o integradora de la eficacia. A su vez, la ordenación concreta de estos actos que integran cada una de ellas depende de las fuentes constitucionales y parlamentarias.

En nuestro caso, esta discusión dogmática sobre la naturaleza de la sanción, la promulgación y la publicación, así como del *dies ad quem* del procedimiento legislativo, ha dado lugar a una división entre dos posiciones doctrinales manifiestamente contrapuestas.

Por un lado, los partidarios de la tesis de la atribución de carácter constitutivo a dichos actos, rechazan que sanción y promulgación formen parte de la fase integradora de la eficacia.

Según esta primera corriente doctrinal, se trataría de requisitos de existencia de la ley. En esta línea argumentativa, se ha sostenido que la intervención del monarca mediante la sanción tiene lugar en la fase constitutiva o perfectiva del procedimiento legislativo, en la medida en que la perfección y obligatoriedad de la ley se encuentran sometidas a la condición suspensiva de la sanción. En consecuencia, desde esta perspectiva el acto normativo de las Cámaras tras la aprobación de su texto no sería ley, sino proyecto de ley. En relación con el acto de publicación, otros autores se han decantado, en contra de la opinión mayoritaria, por la concepción de la publicación como elemento constitutivo de la ley, que determina la existencia y la validez de dicha norma. Desde este punto de vista, se sostiene que con anterioridad al acto de publicación la ley carece de relevancia jurídica; es decir, la ley sólo podrá considerarse válida en la medida en que se publique de acuerdo con lo previsto por las normas reguladoras de dicho trámite.

Sin embargo, la doctrina constitucionalista mayoritaria sigue considerando que los actos de sanción y promulgación se ubican en la fase integrativa del procedimiento legislativo por tratarse de requisitos de eficacia de la ley. Desde esta óptica, estos elementos serían extrínsecos a la perfección de la ley, puesto que ésta tiene lugar con la aprobación parlamentaria. Los actos posteriores son requisitos de eficacia, por lo que no condicionarán la existencia de la norma, sino la producción de efectos jurídicos. Uno de los principales argumentos a favor de esta tesis es el tenor literal del artículo 91, que se refiere a las "leyes aprobadas por las Cortes Generales", si bien para refutarlo, algunos autores han esgrimido que el art. 90.2 utiliza la expresión "proyecto" para referirse al texto aprobado que se someterá a sanción real, una vez sea aprobado por las Cámaras. Lo cual demuestra que la interpretación literal de la norma constitucional no resuelve por sí misma la cuestión referente a la naturaleza de estos actos.

Realizando una interpretación sistemática de la Constitución y de las normas del bloque de la constitucionalidad referentes a la regulación del procedimiento legislativo en sentido estricto, puede concluirse lo siguiente. En nuestro ordenamiento el *dies ad quem* del *iter legis* se produce con el pronunciamiento del órgano parlamentario con facultades decisorias o resolutorias; decisión, que únicamente podrá ser adoptada por el Pleno de la Cámara o las Comisiones parlamentarias con competencia legislativa previa delegación de aquél. La fase central del procedimiento concluye cuando las Cámaras adoptan una decisión o resolución sobre el texto tramitado poniendo fin a la intervención parlamentaria en este proceso de producción legislativa; es decir, cuando el Senado aprueba el texto remitido por el Congreso o bien cuando éste se pronuncia sobre las enmiendas o el veto de la Cámara Alta. No puede olvidarse que la finalidad última del procedimiento legislativo es ofrecer la posibilidad al Parlamento de emitir una decisión sobre el texto propuesto. Con la resolución aprobatoria de las Cámaras integrantes de las Cortes Generales, único titular de la potestad legislativa (artículo 66.2), la ley es perfecta, esto es, existe un texto con relevancia jurídica si bien aún no produce efectos, puesto que su eficacia jurídica queda sometida a una serie de exigencias añadidas para que la norma sea obligatoria. En consecuencia, puede concluirse que los trámites de sanción, promulgación y publicación de la ley constituyen actos externos al procedimiento legislativo *en sentido estricto* al concebirse como condiciones de la eficacia, y por tanto, quedan ubicados en la fase final o integradora del *iter legis;* o, si se prefiere, forman parte del procedimiento legislativo *en sentido amplio*, entendido "como el conjunto de actos o actividades que conducen a la creación de la ley, desde la iniciativa que pone en marcha el procedimiento hasta la publicación de la misma" (STC 234/2000, FJ 10).

2. La intervención de la Jefatura del Estado

El artículo 91 no sólo disciplina los trámites mencionados desde la óptica del procedimiento legislativo, sino que además regula la intervención de la Jefatura del Estado en relación con el procedimiento de elaboración de leyes.

La participación del Jefe del Estado en estos actos no conlleva una intervención en la formación de la ley, ya que el Rey carece de carácter colegislador. Estas notas se apartan de nuestro Constitucionalismo histórico, y de otras monarquías constitucionales —como las de Bélgica, Dinamarca o Países Bajos— en las que la actuación del monarca tiene auténtico carácter constitutivo sobre el acto legislativo, en la medida en que interviene en la definición de su contenido, y como consecuencia de ello, su negativa a sancionar implica una especie de poder de veto. Por el contrario, en nuestra monarquía parlamentaria la persona que ostenta la Jefatura del Estado ni puede iniciar el *iter legis*, ni concurre en la formación del contenido de la ley, ni tiene capacidad para vetar la norma aprobada por el Parlamento, único titular de la potestad legislativa. Por tanto, su intervención en estos actos no puede inducir a pensar que participa en el ejercicio de la función legislativa, ya que sanción y promulgación constituyen requisitos formales y solemnes a través de los cuales los órganos intervinientes dan cumplimiento al mandato constitucional contenido en el artículo 91 CE.

No obstante, su intervención resulta necesaria para la emanación de la ley, pero su participación en los trámites de sanción y promulgación son actos debidos, y por ello, de inexcusable cumplimiento para el Jefe del Estado, como se desprende del carácter imperativo del artículo 91 CE. Esto lleva a reconocer que estas actuaciones del monarca se enmarcan en la función integradora y simbólica que le corresponden como Jefe del Estado.

Por otro lado, como todas las actuaciones que corresponden al Jefe del Estado, los actos de sanción y promulgación de la ley deben ser refrendados en virtud de lo dispuesto en el artículo 64.1 CE. En este supuesto, será el Presidente del Gobierno, y en su caso, por los ministros competentes. A este respecto, el artículo 2.2 h) de la Ley 50/1997, del Gobierno enumera las funciones del Presidente del Gobierno e incluye la de "refrendar, en su caso, los actos del Rey y someterle, para su sanción, las leyes y demás normas con rango de ley, de acuerdo con lo establecido en los artículos 64 y 91 de la Constitución". Asimismo, prevé el refrendo por los ministros dentro de su ámbito de competencias, si bien la práctica constata que quien refrenda los actos de sanción y promulgación es el Presidente. Respecto al sentido traslaticio de responsabilidad inherente al instituto del refrendo, el Tribunal Constitucional ha reconocido que la "autoridad refrendante se limita, con su firma, a responder de la adecuación del acto real al ordenamiento jurídico-constitucional, sin haber intervenido en la menor medida en la determinación de su contenido." En cuanto a los actos de sanción y promulgación de las Leyes, sostiene que "el refrendo del Presidente del Gobierno sigue confinado a la estricta misión traslaticia de responsabilidad, respondiendo aquél con su firma únicamente de la legitimidad constitucional del acto real" (STC 5/1987, FJ 3).

II. SANCIÓN

En nuestro ordenamiento jurídico la sanción constituye una mera formalidad carente de contenido material. Esta configuración se aparta de la noción de sanción propia de la monarquía constitucional, según la cual el Rey participaba en la función legislativa. Tanto la sanción, como la promulgación son actos simbólicos que tienen lugar simultáneamente.

Respecto al plazo para otorgar la sanción, el artículo 91 CE establece que el Jefe del Estado dispone de quince días para sancionar las leyes aprobadas por las Cámaras. En principio, y conforme a una interpretación literal del precepto constitucional, parece que dicho plazo está fijado exclusivamente para este acto, pero no para la promulgación de las mismas. Sin embargo, teniendo en cuenta que ambos institutos jurídicos se llevan a cabo simultáneamente, se ha interpretado que este plazo perentorio se hace extensible también para la promulgación.

Sobre el inicio del cómputo del plazo, se han planteado dos opciones: la aprobación parlamentaria o la presentación del texto ante el Rey. A este respecto, se ha señalado que fijar este momento en la aprobación parlamentaria de la ley (fecha de publicación en el Boletín Oficial de las Cortes Generales) acortaría los días realmente disponibles para que el Rey pudiera sancionar y promulgar la ley. Por ello, la doctrina ha entendido que el *dies a quo* debe comenzar a computarse a partir de la recepción del texto de la ley por el Jefe del Estado.

Pese a tratarse de un acto debido y carecer el monarca de poder discrecional, resulta inevitable cuestionarse por las consecuencias de una hipotética negativa del Rey a sancionar una ley previamente aprobada por las Cámaras. Esta eventualidad no tiene cabida en nuestro ordenamiento; ni por motivos constitucionales, ni por motivos de conciencia, puesto que el Jefe del Estado no tiene reconocido poder de veto. Ello supondría un incumplimiento de los actos debidos del monarca, sin embargo no existe una respuesta unánime acerca de las consecuencias y el tipo de responsabilidades que podría desencadenar dicha actuación. Lo que parece indudable es que esta situación generaría una grave crisis política. Sobre el segundo supuesto señalado, debe mencionarse el precedente belga en relación con el incidente suscitado en 1990 cuando el Rey Balduino manifestó su negativa a firmar la ley del aborto aprobada por el Parlamento por plantearle un conflicto de conciencia. En aquella ocasión se optó por una solución que ha sido considerada un auténtico fraude de Constitución. En aplicación del mecanismo previsto por el art. 82 de la Constitución belga se permitió su "incapacidad temporal para reinar". De ese modo, el Consejo de Ministros asumió la Regencia y en ejercicio de la misma, firmó y sancionó la ley. Una situación diferente sería la negativa a sancionar un texto que no ha sido aprobado por el Parlamento. En caso de inexistencia de aprobación parlamentaria, algunos autores han reconocido que estaríamos ante la única causa por la que el Rey puede negarse a firmar la ley.

Por otro lado, se ha señalado que, a diferencia del resto de los preceptos constitucionales reguladores del *iter legis*, del artículo 91 CE se desprende que lo que se sanciona es la ley aprobada por las Cortes Generales, no un proyecto o ni una proposiciones de ley, lo que viene a corroborar la tesis de la sanción como requisito de eficacia de una ley que ya existe.

Un último aspecto que debe plantearse es el relativo a la sanción de las reformas constitucionales. Sobre ello, parece aceptarse de forma generalizada la idea de exigir dicho trámite también en el procedimiento de reforma constitucional. Ni siquiera el argumento de la interpretación literal del art. 62, cuando establece que al Rey le compete sancionar y promulgar las "leyes", ha supuesto un inconveniente para que la doctrina admita esta extensión del acto de la sanción a las reformas constitucionales. Asimismo, algunos autores han esgrimido que, puesto las normas del procedimiento legislativo común tienen carácter supletorio para las restantes especialidades procedimentales, incluido los procedimientos de reforma constitucional, el artículo 91 resulta aplicable a los procedimientos de reforma constitucional. Este dato parece confirmado por la práctica, como lo pone de manifiesto el hecho de que las tres reformas constitucionales tramitadas y aprobadas hasta el presente fueron efectivamente sometidas a sanción real.

III. PROMULGACIÓN

El artículo 91 ha sido tachado como un precepto desafortunado por la confusión terminológica creada sobre los tres trámites que regula. Por lo que respecta al instituto de la promulgación, su redacción deja sin precisar las diferencias entre éste y los otros dos actos, lo que ha ocasionado cierto desconcierto. En el caso de la confusión entre la sanción y la promulgación, esta situación viene, en parte, justificada por el hecho de que ambos actos se producen simultáneamente.

A diferencia de otros ordenamientos, en el nuestro la promulgación no es acto de autentificación, ya que el acto de certificar que el texto presentado concuerda con el aprobado por las Cámaras se lleva a cabo mediante la sanción. Tampoco puede considerarse acto de control de la irregularidad constitucional de la ley, ni material ni formal, puesto que esta tarea queda reservada exclusivamente al Tribunal Constitucional. Y por último, no puede considerarse un mandato de cumplimiento de la ley, porque ello sería superfluo en la medida en que dicho mandato está implícito con la aprobación del Parlamento. En consecuencia, se trata de una fórmula ritual con un significado meramente simbólico y solemne.

De este modo, la promulgación ha sido definida como un acto debido, de carácter declarativo perteneciente a la fase integradora de la eficacia y que se verifica por medio de una fórmula que contiene, por un lado, la proclamación formal de la ley como tal ley, y por otro, el mandato dirigido a las autoridades y ciudadanos para que la cumplan.

En ningún caso la intervención del Jefe del Estado en el trámite de promulgación puede interpretarse como un acto de control sobre la ley; no cabe un enjuiciamiento sobre la regularidad formal ni material de la misma. En este punto, se aprecia el diferente significado que tiene la promulgación respecto a las Repúblicas parlamentarias, en las que el Presidente de la República posee ciertas facultades de control formal sobre la regularidad de la ley y en ocasiones material.

Teniendo en cuenta que el instituto jurídico de la promulgación tiene carácter declarativo, y en consecuencia, no constitutivo, es indudable que queda ubicado en la fase integrativa de la eficacia.

IV. PUBLICACIÓN

Por último, el artículo 91 dispone que el Rey ordenará la inmediata publicación de las leyes sancionadas. Su cumplimiento se verifica mediante la reproducción del texto de la ley en el Boletín Oficial del Estado. Se trata de un requisito material cuyo fundamento es evitar la demora injustificada de una ley. En este supuesto nos encontramos ante un acto de relevancia jurídica, en la medida en que a partir del momento de la publicación la ley puede desplegar efectos jurídicos. Asimismo, este acto fija el inicio del plazo para una eventual impugnación a través del recurso de inconstitucionalidad. A este respecto, cabe señalar que este mandato de publicación ha sido interpretado por la doctrina como una concreción del principio de publicidad de las normas del artículo 9.3 CE, y ello, pese a tratarse de conceptos conexionados que no deben confundirse.

En cuanto a su significado, no solo constituye un requisito de eficacia de la norma, sino que además, y como ha señalado la doctrina, cumple con una función garantista en relación con los principios de certeza del Derecho y seguridad jurídica al permitir conocer el contenido de la norma que obliga a los ciudadanos.

En este supuesto nos encontramos ante un acto material consistente en "ordenar" la publicación. Desde el punto de vista formal, el artículo 91 no exige una determinada fórmula para que el Rey cumpla este mandato, por lo que se ha interpretado que se trata de una actuación que va implícita en la firma del Jefe del Estado. Ahora bien, el precepto constitucional realmente se refiere a dos actos, ordenar y llevar a cabo la publicación, sin que en ningún caso especifique el órgano al que corresponde realizar efectivamente la publicación. A falta de precisiones, la doctrina ha interpretado que dicha actuación corresponderá al Ejecutivo.

En cuanto a la exigencia de la "inmediata publicación", se entiende que dicha obligación no se cumpliría en caso de producirse un retraso injustificado en la publicación de la ley. En cuanto a la forma y el lugar de la publicación, estas cuestiones son reguladas por las disposiciones legales del Código Civil, que vienen a concretizar el mandato constitucional del art. 91 CE. Así, en virtud de lo dispuesto por el artículo 2.1 CC las leyes entrarán en vigor a los veinte días de su completa publicación en el Boletín Oficial del Estado, si en ellas no se dispone otra cosa. En consecuencia, la publicación es un requisito imprescindible para su entrada en vigor y para que pueda producir efectos jurídicos. Desde esta óptica, la publicación no añade nada a la ley aprobada, por lo que el acto no forma parte de la fase constitutiva.

V. BIBLIOGRAFÍA

ARAGÓN REYES, M.: *Dos estudios sobre la monarquía parlamentaria en la Constitución española*, Civitas, Madrid, 1990.

BIGLINO CAMPOS, P.: *La publicación de la ley*, Tecnos, Madrid, 1993.

GARCÍA MARTÍNEZ, M. A.: *El procedimiento legislativo*, Congreso de los diputados, Madrid, 1987.

GARCÍA SORIANO, M. V.: "Reyes y Parlamentos: sanción y promulgación de las leyes", ROLLNERT LIERN, G. (dir.), *Las monarquías europeas en el siglo XXI*, Sanz y Torres, Madrid, 2007.

RODRÍGUEZ-ZAPATA, J.: *Sanción, promulgación y publicación de las leyes*, Tecnos, Madrid, 1987.

SANTAMARÍA PASTOR, J. A.: "Artículo 91", en GARRIDO FALLA, *Comentarios a la Constitución*, 3ª ed., Civitas, Madrid, 2001.

SANTAOLALLA LÓPEZ. F.: "Artículo 91", en ALZAGA, O., *Comentario a las Leyes Políticas*, EDERSA, Madrid, 1990.

SOLOZÁBAL ECHAVARRIA, J. J.: *La sanción y promulgación de la ley en la monarquía parlamentaria*, Tecnos, Madrid, 1987.

Artículo 92

1. Las decisiones políticas de especial trascendencia podrán ser sometidas a referéndum consultivo de todos los ciudadanos.

2. El referéndum será convocado por el Rey, mediante propuesta del Presidente del Gobierno, previamente autorizada por el Congreso de los Diputados.

3. Una ley orgánica regulará las condiciones y el procedimiento de las distintas modalidades de referéndum previstas en esta Constitución.

COMENTARIO

Luis Aguiar de Luque
Catedrático de Derecho Constitucional
Universidad Carlos III de Madrid[2]

SUMARIO: I. EL REFERÉNDUM EN NUESTRO ORDENAMIENTO CONSTITUCIONAL: ASPECTOS GENERALES. II. ANÁLISIS ESPECÍFICO DEL ARTÍCULO 92 CE Y SU HETEROGÉNEO CONTENIDO. 1. El régimen jurídico del denominado referéndum consultivo. 2. La reserva de ley orgánica para la regulación de "las condiciones y el procedimiento de las distintas modalidades de referéndum previstas en la Constitución". III. BIBLIOGRAFÍA. IV. JURISPRUDENCIA.

El referéndum, objeto central del artículo aquí comentado, es una institución cuyos orígenes se sitúan en la Revolución francesa y el intento de plasmar en términos constitucionales las ideas de J. J. Rousseau. En una primera aproximación se puede definir como una institución a través de la cual los ciudadanos pueden intervenir directamente mediante su voto en procesos de toma de decisiones públicas de muy diversa naturaleza (constitucional, normativa, política, arbitral...), lo que a título de principio parece evidentemente dotar de un incontrovertible significado democrático a esta institución.

Sin embargo, su incorporación al elenco de instituciones propias de los regímenes constitucionales y democráticos ha sido con frecuencia cuestionada. Aunque el complejo entramado de garantías con que cuentan los Estados democrático-pluralistas actuales impiden las toscas adulteraciones de resultados que acaecieron en el pasado, la compatibilidad de la institución referendaria con los mecanismos de los regímenes representativos y dominantemente

2 Actualizado por Emilio Pajares Montolío, profesor titular de Derecho Constitucional de la Universidad Carlos III de Madrid

parlamentarios de nuestros días sigue siendo controvertida y en numerosas ocasiones vista con recelo.

Y así, aunque en el constitucionalismo comparado actual la utilización de esta institución es relativamente frecuente, en el plano teórico o doctrinal esta institución sigue suscitando recelos y dudas, enfrentando a quienes (quizá intuitivamente) lo consideran un modelo ideal de democracia (otorgan voz directamente determinante al pueblo) con quienes parten de la democracia representativa como sinónimo de la democracia misma, que tienden a subrayar no solo su carácter problemático sino incluso antidemocrático. Salvadas las distancias, esta contradictoria valoración también parece haber estado presente en nuestro proceso constituyente, por cuanto la inicial euforia por la participación directa en los asuntos públicos y el generoso reconocimiento de esta institución en las primeras fases del proceso de elaboración de la Constitución (Anteproyecto de 5 de enero de 1977), tras las modificaciones introducidas por la Comisión de Asuntos Constitucionales del Congreso (sesión de 6 de junio de 1978), dio lugar a una regulación muy heterogénea (lo que no es de extrañar si se tiene en cuenta que de un modo u otro el texto constitucional recoge *expressis verbis* el término referéndum hasta en diez ocasiones (arts. 62.c, 92, 149.1.32, 151.1, 151.2.3º y 5º, 152.2, 167.3, 168 y disposición transitoria 4ª), farragosa, cargada de recelo hacia dicha institución y no siempre coherente al convivir numerosas alusiones que provenían de fases anteriores del proceso constituyente con otros elementos incorporados de nuevo cuño al texto como consecuencia de la modificación aludida del régimen jurídico de esta institución.

Pues bien, el artículo ahora comentado ocupa el lugar central en esa evolución, habida cuenta de que sobre él, en buena medida, gira toda la regulación del referéndum en nuestro sistema institucional. Partiendo pues de tales planteamientos, analizaré primero los principales interrogantes que suscita el régimen jurídico del referéndum en nuestro ordenamiento constitucional, centrando luego el análisis más específicamente en este artículo.

I. EL REFERÉNDUM EN NUESTRO ORDENAMIENTO CONSTITUCIONAL: ASPECTOS GENERALES

En primer lugar, este análisis debe atender a que, más allá de constituir un mecanismo para aprobar determinadas decisiones públicas con la intervención directa de la ciudadanía, esta institución aparece ya indirectamente contemplada en el art. 23 CE como vía para dotar de contenido al derecho de los ciudadanos a "participar en los asuntos públicos directamente". Derecho fundamental, por lo demás, que en buena medida encarna y materializa algunas de las principales categorías con las que el artículo 1 define nuestra forma de gobierno: el principio democrático que consagra su apartado 1 y el principio de soberanía popular que se proclama en el apartado 2.

Dicha constitucionalización de uno de los mecanismos más significativos de la frecuentemente denominada como "democracia directa" se realiza, por otra parte, en paridad de rango con los mecanismos propios de la democracia representativa según se colige de la mera lectura del mencionado precepto. Equiparación de rango entre el principio liberal de representación y el principio democrático de identidad que, por otra parte, ha sido interpretado por algunos sectores como prueba de una incorporación a nuestro ordenamiento de formas plebiscitarias de formación de la voluntad estatal que, dada la más inmediata materialización del principio de soberanía popular que este tipo de decisiones encarnan, deberían prevalecer sobre aquellos otros actos estatales cuya gestación y legitimación exclusivamente se desenvuelve por cauces representativos.

Sin embargo, en términos estrictamente jurídico-constitucionales, nada hay ni en nuestro proceso constituyente ni en el texto constitucional finalmente aprobado que permita llegar a tales conclusiones. Más bien lo contrario. En el proceso constituyente, como tempranamente se advirtió, el sustancial giro al que anteriormente se aludió acredita una clara voluntad del constituyente por racionalizar y constitucionalizar de modo más intenso los instrumentos de participación directa, impidiendo así cualquier riesgo de *plebiscitarización* de nuestro sistema de gobierno. Y en el texto definitivo de la Constitución es igualmente patente el propósito de fijar *ex constitutione* los principales elementos y características que deben inspirar el régimen jurídico de los diferentes modos de participación directa que el texto constitucional establece, en sintonía con un modelo y forma política del Estado en el que priman los mecanismos de democracia representativa. Así lo puso de manifiesto, entre otras muchas, la STC 103/2008: "En nuestro sistema de democracia representativa, en el que la voluntad soberana tiene su lugar natural y ordinario de expresión en las Cortes Generales y las voluntades autonómicas en los respectivos Parlamentos de las Comunidades Autónomas, los mecanismos de participación directa en los asuntos públicos quedan restringidos a aquellos supuestos en los que la Constitución expresamente los impone —caso de la reforma constitucional por la vía del art. 168 CE y de los procedimientos de elaboración y reforma estatutarios previstos en los arts. 151.1 y 2 y 152.2 CE o a aquellos que supedita a la pertinente autorización del representante del pueblo soberano —Cortes Generales— o de una de sus Cámaras".

Y en el mismo sentido cabe interpretar la específica reserva de ley orgánica que establece el apartado 3 del artículo aquí comentado para la regulación de "las condiciones y el procedimiento de las distintas modalidades previstas en esta Constitución". Esta última expresión se torna así en un concepto capital para determinar cuál sea el régimen jurídico de esta institución en nuestro ordenamiento. ¿Cuáles son esas *modalidades previstas en la CE*? En la STC 31/2015, a modo de *obiter dicta*, se encuentra un primer acercamiento al tema, aunque concluye con una afirmación que deja más interrogantes de los que cierra: "Es indudable que la previsión por el constituyente de estos concretos supuestos no agota el elenco de referendos admisibles en nuestro ordenamiento". No creo sin embargo que una interpretación sistemática de la CE consienta instituciones referendarias más allá de las que el texto constitucional explícitamente contempla. A falta pues de esa relación *oficial* y tomando como punto de partida el ámbito territorial de las consultas, el rastreo del articulado constitucional permite distinguir las siguientes modalidades:

1) Como referéndums de ámbito estatal la CE contempla, como es sabido, dos posibles modalidades en materia de reforma constitucional (uno de carácter obligatorio para las reformas de mayor entidad y otro facultativo a instancias de la décima parte de los miembros de cualquiera de las Cámaras), a los que hay que sumar un referéndum de ámbito nacional para decisiones políticas de especial trascendencia, que constituye el principal objeto del precepto aquí analizado.

2) En el ámbito de las comunidades autónomas el texto constitucional contempla varios tipos de referéndums, principalmente en el marco del proceso de instauración del Estado de las Autonomías y al hilo de la aprobación de los respectivos estatutos de autonomía. Parte de ellos, sin embargo, han perdido hoy su razón de ser y en cierta medida se puede decir que han perdido su vigencia (así, las previsiones del artículo 151.1). Pervive en todo caso la habilitación constitucional para la convocatoria de consultas referendarias de ámbito autonómico y contenido directa o implícitamente estatutario en tres supuestos:

2.a) para la reforma de aquellos estatutos de autonomía originariamente elaborados en el marco del artículo 151 por establecerlo así específicamente el artículo 152.2.

2.b) el supuesto explícitamente contemplado en la disposición transitoria cuarta ("la ratificación de la iniciativa para una eventual incorporación de Navarra al régimen autonómico vasco").

2.c) referéndums previstos en los Estatutos reformados a partir del año 2005, que con frecuencia han establecido la posibilidad de someter determinadas reformas estatutarias a referéndum popular (Comunidad Valenciana, Aragón, Extremadura...).

Todavía con referencia a los referéndums de ámbito autonómico es preciso plantear si gozan de legitimidad constitucional aquellas otras eventuales consultas referendarias que los diferentes estatutos de autonomía pudieran incorporar como una institución más de sus respectivos mecanismos de autogobierno. En mi opinión nada lo impide en la medida en que se hallan indirectamente constitucionalizadas por el art. 149.1.32 al establecer una reserva de autorización estatal "para la convocatoria de consultas populares por vía de referéndum". Para ello será imprescindible que su implantación se halle habilitada por la ley orgánica de modalidades de referéndum (lo que no ocurre con la actualmente vigente), que el respectivo estatuto de autonomía determine su significado así como sus posibles contenidos y que sus convocatorias sean individualizadamente autorizadas por la instancia estatal que determine esta ley orgánica en los términos que prescribe el artículo 149.1.32. Pero satisfechas tales exigencias, no creo que haya argumentos constitucionales para vetarlos.

3) El tercer ámbito territorial para la convocatoria de consultas populares es el municipal, en el que cuenta en nuestro país con una larga tradición desde el Estatuto municipal de Calvo Sotelo (1924) y la Ley Municipal de la II República (1935). La CE carece, sin embargo, de un reconocimiento explícito de este mecanismo. Pero, al igual que la última modalidad de referéndums autonómicos analizada, puede considerarse indirectamente constitucionalizada con la alusión antes citada (artículo 149.1.32) pues, a mayor abundamiento, el mencionado precepto constitucional emplea la expresión "consulta popular" que es la denominación habitualmente utilizada por el municipalismo. Es preciso advertir, en todo caso, que el desarrollo legislativo de esta última institución no se encuentra directamente en la vigente ley orgánica a la que se remite el artículo 92, de 1980 (que más tarde se analizará), sino en la Ley de Bases de Régimen Local, por expresa remisión de una disposición adicional de dicho cuerpo legal.

II. ANÁLISIS ESPECÍFICO DEL ARTÍCULO 92 CE Y SU HETEROGÉNEO CONTENIDO

Repasadas las líneas generales del régimen jurídico-constitucional del referéndum, parece llegado el momento de analizar el contenido del precepto objeto de este comentario, en el que destaca en primer lugar el heterogéneo significado normativo de sus distintos apartados: los dos primeros establecen las líneas esenciales de un específico modelo de referéndum de ámbito nacional habitualmente denominado *referéndum consultivo*, fijando por sí mismo el régimen jurídico-constitucional de dicha institución, lo que permite calificar su contenido como materialmente normativo. El tercer apartado, por el contrario, tiene una menor densidad normativa, careciendo de contenido material propio, limitándose a establecer una reserva de ley orgánica que se proyecta sobre "las condiciones y el procedimiento de las distintas modalidades de referéndum previstas en la Constitución", afectando así a un amplio elenco de instituciones que van más allá de la explícitamente contemplada en este artículo. Veamos separadamente todas estas cuestiones.

1. El régimen jurídico del denominado referéndum consultivo

El artículo 92 incorpora a nuestro sistema de gobierno una institución referendaria de ámbito estatal, caracterizada básicamente por tres notas: se acotan los posibles objetos de este tipo de referéndums a "las decisiones políticas de especial transcendencia", se atribuye a los resultados de este tipo de referéndums unos efectos meramente consultivos (o *a sensu contrario*, formalmente los resultados de un referéndum de este tipo carecen de fuerza vinculante para el resto de órganos del Estado) y, con carácter complementario (pero decisivo para determinar el papel de esta institución), un riguroso *iter* para la convocatoria de tales consultas, en el que se exige la intervención de las principales instancias de nuestro sistema político: se inicia con la propuesta de quien presida el Gobierno, continúa con la autorización del Congreso de los Diputados por los cauces que en la actualidad establece el artículo 161 de su reglamento y culmina con la convocatoria formal por el Rey redundando en lo que ya establece el artículo 62.c del propio texto constitucional.

Probablemente el propósito del constituyente fue, como quedó apuntado más atrás, impedir cualquier tipo de deriva plebiscitaria en la toma de determinadas decisiones públicas, en la medida en que pudiera perturbar el regular funcionamiento de una organización estatal que ya desde el artículo 1.3 se halla decisivamente decantada hacia los principios de la democracia representativa y parlamentaria. Pero el resultado final, sin embargo, ha sido otro: se ha incorporado a nuestro sistema de gobierno una institución totalmente inoperante para las funciones que el constitucionalismo contemporáneo habitualmente atribuye al referéndum en los sistemas democrático-pluralistas de gobierno, esto es, operar como un contrapoder frente a los mecanismos propios del régimen parlamentario (en manos de parlamento y gobierno) y rebajar el excesivo protagonismo de los partidos políticos en determinados y puntuales procesos de toma de decisiones públicas, abriendo la puerta a una directa intervención de la ciudadanía. Nada de esto es posible si quien preside el Gobierno monopoliza la convocatoria y la mayoría parlamentaria que le respalda en el Congreso de los Diputados debe autorizarla. La experiencia de este mecanismo en nuestros cuarenta últimos años de práctica constitucional, en los que el referéndum ha jugado un papel totalmente marginal, lo confirma.

En todo caso, es en ese contexto y en ese entendimiento del papel que nuestro sistema constitucional encomienda al referéndum donde cobran sentido las otras dos notas singulares del régimen jurídico de esta institución: la determinación, por un lado, de los posibles objetos de este tipo de consultas populares en relación con la expresión "decisiones políticas de especial trascendencia" y, de otro, del auténtico alcance de la calificación de sus resultados como "consultivos".

Respecto a lo primero, hay coincidencia en considerar que dicha expresión constituye un concepto jurídico indeterminado que otorga un amplio margen de disposición a quien presida el Gobierno, quien, al promover esa propuesta, dispone también en exclusiva de la habilitación para calificar como *trascendente* una determinada decisión. Calificación, de otra parte, que no parece susceptible de ulterior control ni por el Tribunal Constitucional ni por ningún otro órgano jurisdiccional.

En sentido negativo también es generalmente compartido por la doctrina que, aunque evidentemente tanto un texto legal en vigor como un proyecto de ley constituyen la manifestación de una voluntad política, el propósito del constituyente fue precisamente excluir actos de naturaleza normativa (e igualmente jurisdiccional) como objeto de eventuales consultas referendarias, intentando evitar todo tipo de interferencia en las competencias ordinarias que ostentan los restantes poderes del Estado. El proceso constituyente así lo confirma, a pesar de que se mantuvo este artículo dentro del capítulo III del Título II CE, dedicado a la elaboración de las leyes.

¿A qué se refiere entonces el artículo 92 CE con la expresión "decisiones políticas de especial trascendencia"? Por de pronto ha de tratarse de una decisión de competencia gubernamental o más precisamente presidencial, pues la potestad de promover un referéndum, como ya se ha dicho, recae individualmente en quien ostente la Presidencia del Gobierno. En segundo lugar, debe ser una decisión sobre una cuestión que tenga una particular proyección en el sistema social y político. Y en tercer lugar, en conexión con los efectos consultivos que se atribuyen a los resultados de la votación popular, debe ser una cuestión que tenga un carácter básico, esto es, cuya puesta en práctica, en el caso de que sea aprobada, pueda traducirse tanto en una política legislativa de desarrollo de mayor o menor alcance como en unas concretas medidas gubernamentales, atendiendo y ponderando en todo caso los resultados producidos en la consulta popular.

Sin entrar al detalle de las circunstancias políticas que se plantearon en cada caso (ni mucho menos en las razones por las cuales ante situaciones similares o de otro tipo no se ha recurrido a esta convocatoria), no hay mayor inconveniente en considerar que los dos referéndums que han tenido lugar al amparo de este artículo durante el tiempo en que ha estado vigente la CE cumplían estas condiciones: la permanencia de España en la OTAN en unas determinadas condiciones (Real Decreto 214/1986, de 6 de febrero) y —aunque se usara el término "ratificación"— la adopción del tratado constitucional europeo (Real Decreto 5/2005, de 14 de enero), ambas, dicho sea de paso, con implicaciones evidentes de política internacional, que es uno de los ámbitos vedados a la iniciativa legislativa popular.

Respecto al segundo elemento característico de este tipo de referéndum, esto es, el adjetivo *consultivo* para definir sus efectos, parece obvio que se trata con ello de negar eficacia vinculante e inmediata a los resultados para los restantes poderes públicos. Esta calificación, sin ser desconocida para el derecho comparado, puede resultar incongruente con el principio de soberanía popular (artículo 1.2), con la configuración de la participación directa como un derecho fundamental (artículo 23.1) y, sobre todo, con la fuerza vinculante que se otorga a la voluntad popular cuando ésta se manifiesta en un referéndum constitucional (artículos 167 y 168). De ahí que solo pueda cohonestarse de manera lógica conectando los citados efectos no vinculantes de los resultados con el aludido carácter básico y general de la cuestión sometida a referéndum (es decir, no articulada ni precisa) para que, de este modo, los poderes públicos ordinarios puedan ulteriormente, al concretar la decisión, ponderar los resultados que se hayan producido en la votación popular.

Al respecto, cabría decir que el resultado de la votación, en ambos casos favorable, no ha planteado en los dos referéndums que se han celebrado hasta la fecha mayores dificultades sobre su alcance: en el primer caso, al haber respaldado la permanencia de España en la mencionada organización, no hubo que iniciar más procedimiento que el de negociar alguna de las condiciones a las que se sometía el mantenimiento de ese estatus (no faltó, cuando diez años después se inició la integración en la estructura militar de la OTAN, alguna intervención de grupos minoritarios en el debate parlamentario sobre la cuestión para recordar que la no incorporación a la estructura militar integrada era una de las condiciones de la permanencia en esa organización, sin mayor repercusión posterior); en el segundo, se aprobó la Ley Orgánica 1/2005, de 20 de mayo, por la que se autoriza la ratificación por España del Tratado por el que se establece una Constitución para Europa, firmado en Roma el 29 de octubre de 2004. No corresponde plantearse aquí por lo demás la hipótesis de qué hubiera ocurrido en el caso de que los resultados hubieran tenido un sentido desfavorable a la pregunta que se formulaba.

En todo caso, a la vista tanto de los elementos característicos que definen esta institución en nuestro ordenamiento como de la experiencia que ha ofrecido su puesta en práctica, es comprensible que la valoración de esta figura haya sido dominantemente crítica desde los primeros trabajos que la comentaron (en los que se consideraba por ejemplo que se había mantenido formalmente el referéndum haciéndolo a la vez imposible e inoperante) hasta los más recientes (en los que se afirma que ha tenido en la práctica un carácter marginal, cuenta con un limitado marco constitucional, carece de un desarrollo legal adecuado o que juega un papel limitado...).

2. La reserva de ley orgánica para la regulación de "las condiciones y el procedimiento de las distintas modalidades de referéndum previstas en la Constitución"

Junto a los apuntados recelos sobre la institución referendaria que laten en los dos primeros apartados del precepto aquí comentado, su apartado tercero incorpora una reserva de ley orgánica sobre sus condiciones y procedimiento, complementando y especificando la reserva que ya pesa sobre esta materia en la medida en que dicha institución es una materialización del derecho que consagra el artículo 23. Reserva de ley orgánica, que como se colige de su estricta literalidad, obvio es decirlo, trasciende ampliamente del concreto marco del referéndum consultivo contemplado en los primeros apartados del precepto ahora analizado para proyectarse sobre la totalidad de las distintas modalidades de referéndum previstas en la Constitución.

Dicha reserva de *organicidad*, sin embargo, más allá de redundar y reforzar a la que con carácter general impone el artículo 81, dada su especificidad y el grado de concreción con que la misma se formula, tiene un significado de mucho más largo alcance, dado que, como se ha señalado, no pueden considerarse constitucionalmente legítimas en nuestro ordenamiento jurídico otras modalidades de referéndum que las explícitamente contempladas y legitimadas por el texto constitucional (en los términos más arriba señalados). Por esta razón, la Ley Orgánica 2/1980, de 18 de enero, sobre regulación de las distintas modalidades de referéndum (LOMR) se ha convertido en el texto legal por excelencia, exclusivo y excluyente a la hora de definir el espacio y el significado del referéndum en nuestro ordenamiento, prevaleciendo incluso sobre los estatutos de autonomía y, por supuesto, sobre la legislación autonómica que en este punto solo tienen un alcance estrictamente complementario.

La LOMR es, en suma, el texto legal autorizado y legitimado para determinar e innovar el régimen jurídico del referéndum en nuestro país. Si bien es cierto que varios estatutos de autonomía (en particular los reformados a partir de la VIII Legislatura) se han ocupado de esta institución, lo han hecho actuando con un carácter subordinado y secundario respecto a la regulación estatal (recuérdese a estos efectos el tenor del FJ 69 de la STC 31/2010 sobre la reforma del Estatuto de Cataluña y, en particular, en relación con su artículo 122).

Este hecho no sería particularmente destacable si se pone en relación con el proceso de elaboración de la LOMR, precipitado y excesivamente marcado por las necesidades (a veces estrictamente coyunturales) de culminar el proceso de creación de la Comunidad Autónoma de Andalucía (lo que también motivó que fuera reformada apenas once meses más tarde por Ley Orgánica 12/1980, de 16 de diciembre, la única modificación que ha tenido hasta la fecha). El resultado es que el texto que debería desarrollar las previsiones del artículo 92.3 ni cumple adecuadamente con la tarea de desarrollar de modo sistemático y acabado las muy diversas modalidades de referéndum que el texto constitucional directa o indirectamente contempla (constitucional, consultivo y autonómico) ni contribuye eficazmente a que la institución referendaria, tanto a nivel estatal como infraestatal, pueda desempeñar en nuestro sistema de gobierno un papel complementario a las instituciones representativas, actuando como un contrapoder a éstas. Baste apuntar en este sentido dos de sus previsiones: por un lado, la exigencia de que la autorización que corresponde al Congreso de los Diputados deba acordarse por mayoría absoluta (artículo 6); por otro, la relevancia que concede a los partidos políticos al otorgarles en régimen de monopolio el protagonismo de toda la operación referendaria, como si de unas elecciones parlamentarias se tratase (artículos 11, 12, 14 —especialmente, al regular el acceso a medios públicos de comunicación durante la campaña— o 19). Una y otra contribuyen a desvirtuar en mayor medida el alcance de dicha institución.

Su reforma parece hoy imprescindible si se quiere dotar de un papel algo más significativo al referéndum en nuestro sistema de gobierno, tanto en el ámbito estatal (referéndum constitucional y referéndum consultivo), como en el sistema político institucional de las Comunidades Autónomas.

III. BIBLIOGRAFÍA

AGUIAR DE LUQUE, L.: "Referéndum y Estado Autonómico: una reflexión desde la jurisprudencia constitucional", en PAREJO ALFONSO, L., VIDA FERNÁNDEZ, J. (coord.), *Los retos del Estado y la Administración en el siglo XXI. Libro homenaje al profesor Tomás de la Quadra-Salcedo*, Tirant lo Blanch/Instituto Pascual Madoz, Valencia, 2017.

CASTELLÁ ANDREU, J. Mª: "El referéndum en la Constitución: ¿es necesario un replanteamiento de la institución?", en CASCAJO, J. L., MARTÍN DE LA VEGA, A. (coord.), *Participación, representación y democracia. XII Congreso de la Asociación de Constitucionalistas de España*, Tirant lo Blanch, Valencia, 2016.

LÓPEZ RUBIO, D.: *Justicia constitucional y referéndum: el control judicial de las normas aprobadas por los ciudadanos*, Centro de Estudios Políticos y Constitucionales, Madrid, 2020.

OLIVER ARAUJO, J.: "El referéndum en el sistema constitucional español", *Revista de Derecho Político*. núm. 29, 1989, pp. 115-184.

PÉREZ SOLA, N.: *La regulación constitucional del referéndum*, Universidad de Jaén, Jaén, 1994.

SÁENZ ROYO, E.: *El referéndum en España*, Marcial Pons/Fundación Manuel Giménez Abad, Madrid, 2018.

IV. JURISPRUDENCIA

STC 103/2008, de 11 de septiembre (FFJJ. 1 a 3).
STC 31/2010, de 28 de junio (FFJJ. 69 y 144 a 147).
STC 137/2015, de 11 de junio (FJ. 4).

CAPÍTULO TERCERO
DE LOS TRATADOS INTERNACIONALES

Artículo 93

Mediante ley orgánica se podrá autorizar la celebración de tratados por los que se atribuya a una organización o institución internacional el ejercicio de competencias derivadas de la Constitución. Corresponde a las Cortes Generales o al Gobierno, según los casos, la garantía del cumplimiento de estos tratados y de las resoluciones emanadas de los organismos internacionales o supranacionales titulares de la cesión.

COMENTARIO

Ricardo Alonso García
Catedrático de Derecho Administrativo y de la UE
Universidad Complutense de Madrid

I. SU PROCESO DE ELABORACIÓN

El artículo 93 figuraba, en el Anteproyecto de Constitución elaborado por la Comisión Constitucional provisional (creada por acuerdo del Congreso en julio de 1977), entre los "principios generales" del Título I; concretamente, en el artículo 6, apartado 3, redactado en los siguientes términos: "Se podrá atribuir por un tratado o una ley orgánica el ejercicio de poderes derivados de la Constitución a instituciones de Derecho internacional, en régimen de paridad".

En el Proyecto posteriormente aprobado por el Pleno del Congreso se reubicaría como artículo 87, el primero de los dedicados por el Capítulo Tercero del Título III a los "tratados internacionales"; ligeramente perfeccionado en su redacción (sería la ley orgánica la que autorizaría la celebración de un tratado de atribución de competencias derivadas de la Constitución), el Proyecto mantuvo, sin embargo, la exigencia del "régimen de paridad", la cual desapareció como consecuencia de su modificación en el Senado. Como explicó Federico Morán al defender la enmienda del Grupo Socialista, tal régimen, teniendo en cuenta que el precepto estaba pensado, fundamentalmente, para nuestro ingreso en las entonces Comunidades Europeas, sería imposible de sostener en el seno de éstas si referido a la manera de ejercer las competencias cedidas a la organización receptora, dado que ésta funcionaría sobre la base del voto ponderado en el Consejo y que existiría una atribución desigual de número de representantes de los pueblos europeos en el Parlamento.

Y aunque el propio Morán consideró en cambio correcto el régimen de paridad si referido a la transferencia "en el mismo número y la misma cantidad y la misma importancia de competencias que afecta[sen] a la soberanía", lo cierto es que el devenir de la integración europea habría exigido una reforma constitucional para ratificar el Tratado de Maastricht (al margen de la operada sobre el artículo 13.2 de la Constitución sobre la que volveremos) y las sucesivos modificaciones realizadas en los Tratados constitutivos, pues todas ellas conllevaron, en mayor o menor medida, si no una integración europea de geometría variable, sí, en todo caso, una integración imposible de identificar en términos de rigurosa paridad, en cuanto a competencias cedidas, entre los Estados miembros (recuérdese, por ejemplo y en relación con el mencionado Tratado de Maastricht, el desmarque del Reino Unido en materia de política social; o su desmarque, junto con Dinamarca, de la unión monetaria; o incluso la singularidad irlandesa en relación con el derecho a la vida proclamado en el artículo 40.3.3 de su Constitución).

El texto final, ya como artículo 93, fue fruto del Dictamen emitido por la Comisión Mixta Congreso-Senado, constituida, según lo dispuesto en la Ley para la Reforma Política, con el fin de superar las discrepancias entre ambas Cámaras. Al tener sus sesiones carácter secreto, no constan en los trabajos parlamentarios los motivos de la incorporación de la segunda parte del precepto ("Corresponde a las Cortes Generales o al Gobierno, según los casos, la garantía..."). La inclusión de este último añadido, que bien pudo responder al deseo de salvaguardar las prerrogativas parlamentarias frente al Ejecutivo en el terreno de la transposición de las directivas, "resoluciones supranacionales" paradigmáticamente comunitarias, resultó manifiestamente insatisfactorio en términos del reparto del poder en él referido, habida cuenta del rol omitido de los Tribunales y del rol asimismo omitido que, como desde un primer momento vendría a reconocer el Tribunal Constitucional, correspondería a las Comunidades Autónomas en el ámbito de sus competencias.

II. SU NATURALEZA ORGÁNICO-PROCEDIMENTAL

En un primer momento, que alcanzaría su punto álgido con la DTC 1/1992 (pronunciada con ocasión de la ratificación del Tratado de Maastricht), la aproximación del Tribunal Constitucional al artículo 93 estuvo marcada por una reducción de su alcance a un nivel puramente orgánico-procedimental

(STC 28/1991: "el precepto constitucional, de índole orgánico procedimental, se limita a regular el modo de celebración de una determinada clase de Tratados internacionales").

Ello con la doble finalidad, por un lado, de *abstraerse el propio Tribunal de todo aquello que tuviera que ver con el manejo, por su parte, del Derecho comunitario* (según la STC 28/1991, el hecho de que "a partir de la fecha de su adhesión, el Reino de España se halla vinculado al Derecho de las Comunidades Europeas, originario y derivado... no significa que por mor del art. 93 se haya dotado a las normas del Derecho comunitario europeo de rango y fuerza constitucionales, ni quiere en modo alguno decir que la eventual infracción de aquellas normas por una disposición española entrañe necesariamente a la vez una conculcación del citado art. 93 CE"; de ahí que, según la STC 64/1991: "No corresponda al Tribunal Constitucional controlar la adecuación de la actividad de los poderes públicos nacionales al derecho comunitario europeo. Este control compete a los órganos de la jurisdicción ordinaria, en cuanto aplicadores que son del ordenamiento comunitario, y, en su caso, al Tribunal de Justicia de las Comunidades Europeas a través del recurso por incumplimiento. La tarea de garantizar la recta aplicación del Derecho comunitario europeo por los poderes públicos nacionales es, pues una cuestión de carácter infraconstitucional y por lo mismo excluida tanto del ámbito del proceso de amparo como de los demás procesos constitucionales"); y, por otro lado, *descartar la utilización del precepto* (lo que podría haber sido el caso, dada la ambigua y poco afortunada formulación de su parte final, añadida en el último momento, según se acaba de señalar, por la Comisión Mixta Congreso-Senado) *como soporte para alterar la distribución de competencias entre el Estado y las Comunidades Autónomas diseñada constitucional y estatutariamente* (STC 252/1988; más explícitamente aún, STC 236/1991: "los criterios constitucionales y estatutarios de reparto de competencias entre el Estado y las Comunidades Autónomas... no resultan alterados ni por el ingreso de España en la CEE ni por la promulgación de normas comunitarias").

La DTC 1/1992, como ya se adelantó, vino a culminar esta percepción del artículo 93 como cláusula meramente orgánico-procedimental, reforzando, además, la idea de que en ningún caso cabría interpretarla como habilitadora para una suerte de auto-ruptura constitucional: "el art. 93 de la Constitución [no] se prestaría a ser empleado como instrumento para contrariar o rectificar mandatos o prohibiciones contenidos en la Norma fundamental, pues, ni tal precepto es cauce legítimo para la 'reforma implícita o tácita' constitucional, ni podría ser llamada atribución del ejercicio de competencias [que no de su titularidad], en coherencia con ello, una tal contradicción, a través del Tratado, de los imperativos constitucionales". De hecho, la DTC provocaría la primera de las reformas de nuestra norma suprema, a los efectos de posibilitar la ratificación del Tratado de Maastricht, al ser considerado éste inconstitucional (sobre ello volveremos en el último apartado).

III. SU NATURALEZA SUSTANTIVA O MATERIAL

Pese a la insistencia del Tribunal Constitucional, apoyada en su referida lectura del artículo 93 en términos estrictamente orgánico-procedimentales, de distanciarse del Derecho comunitario al considerar los problemas suscitados por su aplicación como de mera "legalidad ordinaria", lo cierto es que ya las citadas SSTC 28/1991 y 64/1991 abrieron las puertas al reconocimiento de un cierto rol constitucional del ordenamiento jurídico comunitario, al admitir la posibilidad de su utilización, en el terreno de los derechos fundamentales, como canon hermenéutico ex artículo 10.2 de la Constitución (dejando claro, eso sí, que ello no implicaba convertir dicho ordenamiento en "medida de la constitucionalidad de la ley examinada, pues tal medida seguiría estando integrada por el precepto constitucional definidor del derecho o libertad, si bien interpretado, en cuanto a los perfiles exactos de su contenido, de conformidad con el tratado o acuerdo internacional").

Un paso más en la dirección de reconocer cierta trascendencia constitucional al ordenamiento comunitario vendría de la mano de la STC 13/1998, la cual afirmó que "prestar atención a cómo se ha configurado una institución por la Directiva comunitaria puede ser no sólo útil, sino incluso obligado para aplicar correctamente sobre ella el esquema interno de distribución competencial, máxime cuando la institución o las técnicas sobre las que versa la disputa carecen de antecedentes en el propio Derecho interno, como ocurre con el procedimiento de evaluación de impacto ambiental que, al margen de algunos precedentes impropios, constituye un instrumento de nuevo cuño, asimilado entre nosotros desde el Derecho comunitario".

Recurso, pues, al Derecho Comunitario como canon hermenéutico —y aún integrador— constitucional, que podría "no sólo ser útil, sino incluso obligado", en otros ámbitos, tal y como admitiría poco después la STC 120/1998 en relación con la determinación del alcance del principio de reserva de ley ("una norma del Derecho comunitario, originaria o derivada, en atención a su primacía en el orden interno, es susceptible de integrar el supuesto de hecho de una norma penal, incluso si ésta exige para su complemento que tenga rango legal"); o como admitiría asimismo, más de una década después, la STC 1/2012 en relación con la existencia de "extraordinaria y urgente necesidad" para adoptar Decreto-leyes en el radio de acción del Derecho de la Unión ("las exigencias derivadas del Derecho de la Unión no pueden ser irrelevantes a la hora de establecer los márgenes constitucionalmente admisibles de libertad de apreciación política de que gozan los órganos constitucionales"; matizó el Tribunal, no obstante, que "el recurso al decreto-ley como cauce de incorporación al ordenamiento interno del Derecho de la Unión Europea por la mera razón de que hubiera transcurrido el plazo de transposición, *sin mayores precisiones*, no se adecuaría al presupuesto habilitante de la urgente y extraordinaria necesidad, por lo que constituiría un uso abusivo de una facultad excepcional conforme a la Constitución española como es la legislación de urgencia y conduce a un reforzamiento de la posición institucional del poder ejecutivo en detrimento de la del legislativo"); o la STC 20/2014 en relación, en general, con los imperativos constitucionales exigibles a las normas destinadas a trasponer directivas europeas (matizando aquí también el Tribunal, trayendo a colación la STC 1/2012, que "en la incorporación de las directivas al ordenamiento interno como, en general, en la ejecución del Derecho de la Unión por los poderes públicos españoles, se deben conciliar, en la mayor medida de lo posible, el orden interno de distribución de poderes [incluido el pleno respeto de la estructura territorial del Estado], por un lado, y el cumplimiento pleno y tempestivo de las obligaciones del Estado en el seno de la Unión, por otro"; de ahí que sea necesario, como recalcaría la STC 1/2018, que la normal nacional "apure" el margen de apreciación otorgado por la norma europea).

Pero sería la DTC 1/2004, pronunciada con ocasión de la ratificación del *non-nato* Tratado por el que se establecía una Constitución para Europa, la pionera en reconocer abiertamente en el artículo 93 "una dimensión sustantiva o material que no cabe ignorar"; concretamente, a los efectos de reconocer explícitamente en el mismo el vehículo a través del cual se produciría la incorporación de la "primacía de las normas del ordenamiento comunitario, originario y derivado, sobre el interno, y su efecto directo para los ciudadanos", así como —afirmará después la STC 215/2014— del "principio de cooperación leal entre la Unión Europea y los Estados miembros" (llegando el Tribunal Constitucional a calificar metafóricamente el artículo 93 como cláusula "*bisagra*, mediante la cual la Constitución misma da entrada en nuestro sistema constitucional a otros ordenamientos jurídicos a través de la cesión del ejercicio de competencias").

El referido reconocimiento, si bien no va a llegar hasta el extremo de alterar su discurso en el sentido de excluir el artículo 93 como parámetro indirecto de constitucionalidad del Derecho derivado de la Unión (alteración que, de haberse producido, habría por lo demás situado a nuestro sistema jurídico en una difícil situación de compatibilidad con la *doctrina Simmenthal* del Tribunal de Justicia europeo, que impone al juez ordinario la inaplicación por su propia autoridad de las leyes internas contrarias al Derecho de la Unión, salvadas las exigencias, *ex* artículo 267 TFUE, propias de la cuestión prejudicial), sí que va a conducir, sin embargo, a un importante incremento en la utilización por el Tribunal Constitucional del Derecho de la Unión (incluida la jurisprudencia del Tribunal de Justicia) a la hora de ejercitar su control de constitucionalidad sobre las normas internas.

Por otro lado, la misma DTC 1/2004 va introducir dos importantes puntualizaciones en relación con el principio de primacía interiorizado en virtud del artículo 93.

La primera, concerniente a los límites inherentes a la cesión que dicho artículo contempla, y que hoy conectarían con el concepto de "identidad nacional" que el TUE llama a respetar por la propia Unión (en su artículo 4.2): "La cesión constitucional que el art. 93 CE posibilita tiene a su vez límites materiales que se imponen a la propia cesión. Esos límites materiales, no recogidos expresamente en el precepto constitucional, pero que implícitamente se derivan de la Constitución y del sentido esencial del propio precepto, se traducen en el respeto de la soberanía del Estado, de nuestras estructuras constitucionales básicas y del sistema valores y principios fundamentales consagrados en nuestra Constitución, en el que los derechos fundamentales adquieren sustantividad propia".

La segunda, relativa a la operatividad del principio de primacía en términos de pura y estricta "aplicación preferente o prevalente" sobre las normas internas: a diferencia de la *supremacía de la Constitución*, que "se sustenta en el carácter jerárquico superior de una norma y, por ello, es fuente de validez de las que le están infraordenadas, con la consecuencia, pues, de la invalidez de éstas si contravienen lo dispuesto imperativamente en aquélla", la *primacía del Derecho de la Unión*, "no se sustenta necesariamente en la jerarquía, sino en la distinción entre ámbitos de aplicación de diferentes normas, en principio válidas, de las cuales, sin embargo, una o unas de ellas tienen capacidad de desplazar a otras en virtud de su aplicación preferente o prevalente debida a diferentes razones" (discurso éste, dicho sea de paso, que no ha sido asumido a día de hoy por nuestra jurisdicción contencioso-administrativa en el contexto de su control sobre normas reglamentaria contrarias a las europeas, ejercitado con normalidad en términos de validez).

IV. SU RELACIÓN CON OTROS PRECEPTOS CONSTITUCIONALES

En primer lugar, habría que destacar la vinculación del artículo 93 con los preceptos del ***Título Preliminar*** a los posibles efectos, recién apuntados, de actuar éstos como límite de la cesión permitida por aquél. Sobre ello volveremos en el apartado siguiente al abordar la cuestión de una hipotética reforma del artículo 93.

En segundo lugar, estaría la tensa relación entre el ***artículo 10.2*** y el 93 provocada por la irrupción en el sistema de la Unión de su Carta de los Derechos Fundamentales (adoptada en el año 2000 y dotada de fuerza jurídica vinculante en el año 2009), y el pronunciamiento del Tribunal de Justicia en el *asunto Melloni*, en respuesta a la primera cuestión prejudicial elevada a Luxemburgo por nuestro Tribunal Constitucional.

En efecto, siendo dudoso el empleo del artículo 10.2 como vía de penetración en nuestro ordenamiento de los derechos fundamentales de la Unión en aquellos ámbitos cubiertos precisamente por el radio de acción de la Unión (donde, cabría sostener, su grado de penetración debería ser el mismo que el de cualquier otra norma europea), lo cierto es que resulta igualmente dudoso aceptar una rebaja en el nivel de protección dispensado por nuestro propio catálogo constitucional por mor del artículo 93, habida cuenta de que éste difícilmente podría considerarse apto para amparar cesiones de competencias no ya no derivadas de la Constitución, sino constitucionalmente prohibidas (y como tal cesión podría considerarse el permiso a las autoridades públicas europeas y nacionales —éstas en cuanto brazo ejecutor de aquéllas— para desconocer los derechos y libertades constitucionalmente consagradas).

Por ello, ante la discutible respuesta del Tribunal de Justicia en *Melloni*, imponiendo el desplazamiento del nivel de protección del catálogo interno sobre la base de un nivel de protección inferior otorgado por la Carta, la STC 26/2014 optó por fundamentar tal desplazamiento en una reinterpretación, sobre la base del artículo 10.2, del nivel hasta ese momento dispensado por nuestra Constitución; concretamente, en una reinterpretación a la baja de su propia doctrina en relación con el derecho fundamental en juego, en la línea marcada, *de manera coincidente*, por el Tribunal de Justicia y por el Tribunal Europeo de Derechos Humanos en relación con el mismo derecho recogido en la Carta y en el Convenio.

No obstante lo cual, la STC 12/2017 vendría posteriormente a admitir que "no cabe rechazar tampoco la posibilidad de que una directiva comunitaria que no haya sido transpuesta dentro de plazo por el legislador español, o que lo haya sido de manera insuficiente o defectuosa, pueda ser vinculante en cuanto contenga disposiciones incondicionales y suficientemente precisas en las que se prevean derechos para los ciudadanos, incluyendo aquellos de naturaleza procesal que permitan integrar por vía interpretativa el contenido esencial de los derechos fundamentales".

La STC 89/2022, en fin y por su parte, parece sugerir una posible apertura del Tribunal hacia el manejo de la Carta sobre la base del artículo 93, en relación con supuestos completamente regulados por el Derecho de la Unión.

En tercer lugar, resulta asimismo digno de mención especial el progresivo protagonismo que ha ido adquiriendo el ***artículo 24*** en relación con las consecuencias derivadas de las cesiones a la Unión amparadas por el artículo 93.

Así, a partir especialmente de la STC 58/2004, el Tribunal ha ido construyendo una doctrina sobre la operatividad del artículo 24 ante el incorrecto manejo por el juez ordinario del Derecho de la Unión, considerando vulnerado dicho precepto en los siguientes supuestos: 1) aplicación de una norma interna con toda evidencia inaplicable por haber sido declarada incompatible con el Derecho de la Unión por el propio Tribunal de Justicia, vía recurso por incumplimiento (STC 145/2012) o vía prejudicial (SSTC 232/2015 y 75/2017); 2) no aplicación de una *ley* por supuestamente contraria al Derecho de la Unión, sin previo planteamiento, cuando éste resulte obligatorio *ex* artículo 267 TFUE, de la cuestión prejudicial (STC 78/2010); 3) no aplicación del Derecho derivado de la Unión por considerarlo inválido sin planteamiento previo de la cuestión prejudicial (supuesto éste aun no abordado por el Tribunal Constitucional, al que sería plenamente extrapolable su doctrina acerca de las inaplicaciones de leyes postconstitucionales consideradas por la jurisdicción ordinaria, *motu proprio*, inconstitucionales: STC 23/1988).

Esta intensificación de la operatividad del artículo 24, en relación con el incorrecto manejo de la cuestión prejudicial europea por la jurisdicción ordinaria, está, por lo demás, en sintonía con la evolución que viene manifestando, en ese mismo contexto, el artículo 6 del Convenio Europeo de Derechos Humanos, pudiendo mencionarse, como botón de muestra, la STEDH de 14 de marzo de 2023 (asunto Georgiou v. Grecia).

En fin, también resulta destacable la ausencia de operatividad de la cláusula de supletoriedad *ex* ***artículo 149.3***, si puesta en relación con el artículo 93 (la STC 68/2021, confirmaría, en el terreno del Derecho de la Unión y en conexión con la transposición de sus normas, la neutralización de la referida cláusula, que ya habían asumido, con carácter general, las SSTC 118/1996 y 61/1999). Ello teniendo por lo demás en cuenta que "aun cuando el incumplimiento del Derecho de la Unión Europea no justifica la asunción por el Estado de una competencia que no le corresponde, tampoco le impide repercutir *ad* *intra*, sobre las Administraciones públicas autonómicas competentes, la responsabilidad que en cada caso proceda" (STC 215/2014).

V. SU HIPOTÉTICA REFORMA

Aunque muchas de las Constituciones posteriores a la Segunda Guerra Mundial fueron reformadas con las miras puestas en la futura integración europea, y otras muchas sufrieron reformas constitucionales una vez creadas las instituciones comunitarias, lo cierto es que, como regla general, ni mencionaban a estas por su nombre ni se referían explícitamente a la indicada integración. Será a partir de la década de los 90 cuando los Estados miembros comiencen a introducir en sus textos constitucionales normas relativas específicamente a la Unión Europea, así como a la articulación entre la soberanía nacional y el orden que, evolucionando desde los Tratados constitutivos de las Comunidades Europeas, venía a aportar dicha Unión recién creada por el Tratado de Maastricht.

No fue ese el caso, sin embargo, de nuestro texto constitucional, cuya reforma en 1992, como consecuencia de la DTC 1/1992, tuvo un alcance muy limitado; concretamente, a los solos efectos de permitir a cualquier ciudadano de la Unión ser elegido en las elecciones municipales (hasta entonces, el artículo 13.2 sólo reconocía a los extranjeros el derecho de sufragio activo). La reforma constitucional del año 2011, por su parte, vino también de la mano de nuestra pertenencia a la Unión y la exigencia de respetar el principio de estabilidad presupuestaria (reforma ésta del artículo 135 que, por lo demás, dio lugar a la única alusión explícita al fenómeno de la integración europea hasta el momento recogida en nuestro texto constitucional; concretamente, en las previsiones de los apartado 2 y 3 según las cuales "el Estado y las Comunidades Autónomas no podrán incurrir en un déficit estructural que supere los márgenes establecidos, en su caso, por *la Unión Europea* para sus Estados Miembros", y "el volumen de deuda pública del conjunto de las Administraciones Públicas en relación con el producto interior bruto del Estado no podrá superar el valor de referencia establecido en el *Tratado de Funcionamiento de la Unión Europea*").

Así las cosas, puede sostenerse que, a pesar de que nuestra Constitución no presenta a día de hoy contradicciones con el Derecho de la Unión, sí sería conveniente, en circunstancias oportunas, proceder a una reforma en la línea de incorporar una cláusula específicamente europea (el artículo 93 fue la vía utilizada no sólo para autorizar nuestro ingreso en las entonces Comunidades Europeas, sino también para ratificar todos y cada uno de los Tratados europeos de reforma, incluidos los de adhesión de nuevos Estados miembros), adecuada a los tiempos y reforzada en su legitimidad democrática.

Dicha reforma bien podría ir en la línea apuntada por el Informe del Consejo de Estado sobre la reforma constitucional (2006), con el siguiente contenido: "1. España participa en el proceso de integración europea y, con este fin, el Estado español, sin mengua de los principios consagrados en [este] Título Preliminar, coopera con los demás Estados miembros a través de instituciones comunes en la formación de una unión comprometida con el Estado de Derecho, la democracia y los derechos fundamentales. 2. La prestación del consentimiento para la ratificación de los tratados a través de los que se lleva a cabo la participación de España en la integración europea requerirá la previa autorización de las Cortes Generales por mayoría absoluta de ambas Cámaras. Si no hubiera acuerdo entre ambas, el Congreso, por mayoría de tres quintos, podrá autorizar la celebración de dichos tratados. 3. Dentro del marco establecido en el apartado 1, los tratados de la Unión Europea y las normas emanadas de sus instituciones en el ejercicio de sus competencias serán aplicables en España en los términos definidos por el propio Derecho de la Unión".

Convendría, no obstante, reubicar la nueva cláusula como último artículo del Título Preliminar, a los efectos de reflejar mejor la proyección general y transversal que tiene la integración europea en el resto del articulado, y, sobre todo, de identificar en dicho Título los límites a la integración, en cuanto concreción de la identidad nacional cuyo respeto vendría por lo demás impuesto por el propio Derecho originario de la Unión (actualmente, por el artículo 4.2 TUE).

Lo cual, en fin, no obstaría para prever en otro precepto, este sí ubicado en el Capítulo dedicado a los "tratados internacionales", la posibilidad de autorizar la celebración de tratados por los que se ceda soberanía, bien, como en la actualidad, mediando ley orgánica (así se hizo en relación con la ratificación del Estatuto de la Corte Penal Internacional, autorizada por LO 6/2000, de 4 de octubre), bien, si se quisiera reforzar democráticamente el hecho mismo de la cesión de soberanía, recurriendo, por remisión, al procedimiento establecido en particular para la integración europea.

VI. BIBLIOGRAFÍA

ARROYO JIMÉNEZ, L.: "La aplicación judicial del Derecho de la Unión Europea y el derecho a la tutela judicial efectiva. Una propuesta de sistematización", *Revista Española de Derecho Constitucional*, núm. 102, 2014, pp. 393 y ss.

ARZOZ SANTISTEBAN, X.: *La tutela de los derechos fundamentales de la Unión Europea por el Tribunal Constitucional*, INAP, 2015

AZPITARTE SÁNCHEZ, M.: "Identidad nacional y legitimidad del Tribunal de Justicia", *Teoría y Realidad Constitucional*, núm. 39, 2017, pp. 413 y ss.

FERRERES COMELLA, V.: "El Tribunal de Justicia de la Unión Europea y el principio constitucional de supletoriedad del Derecho estatal: un juicio socrático en Luxemburgo", *Revista Española de Derecho Constitucional*, núm. 103, 2015, pp. 333 y ss.

PÉREZ TREMPS, P., *Las reformas a la Constitución hechas y no hechas*, Tirant lo Blanch, 2018

RUBIO LLORENTE, F., Y ÁLVAREZ JUNCO, J. (eds.), *El informe del Consejo de Estado sobre la reforma Constitucional. Texto del informe y debates académicos*, Consejo de Estado/CEPC, 2006.

VII. JURISPRUDENCIA

STC 252/1988, de 20 de diciembre.
STC 28/1991, de 14 de febrero.
STC 64/1991, de 22 de marzo.
DTC 1/1992, de 1 de julio.
STC 13/1998, de 22 de enero.
STC 120/1998, de 15 de junio.
STC 58/2004, de 19 de abril.
DTC 1/2004, de 13 de diciembre.
STC 78/2010, de 20 de octubre.
STC 1/2012, de 13 de enero.
STC 145/2012, de 2 de julio.
STC 20/2014, de 10 de febrero.
STC 26/2014, de 13 de febrero.
STC 215/2014, de 18 de diciembre.
STC 232/2015, de 5 de noviembre.
STC 12/2017, de 30 de enero.
STC 75/2017, de 19 de junio.
STC 1/2018, de 11 de enero.
STC 68/2021, de 18 de marzo.
STC 89/2022, de 29 de junio.
STEDH de 14 de marzo de 2023, asunto Georgiou v. Grecia.

Artículo 94

1. La prestación del consentimiento del Estado para obligarse por medio de tratados o convenios requerirá la previa autorización de las Cortes Generales, en los siguientes casos:

a) Tratados de carácter político.

b) Tratados o convenios de carácter militar.

c) Tratados o convenios que afecten a la integridad territorial del Estado o a los derechos y deberes fundamentales establecidos en el Título I.

d) Tratados o convenios que impliquen obligaciones financieras para la Hacienda Pública.

e) Tratados o convenios que supongan modificación o derogación de alguna ley o exijan medidas legislativas para su ejecución.

2. El Congreso y el Senado serán inmediatamente informados de la conclusión de los restantes tratados o convenios.

COMENTARIO

Carmen Pérez González
Profesora Titular de Derecho Internacional Público
Universidad Carlos III de Madrid

SUMARIO: I. CUESTIONES INTRODUCTORIAS. II. LA AUTORIZACIÓN DE LAS CORTES GENERALES PREVIA A LA MANIFESTACIÓN DEL CONSENTIMIENTO. 1. El procedimiento aplicable a la solicitud de autorización. 2. El procedimiento aplicable a la adopción de la autorización. 3. Los distintos tipos de tratados previstos en el artículo 94.1 de la CE. 3.1 Tratados de carácter político. 3.2 Tratados o convenios de carácter militar. 3.3 Tratados o convenios que afecten a la integridad territorial del Estado o a los derechos y deberes fundamentales establecidos en el Título I. 3.4 Tratados o convenios que impliquen obligaciones financieras para la Hacienda Pública. 3.5 Tratados o convenios que supongan modificación o derogación de alguna ley o exijan medidas legislativas para su ejecución. III. LA INFORMACIÓN AL CONGRESO Y SENADO DE LA CONCLUSIÓN DEL RESTO DE TRATADOS INTERNACIONALES. IV. CONCLUSIONES. V. BIBLIOGRAFÍA. VI. JURISPRUDENCIA.

I. CUESTIONES INTRODUCTORIAS

A los ojos del Derecho internacional es el Estado, sujeto primario de este ordenamiento, el que asume las obligaciones convencionalmente pactadas. La tramitación de los tratados internacionales, sin embargo, pasa por distintas fases que suceden en dos planos. Dos de ellas, la inicial (que incluiría las negociaciones del texto, su adopción y autenticación) y la final (en la que el Estado prestaría de modo definitivo su consentimiento en obligarse) transcurren en el plano internacional. La fase intermedia, por el contrario, trascurre en el plano interno. Durante la misma queda conformada la voluntad del Estado para obligarse por el tratado en cuestión y en la misma participan o pueden participar varios de sus órganos. Habrá que estar en este punto a lo que disponga el Derecho interno, de rango constitucional o no.

No cabe duda, en el caso de España, de que, tal y como dispone el artículo 97 de la Constitución Española (CE), le corresponde al Gobierno dirigir la política exterior. Precisamente porque, como se ha mostrado de acuerdo en señalar la doctrina, la política exterior ha rehuido tradicionalmente la intervención y, en definitiva, el control de los Parlamentos internos, esa participación parlamentaria se revela importante, en particular en el caso de los Estados que se dicen democráticos. La intervención supone que los órganos en los que por definición reside la soberanía popular contribuirán activamente en la toma de decisiones en este ámbito. Aunque solo sea en relación con determinado tipo de tratados, como ocurre con la CE de 1978, la participación de las Cámaras legislativas se generalizó en las Constituciones europeas, así nos lo recuerda Remiro Brotons, a partir de las Constituciones adoptadas a finales del siglo XIX. El artículo 94, y también el 93, de la CE, son relevantes en este sentido. Nos ocuparemos en estas páginas del primero de ellos.

Debe hacerse una advertencia previa. Algunas de las letras del artículo 94.1 hacen referencia a tratados o convenios (es el caso de las letras b) a e). La letra a) menciona sólo el término tratados. De nuevo, el apartado segundo del artículo se refiere a tratados o convenios sobre cuya conclusión deberán ser informados Congreso y Senado. Se trata de una diferencia superflua. El instrumento jurídico internacional al que ambos apartados se refieren es el definido en el artículo 2.1.a) de la Convenciones de Viena sobre Derecho de los tratados de 1969 y 1986: un acuerdo internacional celebrado por escrito entre sujetos de Derecho internacional y regido por el Derecho internacional, ya conste en un instrumento único o en dos o más instrumentos conexos y cualquiera que sea su denominación particular. Sí quedan fuera del artículo 94, tal y como señala Díez-Hochleitner, los contratos internacionales, los acuerdos internacionales de naturaleza política y los acuerdos internacionales que celebra la Unión Europea.

El artículo 94 CE regula de qué modo intervendrán las Cortes Generales cuando el Estado español pretenda manifestar su consentimiento en obligarse por un tratado internacional. Esa intervención responde a una idea fundamental a la que ya se ha aludido: la del necesario control democrático, esto es, parlamentario, de la acción exterior que incumbe al Ejecutivo. Sin embargo, no a todos los tratados internacionales les corresponderá el mismo tipo de control. Respecto de un primer grupo de tratados, que responde a un modelo *reforzado* de control, se requiere la autorización previa de las Cortes Generales. Se trata de los tratados expresamente mencionados en el apartado primero del artículo. En relación con un segundo grupo, formado en realidad por el resto de tratados internacionales, bastará con que Congreso y Senado sean informados *a posteriori* de su conclusión.

Hasta la aprobación de la Ley 25/2014, de 27 de noviembre, de Tratados y otros Acuerdos Internacionales, el desarrollo normativo de este sistema había sido disperso. Los Reglamentos de las Cámaras y la Ley Orgánica 3/1980, de 22 de abril, del Consejo de Estado, órgano que juega un papel principal en el procedimiento, son particularmente relevantes en este sentido. En las líneas que siguen tratarán de sistematizase los elementos más importantes que atañen a la autorización de las Cortes Generales. Nos referiremos, en concreto, a los procedimientos aplicables tanto a la solicitud de autorización como a su tramitación, a la forma que debe adoptar y a los distintos tipos de tratados a los que se aplica este sistema. Después de referirnos al procedimiento previsto en el apartado 2 del artículo, se ofrecerán unas breves conclusiones.

II. LA AUTORIZACIÓN DE LAS CORTES GENERALES PREVIA A LA MANIFESTACIÓN DEL CONSENTIMIENTO

1. El procedimiento aplicable a la solicitud de autorización

La primera cuestión que, desde un punto de vista meramente procedimental, debe ser abordada, es a quién le corresponde acordar la solicitud de autorización. El artículo 5.1.e) de la Ley 50/1997, de 27 de noviembre, del Gobierno, señala que será a este a quién corresponda remitir los tratados internacionales a las Cortes Generales. Y el artículo 3.e) de la Ley 25/2014 responde a la pregunta concretando que incumbirá al Consejo de Ministros proponer la solicitud de autorización previa y disponer a este efecto la remisión a las Cortes Generales. Dicha propuesta, sin embargo, debe ir precedida de los trámites a los que se refiere el apartado segundo del artículo 17 de la Ley. En virtud de lo dispuesto en el mismo, el Ministerio de Asuntos Exteriores y de Cooperación (MAEC), visto el informe de la Asesoría Jurídica Internacional al respecto y en coordinación con el ministerio competente por razón de la materia objeto del tratado, elevará al Consejo de Estado la consulta acerca de la necesidad de autorización de las Cortes Generales con carácter previo a la prestación del consentimiento en obligarse por un tratado. La evacuación de dicho dictamen, que no será finalmente vinculante, es por tanto preceptiva. El artículo 22.1 de la Ley Orgánica del Consejo de Estado aclara que la consulta deberá hacerse a su Comisión Permanente. Tal y como nos recuerda Fernández de Casadevante y Romaní, este artículo "impone al Gobierno la obligación de consultar a la Comisión Permanente del Consejo de Estado".

Tras el mencionado dictamen del Consejo de Estado, le corresponderá al Consejo de Ministros la propuesta sobre el envío del tratado a las Cortes Generales. Este envío irá acompañado, así lo dispone el apartado tercero del artículo 17 de la Ley 25/2014, de los informes y dictámenes existentes, así como de cualquier otro posible documento anejo o complementario del tratado, las reservas o declaraciones que se proponga formular España o hayan realizado otros Estados, y, si es el caso, de la existencia de aplicación provisional del tratado. Esto es, la autorización de las Cortes debe amparar cualquier obligación internacional que pretenda asumirse.

En caso de que la conclusión del tratado que está siendo aplicado provisionalmente no sea finalmente autorizada por las Cortes Generales, habrá que estarse a lo dispuesto en el artículo 15.3 de la Ley 25/2014. Esto es, el MAEC deberá notificar inmediatamente a las otras Partes Contratantes, entre los que el tratado se aplica provisionalmente, la intención de España de no llegar a ser parte en el mismo, terminando en ese momento su aplicación provisional. Debe tenerse en cuenta también lo previsto en el artículo 16.2 de la misma Ley: si se trata de tratados que podrían caer bajo el ámbito de aplicación de los artículos 93 y 94.1 CE, y que deberán someterse por tanto a los procedimientos allí previstos, sólo cabrán aquellas formas de manifestación del consentimiento que efectivamente permitan la obtención de la autorización de las Cortes Generales previamente a la conclusión del tratado.

La necesidad de requerir la autorización acompaña no sólo a la prestación del consentimiento en obligarse por el tratado en cuestión, sino también a la eventual denuncia del mismo (art. 37.3 de la Ley 25/2014) y a la formulación de actos unilaterales tales como la aceptación de la jurisdicción de la Corte Internacional de Justicia.

2. El procedimiento aplicable a la adopción de la autorización

La CE no requiere que la autorización que deben emitir las Cortes Generales adopte forma de ley, un instrumento que el propio Tribunal Constitucional (TC) ha considerado una figura en esencia distinta de la autorización parlamentaria (Auto 114/1991, de 11 de abril). El procedimiento aplicable será, como recordó el TC en su sentencia 15/2005, de 9 de junio, el previsto en el artículo 74.2 CE:

la autorización se adoptará por mayoría de cada una de las Cámaras, siendo el Congreso la que debe iniciar el procedimiento. Si no hubiese acuerdo entre ambas, la cuestión pasará a ser decidida por una Comisión Mixta compuesta por igual número de Diputados y Senadores. Esta Comisión deberá elaborar y presentar un texto a las Cámaras. Si, de nuevo, no hubiese acuerdo, decidirá el Congreso por mayoría absoluta.

En este sentido, debe recordarse que el TC ha resuelto la inadecuación del Real Decreto-ley para proceder a la autorización (STC 15/2005). Y ello diferentes razones. Entre ellas, porque el Real Decreto-ley no es una forma jurídica capaz de dispensar una autorización que sólo pueden brindar las Cortes Generales, siendo así además que dicha autorización debe ser previa y de las Cortes Generales, y no del Gobierno, a la manifestación del consentimiento. Concluyó el TC en la mencionada sentencia, por tanto, que el Real Decreto-ley no es una norma capaz de dar forma jurídica a la autorización constitucionalmente necesaria para que el Estado se obligue internacionalmente mediante los tratados o convenios relacionados en el art. 94.1 de la CE.

3. Los distintos tipos de tratados previstos en el artículo 94.1 de la CE

Tal y como ya hiciera la Constitución republicana de 1931, la Constitución Española de 1978 sigue el criterio de intervención de las Cortes Generales en razón de la materia del tratado de que se trate. Y ofrece, en consecuencia, una tipología en forma de lista positiva, que incluye los tratados que, en razón de su contenido, requerirán la autorización de las Cortes Generales. A esta lista nos referimos a continuación. Otras Constituciones exigen que la celebración de todo tratado vaya precedida de una autorización semejante (es el caso de varias Constituciones de países latinoamericanos) y otras incluyen una lista negativa, que indicaría qué tratados no deben ir precedidos de dicha autorización. Pasemos a referirnos brevemente a los diferentes tipos de tratados que enumera el apartado primero del artículo 94.

3.1 Tratados de carácter político

Resulta difícil concretar la imprecisión que acompaña al adjetivo "político" en este caso. Toda decisión que adopta el Gobierno es por definición política. Por esa misma razón, puede considerarse que toda decisión de ratificar un tratado o adherirse a él requiere de la adopción de una decisión que es de naturaleza eminentemente política. Esto es, que tiene que ver con una opción que atañe a la organización de la sociedad que el Gobierno representa. Lo cierto es que, en mi opinión, todos los tratados internacionales, todas las normas jurídicas en realidad, revelan una opción política y son políticas en este sentido. También los tratados internacionales serán ratificados o firmados o el Estado se adherirá a ellos para desarrollar o implementar opciones políticas. Es, en definitiva, un concepto impreciso. Aun así, el Consejo de Estado se esforzó en los años inmediatamente posteriores a la aprobación de la CE por concretarlo. La profesora Cristina Izquierdo resume qué factores tuvo en cuenta este órgano para determinar el carácter político de un tratado: su contenido, su objeto, las circunstancias que rodeen su conclusión o el papel que el tratado en cuestión esté llamado a tener en las relaciones políticas entre las partes, debiendo suponer, en este último caso, un compromiso estable, relevante y grave en las relaciones políticas que protagonizará el Estado español. Nos recuerda también que tiene un carácter residual.

3.2 Tratados o convenios de carácter militar

La obligación de poner a disposición las fuerzas militares españolas sirvió en un primer momento para considerar que el tratado que imponía dicho deber tenía carácter militar. Sin embargo, tal y como ha explicado Cardona Llorens, el concepto se amplió sustancialmente hasta abarcar cualquier tratado que cubriese un ámbito de cooperación militar internacional. Izquierdo Sans, remitiéndose a la doctrina del Consejo de Estado, enumera qué tratados deberían considerarse "de carácter militar": aquellos que establezcan alianzas, obligaciones de mutua defensa y garantía y los que constituyen Organizaciones de carácter militar (dictamen 695/2015, sobre el acuerdo entre el Reino de España y la República Portuguesa de cooperación en materia de defensa); los tratados que regulan el intercambio de tecnología militar o que tienen como objetivo el perfeccionamiento del personal militar (dictamen 2915/2000, relativo al acuerdo marco entre Alemania, España, Francia, Italia, Suecia, Gran Bretaña e Irlanda sobre industria europea de defensa); aquellos que autorizan que se destinen tropas españolas en el extranjero o la presencia de tropas extranjeras en territorio nacional (dictamen 85/2015 relativo al Acuerdo entre estados participantes en la brigada multinacional de alta disponibilidad de fuerzas en espera para operaciones de la ONU referente al Estatuto de sus fuerzas (SHIRBRIG); y los tratados que establecen obligaciones de intercambio de información en materia de defensa (dictamen 682/2014 sobre el Acuerdo entre el Reino de España y la República de Singapur sobre protección recíproca de información clasificada en el ámbito de la defensa).

3.3 *Tratados o convenios que afecten a la integridad territorial del Estado o a los derechos y deberes fundamentales establecidos en el Título I*

La letra c) del artículo 94.1 engloba dos tipos de tratados bien diferentes: los que afecten a la integridad territorial del Estado o a los derechos y deberes fundamentales que establece el Título I de la CE. Plantea dudas el verbo "afectar": ¿se requiere que el tratado en cuestión reglamente, desarrolle o modifique aspectos relacionados con la integridad territorial del Estado español o con los derechos y deberes fundamentales regulados en los artículos que componen el mencionado título, o simplemente que ataña o incumba a las citadas materias? En relación con los derechos y deberes constitucionalmente regulados en el Título I, el Consejo de Estado optó tempranamente, en su Dictamen 46.901, de 1985, por la segunda opción, ampliando así de modo notable, tal y como ha señalado Diez-Hochleitner, el campo de acción de las Cámaras respecto de este tipo de tratados. Esa laxitud ha presidido también la catalogación de un tratado como susceptible de afectar la integridad territorial del Estado. Aunque en 1985 el Consejo de Estado englobaba en esta categoría aquellos acuerdos internacionales cuya celebración pudiese suponer la merma o ampliación del territorio, se han acabado incluyendo también en esta categoría los tratados de delimitación o reajuste de fronteras y también los tratados que de alguna manera afecten a las competencias del Estado sobre su territorio.

3.4 *Tratados o convenios que impliquen obligaciones financieras para la Hacienda Pública*

Tal y como advierte Izquierdo Sans, la doctrina del Consejo de Estado sobre esta cuestión es abundante, y no siempre ha seguido una misma línea de razonamiento. Este órgano resumía bien dicha doctrina en su dictamen sobre el expediente relativo al Acuerdo Marco de cooperación entre el Reino de España y la Oficina del Alto Comisionado de las Naciones Unidas para los Refugiados (núm. 1510/2003), en el que consideró que están incluidos en este artículo los tratados cuyo contenido sitúa al Estado español —a la Hacienda Pública, en realidad— en la posición actual o potencial de deudor, comprometiéndose a realizar aportaciones, ejecutar inversiones, otorgar créditos o ser sujeto pasivo beneficiario de tal tipo de prestaciones, pero quedando en posición deudora para su futuro reintegro o reembolso. En definitiva, cuando el Estado español quede financieramente obligado en el plano internacional.

3.5 Tratados o convenios que supongan modificación o derogación de alguna ley o exijan medidas legislativas para su ejecución

Cuando el Estado asuma una obligación referida a una materia que, en el plano interno, esté sometida a reserva de ley, y esa ley deba ser adoptada, modificada o derogada, la celebración del tratado en cuestión requerirá la autorización de las Cortes Generales. Lo contrario supondría arbitrar una vía para que el Ejecutivo soslaye las competencias del Parlamento.

III. LA INFORMACIÓN AL CONGRESO Y SENADO DE LA CONCLUSIÓN DEL RESTO DE TRATADOS INTERNACIONALES

De acuerdo con el apartado segundo del artículo 94 CE, en todos los supuestos no comprendidos en el apartado primero, el Congreso y el Senado serán inmediatamente informados de la celebración del tratado. Lo mismo dispone el artículo 3 f) de la Ley 25/2014. El artículo 18 de la misma Ley precisa que dicha información irá acompañada de la remisión del texto completo, junto con las reservas formuladas y las declaraciones que España haya realizado, con los informes y dictámenes recabados. Además, el apartado segundo de este artículo deja a salvo la posibilidad de que las Cámaras y sus Comisiones recaben, a través de los presidentes de aquellas, y respecto de todo tipo de tratados, la información y colaboración que precisen del Gobierno y sus departamentos y de cualesquiera autoridades del Estado y de las Comunidades Autónomas y Ciudades de Ceuta y Melilla. Se trata de una obligación a la que, sin dilaciones, debe darse cumplimiento una vez que el consentimiento haya sido prestado, posibilitándose así el control parlamentario, en todo caso, de la acción exterior del Gobierno.

Si las Cortes procediesen en ese momento a la recalificación del tratado (esto es, si considerasen que el mismo debía haber sido sometido al procedimiento de autorización previa) y se denegase finalmente esa autorización, cabría denunciarlo (el tratado debe permitir esta posibilidad) o, como se señalará enseguida, invocar su nulidad.

Un ejemplo típico de este tipo de tratados son los acuerdos de cooperación cultural y educativa. Tal y como ha reiterado el Consejo de Estado los convenios de este tipo suelen estar redactados en términos muy amplios y cautelosos que dejan a salvo el Derecho interno de las Partes y establecen compromisos generales y flexibles, que no dan por ello lugar a la aplicación del artículo 94.1 de la CE (Dictamen 895/2008).

IV. CONCLUSIONES

El objetivo principal de los procedimientos de intervención parlamentaria previstos en el artículo 94 de la CE es permitir el control político y jurídico de la acción exterior del Estado que dirige el Gobierno. No se aplica el mismo procedimiento, sin embargo, a todos los tratados internacionales. El texto constitucional se refiere así, en el apartado primero del artículo 94, a la necesidad de que las Cortes Generales, en los casos que se analizan en el epígrafe tercero de este trabajo, emitan una autorización que debe ser previa a la prestación del consentimiento por parte del Estado en obligarse por el tratado correspondiente. Se trata, por tanto, de una autorización que tiene relevancia interna, tal y como ahora establece de modo expreso el artículo 17 de la Ley 25/2014, y no relevancia internacional, como sí tendrá, obviamente, la manifestación del consentimiento que después de la autorización haga el Ejecutivo, cualquiera que sea la forma que esta adopte. Tal y como ha afirmado Salinas de Frías, el artículo 94.1 de la CE consagra una competencia reservada a las Cortes Generales. Como es sabido, el artículo 46.1 de la Convención de Viena sobre Derecho de los tratados, de 1969, establece que, como regla general, el hecho de que el consentimiento de un Estado en obligarse por un tratado haya sido manifiesto en violación de una disposición de su Derecho interno concerniente a la competencia para celebrar tratados no podrá ser alegado por dicho Estado como vicio de su consentimiento. Dicha regla quiebra si esa violación es manifiesta y afecta a una norma de importancia fundamental de Derecho interno. En esa categoría cabría subsumir la regla constitucional que prescribe la autorización parlamentaria. En relación con el resto de tratados, el artículo 94.2 de la CE prevé la necesaria información al Congreso y el Senado una vez que hayan sido concluidos.

V. BIBLIOGRAFÍA

CARDONA LLORENS, J.: "La autorización parlamentaria de los tratados: los primeros años de práctica constitucional", *Anuario de Derecho Internacional*, 1983-84, pp. 113-145.

DÍEZ HOCHLEITNER, J.: "Artículo 94", en CASAS, M. E. y RODRÍGUEZ PIÑERO, M. (Dirs.), *Comentarios a la Constitución Española*, XXX Aniversario, Fundación Wolters Kluwer, 2009, pp. 1584-1595.

FERNÁNDEZ DE CASADEVANTE Y ROMANI, C.: *La ratificación de los tratados internacionales, una perspectiva de Derecho Comparado-España*, 2021. Disponible en https://policycommons.net/artifacts/1820061/la-ratificacion-de-los-tratados-internacionales-una-perspectiva-de-derecho-comparado/2558173/ (consultado el 21 de junio de 2023).

IZQUIERDO SANZ, C.: "Intervención parlamentaria en la celebración de Tratados internacionales en España", *Revista Electrónica de Estudios Internacionales*, núm. 4, 2002, 46 pp.

PUENTE EGIDO, J.: "La participación de las Cortes Generales en el proceso de conclusión de acuerdos internacionales", en *Hacia un nuevo orden internacional y europeo. Homenaje al Profesor M. Díez de Velasco*, Tecnos, 1993, pp. 609-622.

REMIRO BROTÓNS, A.: "La autorización parlamentaria de la conclusión de los tratados internacionales y el problema de la calificación", *Revista Española de Derecho Internacional*, núm. 3, 1980, pp. 123-142.

SALINAS DE FRÍAS, A.: "La reafirmación del necesario control parlamentario de la actividad convencional del ejecutivo. Comentario a la sentencia 155/2005, de 9 de junio, del Tribunal Constitucional", *Revista Española de Derecho Internacional*, Vol. 57, núm. 1, 2005, pp. 121-143.

VI. JURISPRUDENCIA

ATC 114/1991, de 11 de abril.
STC 155/2005, de 9 de junio.

Artículo 95

1. La celebración de un tratado internacional que contenga estipulaciones contrarias a la Constitución exigirá la previa revisión constitucional.

2. El Gobierno o cualquiera de las Cámaras puede requerir al Tribunal Constitucional para que declare si existe o no esa contradicción.

COMENTARIO

Carmen Montesinos Padilla
Profesora Permanente Laboral de Derecho Constitucional
Universidad Complutense de Madrid

SUMARIO: I. LA (PRUDENTE) INTERNACIONALIZACIÓN DE LA CONSTITUCIÓN DE 1978. II. PREVENCIÓN *VS.* REPRESIÓN. EL CONTROL DE CONSTITUCIONALIDAD DE LOS TRATADOS INTERNACIONALES. III. EL CONTROL PREVENTIVO EN EL ORDENAMIENTO JURÍDICO ESPAÑOL. 1. El objeto, el parámetro y la doble funcionalidad del art. 95 CE. 2. La (restringida) legitimación y la (limitada) aplicación del control. 3. El procedimiento y la (polémica) naturaleza jurídica de la resolución. IV. BIBLIOGRAFÍA. V. JURISPRUDENCIA.

I. LA (PRUDENTE) INTERNACIONALIZACIÓN DE LA CONSTITUCIÓN DE 1978

La Constitución de 1978 no es ajena a la internacionalización de la vida pública. Ya en su Preámbulo incorpora, como uno de los fines que persigue la nación española, la colaboración "en el fortalecimiento de unas relaciones pacíficas y de eficaz cooperación entre los pueblos de la Tierra". A lo largo de su articulado encontramos además diversas alusiones al factor internacional que van desde la consagración del Derecho internacional de los derechos humanos como parámetro exegético (art. 10.2 CE) hasta la atribución de la dirección de la política exterior al Ejecutivo (art. 97 CE), y de la materia "relaciones internacionales" al Estado como competencia exclusiva (art. 149.1.3 CE). Todo ello pasando por el reconocimiento del valor de los tratados como fuente obligacional (arts. 11.3, 13.1 CE, 13.3 y 39.4 CE), la prescripción del carácter representativo de la intervención del monarca (arts. 56.1 y 63 CE) y la proscripción de la iniciativa popular y de la delegación a comisiones de iniciativas en materias internacionales (arts. 75.3 y 87.3 CE).

Frente a esta dispersión, y a pesar de tildar de conservador al Capítulo III del Título III de nuestra Magna Carta por no incorporar una cláusula de recepción global del Derecho internacional (como bajo el influjo de la Constitución de Weimar –art. 4– lo hiciera la Constitución de la II República –art. 7), la doctrina internacionalista ha valorado muy positivamente la sistematización de los arts. 93 a 96 CE.

En nuestro ordenamiento constitucional, los arts. 93 y 94 CE atienden a un criterio material para la determinación de la forma de intervención parlamentaria como condición de validez para la prestación del consentimiento en la conclusión de tratados internacionales. Por su parte, el art. 96 CE se refiere tanto a la recepción automática del derecho convencional tras su válida celebración y publicación en el Boletín Oficial del Estado, como a su fuerza pasiva frente a la legislación doméstica, habiéndose por ello invocado como fundamento para afirmar la posición supralegal del Derecho convencional internacional, defendida por el profesor Matía Portilla. Rango que finalmente parece haber consagrado en su art. 31 la ya no tan reciente Ley 25/2014, de 27 de noviembre, de Tratados y otros Acuerdos Internacionales.

Desde luego, como han advertido Pérez de Nanclares y Requejo Pagés, el mencionado precepto legal no incorporó más novedad que la de proclamar expresamente algo que ya resultaba de la interpretación del art. 96.1 CE y de la jurisprudencia de los tribunales españoles, incluido el supremo intérprete de nuestra Constitución. Y es que del art. 96 CE, analizado conjuntamente con el art. 95 CE, se ha deducido el carácter supralegal e infraconstitucional de los tratados internacionales en nuestro ordenamiento. Es por ello por lo que podemos ya referirnos al precepto objeto de este comentario, el art. 95 CE, como elemento esencial para entender la realidad de las relaciones interordinamentales en el marco de nuestro sistema constitucional, pues al proscribir la conclusión de tratados y convenios que sean inconstitucionales, el art. 95 CE, conjuntamente con el art. 96 CE, fija la posición de nuestro constituyente en cuanto a las relaciones entre el Derecho internacional convencional y nuestra Norma Fundamental. Una posición que, sin embargo, nunca ha sido pacífica. 1339

En palabras de Alzaga Villamil, si la Constitución ha sido concebida como un límite a los poderes públicos, si las Cortes Generales y el Gobierno no pueden vulnerar su contenido, "la más elemental lógica jurídica" impone que tampoco éstos puedan ratificar ni firmar tratados que contengan estipulaciones contrarias a nuestra Norma de normas. El razonamiento es difícil de objetar. Ahora bien, más controvertido resulta que de la revisión de la Constitución como única alternativa a la ratificación de tratados y convenios que la contraríen, se deduzca necesariamente la supremacía constitucional.

Mientras parte de la doctrina internacionalista ha defendido que, precisamente de lo imperativo de dicha revisión, se desprende la superioridad jerárquica del Derecho convencional internacional respecto de nuestra Ley de leyes, tampoco ha faltado quien, desde el Derecho constitucional, haya apelado a la igualdad de rango. Pero éstas no han sido las conclusiones extraídas por el Tribunal Constitucional (TC) del mandato del art. 95 CE. Si bien de la dicción literal del mencionado precepto pudiera deducirse que es la Constitución la que se somete a los tratados y convenios internacionales, lo que ocurre es justo lo contrario. Hasta que la Constitución no sea reformada, el tratado o convenio que la contraríe no podrá ser ratificado y, en caso de que lo fuera, podrá ser posteriormente expulsado de nuestro ordenamiento. Ello teniendo en cuenta que, en este último caso, al no tener nuestro TC jurisdicción internacional, el Estado español tendrá que asumir su responsabilidad en ese ámbito. Y la responsabilidad resultante del incumplimiento de sus compromisos internacionales es precisamente lo que el art. 95 CE pretende evitar.

II. PREVENCIÓN *VS.* REPRESIÓN. EL CONTROL DE CONSTITUCIONALIDAD DE LOS TRATADOS INTERNACIONALES

Aunque la constitucionalización del principio de estabilidad presupuestaria *ex* art. 135 CE podría haber incorporado importantes matices al respecto, los tratados internacionales no constituyen canon para el enjuiciamiento de la constitucionalidad de las normas dotadas de rango legal. Así, la presunta contradicción entre tratados y leyes u otras disposiciones normativas posteriores, engendra un conflicto respecto del cual no corresponde al TC pronunciarse (SSTC 140/2018, FJ 6; 235/2000, FJ 11; 37/1994, FJ 2; 142/1993, FJ 3; 28/1991, FJ 5; 49/1988, FJ 14). Sin embargo, sí compete al TC español controlar la conformidad con la Constitución de nuestros compromisos internacionales, tanto con carácter previo a la prestación del consentimiento (art. 95 CE), como con posterioridad a la entrada en vigor del tratado o convenio (art. 161.1.d CE, según FJ 1 DTC 1/1992 y 1/2004). Pero, como nos recuerda Jimena Quesada, el conflicto no surge cuando un país contrasta con su Constitución un tratado internacional con carácter previo a su recepción interna, sino cuando lo hace tras su aceptación e incorporación al propio ordenamiento. Y es que a nadie escapa hoy la naturaleza especialmente sensible de la revisión constitucional de los compromisos asumidos en virtud de tratados ya vigentes, ni la posibilidad que ofrece el control preventivo de llevar a cabo una revisión más exhaustiva en circunstancias políticamente menos adversas. Así se explica el progresivo reconocimiento del control *a priori* de tratados internacionales en los textos constitucionales de Europa, América Latina y África, incluso mediante el ejercicio de la más alta función jurisdiccional, como ha ocurrido en Alemania.

Al adelantar la verificación de la constitucionalidad al momento anterior al de la ratificación, el control preventivo de los tratados internacionales permite evitar los efectos traumáticos de la declaración de la inconstitucionalidad de una norma aplicada durante un período más o menos largo de tiempo. Además, el control preventivo suele presentar la ventaja de la rapidez, pues en la mayoría de los ordenamientos en los que existe, es tramitado en plazos relativamente breves. Los beneficios de este tipo de control son así generalmente admitidos, más aún teniendo en cuenta que según la Convención de Viena sobre el Derecho de los Tratados, de 23 de mayo de 1969, los tratados vigentes deben ser cumplidos de buena fe sin que quepa la invocación del Derecho interno como justificación del incumplimiento (arts. 26-27).

Como apunta Méndez, existen dos grandes razones para la revisión *ex ante* de los tratados. La primera sería que mediante dicho control se garantiza la aplicación de la Constitución nacional. Mientras que la segunda razón no es otra que a través del control preventivo se minimizan los efectos negativos que, en términos de responsabilidad internacional, se derivarían de una revisión constitucional *ex post*. El control previo de los tratados internacionales permite el justo equilibrio entre la defensa de la Constitución y el principio *pacta sunt servanda* cumpliendo, en palabras de S. de Vega, una cierta "función monitoria de los órganos titulares del *Treaty making power*". Pero a pesar de sus virtudes, en España, al igual que en otros países donde está previsto, este tipo de control no ha estado exento de polémica. La restringida legitimación para su activación y la calificación jurídica del correspondiente pronunciamiento, han ocupado una posición central en el debate.

III. EL CONTROL PREVENTIVO EN EL ORDENAMIENTO JURÍDICO ESPAÑOL

El tenor literal del art. 95 CE proscribe la prestación del consentimiento para la conclusión de tratados internacionales que contradigan nuestra Norma Fundamental, otorgando al Gobierno y a las Cortes Generales legitimación para activar el control previo que, como ha advertido Remiro Brotóns, en caso de concluir la incompatibilidad, solo dejará tres alternativas a la reforma constitucional: renunciar al tratado, renegociar sus cláusulas conflictivas o, en caso de que ello fuera posible, adoptarlo con reservas que neutralicen los efectos jurídicos de las disposiciones incompatibles con la Constitución.

Como han apuntado, entre muchos otros, Pérez Tremps, Rodríguez-Zapata o Sánchez de Vega, el precepto bajo estudio encuentra su origen formal en el art. 54 de la Constitución francesa de 1958, que condiciona a su reforma la aprobación o ratificación de los convenios y tratados que contengan estipulaciones que la contraríen. Y en el caso español, como se ha dicho ya, el control *ex ante* no sólo permite preservar nuestra Constitución sino que atenúa los efectos negativos de un control *a posteriori*. Pero también en nuestro caso la falta de legitimación de las minorías para plantear el requerimiento genera dudas.

La previa reforma constitucional como requisito para la conclusión de tratados internacionales contrarios a nuestra Norma Fundamental fue introducida en el Anteproyecto de 17 de abril de 1978 (art. 88), como resultado de la aceptación parcial de las enmiendas presentadas por la Minoría Catalana (núm. 155), los Socialistas de Cataluña (núm. 272), el Grupo Comunista (núm. 697) y UCD (núm. 779). El desdoblamiento del art. 95 CE sólo pretendió incorporar una formulación más clara en la que se deslindaran los aspectos sustantivo y procesal, siendo ambos desarrollados con posterioridad por la Ley Orgánica 2/1979, de 3 de octubre, del Tribunal Constitucional (LOTC). En su versión primigenia, la LOTC incorporó un Título, el VI, que integraba el control previo tanto de los tratados internacionales, como de proyectos de estatutos de autonomía y demás leyes orgánicas. Pero la derogación del art. 79 LOTC

por la Ley Orgánica 4/1985, de 7 de junio, limitó el control preventivo de constitucionalidad al previsto en el art. 95 CE que hoy, tras la entrada en vigor de la Ley Orgánica 12/2015, de 22 de septiembre, vuelve a acompañarse del controvertido control *a priori* de los proyectos de estatutos de autonomía.

1. El objeto, el parámetro y la doble funcionalidad del art. 95 CE

El control *a priori* alcanza a todo tipo de tratados, incluidos los previstos en el art. 93 CE, precepto que no podrá así contrariar o disminuir la función de garantía del art. 95 CE. Como ha declarado el propio TC, la generalidad del ámbito de aplicación de este precepto excluye que mediante la ratificación de cualquier tipo de tratado o convenio internacional puedan llegar a ser excepcionadas las reglas constitucionales que limitan el ejercicio de las competencias que la Constitución confiere. Se debe, por tanto, procurar una interpretación que concilie ambas previsiones. Y ello supone afirmar que la Constitución no puede ser contradicha sino mediante su reforma por los cauces que su Título X prevé, pero reconocer también que es posible autorizar, mediante ley orgánica, la ratificación de tratados que transfieran a organizaciones internacionales el ejercicio de competencias soberanas (DTC 1/1992, FJ 3)

El examen de constitucionalidad tendrá de este modo que ceñirse al contraste con la Constitución (y con el bloque de la constitucionalidad) de la estipulación o estipulaciones controvertidas del tratado internacional de que se trate. El objetivo es evitar la perturbación que para las relaciones internacionales del Estado implicaría la eventual declaración de inconstitucionalidad de una norma convencional ya vigente. Si la duda de constitucionalidad se llega a confirmar, el tratado no podrá ser objeto de ratificación sin la previa revisión constitucional. Es así como se garantiza, a través de los procedimientos de su Título X, la supremacía de la CE y, como resultado del carácter vinculante de la correspondiente declaración, también la plena estabilidad jurídica del tratado objeto de examen (DTC 1/1992, FJ 1). En definitiva, el art. 95 CE atribuye al TC español una doble tarea, la de preservar nuestra Norma Fundamental y, al tiempo, la de garantizar la seguridad y estabilidad de los compromisos a contraer por España en el orden internacional. De este modo, al cometido jurisdiccional propio del TC, se añade una dimensión cautelar al servicio de la salvaguardia de la responsabilidad internacional del Estado, garantizando la supremacía de la Constitución, pero sin perjuicio para los compromisos asumidos más allá de las fronteras soberanas (DTC 1/1992, FFJJ 1-3 y DTC 1/2004, FJ 1). Este precepto constitucional y el desarrollo que del mismo hace el art. 78 LOTC, dejan así claro el objetivo del control. Y lo hacen sin establecer diferenciación de ningún tipo entre los tratados que están sometidos a autorización parlamentaria (arts. 93 y 94.1 CE) y los que no (art. 94.2 CE). La distinción resulta irrelevante a estos efectos, si bien las Cortes Generales sólo podrán requerir el oportuno pronunciamiento del TC cuando el Gobierno, antes de la prestación del consentimiento, les haya transmitido el texto del tratado o convenio internacional.

2. La (restringida) legitimación y la (limitada) aplicación del control

La facultad de formular la duda de constitucionalidad ha sido reservada en exclusiva al Gobierno y a ambas Cámaras excluyéndose, por tanto, su planteamiento y elucidación *ex officio* por el TC que, como ocurre en los demás procedimientos respecto de los que tiene reconocidas competencias, carece de iniciativa y está vinculado al principio constitucional de congruencia (DTC 1/1992, FJ 1 y DTC 1/2004, FJ 1). Pero el alcance limitado de la legitimación para activar el control previo de los tratados internacionales ha sido uno de los aspectos tradicionalmente más criticados por la doctrina, que en no pocas ocasiones se ha referido a la futilidad de un mecanismo de estas características cuya iniciativa sea reservada, por ejemplo, al correspondiente Jefe de Estado, como ocurre en Portugal.

Aunque en el caso del ordenamiento constitucional español el reconocimiento de la legitimación al Ejecutivo es plenamente conforme con su rol preeminente en el marco de las relaciones internacionales, se cuestiona el pragmatismo de dicha legitimación precisamente por ser el Gobierno el depositario de la iniciativa para la tramitación parlamentaria de los tratados. Se pone así en duda su disponibilidad para ejercer esta facultad respecto de compromisos internacionales frente a los que presente fuertes intereses políticos. Pero también se cuestiona la legitimación de las propias Cortes Generales. La Enmienda de Progresistas y Socialistas Independientes en el Senado para plasmar en la Constitución la legitimación de una minoría de una décima parte de diputados y de senadores fue retirada (Enmienda 62 en relación con la 93. Diario de Sesiones. Comisión de Constitución, 6 de septiembre de 1978, núm. 50). Los motivos, como señalara S. de Vega, fueron esencialmente políticos. Las minorías fueron excluidas como sujeto legitimado al pensarse que en caso contrario se desnaturalizaría al propio TC al trasladarle, mediante el requerimiento, el conflicto político suscitado ante las Cámaras y entender además que así el control preventivo podría utilizarse con fines obstruccionistas en cuanto a la conclusión de los tratados. Bajo estas consideraciones, además, el tenor del art. 78.1 LOTC se limitó a reproducir los términos del art. 95.2 CE, completándose dicho desarrollo en los reglamentos de las Cortes, que exigen el acuerdo del respectivo Pleno, a iniciativa de dos grupos parlamentarios o una quinta parte de los Diputados en el caso de la Cámara Baja (art. 157), y de un grupo parlamentario o de veinticinco senadores, en el de la Cámara Alta (art. 147).

Sin embargo, se ha puesto en tela de juicio, y no sin razón, la denegación de la iniciativa a las minorías con fundamento en su posible uso dilatorio por quienes censuran políticamente el tratado o en la inconveniencia de trasladar un conflicto político al supremo intérprete de nuestra Constitución, pues se advierte que estos riesgos, sin dejar de ser reales, serían fácilmente combatibles a través de una adecuada ponderación del número o porcentaje de parlamentarios mínimo para despachar la solicitud y la oportuna fijación del momento y de la duración del lapso temporal en que la minoría podría plantear la acción. En cualquier caso, lo cierto es que la restricción en la activación del control previo de los tratados internacionales podría hacer que sus beneficios frente al control represivo sean más teóricos que reales. En este sentido debemos recordar que desde la entrada en vigor de la Constitución de 1978, el art. 95 CE solo ha sido activado en dos ocasiones.

En su Declaración de 1 de julio de 1992, el TC constató la efectiva contradicción entre el art. 8B Tratado de Maastricht, que reconocía a los ciudadanos europeos el derecho de sufragio activo y pasivo en las elecciones municipales del Estado miembro de su residencia y el art. 13.2 CE, que en este tipo de comicios se limitaba a reconocer a los extranjeros el derecho al sufragio activo. Bajo estas circunstancias, el TC confirmó la incompatibilidad, concluyendo que el procedimiento de reforma constitucional que habría de seguirse para obtener la adecuación de dicha norma convencional a la Constitución era el establecido en su art. 167 (DTC 1/1992, FFJJ 3-6). Por su parte, la Declaración de 13 de diciembre de 2004 dio respuesta a un requerimiento planteado por el Gobierno a nuestro TC para que este realizase un examen sobre la constitucionalidad del art. I-6 (primacía del Derecho europeo) y los arts. II-111 y II-112 (ámbito de aplicación y alcance e interpretación de la Carta de Derechos Fundamentales de la Unión Europea —CDFUE—) de la fallida Constitución europea, así como para que dilucidara si el art. 93 CE era cauce suficiente a los efectos de la prestación del consentimiento. El TC concluyó la compatibilidad entre la consagración convencional de la primacía del Derecho de la Unión Europea (UE) y la supremacía interna de la Constitución al considerar que estas son categorías que operan en planos diferentes (la primacía en el ámbito de la prioridad de aplicación entre normas válidas y la supremacía, en el marco jerárquico de los procedimientos de normación). Por lo que al control de los arts. II-111 y II-112 se refiere, descartó además que el valor interpretativo de la CDFUE fuera a provocar especiales dificultades en el ordenamiento español. El TC confirmó de este modo la suficiencia del art. 93 CE para la integración en el Derecho interno del *non nato* Tratado por el que se establecía una Constitución para Europa (DTC 1/2004, FFJJ 4-7).

En ambos casos el correspondiente requerimiento fue formulado por el Ejecutivo, de modo que el alcance de la legitimación para la activación del control previo de constitucionalidad no supuso impedimento para solicitar el pronunciamiento del TC. Sin embargo, el escenario puede ser bien distinto en supuestos de tramitación de normas convencionales más controvertidas políticamente, que se enfrenten a la oposición de minorías parlamentarias. Así parece que ocurrió con el Acuerdo Económico y Comercial Global entre la Unión Europea y Canadá (CETA, por sus siglas en inglés). Calificado como un tratado de naturaleza mixta, su entrada en vigor requería de la ratificación tanto de la propia UE, como de cada uno de sus Estados miembros. En el caso de España, una vez que el Consejo de Estado manifestó que la prestación del consentimiento exigía la previa autorización de las Cortes Generales (Dictamen 19/2017, de 9 de febrero), y al amparo de lo previsto en el art. 95 CE, la Portavoz del Grupo Parlamentario Confederal de Unidos Podemos-En Comú Podem-En Marea, junto con 70 diputados y diputadas del mismo grupo y del Grupo Mixto, solicitaron el control previo de constitucionalidad del escrito de remisión y de la documentación relativa al mencionado tratado, siendo dicha iniciativa rechazada por el Congreso por 86 votos a favor y 258 en contra. Finalmente, y sin que se activara el control *ex* art. 95 CE, en octubre del año 2017 el Senado dio luz verde a la aprobación del tratado con 157 votos a favor, 20 en contra y 60 abstenciones.

3. El procedimiento y la (polémica) naturaleza jurídica de la resolución

Según la regulación vigente, el control previo de los tratados debe tener lugar entre la fecha de autenticación del texto y la de su perfeccionamiento en el orden internacional. Así lo establece el art. 78.1 LOTC al concretar, como objeto de fiscalización, los tratados cuyo texto estuviera ya definitivamente fijado, pero al que no se hubiere prestado aún el consentimiento del Estado. Por tanto, una declaración sobre tratados hipotéticos o cuyo texto esté siendo objeto de negociación, resulta improcedente. Y en lo que al momento para el planteamiento de la consulta se refiere, ya apuntamos que mientras que el Gobierno podrá requerir la declaración del TC con carácter previo al traslado del texto al Parlamento, será precisamente a partir de dicho traslado con motivo de la solicitud de la correspondiente autorización cuando las Cortes puedan dirigirse al TC. Según el art. 157.2 del Reglamento del Congreso de los Diputados, la tramitación del tratado o convenio se interrumpirá y solo podrá reanudarse si el criterio del TC es favorable a la constitucionalidad de las estipulaciones del instrumento internacional.

La LOTC ha previsto un procedimiento ágil que se evacúa por escrito, en el que pueden intervenir el Gobierno y las Cámaras, y si así lo estima el TC, otras personas y órganos del Estado y de las Comunidades Autónomas. Recibido el requerimiento, el TC emplazará al solicitante y demás sujetos legitimados a fin de que, en el plazo de un mes, expresen su opinión fundada. En cualquier momento (art. 78.3 LOTC), el TC podrá recabar de todos ellos cuantas aclaraciones, precisiones y ampliaciones estime oportunas, dando a tales efectos un plazo de treinta días adicionales. En el mes siguiente a la terminación de dicho plazo, el TC español emitirá su decisión, que tendrá carácter vinculante (art. 78.2). Pero aunque la LOTC remite expresamente al texto constitucional, lo cierto es que el art. 95 CE nada dice en cuanto al tipo de resolución que dará respuesta a la duda de constitucionalidad. De hecho, la naturaleza jurídica del control previo de constitucionalidad ha sido objeto de enconado debate, cuestionándose su calificación jurisdiccional en atención tanto a su objeto, como a sus efectos.

La actuación sobre textos que no han entrado a formar parte del Derecho positivo con objeto de prevenir su infracción futura y la consiguiente imposibilidad de declarar la nulidad de una norma no vigente, impulsaron la equiparación del control preventivo de constitucionalidad (en general) con una actividad consultiva (e incluso cuasi-legislativa), así como de la correspondiente resolución, con un dictamen o informe, con una decisión de carácter más político que jurisdiccional. En esta senda de opinión se ubicaron autores de tan merecido reconocimiento como el propio Cappelletti. Pero a este respecto resulta oportuno recordar que sólo a través de un razonamiento jurídico (y no por motivos de oportunidad política) puede comprobarse cuando un determinado acto contraviene la Constitución. El verdadero control de constitucionalidad es siempre un control jurídico, y en este sentido se ha pronunciado el supremo intérprete de nuestra Constitución al señalar que lo que de él puede solicitarse *ex* art. 95 CE no es un dictamen, sino una declaración, esto es, una decisión, y no una mera opinión fundada en Derecho, por mucho que desde un punto de vista estrictamente jurídico dicha decisión no adopte la forma de una sentencia.

Al igual que ocurre en las cuestiones de inconstitucionalidad, lo que se incorpora en el requerimiento del control previo de los tratados internacionales es la exposición de una duda razonable a la que el TC dará respuesta mediante una decisión vinculante. Y el hecho de que este proceso no tenga que revestir necesariamente carácter contencioso no permite obviar su posición como supremo intérprete constitucional, ni la naturaleza jurisdiccional de sus funciones. Así, con independencia de que su resolución confirme la constitucionalidad de la norma objeto de control o declare su contradicción con nuestra Ley Fundamental, y aun no pudiendo calificarla de sentencia, el TC ha sido tajante al declarar que su pronunciamiento no puede ser sino considerado como una decisión jurisdiccional con carácter vinculante que, como tal, produce *erga omnes* todos los efectos de la cosa juzgada. En otros términos, al dar respuesta al correspondiente requerimiento, el Alto Tribunal "actúa como el órgano jurisdiccional que es", de modo que su declaración sólo podrá basarse en "argumentaciones jurídico-constitucionales, hayan sido éstas sugeridas o no por el órgano solicitante" (DTC 1/1992, FJ 1). La contundencia con la que, como señalara Aguiar de Luque, se ha pronunciado el TC, no parece así dejar lugar a dudas. El TC español, al controlar la constitucionalidad del Derecho convencional internacional con carácter previo a su incorporación a nuestro ordenamiento interno no ejerce una función meramente consultiva, sino plenamente jurisdiccional.

IV. BIBLIOGRAFÍA

AGUIAR DE LUQUE, L.; "Control previo de tratados internacionales", *Enciclopedia Jurídica Básica*, vol. I, Civitas, Madrid, 1995, pp. 1679-1680.

CAPPELLETTI, M.: *Il controllo giudiziario di costituzionalità delle leggi nel dirilto comparato*, Giuffré, Milano, 1978.

GÓMEZ FERNÁNDEZ, I.: *Conflicto y cooperación entre la Constitución Española y el Derecho Internacional*, Tirant lo Blanch, Valencia, 2004.

JIMENA QUESADA, L.: "La inconstitucionalidad del control de constitucionalidad sucesivo de los tratados internacionales (crítica a la postura mantenida por el Tribunal Constitucional español)", en PÉREZ TREMPS, P. (coord.), *La reforma del Tribunal Constitucional. Actas del V Congreso de la Asociación de Constitucionalistas de España*, Tirant lo Blanch, Valencia, 2007, pp. 419-439.

MATÍA PORTILLA, F. J.: *Los tratados internacionales y el principio democrático*, Marcial Pons/Fundación Manuel Giménez Abad, Madrid, 2018.

MÉNDEZ, M.: "Constitutional review of treaties: Lessons for comparative constitutional design and practice", *International Journal of Constitutional Law*, núm. 15(1), 2017, pp. 84-109.

PASTOR RIDRUEJO, J. A.: "La necesidad de una Ley de Tratados y Otros Acuerdos Internacionales", en PÉREZ DE NANCLARES, J. M. (dir), *España y la práctica del Derecho Internacional*, Colección Escuela Diplomática, Ministerio de Asuntos Exteriores y de Cooperación, 2014, pp. 55-60.

PÉREZ DE NANCLARES, J. M.: "La Ley de Tratados y otros Acuerdos Internacionales: Una nueva regulación para disciplinar una práctica internacional difícil de ignorar", *Revista Española de Derecho Internacional*, vol. 67/1, enero-junio 2015, pp. 13-60.

PÉREZ TREMPS, P.: "Artículo 78", en REQUEJO PAGÉS, L. (coord.), *Comentarios a la Ley Orgánica del Tribunal Constitucional*, Boletín Oficial del Estado-Tribunal Constitucional, Madrid, 2001, pp. 1245-1257.

REMIRO BROTÓNS, A.: "De los tratados internacionales", en ALZAGA VILLAAMIL, O., *Comentarios a la Constitución Española de 1978. Tomo VII. Artículos 81-96*, Cortes Generales. Editoriales de Derecho Reunidas, 1998, Madrid, pp. 493-621.

REQUEJO PAGÉS, L.: "Consideraciones en torno a la posición de las normas inlernacionales en el ordenamienlo español", *Revista Española de Derecho Constitucional*, núm. 34, 1992, pp. 41-66.

RODRÍGUEZ-ZAPATA, J.: "Los tratados internacionales y los controles de constitucionalidad", *Revista Española de Derecho Administrativo*, núm. 30, 1981, pp. 471-504.

SÁNCHEZ DE VEGA, A.: "Sobre el control previo de constitucionalidad de los tratados internacionales (A propósito de la Declaración del Tribunal Constitucional de 1 de julio de 1992)", *Revista de las Cortes Generales*, núm. 29, 1993, pp. 21-48.

V. JURISPRUDENCIA

Declaración del Pleno del Tribunal Constitucional 1/1992, de 1 de julio de 1992.
Declaración del Pleno del Tribunal Constitucional 1/2004, de 13 de diciembre de 2004.
STC 140/2018, de 20 de diciembre.
STC 235/2000, de 5 de octubre.
STC 37/1994, de 10 de febrero.
STC 142/1993, de 22 de abril.
STC 28/1991, de 14 de febrero.
STC 49/1988, de 22 de marzo.

Artículo 96

1. Los tratados internacionales válidamente celebrados, una vez publicados oficialmente en España, formarán parte del ordenamiento interno. Sus disposiciones sólo podrán ser derogadas, modificadas o suspendidas en la forma prevista en los propios tratados o de acuerdo con las normas generales del Derecho internacional.

2. Para la denuncia de los tratados y convenios internacionales se utilizará el mismo procedimiento previsto para su aprobación en el artículo 94.

COMENTARIO

Javier Díez-Hochleitner
Catedrático de Derecho internacional público
Universidad Autónoma de Madrid

SUMARIO: I. LOS TRATADOS INTERNACIONALES COMO PARTE INTEGRANTE DEL ORDENAMIENTO ESPAÑOL. II. LA APLICACIÓN DE LOS TRATADOS INTERNACIONALES. III. LA PREVALENCIA DE LOS TRATADOS INTERNACIONALES SOBRE EL RESTO DE LAS NORMAS DEL ORDENAMIENTO ESPAÑOL, SALVO LAS DE RANGO CONSTITUCIONAL. IV. EL PROCEDIMIENTO DE DENUNCIA DE LOS TRATADOS INTERNACIONALES. V. BIBLIOGRAFÍA. VI. JURISPRUDENCIA.

I. LOS TRATADOS INTERNACIONALES COMO PARTE INTEGRANTE DEL ORDENAMIENTO ESPAÑOL

El art. 96 dispone en su apartado 1 la incorporación automática al ordenamiento español de los tratados siempre que hayan sido válidamente celebrados y se encuentren publicados en España. La Ley 25/2014 de Tratados y otros acuerdos internacionales reitera, sin motivo, el contenido de este precepto en su art. 23.3 relativo a la publicación de los tratados, amputándole de parte de su contenido al obviar toda referencia a su válida celebración por España.

Distinto es el caso de los acuerdos internacionales celebrados por la UE, que también forman parte del ordenamiento español, pero como parte integrante del Derecho de la Unión; es precisamente a este título que vinculan a los Estados miembros (STJ de 30 de abril de 1974 en el as. *Haegeman*, 181/73, pár. 41). En cambio, tratándose de "acuerdos mixtos", esto es, celebrados conjuntamente por la UE y sus Estados miembros, a las disposiciones que corresponden a ámbitos que exceden las competencias comunitarias (lo que no es fácil de determinar en la práctica) les resulta de aplicación lo dispuesto en el art. 96.1 CE.

La recepción automática de los tratados celebrados por España ya había sido afirmada por la jurisprudencia del Tribunal Supremo mucho antes de la promulgación de la Constitución de 1978. Además, fue consagrada con la introducción, en 1974, del actual art. 1.5 del Código Civil, según el cual "las normas jurídicas contenidas en los tratados internacionales no serán de aplicación directa en España en tanto no hayan pasado a formar parte del ordenamiento interno mediante su publicación íntegra en el 'Boletín Oficial del Estado'". Como ha señalado el TS, el art. 96.1 CE no hizo sino ratificar el sistema de recepción automática que a su vez consagró el art. 1.5 del Cc (STS, Sala 3ª, de 19 mayo 1983).

Es verdad, sin embargo, que la Constitución parece contemplar la publicación como condición para la incorporación de los tratados al ordenamiento interno, al igual que el Código Civil —que dispone que ha de realizarse en el BOE— la configura como requisito para su aplicación directa. A mi juicio, sin embargo, la publicación no constituye un acto de recepción, siendo la previsión del art. 96.1 CE una mera concreción de la exigencia de publicidad de las normas (art. 9.3 CE).

1350 En todo caso, la publicación opera como condición para la oponibilidad de un tratado frente a los particulares, como así se desprende de la STC 141/1998, en relación con la falta de publicación e de la retirada de una reserva formulada al Convenio Europeo de Extradición (FJ 6). Entiendo sin embargo que nada impide que un particular invoque un tratado celebrado por España pero no publicado frente a la Administración del Estado para hacer valer los derechos que en él se le reconocen (SAN, Sala de lo Contencioso-Administrativo, de 26 febrero 2018). Y es que en este caso no cabría invocar el principio de seguridad jurídica —íntimamente relacionado con el de publicidad de las normas (STC 141/1998, FJ 5)—, siendo así que la falta de publicación constituiría un incumplimiento por parte de aquella de una obligación (que ahora impone el art. 23 de la Ley 25/2014) de la que no parece admisible que obtenga beneficio alguno.

En resumen, la publicación se configura, a mi juicio, como una condición para la aplicación directa de los tratados (a que se refiere el art. 30.1 de la Ley 25/2014) que, sin embargo, no excluye que puedan desplegar efectos jurídicos en el orden interno los tratados no publicados. Pero la publicación de un tratado no es condición suficiente para su aplicabilidad, siendo además necesario que haya entrada en vigor o que las partes hayan acordado su aplicación anticipada (aplicación provisional) y que haya sido válidamente celebrado.

Por lo que se refiere a la exigencia de que el tratado se encuentre "válidamente celebrado", el art. 96.1 apunta en primer lugar a la válida celebración del tratado en el plano internacional y, por tanto, a las causas de nulidad consagradas en la Convención de Viena de sobre el Derecho de los Tratados de 1969. No hemos de olvidar que, como ha señalado el Consejo de Estado "el tratado internacional se presenta en la Constitución como una fuente autónoma del Derecho", siendo norma interna en tanto que "es el resultado o producto de la nueva fuente introducida" (Dictamen núm. 43.392, de 11 febrero 1985). Y en segundo lugar la referencia a su válida celebración supone que, para su incorporación al ordenamiento interno, se deben respetar las normas constitucionales en materia de celebración de tratados, en particular, que su contenido no sea contrario a la Constitución (art. 95 CE) y que en su proceso de celebración se haya recabado, cuando proceda, la preceptiva autorización parlamentaria (arts. 93 y 94.1 CE).

Debe tenerse presente que, en el caso de que aprecie la inconstitucionalidad de un tratado *a posteriori* (tras su conclusión), el Tribunal Constitucional carece de competencia para declarar su nulidad, ya que la validez de un tratado sólo es verificable en el plano internacional. El Tribunal deberá contentarse con declarar su inconstitucionalidad (disociándola de la nulidad), con la consecuencia de que el tratado no será de aplicación en España, a menos que decida mantener sus efectos pro futuro hasta tanto se subsane la tacha de inconstitucionalidad o sea sustituido por otro tratado "*válidamente celebrado*" con el fin de evitar que España incurra en responsabilidad internacionalidad; en otro caso, no quedará otro camino que el de la denuncia del tratado (descartado, por razones prácticas, el expediente de invocar la causa de nulidad del art. 46 de la Convención de Viena).

El TC no ha tenido ocasión de afirmar la inconstitucionalidad de ningún tratado ya celebrado. Sin embargo, podemos traer a colación la STC 195/1998 en la que, si bien se declaran inconstitucionales las disposiciones de una ley del Estado declarando reserva natural a las marismas de Santoña y de Noja por invadir las competencias de la Comunidad de Cantabria, mantuvo sus efectos —difiriendo la declaración de nulidad— hasta tanto esta Comunidad declarase dicho espacio natural como protegido, al estar en juego no sólo su protección sino igualmente la responsabilidad de España por la violación de la Directiva 79/409/CEE, declarada por el TJUE en sentencia de 1993. También merece una mención la STC 155/2005 en la que se declaraba inconstitucional la autorización para la adhesión a diversos Acuerdos del FMI otorgada mediante Real-Decreto-ley, por vulnerar los arts. 94.1 y 74.2 CE, sin anudar a dicha declaración la nulidad de la Ley de convalidación, advirtiendo a este respecto que "la inidoneidad del específico procedimiento seguido por las Cortes Generales [...] encuentra sanción suficiente con la declaración de inconstitucionalidad del precepto que de ese procedimiento ha resultado, sin necesidad de añadir a ello un efecto anulatorio que, sobre no reparar en su integridad el mal causado, sumaría al ya producido el de la revisión de un compromiso internacional inatacable desde la perspectiva del Derecho de los tratados" (FJ 10).

II. LA APLICACIÓN DE LOS TRATADOS INTERNACIONALES

El art. 96.1 CE no precisa sin embargo si los tratados han de ser objeto aplicación directa o si, por el contrario, requieren de medidas de aplicación. Los trabajos parlamentarios que condujeron a la Constitución de 1978 no se ocuparon de la cuestión sino que se centraron en la posición de los tratados respecto de las restantes fuentes del ordenamiento, resultando que, en su segundo frase, el art. 96.1 añade que "sus disposiciones sólo podrán ser derogadas, modificadas o suspendidas en la forma prevista en los propios tratados o de acuerdo con las normas generales de Derecho internacional", disposición que repite ociosamente el art. 28.1 de la Ley de Tratados. Es verdad que cabría entender que esta disposición llama a la aplicación directa de los tratados, amén de a su primacía sobre las normas internas. Sin embargo, en su literalidad, sólo añade lo obvio desde la perspectiva del Derecho internacional (la derogación y la "modificación" —o, más propiamente, "enmienda"— de un tratado requiere el acuerdo entre las partes, de acuerdo con los arts. 59 y 40 de la Convención de Viena, respectivamente), al tiempo que advierte al legislador (y al ejecutivo) que su acción encuentra un límite en las obligaciones convencionales asumidas por España.

Ciertamente los regímenes de recepción automática favorecen el reconocimiento de aplicabilidad directa a los tratados, dado que en ellos no existe en principio obstáculo para su afirmación. Partiendo de esta premisa, si la CE dispone que los tratados (válidamente) celebrados por España forman parte del ordenamiento español una vez publicados oficialmente, cabe sostener que procede su aplicación directa por todos los órganos del Estado en tanto que por su contenido no requieran de medidas complementarias, ya sea de naturaleza legislativa o reglamentaria. Por otra parte, como ha señalado Antonio Remiro Brotóns, la referencia en el art. 94.1.e) CE a los tratados que exigen medidas legislativas para su ejecución "sugiere que hay otros que no las exigen".

La aplicabilidad directa de los tratados en España encuentra en todo caso un fundamento claro en el referido art. 1.5 del Cc. De este precepto se desprende, *sensu contrario*, que los tratados internacionales publicados en el BOE son de aplicación directa —afirmación que, sin embargo, va demasiado lejos, pues ello dependerá de su contenido—. La jurisprudencia es pacífica al respecto.

Ahora bien, el art. 1.5 Cc no aclara cuándo procede la efectiva aplicación directa de un tratado (publicado y en vigor) por los órganos del Estado y, en particular, por los órganos jurisdiccionales. La Ley 25/2014 ha querido resolver esta laguna al señalar en su art. 30.1 que "los tratados serán de aplicación directa, a menos que de su texto se desprenda que dicha aplicación queda condicionada a la aprobación de las leyes o disposiciones reglamentarias pertinentes". Esta disposición de la Ley se encuentra en línea con la jurisprudencia de nuestros tribunales. Baste con mencionar una sentencia del TS de 1998 que establece como condición para la aplicación directa de un tratado "el carácter *self-executing* de sus disposiciones, es decir, que su redacción sea lo suficientemente precisa para consentir esa aplicación directa sin necesidad de un ulterior desarrollo legal y reglamentario que represente la voluntad de los Estados contratantes" (STS, Sala 3ª, de 10 de marzo de 1998, FJ 6). Claro que la cuestión no se planteará en el caso de haberse adoptado, aunque no fueran necesarias, normas internas de aplicación del tratado, a menos que estas contraríen su contenido.

Al afirmar que un tratado es de aplicación directa se alude no sólo al hecho de que no requiere de normas nacionales de desarrollo para su aplicación. Tratándose de disposiciones que inciden en la esfera de los particulares, reconociéndoles derechos o imponiéndoles obligaciones, la aplicabilidad directa se traduce en su aptitud para ser invocadas por los particulares frente a las Administraciones públicas o por estas frente a aquellos, así como ante los jueces y tribunales en tanto que órganos de garantía. En el ámbito del Derecho de la UE, a la invocabilidad por o frente a particulares de las disposiciones y actos que lo integran se le denomina, como es bien sabido, "eficacia directa", expresión que también utilizan nuestros tribunales para hacer referencia a esta dimensión de la aplicabilidad directa de los tratados en España (por ej., STS, Sala 3ª, de 29 de enero de 2015, FJ 1).

Ahora bien, ¿cuál es el posible alcance de la eficacia directa de una disposición de un tratado internacional? En primer lugar, no podemos olvidar que al hacer valer la eficacia directa de una disposición convencional habitualmente nos encontraremos con que su contenido entra en colisión con una noma de origen interno, ya sea de rango legal o reglamentario, y que el objeto perseguido por quien la alega es lograr el desplazamiento de la norma interna a favor de la de origen convencional. En este sentido, de poco serviría afirmar la aplicabilidad directa de los tratados en España, si no cupiera proclamar al tiempo su prevalencia sobre el Derecho interno, cuestión sobre la que luego volveremos.

En segundo lugar, es preciso aclarar hasta qué punto es posible que la eficacia directa de una disposición de un tratado juegue contra un particular, en el caso de que le impusiera una determinada obligación. Pues bien, no existen en principio razones para descartar la posible eficacia "inversa" (siguiendo con expresiones asentadas en el Derecho de la UE) de un tratado. Baste citar el caso de los tratados de extradición, cuya posible aplicación directa ha reconocido la STC 87/2000 (FJ 5). Ahora bien, la posible eficacia inversa de un tratado encuentra límites en nuestro propio ordenamiento, como el que se deriva del principio de legalidad penal.

Parece asimismo necesario, en tercer lugar, determinar la posible invocabilidad de un tratado en las relaciones *inter-privatos*. A este respecto, no veo por qué esta cualidad (propia de algunas disposiciones del Derecho de la UE) no habría de ser reconocida igualmente a los tratados celebrados por España, como de hecho hacen nuestros tribunales. Baste con mencionar, a título ilustrativo, una sentencia del TS de 2011 relativa al Acuerdo en materia de propiedad intelectual anejo al Acuerdo OMC (ADPIC) (STS, Sala 1ª, núm. 309/2011, FJ 4).

Pero, ¿conforme a qué criterios se debe determinar si un tratado es directamente aplicable? El art. 30. 1 de la Ley 25/2014 parece establecer una presunción de aplicabilidad directa de los tratados, al afirmar que serán de aplicación directa "a menos que de su texto se desprenda que dicha aplicación queda condicionada a la aprobación de las leyes o disposiciones reglamentarias pertinentes". Sin embargo, no cabe en puridad deducir del precepto una presunción legal ni, por lo tanto, que la parte que se oponga a la aplicación directa de un tratado en sede judicial deba probar que se cumple la condición que excepciona la regla general. En realidad, el precepto se limita a establecer que los tratados que no requieren de normas nacionales de desarrollo para su aplicación gozan de aplicabilidad directa, circunstancia que debe deducirse del texto del tratado. La Ley 25/2014 no hace sino consagrar la jurisprudencia de nuestros tribunales que distingue entre tratados auto-ejecutivos y no auto-ejecutivos ("self-executing" y "non-self-executing"), ordenando la aplicación directa de los primeros (por ej., STS, Sala 3ª, de 10 marzo 1998, FJ 6).

Ahora bien, ¿cómo se determina que un tratado es auto-ejecutivo o, lo que es lo mismo, que no requiere de medidas nacionales para su aplicación? La Ley proporciona un criterio sumamente impreciso: que del texto del tratado se desprenda que la aplicación el tratado "queda condicionada" a la aprobación de las leyes o disposiciones reglamentarias pertinentes. Este criterio parece apuntar a la voluntad de las partes en el tratado. Pero creo que debe descartarse que esta sea la *ratio* de la Ley.

No cabe duda, sin embargo, que si un tratado supedita su aplicación (o la de algunas de sus disposiciones), ya sea de forma directa o indirecta, a la adopción por las partes de normas internas de desarrollo, quedaría descartada la aplicación directa. Un ejemplo de este tipo de tratados lo encontramos en el Convenio relativo al blanqueo, seguimiento, embargo y decomiso de los productos del delito, de 1990. Por otra parte, si un tratado estipula su aplicación directa o de él se deduce la voluntad de las partes en tal sentido, el art. 30.1 de la Ley exigiría en principio a las Administraciones públicas y los órganos jurisdiccionales de las partes actuar en consecuencia. Pero, naturalmente, la efectiva aplicación directa de una disposición de un tratado que las partes han querido dotar de esta cualidad dependerá a la postre de que su contenido lo permita.

La mayoría de los tratados, sin embargo, no se pronuncian sobre la forma (directa o no) en que han de ser aplicados, ni cabe deducir de ellos ninguna voluntad concordante de las partes al respecto. Pues bien, en este caso (que es el habitual), ¿cómo apreciar si requiere o no de normas nacionales de desarrollo? De la jurisprudencia de los tribunales españoles se desprende que lo determinante es que contenga disposiciones susceptibles de aplicación directa (auto-suficiencia normativa), lo que apunta, como vamos a ver, a la precisión e incondicionalidad de su contenido. Refiriéndose a los arts. 27.1 y 70.2 del ADPIC, la referida sentencia del TS de 2011 señala que se trata de disposiciones *self-executing* por cuanto contienen "normas claras, precisas e incondicionales, que no precisan de mecanismo complementario, como desarrollo legal o reglamentario, y que tienen carácter sustantivo civil generando derechos y obligaciones para los particulares (en cuanto que las patentes constituyen derechos de carácter patrimonial)" (FJ 4).

Debe advertirse que la citada sentencia del TS de 2011 no supedita la aplicabilidad directa (y eficacia directa) de una disposición convencional a ninguna otra condición adicional. A este respecto, debe recordarse que el TS se aparta de la jurisprudencia del TJUE relativa a la eficacia directa de los acuerdos internacionales celebrado por la UE. Como es sabido, el Tribunal europeo ha descartado que los Acuerdos anejos al Acuerdo de la OMC —entre ellos el APDIC— pueden desplegar efectos directos. Y lo ha hecho partiendo de una doctrina según la cual, para que un acuerdo internacional celebrado por la UE tenga esta cualidad, es necesario que, además de cumplir con las condiciones que se exigen a todo acto comunitario a tal efecto —reconocer un derecho (o imponer una obligación) y hacerlo de forma precisa e incondicional—, se verifique una condición adicional, a saber, que "el objeto y la naturaleza del acuerdo permitan sostener la aptitud general de sus disposiciones para ser directamente invocable". La aplicación de este requisito adicional (la "aptitud del acuerdo para la eficacia directa"), llevaría al Tribunal de Justicia a negar la posibilidad de que los Acuerdos de la OMC puedan desplegar efectos directos tomando especialmente en consideración que el Entendimiento sobre solución de diferencias anejo al Acuerdo OMC otorga "un importante papel a la negociación entre las partes" (STJ de 14 diciembre 2000 en el as. *Dior/Assco*, C-300/98 y C-392/98, pár. 44).

En otro orden de consideraciones, queremos recordar que, con frecuencia, las leyes españolas realizan remisiones a los tratados celebrados por España en la materia objeto de regulación y no siempre son claras en la finalidad que persiguen con ello. Algunas leyes se limitan a recordar que los tratados celebrados por España forman parte del ordenamiento español, sin aportar indicación alguna sobre su posible aplicabilidad o eficacia directa. Pero algunas disposiciones legales van más lejos, reconociendo expresamente eficacia directa a un tratado en concreto (o a algunas de sus disposiciones), que de hecho incorporan por referencia a su propio contenido. Este es el caso del art. 46.2 de la Ley de arbitraje, con arreglo al cual "el exequátur de laudos extranjeros se regirá por el Convenio sobre reconocimiento y ejecución de las sentencias arbitrales extranjeras, hecho en Nueva York, el 10 de junio de 1958, sin perjuicio de lo dispuesto en otros convenios internacionales más favorables a su concesión [...]".

Las consideraciones realizadas hasta aquí resultan obviamente de aplicación a los tratados sobre derechos humanos. Ahora bien, como es bien sabido, en el caso de estos tratados, a su posible aplicabilidad directa (y eficacia directa) y primacía sobre las normas de rango legal y reglamentario se añade, en virtud del art. 10.2 CE, su papel como canon hermenéutico del catálogo de derechos fundamentales consagrados en nuestra Constitución (véase comentario al art. 10.2 CE).

III. LA PREVALENCIA DE LOS TRATADOS INTERNACIONALES SOBRE EL RESTO DE LAS NORMAS DEL ORDENAMIENTO ESPAÑOL, SALVO LAS DE RANGO CONSTITUCIONAL

Afirmada la integración en el ordenamiento interno de los tratados válidamente celebrados por España y publicados oficialmente, así como su posible aplicabilidad directa, resulta necesario determinar cómo deben resolverse los conflictos que pudieran plantearse con el resto de las normas del ordenamiento español, esto es, si los tratados prevalecen —y de qué forma— frente a estas últimas. En el caso de tratados que no gozan aplicabilidad directa (ni, por lo tanto, de eficacia directa) la cuestión se plantea en términos distintos y se traduce, en concreto, en la necesidad o no de acomodar las normas de origen interno a los tratados concluidos en España y en la prohibición de adoptar nuevas normas contrarias a aquellos.

El art. 95.1 CE dispone que "la celebración de un tratado internacional que contenga estipulaciones contrarias a la Constitución exigirá la previa revisión constitucional", previendo su apartado 2 la posibilidad de que el Gobierno o cualquiera de las Cámaras puedan acudir a la TC para requerirle que se pronuncie sobre la constitucionalidad (material) de cualquier tratado proyectado. Por otra parte, la LOTC contempla la posible interposición de recursos de inconstitucionalidad o la formulación de cuestiones de inconstitucionalidad respecto de tratados ya concluidos. Ninguna duda cabe, por lo tanto, que los tratados internacionales están en nuestro ordenamiento *subordinados* a la Constitución. Ahora bien, la subordinación de los tratados a la Constitución no se plantea en términos de jerarquía normativa. Si el mecanismo del art. 95.2 de la Constitución tiene por objeto evitar la celebración de tratados contrarios a ellas, el recurso de inconstitucionalidad o la cuestión de inconstitucionalidad sirven, como ya hemos dicho, para comprobar si un tratado ya celebrado no es de aplicación en España al no haber sido "*válidamente celebrado*", no siendo el TC competente para pronunciarse sobre su validez.

Más allá de su subordinación a la norma fundamental, la Constitución proclama en su art. 96.1 que las disposiciones de un tratado "sólo podrán ser derogadas, modificadas o suspendidas en la forma prevista en los propios tratados o de acuerdo con las normas de Derecho Internacional". Como ya hemos señalado anteriormente, el precepto no hace sino afirmar lo obvio, pues resulta evidente que un tratado —que nace, vive y muere en el orden internacional— no puede ser derogado, ni modificado ni suspendido por una norma interna. Pero no parece que el constituyente haya querido referirse a este hecho sino a las posibles relaciones de conflicto entre los tratados y las normas internas de rango infraconstitucional. Así se desprende del Anteproyecto de Constitución, en el que a la disposición del art. 96.1 precedía la afirmación de que los tratados válidamente celebrados y publicados oficialmente tendrían "jerarquía superior a las leyes". Se confirma así que el art. 96.1 CE tiene por objeto proclamar la "prevalencia" de los tratados en el orden interno frente a las leyes y a las normas reglamentarias, lo que queda corroborado por la letra e) del art. 94.1 CE que exige la previa autorización de las Cortes para la celebración de tratados que "supongan modificación o derogación de una ley". No olvidemos, por otra parte, que la prevalencia de los tratados ya había proclamada por la jurisdicción española antes de 1978, superada la etapa en que el TS identificaba tratado con ley o le reconocía la condición de ley especial.

Ahora bien, el tenor literal del art. 96.1 sólo alude a la "fuerza pasiva" de los tratados frente a la ley posterior. Por otra parte, no precisa cuál es el fundamento de su prevalencia ni, en consecuencia, cómo opera en la práctica. A este respecto, debemos recalcar que, a diferencia del Anteproyecto de Constitución, el texto constitucional en vigor no alude a la superior jerarquía de los tratados sobre las leyes, debiendo descartarse la nulidad de una ley que contravenga un tratado (ver *infra*). Por lo demás, parece claro que cuando el art. 96.1 descarta que un tratado pueda ser modificado, derogado o suspendido por una ley no es porque aquél disfrute de una posición jerárquica superior. Es verdad que encontramos numerosas referencias al principio de jerarquía y al carácter supralegal de los tratados en pronunciamientos de los tribunales españoles. Pero también lo es que ninguno ha pretendido con ello que la validez de una ley se vea afectada por el hecho de ser contraria a un tratado y que la STC 140/2018 ha afirmado expresamente que "la constatación de un eventual desajuste entre un convenio internacional y una norma interna con rango de ley no supone un juicio sobre la validez de la norma interna, sino sobre su mera aplicabilidad" (FJ 6). Por otra parte, el TC ha descartado que los tratados (al igual que el Derecho de la UE) formen parte del bloque de constitucionalidad y, por ende, que una ley contraria a ellos pueda considerarse inconstitucional (por una supuesta vulneración del artículo 96.1 CE) (SSTC 28/1991, FJ 5, 140/2018, FJ 6 y 156/2021, FJ 7). Cabe no obstante recordar que su voto particular a la STC 270/2015, al que se adhieren los magistrados Asúa Batarrita y Valdés Dal-Ré, el magistrado Xiol Ríos afirmaba que "resulta reduccionista afirmar que el control abstracto de convencionalidad de las normas con rango legal queda excluido del objeto de recurso de inconstitucionalidad", y que, a su juicio, "la jurisprudencia constitucional debería, a mi juicio, replantearse los problemas derivados de la negativa a que sea la jurisdicción constitucional la que desarrolle el control abstracto de convencionalidad a través de una construcción semejante a la del control [mediato] de constitucionalidad por la vía de los arts. 9.1 o 96 CE" (apartado 2).

En cuanto a la posible colisión entre un tratado y normas infra-constitucionales, en su Declaración 1/2004 relativa al Tratado por el que establece una Constitución para Europa, el TC distinguía entre la supremacía de la Constitución y la primacía del Derecho de la UE señalando que la primacía "no se sustenta necesariamente en la jerarquía, sino en la distinción entre ámbitos de aplicación de diferentes normas, en principio válidas, de las cuales, sin embargo, una o unas de ellas tienen capacidad de desplazar a otras en virtud de su aplicación preferente o prevalente" (FJ 4). Pues bien, aunque la Declaración se refiere a la primacía del Derecho de la Unión, no cabe duda de que la construcción que subyace a la frase entrecomillada resulta extrapolable a las relaciones entre la ley y los tratados internacionales.

Admitido que el tratado y la ley no se relacionan en términos de validez, la prevalencia de los tratados no puede sino traducirse en su aplicación preferente frente a cualesquiera normas internas, excepción hecha de la Constitución. En este sentido se ha manifestado el TC al señalar que la contradicción entre tratados y leyes u otras disposiciones normativas exige "un mero juicio de aplicabilidad de disposiciones normativas", esto es, una "selección de derecho aplicable", juicio y selección que corresponden a los órganos judiciales, sin que proceda el planteamiento de una cuestión de inconstitucionalidad, al quedar la cuestión extramuros de las competencias del TC (por todas, SSTC 28/1991, FJ 5, 140/2018, FJ 6, 10/2019, FJ 4, y 156/2021, FJ 7). En otras palabras, en caso de contradicción entre una ley válida y un tratado que también lo es, la solución pasa por la aplicación preferente del tratado, como así lo ha señalado en múltiples ocasiones el TS, que identifica la aplicación preferente de los tratados con su "primacía". Distinto puede ser el supuesto de un conflicto entre un tratado y una norma reglamentaria cuando nos situamos en el ámbito de la jurisdicción contencioso-administrativa, ya que la infracción de un tratado es fundamento suficiente para la declarar la nulidad de esta, como así lo ha reconocido el TS (STS, Sala 3ª, de 19 noviembre 2014).

En este punto consideramos de interés señalar que la STC 140/2018 bautizó el análisis de la compatibilidad de las normas internas con los tratados con la expresión "control de convencionalidad", lo que, a mi juicio, resulta equívoco y, en todo caso, no añade nada (siendo así que, además, el TC emplea la expresión por referencia a la sentencia de la Corte Interamericana de Derechos Humanos de 2006 en el asunto *Almonacid Arellano y otros c. Chile*, cuya doctrina es manifiestamente inaplicable al caso español).

El art. 31 de la Ley 25/2014 vino a confirmar la jurisprudencia de los tribunales españoles que afirma la prevalencia, o primacía, de los tratados al señalar al que "las normas jurídicas contenidas en los tratados internacionales válidamente celebrados y publicados oficialmente prevalecerán sobre cualquier otra norma del ordenamiento interno en caso de conflicto con ellas, salvo las normas de rango constitucional". Cuando afirma que, *"en caso de conflicto"* entre cualquier norma del ordenamiento interno (salvo las de rango constitucional) con los tratados válidamente celebrados y publicados oficialmente estas últimas "prevalecerán", sin distinguir entre el supuesto en que la norma interna es anterior de aquel otro en que es posterior, no está sugiriendo ni que la validez de la norma interna se vea afectada ni que deba entenderse modificada (o derogada). Por otra parte, no cabe interpretar el precepto aisladamente sino conjuntamente con el artículo 30.1 del propio texto legal, que afirma la "aplicación directa" de los tratados que no requieran leyes o medidas reglamentarias de desarrollo. A este respecto, debemos insistir en que, en términos prácticos, la prevalencia del tratado respecto de la ley a que se refiere el art. 31 de la Ley únicamente se plantea en el caso de que la ley sea de aplicación directa y tenga eficacia directa. Si el tratado carece de dicha cualidad, no será el art. 31 sino los apartados 2 y 3 del art. 30 de la Ley los que entren en juego (procederá la adopción de las leyes o normas reglamentarias necesarias para su "ejecución").

Limitado el ámbito de aplicación del art. 31 de la Ley 25/2014 a los tratados que resultan de aplicación directa y puesto dicho precepto en relación con su art. 30.1, entendemos que el efecto que describe no es otro que el desplazamiento de la norma nacional contraria (ya sea anterior o posterior) en favor de la aplicación *directa* del tratado o, entre otras palabras, su sustitución en el caso considerado por este último. Consecuentemente, el art. 31 de la Ley no hace sino confirmar que la primacía de los tratados en el ordenamiento español opera del mismo modo que la primacía del Derecho de la UE, si bien en el caso de la aplicación judicial de este último entra en juego la cuestión prejudicial, lo que no resulta baladí. Así pues, la inclusión en la Ley 25/2014 de su art. 31 no parece aportar nada, como así se desprende de la sentencia 17/2024 del TC, que fundamenta la primacía de los tratados en el art. 96 CE y en el art. 1.5 del Cc, sin hacer mención de la Ley

Esta solución, plenamente asumida por nuestros tribunales, reconoce al juez —por su propia autoridad— la facultad de decidir por sí mismo la inaplicación, sin más, de la ley contraria o la de la norma reglamentaria (tanto a anterior o posterior). Como ha señalado el TC, "en aplicación de la prescripción contenida en el art. 96 CE, cualquier juez ordinario puede desplazar la aplicación de una norma interna con rango de ley para aplicar de modo preferente la disposición contenida en un tratado internacional, sin que de tal desplazamiento derive la expulsión de la norma interna del ordenamiento, como resulta obvio, sino su mera inaplicación al caso concreto" (SSTC 140/2018, FJ 6, y 120/2021, FJ 3). Distinto puede ser el supuesto de un conflicto entre un tratado y una norma reglamentaria en la medida en que la infracción de un tratado es fundamento suficiente para la declarar la nulidad de esta, como así lo ha reconocido el TS (STS, Sala 3ª, de 19 noviembre 2014).

Ahora bien, como advierte la STC 140/2018, varias veces citada, cabe la intervención del TC a través del recurso de amparo constitucional, revisando "la selección del derecho formulada por los jueces ordinarios en determinadas circunstancias bajo el parámetro del art. 24.1 CE, que garantiza 'que el fundamento de la decisión judicial sea la aplicación no arbitraria ni irrazonable de las normas que se consideren adecuadas al caso [...]'" (FJ 6).

En otro orden de consideraciones, entendemos que una elemental regla de interpretación exige que toda norma sea interpretada a la luz de cualquier otra de la que traiga causa. Consecuentemente, antes de plantearse el posible efecto sustitutivo de un tratado respecto de una norma interna, cualquiera que sea su rango, en la medida en que la norma lo sea de ejecución de aquel, procede su interpretación a la luz de las disposiciones convencionales pertinentes. Cabe citar a este respecto la STC 145/2013 en la que, en relación con la interpretación de un precepto de la Ley 36/2006 de medidas para la prevención del fraude fiscal, atribuye valor interpretativo a unas simples directrices no vinculantes de la OCDE tras advertir que orientaron al legislador al adoptar dicho precepto (FJ 2).

Huelga tal vez añadir que la consideración de los tratados como canon hermenéutico de las normas internas no guarda relación alguna con el carácter directamente aplicable o no de sus disposiciones.

IV. EL PROCEDIMIENTO DE DENUNCIA DE LOS TRATADOS INTERNACIONALES

En su apartado 2, el art. 96 CE dispone que para la denuncia de un tratado debe seguirse el mismo procedimiento previsto para su aprobación en el art. 94. De su literalidad, cabría deducirse que la denuncia de los tratados a que se refiere el art. 93 no exige autorización de las Cortes o que estos tratados no son denunciables. Si la primera interpretación del precepto resulta a todas luces absurda, la segunda no lo es menos, como lo pone de relieve el art. 50 del TUE relativo a la retirada de la Unión introducido por el Tratado de Lisboa. No parece pues aventurado sostener que la falta de referencia a dichos tratados no se debe sino a una omisión del texto constitucional. Una omisión que remedió el Reglamento del Congreso de los Diputados al disponer en su art. 160 que en el supuesto de denuncia de un tratado "se seguirá igual procedimiento que el previsto para la prestación del consentimiento para obligarse por dicho tratado o convenio". La Ley 25/2014, por su parte, ha seguido la misma senda al afirmar en su art. 37.3 que "los tratados internacionales comprendidos en los arts. 93 y 94.1 de la Constitución Española solo podrán ser denunciados previa autorización de las Cortes Generales, de conformidad con lo dispuesto en el artículo 96.2 de la Constitución Española".

No creo que a nadie pueda sorprender la exigencia de intervención de las Cortes Generales en la denuncia de los tratados cuya celebración requirieron de su autorización. No podemos olvidar, sin embargo, que en los sistemas constitucionales de algunos países de nuestro entorno la denuncia se configura como una prerrogativa del Gobierno (R.F. de Alemania, Francia, Reino Unido). Por otra parte, no parece necesario explicar que la denuncia de un tratado debe respetar las normas de Derecho internacional general consagradas en la Convención de Viena, cuyo art. 54 (que emplea el desusado término "retiro") exige respetar las disposiciones que al respecto pueda contener el propio tratado (art. 54), admitiendo no obstante la posible de denuncia de un tratado que no prevea tal posibilidad cuando "conste que fue intención de las partes admitir la posibilidad de la denuncia o retiro" o cuando "el derecho de denuncia o de retiro pueda inferirse de la naturaleza del tratado" (art. 56.1).

Cuestión distinta es si la referencia a la denuncia en el precepto constitucional abarca asimismo otros supuestos en los que —sin mediar la celebración por España de un tratado posterior sujeto a las disposiciones de los arts. 93 y 94.1 CE que "derogue" o que modifique al anterior— el Gobierno se propone invocar otras causas de terminación de un tratado, tales como su violación por la otra parte (en el caso de un tratado bilateral) o *rebus sic stantibus* (arts. 60 y 62 de la Convención de Viena). En este sentido cabría interpretar la Ley 25/2014 (art. 37.3 antes citado), pues en su art. 2 se define la "denuncia" como el "acto por el que España hace constar su consentimiento para dar por finalizadas respecto a sí mismo las obligaciones derivadas de un tratado".

Para terminar, haremos una breve referencia al papel que pudiera corresponde a las Cortes generales en relación con la decisión por parte del Gobierno de suspender la aplicación de un tratado o de parte de sus disposiciones. La falta de referencia a este supuesto en el art. 96 CE no puede fácilmente reconducirse por vía interpretativa. La posibilidad de suspender un tratado se contempla expresamente en el art. 96.1 *in fine* y nada dice su apartado 2 sobre la necesidad de intervención parlamentaria en tal caso. Sin embargo, la Ley 25/2014 ha introducido en su art. 37.5 la exigencia de que, una vez decida por el Consejo de Ministros la suspensión de un tratado que requirió la autorización de las Cortes General *ex* art. 93 o art. 94.1, el Gobierno solicite su ratificación, añadiendo que no producirse el Gobierno revocará el acuerdo de suspensión del tratado.

V. BIBLIOGRAFÍA

ALONSO GARCÍA, R.: "El control de convencionalidad: cinco interrogantes", *Revista Española de Derecho Constitucional*, núm. 119, 2020, pp. 13-51.

ANDRÉS SÁENZ DE SANTA MARÍA, P.: "Comentario al art. 96", en CASAS BAAMONDE, M. E., RODRÍGUEZ-PIÑERO, M. (dirs.), *Comentarios a la Constitución española*, Wolters-KLuwer, 2009, pp. 1610-1623; y *La Ley 25/2014 y la recepción en el ordenamiento español de los tratados internacionales: aplicación directa, prevalencia y derecho derivado de las organizaciones internacionales*, CGPJ, *Cuadernos Digitales de Formación*, núm. 16, 2020.

CARDONA LLORENS, J.: "Comentarios a los arts. 29 y 30.2 y 3", en SÁENZ DE SANTAMARÍA, P. A., DÍEZ-HOCHLEINER, J., y MARTÍN Y PÉREZ DE NANCLARES, J. (dirs.), *Comentarios a la Ley de Tratados y otros acuerdos internacionales*, Civitas, 2015, pp. 521-530 y 561-573.

DÍEZ-HOCHLEITNER, J.: "Comentarios a los arts. 28, 30.1 y 31", en *Comentarios a la Ley de Tratados y otros acuerdos internacionales*, antes cit., Civitas, 2015, pp. 509-520, 531-560 y 575-589.

GÓMEZ FERNÁNDEZ, I.: *Conflicto y cooperación entre la Constitución española y el Derecho Internacional*, Tirant lo Blanch, 2005.

GONZÁLEZ VEGA, J.: "Comentario al art. 37", en *Comentarios a la Ley de Tratados y otros acuerdos internacionales*, antes cit., Civitas, 2015, pp. 763-788.

IZQUIERDO, C.; "En torno al control de convencionalidad: la aplicación de los tratados internacionales en España", en E. MARTÍNEZ PÉREZ (coord.), *Cuestiones actuales en torno a la aplicación de normas y obligaciones en materia de derechos humanos: diálogo con la práctica y otras disciplinas jurídicas*, Tirant lo Blanch, 2022, pp. 223-259.

JIMENA QUESADA, L.: "La consagración del control de convencionalidad por la Jurisdicción Constitucional en España y sui impacto en materia de derechos socio-laborales. Comentario a la STC 140/2018, de 20 de diciembre", *Revista General de Derecho del Trabajo y de la Seguridad Social*, núm. 53, 2020, pp. 434-461.

REMIRO BROTÓNS, A.: *Derecho Internacional Público. 2. Derecho de los tratados*, Tecnos, 1987.

VI. JURISPRUDENCIA

STC (Pleno) 28/1991, de 14 de febrero.
STC 141/1998, de 29 de junio.
STC (Pleno) 195/1998, de 30 de octubre.
STC 87/2000, de 27 de marzo.
STC (Pleno) 155/2005, de 9 de junio.
STC (Pleno) 145/2013, de 11 de julio.
STC (Pleno) 270/2015, de 17 de diciembre.
STC (Pleno) 140/2018, de 20 de diciembre.
STC 10/2019, de 28 de enero.
STC 80/2019, de 17 de junio.
STC 120/2021, de 31 de mayo.
STC 156/2021, de 16 de diciembre.
STC 17/2024, de 31 de enero.